蘇州全書

甲編

《蘇州全書》編纂出版委員會 編

・周禮傳

蘇州大學出版社
古吳軒出版社

圖書在版編目（CIP）數據

周禮傳 / （明）王應電撰 . -- 蘇州 : 蘇州大學出版社 : 古吳軒出版社 , 2025. 6. -- （蘇州全書）.
ISBN 978-7-5672-5214-1

Ⅰ. K224.06

中國國家版本館 CIP 數據核字第 2025UA3075 號

責任編輯 劉　冉
助理編輯 穆宣臻
裝幀設計 周　晨　李　璇
責任校對 汝碩碩

書　　名 周禮傳
撰　　者 〔明〕王應電
出版發行 蘇州大學出版社
地址：蘇州市十梓街1號　電話：0512-67480030
古吳軒出版社
地址：蘇州市八達街118號蘇州新聞大厦30F　電話：0512-65233679
印　　刷 常州市金壇古籍印刷廠有限公司
開　　本 889 × 1194　1/16
印　　張 107.75
版　　次 2025 年 6 月第 1 版
印　　次 2025 年 6 月第 1 次印刷
書　　號 ISBN 978-7-5672-5214-1
定　　價 760.00 元（全三册）

《蘇州全書》編纂工程

總主編

劉小濤　吳慶文

學術顧問（按姓氏筆畫爲序）

王　芳　王　宏　王　堯　王　鍔　王紅蕾　王華寶　王爲松　王衛平
王餘光　王鍾陵　朱棟霖　朱誠如　任　平　全　勤　江慶柏　江澄波
汝　信　阮儀三　杜澤遜　李　捷　吳　格　吳永發　何建明　言恭達
沈坤榮　沈燮元　武秀成　范小青　范金民　茅家琦　周　秦　周少川
周國林　周勛初　周新國　胡可先　胡曉明　姜　濤　姜小青　韋　力
姚伯岳　馬亞中　袁行霈　華人德　莫礪鋒　徐　俊　徐　海　徐　雁
徐惠泉　徐興無　唐力行　陸振嶽　陸儉明　陳子善　陳正宏　陳尚君
陳紅彥　陳廣宏　黃愛平　黃顯功　崔之清　張乃格　張志清　張伯偉
張海鵬　葉繼元　葛劍雄　單霽翔　程章燦　程毅中　喬治忠　鄔書林
賀雲翱　詹福瑞　趙生群　廖可斌　熊月之　樊和平　劉　石　劉躍進
閻曉宏　錢小萍　戴　逸　韓天衡　嚴佐之　顧　薌

前言

中華文明源遠流長，文獻典籍浩如烟海。這些世代累積傳承的文獻典籍，是中華民族生生不息的文脉和根基。蘇州作爲首批國家歷史文化名城，素有『人間天堂』之美譽。自古以來，這裏的人民憑藉勤勞和才智，創造了極爲豐厚的物質財富和精神文化財富，使蘇州不僅成爲令人嚮往的『魚米之鄉』，更是實至名歸的『文獻之邦』，爲中華文明的傳承和發展作出了重要貢獻。

蘇州被稱爲『文獻之邦』由來已久，早在南宋時期，就有『吳門文獻之邦』的記載。宋代朱熹云：『文，典籍也；獻，賢也。』蘇州文獻之邦的地位，是歷代先賢積學修養、劬勤著述的結果。明人歸有光《送王汝康會試序》云：『吳爲人材淵藪，文字之盛，甲於天下。』朱希周《長洲縣重修儒學記》亦云：『吳中素稱文獻之邦，蓋子游之遺風在焉，士之嚮學，固其所也。』《江蘇藝文志·蘇州卷》收録自先秦至民國蘇州作者一萬餘人，著述達三萬二千餘種，均占江蘇全省三分之一强。古往今來，蘇州曾引來無數文人墨客駐足流連，留下了大量與蘇州相關的文獻。時至今日，蘇州仍有約百萬册的古籍留存，入選『國家珍貴古籍名録』的善本已達三百一十九種，位居全國同類城市前列。其中的蘇州鄉邦文獻，歷宋元明清，涵經史子集，寫本刻本，交相輝映。此外，散見於海内外公私藏家的蘇州文獻更是不可勝數。它們載録了數千年傳統文化的精華，也見證了蘇州曾經作爲中國文化中心城市的輝煌。

蘇州文獻之盛得益於崇文重教的社會風尚。春秋時代，常熟人言偃就北上問學，成爲孔子唯一的南方弟子。歸來之後，言偃講學授道，文開吳會，道啓東南，被後人尊爲『南方夫子』。西漢時期，蘇州人朱買臣負薪讀書，穹窿山中至今留有其『讀書臺』遺迹。兩晉六朝，以『顧陸朱張』爲代表的吴郡四姓涌現出大批文士，在不少學科領域都貢獻卓著。及至隋唐，蘇州大儒輩出，《隋書·儒林傳》十四人入傳，其中籍貫吴郡者二人；《舊唐書·儒學傳》三十四人入正傳，其中籍貫吴郡（蘇州）者五人。文風之盛可見一斑。北宋時期，范仲淹在家鄉蘇州首創州學，並延名師胡瑗等人教授生徒，此後縣學、書院、社學、義學等不斷興建，蘇州文化教育日益發展。故明人徐有貞云：『論者謂吾蘇也，郡甲天下之郡，學甲天下之學，人才甲天下之人才，偉哉！』在科舉考試方面，蘇州以鼎甲萃集爲世人矚目，清初汪琬曾自豪地將狀元稱爲蘇州的土産之一，有清一代蘇州狀元多達二十六位，占全國的近四分之一，由此而被譽爲『狀元之鄉』。近現代以來，蘇州在全國較早開辦新學，發展現代教育，涌現出顧頡剛、葉聖陶、費孝通等一批大師巨匠。中華人民共和國成立後，社會主義文化教育事業蓬勃發展，蘇州英才輩出、人文昌盛，文獻著述之富更勝於前。

蘇州文獻之盛受益於藏書文化的發達。蘇州藏書之風舉世聞名，千百年來盛行不衰，具有傳承歷史長、收藏品質高、學術貢獻大的特點，無論是卷帙浩繁的圖書還是各具特色的藏書樓，以及延綿不絕的藏書傳統，都成爲中華文化重要的組成部分。據統計，蘇州歷代藏書家的總數，高居全國城市之首。南朝時期，蘇州就出現了藏書家陸澄，藏書多達萬餘卷。明清兩代，蘇州藏書鼎盛，絳雲樓、汲古閣、傳是樓、百宋一廛、藝芸書舍、鐵琴銅劍樓、過雲樓等藏書樓譽滿海内外，彙聚了大量的珍貴文獻，對古代典籍的收藏保護厥功至偉，亦於文獻校勘、整理裨益甚巨。《舊唐書》自宋至明四百多年間已難以考覓，直至明嘉靖十七年（一五三八），聞人詮在蘇州爲官，搜討舊籍，方從吴縣王延喆家得《舊唐書》『紀』和『志』部分，從長洲張汴家得《舊唐書》『列傳』部分，『遺籍俱出宋時模板，旬月之間，二美璧合』，于是在蘇州府學中槧刊，《舊唐書》自此得以彙而成帙，復行於世。清代嘉道年間，蘇州黄丕烈和顧廣圻均爲當時藏書名家，且善校書，『黄跋顧校』在中國文獻史上影響深遠。

蘇州文獻之盛也獲益於刻書業的繁榮。蘇州是我國刻書業的發祥地之一，早在宋代，蘇州的刻書業已經發展到了相當高的水平，至今流傳的杜甫、李白、韋應物等文學大家的詩文集均以宋代蘇州官刻本爲祖本。宋元之際，蘇州磧砂延聖院還主持刊刻了中國佛教史上著名的《磧砂藏》。明清時期，蘇州成爲全國的刻書中心，所刻典籍以精善享譽四海，明人胡應麟有言：『凡刻之地有三，吴也、越也、閩也。』他認爲『其精，吴爲最』，『其直重，吴爲最』。又云：『余所見當今刻本，蘇常爲上，金陵次之，杭又次之。』清人金埴論及刻書，仍以胡氏所言三地爲主，則謂『吴門爲上，西泠次之，白門爲下』。明代私家刻書最多的汲古閣、清代坊間刻書最多的掃葉山房均爲蘇州人創辦，晚清時期頗有影響的江蘇官書局也設於蘇州。據清人朱彝尊記述，汲古閣主人毛晉『力搜秘册，經史而外，百家九流，下至傳奇小説，廣爲鏤版，由是毛氏鋟本走天下』。由於書坊衆多，蘇州還產生了書坊業的行會組織崇德公所。明清時期，蘇州刻書數量龐大，品質最優，裝幀最爲精良，爲世所公認，國内其他地區不少刊本也都冠以『姑蘇原本』，其傳播遠及海外。

蘇州傳世文獻既積澱着深厚的歷史文化底蘊，又具有穿越時空的永恒魅力。從范仲淹的『先天下之憂而憂，後天下之樂而樂』，到顧炎武的『天下興亡，匹夫有責』，這種胸懷天下的家國情懷，早已成爲中華民族精神的重要組成部分，傳世留芳，激勵後人。南朝顧野王的《玉篇》，隋唐陸德明的《經典釋文》、陸淳的《春秋集傳纂例》等均以實證明辨著稱，對後世影響深遠。明清時期，馮夢龍的《喻世明言》《警世通言》《醒世恒言》，在中國文學史上掀起市民文學的熱潮，具有開創之功。吴有性的《温疫論》、葉桂的《温熱論》，開温病學研究之先河。蘇州文獻中藴含的求真求實的嚴謹學風、勇開風氣之先的創新精神，已經成爲一種文化基因，融入了蘇州城市的血脉。不少蘇州文獻仍具有鮮明的現實意義。明代費信的《星槎勝覽》，是記載歷史上中國和海上絲綢之路相關國家交往的重要文獻。鄭若曾的《籌海圖編》和徐葆光的《中山傳信録》，爲釣魚島及其附屬島嶼屬於中國固有領土提供了有力證據。魏良輔的《南詞引正》、嚴澂的《松絃館琴譜》、計成的《園冶》，分别是崑曲、古琴及園林營造的標志性成果，這些藝術形式如今得以名列世界文化遺産，與上述名著的嘉惠滋養密不可分。

維桑與梓，必恭敬止；文獻流傳，後生之責。蘇州先賢向有重視鄉邦文獻整理保護的傳統。方志編修方面，范成大《吴郡志》爲方志創體，其後名志迭出，蘇州府縣志、鄉鎮志、山水志、寺觀志、人物志等數量龐大，構成相對完備的志書系統。地方總集方面，南宋鄭虎臣輯《吴都文粹》、明錢穀輯《吴都文粹續集》、清顧沅輯《吴郡文編》先後相繼，收羅宏富，皇皇可觀。常熟、太倉、崑山、吴江諸邑，周莊、支塘、木瀆、甪直、沙溪、平望、盛澤等鎮，均有地方總集之編。及至近現代，丁祖蔭彙輯《虞山叢刻》《虞陽説苑》，柳亞子等組織『吴江文獻保存會』，爲搜集鄉邦文獻不遺餘力。江蘇省立蘇州圖書館於一九三七年二月舉行的『吴中文獻展覽會』規模空前，展品達四千多件，並彙編出版吴中文獻叢書。然而，由於時代滄桑，圖書保藏不易，蘇州鄉邦文獻中『有目無書』者不在少數。同時，囿於多重因素，蘇州尚未開展過整體性、系統性的文獻整理編纂工作，許多文獻典籍仍處於塵封或散落狀態，没有得到應有的保護與利用，不免令人引以爲憾。

進入新時代，黨和國家大力推動中華優秀傳統文化的創造性轉化和創新性發展。習近平總書記强調，要讓收藏在博物館裏的文物、陳列在廣闊大地上的遺産、書寫在古籍裏的文字都活起來。二〇二二年四

月，中共中央辦公廳、國務院辦公廳印發《關於推進新時代古籍工作的意見》，確定了新時代古籍工作的目標方向和主要任務，其中明確要求『加强傳世文獻系統性整理出版』。盛世修典，賡續文脉，蘇州文獻典籍整理編纂正逢其時。二〇二二年七月，中共蘇州市委、蘇州市人民政府作出編纂《蘇州全書》的重大决策，擬通過持續不斷努力，全面系統整理蘇州傳世典籍，着力開拓研究江南歷史文化，編纂出版大型文獻叢書，同步建設全文數據庫及共享平臺，將其打造爲彰顯蘇州優秀傳統文化精神的新陣地，傳承蘇州文明的新標識，展示蘇州形象的新窗口。

『睹喬木而思故家，考文獻而愛舊邦。』編纂出版《蘇州全書》，是蘇州前所未有的大規模文獻整理工程，是不負先賢、澤惠後世的文化盛事。希望藉此系統保存蘇州歷史記憶，讓散落在海内外的蘇州文獻得到挖掘利用，讓珍稀典籍化身千百，成爲認識和瞭解蘇州發展變遷的津梁，並使其中蘊含的積極精神得到傳承弘揚。

觀照歷史，明鑒未來。我們沿着來自歷史的川流，承荷各方的期待，自應負起使命，砥礪前行，至誠奉獻，讓文化薪火代代相傳，並在守正創新中發揚光大，爲推進文化自信自强、豐富中國式現代化文化内涵貢獻蘇州力量。

《蘇州全書》編纂出版委員會

二〇二二年十二月

凡例

一、《蘇州全書》（以下簡稱『全書』）旨在全面系統收集整理和保護利用蘇州地方文獻典籍，傳播弘揚蘇州歷史文化，推動中華優秀傳統文化傳承發展。

二、全書收録文獻地域範圍依據蘇州市現有行政區劃，包含蘇州市各區及張家港市、常熟市、太倉市、崑山市。

三、全書着重收録歷代蘇州籍作者的代表性著述，同時適當收録流寓蘇州的人物著述，以及其他以蘇州爲研究對象的專門著述。

四、全書按收録文獻内容分甲、乙、丙三編。每編酌分細類，按類編排。

（一）甲編收録一九一一年及以前的著述。一九一二年至一九四九年間具有傳統裝幀形式的文獻，亦收入此編。按經、史、子、集四部分類編排。

（二）乙編收録一九一二年至二〇二一年間的著述。按哲學社會科學、自然科學、綜合三類編排。

（三）丙編收録就蘇州特定選題而研究編著的原創書籍。按專題研究、文獻輯編、書目整理三類編排。

五、全書出版形式分影印、排印兩種。甲編書籍全部采用繁體竪排；乙編影印類書籍，字體版式與原書一致；乙編排印類書籍和丙編書籍，均采用簡體横排。

六、全書影印文獻每種均撰寫提要或出版説明一篇，介紹作者生平、文獻内容、版本源流、文獻價值等情況。影印底本原有批校、題跋、印鑒等，均予保留。底本有漫漶不清或缺頁者，酌情予以配補。

七、全書所收文獻根據篇幅編排分册，篇幅適中者單獨成册，篇幅較大者分爲序號相連的若干册，篇幅較小者按類型相近原則數種合編一册。數種文獻合編一册以及一種文獻分成若干册的，頁碼均連排。各册按所在各編下屬細類及全書編目順序編排序號。

周禮傳

〔明〕王應電　撰

據蘇州博物館藏明嘉靖四十二年（一五六三）永豐令吴鳳瑞刻本影印。

提要

《周禮傳》十卷《翼傳》二卷《圖説》二卷，明王應電撰。

王應電，生卒年不詳，字昭明，號明齋。明崑山人。少受業於魏校，精於小學，篤好《周禮》。嘉靖間家毁於倭亂，流寓江西泰和，與羅洪先友善，陳昌積以師禮事之。著有《同文備考》《書法指要》《六義音切貫珠圖》等。

《周禮傳》凡五卷，卷一至卷五分别爲《天官》《地官》《春官》《夏官》《秋官》，每卷又分上、下，實爲十卷。先大字羅列經文，下雙行小字注釋，『不質之注而質之經』。注音釋義、句解原文，多引鄭玄注和其師魏校之説。每段後低一格串講大義，發表己意。《周禮傳》後附《翼傳》上、下兩卷及《圖説》上、下兩卷。《翼傳》收録《冬官補義》《天王會通》《學周禮灋》《治地事宜》《握機經傳》《非周禮辨》《經傳正譌》七文，論述《周禮》相關專題。王應電謂『古稱左圖右書，凡書所不能言者，非圖無以彰其形，圖所不能畫者，亦非書無以盡其意，此古人所以不偏廢也』，故爲《圖説》，將文字難以明言之事物以圖示之，輔以説明。如《職方氏九州山澤川浸利民畜穀圖》，直取經文而作圖；《明堂圖》弃鄭氏、吴氏《明堂圖》不用，獨製《今定明堂圖》，作《明堂説》，引據《禮記》諸篇，論證甚爲詳盡。

此書『先求聖人之心，溯斯禮之源；次考天象之文，原設官之意，推五官離合之故，見綱維統體之極，因顯以探微，因細以繹大』，兼采漢宋，闡發義理，彰顯明代疑經思潮下之獨特治學特色，爲當時《周禮》研究之代表。楊豫孫謂此書『未嘗泥注疏也，同者以偶符而异者則自别』『得禮之本』；胡松贊其『多發前賢之所未發』；吴鳳瑞稱其『據通理以攻群疑』；四庫館臣謂『應電於《周禮》之學，用力頗深，此三書雖各爲卷帙，實相輔而行，核其大致，亦瑕瑜互見』。

本次影印以蘇州博物館藏明嘉靖四十二年（一五六三）永豐令吴鳳瑞刻本爲底本，原書框高二十·五厘米，廣十四·五厘米。書前原闕王應電序等葉，以中國國家圖書館藏本配補。

周禮傳叙

天地之道貞觀焉而變易者五氣之行也日月之道貞明焉而往來者所秉之機也帝王之治貞一焉而損益者所值之時也粤稽古羲黄而上未嘗先天以開人成周而下亦不能為太古之無事故五帝不同禮三王不相沿樂而其所以貞夫一者則萬古如一日蓋世有升降治瀍不能不與之推移心無滅息則立人之道不可得而改也周公之時何時也當殷之末造成之多難其憂患也深其防慮

相咸如六合

分治如六花

聯事如六札

周尚文

也周監于四代爰建六官各率其屬以倡九牧覆承生長收藏彌綸宥密如上下四方之六合治教禮政刑事卷舒闔闢如花瓣之六出大而王躬后宮切而朝廷圻輔迄于五服四夷百官萬務六官共聞其政一職不專其理錯綜繚繞如束物之六札故一職脩可以扶顛持危撥亂反正六職脩則天下太和萬物咸若今其綱條具在其人存則其政舉矣至其物必有則事必有司其作止有時其措置有所君臣上下之交泰男女内外之交際禮之叙樂之和

註疏之失

移易經文以補冬官之失

非周禮之繆

假行周禮之繆

郁郁乎文前作者莫之先後作者莫之繼時焉而已後之學禮者吾惑焉誦其文不究于用泥其名不揆諸道類以當世之弊政而釋先王之良灋致後之瞽矇聖經是疑而或知其分不知其合見其異不見其同廼欲析其合同而化理者分隸以補冬官之缺紛紛臆見人自為書至于鹵莽求之不得其義妄意詆毀竄其醩粕用濟其私卒歸廢弛皆是書之罪人也應電玩習累年不質之註而質之經不求之我而求之天遇有不得虛以待之久之若有所會

作傳之旨

體行周禮之灋

變通其制

酌損其文

通者敬爲傳詁然愚豈泥其蹟而欲盡如其所設耶器便于盆盂而籩豆猶存服習于長衫而衣常不廢先王制作幸而未墜者有是經在廢乎治有根柢得以取衷不失之太遠云爾。嗚呼三百六十屬洋〻乎廣大而精密師其意不師其迹用其道不用其名變而通之以盡利非英君碩輔孰能與于此。且造化不收斂則不能發散不混沌則不開文明丘園之賁先進之從周公孔子蓋嘗發之董子有言少損周之文用夏之忠百世可知矣。乃若天王后世子

互相因之道

廟朝宮衛之式君臣同體宇內一家之情養民治兵數教用賢之方百職各正六官聯事之瀰密于理財而以義爲利詳于會攷而謹終如始五常茲立而不遺七教兼陳而不悖是則與天地共爲貞觀日月共爲貞明者也徵古驗今推舊爲新愚所傳者不在茲乎

嘉靖戊午秋日吴人王應電書

周禮句解卷之首

周禮傳叙

百姓之心聖人之常心也人知聖人無不愛之民而不知其愛之不生于民聚民之喜非億其腹而子之也驅其所戚非攻其俗而得之也聖人率其心之盎然以生者而宣之其初亦一人耳民各自其所爲一人者而聽聖人則聖人之情可見而道之所以不廢也周之禮周人之心也周公先得于己而以禮出之百姓亦若出自己者周公既老自知其生之不數于是著爲禮經以垂後世後世遂稱爲

周公之書而不信其爲百姓之書也劉歆向父子拾之殘缺中號爲好之二子尤善立言而卒無所發乃以授杜子杜子抱此以隱年餘九十而不能爲傳至東京二鄭始取而釋之夫二劉非其意之不存也而無所托以起人之信二鄭非其玩之不精也而亦不能使人之必信然沒世學者往往見聖人之心若有以東其臣而欺其民稍下者又見聖人之惴惴焉慮天下之不豫己也此無他故也以禮求聖人而不能以己之心與百姓之心求聖人則禮之不

可行于今者非不幸也明齋王先生少有博識受學于魏
恭簡公尤耆周禮晚以疾阻往往瞑目澄坐口耳之累漸
次刊落久之似有所烱然于中者固未嘗強探乎聖人之
心而於百姓之心每以其意通之無所抵牾乃以其暇作
周禮傳余官金陵時嘗一讀而愛之今年秋先生携其書
訪余神邕山中遂獲縱觀因以參互諸家之註疏其同異
大較相半蓋先生未嘗泥註疏也同者以偶符而異者則
自別其最要者六官之相資四民之相轄冬官之不補考

工之不錄及不會國服諸篇宛然覩聖人與其臣民之心相爲融液而非有所徇至于六飲九穀屋粟夫征之類爲旹所急者皆能以百姓之欲破先儒之爭蓋先生之學得禮之本劉鄭之所不能傳者惟缺此耳嗟乎禮之不虛行久矣周禮雖在孰得而用之哉今先生沒沒講求若可運掌于旦暮者夫亦以聖人雖往而百姓之心未死也余每讀之輒爲愴然云故叙

壬子八月楊豫孫叙

書周禮注後

嵩山王君昭禹善肄經綜緝經語連類比義參伍以今世聞見而折衷爲說務鄭賈之數子言不窮病周禮舊注未盡聖人之旨乃更覃研累十數寒暑凡爲言之十萬餘其首原制度之由起究利害之所歸因類而遂探其

淞口細而篝繹其大推五官雖合之故黜諸家訛說之繆以爲百世繼周而治者必出於此雖嘗稽求師說而參其是非一斷以己甲寅秋攜冊南遊得甫訂正甫遭多故不暇而來六擾遷戍年友遐異蓬閱好藏李策見其之如熟根標枝附麗犯騰鏡諜剌猫色

理數分明今日庸陋儒肆其巧竊固是能摘撮於中而淺攘其上也爭愧因附會出諸雖互有異同或言出揑焉更四朝爭持竟日不能凡三月而後定言文以王君十數年累年之勤而爭以三月之間然有異同宜互而不屑也乎孫有所訂正哉然欲求聖人之旨千載以

周禮傳卷之首　叙文　二　頁

米而云固已近之姑識歲月歸之

嘉靖三十七年閏七月上弦吉水念菴

羅洪先書于垂虹嶺前朋來堂

刻周禮傳後序

周禮傳者吳人王昭明先生所述也往
南畿督學象岡胡公翠巖黃公不諸生遇之具舍
豐餼俾之卒業云脫藁未幾而兵燹燬家會太史
念菴羅公約遂挾冊西遊焉時
巡撫可泉蔡公吉陽何公督學敬所王公暨蒙泉
姜公竹隅李公相繼賓禮得優從容討論乃成今
本予往寓泰和相與誼契深密備聞脩述大旨嘗

慨其不獲見諸行事以究聖人之用傳之天下以
闡疑經之微今穐
少司馬栢泉胡公以巡撫江西蒐求隱逸大典禮
典因得是傳檄鳳瑞梓之豈斯文之傳固有所待
歟嗚呼荊玉居函豐劒士翳其寶氣精光固不容
秘向非卞張之神識博物何從知之使出為天下
共寶也傳以明經豈翅寶而已不有數君子知言
好禮幾何不為覆瓿哉昭明性質高朗頴悟殊絕

弱冠即師事莊渠魏先生慨然以聖人之道為必可學三代之治為必可行冥心潛思閱覽博物帝王經制條貫參酌靡遺而尤篤好周禮思行周公之道方其西客異土流離淹泊可謂窮矣而猶擇地而蹈不苟就舍擇人而友不輕交際雖餽遺常禮必酌諸義以為辭受其高氣遠度不受羈紲是以其行芳其志潔故其中靈通徹悟先求聖人之心而遡斯禮之源攄通理以攻羣疑依聖經而詁

衆傳經制大體存而不議私見疑義辯而不諱以至損益從宜緣物設制雖周公復起不能不與民變革者姑明其意以俟君子擇焉盖其濬自道生言由心出與附會聞見之末比擬形迹之粗者大有間矣君子謂禮註自歆向而下鮮及焉宜諸君子知而傳之也嗟夫由斯傳以知其人未若由其人以知斯傳也予故論著其行畧云

嘉靖癸亥冬永豐令楚蘄吳鳳瑞識

分守道奉都察院行文

欽差提督糧儲帶管分守湖西道江西等處承宣布政使司左叅
議姜　爲書籍事嘉靖三十九年六月十六日奉
欽差廵撫都御史何　鈞牌照得僑寓泰和縣儒士王明齋自註
周禮有補世教相應措處以資刻傳爲此牌仰本道官吏照牌
事理即量行措處無礙官銀徑給本儒以助刋刻牌具遵行過
緣由及給銀兩數目報繳等因奉此擬合就行爲此牌仰該縣
官吏照牌事理即便查支本道贓罰銀伍拾兩徑給儒士王明
齋領作修註周禮筆墨供費之資仍將動支過銀數給領過緣
由併取囬帖繳報查考施行毋得違錯未便牌併繳須至牌者

右牌仰泰和縣准此

嘉靖三十九年六月　　　　日

永豐縣奉都察院行文

欽差巡撫江西等處地方兼理軍務兵部右侍郎兼都察院右僉都御史胡　爲刊周禮傳翼以明聖經事照得周禮一書乃周公輔相天下之典法經制後世解者紛如多所錯誤以致讀者承訛踵誤或因而禍人家國遂使後世搖手相戒絶口不談至成冗編長物深可慨嘆近見吳儒王君明齋所撰周禮傳一書多發前賢之所未發而深得古聖人參贊彌綸使萬物各得其所之意殊有益於治經學經世務者相應刊刻況前院業已處有工價近五十金稍助以米糧板木即可成書矣爲此牌仰本縣官吏照牌事理即便於本儒處查取前書及其工價該縣再

行湊助食米梨板等項將前周禮傳一書僱覔工匠校正刊刻完日仍刷拾數部送院并具處過米石板片緣由一併繳報毋得違錯不便須至牌者

右牌仰永豐縣准此

嘉靖四十二年六月　　日

周禮傳目録

周禮傳卷之首　目錄

周禮傳卷之一上

天官上

六官命名之義

六官曰天地春夏秋冬者天官所掌王宮內外及百官皆在上之事天覆象也地官所掌教養斯民皆根本之事地載象也春官掌禮樂合天地之和春生象也夏官掌政皆均平大事夏長象也秋官掌刑裁物之過秋殺象也冬官掌事萬物各止其所冬藏象也故六官皆實理以成天下之務如天宇之六合也

惟王建國聖人繼天而王必宅中圖大而建立國都辨方以日景定其方向正位中爲王宮后宮前朝後市左祖右社即洛誥攻位于洛汭也體國國中之道九經九緯如人之四體經野井牧

其田野爲都鄙鄉遂之制如布之有經設官天地春夏秋冬分職治教禮政刑事以爲民極

極至也民之所歸猶之北辰衆星所拱屋正中衆木所湊故謂之北極屋極也

四海之治歸于王畿王畿歸于王朝王朝歸于王躬而王建其有極故辨方正位則前王後后內外不相瀆前朝後市義利不相干而朝廷正矣體國經野則王國王畿各止其所而邦畿千里正矣設官分職則天下之治大綱小紀靡不畢舉矣所以大中至正爲萬民之表極焉治道不出於此故六官之首皆以此語冠之也

乃立天官冢宰鄭氏曰山頂曰冢宰主也以其總制六官之治曰冢宰以其司主一卿之事曰大宰冢宰不主一職宗伯總掌其禮故皆不言司使帥其屬而掌邦治以佐王均邦

國

按書周官曰冢宰掌邦治統百官均四海大宰治典曰以經邦國以治官府以紀萬民小宰治職曰以平邦國以均萬民以節財用冢宰者天下之治所自出故曰掌邦治百官皆其所任用故曰統百官天下之治必始于財用主制國用故曰節財用布帛縱引者曰經邦國于是乎有統緒而不亂故曰經邦國綱之目曰紀萬民在規條中而不敢越故曰紀萬民曰均四海曰均邦國曰平邦國曰均萬民皆指其均平天下而言也

治官之屬大宰卿一人小宰中大夫二人宰夫下大夫四人

鄭氏曰小宰與大宰同名小大爲異故六卿之下中大夫爲十二小卿宰夫曰攷以其攷此一官所主之事也

上士八人中士十有六人旅下士三十有二人鄭氏曰旅衆也下士治衆事者凡官尊者少宜逸卑者多宜勞故下士稱旅府六人史十有二人胥十有二人徒百有二十人藏貨財曰府以府名者主守藏之吏也掌文書曰史以史名者取其善于書計也徒奔走之稱以徒名者主徵求號召給使令之役也胥說文別有諝字釋云知也爲凡人有才知之稱設官之數每徒十人胥一人即徒之什長所以序次諸徒役使之事俾有次第而不偏頗者當用諝字胥蟹醢也借用非

取用府史胥徒之濫見學禮通今録

宮正

宮伯宮正之屬○序官原有大夫士府史胥徒之數今附于各職下

膳夫

庖人　內饔　外饔　亨人烹同○已上竝屬膳夫　甸師　獸人

𢿍人漁同　鼈人　腊人已上甸師之類竝統于膳夫　醫師當作毉下同　食醫

疾醫　瘍醫音陽　獸醫已上竝屬毉師　酒正　酒人　漿人

凌人去聲　籩人　醢人音海　醯人音希　鹽人　冪人音密○已上竝屬酒正　宮人　掌舍　幕人　掌次已上竝屬宮人　大府

玉府　內府　外府已上竝屬大府　司會　司書　職內

職歲歲當作出　職幣已上竝屬司會　司裘　掌皮司裘之屬　內宰

內小臣　閽人　寺人　內豎音樹○已上竝屬內宰

九嬪

世婦　女御　女祝　女史已上竝屬九嬪統于內宰

典婦功

典絲　典枲音徙○已上竝屬典婦功

內司服

縫人　染人已上竝屬司服

追師堆同　屨師已上內司服之類

夏采

已上天官之屬凡六十官王者奉天道以理天下也故曰天王冢宰佐王以奉天也故曰天官是故王宮后宮之事冢宰無所不統宮正而下主宿衛及王之左右內宰而下主內政及后之左右膳夫主食酒正主飲宮人主宮室典婦功主女工內司服主衣服醫師主疾病凡有一事一物出于他門違于式灋者俾王及后率由天

周禮命官義

道也萬物皆天物故主制國用而有大府以掌其出入之權百官府皆天職故主統百官天下事皆天工故主贊王聽邦治而特立司會一職總贊天下之治會天下之職稽之虞廷謂之百揆六十屬皆主在上之事故曰天覆象也

按舊說周禮設官諸言伯者以尊長爲名師者取可爲師灋也言人者以其事名官言氏者有二義若桃氏爲劒築氏爲削族有世業故以氏名官若馮相氏保章氏師保氏官有世功則有官族也司者專任其事事由于已典者出入由已課彼作人職者財不久停職之而已守者專于其地無敢移易掌者執掌其事不得放失曰夫者剛陽之稱曰大夫則尤尊矣曰僕侍御之名曰隸卑之也曰正貞固之義曰宗禮灋之主府主藏史主禮

六典

文他若饔醫卜祝虞衡車馬瞽矇眡瞭布憲象胥之屬皆因其事而立名也

大宰之職掌建邦之六典以佐王治邦國典常也主也謂所主執經常之道也一曰治典以經邦國以治官府以紀萬民二曰教典以安邦國以教官府以擾萬民三曰禮典以和邦國以統百官以諧萬民四曰政典以平邦國以正百官以均萬民五曰刑典以詰邦國以刑百官以糾萬民六曰事典以富邦國以任百官以生萬民擾從夒獸名不從憂

建邦之六典者建國設官不離乎此王執之以治天下邦君執之以治其國故大宰掌之以佐王也六官各以邦國言者自王國以至諸侯之國兼舉之矣各以官府言者六官互相管攝不止治一職也各以萬民言者民惟邦本爲政主于臨兆民也治道無綱不足以言治大宰主出治亮采惠疇舉其大綱邦國如布縷之有經進退人于百官府皆其所統治于是萬民如在網目中而不敢越無禮義則上下亂司徒敬敷五教邦國賴以安寧六卿六遂皆受教灋于司徒百官府皆其所教于是民生遂馴擾而無叛亂然猶未諧和也秩宗典禮樂直哉唯清神人以和邦國賴以和協百官府習于禮樂心志有所統攝萬民因以諧和而無乖戾然苟有外患內訌禮教將安施乎政典以正之九灋脩明邦國賴以底平百官府無先後失時弗納于邪萬民因之均齊無敢

六官稱建國之義

亂行干紀刑典以糾之制百姓于刑之中惟明克允邦國之不如灋者有以詰責之百官府皆有所儀刑入于軌度萬民因之以舉正此二者所以禍亂無由起也然苟有廢壞不舉之處則不生司空度地居民水火金木土穀唯脩邦國賴以殷富百官之事皆其所任用萬民因之生生而不困也此六典之相合而無罅漏周匝而無厭斁相承而有序如此六典既定王國于歲首則以此縣之邦國于歲首則以此施之諸侯之獄訟則以此定之所以佐

王治邦國也

按惟王建國而大宰之六典司徒之土地人民宗伯之神示鬼之禮司馬之九灋司寇之三典與夫小宰之宮刑小司徒之教灋小宗伯之神位大司樂治建國之教灋必稱建國者謂有是國即有是典圖禮教刑灋神位

八灋

教灋非此無以立國國存與存國亾與亾商受夏周受殷百王不易故繫之建國有國者當知所執守矣聞之師曰先王封建諸侯以道治天下定爲萬世常經是曰六典後世廢封建爲郡縣專務以灋把持守令不復有君道六典滅亾久矣大宰偏言則一職專言則包六職故六典皆大宰所掌治典大宰自主之其次分掌于五官○應雷業師魏惹簡公諱校學者稱爲莊渠先生仕至大常卿有周禮沿革傳止天地二官餘闕

以八灋治官府灋古法字從水取其平從廌觸邪獸去惡之意今文省廌非○鄭氏曰百官所居曰府

一曰官屬以舉邦治即小宰之六屬

二曰官職以辨邦治即小宰之六職

三曰官聯以會邦治即小宰之六聯

四曰官常以聽邦治即宰夫之

四曰旅掌官常以治數常古所常行也周官其爾典常　五曰官成以經邦治即小宰之八成宰夫二曰師掌官成以治凡謂比居簡稽八者　六曰官灋以正邦治即宰夫三曰司掌官灋以治目及經中治灋教灋與凡稱灋者皆是　七曰官刑以糾邦治伊訓制官刑司冦官刑尚能糾職小宰以官刑詔冢宰而誅之及經中稱誅罰皆是　八曰官計以弊邦治即小宰六計弊斷也

六官各有六十屬舉賢自助則邦治興舉而無鰥曠六職各有攸司責有所歸則邦治有分辨無相奪倫國有大事如吉凶軍賓嘉非一官所供六官相聯共行則邦治會合如一而無離散事變無竊創立之始節目有未盡舉古所常行者而折中之則邦治有以聽斷而不眩官府各有成事品式六官依此聽決則邦治如布之有

八則

經而不紊每事各有成灋百官各循其灋則邦治各正而不忒以至人無所懲戒則心易懈制官刑儆于有衆邦治待以糾察無廢墜有箸不舉則衆無所勸會計功叙以弊斷之邦治所以成終也

師曰治天下有體邦國君道也以六典治之官府臣道也以八灋治之

以八則治都鄙三百里外邦縣邦都之地一曰祭祀以馭其神宗廟社稷山川五祀及凡有功德之在其地者或因國之在其地而無主後者都鄙主其神之祭祀二曰灋則以馭其官有爵位者兩伍之屬以王灋紀之三曰廢置以馭其吏庶人在官者有過則廢有善則置四曰祿位以馭其士學士將仕者論定官之位定祿之五曰賦貢以

馭其用自上所收曰賦自下所供曰貢用所以待王朝之徵調及守宗廟之典籍也**六曰禮俗以馭其民**凡鄉俗之禮有不同而無害于義者如祔有離合衣有玄端襚服冠禮有醮有醴因其俗而節文之以禮俾民相安而不敢越**七曰刑賞以馭其威**都鄙有君道故封內刑有罪賞有功得自專之方士所謂書其刑殺之成與其聽獄訟者上之于國猶今之題知而不胥胥兼聽之故事治而上逸也**八曰田役以馭其衆**大田簡衆大役任衆都鄙之君農隙得自爲之

王畿千里自鄉遂公邑之外有家削縣都之地天子不能親治不得不封其臣子以分治之然不可聽其自治而不爲之節制又不可一一束縛之使不得以有爲故而八則以馭之使得專其治無過其則而已蓋幽則有

鬼神示明則有官吏士皆爲治之綱領賦貢以足用禮俗以施敎皆爲治之具而刑以詰奸兵以禦侮則輔治之灋故祭祀禮俗則有都家宗人法則則有都則家則刑則有方士兵則有都家司馬至若大宰之建長立兩卿大夫以灋憲于所治之國春官太史逆都鄙之治夏官司士掌都家縣鄙卿大夫士庶子之數秋官朝大夫掌都家之國治凡歲終之所攷正歲之所施治朝之所聽一以此八則而馭之又有公邑錯綜其閒天子使吏治之此千里之内所以昭明而無後世世家之禍也

師曰先王建都邑以封公卿大夫在王朝則臣道也以八灋治之在封邑則君道也故以八則治之灋者從上之令而下不自專也則者受節制于上而下得自專也馭者節制之義

八柄

以八柄詔王馭羣臣鄭氏曰柄所秉執以起事者一曰爵以馭其貴公侯伯子男孤卿大夫士之命也有德者傳之以爵使貴于凡民二曰祿以馭其富自國君至庶人在官者之食也有功者厚之以祿使豐其所享三曰予以馭其幸常祿外賜與特恩即九式好用勳賞功幸而易承天寵四曰置以馭其行有善行者論定官之置之于位五曰生以馭其福人情莫不欲壽罪疑惟輕死刑者赦之使得其生爲福大矣六曰奪以馭其貧大則収其田里小則下其食不善而君所棄者貧乏以困之七曰廢以馭其罪有罪者罷黜不叙使不任事八曰誅以馭其過誅罷于五刑即內史之殺也罪而至于典刑非常過惡舊以罪

重于過故訓誅爲薄責然不可以對生當以内史之殺爲擾或曰過對福當是禍字禍與過刑聲相似而誤猶詩莫予禍謫亦作過也○

（柄）說文從秉作棅

周禮敘大宰治天下之綱凡十條而唯六典曰佐王八柄八統曰詔王蓋治邦國馭羣臣馭萬民乃王之大權王所自操大宰但參贊之禮所謂雖有庇民之德不敢懷君民之心也其餘大宰執之王不必專書所謂罔攸兼於庶言庶獄庶慎也爵祿二者王所以馭羣臣八柄之大者予奪二者自其祿而施低昂之柄廢置二者自其爵而操進退之柄生誅二者制其死生之命也予置生皆作福之事奪廢誅皆作威之事洪範所謂唯辟作福唯辟作威臣無有作威作福故以詔王也

八統。

以八統詔王馭萬民統包舉倡率之意一曰親親如堯之親九族二曰敬故如高宗之舊學于甘盤光武故人嚴子陵三曰進賢有德行者四曰使能有才藝者五曰保庸有功者六曰尊貴有爵者七曰達吏在官小吏八曰禮賓如三恪二代之不臣者以賓禮之及待四方之賓客也

四海之廣兆民之衆大君以一人之身欲操御之使皆循軌苟無其道不幾于舉一而廢百乎惟其統領之道有此八者然後能不動而變無為而成耳篤于親則民興于仁故舊不遺則民不偷進賢使能則民勸于為善有功者保安之則民知趨事赴功有爵者尊崇之則朝廷愈尊屬吏有勤劳王事察舉奬勸之俾得行其志則

九職

民相勸而勤于事禮賔則民興讓八者上行而下效故能以一而馭萬所謂譬如北辰居其所而衆星拱之者也是故先王以道治天下似難而實易後世以灋把持天下似易而實難也

以九職任萬民任者使負荷其職事而責其成一曰三農生九穀三農者山農澤農平地之農也九穀者黍稷稻粱麻麥菽苽蕡也黍禾高丈餘稷俗名穄高四五尺二者皆宜于陸稻一名稌有百種宜于水粱即良也有黃白二種麻芝蔴也有數種月令食麻與犬麥有來麥大麥小麥三種熟于夏一名莜麥熟于秋菽俗名豆其類二一生于冬而收于蠶月有大小二種一生于夏與禾齊熟有黃白赤綠黑絳大小刀扁之名百餘種苽茭所結實也生于水涯食醫苽宜魚蕡蕡麻仁也籩人體蕡穀類尚多此特取經傳所載者明之○苽蕡

音孤文菰音喬二曰園圃毓草木毓育通蕃育之意○圃樹植之地園其樊即載師所謂園廛也草者蓏實及菜茹木者果實及桑柘與凡嘉木也○(蓏)禮果反土中果也(柘)音蔗三曰虞衡作山澤之材山林川澤有自然之利不樽節愛養之則至于困竭山虞澤虞林衡川衡教民作興其利四曰藪牧養蕃鳥獸(藪)音叟○澤生草曰藪牧者牧地皆畜水草之處滋養鳥獸使之蕃殖五曰百工飭化八材(飭)音勅○八材者曰土曰木曰金曰玉石曰骨角曰皮革曰羽毛曰枲漆土之陶木之斲金之冶玉石曰琢磨骨角曰切磋皮革曰剥羽毛曰析枲色之文膠漆之固所謂百工也飭者修治之如土金去其滓玉去其瑕木刋其皮皮革治熟之因其質而作新之耳化者變化之如木之爲室土金之爲器皮之爲衣枲

色之有象更易之而非舊形也**六曰商賈阜通貨賄**（賈）音古○金玉曰貨自然之物也布帛曰賄若聘禮賄用束紡人所爲也物之生聚有地自其多處遷于所無曰商物之多寡有時自其多時積以待乏曰賈故能利者使阜無者使有**七曰嬪婦化治絲枲**（枲）音徙○絲出于蠶枲出于草變爲布帛故曰化治嬪指宮中之人及有爵者之妻掌于典婦功婦泛指國中婦人掌于閭師等官**八曰臣妾聚斂疏材**疏材者草木枝葉根實可以食用藥材者地官掌荼之所掌也臣妾男女賤者之稱蓋一男一婦勢不能自立而依于私家則使之爲此職也**九曰閒民無常職轉移執事**閒民者不服農圃山澤藪牧之勞又不從事于工商之業故使轉移執事若今之脚夫舟師車夫等人

古語曰一夫不耕或受之饑一婦不蠶或受之寒民無職事則不生不事事而求生亂之道也然人情好逸惡勞非長民者各以其職而任之則相率而爲惰遊矣生民之本在倉農圃二者民生之本故居其首虞衡藪牧二者虞書所謂若上下鳥獸草木皆生財之源故次于農工商二者民用之不可缺所以資農故視農爲末人情勞則思善逸則思淫惟夫嬪婦皆勤于女工此内人之所以無不有事而富足之資也其一家專務爲織則任之以女事而貢布帛耳至于疏材者天地之遺利則以臣妾聚之轉移者百職之所需則以閒民司之蓋既不強人以所不能而又足以濟人事之不可無者庶幾天下無廢人而事易舉矣九職既任即大學所謂生之者衆爲之者疾也何憂乎貧今民之無職者多矣一曰佛二曰老三曰冗兵四曰冗吏五曰遊民六曰作無益

九賦

之工七曰通異物之商宜乎民之困窮而無以爲生也抑不特此風俗奢僭于下賦役歲增于上而彼貪汚官吏日夜疾視其民而歛之若仇不至于大壞不止也善乎節卿鄭氏之論曰先王制民之產以厚其生既而聽民自爲生下則困之使民無以爲生嗚呼天之立君以爲民夫何使之至於此極也大有爲之君聽民自爲生不止也其當制民之產哉

以九賦歛財賄(賄)月鬼興鬼二切○賦取于民之稱兵有車馬兵器亦取于民故謂兵爲賦人功所成曰賄周禮取民之制不專于米故以財賄言一曰邦中之賦在城郭者以待賓客二曰四郊之賦去國百里近郊遠郊也以待芻秣三曰邦甸之賦二百里以待工事四曰

周禮傳卷之一上

家削之賦(削)恤敎反古文作郇善〇三百里以待匪頒　五曰邦縣之賦四百里以待幣帛　六曰邦都之賦五百里以待祭祀　七曰關市之賦市或在關或在國以待王之膳服　八曰山澤之賦虞衡所掌山農澤農以待喪紀　九曰幣餘之賦掌事者之餘財以待賜予

此王國賦入之定灋舊說賦謂口率出泉如漢灋口賦人百二十以爲筭也關市山澤之稅有人占會取之幣餘之物指斥與人賣之皆爲官出息若後世賈人倍筭矣愚謂有田則有賦有身則有役未有稅其身者口率出泉商貨取稅斥賣官物有息皆漢巳後事用此以解九賦謬甚蓋自邦中四郊甸稍縣都皆田賦也關市有

九式

廛布山農澤農有十一之貢此皆正賦惟夫幣餘者蓋九式之用雖有定灋然會計之始必稍爲贏餘故事畢必有所餘以待王之小用賜予其詳見于職幣古人節用故用于上而有幣餘後世橫征故取于下而有羨餘名相似而實不同也

以九式均節財用鄭氏曰式謂用財之節度一曰祭祀之式祭祀有大小中三者出于邦都之賦二曰賓客之式朝覲會同及諸侯諸臣聘問往來之饔飧牢禮也出于邦中之賦三曰喪荒之式喪古喪字○喪謂大喪小喪也大府山澤之賦以待喪紀荒謂凶札遺人縣都之委積以待凶荒又傳曰三年耕必有一年之積此亦荒之式也蓋每賦式皆當以三年而存其一卒然無征而國用有

所支又以其餘及縣都所積者而散之于民故每遇凶札既能薄征又能散利也

四曰羞服之式王之膳羞衣服出于關市之賦

五曰工事之式百工器物之材與其食也出于邦甸之賦

六曰幣帛之式諸臣適四方之幣獻玉帛也出于邦縣之賦與邦國之幣貢

七曰芻秣之式芻音初○豢牛馬禾穀出于四郊之賦

八曰匪頒之式匪分也諸臣之常祿出于家削之賦

九曰好用之式好去聲○君之于臣或親故賢能于常祿之外特恩加厚有所賜予所謂予以馭其幸也出于幣餘然亦有式則不至于過多無節

此王朝用出之定式王者莫尊于天地祖宗故祭祀爲首禮莫重于尊賢故賓客次之喪禮以送終荒禮以救

災二者事之至急故喪荒次之羞服所以供王工事亦上用爲多此國用之至大而次于祭祀賓客喪荒者卽大禹之菲飲食惡衣服卑宮室薄于自奉之意也匪頒主供臣下芻秣乃軍國犧牲之所需故殺次于上供好用非常典故在經用之末也

按軍旅有國莫大之費而九式不言者蓋軍旅之賦出于丘甸其穀積在廩人倉人薪芻在稍人委人皆取于公田之入務多積以待不測與凶荒互用者其金石之費則職金所謂凡有大故而用金石則掌其令也其車馬兵器別取辨於農所謂丘甸之車數者此非若常用之可以一定而無損益故不在九式之内也

師曰九式言均節也者以三十年之通制國用總計國賦歲入若干國費歲出若干四分爲率量用其三而存其一三年矣則其積可供一年三十年則有十年之積

九貢

國不幸多故不待加賦以病民民不幸有水旱之災上又得以蠲賦所以眷王仁心助成恭儉之德而禁奢侈于未萌也事有定格王不得濫費有司毋敢濫供監守者不得侵没上下交相正焉祖宗創業立灋謹嚴子孫守成遵而不易不至由儉入奢王政之至善也嗚呼九式廢人主太平逸樂將必生其侈心而有司逢君爲容說國費日靡民賦且日增至于窮奢極欲竭民之脂膏而不能給矣上下相師風俗胥爲侈靡四海所以困窮也今欲復九式則何先曰寡欲則費省而稅歛薄多欲則多費而多取于民此古今治亂興亡之訣也

以九貢致邦國之用　致者定爲式灋使其自至也

一曰祀貢　供祭祀之所需禹貢荊州包匭菁茅以其堅實條脩利于縮酒其產特良也

二曰嬪貢　嬪音賓○供嬪婦之所化治禹貢青

州岱畎絲枲厥篚檿絲兗之絲荊之枲皆堅韌肥美利于女工也**三曰器貢**吉凶禮樂之所需九州各有所制禹貢徐州之泗濱浮磬攷工記所稱燕之函胡之弓及肅慎氏楛矢成器精妙非他方所能造也**四曰幣貢**供神人幣帛之用禹貢所謂厥篚楊之織貝兗之織文荊之玄纁璣組徐之玄纖縞豫之纖纊也此與服貢相類故大行人采服之貢但言服貢而不及于幣貢皆堅緻而有文章非他方之所及也**五曰材貢**供百工之所飭化禹貢徐之土五色嶧陽孤桐楊之篠簜齒革惟木荊之杶幹栝柏礪砥砮丹箘簵楛美材適用非他方之所產也**六曰貨貢**山澤所生自然之物禹貢徐之淮夷蠙珠荊楊之金三品荊之大龜梁之璆鐵銀鏤礱之球琳琅玕得天地之精英者也○蠙玭通弼眠切璆球通**七曰服貢**供衣服之用禹貢冀之島

九兩

夷皮服楊之島夷卉服荊之絺綌梁之熊羆狐狸織皮是也八曰斿貢斿旒通又音由○供旌旗之用禹貢荊楊之羽毛徐之羽畎夏翟此皆出自南方蓋天文南方七宿鳥朱鳥感之而生者也○九曰物貢九州之物各有所宜禹貢之厥包橘柚青之海物徐之魚物有適用而不可無者也

此侯國職貢于王之定灋召公訓于武王曰明王慎德四夷咸賓無有遠邇畢獻方物惟服食器用夫聖經每言制其貢各以其所有後世之貢責以非其地者不可勝數誅求貨買之弊殃民不可勝言爲律以此灋一切裁革其利民不亦大乎

以九兩繫邦國之民一曰牧以地得民二曰長以貴得民

三曰師以賢得民四曰儒以道得民五曰宗以族得民六曰主以利得民七曰吏以治得民八曰友以任得民九曰藪以富得民

師曰兩猶耦也所以協耦萬民繫聯綴之使不渙散先王能以天下爲一家中國爲一人者有道以固結其心耳牧者諸侯各有分地世眷其民民皆親戴之後世守令數易不復以地得民矣長者畿内諸侯雖不世然德尊位隆民皆尊仰之後世公卿不親民不復以貴得民矣師者學校之官興教化善風俗民尊其賢後世師道不立不復以賢得民矣儒者學校所造之士篤信力行有道爲人所重後世儒者志于利禄習爲空言不復以

道得民矣宗者大宗百世不遷收合其族後世宗灋不立人不知統繫不復以族得民矣主者大夫各食其采地利益及民後世仕不世祿與民爭利不復以利得民矣吏者若比長鄰長已上等吏治教與民相安後世鄉遂灋廢上下乖離不復以治得民矣友者同井合耦之人互相保任情各親睦後世井田廢出入不相友不復以任得民矣藪者虞衡掌澤藪公其利于民後世山澤之利盡榷于官國富民貧不復以富得民矣此古今治亂之大較也有志復古者以民吾同胞爲心則有是灋矣愚按府史之屬服勤公事亦以治得民也

正月之吉夏正月正元日**始和布治于邦國都鄙**有不調之處和洽而布之○**乃縣治象之灋于象魏**縣音玄掛也○象者國家之灋如天之垂象也魏大也闕旁兩觀魏

然故以爲名兩觀主縣灋故曰象魏**使萬民觀治象挾日而斂之**挾音接○挾日更一旬也久則生玩故斂之

歲首天運更始人事當一新治教禮政刑事建國之所倚賴六官之所執守萬民之所觀灋王畿內外之所奉行者也然時移世改必有不可行之處治道當有變通故每歲首則和而布之于邦國都鄙使行之無弊斟酌而縣示于民使有持循蓋邦中鄉遂之民六官所自治故縣以示之邦國都鄙之民各有其君六官但節制之而已故布而使自縣之也宗伯獨不言和布縣灋者其有缺文歟司空則亡之矣

又按周公制禮述爲一代大典後賢後王率由舊章而已而六官于正月之吉皆曰和布何也立人之道生生

不息事變無窮治道與之推移宰相佐王御天豈拘拘守其繩墨之謂哉故必有協和之方而後可以守之無弊也是故舜禹以聖紹聖而尚有作新之政成王名爲守成而周家一代典章皆其所立後世不知此義凡于先君已行之事時移勢改有所廢缺則不敢少有損益曰變亂成灋也其小人陰壞默損則更不能問故必至于大壞極弊然後英雄之君相起而振飭之此不善守成者也周公之旨深哉雖然苟無協和之道而徒取舊章紛更之以至于速天下之禍多矣故事有當變通偷惰而不肯爲非也事非有弊喜事而擅改作誠前王之罪人也

乃施典于邦國而建其牧九州之牧在舜典爲十二牧周官所謂九牧也立其監

監平聲○監于方伯之國及名山大川者設其參參清含反○諸侯之三卿記所謂大國三卿次國二卿小國一卿命于天子者傳其伍傳音附○益之也伍五大夫陳其殷衆也謂上中下士置其輔府史胥徒輔治者○乃施則于都鄙而建其長都鄙之君立其兩孟仲兩卿設其伍陳其殷置其輔○乃施灋于官府而建其正六卿立其貳十二小卿設其攷成也宰夫卿師等成治者陳其殷置其輔

前所言和布縣觀者六官各下其一官之事于邦國都鄙萬民若天之賦式地之斂灋春之三禮夏之九灋秋之三典即小宰所謂六職也每歲施行之際有所損益故各官自行之此所言典灋則者邦國官府都鄙一代

之典章一定不易大宰總執其體要而施之也夫牧而曰建者不可則有所更置州牧未嘗專其任曰監曰叅皆自王立之設之此天下之治所以常出于一也長而曰建者有罪得而廢之都家未嘗有其土曰兩曰伍皆自王立之設之此王畿之治所以爲首善之地也正而曰建者歲終則致其事六卿未嘗世其官曰貳曰攷皆自王立之設之蓋歲終于百官府之受會致事而詔王廢置故此若更置其人在位者所以無姦慝之可容也此皆天子之大權大宰得而佐之若侯國之五大夫其君自擇之及夫殷與輔皆其君長正自主之王與大宰固不得而屑屑矣夫典灋則非有變更也每歲首必施之則爲治之具煒然有日新之意牧正長非必改易也而每歲首必建之則爲治之人欣然有日新之功故灋久立而不玩人久任而無倦也

事

凡治以典待邦國之治以則待都鄙之治以灋待官府之治以官成待萬民之治八灋中之官成自官府所執而言此則自萬民之有事于王朝而治之以禮待賓客之治五禮之賓禮自常時言此則因事變不齊而治之蓋大宰聽邦治則有萬民賓客之至故特舉此二者　師曰治灋立矣擇人而任之矣太宰清心無爲候事之至各舉舊章應之未嘗作聰明焉所謂無偏無黨王道蕩蕩也

祀五帝五帝者一氣流行而變爲木火土金水德各不同以宰制萬物王者因而祀之也詳見郊祀總釋

則掌百官之誓戒誓警勵之詞若不共有大刑戒使知儆即齋戒與其具脩具所當供之物牲幣之類修所當舉之事滌濯掃除之類前期十日帥執事而卜日遂戒卜者請命于天也卜吉遂戒而散齋七日致齋三日故必前期十日而卜此誓戒之事也及執事眡滌濯祭之前夕世婦帥女官而濯溉宗伯眡之大宰復親眡之此所脩之事也及納亨贊王牲事㊁亨音烹○納亨者祭之晨王親割牲以授亨人納之爵俎也納亨之牲大宰牽之以授王故曰贊王牲事及祀之曰贊玉幣爵之事玉與幣所以禮神各如其方之色爵所以獻齊酒宗廟用玉爵祀五帝不用玉尚質也牲與幣此所具之事也○㊁齊音劑祀大神示亦如之大神示謂郊社享先王亦

如之贊玉几玉爵玉几者天子平日左右玉几故享先王設之以依神玉幣爵玉几玉爵皆大宰執以從王而授之故皆曰贊

禮莫重于祭凡卜日具修詔相大禮雖大宗伯所掌而大宰百司之表故凡百官之誓戒與其具修復掌之

大朝覲會同贊玉幣玉獻大朝覲會同見大宗伯玉幣諸侯享幣也玉獻獻國珍異亦執玉以致之二者大宰贊王受之**玉几**王所依也卽司几筵之左右玉几所以優尊者**玉爵**王禮諸侯之酢爵王朝諸侯立依前南面其禮之于阼階上二者大宰贊王爲禮

大喪贊贈玉含玉王及后之喪贈玉既窆而納于壙者含玉斂而實口者大宰助王爲之

作大事則戒于百官贊王命大事軍旅田役也王親命之冢宰爲之贊助

國之大事在祀與戎祭祀之戒大宰掌之則此戎事之戒非大宰則司馬今不屬之二官何也此有三義其一君德以剛爲善故欲其當萬衆之中布昭聖武其二治安則玩兵故欲後王身親師旅之事安不忘危三則大宰于治無所不統不可復專兵事之戒大司馬統兵于外其權特重軍容不可入國故亦不專其戒皆防微杜漸之意也

每日眡朝之事

王眡治朝則贊聽治治朝路門朝也眡四方之聽朝亦如之謂巡狩于方岳

凡邦之小治則冢宰聽之聽四方之賓客之小治

一歲三歲會攷之灋

王日出眂朝宰夫叙羣吏之治而王聽邦之大治及太行人有四方之大事則受其幣而聽其辭與巡狩而聽治于明堂然冢宰佐王平斷若畿内與四方賓客之小治則冢宰自聽之四方聽朝不言小治巡狩皆大政也師曰王恭已南面大治與宰臣平章一人之體也大治與聞助王所不及小治不以煩王百揆之體也上奉王命次請于冢宰衆務各以其職自治之庶僚之體也故曰主好要百事詳主好詳百事荒

歲終則令百官府各正其治受其會聽其致事而詔王廢置

百官府六官之僚屬也歲終天運一終人事告成將除舊布新故令百官府各正其治謂申明其職掌也受其

會謂考覈其功敘也致事者休致其職事于上一則王事告成而不徒使一則臣事告終而不徒祿于是詔王廢置以爲正月建立之地蓋大僚中有當舉當黜不能俟大比之期也他官或言正治致事或言會政致事義竝同

三歲則大計羣吏之治而誅賞之

凡入事必以三歲而成一爲創始二爲損益三則成立若敎民而使之感格治地而使之成熟豈一歲之功故攷治者必以三年也歲終之考止于百職之首去泰去甚三歲大比則大計其羣吏之治計者審察商度之謂無功者不徒廢之而已必加以下官不職之罪有功者不徒置之而已必受進賢之賞書周官舉能其官唯爾

之能稱匪其人唯爾不任是矣葢興起事功出內財用士大夫不能一一親之皆出于羣吏之手而其所以用乎羣吏者則士大夫也故周公之瀍必詳于羣吏御史贊其書宰夫正其會司會攷其成內史逆其會如是則事功之興廢財用之生耗不得毛髮欺隱其誅賞皆實績而非虛應故事矣若羣吏之廢置誅賞皆各屬長官自專之觀鄉師歲終攷六鄉之治以詔廢置大比則攷教察辭稽器展事以詔誅賞乃各官之著例也夫然則大僚務以求賢爲急而必明于其官百揆不侵百官府之權使得精于用舍此其大小煩簡所以各得其職也後世百官皆攷選于吏部豈爲長官者不能知其屬吏而爲吏部獨能詳其各屬各部之官皆不可信獨吏部爲可信耶是所謂舛也

按羣吏不止府史胥徒亦有兼言士者觀宰夫言三公六卿大夫羣吏者位可見六官之中言羣吏者非一大

羣吏辨

定相之方

宰三歲大計羣吏之治小宰月終受羣吏之要指六官之屬吏也宰夫歲終則令羣吏正歲會正歲則以灋警戒羣吏專言天官一屬之吏也鄉大夫令羣吏正要會遂大夫帥其吏而興甿即鄉遂之官司市市之羣吏即胥師等官司馬令羣吏撰車徒即鄉遂之吏受灋于司馬者也唯司寇之詢羣吏則指諸侯之陪臣言若小宰以官府之六敘正羣吏則兼大夫士而言猶御僕言掌羣吏之逆不言士大夫在其中矣

師曰六典而下建立治道紀綱也正月之吉率百官與事也歲終省其成也有事詔王贊王順承天施之義也故曰乾知大始坤作成物乾以易知坤以簡能昔者堯舉舜而敷治焉舜有臣五人而天下治此乾坤易簡之理萬世之灋也

又聞之師曰冢宰統百官則既掌其廢置誅賞矣然冢

宰之賢否王何以知之乎昔夫子稱鄙夫之患得患失洪範稱臣無有作威作福玉食泰誓稱一个臣之休休有容觀于此三者而相定矣愚謂爵祿威福出自于君臣何有焉技能彥聖出自于天已何與焉彼鄙夫淺丈夫知自利其身故患得患失以至于奢縱擬君自有其善故妬賢嫉能以至于殃民病國大臣者以天下之樂爲樂而不有其身何意于富貴威權以天下之善爲善而不有其善何敢以自賢自聖在高位者非此斯亦無足觀矣求之近代王安石能不患得失公孫弘能不作威福王旦能不忌賢才而相業有未盡者非以其有得有失歟抑宰相者佐天王以御天四海理亂百世安危孰非其責皋陶之謨曰在知人在安民知人則哲能官人安民則惠黎民懷之此舜以不得禹皋陶爲己憂而伊尹以一夫不獲爲時予之辜也察此而無餘蘊矣

小宰之職掌建邦之宮刑在王宮中者之刑以治王宮之政令王宮各司職事命令凡宮之糾禁糾者檢察而攻發之禁若士師宮禁王宮統于天官故小宰掌建邦之宮刑王宮內外其刑特嚴所以衛至尊肅政本也各司政令或有不舉糾禁或有所犯皆得以宮刑治之

掌邦之六典八灋八則之貳以逆邦國都鄙官府之治○

執邦之九貢九賦九式之貳以均財節邦用貳副也典灋則大宰所頒爲治之道小宰迎受而攷覈之使天下之治不徒爲文具貢賦式大宰所以制國用小宰參

六敘

議而均節之決上下之財不得違于式灋

以官府之六敘正羣吏大夫而下三等士庶人在官者一曰以敘正其位宮伯歲終均敘爵雖同階而有先後之次猶孟子之不歷位也二曰以敘進其治奏事于王有輕重緩急不得叅越即宰夫敘羣吏之治也三曰以敘作其事朝廷七事及各官職事有大小遲速當率作申戒四曰以敘制其食攷其勤惰工拙爲之下上其食即宮伯月終均秩也五曰以敘受其會即下文以官府之敘受羣吏之要贊冢宰受歲會也各有次第六曰以敘聽其情情謂事有時移勢改不可執一須有變通之方當白于上者即官常以聽邦治也或曰情謂私家之事非

六屬

王政而欲白于上者

朝廷主莊公卿聖隆事簡自無不肅羣吏人衆事煩苟不有以齊之能免喧嘩者乎所以有六叙以正之也朝廷莫如爵故正位爲首王視朝則聽治故進治次之不戒則事不成故百官府之事所當率作而興起之其在王所食有豐裔當制其食事成則有要會當受其會事未安則有所白當聽其情六者竝以敘正之斯無爭先越次而致有不肅者矣

冢宰主統百官故六叙六屬六職六聯八成六計凡所以治百官府之灋皆小宰掌之

以官府之六屬舉邦治一曰天官其屬六十掌邦治大事

則從其長小事則專達二曰地官其屬六十掌邦教大事
則從其長小事則專達三曰春官其屬六十掌邦禮大事
則從其長小事則專達四曰夏官其屬六十掌邦政大事
則從其長小事則專達五曰秋官其屬六十掌邦刑大事
則從其長小事則專達六曰冬官其屬六十掌邦事大事
則從其長小事則專達

周禮六官通言六十屬然考之于序官天官六十地官七十五春官六十六夏官六十五秋官六十二而不甚

齊者蓋周天三百六十五度設官之數因之故所謂六十者舉大數而已天官之九嬪世婦女御春官之宮卿世婦內宗外宗本后所立之六官而亦附載其職掌者天官兼內外之治春官兼內外之禮故皆掌內官之大畧也必六十屬者官盛任使大小相承然後邦治得以脩舉不至于缺人廢事也且其多寡不甚殊者固聖人擬議之使繁簡相等亦天然之妙也○六官之下有各司之長若天官之膳夫大府地官之司市遂人各司之下有分司若膳夫之庖人內饔大府之內府外府司市之賈人廛人遂人之縣正鄙師有大事焉則分司之旅承命于各司之長各司之長又承命于六官之長而無敢專行如卿大夫攷灋于司徒而小司徒頒比灋六牲皆有專官而奉之者必長官也其小事則各司之長專行之而六官有弗與或分司之旅專行之而其長亦弗

六職

與知內豎掌內外之通令凡小事肆師凡國之小事治其禮儀小史凡國之用禮瀆者掌其小事上達于王下達于民旁達于六官皆專行之也蓋大事而弗從其長則政出多門小臣橫而大臣無權小事而不專達則大臣親細務以多事自敝下僚賢者不得盡其才不肖者得以推姦籍口二者皆非也

聞之師曰王舉大宰大宰舉五官于王六卿各舉其僚屬之長數人使自以類相舉此乾坤易簡之道也漢制公卿亦得自舉掾屬爭以辟士相高非其人則負知人之明而亦自失其助故漢治猶爲近古後世天下之官盡選于吏部人才不能周知不得已而用資格賢不肖大混淆矣

以官府之六職辨邦治一曰治職以平邦國以均萬民以

節財用二曰教職以安邦國以寧萬民以懷賓客三曰禮職以和邦國以諧萬民以事鬼神四曰政職以服邦國以正萬民以聚百物五曰刑職以詰邦國以糾萬民以除盜賊六曰事職以富邦國以養萬民以生百物

冢宰云六典者謂所當行經常之道人君之所操故有治官府教官府統百官正百官刑百官任百官六官互相管攝者也此言六職者謂所主掌之事人臣各有攸司故曰辨邦治而不云官府百官乃六官之分職也節財用者大府司會主制國用懷賓客者八政以食爲先遺人主供道路之委積以懷遠人事鬼神者典祀大司

六聯

樂等官主禮樂以假鬼神聚百物者大司馬九灋皆天下之大政主糾聚百物除盜賊者因戮刑刺等官皆主除盜賊生百物者居四民時地利而百物自生也

聞之師曰古者百官府各有分職委任而責其成功故得展布以爲治弗稱其職則去之其人可得而去其職弗可得而侵也後世君行臣職大臣行小臣之職煩碎拘攣萬事棼不可理矣然則何如曰王者勞于求賢逸于任人

以官府之六聯合邦治一曰祭祀之聯事大宰誓百官贊玉幣司徒奉牛牲宗伯視滌濯涖玉鬯省牲鑊奉玉齍司馬羞魚牲奉馬牲司寇奉明水火二曰賓客之聯事

大宰贊玉幣玉獻玉几宰夫掌牢禮大司徒令野修道委積大宗伯爲上相大司馬帥士庶子而掌其政令大司寇前王

三曰喪荒之聯事大喪大宰贊贈玉含玉司徒帥六卿之衆庶屬其六引遂人屬六綍宗伯主喪禮司馬平士大夫司寇前王荒大宰會計司徒主荒政宗伯主荒禮司寇荒辨之灋小行人令賙委

四曰軍旅之聯事

五曰田役之聯事六軍軍將皆命卿田役亦然大宰贊王戒百官大司徒以旗致萬民大宗伯主軍禮大司馬建大常比軍衆司寇蒞戮

六曰斂弛之聯事斂謂征賦役弛謂舍其征大宰任貢賦司書凡稅斂掌事者受灋焉小司徒辨征役之施舍司馬施貢分職閭師征賦大府受財

○凡小事皆有聯如司門聯門市充人聯六牲其詳錯綜互見于各官之下

八成

一事而一官專行之此六職也一事而合六官共行之此六聯也蓋大事非百職具不克舉行且大禮所在必六官皆在方不至于缺失也通貫而無扞格會合者出于一人故曰聯必分見各官者使各有所職掌也

以官府之八成經邦治一曰聽政役以比居政役凡起軍旅作田役比追胥令貢賦也聽之者辨其可任與其弛舍及貢賦之更易以比居者所謂民訟以地比正之也二曰聽師田以簡稽師旅田役分數宜明簡稽者遂人職云稽其人民簡其兵器爲之要簿則多多益辨三曰聽閭里以版圖六鄉二十五家爲閭六遂二十五家爲里人民之版以人爲主以業爲客土地之圖以地爲毋以人爲子聽閭里以版圖所謂地訟以圖正之也四曰聽稱責以傅別此指

民間相假借言稱借而責其必償故曰稱責傅地之附近鄰比爲證佐也別者上下券書合而分之兩相執一猶今合同也

五曰聽祿位以禮命 祿之多寡位之崇卑皆出于命數禮有九命載于方冊故以聽祿位

六曰聽取予以書契 此指官與民相交言始則民取之于官終則官取之于民若泉府之同貨而斂賒旅師之平頒其興積書者錄之于冊契則刻之于木曰取予者兩平交易而不拘上下之分也

七曰聽賣買以質劑 此指市中貨物言大市以質若中見也小市以劑但刻以爲識皆質人存之所謂期內聽期外不聽也

八曰聽出入以要會 此指百官府互有出入言此出彼入各存于日成月要歲會故以聽出入

六計

人之情僞無窮而官府之施舍措置有一定品式可以依據不勞而理經邦治者如布之有經而不亂也四六七八皆主財貨之相交言凡交財最易起爭端券書之類所以絕訟端于始也

以(聽)官府之六計弊邦治 聽字無意義以上下之例推之當是行字八灋中官常以聽邦治經無其文豈此其鈌文歟弊邦治一本作弊羣吏之治然此本從大宰八灋作弊邦治與上文爲類故從之○計如會計之計弊斷也謂計其人之有某事某事而施廢置誅賞之典故邦治于此而斷也

一曰廉善 廉察也善謂愷悌慈良 二曰廉能 人有才藝如治民治兵典禮典樂各有所長 三曰廉敬 勤謹畏愼不懈于位 四曰廉正 公清正直行無傾邪 五曰廉灋 奉公守灋不違憲典 六曰廉

七弟

辨明哲果斷臨事不惑

人之才行萬有不齊棄其所短取其所長皆可適于用非仁不足以長人故詰居其首非才不足以興舉事功故能次之惰慢邪僻則身不正枉法蓄疑則事不理敬正以律己斯無悔尤灋辨以應務斯可以無憾六者于吏治盡之矣然人才未必皆全而取人者不可以求備故以此六者斟酌低昂以定人之高下故曰計如書之三德六德傳所謂用人之知仁勇而各去其所短者庶乎天下無棄才也

以灋掌祭祀朝覲會同賓客之戒具軍旅田役喪荒亦如之

國之大事皆天官挈之故祭祀之誓戒與其具修大宰掌之軍旅田役之戒則王親命而大宰贊之此七事之

誓戒具修後小宰掌之者特佐大宰耳云以瀍者小宰以瀍守爲事也七事者令百官府共其財用治其施舍聽其治訟百官府合共其財齎與其具修皆有常規然有當共而施以職事者或舍而不用者須有變通至有因而爭訟者當斷其曲直於小宰司之○已上小宰于禮事所掌之瀍

凡祭祀贊玉幣爵之事大祭祀用玉幣爵大宰贊王祼將小宰執以授大宰故亦曰贊祼將之事祼音貫小宗伯單用果論語借灌用此爲音○小宗伯以時將瓚祼小宰贊之者酌鬱鬯也

○凡賓客贊祼大賓客大宗伯攝后載祼小宰贊之

凡受爵之事凡受幣之事受爵受幣即大宰玉爵玉幣王受于賓客大宰贊之受于王也小宰又贊之受于大宰也

○喪荒受其含

襚幣玉之事喪有含襚之禮凶荒有賵委之幣玉小宰 專受之〇已上小宰于禮事所執之事

月終則以官府之叙受羣吏之要贊冢宰受歲會凡言官 府百官府皆兼六官言若單言羣吏則止一官之吏而已叙即以 叙受其會之叙百官府之月要小宰受之歲會冢宰受之 而小宰 贊之

歲終則令羣吏致事羣吏指天官一屬之吏致事休其職 事致于冢宰而廢置之也凡五官歲 終致事皆 少卿令之

正歲帥治官之屬而觀治象之灋正月之吉大宰縣治象 之灋于象魏小宰帥治

官之屬往觀之徇以木鐸曰不用灋者國有常刑(徇)恤愼反○鄭氏曰古者有新令必奮木鐸以警衆使明聽也木鐸金口木舌文事奮木鐸武事奮金鐸○凡五官觀灋皆少卿兪說乃退以宮刑憲禁于王宮觀灋而退即以宮刑宮禁表縣于王宮令于百官府曰各修乃職攷乃灋待乃事以聽王命復令于王宮之百官府俾各修明其職掌無敢廢墜稽于式灋無敢遺忘所當行之事豫爲以待無敢緩急失措職統言故曰修事尤切故曰待其有不共則國有大刑(共)恭通○宮中皆王事比外尤重故不共則有大刑重于常刑也

正月正歲春王正月辨

宰夫之職掌治朝之灋以正王及三公六卿大夫羣吏之位掌其禁令治朝之位見夏官司士司馬主政故司士掌正朝儀之位辨其貴賤之等冢宰贊聽治故宰夫之職掌治朝之灋糾其不如儀掌其禁令者朝廷之禁戒命令皆宰夫宣行治出于一也

叙羣吏之治叙即所謂以叙進其治也以待賔客之令賔客四方諸侯及使臣也令謂政事

諸臣之復諸臣王臣也復白也萬民之逆逆上奏也自上而下爲順自下而上故曰逆諸侯諸臣萬民皆有復逆或言復或言逆互文見義

凡諸侯諸臣萬民奏事不出于六職而六曹吏治不過統此三等之人但其事有尊卑大小緩急聽之當有先

百官職

後故每日先期敘六曹吏治使依次進之以待此三等之人也夏官大僕掌諸侯之復逆小臣掌三公及孤卿之復逆御僕掌羣吏之逆庶人之復三官主受之于外故有尊卑宰夫主白之于王故有先後也詳見命令復逆圖說

按冢宰贊聽治則朝廷之政令章奏皆得與聞之故宰夫主肅朝儀宣行禁令及受其復逆所以爲一體相承後世小宰散爲御史大夫故肅朝儀之事亦散于御史承受章奏散于尚書中書以侵奪宰相之職于是政出多門宰相名存實亡矣

掌百官府之徵令辨其八職王有徵召命令于百官府皆宰夫掌之其尊卑之職掌有八宰夫辨而施其徵令或下于其正長或下于其屬旅正與大事從其長小事專達相通小宰六職自各官府辨之

也宰夫八職自一官府辨之也

一曰正掌官灋以治要

一曰正掌官灋以治要與三曰官灋字重此灋字誤當作官屬○正六官之長也八灋中官屬以舉邦治掌于六官之正任賢才以充各職則治無不舉此爲治之大綱故曰要也

二曰師掌官成以治凡

師六官之丞言可爲師灋也官成即小宰之八成每事之至有一定之科條六官之貳聽之治一官之大凡也

三曰司掌官灋以治目

司六官各屬之長如大宰之膳夫大府司徒之鄉大夫遂人宗伯之大司樂司馬之職方氏司寇之大行人之屬各有攸司官灋者飲食倉庫鄉遂禮樂每事各有成灋如綱之有目故曰治目

四曰旅掌官常以治數

旅六屬分司之佐也官常者事雖有成灋亦有變態不一在乎親其事者舉古所常行者而斟酌損益之

書所謂學古入官議事以制其爾典常作之師也當職悉數其科條而治理之故曰治數○已上四職皆王臣

五曰府掌官契以治藏府居守之名掌官府文契以治所藏圖書器物貨賄米穀六曰史掌官書以贊治史吏知文墨者掌官府之書寫以助爲治七曰胥掌官叙以治叙胥人有才知之稱徒之什長也官叙者掌官府中當先當後之事如小宰六叙之類因以次叙役使者而行不數數煩于士大夫八曰徒掌官令以徵令徒奔走之稱掌官府中之有命令則爲之徵求號召給其使令之役也其煩辱之事與囚執人之類別掌于司隸故此胥徒非若今隸胥之賤也○已上四職皆庶人在官者

師曰古之官府卿大夫士轉相副貳其數居多府史胥徒其數反寡後世吏多于官數倍奔走在官者徃徃千百維羣積爲姦弊囊橐坐而蠧耗生民此古今盛衰之判抑亦有故矣古之治也以道卿大夫士同寅協恭清心而致理後世上下相疑不復推誠委任天下之事一決簿書變成胥吏世界矣

掌治灋以攷百官府羣都縣鄙之治百官府羣都縣鄙通王畿而言灋即大宰之八灋八則也大宰出灋以治之小宰執灋以逆之宰夫循灋而攷之每加詳焉乘其財用之出入乘則筭灋乘除之乘以其入數攷其出數而知其贏耗也凡失財用物辟名者以官刑詔冢宰而誅之其足用長財善物者賞之辟通避

財謂穀帛貨賄用謂貴出物謂樹畜失財用物者侵漁而財耗散妄費而用不足失養而物凋敝辟名者追改日月移易數曰規避以爲姦欺此有辠而當誅責者若稱量得宜而用不乏運用有方而財自生培養有道而物充盛此有功而當賞者一功一辠每事告咸咸詔于冢宰而誅賞之或疑財用物有定曰足曰長曰善不幾于聚斂乎生財有大道唯用天道因地利與夫轉輸斂散之適宜調度費出之有方若夫子之畜蓄息蕭何餽餉劉晏理財其充裕阜蕃視夫拘攣無變通至于困急消耗者所差百倍不特無損失而已推識時務者知之

以式灋掌祭祀之戒具與其薦羞祭祀之誓戒具修太宰掌之小宰以灋掌之然財用出納割亨調和小宰不親之故誓戒之事官府之具與脯醢之薦内羞庶羞之物宰夫以式灋掌之特治其

詳也從大宰而眡滌濯滌濯大宰眡之小宰曰贊宰夫曰從禮之等差也凡禮事贊小宰比官府之具凡禮事即小宰之七事也具即共其財用小宰令之宰夫贊而比之謂較齊其美惡具否

凡朝覲會同賓客以牢禮之灋掌其牢禮委積膳獻飲食賓賜之飧牽與其陳數三牲牛羊豕爲一牢聘禮歸饔餼于賓有五牢餁一腥二牽二也委積禾米薪芻也膳獻禽獻及四時珍美新物也飲食燕享也賓賜之飧牽謂中間加賜之牢與牽也牢禮皆掌客所主小宰陳之故掌其數

○凡邦之弔事掌其戒令與其幣器財用凡

所共者鄭氏曰弔事弔諸侯諸臣幣所用賻也器所致明器也凡器始死弔而含襚葬而賵贈其閒加恩厚則有賻焉○賵賻音諷附○已上國之大事兹宰夫佐大小宰掌其具脩禮濵

大器小器小器夫人已下之器也掌小官之戒令帥執事而治之○

三公六卿之器與職喪帥官有司而治之官有司王官也凡諸大夫之器使其旅帥有司而治之有司大夫家臣也國之器禮皆小宰掌其戒具故小官之戒令則宰夫掌之及凡執事之人皆宰夫帥之以各供治其職公卿大夫士之器皆職喪所掌公卿與王一體宰夫帥王官治其事猶王家事也大夫亦貴臣故宰夫使其下士帥其

家臣而治之但不若公卿之率公有司士已下則旅亦不命但職器治之耳○已上國之器禮燕宰夫掌之

歲終則令羣吏正歲會此令天官一職之羣吏也歲會致于冢宰月終則令正月要月要致于小宰旬終則令正日成而以攷其治旬終十日之終也令正日成宰夫自攷其治治不以時舉者以告而誅之治不以時舉廢時失事也財用事小故告于冢宰宮中事重故告于王此所告者大則于王小則于冢宰也

此條乃六官攷課之著例也每官之攷若卿師肆師軍司馬士師皆令羣吏以歲會致于其正月要致于其丞日成自攷之治不以時舉者皆以告而誅之

攷課灋

攷課之灋凡日成一則六官各司之長受之如酒正之出日入其成酒正所自聽也一則六官各入于其攷宰夫之令正日成而以攷其治餘五官則鄉師士師等聽之也一則六官總入于司會所謂以參互攷日成也凡月要一則入于各官之丞一則入于小宰所謂以官府之叙受羣吏之要也一則入于司會所謂以月要攷月成也凡歲會一則入于各官之正一則入于冢宰一則入于司會○或疑百官府至賾也每月每歲之事至繁也大宰司會咸受之不幾于文具乎曰三百六十屬雖衆而其大屬每官數人而已故所謂日成每日出入之數及所成之事似乎繁也至于月要則總計一屬之財貨入幾何出幾何合行政事其事已行其事未行如是兩條甚爲簡要故稱月要至于歲會則總計其一歲之出入行事較量而稱度之以爲之總故謂之會尤爲易

辨安得謂之繫後世唯不知會要之灋故文書愈許而愈不可致詰所以爲文具也○師曰百官府各有長吏得自攷課僚屬而上計于其六官之正爲之正者攷課其長吏數人并覈實其所攷之僚屬而悉上計于天官天官總覈百官府羣吏之計大宰提其綱故以歲會覈其大者小宰挈其紀故以月要覈其次者宰夫兼理其目故以日成覈其小者蓋帥百官府興事而屢省其成也漢郡守辟除長吏得自課第刺史得課郡國守相而承相御史得雜攷郡國計書其灋猶爲近古後世天下之官銓選皆出吏部故攷課悉歸于攷功上下欺誕多文具矣

正歲則以灋警戒羣吏令修宮中之職事　小宰于正歲以宮刑憲禁于王

宮令于百官府大約令之修職攷事無敢違慢宰夫云以灋令修宮中之職事則凡服食宮壼之事一一戒令之不越于式灋矣

書其能者與其良者而以告于上

能謂舉其職良謂有善行上謂王必書而告使有實跡可稽非若後世之浮詞得以朦朧蔽王知近臣之賢否也

師曰小宰貳大宰而宰夫又以貳小宰也故大宰以寬簡爲治而小宰濟之以嚴宰夫加之以密上下所以相承也

按天官之職甚爲博大驟而觀之若散出無紀然有要焉與灋則治天下之道貢賦式制國用之矩八柄八統御天命之權九兩九職保萬民之方此總述均平之事所以運量天下者也冢宰主節制王及后世子而有宮中之政令主統百官以攷其治理財以制國用而有歲

終正治受會此一官灋守也自和布縣灋而下則帥六十屬以舉天下之治建其牧而下則總攝天下之官以任天下之職此特春王正月新政也以其宅百揆故贊王聽治而有六叙以肅百僚六計以察百官八成以聽萬民六屬而事之職掌有定規六職而事下六官有定式八職而事下各職有定式此皆每日之事也國之大事七或以百職之首而提其綱或以天官所掌而治其要此則每時所值之事也小宰宰夫其職掌並與冢宰而相亞大約尊者慱而要卑者少而詳故雖雜而不越大積焉而不窕者以此嗚呼天無爲作之君以代天君不能自爲立之相以代君求之切擇之審待之隆相視爲一體相胥爲一家君之所以付託相之所以負荷皆家事也故宰相事業不過輔王以承天奉嗣王以統序于先王而已蓋主器者天子而相之者天官天子之位

雖傳于一家而天下之治則公于四海是故天官之職俾王及后世子靡不由于式灋不必傳賢而天下無不治雖曰家天下而實常得賢也伯益伊尹周公所世守者後世人君所以求之待之既與古異而人才亦不古若或貪戀權勢肆志妄行或罷軟不勝任推姦避事故天子每每自用相不得有爲豈一體相成意哉三代而下唯孔明君臣有古立冢宰之風耳小宰佐大宰及夫五卿之職皆自王船右宮王朝王畿以及四海無所不統皆所以儲相才也

宮正　上士二人中士四人下士八人府二人史四人胥四人徒四十人　掌百官府執事于王宮之長

宮伯中士二人下士四人府一人史二人胥二人徒二十人掌士庶子宿衛于王宮之長以分職言宮正專掌官府如所謂比宮中之官府令于王宮之官府是也宮伯專掌士庶子所謂掌王宮之士庶子凡在版者是也以兼職言則宮正總掌王宮戒令糾禁故宮伯爲中士而統于宮正

宮正掌王宮之戒令糾禁戒者先事而戒令者卒作興事二者即宰夫以灋警戒羣吏令修宮中之職事也糾者舉其違慢即下文糾其德行禁者禁于未發即小宰以宮刑憲禁于王宮士師之宮禁也

以時比宮中之官府次舍之衆寡爲之版以待宮中官府若膳夫酒

正醫師典婦功師保氏大史等官各有職事于王宮莫相統一皆宮正主之次其涖事之處舍其私居其人有升降出入時常比校之爲之圖籍以待比及聽政令咸按籍爲之○夕繫柝而比之㭪音託野廬氏作檺○夜則每官府各自戒備宮正總繫柝而比之庩無懈惰失守也○國有故則令宿其比亦如之凡經中言大故事謂寇戎之事此有故若日食失火大烖大喪皆是也令諸司宿衛王宮宮正總繫柝而比之此與夏官司士國有故則致士而頒其守秋官脩閭氏邦有故守其間互聯事通國上下皆爲之戒備也○巳上皆版籍宿衛之事

辨內外而時禁王宮后宮有內外之別常禁防之無得妄有傳遞出入稽其功緒與事

造業曰功事業有倫曰緒**紏其德行**德行見師氏紏勸之以敬良爲本**幾其出入**有當出入者則幾察其持操及疏數**均其稍食**稍小也即豪人所謂內外朝之冗食給事王朝者總共其食則體統一而事功易起也均謂平頒之**去其淫怠與其奇衺之民**衺斜通〇民宮中官府各有廢人在官者放辟怠慢奇異衺曲者察而去之**會其什伍而敎之道藝**凡官府之在王宮者雖各有職司宮正總以時而會之使之五人爲伍二伍爲什鄭氏云使之輩作輩學相觀率且寄宿衛之令道藝見保氏敎之者令王所皆善士也**月終則會其稍食**防其虧耗**歲終則會其行事**紏其廢職〇已上皆敘正其人之事

凡邦之大事令于王宮之官府次舍無去守而聽政令大事七事之大者政所當共之事令別有所徵召攝官之類宮正令之以待○春秋以木鐸脩火禁鄭氏云火星以春出秋入脩火禁者因天時而設戒也○凡邦之事蹕宮中廟中則執燭蹕音畢○邦事小宰之七事也蹕止行者以備非常宮中宮正所專掌廟中乃其兼掌闇則藏姦必執燭以爲明○大喪則授廬舍辨其親疏貴賤之居廬椅廬親貴者所居舍堊室疏賤者所居○已上皆有事警戒之事

天官之職唯宮中爲至要故小宰宰夫以宮職爲至重宮正乃天官設屬之至大者于王宮之官府士庶子無

所不統故内宰掌版圖之灋矣此則總爲之版王宮八
面常均一無衆寡不均師氏使其屬帥夷隸守王門矣
此則擊欜而比其宿晝夜巡警無頃刻疎虞師保氏教
以德行道藝矣此復糾而教之王所其惟吉士閽人禁
暴氏稽其出入去其奇衺矣此復稽而禁之無得越其
禁防膳夫醫師等各掌其功叙矣此復稽而會之惟恐
曠天職舍人司禄等既掌其禄食矣此復均而會之惟
恐其暴天物四時有司爟以掌火政矣宮中尤宜慎火
此特以木鐸脩之凡有邦事宮門廟門閽人掌其蹕燎
矣宮中廟中不可無備此特掌其蹕燎大器司士大僕
既掌其守政首服矣此復授其廬舍凡若此類雖各司
之長所自掌而宮正爲宮官之長故又爲之挈其總禁
密之地無一處而不究心内外之衆無一人而不致察
百職無一事之敢慢通歲無一時之敢忽與小宰宰夫

相成交舉乃天官之第一
義所以列銜百職之首也

宮伯掌王宮之士庶子凡在版者士庶子卿大夫之適子庶子及士之適子也凡在版者謂宿衛王宮皆有名籍以擬校比施政令也○適音的

掌其政令行其秩叙作其徒役之事授八次八舍之職事八次八舍者王宮四正四隅各有宿衛常處整行列便機候謂之八次又各有私居謂之八舍職事者擊柝巡警等事皆宮伯授之此即所謂掌其政令也

若邦有大事作宮衆則令之

司士會同賓客作士從大器作士掌事諸子大事帥國子而致于太子皆宮伯令之此即所謂作其徒役之事

月終則均秩歲終則均叙

秩謂祿之高下一事而功有勤惰則為之下上其食叙謂位之等級一官而才有升降則為之先後其次月終均秩則祿有不同故宮正因而會其稍食歲終均叙則能有不同故宮正因而會其行事此即所謂行其秩叙

以時班其衣裘○掌其誅賞

班其衣裘者王所以厚世臣之子掌其誅賞者以王命賞其功而治其罪以其未仕故不與天官之攷也○已上宮伯所掌凡五事敎則于師保氏詳焉

王宮官府八次舍圖

膳夫　上士二人中士四人下士八人府二人史四人胥十有二人徒百有二十人

人非食不生孟子曰口腹豈適爲尺寸之膚哉然苟失其養則疾病因之以王及后世子可不致其謹歟故天文有天厨内厨爲是故也况畿之内外凡可以致養者貢獻爲至多而祭祀賓客之禮極于繁縟司之者尤不可以非其人膳夫者以禮制王之食以道節王之欲贊王之祭代王之獻謹其出入明其黜陟非知道者不能

故庖人内外饔亨人主庖厨之事甸師獸人𠭥人鱉人腊人主生聚取辨食物之事凡九職皆統于膳夫也

庖人中士四人下士八人府二人史四人賈八人胥四人徒四十人主庖厨中一應生物

内饔中士四人下士八人府二人史四人胥十人徒百人

外饔中士四人下士八人府二人史四人胥十人徒百人主調和五味熟食爲事朝食曰饔日中及夕餕朝之餘故官以饔名王后世子之食及宗廟之祭與燕飲食其事皆在内故曰内饔外祭祀賓客饗耆老孤子及師役其事皆在外故曰外饔

亨人下士四人府一人史二人胥五人徒五十人亨烹同

天王大亨之義

主薪水爨煑之事

膳夫掌王之食飲膳羞以養王及后世子食飯也飲酒漿也膳牲肉也羞有滋味者○凡王之饋進食尊者曰饋食用六穀稻黍稷粱麥苽膳用六牲馬牛鷄羊犬豕飲用六清水漿醴涼醫酏羞用百有二十品羞庶羞也出于牲及禽魚菓實以備滋味珍用八物即八珍見內則謂淳熬淳毋炮擣珍漬熬糝肝膋也○膋音遼醬用百有二十甕醢六十甕醯六十甕合之爲醬百有二十其詳兹見下諸職

或謂周公設王之飲食何其太豐侈也夫居崇高之位
享天下之養下自士大夫等而上之升降以兩其數不

得不加四海九州之富各欲盡其奉上之心其物不得不多故非勉強以致之苟王而不御之其物亦何所用萃彖曰用大牲吉亦理勢之自然也且物性各得陰陽之氣于人身必有所益如食治本草之云脩物致味亦所以助王精氣而益其聰明非但爲肥甘之足于口而已然王日一舉不過一牛而又與后同牢其羞醬之百有二十者則出于六牲之所雜制與夫菓實菜品而兹陳之較之太古似于奢眡後世御食之費其約不知幾倍矣柰何以寒士所習見于民間之事而遂疑于周公之制哉抑此但總言饋食之物有此數而已觀夫月令云孟春之月其食麥與羊之類蓋四時錯共非必一日盡共之也正如記稱四海九州之物皆以備孝饗而籩人醢人止于四籩四豆之實合之爲三十二物自有簿正存焉可以類推矣

王日一舉殺牲盛饌曰舉王藻皮弁以日眡朝遂以食日中而餕日一舉謂朝食也鼎十有二物皆有俎牢鼎九陪鼎三總而十二物皆有俎謂牢鼎皆實于俎也鄭氏云王日一大牢以王制君無故不殺牛之例推之理或然也○以樂侑食侑猶導也○膳夫授祭古人每食必祭先代始爲飲食之人不忘本也膳夫授王祭謂祭肺也其餘餚之序徧祭之品嘗食王乃食玉藻云火熟者先君子一恐火齊之不得一以備非常也○齊去聲卒食以樂徹于造

人于飲食之際心氣和暢則多食而易化怫鬱則食不消而致疾古人當食不歎者謂是故也樂乃天機之鳴脾喜聲音故每飯皆奏樂以侑之食畢仍以樂徹于故處終之以和皆所以養胃氣使不至于鬱滯也

君食不舉之源

王齊日三舉〔齊〕齊同將祭而齊○日三二字當作則不大喪則不舉大荒則不舉大札則不舉天地有烖則不舉邦有大故則不舉〔札〕子八反

齊之日宜冲淡以養其精誠故不飲酒不茹葷不聽樂舉則飲酒侑食故齊則不舉與下文類相從大喪饘粥之食自天子逹于百官府大荒饑饉也大札疫癘也爲民父母子有憂患自然不安天地有烖如日月食山崩川竭地動之類爲天之子父母有變自然恐懼脩省大故謂寇戎也上下戒嚴期敉安之自不遑寧處六者皆當徹膳以自貶損其禮皆膳夫掌之又凡刑殺大臣之喪臣民弑逆古人皆不舉此不盡述王或不以禮自處膳夫當隨事救正如檀弓所記杜蕢之揚觶于平公是也○〔葷〕音昏〔饘〕飦同〔敉〕音米寧也

王燕食則奉膳贊祭已上每日王食此事之至重故必膳夫親之

凡王祭祀賓客食則徹王之胙俎胙音酢○胙俎王與尸及賓相酢之俎

○凡王之稍事設薦脯醢稍事謂非饗燕大事偶有事賜飲臣下

○王燕飲酒則爲獻主燕羣臣嘉賓以示慈惠

祭祀賓客以胙俎爲尊故膳夫親徹稍事以脯醢爲重故膳夫設薦燕飲酒一則畿內諸臣不敢當君客禮一則不使賢者有亟拜之勞故膳夫爲獻主先王所以恩禮曲盡也

掌后及世子之膳羞內饔供之膳夫特掌其數王藻云夫人與君同牢后牢肉當亦與王同

王及后世子不會舊說之非

凡肉脩之頒賜皆掌之肉脩薑桂腶治者王有加惠于臣制肉脩頒賜之蓋孟子所謂咼肉

凡祭祀之致福者受而膳之以摯見者亦如之致福謂羣臣祭祀若畿內都鄙山川及四海五嶽四瀆古帝王之在其國都或王五服之親凡以王命而祭者當歸胙于王也摯見卿大夫雁士雉之類所以伸臣子之誠敬二者皆受而膳之使鬼神之惠臣下之誠不至于虛也○后世子膳羞頒賜致福贄見四者膳夫但掌其出入命令不親爲之

歲終則會唯王及后世子之膳不會舊說謂不會計多少優尊者則任所用夫九式羞服好用之式正先王所以立爲定灋節制後王之膳羞衣服

好用賜與攷司書云凡上之用財用必攷于司會豈得而任其所用謂之優尊者哉且庖人酒正外府等官唯言王及后不會則世子除正膳之外餘皆有會參司裘唯王之裘與其皮事不會是后之用皮亦有會也何獨不優之而任其所用乎愚謂凡掌財賦之官皆有日成月要歲會蓋百官則有進退陟降廢務則有行止豐約其財之用否盈縮萬有不齊故必以彼之入數較此之出數而互相會計王及后世子一而已計日而其數可知百司皆了然故不必彼此互相勾攷也其事甚明而添一注釋遂使蔡京執此爲說務以侈靡惑人主使海内虛耗卒召裔夷之禍

釋經者言可不慎乎

庖人掌共六畜六獸六禽六畜即前六牲六獸麋鹿狼麕野豕兎也六禽雁鶉鷃雉鳩鴿

也○（麕）坤倫反（鶉）音純（鷃）英諫切（鴿）敎合切

辨其名物凡其死生鱻薨之物名如兎曰明視豕曰剛鬣也物謂各以其方之色及用牷用駹也鮮曰鱻乾曰薨○（鬣）音獵（牷）音全（駹）音茫襍色也

凡水陸之産不可生得者不嫌其死可以生致者死則味變當生畜之凡腥物新致者以鱻爲美遠來者以薨爲用入則辨而受之出則辨而須之○已上庖人所共之物

以共王之膳與其薦羞之物及后世子之膳羞備品味曰薦即醬用百有二十甕也致滋味曰羞即羞用百有二十品也○共祭祀之好羞若禹貢徐州之魚鄭氏謂荆州之鮺魚青州之蟹胥○共喪紀之庶羞虞祔之祭乃有薦羞賓（鱙）子馬反亦作鮺即鮓也

客之禽獻掌客上公乘禽日九十雙侯伯七十雙子男五十雙

王言薦羞者味以不褻爲尊后世子言膳羞致滋味也祭祀好羞器組庶羞者記稱四海九州之美味莫不咸在以致孝于鬼神也賓客曰禽獻者尊之曰獻○已上庖人所當供之事

凡令禽獻以灋授之其出入亦如之

禽獻不可久處將獻賓客取于獸人掌畜等必書所當獻之數是以灋授之也及其來致禽依此數受之是入以灋也至獻賓客又以此數付使者展行之是出以灋也一則不失禮于賓客二以待會計○已上出入之灋

凡用禽獻此謂煎和之以獻王及凡祭祀賓客也

春行羔豚膳膏香香當從禮記作

四時制膳之灋

膷从肉爲是香乃禾氣也○行用也通下四行字内則俱作宜

夏行腒鱐膳膏臊腒音渠鱐音搜

臊音稍**秋行犢麛膳膏腥**麛音迷

冬行鱻羽膳膏羶鱻音鮮羶勝堅反

按禽獻四時各因其類而用之今人于夏膳亦以腊薨爲宜推此類可見羔小羊豚小豕始生而肥春氣柔嘉之象故春行羔豚春木克土而土死于春膷牛也牛屬土故春膳以牛膏和之腒乾雉鱐乾魚爆熯而乾夏時火盛之象故夏行腒鱐夏火克金而金死于夏臊犬也犬屬金故夏膳以犬膏和之犢牛子麛鹿子牲成而克秋物長大之象故秋行犢麛秋金克木而木死于秋腥鷄也鷄屬木故秋膳以鷄膏和之鱻魚也潛于水羽雁也巢土不木棲冬氣潛藏之象故冬行鱻羽冬水克火而火死于冬羶羊也羊屬火故冬膳以羊膏和之禽獻

各以其時必先歲氣也復因其時舉其死絶之氣而和之者無使太過以傷天和也○已上用物之宜

歲終則會唯王及后之膳禽不會日食有常

内饔掌王及后世子膳羞之割亨煎和之事亨讀作烹和去聲○鄭氏曰割肆解肉也烹煑也煎和齊以五味辨體名肉物辨百品味之物體名脊脅肩臂臑之屬肉物胾燔之屬百品味庶羞之屬言百舉成數○臑寧報反牲臂節胾音子乾肉也

王舉則陳其鼎俎以牲體實之取于鑊以實鼎取于鼎以實俎實鼎曰脀實俎曰載○脀音烝升也選百羞醬物珍物以俟饋百羞饔人所辨百品味之物也醬物醢人醢人

所造也珍物即八珍先進食之時選擇王所當御者以俟膳夫饋之

○共后及世子之膳羞后世子直言共內饔自饋之降殺之等也○已上共王及后世子之膳

辨腥臊羶香之不可食者腥臊羶香鷄犬羊牛之味也無疾肥美則其氣味雖存而可食有疾而形體變則臭味惡而特著斯不可食者

牛夜鳴則庮庮音由○鄭氏曰牛不夜鳴反常則病庮朽木臭也

羊泠毛而毳羶泠音零毳音翠○羊曰柔毛泠毛而毳者毛長總結其肉必羶甚也

犬赤股而躁臊犬股裏無毛曰赤發往曰躁其肉必臊甚也

鳥皫色而沙鳴貍皫丕表反貍音埋○鳥毛失色曰皫聲細而澌曰沙其肉氣貍鬱而不疏通也

豕盲眡而交睫腥盲杜

作塈豕聽物不塈眡此豕塈視而眼睫毛交肉必成米如星也

馬黑脊而般臂螻般班同螻音樓

○馬脊肉黑色前脛毛有文般般其肉如螻蛄臭也○巳上選擇牲肉之灋

凡宗廟之祭祀掌割亨之事凡燕飲食亦如之宗廟祭祀謂四時告朔祫禘等祭也燕飲食者燕羣臣以示慈惠也掌割亨之事而不言煎和者此行正禮之時不貴褻味也

○凡掌共羞脩刑膴胖骨鱐以待共膳刑當作鉶膴音呼胖音判○羞庶羞也脩脯也加薑桂煅治之曰脩不煅治曰脯不乾而腥曰胖腜肉大臠曰膴刑鉶羹也骨肴也鱐乾魚也祭畢而燕與燕飲食皆先具此七者以待共膳也上言選百羞醬物此言共修羞刑膴互文也○巳上宗廟燕飲食之事○腜音蝶

凡王之好賜肉修則饔人共之

王所愛好若親故賢能有所賜肉修比膳夫之頒賜爲重故云好賜也饔人內饔也此即孟子所謂庖人繼肉不以君命將之者歟

外饔掌外祭祀之割亨共其脯修刑膴陳其鼎俎實之牲體魚腊

外祭祀謂天地四望山川社稷五祀等神也內饔有羞胖骨鱐而此止于脯修刑膴內饔不言陳其鼎俎實之牲體魚腊而此言之蓋互文也

○凡賓客之飧饔饗食之事亦如之

飧客始至之禮饔既將幣之禮饗以酒爲主食以飯爲主其割亨共膳陳鼎俎亦皆外饔掌之

邦饗耆老孤子則掌其割亨之事饗士庶子亦如之

耆老孤子死事者之父祖子孫也饗之于朝所以示恩而民勸于功士庶子宿衛王宮之適子庶子也饗之亦所以示恩使之益知親上死長皆外饔掌其割亨之事按吳子頒賜有功者父母妻子于廟門外以功爲差有死事之家遣使者勞賜其父母著不忘于心左傳陳成子朝設乘車兩馬繫五邑焉召顔庚之子而賜之此皆禮耆老孤子之事也又按王制周人饗國老于東膠饗庶老于虞庠樂記食三老五更于大學天子袒而割牲執醬而饋執爵而酳冕而揔干所以教諸侯之弟也國老有爵者之老庶老庶人之老猶國子庶子之云也養之所以教敬而民勸于德

以槀人例之共外內朝冗食者之食此外饔亦當共其膳

師役大師用衆大役任衆**則掌共其獻賜脯肉之事**獻賜皆有脯肉

遣師之禮君親推轂曰閫以外將軍治之故尊之曰獻犒兵衆曰賜記云賜君子與小人不同日即此意也

凡小喪紀陳其鼎俎而實之殷奠及虞祔之祭皆有鼎俎大喪紀則內饔掌之

按外祭祀賓客之飧饔饗食其事皆在外國學在郊其事遠者老孤子士庶子雖在朝其事煩師役其事亦煩小喪紀雖在內其事褻故皆外饔掌之內饔掌王及后世子之膳宗廟祭祀及燕飲食故不相混也

亨人　**掌共鼎鑊以給水火之齊**齊去聲○凡肉物先實于鑊煑之以水然後脀于鼎

調以五味各因其物而加水之多少火之進退故曰齊皆亨人給之○（齊）音蒸

職外內饔之爨亨煑辨膳羞之物（爨）清亂反然火也○分職外內饔之亨煑然火之事及辨其所當膳羞之物

祭祀共大羹鉶羹賓客亦如之（大）音泰（羹）音庚

大羹大古之羹肉湆不調以五味及菜設之貴其始也鉶羹後世之羹調以五味加以菜芼牛用藿羊用苦豕用薇之類所以致滋味也羹以亨煑所得故亨人共之○（湆）古汁字音執（芼）音毛菜葉也

甸師 下士二人府一人史二人胥三十人徒三百人

郊外曰甸師猶長也自此以下五職皆主生聚取辨野物甸師主齍盛爲重故居其先

獸人中士四人下士八人府二人史四人胥四人徒四十人 主佃獸之政事者

䱷人中士二人下士四人府二人史四人胥三十人徒三百人 主取魚之政事者

鼈人下士四人府二人史二人徒十有六人 主取介物及貍藏水中之物者甲虫三百有六十而龜爲之長此主食而言故以鼈命官

腊人下士四人府二人史二人徒二十人 昔字古人作昝上即疊肉從日

乾之今文旁加肉贅○主凡乾肉

甸師掌帥其屬即徒三百人記謂庶人而耕耨王藉耨寧豆反去草也○躬耕雖在君而實借其力于民故以藉名以時入之以共齍盛齍音資○黍稷曰齍在器曰盛

按月令孟春元辰天子親載耒耜躬耕帝藉天子三推三公五推卿諸侯九推庶人終于千畝一以示敬恭神祇致孝于天地祖考一以勸農率先天下也以時入之者小滿而來麥成熟霜降而百穀用登收入地官神倉不敢以為他用所以祭則受福也

諸侯為藉百畝卿以下則有圭田

祭祀共蕭茅蕭香蒿也茅白茅也共野果蓏之薦蓏禮果反○木實曰果草實曰蓏

詩曰取蕭祭脂郊特牲云蕭合黍稷臭陽達于牆屋故既奠然後焫蕭合馨香謂以黍稷率膫實于蕭以爲燔燎既取其明又取其氣之上達求諸陽之義也士虞禮束茅長五寸立于几東謂之苴郊特牲鬱合鬯臭陰達于淵泉謂以鬯酒灌地以茅藉而滲之一取其潔二象其歆之意求諸陰之義也又按司巫云祭祀共蒩館鄉師云大祭共茅蒩凡茅皆出自甸師祭宗廟則司巫爲苴以共之祭天地則鄉師爲苴以共之其聯事若此又楚之貢曰包茅其産特良故以爲貢蓋亦入于甸師而共之也詩云園有桃又云疆場有瓜野果蓏之謂也地官場人祭祀賓客共其果蓏職與此聯事上四物皆野之所有故皆甸師共之○(率)(膫)音律遼腸間脂也(苴)(蒩)兹菹租二音(場)音亦(場)音脹

喪事代王受眚烖（眚生上聲）

鄭氏曰齍盛者祭祀之主也國遭大喪若云此齍盛不馨使鬼神不逞于王既殯大祝作禱詞授甸人使禱藉田之神受眚烖弭後𡘋○按商俗尚鬼周人因之觀盤庚金縢所稱極誠確矣代王受眚烖者意以齍盛不蠲乃甸人之責非先王之過恐降禍非一端則當罪及甸人不當延于嗣王亦臣子之至情也

王之同姓有辠則死刑焉（辠古罪字罪乃取魚器也秦人以辠似皇故借用罪）

文王世子曰公族有死辠則磬于甸人又曰獄成致刑于甸人甸師主郊廟齍盛不以即市而戮于是者以示得辠天地祖宗非王所事也又掌囚云凡有爵者與王之同族奉而適甸師氏以待刑殺貴貴與親親同此不

言者于秋官互見也

帥其徒以薪蒸役外內饔之事木大可析曰薪小曰蒸耕耤之餘則樵蘇以分給外內饔之柴薪

按甸師共胥徒三百三十人蓋非此衆則農功之時不足以集事然止耕此千畝則農隙之時遂幾于徒食故多其員則事事而人無不給兼其役則無事而祿不妄費周禮攝官之意皆此類也

獸人掌罟田獸辨其名物罟音古网別名○野獸皆有名號物色用之各有所宜取而辨之以共獻○网古網字

○冬獻狼夏獻麋春秋獻獸物鄭氏曰狼山獸其膏聚聚

則温冬苦寒故獻狼麋澤獸其膏散散則凉夏苦熱故獻麋春秋温寒適故獸物皆可獻若内則狐去首狸去正脊之屬也○右用物之宜

時田則守罟四時之田謂獀苗獮狩也守罟者獸投罟則取之一使不得奔逸二以備其觸攫○(獮)音選(攫)教縛切○及弊田令禽注于虞中弊田謂春火弊夏車弊秋羅弊冬徒弊也令禽注于虞中者凡田在山山虞萊山田之野田在澤澤虞萊澤田之野及弊田植虞旗虞旌于中致禽而珥焉於是獸人主令田衆得禽者置于虞旗虞旌之中大獸公之小禽私之也右田獵所執之事○(珥)珥通割獸耳也

凡祭祀賓客共其死獸生獸凡獸之生獲而可畜者百獸共入于囿人猛獸

則入于服不氏以待喪紀賓客用時取之囿人祭祀喪紀賓客共其生獸死獸之物服不氏祭祀共猛獸是也獸可生共者共之而後殺不可生共者殺之而後共玆主獸人共之○凡獸入于腊人腊音昔○其獸之有所傷而不可畜者玆入于腊人而乾之亦以待祭祀喪紀賓客之用皮毛筋角入于玉府皮毛筋角堪作器物者入于玉府以給百工之用○右供獸入獸之灋

凡田獸者掌其政令畋狩有時王制云獺祭魚然後虞人入澤梁豺祭獸然後田獵鳩化爲鷹然後設罻羅昆虫未蟄不以火田是也取獸有灋若不麛不卵不殺胎不殀夭不覆巢踐毛不獻不成禽不獻是也田獵有地若東有甫草駕言行

獸是也及夫辨其死生鱻薨之物當公當私之宜斷其爭禽之訟皆所謂政令也○（麛）音迷鹿子也

𩾚人掌以時𩾚爲梁（𩾚）古漁字○梁者匽水爲關而中空之以笱承其空而取之詩敝笱在梁是也取魚之時歲有四月令孟春獺祭魚之時得取一也季春薦鮪于寢廟二也鼈人秋獻龜魚三也月令季冬漁人始漁即潛詩序云季冬薦魚四也○（匽）音燕（笱）音苟○春獻王鮪辨魚爲鱻薨以共王膳羞凡祭祀賓客器紀共其魚之鱻薨（鮪）月鬼反○王大也王鮪鮪之大者鱻生也薨乾也共王膳羞共于膳夫以共王也祭祀賓客器紀共于內外饔而共之也○凡𩾚者掌其政令政令見上獸人凡𩾚征入于玉府

周之先澤梁無禁而有所謂獻征者蓋無禁者謂虞人入澤梁之時與民公其利征者謂水族中若鬒胥珠蜃堪飾器物者取之有定數民有得之者獻人以漸收之以時而入于玉府以當山澤之賦二者並行而不悖也

鼈人掌取互物以時簎魚鼈龜蜃凡貍物（簎昌角反貍音埋）○互有甲之物其殼相交互故名簎乂刺泥中而取之也貍物謂水族之貍藏泥中者掌取互物而以時簎凡貍物者互物皆貍故兼及于凡貍物取之爲便也

○春獻鼈蜃秋獻龜魚（鼈字乳以夏蜃大蛤十月雉入大水所化亦有自產者龜用以卜秋則殼堅實其肉亦可食能補心益知也貍藏之魚多生于秋冬至春而消春鼈蜃秋龜魚各因其盛美之時而獻之）

○祭祀共蠯蠃蚳以授醢人（蠯弼猛反蠃音羅蚳音遲）

○蠯楷作蜯說文脩爲蠯圓爲蠇蠃介虫旋殼者蚳說文蛾子未詳醢人有蠃醢蠯醢蚳醢故此于祭祀共此三物以授醢人而共之也 ○掌凡邦之籍事 籍事非一凡有取于水中若金珠玉石或異物及有所遺失以鼈人善于籍事故兼掌之也

腊人掌乾肉凡田獸之脯腊膴胖之事 日乾曰腊亦有火乾者凡乾肉總名之曰腊析言之大物解肆乾之曰乾肉小物全乾曰腊大臠曰膴薄析而乾之曰脯棰之而施以薑桂曰脩脯而腥曰胖凡田獸畢宜爲此數等之肉者腊人治之以共于膳夫 ○凡祭祀共豆脯薦脯膴胖凡腊物 籩人職曰祭祀共其籩薦羞之實此言共豆脯薦脯者共于籩人也 ○賓客喪紀

共腒腊凡乾肉之事

凡畋獻有時方其入山澤也則有餘而無用及其設禁也則欲用而不得故于其多時取以爲昔所以用足而不費且不至于多殺亦所以養不忍之心

昔呂正獻公每貯昔羹以待客正謂此耳

醫師上士二人下士四人府二人史二人徒二十人已下五醫

字皆當用毉从巫謂其通神明如巫也此醫字乃梅槳以造灋如酒故从酉今用此醫字非○毉師衆毉之長

食醫中士二人即今食治灋

疾醫中士八人

瘍醫下士八人（瘍音陽　創腫也）

獸醫下士四人

醫師掌醫之政令（政令謂衆醫疾病藥材等事）聚毒藥以共醫事

毒藥得天地之偏氣寒熱之性過甚者也人身具造化與天地相流通非時不正之氣感則成疾與夫七情六慾所傷亦能成疾是皆有不和之氣者故以偏勝之物攻之即得其平然藥亦有平補者終不免有所偏可暫用止疾而已久服必有所傷故總以毒名也

凡邦之有疾病者疕瘍者造焉則使醫分而治之（疕兵米反）

輕曰疾重曰病内科主治頭瘍曰疕身瘍曰瘍外科主治邦國有内外疾來求治者醫有專科故醫師使分治之或疫癘大作民不能就醫量地遠近民之多寡分命衆醫往治之以活人爲上不責其直以救民夭札也

歲終則稽其醫事以制其食

凡禄食必本于功事每屬之長稽而制之若醫師内宰所云是也小宰總稽百官府而制之所謂以敘制其食也唯宫正則凡宫中之官府又以時稽而制之禁密之地尤宜加嚴耳又冢宰受歲會故醫師以歲終考課羣醫蓋官屬各課于其屬之長冢宰但執其要而已

十全爲上十失一次之十失二次之十失三次之十失四

醫師全失之義

爲下

凡疾病有生道則可治無生道則不可治又有命數短促或老而氣散亦非醫藥所能起故醫可以治人之疾不可以治人之死十全者指凡治人疾十人而皆驗也其不可救而不救非醫之辠矣所謂失者非謂失而死也變症之輕重情狀投藥之多少効驗豫言之而無徵即爲失耳故藥有起病者苟不能預定其情偶中而已不可以爲全病有不起者苟能預決其死不可以爲失如此則醫不可以僥倖失一失二失三失四以次而降制食因之過是而失五則不足爲醫矣蓋人有不服藥者病亦吉凶相半醫而至於失五何以異于不服藥哉

食醫掌和王之六食六飲六膳百羞百醬八珍之齊（齊去聲）

凡食齊眡春時羹齊眡夏時醬齊眡秋時飲齊眡冬時

此飲食寒溫之節也食飯也五穀食之主宜溫故眡春羹大羹鉶羹菜羹也所以調食宜熱故眡夏醬豆實之主言醬則豆在其中所以致滋味宜凉故眡秋飲主解渴宜寒故眡冬

凡和春多酸夏多苦秋多辛冬多鹹調以滑甘和去聲

此調和五味之宜也春屬木主酸夏屬火主苦秋屬金主辛冬屬水主鹹故和飲食者各因四時之味而稍加之所謂必先歲氣也木火金水載于土酸苦辛鹹成于甘故復調以滑甘內則棗栗飴蜜以甘之堇荁枌榆娩薨滫瀡以滑之甘者脾家本宮之味滑以通和諸竅也○飴音夷堇音謹荁音桓枌音文白榆也娩音問薨音

考董已下新生者曰娩久畜者曰薧

(滫)恤久反久泔也(瀡)髓通([illegible])坤教反

凡會膳食之宜牛宜稌羊宜黍豕宜稷犬宜粱鴈宜麥魚宜苽

(稌)音杜(苽)音孤

此合食之灋也凡物性有同類以助其生者有相制以洩其過者合食則能益人有相反而爲逆者有相惡而爲讐者合食則能害人故膳之與食相合各有其宜牛稌土羊黍火豕稷水犬粱金鴈麥陽魚苽陰同其所稟故合食爲宜

凡君子之食恒放焉 君子自士而上也

食數有品節限制養道則上下同之寒温之節調和之宜會合之灋皆如食毉○按食毉以王爲主疾毉以萬民爲主大人治于未病而其灋通乎下卑者不能備物也小人治于已病而其灋通乎上尊者不敢指斥也

疾醫掌養萬民之疾病疾毉而曰養者病每加于小愈療治易將養難不專于攻治而已

四時皆有癘疾春時有痟首疾夏時有痒疥疾秋時有瘧寒疾冬時有嗽上氣疾痟音消痒音羊疥音介嗽恤婧反○四時皆有癘疾此主萬民之通疾言蓋感時氣所生即所謂疫癘也鄭氏云痟酸削也嗽欬也上氣逆喘也六癘作見春金沴木夏水沴火秋火沴金冬土沴水

師曰春氣不正人傷于風氣升而上凉金所制酸削頭痛夏氣不正人傷于熱汗泄于外寒水所制生疥而癬二者感而即病也夏傷于暑火邪傳脾土旺未病至秋火金爭脾病乃見瘧而根寒秋傷于濕土邪侵肺金旺未病至冬寒包熱肺病乃見氣欬而逆二者感之逾時而後發也然亦有感而即發者夏季金畏火而伏至秋金盛陰陽爭人感之而爲寒熱交作之疾冬時寒極人身感寒皮毛先受之肺主皮毛故爲嗽上氣疾

以五味醯酒飴蜜薑鹽之屬五穀稻黍稷麥菽五藥草木蟲石穀養其病

凡病由氣勝負而生堅者攻其羸補其不足使之平而已五藥治之主也五穀食治也五味所以佐藥與穀也三者皆貴乎養之

以五氣五藏所出氣肝温心熱肺凉腎寒脾平也**五聲**言語宮商角徵羽及肝呼心笑脾歌肺哭腎呻也**五色**見于體貌肝青心赤脾黃肺白腎黑也**眡其死生兩之以九竅之變**竅坤教反。九竅者耳目口鼻陽竅七大小便陰竅二變謂開閉異常**參之以九藏之動**九藏者心肝脾肺腎精藏五胃膽膀胱脹形藏四九藏在内以脉之動而知之

凡醫之視疾曰望聞問切五色望而知之五聲聞而知之五氣問而知之九藏切而知之九竅兼望與問而知之兩之參之云者既察其氣聲色則其死生之候既已不可逃而復以九竅九藏參互比然則其愈之次第死之遲速皆能得之而不可易藥之所投可以百發百中矣

凡民之有疾病者分而治之死終則各書其所以而入于醫師

或來就于醫者或不能就而來告以病者皆醫師分命衆醫而治之其不愈者少曰死老曰終書其所以不愈之狀而入于醫師得以制其食而進退之也

瘍醫 掌腫瘍潰瘍金瘍折瘍之祝藥劀殺之齊

祝音晝劀音刮劑字細反○腫瘍瘰癧瘤癭壅腫而不散者潰瘍癰疽成膿而必決者金瘍矢刃所傷軍中尤急者折瘍跌樸杖擊所傷四者皆外科疾也祝者陰陽家之術主于移精變氣去疾于無形者藥者或内消之或外治之劀謂將潰而以刀決出膿血不使其内滋蔓殺謂已潰而以藥殺去惡肉不使嘉肉腐爛四者内外治瘍皆有齊量瘍醫掌之

凡療瘍以五毒攻之以五氣養之以五藥療之以五味節之

疾毉以五味五穀五藥養其病此五氣字誤當作五穀　其

或以毒藥從内核去病邪所謂五毒攻之也或別以五藥治其所患五穀養其正氣五味節其藥力四者皆主治于内療瘍之常灋也鄭氏云今毉方有五毒之藥以黄堥合之置石膽丹砂雄黄礜石磁石其中燒之三日三夜其煙上着以雞羽掃取之以注創則惡肉破骨盡去此蓋治灋之一端○堥音年礜音豫創古瘡字

凡藥以酸養骨以辛養筋以鹹養脉以苦養氣以甘養肉以滑養竅

此六味專以所走形體中而言以外科所患在形體也嘗參之醫家之説人之生也四月受水精以成血脉故脉之行于身如水之流脉軟則和鹹能軟所以養脉也五月受火精以成其氣故氣之出入無形如火之炎氣堅則壯苦主燥所以養氣也六月受金精以成其筋故筋之絡如金之能纏合異物筋散則不攣辛主散所以養筋也七月受木精以成其骨故骨之植如木之根立地中骨收則強酸主收所以養骨也八月受土精以成膚革故肉之豐如土之含載四者肉緩則不壅甘主緩所以養肉也竅者形體骨肉空虛之處非此無以通氣血形神之往來者澁則氣著滑則流通此滑以養竅之義也

凡有瘍者受其藥焉

國中有瘍者或造或否厺得于瘍醫受藥其分治死終亦當如疾醫之䂓○按外科死生于瘍之徵驗自易見故眡其死生之灋于疾醫為特詳內科之主治在臟腑故六味所養形體之灋于瘍醫為尤切然亦互相發也

獸醫掌療獸病療獸瘍家畜之獸五羊犬豕其疾既少治之甚易雖不治亦無大害唯牛馬畜之貴其疾當有以治之故有獸醫也視人為輕故病瘍同一醫

○凡療獸病灌而行之以節之以動其氣觀其所發而養之獸病狀難知者灌以發散之劑行之節之以動其脉氣然後觀其所發而調養之

○凡療獸瘍灌而劀之以發其惡然後藥之養之食之獸瘍已成形症可辨灌以攻毒之劑劀潰其瘍以發其惡然後補養之○

凡獸之有病者有瘍者使療之死則計其數以進退之獸醫之療治進退亦皆醫師掌其政令

醫仁術也生民不幸而有疾病古之神人立爲治療專于濟人而已其酬之者出于病者之情也世之醫者非以活人爲專而專以牟利爲心不識其病而妄爲營謀以試藥術能救之而故爲聲價以要利于同類則排擠之而唯恐其有功于勝已者則妒嫉之而惟幸其瑕釁如此則亦奚以醫爲故術愈下而心日非宜夫病者亦不以誠待之也是故先王立之師以掌之使衆醫分治民疾計其功而制其食使醫者無求于病則心清而業精病者不必酬乎醫則藥之所及廣而活者衆能者舉之于上不能者黜之不得行醫于是醫者務以活人爲

心而民無夭札之患故醫師者總執體要器使衆醫不自用而使人各盡所長通乎道者也食醫者飲食過則成疾得濟亦能治病特設此職調和飲食之齊一則不使其過治于未病一則或有不安節則以食治之不藥之藥故在疾醫之先也疾醫者大方醫也經文所載四時之疾即今傷寒科也瘍醫者曰腫瘍潰瘍外科也曰刃瘍金鏃科也曰折瘍接骨科也曰祝祝由科也獸醫者兼于育物也或疑醫有十三科而周禮所載止此何也治古之時氣化和平民患疾者少且古人欲寡六氣受病爲多今人多欲七情受病爲多又古者婦人小兒不若今之豢養恣肆如彼村童野婦自然無疾故不設婦人小兒等科也況古之醫者醫道通明能兼衆濟其鍼灸按摩之術眼目口齒之科則皆統于大方故亦不別設然醫家自有全書此固不得而許矣

周禮傳卷之一下

天官 下

酒正 中士四人下士八人府二人史八人胥八人徒八十人 掌酒而曰正主以灋正王及后世子與夫百官使之劑制于酒若酒人漿人則有司之事而已

酒人 奄十人女酒三十人奚三百人 奄閹藏也去勢者精氣閉藏故稱奄

漿人 奄五人女漿十有五人奚百有五十人

凌人 下士二人府二人史二人胥八人徒八十人 凌去聲藏冰室

籩人奄一人女籩十人奚二十人

醢人奄一人女醢二十人奚四十人醢音海

醯人奄一人女醯二十人奚四十人醯音希醋也

鹽人奄一人女鹽二十人奚四十人

幂人奄一人女幂十人奚二十人幂音密覆也

酒人主造酒者漿所以解渴與酒皆飲之類故事相聯籩竹器以盛果實脯脩乾物者醢切肉及海物雜醬爲之木豆所盛也籩人共籩則曰籩人醢人共豆而不曰豆人者醢人主共醢物六十甕醯人主共醯物六十

醓皆造豆實醢人特兼豆事故不曰豆人而曰醢人也醯水産其出産之政令掌于冬官此唯共于籩人與凡飲食之所用而已籩人所共皆乾物止以陳設爲事故女及奚皆少醢人醯人鹽人則兼造物故女及奚皆倍之冪以巾覆物酒漿醢醯凡停久之物非此則氣散味惡而酒尤爲切要也籩醢醯鹽皆獻酒之所薦冪乃尊之所用其事皆與酒相聯故並屬之酒正凌人掌冰而亦屬于此者酒性屬陽而大熱冰性屬陰而大寒故附于此取相制之意又冰于六飲爲凉亦屬漿人所共也

酒正掌酒之政令凡當共當授及出入之式誅賞之政也以式灋授酒材式灋謂多寡之數及月令所謂秫稻必齊麴櫱必時湛饎必絜水泉必香陶器必良火齊必得也以酒材授之酒人必以

其式凡爲公酒者亦如之公酒謂羣臣以公事飲酒若飲射祭祀酒正以式灋授之酒材公釀而不敢私釀此古灋也○饎昌又反炊米也

辨五齊之名一曰泛齊二曰醴齊三曰盎齊四曰緹齊五曰沈齊齊去聲盎英浪切緹禮記作醍玆音體○舊說大意泛者米糵相得泛溢器中浮于水面也醴者汁滓相將已有酒意而井也盎者和氣鬱蒸滃滃温煖也緹者赤色之名言酒成而色赤即禮記所謂粢醍此緹字蓋借用也沉者滓沉而下酒成而上也大約酒成熟之候有此五者造酒者因其節以爲名各隨其所宜而用之也

辨三酒之物一曰事酒二曰昔酒三曰清酒事酒者因事而釀釀𣆶即

漉所謂濁醪也昔酒者久釀乃熟其味最厚所謂舊醳也清酒者熟而停久其色清其味醇卽詩所謂祭以清酒也

辨四飲之物一曰清二曰醫三曰漿四曰酏音義見下漿人○掌其厚薄之齊以共王之四飲三酒之饌及后世子之飲與其酒酒人造酒漿人爲漿而酒正省其成故云掌其厚薄之齊王及后世子皆酒正自共之王備物故四飲三酒無不具后世子不必備故但云飲與酒而已○凡祭祀以灋共五齊三酒以實八尊凡祭祀有八尊合五齊三酒各實一尊故爲八祼器曰彝而此通曰尊者古彝亦曰尊也大祭三貳郊社宗廟三貳者正尊一而副尊三倍之也中祭再貳日月山川之類再貳者正尊一而副尊二

九獻八尊之用

倍之小祭一貳羣小祀四方百物之類一貳者正尊一而副尊加一倍也皆有酌數唯齊酒不貳皆有器量

已上酒之名物數量齊味薄于酒而其氣特盛酒氣定于齊而其味尤厚人之所飲者主于味鬼神之所享主于氣故雖王所共亦唯三酒而已祭祀則特設五齊專以爲祀神之用三酒則設于堂下以爲人之飲此周公所以爲多才多藝而善事鬼神也或疑經有五齊三酒而不知其所用夫豈虛設者哉愚以九獻之儀攷之一獻王祼二獻后祼此主用乎鬱鬯也三獻王薦腥四獻后薦豆籩是爲朝踐之禮禮運云醴醆在户是三四獻所用即泛齊醴齊也五獻王薦熟六獻后薦豆籩是爲饋食之禮禮運云粢醍在堂是五獻六獻即盎齊緹齊

也七獻王酳尸八獻后酳尸是爲加事之禮則王用沉齊而后用事酒自此之後事神之禮殺而交人之禮隆于是而用味矣至九獻則后進羞籩羞豆而諸臣酳尸則全用交人之禮故于是而用昔酒至夫清酒者則但諸臣以爲酢酒而已齊酒主于獻神之用神有定位則獻有定數故五尊皆無副益之尊三酒羣臣酢爵所用助祭諸臣數不可拘故三尊皆有副益之尊然齊酒于每尊之所容各有限量獻神之外不得以濫供三酒則每所用之酌皆有其數應用之外不得而妄費蓋酒人之所甚好而尤易侵自商都沉湎于酒以取敗周公以爲戒故防之周密如此○

(醆)音盞(醍)音體(酳)音胤

共賓客之禮酒共后之致飲于賓客之禮醫酏糟酒陽飲陰王致

酒后致飲陰陽之義也皆使其士奉之○凡王之燕飲酒共其計酒正奉之○凡饗士庶子饗耆老孤子皆共其酒無酌數○掌酒之賜頒皆有灋以行之○凡有秩酒者以書契授之

賓客禮酒朝會大射饗食之禮王有玉獻玉爵也冢宰贊之后于賓客大饗有致飲之禮助王養賢也宗伯之屬攝之故酒正使其士率酒人漿人以奉之王與羣臣燕飲以示慈惠恐其過飲故先計其獻酬之酌數酒人依數共之酒正爲獻主親自奉之使之不節自戒士庶子者老孤子饗之以示恩厚禮故不限其酌數使之各充其量也酒之賜頒者羣臣皆不得私爲酒王有惠以酒頒賜之灋謂大宰匪頒之式尊卑有差酒正遵而行

之也秩酒者王制所謂日有秩酒以扶陽老人氣衰賴酒以養日共其膳與酒有常數故謂之秩以書契給其家使以書契來取而授之酒所以防詐冒也○已上酒正共奉行酒之灋

酒正之出日入其成月入其要小宰聽之歲終則會唯王及后之飲酒不會有定式也不及世子者有用則共之亦在所會中以酒式誅賞

出謂凡酒材皆先入于酒府然後以式灋授于酒人及酒人成酒又以式灋而共百用皆自酒正而出也日入其成者每日造酒及用酒之多少宰夫旬終則令正日成而酒正所自聽也月入其要者每月造酒及用酒之多少宰夫月終則令正月要而小宰聽之者也歲終則會者宰夫歲終則令羣吏正歲會而冢宰之所受也酒

式者造酒用酒之灋式因日成月要歲會而攷之誅其不如式者賞其如式者宰夫所謂治不以時舉者以告而誅之也○已上酒府入出要會之式

按日入其成月入其要歲終則會凡百官府皆然而干此獨詳焉者天官掌財賦膳酒用財之始而周官尤嚴于酒故特爲百官之著例也

酒人掌爲五齊三酒祭祀則共奉之以役世婦共賔客之禮酒飲酒而奉之○凡事共酒而入于酒府○凡祭祀共酒以往賔客之陳酒亦如之

書曰祀兹酒唯元祀造酒之初專因祭祀故五齊三酒專爲祭祀而造酒正但辨其名物酒人主釀爲之世婦

六飲

者謂宮卿世婦掌女宮之宿戒及祭祀比其具故大祭祀則酒人共酒以聽役于世婦也禮酒饗食之酒飲酒燕飲之酒盎酒正共奉之此酒人亦共奉之者贊酒正也凡事謂酒正應奉酒者如王之日飲酒入于酒正之府使自奉之又如酒之賜頒秩酒之類亦入于酒正之府使自出之也凡祭祀謂小祀也賓客之陳酒歸饔餼之酒掌客所謂壺四十皆陳者酒人以式灋往共之也

漿人掌共王之六飲水漿醴涼醫酏入于酒府醫上聲酏飴通音夷

六飲之說先儒不明字義又以漿人酒正內則所載不同泥而不通使夫宜于古者遂不可行于今愚以此所載六飲爲據夫飲主于解渴有大病非得水不生者故此曰水者即井泉所汲水之本質冬月或以火煖百沸

而飲之所謂白湯也曰涼者字從冫即冰也大暑用之可以清溽氣漿者以水和米煑之去滓而存其飲即今米飲極能利水道者醫鄭氏以爲梅漿能生津止渴者醴甛酒也酏即今飴糖一名餳糖米麥釀成蓋以白糖爲湯有消食止渴之功者造醲與酒畧同故字從酉先儒遂誤解爲酒也四物于語説辨論間可以生津液助神氣久而不渴故漿人主共此六飲于王入于酒府而酒正奉之也內則有稻醴清糟黍醴清糟粱醴清糟者稻黍粱皆可以爲醴蓋兼設之故曰重醴清糟者濁者爲糟泲之則清也又曰或以酏爲醴者謂以白糖湯代醴即此酏是也其曰醷濫者即此之醫意毉同聲故各諧之文異而義一濫則飲之別名耳曰漿曰水所缺者涼蓋非以共王故不備物也酒正云辨四飲之物清醫漿酏者清謂醴濁不可飲必泲而清之猶內則之三醴

必云清也水涼皆本質不用辨四物須造之得濾故云辨四飲之物也○㊀奇義見下㊁是英反㊂子禮反䓿去其滓也

共賓客之稍禮常日所給小禮猶後世賜茶也共夫人致飲于賓客之禮清（醴）醫酏糟而奉之據酒正辨四飲之物曰清醫漿酏當以爲正醴當作漿○糟謂醫酏漿醴之質猶俗稱糖糟也四物去糟失味故必合糟而奉臨用而後泲之凡飲共之謂非食時渴而欲飲也

夫酒正后之致飲二漿人夫人之致飲四豈后與夫人致飲各不同亦猶冢宰之有好賜與以佐王者歟是不然漿人共于夫人世婦等使之親泲以致其潔敬酒正復以后之命使其士致于賓客其實一事而已夫人言

四飲而后止于醫酏者蓋夫人兼設之以備用而在后則有用不用故文有詳畧耳至于后之致飲冢宰之好用皆統之于王也苟后致飲而夫人又貳之是后爲主矣豈理也哉

凌人掌冰正歲十有二月夏正令斬冰三其凌○春始治鑑（鑑）盛冰器凡內外饔之膳羞鑑焉凡酒漿之酒醴亦如之○祭祀共冰鑑賓客共冰大喪共夷盤冰夷盤廣八尺長丈二尺深三尺漆赤中實冰其中置尸牀下以寒尸令不敗夷之爲言平也儀禮牀曰夷牀衾曰夷衾移尸曰夷于堂蓋取安平意夏頒冰掌事秋刷（刷）聖結反（冰）古文作仌象其初結形省文作冫此冰字音迎乃凝結字經文用爲仌字非

十二月令斬冰豳詩所謂二之日鑿冰冲冲三之日納于凌陰也三倍其凌之冰以備消釋凡酒肴得溫氣則失味故春始治鑑卽詩四之日獻羔祭韭而啓冰也于是外內饔之膳羞酒人漿人之酒醴皆以鑑而置物其上此自啓冰後凡御用食飲之用冰也祭祀冰鑑賓客饔餼饗食之冰喪紀夷盤冰此三者大事之用冰也夏暑氣盛王以冰頒賜左傳所謂命夫命婦至于老疾無不授冰此大暑大頒冰以廣其惠之事也已上皆凌人主其事秋則清除冰室以備來歲藏冰之用

左傳申豐曰古者日在北陸而藏冰西陸朝覿而出之其藏冰也深山窮谷固陰沍寒于是乎取之其出之也朝之祿位賓食喪祭于是乎用之其藏之也黑牡秬黍以享司寒其出之也桃弧棘矢以除其災獻羔而啓之公始用之火出而畢賦自命夫命婦至于老疾無不授

冰山人取之縣人納之隸人藏之夫冰以風壯而以風出其藏之也周其用之也徧則冬無愆陽夏無伏陰春無淒風秋無苦雨雷出不震無災霜雹癘疾不降民不夭札今藏川池之冰棄而不用風不越而殺雷不發而震雹之爲災誰禦之七月之卒章藏冰之道也○雹弼角反

籩人掌四籩之實籩豆之容實皆四升四籩者朝事饋食加籩羞籩也朝事之籩其實麷蕡白黑形鹽膴鮑魚鱐麷音風蕡音文○熬麥曰麷鄭氏謂河間以北煑種麥賣之名曰逢是也麻子曰蕡熬稻米曰白即內則煎醢加于陸稻上沃之以膏者黑黍也形鹽積鹵所結其形似虎者膴以魚肉爲大臠鮑魚于楅室中糗乾之出于江淮即今鮑鮝鱐乾魚出東海即今石首魚鮝八物者朝事籩實也

饋食之籩其實棗㮚桃乾䕩榛實（㮚）古栗字（䕩）音老○饋食之籩榛實下缺三物○棗㮚桃榛實皆北方之產乾䕩乾梅也梅乃南方之產故乾而用之內則有桃諸梅諸蓋桃亦可乾用也舊說桃梅棗皆乾濕相間合之而八爲饋食籩實加籩之實蔆芡㮚脯（蔆）音陵（芡）音欠○加籩之實蔆芡㮚三物重設非又㮚與饋食重亦非蓋缺四物而誤○蔆芰也芡雞頭也脯芻豢之肉所爲舊說蔆芡㮚脯重設而八爲加籩之實羞籩之實糗餌粉餈（餌）日志反（餈）音慈○糗熬米麥也餌其中之陷糗餌者謂以米若麥爲餅中以肉爲陷熬而乾之也粉磨米成塵也粉餈者以秫爲餅而蒸熟之以其粘故加粉于外一物羞籩之實也

九獻薦羞之物

祭統云昆虫之異草木之實陰陽之物凡天之所生地之所長苟可薦者莫不咸在示盡物也今合籩豆之實止于五十二者蓋應薦之物各以其時此正所謂薄正也按薛氏宗廟之禮一二獻王及后之祼未有薦三獻王薦腥四獻后亞獻于是薦朝事之豆籩各八五獻王薦熟六獻后亞獻于是薦饋食之豆籩各八七獻王酳尸八獻后酳尸于是薦加事之豆籩各八既酳尸畢后又獻羞籩羞豆各二諸臣進而酳尸焉是爲九獻愚謂饋食之籩以桃梅棗乾濕相間則合㮚榛止于五物加籩之實以菱芡㮚脯相重且㮚既見于饋食而此復重出則止于三物夫桃梅棗出各以時豈得生者而常用之饋食缺三物無疑加籩之中唯脯則諸肉皆可爲故有重設猶醢人醓醢之重其菱芡與㮚字必皆誤文實缺四物蓋栝棗李杏梨柿榴蓮皆北土嘉果其餘可珍

者尚多胡不用之以薦且王者備物
孝享天下之物豈少而以兼設爲哉

凡祭祀共其籩薦羞之實器事及賓客之事共其薦籩羞籩凡祭祀非止宗廟也薦籩薦豆者謂朝踐饋食未獻而先薦也羞籩羞豆者謂酳尸訖而後爲加事既食而後羞也凡祭祀及喪紀之殷奠賓客之享燕籩人竝共其薦籩羞籩醢人竝共其薦豆羞豆○爲王及后世子共其內羞膳夫共王羞用百有二十品掌后及世子之膳羞籩人醢人竝云爲王及后世子共其內羞即此是也凡籩事掌之若饗耆老孤子士庶子師役稍事凡用籩者皆籩人共其實醢人共醢醢人共醢亦此類也

醢人掌四豆之實豆木器故所載皆菹醓醢臡醬濕物朝事之豆其實韭菹醓醢昌本麋臡菁菹鹿臡茆菹麋臡饋食之豆其實葵菹蠃醢脾析蠯醢蜃蚳醢豚拍魚醢加豆之實芹菹兔醢深蒲醓醢箈菹鴈醢筍菹魚醢韭音久菹音葅醓貪上聲臡音泥菁音精蠃音騾蠯朋上聲蜃日謹反箈音臺麇音囷坤君反別作麕亦音君拍音餽筍恤尹反糝恤感反○凡齏菹菜肉皆有之全物若腜為菹細切為齏凡醢有骨曰臡無骨曰醢肉醬無骨有汁曰醓醬者菹醢總名膳夫之醬用百有二十罋也又合豆麥醢水暴之而成以和五味亦曰醬內則之醢醬處內也韭即詩之獻羔祭韭菁蔓菁也葵也三者皆美菜茆

也芹也皆水菜之美者治箭萌也筍竹萌也七者水陸植物所謂七菹昌本即左傳之昌歜也脾析牛羊百葉也有膜包裹去之爲齏蠡大蛤也豚拍豚肩動肉四寸可爲膾深蒲深水中蒲白嫩者五者水陸動植之物所謂五齏醓醢也魚醢也兔醢也雁醢也蠃蠯蚳解見前醓人皆水陸動物所謂七醢麋鹿麇三者其骨中之髓益人兼取其骨爲之所謂臡已上二十二物醢魚之屬非一故兼設之合之爲二十四以爲朝事饋食加事之豆各八也其設之氣味相成皆有意義郊特牲曰恒豆之菹水草之和氣也其醢陸產之物也加豆陸產也其醢水物也此之謂歟羞豆之實酏食糝食（糝）惏感反○酏糖也酏食者以糖和麻穀糵之爲食也糝食者內則所謂取牛羊豕之肉三如一小切之以稻米二肉一合以爲餌而煎之者也○凡祭祀共薦羞之豆

實賓客器紀亦如之○爲王及后世子共其內羞王舉則共醢六十甕以五齊七醢七菹三臡實之齊當作齍○膳夫王日一舉醬用百有二十甕醢人共醢六十甕醯人共醯六十甕合之爲百有二十也餘解見上○賓客之禮共醯五十甕○凡事共醯

醯人掌共五齊齊通下四齊字鄭氏云玆當作齍七菹凡醯物以共祭祀之齊菹凡醯醬之物賓客亦如之五齊七菹凡醯物本醯人所造以專職也醯人復掌之者蓋醯人共之醯人特主豆實而設之耳祭祀之齍菹凡醯醬之物者齍菹之外凡以醯而成之物以醯而成之

醬皆鹽人所有事也○王舉則共齊菹鹽物六十罋共后及世子之

醬齊菹后世子不備物故但云醬齊菹餘解見上○賓客之禮共鹽五十罋○

凡事共鹽

九獻籩豆圖

鹽人掌鹽之政令以共百事之鹽政令謂四方貢鹽而入之膳夫鹽人等官欲需鹽而出之及煑鬻收貯之瀍也百事謂祭祀賓客軍旅器紀頒賜凡用鹽也○祭祀共其苦鹽

散鹽苦鹽即盬也出于鹽池未加湅治其味微苦故以苦名今之顆鹽也散鹽鬻海水爲之其形散今之末鹽

也祭祀共此二者貴其自然也○鬻古煮字鹽音古**賓客共其形鹽散鹽**形鹽掘地以出之積鹵所結其形似虎或如文章字不成形者亦必方賓客共此取其精潔也其有不足則以散鹽益之然前朝事之籩有形鹽則祭祀亦以此爲用也**○王之膳羞共飴鹽后及世子亦如之**飴鹽甜生于戎地王及后世子之膳羞用之取其美而益人也蓋不易得故不以給他用云**○凡齊事鬻鹽以待戒令**齊去聲○齊者和五味之事鹽鹽未凍治及風化而濕者苦不堪食鬻治以待各司徵取

鹽灋議

冪人掌共巾冪凡酒漿醯醢氣泄則味薄風入則虫生皆主冪人掌共其巾冪**祭祀以疏**

布巾冪八尊以畫布冪六彝司尊彝掌六尊六彝之位此八尊字蓋以每祭言㊣畫古文畫通○八尊以承五齊三酒言疏則不畫六彝以承鬱鬯言畫則不疏蓋鬯爲酒之至尊故特重之凡郊社宗廟之尊彝疏畫咸如之舊說禮器有祭天以疏布冪遂以爲天地之神尚質而用疏宗廟尚文而用畫然觀司尊彝皆主宗廟而言及此尊用疏布彝用畫布則宗廟亦用疏布其曰畫者以雲氣有覆象理或然也

○凡王巾皆黼王巾者燕射饗食及王日一舉凡王所用尊壺之冪也凡巾衆家所稱黼者皆繡爲斧形取威斷意設色之灋白黑曰黼斧刃白而銎黑故謂斧爲黼也

夫有一物則有收藏之灋而又特設此官何也蓋共物者專心于禮事不暇于覆冪少失其謹則以有用爲無

用非所以敬共人神而且虛費夫天產故設冪人一職以專于其事則可以久而如新也凡醯醢之罋酒之尊久藏者冪之以土旋設者冪之以布因畫之以爲文焉

宮人中士四人下士八人府二人史四人胥八人徒八十人　掌王內外居室中之事

掌舍下士四人府二人史四人徒四十人　掌王行在舍事

幕人下士一人府二人史二人徒四十人　掌帷幕幄帟之材

掌次下士四人府四人史二人徒四十人　掌王行禮止息張設之事

宮人掌王之六寢之脩路寢一小寢五爲六寢玉藻曰君眡朝退適路寢聽政使人視大夫大夫退然後適小寢釋服眡朝者路寢門治朝也路寢者即明堂前大堂室用以治事小寢者即明堂後五小堂室左青陽前明堂右總章後玄堂中央大室四時各有所居以時宴息修謂脩除黝堊之也爲其井匽匽音宴○井以汲水外内不共井也匽以止水宮中潴水一以爲用一以備火久停決之以洩其汚除其不蠲去其惡臭蠲消通○不蠲不潔也惡臭厠惡也除去之使常潔清○共王之沐浴凡寢中之事枕席牀笫唾壺虎子之屬埽除執燭共鑪炭凡勞事埽古掃字四方之舍事亦如之會同王城之外巡守方岳之下凡有故而適于四方宮人隨行舍中掌事

一如
在國
宫室所以居身宫人既掌其居于是沐浴以致其潔埽
除以清其神寢中之事以爲安昏則執燭以爲明寒則
爐炭以爲温與凡便身煩勞之事亦併共之在後世皆
屬之宦寺而周公顧舍之而不用者揆内小臣之職莫
大于掌王后之命正其服位寺人之職止于掌王之内
人及女宫之戒令蓋以男子不可入内故不得已而用
之非以其柔媚可近而使執事于左右也其不屬之内
豎者幼小童子好動不常止可以傳内外之通令而已
是故親身之事必以屬之士人宜其有承弼啓沃之功
而無逢迎消蝕之禍也漢猶近古孔光以名士親執唾
壺侍中後世宫人意
亾而治彌不古若矣

六寢圖

呂大均選小臣宿衛議

掌舍掌王之會同之舍

會者合諸侯而命以征討之事同者王不巡守六服諸侯衆見天子而命之政也會同皆爲壇國外或于諸侯之國擇便爲之其不行于國中者蓋朝覲與夫諸侯免器之見皆主諸侯以事而見天子故必入天子之朝會則天子以事而召諸侯同則天子應巡守而不巡守故于城外行之以見天子往會之意且入國則有廟見饗食饔飧之禮在外則其禮皆畧蓋一于會同之事不暇及其他故費省而事易舉凡諸侯會遇之禮意亦如此

設梐枑再重梐枑音避互即行馬也設車宮轅門鄭氏曰仰兩乘車之轅相向以表門

爲壇壝宮棘門鄭氏曰棘戟也即左傳子都拔棘以逐潁考叔者爲帷宮設旌門

無宮則供人門

凡會同舍外先設梐枑再重使勇士守之虎賁氏舍則守王閑是也其次以車爲宮內爲王居與會所古人用衆必以車自環爲營也其出入處以轅爲門壇壝宮即築壇以行會同之事者其下起土爲壝覲禮所謂宮方三百步四門壇十有二尋深四尺是也壝端植棘以表門壇上張帷爲宮以出政令幕人所供掌次所張也植旌以表門即司常于會同賓客所置旌門也凡王有遊觀登眺不及張帷旁立長大之人以表門

凡舍事掌之

已上會同宮門之瀍五者必兼用之若王巡行軍旅大射大田凡有出宮之事其舍止也必有梐枑阻險則爲車宮平地則爲壝宮有所號令或展肆則爲帷宮倉卒間則共人門或兼設或單陳各隨其宜竝舍人掌之

王會同宮舍圖

幕人掌帷幕幄帟綬之事

鄭氏曰王出宮則有是事圜旁曰帷在上曰幕或在地展陳于上聘禮管人布幕官陳幣史展幣皆于幕上帷幕皆以布爲之旣夕禮明衣裳用幕布可以證幕之爲布也四合象宮室曰幄卽大次小次也帟座上承塵也幄帟皆以繒爲之褻大記有素錦褚可以證帟之爲繒也凡居幕中有帟

師田張幕設重帟是也居幄中有帟朝日祀五帝張大次小次設重帟是也綬以聯繫四者 凡朝覲會同軍旅田役祭祀共其帷幕幄帟綬 王及諸侯賓祭事各有大次小次帷宮旅幕等師田則有幕帟㚘幕人共于掌次而張之 大喪共帷幕帟綬 帷以帷堂喪大記始死帷堂及殯亦為之幕卽綴衣蓋以依神書顧命狄設黼扆綴衣牖間南向是也帟在柩上 三公及卿大夫之喪共其帟 公卿大夫之喪皆幕人共其帟唯士無帟檀弓曰君於士有賜帟

師云王以事出不可露次故以繒布為之帷幕幄帟用畢徹之後復可用事簡而便費不及民後世儉者乎蒲為行宮事已則費奢者乎錦為步障費多勞民皆不知有幕人之灋也

掌次

掌王次之灋以待張事灋謂大小丈尺及張時節度

王大旅上帝則張氊案設皇邸邸等禮反○國有故祭上帝亦遍祭羣神故曰大旅禮器曰一獻之禮不足以大旅大旅至矣不足以饗帝是大旅不若祀天之禮繁此言有故之祭而不及常祭經文于百職多互舉也氊案以氊布地而坐所以代莚席野外取其軟温而難敝邸後板屏風皇邸者染五采羽象鳳翌施邸上以為飾○

朝日祀五帝則張大次小次設重帟重案重平聲○春分拜日于東門之外祀五帝于四郊次謂幄也大幄初徃所止居小幄既接祭退俟之處祭義曰周人祭日以朝及闇雖彊力孰能支之是以退俟與諸臣代有事焉重帟複帟重案牀重席皆設幄中氊案皇邸大次小次蓋亦互

文觀下文張幕設案可知矣

合諸侯亦如之

合諸侯于壇亦張大次小次

師田則張幕設重帟重案

軍旅田獵張幕以蔽雨日不設帷幄者軍中不可壅蔽也

諸侯朝覲會同則張大次小次師田則張幕設案孤卿有邦事則張幕設案

觀禮上介皆奉其君之旂置于宮即小次待事之處大次張于宮外初往所止居也師田諸侯從王師田也孤卿有邦事謂以事從王或以王命出也然爲之張幕設案不言公者於諸侯卿見之

凡喪王則張帟三重諸侯再重孤卿大夫不重

喪之有帟爲柩上承塵也一而足矣諸侯再而王三者自下而加耳諸侯已下之帟蓋併及其禮非掌次與張之鄭氏曰喪言凡者以其

自王而下后視王世子三夫人視諸侯嬪婦視孤卿大夫御妻與士有賜則得帟

凡祭祀張其旅幕張尸次鄭氏曰祭祀言凡者天地宗廟外內祭祀皆有羣臣助祭其人既多不能人人獨設故張旅幕旅衆也謂衆人共幕祭必有尸尸尊故別張尸次

射則張耦次耦謂升射者次在洗東燕射曰遂命三耦取弓矢于次諸侯之至王國則待以客禮王臣之從王則皆王事且使之自張則必參差有不得地者故其次幕皆國有司共之可以見當時體統之一恩禮之厚矣

掌凡邦之張事王國凡有張事不止于朝會師田喪祭射事也玆掌次掌之

王者常居在天文爲五帝座內外執事極其嚴備故周官特設宮人以掌之至于巡守方嶽之下其宮室亦象路寢爲之孟子所謂明堂也其不巡守而殷見與夫有事而會諸侯于王城之外及凡出行或在道則其所居息之處曰舍其建立營衛皆掌舍之事其行禮之處初至所止爲大次待事之處爲小次即所謂幄也一取其造次之意一取待于此而上進之意觀宮伯所稱八次八舍可以知次舍之別其在次舍復有帷幕帟以爲障覆蓋王之所居雖造次不可苟于天文爲張宿凡此皆掌次之事其帷幕幄帟之材則幕人之事而王居明堂與夫在次舍中其居寢所需又皆宮人主之四官雖分職而聯事宮人爲上士所以統之也

大府　下大夫二人上士四人下士八人府四人史八人賈

十有六人胥八人徒八十人治藏之長

玉府上士二人中士四人府二人史二人工八人賈八人胥四人徒四十有八人每一工一賈統徒六人每一胥統十二人

王之御幣以玉名官重玉也工八人所以攻玉限其員者不得作無益也賈八人所以相玉也○幣弩儻二音

內府中士二人府一人胥二人徒十人主良貨賄藏于內者

外府中士二人府一人胥二人徒十人主邦布藏于外者

大府掌九貢九賦九功之貳以受其貨賄之入九功即九職所任也

事有成績故曰功九賦不外乎九職所供但言賦而不及功則無以見其所出故必並舉之九貢九賦九功皆大宰所定而其貨賄之物則皆入于大府故掌其貳其正則藏于各司也

頒其貨于受藏之府頒其賄于受用之府

（賄）月鬼興鬼二反（藏）去聲○受藏者內而藏焉謂玉府也受用者內而旋用謂內府外府也玉府所入貨爲多故曰頒其貨于受藏之府內外府所入賄爲多故曰頒其賄于受用之府然玉府于王之獻及好賜皆共之則不專于受藏且玉府亦有文織良賄不止于貨內府亦有金玉銀貨不止于賄此皆就其多者言之耳

凡官府都鄙之吏及執事者受財用焉

此主大府之屬經收財用蓋米穀芻薪亦大府通職而唯貨賄則內府等府所收故得掌之凡財賦之入也必

職式量入爲出之灋

先受灋于司會司書授之以灋掌事者依灋征斂入于大府而存其貳于司書大府乃頒于王府内府外府而職内復存其貳毋敢額外多取凡財賦之出也必攷于司會司書驗其合式灋與否然後得支于大府而存其要貳于司書大府乃復于内外等府撥與而職出復存其貳毋有額外多用此利權所以常歸于一也

凡頒財以式灋授之關市之賦以待王之膳服王之膳羞衣服其用物最不一門關市廛商旅所會雜物爲多故以當膳服邦中之賦以待賓客饔飧牢禮所須惟食物邦中城廓内外載師所任廛里場圃之地取之爲便故以當賓客四郊之賦以待稍秣六畜所食禾穀也小事故稱稍必近地乃可供四郊去國百里載師所任近郊遠郊之地取之爲近故以當芻秣即

禹貢之百里賦納總也

家削之賦以待匪頒削恤敎反當作削○王所頒賜羣臣羣吏之祿家削三百里載師所任家邑之地大夫采地也

邦甸之賦以待工事以大宰九賦載師任地之序推之邦甸之賦當在家削之賦前工事百工稟餼邦甸二百里載師所任公邑之地也

邦縣之賦以待幣帛幣帛以勞贈賓客邦縣四百里載師所任小都之地卿之采地也

邦都之賦以待祭祀大祀中祀用大牢小祀用特牲及夫幣物其用爲至尊邦都五百里載師所任大都之地公之采地也公臣之最貴故以供其所尊卿亞于公故供賓客之幣帛大夫亞于卿故供匪頒

山澤之賦以待器紀任虞衡以山澤之事貢其物以其賦當大器小器又按王制云祭用數之仂器用三年之仂蓋有器則不祭故

得以三年之仂而當器用比亦所以待器紀者大宰九式以荒器竝言而此闕之者蓋荒之用出于三十年之所積也○仂禮革反十之一也

幣餘之賦以待賜予王有親故及臣之賢能欲特恩加厚者亦大理人情之所不免即好用也此在常用之外幣餘掌事者之餘財歸于職幣者亦常賦之所餘故以當賜予

此通計畿内九賦九功財賄以爲九式之用蓋大府所收雖止于貨賄而倉廩稍委之物皆當入其會計故此若稍秣匪頒工事等皆其所頒也式灋大宰歲杪制國用之定格也頒于内外等府則授之以灋使知以其物預備其用蓋取民有定制國用有定式所謂量入爲出也如此則用無或過而財無不足矣

凡邦國之貢以待弔用侯國寶藏貨財各有所産諸侯以爲歲之常貢即九貢致邦國之用

也國用之餘以充王之弔用使各國之産相易以爲禮則物益適于用矣

凡萬民之貢以充府庫畿内虞衡所掌畿外名山大澤之不以封開田之未班諸侯之絶世者皆天子所自入所謂萬民之貢也存之于府庫以待移用

凡式貢之餘財以供玩好之用上文頒財式灋與此邦國萬民之貢充九式弔用府庫而有餘者然後可以供玩好之用不以末傷本也

此主侯國萬民職貢以爲王國之用書曰玩物喪志而有所謂玩好者何也夫天理豈能外于人欲在適其可與過不及之間耳人非聖人則天機不能無間斷情性有時而拂鬱當其倦怠時以灋象制器貴重而有文章若古之欹器金人又如顧命所陳者時一玩之既不縱情于物欲亦不至于壹滯以傷天和不然必至于放縱

不可收拾矣此與囿遊同意皆所以接續此心天機之術也

凡邦之賦用取具焉歲終則以貨賄之入出會之入出之數有日成月要歲終則總計其大數而會之以待司會鈎攷

國家經費悉取給于大府則權不分一則絶滲漏之源一則因其有餘不足之處而知所以節量裁抑之方也

按財者民之心國家之血脉也大府治藏之長民命國脉所繫屬之大宰者宰相均平天下必以理財制國用爲先務則王宮后宮與夫百官府之用皆有定濾不得妄費王國以及于四海之賦貢皆有定式不得多取而天下之治裕如矣

玉府掌王之金玉玩好兵器凡良貨賄之藏式貢良善者乃得入于此

共王之服玉佩玉珠玉王齊則共食玉○大喪共含玉復

衣裳角枕角柶含去聲柶音四○含玉以共口實尸得玉氣不敗也角枕以枕尸柶匕也以楔口令可飯含必以角者剛而觳也○楔音屑

○掌王之燕衣服衽席牀笫衽日錦反笫子禮反○燕衣服巾絮寢衣袍襗之屬皆良貨賄所成衽席牀巾親身之席牀笫附牀之簀至尊所御亦良器也凡此以其共上用不可不謹故并掌于玉府○襗音鐸簀音責

凡褻器私褻便身之器以其燕寢所用故亦附掌于此

○若合諸侯則共珠槃玉敦敦音對○司儀職將合諸侯爲壇十有二尋既會而

盟以珠飾槃所以盛牛耳尸盟者執之玉敦歃血玉器戎右職盟則玉敦辟盟○歃恤甲反

凡王之獻金玉兵器文織良貨賄之物受而藏之織音職○鄭氏曰謂百工爲王所作可以獻遺諸侯古者致物于人尊之則曰獻也文織即書之厥匪織文布帛之有文織而成者玉府受于作治之工藏之以待用○

凡王之好賜共其貨賄王于羣臣有恩好而賜之貨賄者玉府共之

玉府所掌一爲王之正用即九式羞服之式九貢器服之貢在内府中尤爲精美要切者舉以供至尊異于常用也一爲玩好主式貢之餘所共及獸人𢼸人所入止共玩好賜與不可以混于國之大用也

師曰王者君子比德焉服玉冠飾以尊其首帶飾以重其體也佩玉琚瑀珩璜行以爲節閑非辟之心也珠玉琢玉爲珠卽冕旒蔽目而視于無形也王者純陽之精齊食玉屑以助精明之氣也○琚瑀珩璜音居禹衡黄

內府掌受九貢九賦九功之貨賄良兵良器以待邦之大用

九貢諸侯每歲常貢若祀貢犧牲物貢橘柚則入于膳夫牧人嬪貢絲枲則入于典婦功材貢斿貢則入于器府其器幣貨服精美以供王者入于玉府餘則皆入于此九功卽九職之所成斂之以當九賦頒之以共九式之用其餘亦皆入于此大用謂式事及朝覲會同之頒賜也已上以貢賦當國之大用

凡四方之幣獻之金玉齒革兵器凡良貨賄入焉凡適四

方使者共其所受之物而奉之凡王及冢宰之好賜予則共之

幣獻四方諸侯來朝合幣以獻即大宰所贄玉幣玉獻小行人職圭以馬璋以皮璧以帛琮以錦琥以繡璜以黼或以齒革兵器隨其國之所有此不繫于貢賦之正王遣使聘問諸侯即以所受于四方之物共于使者而奉之蓋各以其國之所無者交錯而分遺書所謂昭德之致于異姓之邦無替厥服分寶玉于同姓之國時庸展親也幣獻之物視貢賦爲稍輕使者所奉及君相之好賜予亦非大用故㚘取諸此夫冢宰之賜予而得于內府支用者蓋與君爲體如吏之足用長財善物者賞之或待賓客之小治有善而應有所賜或使者至侯國

應有所問遺若使者有私覿之禮也

此皆公事而非私惠故內府共之

外府　掌邦布之入出以共百物而待邦之用凡有灋者

布即布帛之布故云共衣服之用古者以布帛爲財故又以待邦之用也漢人以鑄銅之錢與枲織之布通名曰布泉鄭氏習見當時之事遂解此布爲錢獨不思經文明言衣服之用則其爲布帛無疑若司市無征而作布則銅錢之謂不可相混也入謂貢賦之布從大府頒之而入于外府也出謂邦用之合于式灋者從外府受之而出也共百物者合用布或以布而易他物皆取給于此其用不一故曰共百物也已上以布共有灋邦用

共王及后世子之衣服之用　即九式羞服之服也○此以布共王宮衣服之用

凡祭祀賓客喪紀會同軍旅共其財用之幣齎賜予之財用○

祭祀喪紀賓客皆有不一之需會同軍旅則有犒師皆外府共之幣即邦布凡皮曰幣布乃帛類故亦曰幣齎猶云資以其輕便可持行者所資也云財用之幣齎者謂以幣齎爲財用也云賜予之財用者謂以幣齎爲賜予也

凡邦之小用皆受焉

小用若使者聘問諸侯行道之資其用無常𢚗取給于此已上主以布爲財齎之用

歲終則會唯王及后之服不會

師曰內府主公帑之在內外府主公帑之在外王者以四海爲家曷有內外曰內府掌邦賦以待王之大用故

儲于內帑以慎重也外府掌邦布以待邦之小用故發于外帑以從便也其爲公帑則一而與玉府同統于大府西漢天下經用盡度大司農人主奉養勞費一出少府古意尚存惜乎散出無紀耳

司會　中大夫二人下大夫四人上士八人中士十有六人府四人史八人胥五人徒五十人（會音怪計也○司會計官之長）

司書　上士二人中士四人府二人史四人徒八人（主書會計簿籍）

職內　上士二人中士四人府四人史四人徒二十人（內音納）

職歲　上士四人中士八人府四人史八人徒二十人（歲當作出）

凡出內之出讀作去聲昌秘反與歲音相類又歲出二字建首亦相似因此而誤或曰歲猶今管年也夫管年兼出入故可謂之年今職內三入字職歲三出字可驗豈可以歲字混用乎

職幣上士二人中士四人府二人史四人賈四人胥二人徒二十人主會計邦賦之餘

司會掌邦之六典八灋八則之貳以逆邦國都鄙官府之治

此主平治之道以贊天下之治也典灋則大宰曰掌治之也太史亦曰掌執之也小宰曰貳副大宰也司會亦

曰貳致逆之也六典以逆邦國之治八灋以逆官府之治八則以逆都鄙之治而天下之治無不舉矣

以九貢之灋致邦國之財用以九賦之灋令田野之財用以九功之灋令民職之財用以九式之灋均節邦之財用

此主理財之灋以制國用也九貢之灋者畿外侯國之財用以九等貢灋施于大司馬職方氏大行人等職而致之萬邦唯正之供也九賦九功之灋者自邦中至于山澤其地有八自三農至于閒民其職有九民無不受田有粟則出粟無粟則貢其所職載師縣師等以九賦之灋隨地總徵之故曰令田野之財用閭師旅師等以九功之灋隨職户徵之故曰令民職之財用合之爲九賦以待邦之經用非有二事也詳見九賦九職相胥圖

九式之灋者執九式以均節邦之財用司書所謂凡上之用財用必攷于司會其他可知矣

九賦九職相胥圖

掌國之官府郊野縣都之百物財用百官府至鄉遂甸稍縣都凡財用之入出莫不掌之凡在書契版圖者之貳以逆羣吏之治而聽其會計此主攷課之灋以舉天下之功也紀録爲書徵驗曰契人民之數曰版土地之形曰圖其正藏于司書其貳上于司會以相校勘因而知征斂之虧宂放散之餘欠存積之多少而吏治之殘刻寬簡貪汚廉潔皆不可逃矣以參互攷日成以月要攷月成以歲會攷歲成以周知四

國之治以詔王及冢宰廢置

日成月成歲成者職内掌賦入職出掌賦出一旬爲日成一月爲月成一歲爲歲成也參互者百司每日出入之數兩存以爲證者月有要歲有會以二者而互相參攷則欺隱無所容而姦弊不生也四國謂四方侯國其治教禮政刑事之大綱皆統于六官故攷官府之治則凡四國生民之利病國計之盈縮皆可周知也課既定然後詔王及冢宰不職者廢之稱職者置之此則不特百官府之吏縣都之參貳而已侯國之命卿大夫亦在廢置之列此所以能一天下之治也

劉氏曰司會職財計者也苟不顧國政之是非不度民生之弊疾惟利是積則或傷于仁唯財是節則或害于義故禮樂衰微黎民困溺非所以存國體也於是擇中

大夫之賢德猷爲亞于冢宰才于列卿者以司會計是故必知六典八灋八則之本然後施九貢九賦九功九式之灋知其治之本而不失則財用可致而不害于王之所以建極于天下者矣

師曰此聖人格王平天下之要道也平天下在用人理財宰臣當務大體而國計唯至纖至悉乃能周知此萬命鰅鰅之所賴也故設司會爲計官之長主考天下會計以贊冢宰唐以宰相判度支是冢宰自行司會也後世理財歸于户部是司會爲大司徒也漢蕭何爲相國張倉爲計相其古之遺意乎

按舊說司會職若卑不足以制大府故周禮設官秩尊于大府此說非也夫司會乃監臨之官設其秩雖卑大府安得以尊臨之蓋司會執典灋則之貳贊王及冢宰以均平天下操日成月要歲會之總以詔王及冢宰廢

置總贊天下之治會天下之職其權下于大宰不止財用一事故其職隆而位尊也

司書掌邦之六典八灋八則九職九正九事邦中之版土地之圖以周知入出百物以叙其財受其幣使入于職幣

典灋則九職九貢九式大宰所掌而司書亦曰掌者比主簿書之長以贊冢宰及司會謂掌其書也九職大府作功九正即九貢四方唯正之供故曰正九事即九式謂以集邦之九事也不言九賦者在九職之中矣邦中之版土地之圖屬大司徒而亦掌其書者理財必知戶口之登耗疆域之廣狹也凡賦貢式用版圖無不掌之故能周知百官府入出百物之數叙其財者凡財用入出比次倫類簿錄成書各有條理便于會計也受其幣

上用必考于司會

百官府掌事者有餘幣先送司書受而書之然後頒于職幣有餘幣者知其出受餘幣者知其入也

凡上之用財用必攷于司會

凡財之出司書必存其數司會存其貳然後下職歲關太府就所司支給上之用財用謂九式常格之外若好賜與也司書存數之時必攷于司會合式灋與否合于式灋然後下于職歲苟其事弗當則彼此互相執奏所以杜奢侈之萌也

三歲則大計羣吏之治以知民之財器械之數以知田野夫家六畜之數以知山林川澤之數以逆羣吏之徵令

歲會攷歲成每歲固有會至于三歲又通計之故謂之大計大宰三歲大計群吏之治而誅賞之司書掌會計之書以贊冢宰必知其數而後能攷其徵令也民財九職所共有荒有熟知財之數則諸府所受之貢賦必知其欠餘器械吉凶禮樂賓射及兵器有備有乏知器械之數則司教化之官可以攷其勤惰田野夫家六畜之數有登有耗知其數則凡田役之事可以聽其簡稽山林之材木有童植川澤之蒲葦魚鱉有盛衰知其數則虞衡之所共可以知其盈虧徵謂取于民令謂作其事先知其本數而後攷其所徵所令故其事覈而易舉也

凡稅斂掌事者受灋焉及事成則入要貳焉

司稼以年之上下出斂灋冢宰制國用具有成灋藏于司書閭師旅師等掌斂事者皆來司書處受灋不得灋

外取民事畢有要簿入于冢宰其貳藏于司書以爲攷逆之證

凡邦治攷焉

典灋則職貢式無不掌版圖吏治靡不知故欲知國家治灋吏治得失皆于是攷之猶太史凡辨灋者攷焉也

職内掌邦之賦入辨其財用之物而執其總以貳官府都鄙之財入之數以逆邦國之賦用

内音納○賦入兼九職九貢而言閒師旅師縣師之所徵職方行人之所致也官府若大府等掌財廩人等掌米穀及泉府職金等職也都鄙凡甸稍縣都所收之賦也辨其財用之物共物該若干其物該若干執其總數官府都鄙存其正職内存其貳于是以其所入之數攷邦

國九式之用合用幾何則其有餘不足皆可得而知矣

○凡受財者受其貳令而書之及會以逆職歲與官府財用之出受財有二一謂膳夫舍人等有司常用一謂祭祀軍旅等一時之用令謂于大府稟人等支財之令大府等存其正職內存其貳及會計之時則以其受財之數攷其出財之數與職歲出財之數相同與否則其有無存積與夫公清欺隱皆可得而知矣而叙其財以待邦之移用賦入有限費出不齊于是更以其見在之物比次而叙正以待邦之移用如器三年不祭則移祭祀之用于器豐年而動大衆則移凶荒之用于役都有餘則可移于縣甸不足則取之于稍有司守常不得擅移通融之灋皆職內主之也

職歲掌邦之賦出以貳官府都鄙之財出賜之數以待會計而攷之歲當作出○賦出謂所收九職九貢之財物以待邦之大用者官府都鄙出財之數此有司之常灋也其出賜之數以王命而非常灋也官府都鄙存其正職出存其貳以待會計之時則以其貳攷其正更不可得而隱矣

○凡官府都鄙之出財用受式灋于職歲凡費出嚴之于後不若正之于始故凡官府都鄙羣吏之出財用必先于職歲受大宰所頒應用與否及應豐應約之式灋然後得出毋敢擅出之也

○凡上之賜予以敘與職幣授之賜予之祿有常數仕者之稟祿也予上之好用賜予也敘即以敘制其食及好用之式也雖上之賜予亦必以敘而與職幣授之則恩不至于濫矣

○及會以式灋贊逆會財用出時皆職歲以式灋授之及冢宰司會會計之時仍以式灋贊而逆之則羣吏豈有私出而天子亦豈有私恩所以爲蕩蕩平平之道也職內主會計邦賦之入職出主會計邦賦之出入出各司其事而不相混雜則耳目專而鈎攷明職內以每歲所入而考其所出職出以每歲所出而考其所入出入互相考則考覈詳而姦欺無所容職內者賦入以時其數簡故官吏省職出賦出以漸其數煩故官吏多也

職幣掌式灋以斂官府都鄙與凡用邦財者之幣幣若布帛皮幣金玉龜貝皆是也振掌事者之餘財振收也亦俶清之意皆辨其物而奠其

錄以書揭之以詔上之小用賜予（揭）音竭○辨其物者品色及美惡使以類相從奠其錄者定其數而書于簿籍以書揭之者每物標識其上非此三灋則繞紀條貫不分難于尋檢也上之小用賜予量度其宜詔王而共之大者固不足以綸也○歲終則會其出此雖出于會計之餘亦必會其出以謹之○凡邦之會事以式灋贊之將以斂其餘也

國之賦用有定數而有所謂餘者古人于用財必稍有盈餘使得寬裕而不急迫故事畢而復收之也凡餘財有三其一大府廩人都鄙等收邦賦以待用者若以待祭祀以待賓客每歲所入必有餘也其二內宰膳夫酒正舍人等用邦財者每歲有司常事而其事有行否人有進退則每官所用必有所餘也其三祭祀賓客軍旅

器紀每事所掌幣齎及賜予之財用事畢必有所餘也職幣掌式灋以斂此三等之財蓋有餘則以式灋而斂之故不欲其吝嗇以爲羨盈應餘而無所餘則據式灋以攷之亦不容其侵侔而埋没

司裘中士二人下士四人府二人史四人徒四十人

掌皮下士四人府二人史四人徒四十人

裘服之本故古人重之且北方地寒非此無以敵其凛列之氣朝祭所不能廢也又有共射侯頒裘物等故有司裘之官皮之用猶廣不止于裘也故別設掌皮與司裘聯事而分職

司裘掌爲大裘以共王祀天之服大裘用黑羔皮不分衣裳大古裘也王祀天服

衮郊特牲曰王被衮以象天其外服大裘猶裳之有轂不忘本也大裘不裼有緇衣以襲之說見春官司服

中秋獻良裘王乃行羽物季秋獻功裘以待頒賜（中）音仲○裘自然完善之謂良稍加人工補綴之謂功玉藻云唯君有黼裘又云君衣狐白裘白與黑謂之黼謂毛白黑相間如斧文也狐白裘即孟嘗君持以入秦者或云狐五百歲則毛白或云聚狐腋爲之也皆輕暖而有文章者所謂良裘也仲秋獻之于王以仲秋誓獮孟冬始裘也又玉藻云君子狐青裘豹褎麛裘青豻褎羔裘豹飾皆所謂功裘也季秋獻之以頒賜于羣臣羽物小鳥鶉雀之屬鷹所擊者仲秋鳩化爲鷹王順殺氣衣黼裘而誓獮獮則得鳥獸于是行羽物頒禽自此始也仲春鷹化爲鳩王順生氣而不殺羅氏仲春羅春鳥獻鳩以養國老行羽物頒禽自此而止也

射医之義

○猶恤蹇反釋古袖字釬音岸

王大射王將有郊廟之事以射擇諸侯羣臣與邦國所貢之士可以與祭者則共虎侯熊侯豹侯設其鵠鵠音谷○侯以布爲之所用以射者侯之中復棲皮以爲射之的畫以鵠者取其高飛迅疾而難中故以射中爲善猶北虜所稱射鵰手也虎侯王與其耦所射熊侯諸侯與其耦所射豹侯卿大夫與其耦所射此皆在王朝射灋也○諸侯則共熊侯豹侯卿大夫則共麋侯皆設其鵠諸侯共熊侯侯已下因天子而弁及其禮耳餘當參攷夏官射人○侯皮所爲故司裘兼共射侯

按侯之云者言矢之所至以此爲候故古文侯字作医象矢集于布之形其諸侯與侯候字則皆從人而諧医

聲人在上作矦爲諸侯字人在旁作候爲侯候字前人不識古文遂謂射中者得爲諸侯不知射矦元非諸侯字且自諸侯而下安得爲諸侯上則爲天子亦胡以侯爲又考工記祭矦之辭曰惟若寧侯毋或若汝不寧侯不屬于王所故抗而射汝強飲強食貽汝曾孫諸侯百福夫祭者爲用之奮功而報之也今爲不屬于王而射之又何祭焉且既惡而射之又祈以多福乎況天子習射而以射諸侯爲名不祥孰甚焉至于諸侯自射其身大夫而下射其君尤爲非禮凡此皆俗傳矦爲諸侯字故悖繆至此也夫射者兵之以近及遠男子之所有事古者君臣相與盡志于射者取其能禦外侮以安善良而已虎熊豹皆獸之極猛者春秋書多麋亦害稼之獸取其皮爲侯以示驅猛獸除民害之意射之所有事者在此不于此求其義而乃妄求之于侯不失之遠哉

大喪廞裘飾皮車 廞音歆陳也○生時所服陳之不忍死其親王喪車五乘飾其蔽祺○祺音密

凡邦之皮事掌之歲終則會 邦中用皮之事皆掌之此不盡述 **唯王之裘與其皮事不會** 王之裘與皮有定式故不會不及后世子者有用共之亦在所會中

鵠正圖

掌皮 獸皮治去其毛曰革已柔曰韋全毛與其通稱皆曰皮 **掌秋斂皮** 仲秋鳥獸希革毛毨則其毛有文章凡飾器物者用之仲冬鳥獸氄毛則其毛內生細絨凡爲裘者用之秋斂皮者春夏之皮不足貴自秋而後始可斂虞衡有即斂之也○毨恤蹇切氄日勇反 **冬斂革** 革須乾久而完善故至冬而斂之 **春獻**

之凡皮革至春然後總獻之于王遂以式灋頒皮革於百工式灋故事作物所用多少百工謂凡裘氏韋氏函人之用皮者使之作爲衣服器物蓋越歲而後可服用也已上皮革斂散之事

共其毳毛爲氈以待邦事(毳)音翠(氈)氈同○麤曰毛細曰毳皆可爲氈但有美惡之不同皮與毛一類掌皮并斂其毛凡氈工所需毳毛並掌皮共之邦事即掌次氈案之類氈事掌皮兼掌

歲終則會其財齎財謂皮革之材可以爲用者行者所持曰齎皮爲幣帛之用故亦曰齎猶外府以布爲財用之幣齎也歲終則凡邦之用皮與幣齎並以其入皮之數而會之

按裘無與于天官之事而爲之屬者古者以皮爲幣又與布而同爲百用之財齎蓋亦外府之類故附于職幣

之後也

內宰下大夫二人上士四人中士八人府四人史八人胥八人徒八十人后宮官之長

內小臣奄上士四人史二人徒八人主給事后宮鄭氏曰奄稱士者異其賢

閽人王宮每門四人囿游亦如之閽音昏游音由○司晨昏啓閉者路寢王宮也后宮王之北宮也今言每門兼皐雉庫應及廟社而言囿游苑囿之離宮也玆每門四人

寺人王之正內五人寺之爲言侍也正內路寢

内豎倍寺人之數

十歲上下童子朴實解事情竇未開者若天奄而年幼者亦可兼之在于王所若文王世子内豎以告王藻童子無事則立于主人之南北面者也

内宰掌書版圖之灋以治王内之政令均其稍食分其人民以居之

此正后宮地與人之灋欲施政教先須叙正其地分布其人然後爲之圖畫后宮宮室官府次舍之形象爲之版書閽寺女官女奚之録籍由是按圖而知其所居守之地執版而可以稽其所事之業政若酒漿籩豆醯醢

衣服祭祀賓客之所當供者令若閽人掌守王宮中門之禁寺人掌王之內人及宮女之戒令唯版圖既定皆可得而治之矣稍食有事于后者不可不給其食循王朝之冗食也解見宮正人民國中婦女執事宮中者上爲祝史等下則爲奚猶云庶人在官也后宮之外不可宜接宿衛周廬故列女宮于旁部分其居略如宿衛之灋而後總以垣墉限隔閽寺守之其外乃爲官府次舍此周之內宮所以爲善也

以陰禮教六宮以陰禮教九嬪以婦職之灋教九御使各有屬以作二事

陰禮者婦人所當行之禮六宮王后所立猶王之六官也教六宮者鄭氏曰后也不敢斥言若今稱中宮矣愚謂亦兼夫人而下也婦職之灋婦人所當修之職事絲枲等事也禮與職亦互文女御九

内宰教嬪婦之濂

九相屬于九嬪故曰九御使九御各屬于九嬪以率作之其他教道進御禮事亦莫不然矣

正其服禁其奇衺展其功緒

衺斜通○婦人之服易于過侈正之使長短大小有定式文繡物色有定制不得隨意變更奇衺奇巧左道非僻者禁之于微使不得惑衆致力曰功業次曰緒以時展視不至怠荒也

此主教其宮嬪之事按内宰教嬪婦之濂此古今人世昏明偏全澆淳美惡之一大界限也夫天之生人有一男則有一女豈男子有教而婦人獨可無教乎古者宮中必設師傅保姆之官故周南后妃言告師氏而後得歸寧宋國夫人保母不至以及于水難百姓婦女亦必有師四十無子爲人閒女師是也今觀夫祭祀賓客禮也關雎所稱琴瑟鐘鼓樂也國風諸篇詩也女史所記書也非學何以能之唯如是故古者女子之盛德高識

若敬姜孟母者無忝于男子而凡祭祀賓客器紀有男子之事則有婦人之事是以能上奉神靈之統下理萬物之宜也此所謂內宰之教蓋傳其學于師傅保姆而教之然亦有齒尊德邵如昭帝后之親受書于夏侯勝者矣秦漢而下其君既無脩身齊家之學至于呂不韋審食其武三思或委以國事令監宫中者遂使人疑而不復信茍得人如內宰者以治之豈有是醜哉以是知周公之濾似迂而實深切也○食其音異箕

后立六宫圖說

大祭祀后祼獻則贊瑤爵亦如之祼灌通瑤音遙○宗廟之祭王既祼后從後亞祼王薦腥薦熟后亦從後獻也尸卒食王既酳尸后亞獻其爵以瑤爲飾玆內宰贊之

正后之服位

而詔其禮樂之儀服謂內司服之六服正之使服當其事位謂房中户內堂上及酢所立處正之使不失處所后行禮之時皆合于樂節詔之使各當其威儀贊九嬪之禮事九嬪贊后薦玉齍薦徹籩豆與凡從后之禮內宰亦贊之使不失儀○凡賓客之祼獻瑤爵皆贊王同姓及二王之後爲賓客者祼亞王禮賓也獻王饗燕亞王獻賓也瑤爵亞王酬賓也后從王內宰皆贊之致后之賓客之禮酒正致后之致飲于賓客之禮掌客夫人致禮豆籩等物內宰將后命而致之蓋唯六饗有夫人之禮餘但致之而已詳見大行人掌客○凡器事佐后使治外內命婦正其服位器事佐后行器禮內命婦九嬪世婦九御也外命婦卿大夫之妻也使治者使其屬上士治之正其

后妃之禮古今異宜

服之精麤位之前後也

此佐后行禮之事按后夫人與尸賓獻酬后哭諸侯嬪御弔臨于卿大夫士之喪此古人之至大禮非中古以上莫之能行也禮國君取夫人之辭曰與寡人共有宗廟社稷故祭必夫婦親之天子以天下爲家建侯樹屏雖世爵而必命有德者故其來朝以禮神之禮禮之是以后皆從王古者君臣同體大臣之死王爲之服故后夫人亦有弔臨之禮且古者世道淳篤人心純一溥天之人專以行禮爲務而無婬姣褒僞之風爲之尸者則足以象神而人亦以神事之爲之賓者果才德出類而人亦以賢禮之有喪者主于哀戚而人之弔之者亦眞有哀戚之心是故可以行獻酬弔臨之禮而無嫌也況所謂尸者皆王同姓懿親而卜吉者苟匪人則不足以

爲尸矣所謂賓者亦微子箕子魯公太公之流苟泛常諸侯則宗伯攝之矣所謂弔臨者亦必王之諸父兄弟及姑姊妹或嬪御父母之家耳不然則内外宗命秩視嬪御者掌之豈以少年宮嬪數數入諸臣之家以行禮哉後世祭無尸君臣無復獻酬之禮后夫人不復出宮此禮皆不必復講然觀宋之宣仁賜忠宣公社飯爲温公申公弔臨徹朝猶有君臣一家之意後王不可不知而周禮自當存之未可以輕訾也○臨去聲數入聲

凡建國佐后立市 謂諸侯始封或如殷周之遷國也國必面朝後市故王立朝而后立市

設其次置其敘 凡市必區畫有制思次居中司市涖之于是以次敘分地而經畫之每二十肆則爲一介次胥師賈師涖焉思次介次所謂設其次也經畫其地所謂置其敘也

正其肆陳其貨賄 肆各

后立市之義

藏物而不錯雜物各以類而相從比可以平價可以禁僞所謂正其肆陳其貨賄也皆后命官爲之**出其度量淳制**（淳）音純○度謂分寸丈尺引量謂籥合升斗斛淳謂布帛幅廣狹之度制謂長短之式皆自后宮而出**祭之以陰禮**鄭氏云市中之社祭以婦人

此佐后立市之事乾坤之道乾主資始坤主化生市所以利物故后立之天文下垣市樓斗斛帛度列肆等星即內宰佐后所立者歟

中春詔后帥外內命婦始蠶于北郊以爲祭服（中）音仲○中春蠶月也北郊純陰之地婦道屬陰故公桑蠶室于北郊后帥外內命婦親蠶者一則供祭服以奉郊廟一則勤職事以化

百姓也爲祭服見後典枲○歲終則會內人之稍食稽其功事內人九御及女宮女奚也稍食給事后宮之凡會正歲均之歲終則會佐之功事凡酒漿醯醢衣服等事正歲施之歲終則稽之后而受獻功者比其小大與其麤良而賞罰之麤粗通○典婦功凡授嬪婦功及秋獻功內宰佐后受之小大者猶云粗細蓋各有適用麤惡也良善也小大各有善惡良善則可用麤惡則不堪用比而賞罰之靡不兢爲精美也會內宮之財用內官夫人而下也後宮用財易于侈靡先爲定式使有品節限制歲終而會之庶不至于驕奢浪費也正歲均其稍食施其功事正歲均之施之歲終會之稽之與天道相始終也憲禁令于王之北宮而糾其

守北宮對王宮在南而言繫之王者王兼內外也禁謂宮禁令謂宮中之職事正歲懸之以時糾之

上春詔王后帥六宮之人而生種稑之種而獻之于王（種）（稑）音同六○鄭氏云六宮之人夫人已下分居后之六宮者使后宮藏種以其有傳類蕃孳之祥必生而獻之示能育使不傷敗且以佐王耕事供禘郊也先種後熟曰種後種先熟曰稑○已上皆衣食本原之事

內宰之官掌版圖之灋而辨內外稽人民此其大綱也教六宮之禮職憲北宮之禁令此其大職業也莫尊于后而正其服位詔其禮樂耕桑立市之事莫貴于內宮而會其財用莫貴于嬪御而正其服稽其功事王設之以治王內之政故曰內宰於天文爲天相乃軒轅附星正主輔女后以爲職者也非齒德皆尊及王至親不可

以居此官內宰之職舉內治寧有不
修乎冢宰兼治后宮故復統于冢宰

又按內宰寺人閽人世婦女史等職所言后宮其辭不一曰內宮對王宮爲外而言曰北宮對王官在南而言曰中門以內外之中而言曰王內曰王之北宮曰王宮中門茲係之王而言也其曰六宮者乃后所立六宮揔下六官者故曰以陰禮教六宮帥六宮之人而生穜稑之種也其曰女宮者乃民間女服事于六宮典司職事于后宮之旁者故曰帥女宮而致于有司帥女宮而濯溉爲齍盛莅陳女宮之具觀寺人稱掌王之內人及女宮之戒令王之內人則指女御言故係之于王女宮即民間婦女故不繫之王也詳見六宮圖說

女宮女奚女奴辨

內小臣掌王后之命后聽內治有命內宰所詔內小臣傳之正其服位服位內宰所正內小臣傳而正之后出入則前驅爲之開道○已上主侍朝之事若有祭祀賓客喪紀則擯皆內小臣爲之傳辭詔后之禮事相九嬪之禮事正內人之禮事詔者先事而告相者助其不及正者糾其違慢異尊卑也徹后之俎謂后受尸之爵飲于房中之俎○已上主相禮之事后有好事于四方則使往畿外王同姓二王之後或后兄弟之國姊妹之嫁于諸侯者時有問遺故曰好事有好令於卿大夫則亦如之畿內正公夫人六卿世婦內宗外宗

內小臣侍后之義

之家后雖無政令時有言教至焉故曰好令二者皆內小臣銜命以往〇已上主爲后使命之事

掌王之陰事 鄭氏云陰事羣妃御見之時若今掖庭令晝漏不盡八刻日録所紀推當御見者是也云王之陰事亦先乎陰之意

陰令 王居路寢有命令教戒于北宮則內小臣令之也〇已上主王假于有家之事

夫婦三綱之首閨門萬化之原衆庶莫不然而況母儀天下者乎宦寺者不能不用而不可以輕用其選有甚于外廷之臣者故其職曰掌后命正服佐出入前驅與大僕之于王無一爽庶幾出入起居罔有不欽也若禮事在后曰詔九嬪曰相內人曰正一大小宗伯之贊于王庶六宮閫于禮儀而無有愆忒也若好事好令則使往親親賢賢與王同志卽齊詩女曰鷄鳴之意也掌王之陰事陰令則恩逮下而無嫉妬庶有樛木螽斯之美

也古稱婦寺以其去勢柔媚如女人也今觀其職如此非剛正之士其孰能之是故奄悉無命爵雖此稱上士蓋必其有士器士行士德而錫以士爵也

閽人掌守王宮之中門之禁王宮每門四人專言中者北宮之門于內外爲中男女之別尤爲嚴也舊謂庫門于王之五門爲中蓋內爲大府天府路寢皆禁密之地守之當嚴其說亦通但玩經文則專指后宮

喪服凶器不入宮喪服衰絰之服凶器喪事之器言耳曲禮苞屨扱衽厭冠不入公門

潛服賊器不入宮潛服若裹甲賊器若懷刃

奇服怪民不入宮冠服異常左道怪誕

凡內人公器賓客無帥則幾其出入內人女御也公器籩豆等禮器賓客

謂女賓公卿之夫人世婦以好禮往來者**以時啓閉**喪服凶器避不祥也潛服賊器防不軌也奇服怪民慮惑衆也三者門關皆所當禁于此言之雖有天子之命若唐憲宗之迎佛骨亦不得入也內人公器賓客三者有時而出入然茍無使者符節以帥之則在所幾察不得私出入也晨昏啓閉以時○已上每門禁防之事

凡外內命夫命婦出入則爲之闢外命夫內宰醫師以事入宮者內命夫奄士也命夫命婦出入中門則爲之闢除行人使違避無干犯賤事貴之禮餘則驗其出入隷僕爲之蹕此閽人無職

掌埽門庭門所相值之地曰庭埽除不蠲**大祭祀喪紀之事設門燎**燎地燭也

東葦百根塗蜜焚之手執者爲手燭或昧爽既夕設以爲明

蹕宮門廟門蹕止行者無得相翔喧囂

凡賓客亦如之平時掃門庭有事設門燎二者每門之事蹕則唯宮廟爲然尤嚴密也必爲之燎與蹕禁防之意在其中矣

按閽人有職無爵若北宮之門則奄人也其餘疑以庶人在官者之賢者然禮稱墨者使守門蓋黥面刑之至輕者罪薄過小而能改過遷善故可用之抑亦以示戒蓋兼用之歟

寺人掌王之内人及女宮之戒令内小臣士也故所掌皆后及總宮中之事寺人卑所掌止内人已下之事而已内人女御也女宮民間婦女服公事于宮中者戒謂所當禁戒之事令所當修之職

寺人掌之相道其出入之事而糾之相去聲○出入謂內人以禮事出宮還宮及女宮女奚以事出入宮門者寺人相助教道其所不及違禁者糾之

若有喪紀賓客祭祀之事則帥女宮而致于有司佐世婦治禮事掌內人之禁令春官宮卿世婦云掌女宮之宿戒及祭祀比其具故寺人于吉凶賓客三事則帥女宮之各司致于宮卿世婦而執事併佐相世婦之禮事及糾正女御之禁戒政令也

凡內人弔臨于外則帥而往立于其前而詔相之相去聲○弔臨于外謂哭其族親也女御雖卑亦有父母兄弟不以賤廢禮寺人帥而詔相之蓋不使失儀

寺之爲言侍也王之正內五人主侍于王路寢之旁者也令攷經文唯曰掌王之內人及宮女之戒令乃其專職其餘則于大禮之時佐世婦禮事掌內人之禁令及佐內人弔臨于外而已故所謂侍者非以執事于王也王當總內宮之治而不可用夫士人故以屬之奄蓋侍于王所而代王以正其宮人也夫正其宮人而常在于王所得與王左右大夫士雜處豈憸人可得而容苟宮中有纖微差忒有不上聞者乎此周之內治所以至嚴且密也且名雖侍于正內而實不近于王豈虞其竊弄之禍後世宦寺至以數萬計左右前後罔非是輩幽曠隔絕靡所不爲天子以一人耳目安能照察之然後知周公正內五人之制所以不可易也

奄人義

見學禮通今録

内竪掌内外之通令凡小事內北宫外治朝外朝王有命令若有所須于内或有召于外也小事者左右使令之役不便于成人者皆内竪掌之以其出入便疾無與爲禮也○若有祭祀賓客喪紀之事則爲内人蹕内人從世婦有事于廟者命婦閽人蹕内人則内竪蹕也○王后之喪遷于宫中則前蹕自北宫之中遷而朝于祖以在内故亦内竪蹕出宫則閽人蹕矣及葬執褻器以從遣車遣去聲○褻器巾以振飾盤匜以靧沐之類也喪車就道使内竪執而從之亦以其便于小事如生時也○匜音移靧月貴反

九嬪嬪之爲言賓也言其德爲王及后之所賓禮也鄭氏曰夫人于后猶三公之于王坐而論婦禮故無官職

世婦秩比于大夫故大夫妻亦曰世婦

女御宫女得以進御故以名官秩比于元士○已上三官原不具數有德者充之解見内宰六宫條下

女祝四人奚八人婦人習于祭祀之禮者在天文爲尾宿之傳説星也

女史八人奚十有六人婦人賢而知詩書禮義者

九嬪掌婦學之灋以教九御婦德婦言婦容婦功各帥其屬而以時御叙于王所○凡祭祀賛玉齍賛后薦徹豆籩若有賔客則從后大喪帥叙哭者亦如之齍音咨

世婦掌祭祀賓客喪紀之事帥女宮而濯摡爲齍盛及祭之日涖陳女宮之具凡内羞之物○掌弔臨于卿大夫之喪 摡音蓋

女御掌御叙于王之燕寢○以歲時獻功事○凡祭祀贊世婦大喪掌沐浴后之喪持翣○從世婦而弔于卿大夫之喪 翣恤甲反

官中之事凡四曰教學曰進御曰禮事曰攷工○所謂教學者一婦德非柔媚之謂也以順正爲主二婦言并

便佞之謂也以和信爲貴三婦容非治容之謂也以無暴慢爲善四婦功非文繡之謂也以絲枲爲事九嬪自其家時受阿保之敎比入宫内宰又以陰禮敎之習于四事世婦女御采于民間幼未知學故九嬪掌其灋以敎之則王内無不學之人矣記稱婦人未嫁三月敎于公宫此灋諸侯之國亦莫不然也○所謂進御者鄭氏謂羣妃御見之灋倣月紀朔後從微向著卑者宜先女御八十一人當九夕世婦二十七人當三夕九嬪當一夕三夫人當一夕后當一夕十五日而徧望後從著向微卑者宜後自后妃以漸及于女御每以一嬪統三世婦九女御自九九三九而屬之九嬪故曰九御九嬪云各帥其屬而以時御叙于王謂日常執役事王俾無失禮也女御云掌御叙于王之燕寢明其得進御也曰王之燕寢王不至后宫婦人往承君子耳以此灋觀之大

較后之進御于王每月二夕三夫人每季人二夕九嬪世婦女御約一歲之中每人均得三進御焉豈若後世掖庭多怨女終身不得見君王之面者哉○所謂禮事者一祭祀后主薦玉齍薦徹豆籩九嬪贊之六宮之人主供齍盛内羞之物世婦帥之濯概涖陳其具皆女御贊之也二賓客后有祼獻酬之禮九嬪皆從世婦于齍盛内羞之事皆如祭祀三喪紀大喪后主正外内命婦服位及叙哭者九嬪皆從世婦于齍盛内羞之事亦如祭祀女御于大喪則掌沐浴在后則躬親之王則男子抚余女御蓋掌其具而已后之喪特嬖乃擁衛親身之事亦不使男子近之其卿大夫之喪世婦掌其弔臨女御從之也○所謂攻工者典婦功凡授嬪婦功及秋獻功内宰教九御使各有屬以作二事正歲施其功事歲終佐后而授獻功者故女御以歲時獻其功事也

內祭祀禱祀之義

女祝掌王后之內祭祀凡內禱祠之事內祭祀六宮之中竈門戶中霤水泉及先蠶先嗇高禖等出宮則有祓祭也禱疾病求瘳禱爾于上下神祇也祠報福也○掌以時招梗禬禳之事以除疾殃梗音鯁禬音怪禳日羊反○招迎善祥若春招弭梗禦惡氣若時儺及冬堂贈禬除災害若祈水旱禳却變異若日月食鼓射凡此皆女祝掌之非以求福所以除疾病殃禍

內祭祀禱祠其說有五凡物必有神若五祀蠶桑之類古人用之者則有祈有報一也鬼有所歸則不爲厲夫人而下無子者或后有厲祭古人必有以處此二也天地之氣有正和則有乖邪以時而迎其正和禦其乖邪此亦理之所有三也水旱日月食雖皆天數然自古有救却之理后與王一體同其休戚四也天道福善禍淫

后立女史之濫

故疾病之禱若曰遷善改過以祈神祐五也鬼神之事婦人信之尤酷聖人深識鬼神之情狀因人情之所不能已制為正祀則彼淫祠不禁而止矣後世不知此一切禁絕此淫祀之所以紛紜也

女史　掌王后之禮職○掌內治之貳以詔后治內政○逆內宮○書內令○凡后之事以禮從

后匹天王非行侔天地無以奉神靈之統理萬物之宜故聖王立之史以佐之其職不隆且重歟禮職者凡后于行大禮執事有常者若經所稱后祼獻脩齍立市蠶于北郊等職事禮儀女史掌之貴用其中也內治者若內宰所掌版圖之法六宮之禮職北宮之禁令女史貳之詔后以時而班以時而省治其不法以聽天下之內

史職

治也逆內宮者人情無稽則廢弛凡政事財用靡不鈎考而司其會計猶天官之司會也書內令者后有政令美惡直書以示勸戒此其專職也后有事必在左右執禮以行因而獻可替否猶大臣之以道事君不可則止也周人所以佐后者如此宜其克配君子以成內治歟按史之爲官手持中而不失者也故主記人君言動納之金匱爲上者不得而與雖至暴如桀紂者亦無容其私人君設欲覽之或有所更易爲史者知有灋而不知有其身頭可斷而手不可易有死而已繼之者亦然所以謂之信史春秋之時齊有大史之簡晋有董狐之筆此意尚存蓋自古相傳之灋也夫人君唯其言而莫予違后夫人深居禁中尤易縱恣然而好善名惡惡名之心人孰無之故垂象于天有柱史女史各司其職先王灋之故特設女史以婦人之賢且能者執彤管以侍后

猶王之左右史而兼掌夫禮職內治會計之事蓋王政繁故分掌于大史內史諸職后事簡故總一職而已

典婦功中士二人下士四人府二人史四人工四人賈四人徒二十人主婦人絲枲功官之長工以脩治織作之器賈以奠定布帛之直

典絲下士二人府二人史二人賈四人徒十有二人

典枲下士二人府二人史二人徒二十人枲音徙

典婦功掌婦式之灋婦人所常執之業有定式卽敬姜所言其餘量物而粗細有常灋計日而多寡有常數也以授嬪婦及內人女工之事齎嬪婦內之九嬪世婦外之宮卿世婦

也內人女御而下也女工民間女治絲枲于宮中者事齎絲枲之材也以婦功之式灋授外內命婦及內人女工之物料絲以爲帛枲以爲布

凡授嬪婦功及秋獻功

隆冬寒沍非女工時故秋獻功先授之功以齊其業然後受其獻功以責其成毋使之間曠以生驕侈與內宰以婦職之灋敎九御以作二事互相成也

辨其苦良比其小大而賈之物書而楬之

賈音稼楬音竭○苦良者凡絲枲布帛須用其美善者惡則無用絲之美者出于自然天成故曰良凡麻枲人工倍而苦則美省而逸則惡雖粗者調勻圓緊即人工加倍故麻枲謂之苦功亦猶良衆功衆之云皆其美善者非苦較良爲不美也小大者猶云粗細各有所適用如冕之三十升衰則至于四升祭服當極精巾冪帷幕當稍疏也于獻功之時辨而受之絲帛欲其良枲布

欲其苦比者分配之使精粗各自爲類大抵適用有苦良小大之宜非以苦良小大爲美惡之異也于是每物使賈定貴賤之直并與其長短多寡之數書而揭于物之上則用時不惑內宰官尊故比其小大與其粗良而賞罰之此則但辨而受之耳以共王及后之用凡冕服之組畫及賜予于典婦功即共之頒之于內府其餘頒之于內府以內府受良賄存之以待用也

典絲掌絲入而辨其物以其賈揭之掌其藏與其出○以待興功之時頒絲于外內工皆以物授之凡上之賜予亦如之○及獻功則受良功而藏之辨其物而書其數○以

待有司之政令上之賜予凡祭祀共黼畫組就之物喪紀共其絲纊組文之物凡飾邦器者受文織絲組焉○歲終則各以其物會之畫古畫字纊音曠

典枲掌布緦縷紵之麻草之物紵音主○以待時頒功而授齎○及獻功受苦功以其賈楬而藏之○以待時頒頒衣服授之時頒頒衣服衍一頒字蓋上時頒授之齎以爲功也下時頒授之布以爲衣服也賜予亦如之○歲終則以其物會之

二官職掌雖有絲枲之殊然其大要不過有五入而受之也興工而頒之也獻功則受而藏之也用而出之也歲終而會之也蓋其時與事無不相同故其文多彼此互見合而觀之可也物謂絲有黄白粗細白者宜爲練黄者宜染及粗細各有適用絲縷苧皆布名十五升布去其半曰緦七升半也白而細疏曰紵麻謂蕡麻草謂苧縈焦葛之屬絲入若兖州厥貢漆絲青州厥篚檿絲及九職嬪婦所貢咸辨其物以其賈楬之枲亦有所入若青州之岱畎絲枲荆州之枲絺綌掌葛所徵山農絺綌之材澤農之草貢皆當辨其物而以賈楬之此入而受之之濾也○興功之時謂春和時也外工宫卿世婦等内工九嬪而下以物受之練帛授以素絲文繡授以采絲也上謂王及后以絲賜與人亦以其物與枲言時頒功即興功之時云授齍者謂枲之材料即以物授之

上之以泉賜予亦必以其物矣此與功而頒之之灋也○秋而獻功典絲則受良功而藏之典枲則受苦功而藏之蓋凡絲枲之或粗或細必欲其美善者絲以良爲貴枲以苦爲貴于是辨其物使粗細各以類聚用各有所宜質其良賤之價及其長短多寡之數書而揭于其物即典婦功之比其小大物書而揭之此受而藏之之灋也○有司之政令若司服内司服弁師追師屨人冪人幕人車馬旗常與内外府之用布帛者以式灋于此典絲典枲而取之也上之賜予以布帛賜人也時頒衣服若宮伯之以時頒其衣裘也祭祀喪紀之所共者蓋以布帛製爲冕服冠屨則彼職各共之唯黼畫組就等完成之物不必復有裁製者則典絲典枲掌共之也黼若黼扆黼巾畫若畫布巾組就瑞玉繅藉巾車纓就也喪紀共其絲者若裁縫之線縷共其纊者喪大紀屬纊

嬪婦勤女工之義

也共其組文者士喪禮握手玄纁著組繫也飾邦器者茵席帷幄之屬司几筵冪人等所職也但于此受文織絲組而已凡此絲之用爲廣故于典絲特詳時頒衣服則布纑爲多故于典枲言之皆互文以相備此用而出之之灋也〇歲終則計其所入之數攷其所出之數毋使侵牟此會之之灋也

按四方之奢儉勤惰皆起于后宮后夫人者佐天子以理天下之内治正以其貴而勤富而儉有以率先天下耳天文有扶筐星后妃親蠶之器也織女星者宮嬪親織之象也咸列象于紫微垣故周禮特爲典婦功一職以司後宮工作之事此内治之所以修舉而無怠荒之禍也敬姜有云民勞則思思則善心生逸則淫淫則忘善忘善則惡心生沃土之民不材淫也瘠土之民莫不嚮義勞也是故王后親織玄紞公侯之夫人加之以紘

綖，卿之內子爲大帶，命婦成祭服，列士之妻加之以朝服，自庶士以下皆衣其夫。社而賦事，烝而獻功，男女效績，愆則有辟，古之制也。敬姜可謂知言矣。抑周之先自昔相傳，男勤于耕，女勤于織，故以絲枲之事不特典婦功掌之而已，九嬪敎之，內宰職之，又佐后而賞罰之，宜其女有餘布而財不可勝用也。及其衰也，后宮休其蠶織，民間則杼軸其空。貢禹諫元帝曰：故時齊三服官輸物不過十笥，方今齊三服官工作各數千人，一歲費數鉅萬；三工官費五十萬，東西織室亦然。夫一婦不織，或受之寒，柰何民不困窮也。即周之內治如此，宜其永世也歟。○笥，恤志反。

內司服　奄一人，女御二人，奚八人。主后宮裁縫官之長。

縫人奄二人女御八人女工八十人奚三十人主裁縫之事

染人下士二人府二人史二人徒二十人

染人繫于此者嬪婦染練之事欲其精美故與典絲典枲等職聯事而屬之典婦功也其他染職屬于冬官

內司服掌王后之六服褘衣褕狄闕狄鞠衣展衣緣衣素沙

褘音翬褕音搖鞠音菊展古文作襢哲兖反緣音彖○鄭氏曰后之服自翬衣至緣衣爲六褘當作翬褕當作搖狄當作翟翬翟皆雉名伊雒而南素質五色皆備成章曰翬江淮而南青質五色皆備成章曰搖王后之服刻繒爲之形而采畫之綴于衣以爲文章褘衣色玄畫翬從王祭先王之服褕狄色青畫搖從王祭先公之服闕狄色赤

刻而不畫從王祭羣小祀之服鞠衣色黃告桑事之服展衣卽記之禮衣誠也色白朝王及見賓客之服緣當作褖或作稅色黑御于王之服亦以燕居男子上衣下裳異色婦人尚專一德無所兼故衣裳同色王之祭服六常服三后之祭服唯三翟者以不與天地山川社稷之祭也

○辨外内命婦之服鞠衣展衣緣衣素沙外内命婦受服者辨而命之已命者則辨其不中式者也

愚按六服之見于經傳者祭統云夫人副褘立于東房玉藻王后褘衣夫人揄狄君命屈狄再命褘衣一命襌衣士褖衣唯世婦命于奠繭其他則皆從男子按褘衣豈再命之服文誤當從周禮之序四命鞠衣三命展衣喪大記朝服君以卷夫人以闕狄月令三月薦鞠衣于上帝告桑事詩國風玼兮玼兮其之翟也瑳兮瑳兮其之展也雜記曰夫人稅衣揄狄

后夫人章服皆

喪大記曰士妻以禒衣其名之可見者如此而制則畧
無可攷以愚觀之天子之服九章則后之服亦當有九
等之章詩所謂象服是也所畫之象雖不可強爲之說
而其命數則有可言者以司服之例推之上自上公九
命其服九章至再命受服二章而止故此禕衣九命服
也揄狄七命服也闕狄五命服也鞠衣四命服也襃衣
三命服也緣衣再命服也素沙者卽士昏禮之宵衣亦
作綃衣沙宵綃古字以聲相近而通用謂之素者猶素
以爲絢有質無文五色皆可非喪主素之謂上下之常
服在六服之外者也凡婦人從夫之爵上公夫人九命
服禕衣蓋唯二王之後與天子三公加命爲二伯者得
服之故祭統謂副禕立于房也侯伯夫人七命服揄狄
玉藻所謂夫人揄狄也子男夫人五命服闕狄喪大記
所謂夫人闕狄也蓋禮記本雜記故三等之服錯見如

當有九

此三公夫人八命天子之三夫人視之卿之內子六命天子之九嬪視之是皆當有八章六章之服大夫之世婦四命天子之二十七世婦視之大國孤之婦亦四命是皆當服鞠衣元士之妻三命天子之女御視之侯國卿之內子亦三命玆當服襃衣天子中士之妻侯國大夫之婦小國卿之內子皆再命玆當服緣衣喪大記所謂士妻以緣衣也其曰薦鞠衣與詩之展衣者皆上得以兼下云爾鄭氏所云狄之爲翟展之爲襢皆爲有理揄搖字古文亦通用但褘之爲翬則無謂且以后之六服止畫雉之一章何以爲九命之別王與諸侯之衮名同制異則后與夫人之褘亦當有辨後王議禮者當別取瀍象九以爲之等可也

內司服圖

凡祭祀賓客共后之衣服祭祀謂先王先公羣小祀高媒先蠶招梗禬禳也賓客諸侯之祼享女賓之禮見者后各有所應用之服及九嬪世婦凡命婦共其衣服凡命婦謂三夫人而下至九御之受命者其衣服㕛内司服共之以祭祀賓客當一新也然此皆指王宮言追師稱外内命婦之首服則外命婦錫命之服亦内司服共之矣共喪衰亦如之衰清雷反古文作𧝓○后之喪共其衣服凡内具之物鄭氏曰后喪所共衣服謂襲時十二稱小斂十九稱大斂百二十稱内具之物謂紛帨線纊鞶袠之屬

掌王后與夫人而下之衣服及外内命婦衣服之制猶王之司服也不與王同屬于春官者凡后之事咸屬天

官也后之服用故女御掌之統之以奄者制出于宗伯禁令掌于内宰可以通于内外也

縫人掌王宮之縫線之事以役女御以縫王及后之衣服王宮縫線之事上爲王及后之衣服其餘凡内之縫事若世子三夫人而下之衣服及共命夫命婦之衣服與喪褻棺飾皆是也女御者年尊有德而譜于縫事者主率女工八十人以成衣服此縫人聽役之以通内外之令也○喪縫棺飾焉棺飾者既啓殯載飾以行有龍帷錦褚等象生時居于帷幕中其制詳見喪大記衣翣柳之材翣形如方扇畫黼黻禮器天子八翣諸侯六大夫四以蔽棺者柳柳車也二者之材必先以綵繒纏衣其木乃以張飾○翣恤甲反○掌凡内之縫事

凡針黹之事必女子爲善以其心細密而精專也女御王之御妻善于裁制者女工民間女之曉縫事者其次爲奚以執役使統之以奄二人者凡衣服當隨人身以爲變通至尊衣服不可使女工度量且有布帛衣服內外出入之政令于奄爲宜也○黹哲禮反

染人掌染絲帛凡染春暴練夏纁玄秋染夏冬獻功暴音僕○鄭氏曰暴練者練其素而暴之春時陽氣燥達宜下暴練令吳人漂纊者亦以清明爲及時㡃氏練絲帛皆晝暴諸日夜宿諸水也玄纁者天地之色以爲祭服后染當及盛夏熱潤時鍾氏以朱湛丹秫三月而熾之是也染夏者染五色也謂之夏者禹貢羽畎夏秋其類有六曰翬曰搖曰鸏曰甾曰希曰蹲其毛羽五色皆備成章染者擬以爲淺

深之度秋涼乃大染至冬功成玆獻之○𠷎音壽掌凡染事謂布緦縷紵之物

追師下士二人府二人史二人工二人徒四人追音堆

追師掌王后之首服爲副編次追衡笄

按詩副笄六珈祭統云夫人副禕立于東房少牢禮云主婦髲髢衣移袂士昏禮云女次純衣特牲禮云主婦纚笄宵衣左傳云衡紞紘綖又詩云鬒髮如雲不屑髢也玉之瑱也象之揥也婦人之首服見于經傳者如此而已夫副以配禕衣是爲首飾之上次以配純衣純衣即緣衣是爲首飾之下編不知所配愚觀夫衣之序展先于緣首服之序編先于次展衣者朝衣也其袂哆少牢之移袂蓋哆字之誤卽展衣也夫以髲髢配展衣則

編即髲髢而爲首服之中也然衣有褘衣揄狄闕狄而首服止于副者猶王以一冕而兼五服也王后之首服副而諸侯夫人亦以是者其制雖同而所飾之數則有等威之異詩六珈之謂亦猶冕之旒自九至二也追亦首服蓋以纚作髻如堆故以爲名士冠禮所謂纚長六尺以韜髮是也宵衣或作綃衣蓋即素沙在命服之外凡婦人皆可服之者如王之弁服也衡之爲言横也與夫左傳之紞詩之瑱蓋横于副之上其兩旁繫之以紞懸瑱而垂于耳以蔽聰也笄所以固髮凡婦人皆有之亦謂之揥或以玉詩所謂玉笄或以象儀禮所謂象笄詩言象揥也其名之可言者如此而其制則別無可攷鄭氏云副之言覆于聲近似但副解爲覆字義不通又云次者次第髮長短爲之亦以意度之而已唯夫髲髢者觀詩云鬒髮如雲不屑髢也知其以髮爲之則編爲

編髮無疑也凡若此類姑當闕之天王議禮自當有通明博古之士取諸瀛象而爲之耳○珈音嘉褘音暈髲髢音避弟瑱音殿揥昌制反哆昌者反

又按禮男子冠而婦人笄今以王后之首服不過如此然則珎寶盈頭不幾乎冶容誨淫乎且以九章之所畫與夫尊彝之所鑄觀之則見夫聖人遠取諸物皆人之所易見而有至理存焉後世婦人衣服首飾率憑織作金工鬬巧争妍無所不至皆當爲之限制而禁絶之可也

爲九嬪及外内命婦之首服以待祭祀賔客喪紀祭祀賔客九嬪等當新其首服皆追師爲之外内命婦亦爲之者蓋必錫之而後得服也

共笄經亦如之笄經者笄

而加絰也儀禮喪服傳有吉笄惡笄惡笄者箭笄也有首或以髽或以布總吉笄者象笄也折其首布總服之重輕以是爲差

男子之冠曰委皃委者禾收于田間之稱言在人上如委也殷曰章甫爾雅山正平曰章甫者大也美也言其服之而平正美大也夏曰牟追牟承黍稷器一作毋聲相同也追當作堆言其在首如牟之堆也故婦人之首服亦謂之追夫追非冠之上而以之命官者以其常服亦猶弁師不以冕而以弁稱也

屨人下士二人府一人史一人工八人徒四人

屨人掌王及后之服屨爲赤舄黑舄赤繶黃繶青句素屨

周禮傳卷之一下

葛屨（句）音居據儀禮當作約（繶）音億○鄭氏云重底曰舄單底曰屨蓋據當時言之未知是否繶者舄屨之合縫處别用異色絇夾縫之以爲界絇着于舄屨之頭以爲行戒純緣屨之口以爲固儀禮所謂純博寸也凡絇繶純同一色鄭氏謂凡舄之飾如繢謂六色相對而設屨之飾如繡謂五色相次而設然觀爵弁纁屨黑絇繶純亦是相對則知舄屨之飾或如繢之次或如繡之次蓋亦不拘但不可雜耳服屨者吉服之屨也素屨者素服之屨凶器去飾之用也已上王及后之屨皆屨人爲之下文功屨者功裘所用蓋即皮屨也散屨者常時所服不在等者王及后言葛屨則知有功屨命夫命婦言命屨則知有命舄言功屨則知有葛屨矣

○辨外内命夫命婦之命屨功屨散屨詩錫韓侯以赤舄則凡外内命夫命婦自織外上公王朝三公及其夫人

王及后舄繶當

而下以至于諸侯卿大夫及其世婦皆王及后錫之內命婦自三夫人而下以至御妻皆后錫之五命而上爲命舄四命而下爲命屨已上舄屨玆屨人辨而爲之○凡四時之祭祀以宜服之四時祭祀各有所宜夏葛冬皮與夫春青夏赤之類王則共于節服氏后則共于內司服

舄屨之見于經傳者詩稱周公曰赤舄几几又云王錫韓侯玄衮赤舄士冠禮玄冠黑屨青絇繶純素積白屨以魁柎之緇絇繶純爵弁纁屨黑絇繶純純博寸夏葛屨冬皮屨不屨繐屨唯此數語而已先儒所言王及后與命夫命婦之舄屨多缺誤愚觀月令天子于四時服色不同則舄屨玆當有五色之不同是故王之五冕皆玄冕其服皆玄衣纁裳則其下皆赤舄黑絇繶純至于祀五帝與王居明堂則其衣各放其方之色故衣青衣

備五色

則白裳白舄而其飾爲青衣赤衣則黑裳黑舄而其飾爲赤衣白與黑反之后備服如王亦當有五等之舄又天子爵弁纁屨綦弁黑屨素積白屨王后展衣白屨緣衣黑屨此所言舄止于赤黑繶唯赤黄絇唯青而又不言純舊說以爲互見不應如此之大畧愚以爲缺文耳不可爲據制禮者當通其意而爲之可也

按人受天地之中以生故萬物之中獨肖天地具體而微是故聖人爲之服飾皆灋天地爲之冕弁者天之覆也屨舄者地之載也腰已上屬天故衣冠同色腰已下屬地故裳屨同色又有與冠同色者取天運地下之意且足者人之所由以行者也善惡吉凶靡不由之聖人因屨以示戒焉夫屨雖小物而所繫之重如此故特設官以掌之男女首服造灋異制故弁師追師分職能不可兼也男女屨舄造灋不殊非若後世婦人之鞋以刺

紡與男子異故以一官兼之此亦事勢自然舊以爲冠尊而分屨卑而合說禮者求之過而失之類如此

夏采　下士四人史一人徒四人

夏大也采取也以其招取之廣遠故以名官猶廣求遠招之云也此官主死中求生忠孝至情非不祥也故屬天官之終

夏采　掌大喪以冕服復于大祖以乘車建綏復于四郊

精氣妙合爲生魂游魄降爲死故人之死也大抵以其魂之升耳自古蓋有死而復生者以其魂之復也此復之禮所由始歟禮曰哭先復謂氣絕而哭哭而復所以盡人子徬徨以求之之心也復而不蘇而後死事始矣

凡魂之升必自體魄漸離而上也故升屋而號復于庫門焉祖廟者平日致嚴之地心神所在又人本乎祖自明而幽也故復于廟及寢焉天子運量至廣魂或至于祀天地致日月迎四時之所又人本乎天自近而遠也故復于四郊焉夏采者天官因事而設專統復之禮故復于大祖之廟及四郊祭僕者平日掌祭祀故復于小廟高祖已下四親廟也隸僕者平日掌五寢之掃除故復于小寢大寢冕服車旗皆平日體魄之所依庶幾其魂因此而反冕服不出郊故止于廟而以乘車建綏復于四郊祭僕隸僕不言以冕服當與夏采復于大廟同升屋及庫門復之最先不見于經者其掌于冬官之屬歟

周禮傳卷之一下

傳二上　地官

周禮傳卷之二上

地官上

惟王建國辨方正位體國經野設官分職以爲民極乃立地官司徒使帥其屬而掌邦教以佐王安擾邦國

書周官曰司徒掌邦教敷五典擾兆民大宰教典曰以安邦國以教官府以擾萬民小宰教職曰以安邦國以寧萬民以懷賓客司徒主民必先教導之使得生養生養既遂又必教誨之使知禮義故曰掌邦教五典教之具也擾萬民者寛柔以教習與性成也教官府者十二教通乎上下也懷賓客者設其門關符節供其委積芻

新以柔遠人也曰擾邦國曰安邦國曰寧萬民者習于禮義自然易使故安寧也

教官之屬大司徒卿一人小司徒中大夫二人鄉師下大夫四人上士八人中士十有六人旅下士三十有二人府六人史十有二人胥十有二人徒百有二十人

大司徒正也小司徒貳也職雖有煩簡不同皆通掌鄉遂都鄙邦國之教者六鄉天子畱善之地多近臣近親司徒自治而教之鄉師為之師長領袖六遂以及都鄙皆天子畿內之地司徒不能遍及故于六遂特設遂人一職治而教之遂師為之師長領袖都鄙之治教則屬諸其長而有都則都士都宗人朝大夫等官以提挈之

若邦國之治敎則在于諸侯而有牧伯以統率之其敎灋皆本于司徒也

鄉老　鄉大夫　州長　黨正　族師　閭胥　比長比音避已上並屬鄉大夫

封人　鼓人　舞師鼓人之屬　牧人　牛人　充人牧人牛人之屬

載師　閭師　縣師　遺人　均人已上並屬載師

師氏　保氏　司諫　司救　調人　媒氏已上並屬師保氏

司市　質人　廛人　胥師　賈師賈音古　司虣古暴字粥報反

司稽　胥　肆長　泉府已上並屬司市

司門　司關

掌節已上並屬司門　遂人　遂師　遂大夫　縣正　鄙師

酇長　里宰　鄰長　旅師　稍人　委人　土均

草人　稻人已上並屬遂人　土訓　誦訓　山虞　林衡

川衡　澤虞　迹人　丱人古礦字敎猛反　角人　羽人

掌葛　掌染草　掌炭　掌荼　掌蜃辰上聲　囿人

場人已上並屬虞衡　廩人　舍人　倉人　司祿　司稼已上並屬

廩人　舂人　饎人昌又反　槀人舂人之類

已上地官之屬凡七十五官地之道主任養萬物故地官之職主教養斯民士農工商四者皆民六鄉多士故鄉大夫而下於庠序之教詳六遂多農故遂人而下於田里之教詳市商也司市而下治教商人之灋也工則見於冬官矣師氏保氏輔導王躬及教其左右司諫司救董畿內之教也饎人養之義也地之所生莫大于土故主建邦之土地之圖載師任土地者也土均均人平土也封人制畿封國邑也虞衡若上下草木鳥獸也門關守土者也稍縣寓兵于農也倉廩土地之所出也牧人蕃育犧牲也牛土畜也虞廷司徒敷五教后稷布百穀益作虞周禮竝屬於地官者後世地益開闢視古爲易故兼此三事也六十屬皆邦本之事地載象也

大司徒之職掌建邦之土地之圖與其人民之數以佐王

安擾邦國

土地人民立國之本司徒掌邦教非此無以爲爲政之基故掌建邦之土地之圖與其人民之數以之爲準因列國封域慶削爲土地之損益因戶口生息衰耗爲人民之增損大約或勝於前或不及于前則所以兢業自持務于開闢易治生聚教訓唯恐至于野荒民散自有不能已者所以佐王安擾邦國也○土地之圖有二有以土地爲主而附載邦域其中者此堪輿之大圖也有以邦國爲主而附載土地人民其中者此每國各自爲圖者也司徒竝存之

以天下土地之圖周知九州之地域廣輪之數地東西爲橫廣南北

爲從長輪惟向前直行故謂從爲輪九州楊荊豫青兗雍幽冀幷也

辨其山林川澤丘陵墳衍原隰之名物而辨其邦國都鄙之數隰音習

師曰立地之道剛柔盡之矣融結之始勢如漾沙剛者屹而獨存柔者洶而漸去積石曰山竹木曰林山林至高地脉所發源也注瀆曰川水鍾曰澤川澤至下地勢之委所趨也土高曰丘大阜曰陵脉發土中若伏若連地有王氣土隨而起也水厓曰墳下平曰衍沃饒之地地脉隆起亘爲大防支有止氣水隨而比也高平曰原下濕曰隰水土所交會高者廣平其下卑濕也辨五等名物大以封國立君小以制邑居民辨邦國都鄙之數者去山林川澤等虛數用實地以封國邑其數自可知也

立王國畿畺社稷

制其畿疆而溝封之畿猶限期謂地之所至也疆界也設其社稷之壝而樹之田主壝回移二音土高若岸者各以其野之所宜木遂以名其社與其野

此制封疆立社稷經野之灋畿疆者王畿内外之界外以建邦國内以建都鄙溝穿地以爲阻封起土以爲界此先王所以疆理天下書所謂申畫郊圻慎固封守也社祀后土以句龍配稷祀穀以后棄配一以報功一以保民也社稷不屋而壇起土以爲壝樹之木以爲土之主所以依神也所宜木若松栢栗之類其以松爲主者則名松社松野以栢爲主者則名栢社栢野所以别方面也孟子言旱乾水溢則變置社稷或謂易其神與其

五地

禮非也凡立社稷必擇氣之所聚能興雲致雨之處廢變置者更易其地耳

以土會之灋辨五地之物生會音怪計也一曰山林其動物宜毛物其植物宜皁物其民毛而方皁字早反○山林氣高寒毛物狐貉之屬穴居毛深溫厚皁物柞栗之屬有殼包固民毛而方者腠理密耐寒而形勁正也○柞音酢二曰川澤其動物宜鱗物其植物宜膏物其民黑而津川澤多水鱗物水族魚龍之屬膏物生于水中蓮芡之屬民黑色而津潤血盛故也三曰丘陵其動物宜羽物其植物宜覈物其民專而長覈音核專音團○丘陵土高厚羽物翟雉之屬伏地而能飛核物李

梅之屬其仁在內民專而長其形魁梧稟氣厚盛也四曰墳衍其動物宜介物其植物宜莢物其民晳而瘠莢敎協反晳音錫○墳衍邊高中下介物龜鼈之屬有甲陸生而水居莢物薺棘之屬皆外剛內柔晳者血不華色瘠露骨少肉也五曰原隰其動物宜蠃物其植物宜叢物其民豐肉而庳隰字急反蠃禮果反庳音婢○原隰高卑錯雜水土疏薄蠃物虎豹之屬淺毛者也叢物萑葦之屬連生而不長其民肌體肥肉多于骨形卑弱筋力弛緩稟氣柔弱也○萑音丸

師曰五地隨氣異形氣行地中人物之生復隨形異稟蓋天氣以爲父地質以爲母子肖母形居多聖人仰稽

十二教

天運候察地理以土會之灋通計所生物何者爲多因而知其土之所宜所以周知地利而能盡人物之性也

因此五物者民之常而施十有二教焉五物者五地之名物也一曰以祀禮教敬則民不苟二曰以陽禮教讓則民不爭祀禮陽禮二者鄉大夫所掌三曰以陰禮教親則民不怨此媒氏所掌飲射在門外故曰陽禮冠昏在門內故曰陰禮四曰以樂禮教和則民不乖此鼓人舞師所教樂之節奏比于禮故曰樂禮五曰以儀辨等則民不越即司儀九儀之禮掌于秩宗奉行于教官六曰以俗教安則民不愉(愉)偷同○本俗六安萬民七曰以刑教中則民

不虣虣暴通。○書云制百姓于刑之中。八曰以誓教恤則民不怠。誓即凡徵令有常徇以木鐸者恤憂也。九曰以度教節則民知足。度即典命所稱國家宮室車旗衣服禮儀各視其命之數而司徒以之爲教也。儀度二者相因儀自威儀禮節言度自物采言也。十曰以世事教能則民不失職。即職事十有二民各有世業。十有一曰以賢制爵則民慎德。十有二曰以庸制祿則民興功。制爵祿乃冢宰司馬之事然賓興賢能始于鄉大夫給祿由于舍人司祿其事竝屬司徒。○按此十二教雖與五官聯事然皆司徒教民之事故列序之舊註多引他文爲解終有未安不若專舉司徒之事而義自足也五方風氣不同其民習以成俗若有恒性王制所謂廣谷大川異制民生其間者異俗故曰五物者民之常也變化氣質在于脩道之敎大抵人情惰慢則事皆苟且五禮吉祭馬先于國之祀禮祀物及祭社祭禜祭脯祭矢皆極其誠敬此立敬之道故凡事不苟人有血氣尚力則爭鄉射鄉飲酒之禮相與揖讓則民知貴德而賤力婬僻怨讐多生于男女以婚冠之禮親成男女則無怨曠人心不和則乖離寡合樂以導和則與人同而無乖別人好高自矜故越禮犯分自一命以至九命儀皆不同故尊卑有定分而不踰越人不土着則情澆薄各懷其土俗之美自生忠厚而不偷薄小人不威不懲刑以治其辠過務協于中則民自畏灋而虣亂不作不戒則事不成憂民之犯灋常有以警戒之則民勤于事而不怠人心無節故不知止足上下辨則民志定而知止

土宜

足民無常業則相率而廢時失事世守其業則各有所能而不至于失職以至有德而賤有功而貧則民無所勸以德詔爵以功詔祿則民慎于德而興起事功敬讓和親安分知止不偷不愆無怠無荒而又勸之以德行道藝皆聖王齊民之術此道德所以一風俗所以同而斯民之不復囿于風氣也

以土宜之灋地利有宜有不宜大者民居小者樹蓄皆有已然之灋也**辨十有二土之名物**地理上應天文十二分野其精氣相通因別爲十二州辨其名者即上文山林川澤五者辨其物者其中又有肥瘠美惡之等也**以相民宅而知其利害以阜人民以蕃鳥獸以毓草木以任土事**(相)去聲(毓)音育○阜康盛也自人民言蕃滋息也自動物言毓蕃育也自

植物言土事若山之金玉錫石澤之魚鹽陸之田蠶任之以職**辨十有二壤之物**壤土耕治之名十二州之壤物色不同鄭氏曰以萬物自生焉曰土土吐也以人所耕而樹蓺焉曰壤壤和緩之皃**而知其種以教稼穡樹蓺**人之于土必有所宜蓋鳥獸草木人民所賴土宜則二者皆美而民盛不宜則二者皆惡而民衰故設土方邍師等職必相其陰陽觀其流泉察其物産莫非因土宜以與民居之事稼穡之于土亦如之種同而所收異者土有宜有不宜也故設爲司稼草人等職辨種稑之種周知其名與其所宜若宜黍宜稻宜三種宜五種及騂剛用牛等變化之術莫非因土宜以教稼穡之事也

土均

以土均之灋辨五物辨山林川澤丘陵墳衍原隰五等之名物**九等**復差擇參伍以上中下三而三之有九等之不同如禹貢所定**制天下之地征**制爲征賦之式**以作民職以令地貢以斂財賦以均齊天下之政**于是任民以九職令邦國以九貢以此而斂其財賦卑高各隨其土性輕重各適其地宜而天下之政事均平齊一可從而理也

此主征斂財賦言肥瘠美惡之不同地之性也立法以均平之使無不齊聖人贊化育之功也然此不過舉其大綱而已地里有變遷人道有興衰故設均人掌國中以至于四郊土均自甸稍以及于天下使各有所司凡歲之上下地之媺惡以爲力政禮俗之低昂廢不至于固滯不通而正月之吉所以有和布之教也

土圭之灋

以土圭之灋測土深正日景以求地中日南則景短多暑日北則景長多寒日東則景夕多風日西則景朝多陰日至之景尺有五寸謂之地中天地之所合也四時之所交也風雨之所會也陰陽之所和也景古影字

土圭之灋以玉爲之其長尺有五寸夏至日正中時樹八尺之表以候日景景有長短偏側每一寸爲若干里則地之中邊大小皆可得而知然地有高卑則日景隨而異猶今步天者北極出地之度數每州多寡各不同必先測土之深淺然後可正以土圭故先曰測土深也求地中者取天中心與地中心相對謂之地中天之中

心東西以日升沒之正中定之南北以各出地上九十一度下當嵩高之處是也然無以知之故以夏至日行當晝漏午時正中之刻其景之所射尺有五寸而得之蓋夏至日行去天中心南十一度每度爲一千二百五十里其景下射于八尺之表却得尺有五寸之景使日行正當天之中即無景之可得矣此求地中之灋也或據釋氏之說以葱嶺爲地中者蓋地西北有餘東南不足故據輿地而論誠爲正中殊不知東濵大海地雖若不足水獨非地乎以此知爲夷人一偏之見若以日景求之則天地之正中皆得聖人之道所以爲人中至正也地在日之南則景短于尺五寸南方屬火故多暑地在日之北則景長于尺五寸北方屬水故多寒地在日之東則當日正中時而景已過故曰景夕東方屬木故多風地在日之西則當日正中時而景尚早故曰景朝

西方屬金故多陰唯地之正中則日至之景尺有五寸與土圭今西北地高天不足東南地下地不滿中則天地平故曰天地之所合此以高下言也南則多暑北則多寒四時皆偏中則四時正故曰四時之所交此以南北言也東則多風西則多陰風雨不時中則風雨時故曰風雨之所會此以東西言也凡地高及西北爲陽地下及東南爲陰中則陰陽不愆故曰陰陽之所和四語本六合分言不必別爲訓釋

王國之制

然則百物阜安乃建王國焉制其畿方千里而封樹之

以上四者故百物皆阜盛而平安乃建王國者周公攝政四年營洛邑于成周即其事也千里之境爲畿畿之界爲溝溝之上爲封封之上樹之木以爲阻固也

建邦國之制

凡建邦國以土圭土其地而制其域

地理有高深及山川限隔道路紆曲地之大小曷從而知日在天其景在地唯量夫景之長短則可以知夫道里之遠近故以土圭測日景之度而制其封疆之域也

諸公之地封疆方五百里其食者半諸侯之地封疆方四百里其食者三之一諸伯之地封疆方三百里其食者三之一諸子之地封疆方二百里其食者四之一諸男之地封疆方百里其食者四之一

諸公其食者半當作其食者四之一諸子諸男其食四之

一共當作其食者半蓋諸公之地方五百里其食半實封爲二百五十里似于過大諸男之地方百里其食者四之一則實封止二十五里似于過小故諸公當爲四之一實封田一百同出車千乘正合大國車數諸男食者恰得五十里與冉有所謂如五六十孟子小國地方五十里司馬同十爲封無不相符舊註因解食字爲王食其稅小國地既小不應王又食其半遂謂大國貢重以正之小國貢輕以字之而改大國爲食者半小國爲食者四之一也今因各經傳正之

諸公方五百里其食者四之一實封田一百同蓋上公天子之賓郊祀之禮皆天子之事守故地獨多諸侯方四百里其食者三之一實封田八十五同諸伯方三百里其食者三之一實封田四十六同諸子方二百里其

諸侯封國實封食祿辨

食者半實封田三十二同諸男方百里其食者半實封田八同舊註食字並皆王言夫天子畿内之地自足以供九式之用豈于五等諸侯之分地而復食之乎詳見封國攷

或疑天子之地方千里而侯國乃有五百里四百里末大必折尾大不掉無乃非居重馭輕之道乎夫有管轄之地有實封之地有所食之田此稱方五百里已下者卽詩所謂錫之山川土田附庸皆以管轄之地而言也其所稱食者半三等及經傳所載千乘之國皆以實封之地而言也孟子所言君十卿祿者一歲君所自食之祿爲田三萬二千晦爲井三百二十可食二千八百八十人之類也夫所食之祿實封之地皆有限制唯夫附庸之國各自有君大國特爲之綱領名山大川之要害者又不以封而王官自監之且周之上公甚寡異姓唯

載師都鄙之制

宋同姓唯虞為公爵而已亦何自而生亂乎但愚詳觀周禮封國之制于周初孟子皆有不同者書武成曰列爵惟五分土惟三而周禮爵雖五其命數禮儀則公從上等以九爲節侯伯從中等以七爲節子男從下等以五爲節分地雖五其所食則公以四之一侯伯以三之一子男以半大抵列爵惟五而其等則三分土亦五而其食則三視周初爲更密蓋周公制禮而稍更定者也

凡造都鄙制其地域而封溝之以其室數制之不易之地家百畮一易之地家二百畮再易之地家三百畮（畮）畝通

此造都鄙之灋也邦國主分地故以土圭度地制域都鄙主治民故地域大小以室數爲差除山川邑居等虛

數而以居民之實數計之謂之不易一易再易者地道雖敏樹太勤則力竭故歲常種而地力不竭者爲不易之上地休一歲而種者爲一易之中地休二歲而種者爲再易之下地即趙過所謂代田也其灋地廣六尺半爲畮半爲甽廣尺深尺與壠相間今歲播種甽中明歲休其力以甽爲壠歲更代則地力完苗旣滋長稍耨草因隤其土以附苗根比草盡壠平則根深耐風與旱故能以薄地而倍收此所謂一易也再易者間二壠而爲甽也不易者人與之一夫之地一易者人與之二夫之地再易者人與之三夫之地故即其地可知室家之數因其室制爲都鄙之域也○甽畎同耐音柰

乃分地職奠地守制地貢而頒職事焉以爲地灋而待政

荒政十有二

令

邦國都鄙既定于是分農圃山澤藪牧等之九職定名山大川要害之守制九畿之貢各以其所有須方伯連帥甸稍縣都之職事各以其所能以爲地之常灋以待上之政教徵令也○已上建王國及建邦設都制其大小之灋也司徒主地故掌封國度地之事

諸侯封國圖

两都並建議

以荒政十有二聚萬民一曰散利二曰薄征三曰緩刑四曰弛力五曰舍禁六曰去幾七曰眚禮八曰殺哀九曰蕃

樂十曰多昏十有一曰索鬼神十有二曰除盜賊弛聖子反舍捨同眚恤井反少也殺去聲損也蕃音凡閑也

凶年饑歲老羸轉乎溝壑壯者散而之四方故特設荒政以聚之所以合其散也其一公家舊日積貯發散下民遺人縣都之委積以待凶荒旅師之散利倉人之用有餘藏之以待凶荒而頒之也其二荒者捐之均人無財賦不收地職其有不盡荒而應征者如漢灋七八熟者征其半蓋統體中使之寬裕則不足者自有通融後世率以荒地之稅加派熟地失此意矣二者損上以益下救荒之本也其三輕罪出之俾得自食其力朝士所謂慮刑貶其四釋其力役均人無年則公旬用一日凶札則無力政二者不妨民力以使之也其五山林川澤

恣民入不以時不設禁防其五關市之中不察異物聽民有物則市以爲食及司關國凶札則無關門之征使百貨流通二者去其嚴密以寬之也其七眚禮其八殺哀禮有繁文末節有無不足爲輕重而費財者吉禮則眚之凶禮則殺之掌客凶荒殺禮是也其九閉藏樂器大司樂大凶札令弛縣曲禮祭祀不設縣其十會男女不必六禮使以禮物相餋又得完聚以相保四者損緩以救急也其十一祈于鬼神凡饑荒必多疾疫靡神不舉然走羣望以弭天災祈豐年其十二嚴于捕盜民迫于饑寒易于爲暴或奸慝乘之以倡亂即士師之糾守益加謹之以絶禍亂之源二者防變之道也按人有恒言救荒無善策然觀大司徒所陳曰眚禮殺哀蕃樂在上者自損以憂民之心可以想見曰緩刑舍禁去幾多昏則施寛博之政而不一一以小禮束縛之民固得以

保息六

先其所急矣薄征弛力則上無所求下無所輸其悅豫孰大焉然非平日有所預備安能無取于民至于散利又非有十數年之積烏能有所施而不竭哉抑不特此耳此下云令邦移民通財蓋天下無皆荒之理故爲之移民以就食通財以給其不能移者又司市職云國凶荒札喪則市無征而作布蓋棌金爲幣或賒與民而用其力或以之而斂貨之不售二者又在十二荒政之外後世救荒者當知此矣

以保息六養萬民一曰慈幼二曰養老三曰振窮四曰恤貧五曰寬疾六曰安富

保息者保愛其民使之生息也凡民強壯者能有爲自足以謀生幼則未能爲老則不能爲故幼者慈之若產

子三人與之母二人與之餼十四不從征老者養之如七十養于鄉五十異糧又如司刺一赦幼弱二赦老耄皆是也凡民天倫全者得以相生養鰥寡孤獨天民之無告發政施仁必先施四者所以振起之使不遂斃也家道寬裕則有所資籍身體康寧則志意舒展皆有以自得若貧無貲財則欲爲不遂疾不能舉動則有志不伸皆洪範所謂極也恤貧者若春省耕而補不足秋省斂而助不給泉府民之貸者國服爲之息也寬疾者若司救歲時有天患民病巡國野而以王命施惠漢瀍癃不可事者不筭也富者用有餘暴君汚吏必掊克之使不自存以至於小户無所倚賴載胥貧困而已于富者則平其徵役不專取而責備焉所以安之也夫老幼二者民生自然之數使各得其所窮貧疾三者天命不齊之理使不至于失所富者本天之所厚亦有以保全而

本俗六

不困之尚何有一夫之不獲其所者哉

以本俗六安萬民一曰媺宮室二曰族墳墓三曰聯兄弟四曰聯師儒五曰聯朋友六曰同衣服媺美同

本俗舊俗也民安其故土樂其舊俗自然有忠厚之心無恌倖之意然所以安之其道有六宮室居身之所務爲完媺則人重遷墳墓祖宗本根之地人死欲反本以族類相葬使人重本人與人同類而相親門內則有兄弟以相親門外則有朋友以相與習業則有師儒以明道制爲族食之禮以合其同姓之親制爲朋友之服以合其異姓之義設爲庠序之教師以賢儒以道而使百姓之相宗此民所以內外維繫固結而不離也衣服者

正月之政

身之章若宋之章甫魯之逢掖皆先王灋服而其制不能無小異者鄉俗各有所便異服則有幾民自不敢他適有此六者此民所以有賴籍而樂于爲善也

正月之吉始和布敎于邦國都鄙乃縣敎象之灋于象魏使萬民觀敎象挾日而斂之義見大宰

自正月之吉而上建土地之圖制畿疆之封掌土會土宜土均土圭之灋及十有二敎荒政十有二保息六本俗六皆司徒平日之事乃一官之灋守自正月之吉已下比閭族黨之灋十二職鄉三物鄉八刑皆正月之後以天運一新而施之乃每歲正月之定規蓋比閭族黨之長則有易置十二職亦有變更三物以舉賢八刑以

六鄉比閭之制

懲惡人事不齊復取而作新之也

乃施敎灋于邦國都鄙使之各以敎其所治民敎灋者即十二敎也使敎其民者各立其長以帥之也○帥音率令五家爲比使之相保比毗志反五比爲閭使之相受四閭爲族使之相葬五族爲黨使之相救黨乃黨惡字古用鄉五黨爲州使之相賙五州爲鄉使之相賓賙音周

比閭族黨州鄉敎民之灋施之于邦國都鄙者五家爲比以比次之義善惡纖微必知使相保任不得爲惡二十五家爲閭左右爲之門以稽其出入同巷而居者使相容受所係皆良民有爲惡者則衆共發覺無得相容

十二職

隱百家爲族以同宗合族之義一家有器百家助之五百家爲黨以相黨與之意有患難合力救援守望相助二千五百家爲州州之爲言周也有無相通賙其匱乏萬二千五百家爲鄉六鄉之中有賢者能者合衆論之公相與賓興之凡治民必從其有司此教民之本也凡邦國與都鄙近城郭者通謂之鄉則以此灋紀而教之其遠于城郭者則謂之野遂人以鄰里酇鄙之灋紀之也大國三鄉三遂以次而降都鄙亦如之大抵王都侯國之鄉遂皆鄉大夫士所兼其秩尊若都鄙則賜民以秩耳

比閭族黨州鄉圖

頒職事十有二于邦國都鄙使以登萬民一曰稼穡三農生九

穀二曰樹蓺蓺音义○園圃毓草木三曰作材虞衡作山澤之材四曰阜蕃藪牧養蕃鳥獸五曰飭材百工飭化八材六曰通材商賈阜通貨賄七曰化材嬪婦化治絲枲八曰斂材臣妾聚斂疏材九曰生材閒民轉移執事十曰學藝十有一曰世事十有二曰服事

大司徒土天下人民之數故頒職事十有二于天下邦國及王畿都鄙使登萬民之數必頒職事而後入其數蓋以其民可任者將以施政教行徵令故與司寇司民所登民數自生齒已上微不同也自一至九即大宰以九職任萬民也形也有定人各類其祖世事者世其父祖之業使服習易也氣化不齊亦有不繫于世類自爲

鄉三物

別業而異于父祖學藝者因材而成就也服事廢人在官服公事者大宰百揆之職兼知民事其以九職任民者治其大凡而已司徒專主民事九職之中有變更損益皆因此三等之民故復益之以此三事也

以鄉三物教萬民而賓興之一曰六德知仁聖義忠和二曰六行孝友睦婣任恤三曰六藝禮樂射御書數（婣）音姻（任）去聲

師曰物猶事也賓興以賓禮舉賢能于王也根于心爲德知者心體之良知開天聰明也仁者心聽之全體克去己私也聖者知通乎微神明厥德也義者心之裁制揆事宰物也忠者發己自盡懇惻爲善也和者發皆中節無過不及也體于身爲行人生本于父母罔極之恩也故孝居先兄弟與吾同出于親故友次之九族同出

于祖宗故睦次之五服異姓之親骨肉相聯故婣次之朋友合志同方故任次之鄰里鄉黨相安而居故恤又次之見于事爲藝五禮以道中六樂以道和五射以觀德五御以服事六書以攷文九數以會計先王之教本末具舉內外交養所以成人材而正風俗也後世教以無用之空言是故下無實學上亦無由得眞材

按五禮六樂詳見大宗伯大司樂五射者曰白矢謂彎弓彀率矢至弓靶而見白此彎弓之灋也曰參連謂先發一矢三矢夾于三指間相繼拾發不至斷絕此注矢之灋也曰剡注謂矢頭剡處直前注于侯不從高而下猶今人所謂水平箭此發矢之灋也曰襄尺襄包也尺謂肱至手爲尺射者常以肱蔽其胸脇無使他人之矢從虛而入此自防之灋也曰井儀謂四矢集侯如井字即詩四矢如樹此射灋之妙也五馭者鳴和鸞疾徐之

節過君表步乘之節逐水曲周旋之灋舞交衢折旋之灋逐禽左左右之灋也六書者曰象形謂肖萬物之形而識之如日月山川此字學之本也曰會意謂以其形而反仄增損或重疊配合及配他文成字如本末非不比从幺子干形不類而意則可通也曰處事謂以形以意合數文而爲經綸之象如祭冠射相皆自人而言也曰形聲謂主一字之形而以他字之聲合之如露霆霖雩旻鼎曆景之類也曰轉注謂一字而轉爲數聲如令長辟宄之類也曰假借謂一字而借爲數義如風氣而借爲風俗能獸而借爲才能也前人之論互有得失其詳並見于字學九數者筭灋所謂方田粟米差分少廣商功均輸贏不足旁要鄭氏又以爲重差夕桀句股其詳並見于筭書也○(轂)(率)音

搆律(拾)乾刼反(剡)月撿反

以鄉八刑糾萬民糾察舉禁戒之意一曰不孝之刑二曰不睦之刑三曰不婣之刑四曰不弟之刑五曰不任之刑六曰不恤之刑七曰造言之刑八曰亂民之刑

鄉八刑者皆鄉民之所犯司徒主民故所糾止此大宰則有官刑小宰則有宮刑宗伯則有𢽾刑司馬則有軍刑司寇則有野刑各不同而㧾歸于士自一至六皆六行之反六行之友專施于兄弟故在睦婣之前此則變言弟兼施于師長故在睦婣之次也造言者邪說誣民異端者流也亂民者桀黠犯瀆敗類者也

以五禮防萬民之僞而教之中以六樂防萬民之情而教

之和凡萬民之不服教而有獄訟者與有地治者聽而斷之其附于刑者歸于士

上既陳大司徒施教之道然三物者教之灋也而莫要于禮樂八刑者治其罪也而必先于聽斷故復結之以此僞者外有所爲者其天眞者也五禮以防其僞使其行得中情者中有所動離其天性者也六樂以防其情使其心應和中以立天下之大本和以行天下之達道而民豈有麗于刑者乎教之如此其至猶有不率教而獄訟者然未忍遽加以刑也與其鄉遂親民之官聽而斷之以息其爭不幸而有麗于五刑者然後歸之士師始終必欲成其善所以爲仁之至也

祀五帝奉牛牲羞其肆享先王亦如之牛土畜順而能任載故屬地官

祭祀莫大于五帝先王故大司徒奉之進其肆解骨體

大賓客令野脩道委積

畿内委積之入皆地官所掌大賓客諸侯來朝者使遂師巡其道脩還人共其委積小宰六職所謂懷賓客也

大喪帥六鄉之衆庶屬其六引而治其政令引音紖

引喪車之索執之以前道者自行而言故曰引紼舉棺之索負之以下棺者自繩而言故曰紼六鄉近掌殯及啓朝祖在道之事故止言大喪屬其六紖六遂遠主下棺之事故云及葬帥而屬六紼鄉遂相爲始終必均其

厚于死亡之義

役者使百姓各致其情也六鄉之民大司徒親率之治其政令者部署檢校之使不雜亂也綍紼同紖引同

按周禮于喪紀之事必極其厚者人之所以有禮義者生全康樂則敬共慈愛以相與死亾患難則哀戚圖猷加厚于平時故其愛敬皆爲實若夫愚邪姪者朝死而夕亾之遇患難委而棄之則其相與之情皆爲虛假視彼鳥獸之哀鳴躑躅者反不若矣是故先王所以厚于喪禮者不過因夫人不背本之眞情而品節之使夫不肖者有以企而及之也且必均其職于百官府均其役于鄉遂之萬民者使夫委積之臣各致其臣子之誠王國之百姓靡不盡其如喪考妣之情是故疾病之禱祠醫藥患難之捍衛營救無所不用其極不幸而有敗亾之禍則以身徇之而與之俱死皆此道也彼治喪以薄爲道者則視夫患難喪亾如虛舟飄瓦然設國家有事

何所寄托此所以爲異端者流也

大軍旅大田役以旗致萬民旗即鄉師遂人所謂大旗本大司馬中軍所建鄉遂皆王親兵司徒爲王致民故得建之解見九旗圖説軍旅田役刻日樹旗期民于其下遂人不用命者誅之此亦當然也

而治其徒庶之政令萬民既至則致于大司馬而司徒猶治其徒庶之政令蓋伍兩卒旅之吏本皆六卿之屬但主以司馬之灋治之而不易其人也

若國有大故則致萬民于王門令無節者不行于天下

冦戎之事宫正既比其官府次舍之宿衛司士致士而頒其守此復致萬民于王門以備不虞而待任用臣民各致其守也無節者不行卽卿大夫以旌節輔令則達之掌節司險無節者有稽則不達此防姦細之要瀿

大荒大札則令邦國移民通財舍禁弛力薄征緩刑

前言荒政十有二聚萬民矣此復言之者謂令于邦國且不止大荒更有大疫癘之時也移民者一以辟災一則就米粟通財者謂有守之不可移老稚之不能移者則輸粟與之此乃令邦國之事故比前爲畧

歲終則令教官正治而致事

歲終天道之成五官各帥其屬攷正其治道休致其職事冢宰受而聽之也解見天官

正歲令于教官曰各共爾職脩乃事以聽王命其有不正則國有常刑

正歲天道之始人事亦當作新六官各帥其屬行王之令而致之于民奉天以始終也

小司徒之職掌建邦之教灋以稽國中及四郊都鄙之夫家九比之數

凡比灋先定其貧富則可以施政令夫家者匹夫匹婦受田之家也夫家有上中下三等三而三之是爲九比

以辨其貴賤老幼廢疾凡征役之施舍

施鄭氏云當作弛式子反此釋良是蓋貴賤老幼廢疾皆當寬而舍之大宰斂弛之聯事正此義也鄉師遂師皆同唯閭胥單言辨

教灋當于灋

其施舍當從舊○貴若卿大夫賤若胥徒以其服公事亦在所免六十以上爲老十五以下爲幼及罷癃殘疾不可事者凡征役皆在所優免故辨而弛舍之以厚風教也

與其祭祀飲食喪紀之禁令祭祀謂州祭社黨祭禜族祭酺飲食謂鄉飲族食喪紀族相葬埋辨其禁令之舉廢使不失禮灋也

掌建邦之教灋而其下唯言立邦比之灋者弛舍其民則教民貴貴尊賢老老幼幼寬疾之道祭祀以教敬飲食以教讓喪紀以教厚及夫攷其吏職之舉廢比之者所以教之故不曰比灋而曰教灋也

乃頒比灋于六鄉之大夫比灋比要大比較比㭾音鄙唯五家爲比地比正之音避○比灋者即上文九比之數與施舍禁令也

使各登其鄉之衆寡六畜車輦輦音連○

八比興于天下

衆寡謂人民可任之多少六畜馬牛鷄羊犬豕所以爲兵備守禦養老賓祭之不可缺者車謂輦車及大車輦人挽行車登謂

辨其物定其財產之多寡以歲時入其數以施進而上之即所謂九比也

政教行徵令施政教即祭祀飲食喪紀之政教行徵令即征役及貢賦之事六鄉之大夫六卿也下兼有司之守故小司徒頒以灋若六遂則遂人令之都鄙則其君令之而於受灋于司徒治民則地官爲主也

及三年則大比大比則受邦國之比要

大比者使天下大簡閱民數及其財物也比要者其詳藏于侯國其總數則登于天府小司徒受之王國歲時

卒伍之灋

入其數侯國則三年而入其要內外詳畧之不同也

乃會萬民之卒伍而用之比民從人民其事繁而詳用民以要簿其事簡而畧會萬民之卒伍者將定民之卒伍必聚集而配合之也用之者用爲軍旅田役等事也五人爲伍五伍爲兩四兩爲卒五卒爲旅五旅爲師五師爲軍以起軍旅以作田役以比追胥以令貢賦

此伍兩制軍之灋通鄉遂都鄙以達于天下者也謂之伍者以一統四一居中而旁各二故字以五人爲文二十五人爲兩以乘車一車兩輪得名百人爲卒卒之爲言終也兵車重車各一乘兵灋自此而成故以卒名五

比閭伍兩纍姝

百人爲旅旅衆也故字從㫃師衆也二千五百人爲師師大也衆也車二十五乘爲大偏故字從𠂤帀以據險而營衛周匝也萬二千二百人爲軍兵軍一百二十五乘謂之伍大車亦如之又合二車之倅爲車五百乘可以自環爲營故字以包車爲文也軍伍之灋立有會同征伐起而用之四時講武及大役作而趨之有警比之追以逐捕盜賊胥以俟候姦細平居則凡貢賦若委積芻薪令輓漕之各隨道里之便貯以備用要之于比閭之中取強有力者充之故曰會萬民之卒伍也舊謂五家爲比故五人爲伍二十五家爲閭故二十五人爲兩居則爲比閭族黨州鄉行則爲伍兩卒旅師軍此說是矣而非覈實之言也夫苟定于比即爲伍則征行而用衆何以居守豈百里之內曠然無人耶且凡貴賤賢能老幼廢疾皆舍則伍不有缺耶愚嘗詳攷六鄉居民之

原合卒伍不可更易

數一比長所統合有五十家然則所謂一伍之人亦于五十家内而取之十家而取一人也故比閭族黨州鄉者教訓其居民之灋有家則在所教者也伍兩卒旅師軍者部署其勇力之灋凡有材藝者又自會而用之也庠序師田各自爲制征行有時而居守不可缺不外乎比閭而不泥于比閭實並行而不悖故以比閭中之民而簡閲之爲伍兩則可謂比閭之民與其長即伍兩之兵與將豈其然乎

又按凡車一乘卒百人必不可分離有調遣更休必以其一卒周而復始至其役于司馬凡鄉遂都鄙所統之兵原合卒伍及所統之吏更不可易是故行伍之人素相親識軍之與吏素相忠愛所以能相安唯參遊等將在大將所任故兵之所屬無常若軍士有物故疾病等不足于隊伍則重爲配合乃稍有更易耳

伍兩卒旅師軍圖

乃均土地以稽其人民而周知其數上地家七人可任也者家三人中地家六人可任也者二家五人下地家五人可任也者家二人凡起徒役毋過家一人以其餘爲羡唯田與追胥竭作

此均役以稽民數之灋一夫上父母下妻子旁有兄弟爲家雖有數弟皆食百畝之內必壯而有室乃授餘夫田凡供男子征役之事者爲可任鄉自七尺野自六尺皆征之故可任者自三人至二人一家不止一夫也夫

有休代之灋則田之收固無不均但上地不易費人工少故其入食七人計其家之可任者當有三人中地一易費人工加一倍故其入食六人計其家之可任者二家當有五人下地再易費人工加二倍故其入食五人計其家之可任者當有二人大約以三等之地通計之每一井不過四家可用之民十人凡起徒役四家止用四人其餘六人悉爲羨卒惟田獵則凡有材藝者皆作而盡其材所謂惟爲社田單出里人各致其郣本之心也追胥亦然使盜賊無所容也按孟子云百畝之糞上農夫食九人上次食八人中食七人此經唯舉七人而下賦役以寡者太灋雖有三人二人而起徒役無過家一人皆寬仁之政也

夫家受田總論

凡用衆庶用爲軍旅田役追胥貢賦之事則掌其政教與其戒禁政以正其不正

教以輔其不及戒者先事而戒禁者禁于未發聽其辭訟施其賞罰誅其犯命者爭訟者辨其曲直以安良善功過者施其賞罰使人務功違犯上命者誅戮以一衆志三者皆馭衆庶之灋

按政教戒禁數見而語稍變宮正諸子主貴胄小司徒鄉大夫主民司市主商周公于四民治而教之道一而已

凡國之大事致民大故致餘子

凡經中言大事皆謂七事之大者小司徒致所應執事守備之人而用之大故皆謂寇戎餘子謂羨卒也不特致民而已并致其餘子部署而卒伍之使人盡爲守即脩閭氏所比國粥追胥也

井牧貢賦之灋

乃經土地而井牧其田野九夫爲井四井爲邑四邑爲丘四丘爲甸四甸爲縣四縣爲都以任地事而令貢賦凡稅斂之事乃分地域而辨其守施其職而平其政

此治井牧貢賦之灋自國都以達于天下者也經土地者即孟子所謂經界也井牧者春秋傳云井衍沃牧隰臯地勢寬平盡而爲井其形正方此井田之常灋也地形高下不齊與夫地狹民稠之處田不可井則十夫共爲一溝或田不足于一夫則取數塊以補之或士賈官牧等家受田不及百畝則亦隨分量授之此井田之活灋也九夫爲井者方里而井井九百畝通公田言故稱九夫猶司馬灋所謂夫三爲屋屋三爲井也中爲公田

八家皆私田百畝同養公田實則八夫故孟子云八家同井然民有單丁受田二十五畝者一井實不止于八家故云十夫有溝也然此指治成極盛之時國都地闢民聚之處大約如此若以上中下三等不易一易再易之地計之一夫耕二夫之地每井實止四家四井爲邑十六家論語所謂十室之邑也四邑爲丘丘十六井六十四家丘之爲言聚也舜所居一年成聚是也前漢志有戎馬一匹牛三頭畢賦之灋期于甸魯成公作丘甲春秋所以書其重賦也四丘爲甸甸六十四井二百五十六家前漢志有戎馬四匹兵車一乘牛十二頭甲士三人步卒七十五人干戈備具將重車者二十五人是謂乘馬之灋車馬兵器靡不備具可用以軍旅田役故以甸名也又司馬灋曰井十爲通通爲匹馬通十爲成成百井革車一乘士十人徒二十人夫革車一乘而止

言徒士共三十人者蓋伍皆有長徒百人則伍長二十人以其長之寓于徒內故稱徒二十人而百人在其中矣百人四兩兩司馬中士四人二兩爲聯亦曰隊二隊則有隊長隊副四人四兩爲卒卒正上士一人卒副一人故稱士十人是故武王革車三百兩合有三萬三千人不言其徒而止舉其士故曰虎賁三千人也然同一兵賦也漢志則曰四丘爲甸有兵車一乘司馬灋則曰通十爲成革車一乘甸六十四井成百井其數不同何也夫井邑丘甸者主出兵賦之灋通成終同者主治水之灋各自爲經緯者也故兵賦定于一甸者以室數制之指其實數若一成百井之地除邑居溝渠道路等三分之一其實備車之家亦但如甸之一成也昔少康有田一成即周之百井有衆一旅即甸之五百家其數大畧相類則知此灋自古然矣舊註不得其説以謂旁加

一里治溝洫夫溝洫縱橫于地方之內遂人明言百夫有洫千夫有澮萬夫有川合衆力而治之何以旁加爲哉但此一甸夫數五百家實數二百五十六家出兵止于一卒百人而少康謂之旅則五百家內人人盡用也難草創時與此全盛自不同也四甸爲縣二百五十六井出兵車四乘四縣爲都一千二十四井出兵車十六乘司馬灋成十爲終地方千井三分去一實爲十甸之地出車卜乘終十爲同地方萬井三分去一實爲百甸之地出車一百乘其義亦猶甸之與成詳見井田圖說或疑司馬灋乃穰苴所述與經文丘甸不合蓋非先王之制不足爲據然愚觀夫井十爲通正與徹法字相符及夫少康之有田一成詩之終三十里此經之同徒輦輦蓋無不合且與遂人百夫之洫千夫之澮萬夫之川正相表裏故雖非經文而實爲古灋自不可廢也口經

界既正則中爲田賦君子之祿九式之用于是而取外爲兵賦車馬兵器于是乎胥任民以九職令以貢賦凡稅斂之事此自民而言也分地域謂建邦國造都鄙制鄉遂于是辨其要害之守施以貢賦之職均平其政使不偏此自上而言也

井邑丘甸縣都圖

凡小祭祀奉牛牲羞其肆王玄冕所祭○小賓客令野脩道委積諸侯使臣也○大軍旅帥其衆庶帥之而致于大司徒小軍旅巡役治其政令小司徒自巡治○大喪帥邦役治其政教

此數事皆與大司徒同職大司徒大祭祀奉牛牲羞其肆大賓客令野修道委積大軍旅田役治其徒庶之政令故此小司徒然掌其小者大畧大司徒治其政令但令之而已此云治其政教以送死大事凡正棺引窆復士小司徒親自教之

立侯國社稷封疆

凡建邦國立其社稷正其畿疆之封

大司徒立王社稷小司徒則立諸侯社稷大司馬所制九畿內爲國畿外九服爲九畿小司徒封土以爲識也

凡民訟以地比正之比音避地訟以圖正之

民訟爭是非正以地之比鄰朝士以地傅而聽其辭也地訟爭疆界改其地之圖形八成之聽閭里以版圖也

二者聽民間辭訟之灋

歲終則攷其屬官之治成而誅賞令羣吏正要會而致事治成即宰夫所謂日成也治功必以漸而積故日所爲謂之治成本鄉師所聽小司徒據之以行攷課之灋月要小司徒所聽復致于小宰歲會小司徒致于大司徒大司徒復致于冢宰

正歲則帥其屬而觀敎灋之象以治象之例推之當云敎象之灋徇以木鐸曰不用灋者國有常刑正月之吉大司徒縣敎象之灋于象魏故小司徒率敎官之屬觀而徇之也

令羣吏憲禁令脩灋糾職以待邦治表縣其各司之禁令脩其常灋毋使廢墜糾其職事毋敢怠緩國家有事則應之○及大比六鄉四郊之吏平教治正政事攷夫屋及其衆寡六畜兵器以待政令此大比謂一歲之始大核實之非三歲大比也師曰四郊之吏吏在四郊之內主民事者平章其教治優劣論正其政事得失夫屋者九等之民有勤惰貧富五畝之宅有脩廢百畝之田有荒熟也及夫戶口有衆寡六畜有登耗器械有備乏皆閱計爲比要國家有事則用之

鄉師之職各掌其所治鄉之教鄉師司徒之攷也共四人二人共三鄉之事故云各

掌教即戒令糾禁也而聽其治以國比之灋小司徒所頒比灋以時稽其夫家衆寡辨其老幼貴賤廢疾馬牛之物辨其可任者與其施舍者施當作弛可任正與弛舍異也○弛舍即貴賤老幼廢疾也掌其戒令糾禁聽其獄訟戒者先事而戒令者率作興事糾者詰其遠慢禁者禁干未發大役則帥民徒而至治其政令佐大司徒也既役則受州里之役要以攷司空之辟以逆其役事辟音璧○按州里遣役之本數攷司空治役之

章程則役事可得而鈞孜矣

凡邦事令作秩叙邦事謂凡致民之事秩者部署其位常叙者次第其功程解見宮伯及下里宰鄉吏作之鄉師令之也凡野民之難統甚于軍者以其無秩叙耳大役而寓軍灋則能馭萬衆如一人矣

大祭祀羞牛牲共茅蒩蒩音租○甸師共蕭茅鄉師以茅爲蒩刌之長五寸用以藉祭黍稷及膚

大軍旅會同正治其徒役與其輂輦戮其犯命者輂輦音菊連○稍人作其同徒輂輦鄉師正治之輂重車駕牛者故字從共取戰之多爲義輦人輓行小車也故字從二夫此二車

行以載任器止以爲蕃衛者司馬灋輂一斧一斤一鑿一梩一鉏周加二版二築

大器用役則帥其民而至遂治之治謂監督其事及葬執纛以與匠師御匶而治役纛毒道二音匶古柩字○纛鄭氏曰羽葆幢大旗也以指揮挽匶之役正其行列進退匠師事官之屬主衆匠雜記諸侯執綍五百人四綍皆銜枚司馬執鐸左八人右八人匠師執翿以御匶而治役鄉師共司其事也○葆音保幢牀狀二音即翿也綍紼通引棺索翿音道纛通也及窆執斧以涖匠師窆音變葬下棺也○匠師主豐碑之事鄉師執斧涖之使戒其事天子六綍四碑前後兩傍各一碑

凡四時之田前期出田灋于州里簡其鼓鐸旗物兵器脩

其卒伍四時田獵以講武事州里雖有成灋必前期復出灋以戒令之凡旗鼓兵器須閱計使完善卒伍須配合使得宜也及期以司徒之大旗致衆庶而陳之司徒致民解見前大司徒鄉師司其事陳之以就行列以旗物辨鄉邑而治其政令刑禁州里鳥隼之旗每鄉邑之民各在其旗物之下無相干則可以施其政令刑禁也巡其前後之屯而戮其犯命者車徒異部險野人在前易野車在前鄉師總巡之斷其爭禽之訟

凡四時之徵令有常者以木鐸徇于市朝徵令有常謂四時及正月命脩封疆二月命雷且發聲之類

以歲時巡國及野而賙萬民之囏阨以王命施惠囏古艱字

遺人掌鄉里之委積以待民之囏阨但掌其所賙之物耳于是司稼巡野觀稼而賙其急而平其興所以補助其耕歛之不足也司救歲時有天患民病以王命施惠所以救其疾病也然二官所治者廣恐徒爲文具故鄉師親出而巡其所治歲時者隨事而行不拘其時囏阨者兼不足與疾病二者以王命施惠代王巡行也

歲終則攷六鄉之治以詔廢置每歲之終攷其六鄉之治卽其賢否之尤著者詔于司徒冢宰賢者置之否則廢之

正歲稽其鄉器比共吉凶二服吉服祭服也凶服喪服也閭共祭器簠簋

稽器之瀉

俎豆之屬族共喪器素俎揭豆夷盤輁軸之屬黨共射器弓矢侯旌福中之屬州共賓器尊俎笙瑟之屬鄉共吉凶禮樂之器鄉之所治廣或有境內山川等祠或有公卿大夫之喪故凡吉凶禮樂之器無不預備之

禮非器不行故每正歲則稽其鄉器之備乏服者人人自衣其身不可移用故每比各自備之家必有祭然器不能皆備故使一閭之內必有祭器得以移用喪器不常用族主相葬故使共喪器以相葬埋黨主患難相救欲其人人閑于弓矢故使共射器歲時演習有故則用之州長以禮會民而射于州序故州共賓器以禮賓鄉之所治廣且王畿習善之地禮教之所自出故凡吉凶禮樂之器無不預備器備而後禮行禮行而後教成也

若國大比則攷教察辭稽器展事以詔誅賞

三年大比則視其所教賢能之人而知其教灋之善否教以得人爲主也詢之以事察其言之合治與否所謂攷言也簡閱其鄉器之備乏展省其政事之勤惰責以實事非可以文飾也因而賛王及冢宰善者賞之不善者治其罪

按歲終廢置三歲誅賞與冢宰相成百職皆然也

鄉老二鄉則公一人王之三公下兼也一人治二鄉之事鄉大夫每鄉卿一人王之六卿下兼也每人治一鄉之事州長每州中大夫一人每鄉五州六鄉州長凡中大夫三十人黨正每黨下大夫一人每鄉二十五黨六鄉黨正凡下大夫一百五十人

公卿兼治民事

族師每族上士一人每鄉一百五十五族六鄉族師凡上士七百五十人閭胥每閭中士一人每鄉五百閭六鄉閭胥凡中士三千人比長五家下士一人每鄉二千五百比六鄉比長凡下士一萬五千人

卿大夫即六卿也州長而下及遂大夫等即六卿已下之貳屬也周禮之灋在朝則爲六官在國則兼爲鄉遂之官及都鄙之君故平居則六卿各敎其所治民不必別立守令國有大事而致民則六卿各帥其鄉遂之民而至不必別有徵召國有大故則六卿各糾其民而守不必別爲長帥其有會同師田而用衆則六卿各帥其都家所統之民而往不必別爲之將觀夏書甘誓乃召六卿即六事之人則此灋自古已然春秋列國三卿即

比長十年閭稽之灋

三軍之符則此灋末世不廢以此見古者公卿大夫廉不親民豈以清高爲務而重內輕外文事必知武備豈惟詞翰是工而文武異襟以內則爲王朝之臣治官府之事以外則爲郊野之君統邦畿之政此體統合一情意流通而無後世內外隔絕上下司猜疑扞格之弊也其族師而下未必皆王臣不過民自推擇其長因而秩之故曰使民興賢出使長之漢賜民爵一級已上蓋其遺灋也夫有爵則有祿此古今通道八則之祿位以馭其士正由于此故其人皆得以清心化理以民事爲重後世民間之吏唯以催督錢粮勾攝公事是急不唯無祿以養之而凡所以聚斂于民者百責皆萃其身每強其所不能不至于逃絕不止尚望其以教化爲事哉

世疑六卿六遂七萬五千家而設萬有八千九百三十九官遂亦如之民不勝擾柰何愚嘗詳攷周官之灋矣

六鄉六遂近郊遠郊四面方二百里之地爲田六十四同當爲一百五十萬餘家今觀六鄉六遂序官之數比鄰之長共三萬人所統之民止于十五萬家十倍其數者此乃簡稽之漏與今之設里同蓋每比合有五十家所每歲爲之長以司教化者一人當簡稽之數者止于五家官有定員其民則相更代數十年而周一比長所統實五十家故官不見其多而民不知擾也苟泥于十五萬家則近郊遠郊一百里之居民一何少而井邑之夫有定數又將焉往也哉

六官分治鄉遂都鄙邦國圖

成周兵民之制

鄉大夫之職各掌其鄉之政教禁令鄉大夫凡六其一即大司徒其五爲五官分天子之六鄉而治之故云各掌其鄉政以正其不正教之使効上之所行禁以防其惡令以率其事

正月之吉受教灋于司徒退而頒之于其鄉吏使各以教其所治以攷其德行察其道藝

正月之吉天運維新六鄉各受教灋于司徒退而頒之于州長已下之吏使各教其所治之民德行道藝者每歲以黨正之所書州長之所攷者而復考察之以爲異時賓興之本也德與行並言善行皆天德之發則不流于小行藝與道並言游藝皆至道所寓則不局于一藝

以歲時登其夫家之衆寡辨其可任者小司徒頒比灋于六鄉之大夫以歲時入其數故此登其夫家辨其可任弛舍而入其書于小司徒將以施政教而行徵令也國中自七尺以及六十野自六尺以及六十有五皆征之其舍者國中貴者賢者能者服公事者老者疾者皆舍以歲時入其書此征字謂用爲力役之征也凡人壯而有室者即可任以男子之事此固易辨其未有室者則以軀幹高下而定其氣力之强弱故高及六尺七尺者雖年未壯亦可服男子之役城廓之民其役煩載師近郊十一其征煩輕故得以晚賦早免野鄙之民其役省載師遠郊二十而三其役煩重故早賦晚免大抵抵昂相泒以足用而

賓興之禮

巳貴巳仕者賢有德行能有道藝養于庠序而升之司徒者服公事廢人在官者老國中六十巳上野六十五巳上疾謂癈癃殘疾皆復除而不任所以尊貴優士逹吏養老寬疾也

三年則大比攷其德行道藝而興賢者能者興謂人才在下興而舉之也

〇鄉老及鄉大夫帥其吏與其衆寡以禮禮賓之鄉老三公賓興重事親往涖之衆寡鄉人之善者無拘多少咸在

厥明鄉老及鄉大夫羣吏獻賢能之書于王王再拜受之登于天府內史貳之

大司徒以鄉三物教萬民而賓興之曰六德六行即此所謂德行曰六藝即此所謂道藝鄉大夫平日之所作

成黨正正歲之所書州長歲時之所攷司諫之所巡問觀察不出乎此至是大比復攷而興之所以爲公卿大夫士以任天職以治天民者皆不外是焉與其衆寡者稽合衆論出于至公必素服于宗族鄉黨不得以掩襲也以賓客之禮禮之而不復以鄉人待之自此而用賓于王也錄其姓名及其賢能之實獻之于王王再拜受其書重得賢也登于天府以天祐國家降生賢才也內史詔王爵祿故藏其貳將授以天位也後世上以空言取士而不必其實下以空言自售而不必上之求公卿之所作成天王之所優禮皆非其道于是眞才不易得天職曠而不舉矣

退而以鄉射之禮五物詢衆庶一曰和二曰容三曰主皮

取府史胥徒本吏之瀕

四曰和容五曰興舞

賢能者既獻之于王以爲公朝之臣矣其比閭之吏與夫府史胥徒大比黜陟之後將何所取哉于是鄉老等復遏而至鄉以鄉射之禮五物詢其衆庶量材而用之庶即庶人在官之庶也其以射者古之用人欲加之任使必以射觀其器能虞書所謂侯以明之下文五者非射不能知猶後世觀身言之瀕也和者愷悌温良此立身之本容者容止可觀如漢選舞者以形容魁梧也主皮者不失正鵠和容者容體比于禮興舞者節奏比于樂以此五者觀其人于是鄉遂之官與夫百官府之羣吏靡不有守有爲可以輔成君子之治而非膚淺壞政之人矣但其上者以賓禮之而薦之于王王自以射選之或即授之祿爵或復養之成均其權在于司馬此則

仕于其家云爾故鄉老自以射選之也

此謂使民興賢出使長之使民興能入使治之

鄉大夫大比之事皆稽于衆而不自爲私蓋小民合而聽之則公使民自舉其類之賢者能者于是出而在野則爲鄉遂都鄙長民之官吏是舉賢所以爲民上以長于已也入而在朝則爲六職治事之官吏是舉能所以爲有司以治已也民其肯徇私而不公者哉孟子曰國人皆曰賢然後察之見賢焉然後用之公天下事以公天下之心處之也

成周造士興賢制 古今造士得失利弊酌古取士濬

歲終則令六鄉之吏皆會政致事鄉大夫掌一鄉之教而云六鄉者言六鄉之大夫令其六鄉之吏也會計其政休致其事因而考覈其稱職與否以待廢置之與蓋羣吏上于鄉大夫鄉大夫致于大司徒大司徒致于冢宰也此灋百官府皆然司徒為五官之首故發其例

正歲令羣吏攷灋于司徒以退各憲之于其所治之國正月之吉鄉大夫受教灋于司徒退而頒于鄉吏六鄉者鄉大夫所親治故自頒其教也此令羣吏攷灋于司徒者鄉大夫所主都鄙之國以身在王朝不得親治使吏攝之故令攷灋于司徒而各憲之于其所治之國蓋

親聽敎戒則受命唯謹上之人亦得延見長吏以訪民情也

大詢于衆庶則各帥其鄉之衆寡而致于朝

大詢詳見小司寇鄉之衆寡凡有職者及賢能者皆在也

國有大故則令民各守其閭以待政令以旌節輔令則達之

各守其閭者以静致動凡軍中搏賊之灋皆然見動者即擒之則姦細無所容民有公事不免于行則以旌節輔令乃得通達否則不敢行無節而擅行雖良民亦納于圜土則諜賊無從而逸此灋所以簡而密鄉大夫主

爲旌節所謂道路用旌節也

按治天下以正風俗得賢才爲本故鄉大夫之職莫急于教民莫重于興賢而比灋次之正歲之所攷歲時之所登歲終之所會致三歲之所大比不過于此鄉大夫特舉其要而其節目則有司存也

州長各掌其州之教治政令之灋州長中大夫所統二千五百家教之而倫理明治之而爭奪息與夫政事徵令皆有成灋

正月之吉各屬其州之民而讀灋以攷其德行道藝而勸之以糾其過惡而戒之屬音燭

鄉大夫于正月之吉受教灋于司徒退而頒之于其鄉吏故州長即于是日聯聚其州之民而讀之所以警動人心使不怠也黨正于正歲書其德行道藝故此因聚衆之時攷其實而勸勉之使益進于善糾察其有過惡者訓戒之使不麗于罪

若以歲時祭祀州社則屬其民而讀灋亦如之歲時謂春祈年秋報成

○春秋以禮會民而射于州序州序州學也以禮會民蓋鄉飲酒之禮射以觀德序以習射爲義也

按正月之吉春秋祭社讀灋攷行凡三春秋禮射凡二此州長敎民之事

凡州之大祭祀大器皆涖其事州之大祭祀山川古蹟之在州境州之大器公卿大大之卒于州者州長地主故臨其事職器所謂公有司之所共也

若國作民而師田行役之事則帥而致之掌其戒令與其賞罰致于司徒而後致于司馬凡師帥旅帥卒正等軍吏皆六鄉平日之所選用者故州長即掌其戒令賞罰

歲終則會其州之政令將正治致事也○正歲則讀教灋如初正歲謂嗣歲正月對歲終言故曰正歲復如前歲故曰如初○三年大比則大攷州里以贊鄉大夫廢興五黨之吏治人才皆在所攷舉曰興舍曰廢鄉大夫所治者廣州長助其不及

黨正各掌其黨之政令教治黨正下大夫所統五百家及四時之孟月吉日則屬民而讀邦灋以糾戒之孟月吉日四時首月朔也糾戒則勸在其中春秋祭禜亦如之禜音詠○左傳霜雪風雨水旱疫癘之不時於是乎禜之

國索鬼神而祭祀則以禮屬民而飲酒于序以正齒位壹命齒于鄉里再命齒于父族三命而不齒師曰歲十有二月大蜡索饗鬼神既蜡行鄉飲酒禮于序所以休老勞農申之以孝悌之義正齒位者朝廷莫

年爵齒位之禮

如爵鄉黨莫如齒六十者坐五十者立六十者三豆七十者四豆八十者五豆九十者六豆此尚齒之經制也一命之士與鄉人序齒再命惟與父族序齒居鄉人老者之上三命爲大夫其爵隆矣抑于父族下非所以貴貴躐于父族上非所以親親故別設席于尊東而謂之僎兩不相絀此尚齒之權制也

鄉飲酒圖義

凡其黨之祭祀喪紀昏冠飲酒敎其禮事掌其戒禁

黨正愈近民故凡吉凶賓嘉每事敎之使無失禮復掌其戒禁犯令者治之以灋也

凡作民而師田行役則以其灋而治其政事

歲終則會其黨政帥其吏而致事

歲終會計一黨之政帥族師而下致其事于州長上下轉相承

正歲屬民讀灋而書其德行道藝

人有德行道藝鄉大夫攷其六約而已黨正近民知之爲詳故書其實迹以待攷其賢也以其事知其賢其能也以其事知其能卽虞書之載采采皆衆所推服庶有真材實行而非無稽之言矣

以歲時涖校比及大比亦如之

族師以邦比之灋以時屬民而校比黨正所統五族以歲時臨視之庶無缺也

按四孟月春秋祭禜讀灋凡六大蜡正齒位正歲書德行道藝及掌民間所行之禮此黨正教民之事

族師各掌其族之戒令政事族師上士所統百家

月吉則屬民而讀邦灋書其孝弟睦婣有學者月吉每月朔日也族師彌近民故讀灋與書其行亦彌數春秋祭酺亦如之酺音步○酺合衆飲酒也古禮民不得羣飲故漢文賜民大酺五日此言春秋祭酺蓋亦祭社畢而民得相與飲酒因以書其行也　黨正所書德行道藝才已成者孝弟睦婣天常篤厚學以充其良心則可以成才故書之因宗族鄉黨所稱也

以邦比之灋帥四閭之吏以時屬民而校登其族之夫家

衆寡辨其貴賤老幼廢疾可任者及其六畜車輦四閭之吏閭胥四人比長二十人也邦比之灋閭胥而下由族師而定黨正而上據族師而行故于此詳言比灋五家爲比十家爲聯五人爲伍十人爲聯四閭爲族八閭爲聯使之相保相受刑罰慶賞相及相共○以受邦職以役國事以相葬埋邦職賦稅也國事師田行役也葬埋五族相葬也民居家則有比灋行役則有伍灋然使無什灋則比自比而伍自伍矣復使其十家十人爲聯庶乎合同而不

族師合聯之義

離絶也詳見秋官士師平居則相保相受刑罰若有罪奇衺失賊師不功則什伍相及慶賞若師有功追胥有獲則什伍相共慶乎民知勸戒而其相保相受不爲虚文矣

若作民而師田行役則合其卒伍簡其兵器以鼓鐸旗物帥而至掌其治令戒禁刑罰

族字以射中而舉旌以唱獲爲文故有聚義大凡人之所居生齒日繁則宗姓日廣聚于一方故謂宗爲族周禮百家爲族正此義也夫比閭族鄙主教訓其民也而必兼夫合其卒伍與聯其什伍之灋者蓋一族之民簡稽雖百家而實則有千餘家平時則教之以俎豆耒耜師田則教之以行伍戰陳居守與征行各有所司追胥

與耕耘同其秩叙且比閭之灋主守禦教訓人人皆與若師田行役則有弛舍而不盡用故族師必合之而後可補數即鄉師所謂脩其卒伍也其差擇器使各當其材斟酌配合務得其所皆族師之職故比伍之聯與卒伍之合竝屬之族師也

歲終則會政致事致于黨正

閭胥各掌其閭之徵令閭胥中士所統二十五家各掌其徵發政令如下文所言○以歲時各數其閭之衆寡辨其施舍數上聲下同○數辨即小司徒比灋也歲時者隨國比之灋行之無常時也○凡春秋之祭祀役政喪紀之數聚衆庶

敬敏任恤

既比則讀灋（數）上聲○祭祀州社黨禜族酺也役田役也政州射黨飲酒也器紀若州之大器也數即比也數聚謂比較而聚集之也讀灋無常但衆庶比聚之時即讀之書其敬敏任恤者嘗觀人之常態唯知有已稍親事則驕慢而自恃已長一與人共事即推委而不肯致力已事則盡心而人之事則唯虛應故事已身則知愛而黨類則不相顧恤所以謂之小人也故敬謹而不放勤敏而不惰盡忠而可託和愛而不争雖若小善一閭中無大善可書以此爲勸即能破已私爲大同自一閭達于四海而天下治矣

凡事掌其比觵撻罰之事（觵）教橫反○凡事謂鄉州黨族之行禮及師田行役之事也比攷其勤惰敬肆觵罰爵撻朴作教刑罰即族師所謂刑罰定罪由于上施罰各自其閭胥爲之蓋懲過而未入于五

制故不入司寇之屬也

比長各掌其比之治比長下士所統雖少亦有治瀆凡敎訓徵令皆是也

五家相受相和親有辠奇衺則相及辠古罪字

大司徒比使相比閭使相受此言相受亦謂五家中使相保任皆良民也蓋莫切于比居之民有善惡纖微皆知故必使之相保爲善不容姦非有事頃刻相與故必使相和親不得鬬鬩一家犯瀆或有奇衺五家中不舉發則皆有辠所以懼之必不敢相容隱以爲惡而被舉首者亦無怨矣

徙于國中及郊則從而授之若徙于他則爲之旌節而行

之若無授無節則唯圜土內之圜古圓字

徙謂不便其居自郊徙國中自國中徙郊不出一鄉舊比長送新比長明無辠惡徙于他謂從狄徙寬出居異鄉也鄉大夫與之旌節乃得行無授無節匹命者也所在不得相容內之圜土叩其所抵鞫其辠惡正之以灋

按大小司徒鄉遂等官其職分見而雜出然總而言之不過數事間見而互文耳地官司徒主土與民故土地之圖人民之數治天下之大綱也土會以知地生地宜土均以平土土圭以制地此皆治地之灋也十二職以植民生本俗以安之保息以養之荒政以聚之十二教以達民性三物以興之八刑以懲之此皆治民之灋也比閭鄰里之吏立之長以施教化也伍兩卒旅師軍立其帥以制兵也遂溝洫澮川正疆界通水利以治田也

井邑丘甸縣都稽車馬兵器以出兵也夫民富則可以責其貢賦于是而有徵令之事不省則事不成于是而有校比之灋但鄉遂去王畿有近遠其風教所被有親踈故其俗尚不能無國中郊野之異故司徒之職曰鄉飲鄉射鄉三物鄉八刑及夫器祭讀灋之禮爲尤詳而任民之事則皆掌于閭師遂人之職曰興耡特器疆予土宜及夫豬防溝澮趨其耕耨稽其女工爲尤詳而庠序之教則于鄉大夫而互見此其詳畧之稍異而其大要則統于大司徒而無不同者也至于正歲鄉之羣吏攷灋而憲之于所治之國三年大比而小司徒受邦國之比要此以大司徒兼都鄙邦國之教也夫司徒曰地官地也者以博厚含弘爲德者也易著君子灋坤之道曰厚德載物舜命契曰敬敷五教在寬故周禮地官庠序田里卒伍市廛虞衡之制寬裕溫柔廣博易良寧多

其教訓而不使一夫之不獲寧遲以歲月而不徼一時之近利故其培植深厚利澤無竆而非後世之所能及也善乎我師之言曰天下之治必從其柢是故民制起于比閭鄰里田制起于井邑丘甸兵制起于伍兩卒旅學校貢舉之制起于鄉舉里選苟治無根柢而求天下太平是累九層之臺而弗爲基也可乎

封人中士四人下士八人府二人史四人胥六人徒六十人聚土曰封内而王國外而侯國小而都邑必有社稷之壝疆界之封皆此官主其事故以封人命官

封人掌設王之社壝爲畿封而樹之壝音回○據大司徒云設王社稷之壝此設王之社壝缺一稷字之字當在稷字下凡封國設其社稷之壝封其四疆造

都邑之封域者亦如之

地官主上故大司徒于王國制其畿疆設其社稷小司徒于邦國正其畿疆立其社稷然但辨其方位定其程式而已親其事者封人也設王社稷之壝者社稷有壇壇外起土爲壝爲畿封者四疆封土以爲界樹之林以爲阻固佐大司徒也封國已下佐小司徒也都邑亦必封其四疆與社稷之壝則鄉師所自執事也

令社稷之職祭社稷之時令諸有事者

郊特牲曰唯爲社事單出里唯爲社田國人畢作唯爲社丘乘共粢盛所以報本反始也

凡祭祀飾其牛牲設其楅衡置其絼共其水槀楅福逼音絼承引

反槀音杲○飾其牛牲謂刷治潔清之也楅衡施于牛角以防觸觝以不得逼人立義衡以橫木立名也舊說以衡設于鼻誤矣緇牽牛紖著于鼻端水槀者殺牲所用以槀藉之以水洗之皆封人共其事歌舞牲及毛炮之豚炮音袍○君牽牲入時封人隨而且歌且舞言其博碩肥腯及殺豚爓去其毛而炮之時亦封人歌舞其事此與舉豕尾告充同意皆所以歆神也○凡祭祀賓客軍旅大盟則飾其牛牲四者國家大事故牛牲共于牛人而封人復飾之敬其事也

按此職主封土而兼牲事者人君能得人和保其社稷然後鬼神長享其祭故以主社稷封土之人而贊牲事言孝在于能守土而物次之周公垂敎後王之意至深切矣

鼓人中士六人府二人史二人徒二十人教民鼓者之師

舞師下士二人胥四人舞徒四十人教民舞者之師

鼓人掌教六鼓四金之音聲民間學金鼓者皆鼓人教之六鼓雷靈路鼖鼛晉也四金錞鐲鐃鐸也以節聲樂鼓無當于五聲五聲不得不和蓋凡作樂必以鼓爲節而鐘又與鼓相應和者也以和軍旅以正田役大司馬灋所辨路鼖晉提鼙及錞鐃鐸鐲以爲坐作進退疾徐之節治安則用之于田役有寇戎則用之于軍旅也田役曰正者使其耳目服習無不止其所之意軍旅曰和者聽金鼓以從將命無敢乖逆以干紀律也○晉犮見下

敎爲鼓而辨其聲用工造金鼓者亦鼓人敎之故云敎爲鼓辨其聲與兵用便爲之有濵則司金鼓者與萬民聽之者俱不忒也以雷鼓鼓神祀以靈鼓鼓社祭以路鼓鼓鬼享以鼖鼓鼓軍事以鼛鼓鼓役事以晉鼓鼓金奏鼖音奔鼛音高○路大也凡王所用皆以路名若寢門車馬皆然故王所執曰路而享先王用之鼖字从賁省盛氣之意鼛字从咎古文糾皐通用皐者聲長而遠聞之意晉與進通取疾進之意攷工記韗人文鼖鼓長八尺鼛鼓長丈二尺晉鼓長六尺凡鼓短則聲疾而短聞長則聲舒而遠聞軍事尚威壯故以鼖戰事貴武猛故以晉役事貴節其力故以鼛卽詩經始勿亟之意也雷靈二鼓舊說八面鼓爲雷六面鼓爲靈既無意義且制造攷繫焚難施工愚謂古

人制器必有瀍象雷鼓取瀍于天靈鼓取瀍于地或擇其時日如鞞人所謂冒鼓以啓蟄之日或用其數如廣長幾尺今無所攷不可強爲之說也天神大小之祀皆用雷鼓地祇大小之祀皆用靈鼓各從其類也秋官寘氏攻猛獸亦用靈鼓○韗音運

以金錞和鼓錞音淳○鄭氏曰錞圜如碓頭大上小下樂作鳴之與鼓相和愚謂即鐘之類也蓋鐘鼓皆所以節樂詩賁鼓維鏞鐘師以鐘鼓奏九夏之謂也

以金鐲節鼓以金鐃止鼓以金鐸通鼓鐲音濁鐃寧高反○鄭氏曰鐲鉦也形如小鐘鐃如鈴無舌有柄執而鳴之鐸大鈴也司馬職兩司馬執鐸鼓人皆三鼓司馬振鐸所謂通鼓也公司馬執鐲鼓行鼓進皆鳴鐲所謂節鼓也卒長執鐃鼓進鳴鐃且却所謂止鼓也巳上鼓之制用及用金之瀍

凡祭祀百物之神鼓兵舞帗舞者帗音弗○兵舞帗舞見下舞師○凡軍旅夜鼓鼜軍動則鼓其衆田役亦如之鼜音戚夜戒守鼓也

凡祭百物之神能捍蔽近于山川者舞以兵能發育近于社稷者舞以帗所以形容其功德司馬灋曰昏鼓四通爲大鼜夜半三通爲晨戒旦明五通爲發昫軍動謂臨陳對敵時也鼓之以作士氣所謂援枹鼓之則忘其身也田獵合圍之時擊鼓亦如對敵灋司馬職所謂鼓遂圍禁也大役則鼓以一衆志詩所謂鼛鼓弗勝也○已上皆鼓人親鼓之事○捊抱通

救日月則詔王鼓○大喪則詔大僕鼓

日食者日月合朔時日爲月䰟所掩陰干陽也月食者日月相望時月爲日暗虛所食陰不避陽也皆君德昏弱故謫見于天王親鼓助陽且聲其皐鼓人詔之大器大僕戒鼓傳達于四方亦鼓人詔之右鼓人詔鼓之事

大司樂一官專掌樂舞之事矣而鼓舞又屬之地官者大司樂所教乃國之子弟其樂舞爲大司徒掌邦教則國中鄉遂之民于軍旅田役祭祀器祀之用樂者其事尤多故復有鼓人舞師以教之與春官聯事而各司也書曰勸之以九歌俾勿壞蓋鼓舞聖人所以動民而興起教化之至神者司徒特爲之設官有以哉

舞師掌教兵舞帥而舞山川之祭祀教帗舞帥而舞社稷之祭祀教羽舞帥而舞四方之祭祀教皇舞帥而舞旱暵

之祭祀○凡野舞則皆教之○凡小祭祀則不興舞(帗)綍同(皇)古文作翌即鳳凰之皇字(暵)音漢小祭祀祀字一本作事字一本無則字

兵舞以干戚所以禦患祭山川用之者以其險固取捍禦之義也帗舞以采繒入所常服祭社稷用之者以土穀人之所天取功德廣被之義也羽舞以白羽祭四方用之取屛翰之義也凰舞鳳凰備五色和氣所生染羽象之取其陰陽之氣不偏旱暵陽過盛故舞以翌取相濟之義也野舞野人爲樂之善者記之縵樂旄人所謂散樂又謂之燕樂也祭祀賓客用之元取于野人故舞師教之藝既成而後入于旄人以舞之也舊說舞徒四十人之外野人欲學舞者皆教之以待缺也羣小祀若五祀之屬功德小難于形容故不興舞

按山川社稷四方旱暵四者之祭切于民事故四者之舞爲民間通用舞師所敎止此而已若大司樂所敎國子之舞六有雲門咸池大𩐋大夏大濩大武皆郊廟之舞漢灋卑者之子不得舞宗廟之酎古之遺灋舞師所敎郊野之民無與于此故不及六樂又樂師所敎國子小舞亦六此四舞之外有旄舞人舞旄舞者四夷之舞人舞者東方韎樂皆大祀大享用以備宇內之和者亦非野人之事故舞師所敎不及于旄舞人舞也○𩐋韶通濩音戶酎音宙韎音妹

牧人下士六人府一人史二人徒六十人六牲每牲一士徒十人

牧人掌牧六牲而阜蕃其物以共祭祀之牲牷牷音全

六牲掌于五官然事不可以無統故又特設牧人一官凡祭祀之牲皆掌牧之蓋選擇其可爲牲者入于牧人其大祀者則授充人其次者則留于牧人而養之故曰阜蕃其物也凡畜始養曰畜選擇而將用之者曰牲純色曰犧體完具無傷敗曰牷充人所謂展牲則告牷也亦爲毛純無雜之稱下文云必用牷物是也

凡陽祀用騂牲毛之陰祀用黝牲毛之望祀各以其方之色牲毛之凡時事之牲必用牷物凡外祭毀事用尨可也

騂恤雲反　黝英九反　尨明光反○尨字从犬从彡毛不純之象借凡雜色不純之稱

牧人主擇牲故統述用牲之灋陽祀祭天神及宗廟也騂赤色屬陽陰祀祭社稷也黝黑色屬陰望祀四海五

岳四瀆也各以其方之色東青南赤西白北黑中央黄己上三者俱毛之謂毛之純色者也時事若祀五帝之各以其時四時迎氣及五祀之祭也其牲春青夏赤秋白冬黑必用牷物純色無雜者也外祭表貉及王巡守所過之山川也毀祭謂招梗禬禳毀除殃咎也外祭其事遽毀祭其事畧若有牷則用之無則用尨亦無害

凡祭祀共其犧牲以授充人繫之凡牲不繫者共奉之

牛牲曰犧左傳是生三犧皆用之矣授于充人而繫之者大祭祀也不繫者小祀或非時而祭者

牛人中士二人下士四人府二人史四人胥二十人徒二百人

牧人兼六牲而官爲下士以其職止芻牧之事故與雞人羊人犬人等同爵牛人雖主牛之一牲然其

非止于牲事其掌財賦爲大故官爲中士若馬則尤重于牛故校人爲下大夫也

牛人掌養國之公牛以待國之政令養于官者曰公牛政令者凡國之用牛或牢爲牲或駕于車各有所需如下文所云也

凡祭祀共其享牛求牛以授職人而芻之享牛饗神之牛求牛繹祭求神之牛職人猶言有司指牧人充人監門者而言春官肆師亦云頒于職人皆謂是也

凡賓客之事共其牢禮積膳之牛饗食賓射共其膳羞之牛積去聲○牢禮饔飧也積生餼之所以給賓之用若司儀主國五積也膳熟而進之所以問禮賓客若掌客殷膳大牢也饗禮烹大牢以飲賓

獻依命數食烹大牢以食賓有九舉七舉五舉亦依命數皆速賓行于廟中大射于澤及與賓客射于朝必先行燕禮而有殽俎故云膳羞之牛

軍事共其犒牛犒坤告反所以勞軍喪事共其奠牛朔望殷奠及祖奠遣奠也已上皆牛之用于牲者

凡會同軍旅行役共其兵車之牛與其牽徬以載公任器徬旁去聲○行役天子巡守則六師從也兵車行兵任載之重車非牛不能輓人御之者居其前曰牽居其旁曰徬也公任器公家輜重其士卒輜重則出于司馬灋之大車已上牛之用于駕者

凡祭祀共其牛牲之互與其盆簝以待事簝音老○互殺牛具牛多力殺

之有瀀交互制之盆瓦器以盛血簝竹器以受肉乃牛人之所有事故凡祭祀殺牲時共之以待事也

充人下士二人史二人胥四人徒四十人

牧人既掌祭祀之牲矣又特設充人一官專繫享帝祀先之犧牲者覲禮稱享帝用犢國君下齊牛皆指牛言蓋牛爲大物祭品之至重故特致其誠敬之至也

充人掌繫祭祀之牲牷祀五帝則繫于牢芻之三月享先王亦如之

牢圈獸之闌也牛羊曰芻犬豕則豢三月一時節氣成也

○凡散祭祀之牲繫于國門使養之

散祭祀司中司命山川五祀之屬其牲繫于國門遠則三月近則浹旬司門所

六牲職事

謂祭祀之牛牲繫焉監門養之也

展牲則告牷碩牲則贊展牲夕而省牲也

大夫祭禮宗人告充舉獸尾告備此云牷者亦充備之意碩牲者春秋傳曰奉牲以告博碩肥腯充人爲之贊助以歆神與封人歌舞牲同意蓋封人主守土充人養犧牲故交神之始用以告神也

按周禮于六牲有所以養之者初將畜之也有所以共之者將用而以其牲入陳也有所以奉之者既殺而薦之也乾爲馬天官總贊王牲故馬畜于夏官之圉人共于校人而大司馬奉之坤爲牛故牛畜于地官之牛人共之者亦牛人而大司徒奉之鷄春畜大宗伯總掌禮事故春官鷄人共之而養于夏官之掌畜者以其所養

擾畜之類也羊火畜養于夏官之羊人大司馬主奉馬牲故特設小子共而羞之犬爲金畜共于秋官之犬人而大司寇奉之豢于地官之槀人者以其穀食之宜也豕水畜其豢而共奉之者則在于冬官矣蓋豢之者善于知物性而得其飲啄居處孕字之宜者也共之者稍知禮儀者也奉之者則大人君子而以交于神明大賓客者也小不可以侵大大不可以司小初時牛養于各官而使有蕃息之蠍至將爲牲合之于牧人充人以盡孝誠之至及祭則共奉之于五官而各伸其忠敬之心畜牧一事曲盡其道如此

又按六畜不言王之膳羞蓋日供有數所謂唯王不會者歟

載師上士二人中士四人府二人史四人胥六人徒六十

人載事也任民以職事而徵其賦

閭師中士二人史二人徒二十人主六鄉近地之賦者財入大府穀入倉人

旅師中士四人下士八人府二人史四人胥八人徒八十人原屬遂師主六遂之賦者旅衆也言爲六遂里宰等之師也

縣師上士二人中士四人府二人史四人胥八人徒八十人

稍人下士四人史二人徒十有二人原屬遂師〇稍即家削也字當用削今从

作稍者豈以兵莫重于委積故以稍秣命名歟

遺人中士二人下士四人府二人史四人胥四人徒四十人

主禾穀積餘遺者物餘剩之稱稟人倉人計五穀之數足以給邦中式用存其餘于遺人以待用也

委人中士二人下士四人府二人史四人徒四十人　原屬遂師

○以遺人例缺胥四人委人所掌主于芻薪古文委字從禾從女在後謂收禾之餘詩云彼有不獲穉此有不斂穧伊寡婦之利是也又禾未去穀收于田間小堆古之冠似之故以委皃名謂之委人者謂疏材芻薪等皆遺棄之物故取遺棄義若遺人之所謂委則以其存于田間取存餘意也　○穧音濟

均人　中士二人下士四人府二人史四人胥四人徒四十人

土均　上士二人中士四人下士八人府二人史四人胥四人徒四十人　原屬遂師

按載師主任土者也旅師閭師主徵九式之賦縣師稍人主兵賦遺人委人主芻秣均人土均主平土其職分掌鄉遂以及畿外而其官分屬于載師與遂師今以其聯職語多互相發故并著于此

載師　掌任土之灋以物地事授地職而待其政令　任土之灋即下

文自國中至于畺七等之地征賦之輕重也物地事者即大司徒所謂以土宜之灋辨十有二土之名物十有二壤之物也授地職九職任萬民也載師主任上而必兼授地職可以見九賦不外于九職也待政令者征斂之時與其等皆受灋于司會而行之

師曰何以聚人曰財斂散之灋司徒所以養民也設載師以爲之長載之爲言事也因民所利而利之各任以事取其稅以供官教化在其中矣後世聽民自生乃惟聚斂是急而不恤其困窮豈父母斯民之心哉

以廛里任國中之地以場圃任園地廛丞言反○廛之名有四其一廛里者國中四民所居及遠方百族所集王城内外之地也其二市廛者專指國之後市交易之肆也其三園廛者國中隙地

爲場圃以樹菜蓏樊之爲園即園地之廛也其四夫一廛者凡民受百畝之田必有五畝之宅以居之或在都邑中或兼公田之地也鄭氏曰任者地之形實不方平如圖受田邑者遠近不得盡如制其所生育賦貢取正于是耳

以宅田士田賈田任近郊之地以官田牛田賞田牧田任遠郊之地宅田六鄉田窄或不能井授民居宅于田中者士田卿大夫歲攷其行藝而爲儒者其家所受之田賈田商賈之家所受田也三等之田爲近郊即六鄉官田以給庶人在官者所食祿之田牛田牧田畜牛牧馬之家所受田賞田賞有功者使收其賦之田四等之田爲遠郊即六遂九賦四郊之賦以待稍秣皆虞書所謂百里賦納總者也

以公邑之田任甸地公邑自六遂之外二百里邦甸之地虞之二百里納銍者

任民力征之謬
舊解征稅之非

其餘稍縣都五百里内凡有餘地皆天子使吏治之者玆同于甸也 以家邑之田任稍地以小都之田任縣地以大都之田任畺地 稍字當作削〇舊說王之親子弟與公同處于大都次親子弟與卿同處于小都次疏子弟與大夫同處于家邑夫公治其大都卿治其小都大夫治其家邑此固理勢之自然若子弟之受地則惟其才德是眡苟以親疎爲大小在後世之私情則有之豈可以是而釋先王之制哉家邑小故曰稍虞之三百里納銡也小都間都邑之中故曰縣虞之四百里粟也大都在王畿之界故曰畺虞之五百里米也

凡任地國宅無征 此任地字即卿大夫辨其可任之任征字即國中自七尺以及六十野自六尺

以及六十有五皆征之之征指每歲簡稽兵數用爲力役之征也觀鄉大夫之以歲時登其夫家之衆寡辨其可任者而下即云國中自七尺等皆征之是也國宅無征者民于丘甸中各有征賦此不可重凡邑居皆然其市廛之民則孟子所謂廛而不征法而不廛也故並無征

園廛二十而一近郊十一遠郊二十而三甸稍縣都皆無過十二唯其漆林之征二十而五

漆音七〇園廛二十而一者其民亦農類但用力四時不息故寬之用其一而休其十九近郊十一者六鄉守禦太重故用其一而休其九遠郊二十而三者六遂征役亦煩煩用其一而休其六甸稍縣都皆無過十二者用其一而休其四漆林樹漆之園其利獨厚用其一而休其三意當時植之者多征之獨重停本抑末之意也

此經畫王畿之内從近及遠以爲征賦之等也按王畿千里之地丘甸出車之瀍當有十六萬乘而每歲簡稽兵數止于萬乘故合千里之内量其勞佚而均之大約天子之用民近數而遠踈故載師之任民遠多而近寡有此輕重之筭差耳舊誤解征役字爲征税字以謂有此數等致學禮者之疑夫十一天下之中正但使民助耕以爲九式之用而已苟十而取二民將何以堪尚得爲聖王之政哉

凡宅不毛者有里布凡田不耕者出屋粟凡民無職事者出夫家之征以時徵其賦

舊説宅不毛者謂不種桑麻也罰以一里二十五家之泉布空田者罰以三家之税粟以共吉凶二服及器器

也民無職事者猶出夫稅家稅夫稅者百畝之稅家稅者出士徒車輦給繇役欲勸之宅樹桑麻民就田業也但周禮國宅無征里本無布百畝助而不稅家本無稅況民之惰遊者必多貧乏使一家而出二十五家之布一民而出百畝之稅一家力役之征雖刑罰日施何能強其所無哉且先王制其田里教之樹畜任之以職豈容有宅而不種桑麻田而不樹五穀民而遊手好閒者乃定爲常職而以時徵之乎愚謂此皆爲工商雜流言也蓋均授之以宅里使則專于別業家富丁衆構屋皆滿而不毛其羨役與衆同故有里布以宅里得名非出二十五家之布也均授以夫田彼則惟事別業不暇于耕而他人耕之居夫三之屋而不助耕公田故出屋粟亦如一夫助耕公田之粟以屋室得名非出三夫之粟也同一民也閒民轉移執事而無專職出夫家之征謂

里布屋粟夫征　辨

辨其夫家之衆寡而起力役之征也蓋民之受地有上中下三等而施力役之衆寡閒民雖不受地亦當計其家之衆寡而施以政役以當十一十二等之征也大抵先王于不農之民必少授之田俾知稼穡艱難又罰其禮使不得同于本業之人以愧其心然習之成俗爲之獲利終或不能強之以移其服習故即其居與身而定爲征賦以等于務本力穡之人一則欲使之務本二則使衆不得傚傚以趨于末三則使民知服事其上非若後世多隱匿之民致賦役之不均也或曰有田則有粟米有家則有力役有身則有布縷孟子所謂布縷粟米力役之征而後世用之以爲租庸調此古今之通道乃謂里本無布何也蓋周禮任民無不耕者其婦人無不織者有粟則貢粟無粟則貢他物以當邦賦唯閒民無常職者則使出夫布其一家專務于織者則以布縷爲

賦耳戰國時因此遂有布縷之征又與粟米力役一併取之故孟子權時而言君子用其一緩其二後世仍習既久遂失然不廢其實先王非九職之民皆有征布也或者又曰夫三爲屋旅師掌聚屋粟今曰屋本無粟何也蓋此明言田不耕者出屋粟則田耕者不出屋粟明矣戰國時宅廛有征而有所謂里布併夫布而征之故孟子言廛無夫里之布此周家舊灋也苟里而有布屋而有粟是凡宅皆有征即稅間架矣夫而有布是凡民皆有征即口率出錢矣尚得爲盛世之事哉○以時徵其賦者閭師斂六鄉之賦遂師旅師斂六遂之賦此則役以時而徵之

載師閭師相胥圖

九職百物

閭師掌國中及四郊之人民六畜之數以任其力以待其政令以時徵其賦政令徵賦受灋于載師

載師任土自國中以及畺掌其大綱閭師任民自三農以至無常職掌其細目相爲經緯六畜者農事之本周知其數者欲令雞豚犬羊牛馬之畜毋失其時也

師曰命官曰閭師者以其周知閭閻細民之情僞閭胥所取灋也善于撫字催科自以不煩後世聚斂之臣上以爲能吏乃古之所謂民賊耳

凡任民任農以耕事貢九穀任圃以樹事貢草木任工以

飭材事貢器物任商以市事貢貨賄任牧以畜事貢鳥獸任嬪以女事貢布帛任衡以山事貢其物任虞以澤事貢其物凡無職者出夫布

任農以下九等之民自國中至畺七等之地皆有之任之使各有所職即以其職之所有以當邦賦非九賦之外別有九貢也說見司會任嬪以女事貢布帛者女工雖婦人所爲然非男子輔助之不能成民間率多一家專務于織者故任之以貢布帛然要以女工爲主故云任嬪而以女事稱非凡婦女皆有貢也山虞澤虞爲中士林衡川衡爲下士而此云任衡以山事任虞以澤事者互言之也大宰九職有臣妾閒民臣妾無匹偶故不

責其貢但任之而已無職謂閒民無常職而以轉移爲事者故使之出一夫之布也此布字蓋錢布

凡庶民不畜者祭無牲不耕者祭無盛不樹者無椁不蠶者不帛不績者不衰

凡民之事有一定而不易者九職是也有兼爲而不費者樹畜是也故先王之世雖士工商之家靡不受田務使人知稼穡之艱難婦女各務蠶絲紡績則業日起而善心生至于梧檟桑柘之植雞豚狗彘之畜尤取之天地自然之利而無所費但在乎愛養之而已此皆富民之本而爲善之資也不勤于樹畜者則有五者之罰使不得備禮載師以其不務本業故徵其財閭師以其不能兼職故罰其禮上之人非利其財也將驅之以務本

徵財罰禮之意

耳非靳于禮也將愧之而使勤耳

旅師掌聚野之耡粟屋粟閒粟而用之

旅師掌徵六遂之賦故曰野耡粟者即興耡合耦于耡之耡也凡受田者或貢或助十一而賦此耡粟也屋粟者載師田不耕者出屋粟非夫三爲屋皆有粟也閒粟者旅師凡無職者出夫布閒民無常職以轉移爲事者使出一夫之布或無布則出粟故謂之閒粟非既有夫布又有閒粟也三等粟供四郊正賦以當稍秣而有所餘者旅師各隨道里之遠近而聚于田里無得耗費因以濟民所謂用之也

以質劑致民平頒其興積施其惠散其利而均其政令

常平之灋

用之之灋有三一則常年以陳易新而責其償故必用質以爲徵若泉府之與其有司辨而受之復刻木以爲信蓋無質則有冒妄之人無劑則無數目期日此致民復還之灋也興者發散之名官貸陳粟與民即詩之我取其陳食我農人也積者貯峙之義民輸新粟還官也平頒者出入均平無入多出寡之病所謂責其償者如此二則天患民病或耕斂之不足者司救以王命施惠此則恩有所及而不泛故曰施其惠三則凶歲大發其積即荒政之散利人以咸受其利故曰散其利三者之政旅師必欲其均也

凡用粟春頒而秋斂之

專以興積言頒于春則穀不至于騰踊以傷百姓斂于秋則穀不至于大賤以傷農後世常平灋正與此意暗

合也

凡新甿之治皆聽之使無征役以地之𡸁惡爲之等（甿音萌）

生齒日蕃餘夫日衍不徙則無所容每徙民而使與地相得故有新甿之治無征役者王制將徙于諸侯三月不從政欲略行而爲備也自諸侯來徙期不從政初至而未集也古之保民曲盡其道如此爲之等者不易一易再易三等之制以居之

旅師主六遂之賦猶閭師之于六鄉閭師言任九職以徵其賦旅師言聚其餘粟以散于民徵散各指其一事又閭師罰惰民之禮旅師聽新甿之治此皆鄉遂之不可少者蓋互文也

縣師掌邦國都鄙稍甸郊里之地域而辨其夫家人民田萊之數及其六畜車輦之稽

大司徒掌天下之圖數矣此復掌其地域蓋必辨其夫家人民田萊之多寡及稽其六畜車輦之備乏然後可以爲征伐調遣之用也凡治必詳內而畧外此叙地域先邦國而後及于郊里以縣師調兵通于天下且載師王畿征役遠重近輕故其序如此

三年大比則以攷羣吏而以詔廢置

小司徒大比則受邦國之比要此則佐小司徒攷之以土地之荒闢戶口之盈耗爲吏治之殿最畿內則有誅

賞譏外則更易其參甚則有慶讓縣師詔王及冢宰行之

若將有軍旅會同田役之戒則受灋于司馬以作其衆庶及馬牛車輦會其車人之卒伍使皆備旗鼓兵器以帥而至

軍旅會同田役皆主用衆調發雖出于司徒其多寡遲速地分一聽司馬之戒令節制作者號召之使至車人各有卒伍以相安族師合民之卒伍司右合車之卒伍此則總而會之旗鼓軍之耳目兵器軍所致用使無不備費誓所謂敹乃甲冑備乃弓矢鍛乃戈矛無敢不善也帥之以致于司馬皆縣師之事○敹禮膠反

凡造都邑量其地辨其物而制其域

量其地者謂度其大小鄭氏云家邑二十

五里小都五十里大都百里此亦以意度之有山林川澤之限蓋亦不可拘也辨其物者辨其地之媺惡以施貢分職制其地域之界以爲守

量人量其地遂師辨其名物司空營其工司徒主地故縣師與焉

以歲時徵野之賦貢野甸稍縣都也閭師徵國中四郊之賦以待賓客稍秣縣師徵野賦以當匪頒工事幣帛祭祀存其餘于旅師以濟民

師曰縣師主天下兵賦不屬之司馬而屬之司徒者古者寓兵于農無事則屬之司徒此經制也有事而後屬之司馬此權制也是故司馬調兵必檄司徒之屬先王所以防微也

稍人掌令丘乘之政令若有會同師田行役之事則以縣師之灋作其同徒輂輦帥而以至治其政令以聽于司馬

井邑丘甸縣都出兵之灋此但言丘乘者以丘出馬一匹四丘出車一乘井邑之兵自此成縣都之兵由此始故舉以爲名令之者治其兵賦也會同師田行役縣師受灋于司馬稍人受灋于縣師作之帥之玆同縣師故云以縣師之灋也同徒輂輦者每同除更休之外合有車十乘徒千人據司馬調兵之灋通計一同合出車徒若干于是就丘甸內更番調遣使勞逸遞馬即使其吏帥之以至治其政令不易人而治則其民素相安也

大喪帥蜃車與其役以至掌其政令以聽于司徒鄭氏曰蜃車及

役遂人共之稍人者野監是以帥而致之既夕禮曰既正柩賓出遂人匠人納車于階間則天子與士柩路皆從匠人來既至則遂人掌其政令而聽于司徒也

縣師掌六鄉通天下之兵賦稍人掌六遂以及于甸稍縣都之兵賦縣師六畜車輦之稽即稍人丘乘之政令也卒徒皆司徒所掌司馬徵兵于司徒司徒帥之以徃或鄉遂或都鄙或邦國豈散亂而無統耶觀稍人受灋于縣師則知邦國亦如之此周禮設官所以有統馭提挈之美也

遺人掌邦之委積以待施惠（精）去聲鄉（里）之委積以恤民之囏阨里不屬鄉當作閭（囏）古艱字門關之委積以養老孤郊里之委積

以待賓客野鄙之委積以待羈旅縣都之委積以待凶荒

委者禾未去穀之名積露積以貯米者邦之委積國中所積也以待施惠即委人之餘聚以待頒賜也鄉里之委積六鄉所積也恤民之艱阨者司救職歲時有天患民病巡國中及郊野而以王命施惠司稼之均萬民之食而賙其急也門關職云凡財物犯禁與不出于關者舉之以其財養死政之老與其孤郊里遠郊之地遂人鄰里之所積也賓客至此與主國使者交接即與之稟餼野鄙甸稍之地賓客羈留于旅寓而不得行者于此加惠使無失所委人言以稍聚待賓客以甸聚待軍旅大抵遠郊甸稍在郊內外賓客行旅止舍之所故互言之縣都地廣所積尤厚凶荒事大所費不貲故以縣都委積待之倉人職云用有餘則藏之以待凶而頒之也

凡賓客會同師役掌其道路之委積凡國野之道十里有廬廬有飲食三十里有宿宿有路室路室有委五十里有市市有候館候館有積

十里有廬以爲置郵野侯徒之所憇息廬有飲食者徒行勞苦饑渴即飲食之也三十里則有可止宿之地路室有委者所以飼牛馬五十里有市以便貨買侯館有積所以供饔餼古者軍行三十里吉行五十里故以是爲節蓋軍行則人馬衆多起止遲頓又恐爲敵人所乘或祈寒暑雨故眡吉爲反遲然使地利得天道順人馬輕捷則或經二宿或經二市蓋亦不必拘也

兵食貯峙之灋

凡委積之事巡而比之以時頒之

凡委積之入各有貯峙之數待用之灋飭除之宜典守之人遺人總監臨之巡而比之者察其侵牟攷其足否以時頒之者不足則補之有用則賙之使皆充牣而無廢事也○牣音刃滿也

自國中以至縣都既供王九式正用然後以待賑施道路凶荒軍旅之用蓋自王國以及于鄉閭恩由近以及遠次及于郊里野鄙先百姓而後賓客次及于凶荒師役先常而後變故其序如此

按會同師役道路之委積此國之大用而大府不言者蓋大府九式皆主邦中所用甸稍縣都之賦式用之餘所存甚多也故稾人凡邦有會同師役之事則治其糧與其食倉人凡國之大事共道路之穀積食飲之具與

此所謂會同師役掌其道路之委積互相督領使無失悞蓋平日以式灋之餘各隨道里之便收貯其地卒然有用所以無餽餉芻輓之勞畿外邦國之灋亦當如此是以雖千里征伐若衽席上過兵也

委人掌斂野之賦斂薪芻凡疏材木材凡畜聚之物

委人所掌皆草木之事野地之產故云掌斂野之賦斂蓋臣妾聚斂疏材其適用者委人斂之以共雜用三農生五穀其藁秸則委人斂之以飼牛馬虞衡作山澤之材其木材則委人斂之以爲薪蒸園圃毓草木其畜聚之物則委人斂之以爲禦冬旨蓄也

以稍聚待賓客以甸聚待羈旅

（稍）當作削○家削邦甸自國至畺之中賓客行旅至

此兩無所依故致委積者必于此凡其余聚以待頒賜（余）餘通○自鄉遂及縣都之聚凡有余者以待王頒賜羣臣○已上頒畜聚之灋

以式灋共祭祀之薪蒸木材式灋即所謂匇秩之式也鄭氏曰祭祀薪蒸給炊及燎粗曰薪細曰蒸木材給張次及幕之事賔客共其芻薪委積之物非一委人共其芻薪也喪紀共其薪蒸木材軍旅共其委積薪芻凡疏材薪芻之外又有疏材者草木根實亦可飼牛馬以助禾粟也共野委兵器野委謂賔客軍旅夜止于三十里五十里之地而共其薪芻也兵器賔客夜宿守衛陳兵之器也與其野囿財用凡大田在澤則有囿在山則有苑共

其藩羅以遮禽獸○已上共委積薪芻之事

凡軍旅之賓客館焉軍旅賓客邦國奉王命征調而至者○此委人兼職

均人

均人掌均地政均人所掌自國中以至于四郊均地政謂以地土而均其財賦力役職事守固等之政也

均地守均地職地守守固之事地職謂農圃虞衡藪牧工商嬪婦等所職舊以山林川澤之職皆有守禁平守之云故以地守爲虞衡之屬然虞衡自屬地職小司徒云分地域而辨其守蓋地官有守土之責故門關之守皆其所司而險固之守皆當與聞也

均人民牛馬車輦之力政人民以治城郭涂巷溝渠牛馬車輦以轉委積故曰力政也

均役從丁不從戶

凡均力政以歲上下豐年則公旬用三日焉中年則公旬用二日焉無年則公旬用一日焉

禮記王制云用民之力歲不過三日旬均也蓋以家計之則戶口有多寡而不均若以人役之則無不均矣無年即人二鬴之歲民無以爲食必不得已每人但用一日荒政所謂弛力也

凶札則無力政無財賦不收地守地職不均地政

凶謂年穀不登札癘疫作而民多夭凶札無力政不與役也無財賦不收其地之貢也不收地守即司徒之舍禁司關之無關門之征也不收地職凡有職事之賦皆不征之也無上四者故不均地政

三年大比則大均

事久不脩則數或欲有司各厚其民莫能相通載師等所掌定灋也均人以活灋通之則人人各得分願故于三歲攷績之期大均之其事有地政地守地職力政地貢卽小司徒所謂登其夫家之衆寡六畜車輦而辨其物禹貢庶土交正厎慎財賦咸則三壤成賦中邦此其遺灋也

均人土均職掌大義本無不同均人上于國中及四郊係之于鄉土均達之天下係之于遂然均人之均力政以歲之上下不唯通于遂而亦通之天下土均之施舍禮俗以地之媺惡爲輕重之等不惟通于天下邦國而亦通于鄉則此二職凡有均土之責者皆當遵之矣

土均掌平土地之政以均地守以均地事以均地貢以和邦國都鄙之政令刑禁與其施舍禮俗喪紀祭祀皆以地媺惡爲輕重之灋而行之掌其禁令地守謂要害之守地事即九職之事地貢諸侯九貢

土均所掌自甸稍縣都以及于天下故特舉其大綱其節目則君長自均之凡邦國都鄙所以交爭上下之所以譏怨百姓之所以不睦皆起于不均而已土均平土地之政大而邦國都鄙所以職貢于王朝之典與夫邦國都鄙取于民之制及夫百姓賦役之當施當舍凡其交際禮俗古所常有喪紀祭祀之禮皆因地媺惡制爲

周禮均平之政

常灋則輕者不至于幸重者不至于困此所以和之之道也掌其禁令者不均者禁而止之已均者令而行之

按治天下之道唯取其均平而已冢宰均四海司馬平邦國而地官特設均人土均二職者均平必自土地人民始也蓋因地以令賦地有肥磽而賦由之輕重然地氣有時而衰旺則田賦不可以不均因家以起役家有上中下而役由之多寡然戶口有時而損益則力政不可以不均諸侯之國各有所出以爲歲之常貢此地貢也寶藏有興衰侯國有因革故地貢不可以不均九職之民各有所業地職之云也民有所移業有所更故地職不可以不均山川險易道里遠近大而司馬均諸侯之守小而掌固頒士庶子人民之守地守之謂也事變不齊若昔治而今亂昔險而今夷故地守不可以不均此司徒所以有均平之政也然此特均之常耳至于司

空度地居民使地周民居而無曠土民盡地利而無遊民必有待于移民以實其空此則司空之事而宗伯所掌之禮是之謂大均非用大衆不能蓋必合六官而後可也

傳二下

地官

三德三行

周禮傳卷之二下

地官 下

師氏中大夫一人上士二人府二人史二人胥十有二人徒百有二十人

保氏下大夫一人中士二人府二人史二人胥六人徒六十人

師保氏云者謂爲國子之師保以教之使在王所者咸知獻可替否之責親上衛尊之義也

師氏掌以媺詔王以三德教國子一曰至德以爲道本二

六藝六容

曰敏德以爲行本三曰孝德以知逆惡教三行一曰孝行以親父母二曰友行以尊賢良三曰順行以事師長○居虎門之左司王朝○掌國中失之事以教國子弟凡國之貴遊子弟學焉○凡祭祀賓客會同喪紀軍旅王舉則從聽治亦如之使其屬帥四夷之隸各以其兵服守王之門外且蹕朝在野外則守内列（媺）美通（行）去聲

保氏掌諫王惡而養國子以道乃教之六藝一曰五禮二

曰六樂三曰五射四曰五馭五曰六書六曰九數乃教之六儀一曰祭祀之容二曰賓客之容三曰朝廷之容四曰喪紀之容五曰軍旅之容六曰車馬之容○凡祭祀賓客會同喪紀軍旅王舉則從聽治亦如之使其屬守王闈

馭御　闈通音爲

二官皆主教國子以輔道王然師之爲言道之教訓保之爲言保其身體其事微有大小故所司亦微不同以幾詔王者猶將順其與之意諫王惡者猶繩愆糾繆之意蓋人才自有愷悌而如圭如王者亦有直諒而能下

鍼石者故職各有攸當非詔媺則不諫惡截然爲二事也○德性諸心行脩諸身師道爲要藝以應務容以動物保道爲詳也至德者純一無僞本原澄徹萬化所從出也敏德者發強剛毅爲之不惰百行由此立也孝德者和順積中悖亂之機自不容伏有不善未嘗不知也三者之德皆出于仁心德之全也孝行者事父母能竭其力親愛之情本其所以生也友行者賢者狎而敬之畏而愛之如兄弟之無胥遠也順行者左右就養無方事師如事父卑以自牧事長如事兄也三者之行皆本于孝一天德之流行也以是而教國子則皆元善慈良之人而所以詔王之媺者無竆矣六藝義見前大司徒六儀者記曰祭祀之容濟濟皇皇賓客之容穆穆皇皇朝廷之容濟濟翔翔喪紀之容纍纍顛顛軍旅之容暨暨詻詻車馬之容匪匪翼翼養國子以道而乃教之以

六藝六容云者蓋藝者道之所寓遊于藝者使之得于手而應于心容者道之所發習其容者使之根于心而生于色莫非養其道心之方也以是而教國子則皆多才能足以實用有威儀足以交養而所以能直諫者常不乏矣○虎門天子路門畫虎以示威師氏居左保氏其居右蝕居此以司王朝者主將順匡救之事也○國中失之事國家舊有事之得失者德行道藝平日之教也此則在朝廷之上而教之以國之典故庶臨事不迷矣○祭祀賓客會同喪紀軍旅聽治王舉則師保氏皆從隨在而當陳善納誨也復使其屬帥司隸所掌四夷之隸守王路門之外蹕止行者非其事則不得行以備非常必以其兵服者從其所便也朝在野外則守內列蕃營之在內者如守王宮也保氏使其屬守王闈宮中巷門也二官以親臣而兼守禦之事者蓋以爪牙之士

虞周教胄子同道

而領之以腹心道義之臣此所以武人皆知忠義而無肘腋之變也

按虞廷教胄子止典樂一官其教灋唯直寬剛簡四德詩樂二事周禮若天官之宮正宮伯地官之師氏保氏春官之大司樂夏官之司士諸子秋官之宮禁皆主于教庶子煩簡不同何也夫周制每大事則六官皆在此固設官之深意豈以胄子之教國家莫大之事而六官有不與者哉然所司未嘗不專而其教灋未始不同也蓋大司樂教以樂德樂語樂舞與夫春誦夏弦秋禮冬書此自幼至長在于學宮教以詩書禮樂也師氏教以德行保氏教以道藝此則大司徒敬敷五教故因其在次舍閒暇家庭之中或初仕爲近侍之臣而教之以脩已治人之事也若宮伯所掌糾其德行教之道藝專指在王宮宿衛之時而教其大凡司士掌國子之士治諸

子掌國子之倅之戒令教治則以人司馬主辨論官材故凡國子之巳仕未仕者皆得與聞其教事司冦則以刑而寓教是三官但主管攝而非教之專官也然其所以爲教則所謂德行樂德何異于虞之四德所謂樂語樂舞六藝六容云者又豈外于虞之詩樂也哉

司諫　中士二人史二人徒二十人

司救　中士二人史二人徒二十人

諫者勸之以善而使之上達救者懲于未甚而不使入于刑二官聯職猶後世典學使者也其繫于師保氏者師保氏雖主教國子以詔諫王而實爲萬民之宗主司諫司救雖主教萬民而亦司王躬陳善匡救之事也

司諫掌糾萬民之德而勸之朋友正其行而強之道藝

德者本心之良友所以輔仁糾其德而勸之朋友者擇其黨類使其善道相切磋端其心術之微也行者爲善之實道乃事物之則藝爲應務之方正其行而強之以道藝者明道則行日進于高明遊藝則應務有餘也

巡問而觀察之以時書其德行道藝辨其能而可任于國事者

州長攷其德行道藝而勸之此則咨訪以采夫輿論觀察以審其實行以時書之升之于司徒也凡人有治事之才而德不足者必不足取雖有行藝可觀而無治事之才亦無所用之故尤貴其有能而可任于國事者以待賓興之時與鄉大夫互相參酌獻之于王也

以攷鄉里之治以詔廢置以行赦宥

因求賢以攷吏治能作成人才者置之賢才放失者廢之政莫重于得人鄉大夫大比之誅賞亦以攷教爲先也赦宥與司寇聯事居圜土而能改者赦而反于中國役司空而州里任之者宥而釋其罪司諫主導人之善故能改過者然皆原之也

司救掌萬民之衺惡過失而誅讓之以禮防禁而救之

衺惡心術不正若語言詭譎動止陰險侮慢聖賢不敬師長足以蠱惑善類者過失行事乖方若酗醟好訟抽拔兵器誤以行傷謀猷不良貽害他人者誅讓皆責之意或數之以言或懲之以朴即下文三讓三罰之謂出

禮則入刑常以禮防禁之使由于規矩之中所以救之使不陷于刑戮也

凡萬民之有衺惡者三讓而罰三罰而士加明刑恥諸嘉石役諸司空其有過失者三讓而罰三罰而歸于圜土（圜音袁）

衺惡即司寇之未麗于灋而害于州里者故歸于士而坐諸嘉石役諸司空過失即司寇之罷民而害人者故歸于士而寘之圜土讓者聲其罪必以三者使有罪者與衆人皆知所警也但衺惡害人而未麗于刑過失害人而已麗于刑故圜土乃流放之刑甚于嘉石之坐施職事于圜土不得出外亦甚于司空之役也然觀司寇坐嘉石者亦謂之罷民歸圜土者亦以明刑恥之蓋聖人之惡惡也非有與于已故其讓其罰其役其歸圜土

寛柔不遽不過欲使之生其耻心以強其罷不麗于刑而已後人之惡惡也皆出于已有是惡即以是刑加之豈有冀其歸于善之意故每至于殘忍過中而何暇于再三申敎之乎

凡歲時有天患民病則以節巡國中及郊野而以王命施惠官以救爲職不特救其死使不陷于邪惡亦以救其生使不淪于禍災故兼掌巡施惠之事

師曰天患民病謂疫癘流行民固有闔門卧病飲食醫藥不周或相枕籍而死者上之人所宜惻然動心也故每遇此司救以旌節巡問稱王命以賑貸之如王親行民得更生亦如親受王賜矣

調人下士二人史二人徒十人

媒氏下士二人史二人徒十人

媒之爲言謀也謀度二姓以成婚姻也男女之際生民之本事之至重特設官主之一則度量其才齒之宜二則治其婚姻之訟也嗚呼婚姻之禮廢而淫僻滋凡女之致于獄者十因八九媒氏得其職可以殺女亂乎

按調人和萬民之難媒氏以陰禮教親皆教化之事故玆屬于師保氏○殺去聲

調人掌司萬民之難而諧和之難去聲○難即讐也謂殺人之親將爲人所報復而在險難也調人主諧和之

凡殺人者若故殺謀殺在王灋所不赦固不待讐過誤殺者應和而不應讐唯夫戲殺威殺雖有殺之迹本無

避讐之灋

殺之心上刑而當以下服及老耄幼弱與夫八議者皆王灋之所赦宥而私情自不可解苟順其怨讎之情則王灋爲不行治以報復之罪則人情有不盡故爲辟讎之灋使两全而無害所以有和難之文也

凡過而殺傷人者以民成之鳥獸亦如之

過而殺傷人若舉刃欲伐以兵矢投射而誤中他人者以民成之使衆人相與和解之此所謂可和而不應讐者鳥獸亦如之謂猛烈畜産殺傷人亦以民成之舊謂殺傷人之鳥獸此至微細事豈等于人而亦成之耶

凡和難父之讐辟諸海外兄弟之讐辟諸千里之外從父兄弟之讐不同國君之讐眡父師長之讐眡兄弟主友之

讎眡從父兄弟弗辟則與之瑞節而以執之辟音避

父之讎弗與共戴天辟諸海外九夷八蠻六戎五狄謂之四海也君之尊與父等故其讎眡父兄弟之讎仕不同國故云千里之外師長之讎殺于君父故眡兄弟然若顏淵于孔子則與君父等矣從父兄弟之讎主人能則執兵而陪其後此云不同國謂無主人者也大夫之臣與合志之友眡之已上三等然應讎而調人之所和也弗辟謂弗可辟蓋或王所秉用之臣不可在遠故王以和難之瑞于及旌節與辟讎者執之所謂穀圭以和難也王命爲重雖應讎者亦不敢違王命而殺之苟讎之則爲犯王命而服死刑庶幾兩相安而可以弗辟矣

凡殺人有反殺者使邦國交讎之

此以報復相殺傷言謂若甲殺乙之人乙亦殺甲之人故云反殺也交讐者謂其子孫皆以爲讐也夫彼此相殺若足以相當矣然甲爲首惡而無慙終不足以快乙之忿而乙所反殺之子孫又必欲甘心于乙苟正甲于灋則已被乙之反殺正乙于灋則閔其報復之心且上有王灋而下擅相殺不可爲訓誅之則傷情不誅則失刑故使交讐之皆服流放之刑也舊以反殺謂殺其人又殺其子孫以除害弱敵此不待教而誅者又何讐焉

凡殺人而義者不同國令勿讐讐之則死不同國三字衍文蓋既云令勿讐矣此焉得復辟之由上文兄弟之讐而誤

殺人而義者被殺者不義也若爲奸盜而被殺之類被殺者子孫不爲讐讐之則服死刑罪其黨惡不服義也

凡有鬬怒者成之不可成者則書之先動者誅之

鬬怒乃讐殺之漸亦和而平之平之不服則書其應和之端于史首發難者卽爲不直而誅之則莫敢先動矣

媒氏

掌萬民之判

判半也獨陽不生獨陰不成合男女之半所以成室家也

凡男女自成名以上皆書年月日名焉令男三十而娶女二十而嫁凡娶判妻入子者皆書之

內則子生三月父名之男女自成名以上皆書其所生之年月日與其名爲異日合婚之本男子二十而冠有爲人父之端至三十壯而有室女子十有五年而笄有適人之道至二十嫁而有家蓋量度其才器之賢愚知

奔者不禁舊說之非

識之早暮氣體之強弱則男自二十至三十皆可以娶女自十有五至二十皆可以嫁聖人斷爲中制惟未成人者則不可以娶過期則不可以怨曠耳妻云判以合體而成也妾媵不聘故曰入子書之別未成婚者且以息爭端也

中春之月令會男女於是時也奔者不禁若無故而不用令者罰之㊥音仲

仲春天地交泰大合昏禮所以順天時也媒氏出令于鄉遂使以類作合非一一爲之判合也奔者不禁謂民間以春時男女自相匹偶淫奔家長縱容不能禁止之如三國薛綜稱珠崖之俗人民會集之時男女自相可

適乃爲夫妻父母不能止者也無故而不用令謂男女及時非有三年之喪大則背約小則論財而不從仲春會男女之令二者皆有罰也若者及事之詞文雖殊而會上意令律文亦有此字非發語詞舊註于不禁處意斷解爲媒氏不禁奔者則誤矣或曰奔乃奔則爲妾之奔非淫奔也民間或荒札或長少不敵倉卒成婚猶野合之云也媒氏不必拘以六禮而禁之

司男女之無夫家者而會之婚姻之道以遠恥無夫家不可以自相嫁娶媒氏司而會之爲之主昏也鄭氏曰無夫家謂男女之鰥寡者

按程子云取失節者以配身是已失節也此云司無夫家而會之非歟夫天下之人上智寡而中才衆一與之

齊終身不改固女子天然之節茍盡責以此事則失所者必多且非貞節之人徒使之不嫁以避失節之名則其陰至于敗俗必有甚者故聖人于牧民之政而開爲此瀇凡鰥寡而欲嫁娶者于此大會婚禮之時亦量其才齒而會合之所以待中人其娶之者即孟子所謂娶妻非爲養而有時乎爲養者至于婚禮用雁從一而終實萬世綱常爰及鰥寡旌表貞婦常以爲世勸實然行而不悖也

凡嫁子娶妻入幣純帛無過五两

(两)去聲○純絲名雜記曰納幣一束束五两两五尋八尺曰尋五尋即四丈也凡布帛四丈爲匹一匹两端故又謂之两然則每端二丈每两四丈十端五两爲一束共二十丈也

按儀禮士昏禮有玄纁儷皮此云純帛無過五兩古者納幣不過于此故男女不至于失時也後世昏娶論財男家以此責其婦女氏以此驕其夫南方遂以溺女成風禮之失也久矣反之其在士君子歟

禁遷葬者與嫁殤者

殤音傷

骨肉歸于土以掩藏爲善故附之離合聖人所不拘而死則同穴特匹夫匹婦之私情耳民有遷徙而屑屑于遷其舊葬以祔其夫或婦者既使死者體魄不安亦使生者不盡人道而酖溺鬼神禁之者裁民以義也此遷葬事由于夫婦之合故附載于此凡童子之稱七年曰悼言其血氣孱弱貴于懷撫而致夫悼恤之意也八歲至十一爲下殤十二至十五爲中殤十六至十九爲長殤醫書言凡人精氣未通之時苟有情慾之事則其骨

肉必有不滿之處後必生無名之病當極其保愛而致夫傷憐之意也故未成人而嫁娶者謂之殤未成人而死者亦謂之殤此則言女子未笄而嫁之及嫁于男子之未成人者皆禁絶之所以救民之妖札也○（傳）音撰

凡男女之陰訟聽之于勝國之社其附于刑者歸之于士

陰訟以婬僻而致訟中冓之事故曰陰勝國之社亾國舊社覆以屋而行刑辟者聽之必于此者以其事醜故于屋中不欲宣布于衆且自古犯婬亂者無有不至于敗亾故于亾國之社以示戒○（勝）音緍

司市下大夫二人上士四人中士八人下士十有六人府四人史八人胥十有二人徒百有二十人市官之長

質人中士二人下士四人府二人史四人胥二人徒二十人

廛人中士二人下士四人府二人史四人胥二人徒二十人廛者民居區域之稱官曰廛人者以征廛得名也

胥師二十肆則一人皆二史賈師二十肆則一人皆二史司虣十肆則一人司稽五肆則一人胥二肆則一人肆長每肆則一人胥師而下凡六屬有職而非命官蓋皆庶人在官者故無胥徒之屬胥師即胥徒之胥師

市中九灋

其長故賈師而下皆胥師之屬也

泉府上士四人中士八人下士十有六人府四人史八人賈八人徒八十人

司市掌市之治教政刑量度禁令市官之長市之大綱小紀靡所不統治聽其治訟教示之禮義政征其財賦刑繩其有辠量度同其不一禁戒其不灋令率之趨事以下九者是也以次敘分地而經市經畫市地司市之次居中每二十肆則爲胥師之次所謂設其次也其餘邸肆各有行列所謂各于其地之敘也次敘既定然後市中之事如布帛之經有統緒而不亂矣以陳肆辨物而

平市肆長之事美惡不混而價自平也以政令禁物靡而均市胥師之察其詐偽飾行價慝善良不傷則市自均也以商賈阜貨而行布賈音古○物之利者非商賈不阜凶荒作布非商賈不行市中必藉此不可重困之也以量度成賈而徵儥賈音稼儥音育賣也○同量度則物有定價徵猶召也謂市價公平則賣者願至而物聚也以質劑結信而止訟質人所掌物之中平證信市中有此則人心信服而訟自寡也以賈民禁偽而除詐賈音古○老賈知物價使之展成奠價則詐偽除也以刑罰禁虣而去盜虣音暴○司虣禁虣亂司稽執盜賊加以憲徇朴之刑或以金贖辠也以泉府同貨而斂賒賒聖蛇反○泉府以市之征布或斂

市時

貨之不售或賒民之極貧者官府相通故曰同貨也○其詳竝見下文諸職

司市次敘陳肆圖

大市日昃而市百族為主朝市朝時而市商賈為主夕市夕時而市販夫販婦為主（昃）昃通（販）音泛

日昃日過中而昃之時也百族者王國之中天下之百姓皆在焉故以此為期商賈夙興在市故以朝時為期販夫販婦朝營夕賣故以夕時為期各從其便也必為此期者蓋人皆作市則市道壅塞而不可行矣此胥所以掌其坐作出入之禁也大市物多貴重夕市物多輕微朝市其兼輕重者歟

市治

凡市入則胥執鞭度守門凡應三期而入市則胥執鞭度守門以防姦細鞭度者刻度于殳而末繫以鞭用以量度行刑一物二用執之以肅衆也市之群吏平肆展成奠賈胥自師以至于肆長爲之辨其物而均平其肆省視其物色使有定價上旌于思次以令市市師涖焉而聽大治大訟必俟司市上所當市之旌然後得以爲市思次者市之候樓即天文市樓以思爲名者取見利思義也市師即司市也統治一市故治訟止聽其大者胥師賈師涖于介次而聽小治小訟介次者二十肆所設之亭以介爲名者取見利不苟也胥師賈師所掌止二十肆故治訟小者皆聽也

市地

凡萬民之期于市者同侶之人相期約也辟布者辟音璧○辟濵也謂市㢘所當輸之布也量度者斗斛丈尺不信而欲較勘也刑戮者犯辠而加市刑者各于其地之

叙凡得貨賄六畜者亦如之三日而舉之

市中萬衆所聚苟擁于一處而無分數則百事紛糾亭閣上之人日亦不足矣故使之每事各至其應轄肆中之叙則自然有條而不紊不虚費時日而事治與夫有辠者在其地爲非即號令其地庶使爲惡者知懼也得物者亦使置其地則失主求之易三日舉之失主既棄之不可無所歸猶秋官朝士云大者公之小者庶民私之也

市權

市布

凡治市之貨賄六畜珍異亾者使有利者使阜害者使亾靡者使微（亾通無）凡通貨賄以璽節出入之

有利于百姓者常當使之阜蕃有害于百姓者絶之不可使有物之不可無者而市中適缺則當使之有物之不可多者而市中適繁則當使之少蓋或增其價以來之或抑其價以折之或以璽節出入而通之或不爲之璽節而過之及有無其征廛則有無徵皁之權皆在上小民不得而任情好惡矣璽節出入者王國之貨授之璽節而後得出侯國之貨授之璽節而後得入此正所以操商賈之柄也

國凶荒札喪則市無征而作布

而禁

此無征者正與大司徒荒政之薄征去幾一義蓋大爲寬恤必有受其患也市既無征則泉府之國用將何取具哉於是採金鑄錢以續之商賈貨物以布易之稍高其直則來者自衆民之貧者以布貸之市之不售者以布買之民又得以布而易其所欲需則其困自蘇蓋普天之下無皆凶荒之理商賈得布可操之四方以易此所無之物故曰商賈阜貨而行布也必無征乃作布者金乃天地之精不可以洩其藏且錢多則貨貴也

凡市僞飾之禁在民者十有二若以水和米或他物以麻代絲及布帛外精内麤在商者十有二若以冀州產爲楊州產以石爲玉樟腦爲龍腦在賈者十有二若以今而飾爲古以陳而飾爲新在工者十有二若輕重其權衡大小其斗斛陶之中竄銅而和錫其

數各皆十二今不可攷矣或曰十二者謂九穀果實鳥獸魚鼈布帛材木貨寶采色疏材用器兵器舟車此十二物之僞飾者農工商賈皆不得鬻故皆言十二也禁之者輕則征之重則舉之也

凡物之美惡易見而僞飾者難知謂以假物而飾之如貞或以美物而和假于其內也王制所禁皆指不中于

王瀍之事此則有害于民故特禁之

市刑小刑憲罰中刑徇罰大刑扑罰其附于刑者歸于士

市中之辠不越于犯禁故三等之刑不過于憲徇扑而已憲謂懸其辠以示衆也徇執其人以號于衆也扑撻而痛之也皆主于戮辱之以發其耻心使無再犯且以警衆而已然言罰者聽其以金贖辠也其有累犯不悛或刼奪讐

市罰

殺及于犯倫理麗于五刑者則定其辠歸于士師蓋刑掌于司寇也○(辠)古辠字(悛)音銓

按市易一事于國家大政雖若甚緩而于萬民之食力而欲通功易事者則甚急而要是故見于天文則有天市垣建國則必立市內宰佐后立市以財利飲食衣服皆婦人所掌也司市之官秩爲下大夫以小民之命所縣也故必公清慈惠有心計知物情者而後可司市之職舉則僝弱朴野之民不至見陵而孤寡無告者可無失所矣○

(僝)音撰

國君過市則刑人赦夫人過市罰一幕世子過市罰一帟命夫過市罰一蓋命婦過市罰一帷

經市

師曰市者繁華之地君子遠之無故遊觀國君則刑人赦若曰國君好利市人何誅焉夫人世子命夫命婦罰幕帟蓋帷若曰無以自蔽也尊貴非刑瀆所加以禮示罰使知自愧是故畏義甚于畏刑不言王者至尊不敢指斥故舉國君爲先

凡會同師役市司帥賈師而從治其市政掌其㊀賣儥之事

㊀賣當作買

大衆所聚不能無所需商賈亦利于以物粥之亦有師衆各持其方物欲以相易者故天文參術之下有軍市軍市中野雞精即此賈師也取名于雞者以其能逐時趨利不失時如雞之知時故工商以雞爲贄者以此而

司師賈師而從治其市攻一如國中故古稱軍有紀律曰市不易肆也蓋大則司市親往小則使其屬往故不曰司市而曰市司

質人掌成市之貨賄人民牛馬兵器珍異凡(賣)儥者質劑焉大市以質小市以劑 儥賣也故賣儥當作買儥猶云買賣也賈師同〇質之爲義爲平成爲信正官以質名言物之所取乎也取成也人之所取信也取正也成者和合成交之意天生寶玉曰貨人爲布帛曰賄人民舊說以爲奴婢古無市奴婢者記有買妾亦人民之謂猶內宰以女宮爲人民也珍異若飲食藥材自遠方而至可以扶病養老者物之多而貴重者平成之若中人然以爲証佐故曰質少而輕賤者但刻于版以爲識而

已故曰劑質人皆存之以聽其治也○掌稽市之書契民之賒者貸者始則取之于官終則官取之于民取予則有書契或刻于木而中分之或書于竹帛若今之上下券彼此各藏其一以爲信稽之者令有期以完拚防詐僞也○同其度量一其淳制巡而考之犯禁者舉而罰之度丈尺量斗斛受灋于黄鍾同之不使有長短大小淳幅之廣制匹之長一之不使不中度周視而稽考其度量不中灋淳制不中度者舉其貨而罰其人○凡治質劑者國中一旬郊二旬野三旬都三月邦國朞期内聽期外不聽既質劑焉而復有所謂治者蓋人之姦僞無窮物之外飾不測有用後而得其情者亦有貨物多不及詳檢者國中十日郊二十日甸稍一月都鄙

三月邦國朞因地之近遠爲此期限期内來者治過期則不治欲民及時正明其交易不使訟無已時官民俱勞也

廛人掌斂市絘布總布質布罰布廛布而入于泉府絘音次

絘布者胥師賈師涖于介次所罰詐僞飾行儥慝之布總布肆長所斂之布質布質人舉犯禁之布罰布司市涖于思次所罰犯市令之布廛布收其市地之布五等之布廛人主斂之復入于泉府用以斂市中不售之貨

蓋此官與泉府二職相聯一散一斂以權百貨無非欲以利民而已

古今錢濾

凡屠者斂其皮角筋骨入于玉府皮角筋骨可以中器物之用者鄭氏云以當稅

非若後世盡入之也○凡珍異之有滯者斂而入于膳府四時珍異之物民或無用而停滯則以征布買之或當其廛布入于膳夫之府民得價而無失官得物而有用是爲两便也

胥師各掌其次之政令每二十肆則立一介次胥師涖焉所轄有司虣二人司稽四人胥十人肆長二十人政令凡買價征斂度量淳制也而平其貨賄使有恒價不得乘急要利憲刑禁焉刑謂市刑禁若質人司虣司稽所掌之禁表縣之使民知避○察其詐僞飾行儥慝者而誅罰之凡詐僞者或飾行而以事欺人或儥慝而以物欺人稽察而誅罰之禁于未發也聽其小治小訟而斷之大者則歸于司市

賈師各掌其次之貨賄之治賈師音古餘音稼○老賈知物價者所汰之次與胥師同但胥師掌其治罰賈師但掌其價而已辨其物而均平之展其成而奠其賈然後令市凡商賈之貨賄入于市中者辨其美惡均平其等類之上中下不使有差細考其成色定其物價然後令市蓋物入市中賣者價欲高買者價欲減爭無已時先定其價而後市有此價則取此物不費功不煩辭莫此焉善也○凡天患禁貴儥者使有恒賈四時之珍異亦如之賤時豫買貴時賣之乘急病民商賈通弊天患謂天災流行若豫貯米穀以擬饑荒豫貯棺㯳以擬札瘥四時珍異謂祭祀賓客所須者亦賤時豫貯以待急時賣之禁之使有恒價不得病民也○凡國之賣儥各

師其屬而嗣掌其月賈儥當作買儥○國之買儥者若珍異之物適空乏而欲買于民或有所貯蓄當斥賣與民也各次賈師更代直月而掌之使勞逸相均凡師役會同亦如之師役會同則有軍市賈師亦嗣掌其月也

司虣掌憲市之禁令十肆一人主表縣市之禁令禁其鬭囂者囂音梟與其虣亂者出入相陵犯者以屬遊飲食于市者若不可禁則搏而戮之搏音博下同鬭囂兩下不相平而鬭爭喧譁也虣亂強暴不順理而欺陵寡弱也陵犯若舟車爭道阻塞往來少陵長男犯

女之類屬遊飲食比周爲遊狹無故羣飲也已上四者皆市中常事司虣專主禁之遠禁有犯者執而戮辱之

司稽掌巡市而察其犯禁者與其不物者而搏之掌執市之盗賊以徇且刑之稽察也五肆一人犯禁若司市僞飾之禁質人度量淳制之禁也不物衣服視聽不與衆同及所操持不如品式也市之盗賊猶今之掏摸偷竊也司稽專主巡察于市犯禁不物者搏之歸于胥師也盗賊情眞則直徇且刑之

胥各掌其所治之政二肆一胥所以部叙肆長者也執鞭度而巡其前肆中買儥征斂度量淳制胥皆掌之執鞭度以巡于肆之前使無不正也掌其坐作出入之禁令

襲其不正者坐作出入謂大市朝市夕市各有作止之期與出市入市之候無得爭先後期以亂市廛掩捕其不正者使無不齊也○凡有辠者撻戮而罰之司市胥師賈師定其辠此罰掌其撻戮與罰布之事

肆長各掌其肆之政令每肆一人凡司市所施之政令戒禁皆掌之

陳其貨賄名相近者相遠也實相近者相爾也而平正之凡貨賄之等萬有不齊有外觀相似而其中則大異有外觀不同而其中實相近必慣于其事者乃知之乍至市中未易卒辨故肆長之職專主于辨其貨賄而陳之名相近者別居其所毋使之眩其實實相近者聚于一

處使同其價平者貴賤各稱其情之謂苟美惡同價則不平矣正者美惡各居其所之謂苟真僞雜處則不正矣肆長陳而平正之即司市所謂陳肆辨物而平市也賈師辨其物而均平之者蓋不外是賈師所謂平其貨賄者又因而攷之也庶野民之適市者無眩惑而受欺者矣

斂其總布總布未詳孟子曰古之市者以其所有易其所無有司者治之耳有賤丈夫焉必求壟斷而登之以左右望而罔市利人皆以爲賤故從而征之豈征此賤丈夫以其總市中之利而得名歟○**掌其戒禁**

泉府掌以市之征布斂市之不售貨之滯于民用者以其

賈賣之物揭而書之以待不時而買者買者各從其抵都鄙從其主國人郊人從其有司然後予之售音綬抵等禮反

市之征布即廛人所斂而入于泉府者也貨有賣于市而無所售留滯于民間而不切于用者則從其原價以此征布買之即揭示原價于其物俟缺乏而有買者仍以原價賣與之賈人居積計歲月以起息此則但爲民收貯而無所利之所以爲公天下之心也主謂都鄙大夫有司謂鄉遂之吏有此符信然後與之恐姦民乘急販賣官爲所欺而民不沾實惠也

按泉府所掌主市之征布漢書布泉廣二尺二寸爲幅長四丈爲匹蓋錢謂之泉布亦借名曰泉取其流行無滯也又司市國凶荒札喪則市無征而作布採金所鑄

國服爲息舊說之非

内方外圓而有周郭者故布縷曰布錢亦借名曰布取其流傳廣布也是泉府雖以布爲主而錢亦在其中矣

凡賒者祭祀無過旬日喪紀無過三月

賒償價而稍遲也民有喪祭大事或錢布或器物適空乏而不能卒辦從官賒用事過即還故有期以償祀事一二日而畢故祭祀之賒無過旬日喪人踰月而葬故喪紀之賒無過三月

凡民之貸者與其有司辨而授之以國服爲之息貸音泰

凡借財物者還本物曰稱取相稱之義責其必償故曰稱責也以他物代還曰貸故字從代會意不必其原物也國服謂服役于公也民有貧甚缺用而無措者從官假物則貸而與之然不可爲繼故計其物之貴賤使之

爲國服役出力以償但既開此端則有詐爲貧者故又必與其有司辨其果貧而後授之庶不爲所欺也蓋力者民之所自有而無待乎外公事者上之所不能無而必欲假之于民者貸之而使服公事上之所以與之者若假之直其所以役之者若收其物與焉而不損周焉而可久下之用物也若食其力其服役也若還其物用焉有濟于急還焉無耗于身所以生息乎貧民故曰爲之息卽大司徒以保息六養萬民之息也舊說以服爲衣服猶齊三服之云息爲利息夫貧者因困乏無措而假貸乃責其償而復加之息則貧者反重困矣惡在其爲民父母乎昔周世宗有言民吾子也惡在責其必償曾謂周公而反不及耶害義傷教莫此爲甚遂使安石因剏爲青苗之灋放錢與民令出息二分春散秋斂以爲周公遺灋用以罔利抰民卒爲宋室禍基釋經者其

可苟哉

凡國事之財用取具焉國事一作邦○財用謂關市之賦以待王之膳服及入于外府以供百物而待邦用者○歲終則會其出入而納其餘入謂廛人所斂絘布已下五者出謂共王及邦用與賒于民者歲終則會其出入以待司會攷之餘則納于職幣

按古之市者以其所有易其所無而已于後乃有商焉注有于無自物所出之處遷之于所無之地有賈焉積盈待乏自物所多之時藏之以待空竭之時故商之爲言以商計財利爲事也賈之爲言以網羅財利得名也夫以利相交人已相形不能無私已之心故一物也賣之則欲價多買之則欲價寡彼此競爲虛誑爭辨于是

乎起然猶自已之物弊端未甚也若商賈則專以牟利
爲事旦暮孳孳凡可以利已而生息者無所不至濫惡
僞飾凡可以欺人而覔利者無所不爲至于天患民病
乘急踊價衆方以爲禍災而彼獨以爲樂幸孤寡貧窮
假典稱責此方以爲困苦而彼乃以爲孳息又大利所
在則姦盜于是而竊窺大衆所萃則奇衺于是而聚集
故可以利民者莫如市而爲民害者亦莫如市也爲民
父母均吾赤子可以無處治之瀍與其轉移之方哉是
故肆長陳其貨賄而美惡不得以混淆賈師奠其價而
貴賤不得以任意司稽巡其犯禁胥師察其飾行價慝
而詐僞不得以相欺有胥以掌其坐作出入則事不亂
有質人以爲之質劑則人心信服同度量一淳制而物
有所準司虣禁虣亂司稽執盜賊而強虣無所容凡此
皆治于未亂之前也其有犯禁而事覺㮀化而成訟者

小則胥師賈師聽之大則市師聽之則夫民之入市者交易而退何有不得其所者哉至于市中之物有利于人而不厭其多者則使之阜爲害于人而不可有者則使之無又有罕用而不可無宜有而不可多者故無則使之有多則使之少蓋或有無其征廛或低昂其價直或予奪其璽節以示夫去取輕重之意無非欲以利吾赤子而已然此不過以民間貨物爲轉移之方耳猶未見夫君民一體之意也民有貨物不適于用市而不售者雖賤而亦樂輸也則以其價買之事居積者不得抑其價而取焉及市中既乏而民欲買者雖貴而亦樂從也復以其價賣之擁富資者不得高其直而與焉是以市中無甚賤之物而民之有貨者不傷亦無甚貴之物而民之有需者不困也然此猶有交易之意也至于民有喪祭大事適空乏而不能卒辦聽其從官賒用事過

即還蓋民有急而無措官有餘而不用賒而與之有益于彼而無耗于此易所謂拂損之益也然此猶欲其還也至于民有極貧者則遂貸而與之以其不可以爲繼故以國服爲之息貸之者若償其傭而不復有所責服公事者若還其直而即無所負與之而于上無所損還之而于下亦無所耗以是而保息乎貧民市瀍之善莫有大于是也後之人心量既非古人之心量俗儒或以時政而妄釋經語纖人或屈聖經以便已私因有禁貴儥斂滯貨之云遂爲均輸之說賤則買之貴則賣之使富商大賈不得牟大利人主乃自爲商賈而牟利焉因國服爲息之云遂有放錢收息之舉惡豪民之取息病民人主乃自爲豪民以病民焉世之人見其害不見其利遂以謂周禮果若是其病民也夫小人借聖言以文奸斯不足責而俗儒以小知釋經其罪亦安得而逃諸

王安石論

司門下大夫二人上士四人中士八人下士十有六人府二人史四人胥四人徒四十人每門下士二人府二人史二人徒四人

司關上士二人中士四人府二人史四人胥八人徒八十人每關下士二人府一人史二人徒四人

掌節上士二人中士四人府二人史四人胥二人徒二十

人

匠人營國九里旁三門門各有監司門總監十二門則各門政令無有不齊而事權歸一也王畿千里地之竟處因山川之險道涂之便立之關焉關各有守司關總監四境之關則王都政令無有不齊而要害之處無有不得其人矣由門而出者必至關由關而入者必至門故關統于門司關秩卑而胥徒多者以關之所轄遠于門也節行旅者所執之信非此則不得行行者必由于門關故節亦統于司門

司門掌授管鍵以啓閉國門幾出入不物者（鍵）乾蹇反管中爲開之機

國門啓閉每門之士掌之司門昏則授之管而閉晨則授之鑰而啓也不物異服異言視瞻動止非常或間諜

覘視盜賊窺覘者門關之事莫大于此

正其貨賄凡財物犯禁者舉之以其財養死政之老與其孤正其貨賄辨其名實不使相混如肆長所陳犯禁謂司市僞飾之禁及王制不中于王瀍者所宜深惡痛絕故沒入于官然不以自利也勞于王事而死者其父祖子孫則以其財養之遺人所謂門關之委積以養老孤也

祭祀之牛牲繫焉監門養之凡歲時之門受其餘

城隍閒多隙地牛牲繫焉是牧而不費地也每門史二人徒四人以其餘力養牲是用人而不費功也每歲春祭門九門磔禳與禜門祈報之祭監門受其餘是惠而不費也用其力而稍有以犒之是使人而不虛也一事

微而衆善
集如此

凡四方之賓客造焉則以告

賓客至郊王遣使郊勞至國門門者止之
告于王王遣使迎之以入而授之館焉

按門關之設所以豫備不虞而無守禦之兵何也蓋城
郭溝池之固有掌固道路之阻有司險封疆之守有掌
疆皆夏官之事若地官則主守土凡王畿吏民皆其所
統而特掌門關之管鍵則雖大司馬之屬有所出入苟
無司門之節門關之吏亦得而問之矣後世
門關鎖鑰並屬于大司馬豈知周公之意哉

司關掌國貨之節以聯門市○司貨賄之出入者掌其治

禁與其征廛凡貨不出于關者舉其貨罰其人○凡所達貨賄者則以節傳出之傳悊眩反○以節傳出之出字下脱入字司市以璽節出入之可見司市掌國貨之璽節司關亦掌之者自外入者司關以節通之門門通之市自内出者司市以節通之門門通之關門獨不言節者舉兩端而中可知也○百貨交㑹之地多有市故司關掌其市治及幾其犯禁者與其市之征廛貨不出于關者挾違禁之物不敢由于關故從間道出入則不特舉其貨加以罰其人所以重關守也征廛以供王之膳服舉貨以養老孤○所應達之貨賄則授之以璽節附之以傳辭而出入之

國凶札則無關門之征猶幾

無征廛以寬民幾其不物守關之急務蓋薄征除盜賊姦行而不悖也

凡四方之賓客敂關則爲之告〔敂〕古叩字

賓客至關關尹以告王王遣小行人以節迎勞之

有外内之送令則以節傳出内之出内字入聲

自諸侯以事至王國者則以節傳内之通于門畿内以事至畿外者則以節傳出之達于侯國之境也門關之事大畧相符幾察非常一也正其貨賄二也賓客告至三也出内使人四也牛牲繫馬特所兼小事耳

〔掌節〕**掌守邦節而辨其用以輔王命**王臣出使將王之命令行于普天之下何

以爲信乎節之爲言所以節制其下唯持節而後可以爲信命有大小不同故曰辨其用以輔王命也

守邦國者用玉節守都鄙者用角節凡邦國之使節山國用虎節土國用人節澤國用龍節皆金也以英蕩輔之蕩天浪反大竹也字當從竹原本從艹非

守邦國者監于方伯之國及名山大川不以封者事至重故以玉守都鄙者畿内諸侯不世故亦曰守近至尊而屈故以犀角邦國使節天子遣使于諸侯者山多虎土多人澤多龍各鑄金而象其形英玉也詩云尚之以瓊英蕩大竹也見禹貢以英蕩輔之謂飾以玉與竹也易稱王爲剛柔節金有中德犀角有文理竹約爲節皆

物之有節者故以爲用云五者必以王命然後掌節與之也

門關用符節貨賄用璽節道路用旌節

符刻文于竹漢制竹使符以竹箭五枚長五寸鐫刻篆書第一至第五是也外内送令出入于門關者司門司關以符節與之璽印章貨賄事煩用印文而已司市與之旌節人所持所謂路節也凡有所徵令及移徙鄉遂之吏與之三者皆官府得自與之也○已上皆王國之使節若諸侯之使節則各國自爲之詳見小行人

八節圖

皆有期以反節

凡節皆篆刻文字而中分之有故則相合反亦合之反節有期日久則防其假之以

他圖故不得過期

凡通達于天下者必有節以傳輔之無節者有幾則不達

傳哲眩反○通達于天下若布憲行夫虎士訓方氏土方氏等職必有節復輔之以傳言其所齎操及所適所圖爲也無節者納之圜土不得妄行

遂人中大夫二人遂師下大夫四人上士八人中士十有六人旅下士三十有二人府四人史十有二人胥十有二人徒百有二十人

王國之外爲六鄉大約去國五十里之內司徒自治之鄉之外爲六遂大約去國百里之內司徒不能盡治之也特設遂人一職以領之佐與小司徒相等遂師者六遂之師亦猶六鄉之有鄉師也故佐亦相等

遂大夫每遂中大夫一人**縣正**每縣下大夫一人每遂五縣六遂縣正下大夫三十人**鄙師**每鄙上士一人每遂二十五鄙六遂鄙師凡上士一百五十人**酇長**每酇中士一人每遂一百二十五酇六遂酇長凡中士七百五十人**里宰**每里下士一人每遂五百里六遂里宰凡下士三千人**鄰長**五家則一人每遂二千五百鄰六遂鄰長凡一萬五千人

遂大夫亦以王朝之官兼之鄉不自兼者勢有所不逮而以尊甲爲近遠故秩每下一等至鄰長而無秩

旅師

稍人

委人

土均　已上四職與閭師縣師遺人均人義同然解見前鄉大夫

草人　下士四人史二人徒十有二人　敎民治田之官

稻人　上士二人中士四人下士八人府二人史四人胥十

人徒百人教民種水田之官

遂人掌邦之野凡邦國都鄙遠于城郭之民通謂之野以土地之圖經田野造縣鄙形體之灋五家爲鄰五鄰爲里四里爲酇酇音贊五酇爲鄙古文鄙字作啚五鄙爲縣五縣爲遂皆有地域溝樹之使各掌其政令刑禁以歲時稽其人民而授之田野簡其兵器教之稼穡

大司徒上土地之圖遂人以之而經畫六遂與凡邦野其鄰里酇鄙縣遂大約與六鄉相似地之分界秩然有

支榦脉絡故曰形體之瀍鄰者以其如魚鱗相次爲名即五家之比使之相保者也里者民居相近不出一里之中即二十五家之閭使之相受者也酇者宛巷相賛助即百家之族使之相葬者也鄙者以同井田爲名即五百家之黨使之相救者也縣者即二千五百家之州縣者言民命之所縣也遂者即萬二千五百家之鄉遂者言教化由內而外賦貢由外而內通達而無礙也小而鄰里大而縣遂皆有地域所至溝涂以爲界樹植以爲固使各掌其政令刑禁親民之官皆得自專其治夫定其地以經之分其人民以居之立之長以治之由是每歲各以其時稽其人民以定戶籍授之田野以制民產簡其兵器以寓軍瀍教之稼穡以勸農事此遂人所以治野之

大畧也

闢地聚民之灋

凡治野以下劑致甿（甿氓通）以田里安甿以樂昏擾甿以土宜教甿稼穡以興耡利甿以時器勸甿以彊予任甿（彊乾陽反）

為國之道必以地闢民聚為主苟野荒民散雖有政教將安施乎國鄉之外縣都已內土曠人稀甿而不有以經理之則弃良田而汙萊矣致甿已下七者所以教民墾田之灋治野之先務也田雖有上中下而征役一以下地一家二人為率所以致民歸附甿即孟子所謂願受一廛而為氓山野之民也不曰氓而曰甿者甿字从亾从田謂死亾所存田因而佃之之稱也民無恒產則易于動搖授以百畝之田五畝之宅使有恒產則自安其居民無室家則有曠怨之思媒氏會男女昏姻匹偶各得其願則自然馴擾而不離散凡植物失其地之所

平上中下三等之地猶小司徒之均土地

宜則不蕃滋以十有二壤之物知其種以教稼穡樹蓺則所收自倍民無倡率則易怠弛田畯率民通力合作則功易起而種植齊致力雖同而利自博民無田器則耕耨失時鑄作耒耜錢鎛之屬官予以便之則自相勸而開墾以至小民多禽犢之愛不知教其子以力耕餘夫疆壯若國中七尺野六尺可以征役者各予之以田任之使不遊惰則所得自多夫如是而民有不聚田有不闢上下有不富足者哉○耡鉏同錢音剪鎛音博

以土均平政辨其野之土上地中地下地以頒田里土均掌平土地之政故云以土均平政辨其土之上中下而益以萊之多寡則地無不均矣上地夫一廛田百晦萊五十晦餘夫亦如之中地夫一廛田百晦萊百畮

餘夫亦如之下地夫一廛田百畮萊二百畮餘夫亦如之

凡有室者爲夫對婦言也弟有室爲餘夫對正夫言也餘夫有子孫而成家則二十五畝不足以供之乃别授以廛田萊上地必及七人者得受中地必及六人者得受下地必及五人者得受皆如正夫故曰亦如之詳見受田圖說

餘夫疆與受田圖說

凡治野夫間有遂遂上有徑十夫有溝溝上有畛百夫有洫洫上有涂千夫有澮澮上有道萬夫有川川上有路以

遂溝洫澮川

達于畿（畛音軫　洫興域反　涂塗通　澮音怪）

此治水通道之灋自國中以達于天下者也溝以瀦水亦以泄水防以止水亦以通人行夫間有遂者謂牧田則十夫中間有直遂九井田則九夫中間田首有遂三匠人所謂田首倍之廣深二尺者也遂之上有徑高廣如遂可以通人行十夫有溝者謂凡牧田井田十夫之遂共入一橫溝匠人所謂井間廣深四尺謂之溝者也溝之上有畛高廣如溝可以容牛馬夫牧之夫數十井則八家而通謂之十夫者餘夫及士工賈之受田皆不過二十餘畝其實每井必有十餘夫故以十百千萬紀數也〇百夫有洫者十溝共入一直洫則爲十井而百夫矣匠人成間廣八尺深八尺謂之洫言旱則注之潦則瀉之如血脉之流通也洫之上有涂高廣如洫可以容

乘車一軌盡處則有輿梁司馬灋井十爲通言百夫通力而治一洫且以今作也○千夫有澮者十洫共入一横澮則爲百井而千夫矣㕣人廣二尋深二仞謂之澮言水之所會也澮之上有道高廣如澮可以容乘車一軌司馬灋通十爲成言兵賦之灋于是成也○萬夫有川者十澮共入一川則爲千井而萬夫矣司馬灋成十爲終終十爲同同閒廣四尋深四仞爲川終之云者水歸于川因山川之勢而脩之水于是而有所終也同之云者爲萬井十萬夫縱横各直二十五里通計四面爲方百里雷震百里其聲相同故以爲名也川上有路高廣如川可以容乘車三軌自此而至于大川以達于王畿其說詳見井田圖○水曰遂溝洫澮川自高而趨下故禹貢濬畎澮距川以達于海也行曰徑畛涂道路由小以至大故禹貢叙職貢皆達于江河以至于京師也

凡疏導之澮畎澮之便皆于是在而封植以息爭端設險以限戎馬之意實寓其中矣自遂溝徑畛而下民各以其力自治之洫涂澮道必上之人創之合衆力脩治若川之與路則其工力爲尤大非一方之民所能辦必損府庫之積移用其民乃可成軍禮所謂大役任衆者也凡欲積貯富厚必始于此自黄帝立澮禹卑宫室而盡力乎溝洫文王卑服即康功田功皆謂是爾

遂溝洫澮川圖

通成終同封畿圖

以歲時登其夫家之衆寡及其六畜車輦辨其老幼廢疾

與其施舍者鄭註凡施字竝作弛○此與小司徒之比灋同小司徒使六鄉各登其鄉之衆寡六畜車輦此則登其六遂者凡丁力多寡財產貧富各有定籍百事皆按之以行以頒職作事以令貢賦以令師田以起政役頒職作事頒九職而使爲其事也政役者凡施政教行徵令也若起野役則令各帥其所治之民而至以遂之大旗致之其不用命者誅之凡有徵調鄉師以司徒之大旗致六鄉之民遂人別有大旗致六遂之民詳見九旗圖說後至者誅治以軍灋也

凡國祭祀共野牲令野職共野牲者入于牧人以待事也野職者委人所謂以式灋共祭

祀之薪蒸木材遂人令之而共于亨人也

凡賓客令脩野道而委積賓客之事大小司徒云令野脩道委積者兼鄉遂而言也此言令修野道則止于遂而已道路委積遺人所頒

大喪帥六遂之役而致之掌其政令及葬帥而屬六綍及窆陳役綍音紼窆音貶○大喪六遂主下棺之事綍舉棺索也屬之以舉棺陳役者以軍灋部署諸役鄉師執斧以涖匠師而爲之者也互見大司徒鄉師冢人

凡事致野役而師田作野民帥而至掌其政治禁令凡事謂朝

覲會同軍旅之事遂人帥其民而致于司徒掌其政治禁令也

遂師 所以佐遂人也二人共三遂之事 各掌其遂之政令戒禁 職猶鄉師 以時登其夫家之衆寡六畜車輦辨其施舍與其可任者 施當作弛可任與弛舍不同故辨之以遂人之灋頒于六遂而使登之也 經牧其田野 經畫而井牧之 辨其可食者 上地食者三之二中地食者半下地食者三之

一周知其數而任之以徵財征作役事則聽其治訟 用以徵財征則止于當年所當耕之田用以作役事則上中下三等之地無過家一人其征役而有不平者因而聽其治訟也

巡其稼穡而移用其民以救其時事天時有旱乾水溢暴風淫雨非一遂之民所能救地之宜有早晚不同此方胼胝而不足彼則息偃而有餘遂師因移用其民借其數日之力以救其時事移之者以其有餘而不爲病用之者少借其力而功倍彼此交然所以爲大公之道也

凡國祭祀審其誓戒祭祀冢宰掌百官之誓戒大司寇涖誓𢍰戒于百族此則審而誓戒其遂人也

共其野牲入野職野賦于王府職掌與遂人同野職野賦者山澤之民任野之職事入其所有以當邦賦若齒角白蛋之入于王府澤虞使其地之人守其財物以時入于王府是也國用莫大于

祭祀故此入于玉廟專以共祭祀言

賓客則巡其道修(疕)**其委積**(疕)當作比○修野道委積之事遂人令之遂師比之也

大喪使帥其屬以幄帟先道野役大喪遂人主下棺之事故以幄帟先柩而行預張神座幷率野役先至墓所以待役也

及窆抱磨鄭氏曰磨者適歷執綍者名也遂人陳之遂師校數之

共丘籠及蜃車之役(籠)禮董反○封土爲丘籠者承土之器蜃車者掌蜃所謂闉壙之蜃車乃載蜃之器也然遂師共之舊以爲器車非也豈共器車而乃在既窆之後與丘籠同事乎

軍旅田獵平野民掌其禁令比叙其事而賞罰師田之起徒役遂師

平其不均者因爲禁令之比叙者部叙其行伍賞罰者以軍灋從事也

遂大夫各掌其遂之政令職同鄉大夫彼言政敎禁令而此止言政令者文不備也

以歲時稽其夫家之衆寡六畜田野辨其可任者與其可施舍者施當作弛○稽其夫家者比民之事也遂師先辨可弛舍者而此先辨可任者有司之常灋也

以教稼穡以稽功事掌其政令戒禁聽其治訟公敎稼穡即趨其耕耨也既成曰功所理曰事掌其政令戒禁聽其治訟者此皆教民之事也

令爲邑者歲終則會政致事正歲簡稼器修稼政一遂中民所聚

周禮傳卷之二下　地官六

興甿

者爲邑猶稍甸縣都謂之公邑家邑都邑也爲邑者即縣鄙之吏歲終會政致事亦猶鄉大夫也稼器稼政者月令所謂孟春修封疆審端徑術相丘陵阪險原隰土地所宜五穀所殖以教道民必躬親之也此皆率其吏之事

三歲大比則帥其吏而興甿明其有功者屬其地治者

田野之民多質少文故不曰興賢而曰興甿漢灋舉孝弟力田蓋本諸此大比之時吏治有功者舉而明揚之與賢能并薦之于朝其餘凡有地治者屬聚而攷之戒飭其不及誅其有罪亦猶鄉師之攷教察辭稽器展事以詔誅賞也

凡爲邑者以四達戒其功事而誅賞廢興之

師云四達治道通行也攷一邑之治必以旁邑相參而後賢不肖勤惰自見誅賞廢興出于大宰誅賞乃三歲大計之事廢置則每歲終一行蓋賢能卓異與夫不職之甚者何待于大比之期百官府皆然也

遂大夫猶之鄉大夫歲時稽其夫家之衆寡即鄉大夫之歲登其可任者自六尺以及六十有五其舍者賢能貴賤老疾炏見于彼矣三歲大比之興甿即鄉大夫之賓興賢能其賓禮獻賢能之書射禮詢衆庶亦見于彼矣鄉大夫正月之吉親受敎灋于司徒退頒于鄉吏敎其所治之鄉又令羣吏攷灋于司徒憲于所治之國則此亦當如之遂大夫明揚吏治有功者與賢能炏薦屬聚有地治者而教戒之則彼亦當如之矣唯夫大詢于衆庶則止于六鄉蓋彼乃百族所聚六遂多野民故不及之耳

移用民移執事之瀍

縣正各掌其縣之政令徵比縣正下大夫統二千五百家遂大夫掌遂之政令縣正加以徵發校比親民之官兼理期會細事也以頒田里以分職事田里職事上有成瀍縣正親民爲之計畝而授度丁而分也掌其治訟趨其稼事而賞罰之○趨清谷反掌其治訟者聽政役以比居也趨其稼事者東作方興督促之俾無後時賞罰者秋官之野荆尚功糾力也若將用野民師田行役移執事則帥而至治其政令既役則稽功會事而誅賞遂師移用其民者謂稼穡有急而移之此移執事者謂師田行役之事有稼穡之急疾疫之厄因而移其執事

移之灋同而所移之事異一則以農事之不可緩一則以師役之不可後也凡役事畢攷其功之成否事之勤惰而施賞罰則有善不遺惰者不得僥倖秋官之軍刑上命糾守也

縣正猶鄉之州長唯作民而師田行役掌其政令與其賞罰此一事語意皆同至于州長有正月之吉春秋社祭之讀灋攷行有春秋州序之禮射而此乃缺如則遂大夫之與甿將安所稽乎是縣正亦當有序矣至于此有須田里分職事而州長無之者蓋近郊之民百族所聚不止田里之事故于載師特詳焉

鄙師各掌其鄙之政令祭祀鄙師上士統五百家所統有民人社稷祭祀者黨有祭禜鄙亦如之也

凡作民則掌其戒令 作之以師田行役也戒其怠事而令其赴功

以時數其衆庶而察其媺惡而誅賞

數者鄙師親民故得以瑣科條媺謂成于鄉三物者惡謂陷于鄉八刑者誅賞秋官之鄉刑尚德糾孝也

歲終則會其鄙之政而致事 會計一鄙之政帥酇長而下致事于縣正上下轉相承也

鄙師猶鄉之黨正凡作民者即作民而師田行役也以時數衆庶者即以歲時蒞校比也察其媺惡而誅賞即書其德行道藝也然黨正于孟月吉日春秋祭禜有讀灋之禮歲終蜡祭有正齒位之飲皆于序行之然則鄙之會聚其衆豈無序乎

酇長各掌其酇之政令　酇長中士統一百家

以時校登其夫家比其衆寡以治其喪紀祭祀之事　喪紀之器服祭祀之品齊酇有當共者以時校比之使無缺廢此敎民禮俗也

若作其民而用之則以旗鼓兵革帥而至　旗鼓軍之耳目兵革軍之致用作民用之則帥而至與族師之以鼓鐸鐲鐃帥而至同此皆寓農以兵之灋無事則爲民之師有事則爲兵之將也

若歲時簡器與有司數之　器謂兵農之器簡之者即遂大夫簡稼器也尊者不親細事故

鄰長數之○凡歲時之戒令皆聽之戒令出于遂人者躬往聽受歸而宣布于下猶鄉大夫令羣吏攷灋于司徒也○趨其耕耨稽其女工趨音促○耕織生民之本鄰長彌親民督耕夫秆課織婦使無惰其業富足之資也

鄰長猶鄉之族師校登其夫家比其衆寡即校登其族之夫家衆寡則所謂辨其貴賤老幼廢疾可任及其六畜車輦在其中矣作民而用之即作民而師田行役則所謂比伍之聯合其卒伍在其中矣族師有讀灋書行學士之敎以德行爲本此則治其喪紀祭祀之事趨其耕耨稽其女工民可使由之不可使知之也

里宰掌比其邑之衆寡與其六畜兵器治其政令里宰下士統二

秩敘之灋

十五家戶口登耗六畜多寡兵器備乏無事比之有事可按籍而得遂大夫曰稽縣正曰徵其大凡也鄼長曰校登里宰曰比其細數也

以歲時合耦于耡以治稼穡月令季冬命農師計耦耕事修耒耜具田器匠人耜廣五寸二耜爲耦**趨其耕耨行其秩叙**趨音促○秩祿廩之常叙遷進之次鄉師作其秩叙即此

人之力有不同差一則可以勉而企及差二則雖勉強不可以企而及甚至有相十百者苟主其強則弱者敝主其弱則強者惰既不均平而亦不能率作先王于此有道焉于畎畝之中配合其相等者使之竝耕以相佐助平居用之于耕耨則有強弱遲速有事用之于師田則因而部分之而食之多寡位之高下皆于此行焉異

等之士不至于藏没而相去不遠者知所勸勉矣

以待有司之政令而徵斂其財賦

徵斂財賦里宰之責然必聽命于上而不敢專先王所以嚴聚斂之防也

里宰猶鄉之閭胥比其邑之衆寡即數其閭之衆寡也待有司之政令而徵斂財賦即掌其閭之徵令也里宰于農中寓教故行其秩叙閭胥于教中寓農故書敬敏任恤此其文之異耳

鄰長掌相糾相受鄰長五家之長無秩○凡邑中之政相贊祭祀喪紀贊其財師田行役贊其力一里之中如一家然所以爲仁里也○徙于他邑則從而授之他邑

糞種之灋

在一遂之內也

鄰比之職其要在于居則相受出鄉則從而授之比長云五家相受相和親有罪奇衺相及此云相糾者不得爲奇衺也相受者共保受皆良民也文稍異而意同比長云徙于他則爲之旌節而行之無授無節納之圜土鄰長亦當如是矣至于比長掌其比之治鄰長邑中之事相贊此則彼此互見

按鄰里酇鄙縣遂其職分見雜出然不過教民稼穡禮義徵其賦役及比其民與其吏而已詳見鄉大夫末

草人掌土化之灋化義有二一爲生化地利有宜有不宜得其宜則所植自倍即下文之相其宜猶諺云道地也一爲變化地有美惡能有以變之則惡者可與美等即下文之糞種皆所謂土化之灋也

以物地相其宜而爲之種

物地者占其形色知其性之宜因而爲之種即司稼辨穜稑之種周知其名與其所宜也所謂化生之義如此

凡糞種騂剛用牛赤緹用羊墳壤用麋渴澤用鹿鹹潟用貆勃壤用狐埴壚用豕彊㯺用蕡輕爂用犬

（騂）古文作騂（緹）音體（渴）坤劃反又音竭（潟）音昔（貆）歡萱二音（勃）音浡（埴）音直（壚）音盧（㯺）興覽反（爂）音標○糞種者舊穀乾燥漬以灰汁使易生

天下之土有赤而剛彊者有赤而縓緹者有舊爲澤而今則乾渴者有生潟鹵而味鹹者壤土之粘膩者墳壤謂土性墳起勃壤謂土性粉解埴壚土之黏而黑者有堅彊而不和柔者有輕脆而不厚重者九者之土化之

之瀙用牛羊麋鹿貆狐豕犬之骨焚爲灰以漬其種蕡則以麻子擣之以漬種也所用之汁不同因以助其種之生氣以變易地氣則薄可使厚過可使和而稼之所穫必倍常詩云誕后稷之穡有相之道是也所謂變化之義如此但用牛用蕡今江南猶有是瀙而其餘則謾失其傳有志農事者必歷試乃可得也○[緣]清緣反

稻人掌稼下地以瀦畜水[瀦]音朱以防止水以溝蕩水以遂均水以列舍水以澮寫水

此教民種水田之瀙也中原地高水深土厚宜于黍稷菽麥唯近水下地乃可以教民種稻以其不服習故特設官掌之瀦陂池也主貯畜其水使不漏泄以備旱防堤堰也主過止其水使不橫行以備潦溝者田首受水

大溝引瀦水以播于遂遂者井田中受水小溝均平溝水以滿于列列者即匠人所謂廣尺深尺之甽主居水以養苗澮者會通諸溝之水以泄于川瀦雖足以畜水苟無瀳以引之則苗亦無以爲利溝遂列三者皆取水之利以爲事也防雖足以止水苟不有以寫之則水終必爲害澮專主除水之害以爲事也○甽甽同音犬

以涉揚其芟作田凡稼澤夏以水殄草而芟夷之澤草所生種之芒種芟音杉

此葑田之瀳也凡稼澤者謂將以澤地爲稼也必先于長夏大雨時行水熱如湯芟夷其草掩覆土中以水浸之可以殄滅其類于是以錢鎛之屬兼以人足發揚其所芟之草則其土必葑菸興發舊日澤生草之處皆變

爲良田而可樹以芟刺之稻矣殺草之灋詳見秋官薙氏彼主刪以除不善之類故兼城廓田野而治之此專主芟夷下地之草以茂嘉穀也○錢鎛音剪博

旱暵共其雩斂○喪紀共其葦事葦事謂椅蘆葦席藉棺萑席喪車萑蔽

大雩所需祭物此專共之者以稻尤不利于旱暵也葦事亦此共之者以下地所出也

土訓中士二人下士四人史二人徒八人鄭氏曰以土地所生告道王也

誦訓中士二人下士四人史二人徒八人鄭氏曰能訓說四方所誦習及人所作爲久時事者

土訓掌道地圖以詔地事○道地慝以辨地物而原其生以詔地求○王巡守則夾王車（慝天得反）

誦訓掌道方志以詔觀事○掌道方慝以詔辟忌以知地俗○王巡守則夾王車（辟古避通）

師曰古者左圖右書土訓圖學也地圖載九州山川形勢及立國封疆詔王以地事者廣谷大川異制民生其間亦各異俗脩其敎不易其俗齊其政不易其宜也地氣有偏不能無慝天常生物解之西北多風防風獨活之屬足理風東南多痺魚鱉螺蜆之屬足治痺江湖多氣橘柚之屬足破氣嶺海多瘴桄榔之屬足去瘴是矣

王所至恐不習水土豫求物以防患匪若後世圖經夸土産專爲口腹玩好以啓暴君汚吏無厭之求也誦訓書學也四方各有載記古蹟猶存告王覽觀知前代廢興方慝若天阱天陷之不可行瘴癘之鄉薄惡之俗不可入者告王知所避忌而風俗之盛衰政敎之得失皆可攷見矣夫天子適諸侯曰巡守巡所守也土訓誦訓夾侍王車備王顧問王中心無爲而左右各以其職獻納以廣王耳目開拓萬古心胸四海如指諸掌千載如在目前也

山虞每大山中士四人下士八人府二人史四人胥八人徒八十人中山下士六人史二人胥六人徒六十人小山

下士二人史一人徒二十人

林衡　每大林麓下士十有二人史四人胥十有二人徒百有二十人中林麓如中山之虞小林麓如小山之虞（麓音鹿）

川衡　每大川下士十有二人史四人胥十有二人徒百有二十人中川下士六人史二人胥六人徒六十人小川下士二人史一人徒二十人

澤虞　每大澤大藪中士四人下士八人府二人史四人胥

八人徒八十人中澤中藪如中川之衡小澤小藪如小川之衡

土之融結而突起者爲山山之足曰麓木叢生曰林皆山之類也土之缺陷水所鍾曰澤澤無水而生草木曰藪其流者曰川皆澤之類也山與澤藪之官曰虞虞之爲言度也以其能度知山澤之深廣與夫財物之所出也川與林麓之官曰衡衡之爲言平也川之勢長川衡主平川之守林麓之勢夷林衡主平林麓之守也澤之利博川之利微故設官澤虞爲中士川衡爲下士其序官則川先于澤者以四瀆尊爲輿地之大戒也然此所掌特地官財賦之事至于疏導之瀹則冬官詳焉

山虞掌山林之政令物爲之厲而爲之守禁

山之所産材木禽獸金玉錫石所有不同每物各有蕃界部分其地之人使之爲守不得妄入立濠以禁之不得妄取非惟使下民無兼併專利爭奪攘竊之患亦使物得遂其蕃儲孕毓暢茂蕃殖之性所以事簡而上下均獲其利也按山之利甚博而此下專以材木爲言者蓋鳥獸金玉自有迹人丱人等分職材木于山爲至重故特詳焉其餘雖掌其政令而自有專職也

仲冬斬陽木仲夏斬陰木凡服耜斬季材以時入之

陽木陰木者鄭氏云春夏生者爲陽秋冬生者爲陰後鄭氏云生山南者爲陽生山北者爲陰二說宜參用春

生之木仲冬而老冬生之木仲夏而老及此時而斬之順其物成之時也若秋官柞氏夏日至刋陽木冬日至剥陰木則以欲殺之故當其生長之時而摧敗之也服車器耜農器季謂木之老者舊說解爲穉材非也車農之器其用爲至勞皆須堅韌之材豈以穉木而可用乎季字之義以三時所生之序言則孟生爲長季生爲少自一物之生而言則孟爲初生而季爲老也以時入之者器有宜陽宜陰若嶧陽孤桐陰竹之管及老木堪爲服耜者然取之有時而入于器用之府此皆斬木之灋也

令萬民時斬材有期日 草木零落然後斧斤入焉既取其應入之時不得戕其生長之性復限以應止之日不得盡物取之也

凡邦工入山林而掄材不禁 掄音倫○大匠爲國

家擇取良材貯之以待用有需則入山虞不得而禁之其斬之亦必于冬夏也春秋之斬木不入禁不時所需可斬四野之木亦不得入所禁之中蓋不禁者國家大用與下民異也春秋不入禁者不可以戕物性瀆行自上以爲百姓先也凡竊木者有刑罰既設厲禁復有非時而取者刑故無小故能令行禁止已上皆斬本之禁若祭山林則爲主而脩除且蹕山虞者山林之所依故主其祭及爲之脩除壇墠蹕止人行若大田獵則萊山田之野大田獵王親佃也萊謂芟除草萊爲止舍立表致禽之處及

獘田植虞旗于中致禽而珥焉珥音鉺○田者止則山虞植熊虎之旗于所獘田之中使獲禽者皆致于是珥取禽左耳以獻于王也田獵象討皋致禽而珥若獻因執馘以効功之意○馘音國

林衡掌巡林麓之禁令而平其守禁謂厲禁之中不得妄取者守謂部署其胥徒及居民使各守其地也令若斬木之瀍及斬木之禁此皆山虞掌之林衡特奉行之而已故平時以其禁令而巡察之無致疎虞平其守地之民無有不均○以時計林麓而賞罰之防範周密林木盛長者賞之其疎漏以致盜竊及林木衰耗者罰之○若斬木材則受灋于山虞而掌其政令入山有時出山有期及四時各有應斬之木竝受灋于山虞體統常出于一也

川衡掌巡川澤之禁令而平其守爲之厲禁取之有灋入之以時皆出自澤虞此川衡主巡察之及均平其守川之人也以時舍其守獺祭魚漁人入澤梁又若荒政之舍禁厺不爲之厲禁也犯禁者執而誅罰之謂數罟及非時而入者

祭祀賓客共川奠籩豆之實魚鱐蜃蛤之屬也

澤虞掌國澤之政令爲之厲禁使其地之人守其財物以時入之于玉府頒其餘于萬民澤虞之職掌其政令爲之厲禁設其典守大約與山虞同財物若骨角珠貝之類其美善者入于玉府取之有數餘則頒于所守及所取之民不以爲私也

凡祭祀賓客共澤物之奠籩豆之實芹茆菱芡之屬也喪紀共其葦蒲之事凡喪事所集人衆而遽用畢而廢故以葦席象宮室而爲之以爲覆壙待諸侯之所又司几筵喪事設葦席天子倚廬所用禮既虞卒哭芐翦不納是也又茵著用荼藉楦用萑席皆喪紀所需也○芐月古反萑音丸蘆類

若大田獵則萊澤野及弊田植虞旌以屬禽大田獵掌事並同山虞但山多獸故用熊虎之旗澤多鳥故用析羽之旌山虞言致禽自獵者致于虞中言此言屬禽自王所取而言屬者謂聚之而別其類諸侯之禮每禽三十焉一爲乾豆一爲賓客一以充君之庖天子當有加也

按山林川澤雖天地自然之利苟得其養而無所梏則有無窮之利苟失其養而又日有所害則山林必至于

童赭川澤必至于耗竭故爲之禁以杜其無厭之欲爲之守而責有所歸川衡云犯禁者執而誅罰之蓋罰必當而後令行林衡言計林麓而賞罰之有勸戒而後人肯盡心也凡周公之政君民一體非徒厲民以自爲故山虞言令萬民時斬材有期日入山有時出山有期澤亦如之矣澤虞言以時入之于玉府頒其餘于萬民貴者公之餘則頒之山亦如之矣山澤之物國用所需澤虞云祭祀賓客共澤物之奠川衡云共川奠而山虞不言者掌于角人囿人等也山澤之地行狩所往山云致禽而珥澤云屬禽致則必屬彼此相備山澤之神國祀所及山虞爲祭山林之主則澤虞爲祭川澤之主不言可知矣大較虞尊衡卑故守山澤之禁令出于虞而衡特巡之取山澤之瀼出于虞而衡惟受之云

迹人中士四人下士八人史二人徒四十人

獸以夜見然其出入有道路一定而不易但觀其足跡即可得其處故謂凡尋覓者爲蹤跡官以迹人名者主知禽獸之處田獵則用之爲耳目天文壘壁陣之八魁也○覓音密

卝人中士二人下士四人府二人史二人胥四人徒四十人

卝即今礦字古文作卝象開鑿得金之形

角人下士二人府一人徒八人

羽人下士二人府一人徒八人此亦存貢所用後世所謂翎毛之稅也

掌葛下士二人府一人史一人胥二人徒二十人

掌染草下士二人府一人史二人徒八人

掌炭下士二人史二人徒二十人露積故無府

掌荼下士二人府一人史一人徒二十人荼音徒

此官掌凡疏材之物荼以共器用其事爲重故以名官

掌蜃下士二人府一人史一人徒八人蜃市謹反

主斂互物蜃物而以掌蜃名者蜃用于器紀祭祀故以命官也

囿人中士四人下士八人府二人史八人徒八十人

場人每場下士二人府一人史一人徒二十人

迹人掌邦田之地政為之厲禁而守之

山澤之中有善水草之處山無潚水無圜不可以耕稼因用為邦國時田之地蓋即藪牧長蕃鳥獸者詩所謂東有甫草駕言行狩也迹人遮列守之禁民無得妄入禽獸無所戕賊自然蕃息其中非特用為上下無竆之利而亦使禽獸得安居而遂其性也按迹人之厲禁與為穽于國中異者此之守以為公彼之守以為私也

凡田獵者受令焉

迹人素知禽獸所在及林木翳薈不可投陷之處故用以發蹤指示庶不至于

即鹿無虞惟入于林中也○禁麛卵者與其毒矢射者麛音迷○麛麑子卵鳥了聖人之政不殀夭此與不成禽不獻同意毒矢射爲其賊物之心太甚二者雖田獵時猶爲之禁平時可知矣

卝人掌金玉錫石之地而爲之厲禁以守之卝敎猛反○金之品有五而獨舉金錫二者金至剛錫至柔又金銀貴銅銕錫賤故各舉其一以配玉石言其實兼五金也玉之類若雍之球琳琅玕楊之瑤琨魯之璠璵石之類若珉瑊璁璡其類甚多要之各有所産之地故爲之厲禁以守之也○琨敎魂反璠璵珉瑊璁璡讀作番余民無聰進○若以時取之則物其地圖而授之國用有乏不得已而後取之若職金國有大故而用金石也物謂土之色味即其物色而知地脉中之所生猶山師

之辨其物與其利害也授之以圖使知所當採之處**巡其禁令**開取之時尤啓攘竊之端禁令者即職金之戒令卝人巡視之庶無疎虞也○掌金玉者非一卝人掌所產之地職金掌取之之政內府玉府掌其入凡五金玉石皆有所產之地本虞衡之所掌但利之所在姦之所窺又特設卝人專掌而守之蓋黄金百煉不耗久埋不衣得土之全德王備五德以比君子其未經琢鑿者能却水火鎮國家其餘四金美石皆爲世用而不可缺物爲之守所以絶争奪盜竊之源以時取之可以助國家之急取之有度不至于泄天地之藏此卝地雖不外乎山而厲禁又在虞衡之外卝人之職所以特重而掌之以中士也

角人掌以時徵齒角凡骨物于山澤之農以當邦賦之政

令 象之齒犀兕牛羊之角牛馬驢魚諸獸之骨及須爪之屬皆可以爲百工之材也農有三山澤平地靡不受田有粟則出粟無粟則各貢其所有以當邦賦

以度量受之以共財用 量以權其輕重度以度其長短入則爲邦賦輸于官者不得多取出則爲邦用給于百工者不得侵年也

按山澤之農其所獲米粟視平疇爲艱而國中所須于山澤之物有不能免者故不必強彼所難而此自可以無匱取彼所羨而此又得以爲利所以爲通融之灋彼此交受其益也

羽人 掌以時徵羽翮之政于山澤之農以當邦賦之政令 翮鳥之六翮羽強猛者羽翮用于旌旄車飾矢翼邦用之不可無者故征之

凡受羽十羽爲審

百羽爲摶十摶爲縳摶音博縳文皦反○十羽爲審言少而詳審之名十審則百羽而爲摶言手可持之名十摶則千羽而爲縳則總而收束之也古者筭物每十則揭其總故雖多而益辨羽不可以權度受之故以其數

掌葛

掌以時徵絺綌之材于山農凡葛征絺昌兮反綌坤逆反○葛之精者曰絺麤者曰綌葛生于山故以時徵于山農徵草貢之材于澤農草貢蕒苧焦蕢卉吉之屬可緝績爲布者草多出于澤故徵于澤農○蕒與䔧同坤綱反以當邦賦之政令取之以當邦賦亦與角羽同既徵則入于典婦功以權度受之葛草不可以長短度此言度者蓋或以成布輸于官

故以度受之也

掌染草　掌以春秋斂染草之物以權量受之以待時而頒之　染草之物藍以染青蒨以染紫皂斗以染黑槐梔以染黃其餘五色五間各有其物春秋斂之者或採其花葉或採其皮實各有其時也待時頒之者頒于染人夏纁玄秋染夏也○蒨茜同清見反

掌炭　掌灰物炭物之徵令以時入之以權量受之以共邦之用凡炭灰之事　灰凡石灰蜃灰烟煤之類以共甃砌澣練黝堊之用也炭之所用尤多必以權量受之者或權其輕重或量其多少不以微物而無數周公之克勤小物如此○甃清又反澣月管反黝英九反

掌荼　掌以時聚荼以共喪事既夕禮茵著用荼謂茅秀也其質輕盈著于茵中柩下壙時用以爲藉既取其軟又取其收濕氣秀時聚之喪則共之○著音勺○徵野疏材之物以待邦事凡畜聚之物野疏材之物即大宰九職中臣妾之所聚斂茅以供祭祀芻茭以飼牛馬滓以豢豕及凡藥材雜物生于山澤曠野不畜于人而爲用于世者凡畜聚之物園圃所毓草木根實可以禦冬者徵之者取于山澤之農以當邦賦也以待邦事者入于委人以共祭祀喪紀賓客軍旅之用也

掌蜃　掌斂互物蜃物互物者甲虫其殼交互若龜鼈蠃蚌之屬掌蜃主斂其殼蓋以爲器物堊藥蜃灰等用也以共闉壙之蜃祭祀共蜃器之蜃共白盛之蜃闉音

因蜃沓恐○闉塞也穿壙後實以蜃灰禦濕氣也祭器飾以蜃其用非一鬯人職凡山川四方用蜃春秋天王使石尚來歸蜃公羊以爲宜社之肉行人職云歸蜃以交諸侯之福則主祭宗廟言是山川四方社稷宗廟皆有用蜃者而或以共鬯酒或以共肉用各不同此復言白盛之蜃者黍稷在器曰盛蓋又以飾盛器也凡以蜃飾器者蓋取其殼之白而有文采舊謂以蜃灰飾之灰豈可以爲器之飾乎

桉大府云山澤之賦以待喪紀蓋材木蜃炭蒲葦金石皆喪紀所需而金又可以佐其用之乏也至于閭師徵賦之灋曰任衡以山事貢其物任虞以澤事貢其物者山澤之中所產至博喪紀豈能盡用之要之以待邦國之用故于米粟則入于倉人金石則入于受藏之府其餘角羽葛炭染草荼蜃其物至爲煩碎且易于毀敗故

囿遊之義

別設角人羽人掌葛掌染草掌炭掌荼掌蜃等官兼徵于山澤之農則事有統攝職有專司而無毀敗之虞矣

囿人掌囿遊之獸禁牧百獸囿音又○苑中設爲禁防孳養百獸于內蓋凡田獵所得可爲用而不家畜者皆于是乎養之欲用卽可得不必求之于壙野此已畜于公民不得取之故有禁也

國中閒曠之地爲之苑囿牧百獸其中以爲祭祀賓客不時之需因而爲遊觀之樂是故呈象于天則有天苑詩云王在靈囿麀鹿濯濯白鳥鶴鶴王在靈沼於牣魚躍又曰有卷者阿飄風自南來遊來歌以矢其音其斯之謂歟師曰天理生生之樂根心而萌過之則天機息縱之則人欲滋夫欲何厭之有故盤于遊田淫于逸樂聖人旣已嚴爲之防而苑囿遊觀又密寓夫轉移之術九重沉沉天上人間相隔苑中爲離宮臺榭接于民居

人主時出一遊因是以知民俗此一助也殿庭之間所見天咫神爽得無壅乎適野則天宇四垂鳥獸草木生意盈滿曠然得大觀焉此二助也賢者常館于是人主就而訪之發其尊德樂道之誠游焉息焉恒與相接此三助也昔孟子見梁惠王于沼上告以賢者而後樂此齊宣王見孟子于雪宮告以與民同樂其深得周公轉移君心之妙術乎○卷音權

祭祀喪紀賓客共其生獸死獸之物

生獸若麋鹿之可以生共者共于膳夫殺之死獸若狐兎之不可以生共者囿人殺而共之此皆爲祭賓客而畜之若後世掖庭虎豹犀象咸備此周公所放而遠之者也又何畜焉詳見服不氏

周禮田獸育物之政

按田獸一事錯見于天地夏秋四官其義何居夫藪牧者地官之所掌也故迹人掌田獵之地動物皆天産故天官獸人掌田獸之政既得其獸其中殺而宜乾之者則入于腊人天官腊夫以供膳爲事也其生獲而可畜者則入于囿人以待用地官以牧養爲事也其有猛獸若熊狼者亦祭祀所需恐其傷人害物不可入于囿中則養于服不氏此則夏官以服猛爲義也至于秋官之冥氏掌攻猛獸穴氏掌攻蟄獸則凡惡獸之爲害于民物者有即除之使無滋蔓捕之無時取之無禁獲之即殺此則秋官主除惡之義與驅猛獸同道義各有當如此蓋均有育物之責者也

場人掌國之場圃而樹之果蓏珍異之物以時斂而藏之

虞衡之政

蓏禮果反○果棗李之屬凡木生者蓏瓜瓠之屬凡草生者珍異蒲萄枇杷之屬品之佳者斂而藏之者時鮮不可常繼乾而畜之以備用也○**凡祭祀賓客共其果蓏享亦如之**享謂宗廟月享即每月之薦新及賓客之燕享也

字書土受易明曰場謂地無山水之險林木之蔭而受天日之易者故樊其外以爲園樹植其中以爲圃即九職之園圃毓草木者也此與詩之九月築場圃異者彼謂將樹瓜蓏則樊場爲圃將納禾稼則築圃爲場宅地在田中者俾無閒曠耳醫書五穀爲養五肉爲補五菓爲輔五菜爲充蓋食以穀爲主然專食則其氣凝滯動物性悍令人驟補而不易化果實鮮美所以扶助元氣故曰輔菜蓏疏嫩所以宣通胃氣故曰充皆人生之不

可少者此場人之所由設歟城廓居民之外其有隙地
或爲公家之圃則此場人所掌或爲私家之圃則閭師
所任而所謂園壓二十而一者也在天文天
園者場人之職敗瓜瓠瓜者閭師之所掌歟
按九職之序三農園圃虞衡藪牧四職皆主于生物者
然九穀有溝洫菑畬灌溉之事有樹植芟夷收穫之勞
非百倍其功不得用登負所謂粒粒皆辛苦也園圃之
職其木實之果一植而有數十百年之利草實之蓏與
夫菜茹植之貴得灋要之亦不若粒食之艱此則場人
之所掌也藪牧之地其深阻而可以縱野獸者則爲之
厲禁或爲田獵之地而迹人掌之或畜夫田獵所得之
獸而囿人掌之其平漫而可以牧擾畜者則凡牛人校
人小子之所掌皆于是乎牧之也樹畜二事但貴于蕃
衛之嚴使無所傷稍加以生養之方無不暢茂而茁長

者用力少而有自然之利者也至夫山澤之中草木生之禽獸居之寶藏興焉貨財殖焉其利至博而不假于人力但貴于吾所以取之者有其道而已故設虞衡之官以守之深恐夫愚民取之無度有傷夫山澤之性故爲之厲以遮列之爲之禁以防閑之均平其地之人以守之有賞罰以齊其功辠有誅罰以治其犯禁則草木得以暢茂禽獸得以蕃殖金玉錫石珠貝之物得以孕蓄其精英而不漏泄然後以時而田以時而漁以時而斬木材以時而取金玉之物其出入有期其採取有禁邦工掄材之外木皆民用也大獸公取之外獸皆民食也入于王府之外財皆民資也其長養之也初無假于人力而其取之也若固有上下寧不富足乎然此乃山澤之多利而可以爲官守者耳至于深山大澤人迹所不及不能以官守者不得不聽民之自取其利也角人

以下七官以時徵其物即計其直代其耕之所獲以當邦賦此則所謂山澤之賦也四者皆生財之路至如百工之所飭化商賈之所阜通嬪婦之所化治臣妾之所聚斂閒民之所轉移皆不過藉前四者以變化之而已然則有國者于三農之外園圃藪牧山澤之職其不可加之意乎然而迹人邦田之地囿人牧百獸之地不外乎山澤之餘卝人金玉錫石之地亦不過山川融結之秀場人之所樹果不離于山蓏不離于澤此周禮雖各有專官而總附于虞衡之下也歟

廩人 下大夫二人上士四人中士八人下士十有六人府八人史十有六人胥三十人徒三百人 藏米曰廩又圓曰廩

舍人上士二人中士四人府二人史四人胥四人徒四十人

倉人中士四人下士八人府二人史四人胥四人徒四十人藏穀曰倉又方曰倉

司祿中士四人下士八人府二人史四人徒四十人

司稼下士八人史四人徒四十人種穀曰稼

廩人掌九穀之數以待國之匪頒賙賜稍食

此總掌米穀之事蓋廩人雖掌米而所收有限凡倉人所收與稍委所貯靡不知之故云掌九穀之數也匪頒家削之賦以待匪頒司祿所掌凡仕者之祿也賙賜王有恩惠以與其臣民遺人邦之委積以待施惠鄉里之委積以恤民之囏阨也稍食宮正內宰所謂均其稍食卽稾人所共外內朝冗食者之食舍人之所頒也

以歲之上下數邦用以知足否以詔穀用以治年之凶豐

數上聲

此會計國用之灋每歲司稼以年之上下出斂灋廩人量歲入若干通計國用若干知其有餘不足告之于王有餘則藏之不足則節省所謂詔穀用治年之凶豐也蓋凶豐者天時有以治之則有餘不至于狼戾不足不

豐凶上下之等

至于饑餒贊助之功存乎是矣

凡萬民之食食者人四鬴上也人三鬴中也人二鬴下也

鬴音甫

若食不能人二鬴則令邦移民就穀詔王殺邦用

此會計民食之灋民數有定廩人以高下原隰之所收而總計之每人于一歲每月得穀幾何鄭氏云古今皆按月給請故知此皆一月食米是也六斗四升曰鬴所謂每人者止以丁男言而婦人童子在其中矣鬴者以穀計爲米則減半矣每月人四鬴實計人日米四升故爲大有年人三鬴實計人日米三升故爲中年人二鬴實計人日米二升故爲無年也不及人二鬴則爲大凶之年移不足處之民就穀有餘之處近而都鄙遠而王

畿外內皆得相通天下一家也殺邦用者若膳夫太荒則不舉司服大荒則素服掌客凶荒則殺禮大司樂大凶大烖令弛縣爲民父母之心也

凡邦有會同師役之事則治其糧與其食會同大師大役皆主用衆行道曰糧糗糒也止居曰食米也治謂均給之

大祭祀則共其接盛接者繼續之義也言舂而又舂即說文所謂米一斛舂八斗爲毇復從毇一斛舂九斗爲鑿也天子藉田所獲收于御廩此廩人掌之祭天地祖宗用之不以給小用敬之至也其他祭祀共于舂人

舍人掌平宮中之政分其財守以灋掌其出入

王宮之稍食宮正均之后宮之稍食內宰均之政謂用穀之政分其財守者計其用穀之數分派宮正內宰使守而頒之也取于廩人則有入數分于宮正內宰則有出數然以大宰之式灋行之右主祿食之米也

凡祭祀共簠簋實之陳之賓客亦如之共其禮車米筥米芻禾喪紀共飯米熬穀

筥音舉熬音敖○圓內方外曰簠以盛稻粱方內圓外曰簋以盛黍稷祭祀賓客簠簋然后宮之事舍人主實而陳之賓客致饔餼之禮有筥米設于中庭有車米芻薪陳于門外喪紀之事飯以實口不忍虛也君用粱大夫用稷皆四升實者唯盈熬穀錯于棺旁亦苞筲之意喪大記曰君四

種八筐大夫三種六筐士二種四筐王其六種十二筐與○已上主用禮之桊

以歲時縣種稑之種以共王后之春獻種

王將耕籍內宰詔王后獻種稑之種倉人共之預縣之以達風氣使無朽腐也

掌米粟之出入辨其物歲終則會計其政

米穀之數通掌于廩人而舍人司其出納者亦猶職內職出之于大府有監臨之意也九穀皆別為書日有成月有要歲終會之與冢宰司會相通

倉人　掌粟入之藏

粟穀未去穀之稱也閭師徵國中四郊之賦縣師徵野賦共入于此

辨九

穀之物以待邦用九穀解見大宰辨九等之名物各爲收貯隨邦國所用而出之

若穀不足則止餘灋用有餘則藏之以待凶而頒之無年穀不足則于式灋當用之内量爲停止若省禮殺哀去其不急以寬民豐年用有餘則于式灋之外不敢妄有所費藏以待之此有司守灋出納之常也

凡國之大事共道路之穀積食飲之具積音至○國之大事謂寇戎也廩人治其事此職與遺人隨地給之

司祿職掌闕○按天府獻穀數于王則祭天之司祿其星在虛宿下與司命人星相比蓋所以制人祿食者也

故新穀登則祀而用之此官主頒仕者之禄故以司禄名其文闕如者或曰當時有惡其害巳者而去其籍矣然以孟子班禄之灋據春秋及司儀王朝公卿大夫士之爵則自有一定之數因為之圖説學禮者當有攷云

頒禄圖

班禄説　班禄定灋

司稼掌巡邦野之稼而辨穜稑之種周知其名與其所宜地以為灋而縣于邑閭穜稑音同六縣平聲

稼有百種其樹之時同人力又同而所收有多寡者土有宜有弗宜也司稼徧觀而盡識之視其實蕃者辨其種之名宜于某地立灋縣示于邑閭使嗣歲依而行之蓋民各居其方局于所便司稼廵于各野故所見自廣

也大司徒土宜之灋載師物地事皆掌其大凡而已百種之宜司稼詳焉

巡野觀稼以年之上下出斂灋

天時有旱潦地里有高卑每歲收穫不齊司稼屢畝觀之定爲斂灋豐年則全斂中年則有寬減猶漢灋之十傷二三實除減半之云二三荒者免之七八熟者徵其半凶年則無財賦凡司書稅斂之受灋均人之均力政廩人之詔穀用皆本于此蓋牧田之貢必有其灋則收斂不頗井田之助亦必有灋則收貯有數也

掌均萬民之食而賙其急而平其興

凡歲之豐凶萬民同其利害而天患民病則一人專受其禍災故爲之賙其急即秋省斂而助不給也爲之平

其興春而與舊易新驗户頒之無有所偏也二者所以均萬民之食皆佐旅師爲之

按天文西方宿曰胃主天之儲藏五穀之府所以會計邦用又其附星曰天廩主天子御廩以給粢盛此官主司會計穀入之長御廩穀入之至尊故使掌之而因以廩人命官擇舍人以下諸官而稽其出入計歲之豐凶以上下其式用計民食之足否而爲之移民通財邦有會同師役而調兵食非良轉運之才不能也其事與大府相聯而米穀出入貴重浩大故秩爲下大夫又天文有天倉主粟入之藏即此倉人也貢賦之穀于是乎入邦用之穀于是乎取廩人之計國用必與聞故不足則止餘灋有餘則藏之廩人之調兵食必與偕故大事共其道路之食但廩人主計其數而此則主收貯其物也舍人者掌王宮后宮穀用凡士庶子庶人之在王宮與

夫嬪御女宮奄奚女奴之祿食及祭祀賓客器紀之禮米聯事于內宰宮正在王宮八舍之內故以舍名也司祿者主百官府之祿者也司稼者主百種之名物土宜以教民之所趨避因而巡其歲之豐歉以爲斂之輕重量其民之貧富以爲賑施之厚薄此粢食之本夫後世倉廩之官但知以征科爲事而已周公于倉廩之下而特係以司稼一職周知其種地之所宜以示之于民則所收自倍觀其年之上下立斂灋以示之于吏則徵斂不煩賙其急而平其興則耕無不足欲收米粟也而必善其種之所自出欲徵其貢賦也而必使其民之有餘力此周公之征稅所以異于後世也

舂人奄二人女舂抌二人奚五人（舂）聖容反（抌）音遥

饎人奄二人女饎八人奚四十人（（饎）昌乂反亦作饎）

稾人奄八人女稾每奄二人奚五人（（稾）坤告反）

舂以手執杵舂于臼也抌以手轉米臼中使舂之匀在天文爲杵臼饎炊爨穀食之名主祭祀賓客王及后之食在天文爲天厨内厨稾猶犒師之犒主冗食者故以稾名在天文爲外厨女舂抌女饎女稾皆民間女之長于是者故使董之領之以奄者以執事皆女人也

舂人掌共米物祭祀共其齍盛之米賓客共其牢禮之米

凡饗食共其食米（饗（食）音是○米脫粟之後復舂治之去其糠皮而後可食舂人主共之齍盛以

實簋簋饗以酒爲主而共食米亦猶食以食爲主而設掌酒也二者玆共于饎人牢禮之米以實筐筥共于掌客

凡米事 謂王后世子嬪御外内朝冗食饗耆老孤子士庶子等食米也

饎人 掌凡祭祀共盛共王及后之六食 即食用六穀也 凡賓客共其簠簋之實饗食亦如之

稾人 掌共外内朝冗食者之食 冗日勇反○外朝在雉門王詢萬民之朝也司䢵朝士掌焉中朝在路門即治朝也宰夫司士掌焉内朝在路寢公族之所朝也大僕小臣掌焉言外内朝則中朝在其中給事王朝不得歸舍或以事謁王而賜之食玆稾人共之故曰冗食也 ○若饗耆老孤子士

庶子共其食

按饎人之職貴重而簡要稾人之職冗雜而煩多故不以相混又天官內饔共王及后世子之膳羞宗廟之割亨外饔共外祭祀之割亨賔客之饔飱饗食則與饎人聯事者也外饔掌耆老孤子士庶子之饗則與稾人聯事者也夫膳穀一事而必分屬于天地二官者膳乃天産故屬之天官穀食乃地産故屬之地官酒亦地産而屬天官以酒屬陽故也

掌豢祭祀之犬

豢音患○犬金畜共于秋官而豢于此者以穀食之便且唯屬于稾人而不于饎人者以共至尊者雖餘不可褻也

周禮傳卷之二下

蘇州全書

甲編

《蘇州全書》編纂出版委員會 編

·周禮傳

蘇州大學出版社
古吳軒出版社

傳三上

春官

周禮傳卷之三上

春官上

惟王建國辨方正位體國經野設官分職以爲民極乃立

春官宗伯使帥其屬而掌邦禮以佐王和邦國

書周官曰宗伯掌邦禮治神人和上下大宰禮典曰以和邦國以統百官以諧萬民小宰禮職曰以和邦國以諧萬民以事鬼神宗伯兼掌禮樂天下事必有序而後和禮先而樂後故曰掌邦禮治神人事鬼神者指其以禮樂治人事鬼也曰統百官與冢宰統治之意稍異百官有禮而心有統攝也曰和邦國曰諧萬民者分定而

後和諧者協和之意也

禮官之屬大宗伯卿一人小宗伯中大夫二人肆師下大夫四人上士八人中士十有六人旅下士三十有二人府六人史十有二人胥十有二人徒百有二十人

【鬱人】　鬯人鬱人之屬　【雞人】　【司尊彝】　【司几筵】　【天府】

【典瑞】　【典命】　【司服】　【典祀】　守祧音挑○典祀之屬　【世婦】

內宗　外宗已上並屬世婦　【冢人】　墓大夫　職喪已上冢人之類

【大司樂】 大胥 小胥 大師 小師 瞽矇 眡瞭

典同 磬師 鐘師 笙師 鎛師音博 韎師音妹 旄人

籥師 籥章 鞮鞻氏（鞮）音提（鞻）讀若屨 典庸器 司干已上並屬大司樂

【大卜】 卜師 龜人 菙氏日髓反 占人 簭人古筮字

占夢 眡祲已上並屬大卜

【大祝】 小祝 喪祝 甸祝 詛祝音晝○已上並屬大祝

【司巫】 男巫 女巫已上並屬司巫

【大史】 小史 馮相氏（馮）音平（相）去聲 保章氏 內史 外史

御史已上並屬大史　巾車　典路　車僕　司常已上並屬巾車

都宗人　家宗人

已上春官之屬凡六十六官春主和宗伯掌邦禮皆諧和之事故取象于春禮之秩序皆天所命天府奉若天道也禮莫大乎奉天大卜簭人占夢眡祲馮相保章聽命于天和同天人之際也典命典瑞司服巾車司常禮之秩叙也鬱人司尊彝司几筵行禮之器也巫祝致禮之詞也諸史守禮之官也禮必有樂大司樂所以和禮兼教王世子及國子以禮樂也世婦內外宗教六宮之人以禮也送死大事故冢人職墓專掌其禮也鷄人春畜也不言木者木生于土掌于地官之虞衡也虞廷命伯夷典禮夔典樂龍納言周禮則合于宗伯六十屬合

敬同愛春生象也

大宗伯之職掌建邦之天神人鬼地示之禮以佐王建保邦國（示）音期俗書丛借祈此乃禱祈字也惟周禮單用示爲當但示乃天垂象之意音視古文別作亓更善

聖人繫易于渙曰先王以享于帝立廟于萃曰王假有廟致孝享也祭祀之報本于人心故渙散而萃聚之者莫有大且急于天地人之祀者蓋有此國則有此祀典人心以之繫屬國祚以之永賴與國同其存亡故繫之建國而宗伯掌之以建保邦國也且五禮皆宗伯所掌而吉祭爲先幽能格于鬼神而況于人乎故孔子云知其說者之于天下也其如示諸掌乎正此意也

以吉禮事邦國之鬼神示（示）祇通○古人大祭祀日尸以牲皆用卜吉故祭禮稱吉

禋祀祀昊天上帝以實柴祀日月星辰以槱燎祀司中司命飌師雨師（禋）音因（槱）音酉飌風通

天之靈曰神天神之祭莫尊于昊天上帝其次祀曰日月星辰星謂木火土金水之五星辰謂日月五星所會之十二次也小祀曰司中而下舊解文昌第四星爲司命第五星爲司中愚謂虛宿下有司命星主人之壽夭名義甚正司中無攷豈天樞北極主天之中氣故祀之歟若文昌六星自主天子文德不當與此混也飌師雨師舊說以爲箕星好風畢星好雨理或然也大抵祀天神皆主精意以享而以牲體燔燎上達其誠故自牲體

實于柴中言曰實柴自其焚之而言曰槱燎槱即薪也自其煙氣之升記所謂見以蕭光假此以上達其誠即書之明禋故曰禋祀三祀互相備天神獨尊故專以禋名也

以血祭祭社稷五祀五嶽以貍沈祭山林川澤以副辜祭四方百物貍音埋副音壁辜音孤

地之靈曰示地示之祭莫尊于社稷社土神即地也觀古人言社則不言地言地則不言社可見有社必有稷土爰稼穡也其次祀有五祀五嶽山川五祀謂春户夏竈夏季中霤秋門冬行也以其切于民用故祀之或謂五祀者即木火土金水之神其功甚大豈可舍之而祀門户等鬼觀五帝之祀正主五行流行之主宰配以五

人帝而從以五人神其禮爲至隆其餘祀典若山林于木川澤于水司爟于火與夫鄉州之社無非五行之祀故此之五祀當從月令爲是也五嶽岱華嵩衡恒舉四望之大者山林川澤者畿內之名山大川也小祀有四方百物者亦謂境內四方百物之神若八蜡九門磔禳之類也大抵祀地示皆殺牲而沉埋之以下達其誠有牲即爲血祭貍埋于土沉沒于水也境內山川皆即其地而祭故以貍沉言疈刀判之辜磔而陳之四方百物其神卑多磔牲體而解之各以其體而祀其方故以疈辜言社稷四望爲尊故獨以血祭名也○蜡音乍別作䄍善祫音狎磔音責

以肆獻祼享先王以饋食享先王以祠春享先王以禴夏

享先王以嘗秋享先王以烝冬享先王

人死而魂靈之游變曰鬼宗廟之祭四時一舉主祭夫高曾祖禰之四親廟與夫祖之始受命宗之有功德而不毀者祭必于四時取夫疏數之中也三年一祫主陳夫毀廟之主而合祀之也五年一禘主追祭夫祖之所自出而以祖配之也肆陳牲也肆獻者肆解牲體以獻也祼用鬱鬯之酒祼地以降神也饋食用黍稷以薦也春物初生祭時品物少主以詞達誠故曰祠夏陽盛主用盛樂故曰禴字從龠或從勺皆樂器名也秋物初成主以薦新爲事故曰嘗冬物大備主合衆物以享故曰烝祠禴嘗蒸宗廟中四時常祭之名所以享祖宗及四親廟故皆曰享先王祭必用牲禮莫重于祼鄭氏謂此主禘言祭以追養亦莫重于饋食鄭氏謂此主祫言故

亦曰享先王其實肆獻祼饋食凡祭皆有之以禘祫尊故特舉以爲名耳○按太人之道莫大于報本萬物本乎天人本乎祖故天地宗廟之祭國家莫大之事其餘有功于人者必食其報此中祀小祀之所由設也

以凶禮哀邦國之憂（哀謂悲傷而思拯之）以喪禮哀死亡（人死在殯曰死既葬曰亡）以荒禮哀凶札（饑饉曰凶疫癘曰札）以弔禮哀禍烖（水火爲害之類）以禬禮哀圍敗（禬會通○城郭被圍曰圍兵屻曰敗）以恤禮哀寇亂（兵作于外曰寇作于內曰亂）

人情嘉生成而惡死亡大君者以天下爲體癢疴疾痛舉切吾身凶禮五以哀邦國之憂者救患分烖以憂其憂所謂憂以天下也喪禮者含襚賵賻之禮及爲之服也荒禮者司徒移民通財小行人國凶荒則令賙委之

膳夫大荒大札則不舉曲禮君膳不祭肺馬不食穀馳道不除祭祀不縣也弔禮者小行人國有禍烖則令哀弔之宋大水魯莊公使人弔焉曰天作淫雨害于齍盛若之何不弔也襘禮者會聚財貨更其所喪若齊桓公城楚丘也恤禮者同難相恤或救兵或犒師使不困于強暴也○㊀含去聲㊀賻音附㊀賵風去聲㊀衂寧六反

以賓禮親邦國春見曰朝夏見曰宗秋見曰覲冬見曰遇

鄭氏云朝猶朝也取其來之早宗尊也取其尊王覲之言勤也取其勤王事遇偶也若不期而遇按朝宗覲遇王朝定名諸侯來者隨所值之時即用其禮漢書吳王不朝使人爲秋請是也若拘以四方之說豈東方無覲而西方無朝乎○朝猶朝也下朝字音招

時見曰會殷見曰同

時事也王將有征討之事爲壇于國外合

諸侯而命事焉春秋傳所謂有事而會也殷衆也即職方氏之殷國大行人之殷同十二歲王不巡守則六服盡朝王亦爲壇合諸侯而命政也鄭氏曰殷國所在無常或在城之外或往諸侯之國四方四時分來終歲則徧愚謂周公爲東都以爲會諸侯之所取其道里之中蓋即殷同之事也其後穆王巡遊無度昭王巡守不反遂廢巡守之禮而亦不殷同矣六者諸侯見天子之禮所謂大賓也

○時聘曰問殷頫曰視

頫天教反○諸侯非朝歲以時而使其臣存問于天子爲時聘王制所謂比年一小聘三年一大聘也天子有事諸侯各使其臣頫眂于天子列國皆至故曰殷頫二者皆諸臣之事所謂大客也

易曰先王以建萬國親諸侯賓禮者侯國君臣有事于王國待以賓客之禮使之親附也虞書五載一巡守羣

后四朝故元年巡守四方二年巳後每歲一方諸侯來朝四年而遍至六年而復巡守周制詳密自一歲一見至六歲一見二匝而王乃時巡朝覲會同者諸侯見天子之至大禮此與巡守相對者也王之所以撫諸侯者有徧頫徧存之禮則諸侯于不朝之歲其能恝然乎于是乎有時聘之禮也王于諸侯有賀慶憂恤之禮則諸侯于天子之善與裁可但已乎于是乎有殷頫之禮也詳見大行人

以軍禮同邦國軍字以包車爲文古人用衆必以兵車也同者咸其不協僭亂而定于一之意

大師之禮用衆也大均之禮恤衆也大田之禮簡衆也大役之禮任衆也大封之禮合衆也

天下之事有運籌于尊俎之間而舉之者有必動大衆于原野而後可以集事者此軍禮之所由設也大師伐國也戰事非殺敵則殺于敵若以貪生爲心唯知畏敵斯敗亾無日矣故犯軍灋者必誅率其衆致身從事死中求生故曰用衆大均者司空度地居民移狹土之民實土壙之處將大衆而舍舊即新者也老弱轉從道路易至失所新適異鄉未得所安非曲盡夫憂恤者不能故曰恤衆大田者四時畋獵寓講武之灋所以簡閱大衆使可戰可守故曰簡衆大役者築鑿營建其用衆多其勞民久苟事無統紀則人得以偷惰必賦之丈尺分之以事然後可以攷其勤惰而責其成故曰任衆大封者或卿大夫出封或侯國移封正其疆域則四鄰咸在均其職守則同盟畢至主合諸侯而命之故曰合衆大師大田皆司馬主其事大均大役大封皆司空主其事

然司空亦掌田濩者以教大閱在仲冬也司馬亦與大役者以將大衆必以軍濩從事也若司徒主民故率民而至茲屬之司徒然其民又分屬于六官故將其民者不出于六官之吏此小宰所以有軍旅田役之聯事也歟

以嘉禮親萬民嘉美善也宴樂喜慶之事人情之所美善者也以飲食之禮親宗族兄弟以昏冠之禮親成男女以賓射之禮親故舊朋友故舊王之舊相識及共學者朋友天子亦有友臣也以饗燕之禮親四方之賓客朝會聘問而至及諸侯諸臣貢士之賓王者以脤膰之禮親兄弟之國〔脤〕日軫反社稷肉〔膰〕音煩宗廟肉以賀慶之禮親異姓之國

人與人自爲同類而相親君臣上下勢分縣絶苟無會合之禮則情意寧無乖離乎同姓貴于親睦先王有時燕焉國語時燕不淫記族食世降一等是也有因祭而燕焉詩曰諸父兄弟備言燕私唯其有此所以同姓之親情自浹洽也冠者成人之道歸妹人之終皆人事之成也昏姻冠笄之禮使同姓異姓相親以樂成之則自王族以及于百姓無怨曠之苦也故舊朋友有禮以禮賓之有射以習禮樂四方賓客有饗以訓恭敬有燕以示慈惠然四方賓客有貢士之賓射有諸侯之大射故舊朋友有耆老之饗無事之燕此分屬者各舉一事言之耳諸侯入天子之國既有賓射饗燕以禮之矣至于在其國内復有相親之禮焉兄弟之國祭則歸胙欲其共需神惠異姓之國有嘉事則賀慶以樂其樂然大行人云賀慶以贊諸侯之喜則賀慶通于同姓春秋天王

九命

使宰孔賜齊侯胙宋先代之後有事膰焉則賑膰及丁異姓此亦各舉其重者也夫吉禮主嚴凶禮主哀軍禮主威賓禮主莊故復因人情可嘉美之事制爲五禮以親之則上下交而王澤之流沛然矣

以九儀之命正邦國之位九儀之命者九命之儀不同也王朝諸臣五等侯國之君臣其相聚雖至賾皆秩然不亂故曰正邦國之位（賾）音責

一命受職王朝下士公侯伯之上士子男之大夫

再命受服王朝中士公侯伯之大夫子男之卿

三命受位王朝上士公侯伯之卿

四命受器王朝下大夫公之孤附庸之君

五命賜則王朝中大夫畿外子男

六命賜官王朝六卿

七命賜國侯伯之國或王朝卿大夫出封或子男加封也

八命作牧九命作伯

人之類聚羣分有尊卑上下之等天所以命有德也王者代天制爲命數一視其德以爲予奪進退雖匹夫之賤命之則得以有列雖諸侯之貴不命則不得以嗣爵有功者進之有罪者黜之凡天下之有爵者皆出于上之命而其國家宮室車旗衣服禮儀一視其命之數不敢有毫髮之干此所以定民志而使人爭務于功德也受職者始受命于王爲正吏府史胥徒非無職也皆官長所自辟除與夫子男之士皆非受命于王也受服者得服玄冕之服一命而下則皮弁而已受位者列位于王朝而爲王臣再命雖得聘于王不得有列于王朝也受器者王命之得具祭器禮運云大夫具官祭器不假非禮也故未四命不得具祭器賜則者畿內之臣賜之八則以治都鄙畿外子男亦如之也賜官者六卿在王朝則有六十屬在其國都則有灋則以馭其官也賜國

六瑞

者有百里之國也或疑子男已有國矣至七命而後云賜國何也觀夫諸侯未踰年曰子蠻夷雖大曰子故子者未成國之名男之名則猶夫子耳是故三公未有國而執璧子男執璧而不執圭其例可見故必七命而後可以爲侯國也作牧者王朝三公及畿外侯伯有功德者加爲九州牧在舜典爲十二牧即大宰大司馬所建之牧詩所謂賜之弓矢得專征伐也作伯者畿外先代之後爲上公之國及王朝三公加爲東西二伯領畿外諸侯公羊傳所謂自陝以東周公主之自陝以西大公主之是也自一至四始無而有故曰受自五至七因有而加故曰賜自八至九不可以輕授必有大功德者然後可以充是惟書所謂官不必備惟其人故曰作也

以玉作六瑞以等邦國王執鎮圭公執桓圭侯執信圭伯

執躳圭子執穀璧男執蒲璧〔鎮〕大行人作瑱二字通用〔信〕如字

瑞者徵祥符應之稱字從玉從耑言美在其中而發耑于外也天子諸侯所執之玉而以瑞名者玉純陽之精氣備天地之全德故執以爲守爲信而名曰瑞言德藴于内而徵于外也以其世守之以爲寶故曰守圭諸侯之圭皆王所命故曰命圭其來朝也必輯而合之以爲驗故天子之冒圭則邪刻其下諸侯瑞圭則邪鋭其首上下相合所以太天下之信也攷工記玉人之事鎮圭尺有二寸天子守之命圭九寸謂之桓圭公守之命圭七寸謂之信圭侯守之命圭七寸謂之躳圭伯守之鎮安也鎮圭者以四鎮之山爲瑑飾所以安四方也雙植謂之桓宮室在上須桓楹乃安桓圭者圭兩旁如桓楹象其上承王室也夫君國皆曰侯所執皆爲信唯二等

之國得侯之稱故圭獨以信名信圭之形直隆之爲雙植之桓公執之穀之爲曲身之躬伯執之也子執穀璧男執蒲璧者穀所以養人蒲所以安人故子男取其義鎭圭尺有二寸灋天數也其餘九七五皆陽數凡南面之君其命數皆從陽桓圭九寸下于天子信圭躬圭七寸下于公穀璧蒲璧五寸下於侯伯也夫圭直方止而不變者也公侯伯位已定故用之璧圓通流行而未定者也子男德方進故用之又此公執桓圭者上公之國射人三公執璧者謂王朝三公近于王而屈又不可同于孤之皮帛故亦視于子男也○按聘禮圭剡上寸半厚半寸博三寸天子之制未聞然過于博厚則重而不勝疑亦不過此其等差在高卑與玉質之不同而已○

耑音端　殺去聲

剡月檢反削也

六贄

以禽作六贄以等諸臣（人臣之贄以禽所以别于邦君也）孤執皮帛卿執羔大夫執雁士執雉庶人執鶩（鶩音木）工商執雞

贄之言致也所執以自致其誠也天子無客禮無所用贄唯適諸侯之祖廟及弔臨有介邑亦贄之意也諸侯之五瑞天子所命以爲信輯而復頒之舊以爲贄非也虞有五玉之贄其大各如其瑞周禮復合以六幣之享此乃謂之贄也孤卿以下何以致其誠乎人道莫大于相眷不過服食而已此司士所以掌擯士者之贄而膳夫以贄見者必膳而獻之也然其物非泛常而可混用咸象其德以自致而尊卑隆殺之等于是寓焉故曰等諸臣也射人三公執璧此不言者三公官不必備故亦不著其贄也帛卽虞書玄黃纁之三帛天地與純乾之

色古人衣服所常用也合之以虎豹之皮取其震服百獸三孤在朝若無所事而其德能服遠之義也羔羊子羊之性達生跪乳近于孝外柔內剛近于勇非羣不處近于和千百維羣進止定于一有君道焉觀字書義善祥美等字皆從羊建首者以此故卿執之不用羊而用羔貴其輕煖也雁進以漸飛以序從陽而不忒一偶而不再大夫執之者道合則服從臨大節而不可奪之象也雉文明而不生獲士執之者有文德而以死服事之象也羔雁雉三者虞書所謂二生一死也鶩之性有翼而不能飛有卵而不能乳鳥之至愚者也但能和其醜以依于人而已庶人無他事唯羣居樂業以從上之命故以爲贄焉雞之性能知時之早暮又知雨暘禍福鳥之知者也及其得食相呼大能字小又有仁德焉工之爨象制器商之趨時逐利非知不能使去其自私自利

六器

之心以資世之所不及亦何賤之有故以鷄爲贄也

以玉作六器以禮天地四方上天下地天地各有四方玉器因之以蒼璧禮天以黃琮禮地以青圭禮東方以赤璋禮南方以白琥禮西方以玄璜禮北方皆有牲幣各放其器之色琮音崇琥音虎璜音黃放上聲

典瑞言四圭兩圭爲祀天地之玉而此復有蒼璧玄璜等玉以禮天地四方何也書金縢曰植璧秉圭蓋周之禮有所以祀神者植于所祀之處若其主然書所謂植璧即典瑞之四圭兩圭也有所以禮神者執之以致禮

若其所享肰審所謂汞圭即此之六器禮天者專指冬至祀天所執冬至一陽生天之全體具焉璧圓中虛一元統天之象蒼者日月之光爍天玄而爲蒼人所見天宇之色必蒼也故以蒼璧禮地者專指夏至祀地所執夏至一陰生地之全體具焉琮射爲八方地體四正四隅之象從日照地爲黃人所見大地之色皆黃也故以黃琮東方者迎春東郊青帝大皞東嶽泰山之類青東方之色圭銳其首象出震生物也南方者迎夏南郊赤帝神農南嶽衡山之類赤南方之色半圭曰璋章明也象物之相見乎離也西方者迎秋西郊白帝少皞西嶽華山之類白西方之色琥者以義椎之當爲半琮形西方屬虎故以爲名象秋氣之肅也北方者迎冬北郊黑帝顓頊北嶽恒山之類玄北方之色半璧曰璜冬物伏藏象天之半見地上也王作六器以放神示之德牲幣

又放其器之色因其類以致其饗也

又按天地四方祀玉二而禮玉六蓋祀玉者神之所主也天之四時主宰不同而同出于天地之四方方向不同而同歸于地神示之精一而已故止以天地爲别若禮玉者人之所各致其誠者也故天地各有四方而以六合爲别也

以天產作陰德以中禮防之以地產作陽德以和樂防之以禮樂合天地之化百物之產以事鬼神以諧萬民以致百物

天下之聲色氣味數位皆從天地而降凡陽皆屬天故曰天產凡陰皆屬地故曰地產人之耳目口鼻之所接衣服居處之所寓不出乎二者陰德者人之沉靜持守之體揖讓退巽之節皆是也減而不已則苦節而過中則偽而禮不可行矣故以物之產乎天者以作陰德使鼓舞進前由于禮之中則其行不偏而不至于偽所謂禮主其減以進爲文也陽德者人之流動盈滿之氣懽忻發越之情皆是也盈而不反則放樂而不節則淫而樂不可行矣故以物之產乎地者以作起陽德使優柔平中由于樂之和則其心不乖而不至于淫所謂樂主其盈以反爲文也夫禮樂者合天地中和之化百物陰陽之產作之防之使無過不及故幽而鬼神有以事之則天神格而人鬼享衆而黎庶有以諧之則庶尹允諧而黎民於變時雍遠而百物有以致之則百獸率舞

四靈畢至記所謂和故百物皆化序故羣物皆別也宗伯叙禮之爲用而總結之以此以著禮樂之功用也

凡祀大神享大鬼祭大示大神天帝大鬼宗廟大示社稷也帥執事而卜日宿眡滌濯涖玉鬯省牲鑊奉玉齍鑊月郭反　齍音咨○治其大禮詔相王之大禮

凡大祀恐有天地災變國家大故以卜日爲先雖大卜所掌宗伯必帥之祭以絜誠爲主器之濯溉嬪婦女宮等所掌而必宿眡之禮神祀神之玉灌地之鬯皆交神大節雖典瑞鬯人之事而必親臨之六牲六官所奉齍盛六宮所共祭物莫有重于是者故牲鑊必躬省之王齍則親奉之大禮若祭主迎尸祼獻割牲飲福交神之

大節小禮又其中之節目蓋若後世之通贊分贊大小宗伯所掌及詔相王茲挈其大綱○此祭祀所掌之事

若王不與祭祀則攝位

凡次祀小祀王不能遍行或王有疾病及諒陰雖大祭祀而不與者茲攝王位而行禮此與王居憂則冢宰攝政王不親將則大司馬將六軍同意皆代王行事者也

凡大祭祀王后不與則攝而薦豆籩徹大賓客則攝而載果

(與)去聲(載)再通(果)祼通載果即亞祼也

大祭祀王后主豆籩之薦徹大賓客王后有再祼之禮有故而不與大宗伯代以行禮后佐王守國大禮不可

缺也○已上祭祀攝行之事

朝覲會同則爲上相朝覲會同大行人擯者五人出接賓曰儐入相禮曰相大喪亦如之先王之喪嗣王有拜賓之禮或后世子之喪王亦有拜賓之禮王哭諸侯亦如之諸侯薨于其國爲位哭之檀弓曰天子哭諸侯爵弁絰紂衣或來朝而薨于王國王爲之緦麻丛宗伯爲上相○紂緇同

王命諸侯則儐儐作擯非○命諸侯者諸侯喪畢受命天子始得爲諸侯也

按鄭氏云王將出命假祖廟太依前南鄉儐者進當命者延之使登內史由王右以策命之降再拜稽首登受冊以出此其大畧若賜卿大夫士爵則于祭焉皆尊祖不敢自專之意諸侯雖子男必特命而大宗伯儐之待

大故禱祀之義

以客禮也諸臣雖公卿賜于祭而小宗伯儐之待以臣道也右儐相事宗伯掌禮故爲上相六官莫敢先之

國有大故則旅上帝及四望

大故謂寇戎侵叛也旅者祭不一之名上帝者五帝也上帝與四望祭之不一故云旅夫國有大故大宰贊王戒于百官天子必親總六師于是司馬掌其灋治其政令司徒致其民頒其守司空治其功司寇涖其戮何慮夫寇難之不平而爲此求媚之事乎蓋宗伯者平日寅清其德以佐王則天明事地察故于此則率其有司各致其精誠相與告于神祇大宗伯主上帝山川之祭大祝主社稷之祭肆師令國人祭則自州長而下凡有民社之憂者靡不竭其誠以感動于鬼神使效其英靈默相于幽冥之中爲不道者必遭險逆有道者常獲順易

是亦弭災兵之一端也夫豈遇災而懼緩急失措不事夫堂堂正正之典而徒祈禱于不見不聞之地則與遇圍逼而講老子談苦空者何異周公之志不以荒乎

王大封則先告后土卿大夫出封或畿外諸侯加封也

后土即大社總大地之示大封先告者割其方之土而賜之俾立社于其國以爲土之主也

乃頒祀于邦國都家鄉邑邦國諸侯之國都家鄉邑鄉遂公邑縣都也悉頒以應祀神祇

愚按頒祀上有闕文觀天地夏秋四官皆有和布縣灋此獨缺典頒祀者正歲首之事乃者繼前事之辭也

小宗伯之職掌建國之神位天神人鬼地示大宗伯掌其禮此則掌其位精粗之異建

邦之神位者建此邦則太此神位也**右社稷左宗廟**社稷者王畿土穀之神祭瀍所謂王自爲太社也宗廟者天子祖廟也二者皆王所數行禮者故在王宮左右地道右爲尊左爲陽故右社稷而左宗廟也◯

兆五帝于四郊帝即易帝出乎震之帝所以主乎元氣苹而爲五春青夏赤夏季黃秋白冬黑是爲五天帝月令云其帝大皞炎帝黃帝少皞顓頊是爲五人帝而用以配享者也兆于四郊者青帝東郊赤帝黃帝南郊白帝西郊黑帝北郊即月令迎春于東郊等之地也

四望四類亦如之四望者虞書云望于山川不得至其地故望而祀之五嶽四瀆四海皆在所望六宗伯但言五嶽舉其大者也四類者祭天神皆主燔燎以達其誠其禮類于祭天故曰類即大宗伯日月星辰司中司命飌師雨師等神也四望四類亦如之者如五帝之

兆于四郊也

○兆山川丘陵墳衍各因其方畿內山林川澤丘陵墳衍原隰五地隨其方之所有以爲之兆

按冬日至祀天圜丘則天神皆降夏日至祀地方澤則地示皆出而此復有四郊之兆者蓋冬至乃祀天之正祭因而總祀夫天神夏至乃祀地之正祭因而總祀夫地示此則各因夫氣之流行與夫天神地示之所居分方而特祀之也又鄭氏云兆日于東郊兆月與風師于西郊兆司中司命于南郊兆雨師于北郊其說無據而有得失愚按四望之兆若五嶽四瀆四海皆原有定方四類之兆則日于東月于西已無可疑其餘飌師當于東雨師當于西觀大司徒所云日東多飌日西多雨蓋可驗矣唯夫星辰等兆無可攷愚觀五星流行及七政

交錯之次舍皆在天之南司中司命實居紫微垣之北然則星辰其兆于南郊而司中司命其兆于北郊歟

掌五禮之禁令與其用等五禮吉凶軍賓嘉也大宗伯掌其禮小宗伯掌其禁令謂禁其不當祀令其所當行及所當用之物與夫降殺之等

辨廟祧之昭穆廟始祖及高曾祖禰四親廟也祧謂始祖而下高祖而上既毀之廟也自始祖為主其後一世為昭二世為穆三世為昭四世為穆以及于百世皆然也

辨吉凶之五服車旗宮室之禁吉謂祭祀凶謂喪紀五服斬衰齊衰大功小功緦麻也五服之人其車旗有貴賤之等宮室若貴宮貴室下宮下室椅廬堊室皆有貴賤之別也

掌三族之別以辨親疏三族者父族己族子

族也掌三族之别者自父而上皆爲尊屬自子而下皆爲卑屬自己之行皆爲兄弟之屬辨其親疎者謂有一從再從三從自五世以及于無窮也**其正室皆謂之門子**正室嫡子也門子者言代父而當門之子也**掌其政令**王者之道莫大乎親親親親之道莫要于辨昭穆别貴賤分族屬明宗灋廟祧之昭穆既辨則間一世而行輩同雖族屬疎遠祖父子孫尊卑之序秩然而不亂五服既辨則章服有等而貴賤之義昭然而不紊三族既别則上下及旁各及四世而親疎之序不可得而混門子既立則宗灋正在祭祀則登餕受爵必以上嗣親疎各以其次在喪紀則有衰麻之等其居室亦有親疎之異其守于公宫則有父兄子孫之别與凡居守之八次八

舍凡此政令皆小宗伯掌之也

廟祧昭穆賜爵圖

毛六牲辨其名物而頒之于五官使共奉之六牲之名如牛曰一元大武雞曰翰音物如陽祀用騂陰祀用黝頒于五官者地官牛春官鷄夏官馬及羊秋官犬冬官豕大宰總贊王牲事故不奉牲也

辨六齍之名物與其用使六宮之人共奉之六齍名物如黍曰香合而冬食其物稷曰明粢而季夏食其物○六牲天産故王割牲而共奉于六官六齍地産故后薦玉齍而共奉于六宮陰陽之義也

辨六彝之名物以待果將辨六尊之名物

以待祭祀賓客六彝之名若鷄鳥物即鬱鬯六尊之名若犧象物謂五齊三酒皆所以待祭祀賓客者將奉也酌于圭瓚璋瓚而奉于鬼神賓客六彝言祼將知六尊以備酌獻也掌衣服車旗宮室之賞賜賜衣服車旗者即命服命車書所謂車服以庸也賜宮室者猶後世之治第蓋特恩也然小宗伯掌其禮掌四時祭祀之序事與其禮周人祀神之事至賾天地人之大祀以至于百物之羣小祀皆有次序使無廢墜不舉及每祭其禮甚繁若卜日省牲視滌濯等禮又皆有秩序使無僭差○已上祭祀賓客賞賜之物○賾音責

若國大貞奉玉帛以詔號貞正也古人謂卜爲貞洛誥曰我二人共貞謂卜而質正其吉

凶也大貞者謂大祭祀大畧大師大封大遷太君也王所以禮先卜號卽祭卜神與幣之號小宗伯奉而詔之○此下叙其隨事所當掌之禮卜爲始故居首

大祭祀省牲眡滌濯祭之日逆齍省鑊牲者校人牛人等所共省其有無損傷滌濯者世婦率女宮之事視其潔否齍盛者饎人世婦所共逆而受之共于大宗伯鑊者烹人之所有事省其火齊之得否大宗伯主視滌濯省牲鑊奉玉齍此皆所以佐之也告時于王告備于王告時者應薦陳之時告備者言祭物備具凡祭祀賓客以時將瓚果瓚果者天子用圭瓚及祼時奉之詔相祭祀之小禮凡大禮佐大宗伯小禮大禮解見前大禮佐大宗伯以

詔相王小禮直詔相之

賜卿大夫士爵則儐祭統云祭之日一獻君降立于阼階之南南鄉所命北面史由君右執冊命之再拜稽首受書以歸此賜爵之禮也王之賜卿大夫士爵亦當如此命諸侯見大宗伯

小祭祀掌事如大宗伯之禮大小各有所司

○**大賓客受其將幣之齎**諸侯朝覲禮畢以王幣致三享之禮復有庭實所謂齎也圭璋大宗伯受之庭實小宗伯受之○已上祭祀賓客之禮

若大師則帥有司而立軍社奉主車軍社春秋傳曰軍行祓社釁鼓祝奉以從詩曰乃立冢土戎醜攸行也鄭氏曰社主用石必有所據主車者曾子問曰天子巡守以遷廟主行載于齊車言必

有尊也蓋古之行軍者用命賞于祖不用命戮于社威福咸不敢自專故營軍壘舍左祖右社亦依在國爲之但廟主不可以虛故以遷廟主行也有司謂大祝設軍社司馬奉主車竝小宗伯帥之也

若軍將有事則與祭有司將事于四望

軍將有事即有事于主及社肆師所謂用牲于社宗也將事于四望即大祝職國將有事于四望也與祭有司文有脫誤蓋帥有司而與祭之意此乃用師常禮舊說以謂將與敵合戰而祈之則類于愚夫之所爲而非祭祀之正也

○**若大甸則帥有司而饁獸于郊遂頒禽**

甸畋通　饁月劫反　○饁獸于郊者即司馬職仲冬教大閱遂以狩田致禽饁獸于郊也饁饋也仲冬有四方百物之祭以報成功故于狩畢即于此郊外帥司馬之屬以禽而祭四方百物之神故曰饁獸于郊大甸屬

司馬而其禮掌于宗伯故帥之遂頒禽者詩傳曰禽雖多擇取三十馬其餘以與大夫士以射于澤宮而頒之按此及肆師大祝凡大師大會同皆言社而不及稷者以稷司稼穡無與于殺伐之事也○已上師田之事

大烖及執事禱祠于上下神示大烖王有疾也至尊不安豫臣子致其憂烖莫大焉故曰大烖若國有禍烖則以水火凶札言也禱者遷善悔過以祈神之佑上下謂天神地祇論語云禱爾于上下神祇舉此而宗廟在其中矣執事巫祝之屬

○**王崩大肆以秬鬯渳**渳音米○肆始死而陳尸于牀也尊之曰大猶死曰大漸浴曰大渳也渳浴尸也鬯滑可以去垢鬱香草和鬯則其芬芳之氣旁達故鬱人鬯人並共之此則肖之也

及執事涖大斂小斂帥異族而佐斂者尸以掩藏爲善

故以絞衾衣服斂束之先小斂而後大斂器大記曰小斂衣十九稱君大夫士一也大斂君百稱大夫五十稱士三十稱鄭氏曰天子葢百二十稱大約小斂親身之衣不可得而加損故尊卑同大斂可以有加故以尊卑命數為降殺也執事大祝大僕之屬異族異姓也送死大事恐其失禮凡熟于器禮者可以帥而贊助之以盡禮為貴也

縣衰冠之式于路門之外衰器服冠器冠精粗斬緝親疎貴賤各有式灋縣于路門之外俾百族之服皆以為準至于男女之首服不同故大僕又縣首服于宮門專為女人設也

○及執事眡葬獻器遂哭之天子七月而葬殯畢即當營其事眡葬者眡其地也器謂明器檀弓曰既殯旬而布材先獻素後獻成執事梓人匠人之屬小宗伯因而哭之哀其死生之異也

卜葬兆甫竁亦如之

（竁）昌絹昌銳二反○先王體魄所藏不可以犯五患凶煞之地然必卜其宅兆而安厝之甫竁者謂初往穿壙之時當告于壙故

既葬詔相喪祭之禮喪祭虞祭也天子九諸侯七大夫五士二檀弓亦哭之也曰葬日虞弗忍一日離也是日也以虞易奠卒哭曰成事是日也以吉祭易喪祭蓋初喪有奠無祭自虞而有祭禮故曰喪祭也

成葬而祭墓為位成葬者丘封已畢也先人形體托于此故祀其墓之土神位者為之兆位也二者皆在墓之事小宗伯掌之其在廟中則大宗伯掌之也○已上喪葬之禮

凡王之會同軍旅田役之禱祠肄儀為位國有禍烖則亦如之求福曰禱得所求曰祠凡王會同軍旅大甸大役出而在途卒然有星日山川厲鬼之變故有禱祠之禮

與其國內有水火凶札之禍烖烖小宗伯肄習其儀及爲之位也凡天地之大烖類社稷宗廟則爲位天地大烖日月食山崩地震也當安社稷宗廟之神類正禮行之亦小宗伯爲之位按大師大會同若大祝職宜于社造于祖類于上帝以至大軍社奉主車所過山川此正禮也此條主祗禱之事非常禮也

凡國之大禮佐大宗伯凡小禮掌事如大宗伯之儀大小宗伯及肆師其掌禮以次相承國之大事凡七禮之大者大宗伯掌之小宗伯佐之肆師則兼佐夫大小宗伯國之小禮小宗伯掌事如大宗伯肆師亦如小宗伯之佐其正此正所謂大事從其長小事則專達也

肆師之職掌太國祀之禮以佐大宗伯肆師宗伯之攷也肆之爲言陳也掌陳其禮太大祀用玉帛牲牷太次祀用牲幣太小祀用牲劉氏曰天神地示人鬼皆國祀也即其祀中皆有三等之差故以玉帛牲牷明其大小則祀典太矣玉有植玉以爲主執玉以爲禮幣專以禮神牲所以享神色純者謂之犧體全者謂之牷大祀用玉帛牲則毛而用之中祀無玉小祀無幣牲亦用厖可也○以歲時序其祭祀及其祈珥王祀既太然後祭之各有其時以時序爲先後之次不必先大後小也祈珥盟詛而殺牲也詳見夏官小子大祭祀展犧牲繫于牢頒于職人充人職云祀五帝繫牢芻之三月故于牧人

共牲之時肆師展視其牲必體全〇**凡祭祀之卜日宿爲**色純然後須付于充人而繫之也**期詔相其禮**每祭之前十日卜吉而後齊宿爲期者肆師于卜之前夕與卜者及諸執事以明旦爲期并詔告相助其卜之禮**眡滌濯亦如之**祭之前夕大宰宗伯眡滌濯祭器肆師亦詔相其事〇**祭之日表齍盛告潔展器陳告備**粢六穀也簠以盛稻粱簋以盛黍稷有蓋不知其實故有徽識以表其名器鼎俎尊彝籩豆也實而陳之故曰器陳肆師展省其完備與否告潔告備蓋告于小宗伯而後小宗伯告備于王也〇**及果築鬻**果音課通鬻古煑字〇雜記築鬱臼以椈杵以梧煑之以和秬鬯之酒沛之而灌地以降神也此本鬱人之職而肆師與焉〇**相治小禮誅其慢怠者**

祭祀之小禮小宗伯所掌而肆師相治〇掌兆中廟中之禁令兆天神地示及墓兆也廟謂廟祧也平時不可不蠲當祭不可不肅故掌其禁令也〇凡祭祀禮成則告事畢告絜告備相終始也

〇已上祭祀之禮

大賓客涖筵几築鬻贊果將大賓客若諸侯免器之見也筵几司几筵所設肆師臨之鬱鬯鬱人所共肆師築而鬻之大宗伯載祼肆師贊之

大朝覲佐儐共設匪罋之禮匪古篚字〇佐儐者爲承儐也匪以實幣罋以實醯醢公食大夫禮若不親食使大夫以侑幣致之設者設于其館也掌客𨗨人所共而肆師主設之

饗食授祭饗食之祭食膳夫授王肆師授于賓凡祼將匪罋等禮大

賓客大朝覲㑹同各舉之者互文也○已上賓禮

與祝侯禳于畺及郊 候主迎善祥禳者却烖異遠自五百里之畺近在百里之郊小祝掌其祝號而肆師與之同事然豈無故而爲此徼福之事乎此蓋爲王疾也觀小宗伯大烖禱祠于上下神祇王畿千里元氣之所萃且畿內百神之主其安否實相關故其候禳之遠與復之于四郊同義也○大喪大殯以鬯則築鬻 浴尸之鬱鬯亦鬱人所共肆師築之 令外內命婦序哭 始死哭不絕聲故外內命婦相代而哭序之者使尊卑有先後次序也 禁外內命男女之衰不中灋者且授之杖 衰天王斬王后齊不中灋違升數與裁制之灋也杖王竹后桐喪大記君之喪三日子夫人杖

五日既嬪授大夫世婦杖又檀弓云天子崩三日祝先服五日官長服蓋杖即服也○已上喪禮○(齊)音咨

凡師(甸)甸字誤文師甸當作大師蓋大甸無立軍社奉主車等禮也用牲于社宗則爲位類造上帝封于大神祭兵于山川亦如之用牲于社宗者祭軍社與遷廟主也類造皆祭名其禮類誄而造畧蓋或類或造即詩之是類也封于大神即小宗伯將事于四望也祭兵于山川所過名山大川也○凡師不功則助牽主車師不功大司馬厭而奉主車恐爲敵人所得臣子衛君父如手足之捍頭目不敢以祧主忽之故肆師助牽之○凡四時之大甸獵祭表貉則爲位貉師祭記所謂禡于所征之地蓋祭古之始爲兵灋者大閱禮有司表貉于陳前有

司者大司馬之屬太表干陳前而祀之肆師爲之位也○已上師田之禮

甞之日涖卜來歲之芟獮之日涖卜來歲之戒社之日涖卜來歲之稼甞主穀當卜稼社主土當卜芟稼芟二字誤

古人每事皆豫卜其休咎書大誥明王遺我大寶龜紹天明即命曰有大艱于西土春秋傳曰先王卜征五年歲習其祥祥習則行不習則增修德而改卜蓋古之卜者吉凶不忒故能前知之以自戒備也甞有二月令孟秋農乃登穀天子甞新先薦寢廟又仲秋獮畢而爲甞祭此甞之日蓋甞新也甞者稼穡始成因而卜來歲之稼高黍下稻何者爲宜也秋田曰獮獮主治兵以備不虞故于獮之日因而卜來歲之戒謂有無寇戎侵叛有

戒心與否也社有二仲春爲土功之始仲秋爲土功之成此蓋謂秋社也社之日因而卜來歲之芟謂芟除草萊易其田疇雨暘時若與否人功難與易也三者皆卜師之事肆師涖之

若國有大故則令國人祭解見大宗伯歲時之祭祀亦如之歲時祭祀如州祭社黨祭禜族祭酺之類○凡卿大夫之喪相其禮

凡國之大事治其禮儀以佐宗伯凡國之小事治其禮儀而掌其事如宗伯之禮解見小宗伯

按天地之道春始之王者之政禮基之禮孰爲大鬼神示爲大昔伯夷爲秋宗所典者不過此而已至于樂以

導天地之和史以彌綸天地之文與夫羲和卜筮迪知天道巫祝知鬼神之情狀皆理之至精而事之神妙苟非潔清精微有以通神明之德者不足以知其道非清明正直純一不貳者不足以致其禮周禮所以然屬之宗伯也歟故舜命伯夷曰夙夜唯寅直哉惟清蓋不莊不敬則慢易之心入之而自反不直靈臺昏塞其何以感假于鬼神示易曰聖人以此洗心退藏于密又曰齊戒以神明其德夫宗伯之道斯其至矣

鬱人下士二人府二人史一人徒八人鬱字從㽞㽞字從米从于器中泛溢之意從匕取之從彡。指鬱金草葉冂者先事冪之從缶從臼以兩手實于缶也今從林乃木茂鬱字。仄音昃匕音妣取食器

鬯人下士二人府一人史一人徒八人

鬱人掌祼器彝以盛鬯以酌圭瓚璋瓚以祼也凡祭祀賓客之祼事和鬱鬯以實彝而陳之鬱鄭氏云每十葉爲貫百二十貫爲築以煑之○凡祼玉濯之陳之以贊祼事祼玉即圭瓚璋瓚詔祼將之儀與其節○凡祼事沃盥

祭祀之祼逆諸陰以降神也賓客之祼廟中之享也至館而造贈也鬱人和之而調其齊賓之而陳其處凡祼玉謂不止賓祭若封國之命鬯巡守之介鬯等皆鬱人洗滌之以致其潔陳于用處贊而酌之及夫王與后奉

王瓚酌鬯以授尸尸受而祭之齊之儀若執玉奉盈夫人執校尸執足之類節謂時之早晚凡祼事必先盥鬱人掌祼器故上沃盥其事相因也○已上祼事始終節目並鬱人掌之

大喪之渳共其肆器（渳）音米浴尸也○鬯滑可以去垢故齋之浴鬯之渳並用之然浴尸更欲其香故掌于鬱人浴體恐其色黄故但共于鬯人而已肆陳尸也肆器若淩人之夷盤及牀第之類鬱人主浴故幷共之枕柶則共于玉府**及葬共其祼器遂貍之**明器中之祼器圭瓚璋瓚也故遂貍之

右浴尸之鬱鬯明器之祼器皆鬱人所有事故並掌之

大祭祀與量人受舉斝之卒爵而飲之（斝）音稼○斝與爵器同名異殷曰斝

祼用鬱鬯之義

周曰爵少牢饋食禮主人受嘏詩懷之卒爵執爵以興出宰夫以籩受嗇黍主人嘗之乃還獻祝此則尸嘏王王飲不盡故與量人受王舉斝之卒爵而飲之二人適職者鬱人贊祼量人制從獻脯膰其事相成故共終其事也○詩

承也

書曰祀兹酒唯元祀鬼神無形與聲聖人制爲祭祀之禮以報本追遠而無以自致其誠故制爲酒醴以氣而感格之因擇夫植物之至美者以爲之秬黍之一稃二米得天地至和之氣者也鬱芳草色黃馨香而有中德者也以秬爲酒合之以鬱取其和氣之發揚條暢中德之芬芳散越以是而幽達于淵泉庶或享之故古人之祭莫重于祼而秩宗之屬以鬱人爲首也鬯即玄酒以黑黍爲之故名曰玄卽籩人所稱之黑也舊以玄酒爲

水非也蓋既謂之酒則非水可知以其味方淡故爲酒之至貴猶羹之不和者稱爲大羹耳鬯人但主共鬯猶酒人之類鬱人則掌其共奉之禮故列職居先

鬯人 掌共秬鬯而飾之 凡祭祀賓客器皿紀齊事當用鬯者皆鬯人共之飾謂設巾

凡祭祀社壝用大罍 社壝當作社稷罍音雷○大罍土罍社稷用之以其合土爲之也 禜門用瓢齎 禜音詠齎音咨○禜禳災害之祭也左傳魯莊公二十五年秋大水鼓用牲於門門人所出入且以禦恭禜所以即門也瓢中虛故取其象齎字未詳 廟用脩 即司尊彝之六彝鷄鳥虎蜼之類皆有文飾故曰脩 凡山川四方用蜃 山川四方爲國阻固屏翰蜃外堅以捍內故用蜃 凡祼事

用概（槪）槩通○祼事謂享贈于賓客者槩平斗斛之器此則尊以朱帶絡腹取平施適中之意凡疈事用散（疈）音壁○疈辜以祭四方百物散罍之無飾者蜡以送終故無飾

已上祭祀祼器

按舊說謂祭天無鬯夫天神在上似不當求之于地然地亦天也何嫌于陰陽上下以求之觀大宗伯祀神鬼示之下總之云涖玉鬯司尊彝職云大旅存奠彝表記云天子親耕粢盛秬鬯以事上帝則事天有鬯明矣但此叙鬯器不言祭天與典瑞灌器止于宗廟何也蓋祭天用陶匏貴其自然此特文有不備耳若因此而遂以爲無鬯則司尊彝但言宗廟而不及地示豈祭地無酒乎

大喪之大渳設斗共其釁鬯釁塗也釁鬯以浴尸斗以沃鬯共于鬱人合而用之凡王之齊事共其秬鬯（齊）齋同○齊事不合鬱鬯人自共之凡王弔臨共介鬯弔臨有輔行者執鬯而致之蓋天子適諸侯有贄鬯以禮于鬼神此亦禮臣之贄歟○已上器齊弔事之鬯

雞人下士一人史一人徒四人

雞人掌共雞牲辨其物物謂毛色辨之者陽祀用騂陰祀用黝及各以其方各以其時也大祭祀夜嘑旦以嘂百官凡國之大賓客會同軍旅喪紀亦如之（嘑）（嘂）呼叫通○旦者夜漏未盡雞鳴時也大事嘑旦警百官使夙興

凡國事爲期則告之時有司請行事之期則鷄人告之時

凡祭祀面禳釁共其鷄牲面禳者古者候禳于郊及畺四面禳之以却災變也釁者始作宮室器物殺牲取血以塗其釁隙或壞而新之也釁廟以羊釁門夾室以鷄

凡祭祀及面禳釁共其鷄牲此鷄人專職嘑旦告時以其養鷄知時故兼之

司尊彝下士二人府四人史二人胥二人徒二十人

尊彝罍皆宗廟承酒器郊特牲曰黄目者鬱氣之上尊也是彝亦曰尊明堂位曰山罍夏后氏之尊是尊亦曰罍然彝爲常爲灋故承鬱鬯者曰彝以其爲酒之至貴在室中而先陳其後五齊三酒皆以是爲灋故以彝名

六彝六尊之用

尊之爲言尊也古文作𨜶從廾執之恭敬之意唯尸與王及后獻酢用之以其尊者所用故以尊名若諸臣所酢則曰罍其字從缶言其爲瓦器而已

司尊彝掌六尊六彝之位詔其酌辨其用與其實位室宁户間堂上堂下之位酌王及后諸臣所酌爲祼獻者用謂四時之祭器各有所用實謂鬱鬯醆酒凡酒器各有所實蓋每祭則以所當用之器實以合用之酒於是設于所當陳之處而詔相其酌也

春祠夏禴祼用雞彝鳥彝皆有舟其朝踐用兩獻尊其再獻用兩象尊皆有罍諸臣之所昨也秋嘗冬烝祼用斝彝

黄彝皆有舟其朝獻用兩著尊其饋獻用兩壺尊皆有罍
諸臣之所昨也凡四時之間祀追享朝享祼用虎彝蜼彝
皆有舟其朝踐用兩大尊其再獻用兩山尊皆有罍諸臣
之所昨也獻尊鄭氏云當作犧罩音稼著丞畧反蜼月鬼反昨當作酢下同○祠禴嘗烝解見大宗伯間
祀有二曰追享者五年一禘祭其祖之所自出追而享之
也曰朝享者三年一祫合祭其毀廟之主蓋自除喪朝廟
後始行祫禮
故曰朝享也
凡宗廟之祭一獻王祼二獻后祼即此之祼也三獻王
薦腥四獻后薦豆籩籩人所謂朝事即此之朝踐朝獻

也五獻王薦熟六獻后薦豆籩籩人所謂饋食即此之再獻饋獻也其謂之再獻者對朝踐言蓋一二獻但主降神旣祼然後迎牲始行祭事獻以朝踐爲初故謂饋食爲再也七獻王酳尸八獻后酳尸籩人所謂加事九獻諸臣酳尸籩人之修籩修豆于此時進也彝以承鬱鬯唯祼用之每祭止一彝禮運所謂玄酒在室也鷄春畜爲春祠之彝鳥朱鳥南方宿爲夏禴之彝斝畫爲禾稼秋成象爲秋嘗之彝黄彝者郊特牲曰黄目者鬱氣之上尊也黄者中也目者清明之氣言酌于中而清明于外也用爲冬烝之彝蓋取黄鍾之義也虎取其慈孝雌偶屬天將雨自縣于木以尾塞鼻取其知用爲追享朝享之彝此六彝灋象之意也舟彝下承盤取名于舟者以承載意且以沉溺爲酒戒也尊以承五齊三酒每祭有八尊禮運云醴醆在户則泛齊醴齊陳于房户間

卽此朝踐朝獻之兩尊也曰粢醍在堂則盎齊緹齊陳于堂上卽此再獻饋獻之兩尊也曰澄酒在下則五齊之沉齊與夫三酒之事酒則亦同夫再獻之尊而在西階之下三酒之昔酒清酒則皆用夫罍尊而在阼階之下爲諸臣之所酢記所謂犧尊在西罍尊在阼君西酌犧象夫人東酌罍尊皆指澄酒言犧尊象尊鑄爲犧象之形以實酒古遺器猶有存者著尊鄭氏曰尊無足著地者壺尊以壺爲尊也大尊大古之尊山尊卽山罍畫爲山雲之形者此六尊灋象之意也

愚觀夫周公于器數皆取于六代尊彝之用亦不出此意宗彝之畫虎蜼自舜已然是虎蜼者虞之彝也明堂位曰夏后氏以蜼尊般以斝尊周以黄目而鷄鳥則周之制是彝之兼用乎四代也明堂位又曰泰有虞氏之尊山罍夏后氏之尊著般尊也春秋傳曰尊以會壺而

犧象皆周制是尊之兼用乎四代也大抵追享朝享以虞夏當蒸兼殷周而祠禴則皆周制也罍尊畫爲雲雷之形諸臣之所昨謂諸臣獻者酌罍以自酢不敢與王神共尊也○醆音盞醍緹並音體

凡六彝六尊之酌鬱齊獻酌醴齊縮酌盎齊涚酌凡酒脩酌

此總序酌酒之灋也鬱齊主于灌地不嫌其濁酌即獻之故云獻酌醴齊質濁醨者泲去其滓而酌之然後清明可用郊特牲所謂縮酌用茅也盎齊差清然亦不可飲涚者以舊酒和調取其清者而酌之郊特牲所謂錢酒涚于清也凡酒謂三酒脩巾冪以飾之也凡酒其氣已定恐其泄味蓋藏貴密故特舉脩言涚音稅

大喪存奠彝

明器中彝曰奠彝存省視也

大旅亦如之

宗伯國有大故旅于上帝及四

壆亦存其彝此言自宗廟之外凡用彝者皆司尊彝之職也觀大旅用彝則天神地示之用彝可知也

司几筵下士二人府二人史一人徒八人　阮氏圖几長五尺高尺有二寸傅二尺攷工記筵之度九尺古者席地而坐鋪陳地者爲筵加筵上者爲席詩所謂肆筵設席也筵之爲言延也所以延神與賓故宮室之度皆起于筵席之爲言籍也措之于地籍以致愼也

司几筵掌五几五席之名物辨其用與其位　吉几玉彫彤甸几漆器几素此五几之名物吉席次繅莞甸席熊器席萑葦此五席之名物掌之必當完善吉凶所合用之几席與所當設之處辨之無得僭差

凡大朝覲大饗射凡封國命諸侯大饗若大行人上公三饗之屬大射王與諸侯射于澤宮封國謂諸臣出封爲諸侯命諸侯謂畀而見命之襲爵王位設黼依依前南鄉黼音斧依上聲書作扆善○王位者路寢及廟牖户之間王所立也依即扆也狀如屛風廣八尺設于後而立其前依之以爲安故曰依也畫斧其上取其威斷不施柄以示神武不殺之意凡設色白黑相間爲黼斧近刃白近銎黑故又曰黼扆依前南鄉者嚮明而治也設莞筵紛純加繅席畫純加次席黼純音準○筵席旁緣曰純莞即今燈心草今人亦用爲席布地可以容濕故以爲筵紛純白繡也繅席剖蒲蒻展之編以五采如藻文畫純謂雲氣書所謂豐席畫純也次席鄭氏云桃枝竹次第之自然成文黼純即白黑斧形

書所謂篾席黼純也禮器云天子席五重而此不然者觀書敷重篾席席皆有重蓋兼繅次而五也**左右玉几**即書華玉几左右設之以優至尊

○祀先王胙席亦如之胙當作酢○祀先王安主及尸也胙尸酢王也二者筵席之設皆同上已上天子賓祭几筵

黼扆圖

諸侯祭祀席謂祀先公安主及尸也**蒲筵繢純加莞席紛純右彫几**繢音胃○蒲粗蒻細故以蒲為筵青白赤黑相次畫之為繢莞席重設與蒲筵而為三彫几疑即書彫玉几神道尚右故右設之

胙席莞筵紛純加繅席畫純胙席者尸酢主君也繅席亦重設與莞筵

而爲三

筵國賓于牖前亦如之國賓耆國老于大學也亦如諸侯胙席左彤几諸侯胙席及國賓之几然以朱飾人道尚左故左設之已上諸侯祭祀禮賓几筵

按天子之筵無溝諸侯之席無次是蒲卑次尊也天子之純無繢諸侯之純無黼是繢卑黼尊也又天子酢席與鬼神同而諸侯則否亦猶天子之酢爵與鬼神同而諸臣則異天子左右几而諸侯單設然貴賤之等也

甸役則設熊席右漆几畋役屬軍禮席用熊皮以示威漆几設于右兵事尚右也

凡凶事設葦席右素几葦席即今蘆席剖而織之者天子居廬故用此粗惡之席素几者以凶主素設于右者凶事亦尚右也

其柏席用萑黼純(柏)迫通(萑)音丸○柏席謂藉棺迫地之席

也萑似葦而細實故以爲藉棺之用器席用黼純施于死者不嫌于文也**諸侯則紛純**此亦謂柏席不敢用黼純以避天子其萑席素几則同三年之器自天子達也**每敦一几**敦音對○敦盛黍稷器朝夕奠所用不知神之在此乎在彼乎故每敦一几唯神所居顧命陳几之灋亦此意也已上天子諸侯器事几席

凡吉事變几凶事仍几

宗廟之祭祼于室饋食于堂繹于房凶者既遠而追之每事更易其几各致其誠以求之庶或享之也器事始死而竟未凶朝夕之奠相續每敦之几皆仍其舊不當更易使神有所依而不散也

按此經所陳几席與書顧命稍異者蓋顧命乃路寢中所設王平日所御此所載乃有事所設故不同也

天府上士一人中士二人府四人史二人胥二人徒二十人

天府掌祖廟之守藏與其禁令守藏謂自始祖而下累世傳守而寶藏之者禁令謂不得妄入妄移及陳之藏之之瀆也

凡國之玉鎮大寶器藏焉如顧命所陳大玉華山之球夷玉東北之璞天球雍州之玉色如天王未琢治可以救水火却癘疫鎮撫其社稷故以鎮名赤刀武王伐紂所用一代之庸器胤之舞衣兊之戈和之弓垂之竹矢皆自古相傳之瀆器又如大訓河圖雖非器物爲帝王之大寶者皆藏之天府若有大祭

祀大器則出而陳之既事藏之

祭而追養繼孝器而告終易代皆陳之以示其能守此與典瑞異者彼所藏乃時王之器以爲國之用此所藏非一代之物以爲國之寶也

凡官府鄉州及都鄙之治中受而藏之以詔王察羣吏之治

治中者百官府及鄉遂都鄙之治即冢宰之受其會聽其致事賢否之實寓焉因革之宜存焉必欲協于中故曰治中以其天職故藏于天府詔王察羣吏之治以天道而馭天吏也

上春釁寶鎮及寶器玉石去水土久則枯器物不用久則乾每歲上春殺牲取血以釁之所以接續其生氣以神之也

凡吉凶之事祖廟之中沃盥執燭吉祭事凶喪事夏官小臣大祭祀沃王盥此特在祖廟之中沃盥執燭蓋其職尤尊也此一事以其掌祖廟之藏故兼此職

季冬陳玉以貞來歲之媺惡貞問也猶質正之意季冬豫問來歲之媺惡于龜書大誥即命曰有大囏于西土是也陳玉以禮龜神重其禮也此掌于大卜天府主陳玉故互見之

若遷寶則奉之王遷國以寶從示世守也天府從而奉之

若祭天之司民司祿而獻民數穀數則受而藏之司民虛宿下之人星主民之安危司寇孟冬祭之而獻民數祈人安也司祿虛宿下之司祿星主歲之豐凶司人之祿倉祭之而獻

穀數祈穀不耗也主其祭者其司徒之司祿職詳見小司寇及司民職

林氏曰獻民數穀數最爲致大平之要務管子制國以爲二十一工商之鄉六士農之鄉十五三分其制而言之則七分其民五農士而二工商也先王所以爲此者非他爲欲等其民數穀數使之本末相當用爲平歲之經制至于水旱不虞之至則必有儲蓄以待之此自古在昔所以經綸圖回以富邦國而生萬民者其要實在于此也

按地官鄉老及鄉大夫羣吏獻賢能之書于王王再拜受之登于天府秋官歲終則令羣吏計獄弊訟登中于天府凡邦之大盟約涖其盟書而登之于天府三事不見于此者互文也夫天府所掌主藏守之事故曰府玉鎮寶器國之神物上春釁之喪祭陳之遷寶奉之示能

守祖物以承天也藏民數示不敢雹天民也藏穀數示不敢褻天物也藏治中重天職也司徒獻賢能之書登于天府天命有德也司寇登中于天府天討有辠也國之大盟約登于天府貿諸鬼神也陳玉大貞聽命于天也王者奉天以致治已何與焉故官以天名孟子曰諸侯之寶三土地人民政事寶珠玉者殃必及身觀天府所藏豈寶器云乎哉

典瑞　中士二人府二人史二人胥一人徒十人　凡玉天子諸侯所執曰瑞其餘事神贄享聘問贈死權度之玉皆曰器其用至廣皆典瑞掌之然莫重于瑞玉也故以瑞命官

典瑞　掌玉瑞玉器之藏辨其名物與其用事設其服飾　玉瑞

玉器國寶也當愼其藏名圭璋璧琮琥璜等名物謂色與玉之質用事謂合用圭璧也服飾玉之繅藉也

王晉大圭執鎭圭繅藉五采五就以朝日（晉）搢通○大圭天子之笏也長三尺居常所執有事則搢于腰間鎭安也舊說瑑四鎭山于其上有大事則執之繅藉者織爲繅文以藉玉所以致愼也天子之繅五采皆備凡采色一匝曰就凡繅皆有組以繫之聘禮皆玄纁繫長尺絢組是也天子常以春分拜日于東門之外言朝日凡祀皆然也已上天子瑞玉

公執桓圭侯執信圭伯執躬圭繅皆三采三就子執穀璧男執蒲璧繅皆二采再就（信）讀如字以朝覲宗遇會同于王諸

大比之用

侯相見亦如之桓圭巳下解見大宗伯公侯伯之繅三采聘禮所謂朱白蒼也子男之繅二采聘禮所謂朱綠也五等諸侯朝覲宗遇會同于天子及其自相朝會共執此圭璧與繅藉天子所命而世守之以爲瑞者也

○瑑圭璋璧琮繅皆二采一就以覜聘瑑音篆○覜聘者諸侯遣臣時聘殷頫于天子及侯國自相遣臣覜聘也臣不得覿君之守圭璧故瑑圭璋璧琮以爲禮瑑者瑑爲桓信躳穀蒲之文也圭以聘天子諸侯而璧享之璋以聘后夫人而琮享之聘禮賓襲執圭致命公襲受玉于中堂賓裼奉帛加璧公受幣又聘于夫人禮用璋享用琮是也藻皆二采一就朱綠二文巳上諸侯瑞玉及諸臣聘享之玉

四圭有邸以祀天旅上帝兩圭有邸以祀地旅四望邸音底○

四圭者四面各一圭長尺有二寸邸下趺也以璧爲趺而植其上天一而已而氣之流行爲五謂之五帝所以主于四時者也四圭以象四時而圭本著于一璧五帝一天之象祀天者冬至圜丘之祭旅上帝者四時五帝之祭故丛以此四圭爲植玉也兩圭者前後各一圭長五寸以琮爲趺而植其上地一而已而其用偶二偶得四界爲四方者也兩圭以象地之拆而圭本著于一琮四方一地之象祀地者夏至方澤大社之祭旅四望者五嶽四瀆之祭故丛以此兩圭爲植玉也

祼圭有瓚以肆先王以祼賓客圭璧以祀日月星辰璋邸射以祀山川以造贈賓客

瓚以玉爲之承鬯酒灌地以降神詩所謂瑟彼玉瓚黃流在中也以圭爲柄故曰圭瓚以其承鬯故國語以爲鬯圭也祖宗鬼氣游變故肆享于先王用祼以

求之圭璧者圭五寸而植于璧日月星辰附于天故從天而殺也璋邸射者半圭曰璋矢頭銳穿物曰射璋首微銳貫于玉瓚所謂璋瓚也山川之神欲其聚故亦用祼山川有大小故攷工記有大璋中璋邊璋也賓客者來朝諸侯也祼賓客者大行人廟中將幣三享王禮再祼一祼幷以圭瓚也造贈者造于館而贈之則以璋瓚也賓客以祼者以神明待之鬱鬯芬芳條達精誠下交之意也○已上祭祀賓客之玉

土圭以致四時日月封國則以土地解見大司徒○珍圭以徵守以恤凶荒珍重也天子之圭尺有二寸莫有重于此者珍圭之制如之故以珍名召監守重臣發倉廩以恤凶荒皆莫大之事故以珍圭也○牙璋以起軍旅以治兵守牙乃猛獸之兵

中璋而刻爲獸牙之形兵象也起軍旅者用以發兵治兵守者巡視戰事及戍守也

○**璧羨以起度**（羨）月建反○攷工記璧羨度尺好三寸以爲度蓋好之圍三寸則璧之外圍九寸璧羨度尺者九寸而羨餘一寸故度尺天下度之不一者則以此同之也

○**駔圭璋璧琮琥璜之渠眉疏璧琮以斂尸**（駔）組同○玉氣純和可以眷尸故孝子斂尸以玉六玉乃天地四方之象首在南以璋足在北以璜左圭右琥面陽在上以璧背陰在下以琮象六合而措全歸之義也駔以穿連之渠眉疏璧琮者舊說六玉兩頭皆有孔又于兩孔之間爲溝渠兩畔稍高爲眉瑑疏璧琮以通于天地解未融

○**穀圭以和難以聘女**植物莫和于五穀因借祥善之意圭刻爲穀文兩不睦則執此以平之及讐不可避者則賜以執之謂人

所謂與之瑞節也二者皆所以和其難又穀合生生之性故天子以聘女取嗣續無窮之義**琬圭以治德以結好**琬者圭首圓和婉之義攷工記琬圭九寸而繅繅藻通蓋爲藻文文德之義治德者有德而嘉之結好者和好而贈之也**琰圭以易行以除慝**琰音剡月冉切○攷工記琰圭九寸判規謂從其圓處而判之圭首爲兩鋒殺伐之象易行者使之徙義除慝者使之改過諸侯有不道者未加以刑伐姑惟教之使使者執此以往也○已上制度信使嘉事送死雜用之玉

大祭祀大旅凡賓客之事共其玉器而奉之卽四圭兩圭祼圭圭璧璋邸射也典瑞共而奉之

大喪共飯玉含玉贈玉含去聲○飯玉雜于米如生時所食也含玉者鄭氏曰柱左右齻及口中者雜記曰含者執璧將命則是璧形而小耳贈玉葬時以贈死者玆典瑞共之而王親奉之也○齻音顚

凡玉器出則共奉之凡六玉之用小器及好賜與之類玆由于典瑞共奉之事出于一也

瑞玉圖說

典命中士二人府二人史二人胥一人徒十人

命謂王命內史掌冊命謂爲冊書命爲諸侯孤卿大夫士之爵也受爵之後因其命之數而命以國家宮室車旗衣服禮儀之制不可以毫髮僭差此則典命所掌故以名官

五儀五命

典命掌諸侯之五儀諸臣五等之命五儀公侯伯子男五等之儀也諸臣五等之命王臣也世子也大國次國小國之孤卿大夫士也

上公九命爲伯其國家宮室車旗衣服禮儀皆以九爲節侯伯七命其國家宮室車旗衣服禮儀皆以七爲節子男五命其國家宮室車旗衣服禮儀皆以五爲節

大行人先序上公之禮次序諸侯之禮而諸伯如之次序諸子之禮而諸男如之命同爵異故命三而禮則爲五所謂諸侯之五儀也鄭氏曰上公謂王之三公有德者加命爲二伯二王之後亦爲上公國家國之城方及

宮墻也公之城蓋方九里宮方九十步侯伯之城蓋方七里宮方七十步子男之城蓋方五里宮方五十步大行人職則有諸侯圭藉冕服建常樊纓貳車擯介牢禮朝位之數焉

王之三公八命其卿六命其大夫四命及其出封皆加一等其國家宮室車旗衣服禮儀亦如之

此叙王朝之臣爲諸臣命數之一也諸侯在外君道也故其命數從陽公卿大夫在王朝臣道也故其命數從陰三命已下卑故雖陽數亦以命于臣而不拘也公卿大夫出封者或王臣元未有國若大公康叔之始封爲諸侯或元以諸侯入爲王臣若鄭武公父子爲周司徒滕侯爲周卜正虢公鄭伯爲王卿士然後就封之國蓋

其在王朝不過爲王臣而已故宮室等皆用八六四之命數以近王而屈及各居其國則全于君故宮室等皆用九七五之命數以遠王而伸也

凡諸侯之適子誓于天子攝其君則下其君之禮一等未誓則以皮帛繼子男（適音的）

此叙列國世子爲諸臣命數之二也立適周之達禮然猶兼象賢之意故諸侯適子必其賢足以繼世天子乃命爲世子而不得擅易既誓于天子則已成其爲君故攝君行禮則降一等而執君之玉蓋世子之禮專爲朝聘會盟而設故宮室玉帛車旗衣服皆用君之物春秋曹伯使其世子射姑來朝行國君之禮是也但其擯介

朝仕賓主之禮則降一等以避國君之正如公之子則用八侯伯之子則用六子男之子則用四以壓于父而從臣道所以嚴父子之分也舊說公之子如侯伯之圭侯伯之子如子男之璧是降爲二等且以侯伯而執璧是失其世守矣未誓則未有爲諸侯之義故以皮帛繼子男之後降于諸侯而隆于諸臣雖上公之子未誓亦如之所以尊天子之命也

公之孤四命以皮帛眂小國之君其卿三命其大夫再命其士一命其宮室車旗衣服禮儀各眂其命之數○侯伯之卿大夫士亦如之○子男之卿再命其大夫一命其士

不命其宮室車旗衣服禮儀各眡其命之數

此敘三等侯國之臣爲諸臣命數之三四五也凡臣之命眡其君之命半而弱上公九命故公之孤四命執皮帛者既行聘享之禮更以贄見執束帛而飾以豹皮次于小國之君左傳叔孫婼曰列國之卿當小國之君固周制也蓋魯常爲二伯故卿得同于大國之孤卿三命大夫再命士一命以次而降○侯伯七命故卿三命大夫再命士一命與大國同其無孤者所以降于大國也○子男五命故其卿再命當大國之大夫其大夫一命當大國之士其士不命同于庶人在官者而已宮室車旗衣服禮儀各眡其命數者鄭氏曰四命者宮室四百步貳車四乘旗四斿冕服四章三命者以三爲節再命一命者亦以二與一爲降殺也士服爵弁玄無章飾故

變冕而言爵弁諸侯之大夫一命已上即有貳車士雖一命而無貳車天子之士再命已上而有貳車也○婼音綽

諸侯五儀諸臣五命圖

司服　中士二人府二人史一人胥一人徒十人

服所以蔽體在天文爲七星主衣裳文繡先王因爲之章等威以辨使之服而思義不徒飾焉易曰黄帝堯舜垂衣裳而天下治衣裳之制備于舜嘗命其臣以明之至周公而爲司服內司服之官其制益大備矣

司服　掌王之吉凶衣服

吉服者大裘已下冕服六弁服三凶服者凶事弔事二服在喪服之

服之用

外者辨其名物與其用事衣之名號所畫物色所用之事各不同皆司服辨之

王之吉服吉服主祭祀舜制十二章日月星辰山龍華虫六章畫于衣宗彝藻火粉米黼黻六章繡于裳按日月星辰取其天道之垂象山取其鎮安龍取其神化華虫取其文宗彝宗廟器取其德馨致孝鬼神或曰宗彝有虎蜼風從虎蜼知雨風雨取其澤物不可象故畫以二獸藻潔清火光明米養人黼斧形取其威斷黻兩已相背取其判已私而有分辨周人損益之以日月星辰畫于旗是爲大常唯王得建之登龍于山次三爲華虫次四登火于宗彝五者畫于衣藻粉米黼黻四者繡于裳是爲九章之衮衣衮卷也以其龍首之卷然也以華虫火宗彝藻四者畫于衣粉米黼黻繡于裳是爲七章之鷩衣鷩雉別名也以宗彝藻粉米畫于衣繡

祀天用裘

黼黻于裳是爲五章之毳衣毳獸細毛虎與蜼皆毛虫故謂之毳刺粉米于衣繡黼黻于裳是爲三章之希服謂之希者以其章之少也玄衣無章裳刺黼黻而已故謂之玄服有五而冕則同故均以冕名○蜼月鬼反

祀昊天上帝則服大裘而冕祀五帝亦如之

郊特牲曰王被衮以象天戴冕璪十有二旒是祀天以衮冕然此云大裘而冕司裘云掌爲大裘以共王祀天之服節服氏云郊祀裘冕未有言衮者何也蓋衣衮衣而加以大裘故指其外之所服以爲制也夫大裘祀天不已褻乎蓋北方地寒冬至爲祀天之正祭尤嚴寒之時自古聖人皆用之後世聖人遵而不改故以大稱亦猶古尊之稱爲大尊也且上古無衣裳之制通上下爲一亦大之意大裘服之本故尚之而加于衮猶鞸之加

于裳也雖加于衮而有緇衣以襲之則闇然充裏是即乘素車器用陶匏牲用犢之意昔陸佃引郊特牲以謂衮冕祀天又云大裘不裼其説皆是但謂以衮而襲大裘則非蓋至敬無文父黨無文昊天罔極天子將寸心以事之而侈然服其華美之服于心豈安且凡冬時祭祀内必有裘皆以衮稱何于祀天獨不稱其外之衮而指其内之所服耶祀五帝亦大裘而冕但裘于夏非宜春秋亦有不可服之時蓋當以緇衣襲衮猶詩之衣錦絅衣與鞸之用華而易以絲事相類也

享先王則衮冕享先公饗射則鷩冕鷩音鼈

先王后稷及大王而下也先公后稷子不窋而下大王父祖紺已上也享先王四時常祭享先公謂祫祭饗射

謂享食賓客及與諸侯諸臣射也享先王則衮冕五服以衮爲尊也享先公則鷩冕者陳氏曰先公非卑于先王以祭則各以其服授尸尸服鷩冕而王服衮以臨之非所以爲敬故不敢也饗射亦用鷩冕者以其殺于朝覲故朝覲服衮而此則服鷩也

祀四望山川則毳冕祭社稷五祀則希冕（毳）昌銳反（希）如字

此序地示之祀在宗廟之下與大宗伯大司樂不同者彼之序先天神地示而後人鬼有天地而後生人之意此則以服之上下爲次上而天中而人下而地以人鬼地示中下爲次序非君諸侯以九七五爲尊卑是故宗廟則服衮鷩在上之章地示則服毳希在下之章也又宗伯社稷五祀在五嶽山林之上大司樂地示亦在四

望山林之上此則四望山川及先于社稷五祀者蓋嶽瀆山川唯諸侯得祀故須毳冕社稷五祀干人最親切而利澤溥博卿大夫皆得祭之故以希冕但不舉日月星辰之祭亦有缺文疑亦用衮歟

祭羣小祀則玄冕羣小祀四方百物之神也卑故服玄冕○已上天子五冕六服之用

凡兵事韋弁服眂朝則皮弁服凡甸冠弁服甸畋同○韋弁以韎韋爲弁即爵弁也兵事韋弁則其服亦赤左傳晋郤至衣韎韋之跗注是也皮弁即書顧命綦弁也用文鹿皮說文綦艾蒼色未詳眂朝者眂外內之朝玉藻天子皮弁以日眂朝其衣則素積冠弁者委皃之冠以皮爲之田獵不用玉璂故以冠左傳不釋皮冠而與之言又曰皮冠以招虞人皮冠玄則其衣亦玄

凡凶事服弁服弁服

者素弁無飾言服之而已凶事若荒札及國有大故素弁必素服玉藻年不順成天子素服是也

凡弔事弁經服

弁經者素弁而加環經也凡弔于其臣下皆用之王于公侯卿大夫士皆有衰吏民無衰然必素服論語羔裘玄冠不以弔是也○已上天子五弁之用其衣則皆從其首服之色者也

凡喪爲天王斬衰爲王后齊衰

爲天王斬衰者天王崩宰內喪其元如人之喪父故凡天下諸侯與畿內之臣皆方喪三年也王后佐天子出治故爲之齊衰同母之服所謂從服也

王爲三公六卿錫衰爲諸侯緦衰

儀禮喪服傳緦與錫皆十五升去其半其爲布皆六百縷有事其縷無事其布曰緦無事其縷有事其布曰錫蓋先濯治其麻縷則其工精止濯治其布則其工粗以是爲差也

爲大夫士疑衰以十四升布爲之凡吉服十五升所粗者一升似于吉故曰疑也其首服皆弁經首服皆弁經不可以玄也上言弔事弔于其家而服之此言喪服居下王宮服之也

此主叙天子爲其臣下之服因先舉臣下爲王之服而後言王所以報之也蓋禮必有報臣于君服如此其重然則臣有喪禍天子其忍居然衣錦而不爲之服乎諸侯王之屏翰也故爲之服緦緦雖服之至輕然天子絶期則爲重也三公六卿王之股肱也故爲之錫衰稍加于緦矣大夫士雖衆皆王平日所倚任而宣力者故服疑衰也或疑諸侯諸臣衆矣天子皆爲之弔與服不亦煩勞而日無乃不足乎夫禮者因理之至極而制爲大中之矩其行之則有權焉是故周公康叔始封不降自當依喪制而服之二王之後待之特隆緦服亦不得而

殺又若伊尹大公大甲成王皆當爲之心喪者雖錫衰數月何得爲過其餘但聞喪而哭時服之原不廢大禮而所謂弔者或以公卿大夫士爵同者攝之非必天子一一親弔故禮者制爲之極使人有所底止耳

大札大荒大烖素服素服即下齊服之素端也○已上凶事二服

公之服自袞冕而下如王之服侯伯之服自鷩冕而下如公之服子男之服自毳冕而下如侯伯之服公二王之後及天子三公加命爲二伯者上公九命故服九章之袞冕二王之後亦以袞而享先王其與王異者王之龍一升一降公則有升龍而無降龍所以爲別自袞冕而下如王之服則享先公至羣小祀三等冕服兵事至弔事五等弁服皆不與王異

矣侯伯七命故服七章之鷩冕亦以之而享先公自鷩冕而下如公之服所不同者袞而已子男五命故服五章之毳冕卽以之而享先公及境內山川自毳冕而下如侯伯之服所不同者鷩而已○已上三等諸侯之服

孤之服自希冕而下如子男之服 孤謂上公之孤也公之孤四命衣四章藻米黼黻冕四旒而自希冕已下之服皆得服之

卿大夫之服自玄冕而下如孤之服

其凶服加以大功小功 公侯伯之卿皆三命當服希衣三章冕三旒大夫皆再命玄衣無章唯裳刺黻冕二旒子男之卿再命如次國之大夫以其命數不同故總言自玄冕而下如孤之服也凶服天子絶期諸侯期降而絶功故卿大夫云加以大功小功不言緦者天子諸侯有緦服于其臣與友也

士之服自

周禮傳卷之三上　春官上　四十九　去

皮弁而下如大夫之服其凶服亦如之公侯伯之士子男之大夫皆一命未得受服子男之士不命故皆無冕服但自皮弁而下如大夫之服已上侯國諸臣之服

按典命王之三公八命其卿六命其大夫四命則三公之服山其冕八旒卿之服藻其冕六旒大夫則如公之孤元士三命如侯國之卿中士再命如侯國之大夫下士一命未得受服自皮弁而下此不言者可以類推也

其齋服有玄端素端（齋）齋同○齋服將祭而齋無所事事唯玄黙以養其誠玄端衣領袖袪袵皆正方故以端名色玄無畫吉祭之齋服也素端端而用素器祭之齋服也此自天子以至于士一也○已上齋服

玄端圖制

凡大祭祀大賓客共其衣服而奉之王之衣服成于天官之縫人其制度共奉之掌于司服其爲王服之則掌于夏官之節服氏此云奉之者奉于王而節服氏服之也○大喪共其復衣服斂衣服奠衣服厭衣服皆掌其陳序厭音歆○復衣服夏采以冕服復于大祖也斂謂大斂小斂奠衣服陳于幕中以依神厭衣服與明器共藏于壙中

已上司服掌奉陳王吉凶衣服之事○按詩云何以與之玄衮及黼蓋諸侯之服必天子錫之而後得服也觀內司服云凡命婦共其衣服則凡命夫錫命之服玆當司服共之

司服圖

典祀中士二人下士四人府二人史二人胥四人徒四十人掌郊社等兆域

守祧奄八人女祧每廟二人奚四人祧音挑

典祀掌外祀之兆守皆有域掌其禁令祀有在國中者有在國外者外祀國外之祀小宗伯所謂兆五帝于四郊四望四類亦如之兆山川丘陵墳衍各因其方是已域者兆表之塋域禁令者不使人犯及脩除之如下文所言也

若以時祭祀則帥其屬而脩除徵役于司隸而役之及祭

帥其屬而守其厲禁而蹕之其屬下士胥徒也司隷掌役煩辱之事故徵之以給脩除之役厲遮迾之不使人犯蹕禁止之不使人行將祭之前帥其屬而脩除之以致其潔及祭之日帥其屬而禁止之以致其嚴先王祀神之禮也

守祧

掌守先王先公之廟祧廟謂大祖之廟及三昭三穆也遷主所藏曰祧周家先公祖紺巳上之遷主藏于后稷之廟先王成康巳下之遷主藏于文武之廟蓋廟即祧故聘禮云不腆先君之祧既拚以俟此官雖名守祧其職掌則總廟祧之事也○拚音糞掃也○其遺衣服藏焉若將祭祀則各以其服授尸服祖宗之遺衣服大斂之餘也祭則各以其上服授尸服之以象神○

其廟則有司脩除之其祧則守祧黝堊之（黝）英九反（堊）音惡○脩除謂有所廢壞而脩治之也黝黑堊白謂繪畫之常如新也

有司冬官匠人脩除工大必有司爲之言廟則祧在其中矣黝堊事易故守祧常時爲之言祧則廟在其中矣

既祭則藏其隋與其服隋祭餘脯醢可久留者薦而不徹故曰隋

周公事先之禮于脯醢不特以薦而已必留之使其食嘗不虛于遺衣服不特以象神而已必藏之使其靈嘗有所依其羣廟之中不以男子而以奄及女者蓋鬼享屬幽陰奄與女皆陰類故平日使守之則其神不至于渙散禮尸未入陰厭于與尸既出陽厭于屋漏無尸者祝闔牖户如食間皆以幽陰爲尚正此意也若迎尸之

禮皆陽明之事義各有在
非通幽明之故何以與此

世婦每宮卿二人下大夫四人中士八人女府二人女史二人奚十有六人

世婦女官名也后六宮之官曰二十七世婦大夫之妻亦曰世婦每宮者謂后之六宮也每宮以卿之內子二人大夫之命婦四人士之妻八人詔相其禮事大夫言下大夫士言中士蓋錯舉之也女府掌每宮文書器物女史掌每宮書寫奚以給使令之役皆擇民間女之賢能者猶六官之有府史胥徒也舊說以宮卿世婦爲奄卿者夫自古及今豈有奄而爲卿者若果然當如內小臣之例以奄字貫于上士之上亦當云奄卿二人矣又

引漢灋大長秋等亦用士者然大長秋止可以當內宰
監臨之官豈有世婦既以士人在上而府史皆用女乎
不可不
察也

內宗凡內女之有爵者王之女及同姓之女嫁于卿大夫
士者記稱婦人無爵何也蓋爵皆
因夫而得不自有其爵耳故女祝
女史等雖賢但有職而無爵也

外宗凡外女之有爵者王諸姑姊妹女子等所生之女
或外戚女凡嫁于卿大夫士者

世婦掌女宮之宿戒及祭祀比其具詔王后之禮事帥六
宮之人共齍盛相外內宗之禮事

凡祭祀始則有宿齋豫戒次則有濯溉及共齍盛內羞之物故世婦掌女宮之宿戒凡百執事無不散齊致齊者將祭比其具無有不潔備者帥六宮之人共齍盛無有不潔敬者及凡王后內外宗之禮事皆世婦詔相之

大賓客之饗食亦如之

比其具供齍盛詔后禮事相內外宗之禮事並如祭祀

大喪比外內命婦之朝莫哭不敬者而苛罰之

莫暮通　苛音禾

常人之情多忽于死者周公每致隆于器紀之事故于不敬者而苛罰之教人不以死生易心也

凡王后有㩹事于婦人則詔相

㩹拜同

古者爵人于朝王獻之以爵然後得受諸侯卿大夫士之爵命爵者必㩹而受之故曰㩹爵婦人雖以夫之爵

爲爵然既謂之曰命婦豈有不受命而服其命服者乎即此所謂擯事而内司服云辨外内命婦之服是也婦人擯爵者則世婦詔相其禮舊說謂有大喪二王後之夫人來弔則后擯之非也若如其說止當云有擯于夫人耳今云擯事于婦人正以命有不同故總稱婦人不特答擯故云擯事也且國君夫人父母死不歸寧豈有越國而弔

后之禮哉

凡内事有達于外官者世婦掌之

内事達于外官者若天之酒食地之蠶桑市廛春之禮樂器物夏之擯爵秋之刑女冬之絲枲宮室夫治其外妻治其内皆合職聯事故或事有所須或命有所達其緩急輕重皆有酌量之方矣

內宗掌宗廟之祭祀薦加豆籩及以樂徹則佐傳豆籩○賓客之饗食亦如之○王后有事則從○大喪序哭者哭諸侯亦如之○凡卿大夫之喪掌其弔臨

外宗掌宗廟之祭祀佐王后薦玉豆眡豆籩及以樂徹亦如之王后以樂羞齍則贊凡王后之獻亦如之王后不與則贊宗伯小祭祀掌事○賓客之事亦如之○大喪則叙外內朝莫哭者哭諸侯亦如之

内宗外宗所掌不外乎祭祀賓客喪紀三者宗廟之祭齍盛豆籩飾皆以玉薦徹皆以樂或言玉齍玉豆而不言玉盛玉籩言以樂羞齍以樂徹而不言以樂薦以樂獻舉此以例彼也凡王后之眡豆籩薦玉豆薦加豆籩以樂羞齍王后之獻及以樂徹或佐或贊世婦與内外宗皆與而文有詳畧者亦彼此互見也賓客饗食之事内外宗掌其薦加豆籩羞齍王后之獻以樂徹之事皆如祭祀之禮内宗言王后有事則從外宗言王后不與則贊宗伯亦互文也外宗又言小祭祀掌事則賓客之小者亦掌之矣喪紀之事則内外宗兹叙外内命婦朝莫哭者王后哭諸侯謂畿内公卿秩視諸侯及畿外來朝而薨王后哭之亦叙其應哭者凡卿大夫之喪則内宗掌其弔臨代后行禮外宗不言文有不備也

冢人下大夫二人中士四人府二人史四人胥十有二人
徒百有二十人

墓大夫下大夫二人中士八人府二人史四人胥二十人
徒二百人

墓者孝子于葬親之地心所思慕故字從慕省從土山頂曰冢墓封土爲丘壟以識別象冢爲之故曰冢冢人者掌公墓之地天文謂之虛梁墓大夫者掌百族兆域天文謂之墳墓蓋擇國中西北丘陵之地而爲之在天文即西方婁宿下之天陵記所謂墓地不請葬于北方北首兵家以爲林木翳薈之處而避之者如此庶乎幽

明死生異處而不相干也

冢人掌公墓之地辨其兆域而爲之圖公墓天子諸侯卿大夫墓地也孝經曰卜其宅兆而安厝之天子諸侯始爲墓者既卜得吉子孫以次祔葬昭穆貴賤各有應葬之地所謂域也畫其地形及丘壟所處爲之圖以藏之

先王之葬居中以昭穆爲左右凡諸侯居左右以前卿大夫士居後先王始造塋者子孫附塋廟序爲昭則居墓左廟序爲穆則居墓右嗣王崩則別卜吉地以葬

各以其族子孫各就其所出之王祔葬如文王之孫非武王之子則不入武王之兆也○已上兆域之灋

凡死于兵者不入兆域凡有功者居前死于兵者刑戮之人也

塟以全歸爲善刑人惡其毀傷故不入兆域有功者可以光前裕後故在應葬之域超其列而居前以旌之舊說居先王墓道之前非也或疑比干杞梁皆死于兵其將不入兆域歟是不然此死于社稷謂之有功可也豈復咎其毀傷哉此于葬兆而寓褒貶之意也

以爵等爲丘封之度與其樹數

爵有尊卑之等因之以定丘封高卑之度樹植多寡之數孝經緯云天子墳高三丈樹以松諸侯半之樹以栢大夫八尺樹以藥草士四尺樹以槐庶人無墳樹以楊柳容或然也然大夫已下疑有誤蓋大夫槐士楊柳而

庶人藥草耳此以封樹而別尊卑之等也

大喪既有日請度甫竁遂爲之尸及竁以度爲丘隧竁昌絹反

凡塋事次第竁穿土容棺也有淺深廣狹丘封土爲別也有高卑大小隧穿道以行棺也有寛窄遠近其制度出于冬官塋期既定冢人先期請度遂爲尸以祭墓地及竁而依之以爲式此將葬之事

共喪之窆器及葬言鸞車象人及窆執斧以涖遂入藏凶器正墓位蹕墓域

葬有合用之器下棺之窆有豐碑之屬匠師尸其事而冢人共之。有祔葬之物鸞車象人即塗車芻靈也共于巾車冢人語之。棺之入土遂人陳設而冢人涖之。凶器明器也共于大司樂冢人藏之。棺向不正則垂戾正之使無偏衺。塟時人衆則不鬨鬬之毋得近域。○已上皆方葬之事

守墓禁

爲之厲禁而守之以防盗竊之患此塟後永遠之事

凡祭墓爲尸

古人每事必祭如行則祭車射則祭侯豈有先人體魄所藏而不爲之祭其地者哉故甫竁而祭者以穿土告也又言凡祭墓者蓋或將葬而告期或既葬而爲祈祭也冢人主其地故爲之尸舊以謂墓祭祖考非也祭先當以子孫爲尸冢人不皆同姓豈能以數人而徧爲之尸哉且觀甫竁遂爲之尸則猶未葬其非祖考明矣先

儒又謂祭社之外更無祠土之禮然觀中霤與行皆土之類故知祭墓爲祀其土也

凡諸侯及諸臣葬于墓者授之兆上文雖言王及子孫之墓地其同姓異姓之諸侯及卿大夫各自葬于墓者然爲之卜其宅兆而授之爲之蹕亦葬時之事均其禁有遠近尊卑不同平序其徒衆而爲之守無有輕重于其間也

墓大夫掌凡邦墓之地域爲之圖令國民族葬而掌其禁令邦墓之地域萬民所葬地各有塋域爲之圖而藏之以爲徵古者民世居其土小民各有其族使以類相從即司徒之聯墳墓而五族相葬也禁令下文四者正其位昭穆倫叙一族内正之不得相侵掌其度

數丘隴之高廣樹植之多寡尊卑不得僭越使皆有私地域凡爭墓地者聽其獄訟每族各有私地域聽其爭訟不得相陵帥其屬而巡墓厲居其中之室以守之墓厲墓之界限遮迾中之室百族墳墓之中有官寺焉帥其屬巡墓厲使其屬守墓室常恐有侵犯盜竊之者聖王視民之事如己事也

祔葬風水墓祭之說

夫人惟萬物之靈其死也體魄則降知氣在上聖人既立之主以定其魂又爲之墓以藏其魄人子志之所至氣必至焉主固神靈之所依骨乃舊爲神靈之舍故廟之與墓皆未可忽也夫孝子生時不忍頃刻離親則于全歸之地豈忍相違此祔葬之禮所由起及其雨露之濡霜露之降安能恝然于懷此墓祭所以不能已夫朽

骨既有神則其壍地吉凶豈不能蔭其子孫此地理之說所由始也然人苟各欲厚其親各欲尋吉地則將不盡人道而專用心于死者越禮犯分營求僭奪容有紀極耶且葬固貴于以族知死而致生之亦爲不知故壍于異鄉而欲遷之者亦地官媒氏所禁吉地雖可以爲蔭然貴于積德之久而自得之有非人力之所能爲此聖人所以爲之限制使公私各有其地與其度數則富貴者不得用智而擇之墳墓每族相合則萬姓心有繫屬不至于渙散無統此周人之制所以爲善也唯夫墓祭一事古未有之然禮有繹祭求諸墓豈不尤切後上固不得而廢之矣

公墓圖　族葬圖

職喪上士二人中士四人下士八人府二人史四人胥四人徒四十人

職喪掌諸侯之喪及卿大夫士凡有爵者之喪以國之喪禮涖其禁令序其事

諸侯卿大夫士皆王平日之所尊用而與同休戚者也不幸而至于喪亾豈忍坐視而不爲之經紀其喪事且有爵而在民上者下民之所眡效也慘毒急遽之時苟無主執以涖其事則有過而僭于上者有不及而遺其親者何以納民于中哉故必以國之喪禮凡五服之制降殺之儀殯殮虞祔葬祭襚含百禮皆有定灋其鄉俗

之禮毋得參焉滋其禁令者不使過不及
序其事者不以煩喪主若下文所述也

凡國有司以王命有事焉則詔贊主人○凡其喪祭詔其號治其禮○凡公有司之所共職喪令之趣其事 趣音促

國有司王臣也以王命弔勞或含襚賵賻則詔贊主人以禮擯命使不失禮于君也喪祭喪中虞祔練祥禫之祭號如牲號齍號之屬執喪荒迷故職喪詔其號治其禮以相之使得盡情于死者也公有司之所共若掌六官之事則有官府所當供之物治都鄉之地則有都鄉所當供之物舊有定制不待王命者職喪令之不以煩喪家所以優賢也趣之者小人恒慢于死者而喪事戒緩故職喪爲之趣其事也

大司樂中大夫二人樂師下大夫四人上士八人下士十有六人府四人史八人胥八人徒八十人

大司樂一官語多不可曉後人所用以疑周禮者或又以爲後人竄入此篇者按書藝文志云六國之君魏文侯最爲好古孝文時得其樂工竇公因以其素所肄習大司樂一篇獻之註云竇公年百八十歲兩目皆盲文帝竒之問曰何因至此對曰臣年十三失明父母哀其不及衆技教鼓琴瑟臣導引無所服餌及至成帝時周禮始顯其大司樂一官即竇公所獻則此篇爲周禮經文非後人竄入無疑而此文自魏文侯時已傳習之則周禮爲周公之書亦其一證也但其文皆律吕度數神化感通之語後人未嘗肄習豈可妄意窺測且孔子定

禮樂則樂書自爲一經此篇之在周禮正如毉經之毉師龜經之卜人易經之筮人而非其全也執此而議樂猶執毉師卜人筮人諸篇而遂欲通乎毉卜與易道也可乎夫不知其義而欲語其是非是以瞽者而欲評色相之美惡非其全書而遽欲識樂之統體何異于執大山之一后而遂指爲大山也雖然聲樂之感人最深故聖王修道立敎移風易俗莫妙于此自樂經散亾遂爲後世一大缺典不有神人能通其理以紹前古之絶學者乎愚以衰病不復能勉思聊書鄭註以俟亦不能知其是否也

周禮傳卷之三上

傳三下　春官

周禮傳卷之三下

春官下

大卜下大夫二人卜筮官之長下師上士四人卜人中士八人

下士十有六人府二人史二人工四人胥四人徒四十人

龜人中士二人府二人史二人工四人胥四人徒四十人

主相龜而藏之以供占龜之用工四人取龜攻龜也

菙氏下士二人史一人徒八人菙日髓反

華灼龜所爇之木荊木也士喪禮云楚焞置于燋在龜東荊楚本一物也以其爲檽管之用故又名藷此職主以其木灼龜遂以名官○焞音吞燋音爵檽哲鬼反管昌兮反

占人下士八人府一人史一人徒八人

占吉凶已明斷決之辭也字从卜从口以卜之吉凶從卜者之口象意職主斷龜之吉凶故以占人命官

簭人中士二人府一人史二人徒四人簭音誓

簭揲蓍求卦之人也古簭字作䈂竹蓍草也从巫通幽明之故也从艸兩手揲之从𠙴占之者非一人也此微變其文廾即艸口即𠙴之省今楷書作筮則過省矣丁文九簭之名兹作巫字師云非也古文有双字當爲簭

字蓋取參伍以變之意今周禮作巫者以巫誣相似而誤耳

占夢中士二人史二人徒四人

夢者寐而神遊或因思而成或有徵而先見幻境如事事也多主兆吉凶世有知其理者故特設官以掌之古文作㝱从宀爿取在室中而卧于牀之意從夢聲意今書用夢從夕從瞢省寐而昏蒙不明也以代㝱非

眡祲中士二人史二人徒四人　祲侵沁二音

鄭氏曰祲陰陽相侵漸成祥者魯梓慎云吾見赤黑之祲按此亦屬之大卜者以其占類也

大卜掌三兆之灋一曰玉兆二曰瓦兆三曰原兆其經兆

之體皆百有二十其頌皆千有二百○掌三易之灋一曰連山二曰歸藏三曰周易其經卦皆八其別皆六十有四○掌三夢之灋一曰致夢二曰觭夢三曰咸陟其經運十其別九十（觭音欺亦與其同）

大卜通掌卜筮夢三者之占而獨以卜名者古人重卜也三兆三夢之灋不傳于三易猶有可言者易體卦八曰乾坎艮震巽離坤兊重之爲六十四夏易首艮即兼山之謂也故曰連山商易首坤即坤乾之謂也故曰歸藏周易首乾即今易書也三易經卦皆八重之皆六十四但其序次與其辭不同掌其灋者三易各有通其學

之人筮得卦爻使各言其吉凶書所謂三人占大卜從而折衷之也○以此例而推之龜兆之體若今龜書所載天象山川人物之形者共百有二十體頌爻辭也每體十爻爲千有二百頌玉兆者文如玉拆瓦兆者文如瓦解原兆者文如土裂三者蓋以爲序兆之始而辭有不同至其體皆百有二十其頌皆千有二百大卜總掌三兆之濫而斷其是非也○夢之有運謂人之神變動而有所之也亦若今夢書所載天地人事動植之物者其經運十每運其別有九故爲九十致夢謂事有先兆心無所因而自至者觭奇也謂夢之異者咸感也陟經歷也謂人心有所感神嵬游歷而夢也三者亦以爲序夢之始至其經運皆十其別皆九十大卜則總掌三夢之濫而斷其是非也卜夢二者不過以易之濫因此識彼而著其大畧如此舊說以顓頊爲玉兆帝堯爲瓦兆

三易三正之理

周爲原兆致夢作于夏觭夢作于殷咸陟作于周未詳其說闕焉可也又以連山出于神農歸藏出于黃帝周易出于伏羲其說據宋元豐中毛漸奉使契丹于民間得書有山墳形墳氣墳謂即古三墳之書因謂山墳爲

連山形墳爲歸藏氣墳爲

周易亦未知其是否也

按三易之名實與三正相爲表裏其說似精深而實顯明也蓋陽氣始于子于律爲黃鍾氣屬天故曰天開于子而周以之建正先天卦位坤之半爲復一陽生于重陰之下乃乾之元而所以統天者也是乃天地人之大德故周易首乾而天下之理得矣天一生水而地六成之萬物之形始于丑于律爲林鍾後天坤居未未之衝丑形屬地故曰地闢于丑而商以之建正先天卦位正北方爲純坤之卦萬物之所歸藏也不翕聚則不發散

龜八命

貞下起元天地人之至妙者也故商易首坤蓋周用夫陽之始而商用夫陰之終義各有當也夫子爲氣之始丑爲形之始皆未可有爲至寅而後人工可施于律爲太簇事屬人故曰人生于寅而夏以之建正後天卦位爲艮萬物之所成終而成始也故夏易首艮艮止也止則生矣是三正三易其義一也然天地之道一也而己陰特其所收斂耳此洪範之數以陽爲主八十一律但紀陽聲易書但爲陽謀故夫子序易以周易首乾爲正春秋以一之日紀年也時以作事凡聖人敬授人時莫非所以爲民也建子建丑之月時當寒沍未可有爲故夫子論爲邦而以夏正建寅爲善周禮以寅月施政也

以邦事作龜之八命一曰征二曰象三曰與四曰謀五曰

果六曰至七曰雨八曰瘳（瘳，抽音）以八命者贊三兆三易三夢之占以觀國家之吉凶以詔救政

邦有大事作龜而命之其命辭有八征謂征伐左傳先王卜征五年也象謂天象之變有雲如衆赤鳥夾日以飛之類也與謂兩相交際若聚女仕君也謀謂營爲若下文立君大封大遷也果古裸字祭莫重于裸謂祭祀之日與牲儀禮卜祭春秋之改卜牛也至謂有所往若巡行巡守文王之卜田也舊謂人之至與不至此小事也何用卜乎雨謂水旱之時有雨與無也瘳謂疾病之時瘳與否書武王有疾周公卜三龜也凡此八事之命辭非但卜之龜而已三易三夢之人皆用是以占之然大卜贊其事參互而觀因以知國家之吉凶吉則爲之

脩德以承之凶則爲之脩省戒備所以救國家政事之得失也

凡國大貞貞質正之意天府陳玉以貞來歲之美惡此卜言大貞則所質問者謂非常事總下所稱也立君若無冢嫡庶子中年均德均謀及卜筮卜大封諸侯當封以國者故卜其地詩所謂卜云其吉也則眡高作龜高龜殼高處有紋可灼者作謂先作其墨俟灼後而觀其食與不食也大祭祀則眡高命龜大祭祀唯圜丘方丘之祭以二至其餘若祀五帝旅上帝禘祫大廟之祭必以卜命龜謂命以所卜之事也凡小事涖卜涖臨視也凡小事若嘗之卜楚彌之卜戒卜象卜兩卜瘳之類國大遷若盤庚遷都大師則貞龜貞正也凡旅陳龜謂旅于四望山川凡

器事命龜

凡卜在禰廟門閾外闑西南北面其叙先陳龜于廟門外西塾即此陳龜也次正之于閾外席上此之貞龜也次視高而命之事然後視高而作其兆復有尊官但臨視而不執事者蓋有涖陳貞命作五節之叙立君宗廟社稷安危所繫封國社稷萬姓所永賴大卜視高作龜則命之者小宗伯所謂玉帛以詔號而貞之者大宗伯陳之者大宰涖之者王也大祭祀鬼神假與不假所繫器事先人永藏之地人子莫大之事視高命龜則貞之者小宗伯陳之者大宗伯涖之者大宰大宰職帥執事而卜日是也大遷因不吉而求其永安大師衆之死生國之存亾繫焉貞龜則命之者卜師陳之者小宗伯涖之者大司空大司馬也凡旅陳龜則涖之者小宗伯也

小事涖卜則大卜但臨視之陳貞命作皆卜師已下自爲之也此因事之大小而尊卑相次之敘如此然以小司寇三詢之例推之則大遷大師當與立君一類此在罷祭下或有誤文且若周公之卜瘳成王之卜天變皆身親爲之豈必于有司執其事乎是又不可一一拘也

卜師掌開龜之四兆一曰方兆二曰功兆三曰義兆四曰弓兆 鄭氏曰開開出其占書也經兆百二十體此言四兆者分之爲四部若易之二篇書金縢曰開籥見書是謂數方功義弓之名未聞然所引亦未知是否

凡小事眡高揚火以作龜 以火爇龜使拆 致其墨 兆璺微不可辨復以墨潤之而

後明凡卜事川師必主爲此

凡卜辨龜之上下左右陰陽以授命龜者而詔相之

上下謂龜之首尾左右謂龜之兩旁各有應灼之處如今卜者亦因其上下左右而別木火金水之兆也陰龜殼裏受火處陽龜殼表視兆處命龜者既命以所卜之事又必命以灼于何兆使神可以因事而示之象故卜師必辨而授命卜者及詔相其辭使命之者確然以求之而不貳則神亦斷然以示之而不惑也

龜人掌六龜之屬各有名物名天龜曰靈屬六者是也物謂色與體也天龜曰靈屬地龜曰繹屬東龜曰果屬西龜曰靁屬南龜曰獵屬

北龜曰若屬各以其方之色與其體辨之（釋）音亦（果）如字

六龜舊說不明按爾雅有十龜一曰神龜龜最神明者二曰靈龜出涪陵郡縁中文似玳瑁者或云即今大觜靈蠵龜能鳴者也三曰攝龜腹甲曲折能自張閉好食蛇者也四曰寶龜大寶龜也五曰文龜甲有文綵者河圖曰靈龜負書冊甲青文六曰蓍龜在蓍叢下者七曰山龜八曰澤龜九曰水龜十曰火龜夫天曰神又神龜負文故神龜靈龜文龜即天龜也傳曰地不愛寶蓍地中植物故寶龜蓍龜即地龜也後天卦位東北爲艮山龜即東龜也西爲兑澤龜即西龜也南爲離火龜即南龜也北爲坎水龜即北龜也唯攝龜無用又爾雅云龜俯者靈行頭低仰者繹行頭仰前弇果甲前長後弇獵甲後長左倪不類行頭左痺右倪不若行頭右痺此言

龜之體也但果獵類若守微有差誤蓋得天氣多者形下覆而俯靈者神靈之意得地氣多者形向上而仰繹者土勢高下相因之意得南方氣者甲前長而向前弇獵者獵而居前也得北方氣者甲後長而向後弇若者順而在後也得東方氣者目左倪而頭向左卑果木也得西方氣者目右倪而頭向右卑靁主聲謂金也色者天玄地黄東青西白南赤北黑也天地東西南北之龜雖其灋象各不同然受氣不能純然無雜但或以其體或以其色辨之而使之各有所屬因之各有所取用也○蠵音雖弇掩廾二音倪音霓痺皮避二音

凡取龜用秋時攻龜用春時各以其物入於龜室○上春釁龜祭祀先卜

秋物成而甲堅取而殺之䲆人秋獻龜魚是矣春氣和而甲潤解之不傷六龜分其體色藏于龜室隨所宜而用之天子備物也大龜其灼非一恐久而枯朽殺牲取血以塗之使潤澤兼以生氣續之也先卜上古始爲卜者古人于耕食蠶牧槃不祭其先事之神不忘本也月令孟冬釁祠龜策蓋本諸此秦建亥故以孟冬爲上春

若有祭祀則奉龜以往旅亦如之喪亦如之

凡國有卜事皆龜人奉龜以往此特舉祭祀及旅與喪者喪祭國之常事餘可知矣

菙氏掌共燋契以待卜事

燋音爵○燋燒木存性者以木燧取火用此以傳則易燃也契刻龜之刀刮去其外黑皮可以視兆者故字從刀詩云爰契我龜是也菙氏掌共此二者以待卜事

凡卜以明火爇燋遂歈其焌契以授卜師遂役之（焌）音俊（歈）吹同明火者以木燧取火于日取其精明之意焌即華木以明火爇燋遂歈其焌者謂先以燋爇得明火然後歈之于華以灼龜禮所謂楚焞置于燋也卜師主視高揚火以作龜故華氏幷契其龜以授卜師而役終其事也

占人掌占龜以八簭占八頌以八卦占簭之八故以眡吉凶簭之八故即簭人所辨九簭之名大卜作龜之八命也此于簭曰八簭于卜曰八頌其實不過八事而已

凡稽疑簭短龜長必先筮而後卜故古人之占龜以八簭占龜之八頌必先以八卦占簭之八故因兩視其從違而斷其事之吉凶也

凡卜簭君占體兆象天地五行人物之類大夫占色兆氣雨霽蒙繹克史占墨先所定之墨食與不食卜人占坼坼音冊裂兆聲

卜而兼言筮者卜其所筮之吉者也凡卜簭卜人精其事問兆聲則不俟徵於象而即知其吉凶故曰占坼史主定墨觀其食與不食乃史之事故曰占墨既占其食之後然後授于大夫察其色之潤澤光明昏昧連絡陵犯五者故曰大夫占色君尊但視其體書曰體王其罔害故曰君占體其叙本先卜人此先君者以尊卑爲叙也若玉藻云卜人定龜史定墨君定體則未卜前事也

凡卜簭既事則繫幣以比其命歲終則計其占之中否

龜八命簭八故同灋

占卜者雖有君已下四者不同然主其事者則占人也故九簭之事既畢則史以幣書其命龜之事與占人斷决之詞繫之于龜兆之者占人非一各存其說也歲終則計其占之中否屢中者進其秩不中者退其人蓋上責其實則人精其業廉乎國家之事得有所依據而萬無一失矣按書金縢王與大夫盡弁以啓金縢之書是繫幣非特以稽占人之能蓋以其中者藏之金縢匱中又以爲他日決疑之攷驗也○比音鄙

簭人 掌三易以辨九簭之名一曰連山二曰歸藏三曰周易 三易解見上辨九簭之名者三代之易各有所斷九簭之詞也

九簭之名一曰巫更二曰巫咸三曰巫式四曰巫目五曰

巫易六曰巫比七曰巫祠八曰巫參九曰巫環以辨吉凶

九巫字竝當作㠭與簭同

九簭之名解者未當按占人云以八簭占八頌又云占簭之八故奉有言九者故愚謂此九簭即大卜作龜之八命而有分合不同耳于易咸爲取女比爲輔上故此簭咸筮比即八命之與也左傳秦晉戰晉卜右慶鄭吉晉致楚師求御于鄭人卜宛射大吉故此筮參筮環即八命之征也祠祼皆主祭言故此筮祠即八命之果也大卜有立君大遷皆因先不吉而更之謀莫大焉故此之筮更即八命之謀也日月爲易懸象著明莫大于日月故八命之象與雨者即此之筮易也唯大八命有至與瘳于此未有所合此之筮式筮目舊解以爲筮制作

灋式事衆而筮其要目夫古人制事以義未聞以立灋式定要目而問之鬼神者殆不可強解耳

凡國之大事先簭而後卜

洪範曰龜從筮逆又曰龜筮共違于人大事龜筮兼舉此言先筮後卜者蓋必先輕後重也

上春相簭擇其神蓍入于蓍室與龜人攻龜用春時同

按龜人云上春釁龜祭祀先卜月令有釁祠龜策之文則此亦當釁蓍祭筮歟

凡國事共簭國有簭事皆簭人共之也

占夢掌其歲時觀天地之會辨陰陽之氣以日月星辰占

六夢之吉凶

掌其歲時者以夢之年與四時爲主因據之以推其吉凶也鄭氏曰天地之會建厭所處之日辰斗柄所建爲陽建左旋于天日前一次爲陰建右旋于天日謂干辰謂支陰陽之氣休王前後前生王者休後王生者相王所勝者死相所勝者囚如木王則水休火相土死金囚也日月星辰謂合辰所在左傳昭三十二年十二月辛亥晉趙簡子夢童子倮而轉以歌旦而日食占諸史墨對曰六年及此月也吳其入郢乎終亦弗克入郢必以庚辰日月在辰尾庚午之日日始有適火勝金故弗克此以日月星辰占夢之灋而今亡矣○（倮）裸同

一曰正夢二曰噩夢三曰思夢四曰寤夢五曰喜夢六曰

懼夢（噩）乂各反（寤）乂故反

六夢即大卜之三夢也正夢者心無所感平安自夢即致夢之云也噩夢者如今所謂魘心氣不足或卧而仰伏神明沉鬱而不舒故字從厭從寃省寃驚噩而夢也寤夢覺時而夢若狐突夢太子申生人不見而已見之寃與鬼接而夢也二者皆恍忽怪異之事即綺夢之六也人有所願欲憂患思想之極與夫大喜樂大恐懼三者動其心神遊于外感而成夢即咸陟之云也

季冬聘王夢獻吉夢於王王拜而受之乃舍萌於四方以贈惡夢○遂令始（難）毆疫（舍）音釋（難）當作儺

劉氏曰人之精神通乎天地禨祥兆乎至誠季冬天道終而復始必有禨祥兆乎夢故聘問于王吉則獻其說王拜受之貫天命也不吉則舍萌于四方萌兆也夢不吉則求其所以不吉之兆于四方而舍去之以贈送其惡夢使不復效也鄭氏曰獻羣臣之夢言于王而歸美焉詩牧人乃夢此所獻吉夢也舍萌猶舍菜萌菜始生也祭于四方以贈送惡夢猶司巫之冬堂贈也二說未知孰是占夢之贈夢司巫之堂贈方相氏之時儺索室敺疫涉于鬼神影響之事而夢猶爲有據故自贈夢爲始而遂以儺其事相聯也

易曰定天下之吉凶成天下之亹亹者莫大乎蓍龜書曰汝則有大疑謀及卿士謀及庶民謀及卜筮夫聖人至誠如神而又謀及卿士庶民則所謀亦已得矣而必謀及于蓍龜何也此聖人受命于天也天無言假物以

十暈之灋

露其先兆蓍龜又草與虫之靈而能發天地之秘故聖王用之也洪範王及卿士庶民一有同于龜筮則吉龜筮共違于人則用作凶是龜筮重于人也龜從筮逆作内吉而筮從龜逆則不言是龜又重于筮也此左傳所以云筮短龜長不如從長也歟卜筮有象數可徵者而又有所謂占夢何也此天地神明與人之精神魂魄默交于幽㝠恍惚之間尤吉凶先見之神巧而自然者是故高宗以夢帝賚良弼而得傳說武王以夢協朕卜而克商宣王以夢熊羆虺蛇而占男女孔子以不夢見周公而知道之衰蓋與稽疑爲一類而前夫民用者故大卜一官秩爲下大夫而筮人占夢爲其屬也○亹音尾

眡祲掌十煇之灋以觀妖祥辨吉凶煇當作暈音運古文作[illegible]陰氣圍日月也

煇與輝同古文作[illegible]火光之發也此用煇誤文也○妖祥者吉凶之先見吉凶者妖祥之已成○一曰祲邪氣圜曰如梓慎所云赤黑之祲也二曰象如楚有雲如衆赤鳥夾日以飛也三曰鑴鑴錐囬二音邪氣反內刺日也四曰監邪氣守日上如監臨之也五曰闇日食既晝晦也六曰瞢日色昏蒙無光也七曰彌雲彌天宇久陰不雨也八曰敘雲如山次敘日旁也九曰隮白虹貫日或白虹竟天也詩朝隮于西正指虹言十曰想雲有象無象變態不常也掌安宅敘降

正歲則行事歲終則弊其事歲首雲物之占左重故安宅敘降自正歲而始歲終則計其効否以行賞罰也

祲者邪氣干正之名而十煇之灋專指夫日者以其爲大陽之精大君之象故經天者以日爲主而眂祲者以日爲要也以輕重言之則祲與鑴類祲淺而鑴尤烈監與叙類監在上而叙在旁彌與隮類彌蔽之而隮貫之象與想類象有形而想無形闇與瞢類闇則有食之瞢則其魄自虧耳夫日至陽之精故明出地上則萬象爲之光明百邪爲之消爍今以日而有此十暈皆以人君德虧陰小得以干之因而謫見于天故十暈多主于災唯曰叙曰象曰想猶有吉凶之雜如所謂日下有五色雲見慶雲爛兮者謂之祥瑞故云觀妖祥辨吉凶也古人于災異之生必有禳却之灋如日食則有救日之鼓以助陽氣有救日之弧矢以射陰邪安宅者安定之而使之得其所自日而言叙降者叙正而降却之自邪氣言也然此就人臣愛君無已之心故有此術耳若人君

所以彌災之道唯脩德禳天則邪慝自不能干而所以安宅叙降者固在此而不在彼也○譎音責

大祝下大夫二人上士四人祝官之長小祝中士八人下士十有六人府二人史四人胥四人徒四十人

喪祝上士二人中士四人下士八人府二人史二人胥四人徒四十人

甸祝下士二人府一人史一人徒四人甸畋佃通

詛祝下士二人府一人史一人徒四人鄭氏曰詛謂祝之使阻敗也

六祝

大祝掌六祝之辭以事鬼神示祈福祥求永貞（示）祇通

神謂昊天上帝日月星辰風雨水旱司中司命司民司祿凡在天成象者示謂社稷五祀五嶽四瀆四海山林川澤凡在地成形者鬼謂自天子以至于庶人死而游魂者永貞謂降福常得其正也

一曰順祝二曰年祝三曰吉祝四曰化祝五曰瑞祝六曰筴祝（筴）策音

鬼神在天地間昭布森列詩云神之假思不可度思記曰洋洋乎如在其上如在其左右是矣但氣化有不正則善未必福惡未必禍先王求福不回惟極其誠敬以事之而無以自達大祝爲之六祝之辭以薦信于幽冥

六祈

皆以正而祈之順若臣忠子孝永錫祚胤從以孫子又如禮運所謂天下之肥是爲大順也年詩之明昭上帝迄用康年亦有高廪萬億及秭也吉詩之介爾昭明令終有俶壽考百福也化小祝之彌裁兵遠辠疾也瑞小祝之逆時雨寧風旱又記所謂天不愛道地不愛寶也筮祈著龜之吉凶不忒而嫌疑猶豫得有考定也六者不過求天心之永正使善者降福無疆而已故天神假地示出人鬼饗善惡之報咸以正應之而靡有僭忒也

掌六祈以同鬼神示一曰類二曰造（造）清告反○類者書類于上帝小宗伯類社稷宗廟依正禮而祭也造者肆師類造上帝大祝造于祖甸祝舍奠于祖禰造禮畧謂至其地即舍奠也三曰禬四曰禜（禬）紱外反（禜）音詠○禬若禬國之凶荒民之札喪也禜若春秋傳云日月星辰之神則雪

六辭

霜風雨之不時於是乎禜之山川之神則水旱疫癘之災於是乎禜之也**五曰攻六曰說**攻若翦氏以攻禜攻之祀正神以驅其邪也說若庶氏以攻說禬之說以移其神即牧人所謂毀事也

六祝者因祭享正禮而祝之者也氣化不齊鬼神之吉凶有不合于人者祈之爲言求也專爲有所求而祭使夫惠廸吉從逆凶一如人道之常故曰同易曰與鬼神合其吉凶此天之已定而聖人合之也此所謂同鬼神示者天之未定而聖人使之同也六祈之祝號咸掌于詛祝而其禮則大祝掌之百姓不得爲淫詞也

作六辭以通上下親疏遠近神示鬼之分有不同作六辭以通達之使精誠透徹則高及雲漢卑及淵泉親而同氣疏而異類近而宮垣遠而四海無不有以感假之也**一曰祠**若春祠其字從

司主祭者與鬼神幽明相隔托諸有司以誥詞達之也

二曰命謂命神之畢者書乃命卜筮易其受命如響也

三曰誥誥與告通古文作𢍶從告從共謂神之尊者敬恭而告之書湯誥敢昭告于上天神后武成告于皇天后土也

四曰會會義未詳疑當作禬即攻說禬之也

五曰禱有難而默求于神也語子疾病子路請禱左傳鐵之戰衛太子禱于文王康叔古文從𢀶作禱反覆懇求之意

六曰誄叙述功德以告于神明疾病曰誄述其善而求免禍也大器遺之曰讀誄述其善而謚之也古文作讄字從畾積纍之意

此六辭皆所以告于鬼神者以大祝主事鬼神示也舊說皆主以人事言夫誥命禱于人事雖有之然王者之策命掌于内史誓誥掌于士師至所謂善頌禱者出于一時祝頌之詞何與大祝之事也

辨六號一曰神號若昊天上帝　二曰鬼號若文祖神宗顯考皇考　三曰示號若皇土地祇　四曰牲號若羊曰柔毛豕曰剛鬣　五曰齍號若黍曰香合稻曰嘉蔬　六曰幣號若玉曰嘉玉幣曰量幣

神鬼示三者謂其所祭祀者故不敢指斥之以申其尊敬之心牲齍幣三者謂其祭物故不直稱之以致其歆神之意夫名出于聲氣之自然自黄帝正名百物既各有其名矣周公于祭祀之時復易其常名而加以美稱此孔子所謂郁郁乎文者哉

辨九祭一曰命祭二曰衍祭三曰炮祭四曰周祭五曰振

祭六曰擩祭七曰絶祭八曰繚祭九曰共祭

劉氏曰大祝之設所以事鬼神者也此九祭當是大享于宗廟而皇尸祭食之瀆是以大祝掌之若祭食祭所先進凡賓主行食禮則奠用焉天子祭禮不存今以大夫少牢饋食之禮明之命祭謂妥尸尸坐祝始命尸取韭醢徧擩于三豆祭于豆間也衍祭謂上佐食取黍稷及切肺授尸尸受而登于豆間賓尸所謂兼祭以共行多故云衍也炮祭謂次賓羞羊膰尸擩鹽而祭也周祭謂賓尸依殺祭之也振祭謂凡牢幹魚腊骼肩脊擩鹽振之擬祭弗奠是也擩祭謂凡取菹以擩于醢而祭也絶祭謂刌肺以絶其本而祭也繚祭謂刌肺之大本紾之以爲繚祭大夫以下絶而不繚以上繚而又絶故鄉飲酒稱弗繚右絶末以祭也共祭謂凡尸之食祭皆上

九拜

佐食工祝共之所以尊之也○按此解未融姑存以俟○妥天果切　擩日宣切　刲音奎

辨九𢷎一曰稽首二曰頓首三曰空首四曰振動五曰吉𢷎六曰凶𢷎七曰奇𢷎八曰褒𢷎九曰肅𢷎以享右祭祀

𢷎古拜字○享獻也謂朝獻饋獻也右侑通詩既右享之勸尸食也

凡𢷎必以頭至于手書所謂拜手稽首是也稽首者以首至于手稽留而後起左傳孟武伯曰非天子寡君無所稽首知武子曰天子在而君辱稽首寡君懼矣郊特牲大夫之臣不稽首非尊家臣以避君也故稽首者臣𢷎其君之禮也頓首者以首及手而即起春秋時晉穆嬴抱大子頓首於趙宣子魯季平子頓首于叔孫故頓

首者平交之禮也空手不見于經傳然以義差之則空之爲言以其首不至于手俯而即起首與手相空而得名此蓋尊者答卑幼之拜今人亦有此禮也振動者鄭氏曰戰栗變動之拜書曰王動色變然其義未明豈應受其拜而不答者因有所當敬故不寧而變動以待之歟檀弓云拜而後稽顙頹乎其順此吉拜也稽顙而後拜頎乎其至此凶拜也蓋常拜皆拜手唯喪禮則以顙觸地無容聖人恐其過于野故必兼之以拜手齊衰而下先拜手而後稽顙不全乎凶故曰吉拜斬衰則先稽顙而後拜故曰凶拜二者皆喪禮奇拜者單一拜也臯陶陳謨帝拜曰俞燕禮大射禮有一拜之時此君于其臣之拜又卿飲卿射聘禮士相見禮凡禮之殺者亦皆一拜也褒之爲言加也君之于臣有加禮之時伊尹以冕服奉嗣王而大甲拜稽首周公復子明辟而成王拜

稽首君于臣以一拜爲正此則拜師之禮且復政大事故加爲稽首稽首則再拜也二者皆君待臣之禮肅拜者軍中之拜也郤至見楚子之使免冑承命不敢拜三肅使者而退周亞夫對文帝曰介冑之士不拜請以軍禮見蓋身既衣甲手有所持則不能屈折記所謂爲其拜而坐拜也故屈膝鞠躬以爲禮今之北人猶有此拜也鄭氏云婦人亦以肅拜爲正蓋婦人夾拜一屈膝于地而再鞠躬然後可以偕男子之拜也九拜通于吉凶軍賓嘉此專以祭祀言者以大祝主鬼神之事也○(坐)剉通謂剉屈也

凡大禋祀肆享祭示則執明水火而號祝禋祀祭天神也肆享祭宗廟也祭示祭地祇也明水火詳見秋官司烜氏凡祭祀明水以和灌明火以爓燎大祝主執之而掌其號祝水火交神之

六節故詩言之**隋釁逆牲逆尸令鍾鼓右亦如之來瞽令皐舞**隋者朝事時主婦所薦菹醢藏之廟中以依神者詳見下小祝釁者殺牲取血以塗其罅隙雜記曰成廟則釁之雍人舉羊升屋自屋中中屋南面刲羊血流于前乃降門夾室皆用雞交神明之道也隋釁字義本明舊說以爲薦血非也逆牲者二祼之後王出廟門迎牲逆尸者記曰廟門之外全于臣全于子廟門之內全于君全于父故君迎牲而不迎尸故小祝職主送逆尸也右尸食而侑之也已上之禮皆主用樂鍾鼓所以節樂者瞽奏琴瑟等樂者皐號也謂升歌也舞人舞也凡用樂時皆大祝令之瞽無目故曰來也**相尸禮**延其出入詔其坐作也**既祭令徹**祭畢而徹亦大祝令之已上所掌吉禮之事

大喪始崩以肆鬯渳尸陳尸設鬯以浴尸相飯大宰贊王含玉此則相乎大宰也贊斂冬官主斂此則贊于匠師也徹奠奠然大祝徹之言甸人讀禱甸師于大喪代王受眚烖此則爲禱詞語于甸師而使讀之也付練祥掌國事付當作祔○祔既虞卒哭祔于祖廟也十三月而練二十五月而祥中月而禫皆有祭掌國事者督其祭物相其禮儀也已上所掌喪禮之事

國有大故天烖彌祀社稷禱祠大故寇戎也天烖疫癘水旱也彌猶偏也偏祀社稷及諸祈禱既則祠之以報焉凡用師無有言稷者此唯禱祀偏祀百神故及于稷也○大師宜于社造于祖設軍社類上帝國將有事于四望及軍歸獻于社

則前祝宜于社者爾雅曰起大事動大衆必先有事乎社而後出謂之宜宜之云者易曰毒天下而民從之蓋不用師則民有東征西怨者故以用師爲宜也造于祖舍奠于先王也設軍社解見小宗伯類上帝者司馬灋所謂將用師乃告于皇天上帝日月星辰也國將有事于四塱謂祭嶽瀆四海也已上祭祀義見肆師軍歸獻于社者謂大司馬獻捷于社也其前祝然大祝爲之

大會同造于廟宜于社過大山川則用事馬反行舍奠大會同出必告反必面但于廟社行之不告于上帝也過大山川則用事郎王人職宗祝以璋瓚前馬之禮也亦無事于四塱蓋會同常事故其禮殺于大師已上所掌軍禮之事

建邦國先告后土用牲幣

禁督逆祀命者頒祭號于邦國都鄙

逆祀命不稟天子之命而僭于祀典如季氏旅于泰山者祭號謂所應祭鬼神祇之號不應祀者督察而禁絕之應祀者頒其號而使祀之五禮以吉祭爲先故特重其典内而都鄙外而邦國皆大祝頒之

小祝掌小祭祀將事候禳禱祠之號以祈福祥順豐年逆時雨寧風旱彌烖兵遠辠疾

（辠）古罪字○小祭祀若祭殤五祀九門之屬將事謂行祀事或候善祥或卻烖害禱以反覆求之祠以達其誠其號祝兹小祝掌之福祥吉祝也順順祝也豐年年祝也逆時雨寧風旱瑞祝也彌烖兵遠辠疾化祝也不越乎七祝之六祝但大祝主鬼神示之大者而小祝主其小者耳

右小祝所合

掌之號祝

大祭祀逆齍盛送逆尸沃尸盥贊隋〔贊徹〕贊奠凡祭祀奠先徹後此贊徹在贊奠先者誤文也當以大祝既祭令徹爲據○大祭大宰贊王逆牲故此則逆齍盛王不迎尸故此送逆尸沃盥者尸尊不就洗特牲少牢禮尸入廟門盥于盤其時小祝沃水也隋者置而不舉之義謂菹醢等可久藏者尸未入時主婦薦朝事之籩豆以饗神祭畢藏之廟中以依神以其薦而不徹故以隋名也此贊隋者贊主婦也徹者大祝職既祭命徹也奠者特牲尸未入時大祝酌酒奠于鉶南也並贊大祝爲之○凡事佐大祝凡大祝所掌事小祝並贊其禮右吉禮所掌事

大器贊𤅢大祝以肆鬯𤅢尸小祝贊之　設爇置銘爇者器大記君四種八筐大夫三種六筐士二種四筐加魚腊焉士器禮爇饌于西坫南請初陳之也又曰設爇旁一筐乃塗謂殯之也故此大器當爇六穀置于棺旁必爇之者取其經久不敗以香氣歆神孝子不忍死其親之情也銘者書死者名號于旌檀弓曰銘明旌也以死者爲不可別故以其旗識之設爇置銘㝵小祝專之

○及葬設道齎之奠分禱五祀道齎之奠謂遣奠也齎之爲言資也謂行道而資送之也分禱五祀者告王去此不復反且祈其安也祭灋王立七祀有司命大厲平生出入不以告故止于五祀也右器禮所掌事

大師掌釁祈號祝釁釁鼓一取其堅二取其新三取其得生氣以神之祈禡祭禱于始爲兵灋者

（二者小祝掌其號祝）○有冠戎之事則保郊祀于社（郊外兆域小祝與士民之應守者相與保之使寇戎無得剽剝姦民無得乘機侵毀祀于社者大祝彌祀社稷小祝贊之也右軍禮所掌事）

凡外内小祭祀小喪紀小會同小軍旅掌事焉（鄭氏曰外小祭祀如林澤四方百物内小祭祀如宮中七祀等小喪紀者夫人已下之喪小會同謂諸侯遣臣來王使卿大夫與之行會同之禮小軍旅謂王不自行遣卿大夫掌事不用六軍者已上小事皆小祝專掌之）

神人之交非有詞命則不達故有祝以宣其意猶人之相與亦必有待于言也是故史乃冊祝而武王以瘳祭神有文而鱷魚以徙祝詞之不可無尚矣大祝主達誠于鬼神之大者小祝主達誠于鬼神之小者送終大事

則別立喪祝勝國邑社稷之祝號屬焉者以其喪匹之義周人勝商故亦名曰商祝也甸獵以取禽獸則立甸祝禱牲禱馬屬焉以其皆主禽獸之事也至于詛者則又別有操術而能使善者以福惡者以禍而凡盟詛類造攻說禬禜欲以正毆邪祈福禳禍之祝號𠀤屬焉此三者各爲設官務使之精于其術且使大小祝心無所淆得以致其寅清于天地人之祀也

喪祝掌大喪勸防之事鄭氏曰勸謂倡率前引者蓋若後世薤露歌也防謂執纛居柩路前却行左右車脚有高下則以纛詔告執披者使制持之不至傾仄也○(薤)杳械及辟令啓(辟)闢通○辟謂除菆塗櫬也喪祝主命役人開之及朝御匶乃奠(匶)柩通○將葬而朝于廟則喪祝爲御匶[illegible]弓

曰器之朝也順死者之孝心也其哀離其室也故至于祖考之廟而後行乃奠者朝廟之奠也**及祖飾棺乃載遂御**將葬而祖于庭象生時出則祖道也器祝主飾棺乃載于器車遂御之以行執纛居前却行爲節度也**及葬御匶出宮乃代**比及葬地其路修遠既祖之後御匶車出宮門就于通衢則器祝相與更代也**及壙說載除飾**(說)脫通○說出器車除去棺飾令可舉移安厝之**○小器亦如之**夫人已下之器並同大器有勸防等六節也○已上器祝所掌器禮

掌器祭號祝器祭虞祔練祥禫也士虞禮始虞祝曰哀薦祫事再虞曰哀薦虞事三虞曰哀薦成事祔練祥禫亦如之○右器祝所掌器祭號祝

王弔則與巫前鄭氏曰諸侯諸臣死王就室弔之喪祝與巫以桃茢執戈在王前檀弓曰君臨臣喪以巫祝桃茢執戈惡之也所以異于生也桃鬼所畏惡茢菼帚所以埽不祥執戈者喪大記小臣二人執戈立于前二人立于後此諸侯之禮王禮宜隆蓋死者之傍恐有凶邪之氣故須用此也○右喪祝所掌弔喪之事

掌勝國邑之社稷之祝號以祭祀禱祠焉勝國邑之社稷商之舊社稷或在于國或在于邑者也以其禱水旱而獲應民素往于此故有祭祀禱祠喪祝主死喪之事勝國邑之社稷亦既喪者也故并掌之祭則以士師爲之尸詳見秋官士師

掌凡卿大夫之喪掌事而斂飾棺焉斂初喪時事飾棺葬時事舉此以例其餘

甸祝掌四時之田表貉之祝號舍奠于祖廟禰亦如之

四時之田春蒐夏苗秋獮冬狩也田者以取禽而寓軍灋故亦用夫出師之祭陳氏曰古人祭貉于立表之處無壇墠置甲冑弓矢于神坐之前置鞘于神坐之後此師祭也舍奠于祖禰者出必告反必面皆行舍奠之禮有牲而無尸所謂造于祖也

右甸祝所掌畋狩之祝號

師甸致禽于虞中乃屬禽及郊饁獸舍奠于祖禰乃斂禽

師甸謂仲冬大閱也大司馬敎大閱遂以狩田饁獸于郊小宗伯大甸則帥有司而饁獸于郊遂頒禽凡四時之甸皆謂之師甸而仲冬軍禮爲備故獨專其稱且謂之大閱大甸也冬時萬物告成當祀之以息老物故于

大閱之後及郊卽以其獸饁饈四方百物之神也致禽者植旌于虞中凡獲禽者皆致于是也屬禽者各以其類聚之也頒禽者頒之于卿大夫士也斂禽者或入于腊人以爲乾豆或入于囿人服不氏以待不時而取也凡四時之田皆有之而甸祝兼掌其禮以大閱備禮故獨詳焉右甸祝所掌畋狩之禮

禂牲禂馬皆掌其祝號禂禱通○禂牲者牧人充人牛人羊人等官禱于先牧欲其博碩肥腯也禂馬者校人之春祭馬祖夏祭先牧秋祭馬社冬祭馬步欲其獸之蕃息無疾耗也甸祝主禽獸故并掌獸神祝號○腯豚上聲

詛祝掌盟詛類造攻說禬禜之祝號祝枝又反

盟者有事相約恐不根托要質于鬼神使違約者得禍也詛者因犯盟約相與告于明神使之必禍蓋神主乎氣氣發爲聲詛者以聲動氣以氣感神故能爲禍福也祝號者祝其所盟詛之神之號詛祝之設官專主于此類造于大祀禬禜于中祀攻說于小祀皆有事而祀者其禮掌于大祝其祝號則幷掌于此也

作盟詛之載辭以敘國之信用以質邦國之劑信

作盟詛之載辭者謂以盟詛之辭筆之于書殺牲取血坎其牲加書其上而埋之使夫背盟者與不信而詛之者必得神禍也如是則王國萬民之有盟詛者有以敘正之而無不驗故曰敘國之信用邦國有疑會同而盟者有以質成之而莫敢渝故曰質邦國之劑信也按人僞無所不至唯天不可欺盟詛之設使不信者必得禍

所以爲輔政省刑而不廢也至于大師天地大烖則類造于天地宗廟感動夫宇宙之正氣使彼不道者必獲凶禍水旱疫癘之烖則禬禜于日月星辰山川之神鼓舞夫陰陽之精使邪僻之氣自將消匿及夫蠱物生于隱僻者則翦氏以攻禜攻之祭陰陽方位布之于祭以正神臨之而惡物自滅比毒蠱生于臟腑中者則庶氏以攻說禬之亦以陰陽正神之名號攝之于辭聲沓出而神氣應則邪類自退避此皆本夫陰陽時日星辰生尅制化之理使善者常得福惡者常得禍别爲一術而非祭祀之常正與盟詛同道故其祝號竝屬之詛祝也

司巫中士二人府一人史一人胥一人徒十人巫官之長

男巫無數女巫無數其師中士四人府二人史四人胥四

人徒四十人

巫者何人爲鬼神所降之名也鬼神在聲氣間非人不依故有巫以降之古文巫字作巫從二人相對而舞蓋凡巫降神必執干羽皇絞而舞相與作其氣而迎之也從工者言有瀊度爲而必驗非妄作也女巫止稱曰巫男巫復曰覡以見鬼神會意也其師者鄭氏所謂巫能制神之處位次主者爵爲中士蓋理于性命而又知鬼神之情狀庶不入于妖怪矣

司巫掌群巫之政令群巫謂男巫女巫政令謂選擇其賢否及降神祈禱等事○若國大旱則帥巫而舞雩雩音預旱祭也國有大烖則帥巫而造巫恒

月令大雩帝習盛樂天子之雩上帝而配以人帝也又命百縣雩祀百辟卿士蓋都鄙邦國之雩山川社稷而配以古人有功德之在其地者故云百辟卿士也舞者旱暵之事以皇舞也大烖王疾病及國中疫癘大作也帥羣巫至于應禱常處若焚走羣望及大厲族厲等鬼神也○已上皆有故用巫求神之事

祭祀則共匰主及道布及葙館 匰音丹 葙音租○主者神所依匰承主器也道布者中霤禮曰以功布爲道布屬于几蓋或以依神或以藉主未詳所用葙之言藉也以藉祭酒館所以承葙士虞禮刌茅長五寸實于篚饌于西坫上也右司巫所掌祭祀求神之禮

凡祭祀守瘞 祀一本作事 瘞音意埋也○若祭地祇有埋牲王者司巫主爲之守

凡喪事掌巫降之禮人死魂氣無不之孝子爲重爲主以降其神亦司巫掌其禮

男巫掌望祀望衍授號旁招以茅（茅）當作旌旄之旄古字通用

望祀謂祀四方之神男巫望而降之也望衍謂祀神之時男巫望而留其神使之留連游衍若屈子之九歌也授號授祭者以號大祝所辨六號也茅舞者所執綾羽之屬也蓋授以號而呼之舞以旌而招之皆降神而行之之禮也

冬堂贈無方無筭春招弭以除疾病（弭）音米

冬者歲之窮恐有一歲邪僻之氣匿于人間故于堂而贈之不拘所向不計其數盡其術而止蓋亦儺之意也

春者陽氣方生有善祥之意故招而安之竊陰而送新春而招皆所以爲王除疾病也

王弔則與祝前弔以臨死者祝掌其辭巫掌其禮茲前于王與神交之道也

女巫掌歲時祓除釁浴旱暵則舞雩暵漢音

爲女巫者歲時常自祓除邪穢蓄積精誠以香草塗其室香湯浴其體使足以來明神旱暵亢陽所致故雩祭以女巫鼓動其陰氣以濟陽之意檀弓云天則不雨而望之愚婦人自古皆然也然則潦用男巫歟按古者雩于北郊禜于南郊漢制雩衣皂禜衣朱各異其物董仲舒傳求雨開諸陰門閉諸陽門求晴反是皆此道也

若王后弔則與祝前女巫與女祝前于后亦如王之弔禮

凡邦之大烖歌哭而請司巫國有大烖則帥而造巫恒歌者哀鳴之辭女子善哭故歌哭而請期感于鬼神也鬼神在天地間其理有不可誣者人與之氣脉相通故從而依之此與立尸同意蓋必純一無僞與天無間隔然後可以爲郊社之尸子孫一氣相傳然後可以爲祖考之尸也夫神旣降之則亦能求之而使假家宗人所謂掌三辰之灋以猶鬼神示之居也故禜祭則使之掌求神之禮夫能致其神之假則亦能使之福善而禍淫避災而降祥所以水旱疾疫有招梗禬禳之禮也國語曰古者民神不雜民之精爽不攜貳者而又能齊肅中正其知能上下比義其聖能光遠宣朗其明能光照之其聰能聽徹之如是則神降之後世巫者以誣罔覓利

通于天地之理

爲心所降亦求食邪祟而禍福災祥之理始紊故正人君子不能侵之而亦多不信然愚夫愚婦崇鬼之心則暱然其未已也故狂巫得以投其欲而欺之皆由于鬼神之禮不正也觀周禮司巫以神仕者及夏官方相氏巫馬之設豈有後世鬼神之禍哉○攜音兮覡月棘反

又按人與天地氣化流通程子嘗言天人一也更不分別言合天人已剩一合字但常人神氣昏塞故若有間隔而不能通聖人生而神靈故能通幽明之故而古之稱聖人者曰神明也其次有得氣清明者亦與天地陰陽鬼神之氣不相殊絶故能與之脗合而知其故此卜筮占夢眡祲馮相保章大祝司巫醫師等官所由設也蓋王之心即天心也王之身即天行也王之左右皆通乎天道者也故王心一動鬼神與知一善一惡纖微皆

與造化相爲流通內則徵之于夢有獻贈之灋外則動乎四體有會治之宜明而見乎蓍龜以詔救政主于思患預防非徒卜其休咎而已幽而祭于鬼神以求永貞主于常得其正非徒徼福而已上而垂象于三辰以會天休訪序事遇災而懼敬授人時非徒取必于天時也記曰前巫而後史王中心無爲也以守至正此之謂歟然其道自有脉絡是以各專其業而不能相通如掌巫祝者不能卜筮善醫者不能巫也子孫一氣相承故凡醫卜天文率多世其業蓋專且久則歷試而益驗誠精而愈明故能有裨于國家也夫卜筮者受命于天以斷國是大祝者達王誠于鬼神示以祈享右故二官雖涉于藝而皆以大夫醫則案天地四時之氣養王躬救民疾故其秩爲上士其他占夢眡祲馮相保章司巫之屬則各司一事故其秩竝止中士此設官之等也自聖學

不明天人道隔人心散而不合乎天下祝等官俱流于術數故子夏云雖小道必有可觀者焉致遠恐泥是以君子不由也荀子云通于天地而不通于人曰伎夫術家各持其說爲專賴此而不知務本非也至于偏見者又以爲理之所無無助于國家之治而可去亦非也孰知周公之禮切而不迂常而非怪也哉○伎期技二音

大史下大夫二人上士四人小史中士八人下士十有六人府四人史八人胥四人徒四十人太史史官之長小史以佐之

馮相氏中士二人下士四人府二人史四人徒八人馮音平相去聲○主知天象使有稽憑

保章氏中士二人下士四人府二人史四人徒八人世守天文之變動

內史中大夫一人下大夫二人上士四人中士八人下士十有六人府四人史八人胥四人徒四十人掌王之大命

外史上士四人中士八人下士十有六人胥二人徒二十人掌外令職主文書宜有府史此蓋缺文也

御史中士八人下士十有六人其史百有二十人府四人

胥四人徒四十人御猶侍也進也執灋之官史在府上者其職以史爲事也

大史掌建邦之六典以逆邦國之治掌灋以逆官府之治掌則以逆都鄙之治凡辨灋者攷焉不信者刑之建邦之六典與夫八灋八則大宰掌之小宰司會貳之矣大史復掌之者蓋經世大灋冢宰執而行之至其爲書以成一代制作大史執而藏之故大宰者道揆所出也大史者禮灋所宗也且大史非治事之官何以逆邦國官府都鄙之治蓋史臣據事實錄漢郡國上計亦先送大史公也典灋一定永爲遵守其破灋不信者與守灋者爭是非則攷正于大史刑其不信者以正矯誣之罪

凡邦國都鄙及萬民之有約劑者藏焉以貳六官六官之所登若約劑亂則辟灋不信者刑之六官二字衍文辟音闢○約劑謂神民地功器贊之六約及大盟約之載辭也掌于司約司盟登于六官大史亦藏而貳之故曰以貳六官之所登也約劑亂謂違約及抵冒盟誓也辟開也開灋而刑其不信者

正歲年以叙事頒之于官府及都鄙頒告朔于邦國此古羲和氏之職也凡生人之道皆用天時以作事二十四氣惟二至二分當天體東西南北之中此天之中氣中氣匝為歲故其字以步戌為文取步天者一周而成歲歲至亥而木長生也日與月每月一會十二會而一

周天會時爲朔朔氣匝爲年故其字以千禾爲文取禾之成熟爲年也然天體三百六十五度有奇二十四氣每氣十五日二時有餘盡天之中氣則三百六十日之外餘六日故曰氣盈六日月之大盡三十日小盡二十九日大小盡相等一歲無過三百五十四日不足六日故曰朔虛六日中與朔盈虛不齊歲餘十二日故聖王造律爲之三歲一閏五歲再閏以齊之而後四時協歲功成焉序事者若書之東作西成南訛朔易月令之春而布德秋而明刑之類頒之于官府都鄙則王國之事敘矣又頒之于邦國使諸侯以每月朔告于祖廟而行之所以一正朔于天下也

閏月詔王居門終月

凡王者于平日無一事不奉若天道故明堂所居必隨斗柄所建及其衣服飲食車旗器用靡不有瀍象閏月斗柄無所建之次詔王居路寢之門故閏字從王居門為文也

大祭祀與執事卜日大卜主卜事大史主定墨也戒及宿之日與羣執事讀禮書而協事七日戒曰戒三日齋曰宿羣執事凡與祭者讀禮書而肄習之協者使安和不生踈失錯也祭之日執書以次位常尊卑昭穆有恒位存乎書冊故執而序次之辨事者攷焉不信者誅之不知禮者與知禮者爭辨于是乎攷焉而責其不知禮者○大會同朝覲以書協禮事及將幣之日執書以詔王大會同朝覲亦

以書先肆習之（秆執書告王使無失禮）○大師抱天時與大師同車（下大字音太）（樂師也○天時謂時日支干孤虛王相及星辰變動軍衆用以行止者大史掌其事樂師執同律以聽軍聲而知其勝負以爲趨避故大師旅使與樂師同車以詔軍將也）○大遷國抱灋以前（若商之五遷周遷東都也大史守國典灋抱之先往恐有散亡且以爲立國之基也）○大喪執灋以涖勸防（勸挽歌也防執披以備傾側者執灋以涖匶之行無使不安）遣之日讀誄（遣去聲）凡喪事攷焉（喪葬大事皆于是攷之使無違禮）小喪賜謚（謚所以易名也誄述其行之詞也記曰賤不誄貴幼不誄長諸侯相誄非禮也唯天子稱天以誄之公羊傳所

謂制謚于南郊也故大師職大喪帥瞽而廞作匶謚陳其行而謚之大史則于祖奠之時誄其行而讀之小喪卿大夫之喪也將葬而請謚于君記曰公叔文子卒其子戌請于君曰日月有時將葬矣請所以易名也君親爲之制謚使大史賜之小史往爲之讀誄夫南郊祀天之處言天所命也作之者大師讀之者大史以其知天道也既謚而必讀于匶者一則以謂死者有知亦無後言質諸鬼神而無憾一則以謂生時所行死而不可揜善者以勸惡者以戒使夫人之知懼也

凡射事飾中舍筭執其禮事（舍）釋通○中以承筭射中則釋之飾以致絜射之禮事竝大史執之

國之大事曰大祭祀也大會同朝覲也大軍旅也大喪也至于射事亦國之大禮大遷國尤國之大變大史禮灋所自出故于此七事曰讀禮書曰執書曰抱灋曰執灋曰抱天時曰執其禮事蓋凡禮事莫非大史所掌也

小史掌邦國之志奠繫世辨昭穆

大史掌邦之典灋則與夫禮書當時所行禮灋之書也故朝廷大政事皆得與聞小史掌邦國之志如周志鄭書魯春秋之屬記前人行事之書繫謂帝繫周之統繫出于后稷猶史記所謂帝紀也世謂世本諸侯各自立宗猶史記之世家也繫世既定則昭穆自辨而凡親疎遠近皆不勞而定此其職如後世之志書譜諜以備徵攷小史所以佐大史故其職之輕重如此

若有事則詔王之忌諱

鄭氏曰先王死日曰忌名曰諱葉氏曰王制大史執簡記奉諱惡小史者大史之屬故詔忌諱與奉諱惡之職同蓋以人君行事當知就善而避惡卽吉而忌凶故王之忌諱莫如惡事之當諱惡避忌亦如地官誦訓之掌道方志以詔避忌也若忌日者則出于孝子慈孫之心尚何待于小史之詔耶愚謂以古爲鑒可明得失人君行事倘有不灋以古者敗亾之章言之自知所懲戒葉說良是若所謂諱者記稱周人以諱事神孟子亦有諱名之說鄭說亦通但不當如後人之拘耳小史辨昭穆者以其諱于世繫詔忌諱者以其熟于典故也

大祭祀讀禮灋史以書敘昭穆之俎簋 大史讀禮書小史讀禮灋其事相成

昭穆有定次按書而叙次其俎簋宗廟子孫皆然也

大器大賓客大會同大軍旅佐大史凡國事之用禮灋者

掌其小事大器已下皆國之大事也大史所掌而小史佐之小事若小祭祀小器紀小賓客小軍旅及燕射亦主用禮灋小史自掌之

卿大夫之器賜謚讀誄解見大史

馮相氏

馮弼兵反相去聲○相猶象也歲月日星辰上天垂象以示人者馮猶稽憑也世主知天文之序次故曰馮相氏

掌十有二歲大歲左行于地歷十二辰一歲移一辰凡周十二舍爲一紀則有十二歲

之位十有二月日與月每月會一辰故斗柄月建一辰凡歷十二朔為一歲則有十二月之位十有二辰天之十二次舍東西南北各有三次舍氣各不同者也十日十干十日一易蓋五行之氣各有陰陽甲陽木乙陰木火土金水皆如之始于一而終于十也二十有八星之位二十八宿東蒼龍角亢氐房心尾箕北玄武斗牛女虛危室壁西白虎奎婁胃昴畢觜參南朱雀井鬼柳星張翼軫四方各有七宿為二十八分屬于七政角木亢金氐土房日心月尾火箕水稟受各不同餘三方放如之也十二辰二十八宿天位之體十二歲十二月十日紀曆之數辨其敘事以會天位

生人之道一順天時以作事聖王治天下不過欽若昊天敬授人時而已故歲之所在可以伐人大歲所在不

可以犯此此會合夫歲之位也平秩東作南訛西成朔易此會合夫月之位也外事剛日内事柔日協日刑殺之類此會合夫日之位也

大約如今造曆之漊矣

冬夏致日春秋致月以辨四時之叙

鄭氏曰致日月者樹八尺之表四維四中引八繩以正之以土圭測其景冬至日在牽牛景丈三尺夏至日在東井景尺五寸此長短之極極則氣至冬無愆陽夏無伏陰春分日在婁月上弦在東井圓于角下弦于牽牛秋分日在角月上弦于牽牛圓于婁下弦于東井此長短之中亦以景知氣至否春秋冬夏氣皆至則四時之叙正矣故日之行黄道外則晷長晷長則陰勝而水日之行黄道内則晷短晷短則陽勝而旱進尺二寸則侵

陽而月食退尺二寸則陽弱而日食此日之不得其叙月行出陽道則旱風出陰道則雨此月之不得其叙也

保章氏章猶文也七政之麗天九州之分星五行之支干與夫風氣雲物皆天之文章保猶守也世守天文之變動以救政序事故曰保章氏也

掌天星以志星辰日月之變動以觀天下之遷辨其吉凶㊟識通記也○天星者經星也占候以經星爲體而七政流行雲物變見于是占之故曰掌天星也鄭氏曰星謂五星辰七政所會五星有贏縮圜角日有薄蝕暈珥月有盈虧朓側匿之變七者右行列舍變動無常而與人事之得失善惡變移于下者實相符驗故觀其變動而有以前知其吉凶也○以

星土辨九州之地所封封域皆有分星以觀妖祥㊀去聲○星土

鄭氏曰星所主之土也大抵列國各有其星如天市兩垣二十二星河鼓下十有二國之星于地里各有所主也又春秋傳曰參爲晋星商主大火國語曰歲之所在則我有周之分野大界爲九州每州諸國之封域又皆有分星而其書已亾堪輿家雖有諸國所入之度而非古數今可言者十二次之分星紀吴也玄枵齊也娵訾衛也降婁魯也大梁趙也實沈晋也鶉首秦也鶉火周也鶉尾楚也壽星鄭也大火宋也析木燕也九州之域皆有星主之彗孛客星見于其分而妖祥可得而知矣

○以十有二歲之相觀天下之妖祥相猶肖也陰陽書子鼠丑牛十二歲皆有所肖也歲之支干生尅而天下之妖祥可得而知如云甲子豐年丙子旱也

○以五雲之物辨吉凶水旱降豐荒之祲象鄭氏曰物色也以二分二

至觀雲色青爲虫白爲喪赤爲兵荒黑爲水黄爲豐春秋傳曰凡分至啓閉必書雲物爲備故也○以十有二風察天地之和命乖別之妖祥命乖別之妖祥疑有脫誤乖字當在和字上○十有二風者十有二月風生于十二方各有主也其所至之風有不齊則天地之氣乖和于此而見因以別夫人事之妖祥也

凡此五物者以詔救政訪序事五物者七政之變動也九州分星也十二歲之相也五雲也十二風也有吉凶妖祥豐荒乖和之不同善則詔王脩德以承之否則詔王修省戒備匡救其政事之失如行赦宥黜戎兵與大卜之詔救政同一畏天之意也

大史既正歲年以序事矣于此五物有變動復訪求其序事之不備者斟酌行之如宜黍宜稌之類寔與大史相表裏大約政大綱事小紀微不同耳

鄭註八風

九州分星圖

內史掌王之八枋之灋以詔王治一曰爵二曰祿三曰廢四曰置五曰殺六曰生七曰予八曰奪（枋）柄通古文作棅取秉執之義善

○執國灋及國令之貳以攷政事以逆會計○掌敘事之

灋受納訪以詔王聽治○凡命諸侯及孤卿大夫則策命之○凡四方之事書內史讀之○王制祿則贊爲之以方出之賞賜亦如之○內史掌書王命遂貳之

內史之職四執國家典灋上以詔王治也下以攷劾天下之政事也出納王命也納臣下之言也○大宰掌八柄詔王馭群臣矣此云八枋之灋者謂何事當爵何事當祿何事當生殺廢置予奪指其目言也執之以詔王治者如此○國灋國家典灋則也國令王所以令于邦國官府都鄙以率作典事者也執其貳以攷邦國都鄙群吏之政事以逆會計蓋司會既執其貳而攷逆之矣內史復攷其王令之行否以逆會計之大凡則司會容

有不盡職者乎所謂攷劾天下之政者如此○敘事之灋卽宰夫之叙群吏之治以待賓客之令諸臣之復萬民之逆也但宰夫主叙而進之此則主叙而受之也納下有謨而獻者訪王有問而荅者內史引以白王俾人得自盡因而詔王以聽天下之治從違損益務于用其中也四方之事書監牧章奏也有煩簡不同王不能一一親覽內史取其要而讀之以俟王與宰臣平章不善者得而攷之所謂納臣下之言者如此○策命者諸侯則書之文侯之命孤卿大夫則畢命冏命亦猶後世之誥文內史掌爲之詞士不言者其有命無冊與制祿者大則分土授田小則若宮正之均其稍食稾人之攷其弓弩以下上其食此本司祿之事故內史主贊之而以方版行之也賞賜者大則司勳之賞地小則王府內外府之好賜賜予亦內史贊之而以方出之也掌書王命

者凡王之命于臣下厺内史書之遂貳之者存史館以備稽攷也凡此此善則將順而出之否則匡救而納之所謂出納王命者如此

外史掌書外令○掌四方之志掌三皇五帝之書○掌達書名于四方○若以書使于四方則書其令

外史佐内史者也其職有三掌王之外令也典籍也字畫也○外令者王令下畿外諸侯若徵守起軍旅也以書使于四方事有當以簡書達意如賜璽書也此皆令之行于外者厺外史掌書之○四方之志若附庸閒田名山大川及四夷海外之所記者小史所掌邦國之志則主王畿與諸侯之國所以不同皇者始立君道者也

故其字從自從王言王道之所自出也世傳天皇地皇人皇不可攷矣帝者主宰天下者也其字作帝象冕而衣裳形伏羲以木德王神農以火黄帝以土帝堯以金帝舜以水故易序此五帝而稱其垂衣裳而天下治也伏羲畫卦而始有文黄帝制字而始有書三皇無書後世仰録其時事之書也五帝之書若伏羲之易神農之百草黄帝之古文握奇與夫尚書之堯典舜典此皆外史所掌之典籍也○書名六書之瀆也黄帝正名百物遂以制字故謂字爲名自是而後帝王代作皆有所制人無所適從或遠方之國及四夷亦有文字莫相統一

外史掌達書名于四方使書同文也

御史掌邦國都鄙及萬民之治令以贊冢宰○凡治者受

灋令焉掌贊書○凡數從政者數上聲

冢宰掌邦治統百官治令者冢宰所以佐王而布之邦國都鄙萬民者也灋令者凡爲治之有司所以受于冢宰爲治之灋也從政者即凡百官府爲治之有司也御史乃王侍御之臣執灋之官于冢宰出治之令則贊之蓋爲之參議可否以助其不及也于有司所受于冢宰之灋則贊書之蓋冢宰所授于有司者皆王事也故以王臣贊之事同一家也于凡從政者則計數之蓋人之才行不可以一途取故總計其事而知其賢否因而糾舉之以進退人才也凡此皆所以贊之而非以貳之此王朝之上所以爲同寅協恭之道也

按御史與内史其職相似但内史掌王命御史掌治令内史攷政事御史但攷其人所以不同後世御史之職

六官職掌大義

謚親故戰國獻書者多云大王御史澠池之會各命御史書事淳于髡亦曰御史在前執灋在後至秦重灋令人主自與灋官决事疏遠丞相而御史大夫遂與宰相分權矣○澠音免

史者何文書之名也其掌于春官者禮有秩叙史所以制其節文也古文作叏从中从又謂手持中而不失孔子曰文勝質則史非貶下之辭以其主言不主行故以爲文勝質之況耳夫星辰麗于天而爲天之文簡書行于世而爲人之文史者則天以立教故播遐垂後非史弗傳也○大史者掌爲禮書禮灋之宗也故凡攷禮灋者必于此凡大事必執禮灋以往也又主知天道正歲年以叙事在古爲羲和曆象授時之官于天文爲六甲主布政敬授民時故馮相氏者在天文爲天柱主推步之事保章氏者在天文爲靈臺漸臺主占驗之事在後

世爲大史令周禮則分職于二官而共屬之大史氏也小史者所以佐大史而掌邦國之志在天文爲下垣之宗正所以正王牒明宗灋也○內史者主出入王之命令而書之叙復逆而受之古納言之職天文爲尚書及亢宿王之喉舌也因而執國灋及國令而救正于王攷政事逆會計焉外史所以佐內史掌古書及書名猶後世秘書監正字之職在天文爲壁宿天下圖書之秘府也○御史者主參議政事以贊冢宰灋令皆出焉及主糾劾百司朝廷耳目之官灋律之宗也聞之師曰御史職與冢宰內史常相通格王正厥事冢宰大臣之任也獻可替否內史近臣之任也繩愆糾謬御史小臣以之保氏諫王惡矣御史何以名爭臣保氏所諫王躬過失御史所爭朝政是非因糾劾百司矣○左右史者主左史書言右史書動而老聃爲周柱下史蓋兼掌左右史

之事即天文之柱史在天子寢殿之柱下記其美惡以垂後故以爲名此職始掌于冬官而今亾矣○已上諸官鼈爲四職以其然掌文學記載之事而實相表裏故然以史稱夫有行也而後有言有實也而後有文史云史云詞章云乎哉

巾車　下大夫二人上士四人中士八人下士十有六人府四人史八人工百人胥五人徒五十人　車官之長巾者以布幕物之名凡乘車兵車多無蔽覆王至尊五路必有蓋器車五乘皆有蔽及后之五路皆有容蓋此職專掌公車故以巾名

典路　中士二人下士四人府二人史二人胥二人徒二十

人專掌王及后車之出入

車僕中士二人下士四人府二人史二人胥二人徒二十人專掌戎車之正倅

巾車掌公車之政令辨其用與其旗物而等敘之以治其出入公車王及后之車也用祀賓朝戎田器也旗物大常大旂大赤大白大麾也等者差其高下謂同姓異姓四衛蕃國孤卿大夫士庶人也敘者次其先後若書之大路綴路先路次路也當用則出而共之已用則入而藏之至于服車五乘或始命而賜之或已命而乘者亦當辨之與凡會計之事皆所謂政令也

王之五路　路者行道之名凡王之寢門車馬皆以路貫之取其有章明通達之義也而車則行于道路爲尤切故不著其名而直謂之路焉王之五路皆以木爲質而漆之其有玉金象革之名者以玉金象革飾其木之末若木路則無所飾直漆之而已故有五路之不同也

一曰玉路錫樊纓十有再就建大常十有二斿以祀　錫音陽　斿音留○玉路車之至貴大常旂之畫日月者斿旗幅所垂之縿十二幅故十二斿于旗爲至尊故建之以祭祀唯王得用之其下莫敢參焉者也

金路鉤樊纓九就建大旂以賓同姓以封　旂音祈○金路建大旂青旗而畫交龍者乘之以朝覲會同封同姓諸侯以此錫之左傳萇弘所稱武王封魯以大路大旂是也然觀袞衣天子之龍一升一降上公有升無降旂

之制其亦若此歟

象路朱樊纓七就建大赤以朝異姓以封象路即道車建大赤旗之赤而不畫者乘之以日視朝封異姓諸侯以此錫之

革路龍勒條纓五就建大白以即戎以封四衛革路即戎車以革纏木末如詩小戎五絫梁輈也建大白旗之白者乘之以征伐封蠻服已內諸侯以此錫之○絫音木

木路前樊鵠纓建大麾以田以封蕃國前音剪○木路一名旃車建大麾旗之黑色者乘之以巡遊田獵封蠻夷鎮蕃等國以此錫之

按五路樊纓有十二就九就七就五就之異而旗則稱大旂大赤大白大麾而不言其旒之數者蓋蒙大常之制旗幅皆十二故皆貫之以大猶之五服之章雖異而冕皆十二旒天子與諸侯自當有辨也已上天子五路

王后之五路重翟錫面朱總 用雉羽重疊以飾車蔽后從王祭宗廟所乘也 厭翟勒面繢總 鱗次翟羽相厭爲飾后從王賓饗諸侯所乘也 安車彫面鷖總 安車坐乘車也凡婦人車皆坐乘此特無飾故以安車命名后朝見于王所乘也 皆有容蓋 容車旁蔽者亦曰幢容蓋車蓋也后所至皆當自擁蔽以爲別故上三車皆有容蓋也 翟車貝面組總有握 握當作幄○翟車不重不厭以翟飾車之側后所乘以蠶于北郊者以其出入故有幄 輦車組輓有翣羽蓋 輦車無飾四輪而畢小用組爲輓人引之以行后居宮中從容所乘也翣卽扇也以禦風塵羽蓋以羽作小蓋以蔽雨日宮中所接皆女流故不施蔽幄唯翣羽蓋而已

已上皆舊說錫面朱總勒面繢總彫面鷖總貝面組總並

未詳○已上王
后五等之路

王之喪車五乘（乘）去聲　木車蒲蔽犬禎尾櫜疏飾小服皆疏

鄭氏曰服當作箙（櫜）音高○蔽車旁禦風塵者禎以覆車軨男子立乘須馮軾軾上以皮覆之曰禎櫜戈戟之弢飾緣也小服當作箙箙刀劒短兵之衣木車木之本質編蒲草席爲蔽以犬皮爲覆鈴以犬尾爲戈戟之弢其禎與櫜皆以疏布爲緣其小服亦以疏布爲之始遭喪所乘也○（軨）音陵軾也（弢）音滔

素車棼蔽犬禎素飾小服皆素（棼）當作蕡（禎）幂同○素車以白土爲飾以棼爲蔽以犬皮爲覆軨以素繒爲禎之緣此卒哭所乘也

藻車藻蔽鹿淺禎革飾　藻水草蒼色藻車以蒼土爲飾以藻爲蔽以夏時鹿皮淺

毛者爲覆軨又以所治去毛之革爲複之緣此既練所乘
也棼藻義未詳舊說棼謂麻布藻爲蒼繒按下駹車始以
葦爲蔽今若用麻布與蒼繒則反精
矣蓋以蕢麻水草編之以爲蔽耳

駹車萑蔽然複髤飾

（駹）尨通（萑）（髤）（豻）音丸休岸〇駹車者車之交縫處有漆其
色不純萑細葦也以萑席爲蔽以㹤獸之皮爲覆軨髤赤
多黑少之韋以爲複
之緣此既祥所乘也

漆車藩蔽豻複雀飾

墨車漆而純黑
者藩織竹爲之
即簟笰也以爲蔽以豻獸皮爲覆軨雀頭赤韋色如之以
爲複之緣此禫時所乘也〇已上天子居喪五等之車
按士喪禮主人乘惡車白狗幦蒲蔽犬服蓋端衰喪車
無等父母之喪無貴賤一也墨車大夫吉時所乘禫亦
乘之禮窮則同也其用兵器者古人有
文事必有武備始遭喪尤當戒嚴也

服車五乘孤乘夏篆卿乘夏縵（縵）瞞慢二音○夏翟羽五色夏篆刻轂約爲文而施以五采夏縵畫以五采而不篆左傳山崩川竭君降服乘縵即此大夫乘墨車士乘棧車（棧）字産反○墨車黑漆而不畫棧編木名故編木以爲行路謂之棧道棧車素而不漆暢轂可編之以爲營衛故以棧名詩有棧之車是也兵車皆用此主虎士所乘凡有爵之士亦乘之墨車惟大夫所乘而士昏禮主人乘墨車者攝盛故也庶人乘役車方箱可載器物以供役者即牛車也已上目民服事五等之車

凡良車散車不在等者其用無常良車者車有窗牖可以開閉所謂輼輬武帝以安車迎申公又如婦人所乘輜軿也散車若蕃篳之類皆不在五服車之等其華飾不陵上之度而大小咸適于用

故其用無常也右不在等者之剌○〔囪〕古窓字〔輂〕〔輂〕音菊璉

凡車之出入歲終則會之凡賜闕之毀折入齎于職幣

車之出入謂欲用而出用畢而藏歲終總會計其完敗多少命車賜人出而不入故闕而不會其毀敗闕折而不可用者金玉等入于職幣以備他用也其弊壞而材料尚可用者則存之凡出賜毀折不足于常數歲時更造而補續其數則以此共之工費省而良材不至于淪棄也○右會計更續車之灋○〔齎〕音齏

大喪飾遣車遂廞之行之及葬執蓋從車持旌及墓嘑啓關陳車

〔遣〕去聲○遣車卽明器之鸞車用以從葬者故將葬則廞之于宮行之于道及葬則嘑冢人開墓門

而陳之也王生時車有蓋建大常蚤車無蓋故執蓋從不建大常故持旌也

小器共匶路與其飾

匶古柩字○小器並共其載匶之車輿帷翣之屬○右共器車之事

歲時更續共其弊車上解見

大祭祀鳴鈴以應雞人

雞人主夜嘑旦以䚯百官車者王之所資以行故此則鳴鈴以應之答以王將啓行之意亦所以警王無得宴安也

易曰服牛乘馬引重致遠以利天下蓋以數牛馬而可以勝百人之任載多而力不竭所以爲利于是以爲乘車而代徒步之勞以爲兵車而格戎馬之衝人有貴賤則等威不可以不辨戰爲危事則倅貳不可以不備車

乃爲器之至急而重者矣是故呈象于天下垣天市則有車肆主制造貿易閣道下則有車府主天子五路所藏畢上五車主兵車所藏氐下天輻爲士大夫之車天之垂象其詳如此周禮特設巾車一職掌公車之政令典路者辨車之等而駕脫之也車僕者掌兵車而用之也冬官輪人輿人則造車之肆也造車輿駕車者各司其事王車與兵車各分其職所以志專而事辨巾車兼統之故其秩爲下大夫凡公車所駕之馬則校人所掌者專以供王五路及王臣之所乘其卿大夫之車馬各出于其采地士卒之兵車大車出于司馬灋之田賦以入治田以田出車馬兵之與農人之與車馬常相連而不離故國無養兵之費民無養馬之弊武備常脩而易集所以爲善也○又按造車之費其用邦財甚廣故天文謂之車府蓋即九府之一也故巾車職云毀折入齎

于職弊與九府相通可見詳見司空義器府下

典路掌王及后之五路辨其名物與其用說（說）脫通下通○王之五路王路已下五者后之五路重翟已下五者車欲用則出而駕之不用則脫而入之傳曰日出而駕日入而脫此駕脫之辨也

若有大祭祀則出路贊駕說大喪大賓客亦如之凡會同軍旅弔于四方以路從

大祭祀出路出玉路也大喪出路如顧命所陳也大賓客謂朝覲則出金路也會同出金路以革路從合衆亦

用兵車也軍旅出革路以金路從有武事者必有文備也弔于四方王弁絰衰服當用木路以路從者以金路革路從行弔畢而歸不用木路也○已上大事出路之灋

車僕掌戎路之萃廣車之萃闕車之萃苹車之萃輕車之萃

萃倅通貳也廣去聲苹音平

戎路王之革路也革路以即戎故曰戎路若卒伍之車直曰兵車而已廣車者橫布戰車在古戰灋為龍虎之陣更迭而戰猶楚之兩廣也輕車者用以馳敵致師即夏官之驅逆使車在古戰灋為風雲之陣主于翼擊猶後世之跳蕩奇軍也遊車曰闕車陣後遊軍所乘左傳邲之戰帥遊闕四十乘也苹蔽也苹車者或軍行在前

或對敵自蔽或安營爲衛元戎十乘以先啓行之類凡此五戎車必有倅以備毀折故車僕掌之

凡師共革車各以其萃會同亦如之凡師謂軍旅之事王親將也上文五等革車及其倅故車僕共之會同用金路猶以革路從故曰亦如之也

大喪廞革車典路廞五路其革車亦車僕陳之

大射共三乏凡營陳之瀍皆以車爲萃蔽乏亦萃蔽之事故以其類兼掌之

車制說二

司常中士二人下士四人府二人史二人胥四人徒四十

人

主王旌旗及諸侯諸臣命數之旗者王建大常旗莫尊焉故以爲名即天文坐旗也旗鼓爲軍中耳目軍事之旗尤重故參旗九斿麗于參畢之下夫車服以庸天所以命有德也車旗聯事故次于巾車

司常掌九旗之物名各有屬以待國事物旗色及所畫也名大常旂旗旐旟旞旜旌物等名也各有屬謂自王已下建旗于此而各有所統國事謂師田祭祀會同賓客之事也日月爲常交龍爲旂通帛爲旜雜帛爲物熊虎爲旗鳥隼爲旟龜蛇爲旐全羽爲旞析羽爲旌旜哲言反隼恤允反旟音餘旐音兆旞音遂

畫日月星于旗者則天之明王者示人典常之象故曰常也交龍龍一升一降取其變化鳥隼取其摯疾莫敢攖熊虎取其威猛不可犯龜蛇取其捍衛而不犯難凡旗物皆因統衆而用以表尊者故皆取其威武之義若以之辨方位則取象于二十八宿左蒼龍右白虎前朱雀後玄武也其無所統衆則用色而已通帛猶純白即大白也雜帛雜幅爲之以例推之青色也道車載旞即大赤斿車載旌即大麾色黑全羽析羽皆以五采羽注于干首詩孑孑干旌是也又詩建旐設旄則凡旗旐皆有旄此獨于旞旌言之互文也詳見九旗圖釋

及國之大閱贊司馬頒旗物司常于平日掌九旗之物名以待國事故大閱則司馬爲主以頒旗物而司常贊之大司馬職仲秋教治兵辨旗物之用而此言大閱頒旗物者大閱之禮兼乎三時也

王

建大常巾車大常以祀旗之至尊不以他用大白乃以即戎今大閱而建大常者即記之招搖亦名大常也詳見九旗圖說諸侯建旂覲禮曰公侯伯子男各就其旂而立巾車諸侯有同姓異姓四衛蕃國之不同而此言載旂者謂自旂而下也孤卿建旜大夫士建物孤卿大夫士從王而屈故孤卿建旜大夫士建物師都建旗州里建旟縣鄙建旐師都三公釆地大都兵將縣鄙卿大夫釆地小都家邑公邑兵將州里鄉遂兵將皆統衆而尊故其旗皆有象而建旗旟旐舊說凡有軍旅則畫異物無者帛而已道車載旞斿車載旌斿音由○道車象路也王以朝夕燕出入斿車木路也王以田以鄙旞大赤也旌大麾也皆畫其象焉總結言之官府各象其事州里各象

其名家各象其號孤卿大夫師都縣鄙州里雖各有所建然猶恐其相混官府即孤卿而下各書其六官所執事如大師大史州里即鄉遂大夫各書其地之名如云某州某里家則總師都縣鄙各書其主之號如云祭公凡伯則物色各有識别而不相混矣○已上司常所掌旗之名物

凡祭祀各建其旗會同賓客亦如之王之旗大常以祀大旂以賓大赤以朝兵車之會亦以大白云各建其旗者諸侯之旗各不同又各有所止之地司常蓋叙次之

置旌門掌舍職曰爲帷宮設旌門司常共之而掌舍設之也

○大喪共銘旌建廞車之旌及葬亦如之銘旌設于殯士喪禮曰爲銘各以其物廞車之旌朝祖時設于遣車及葬明器中所用兹司常共之○

凡軍事建旌旗及致民置旗弊之甸亦如之軍旅田獵王車所設之旌司常建之及大司馬建大常鄉遂大旗致民亦司常植之弊之○凡射共獲旌服不氏以旌居乏而待獲司常共之○已上司常所共旗之用事

歲時共更旌有司用旌有弊壞而欲更易也於司常共與

司常九旗圖說

都宗人上士二人中士四人府二人史四人胥四人徒四十人都司馬云每都朝大夫云每國則此亦當云每都缺文也

家宗人如都宗人之數

都宗人掌都祭祀之禮凡都祭祀致福于國○正都禮與其服○若有寇戎之事則保群神之壝○國有大故則令禱祠既祭反命于國

家宗人掌家祭祀之禮凡祭祀致福○國有大故則令禱祠反命祭亦如之○掌家禮與其衣服宮室車旗之禁令

二官掌都家之禮禮莫重于祭故以之爲首都家祭祀致福于國者王命所使爲祭若都鄙內山川社稷古帝

昔

王與凡有功德者之在其地或王五服之親祭則歸胙于王祭僕展而受之膳夫受而膳之也○國有大故則令禱祠于前所應祀之神令之者宗伯也反命于國者反命于王也家宗人復言反命祭亦如之者有祈而効報祭也○寇戎之事則令其有司保其所應祀之壇域家宗人不言互文也○此官專掌其禮事與其衣服宮室車旗之禁令都宗人但云正其禮與其服文有詳畧耳

凡以神士者無數以其藝爲貴賤之等士據下文稱仕則此亦當作仕

神士者謂明神理而仕者巫祝之類也此亦天地間氣所生世不常有故有即入之不爲定員藝即事神之術其能不同上等則命爵爲貴下等則不命如庶人在官者爲賤也

凡以神仕者掌三辰之灋以猶鬼神示之居辨其名物示祇

通○猶圖謀也

天神地示人鬼在天文有常居若五帝座及北辰爲太乙常居鬼宿下天社天稷則地示之居天廟則人鬼祖廟也三辰日月星所至之次舍也凡祀神各有其時與其月日此以神仕者能按其三辰所臨之時日謀猶其鬼神示之居而祀之猶陰陽家祀神之日有宜有不宜也鄭氏曰居謂坐也郊之布席象五帝座祭天圜丘象北極祭地方澤象后妃及社稷之席祭宗廟序昭穆似虛危即國語所謂居以天灋也愚謂居字當合此二義爲備名謂鬼神之名及處位次舍之類物謂鬼神物色及祀物國語神降于莘内史過所謂以其物享焉其至

之日亦其物也凡名物亦以三辰之灋而辨之若月令所載孟春之月日在營室其帝大皞其神勾芒其祀户祭先脾是其灋也

以冬日至致天神人鬼以夏日至致地示物鬽以禬國之凶荒民之札喪（鬽）魅通明閉反（禬）音胃

冬至一陽生祭天于圜丘凡天神屬陽故皆于是而致之夏至一陰生祭地于方澤凡地示屬陰故皆于是而致之人鬼祭于宗廟四時有常祭此專屬之冬至者蓋秦厲國厲之屬人與天合故從天神物鬽百物之精也若八蜡之屬致之于壇墠物鬽作于地故從地示夫于祭天地祖宗大報之後而必祭此天地人物之百神者

蓋宇宙內有是物必有是神故用之而有功則有報賽之禮焉將用而欲求吉祥則有祈禱之禮焉或不得其所而有烖則有禳禬之禮焉蓋以國之凶荒民之札瘥故祭百神以禬之吉凶與民同患也

周禮傳卷之三下

傳四上　夏官

周禮傳卷之四上

夏官上

惟王建國辨方正位體國經野設官分職以爲民極乃立

夏官司馬使帥其屬而掌邦政以佐王平邦國

書周官曰司馬掌邦政統六師平邦國太宰政典曰以平邦國以正百官以均萬民小宰政職曰以服邦國以正萬民以聚百物司馬主執邦灋之大者以正天下故曰掌邦政統六師者司馬之所有事聚百物者主令貢賦也正百官正萬民者以正率之莫敢不正也服邦國者僭亂無不從也曰平邦國曰均萬民者服而正之自

然均平也

政官之屬大司馬卿一人小司馬中大夫二人軍司馬下大夫四人輿司馬上士八人行司馬中士十有六人旅下士三十有二人府六人史十有六人胥三十有二人徒三百有二十人

凡制軍萬有二千五百人爲軍王六軍大國三軍次國二軍小國一軍軍將皆命卿二千有五百人爲師師帥皆中

治民制兵數同灋異

大夫五百人爲旅旅帥皆下大夫百人爲卒卒長皆上士二十五人爲兩兩司馬皆中士五人爲伍伍皆有長一軍則二府六史胥十人徒百人

儒先之說曰六鄉七萬五千家六軍七萬五千人居則爲比閭族鄙州鄉行則爲伍兩卒旅師軍是故人服習而政便安上易事而民易使此周人之灋所以爲善也夫兵不外乎民將不出乎吏此說是矣惜乎知其一而未嘗會其全也夫使王之所以守國者止此六軍苟事變紛沓如天子巡守于方岳夷狄交侵姦宄竊發王城要害之戍守遠近征討之迭用將何以爲備耶蓋鄉遂近郊遠郊二百里之地爲田六十四同當有一百六十

萬餘家以丘甸出車之灋計之當爲五十餘軍矣苟謂一家出一人而有十二軍之衆則二百里内豈止十五萬家而已乎故以鄉而言約二十五軍遂亦如之此猶後世之京軍以居守爲重而不可廢弛者也每都鄙各有鄉遂之兵視夫侯國之制而在野則有井邑丘甸出卒之賦此猶後世之畿輔軍各守衛其國都而拱護王畿者也故凡有大故致萬民于王門大器用役凡事致野役此惟鄉遂之民有之也大事致民用之軍旅田役大故致餘子令各守其閭由鄉遂至都鄙定灋皆然也至于大司馬所裎之六軍通王畿千里之内相更休而調遣之每以十分有餘而用其一觀四時教閲之旗物號名必兼州里野家都鄙而參陳之可以見矣其在王國則用之以爲會同軍旅田役器紀其出畿外則用之以爲巡狩征討此皆公卿大夫各帥其鄉遂都鄙采地

之民在後世循更番上直郡國調遣之兵故鄉遂之征止十一與二十而三用一而休九與七旬稍縣都則其征十二用一而休四大較天子之役民近數而遠疏故大司馬之用衆近輕而遠重豈有專以六鄉爲六軍之理尙比即爲伍人人盡用歲歲無更休豈自古制軍之灋且六鄉盡用而千里則居然無事何其勞逸不均况六軍每出則天子之近郊曠然無人胡以居守此皆悖理之大者昔人何不察至此耶以此觀之則五等之國其三軍二軍一軍皆通于四畺可以類推矣學禮者尚詳之

司勳　馬質　量人　小子　羊人 小子之屬　司爟　掌固

司險　掌疆　候人　環人 已上掌固之類　挈壺氏　射人

服不氏　射鳥氏　羅氏　掌畜已上並屬射人　司士　諸子司士之類　司右　虎賁氏　旅賁氏　節服氏　方相氏方放通相去聲○已上司右之類　大僕　小臣　祭僕　御僕　隷僕已上並屬大僕　弁師　司甲　司兵　司戈盾已上司甲之類　司弓矢　繕人　槀人音考○已上並屬司弓矢　戎右　齊右齋通　道右已上皆戎右之類　大馭　戎僕　齊僕齋通　道僕　田僕　馭夫已上皆大馭之類　校人　趣馬趣清斗反　巫馬　牧師　廋人音叟

圉師　圉人圉音語○已上並屬校人

職方氏　土方氏　懷方氏

合方氏　訓方氏　形方氏　山師　川師　邍師音原

匡人　撢人探同○已上並屬職方氏

都司馬　家司馬

已上夏官之屬凡六十三官夏萬物盛長大司馬掌邦政主天下之大事故取象于夏量人邍師制畿封國也職方氏施貢分職也都司馬家司馬簡稽鄉民也司勲司士諸子進賢興功也四者皆政事之大者也政者正也大僕節服氏格王正厥事也司士正朝儀之位正朝廷以正百官也九伐之灋正萬國也服不氏而下正及禽獸也兵司馬之用器則有司甲司兵司弓矢馬司馬之乘畜則有馬質校人戰司馬之事戎僕主軍之御司

邦國九灋

右主軍之右射人主軍之左環人挈壺皆有事于戰者也兵莫大于自衛守險虎賁旅賁備輦轂以衛王掌固司險掌疆設險以守其國也兵莫大于防微杜漸懷方合方訓方制治于未亂匡人撢人消患于未萌也司爟主火夏氣也小子羊人主共羊火畜也弁師首服夏象也六十屬使禹物各正品物咸亨之象也

大司馬之職掌建邦國之九灋以佐王平邦國九灋脩明天下邦國自是平治非此無以夳國故曰建邦國之九灋也制畿封國以正邦國制以九等之畿封以五等之國遠近大小各有封疆界限故曰以正邦國此職方量人之事也設儀辨位以等邦國以九儀之命正邦國之位使有隆殺等級故曰以等邦國此宗伯大行人之事司馬與之通職共掌者也進賢

興功以作邦國賢而有德者進而用之能而有功者賞以興之則人莫不作起于事功司士邦國三歲稽士任司勳掌賞地之事也建牧立監以維邦國監平聲○諸侯各自爲守建以九州之牧立以要害之監然後邦國有所維繫大宰所謂建牧立監也制軍詰禁以糾邦國詰音乞○爲三軍二軍一軍之制詰察姦慝而禁之所以糾率邦國凡環人匡人撣人皆其事也施貢分職以任邦國制其連帥等職各以其所能施以服食等貢各以其所有爲王國所任此亦職方氏之事也簡稽鄉民以用邦國列國鄉邑皆有簡冊以稽其人民車馬器械之數然後得以用之遼師掌四方地名小司徒受邦國比要之事也均守平則以安邦國要害之地量其遠近均而守之與夫

器械財用人民守之之灋務得其平所以使邦國安寧而無外患之侵此掌固司險之事也

比小事大以和邦國 制地犬牙相入使大國比小國小國事大國而邦國大小相和此形方氏之事也

夫畿封先定天下之政如綱之擧而可施故爲九灋之首邦國立矣亂之所生則儀位以爲階故正名分爲先異賢能而後人心作起于事功故進賢興功次之有王官而後天下之政出于一故建牧立監次之足兵而後姦雄不獲逞故制軍詰禁次之夫四海之財孰非天子之富天下之險孰非天子之守方域乂安然後得任用而使之故施貢分職簡稽鄉民均守平則又次之然不能治其相凌雹豈協和萬邦之道哉故比小事大終焉

此九灋者皆天下之大政邦國所以均平而大司馬所以佐王者如此

以九伐之灋正邦國馮弱犯寡則眚之馮音平本馬步之聲也因借爲乘陵之義眚本目病音與省同因借爲省削之義之古作仌仌音兵今俗用冰乃凝字○以彊而陵踐乎弱以衆而侵犯乎小故眚削其四面使疆大不獲逞賊賢害民則伐之賊賢如遺老失賢賊虐諫輔害民謂掊尅在位重賦多徭有鍾鼓曰伐聲其罪而責之暴內陵外則壇之兼前二惡壇者除地之義謂分北其惡黨變置其君而更立之野荒民散則削之土地荒蕪百姓流離削其地以示不能有負固不服則侵之恃其險阻不服王朝政役無鍾鼓曰侵掩其不備既服即正賊殺其親則正之若晉殺其世子申生衛侯殺其弟叔武正治其煽亂者驪姬優施之屬也放弒其君則

殘之放逐也若季孫逐昭公崔杼弒齊君殘戕也如秋官掌戮辜之焚之罪不容于死也**犯令陵政則杜之**如變禮易樂或僭王號干犯陵越王朝政令此皆夷狄恃疆所致先治其與國使不得交通然後從而討之若桓公伐楚而先江黄也**外內亂鳥獸行則滅之**（行）去聲○若陳靈齊諸兒此鳥獸之行也既誅其人復滅之使其後不得嗣爵

九伐之序首三節玆諸侯恃其崇高富貴之勢因而不謹侯度陷于剛惡者也第四節荒淫怠惰不恤國事陷于柔惡者也賊殺以上殺下放弒則覆載不容之惡二者皆其國內之亂也不服但不供政役陵犯則至于僭擬二者皆有干王紀之惡也至于鳥獸行者則無復有人道大約惡有六小瀆有輕重此九伐之旨也

九畿之籍

正月之吉始和布政于邦國都鄙乃縣政象之灋于象魏使萬民觀政象挾日而斂之義見大宰

乃以九畿之籍施邦國之政職方千里曰國畿其外方五百里曰侯畿又其外方五百里曰甸畿又其外方五百里曰男畿又其外方五百里曰采畿又其外方五百里曰衛畿又其外方五百里曰蠻畿又其外方五百里曰夷畿又其外方五百里曰鎮畿又其外方五百里曰蕃畿畿音雞蕃音凡

鄭氏曰畿猶限也九畿四面五千里皆有典籍大司馬以此籍施其政職于諸侯國畿者據王畿內千里而言以此爲本向外每五百里加爲一畿侯者言爲天子伺候非常甸者爲天子治田以出貢男者任也任王之職事采者擇也量擇所出以供天子衛者爲天子守衛蠻者縻繫之以政教大行人變蠻云要亦要束以文教也自此已上六服每服五百里通王畿千里四面各爲三千五百里爲中國之九州自此已外三服爲夷狄之諸侯云夷者以夷狄而得夷稱鎮者去中國稍遠理須鎮守蕃者以其最遠故得蕃屏之稱夷鎮蕃三服大行人總云九州之外謂之蕃國

凡令賦以地與民制之上地食者三之二其民可用者家

三人中地食者半其民可用者二家五人下地食者三之一其民可用者家二人此簡稽鄉民以出兵賦之灋亦大均之意解見井田夫家總論

中春教振旅（中）古仲通○兵入曰振旅振收也仲冬教大閱之後仲春而收之示不用之意也司馬以旗致民平列陳如戰之陳以旗致民者樹大司馬中軍旗即大閱灋建旗弊旗誅後至等事平列陳者即大閱灋陳車徒斬牲聽誓等事也○辨鼓鐸鐲鐃之用王執路鼓（鐲）音濁（鐃）寧高反○辨者叙正脩明之意路大也路鼓王之所有事諸侯執賁鼓（賁）音奔○

賁即地官鼓人之鼖也從卉字建首盛氣之意軍將執晉
鼖鼓鼓軍事諸侯下于王而代其事故執之
鼓晉鼓鼓金奏晉奏皆進也將戰而用金以殺則擊師帥
晉鼓使進而趨敵軍之進退由元帥故軍將執之
執提猶後世馬上鼓有曲木可提持旅帥執鼙鼙音脾○
者二千五百人之師帥執之鼓之尤卑
者蓋如後世絡于項下之卒長執鐃如鈴無舌有柄以止
鼓也五百人之旅帥執之鼓大闔瀍鼓退鳴鐃
且卻百人兩司馬執鐸大鈴金口金舌以通鼓振鐸作旗
之長執之摝鐸弊旗二十五人之長執之
公司馬執鐲如小鍾以節鼓鼓行鼓進皆鳴鐲五人之長
執之伍長謂之公司馬者雖卑同其號且別
于都家司馬等之私人也○按兵以鼓進以金退旅帥師
師軍將而上靡不執鼓率軍士以進也故兩司馬而下靡

不從之然知進而不知退兵之大忌故卒長執鐃以止鼓蓋指揮錐在軍將而其所執唯主于鼓以進衆故退軍之
金屬于卒正此制金鼓之旨也以教坐作進退疾徐疏數之節旗舉則作臥則坐令
鼓則進鳴鐃則退鼓急則疾行慢則緩行旗居卒間遠則疏近則數竝見下大閱瀰○遂以蒐田蒐音
褸○春田曰蒐搜取不孕者用之也有司表貉貉月各反○肆師職祭表貉則爲位謂立表而祭始田獵
著也詩一之月于貉田獵而亦以取貉爲事蓋貉穴居獸貴而難得故田與祭竝取以爲名也誓民誓以無犯
田瀰無干車無自後射之類即大閱禮羣吏聽誓于陣前月令司徒北面誓之是也鼓遂圍禁鼓者中軍
令鼓鼓人皆三鼓也禁者虞衡守禽之厲禁圍而焚之以取禽火弊獻禽以祭社火止虞人植旗

衆皆獻其所獲之禽以祭社其中殺者入于腊人而乾之爲乾豆賓客君庖之用其生獲者則畜于獸人及服不氏以待用此但舉祭社者畧言之耳

右仲春教振旅之灋以辨金鼓爲主

中夏教茇舍如振旅之陳茇舍農民夏所居田舍也軍行在途夜有草止之灋故以爲名以旗致民平列陳如戰之陳皆如振旅○群吏撰車徒讀書契群吏師帥而下也撰差擇飭具也書契以簿書校録軍實之凡要即八成之聽師田以簡稽也辨號名之用帥以門名縣鄙各以其名家以號名鄉以州名野以邑名凡兵司徒帥而至若

鄉遂若甸稍若縣都皆其有司以率之鄉遂則以州里名野則以其甸稍之邑名縣鄙都家則以其主之號名各有所抵也至于司馬合其卒伍則陣有八門門各有帥帥即以其陣之門爲名民各屬其門之下馬如云東門師帥某卒伍軍係某州里人或某甸稍邑人或某縣鄙都家人也**百官各象其事**如掌次掌舍師氏保氏大師大史環人校人條狼衎枚等六官各有職事以從王于軍者則象其事以爲名**以辨軍之夜事**號名既定出戰則從其軍帥在營則從其有司其有執事者則從其官夜則聲相聞即以書契之所讀者以爲呼召所謂辨軍之夜事也**其他皆如振旅**謂教坐作進退疾徐疏數之節也○**遂以苗田如蒐之灋**夏田爲苗除害故曰苗如蒐之灋渻表貉誓民中軍令鼓之類也**車弊獻禽以**

享礿礿禴通○夏田不用火羅故止言車弊王制天子殺則下大綏諸侯殺則下小綏大夫殺則止佐車獸後百姓田獵此車灋也𦬸解見田僕車止虞人植旗衆皆獻其所獲之禽以爲宗廟之夏祭

右仲夏茇舍之灋以辨號名爲主

中秋教治兵如振旅之陳秋分後霜降天氣肅殺故以治兵爲名○辨旗物之用王載大常諸侯載旂軍吏載旗師都載旜鄉遂載物郊野載旐百官載旟按司常王建大常諸侯建旂正與此同孤卿建旜大夫建物旜物皆不畫以象奉王政教之意師都建旗州里建旟縣鄙建旐皆有所統率故畫異物以取灋象之意與此所載皆不同舊說

凡旌旗有軍衆者畫異物無者帛而已軍吏諸軍帥也以其統衆故皆載旗百官卽孤卿大夫士也以其有事故皆載旗師都鄉遂兵已屬軍吏已無所將故載旜載物郊野卽公邑家邑大夫以其或將羨卒故載旐其大旨如此夫司常于國之大閱贊司馬頒旗物則凡祭祀賓客會同軍旅亦當以之爲準唯安營出戰則其旗瀌與此不同詳見八陣瀌畫其初至不當又有所更置蓋旌旗以一人之耳目豈得數易以亂之此蓋誤文也各書其事與其號焉事與號者軍帥以門有司以地百官以事與茇舍所辨號名相符畫則可以相識也其他皆如振旅解見前○遂以獮田如蒐田之瀌獮恤蹇反○秋田曰獮殺也羅弊致禽以祀祊祊音方○秋田主用網中殺者多羅氏社則張羅禴易曰王用三驅失前禽謂

立表

開一面之網此羅瀀也羅止祀四方之神以報成物之功月令季秋天子既田命主祠祭禽四方是也○㊞繻音如

右仲秋教治兵之瀀以辨旗物爲主

中冬教大閱前期群吏戒衆庶脩戰瀀群吏司徒之吏鄉師而下也戒衆庶鄉師所謂前期出田瀀于州里簡其鼓鐸兵器脩其卒伍縣師之受瀀于司馬以作其衆庶及馬牛車輦會其車人之卒伍也

虞人萊所田之野爲表百步則一爲三表又五十步爲一表除地爲萊立高木爲表表示人進止之處五十步表乃大司馬所居去後表百步之半也

建旗弊旗

誓軍徇陳

田之日司馬建旗于後表之中即五十步之表羣吏以旗物鼓鐸鐲鐃各帥其民而致旗物即司常于國之大閱贊司馬所頒仲秋治兵復辨之鼓鐸鐲鐃即鼓人所教仲春振旅復辨之至此則大簡閱之也質明弊旗誅後至者旗者期也建旗以期其至期而不至侮慢不恭者也弊旗誅後至者此軍灋之始

乃陳車徒如戰之陳皆坐群吏聽誓于陳前群吏司馬所合卒伍師帥而下也誓若甘誓牧誓及條狼氏所職謂大將之戒令也斬牲以左右徇陳曰不用命者斬之○徇恤運反

凡用大衆大將誓以出師之意并告師衆以所當禁戒者于是斬牲徇陳行而示之不用命者如其牲蓋軍令不一則無統而衆亂故軍灋不用命雖有功必誅也

中軍以鼙令鼓鼓人皆三鼓司馬振鐸群吏作旗車徒皆作鼙音脾○令鼓蓋擊晉鼓鼙字未詳鼓人皆三鼓兵以鼓進也兩司馬振鐸以通鼓作士氣也群吏作旗凡正旗傔旗皆立車執轡徒立示將行也○傔音欠鼓行鳴鐲車徒皆行及表乃止師帥旅帥擊鼓以行伍長鳴鐲以節鼓于是車徒皆行自五十步表進至後表三鼓摝鐸群吏弊旗車徒皆坐摝音鹿掩也兩司馬手掩鐸聲群吏旗皆偃于是御者步者皆跪

旗舉則作卧則坐此作止之灋

又三鼓振鐸作旗車徒皆作○鼓進鳴鐲車驟徒趨及表乃止坐作如初鼓勢前進車驟徒趨者以漸赴敵也自後表進至中表

鼓慢則緩行急則疾行此疾徐之節

乃鼓車馳徒走及表乃止乃鼓者鼓急疾不暇鳴鐲以節之也車馳徒走者對敵行益疾

自中表進至前表鼓戒三闋車三發徒三刺闋音缺○疾雷擊鼓曰戒

每鼓戒一則車一轉發徒一擊刺戒者作氣使戰闋者不極其力書所謂乃止齊焉是也止于三示敵已服

田狩之禮

乃鼓退鳴鐃且卻及表乃止鐃卒長所執以止鼓者及表乃止自前表退至中表也坐作如初如初者三鼓摝鐸弊旗車徒皆坐又三鼓振鐸作旗車徒皆作旗卧則坐舉則作退軍亦有節度如前○以鼓進以金退此進退之節已上仲冬教大閱之灋遂以狩田以旌爲左右和之門植旗于左右以爲門軍門曰和師克在和也群吏各帥其車徒以叙和出以次第出和門○左右陳車徒有司平之門之左右各陳車徒使有司平叙之旗居卒間以分地前後有屯百步凡旗常居一卒之中百人悉聚于旗下可以知部曲所屬因而分其所屯之地凡設圍之屯前後錯居相去百步此疏數

之節亦奇正之意也有司巡其前後險野人爲主易野車爲主險野人爲主者人在車前以爲輔車爲主者車在人前以爲衛也既陳乃設驅逆之車驅逆者驅在外之禽趨于獲逐脫走之禽反于圍此但設之至百姓畋獵然後用也分地以疏數巡人車之險易設驅逆以期大獲此皆田之要務已下皆爲田事有司表貉于陳前見前根旅中軍以鼙令鼓鼓人皆三鼓群司馬振鐸車徒皆作遂鼓行徒銜枚而進銜音咸○鼓動而軍作鼓行而軍行一如前大閱旗鼓作止之灋大獸公之小禽私之大獸公之者百姓先公後私之意小禽私

四時師田之義

之者人君與民同利之意詩獻豜于公言私其豵意亦如此○豜音肩三歲豕豵音宗一歲豕獲者取左耳亦如軍灋之執聝也○聝音國及所弊鼓皆駴車徒皆譟駴戒通譟恤告反○田獵盡其所禁之處獸益多而竆迫于是鼓益急疾車上與步卒皆大呼俟大獲而後止徒乃弊冬田用衆多百姓竭作故以徒弊言

致禽虞衡植旗甸祝致之也饁獸于郊饁音葉餽也○至郊而索享百物以獸餽之入獻禽以享烝入國而爲冬烝之祭

按師田之政聖人所以仁義曲盡而有國者之至急務也安而忘戰則危無事而敎殺則不祥是故因田以寓

軍灋蓋夷狄寇賊如禽獸禽獸害人如寇戎故教戰而繼之以田也田而必先教戰者不用不教之民以戰也

○仲冬教大閱閱簡也大簡閱其軍實農隙而可以大用其民蓋行之非一故傳曰三時務農一時講武三時農事方殷非不用也但可一爲之冬則農工已畢故曰大閱其禮爲特備其行嘗不一而三時之田皆以是爲準爲三時田灋非有畧也于冬述之不復重出耳兵出曰治兵入曰振旅仲春爲一歲教戰之始而曰振旅者爲仲冬大閱之後將收而藏之藏之以禮則用而不忒故曰振旅者反尊卑也反尊卑也者出則壯者在前老者在後入則反之所以明尊卑長幼之序也其田之名曰蒐蒐之爲言捜也鳥獸方孳尾捜取其不孕字者故爭者雖獲而不獻也茇舍者田間草宿止舍之名仲夏講武而曰茇舍者夏則百姓畢出郊野以治田夜則止

宿于草舍恐有非類之侵故取名于茇舍雍氏春令爲阱擭亦此意也其田之名曰苗夏苗在田故除禽獸之害苗者蜡之迎猫迎虎者謂是故也四時皆治兵而秋獨專其名者爲仲冬大閱之始故以出兵爲名也其田之名曰獮二之爲言殺也秋氣肅殺順天時以裁物之過也○旗鼓號名者軍之耳目教戰莫此爲急四時之田靡不用之春而辨鼓鐸等器鄭氏謂象雷發聲故以辨其聲爲主亦猶攷工記云冐鼓必以啓蟄之日也夏而辨號名之用者夏主夜宿夜戰聲相聞故以辨號名爲主也秋而辨旗物之用者秋氣清明物色莫辨于秋故以辨其色爲主也用之者四時皆然不可有缺也辨之者三時各專其一則習之審也○其田之灋有火有車有羅者昆虫未蟄不以火田春而火止故春以火言鳩化爲鷹然後設尉羅秋而始羅故秋以羅言四時非

兵車之會

不用車也夏無火羅之用故單以車言冬則兼而用之故言及所弊百姓竭作因以徒弊言也○聖王之于祭祀也必有資于物故其于禽獸也非獨去其害亦所以資其用故田之後必終之以祭四時皆有宗廟之祭禴夏以迎來烝冬以送往錯舉其盛者也春秋皆祭社獨于春言者土方施功也秋田主祭四方報成萬物也聖人之于禽獸不得不除也而必有其名不得不用也而必以其禮且物之害人常也故四時之田有定時人之害人無常也故爲之備有急則移而用之耳實教戰也而不以爲名若無形也而實藏其用此師田之政所以爲仁義曲盡也○李音自攙音話獮古獮字又作狝

及師大合軍以行禁令以救無辜伐有罪

大師

大合軍者合聚軍衆兵車之會也行禁令若葵丘五禁及令貢賦救無辜如救圍救伐興滅繼絶伐有罪即九伐之灋以此三者而後合軍否則不爲徒會也

若大師則掌其戒令戒令即軍灋也◯涖大卜用兵必先于卜司馬灋曰上卜下謀是謂釁之帥執事涖釁主及軍器主謂遷廟之主載于齊車凡師既受甲迎主于廟及社祝奉以從軍器旗鼓戈兵之屬殺牲取血塗之◯及致建大常即王之大常畫北斗其上者按巾車大常以祀大白以即戎令大師而建之者記曰招搖在上急繕其怒舊註解云即北斗第七星名搖光者以其杓星用以指十二方軍中貴于指揮故以取義非畫日月之大常也若兵車所建則仍用夫大白而已王都之衆皆王之

親兵王親御六軍則司馬爲王建之若司馬居中軍則代王之將且有社宗故亦得建之以其旗之至尊故稱大也餘詳見九旗總釋

比軍衆誅後至者(比)上聲○比其軍衆之在否而戮其犯命者○及戰巡陳眂事而賞罰對敵交戰時親巡陳後恐有踈虞以致蹉跌及眂其事機以爲變化其有功辠者因而賞罰之與安坐城堡而唯遣師出戰者異矣○若師有功則左執律右秉鉞以先愷樂獻于社司爲灋曰得意則愷樂愷歌勝軍樂也樂師執同律以聽軍聲若師不功則厭而奉主車(厭)入聲器冠也王弔勞士庶子則相士庶子之死事者司馬相王親弔勞之

大役

此大司馬于用兵時所掌始終節目掌其戒令者凡師之進退遲速悉大司馬掌之君不得而與也涖大卜者眡其吉凶以爲行止也釁主及軍器助以生氣使之神也建旗弊旗齊其衆也巡陳眡事者戰危事與衆共之也師有功獻于社后土之神助有道而立功也執律奉天討也秉鉞所用以勝之器也厭而奉主車軍敗以器禮處之也王弔勞士庶子者嘉其忠爲衆勸也雖大捷必有横罹鋒鏑者人人死戰斯無大敗之軍矣

大役與慮事（與）去聲○慮計謀之也屬其植植築城楨也屬謂分任受其要以待攷而賞誅要者功程之簿書事成攷之

大役任衆屬軍禮故經營其事而爲之者司空大司馬與其謀賦之丈尺而使分任之者量人大司馬主其數

執其要簿而攷之者鄉師大司馬行其誅賞

大會同則帥士庶子而掌其政令司士會同賓客作士從諸子會同賓客作群子從此司馬帥之而掌其職事之戒令

若大射則合諸侯之六耦大射者王將祭射于澤宮以選士也王射三侯以諸侯爲六耦大司馬主射正故合其耦卿已下其射人合之歟

大祭祀饗食羞牲魚授其祭牲魚魚牲也少牢篇主人主婦尸侑各一魚加膴祭于其上司馬主進之祭祀授尸祭賓客授賓祭也

大喪平士大夫喪祭奉詔馬牲平謂正其服位喪祭遣奠也馬牲夏官所有事也

按乾爲馬屬天官羊火畜屬夏官天官總贊王牲無所奉馬乃司馬之所有事故主奉詔馬牲而羊則特設小子一官以掌之也觀喪祭奉詔馬牲及以司徒奉牛牲司寇奉犬牲之例推之則大祭祀當奉馬牲蓋互見矣

小司馬之職掌凡小祭祀會同饗射師田喪紀掌其事如大司馬之灋

祭祀饗食羞牲魚授祭會同率士庶子而掌其政令大射合耦大師掌其戒令涖大卜釁主及軍器比軍衆廵陳眡事大田戒衆庶掌畋灋大喪平士大夫此皆大司馬之職也其七事之小者小司馬專掌之

軍輿行司馬補義

軍司馬

輿司馬

行司馬已上三官職掌缺

校軍司馬者軍中執纛之官猶後世都虞侯也凡一軍儀制之舉廢人才之進退軍將之得失士卒之功罪靡不司之昔王儀爲司馬昭司馬得以言上將之咎段秀實爲白孝德都虞侯得以專驕軍之戮所以佐大小司馬者也

輿司馬者主一軍之車車必有騎故天文謂之車騎行則以爲乘載止則以爲營衛戰則以爲衝突兵家莫重之器此官掌其收藏出入師行則主營衛車戰之事使

司馬職掌大義

無離次不齊也

行司馬者主一軍戰陳行伍坐作進退之灋凡軍灋左右前後各司其局士大夫死行列故費誓曰馬牛其風臣妾逋逃勿敢越逐祗復之牧誓曰不愆于六步七步乃止齊焉不愆于四伐五伐六伐七伐乃止齊焉如是則人有統攝而無奔潰之患勇怯然奏而無罷敝之虞矣凡行陣之事多于車而輿司馬爲上士者蓋輿皆士大夫所乘而行則兼夫貴賤且車以爲營衛亦先爲不可勝之意也

按易大傳曰離也者明也萬物皆相見也于是雷雨作而物與無妄此天之政也王者奉天討罪救民水火之中如雷霆之威如時雨之降天下之政莫大焉司馬所以稱爲夏官也粵稽虞廷兵革罕用分掌于六事之人而未有專官中古防患深遠故特設夏官掌政而專統

六師然觀夫職方險固等職皆主于控制四海之大端治亂者以不抵于亂爲務也兵甲弓矢等司必先于自衛用兵者以不可勝爲貴也大僕等官以通達上下司士射人以辨論官材伐無道誅不義以方域乂安進賢興功爲先也以至天子侍御僕從輿服灋駕靡不統焉而皆主于格王正厥事者正君而後可以正天下也後之言兵者率以謂武人之事而治平尚文則每輕之殊不知吾民非此則不生國家非此則不安聖人制兵之始其原出于天地生生之心而已故非體天地好生之德者不可以語兵非有剛大浩然之氣者不足以用兵夫豈勇夫悍卒撫劒持戟之云故苟有一毫功名利達之念即逆天地好生之心尚可與議周公夏官之旨哉詩曰上帝臨汝毋貳爾心斯得之矣或疑大司馬當申明軍灋而周禮若缺然何也蓋八陣之灋始自黄帝歷

代相傳不廢大公推而演之自有成灋亦如禮之有儀禮筮之有周易有事則舉而用之故此自不得而詳耳愚因述風后握機經傳爲翼傳之一以爲用兵者攷焉

司勳上士二人下士四人府二人史四人胥二人徒二十人大司馬主進賢興功以作邦國之治故司勳屬焉

司勳掌六鄉賞地之灋以等其功六鄉無閒田載師賞田任遠郊之地六鄉字誤當作六遂

高爵厚祿所以待賢人者至矣而復有所謂賞何也大宰曰予以馭其幸司士云唯賜無常蓋有功而獲上利

司勳六功

國爵祿不足以盡之或賜之貨賄則王府典婦功所掌或賞之以地則載師所謂賞田盖地掌于載師而灋掌于司勳言灋者地有差等功亦有差等故等其功而賞之也

王功曰勳國功曰功民功曰庸事功曰勞治功曰力戰功曰多

一貫三才曰王王功者若古帝王之佐裁成天地之功也國功者若伊尹之不私其君后厝之不私其子唯以計安社稷爲事也民功者若后稷教民稼穡而民不阻饑契爲司徒而民成有功德于民也事功者若禹之治水夔之典樂伯夷降典爲其事而有成績也治功者若召公之循行南國畢公之保釐東郊爲政而有治平之

功也戰功者若師尚父之時維鷹揚韓信之戰勝攻取也六者之功周公以義定爲六字今以字書攷之勳功勞力皆以力爲主以人致力所爲也從熏言有大功者光烈烜赫也從工爲功以運籌如工也從營省爲勞以經營而力殫也力者竭力無餘之意庸事也民功主事故曰庸多者有餘之意武不可黷故謂戰功曰多此六事相比第爲六言而有定然功勳勞字亦有通用如云勳勞策勳之類不必拘也已上等其功大小之名

凡有功者銘書于王之大常祭于大烝司勳詔之

銘之爲言識其名也大常王之旗生則識其人之功于王之大常君牙之命所謂紀于大常是也又古之有功者銘于宗彝彝亦謂之常二者其兼用歟冬祭曰烝祭于大烝者配享廟廷盤庚所謂肆予大享于先王爾祖

其從與享之也又月令季冬畢山川之祀及帝之大臣亦祭有功之事也銘之以示著存于心祭之以示報功之無盡皆司勳告于王而爲之已上報大功之禮

大功司勳藏其貳掌賞地之政令凡賞無常輕重眂功

司約掌治功之約天府藏邦國之治中內史出王之賞賜其貳則司勳藏之蓋如事勞而時有劇易戰多而敵有堅脆不可以豫定但當視功之大小以爲賞地之輕重其政令皆司勳藏其貳以爲節量之方也已上賞地輕重之政令

凡頒賞地三之一食唯加田無國征征一作正

賞地不止于王臣諸侯有功而慶以地者亦在其中賞地必閒田故初受之者止可以當下等再易之地三分而食其一苟如上地之賦則民不堪田將棄而受之者無益矣加田者萊田也荒蕪之田儘民開墾無賦役之征庶地闢民足而國自富于下必至民稠而地有限然後分受于民以息其爭奪耳後世墾田未幾而遽復其税田卒污萊皆因見小利而不知大利故耳此句因頒地之灋故類及之已上賞地征斂之灋

馬質　中士二人府一人史二人賈四人徒八人

馬質　掌質馬質者平成之義謂平其馬價而成其交易也馬量三物一曰戎馬二曰田馬三曰駑馬皆有物賈駑音奴賈價通○馬之等一爲戎馬二爲田獵三供

凡役馬類雖多而唯此三者可以通於上下之用其貿易爲冣多故以此量之使皆有物色價直也

綱惡馬馬有覂駕破車而其才可用者則以索綱維而馴習之制其奔踶之性⊙覂音俸逸也踶題第二音

凡受馬于有司者書其齒毛與其賈馬死則旬之內更旬之外入馬耳以其物更其外否

受馬於有司者丘甸之民及凡民買國人之馬也未及旬而馬死病在未賣之前也故依原價而償與之過旬而死先不甚病任之過其任也故使之入馬耳依其色而償之不足于原價兩分其災也二旬之外則先無所病買者之過故無所償聖人大公之心雖小事亦無不得其平也

馬及行則以任齊其行（行）音杭○及行謂始當駕者任之以物使之致遠因而知其所載之輕重所行之遠近然後可以齊其行等隨所任使而不偏矣

若有馬訟則聽之買賣馬有爭者馬質掌其事故聽之

禁原蠶者易大傳曰乾爲馬蠶書蠶爲龍精月值大火則浴其種至四月純乾卦氣而蠶功告成是蠶與馬同氣物莫能兩大原再也禁再蠶者恐傷馬也

校人所掌皆公馬也其名物教治委任責成之要詳矣然鄉遂公邑民間之馬甚多也故復設此官以統之馬量三物以定其價綱惡馬齊其行以教導之禁原蠶以蕃育之此皆所謂馬政也至于馬有豐耗王馬不足則

買于民有餘則賣之及夫民間之賣粥者故有受
馬有司之例與夫馬訟之聽而以馬質命官也

量人 下士二人府一人史四人徒八人

司馬掌邦灋凡言灋必以度言度者丈尺之謂
事之灋則必起于度數故量人屬之夏官也

量人 掌建邦之灋以分國爲九州

制畿封國邑夏官之事先言王國以之爲則也州古文
作州象水中可居旁有二水爲界故凡界限而可居者
皆謂之州非必海內之九州及州鄉之州也分國爲九
州者國中最大之道縱横各二則國中之地界爲九區
若井字然故
曰九州也

營國城郭營后宮量市朝道巷門渠造都邑亦如之

内城外郭王后之宮前朝後市其道路澮渠門巷皆有縱横廣狹之度數若攷工記匠人所載是矣不曰王宮而曰后宮者王有前朝五門所居止于路寢后所居有六宮之衆宮室爲多故以爲言然亦總曰王宮故又名王之北宮也王國既定五等之侯國三等之采地順是以降而爲隆殺焉皆量人掌之

營軍之壘舍 壘軍所屯之壁 舍士卒之居 量其市朝州涂軍社之所里

夫師衆所居非可苟也八陣之壘中軍倍于四正以爲提挈弛張四正倍于四隅以爲輔翼遊軍别存三之一以爲應援營中大道縱横各二所謂涂也其地分爲九所謂州也前有朝爲天子諸侯大將臨衆之地後有市

以爲兵衆貿易之所左祖以聽命而行賞右社示有尊以行罰畧如國中之制安營皆然多無所加少不可損者也但軍行衆寡不同則壘舍大小亦異苟地餘于人則營陣空疎人餘于地則衆迫促故量地之廣狹可以知容衆之多寡因衆之多寡以爲營壘之大小握機經云先出遊軍定兩端孫子云地生度度生量量生數數生稱稱生勝皆謂是也

邦國之地與天下之涂數皆書而藏之

邦國之地有方圜山川之廣狹天下之涂有曲直支湊之遠近茲書而藏之若封國慶削巡行征役皆于是乎攷之以量人主長短之數也

凡祭祀饗賓制其從獻脯膰之數量掌喪祭奠竁之俎實

膰一本作燔　竁昌絹反○儀禮獻尸以燔從獻賓薦脯醢數量者儀禮脯十脡各長尺二寸是其多少之數長短之量又如大行人所掌賓客饗食之數也竁穿壙名器之祭與竁而納遣奠之苞筲亦有數然量人制之以其主度量爲職也

凡宰祭與鬱人受斝歷而皆飲之

斝音假○宰字義疑舊說大宰攝祭非也王不與祭則宗伯攝位大宰無攝祭之禮按鬱人職曰大祭祀與量人受舉斝之卒爵而飲之此宰字當作大○舉斝卒爵者謂尸嘏王而二官共飲其卒爵也歷謂更歷飲之非一人餘見春官鬱人

營國九州經緯圖

營軍壘舍圖

小子　下士二人史一人徒八人主用牟之禮事

羊人　下士二人史一人賈二人徒八人主共羊牲

小子掌祭祀羞羊肆羊殽肉豆劉氏曰羞進之也羊肆謂朝踐獻腥四段其牲爲豚解也羊殽謂饋食獻熟體解骨節折而爓之以酳尸也肉豆謂切肉而以豆羞者也

而掌珥于社稷祈于五祀珥幷傳刵衈竝音[illegible]祈幷傳刏鐖竝音期

周禮祈珥之文非一春官肆師職曰及其祈珥秋官士師職曰凡刉珥則奉犬牲犬人凡幾珥沈辜舊註云釁禮之事愚以謂非也此蓋用爲盟詛之牲耳嘗觀戎右云盟則贊牛耳桃茢司約云若有訟者則珥而辟藏故知盟則割牲取耳珥之謂也又司盟云既盟則爲司盟共祈酒脯蓋殺牲以祈明神祈之謂也此三節爲可徵者釋之爲釁則如小子羊人既言祈珥而又言釁不幾衍文且犬血能殺陰靈廟以聚祖考之精神苟以之而釁廟及器不幾于散祖考之神乎故六畜惟牛羊雞豕可以爲釁孟子牛何之將以釁鐘以羊易之雜記釁廟以羊門夾室以雞又曰凡宗廟之器其名者成則釁之以豭豚未聞有釁犬者故犬人亦未嘗有釁之文也若盟詛則六牲皆用之故如司右之贊牛耳羊人之祈珥犬人之幾珥又史稱刑白馬而誓詩云出此三物以詛

爾私盾左氏鄭伯使卒出豭行出雞犬詛射潁考叔者是知六牲皆可用也舊註又以毛牲曰祈羽牲曰珥愚亦以爲非也蓋毛牲則有耳故珥者殺毛牲之名社稷大神故謂珥于社稷羽牲但取血以祭曰祈五祀神小故謂祈于五祀也若祈珥之文經傳叅用不一其用祈者取祈神之義用刉者以刀殺訖之義古文别作鐖从血詣幾聲今用幾者鐖之誤其用珥者象牲耳在玉敦也雜記作衈從血或借刵從刀割耳也亦通

凡沈辜侯禳飾其牲沈謂貍沈祭川辜謂疈牲以祭月令九門磔禳以畢春氣侯祥禳災餙其牲㓗而牽之也釁邦器及軍器邦器禮樂及祭器之屬軍器五兵鼓鐸之屬釁之者一取其堅二取其神也

凡師田斬牲以左右徇陣

大司馬斬牲以左右徇陣曰不用命者斬之屬于小子者羊外柔內剛狠不從人牽羊者當其前則不行故以之徇不用命者卿子冠軍誓于軍曰狠如羊貪如狠者斬之亦此意

祭祀贊羞受徹焉　大司馬羞牲魚小子贊助諸宰君婦廢徹之時小子受之

羊人　掌羊牲凡祭祀飾羔祭祀割羊牲登其首凡祈珥共其羊牲賓客共其灋羊凡沈辜侯禳釁積共其羊牲　積音漬○

羊所共莫重于祭祀賓客餙羔小祀也割羊牲大祀也曰餙曰割亦互文灋羊饔餼牢禮有灋者祈珥沈辜侯禳釁

皆常事共羊人共之積義未詳舊說實柴焚燎也

若牧人無牲則受布于司馬使其賈買牲而共之

賈音古○牧人無牲者或朝會之年用羊之多或羊遭疾疫而衰耗也羊人之屬有賈二人使買于民間而充之

羊火畜故屬于夏官羊人掌羊牲者但主畜養及宰殺耳其肆解割烹豆實皆小子掌之蓋知禮儀者也及夫用羊以爲幾衈釁禂陣皆非羊人所與故設官在羊人之上且兼贊司馬之羞有司之徹皆小事也故以小子名官

司爟　下士二人徒六人

爟音貫○火南方之氣而盛于夏故夏官特設司爟之官

司爟掌行火之政令凡火之政令則專行之如下文所言也四時變國火以救時疾季春出火民咸從之季秋內火民亦如之時則施火令內音納

火之氣行于天其質藏于地之木石其用則司于人故以寒暑之大分言在天文大火之次於星爲心其出也以夏正之三月而伭建乎辰於時爲暑其入也以夏正之九月而伭伏于戌於時爲寒而凡水旱災祥于是生焉以四時之木所生言楡柳先百木而青得東方木氣之盛棗杏木心赤得南方之色柞楢文理白得西方之色槐檀木心黑得北方之色桑柘皮裏皆黃得中央之色而人之資于木以火食者疾病壽夭于是生焉四時

變國火者鑽燧改火以爲飲食之用依歲氣而無使亢不及所以救民之時疾也季春龍見出火季秋龍伏納火先儒以爲當有祭祀之禮者良是而凡百工之範金合土者靡不因之以爲作息所以順天之道而無水旱火災之流行也至于出火内火之時又因而施火令即變火出納等遷也○禁與令不同夏屬火故掌脩火利之令秋主刑故掌除火害之禁義各有在也

凡祭祀則祭爟凡國失火野焚萊則有刑罰焉

祭祀則祭爟者報其利物之功國失火則有延燒之禍其不謹愼當戒野焚萊則失田牧之利其放僻當懲司爟主火故司其事也

按萬物之所以得生者陰陽二氣而巳陽之盛爲火之熱而物資之以暢茂條達否則萎而不榮陰之極爲水

之寒而物資之以縮聚堅凝否則散而不收然火有出入當出而大旱則過盛而爲災當伏而不伏則錯行而傷陰此春秋所以出火内火也冰有藏啓藏之以抑伏藏之火俾之休息啓之以發沉伏之陰俾得制火此冬春所以藏冰開冰也夫天地之災猶人身之疾人之疾病皆以氣行大過則血行不及而百疾作故治疾者多以滋陰降火爲主天地之氣亦惟陽之姿行而陰不及從于是乎有災是故夏旱則秋潦冬雷則春陰凡震雷冰雹皆陽驅陰急疾所致也故調元者亦以宣陰助陽爲貴司爟凌人皆此道也周公設官言火非一司爟于夏所以栽成火之道司烜于秋但取火之明以爲用餘則脩火之禁而已

掌固　上士二人下士八人府二人史四人胥四人徒四十

人掌城郭溝池樹渠之固令民可守以爲安者

司險中士二人下士四人史二人徒四十人

掌天下險要之地及畿內設險以守國者司險執其圖要而已周行天下者其徒爲之也

掌疆中士八人史四人胥十有二人徒百有二十人

主王畿千里四面封疆之境地廣而遠故官吏之多其士以八人者蓋四正四隅也

候人上士六人下士十有二人史六人徒百有二十人

環人下士六人史二人徒十有二人凡士之能爲環人之事者其數不可拘此

官特掌其人故有定員史二人者掌其錄籍徒十二人以給六人之徵令也

掌固　掌脩城郭溝池樹渠之固　渠字義疑蓋既云溝池不當復云渠也司險云設國之五溝五涂樹之林以爲阻固則此亦當云樹涂或是衢字聲相近而誤　頒其士庶子及其衆庶之守設其飾器分其財用均其稍食任其萬民用其材器　材謂藩落之材出于山林器謂塹築之具若費誓之楨幹

凡建國宫城之外爲官府百族所聚則有城以爲之衛附城爲民居復有郭以爲之輔城郭之外皆爲之溝池暴客無所容足溝池之上爲之衢以通行樹之材以爲阻戎馬不得馳騁然後王公得以安其居焉然有其固

而無其守猶無固也于是頒其士庶子及其衆庶各有信地無得失守設其矛盾旌旗以聳聑瞻備非常然苟不恤其私安能徒手以爲守乎故必給之財用量地分之供其饍食計功均之凡材器任于萬民而用之蓋士卒無他累所以能責其致死弗去也

凡守者受灋焉以通守政○有移甲與其役財用唯是得通與國有司帥之以贊其不足者

各致其守此各地各司之事也如此則呼吸不通首尾不應故凡守吏必受灋于掌固而通其守政庶乎緩急相應援聲勢相依輔而四面遠近皆通貫連絡矣至于荒僻或變故兵甲不備力役不供財用不給則無以捍

患而集事故爲通融之灋以其有餘而贊其不足國有司者掌甲兵財用人民之官也與之參議斟酌恊同帥之在此必不得已而後貸于彼在彼必有所餘而後可濟于此必掌固主之不敢私有所通也○此通守之政

晝三巡之夜亦如之夜三鼜以號戒（鼜音戚解見鼓人）

有其守而不巡之猶無守也故城郭之守必晝夜不離其局而守吏于晝夜各三巡之夜三鼜者一以爲三巡之表號一以驚戒衆庶也○

已上王國城郭固守之灋

若造都邑則治其固與其守灋

城郭溝池樹渠之固與其守灋皆如王國○此都邑固守之灋

凡國都之竟有溝樹之固郊亦如之民皆有職焉○若有山川則因之

竟疆界所止之處國之竟爲近郊近郊之竟爲遠郊遠郊之竟爲野每縣都亦有郊野封以爲之界溝以爲之限溝上有涂以爲行其封涂之上樹植以爲之阻固民皆有職者謂有世守之民則不至于頹夷消落也山川若殽澠成臯漢水濁河及凡高下自然之險爲守者當因之不必計地里之廣狹而別爲其難也○此國郊固守之灋○

澠音免

記曰城郭溝池以爲固易曰王公設險以守其國分而言之在國曰固在野曰險故周禮設官掌固主國都至

于郊掌疆主王畿之境司險者則自王圻之中以至于九州之內無不有以守而達之司馬握軍旅之重而要害之地實攻守大計三官所以並屬于夏官也固者人工所爲致力爲難故自內而及外以漸而設險者地利自然守之爲易故先遠而後近以漸而密也

司險掌九州之圖以周知其山林川澤之阻而達其道路

周知山林川澤之阻則可以控御侯國又名山大川不以封也達之者使合方氏達之刊闢其山林津梁其川澤有事則守之以爲固所以待暴客無事則達之以爲一所以便行旅

設國之五溝五涂而樹之林以爲阻固皆有守禁而達其

道路

王畿之內畎畝之中有無形之險遂溝洫澮川非止于通水而已即有沮洳之阨徑畛涂道路非止于往來而已即有曲折之艱涂而樹之林非止固其土而已即有蔽遮之阻是故胡騎不得長驅戎車不得竝驟所以爲善故盡東其畝唯子戎車是利此齊所以責晉也守禁者溝涂樹木皆有守者而有厲禁不得伐損也達其道路謂脩除荊棘設立橋梁使無阻塞不通也

國有故則藩塞阻路而止行者以其屬守之唯有節者達之

國有故解見宮正遮迾閉絕要害之道使其胥徒之屬帥其民以守之無節者不行有節則達之

掌疆 職掌闕

候人 各掌其方之道治與其禁令以設候人若有方治則帥而致于朝及歸送之于竟

賓客各有所來之方所由之道候人分而掌之道治謂在道迎賓客之事禁令謂禁止奸盜及來之不以濟者設謂選僑捷之卒詩彼候人兮荷戈與祋是也方治謂四方朝貢訟獄之政事掌其迎送以防暴客凡此皆候人之責也○職與秋官之環人職方氏之懷方氏相類然環人主迎誦賓客環衛于館舍秋官禁戒之事此則掌道治護衛于行道夏官武人之事懷方氏主來四夷之人其職在畿外此則主畿內所以不同○校 郝律及

環人掌致師將戰而先犯敵折馘執俘示其必戰之志察軍慝軍士陰懷異謀將爲不軌伺察以告環四方之故姦軌發覺及疑獄未明之類使周旋幾察巡邦國無事之時亦使之巡視防患于未然搏諜賊搏諜音博蝶○敵國反間爲國賊害者搏而執之訟敵國與敵國爭論曲直若齊國佐楚屈完如師也揚軍旅揚如鷹揚之揚謂壯耀威武以示敵俾之奪氣而怯懼降圍邑負固不服以師圍之圍而不屈能出入其所守之中而卒降之若宋華元登楚子反之牀而語之者

按環珮玉名規二玉以相連周流不窮者也此官所掌若察軍慝環四方之故巡邦國搏諜賊皆周行無停留之意又環反也言往而復反也此職若致師訟敵國揚軍旅降圍邑皆于戰事往而能反故以環命官夫士卒

以必死爲名取其致身之義此以必反爲名取其驍勇之義也凡此皆非經常之事必跅弛異等之士而後能之不可以常灋拘不可以常禮待在大將左右以備一時差遣自有不可少者故特爲命官其本末具舉者與

又按候人雖主迎賓客而亦主禁其不當入者環人雖主戰事而亦主環四方之故故並屬之掌固

挈壺氏下士六人史二人徒十有二人挈坤結反

挈壺氏掌挈壺以令軍井挈轡以令舍挈畚以令糧畚音奔

大衆所集號令不能相聞有事各以其物爲表則令簡而趣疾于事爲便壺所以汲水故令井以壺行以車馬爲事止則卸車解轡以舍爲安故令舍以轡畚以盛米故令糧以畚挈之者各縣于所當受之處使士卒望而

知之

也

凡軍事縣壺以序聚㯉凡喪縣壺以代哭者皆以水火守之分以日夜及冬則以火爨鼎水而沸之而沃之

㯉行夜所擊木軍中戒守貴嚴聚者衆人之稱勞逸貴均故次序之初喪哭不絶聲故更代而哭曰序曰代須縣壺乃無差忒鄭氏曰以水守壺者謂沃漏也以火守壺者夜則視刻數也分以日夜者異晝夜漏也漏之箭晝夜共百刻冬夏之間有長短焉冬月水凍漏凝不下故以火炊水沸之而沃于漏也

按壺承水器厓壺以汲水民間通用銅壺以爲漏刻古今遷器也朝廷朝夕之禮及國家大事與夫民生日用

非此無以知其時刻在天文爲下垣之漸臺故設官專董其事而軍事嚴器事遽故特舉以見例軍井舍糧三者以其刻期之事故兼掌之以其爲瀵叓之事故屬之夏官又春官雞人凡國事爲期則告之時而齊詩不能晨夜不夙則莫暮序云罪挈壺氏之不能共職者蓋天子備官故挈壺掌漏雞人告時諸侯則掌漏告時一于挈壺氏微有不同

射人　下大夫二人上士四人下士八人府二人史四人胥二人徒二十人　主司射事禮瀵之官

服不氏　下士一人徒四人

射鳥氏下士一人徒四人

羅氏下士一人徒八人

掌畜下士二人史二人胥二人徒二十人

按服不氏主服猛獸射鳥氏掌射鳥皆司馬兵家之事也羅氏掌羅網捕鳥離爲網罟也掌畜掌養鳥夏爲南方在天爲朱鳥也故四官皆屬之夏官射人

射人掌國之三公孤卿大夫之位三公北面孤東面卿大夫西面其摯三公執璧孤執皮帛卿執羔大夫執鴈諸侯

在朝則皆北面詔相其灋

古者以射選諸侯卿大夫故國之公孤卿大夫射人掌其位而主詔告擯相其灋此與司士正朝儀之位聯職但彼主在朝專掌其位此則主射事兼掌其灋也三公師道而不臣以璧爲摯與諸侯之事用璧琮同餘見大宗伯諸侯在天子之朝則當正臣禮故皆北面

若有國事則掌其戒令詔相其事掌其治達

諸臣于祭祀賓客大射凡公家之事不可以無統射人掌其教戒禁令而幷詔告擯相之治達者鄭氏曰諸侯因與王射及助祭而有所治受而達之于王王有命又受而下之坐射人掌之此亦與司士掌國中之士治聯

職（但彼上于士而已）

以射灋治射儀（射灋謂耦侯獲容節正之數及凡射政也射儀謂升降揖遜禮樂之節也以其灋而治其儀此司射所掌也）王以六耦射三侯三獲三容樂以騶虞九節五正諸侯以四耦射二侯二獲二容樂以貍首七節三正孤卿大夫以三耦射一侯一獲一容樂以采蘋五節二正士以三耦射一侯（一侯一本作豻侯）一獲一容樂以采蘩五節二正（正音征貍音埋）

藝能相同則比而合之以較勝負六耦十二人三侯三十六人凡射必三周共一百八人諸侯四耦二侯射三周四十八人卿大夫而下三耦一侯射三周十八人也侯以布爲之矢之所至以此爲候故曰侯三侯虎侯熊侯豹侯謂以皮而飾侯之側因取名焉以示服猛之義也三侯者虎侯王與其偶所射熊侯諸侯與其耦所射豹侯卿大夫與其耦所射也獲者射中則服不氏舉旌以唱獲也容即乏也設于侯旁獲者居之以觀中否所以容獲者故曰容也每侯皆有容獲故王三諸侯二卿已下一也騶虞已下樂詩也射義曰騶虞樂官備也貍首樂會時也采蘋樂循灋也采蘩樂不失職也節者奏樂以爲射節之差記曰明乎其節之志不失其事則功成而德行立正者侯之中所畫以爲的者也天子五正外玄次黄次蒼次白中朱攷工記所謂張五采之侯則

遠國屬此諸侯朝會賓射之侯也諸侯損玄黄下于天子也大夫士唯朱緑降于諸侯也王以六耦而下王朝之射瀀也諸侯以四耦射于其國之瀀也大夫以三耦射于其家之瀀也士無臣祭無所擇與其友行賓射之禮則以豻飾侯下大夫也諸侯而下囟

王禮併及之○已上射之禮樂器數

若王大射 攷工記所謂張皮侯而設其鵠則春以功也解見天官司裘及鵠正圖 **則以貍步張三侯王射則令去侯** 鄭氏曰貍善搏物行則止而擬度焉其發必獲是以量侯道者瀀之

按射禮司馬命量人量侯道然後射人等張侯去侯者未射時獲者負侯而立故射則令其去侯而居于乏也 **立于後以矢行告** 射禮大射正立于公後以矢之行去告于公下曰留上曰揚左右則曰左方右方使

續射則矯正之也卒令取矢射畢令射鳥氏取矢祭侯則爲位大射禮司馬正獻服不服不侯西北三步北面拜受爵司馬正西面拜送爵獲者祭侯之右个左个中亦如之卒祭左个之西北三步東面太卒爵是也與大史數射中（數）上聲○計數衆耦中侯之筭也大史與射人共司之佐司馬治射正（正）政通○若命去侯命取矢乘矢之等也司馬所主射人佐之○已上大射所掌事

鵠正圖

祭祀則誓射牲相孤卿大夫之灋儀射牲者上古六畜未擾之時必射以祭後王于祭祀猶親射其牲所以存古者始佃之禮且以致親敬之意國語所謂禘郊之事天子親射其牲也司弓矢共

王射牲之弓矢射則射人贊之○會同朝覲作大夫介凡有爵者會同朝覲王使公卿有所事作大夫爲上介命士以上爲衆介不使賤者○大師令有爵者乘王之倅車倅清貴反。大師王出征伐也王乘戎路有廣車闕車苹車輕車皆有倅正車已有定員其倅則作命士已上乘之謂居其左也○有大賓客則作卿大夫從戒大史及大夫介大賓客選卿大夫從王見諸侯或王有命使三公命諸侯及衣服就館賜之時大史主協禮事故射人戒大史及大夫爲介于諸公也○大喪與僕人遷尸作卿大夫掌事比其廬不敬者苛罰之苛音何。僕人大僕也遷尸者檀弓曰扶君僕人師扶右射人扶左君薨以是舉掌事者

王器卿大夫各有執掌射人作之廬有本服親疎及貴
賤宮正授之射人比之也。已上掌七事執事之人

按射人之事莫大于司射事而兼正諸侯諸臣之位國之大事主其戒令詔相治違者每大事不可以無統率也作其卿大夫者凡執事不可以無選擇也大師令有爵者乘王倅車者凡會同軍旅車之摯右以掌擊刺者司右主之摯左而司射者則射人主之使乘倅車所謂乘君之車不敢曠左是也

記曰古者天子以射選諸侯卿大夫士射者男子之事因而飾之以禮樂故事之盡禮樂而可數爲以立德行者莫若射故聖王務焉孔子曰射者何以射何以聽循聲而發發而不失正鵠者其惟賢者乎故古者于大祭祀擇士選諸侯必以射一以助祭一以得賢一以命爵莫重于此故曰大射其次與諸侯來朝者射曰賓射與

朝臣射曰燕射合耦于大司馬飾中舍筭于大史張侯于服不氏贊弓矢于大僕小臣而其專掌則于射人云

○(舍)音釋

服不氏 掌養猛獸而敎擾之○凡祭祀共猛獸 祭祀所需若狼熊之類在薄正之內者田獸所生擒而可畜者則養之于此以俟不時而取之也 賓客之事則抗皮 (抗)坤浪反舉也○聘禮庭實有虎豹之皮貴其文且示服猛也 ○射則贊張侯以旌居乏而待獲 射侯共于司裘張于射人而服不氏掌贊而張之又以旌居乏射中則舉旌以唱獲言巳得獸

養猛獸者豬隸所謂掌與獸言也共猛獸者其所有事也此其專職抗皮舉獲旌者㧚取其有服猛獸之義也

字書不字作不鳥飛高擧不下也官以服不名者謂服天下之不服者也夫周公相武王誅紂既巳驅虎豹犀象而遠之矣召公之訓曰珍禽奇獸不育于國此復養猛獸而教擾之何也蓋東北之夷曰貊四夷中之至順者周人世居西土其服最後故周禮設官以之隸役于服不氏既取其化被之廣又以其能與獸言而教擾之亦育萬物者之所當知若曰夷狄禽獸靡有不服王化者匪服猛獸之貴蓋服夷人之貴所謂教擾者特因其能而器使之故以服不命名也然止于下士二人其與後世虎豹之圈率異獸而食人肉以供耳目之玩者異矣○貊音陌用貉非

射鳥氏掌射鳥雁鶉鷃雉鴟鴞之屬○祭祀以弓矢敺烏鳶凡賓客

會同軍旅亦如之歐音區鳶音玄○射則取矢矢在侯高則以并夾取之矢著侯之高處人手不及則以并夾取之制如剪長柄用以鍼箭司弓矢所共并夾是也

鳥之可以養人者膳羞所需也掌射之以供于膳夫祭祀賓客會同軍旅皆當尚鸝鳥與鳶每集人居而鳴嘗以弓矢射而敺之此二事射鳥氏專職國之射事掌取矢以其所有事此兼職也

羅氏掌羅烏鳥卑居雅鵲之屬蜡則作羅襦襦音如羅之細密者蜡建亥之月中春羅春鳥鄭氏曰春鳥蟄而始出者若今南郡黃雀之屬也獻鳩以養國老行羽物

王制豺祭獸然後田又昆虫未蟄不以火田月令九月豺祭獸蟄虫咸俯于是可以火田圍取禽獸故用羅襦也二月鷹化爲鳩厲疾者化爲仁慈故羅春鳥獻鳩以養國老助老人生氣也因以羽物頒賜羣臣蓋自此順生氣而不殺頒禽自此而止也

陳氏曰天子之于老其所養者三貴胄謂之國子故貴而老者爲國老賤者謂之庶人故賤而老者爲庶老國子與庶人之俊者同其學所以一道德國老與庶老異其養所以別分異記所言四代養老是也而又有死政之老焉故羅氏獻鳩以養之者國老也司徒以保息養之者庶老也司門以財養之者死政之老也若夫外饔酒正槀人所謂耆老者則總三者言之

掌畜　掌養鳥而阜蕃教擾之祭祀共卵鳥歲時貢鳥物共

膳獻之鳥 畜音旭

鳥之待人而畜者鵝曰舒鴈鴨曰舒鳧以其似鴈鳧而飛之舒遲也鷄鴿亦待人而畜蓋初皆飛類但以其不能雋絶每爲異類所侵乃依人而生後遂爲擾畜與野鳥不同也鳥得其畜自然蕃息其栖宿飲啄受人豢畜皆可以教道如人之意故曰阜蕃教擾之又鷹隼之搏擊鳧鴈之爲媒亦皆可教者卵鳥以卵及鳥共于鷄人用以薦也鳥物共于鹽人腊人爲鹽及腊也膳獻之鳥共于庖人爲王之膳羞及賓客之禽獻也玆此官掌之

觀上四職其事甚微而爲之設官似于煩瑣然事給而不煩于民所以爲不可缺也

畋獻用物說

司士下大夫二人中士六人下士十有二人府二人史四人胥四人徒四十人主國子之已仕者

諸子下大夫二人中士四人府二人史二人胥二人徒二十人主國子之未仕者與其衆子

司士掌群臣之版以治其政令歲登下其損益之數辨其年歲與其貴賤

廢置群吏大宰之事也而此掌群臣之版者古者國有大事則六卿皆將苟非平日有以預知之則緩急能無

失措乎又掌正朝儀之位亦當知齒位故其所掌但主仕者之版籍而已非如大宰有黜陟之權也年齒每歲增加及有生長死亾者官爵不時陟降及有登進罷黜者故每歲則先定其有登而益之下而損之之數然後辨其年之老幼爵之貴賤以爲之版此即其所治之政令也

周知邦國都家縣鄙之數卿大夫士庶子之數以詔王治縣鄙之數二字衍文疑諸侯二字蓋有邦國則有諸侯也當云邦國都家縣鄙諸侯卿大夫士庶子之數。畿外諸侯畿內都鄙之君之子皆在士籍故稱邦國都家縣鄙諸侯卿大夫士凡其庶子之數靡不周知之以詔王治

以德詔爵以功詔祿以能詔事所謂詔王治也以久奠食唯賜無常

桉王制大樂正論造士之秀者以告于王而升諸司馬曰進士司馬辨論官材論進士之賢者以告于王而定其論論定然後官之任官然後爵之即此之以德詔爵也佐定然後祿之即此之以功詔祿也事有大小才能亦有優劣事成于人故以久而定其食此以待常才也賜出于上之特恩故無常數夫王道蕩蕩而有所謂特恩何也蓋人才不同必有所謂異等之士故亦以非常之恩而待之然不過取之于幣餘之賦而節之以好用之式則亦不至于過濫矣

治朝之位

正朝儀之位辨其貴賤之等王南鄉三公北面東上孤東面北上卿大夫西面北上王族故士虎士在路門之右南

面東上大僕大右大僕從者在路門之左南面西上司士擯孤卿特揖大夫以其等旅揖士旁三揖王環揖門左揖門右大僕前王入內朝皆退（環通旋）

此王日眂朝于路門所謂治朝也冢宰贊聽治故宰夫掌灋司馬掌政故司士正朝儀王南面嚮明而治也三公北面以對君無與敵也東爲右故以東爲上孤東面卿大夫西面以右爲尊也旁列者以近君爲尊故玆以北爲上王族故士王之族人舊爲宿衛之士年老致休以其練達國事或膂力未衰故雖不在士籍猶留宿衛者虎士虎賁之士也大僕侍御之長大右車右之長大僕從者小臣祭僕御僕隸僕等官也在王之後順王之

向故㕛南面在右者東上在左者西上亦以近君爲尊也司士擯者大射禮卿大夫始入門右北面東上若揖之乃就位此亦當然三公入門即就其位故不言揖也孤卿特揖者每人各揖之使就東面西面之位也大夫三揖者大射禮士西廂東面則此亦當位于西士有上有中下二等各以其等衆揖之使就西面之位也士旁中下故旁三揖也門左門右在王之後故還而揖之大僕職王眡朝前王正位故此眡朝畢仍前道王而入內朝即路寢燕朝也王入居此

朝者皆退反其官府治處

司士治朝圖

掌國中之士治凡其戒令○掌擯士者膳其摯膳字誤膳摯屬膳夫

此但受之耳○士初仕則擯見之而受其摯○凡祭祀掌士之戒令詔相其灋事祭祀則戒令之使無怠志詔告擯相其禮灋之事使無失儀及賜爵呼昭穆而進之祭畢旅酬無算爵之時呼而進之以受爵昭與昭齒穆與穆齒相叙而不失其倫帥其屬而割牲羞俎豆其屬中下士及國子○凡會同作士從賓客亦如之作之以從王○作士適四方使爲介鄭氏曰使自以王命使也爲介爲大夫之介也○大喪作士掌事作六軍之士執披凡士之有守者令哭無去守大喪作之掌凡執事披結于棺以防險者天子十二作六軍勇力之士以執之皆隨其材器而使之非司士不能知也

○國有故則致士而頒其守變故之際姦盜易乘致士于宮正宮伯而頒其守故大喪雖令哭而不得去其所守之地也

國之大事凡五祭祀會同賓客喪紀軍旅天官言七事者會同可以兼朝覲軍旅可以兼田役也冢宰于大祭祀掌百官之誓戒與其具脩作大事則戒于百官射人主作而用之而凡士之當與事者不可無所統率故皆司士掌之及士之初仕與爲介于四方亦其所掌所謂士治與其戒令也

按司士掌事凡五版其官以司士得名故掌凡在朝群臣之板正朝儀之位此二者特其兼職而已周知凡庶子之數以詔王治乃辨論官材之事三歲稽士任則邦國貢士之事此一節則專主夫士治也

侯國貢士之遷

凡邦國三歲則稽士任而進退其爵祿

諸侯歲貢士于天子蓋自邦君之子以至于民間俊秀皆在其中賢者或留用于朝或反其國司士于三歲則稽考諸侯貢士之賢否以行賞罰記所謂進爵絀地也但記專以習射言似于大拘此言稽士任則以其任職而觀之爲得其賢否之實也按諸侯貢士雖雜見于左傳禮記而其詳不可攷唯此條所云爲得其大畧也

諸子掌國子之倅掌其戒令與其教治辨其等正其位

諸衆也即記所稱庶子之官也倅副貳也國子已仕者司士掌之其未仕者則此諸子所掌儲用以爲仕之副貳故曰國子之倅也戒以禁其非令以作其事教以勸之學治以率其從辨其等以其才之高下與其爵之尊

大子將國子之禮

卑守貴宮貴室下宮下室之類正其位以其齒之長幼入學以齒之類

國有大事則帥國子而致于太子唯所用之○若有兵甲之事則授之車甲合其卒伍置其有司以軍灋治之○司馬弗正凡國正弗及國正弗及　正　政通

王之冢子對王言曰世子世其父之爵也對國子言曰大子無與㒳也大子于王在國曰居守在軍曰撫軍故凡七大事諸子帥國子而致于大子唯大子之命是從不得辭劇就易避勞趨逸以方命撓灋此王與世臣之子自幼統攝恩威素孚賢愚才劣詳審有素而非取辦于倉卒之比也至于師旅寇戎之事而欲用之以戰也

則授以車甲使之陳力就列合其卒伍使之相保置其有司使有統率以軍灋治之無敢不用命是從容于冕弁之流以從事于干羽俎豆者無不可以被堅執銳而折衝禦侮如詩稱魯侯之四矢反兮以禦亂兮之謂也凡兵皆司馬所統唯此則不與大子每事毋得專行唯此則國有司不得以常灋繩之蓋天子將其父兄大子將其子弟所以無意外之虞也或疑大子無將有功不加賞無功得罪從此始萬世之大戒也周公豈慮不及此哉是不然左傳所言謂君受讒而有疑貳于大子故使之爲將以中傷之所以不可此則專以大子監國言耳一則天子在外居守之事莫大于兵非大子其誰尸之此理勢之不得不然者一則古之稱君德者曰文武曰聖武大子者天地民物之本豈徒仁柔之爲尚使之習于武畧庶幾臨變而無恇怯此與天官職大事王親

戒于百官同義一則司馬于兵無所不統而大子將其子弟亦防微之意是故天文氏宿主東宮之位而其下有騎官騎陣將等星天象昭昭如此豈可以是而疑聖經哉

大祭祀正六牲之體凡樂事正舞位授舞器正謂枇載之位舞列也此使未仕者閑于禮樂也

大喪正群子之服位會同賓客作群子從群子兼嫡子衆子大喪服位群子有親疎貴賤不同會同賓客群子亦有從王而執事者

凡國之政事國子存遊倅使之脩德學道政事即七事國子之未仕而長者既用之其幼而未可用者則存于學校遊暇無事之倅中使之在彼脩德學道也

春合諸學秋合諸射以攷其藝而進退之春合諸學當作樂諸子一歲皆在學中豈特春而合之且經語有合樂無合學也○春合諸樂者即月令季春大合樂也秋合諸射習射于澤也公族之子生有民社之寄非大不肖不至見遺世祿之家生而富驕非有出類之才不免沉溺故其教之也特重于士庶人而其成也亦難于士庶人此司士庶子二職所以相夾持以為教也故司士于祭祀割牲脩俎豆帥已仕者為之此則因而正之使習于祭祀之禮也會同賓客作士從此則作羣子從使習于賓客之禮也大喪作士掌事此則正羣子服位使之執喪也樂事正舞位授舞器使之執樂也脩德者即師氏以三德教國子學道者即保氏養國子以道道德存于中而難知攷其藝則中和禮樂皆可得而見故合諸樂與射而進退之

記所謂學正簡不帥教者告于王而屛之遠方論造士之秀者告于王而升諸司馬此所以進退之事也夫其所以教之者不出于禮樂而其所以取之者莫非實事故曰古者庶子之官治而邦國有倫邦國有倫而衆鄉方矣後之欲治其國家者可不務乎

司右上士二人下士四人府四人史四人胥八人徒八十人

右人之有力能用五兵而居車之右者若王車之右則又其有德者不可以無統故設司右一職也按戎右齊右皆大夫而此司之者乃上士蓋右主近王故以尊官而此特掌其政令故以士也

司右掌群右之政令群右王之戎右齊右道右及五路倅車之右皆是也掌其政令者選其當否與凡用舍行止之節

凡軍旅會同合其車之卒伍而比其乘屬其右

軍旅會同之兵車貴于閑習和輯凡車十五乘爲偏三五也九乘爲小偏三三也二十五乘爲大偏謂一師二千五百人之車也二偏爲卒亦謂之廣謂合二師之車也五偏爲伍一百二十五乘謂一軍萬二千五百人之車也左傳其軍之戎分爲二廣廣有一卒卒偏之兩蓋兩偏爲卒爲車五十乘故曰卒偏之兩廣亦五十乘故曰廣有一卒二廣者車百乘也司馬灋二十五乘爲偏即大偏也百二十五乘爲伍五大偏也偏廣卒伍所以

合之使有統率差比其乘之利鈍使之進退齊一聯屬其右之心志使之緩急救援此主兵車之右蓋極國中之選也

凡國之勇力之士能用五兵者屬焉掌其政令（屬音祝）

五兵者戈殳戟酋矛夷矛皆車右所操以施于車上者故凡國之勇力之士能用五兵者皆屬于司右而掌其衍習選擇賞罰之政令此主國人之堪爲車右者儲之以待用也

按凡車皆馭者居前之中以其執策控御之便尊者居左以爲安勇力者居右取其捍外衛尊之利故大馭齊僕道僕戎僕田僕皆馭車者也齊右道右戎右皆車右也亦曰驂乘又曰陪乘士卒兵車亦御者居中左持弓

右持矛左傳所稱致師者左射以菆右入壘折馘執俘是也唯將死鼓故在車後之中御在左勇士在右詩云左旋右抽中軍作好此為不同凡軍旅之事羣右主勇力之士皆掌于司右羣左主射宜掌于射人經云大師令有爵者乘王之倅車正主居左而射者士卒兵車則不言蓋見于司馬纍也亦有一車四人者左傳侯叔夏御莊叔綿房甥為右富父終生駟乘四人共一車蓋偶然耳○菆音鄒矢之嘉者馘俘音國孚

虎賁氏下大夫二人中士十有二人府二人史八人胥八十人虎士八百人賁音奔○虎取其威猛賁古文從卉從自取其盛氣如牛之犇不言徒而言虎士徒之選勇力者胥八人即其什長也

旅賁氏中士二人下士十有六人史二人徒八人

旅諧書别作膂爲膂力字下從肉骨之省多骨堅彊之意此取旅賁爲名蓋卽虎賁氏之絶有力者擇其賢故命之爵中士二人領之史以掌其出入之數徒以給其使令之役也○(彊)古強字

虎賁氏掌先後王而趨以卒伍軍旅會同亦如之(先)去聲

王每出入虎賁氏必從行猶後世之儀衛掌先後王而趨者蓋夾王者旅賁氏故虎賁氏有在其前有在其後猶詩所謂予曰有先後也雖趨不可不整肅必五人爲伍百人爲卒無錯互踈數此指郊祀田鄙平時言若軍旅會同雖有六師從行亦虎賁氏先後而趨故曰亦如之也

舍則守王閑王在國則守王宮國有大故則守王門大器

凡王所居虎賁氏必爲宿衛舍出行所止宿之處爲梐枑再重虎賁氏主守此閑在國則守王宮與宮正宮伯相參以衛王也大故謂凡非常之變與夫大器恐有乘機作亂其要在門閽人不足以禦之故助爲之守門也

亦如之及葬從遣車而哭

凡王行則行止則止遣車魂魄所依葬則從之而哭事死如事生也

適四方使則從士大夫

士大夫使于四方皆王親貴之臣故使從行以禦侮亦以衛王命也

若道路不通有徵事則奉書以使于四方

道路不通有寇戎之難也徵事

徵兵于四方也非勇猛有力者
不能達故虎賁氏掌奉書爲使

虎賁氏八百人主于擁護乘輿宿衛王宮及從親臣達壅滯有胥八十人以部之則行止有行伍而不亂徵發有次叙而不頗有大夫士以主之則選擇精審任使得宜也書齊侯呂伋以二干戈虎賁百人迎子釗于南門之外蓋以勳戚顯諸侯入爲虎賁氏之官虎賁百人即此虎士也率之以迎立嗣君職隆任重如此故虎賁一

宿列佐大微垣而周公之戒成王拳
拳于綴衣虎賁以爲知恤者之鮮歟

旅賁氏掌執戈盾夾王車而趨左八人右八人車止則持輪○凡祭祀會同賓客則服而趨喪紀則衰葛執戈盾軍

旅則介而趨

此職専掌從王之出宫以行故云掌執戈盾戈以爲擊刺盾以爲捍衛也車行則夾之而趨以備非常車止則持輪以防動揺祭祀會同賓客王服袞冕則此士服玄端而趨軍旅王戎服則此士被甲而趨皆所謂夾王車也喪紀王居諒陰無出行事唯有送葬出宫亦當徒跣故獨不言趨但衰葛執戈盾以擁護而已夫其所主唯在于夾王車左右限于絶力而有德賢非絶力絶力非賢皆不可以冐充此選故止十六人委任精専致身其事别無更休交代有缺則復取于虎賁氏所以不虞肘腋之變也

節服氏 下士八人徒四人

春官司服于王吉凶之服詳矣而又設此官者蓋春主禮特掌其制度與夫收藏共奉故司服中士二人以其掌禮制而秩尊府二人以主藏史一人以司書也夏官司輿服鑾駕且主侍御于王故復有節服氏一職專掌爲王服之蓋王中心無爲凡其厚薄之宜加減之節與夫應用之服應服之時皆在于此官故下士八人之多

無府史之屬者不掌其藏也

節服氏掌祭祀朝覲衮冕六人維王之大常祭祀朝覲王之服自衮冕而下皆節服氏掌爲王服之其旗大常則用節服氏六人維之虞制天子之服十二章有日月星辰周制以日月星辰爲旗行必載之亦服之意故同掌于節服氏諸侯則四人其服亦如之諸侯載旂當用

四人維之。諸侯之服自袞冕而下亦節服氏掌之故曰亦如之此乃諸侯之事因王併及之耳

郊祀裘冕二人執戈送逆尸從車 王之郊祀裘冕。亦節服氏爲王服之。尸亦用裘冕。王不送迎尸。故節服氏二人。以裘冕衣尸。執戈從尸車。掌送迎之事也

按掌袞冕裘冕者節服氏專職也常與服相聯故掌維常之事裘冕以衣尸故又掌送迎尸此二事節服氏兼職也舊說于袞冕六人裘冕二人句絕遂謂六人袞冕爲服王之服二人裘冕爲從尸服夫謂之節者掌其服而有品節之云爾豈必服之而後謂之節耶如瑞玉繅細難辨未嘗有差豈衣服至爲顯明乃以六人服之而後無誤耶且袞冕王之盛服乃衣之以維大常裘冕至尊雖祀先王猶不得服乃衣之以執戈盾何其褻瀆之

甚謬一至此哉○（嬻）瀆通

【方相氏】狂夫四人（方）當作放今省文（相）去聲

方放也相貌也放相者言其放肆形貌也謹厚之士不肯爲故以狂夫爲之主之者四人其徒則百隸也此無常員因用則設之其職主執兵以逐疫亦用武以正其不正之事故屬之夏官

【方相氏】掌蒙熊皮黄金四目玄衣朱裳執戈揚盾帥百隸而時（難）以索室毆疫（難）寧禾反古文作魋論語作儺單用難非○首冒熊皮畫以黄金四目大約爲可畏怖之狀戈盾所用以毆邪者百隸者罪隸與四翟之隸人衆則陽明勝也

○大喪先匶及

墓入壙以戈擊四隅毆方良（先）去聲（匱）古柩字（方）（良）音罔兩○器新多有凶邪故使之前道方良舊說上之怪變罔兩也墓乃幽陰之地亦多不祥方相氏于大器入壙時以戈擊四隅而毆之以安先人之竁鬼也

凡陰陽之氣初則爲物之利老而不退則爲之裁月令季春國門之儺曰畢春氣恐温氣之留也仲秋天子之儺曰達秋氣以暑氣之伏也至于季冬國人大儺則以辟一歳邪慝之氣也蓋四時之序成功者退留則爲裁在大虛中則爲氣之過而已其在人居室之内則居聲氣之間而有所謂鬼邪者故曰時儺以索室毆疫也秋之末獨不言儺者金德清明無餘氣也

大僕下大夫二人小臣上士四人祭僕中士六人御僕下士十有二人府二人史四人胥二人徒二十人

僕侍御于尊者之名也大僕掌正王之服位詔灋儀出入王之大命故稱大小臣掌小命及小灋儀故稱小禮莫重于祭特設一官以掌其事凡六人名祭僕燕居必有侍御之臣其事煩故凡十有二人名御僕四官别職同官故共府史胥徒大僕爲之長而總屬焉凡其簡擇去取皆其所司是故爵爲下大夫官不爲不尊列象于大微垣之從官職不爲不重昔穆王命伯冏之詞曰昔在文武聰明齊聖其侍御僕從罔匪正人以旦夕承弼厥辟出入起居罔有不欽發號施令罔有不臧下民祗若萬邦咸休今予命汝作大正正于羣僕侍御之臣懋

乃后德交脩不逮慎簡乃僚無以巧言令色便僻側媚
其唯吉士可謂重其職嚴其選而得周公命官之旨矣

大僕掌正王之服位○出入王之大命○掌諸侯之復逆○王眡朝則前正位而退入亦如之○建路鼓于大寢之門外而掌其政以待達窮者與遽令聞鼓聲則速逆御僕與御庶子○祭祀賓客喪紀正王之服位詔灋儀贊王牲事○王出入則自左馭而前驅○凡軍旅田役贊王鼓救日月亦如之○大喪始崩戒鼓傳達于四方窆亦如之縣

喪首服之灋于宮門○掌三公孤卿之弔勞○王燕飲則相其灋○王射則贊弓矢○王眡燕朝則正位掌擯相王不眡朝則辭於三公及孤卿窆兵驗反

小臣掌王之小命○詔相王之小灋儀○掌三公及孤卿之復逆○正王之燕服位○王之燕出入則前驅○大祭祀朝覲沃王盥○小祭祀賓客饗食賓射掌事如大僕之灋○掌士大夫之弔勞○凡大事佐大僕

御僕掌群吏之逆及庶民之復○與其弔勞○大祭祀相盟而登○大喪持翣○掌王之燕令○以序守路鼓翣恤甲反

大僕小臣御僕三官之事大畧相同所掌之事凡六曰正服位正服者非先王之灋服不敢服及吉凶各有所宜正位者出入起居罔有不欽也曰詔灋儀告其灋度禮儀使動容周旋無不中禮也曰命令發號施令罔有不臧也曰復逆納臣下之言無有壅蔽也曰前驅王出入無不從也曰弔勞代王禮下也

正服位詔灋儀之事凡十一曰眡朝也燕朝也燕居也祭祀也朝覲會同也賓客也軍旅也田役也喪紀也燕享也大射賓射也故王眡朝則大僕前道王而出正王之位退太于虎門之左王眡朝畢復前道王而入及不

眡朝則辭于三公及孤卿告以不眡朝之意所謂燕朝者即路寢主圖宗人嘉事王眡燕朝則大僕正其位掌爲之擯相所謂燕居者王適小寢燕居之時王藻云王卒食玄端而居是也則小臣掌正王之燕服位凡此大僕掌眡朝之事而小臣掌燕居之事也祭祀賓客喪紀大僕主正王之服位詔其灋儀贊王牲事者王親射牲親割及匕載之屬大僕助爲之軍旅田役及日月食王親鼓大僕贊之王始之而大僕終之也燕飲者公三燕侯伯再燕子男一燕或與群臣燕則有獻酬交酢洗爵升降之灋皆大僕相之大射大僕掌授受弓矢小臣凡大事佐大僕爲之而其趨行揖讓之小灋儀則小臣自掌之也小事如大僕之儀蓋小祭祀賓客亦上正服位詔灋儀小饗食亦相其灋賓射亦贊弓矢也又大祭祀朝覲小臣主沃王盥而御僕相盥爲之奉盤授巾及爲

王登牲體于俎也大器始崩及窆大僕擊鼓警衆傳達于四方示天下之大變也縣器首服之灋于宮門免髽笄總廣狹長短之數此主婦人之服故縣于宮門若男子之衰冠則小宗伯縣于路門之外此不言衰者以與男子同也御僕于大器持翣擁衛以爲飾之事凡此皆大僕掌其大小臣掌其小御僕但掌其末節而已○免音問髽哲瓜反

命令之事大僕云出入王之大命謂命諸侯及孤卿大夫之冊命也出謂傳達于外入謂事畢而反命于王或不可而駁正之即虞書之出納朕命也小臣云掌王之小命謂命士或時事有所訪問者御僕云掌王之燕令則燕居之時凡有所徵召賜予之事而已不言出入者以事微故不著也

復逆者復白也孟子有復于王之復謂臣下有事當言之于王而後行者又復反也亦有先使之而反命者逆拂也諫爭之類有拂逆意亦凡自下而上之名謂王躳政令有所當言臣下有陳奏上達于王也諸侯于王爲賓客故大僕掌之三公孤卿在朝之臣故小臣掌之群吏府史之屬與庶民皆卑故御僕掌之不言大夫士者統于小臣也自諸侯已下至于庶人皆有復逆御僕言群吏之逆庶民之復猶宰夫言諸臣之復萬民之逆皆互文耳凡此皆當眂朝之時小宰以叙進其治者其或有非常之事當急聞于王不可停滯以至于來日特建路鼓于大寢之門外御僕以叙而守之大僕掌其政謂所當擊之節與所當奏聞之宜也達窮者秋官朝士掌以肺石達窮民凡遠近惸獨老幼之欲有復于上而其長弗達者使立肺石既得其情則朝士率之以擊鼓遽

天王下罪臣氏之禮

即傳驛也遽令兵機之事從郵驛而上聞者御庶子謂庶子侍御于王者御僕與御庶子二官在鼓所大僕在王所故大僕聞鼓聲則速逆二官以告于王如此則寃抑皆得上聞豈有一夫之不獲其所軍務樞密咸得通達豈有禦侮之臣邉報奏請擁臣在內爲之壅遏蒙蔽者哉

前驅者即後世洗馬前王車而驅以爲屛蔽也大僕于王出入若郊祀軍旅則爲前驅恐虛王位故居左擬于王故不用御者唯有車右而已燕出入若囿游之類小臣爲之前驅王凡有出入無不從也

弔哀死者而問之也勞執器過勞以王命勞之使飲食記所謂其君食之也公孤卿大夫士皆王親臣休戚相關故或有父母妻子之喪而弔勞之或身亡而弔勞其子也公孤卿大夫之喪王皆親弔大僕掌三公孤卿小

臣掌士大夫蓋或王往而掌其禮或王有故而攝之也羣吏庶民有弔者蓋府史中或以賢而將受命庶人或以賢而爲選士或陣亡于外或八十以上年高有德或孝子貞婦凡有異行而可貴重者故以王命弔勞之御僕掌其事也

按公卿大夫與王一體故其喪王親弔之后又弔之君之待臣如此而臣有罔上不忠者乎至于羣吏庶民至卑而御僕猶以王命弔之則萬民寧有不感激思奮以報其上者哉末世視其臣民猶土芥蹂踐斬刈之不遺餘力觧不疾視其上顧欲責其有忠敬之心亦難矣

祭僕掌受命于王以眡祭祀而警戒祭祀有司糾百官之

戒具既祭帥群有司而反命以王命勞之誅其不敬者

王朝祭祀之事至賾且其事甚煩王豈能一一親之故特設祭僕六人專董其事百慮不入其中以致其精明之極所以事無失禮也劉氏曰王之于祭祀也冢宰正其綱宗伯主其職六官之屬各祗其事先期警戒擇賢執事齋戒滌濯可謂盡其誠敬備乎禮文矣然而百官之敬怠與其警戒具脩王不得以躬眂之也乃設祭僕之職專受王命以眂祭祀而警戒祭祀有司糾百官之戒具是代王躬眂其事也聖人之于鬼神盡心如此故以祭則鬼享帝假而受其福也

大喪復于小廟高祖已下之廟復禮詳見天官夏采下文隸僕同

凡祭祀王之所不與則賜之禽都家亦如之凡祭祀致福者展而受之

凡祭祀王之所不與謂同姓有服之親都家亦如之者謂古帝王及名山大川之在其地者皆王所當與祭不與則賜之禽祭僕掌其事祭畢而致福祭僕展視而受之供于膳夫以供膳也舊說都家同姓有先王之廟而賜之禽非也諸侯不得祖天子何自有先王之廟惟如岐豐舊廟則有之然未詳其祭祀與否也

隸僕 下士二人府一人史二人胥四人徒四十人

隸執事之稱鄭氏曰以其所掌事褻故別職不屬大僕也

【隸僕】掌五寢之埽除糞洒之事（埽）埽同洒去聲○五寢五廟之寢始祖爲大寢四親廟爲小寢隸僕掌此埽除糞洒之事若王寢之埽除則宮人掌之祭祀脩寢守祧云其廟則有司脩除之此隸僕則主役于有司也○王行洗乘石掌蹕宮中之事洗如洗馬之洗音義與先同○乘石上車所登之石本用木如今之梯而短王至尊用石尤安固也隸僕載之以前蹕宮中之事者謂有邦事則蹕于宮中所以佐宮正也○大喪復于小寢大寢蓋廟後之屋亦如小寢之意詩寢廟翼翼記先薦寢廟是也

傳四下　夏官

周禮傳卷之四下

夏官 下

弁師下士二人工四人史二人徒四人

天子首服之官也四夷被髮與鳥獸等聖人爲之冠以尊其首故見于天象爲天弁服之至重者也記曰委貌周道也章甫殷道也毋追夏后氏之道也又曰周弁殷冔夏收三王共皮弁素積弁冠之下于冕者可以常服自天子而下皆用之故冕雖尊而獨以弁稱也

弁師掌王之五冕王之吉服六大裘亦服衮則止於五服五冕者謂五服之冕非冕之有五也故

雖云掌王之五冕而下述其制皆同則一冕而已冕之爲言俛也不敢自高之意天文南極卑于北極亦因取象也叔孫通漢禮文凡冕以板廣八寸長尺六寸上覆于冠前低一寸故得冕名是矣

皆玄冕朱裏板上玄如冠之色其裏之色朱蓋漆爲之

延以綵爲之廣如冕加其上而下垂以齊于冠延之爲言邊也地之盡爲延故宇內謂之八埏此所謂延取天宇下垂意也冠外延內有深邃意故禮記以謂前後邃延也

紐現組爲之一綴于冕之兩旁以懸紞瑱一綴于武之旁以懸紘也

五采繅十有二就皆五采玉十有二五采繅十有二就者以五采絲合之爲組其文如藻所以貫玉者綴于冕前十有二條也五采玉十有二者以五采玉琢以爲珠貫之于組每組皆玉十有二枚每玉相間一寸則繅長尺有二寸除冠之高尺有二寸下垂

于日不顯其明也

玉笄朱紘紘音橫冠系也○笄以玉爲之從冠外貫于髻首尾出于冠寸紘以朱組爲之繫于武之兩旁下結于項垂之以爲纓皆所以固冕者延與紘即左傳公侯之夫人加之以紘綖也

諸侯之繅斿九就瑉玉三采其餘如王之事繅音早義與藻同斿流由二音瑉音民○諸侯字誤當作諸公○繅斿九就者此謂公之冕也上公服衮九章故冕九旒瑉玉后之似玉者三采謂朱白蒼別于王之冕者此也其餘如王之事謂玄冕朱裏延紐朱紘之制每斿皆十二玉用玉一百有八枚也舊說以爲每旒九玉非矣

繅斿皆就

玉瑱玉笄繅斿皆就四字無意義蓋衍文○玉瑱以玉爲珠貫以玄紞而垂于耳不顯其聰左傳所謂王后親織玄紞天子五冕皆有之于此見之蓋互文也

王之皮弁會五采玉璂象邸玉笄弁音汴會音怪璂音旗邸音底○王之皮弁者兵事之韋弁眂朝之蕃弁也凡弁以皮六方縫之會其合縫處邸其弁上之頂玉璂者以五采玉飾于會中詩所謂會弁如星又曰其弁伊璂也象邸者以象齒置于弁頂輳處故曰象邸玉笄者貫于弁以爲固也王之弁經弁而加環經經音迭○弁經者弔事所服環經者以緦之麻經環繞于素弁之外故曰弁經也

諸侯及孤卿大夫之冕韋弁皮弁弁經各以其等爲之而掌其禁令諸侯者侯伯子男也及夫公之孤三等侯國之卿大夫其冕其弁其弁經各以其等爲之一如其命數掌其禁令不得相踰越也侯伯七命者七旒用玉八十四子男五命則五旒用玉六十公之孤四命當四旒

冕旒之制

用玉四十八公侯伯之卿皆三命當三旒用玉三十六大夫皆再命當二旒子男之卿如次國之大夫亦二旒用玉二十四諸侯之弁會三采子男而下二采

按舊說冕旒之制所差有四愚據經文云掌王之五冕皆玄冕朱裏延紐則冕之制同也五采繅十有二就是五冕之繅其數無不同也又云皆五采玉十有二是五冕之玉皆一百四十四枚矣舊說鷩冕九旒毳冕七旒希冕五旒玄冕三旒非也夫五服之章有九七五三二之不同而冕則一何也蓋冕主上覆天之象天一而已人事則不齊故五服異而五冕同者其亦此意歟此失之一也諸公之繅斿九就瑉玉三采所異者此耳繼之云其餘如王之事則每旒玉十有二玆無九玉之說蓋冠之長尺玉之間寸十有二玉爲尺有二寸故能垂之

以蔽目少短則不足以蔽目矣此正如樂舞之數以其每佾八人故佾之字從八乃謂每佾人數如其佾數士之四人豈足以成樂舞乎故侯伯之縿斿七就其餘如公之事亦每旒玉十有二子男縿斿五就其餘如侯之事孤縿斿四就卿三就大夫再就小國之卿再就其每旒亦皆十有二唯其采以典瑞之例推之子男而下當爲二采此失之二也夫旒爲目而設後之有旒果何所爲故經文叙王之冕止云縿十有二就而不言二十四諸侯縿斿九就而不言十有八若曰止以前而言則深衣何獨遍前後而云十有二幅乎故據經觀之止有前旒禮記家語玆云冕而前旒是亦一證唯延則有前後玉藻之文可見此失之三也衣止二章冕止二旒以再命始受服也蓋黼黻相麗去一則不足以爲文二旒相玆去一則不足以爲蔽故再命始得受服一命者不服

冕惟弁服而已先儒拘乎陽數之説謂玄衣一章玄冕無旒尚足以爲冕服乎且存一章之冕服是一命受服矣此失之四也大抵先儒之説皆失于不考經文之過蓋自叔孫通草創漢制而已然愚直據經文而參以王藻見後人之説自不可通

欲攷禮者當玩遺經可也

冕旒命數圖

冕旒延紐紘統圖

司甲下大夫二人中士八人府四人史八人胥八人徒八十人

司兵中士四人府二人史四人胥二人徒二十人

司戈盾下士二人府一人史二人徒四人

司甲職掌原闕

司兵掌五兵五盾各辨其物與其等以待軍事凡兵或擊或刺或斬或勾其用不同殳所以擊一也刺兵之類一鋒直刺曰鎗有枝旁出曰戈左右有枝曰戟三隅戟曰戣二也斬兵之類長者曰斧鉞戚揚三也短者曰刀劒四也勾兵之類曰酋矛夷矛五也凡盾皆主於捍蔽而其類不同祭統云朱干玉戚祭祀舞者所執一也詩龍盾之合主乘車所建二也又蒙伐有苑註云中干即貳車所建三也其餘旅賁虎

士所執四也蕃盾者舍則設之五也五兵五盾即所謂物辨其物者利其器以待用也有等威之異故曰等辨其等者類聚之以待授也云以待軍事者五兵五盾以軍事爲主也

及授兵從司馬之灋以頒之及其受兵輸亦如之及其用兵亦如之 此軍事之兵也凡出軍公卿大夫各有縣都之兵伍兩卒旅則有丘甸之兵唯王之乘車貳車所建之兵與夫親日所用之兵皆于是乎頒焉司馬之灋者合用人幾何某長某兵某長某兵合用兵幾何也授兵者自司兵授于有司有司依司馬取兵器之灋而頒之也受兵者司兵受有司之輸納兵器亦依司馬校兵器之灋見存損失幾何驗而受之也用兵者有司之用兵器亦依司馬頒兵器之灋能有不同人各用其長技也

祭祀授舞者兵此樂舞之兵也祭統云朱干玉戚以舞大武

大喪廞五兵此指明器之兵士喪禮有甲冑干笮士禮故不備也○笮則隻二音矢箙也

軍事建車之五兵會同亦如之師田建兵于王之乘車貳車會同以革路從無道之國則伐之故亦建車之五兵也

天之賦畀不齊有人類必有猛獸毒蟲有中夏必有夷狄有吉人必有凶人奮其爪牙詐力以吞噬虔劉奪攘姦宄于其間使無以自衛及有以勝之則善類不幾于澌滅殆盡耶故見于天象若天鉞所執以威四方伐無道天棓前驅以禦難至于奎宿特爲天之武庫所以儲戎器戒不虞者至深切矣聖人不忍斯人之沴于不善

甲兵重于自衛

之類灑秋殺之權以西方之金制爲兵器用以驅猛獸兼夷狄伐無道誅不義者攷工記函人廬人之屬皆主爲甲兵者也而其司之者則特屬于夏官以其主九伐之事尤其所用器也然苟失於防閑則反嬰其害故雖用兵而常以自衛爲主是故司兵者上士而司甲者則大夫即先爲不可勝之意也五兵五盾雖同掌于司兵而戈主捍敵盾主蔽體特設司戈盾以專掌之殺敵者以不殺于敵之爲尚也弓矢同爲兵器其致用在百步之外故掌之者爲下大夫以不近敵爲善也觀周公設官之輕重而可以知用兵之方矣○澌音西棓弼浪反

司戈盾掌戈盾之物而頒之

祭祀授旅賁殳故士戈盾授舞者兵亦如之祭祀非有斬伐之事授旅

賁殳犯蹕者則擊之授故士戈盾主扞衛至尊授舞者戈盾以其所專掌也

軍旅會同授貳車戈盾建乘車之戈盾司兵既建車之五兵矣而此於戈盾復授之建之者不厭于慎也授之者授于車僕等乘貳車者樹之建之者王之乘車司戈盾親樹之也授旅賁及虎士戈盾旅賁氏掌執戈盾夾王車而趨虎賁氏掌先後王而趨以卒伍故竝授之以戈盾

及舍設藩盾行則斂之王會同之舍有車宮壇壝宮帷宮所謂藩盾者其用以補車之闕者歟藩者藩墻之義其制當高廣於人所持者行則斂之以待用所以事給而費不及民也

司兵既掌五盾且五兵則戈殳亦在其中而復設官掌戈盾之物而頒之不已贅乎蓋兵者傷人之器貴乎制

盾主于自衛戈主于拒敵而兼刺殳主于擊而兼格敵兵皆以堅固爲貴而非以鋒利爲事故雖統于司兵而別設司戈盾掌而頒之以見衛身之器尤重于殺敵之器失敵可以再舉陣亾不可以復生而况于保護王躳者哉設官專督所以致其敬慎之至而不敢忽也

司弓矢下大夫二人中士八人府四人史八人胥八人徒八十人掌弓弩矢箙官之長

繕人上士二人下士四人府一人史二人胥二人徒二十人

槀人中士四人府二人史四人胥二人徒二十人木乾枯曰槀爲弓者一歲而奠體再歲而獻成必久而後用故以槀名

司弓矢掌六弓四弩八矢之灋辨其名物而掌其守藏與其出入（藏）去聲○六弓者王弧夾庾唐大也四弩者夾庾唐大也八矢者枉殺矰恒用于弓絜鍭茀庳用于弩也灋謂曲直長短之數辨其名物者六弓四弩八矢皆有名號物色守藏者弓矢畏濕喜燥貴正賤敧守藏不可不慎也出入者自弓人矢人入于司弓矢則有選擇之灋自司弓矢頒于有司則有授兵甲之儀事畢復自有司入于司弓矢則有用否之數及夫弓矢之會計也

中春獻弩矢中秋獻矢箙（中）音仲（箙）音服

稾人職于弓弩矢箙總之以春獻素秋獻成當以之爲據此云爾者蓋獻素以弓弩爲重獻成以矢箙爲全非有二義也必如舊說弓弩成于和矢箙成于堅弓弩豈不貴堅且弓矢可相離者乎

及其頒之王弓弧弓以授射甲革椹質者夾弓庾弓以授射豻侯鳥獸者唐弓大弓以授學射者使者勞者其矢箙皆從其弓（椹）日寢反（庾）音禹（豻）音岸

弓弩矢箙之制今已亡之據攷工記云往體寡來體多謂之王弧之屬利射革與質往體多來體寡謂之夾庾

之屬利射侯與弋往體來體若一謂之唐大之屬利射深舊說謂弓之強弱似是而未明也所謂往來者皆據弓之勢而言彎而滿爲往放而還爲來其多寡以弓之腹背定之強爲多而弱爲寡王弓弧弓背弱則其體往寡而發矢緩腹強則來多而其去遠甲革者指人所服而言謂戰陣將卻敵于百步之外無使迫身椹質者圉人職云澤則共椹質射于澤宮所用以習射貴遠而能中故皆頒之以王弧取其遠也夾弓庾弓背強則其體往多而發矢疾腹弱則來寡而其去近豻侯五十步射鳥獸貴命中故皆頒之以夾庾取其近也唐弓大弓其體往來若一發矢不疾不徐者也學射者謂凡始習射者使者謂凡以王命出使授以弓矢也勞者謂勤勞王事賜以征伐之弓矢若晉文侯文公皆賜以彤弓旅弓是也三者弓用中遠近皆可也矢箙皆從其弓者彤弓

則有形矢旅弓則有旅矢每一弓則百矢一箙皆授之也

凡弩夾庾利攻守唐大利車戰野戰

凡弩夾庾往體多發矢疾而近攻城壘與其自守者相迫故用之唐大往來若一發矢差疾而稍遠車戰所及宜遠也弩無事乎王弧者以其往體少發矢不疾來體多矢遠則無準也

凡矢枉矢絜矢利火射用諸守城車戰殺矢鍭矢用諸近射田獵矰矢茀矢用諸弋射恒矢庳矢用諸散射

絜音結又月結反　鍭音侯　矰音增　茀音弗　庳音弊

凡矢鏃頭爲金而重栝頭爲羽而輕然矢有宜于金頭之最重者攷工記茀矢三分一在前二在後謂以其矢三分之當其一分而前後平乃鏃之最重者即此之矰矢茀矢也矰之爲言以絲繫矢而射茀當作紼即繒也矢繫絲則後重必金頭最重而矢方平故用諸弋射也矢有宜于金頭差重者攷工記兵矢田矢五分二在前三在後謂以矢五分之當其二分而前後平乃鏃之次重者即此之枉矢絜矢也枉矢者鄭氏曰枉星名狀如流星蛇行有尾矢取名于此飛行有光即今飛矛也絜與枉同體以其前繫火藥火發矢奔則前反輕故亦以金頭重者稱之乃得其平用諸守城車戰者謂火攻也田獵之焚菜用火故又曰田矢也至于凡矢有鏃則必前重後輕攷工記殺矢七分三在前四在後謂以矢七分之當其三分而前後平此矢頭之畧重者即此之殺

矢鏃矢也殺矢者以中殺爲名鏃與殺同體二矢前後無繫以有鏃故前稍重于後大凡矢皆然用諸近射田獵卽所謂豻侯鳥獸也恒矢庳矢者二分之一在前一在後矢不設鏃故前後平散射者禮射及習射主中不主皮恐其傷人故用之也

八矢圖

天子之弓合九而成規諸侯合七而成規大夫合五而成規士合三而成規句者謂之弊弓句當作勾

凡造弓之體以反外爲灋射則勾之而向裏其反外也合之可以成規天子九諸侯七大夫五士三畧存夫貴

賤之等其弓之強弱則在于木不在于合之多寡人之操弓則係于力亦非以貴賤爲強弱也句者謂之弊弓謂弓于未射之時先彎曲而向裏此則弊而不可用者也○已上皆造弓矢之灋

合弓圖

凡祭祀共射牲之弓矢射牲解見射人澤共射椹質之弓矢澤學宮之在澤中者射義所謂天子將祭必先習射于澤已射于澤而後射于射宮椹質習射者之的圉人之所共也

大射燕射共弓矢如數并夾大射即祭而擇士之射射中者得與于祭燕射王所以燕樂羣臣嘉賓者共弓矢如數謂當射者每一人一弓乘矢也并夾箭鉼服不氏所謂矢在侯高則以并夾取之也

大

器共明弓矢明器中之弓矢也凡師役會同頒弓弩各以其物從授兵甲之儀善弓者授以弓善弩者授以弩從授兵甲之儀一以司馬取兵器之瀆也田弋充籠箙矢共矰矢田弋用矢爲多總貯于竹器以爲備曰籠分貯于皮器而佩之曰箙矰矢亦唯田弋所用○已上皆共弓矢之事

凡亾矢者弗用則更非射而亾則償之授受會計以此爲則也

易曰弦木爲弧剡木爲矢弧矢之利以威天下蓋取諸睽睽之爲卦上火下澤火剛在外而上銳有戈兵之象弓矢者兵之居近而及遠者也澤說也威于外以安其身說莫大焉故曰取諸睽也仰觀乾象參宿下曰弧常

屬矢擬射于狼以備其侵盜于闕丘天所以衛宸居如此故工記引人爲弓矢人爲矢冶氏爲殺矢此但主爲弓矢之工而已夏官掌兵用弓矢爲多故特設下大夫二人以掌其名物守藏出入之事王之用弓弩矢箙所當貴重不可與常器等也別設繕人以領之其齎財與夫工食非司弓矢所能肩肩也故又設槀人以掌之于是弓矢之用動而不括矣又按五兵之用多于弓矢司兵不過中士司弓矢乃下大夫周公之意以射疏及遠敵不能近之爲貴而非以兩軍相薄短兵接之爲尚也是故溥天之下靡不用志于射自天子以至于庶人莫不有射禮因以習禮樂執技藝天下有道則用之于禮義天下無道則用之于戰勝非若五兵專用以捍禦殺戮而已秩尊于司兵也宜哉○剡月揜反

【繕人】掌王之用弓弩矢箙矰弋抉拾繕音善○鄭氏曰繕之言勁也善也傳曰繕甲治兵兼緝理良善二義至尊所用故以名抉著于右手大指以勾弦開體拾著于左臂以遂弦掌詔王射贊王弓矢之事告以當射之節及授受之○凡乘車充其籠箙載其弓弩既射則斂之王所乘之車及貳車王與居左而射者所合用之弓矢並當備之藏之矢滿其器曰充弓弩載于車曰載無會計王一人有定數故無會計猶膳夫酒正之不會也

【槀人】掌受財于職金以齎其工職金掌受金玉錫石之征及受金罰貨罰並入于司

兵故稾人受其財于職金猶其工者以其財給于引人等以爲弓弩矢箙之材料也

弓六物爲三等弩四物亦如之矢八物皆三等箙亦如之

攷工記弓長六尺六寸謂之上制上士服之弓長六尺三寸謂之中制中士服之弓長六尺謂之下制下士服之蓋人身有長短使弓膠于一定長者用之則不足短者用之則有餘皆不利于服習矣故爲此三等之制使各稱其人而服之然後用咸適宜也弩之于人則猶夫弓而矢之于弓弩箙之于矢皆不可以不相稱故並如其弓皆以三等之制也馬璲造甲必爲長短三等意亦如此

春獻素秋獻成

謂獻于王五兵不獻者兵以弓矢爲重也

攷工記爲弓者冬析幹春液角夏治筋秋合三材寒奠體體定則成矣故至春而獻素謂其胚也素以弓弩爲重故曰仲春獻弓弩獻畢而漆之越半載而後堅緻可用故秋而獻成于是而用之成以矢箙爲全故曰仲秋獻矢箙也

書其等以饗工乘其事試其弓弩以下上其食而誅賞

因獻弓矢之時書其上中下之三等各若干王以酒肴勞饗工人于是乘計其所爲弓弩之數有多少又攷試其所爲弓弩之物有美惡美者上其食或別有賜予惡者下其食甚則加以誅責蓋槩加饗勞者大君之體旌別淑慝者有司之事也

乃入功于司弓矢及繕人獻事既畢材不可用者黜之其以給有司之用者則入于司弓矢其以共王者則入于繕人弓矢之事于是而告成功故曰入功也

凡亡齎財與其出入皆在槀人以待會而攷之亡者闕之齎財者弓矢財用及筋角竹木也始自職金角人等入于槀人出而頒于弓人矢人及弓矢之成自弓人矢人入于槀人復自槀人出于司弓矢及繕人故曰皆在槀人以待會而攷之亡者闕之除其數不入會

戎右中大夫二人上士二人

齊右下大夫二人

道右上士二人

王路之馭大馭也金路之馭齊僕也車右則止于齊右者以祭祀賓客主敬同爲致齊之事故以齊右兼玉路之職革車之馭戎僕也木路之馭田僕也車右則止于戎右者以戰伐田獵同爲用兵之事故以戎右統木路之職若象路則主常日之事故其御道僕其右道右自爲一等也車右專取勇力爲事五路之中唯戎車專尚威武齊車道車在所畧矣此戎右所以先齊右也若馭車者以善馭爲事車莫尊于玉路故大馭爲長其次莫急于戎路故戎僕次之與戎右皆爲中大夫之爵

戎右掌戎車之兵革使（使）去聲○戎右者革木車驂乘也執戈盾以備非常王有斬伐之事

則使之春秋傳襄公縛秦囚使右萊駒以戈斬之是也

詔贊王鼓 王執路鼓告以當擊之節拜助擊之

傳王命于陳中 陳去聲○王有命令大言宣傳于陳中

會同充革車 會同王乘金路猶以革路從行以備非常充之者居其左記所謂乗君之乗車不敢曠左也

○盟則以玉敦辟盟遂役之贊牛耳桃茢 敦音對茢列例二音○王氏曰盟之事以不協也戎右以禦侮爲職故以玉敦共歃血玉敦者王府所共戎右則以之而歃血也辟盟者辟啓其載書亦使衆心開辟盟必割牛耳取血相與歃之牛耳以示順聽司盟者所執而戎右贊之鄭氏曰血在敦以桃茢拂之殺牲恐鬼邪侵人桃陰邪所畏茢苕帚所以掃不祥蓋亦武事故戎右贊之也○歃恤洽反

齊右掌祭祀會同賓客前齊車（齊）齊同○齊右者王金車驂乘也王未乘則執策立于馬前以俟王乘則持馬方乘則持馬以備驚奔行則陪乘車行則居車右以爲陪乘

凡有牲事則前馬禮國君下宗廟式齊牛有牲事王見牲而式也故不安于車上而立于馬前

道右掌前道車道右者象路驂乘也前道車亦謂未乘而立于馬前也王出入則持馬陪乘如齊車之儀自車上諭命于從車王燕出入則有從車王有命則道右宣而諭之詔王之車儀若立視五巂式視馬尾不內顧不疾言不親指不廣欬之類○（巂）字蹇反

王式則下前馬王下則以蓋從王下車者爲過宗廟也以蓋從所以表尊兼禦暑雨

按五路雖爲三等而所陳之職大畧相似蓋未乘則前馬乘則持馬行則陪乘王式則下前馬王下則以蓋從與夫詔王之車儀此五路皆然也而戎右弗言者以其主勇力之事故于禮文爲畧要當互用也戎右傳王命于陳中道右諭命于從車而齊右不言王命者以祭祀賔客事專無有他命也唯夫兵革使贊鼓辟盟之事則唯戎右有是職此爲不同耳

大馭中大夫二人　馭音御

戎僕中大夫二人

齊僕下大夫二人　齊通齋

道僕上士十有二人

田僕上士十有二人

僕侍御于尊者之名馭者主侍御車中故通謂之僕唯大馭不稱僕者以前有大僕之名不可相混也玉路于五路爲尊故馭玉輅者謂之大馭夫馭之與右主與天子同車臣之至親且近者其在天文則爲王良造父等星非賢而善馭賢而勇力者不可以充是選故周禮設官皆以中大夫之爵設有不恪則其刑特重此條狠氏所以誓車右曰殺誓馭曰車轘也

馭夫中士二十人下士四十人

掌馭貳車校人三乘爲皂皂一趣馬三皂爲繫繫一馭夫葢卽此官故知周禮車馬皆通職也

大馭 掌馭玉路以祀及犯軷王自左馭馭下祝登受轡犯軷遂驅之及祭酌僕僕左執轡右祭兩軹祭軓乃飲

（軷）蒲末反（軹）音止（軓）音犯○鄭氏曰行山曰軷詩跋涉山川是也犯軷之禮封土爲山以善芻棘栢爲神主既祭以車轢之而去喻無險難之意凡犯軷大馭下車而祝王自左代之而馭祝畢登車受王之轡有司酌酒與大馭大馭左手秉轡右手祭兩軹及軓所以祈車神于是飲其餘酒若受福然遂轢軷驅車而去也

凡馭路行以肆夏趨以采薺凡馭路儀以鸞和爲節（薺）奇慈

王氏曰凡馭路謂五路也行以肆夏趨以采薺者爾雅曰堂上謂之步門外謂之趨蓋行則欲其舒歌肆夏所以節其行趨則欲其齊歌采薺所以節其趨人與車之出入其疾徐皆然樂師則教樂工而歌其詩大馭則馭車而應其節二官所以皆言之也凡馭路儀以鸞和爲節者鸞和皆金鈴也鸞在衡和在軾蓋車行則馬動馬動則鸞鳴鸞鳴則和應大徐則不鳴大疾則不續此舒疾之灋也然則王之行趨固有環珮之聲鏘鳴于左右車之行趨又有和鸞之聲相應于衡軾所以養王聰明而非僻之心無自入矣○（轢）音曆

（戎僕）掌馭戎車　戎車革路也以韋飾其側及用以爲輜軿則矢石不能侵火攻不能燎故以即戎師出王乘以自將也

掌王倅車之政正其服　（倅）音脆○倅車即貳車不可以無統戎僕掌其

政服者衆戎車正貳甲士之衣各依其方之色戎僕正之犯軷如玉路之儀用兵主遠行故有犯軷之禮凡巡守及兵車之會亦如之王巡守則六師從無道之國即伐之兵車之會亦主用衆故倅車之政犯軷之儀玆如行兵也掌凡戎車之儀介冑則有不可犯之色凡在師中者暨暨詻詻無得喧嘩及般樂怠敖此戎車之儀也

齊僕鄭氏曰古者王將朝覲會同必齊所以敬宗廟神明亦所以敬賓客如神故車僕車右皆以齊名掌馭金路以賓朝覲宗遇饗食皆乘金路其灋儀各以其等爲車送逆之節王氏曰王送迎諸侯各以爵命尊卑之等而爲遠近之節行人所謂上公九十步子

男五十步司儀所掌車逆拜辱及出車送之類也

道僕　道者行路之名亦以王之所由莫非天下之大道故僕以道名也

掌馭象路以朝夕燕出入　象路以朝自路寢至于治朝外朝及至于離宮囿遊故曰以朝夕燕出入

其灋儀如齊車　有諸侯或賢者其度數動容亦各以其等為之節也

掌貳車之政令　貳車副車也

田僕

掌馭田路以田以鄙　木路以田取其朴素渾堅山川草野之地便于馳逐也循行縣鄙不尚文飾故亦用之

掌佐車之政　佐車亦貳車也佐車之政者記曰天子殺則下大綏大昂路也下大綏者謂得獲則下戎路之綏而居于幕帟也諸侯殺則下小綏避天子不稱大故言下小車之綏而居其幕大

夫殺則止佐車不用然後百姓田獵此其政也 設驅逆之車 驅謂驅禽使前趨獲逆謂逐禽而反使不出圍此正百姓田獵之事若天子不合圍諸侯不掩羣則無用驅逆矣 ○令獲者植旌 獲者服不氏也射則以旌居乏而待獲田其正職故田畢則田僕令之植旌即山虞澤虞所植虞旗虞旌而致禽者也 及獻比禽 獵者獻之田僕爲之比其物以類相從猶諸侯之每禽擇取三十也 ○凡田王提馬而走諸侯晉大夫馳 提勒馬不驟晉策馬使行馳則放而奔矣此天子諸侯大夫疾徐之節也

按五路之馭有灋有儀有政事大馭犯軷之禮此祭車之儀也故戎僕云犯軷如玉輅之儀其田車等亦當如戎輅矣凡馭路行以肆夏趨以采薺此車在朝之儀凡馭路儀以鸞和爲節此車在道之儀也云凡路則下四

路疾徐之節皆當如是矣戎僕掌凡戎車之儀則以戎事爲重齊僕道僕之灋儀則以禮賓爲重兵車主用衆故正倅車之服唯戎僕有之田獵則有驅逆比禽之事提晉馳之灋故唯田僕有之兵車道車田車其副爲要而有作止馳驟之政故其僕𠀤掌之大僕齊僕不言者祭祀賓客止王一人故無副車也其有倅貳佐之異者王氏所謂倅如衆子之倅其適有時而用焉貳如世子之貳其父有故則攝之佐如𠂤子之佐君常以輔佐爲事其儀各有所主也

馭夫掌馭貳車從車使車分公馬而駕治之　貳車即前所稱倅車貳車

佐車爲五路之副貳者也從車公侯卿大夫從王之車也使車役使驅逆之車也三者皆公車故馭夫以公馬分配

乘駕治者閑習齊一安于五御而去其驚奔也自大馭以至田僕皆王五路之馭故馭夫所掌唯此三等其車既衆故其員亦六十人

校人　中大夫二人上士四人下士十有六人府四人史八人胥八人徒八十人

趣馬　下士阜一人徒四人（趣）清苟反（阜）字早反

巫馬　下士二人醫四人府一人史二人賈二人徒二十人

牧師　下士四人胥四人徒四十人

廋人下士閑二史二人徒二十人廋音義同搜

圉師乘一人徒二人圉人良馬匹一人駑馬麗一人圉音語

養馬爲圉良馬匹一人駑馬麗一人馬貴則飼養勞馬賤則飼養逸也教養馬者爲圉師乘一人者掌一車之馬也三乘爲皁馬有駑脫故以三爲節有趣馬以合之三皁爲繫繫一馭夫六繫爲廄廄一僕夫此不著其職者見于大馭也廄亦謂之閑每閑則有廋人二掌其政教以差擇之六廄成校校有左右各主其校之事故有中大夫二人謂其有疾也而有毉謂其有祟也而有巫馬獸之大外則有鬼巫知馬祖先牧馬社馬步之神者馬疾若有犯馬則使治之毉即毉師之獸毉也職專治馬而攷課在毉師故兩屬焉又買價則賈知其價故有

賈與馬質謂其有牧地也而有牧師蓋古人隨地皆有牧如歸馬于華山之陽牧于坰野之類唯牧馬有地則馬得蕃息而又不妨稼穡所以爲兩得其所也○儥音育賣也

校人掌王馬之政差擇養乘之灋用馬任官之道如下文所云也

辨六馬之屬種馬一物戎馬一物齊馬一物道馬一物田馬一物駑馬一物齊齋同

辨其德力足毛使各以類相從種馬者馬之最良可以爲種即所謂馬特而用以通淫者駕玉路以祀也戎馬者知金鼓之節勇健能馳敵致師者駕革路以爲兵車之會也齊馬道馬者其性調良其色中度齊馬駕金路

以賔道馬駕象路以朝夕燕出入者也田馬者亦知金鼓之節其足蹻捷能與犬馳逐駕木路以田者也五者皆所謂良馬駑馬者德與能俱無取但可以駕役車其尤劣者則用以供食其色之純者用以祭祀此自為一類夫能有以辨其所屬由是分異而養廐不枉其才而用之矣○已上叙馬之名○蹻音橋

凡頒良馬而養乘之（乘去聲）乘馬一師四圉三乘為皁皁一趣馬（皁者橡栗之實古文作皁象有斗承實形取包圍意也）三皁為繫繫一馭夫（繫音計）六繫為廐廐一僕夫（廐音究）六廐成校校有左右

良馬者種戎齊道田之五物頒于養馬之官必言養乘者馬不乘習則驕惰而無用不節養則罷敗而易耗此

牧馬之道也馬四匹曰乘一車四馬故以乘名良馬一匹一圉人牧之圉者制禦之義以馬常居閑中不得放曠也乘馬圉師一人帥之師者教訓之名以其善于畜字教圉人以養馬也三乘為馬十二匹馬有駕脱一駕則一食一息故以三乘為節與士卒之前拒二角一戰一食一息相符趣疾走而合之也官以趣馬名欲其馬之起腱相合無遝緰也三皁為馬三十六匹車九乘為小偏此即小偏之馬繫者維繫之意馭夫一人長之即掌馭貳車所謂分公馬而駕治之也六繫為馬二百一十六匹車五十乘為卒此大約一卒之馬廏者畜養之坊也廏亦謂之閑閑者闌也僕夫一人主之即大馭而下戎僕等掌馭王五路者也每閑則有廋人二廋之為言搜求簡別之義也六廏為馬一千二百九十六匹謂之成者為車三百二十乘有奇武王伐殷革車之數亦

看適此名之曰校者交木爲之所以閑馬亦取比較義也二校共馬二千五百九十二匹皆良馬之數所以共王及親臣之駕乘有中大夫二人各主其校之事蓋其所掌者乃事之至重其所統領者皆臣之親近于王不特以其獸之貴而已所以其爵之尊獨隆于掌器物之諸司也歟

駑馬三良馬之數麗馬一圉八麗一師八師一趣馬八趣馬一馭夫

駑馬以充役車與夫賓祭馬牲其用爲多故三倍于良馬之數當爲七千七百七十六匹舊說謂一千二百九十六匹是駑馬爲良馬三之一非三良馬之數矣麗二匹也一圉人牧之駑馬視良馬爲輕故職掌兼減其人

八麗十六匹也一圉師教之八師一百二十八匹也一趣馬篤之八趣馬一千二十四匹也一馭夫領之止于馭夫而不屬于僕夫者以駑馬止充雜用而不當王之五路也凡七馭夫爲馬七千一百六十八匹則與三良馬之數畧相當矣

○已上叙馬之職

校人圖

馬政

天子十有二閑馬六種邦國六閑馬四種家四閑馬二種

十有二閑即左右校十二廐也六種者五路五種合駑馬而六邦國諸侯之國馬六閑者可以等三軍之乘車

四種者乘車兵車田車之馬合駑馬而四家謂天子之都家馬四閑者可以等二軍之乘車二種者兵車田車之馬駑馬不在其數然此大約言天子良馬之多諸侯而下則不能備耳豈拘拘然必如其數乎

凡馬特居四之一馬特牡馬也居牝馬四分之一牝多則馬蕃息也○已上叙馬之數

春祭馬祖執駒駒音居夏祭先牧頒馬攻特秋祭馬社臧僕冬祭馬步獻馬講馭夫

馬祖者天文閣道下王良前四星名曰天駟是也馬稟其氣資之以生春氣發生故祭之以祈蕃息舊說以房星爲天駟非也蓋房宿主天子之後寢于五月初昏正當午位而乾爲馬得午位盛陽之氣適當房之次因有

是訓耳春時鳥獸孳尾馬牛其風駒弱血氣未定恐乘匹而傷之故拘執之使不得近牝先牧始牧馬者夏草茂盛大爲放牧故祭先牧以祈充肥遂頒于廋人趣馬圉師等委任而責其成鳥獸于是希革通淫之後攻治其特俾無蹏齧馬社謂廄中土示也凡馬日中而出日中而入秋馬入廄故祭社以祈安臧僕者擇五路之僕夫也馬步卽行也冬時大閱馬皆出田故爲馬禱行以祈康吉前歲所生之馬至是三歲則當用以充馭冬時萬物告成故從而獻馬講馭夫簡習其馭之灋因而辨論其人之賢否先臧僕而後講馭夫蓋先擇其大僕而後可使與屬官之選也○祀馬祖頒馬獻馬慎簡乃僚皆馬政之大者○孳音字

凡大祭祀朝覲會同毛馬而頒之大祭祀朝覲會同當如其方之色毛馬者齊其

色也左青右白前赤後黑中黃頒干當乘者○飾幣馬執朴而從之凡賓客受其幣馬朴丕卜反○幣馬王所以遺臣下者詩云何以與之路車乘馬執朴而從者士卷禮馭者執朴立于馬後是也賓客幣馬即六幣之圭以馬也下文國之使者共其幣馬王遣使于諸侯所遺之馬也校人職受之共之

○大喪飾遣車之馬及葬埋之遣去聲○遣車之馬者記曰塗車芻靈自古有之謂以泥爲車芻草爲人馬既葬埋之孝子不忍其親無所不至也

○田獵則飾驅逆之車田僕掌設驅逆之車使百姓田獵校人主帥田僕設之

○凡將事于四海山川則飾黃駒王巡守祭四海之神及所過名山大川馬行地無疆而駒尨健黃地之色故飾之以祭攷工記所謂大璋中璋

天子以巡守宗祝以前馬也○凡國之使者共其幣馬○凡軍事物馬而頒之軍事師田也物馬者戎事齊力尚強也田事齊足尚疾也○等馭夫之祿宮中之稍食王氏曰自趣馬至圉師皆有祿舉馭夫以見之宮中稍食則王馬有養乘于內故等其人之稍食也

已上祭祀賓客喪紀軍旅田役遺且下與遣使之幣馬馭夫祿食皆所謂馬政也

趣馬掌贊正良馬良馬以駕五路者校人主頒而養乘之趣馬所治止于三乘知之爲詳故掌贊而正其等不使間雜不齊而齊其飲食簡其六節掌駕說之頒說脫稅二沓馬之才雖同然使其飲食起居勞逸之不一教導之無灋則同者變而異矣齊其飲食者使其飢飽之均也簡

其六節者凡馬驅之而晋旋之而反此進退之節提之而走控之而止此行止之節驟之而趨馳之而奔此馳驟之節簡者篤策之使合節此教導之濡也舊說以爲卽前種戎齊道田駑六者此乃六物豈得爲六節且此專指贊正良馬安得以駑馬雜之乎駕說之須者一駕則一脫使其勞逸之均如此然後能使馬之疾走而相合故以趣馬名也

辨四時之居治以聽馭夫

二月後陽在外則在牧而有庌八月後陽在中則在廐而有閑所謂居也春執駒夏攻特冬獻馬及夫阜馬佚特教駣所謂治也使馬常閑習安康以待唯馭夫所役使

巫馬掌養疾馬而乘治之相醫而藥攻馬疾

曰養曰乘治者馬疾不可駕乘當養之以息其力然不知其疾之所在必驅步之以發其疾然後可驗而療之獸醫觀其所發而養之是也藥攻馬疾者謂或以藥而療之或以方而攻之如攻特之攻皆相助獸醫而爲之也巫醫得人則馬疾無失所之虞矣

受財于校人馬死則使其賈粥之入其布于校人

○賈音古　醫馬之費受于校人馬死所粥之布錢亦入于校人

牧師掌牧地皆有厲禁而頒之

牧地有大小度其馬之衆寡頒于圉師等

孟春

焚牧中春通淫掌其政令凡田事贊焚萊（焚萊虞衡之事牧師贊之）

牧地必善水草之處然亦貴有以愛養之有厲禁者遮護禁止不得樵採也頒之者各有分地無敢爭奪廢棄也孟春焚牧者黃落之餘焚之使新草暢茂至仲春陰陽和可以合馬之牝牡也田事贊焚萊者酌量焚之不得燬其應牧之處也唯牧地充足而馬得蕃息矣

廋人掌十有二閑之政教以阜馬佚特教駣攻駒（駣音兆）及祭馬祖祭閑之先牧及執駒散馬耳

散馬耳者鄭氏云以竹括抑其耳馬頭搖動則括中物動後遂串習不復驚蓋馬善驚也未知是否

圉馬

每閑二廋人一廋人所統三騶夫九趣馬二十七圉師一百八圉人政以治之教以導之自皁馬以至圉馬皆是也皁者秣飼以時使之壯盛佚者駕乘有節使不過勞三歲曰駣始教以乘習二歲曰駒攻治其踶齧祭祀以祈其安執駒以熟其性圉馬以就牢籠然後馬之惡者可使馴柔者可使良而無覂駕驚奔之患正校人員選則依稱其德職稱其能而儉邪庸突者無所容所以爲捜擇之道也

正校人員選

選去聲○騶夫而下可以備員于校人而中其選者廋人差而正之也

馬八尺以上爲龍七尺以上爲騋六尺以上爲馬

騋音來○八尺以上天子以備五路者月令所謂駕蒼龍也七尺以上諸侯之上駟詩所謂騋牝三千也六尺以上常馬也

圉師掌教圉人養馬春除蓐釁廐始牧夏庌馬冬獻馬
冬寒芻籍馬以蓐春而除之去其薉也殺牲以釁之新其閑也馬日中而出日中而入謂春秋分也故春始牧庌廡也所以庇馬使凉教養馬之事非一而温凉出入之失時尤其大患故特舉之○蓐音辱庌乂嶲反

射則充椹質茨墻則翦闔
椹日寢反茨音慈○椹質翦闔未詳或曰椹學射者盤草以代厌也茨次第茅草以蓋墻也闔亦蓋也蓋墻則翦草以爲苫圉師庌馬習于苫蓋之事故因而使之

圉人掌養馬芻牧之事以役圉師凡賓客喪紀牽馬而入陳廄馬亦如之

芻草料飼之于閑牧善水草之地放之于野圉師教圉人故聽圉師之役賓客之馬王所賜也牽而陳于館器紀之馬大司馬器祭奉詔馬牲也牽而陳于廟廞馬遣車芻靈之馬也陳于廟及墓觀此則凡乘車之馬必圉人牽之可知矣

職方氏中大夫四人下大夫八人中士十有六人府四人史十有六人徒百有六十人方謂天下四方職司其地而後知要害之守也○按此序官多闕誤凡設官無中大夫四人及無上下士者據此中士十有六人考大行人之例當作中大夫二人下大夫四人上士八人中士十有六人下士三十有二人又有徒無胥當作府四人史八人胥十有六人徒百有六十人

職方氏掌天下之圖以掌天下之地辨其邦國都鄙四夷八蠻七閩九貉五戎六狄之人民與其財用九穀六畜之數要周知其利害閩音民貉貊通

王氏曰大司徒掌建邦之土地之圖以天下土地之圖周知九州之地域廣輪之數其所掌者特圖而已職方氏掌天下之圖以掌天下之地則其所掌非特圖也又掌其地焉邦國諸侯之國也都鄙諸侯之采邑也東方曰夷其種有四南方曰蠻其種有八東南曰閩其種有七東北曰貉其種有九西方曰戎其種有五北方曰狄其種有六自邦國都鄙至于夷蠻閩貉戎狄雖有內外之殊然先王之政一視而同仁其入民之所聚財用之

所出九穀之所生六畜之所產有數要焉數者列而計之要則總而計之靡不辨明之將以施其政教也有利害焉利則凡所以利人者害則凡所以害人者靡不周知之將以興其利而除其害也

乃辨九州之國使同貫利

劉氏曰辨九州之國使同貫利者四方人民好惡之不同財用有無之不等必周知其利害貫而通之使有無之相易也善惡之相濟也一天下之財用養天下之人民俾同享其利焉其山能出雲雨以生萬物鎮安于一州者曰鎮水瀦而不流以生蒲魚者曰澤水涸不耕而生草木者曰藪水流而趨海者曰川水尤深積而成淵者曰浸其民資之以生者曰利其衆待之以爲養者曰畜其土宜之以爲食者曰穀八者九州之民仰之以爲

生者也九州之邦國仰之以爲富者也茍不周知其數要則天下之民不得而同其貫利矣得以同貫其利則雖四夷于中國亦得資其有以濟其乏是以九服安于其七而不失乎養也○（豬）音朱

東南曰楊州其山鎮曰會稽其澤藪曰具區其川三江其浸五湖其利金錫竹箭其民二男五女其畜宜鳥獸其穀宜稻（會）教外反（藪）音叟（浸）子禁反（畜）音旭○會稽在山陰大澤曰藪具區五湖在吴南錫鑞也箭篠也鳥獸孔雀鸞鵁鶄犀象之屬

正南曰荆州其山鎮曰衡山其澤藪曰雲瞢其川江漢其

浸潁湛其利丹銀齒革其民一男二女其畜宜鳥獸其穀宜稻〔瞢〕音夢〔湛〕丞減反又音沉○衡山在湘南雲瞢在華容潁出陽城宜屬豫州在此非也湛未聞齒象齒也革犀兕革也

河南曰豫州其山鎮曰華山其澤藪曰圃田其川滎雒其浸波溠其利林漆絲枲其民二男三女其畜宜六擾其穀宜五種〔華〕去聲〔圃〕兵古反〔滎〕音營〔雒〕音洛〔溠〕音許○華山在華陰圃田在中牟滎兖水也出東垣入于河泆為滎滎在滎陽波讀為播禹貢曰滎播既都春秋傳曰楚子除道梁溠營軍臨隨則溠宜屬荊州在此非也林竹木

也六擾馬牛羊豕犬鷄五種黍稷菽麥稻

正東曰青州其山鎮曰沂山其澤藪曰望諸其川淮泗其浸沂沭其利蒲魚其民二男二女其畜宜雞狗其穀宜稻麥沂音宜沭音述○沂山沂水所出也望諸明都也在睢陽沭出東莞二男二女數等似誤也蓋當與兖州同二男三女

河東曰兖州其山鎮曰岱山其澤藪曰大野其川河泲其浸盧維其利蒲魚其民二男三女其畜宜六擾其穀宜四

種泲子禮反○岱山在博大野在鉅野盧維當爲雷雍字之誤也禹貢曰雷夏既澤雍沮會同雷夏在城陽四種黍稷稻麥

正西曰雍州其山鎮曰嶽山其澤藪曰弦蒲其川涇汭其浸渭洛其利玉石其民三男二女其畜宜牛馬其穀宜黍稷雍去聲汭曰銳反○嶽吳嶽也弦蒲在汧涇出涇陽汭在豳地詩大雅公劉曰汭垙之即洛出懷德鄭司農云弦或爲汧蒲或爲浦

東北曰幽州其山鎮曰醫無閭其澤藪曰貕養其川河泲

其浸菑時其利魚鹽其民一男三女其畜宜四擾其穀宜三種

貕音兮○醫無閭在遼東貕養在長廣菑出萊蕪時出般陽四擾馬牛羊豕三種黍稷稻

河内曰冀州其山鎮曰霍山其澤藪曰楊紆其川漳其浸汾潞其利松柏其民五男三女其畜宜牛羊其穀宜黍稷

紆音於汾潞音文路○霍山在彘楊紆所在未聞漳出長子汾出汾陽潞出歸德

正北曰并州其山鎮曰恒山其澤藪曰昭余祁其川虖池嘔夷其浸淶易其利布帛其民二男三女其畜宜五擾其

穀宜五種（幷音兵虖池音呼駝嘔音甌○恒山在上曲陽昭餘祁在鄔虖池出鹵城嘔夷祁夷與出平舒涞出廣昌易出故安五擾馬牛羊犬豕五種黍稷菽麥稻也凡九州及山鎮澤藪言曰者以其非一曰其大者耳此州界楊荊豫兖雍冀與禹貢略同青州則徐州地也幽幷則青冀之北也無徐梁○已上俱鄭氏舊註）

職方氏九州山澤川浸利民畜穀圖

愚按九州分立與虞書禹貢異者蓋禹主于治水幽幷營皆北方廣莫之地罹水患少故幽幷統于冀營統于青而上九州舜時四裔來王封域極廣肇十有二州後有作者不可及矣周時大約與舜同但淮與大野在禹貢爲徐州之川澤而職方青州之川淮泗兖州之澤大野是以徐而入青兖矣華陽璆鐵砮磬在禹貢爲梁州

之山與貢也而職方豫州之山華雍州之利玉石是以梁而入雍豫矣此爲不同耳然無徐州者蓋洪水之害唯河爲大禹于其下流施功爲多故建徐州周時碣石淪于海正東之地不及于虞故有青兗則雖華徐州而東方爲無空若無梁州則西南輿地似于鈌然何也夫天地之化開之有漸始西北而次東北次東南次正南故上古聖人皆出于北方周家世居西土文王之化延及江漢正荊州之地武王伐紂而庸蜀羌髳景從是乃梁州以及于徼外之地然其中未歸化者則甚衆故周公以其施貢所及者則分屬于荊雍豫而其不及以政者亦不入于職方也方今財賦文獻多出南方雖閩越南粵自古所謂夷狄者今悉與中土無異獨西南之地但爲來王之國而時有背叛者宜周公于此不置州屬也夫聖人之敎不先天以開人亦不棄天以從人西南

之域開之有時是故不能強之以俟後聖也乃若北方營州醫無閭冀州河套之內等地正職方氏所謂穀宜三種畜宜四擾而在九服之內其外則爲九貊六狄亦皆內屬而周知其民物之數者自周德之衰而爲胡人之所竊據秦人不知守在四夷之道爲長城以限之遂使肥美之地與兗豫等者悉淪于沙漠不毛之域反爲犬羊侵入中國之巢穴自漢以來欲爲控禦戎狄之策者已爲大事而不思生聚教訓以經畧吾之九服乃分內事是不免于棄天也

乃辨九服之邦國方千里曰王畿其外方五百里曰侯服又其外方五百里曰甸服又其外方五百里曰男服又其

外方五百里曰釆服又其外方五百里曰衛服又其外方五百里曰蠻服又其外方五百里曰夷服又其外方五百里曰鎮服又其外方五百里曰蕃服畿音鷄

義見大司馬但彼言九畿以疆界所至此言九服以服王事言也

凡邦國千里封公以方五百里則四公方四百里則六侯方三百里則七伯方二百里則二十五子方百里則百男以周知天下邦國字當作地方承下文凡邦國三字而誤封公公字衍七伯當作十一伯

此以大司徒封國之制大約爲五等諸侯所封地方之大小故因九州地方之數足以周知諸侯地方之數也然其文類王制疑傳者之言誤入經文耳

凡邦國小大相維王設其牧制其職各以其所能制其貢各以其所有

五等諸侯固有小大每國各有附庸之國又自爲小大小非大無以庇覆大非小無以輔翊各有屬以相維繫自無分崩離析之患王復設九州之牧以統理之于是而有柔遠能邇之功職謂屬長卒正連帥因才受任不強其所不能貢謂九貢因地而施不強其所無也集說云牧守更代諸侯世襲權皆出于上如周初時荆州牧

則蔡叔其後則申侯豫州牧則管叔其後則虢公周公君陳華公迭居東郊宣王中興只理會牧伯而已故韓侯在韓召虎在淮申伯在荆方叔在齊漢諸侯王自景武後若寄君然已不足言至唐藩鎮則是舉五侯九伯汝實征之之事而付之世襲之人其弊有不可勝言者矣

王將巡守則戒于四方曰各脩平乃守攷乃職事無敢不敬戒國有大荆及王之所行先道帥其屬而巡戒令○王殷國亦如之

九服職方氏之專職故巡守及殷國則掌其戒令守若土地開田野治之類將至而先戒之使之豫備既至而

前巡之敘其不濟殷國謂王不巡守而六服盡朝也亦必爲之先戒而巡視之則不職者不可得而故矣

集說陳氏曰自古封建之濟天下至廣難以統一故五載一巡守以一風俗以通民情至周而五載一巡守既不能行故置職方氏擇入訓方氏之官以通達上下使無壅蔽逮漢或遣謁者循行天下是亦得周公之遺意也自元封五年初置刺史每以秋分行部以詔書六條察郡國舉不濟而後天下民情利害其壅遏通達皆條于刺史之手而上或不得以聞之宣元以後稍還古意天子則有郎官之出宰相則有掾吏之行上下相察莫之或匿如元帝詔條責于定國曰郎有從東方來者言民父子相棄丞相御史案事之吏匿而不言耶將從東方來加增之耶何以錯繆至是定國皇恐自劾是丞相隱之天子而不知郎吏已得以上聞如魏相救掾吏案

事郡國輒白四方異聞或有逆賊風雨灾異郡不上達相輒奏言之是郡國欲隱之宰相而不知掾吏已得以上達民情既通上下不壅則治可爲也

土方氏上士五人下士十人府二人史五人胥五人徒五十人

設官之例凡士之數必以二四六人而此獨以五與十者以主五方也

懷方氏中士八人府四人史四人胥四人徒四十人

合方氏中士八人府四人史四人胥四人徒四十人

訓方氏中士四人府四人史四人胥四人徒四十人

形方氏中士四人府四人史四人胥四人徒四十人

山師中士二人下士四人府二人史四人胥四人徒四十人

川師中士二人下士四人府二人史四人胥四人徒四十人

邍師中士四人下士八人府四人史八人胥八人徒八十人

人

匡人中士四人史四人徒八人

撢人中士四人史四人徒八人撢探同

土方氏主五方土地之事掌土圭之灋以致日景以土地相宅而建邦國都鄙以辨土宜土化之灋而授任地者

土圭之灋見地官以土地者以土圭土其地而制其域也相宅者相民宅而知其利害也以此二者建邦國及其都鄙一以制其大小之封疆一以定其吉凶之趨避土宜者五地物生各有所宜樹所宜地自然蕃殖土化

如草人所掌糞土之灋物有所合則化機條達以此二者授任土地之責者使以教其民也

王巡守則樹王舍王之舍事舍人掌之此云樹王舍者以能辨其土之墽惡掌其樹舍之地也

懷方氏主懷柔遠人之事**掌來遠方之民致方貢致遠物而送逆之達之以節治其委積館舍飲食**

遠方之民者遠方之國其君長不能至而遣使來者非有命于王朝故曰民也方貢若六服之外蕃國猶在貢獻之數者遠物若越裳肅慎其國尤遠不在貢獻之數故曰遠物也此官主懷來之蓋四夷之來各有其路諸侯若非其人應之不得其道其爲中國之累大矣故于其所來之方來則逆之去則送之以爲禮也達之以節

使行無稽滯治其委積館舍飲食使之居處安而食用足所謂來之之道如此蓋非求其來但有以待之亦無外之意耳

合方氏 主合同四方之事 **掌達天下之道路通其財利同其數器壹其度量除其怨惡同其好善**

封疆之限設險守國之常道天下一家覆載無我之公心此合方氏所以命官也司險掌九州之圖以周知其山林川澤之阻而達其道路所司主于險阻故執其當通當塞之樞要而已此則專掌達天下之道路山林之阻則刊闢之川澤之限則津梁之脩其旌節設其候人合宇內之險阻而爲坦途開萬國之藩籬以爲一家也

通其財利者懋遷有無及無閉糴無曲防之類則有利皆得而共之矣數有用五用十不同器有鄉俗異制同之則器數無扞挌而不行矣壹其度量無大小輕重則百貨無高下之不齊矣此四海所以大同也邦國有侵虐者則和解之所以除其怨惡邦國之相和好及有善政則勸率之所以同其好善此諸侯之國所以言歸于好也

訓方氏主教道諸侯之國**掌道四方之政事與其上下之志誦四方之傳道正歲則布而訓四方而觀新物**

政事謂政治得失上下之志謂風俗美惡言之于王因以施訓教之方慶賞之典也四方傳道世所傳說往古

之事爲王誦之所以廣王聰明也正歲則布而訓于四方者四方相距數千里各國所爲彼此未必得相聞以四方之政事傳道及其上下之志轉相告語于四方之君警之以不善而使懲戒焉動之以善而使企及焉蓋以其醜類之事而告之自足以啓其上達競進之心不待夫誥命刑威而自爲施教之術也觀新物者改歲後有新政或善或惡還以白王也

形方氏主邦國形體故以形方爲名掌制邦國之地域而正其封疆無有華離之地使小國事大國大國比小國華音夸

凡邦國地域所至封土以爲之疆界然稍不經理雨水之所衝激小民之所芟削加以草木之所蔭覆不數年

而舊蹟不可復識矣此地訟所以不已也故始立國則爲之制有爭地則爲之正凡建國固貴犬牙相入然必合聚聯屬則可以守治華者分析如花瓣也離者斷截不聯屬也則小國無以守而爲大國所兼矣無有華離之地于是各安土宇不至交爭大之比小小之事大各盡其道矣

山師掌山林之名辨其物與其利害而頒之于邦國使致其珍異之物

川師掌川澤之名辨其物與其利害而頒之于邦國使致其珍異之物

地官虞衡之職土掌圻內山林川澤此山師川師則掌天下山川也山林川澤必先定其名然後辨其物若山林之有險易燥濕肥磽川澤之有廣狹深淺美惡也利害者鄭氏所謂中人用者爲利毒物及螫噬之虫獸爲害須其物以施貢須其利害使之趨避也昔旅獒之訓曰不貴異物民乃足不寶遠物則遠人格而此言致其珍異者蓋物性不同自有非常之物可以療疾致用適欲用之不可必得故有則致之非以之爲玩好而爲常貢也

邍師掌四方之地名辨其丘陵墳衍邍隰之名物之可以封邑者（邍）原同○五地除山林川澤掌于山師川師土高曰丘大阜曰陵水涯曰墳下平曰衍高平曰原卑

濕曰隰民居爲多也名如東原大陸物謂動植之物邑有二在田四井爲邑在都鄉有千室萬室之邑必氣聚而生物豐美者然後可以封邑皆邍師掌之

夫五地之名物與土宜土化之灋大司徒之事而此復掌之者葢司徒掌邦土主其大凡而已制畿封國施貢分職簡稽鄉民皆司馬之事故土方邍師山川之師掌之爲特詳也土方所掌主地大小與任土之灋故員少邍師則主辨其地之名物其職尤繁故員衆也

匡人 主正諸侯之枉

掌達灋則匡邦國而觀其慝使無敢反側以聽王命

撢人（主察諸侯之慝）掌誦王志道國之政事以巡天下之邦國而語之使萬民和說而正王面

書曰亶聰明作元后元后作民父母天之立君以爲民也其崇高富貴乃勢之自然在賢者以爲餘事耳彼亂賊之徒每欲覬覦而自取滅亡者衆矣蓋或初因所爲不灋恐難逃灋網遂謀爲不軌者或因百姓譌言若徐偃之得朱弓矢遂欲竊窺神器者匡人撢人二官蓋四方有禍亂之漸而遣之可以消難于無形亦因事而設者也匡之爲言正也灋則者天子馭諸侯之常典推而明之使之知畏慝者諸侯隱惡察而知之一則諭之使改一則告王有以待之防微杜漸使無反側唯王命是聽也撢與探同省察其隱微之意王無失德國政無愆

誦而道之以語于天下之邦國則萬民中豪傑心說誠服唯王是罰彼僭竊者自不得而扇惑之此誠轉移之一機也

按周禮于邦國大司馬主建邦之九灋以平之矣又特設職方氏之官而專掌其事矣至于土方邍師以封國山師川師以施貢訓方而使其政俗之善形方而使其封疆之安合方天下一家也懷方四海一人也匡人以正其慝撣人以誘之善周公治天下其立綱陳紀大者如人之骨肉氣血所以爲人然一孔穴之不通一筋骸之不柬或以致全體之疾形方合方猶穴以通其脉匡人撣人其筋以絡骨者歟

都司馬每都上士二人中士四人下士八人府二人史八

人胥八人徒八十人

家司馬各使其臣以正于公司馬

大夫之家王不特置司馬每大夫各使其家臣爲司馬主其地之軍賦往聽于王之司馬地小故不備員也

都司馬掌都之士庶子及其衆庶車馬兵甲之戒令以國灋掌其政學以聽國司馬

家司馬亦如之

都之士庶子謂孟仲兩卿而下五大夫衆士之適子庶子也衆庶應起徒役之人也車馬兵甲備車發卒也都

司馬平時糾戒之無有違慢率令之使之興事則都家之君雖有數百乘之富而無不屬之王朝者矣然此但治其軍賦之事而已政若諸子之所掌學謂司士大司樂之所教都司馬教治其都之士庶子一如王國教胄子之灋然後世祿之人無驕淫敗禮者矣及有軍旅之事徵兵于都鄙則都司馬率之以聽于大司馬故朝大夫云治有不及在軍旅則誅其有司也此周公馭都家之灋所以都鄙之君無抗衡之患也歟

周禮傳卷之四下

傳五上　秋官

周禮傳卷之五上

秋官上

惟王建國辨方正位體國經野設官分職以爲民極乃立秋官司寇使帥其屬而掌邦禁以佐王刑邦國

書周官曰司寇掌邦禁詰姦慝刑暴亂太宰刑典曰以詰邦國以刑百官以糾萬民小宰刑職曰以詰邦國以糾萬民以除盜賊司寇主治中以裁物之過或禁于未發或刑于已成故掌邦之刑禁曰刑暴亂除盜賊皆其所有事也曰詰姦慝詰邦國糾萬民詰者廉察之義糾者舉正之義曰刑邦國曰刑百官者與刑罰稍異蓋濾

則之意也

刑官之屬大司寇卿一人小司寇中大夫二人士師下大夫四人鄉士上士八人中士十有六人旅下士三十有二人府六人史十有二人胥十有二人徒百有二十人

遂士　縣士　方士　訝士　朝士已上並遂士之類　司民

司刑　司刺　司約　司盟司約之類　職金　司厲　犬人

司圜音玄　掌囚　掌戮刺厲圜囚戮並司刑之類　司隸　罪隸

蠻隷　閩隷　夷隷　貉隷（貉）當作貊○已上竝屬司隷　布憲

禁殺戮　禁暴氏　野廬氏　蜡氏音娶　雍氏　萍氏

司寤氏　司烜氏　條狼氏　脩閭氏已上竝屬布憲　冥氏

庶氏音注　穴氏　翨氏記翅二音　柞氏音窄　薙氏音涕

硩蔟氏（硩）摘惕二音（蔟）清獨反　翦氏古剪字　赤犮氏音赫跋　蟈氏

壺涿氏　庭氏已上竝冥氏之類　銜枚氏　伊耆氏　大行人

小行人　司儀　行夫　環人　象胥　掌客　掌訝

掌交　掌察　掌貨賄已上並屬大行人　朝大夫　都則

都士　家士

已上秋官之屬凡六十一官秋主以灋則夷萬物司寇掌邦刑故命名曰秋司刑以定辠司刺以參伍赦宥掌囚以拘繫司厲以收奴掌戮以刑戮司圜以收敎皆刑官也遂士縣士方士訝士朝士各掌其地之刑也司隸禁殺戮禁暴氏野廬氏蜡氏雍氏萍氏司寤司烜條狼脩閭衘枚主巡察布憲主警戒司約司盟主結信皆禁于未發刑期于無刑也夫殺以止殺豈徒刑戮之是務乎司民掌民數若曰主刑者民之司命貴以生生爲心期于治而已殺一人而民數斯缺一則用刑敢不愼乎秋之義使萬物各遂其性大行人掌邦交之禮辨上下

司寇三典

定民志使各止其所和莫大焉又主以刑詰四方也朝大夫都則都士家士以灋則馭圻内諸侯也冥氏已下十二官刑灋施及于禽獸也職金五行秋屬金也犬金畜也舜命皋陶曰蠻夷猾夏寇賊姦宄汝作士兵刑兼掌之而寘于四門特設四岳一官周禮則以四岳之事屬之秋兵則專掌于司馬蓋後世政刑之繫不得不分

秋官六十屬皆主裁物之過萬物各正性命之象也

大司寇之職掌建邦之三典以佐王刑邦國詰四方舒氏曰以天地春夏四官文例之詰四方三字衍文一曰刑新國用輕典二曰刑平國用中典三曰刑亂國用重典

聖王撫世經權之用未嘗相離所謂典常者豈執一而無權度哉唯其有輕重平中三者故能如權衡之稱物靡不適均垂之久遠而無弊也平國者素治安之國不幸而有犯辠用中典者治以常行之灋刑當其辠之謂也新國者王朝之臣初出封爲諸侯或荒僻之地始立君長而治之者禮文未備德教未孚其有犯辠者斯可矜也故于中典而稍輕之能改即止而已亂國者舊染汚俗若殷邦之沉湎于酒陳鄭之躭溺于淫春秋諸國簒弑叛逆之相尋其人習于不善所犯辠惡雖以德教諭之而不從故于中典稍加之而重庶其畏威而不敢爲惡也三典以制刑即洪範之三德以制治蓋中典即正直輕典即柔克重典即剛克呂刑曰惟敬五刑以成三德此之謂乎掌建邦之三典者自立國而即有此三典故大司寇掌之以佐王儀刑諸侯之國俾無失禮詰

五刑

察四方之故使無違灋所以爲弼教也此與世輕世重上服下服異者世輕世重以時言彼此一時若甚亂則武臣重承平則文職重治久則人多奔競亂離則與之官爵而不欲民散則田多荒蕪民聚則田價騰踊刑罰當以此爲低昂上服下服以情言同一辠也情輕則服下刑情重則服上刑此三典則以各國言義各不同也

以五刑糾萬民一曰野刑上功糾力二曰軍刑上命糾守三曰鄉刑上德糾孝四曰官刑上能糾職五曰國刑上愿糾暴（暴）司市作虣

糾者察舉督聚之義人情玩惰廢弛威之以刑則提起而斂束也野自遂而外之稱若耕稼溝涂輓漕築鑿凡

任衆者每事責其成功偷惰則功不成刑所以糾其致力軍若伐國大田戍疆兵車之會凡用兵衆者兵瀆順命爲上失守則違犯將命刑以糾之政典先時者殺無赦不及時者殺無赦使以死守爲事也卿謂六卿亦凡閭里聚居之稱百姓家居以脩德爲貴孝爲德之本鄉八刑糾萬民而罪莫大于不孝也官謂凡百官府有官府之責者舉用賢才所以脩職立事制官刑警于有衆若伊訓之三風十愆宰夫之失財用物辟名以不稱職爲糾也國謂王都中四海兆民所止而市肆中尤萬衆之所集大約多巧僞而暴横故以愿朴爲上以暴虐爲糾司市以賈民禁僞除詐以刑罰禁虣去盜與凡僞飾之禁所謂上愿也加憲徇朴之罰則詐僞除暴横去矣

以圜土聚教罷民凡害人者圜音玄罷音皮○圜土獄城也築土爲之罷民惡人不從

束矢鈞金

化有似于罷敗者害人謂過失麗于灋若柚梜刀劒誤以傷人之類寘之圜土而施職事焉以明刑耻之寘之圜土使不得出以困其心也施之職事使食其力以強其罷也明刑者書罪方版著之于背生其耻心也凡此皆所以聚敎之期其改而已其能改者反于中國不齒三年其不能改而出圜土者殺虞書云五流有宅五宅三居圜土乃流放之刑而屏之遠方大畧如辟讐所謂海外千里之外不同國者即虞所流之宅故云能改者反于中國也余詳見司圜

以兩造禁民訟入束矢于朝然後聽之以兩劑禁民獄入鈞金三日乃致于朝然後聽之造清到反劑字計反

訟相爭曲直者獄鄭氏謂相告以辠名者凡訴訟之詞無有自知其非者苟無對辨則文致其惡無所不至必兩造具備而後可以聽其是非大者口說亦無憑據必兩賫其券書而至然後可以斷其誠僞矢以直爲善束矢百矢入之以明其不枉金以剛爲德鈞三十斤入之以明其不屈金之品不同豈以事之大小爲差歟聖人之情以使民無訟獄爲主故必使兩人偕至則辭不獲逞兩劑竝陳則詐不可逃而各入束矢鈞金則心有所惜故雖健訟者多相與和解而止矣此所以爲禁民訟禁民獄之濾也然此謂事有疑似兩相不直而各欲訴辨者耳其有强暴不順理良善受其枉屈者則彼何憚于兩造何俟于兩劑而亦何靳于金矢哉則其長當自達之所以有肺石之設也或疑金矢之入人之貧富不同若直而受其金矢既非所以示罰且必有頑民寧舍

嘉石

金矢以累貧民者柰何愚謂此特立灋之始欲以止人爭訟之心耳若訟結之後或舍之或舉之主于戒其不直而達其困竆在乎聽訟者權之而已

以嘉石平罷民凡萬民之有辠過而未麗于灋而害于州里者桎梏而坐諸嘉石役諸司空重辠旬有三日坐朞役其次九日坐九月役其次七日坐七月役其次五日坐五月役其下辠三日坐三月役使州里任之則宥而舍之（桎）音質（梏）音谷

肺石

嘉石石之美者舊說以爲文石是也取名于嘉者以變惡從善之意朝士掌之辠過未麗于灋而害于州里即衺惡而敗俗者木在足曰桎在首曰梏司救云士加明刑而此不言者梏蓋明梏即明刑也坐諸嘉石欲其變惡爲美也役諸司空勞之而欲發其善心也辠之輕重大約五等而其坐役之近遠以是爲差無非欲其奇衺者化爲平民故曰平罷民也州里主相保受司諫職又云以行赦宥凡民之治必從其有司故坐役既滿必用州里之屬任其能改不爲非協同司諫之赦宥然後宥而舍之無任則不舍其慎重而不敢忽如此

以肺石達窮民凡遠近惸獨老幼之欲有復于上而其長弗達者立于肺石三日士聽其辭以告于上而辠其長

乾

營反

肺石赤石也肺之色赤其動爲聲取名于肺者以聲出自中而不妄之意幼而無父曰惸老而無子曰獨惸獨老幼謂老而獨幼而惸皆天民之無告莫爲之助者鄭氏曰無兄弟曰惸未詳或寃抑不得伸或困苦莫知恤凡有赴愬于上而其長吏弗與達使立于肺石之上必三日而後士聽其辭欲得其情實也以告于上者大僕建路鼓于大寢門外以待達窮者朝士率之以擊鼓復皐其長吏恐小民不能達者非止于是治一以警衆也

正月之吉始和布刑于邦國都鄙乃縣刑象之灋于象魏使萬民觀刑象挾日而斂之義見大宰

盟約

凡邦之大盟約涖其盟書而登之于天府大史內史司會及六官皆受其貳而藏之有事相期恐其無驗刻之于書以爲信曰約有事相結恐其背約要質鬼神使違約者得禍曰盟凡有盟者必有約謂其所盟事之辭也必大司寇涖其盟書者盟出于省刑之意也天府主明神大史主禮灋內史司會主攷治大事六官皆與故竝受其貳而藏之按盟約唯見于大史而天府內史司會及五官竝不載者蓋互見也

凡諸侯之獄訟以邦典定之定安止也凡卿大夫之獄訟以邦灋斷之斷兩分之也凡庶民之獄訟以邦成弊之弊畢其事也

邦典者治教禮政刑事之六典也大宰以典待邦國之治諸侯獄訟謂邦國之事有[illegible][illegible]也故以邦典定之而使之安所止也邦灋者屬職聯常成灋刑計之八灋也大宰以灋待官府之治卿大夫獄訟謂官府之治有紊亂故以邦灋斷之使兩分之也邦成者比居簡稽版圖傳別禮命書契質劑要會之八成也大宰以官成待萬民之治庶民獄訟謂百姓情僞無窮不信此八成也故以邦成弊之使畢其事然此乃聽獄之大凡耳若臯之來無窮則有司刑二千五百條在也或謂邦典即大司寇建邦之三典邦灋即小司寇之八辟麗邦灋邦成即士師之掌士之八成此說似是而實非也三典通于一國豈止于諸侯八議通于上下豈止于卿大夫八成皆主于爲國害豈庶民所常有之事乎不若從舊說爲善

大祭祀奉犬牲大金畜也故犬人屬于秋官掌共犬牲而大司寇奉之也

若禋祀五帝則戒之日涖誓百官戒于百族

大祭祀有誓有戒誓謂禁厲之辭不共有大刑之類也戒使有戒心七日戒三日齊也郊特牲曰卜之日王立于澤親聽誓命受教諫之義也獻命庫門之內戒百官也大廟之內戒百姓也此誓與戒之別大宰掌百官之誓戒而大司寇涖誓百官者大宰百官之領袖故掌其誓大司寇刑官故臨之則百官自肅也百官在朝皆執事有司故大宰戒之百族王之族姓雖不執事亦必與祭有親親之恩故戒于廟中而大司寇掌之也

及納亨前王王親割牲時祭之日亦如之王行祼獻等禮奉其明水火

司烜奉明水火之義

詳見司烜氏凡朝覲會同前王受諸侯幣及酢諸侯大喪亦如之贈含等事

凡祭祀朝覲會同大喪必大司寇前王者大事以莊肅爲主大臣可嚴憚者莫如大司寇故使之前于王一則使王生敬共之心而無非僻之于一則使羣臣起嚴威之心而敬共于王也

按火屬夏故行火之政令夏官司爟掌之水屬冬故治水之政令冬官掌之而秋官又設司烜一職掌共明水火大司寇主奉之何也蓋五行之德土冲氣濁而不明木氣溫昏而不清火外影其光發越而散水內影其光藏匿而暗唯夫金之爲德于行爲秋其氣肅殺而清明故日至此而爍烈月至此而皎潔萬物之在宇內者夷者夷華者華靡不濯然明潔此秋之爲用也故水火各司其局者六官之常也天下之務必司寇臨之而後嚴

外朝詢民之禮

肅清明秋官之專職也故大祭祀之明火明水先王所以自致其潔齊精明之至者必奉于大司寇而特設司烜一職以掌之此周禮一書所以與造化周流而無礙也

大軍旅涖戮于社

不用命者與夫所獲囚徒在師則戮于軍社凱旋則戮于國社甚大司寇臨之蓋有當訊鞫者亦刑官之事也

凡邦之大事使其屬蹕蹕止行人以衛至尊

小司寇之職掌外朝之政以致萬民而詢焉外朝雉門朝也朝士掌灋

小司寇掌政致萬民者鄉大夫職國大詢于衆庶則各帥其鄉之衆寡而致于朝也

一曰詢國危二

曰詢國遷三曰詢立君國危謂寇戎之難若周公之討亂也國遷謂邦都不安而欲去故即新若盤庚之遷殷也立君謂無冢嫡或有而不堪嗣選于諸庶子之中德均以卜也其位王南鄉三公及州長百姓北面羣臣西面羣吏東面鄉去聲○羣吏侯國使臣在天子之國故曰吏舊謂府史胥徒此等自屬庶人安得反在卿大夫之右且詢而曰大豈止國內之臣與其吏民哉此刑大事故三刺亦與此同小司寇擯以叙進而問焉以衆輔志而弊謀擯揖之使前以叙進者先羣臣次羣吏次萬民也

國危國遷立君三者社稷萬民安危所繫小民合而聽之則公故必謀及庶民所以有三詢之禮也朝士外朝

詳慎用刑

之灋面三槐三公位焉州長衆庶在其後即此三公及州長百姓北面謀及庶人也左九棘孤卿大夫位焉羣士在其後即此羣臣西面謀及卿士也右九棘公侯伯子男位焉羣吏在其後即此羣吏東面蓋天子視外朝則諸侯來朝者及其陪臣皆與此謀及天下也諸侯或在或否臣之聘問者常有之故此與下文三刺皆止言羣吏朝士專掌外朝之位故特爲詳耳王氏曰志在王也謀在下也以衆輔志則以衆謀而輔王之志弊謀則以衆謀爲稽而弊之于王書曰

朕志先定詢謀僉同亦若此也

以五刑聽萬民之獄訟附于刑大司寇所受于朝之獄訟及鄉遂縣士職聽于朝都家上皋刑于國者小司寇咸聽之五刑者刑罰以治皋之書司刑所謂墨劓刵宮殺各五百也用情訊之

親、貴之刑

至于旬乃弊之信(記)音讀書則用灋

以五刑之書聽萬民之獄訟以萬民之辠而麗于五刑然不敢秉快用已見而遽决之必以懇惻之情再三訊鞫求其可出之門而不得至于旬而後正其辠吕刑所謂服念五六日至于旬時也至用刑之時又必以辠狀之書讀之于囚使之心服其辠而後加刑不服則復加審問如此則刑者與用刑者兩無所憾而天下無寃民矣

凡命夫命婦不躬坐獄訟凡王之同族有辠不即市

命夫命婦有獄訟則使其屬爲坐若左傳衛侯與元咺訟甯武子爲輔鍼莊子爲坐士榮爲大理是也一則不

聽訟獄五事

使獄吏褻尊者一則眷其廉耻信義之心也同族與有爵者同掌因所謂凡有爵者與王之同族奉而適甸師氏以待刑殺也必以適甸師者得辠天地祖宗不敢赦也不以即市者可殺不可辱為名分恤也先王所以貴貴親親如此其厚人有不自重而輕犯刑戮者哉

以五聲聽獄訟求民情聲字無義蓋誤文也洪範貌言視聽思作五事疑此亦是事字一曰辭聽二曰色聽三曰氣聽四曰耳聽五曰目聽

凡獄訟皆主在上之人聽而斷之故此五事並以聽爲主聽獄之灋或因彼所見之情而聽之或形之以意作其情而後聽之威明變化眞情畢露而姦偽莫逃在乎上之人精誠所至神而通之耳辭聽者察彼原訟辭有

八議

差與否與吾以辭反覆問難而彼有錯亂否也色聽者
觀彼色之定否與吾徵干色而彼有懼不懼也氣聽者
觀彼氣之壯否與吾發于氣而彼有畏不畏也耳聽者
觀彼之聽有皇惑與否而吾務聰其耳以聽之也目聽
者觀彼之目有驚懼與否而吾務明其目以聽之也大
約有理者辭直氣壯色定視聽不悖無理者辭屈或支
離色動氣怯視聽違則以五者參互錯綜人
之情僞自不能遁此古今聽獄訟之灋也

以八辟麗邦灋附刑罰一曰議親之辟二曰議故之辟三
曰議賢之辟四曰議能之辟五曰議功之辟六曰議貴之
辟七曰議勤之辟八曰議賓之辟（辟）壁闢二音

辟灋也亦爲開闢之義邦灋所以正萬民之辠過者也
以八者開釋之灋與邦灋配合相與比𠀤較量而折衷
之以定其刑罰故曰以八辟麗邦灋附刑罰也八辟皆
由于大宰之八統親王五屬及外親有服者故王舊知
或共學者貴自命士已上賓作賓王家親故貴賓皆于
王躬有所關繫平日之所尊禮賢有德行者能有才藝
者功若司勳六等之功勤謂盡瘁事國雖未有功而有
成績者賢能功勤皆于國家有所裨益平日之所優渥
不幸而有辠豈可同于草野裔夷之倫而無所辨哉故
必擬議以開釋之蓋可赦即赦次則爲之末減其必不
可赦則若王三宥之盤水加劍磬于甸人有爵者不梏
不爲奴同族者不桎梏無官刑雖當刑當殺而其禮自
不同蓋親親敬故進賢使能保庸尊賢達吏禮賓八者
天下之大教故以禮待之使信義常行于君子而益知

自重不以拘繫束縛困辱之則小人常知所敬畏而朝廷爲愈尊也

以三刺（揆問）斷庶民獄訟之中一曰訊羣臣二曰訊羣吏三曰訊萬民聽民之所刺（殺也）宥以施上服下服之刑（刺清志反）

刑主于中殺非私怒宥非私恩故必以三刺而後庶民之獄訟得斷之于中也所謂三刺者謂揆問廉察之即朝士所掌外朝之位及司刺三刺之灋一刺曰訊羣臣再刺曰訊羣吏三刺曰訊萬民也其佐解見前聽民之所刺宥者觀萬民之情或欲殺之或欲寬之也民之所欲刺則情之重者因而服上等之刑民之所欲宥則情之輕者因而服下等之刑也殺之宥之固不由于一人之私亦不拘于一定之灋訊之以萬衆之情弊之于大

公之地故曰國人殺之此刑之所以爲中而合于天心也

及大比登民數自生齒以上登于天府內史司會冢宰貳之以制國用此條義與下文孟冬祀司民相屬解見下

小祭祀奉犬牲○凡禋祀五帝實鑊水納亨亦如之○大賓客前王而辟后世子之喪亦如之○小師涖戮○凡國之大事使其屬蹕（鑊）月郭反（辟）音闢

此數事皆與大司寇同職大司寇于大祭奉犬牲大師涖戮故此小司寇叅掌其小者大司寇于煙祀五帝奉

司寇以生民爲事

明水火故此則掌其實鑊以煑納亯以亨之水朝覲會司大罍大司寇前王故此于賓客后世子之罍則前王而辟國之大事則小司寇苙使其屬蹕也

孟冬祀司民獻民數于王王拜受之以圖國用而進退之

上文大比登民數一簡以司民職攷之當屬此小司徒職大比則受邦國之比要司民職三年大比以萬民之數詔司寇司寇及孟冬祀司民之日獻其數于王王拜受之與此每歲之禮皆同但每歲則止于王畿三歲則通王畿內外耳孟冬萬物成時故祀司民之星爲萬民報祈司寇主其祀者荆以生民爲事秋爲收成之時也王拜受之者民王者所天故重其禮也圖國用者冢宰制國用之灋食浮于人則藏以待乏人浮于食則詔王

殺邦用所謂進退之也登于天府與國寶拜典而共

隆也內史司會以攷治冢宰以制國用故竝藏其貳

歲終則令羣士（鄉遂等士）計獄弊訟登中于天府（此脫末句乃命其屬九字）

帝王之治惟其中而已刑罰之事尤不可以少偏嚴刻則民麗于非辜姑息則民輕于犯瀆故謂獄辭爲中也歲終當攷其屬故令羣士若鄉士遂士之屬計獄弊訟登中于天府凡民皆天所生之子凡刑殺皆天討必登之于天府庶幾愚民不敢以玩瀆有司

不敢以擅用王者亦奚得而私好惡哉

按小司徒于攷治之後即令羣吏正要會而致事故此末句乃命其屬入會乃致事當繫于此謂以刑官屬吏若鄉士遂士職金大行人等屬入會致事于大司寇大司寇因之以致于冢宰也義見大宰

正歲帥其屬而觀刑象以小宰之例推之當云刑象之灋令以木鐸曰不用灋者國有常刑正月之吉大司寇縣刑象之灋于象魏故小司寇率刑官之屬觀而令之令羣士乃宣布于四方憲刑禁邦國都鄙不及徧觀灋久不幾于玩乎故命羣士宣布于四方憲刑禁即布憲所謂正月之吉執旌節以宣布于四方也如是則每于歲首王灋必徧及于溥天而無不知者矣小司徒令羣吏攷灋于司徒各憲之于其所治之國亦此意但地官布教灋而秋官則布刑灋也

乃命其屬入會乃致事此句乃歲終之事不當在正歲後解見前

士師之職掌國之五禁之灋以左右刑罰一曰宮禁二曰官禁三曰國禁四曰野禁五曰軍禁皆以木鐸徇之于朝書而縣于門閭

刑罰之設期民之無辠過而已禁者揭其尤不當犯者而示之及其未發而遏止之也木鐸徇之于朝則衆莫不聞書而縣于門閭則衆莫不見所以自然有所警惕而不犯于有司也聞且見矣而猶頑然麗于刑戮者不亦少哉此五禁之灋所以爲左右刑罰也與大司寇五刑相通五禁之序先王宮次百官次國中次郊野皆由近及遠禁者治于未發治必自近故其序如此終之以軍者軍不常用故也不言鄉者舉野而鄉在其中矣五

五戒

刑之序莫重于軍而首言野刑者野人未敎不知灋凡有役事雖以軍灋從事而不純用終不易治故以之爲先次軍刑莫有重焉者也次鄉刑居民辭訟爲多也次國中市刑止于憲徇朴而已終之以百官其罷于刑者寡矣皆先難後易刑施于已發刑罰後君子故其序如此不言官刑者盖禁者期于勿犯刑則犯而戮之有官禁者秋官掌刑之事無官刑者刑不上大夫之意如此而猶有犯灋者故小宰掌建官刑而戮于甸師氏親貴與凡民待之自不同其在天文亦有貴人賤人之牢也

以五戒先後刑罰毋使辠麗于民一曰誓用之于軍旅二曰誥用之于會同三曰禁用諸田役四曰糾用諸國中五

曰憲用諸都鄙

此與上文之禁相似而有辨禁者施于歲首之時主閑絕其非心戒者孔子曰不戒視成謂之暴謂于作事之時常戒敕提撕使之勤事或未至于刑而先丁寧之或不幸而有刑罰復申敕之期民之不犯故曰先後刑罰毋使皐麗于民也誓字從折決斷之義以必不犯爲意也若書甘誓湯誓等篇及此條狼氏所掌軍刑特重故誓于軍旅用之誥大言以告之也若書大誥康誥等篇會同大衆所集故誥于會同用之禁者遏止之使勿犯也若無干車無自後射禁麛卵禁毒矢射人情赴利欲爭先出力欲推後故禁于田役用之糾者督察之意若司虣搏其不可禁司稽察其犯禁胥襲其不正曰搏曰察曰襲皆糾之謂也國中莫雜于市故糾于國中用之

合安民之聯

憲謂縣灋表示若鄉大夫令羣吏攷灋于司徒各憲之于其所治小司寇令羣士宣布于四方憲刑禁布憲憲邦之刑禁都鄙于王朝爲遠故憲于都鄙用之也按此五禁大畧自其重者言之然祭祀田役亦有誓封國有誥大司寇五刑兼糾而言凡縣灋象魏皆憲蓋亦有通用之辭不可執一而論也

掌鄉合州黨族閭比之聯鄉合當作合鄉合字誤于鄉字下也與其民人之什伍使之相安相受以比追胥之事以施刑罰慶賞

地各有守此鄉州之事人各有行列此伍兩之事夫賦則鄰界不相通鄰伍不相救于是乎有逐盜賊于鄰境壅水以病鄰國者族師五家爲比十家爲聯四閭爲族八閭爲聯矣此則等而上之合其鄉州黨族之聯若二

鄉則公一人亦合鄉之證也族師五人爲伍十人爲聯矣此則等而上之合其卒旅以上使皆有聯其在于軍則夏官合之若穰苴灋十五爲隊司右合其車之卒伍則總萬二千五百人之車合而爲一百五十乘之伍大國之三軍天子之六軍然統于一大將也如是則不特五家爲比使之相保二十五家爲閭使之相受而已凡其居民卒伍之相合而爲聯者靡不相保不爲非有以相安而居不善衆共發覺所容受皆良民有故則用以比追胥之事有罪奇衺或佚賊則刑罰相及追捕有功則慶賞相共是合六鄉爲一家六軍爲一人矣武王曰予有臣三千唯一心正謂此耳夫士師刑官而掌合聯之事者蓋使人各其心雖欲詰姦慝除盜賊其可得乎

此周禮職掌有匪夷所思也許見後若邦凶荒條下

士師八成

掌官中之政令鄭氏曰官中政令士師所施政令惟在大司寇官府中也○察獄訟之辭以詔司寇斷獄弊訟致邦令獄訟訴辭各有司存若卿士遂士縣士方士各主當司獄訟其有不决則士師審察以告于大司寇斷而弊之所以推究夫邦令使無不盡也

掌士之八成士刑官也刑者一成而不變已下八者國之大禁必刑無疑故曰士之八成也一曰邦汋（汋）音酌○説文井水或有或無曰瀱汋故鄭氏解汋爲斟酌之義邦汋者刺探國家陰事虛實動息以告于敵國也○（瀱）音計二曰邦賊謂謀叛逆背其主而欲從他人者也三曰邦諜（諜）音牒○敵國來行反間者即夏官環人之諜賊也四曰犯邦令國有大令戒禁不得爲而故犯之五曰橋邦

令（撟音義與矯同拂戾也○國之善政令當遵而故矯拂之已上二者即禁暴氏之亂暴力正也）六曰爲邦盜（若竊國之寶玉神祇之犧牷牲也）七曰爲邦朋（比周罔上也）八曰爲邦誣（若詐稱制命僞造符節即禁暴氏之矯誣犯禁也）

按天之道必有所主無主乃亂故萬姓戴君之心生于其性此王者立國必灋禁周密使不軌之徒不得而逞然後能保其社稷爲斯民主若八成之邦汋邦賊邦諜陰懷二心背其君者也犯邦令撟邦令不從王灋抗其君者也邦盜者攘竊姦宄盜其君者也邦朋邦誣不利于國欺其君者也苟縱而不問必至于亂以相尋司寇所詰之姦慝莫此爲大士師所以定爲八成必誅無赦蓋國家安則斯民乃安孰謂周公非公天下之心也哉

用刑必從其本

若邦凶荒則以荒辯之灋治之荒辯之灋謂辨其年之豊凶廩人所掌四鬴三鬴二鬴之灋若倉不能人二鬴則爲大凶之年治之使無至于失所也令移民通財移民以就穀通財以給其不能移者糾守督察其要害及財穀聚處以杜姦盜竊覬覦之心即司徒之除盜賊也緩刑輕辠出之使自食其力

按比閭卒伍乃地官夏官之職而秋官亦掌其追胥合聯之事荒政通財乃天官計邦用地官聚萬民之職而秋官亦治荒辯之灋蓋爲治必從其本未有不教訓之而可以相安者未有不救其饑寒而能止盜者故秋官掌除盜賊而必兼夫保任荒辯之灋使之知禮義足衣食而自不至于爲盜也苟徒設刑罰以待有辠之至不

同于張羅網阱擭以取禽獸者哉此周禮之司寇所以異于後世之刑而六聯之相成不可以一職拘也

凡以財獄訟者正之以傳別約劑（傳）附音

小宰八成聽稱責以傳別聽買賣以質劑傅附近之民以爲保任別判書以爲之合約劑相期約之券書也凡以財獄訟者必正之以此而後誠僞可辨非此則不聽庶民無敢肴簡于其始而獄訟可省矣

若祭勝國之社稷則爲之尸勝國之社稷殷社也周勝殷故曰勝國之社自殷已亾言曰喪國之社自殷之地言曰亳社其實一而已

社稷祀地祇主達天地四方之氣無有屋者春秋書亳社災是亾國之社有屋矣郊特牲曰喪國之社屋之不

受天陽也義不明正愚觀媒氏聽陰訟于勝國之社及司烜氏屋誅之文而始知其説也夫建國必立社稷者有土者報本之大禮也國滅則更置社稷故謂舊社爲勝國之社其必屋之何也爲官刑已下而用之司烜氏所謂屋誅是矣蓋戮人于社主以示衆然剸割之施不可以風而國社又不可以屋故于舊社而屋之以行肉刑耳又聽男女之陰訟亦于此一則以其言之不可聞于衆故于屋中一則以犯淫者必至于覆亾故于喪國之社也至其有祭不幾于二社乎蓋舊社有得山川之氣祈水旱而獲應者民族相傳于此自不得廢其禮非若國社之有常祀也以其掌于秋官故以士師爲之尸〇剸音顓

王燕出入則前驅而辟與大僕小臣同刑官人所嚴憚故復掌其辟也

祀五帝則沃尸及王盥　鄭氏曰特牲少牢尸尊不就洗入門北面則以盤匜盥手王則將獻尸而就洗盥此直言祀五帝沃尸及王盥其餘冬至夏至祭先王先公則小祝職沃尸盥小臣沃王盥鬯人云凡祼事沃盥則唯祼時而已○（匜）音移

洎鑊水　（洎）忌冀二音○謂增其水也小司寇實鑊士師續而終之

凡刉珥則奉犬牲　（刉）（珥）音饑筵○刉珥解見夏官小子士師卑故奉犬牲止于刉珥

諸侯爲賓則帥其屬而蹕于王宮大喪亦如之　躬帥其屬以衛宸居

大師帥其屬而禁逆軍旅者與犯師禁者而戮之　鄭氏曰逆軍旅違將命也左傳荀吳敗狄于大原將戰魏絳請皆卒自我始荀吳之嬖人不肯即卒斬以徇此

保衛至尊之禮

逆軍旅之戮也犯師禁干行陣也鷄澤之盟晉侯之弟揚干亂行于曲梁魏絳戮其僕曰軍事有犯無犯爲敬此犯師禁之戮也按舜命臯陶作士兼治蠻夷猾夏寇賊姦宄兵刑本一職故軍旅涖戮禁戒埜屬刑官也

歲終則令正要會　正刑官屬吏之月要歲會以小司寇入會于大司寇也

正歲帥其屬而憲禁令于國及郊野　去國百里爲郊郊外爲野帥其屬亦躬爲之

前王　前驅　辟　蹕

常觀周人所以保護至尊之禮可謂詳且備矣凡行大禮則有所以前王者以大臣有威嚴者附麗于王使入

見之而自然嚴憚也其出入也則有所以前驅者偕行而在前猶清道之云也有所謂辟者避除行人使不衝突不祥之類使違避也有所謂蹕者國家有大事凡不急之務不急之人悉止之使不行以備非常也故大祭祀朝覲會同大喪則大司寇前王大賓客后世子之喪則小司寇前王而辟大臣可嚴憚者莫如司寇小司寇稍卑故兼以辟也大僕王出入則前驅小臣王燕出入則前驅此皆親臣故每出入無不從士師王燕出入則前驅而辟士師刑官故專其辟也邦有大事恐人心專一姦宄竊發大小司寇宮正師氏士師或躬帥其屬或使其屬隨王所在而蹕以衛至尊蹕于王宮王門所以衛宸居也至若王宮出入者皆尊貴之人且多宮嬪其禮不可不嚴閽人凡內外命夫命婦出入則爲之闢一以貴貴一以別于男女之際也○朝之公卿大夫皆以

司寇職掌大義

高爵而在民上不可與衆人伍也故鄉遂縣士公卿大夫有邦事則爲之前驅而辟各爲其主而辟也○五服諸侯皆南面之人入天子之國則以賓禮待之不可以失禮也故訝士賓客入于其國則爲之前驅而辟居館則帥其屬而蹕無使有暴客侵掠之患也○若朝士帥其屬而以鞭呼趨且辟則以大衆所聚恐壅塞貴者野廬氏凡有節者與有爵者至則爲之辟新至其館及舟車轚互恐有所妨凡此皆貴貴之道也○轚擊通

天地之化非因以秋氣之嚴凝肅殺則萬物無以堅實向裏而造化或幾乎息矣人之道亦然非有嚴毅方正之節斷制裁割之宜則善無以立惡無以刈治已治人無一可者故司寇者以剛斷果决制天下之過者也夫天之有秋也主于成物也六官之有刑也主于生民也蓋殺其殺人者而後能生其不當死者刑其傷人者而

後能續其不當斷者此祀司民獻民數與夫司民之官必屬之秋官也故爲司寇者匪徒明刑之云也當以天地好生爲心至誠懇惻早夜孜孜思所以納民于無過之地然後可以稱是職此孔子以使民無訟爲貴而曾子不以得獄情爲喜也歟是故大事爲之誓戒隨事爲之禁令隨人爲之糾戒隨地爲之致誥不信也而爲之盟約有過也而納之圜土常以禮教齊之惟恐其出禮而入于刑是即伯夷降典折民惟刑之意也至于皋陶爲士而曰日宣三德日嚴祗敬六德帝之稱皋陶曰罔或干予正惟其先克剛嚴武毅閑邪存誠民是以不怒而威也其進規于舜曰兢兢業業是欲帝道之以德即周禮大事前王雖不言所以而禁戒之意在其中也又曰無教逸欲有邦則欲畿内外之居民上者靡不以正率民即朝大夫統都家之治大行人以禮親邦國而倡

糾之意實默寓也皐陶爲士蠻夷猾夏者亦主之故大師則司寇涖戮蓋小爭則爲訟大爭則爲兵故亦與夏官聯事也不幸而有入于辠者則刑故無小非剛明則不得其中所以謂之刑中而入自不犯于有司此帝之從欲以治四方風動乃歸之皐陶之方祗厥德方施象刑惟明也或疑秋官之屬惟行人爲大夫餘多止于中下士然則司寇之官其視五官爲小歟是不然後世刑獄之事視古益煩大小司寇所以祗慎揆度務欲使朝廷以及于四海刑期于無刑既已無所不用其極至于昆虫草木之微亦在刑禁之中其所以位育之功實與五官相爲始終惟大行人一官則主于賓四門而詰邦國其體統尊交際隆故其職爲中大夫朝大夫一官所以領袖于都家而昭明畿內之本職金則爲國用所需兹皆上士其餘各屬不過清白一心敬逆天命惟刑之

中而已所以止于中下士且他官多有在王所者故其官多大夫此則在王所者惟大小司寇其餘則不容以兼他官故其職自甲而與五官不同耳

鄉士掌國中各掌其鄉之民數而糾戒之鄉士主六鄉及國中之獄云掌國中者六鄉之獄總在國中也職主刑獄而必先掌其民數而糾戒之者以生息爲務糾詰戒令俾不抵于刑罰所以生之也

聽其獄訟受其寃抑懇詞聽而理之察其辭察其曲直虛實辨其獄訟辨其辠狀輕重異其死刑之辠而要之大而入于死者次而入于刑者分異書之而爲之要書所謂要囚也

愼恤刑獄

○旬而職聽于朝職專也司寇聽之斷其獄弊其訟于朝聽于棘木之下羣士司刑皆在各麗其灋以議獄訟司刑掌五刑司刺掌三刺三宥三赦及凡用刑之官○獄訟成士師受中成謂已結正中謂刑當其辠無過不及恊日刑殺肆之三日恊日鄭氏謂和合支干善日若今塱後利日是也今陰陽家人死者值凶神則有凶煞重忌恐其傷善類又刑未入于死者亦當得吉日也陳尸三日以示戒○若欲免之則王會其期辠之疑而當赦或在八議而當免者當行刑之日王親至其地以免之

夫于獄訟察而辨之異而要之固無不盡心矣然不敢自是也于外朝大公之地容其反覆詰辨遲之至于旬

日吏不以他事淆奪虛中涖之庶司刑者與刑者皆無憾也于是司寇折斷其獄完結其訟然又不敢自專羣士各出所見而議之或從初議或有他議有从重而輕有从輕而重務協厥中也至是士師受其中更無可生之途矣然恐其以死傷生必協日而後刑殺之其有可議者則王親會而免之嗚呼死者不可復生刑者不可復屬周之用刑如此其慎貞父母之心哉劉氏曰不以司寇會王而王會其期者刑人于市與衆棄之非王可專也以此知雖在八議之中必反覆議成其辠而後免之豈若後世之肆赦與賜鐵券而預免其死辠者哉

大祭祀大喪紀大軍旅大賓客則各掌其鄉之禁令帥其屬夾道而蹕大祭祀若祭天南郊及四時迎氣于四郊大喪紀葬于郭外大軍旅王行出疆大賓客諸

侯來朝卿士各掌其禁令使無犯命帥其屬夾道而蹕使不得侵此因其所致之民而爲之禁戒也◯三公若有邦事則爲之前驅而辟其喪亦如之邦事謂有國家政事行于國中或出畺也其喪謂窆于墓也恐爲之前驅而辟卿士三公所管轄之吏故爲其主而辟也◯凡國有大事則戮其犯命者祭祀喪紀軍旅賓客之大者由六卿之路有犯命者卿士即而戮之以警衆此以其所管轄之地故爲之禁戒也

按刑官主濃禁尊者之行在旁而蹕止行人在前而闢清道路戮其犯命皆濃禁之事故鄉遂士等掌之

遂士中士十有二人府六人史十有二人胥十有二人徒

百有二十人主六遂之獄者

縣士中士三十有二人府八人史十有六人胥十有六人徒百有六十人主甸稍縣都凡公邑之獄者

方士中士十有六人府八人史十有六人胥十有六人徒百有六十人主都家之獄者疏云采地在王畿四方故云方士

訝士中士八人府四人史八人徒八十人訝迎也主侯國獄訟及迎賓客

遂士掌四郊各掌其遂之民數而糾其戒令

聽其獄訟察其辭辨其獄訟異其死刑之辠而要之○二旬而職聽于朝司寇聽之斷其獄弊其訟于朝羣士司刑皆在各麗其灋以議獄訟○獄訟成士師受中協日就郊而刑殺各于其遂肆之三日○若欲免之則王令三公會其期

若邦有大事聚衆庶則各掌其遂之禁令帥其屬而蹕邦有大事聚衆庶者遂人帥所治之民而至也遂士掌其禁令誓蹕○六卿若有邦事則爲之

前驅而辟其器亦如之○凡郊有大事則戮其犯命者郊有大事者謂大事而經其地則掌戮其犯令者

縣士掌野各掌其縣之民數而糾其戒令

聽其獄訟察其辭辨其獄訟異其死刑之辠而要之○三旬而職聽于朝司寇聽之斷其獄弊其訟于朝羣士司刑皆在各麗其灋以議獄訟○獄訟成士師受中協日刑殺各就其縣肆之三日○若欲免之則王命六卿會其期

若邦有大役聚衆庶則各掌其縣之禁令（大役即縣師所謂軍旅會同田役之戒也縣士掌其禁令）○若大夫有邦事則爲之前驅而辟其喪亦如之○凡野有大事則戮其犯命者（野有大事者亦謂大事而經其野）

方士掌都家○聽其獄訟之辭辨其死刑之罪而要之○三月而上獄訟于國司寇聽其成于朝羣士司刑皆在各麗其灋以議獄訟○獄訟成士師受中書其刑殺之成與其聽獄訟者（都家八則有刑賞之威王朝主馭其大略故但書其刑殺之成與聽獄訟之人不著其刑

殺之地不會其刑殺之期

凡都家之大事聚衆庶則各掌其方之禁令大事聚衆庶亦謂軍旅田役等以王事動衆也則爲之掌其禁令

以時修其縣灋若歲終則省之而誅賞焉縣灋者縣師掌邦國都鄙稍甸郊野之地域而辨其夫家人民田萊之數及其六畜車輦之稽方士以四時修此灋歲終復省之亦掌民數之意且以灋攷都家之治也

凡都家之士所上治則主之所上治猶上計之意都士家士所上治方士王廉察之

方士聽都家之獄訟修省縣灋主都家所上治蓋以王官往涖都家有事則至王國也解見朝大夫

按鄉遂縣方氏四官所掌凡三事大畧相同曰司民數而糾戒之也曰聽獄訟而刑殺之也曰大事而爲之禁令也其不同者四曰各掌其獄之地也各掌其民之數也職聽與會免各有期也所禁令之人與地各有司也鄉士掌王國及六鄉而其獄在國中故曰掌國中遂士掌六遂而其獄在近郊故曰掌四郊縣士掌甸稍之獄在遠郊之外又自二百里至四百里凡都家所餘之公邑皆屬焉故官以縣稱而曰掌野方士掌都家所上刑中故曰掌都家此其所掌獄之地不同也○鄉士各掌其鄉之民數而糾戒之遂士各掌其遂之民數而糾其戒令縣士各掌其縣之民數而糾其戒令方士以時修其縣灋各以其所屬生民爲心戒令爲先此其所掌治

之不同也○其職聽于朝鄉士旬遂士二旬野三旬都三月則以其地有近遠隨其所至以爲期也其刑殺卿士于國市遂則各于其遂野則各于其縣蓋各因其地以示戒也其免之鄉則王會其期遂則三公會其期野則六卿會其期亦因其地有近遠勢不能徧會以尊卑爲序也若都家則但書其刑殺之成與聽獄訟之人而已此其所掌斷獄弊訟之不同也○祭祀器紀軍旅田役之禁令鄉士掌六鄉遂士掌六遂縣士各掌其縣方士各掌其方各禁戒其所率而致之民也其有大事而戮其犯命者鄉士于國遂士于郊縣士于野各禁戒于其所治之地也其大臣有邦事而爲之辟鄉士于三公遂士于六卿縣士于大夫則各爲其主也此其所掌禁令之不同也都家遠大事不及故方士不言戮其犯命又方士不常在國故不言辟

訝士掌四方之獄訟諭臯刑于邦國諸侯自得專其國內臣民之訟此所掌四方之獄訟者謂侯國兩相訟或人訟諸侯于王朝者去凡四方之有治于士者造焉治猶正也若元咺訴衛侯虞芮争田之類必先造于訝士一則事有所繞二則訝士可平則平之不必煩于士師亦省刑之意四方有亂獄則往而成之成平也所獄訟之事或涉地土人民援証多歷年久者曰亂獄士師不能遙斷故訝士必親至其地而平之邦有賓客則與行人送逆之賓客在郊門之內送其往而逆其來也入于國則爲之前驅而辟野亦如之賓客行于國中之道或以巳事適野訝士爲之辟除行人

所以貴貴也　居館則率其屬而爲之蹕誅戮暴客者在國授館之後訝士爲之蹕正行人及有暴客則誅戮之所以安客館也客出入則道之有治則贊之賓客出入于王朝則先道之其有朝貢之政事則佐佑之皆使無失禮之意○凡邦之大事聚衆庶則讀其誓禁大事征伐田役訝士讀其誓命之詞及五禁之灋

按訝士掌事凡三獄訟其本職也辟蹕誓禁刑官所在人無敢犯也賓客之送迎道贊刑于百辟之意

朝士中士六人府三人史六人胥六人徒六十人朝天子外朝皋門之內雉門也主國之大詢司刺之三刺司寇之聽獄訟六官之縣邦灋者朝士掌焉故以官名

外朝之灋

朝士掌建邦外朝之灋左九棘孤卿大夫位焉羣士在其後右九棘公侯伯子男位焉羣吏在其後面三槐三公位焉州長衆庶在其後

棘赤心外有刺可以爲蕃衛臣之忠赤而蕃屛王室之象也三孤六卿其位凡九侯甸男采衛蠻夷鎭蕃其服亦九故左右棘之數皆從九羣士從孤卿大夫皆王國之臣也羣吏諸侯之卿大夫記所謂列國之大夫入天子之國自稱曰陪臣也羣吏從諸侯皆畿外之臣也槐黄中通理臣有中德之象三公三人故槐之數亦三州長衆庶在其後凡州長黨正之屬與府史胥徒庶人在官者亦在其中矣舊以府史爲羣吏豈以庶人之賤乃

列羣士之右乎小司寇之大詢司刺之三刺其位皆然也

左嘉石平罷民焉右肺石達窮民焉嘉石肺石解見大司寇

嘉石在左者卑之而示辱故罷民立之期使等于平民肺石在右者揚之而使伸故窮民立之俾無不達此設石左右之不同也

帥其屬而以鞭呼趨且辟以鞭呼趨且辟者語意猶云以鞭行呼而辟也執鞭所以為威高聲而呼使人聞之趨且辟者大衆所聚恐有賤者壅塞貴者故往來循行而為之辟也

禁慢朝錯立族談者慢朝若立中門背闕而坐過闕不下也錯立歷位踰階也族聚也族談相與聚言喧囂也朝士並皆

禁之○已上

外朝灋禁

外朝圖

凡得獲貨賄人民六畜者委于朝告于士獲鄭氏云得而取之也人民謂奴隸逃亡者或未齔男女旬而舉之大者公之小者庶民私之

貨賄曰得人民六畜曰獲必使委于朝告于士者以待人之求不告者即爲盗亦止盗之灋也十日而失主不至則彼無意于得或已無主然後收舉之大者如古帝王器物之類則入于官非小民所當畜也小者即與得物者上不專其利也此視司市爲詳蓋彼專指市肆中此則兼舉國中也○已上獲遺舉貨之灋○俘音孚

凡士之治有期日國中一旬郊二旬野三旬都三月邦國朞期內之治聽其外不聽

外朝聽訟之地萬衆各恃其血氣之私持其好勝鬬爭之說而趨往焉茍無期日與其所以當聽不當聽之則訟何時而息乎凡士之治謂士師察獄訟之辭以詔司寇鄉士一旬遂士二旬縣士三旬職聽于朝方士三月而上獄訟于國邦國則期而治于士民有不服者當于此時而訴辨則士師受之過其期則不爲之理庶乎知有限節不至于爭無已時連年不決也

凡有責者有判書以治則聽凡民同貨財者令以國灋行

之犯令者刑罰之凡屬責者以其地傳而聽其辭屬音辱傳音附

有責者借而責其必償上下劵書爲証屬責者親屬或屬下有所責本無契劵附近鄰比見知者爲証有此二者則聽無則不聽之同貨財者泉府旅師與民相取予也出入兩平不得違灋有所低昂大凡爭訟多起于財稱責必以其証同貨財必行以灋皆所以絕訟端于始也○已上訟獄當聽不當聽之則

凡盜賊軍鄉邑及家人殺之無辠凡報仇讐者書于士殺之無辠

爲盜賊者贓犯既明在軍若伍兩之長在鄉邑若比閭之長在家若至親知而殺之又如昏暮爲盜而所在殺

之皆不科辠使盜無所容也報仇讐謂調人和難而使辟之者不辟而被其殺亦不科辠二者雖有訴訟不理

若邦凶荒札喪寇戎之故則令邦國都家縣鄙慮刑貶凶荒歲不熟也札喪民有疫癘而多死喪也寇戎寇盜戎狄相侵也三者濃宜緩刑慮裁度也貶減省也蓋即無濫受民詞之意然慮刑貶三字語詞不順疑有闕文○已上省刑之事

司民中士六人府三人史六人胥三人徒三十人

天之立君君之設官無非為生民計也故秋主肅殺而實所以成物司寇明刑而實所以生民司民一職屬之秋官者見刑所以生民之意亦使司刑者以生民為心也

司民掌登萬民之數自生齒已上皆登于版生齒者男八月女七月

按媒氏男女自成名以上皆書年月日時焉成名者子生三月父名之也內則子生三月之末見于父而名之宰書曰某年某月某日生而藏之宰告諸閭史閭史書爲二其一藏諸閭其一獻諸州史州史獻諸州伯藏諸州府此即司民之所登也

辨其國中與其都鄙及其郊野異其男女歲登下其死生

國中若干郊野若干都鄙若干詳書而總之則其數明男女異其數以爲媒氏配合之本每歲死者除其籍生則書于版畿內獻于王小司寇所謂孟冬祀司民獻民數于王王拜受之也畿外則各獻于其國君

及三年大比以萬民之數詔司寇司寇及孟冬祀司民之日獻其數于王王拜受之登于天府內史司會冢宰貳之以贊王治

此萬民之數通于天下小司徒所謂大比則受邦國之比要也王拜受之登于天府天之所生唯人爲貴也內史司會冢宰皆主會計民事之官故咸使執其貳以圖國用贊治道鄭氏曰以多少黜陟主民之吏

徐幹氏曰治平在庶功興庶功興在事役均事役均在民數周民數周爲國之本先王周知萬民衆寡之數則勤惰者可聞故周禮司寇獻民數于王王拜受之登于天府其重如此是以制鄉遂之灋維持其民而爲之綱

目使其鄰比相保愛賞罰相延及故出入存亾臧否逆順可得而知也亂君之爲政也户口漏于版圖夫家脫於聯伍避役逋逃者有之奸心競生僞端並作嚴刑峻令不能救也人數者庶事之所自出也莫不取正焉以分田里以令貢賦以制祿食以作軍旅國以建典家以立度五禮用修五刑用措其惟民數乎考文之立三長蓋知此意矣然不能脩德愛民處之曲盡是以心不樂從終安冒僞隋唐以來大抵如此徒瀍亦何爲哉

司刑　中士二人府一人史二人胥二人徒二十人　主刑書以定辠

司刺　下士二人府一人史二人徒四人　刺者探問廉察之意官主詢察而行赦宥故以名官舊解爲刺殺字非蓋此非司刺殺之官也

司刑掌五刑之灋以麗萬民之辠

墨辠五百墨黥也刻其面以墨漬之劓辠五百劓音乂截鼻也宮辠五百刖辠五百○以先後輕重之序刖辠當在宮辠前尚書可證也刖音月斷足也宮丈夫去勢女子幽閉于宮中殺辠五百殺辠有二或斬首或要斬及掌戮之焚辜條狼氏之車轘皆是也若司寇斷獄弊訟則以五刑之灋詔刑罰而以辨辠之輕重

五刑之灋如天之垂象即舜典之象以典刑也以麗萬民之辠者民有某罪合附麗于某刑此刑書之所載也以五刑之灋詔刑罰書所謂惟灋惟察其審克之以辨辠之輕重所謂上下比辠上刑適輕下服下刑適重上

服也王氏曰周禮五刑之灋皆五百而吕刑墨劓之屬皆千刖五百宫三百大辟二百所謂刑罰世輕世重也

司刺掌三刺三宥三赦之灋以贊司寇聽獄弊訟一刺曰訊羣臣再刺曰訊羣吏三刺曰訊萬民一宥曰不識再宥曰過失三宥曰遺忘一赦曰幼弱再赦曰老旄三赦曰惷愚以此三灋者求民情斷民中而施上服下服之刑然後刑殺旄曲禮作耄音惷吕容反

司刺當司寇斷獄弊訟之時主以此三灋輔佐使無不中三刺解見小司寇羣臣羣吏萬民皆以爲可殺而後

書周禮易象辨
刑說

殺之否則行赦宥之灋宥謂寛之也不識若自幼在他國而不識其父昏夜而不識其所親者過失若舉刃欲所伐以兵矢投射而誤中他人者遺忘謂心向一事而忘一事者三者皆非故犯也則隨其辠之大小而宥以寛之若辟讐之灋亦宥之事也赦謂釋免之也幼弱謂未𪫔而未有知者老旄謂七八十以上而昏眊者惷愚謂自幼癡騃童昏者三者皆可矜也則赦而免之竟當釋放若記所謂悼與耄雖有辠不加刑也司刺專掌此三灋求萬民之情斷獄訟之中定其當服上刑當服下刑務使之輸情服辠然後加以或刑或殺也○惷清亂反騃又該反

按舜典周禮呂刑易大傳所稱祥刑參錯不一愚嘗合而觀之辠狀之辭情真辠當則當正之以五刑有大辟肉刑二者通謂之刑在虞書爲象以典刑怙終賊刑周禮五刑之灋麗萬民之辠呂刑之五辭簡孚正于五刑

易之折獄致刑也有所謂過者則在所當宥虞書宥過無大又曰流宥五刑周禮分爲不識過失遺忘三者而爲辟讐之瀆大約與虞之流同吕刑則曰五刑不簡正于五罰使出財以償之五罰不服正于五過痛懲之以警衆又有眚灾者則在所當赦虞書眚灾肆赦周禮分爲老幼惷愚三者亦在所赦易則謂之赦過宥罪也又有所謂疑者皐陶稱舜曰與其殺不辜寧失不經謂參錯訊鞫而終不得其情實者寧失之以與民周禮鄉士等職所謂若欲免之吕刑則曰五刑之疑有赦五罰之疑有赦易謂之緩死也然虞書又有所謂皐疑惟輕者茍有皐而輕之可也若無皐雖得輕刑亦非辜矣蓋此非犯有虚實之疑乃瀆可上下之疑故比之當從輕耳二千年間聖經所言無不脗合但虞之金作贖刑蓋指鞭朴之輕者而吕刑于五刑之不簡者俱正于五罰此

乃世變之不同至若易之明罰敕濫此罰字亦指刑言蓋刑罰二字亦通用也嗚呼後世之刑則與古異矣文帝以一時不忍之心而去肉刑免肢體之傷殘是矣然以輕辠而率死于敲朴之下是以大辟而易肉刑也自開罰之端凡欲科斂者必假此爲詞是以贖罪爲利網也吕刑有言罰懲非死人極于病今之稍居人上得以杖罰人者即能生殺人豈且無有作威之道哉至于眚災則有赦也無故而大赦縱有辠而虐無辜將安居乎身及子孫死辠幾名不幾于誘人犯濫乎且三千條律避讐之濫不得已而有瑞節之與也鐵券之賜預免其雖有明憲至議刑之時則任意出入是刑非以懲惡也反爲殃民之具宥非以矜善也祇爲長惡之媒所謂天討有辠者將安在哉○(聰)武粉反

司約下士二人府一人史二人徒四人

司盟下士二人府一人史二人徒四人盟音明

司約掌邦國及萬民之約劑約並如字○約者有事相期恐其無驗刻之以爲識劑則刻其所約之辭也凡有約必有劑故大史職與此皆以約劑並稱大而邦國小而萬民凡有約劑並司約掌之

治神之約爲上治民之約次之治地之約次之治功之約次之治器之約次之治贄之約次之

此六約字乃簡約之意謂典則浩汗摘其大而要者以示于民使之易守也神約者應祭神祇如祭灋云非此

族也不在祀典故三代命祀祭不越望夔子不祀祝融楚人伐之也民約謂征稅遷移若懷宗九姓在晉般民六族七族在魯衛及仇讐既和書于調人者也地約經界所至各有分守也功約司勳所載六等之功故虢叔虢仲勳在王室藏于盟府也器約禮樂吉凶車服所得用無敢僭越也贄約玉帛禽鳥相與往來君臣朋友夫婦之倫于此焉定故公孫黑使疆委禽也人之所以恣情徇己而不顧以至于踰越鬬爭而不已者不過此六者于此既定則凡邦國萬民有約則爲之藏違約則爲之辟誠息訟省刑之方也

凡大約劑書于宗彝小約劑書于丹圖大約劑邦國約也宗彝宗廟之六彝鑄于其上俾神鑒焉小約劑萬民約也圖版圖也刻之于版以丹塡之俾其不滅故曰丹圖也若有訟者

則珥而辟藏服墨刑若亢亂則六官辟藏其不信者殺

約已定矣事久違約而敢爲非義至于相訟者則珥而祭司約之神開府而視約書其不信者服墨刑爲其昏黷不明也若事之大者強梗大亂不服司約則六官所藏約劑之貳焚爲啓辟以塞其口而服上刑則人無敢爲背約不義者矣

○珥音貳辟音闢

司盟掌盟載之灋凡邦國有疑會同掌其盟約之載及其禮儀北面詔明神既盟則貳之

盟者有事相約恐其中背而不相托因要質于鬼神而使違約者得禍可以不煩兵刑也盟載之灋者書其所

盟之辭殺牲歃血加書牲上坎而埋之以示背盟則如其牲也疑會同者雖相會相同疑而不相托若小祝職所謂小會同也司盟掌其盟約之載辭與其盟之禮儀明神若小刌之珥于社稷祈于五祀蓋盟有大小其神亦不同范宣子盟鄭載書曰或間茲命司慎司盟名山名川明神羣祀之也鄭氏曰明神即覲禮之方明木方四尺設六色而著六玉上蒼圭下黄璧東青圭南赤璋西白琥北玄璜明神有象所以依之亦通明神向明故北面詔之既盟則藏其貳以爲異日背盟者攷也

○圭璧二字誤當云上蒼璧或玄璧下黄琮

盟萬民之犯命者詛其不信者亦如之犯命違犯君命也辠在不赦而有所謂盟者謂亾不可得盟于衆使不容之若春秋傳臧紇犯門斬關以出乃盟臧氏也不信者謂人有渝盟以召于明

神者則相要詛于明神使神以加禍則盟爲不虛萬民犯命之盟與凡不信之詛竝司盟掌其事與其禮及爲之藏其貳故曰亦如之也○凡民之有約劑者其貳在司盟有獄訟者則使之盟詛民之約劑掌于司約而復藏其貳于此者以爲盟詛之本也蓋凡約劑而不信者使遂麗于灋則當服墨與殺之刑矣訟而未麗于灋則復使之重結盟以要諸神背盟者則爲之詛蓋盟重于約而詛又在盟約之後也○凡盟詛各以其地域之衆庶共其牲而致焉既盟則爲司盟共祈酒脯詛祈古反○凡盟詛有大小其民之衆寡因之各以其地域之衆庶或鄉遂或比閭也盟詛之時共其牲以爲歃血之用既盟詛畢又使出酒脯共于司盟以祀明神祈不信者必凶

盟詛說

職金上士二人下士四人府二人史四人胥八人徒八十人

金有五錫青銅赤銀白鐵黑金黃雖有五色而皆金也惟黃者得土之全德獨以金名五行之序土生金蓋其氣自沖和而肅清其質自凝聚而堅剛故金生土中凡土之剛者即金玉石亦金之類也于四時屬秋其氣肅殺故金利而能割于四方屬西西方主聲故金石特為八音之綱紀此職金所以屬之秋官也

職金掌凡金玉錫石丹青之戒令戒令謂徵于所產之地及應取之時採之之灋

受其入征者辨其物之㜷惡與其數量揭而璽之入其金
錫于爲兵器之府入其玉石丹青于受藏之府入其要

畿內虞衡所掌厲禁之內與夫畿外名山大川征于民
之貨竝此職受之物之㜷惡各有所適用數之多寡萬
有不齊辨其物計其數揭表其上復璽以封之既不使
混雜亦不得侵沒也入其金錫于爲兵器之府槀人職
所謂掌受財于職金以齎其工玫工記築氏執上齊冶
氏執下齊梟氏爲鐘㮚氏爲量段氏爲鎛器桃氏爲刃
皆自此須而入之也入其玉石丹青于受藏之府內府
職云凡四方之金玉入焉玉府職云掌王之金玉之藏
皆自此受而入之也入其要者入計書于
司會使得有所鈎攷也○已上入金之灋

掌受士之金罰貨罰入于司兵

金罰訟獄入鈞金及金作贖刑之罰貨罰士師聽獄訟時財有應入官者㸚入于司兵以辠累之物故不以入經用與司厲職以盜賊之任器貨賄入于司兵者同義若司市所舉之貨則入于泉府門關所舉之貨則以養老孤各有所歸也

旅于上帝則共其金版饗諸侯亦如之

版音板○金版王氏曰掌次言大旅上帝則張氊案設皇邸邸謂後版屏風此所謂金版則以金飾之未知是否

凡國有大故而用金石則掌其令

用金石謂爲兵器及佐國用或給以府庫之藏或採于所產之地皆職金掌其令故用給而害不及民也

五金取用之濫

按五金者產之于天地守之以厲禁採金鑄錢乃國家之大權而非民間之私物也故國有大故而用金石則職金掌其令國凶荒札喪則司市無征作布唯其上之操權也故缺用則開之以爲公而不錮之以爲私唯其非下之所有也故無征則與之以爲利而不取之以爲害此天下之通義也後世銀錢之科與粟帛相參取非其有征非其物倒行逆施欲無困窮急迫盜卝私鑄其可得乎卒之私鑄不可息而錢益濫惡盜卝不可除而寇益滋蔓上下俱失其利孰若舉周公之道而行之乎

司厲下士二人史一人徒十有二人掌盜賊贓物及凡有辠而收奴者

犬人下士二人府一人史二人賈四人徒十有六人

司圜中士六人下士十有二人府三人史六人胥十有六人徒百有六十人圜音玄○圜圜土也天文貫索主賤人之牢九星規圜故以取象又圜還也收教者期其往而能反也築土爲城故以土名

掌囚下士十有二人府六人史十有二人徒百有二十人主拘繫當刑殺者

掌戮下士二人史一人徒十有二人主斬殺刑戮之事鄭氏曰戮辱也既斬殺又辱之蓋若膊肆之類亦通凡囚者必戮掌囚掌戮二官相聯

盜賊器物入官之議

司厲掌盜賊之任器貨賄盜有強盜竊盜賊謂凡殺傷謀害人公取竊取人財者辨其物皆有數量賈而揭之入于司兵賈音稼

任器所用以傷人取物兵器貨賄其贓物凡盜賊必追得此爲貞應給主者給主其應入官者皆有多寡數目輕重權量書其賈而揭之不以微物爲人侵沒也入于司兵者任器可用則用之貨賄亦以爲造兵器之用

按盜賊任器貨賄不以入九府者以其物爲不義不可混于經用也必以入司兵者非徒使無棄物蓋兵主于除亂故以其所以爲亂之具而還以治之是兵器爲有名雖小事而曲盡其道如此或謂盜賊之任器貨賄即與所捕之人則民爭務于逐盜豈非止盜之方而事尤簡易乎是不然此秦人尚功首虜之濫驅民以利者也

先王眷民厚矣其有夷狄盜賊爲生民患聲大義率而伐之民懷敵愾之心進死者有厚賞退生者有顯戮何假于盜賊貨物以誘之且既開此端則將惟利是趍要功生事或自相爭奪亂行干紀無所不至是豈經常之灋哉唯夫灋制未備寇賊竊發則可以此誘民使人自爲戰不當計其贓物以阻跅弛之士耳○跅音托

其奴男子入于辠隷女子入于舂槀凡有爵者與七十者與未齔者皆不爲奴

槀音槁　齔清覲反毁齒也大約男八歲女七歲故字從七從齒

凡爲盜賊者或辠未入于死或從死而減論或辠人家屬爲從而連坐及女子有辠而應宮刑者皆謂之奴男子入于辠隷服司隷之役女子入于舂人槀人以當幽閉之刑有爵者不爲奴貴者不可以受辱亦議貴之義

七十與未齔者不爲奴亦赦老耄幼弱之意也

犬人掌犬牲凡祭祀共犬牲用牷物伏瘗亦如之 牷音全瘗音意

○伏鄭氏曰伏犬以王車轢之即軷也爾雅曰祭地曰瘗埋祭祀伏瘗用純色之牲即牧人所謂毛之也

凡幾珥沈辜用駹可也 幾當作𧖴從血 駹與尨同明光反

○𧖴珥沈辜之牲雖雜色不純亦無害

○右祭祀用犬之灋

凡相犬牽犬者屬焉掌其政令

犬有三一田犬能有俊鈍二守犬性有兇良三食犬味有美惡賈四人以相之少儀犬則執紲徒十有六人以牽之用于祭祀則辨其色用于賓客則酌其宜用于田守則擇其才性及夫畜養供奉之灋皆所謂政治也

司圜　掌收敎罷民凡害人者弗使冠飾而加明刑焉任之以事而收敎之罷音皮

收敎者收而敎之弗使冠飾者示其無禮不得同于成人之道也加明刑者書其所犯過惡庶其改之且以警衆也任之以事者就其所能使有所爲而不至于放弛可以習勞可以執藝所以強其罷而勸之善亦使之自食其力不以無辠眷有辠也

能改者上辠三年而舍中辠二年而舍下辠一年而舍其不能改而出圜土者殺雖出三年不齒

辠有上中下輕重之不同舍之有三年二年一年久近之異強戾不從敎是謂不能改終于此而已故亦終于圜土又或脫逃則服大辟爲其復害人故除之也知悔悟而執事勤勞者是謂能改則出之然又必三年而後得與平人齒恐其畏威而假之出外而復放僻也必朞其變罷爲強化暴爲良所以考敎之方如此

凡圜土之刑人也不虧體其罰人也不虧財

掌囚掌守盜賊凡囚者上辠梏拲而桎中辠桎梏下辠梏王之同族拲有爵者桎以待弊辠及刑殺告刑于王奉而適朝士加明梏以適市而刑殺之凡有爵者與王之同族

奉而適甸師氏以待刑殺梏音谷桎音質拲音拱○凡囚者謂非賊盜而以他辠拘囚者

共屬掌囚拘守之兩手共一木曰拲木在項曰梏在足曰桎梏告也以其所犯辠過示于衆也

凡囚禁者皆有梏故下辠惟梏中辠加之以桎使不得行之意上辠竊兇極惡虞其他變復加以拲使不得有爲待死而已王之同族與有爵者皆不梏不著暴其辠不忍以其親貴而犯辠又不欲以國人而議親貴之辠也有爵者中辠桎上辠拲同族惟上辠則拲之中辠以下皆不施械凡此囚禁之灋必至刑殺而止故曰以待弊辠也及刑殺之期必告刑于王奉而適朝士者如記所謂王三宥之禮也有司執灋無可出之路于是百姓則適于市與衆棄之有爵與同族者則適甸師氏得辠天地祖宗也

掌戮

掌斬殺賊諜而搏之鄭氏曰搏當爲左傳膊諸城上之膊去衣磔之也○膊兵各反

凡殺其親者焚之殺王之親者辜之

士之八成有邦賊諜爲叛逆者邦諜敵國反間也鄭氏謂斬以鈇鉞若腰斬殺以刀刃若棄市賊諜者國家莫大之害既斬殺而復膊之所以示戒也其親其皋人五服之親也焚之者付之于火以其忘本無親不存其形王之親王有服之親也辜之者分裂其四肢以其不義無上不全其屍已上三者皆所謂皋不容于死也

凡殺人者踣諸市肆之三日刑盜于市凡皋之麗于灋者亦如之唯王之同族與有爵者殺之于甸師氏凡軍旅田

聖人不絕人

役斬殺刑戮亦如之踣弼北反足傾而偃仆猶倒死之云○肆之三日陳其尸以警衆也其他若盜賊與凡他辠而刑殺者皆肆之三日軍旅田役斬殺刑戮亦肆之三日故玆曰亦如之也王之同族與有爵者殺戮不屬掌戮故復申言之

墨者使守門劓者使守關宮者使守內刖者使守囿髡者使守積髡音坤

墨劓二者其刑在面使之守門與關者聖人制刑不過治一以警百門關人一相遇必見之所以示戒也囿者蕃育鳥獸之所但欲禁非時而入者無事于趨走故刖者守之宮者守內使于男女之際也髡者去髮刑重于

不使冠飾而輕于墨刑使之守積益有以用之矣先王于辠人苟未入于死必有可生之道故猶隨才而用之其不終絶人具天地之無我也舊說以髡爲同族之犯宮刑而椓之者非也蓋公族不翦其類但可減爲刖已下耳苟降從髡則應劓刖者不獲椓刑乃反重耶

司隷中士二人下士十有二人府五人史十人胥二十人徒二百人（隷）音厲古隸字作隸從隶執辠人也從木從示執木板示人也司隷之事莫重于搏盜賊囚執人之事故其爲字若此

司隷掌五隷之灋辨其物而掌其政令五隷之灋者辠隷爲一等四翟爲四

等物謂衣服任器辨之不得相雜政令
謂各有所當執之役與其叙次灋度
帥其民即皋隸也而搏盜賊役國中之辱事爲百官積任器凡
因執人之事邦有祭祀賓客器紀之事則役其煩辱之事
搏盜賊者蹤跡緝捕自有其灋罪隸當非爲之人彼自
得其機軸也百官于政教禮樂政事爲詳而刑罰非所
尚故使皋隸積任器用時需之用畢復收之也因執人
惟恐手踈漏掌于皋隸者亦因其能而使之也國中辱
事若宮人除其不蠲去其惡臭蜡氏除骴之類祭祀器
紀煩辱之事如典祀徵役于司隸而役之器禮隸人涅
厠之類必役皋隸者以其人猥下
而多強力且有皋戾當服賤役也

掌帥四翟之隸使之皆服其邦之服執其邦之兵守王宮與野舍之厲禁

四翟之隸即師氏所謂使其屬帥四夷之隸也變夷言翟者東南多鳥凡翡翠多出南方故謂東南夷爲翟也服其邦之服者不易其宜執其邦之兵者各從其習王宮與野舍之守而使之者夷人之性朴野其戴君之義如蜂蟻然純一而不貳且以蠻夷而視中國之天子若在天上尤所敬畏者故因其自欲効忠而使之一以通在彼尊親之心一以示在此無外之意此唯四翟之隸爲之皋隸不與故特言掌帥四翟之隸也

司隸所帥五隸掌事凡六摶盜賊一也積任器二也囚執人三也役煩辱四也已上四者皆皋隸之事守厲禁

五也豢鳥獸六也二者皆四翟之事以此知司隸雖掌五隸其中自有良善辠惡之分也

辠隸百有二十人

有辠而收奴者其發遣則由于司厲收而役之則權在于司隸役而司牧之則在于禁暴氏收奴之中必有多才知而能役衆人者因而爲之長其員止百二十人其餘有辠者皆隸之來者無常不可以定數拘也

辠隸掌役百官府與凡有守者掌使令之小事

凡有守者若宮正之無去守掌固司險之守及守墓厲守祧之類使令之小事即煩辱之事也百官府其胥徒皆鄉民之選有守者守禦爲重其徒有不給故茲以司隸助之

○凡封國若家牛助爲牽徬

徬蒲浪反　○封國若

先鄭氏曰建諸侯亦大夫家也牛助國以牛助轉徙也皐隸牽徬之在前曰牽在徬曰旁牽徬牛車亦煩辱之事也

其守王宮與其厲禁者如蠻隸之事十四字宜屬閩隸誤衍于此按司隸職止言掌帥四翟之隸守王宮與野舍之厲禁未有及于皐隸者蓋皐隸乃免死之人故不可使守禁密之地且宮正宮伯所掌士庶子虎賁氏之虎士司隸四翟之隸于王宮之守固自已足亦何假于皐隸又以文勢推之豈有未言蠻隸而遽言如蠻隸之事乎閩隸正脫此簡故愚直以爲誤衍于此也

蠻隸百有二十人南方夷

閩隸百有二十人東南夷閩音民

夷隸百有二十人 東夷

貉隸百有二十人 東北夷 貉貊通

職方氏所掌有四夷八蠻七閩九貉五戎六狄之人民蓋皆臣服于中國而此止于蠻夷閩貉者同人世居西土其化先及西北故以服東南爲貴且東方等夷秉性善良故因其効順而以屬之司隸也然皆止于百二十人何也蓋初設爲定員于後而世其事繼而來者則統其下也舊說以爲征夷所獲赦其死而役之非也詳究四隸之職唯有養獸與守王宮二事其非俘獲可知果爲俘獲自當屬之辠隸若其所生子孫乃可屬此耳

蠻隸掌役校人養馬其在王宮者執其國之兵以守王宮

在野外則守厲禁

閩隸掌役畜養鳥而阜蕃教擾之掌子則取隸焉上下三隸曰役

校人役牧人役服不氏則此當云役掌畜脫一掌字夷隸貉隸云其守王宮與其守厲禁者如蠻隸之事此亦當有此十六字並缺文

夷隸掌役牧人養牛馬與鳥言其守王宮者與其守厲禁者如蠻隸之事

貉隸掌役服不氏而養獸而教擾之掌與獸言其守王宮

者與其守厲禁者如蠻隸之事

蠻隸役校人養馬夷隸役牧人養牛馬中國之人能醫獸疾阜蕃教擾皆在校人牧人夷人但養之而已閩隸役掌畜而阜蕃教擾之家畜養之特易故與掌畜同事也貉隸役服不氏養獸而教擾之不言阜蕃者猛獸不生乳于囿檻也夷隸與鳥言貉隸與獸言者左傳介葛盧聞牛鳴曰是生三犧皆用之矣辨鳥語者亦然夷人去禽獸不遠故能如此設官職掌而與之言者欲知禽獸之情亦育萬物之一助也閩隸所謂掌子則取隸焉者王氏曰子謂鳥所生閩隸取隸于已按掌畜掌養卵鳥則此解爲鳥子理或然也然玩其文義亦有缺文

布憲中士二人下士四人府二人史四人胥四人徒四十

人憲者表縣示人而使之知因謂刑灋曰憲布者敷施周徧幽遠畢達之意

禁殺戮下士二人史一人徒十有二人主禁民不得私相殺戮

禁暴氏下士六人史三人胥六人徒六十人主禁不服王灋之人

禁殺戮之事少而顯禁暴氏之事多而微故其官與徒多寡之不同

野廬氏下士六人胥十有二人徒百有二十人主達王畿之道路

蜡氏下士四人徒四十人蜡音要

雍氏下士二人徒八人

萍氏下士二人徒八人

司寤氏下士二人徒八人寤寐而覺也主覺以警衆

司烜氏下士六人徒十有二人烜興遠反火照也火燭于幽隱亦豫防之意

條狼氏下士六人胥六人徒六十人條朴也詩伐其條枚謂枝之遠揚者以其細而條直故可以爲朴用狠猛獸史稱豺狼當道以爲惡人之喻又狼所經道物皆殘毀不整故謂物亂曰狼籍此官主辟除故以條狼名

修閭氏下士二人胥一人徒十有二人

布憲掌憲邦之刑禁正月之吉執旌節以宣布于四方而憲邦之刑禁以詰四方邦國及其都鄙達于四海詰音乞

小司寇令羣士宣布于四方此職奉行之其徒四十人豈能徧及蓋書其刑禁之憲于民者下于方伯連帥以及于諸侯于是侯國各爲之宣布外薄四海靡不皆然凡有血氣者于天運一新之始無有不知王政之所當刑禁者而避之布憲因而巡行詰察則四海之內凡有違于刑禁者靡不畢聞于王朝矣

凡邦之大事合衆庶則以刑禁號令大事會同軍旅田役王巡守也布憲主布邦灋故于合聚衆庶之時掌以刑禁號令若野刑軍刑野禁軍禁兹布憲號令之

易曰先王以明罰敕灋先王之制刑豈覩其民若禽獸唯欲其不見而網羅之哉常貴于曉示之使之知而不敢犯乃爲民父母之心也故大司寇正月之吉縣刑象之灋于象魏布刑于邦國都鄙士師掌國之五禁之灋書而縣于門閭而復設此職專董其事執旌節以宣布于四方俾各憲之于所治豈有所謂不教而殺者乎

禁殺戮 掌司斬殺戮者司猶伺察之伺謂密覘視之也凡傷人見血而不以告者攘獄者遏訟者以告而誅之

先王之世皆爲齊民無有獨強自逞以雄長其醜類者縱而不問則寡弱者必受其陵虐固非王者同仁之政且兩不相下必至互相仇殺以成大亂禁殺戮之設所以防其微也斬殺戮者吏民將家衆僮僕私致于灋或

兩下相斬相殺相戮也以兵器傷人至于見血傷之重者復制之不得上聞獄大訟小有獄而強奪聽斷使不得正于王濾不濾之事而私和之使不得訟于公庭皆武斷于鄉曲之事已上四者以其竊君上之權漸不可長於此官告于司寇而誅之也

禁暴氏掌禁庶民之亂暴力正者撟誣犯禁者作言語而不信者以告而誅之撟音矯

亂若執左道以亂政之亂別爲異端非誣先王之道也暴若自暴之暴謂禮教爲不足行也皆以堅疆之力敢于爲惡又自以爲是故曰力正矯誣犯禁若僞稱制令假爲符節而有所規圖以犯邦禁也作言語而不信若

析言破律及造言生事以疑衆者皆主此官禁察以告于司寇而誅之

凡國聚衆庶則戮其犯禁者以徇大事聚衆庶咸有禁令而復有犯之者故此主執而戮之明正其辠且以示衆使無再誤也

凡奚隸聚而出入者則司牧之戮其犯禁者

奚民閽婦女服役于后宫者隸夷隸之守王宫者故竝言出入謂出入于王宫也司牧者謂糾察統治之不得非爲有犯禁則戮之也舊以奚爲女奴非也女奴主幽閉安得復有出入乎

先王之有政令禁戒期民之不犯也而究頑之民視刑憲如歆食明知而故犯之又有姦巧之徒或造言破律

秋官亦有王宮之責

執左道以亂政則王灋不得行民皆相率而入于衺惡此禁暴氏之設專司民之犯禁者也又周禮設官王之宮寢六官必置其司故秋官雖若無與王宮之事而司隸掌四翟之守奚以主春槀之奴者皆秋官之所有事夫奚隸在內則有內宰師氏以統之矣其出入則司牧于禁暴氏先王于給事宮壼內外之人防禦之嚴所以為端本清源之道而刑官亦有王宮之責故雖有大奸雄亦無敢恣行造亂也

野廬氏掌達國道路至于四畿比國郊及野之道路宿息井樹

遂人千夫有澮澮上有道萬夫有川川上有路達之者刋荆棘脩橋梁自國都以至于四畺千里之內四達而

無陷絕也遺人凡國野之道十里有廬廬有飲食行人暫止之處所謂息也三十里有宿宿有路室軍行之所止五十里有市市有候館吉行之所止皆所謂宿也井以供食用樹以爲蕃蔽皆行旅之所須者循而比之自國中至于郊野使常飭治而無頹廢二事皆屬地官此特達之比之以便行人也已上道路中便于行旅之事

若有賓客則令守涂地之人聚欜之有相翔者誅之○凡道路之舟車轚互者叙而行之○凡有節者及有爵者至則爲之辟涂音塗欜柝通轚音擊

客途易爲暴客所陵故于所止之處即使傍近之民聚欜之則姦細無所容其有無故翱翔而窺伺者即不良

之人搏而誅之所以安遠人也道路迫隘之處舟車最易阻塞輦謂轂相觸互謂交互不行此最鬬爭之端其始出于爭先一時之利至于兩面輻輳遂至停閣經久而不通者叙而行之使賤不得妨貴後不得參前其有壅塞時唯交互者退之繼進者抑之或上或下一止一行即無不通矣有節者不可滯有爵者不可慢故至于所止或舟車輦互之處皆爲之辟也已上賔客行旅在道之事

禁野之横行徑踰者横行妄由田中徑射邪趨疾踰度越道渠恐其妨稼穡裂阡陌兼爲奸盜也必禁而絶之

凡國之大事比脩除道路者掌凡道禁脩除芟治也乃隆官之職道禁若蜡

氏禁刑者任人及凶服偹閭氏禁兵革趨行馳騁于國
中者大事貴誠敬野廬氏復比之禁之○⿱秋毛子救反

邦之大師則令埽道路且以幾禁行作不時者不物者不時
謂不夙則暮不物衣服操持非常者在平日所常禁大師
恐有奸人內賊及反間故申禁尤嚴也○已上國之大事

治其道路之事

帝王之所以疆理天下使政教之敷施者皆藉于道路
以爲之傳達也周官于此特爲致詳夏官有司險合方
氏主達天下之道但治其大畧而已此野廬氏則主達
畿內之道路蓋侯國皆有是職故主其細夫行旅之人
莫便于宿息井樹則爲之比莫不利于舟車擊互則爲
之叙異方之人率爲暴客姦細之所窺伺則爲之守至

于埜横行徑踰則道路嘗正而不褰禁不時不物則行人嘗清而不亂雖有迢遞遠行而常如由于堂階間矣

國語單襄公使過陳道茀不可行司里不授館客無寄寓而知陳之將亡野廬氏之職其可忽乎

蜡氏掌除骴 骴音恣○鄭氏曰骴死人骨及禽獸之骨也除之者常時揜而埋之不令暴露于溝壑道路也

凡國之大祭祀令州里除不蠲禁刑者任人及凶服者以及郊野大師大賓客亦如之 蠲音涓不蠲不絜非止于骴也

刑者黥髡劓刖之屬任人坐圜土保任于外服明刑而執役司空者凶服執器衰絰之人大祭祀致其精明之

極大師危事期于吉祥大賓客貴肅敬丛不當見此凶穢不祥之物刑戮凶服之人故州里至郊野丛禁絕之

若有死于道路者則令埋而置揭焉書其日月焉縣其衣服任器于有地之官以待其人揭音竭

行旅之人或獨行無伴不幸而有暴疾或饑渴寒暑而死于道路者則令其涂地之人瘞埋之置揭者恐日久使不失其處也書其日月使有稽攷也縣其衣服任器于有地之官謂所死處之有司使其家人可識認也

掌凡國之骴禁若月令孟春掩骼埋胔不止于死人也○骼音格胔即骴也

此職專掌潔清道路之事蓋野廬氏分職也夫胔之在道其惡臭不可聞其慘怛不可見而于同類則尤有甚

予物者非特生者之所不冝而亦死者之所不安故其職獨重于人誠仁政之一事也蜡字從虫從昔謂虫死停久臭腐爲蠅蚋所集命名于此亦不忍斥言之意其始死者不特埋之必待其人令有所歸也國之大事則兼辟夫不祥亦清除之事也

雍氏掌溝瀆澮池之禁凡害于國稼者○春令爲阱擭溝瀆之利于民者秋令塞阱杜擭○禁山之爲苑澤之沉者

阱穽通音淨擭音畫

水十百相藉謂之溝水之所會謂之澮水之大竇謂之瀆陂障之水爲池夫溝瀆澮池本爲國大利也而小民

恒挾其私智爲利已害人之事故或以旱而爲匽上流不恤他人者有盜人之水以自利者有決去人之水以稿其苗者或以潦而曲爲堤防以病他人者或決已之水而注之人者或決人之堤而淹没之者至于因一竇之開成滔天水患一時之障至百年湮塞其爲害于國稼大矣故雍氏專掌禁其事也穿地爲穴如井以陷禽獸謂之穽穴中設木如鹿角以載禽獸使不能跳躍謂之擭春令爲阱擭恐禽獸之出而害苗也與大司馬夏苗意同爲溝瀆者以春方資灌溉故爲之以利于民秋則塞阱杜擭恐其或陷害人也至山中爲苑囿惡其專利澤中毒水以取魚必至盡滅其類惡其非禮戕物且恐害人故並禁之也按雍古文作雝爲防水瀆障塞之意此雍氏主凡田野開鑿閉塞之事而以雍命官者民害莫大于壅塞水利也

萍氏掌國之水禁

若盜决堤防阻絶有利溝渠私渡關津與鄭氏所謂水中害人之處及非時入水捕魚之類

幾酒謹酒

用酒有時酒誥惟祀兹酒及鄉飲酒昏娶爲酒食以召鄉黨僚友幾者察其不當用而用或酒正之出入非灋也飲酒有節酒誥有政有事無彝酒記曰終日飲酒而不醉焉謹者戒其當飲者而勿過若抑戒既立之正後佐之史是矣呂氏曰周公作酒誥其刑之重至盡執拘以歸于周予其殺此是最初禁酒恐人沉湎浸漬傷德敗性不過導迪民彝防閑私欲之意及其再變漢文帝爲酒酺景帝以歲旱禁民酤酒恐以有用爲無用而民

食不足比之酒誥所謂非惟不敢亦不暇已無此意然猶有重本抑末之心及至三變自桑弘羊建榷酒之利其設心不過令私家不得擅爲公家却自專其利耳古者禁人飲酒後來惟恐人不飲酒也

禁川游者　謂其私渡關津要害故禁絕之舊說雖習于川游必有溺而死者莫若禁之爲無失亦通

萍氏掌水禁而兼酒者酒亦水類也夫水所以載亦所以覆酒所以爲人合歡而溺則生禍命官曰萍取其浮水面而不沉且本草著其能勝酒則載于水而不爲害用于酒而不能溺周公之取類也何其深切哉

司寤氏　掌夜時以星分夜以詔夜士夜禁御晨行者禁宵行者夜遊者　寐而省曰寤官以司寤名　謂常覺而不寐也

夜則衆人皆寐奸盜恒乘間而出故立爲行夜之人以相更代易曰重門擊柝以待暴客動于極静之時所以爲預備之道也夜時冬至之夜五十九刻夏至之夜四十一刻猶今五更也夜士行夜檄候宫正夕擊欜而比之脩閭氏國中宿枑欜之類以星分夜者以星見爲夜時星没爲曉時也自始夜至半曰宵日未出曰晨其晨侵于夜而行者暮侵于宵而行者不可測其奸非也故晨行者禦之以待旦宵行者禁之而不得行夜遊者盤樂逸遊俾晝作夜爲非之端且妨衆人之息故嚴禁之三者皆所謂夜禁也司寤氏以此詔夜士守巡之

司烜氏掌以夫遂取明火于日以鑒取明水于月以共祭祀之明齍明燭共明水烜與絹反齍音資○夫遂謂木鐩也以木鐩鑽木于日中則得火夫

字未詳蓋或木字之誤鑒水晶鏡也照于月則水滴而下然今人以火鏡照日亦得火即水晶鏡也以方諸照月亦滴水即蚌之蛛也此言燧鑒者用其盛者耳取水火于日月以共陰陽之精未經人用無所汨亂清明純一故曰明以明火爨粢曰明火以明火燃燎曰明燭以明水共玄酒曰明水聖人祭祀所以致潔誠之至也

凡邦之大事共墳燭庭燎大事有昧爽或及暮者司烜共燭以爲明墳賁鄭氏作蕡蓋以麻骨爲燭幹易燃不滅今人多用之于義爲通墳燭執于兩階者庭燎即大燭設于庭及門外者中春以木鐸脩火禁于國中軍旅脩火禁脩火禁解見宮正彼言春秋于義爲備

國中火禁恐有失火之虞亦先事而戒也軍旅脩火禁軍中尤宜愼火也火之政令本屬夏官司爟而此復脩之者以刑官主禁戒之事也

邦若屋誅則爲明竁焉竁昌絹反

凡有辠或誅責或戕殺若徇罰朴罰憲罰之于市明刑于朝大辟于市必顯示于人欲以警衆之意唯宮刑以下不可以風故于屋中誅之卽勝國之社之屋也蠶惡風其室周密因謂刑者爲下蠶室然幽暗則行刑者無以爲見故爲之明竁竁穿穴也謂穿屋以露光若今明瓦然如穿穴之有光故曰明竁也

按明水明火秋德清明之象蕡燭庭燎主司照而亦以察奸明竁用刑所須火禁刑官禁戒之事故秋官特設

此職云

條狼氏掌執鞭以趨辟王出入則八人夾道公則六人侯伯則四人子男則二人

凡王出入虎賁氏先後王而趨在王前後也旅賁士夾王車而趨在王左右也條狼氏八人夾道趨辟則兩兩相偶夾馳道而在前也執鞭所以爲威公則六人而下在其國及至王國皆然蓋亦各有條狼氏故并著于此

凡誓執鞭以趨于前且命之凡誓大將主之條狼氏命之

誓僕右曰殺誓馭曰車轘轘音還誓大夫曰敢不關鞭五百

誓師曰三百誓邦之大史曰殺誓小史曰墨

僕右車之右殺斬也馭車之御車轘車裂也二者王與大將軀命所繫故刑之特重或謂古無車轘之刑然觀古者臯人不拏而甘誓所稱左不攻于左右不攻于右御非其馬之政汝不恭命予則拏戮汝者蓋軍瀆與平常自不同也大夫參將而下也軍令貴一故以順命爲上孫子瀆曰大吏怒而不服遇敵懟而自戰將不知其能曰崩此兵之大忌故有不關白于大將者鞭五百師謂大師主執同律以聽軍聲有失悞則鞭三百即書鞭作官刑也大史抱天時與大師同車天時者軍事所重其有失悞爲臯大矣故殺小史凡軍事佐太史其臯差輕故服墨刑也士師職以五戒先後刑罰一曰誓用之于軍旅故此所謂誓專主軍旅而言觀書有甘誓湯誓泰誓牧誓費誓秦

誓皆主軍旅之事可見矣此本夏官之事而掌于此者兵刑本一事也然所誓止于此蓋皆主官中領袖而言其他馭士之瀆與僨軍之誅則自有司馬之瀆故不繫于此也又按訝士邦之大事聚衆庶則讀其誓禁指田役之類即月令田司徒北面以誓之也田役之事比師旅爲輕故訝士司徒掌之又祀五帝冢宰掌百官之誓戒司寇涖誓百官郊特牲卜祭之日王立于澤親聽誓命祭祀之事亦與軍旅不同冢宰司寇自爲之故皆不屬于條狼氏也又曲禮約信曰誓書顧命恐不獲誓言嗣蓋誓又爲戒斷通稱也

修閭氏　掌比國中宿互㯾者與其國粥而比其追胥者而賞罰之　粥音育○國中城廓中也互即梐枑一名行馬所以斷行人㯾行夜所擊以巡警宿謂擊㯾守互之

夜士粥養也謂起徒役外遊養之羨卒也追胥追捕盜賊而竭作也宿互欜與追胥者有在否勤惰勤而得獲者宜賞惰而失脫者宜罰兹修閭氏比之也

○禁徑踰者與以兵革趨行者與馳騁于國中者

徑踰已下三者兹姦非之人若無故而爲比者徑踰則傷禾稼兵革趨行則或衆騎東馳騁于國中則傷人故兹禁之

○邦有故則令守其閭互惟執節者不幾

寇戎戎器等防姦非束之以爲變令各里之人守其閭互以斷出入則姦慝無所容有節者不幾通使命往來也

凡巡警之事王宮之比宮正掌之國門之守司門掌之國中九經九緯之道不可無備也二十五家爲里里有門曰閭閭有宿互欜一有緩急守此足矣故特設脩閭氏專掌其事以時比而脩之有故率而令之闔扇梐枑

道皆險也國㢸追胥人盡兵也所以姦慝無
自而匿秋官之設豈止刑獄之事而已哉

按聖人于秋官之設屬恒主教于未然防于無形民之
道貴柔不貴剛禁殺戮皆強梁武斷之事也人之從善
當獎勸而不可以阻尼禁暴氏皆以姦慝犯禁而不成
人之美者也道路河渠之紛紜不良之所逞也深山大
澤幽夜之中藏奸之所也水火有大利而亦有大害不
可以不防酒者人之所大欲而亦有大禍不可以沈溺
則有野廬氏蜡氏雍氏萍氏司寤氏司烜氏相與錯綜
廉察則亂何自而生哉百辟之守莫大于王宫后宫與
王之出入也故内宰宫正既掌其政令矣而守王宫之
隸執事后宫之奚禁暴氏復司牧之大僕虎賁既掌其
前驅趨辟矣而條狼氏復趨辟之蓋以王者動止之處
必以刑官臨之則人自知警畏也國家之政莫大于祭

祀罍紀軍旅賓客也故卿遂縣方士既各掌其禁令而戮其犯命矣而野廬氏蜡氏復掌其道禁禁暴氏戮其犯命者條狼氏掌其辟誓蓋國之大事必以刑官涖之則人心自肅然也萬一有奸盗竊發或皐人脱逃則有脩閭氏之澟人盡兵而道皆險何地可匿何路可脱哉故周公設官以不知者驟觀之若繁而不整然詳攷之必各有所司則其心精專而事益嚴密乃知其繁而理雜而不越也

周禮傳卷之五上

《蘇州全書》編纂出版委員會 編

·周禮傳

蘇州全書

甲編

蘇州大學出版社
古吳軒出版社

蘇州全書

甲編

《蘇州全書》編纂出版委員會 編

·周禮傳

蘇州大學出版社
古吳軒出版社

傳五下　秋官

周禮傳卷之五下

秋官下

冥氏下士二人徒八人（冥）音名掩覆不明意猛獸主掩取故以冥命官

庶氏下士一人徒四人（庶）音注繁庶名○毒蠱惡物其生繁庶掌其治療故命官曰庶

穴氏下士一人徒四人主除獸之穴居者取之有瀆故有世其官者

翨氏下士二人徒八人（翨）記翅二音翨鳥翮也職主攻猛鳥鳥之猛在翨故以名

柞氏下士八人徒二十人（柞）音窄詩云載芟載柞除木之名也職掌攻木之政

薙氏下士二人徒二十人〔薙〕音涕治草之名惡草生于庭除及稼圃者職主殺之

硩蔟氏下士一人徒一人〔硩〕擿惕二音字從石從折謂以石投擊而擿取之〔蔟〕清獨反聚也指鳥巢言

翦氏下士一人徒二人〔翦〕古翦字從羽言翦之如鳥羽之齊也借斷截義職主除蟲蠹故名

赤犮氏下士一人徒二人〔赤〕〔犮〕音赫跋鄭氏曰猶言捇拔主除蟲豸自埋者說文捇裂也

蟈氏下士一人徒二人〔蟈〕教獲反掌除水蟲月令螻蟈鳴其鳴與螻蛄同時故並言之蟈鳴聲尤聒人耳故以蟈名官

壺涿氏下士一人徒二人[涿]哲角反鄭氏曰壺尾鼓也涿擊也主以土鼓去水中毒蟲也

庭氏下士一人徒二人主射夭鳥令庭除潔清者也故以庭氏名官

冥氏掌設弧張爲阱擭以攻猛獸以靈鼓敺之[阱]穽通[擭]月卦反[敺]音區○弧弓也張謂張弧爲機以伺之書所謂若虞機張也或曰罿罦之屬謂張網取之也亦通靈鼓社祭之鼓○[罿]昌容反[罦]弻表反若得其獸則獻其皮革齒須備皮存毛有文章者革無文章而去毛者須頤下須備謂爪也

弧張阱擭所以攻取猛獸其有脫走或來迫人則以靈鼓敺之使驚趨弧阱或遠去猛獸不易得故言若得獻

其皮革齒須備不特去其害亦資其用也按猛獸多力非人所能敵貴以不見而取之弧張陷穽皆然古穽字作宓從宀從必取弋鳥必獲以其蓋覆之密耳即冥之意寇賊有梟鷙飆悍如猛獸者故兵灋曰形人而我無形取其不見掩其不備亦禦暴客之一道苟必欲堂堂正正與面决勝負何異於與猛烈禽獸鬭其爪牙者哉

庶氏掌除毒蠱以攻説禬之嘉草攻之

蠱類非一春秋傳皿蟲爲蠱謂虫生器中即翦氏蠹類也女惑男爲蠱指神明內蝕言也此所謂毒蠱若傳尸癆虫父子氣類相傳者及凡人臟腑所生虫其生息甚繁其種類亦甚多也又鬼方之人能爲蠱毒害人故鄭註引漢律曰敢蠱人及教令者棄市治蠱之灋不一或以祝或以藥或鍼灸割取隨人所傳授要取能除害而

已攻說禬之祀以陰陽正神而邪神自退避嘉草攻之以藥石能殺鬼邪者攻之其虫自死也

凡敺蠱則令之比之 凡有患蠱疾者司寇令庶氏敺之而比其優劣或曰庶氏既掌此治灋矣随所在之人其術有出于庶氏之外者庶氏復令之而比其優劣蓋奇疾則有奇方不可以舊灋拘也亦通 說音畫

穴氏掌攻蟄獸各以其物火之以時獻其珍異皮革 蟄丞立反 蟄獸非冬藏之蟄但取其穴居如蟄耳觀以穴名官可見蓋凡城狐社鼠及獸之作穴于冢墓者爲患非小義宜代取然有所忌不敢急攻取之之灋必烧其所食之物于穴外乃可餌而得也狐鼠之類其皮尤貴肉亦有珍異者故以時獻之舊說以蟄爲熊羆冬藏之屬獸之蟄者恐不得誘而出之耳

翨氏掌攻猛鳥各以其物爲媒而掎之以時獻其羽翮猛鳥鷹隼之屬各以其物隨其性之所宜或以鳩鴿之雛或以匹類但可媒而獲之者其瀼非一也掎羈其足翮鳥之六翮翅之最強者用爲矢翼尤爲勁利故獻之○掎音紀

柞氏掌攻草木及林麓舒氏曰草字衍文凡惡木必易生難滅掌攻木者去居地中惡木也木叢生曰林山足曰麓攻林麓者去其繁翳及除舊植新也

夏日至令刊陽木而火之冬日至令剝陰木而水之若欲其化也則春秋變其水火凡攻木者掌其政令

刋剝皆謂斫去其次地之皮互言之耳王氏曰木生于山南爲陽生于山北爲陰其陰陽之氣旣偏勝矣又因至陽之日刋而火之至陰之日剝而水之則不勝其陰陽之盛氣宜其死而不復生也化者化而爲土也陰木旣水之矣至春又從而火之陽木旣火之矣至秋又從而水之則其孽薄于陰陽相沴之氣化爲土也愚按草木自有得陰陽之氣者若梅桃榆栁菜麥萌于冬而成于夏松栢橘柚稻黍盛于夏而成于冬可以見之矣故欲殺之者夏刋陽冬刋陰以摧其生長之性欲用之者冬斬陽夏斬陰取其堅韌之時若山南山北唯林麓則可平地則不通合之乃備

王氏曰先王之于林麓欲其材木爲用則設官爲厲禁以養蕃之欲其地宅民稼穡則刋剝而化之帝省其山松栢斯兌柞棫斯拔則虞衡之官修焉作之屏之其菑

其翳修之平之其灌其例則

柞氏之職用焉○(菑)音兹

薙氏掌殺草春始生而萌之夏日至而夷之秋繩而芟之冬日至而耜之若欲其化也則以水火變之

春時始有萌芽而去之其爲力易夏至酷暑之時以鉤鎌于烈日中迫地除之亦能使之死秋時含實曰繩芟其繩則實不成熟所以滅其種冬至極寒之時以耜測凍土剗之則其根不復存此皆所謂殺草之灋也化謂和柔其土而耕稼之也以火燒其所芟之草既而水之則其土脉自和月令季夏燒薙行水利以殺草如以熱湯可以糞田疇美土疆是也

○(芟)恤咸反(鎌)音廉(剗)音産

掌凡殺草之政令

掌殺草者主公家之草薙氏自爲之掌凡殺草之政令者主場圃田疇之草敎民爲之也搜草一微物耳特設官以掌之何也蓋草之爲物無種而生不滋而榮高下原隰在在有之蕪穢潔清之地使不可居殄絕嘉種令無噍類少失于防閑則瀰漫糾纏後雖致力加倍而且嬰其害矣故立之專職俾得專心致志以治之茍失于芟除則責有所歸計其祿食不過二十二井公田之入而國中郊野可以無草害所以爲力省而事治也

硩蔟氏掌覆夭鳥之巢夭與妖同夭鳥得陰陽偏邪之氣而生飛集入屋能爲不祥若鴞鵩鬼車之類也以方書十日之號十有二辰之號十有二月之號

十有二歲之號二十有八星之號縣其巢上則去之鄭氏曰覆猶毀也方版也日從甲至癸之十干辰從子至亥之十二支月與歲者爾雅釋天文太歲在寅曰攝提格在卯曰單閼在辰曰執除在巳曰大荒落在午曰敦牂在未曰協洽在申曰涒灘在酉曰作噩在戌曰閹茂在亥曰大淵獻在子曰困敦在丑曰赤奮若又正月爲陬二月爲如三月爲寎四月爲余五月爲皋六月爲且七月爲相八月爲壯九月爲玄十月爲陽十一月爲辜十二月爲涂星謂從角至軫右旋數之

歲日月星辰所臨之位號皆天地正氣神明之所在故書其全則妖自不能容而去之道家之符蓋亦此意凡有鬼神之祆亦當用此灋也

翦氏掌除蠹物（蠹）音妬○蠹字建首從橐省指囊橐中所生故鄭氏以爲蠹物穿食器物也又若蚤虱臭虱書蠹魚皆是又蠱亦蠹類故翦氏亦與庶氏相通而云凡庶蠱之事也以攻禜攻之以莽草熏之凡庶蠱之事（禜）音詠

蠹物在器物衣服臟腑之內難以攻取且其類甚繁不可斷滅故庶氏以攻說禬之翦氏以攻禜攻之禜祭名主祈于正神以逐其邪庶氏以嘉草攻之翦氏以莽草熏之然主以藥物治之也

赤犮氏掌除墻屋以蜃炭攻之以灰洒毒之凡隙屋除其貍蟲（洒）恤買反（貍）音埋

凡墻屋無空則凡蛇蝎蠼螋蜈蚣白蟻之類必不能藏蜃炭大蛤灰掌蜃所共其質黏故以塞墻屋其性烈故沃灰以洒之則虫死此主藏于墻屋者言隙屋謂墻屋有相夾處亦虫豸所埋故幷除之○〔豸〕丈禮反無足虫

蟈氏掌去鼃黽〔鼃〕英瓜反〔黽〕明梗反○鼃即蟈也黽耿黽也與鼃同類其形差小而怒鳴則一故焚去之焚牡蘜以灰洒之則死以其烟被之則凡水蠱無聲〔蘜〕菊

通○牡蘜鄭氏云蘜有黄華爲牝牡蘜其不華者未詳是否以牡蘜所焚之灰洒之則鼃黽死焚牡蘜而其烟被于水面則凡水虫之有聲者能令其喑也

人心通竅于耳目鼻口投間抵隙皆足爲病先王爲之冕旒蔽目紸纊塞耳使神明内藴而又有銜枚氏以司

黽庶幾奏假無言內斯靜專矣唯夫蟲鳥之聲能亂人聽故特設射鳥氏以敺鳥蟈氏以除水蟲所以齋肅嚴靜內外交脩之道不然聖人豈于此微物而爲之設官哉

壺涿氏掌除水蟲鄭氏曰水蟲狐蜮之屬以炮土之鼓敺之以焚石投之若欲殺其神則以牡橭午貫象齒而沈之則其神死淵爲陵炮音苞橭音孤〇炮土之鼓瓦鼓也神水神龍罔象也橭山榆也以牡橭木爲幹以象齒縱橫貫之爲十字沉之水中也

劉氏曰土之性沉而克乎水炮而爲鼓擊諸水上則深淵可達入水而應于土故也王氏曰以牡橭午貫象齒

而沉之水神感其氣而死其神既死則淵實爲陵聖人
所以變化驅除之術非深窮物理之生克孰能與此夫
琥珀拾芥磁石引鍼戎鹽累卵獺膽分杯壞漆以蟹浣
錦以魚散血以藕皮毀金以羊角皆出自然之理也

庭氏掌射國中之夭鳥若不見其鳥獸則以救日之弓與
救月之矢夜射之若神也則以大陰之弓與枉矢射之(夭)妖
通○鄭氏曰不見鳥獸謂夜來鳴呼爲怪者獸狐狼之屬
神謂非鳥獸之聲若神降于莘或叫于宋大廟嘻嘻出出
者救日之弓救月之矢謂救日月所作之弓矢也大陰之
弓即救月之弓枉矢其救日之矢歟不言救月之弓與救
日之矢互言之救日用枉矢則救月以恒矢可知也
王氏曰救日月之弓矢精氣足以勝妖故以此射之按

司弓矢職云枉矢利火射辟氏曰枉矢狀如流星行時有光蓋取以陽勝陰之意也

按冥氏以下十二官皆主以刑而除夫鳥獸蟲魚草木之爲害于人者冥氏攻猛獸穴氏攻蟄獸翨氏攻猛鳥硩蔟氏覆夭鳥之巢皆惡鳥獸之有種類者庭氏射夭鳥謂感不正之氣所生而無種者庶氏除毒蠱翦氏除蠹物赤犮氏除牆屋貍蟲蟈氏去鼃黽壺涿氏除水蟲天地有猛烈肅殺偏邪乖戾不正不和之氣物感之而生大而豺狼蛇虺小而蟲蠹蚤虱皆爲害于人以至柞氏之攻木薙氏之殺草聖人皆每事設官者蓋各司其事則精專而不貳且竝以氏名豈古人于小道必有世執其業者故以世官歟

又按自古聖人爲網罟以佃漁之後人之于禽獸虫魚縱之則傷義過殺則不仁周禮于六官皆有育萬物之

責而治教政刑于是分掌焉故天官之獸人𩟽人鱉人曰時田時𩟽時籍總執其佃漁之政使不暴天物也地官之虞衡掌山澤之政令厲禁所以長蕃鳥獸草木也春官之大司樂樂六變而致羽臝鱗毛介象之物致中和以作動物也夏官掌政而有服不氏以服猛獸射鳥氏以敺烏鳶則鳥獸之不服者猶馴之以攻取之政而況負固放弑之國乎秋官掌刑而有冥氏已下十二官則凡猛鷙昆虫與夫托于神姦而爲害者莫不能逃夫刑罰之威而況于姦慝暴亂之人乎分之則有覆載生殺之異合之則均有曲成之責非聖人其孰能與于此哉又天官不當司小事而有獸人已下四官以其聯職膳夫夏官主正不服之鳥獸而有掌畜之官亦主于教擾周禮設官亦有以類相附者政刑之事實相表裏也○播昌角反

銜枚氏下士二人徒八人鄭氏曰銜枚止言語囂讙也枚狀如箸橫銜之爲之繣結于項

按枚非能禁止人言但銜之則知所警戒而自不敢言耳

銜枚氏掌司囂國之大祭祀令禁無囂軍旅田役令銜枚禁嘂呼歎鳴於國中者行歌哭于國中之道者囂音梟嘂音叫

人心屬火通竅于舌好動而不靜故多言乃人之常苟不有以禁之則宗廟朝廷禮灋之地軍旅田役威嚴之所惟有喧囂之聲而將不顧矣掌司囂者察在朝者言語無得喧嘩此與朝士之禁族談聯職也大祭祀令助祭者禁止喧嘂所謂奏假無言也軍旅田役人衆不能徧喻故令銜枚以知戒所謂選徒囂囂有聞無聲也聲

大而急曰𠴲高而緩曰呼嗟怨曰歎悲傷曰嗚與夫行歌行哭者皆惑衆且不祥故此官埶禁之

伊耆氏下士一人徒二人 耆音祈

伊字從人從尹謂人有所輔而有立不偏耆老人也杖者老人所伊此官共齒杖故以伊耆氏名又郊特牲云伊耆氏始爲蜡明堂位云土鼓蕢桴葦籥伊耆氏之樂也蓋古王者之號以其始爲蜡禮以息老物故杖以安老取其號以示義秋之德物成而養之伊耆氏主優老有養意且軍旅授有爵者杖亦警戒意故屬之秋官

伊耆氏掌國之大祭祀共其杖咸軍旅授有爵者杖共王之齒杖 咸古緘字

王制八十杖于朝慈必君賜之乃敢杖故曰王之齒杖臣有年齒當杖者以王命賜之杖主伊耆氏共之祭祀尚敬雖當杖者不敢執主伊耆氏緘之事畢復授之此其專職也軍旅凡有爵者軍將師帥旅帥卒長兩司馬之屬各當有杖以表尊立威示衆施教恭誓所謂左杖黄鉞也亦伊耆氏授之此蓋兼職也

附載八蜡說

禮記郊特牲云天子大蜡八蜡也者索也歲十二月合聚萬物而索饗之也主先嗇神農氏始知粒食而祭司嗇也后稷教民稼穡祭百種以報嗇也百穀之神饗農田畯及郵郵亭即茇舍猶詩召伯所茇也表正日

景瀍器農家所取畷阡陌間封土
以測候及作室者畷以爲界限者禽獸猫
虎仁之至義之盡
也古之君子使之必報之通上五者皆
農家所使迎猫爲其食田鼠
也迎虎爲其食田犬也迎而祭之也謂迎猫
虎之神祭坊徑畛涂
道路與水遂溝洫
澮川庸事也庸功也坊水各有
所事于民有功

愚按大蜡之祭合聚萬物而索饗之故曰蜡觀字從虫
可見曰主先嗇而祭司嗇祭百種以報嗇者蓋主祭先
農配以后稷而因以祭百種曰饗農及郵表畷禽獸者
蓋饗田畯而及其所居所有事之物神與嗇入與物語
意自有抑揚而不相混豈以神農后稷之尊神田畯農
官而司于禽獸器物之類哉故所謂八者百種一郵二

表三啜四猫五虎六坊七水八也

大行人中大夫二人小行人下大夫四人司儀上士八人中士十有六人行夫下士三十有二人府四人史八人胥八人徒八十人

秋官司寇序官曰掌邦刑以佐王刑邦國大宰刑典小宰刑職𢇁先之以詰邦國書周官司寇掌邦禁詰姦慝除暴亂夫所謂姦慝暴亂孰有大于邦國之不道者哉彼其挾崇高富強之資以爲惡誠所謂虎而翼者苟非王國有以制馭之將安所忌憚且瀀之不行自上犯之苟不此之務而唯小民之過誤是詰正猶舍豺狼而逐

狐狸也此周禮所以詰之刑之必以邦國爲首鄉記曰人藏其心不可測度也欲一以窮之舍禮何以哉故劉康公以成子之授脤不敬而知其不反蓋失禮則入刑謂之刑邦國者非必加以刑罰謂先正以灋則之云耳夫行人之職在虞廷爲四嶽之官所謂賓于四門也而周公以之屬于秋官者主于齊之以禮而雍穆之齊之不從而後有掌交以諭之利害国人達之灋則其又不改而後有司馬之灋設官之旨深哉

環人中士四人史四人胥四人徒四十人夏官亦有此屬與此名同意異

象胥每翟上士一人中士二人下士八人徒二十人

禮記王制東方曰寄南方曰象西方曰翟北方曰譯皆通夷狄之言者翟即司隸四翟蠻閩夷貉也此官主通

四夷之言而總以象名又但舉夫每翟者周之化自北而南也胥者有才知之稱

掌客上士二人下士四人府一人史二人胥二人徒二十人主賓客牢禮之數

掌訝中士八人府二人史四人胥四人徒四十人訝迎也專主迎送之事故以訝名鄉士之屬復有訝士者其職主迎國獄訟然亦兼迎賓者蓋以刑官而迎賓客入無敢犯而賓客亦無敢越禮也

掌交中士八人府二人史四人徒三十有二人

交通也使王之情通于諸侯諸侯及萬民之情通于王也易曰上下不交而天下無邦此掌交之所由設歟

掌察四方中士八人史四人徒十有六人主督察邦國之事

掌貨賄下士十有六人史四人徒三十有二人凡賓客貢獻王國侑贈之貨賄必經行人之屬掌貨賄之手主傳道而不停留者故士徒皆多有史而無府也

大行人掌大賓之禮及大客之儀以親諸侯春朝諸侯而圖天下之事秋覲以比邦國之功夏宗以陳天下之謨冬遇以協諸侯之慮時會以發四方之禁殷同以施天下之

政○時聘以結諸侯之好殷頫以除邦國之慝間問以諭諸侯之志歸脤以交諸侯之福賀慶以贊諸侯之喜致禬以補諸侯之烖

大賓來朝之諸侯大客來朝之孤卿大夫然分言則有異單言亦可通稱覲詩稱宋公爲有客可見言禮儀者亦互文也王者灋天行道春者天運一新因朝以圖天下之事詢謀咨度若舜之明目達聰也夏者天道大亨因宗以陳天下之謨興利除害政無不舉也秋者物皆成實因覲以比邦國之功治功至秋而成比之使無怠荒也冬者天運一終周而復始因遇以恊諸侯之慮謀有同異恊之使無不一則治常出于一也朝宗覲遇王

朝于四時各有其政九服邦國自一歲一見以至于世王雖有疏數之期但隨其所至王朝之時即行其禮得與聞其政發四方之禁者將行九伐合諸侯而命事也殷同者王不巡守諸侯衆見天子施天下之政如巡守之禮也語意與大宗伯小異者彼以諸侯有事天子而天子親禮之爲文此專以天子施政教于天下因諸侯之來而親禮之爲文也○時聘者天子使王臣聘問列國以致和好之情內府凡適四方使者共其所受之物而奉之典瑞所謂琬圭以治德以結好春秋此禮猶存天王使凡伯南季聘于隱仍叔之子家父聘于桓是也殷頫即下文三歲徧頫四海之廣一日不謹則孼蘖萌焉王臣徧視列國使其兢業戒慎不敢違禮也語意與大宗伯不同彼以諸侯使臣聘頫天子言此則以天子使臣聘頫諸侯立文與閒問一例也舊說以諸侯使臣

來聘頫王以禮見之而結其恩好牽合甚矣間問者小聘曰問王臣存問于列國使諸侯之志靡不曉諭王之善意也歸脤者宗廟社稷之胙分惠于同姓之國及異姓有大功者共享神之福賀慶者諸侯有嘉事若冠昏之類則賀慶之以賛助其喜致禬者即大宗伯凶禮五以哀邦國之憂也朝宗覲遇會同天子因諸侯之來而待之之禮聘頫問脤賀天子使其臣下交于諸侯之禮王之所以親諸侯者如此

以九儀辨諸侯之命等諸臣之爵以同邦國之禮而待其賓客

九儀即九命之儀也公侯伯子男自九命至五命諸侯之孤卿大夫士其爵自四命至一命命與爵既定天下

邦國之君臣相聚一以是爲準而待之更無相奪倫所以同邦國之禮也

上公之禮執桓圭九寸繅藉九寸冕服九章建常九斿樊纓九就貳車九乘介九人禮九牢其朝位賓主之間九十步立當車軹擯者五人廟中將幣三享王禮再祼而酢饗禮九獻食禮九舉出入五積三問三勞（繅）音藻（藉）音榭（斿）由旒二音（軹）哲禮反（祼）灌通（食）音嗣予賜反（勞）去聲

諸侯之禮執信圭七寸繅藉七寸冕服七章建常七斿樊

纓七就貳車七乘介七人禮七牢朝位賓主之間七十步立當前疾擯者四人廟中將幣三享王禮一祼而酢饗禮七獻食禮七舉出入四積再問再勞諸伯執躬圭其他皆如諸侯之禮（信如字）

諸子執穀璧五寸繅藉五寸冕服五章建常五斿樊纓五就貳車五乘介五人禮五牢朝位賓主之間五十步立當車衡擯者三人廟中將幣三享王禮一祼不酢饗禮五獻

食禮五舉出入三積一問一勞諸男執蒲璧其他皆如諸子之禮

此所謂辨諸侯之命也桓信躬穀蒲諸侯守圭繅藉織爲繅文以藉玉者各如其玉之長此守國之瑞玉朝聘則執以爲信也○冕服者冕而所服之衣龍山雉火宗彝藻米黼黻公自龍而下曰袞衣其章九冕之斿亦九侯伯自雉而下曰驚衣其章七冕之斿亦七子男自宗彝而下曰毳衣其章五冕之斿亦五也常所建之旗旗斿繆所垂也樊馬腹帶纓馬而鞅采色一成曰就貳車副車辨典曰車服以肅辨尊卑者莫大于此二者也○介輔已行禮者擯主國所使出接賓者擯用命數之半故介則以九七五而擯則以五四三謙已之意也朝位

大門外王車出迎相見處也上公未至門九十步侯伯七十步子男五十步迎送以遠爲敬也軹車轂末前疾輪在前疾處衡駕馬之處蓋車自後而下以進前爲敬王立當軫故公則當軹侯伯則當輪子男則當衡也此門外迎送之禮○廟中受命于祖廟也諸侯將幣以享王五等諸侯皆三享束帛加璧庭實唯國所有明臣職也王禮王以鬱鬯禮賓致其誠如禮神也上公再祼而酢者王酌圭瓚祼賓大宗酌璋瓚代后再祼于是賓酢王侯伯一祼而酢者王祼賓賓酢王無后祼禮也子男一祼不酢王祼賓而已賓不酢王也饗禮者朝享後日王速賓就廟中以大牢飲賓以酒爲主每獻有獻酢酬如是者凡九行或七行五行也食禮者以大牢食賓以食爲主一舉牲體而一舉樂如是者凡九舉或七舉五舉也此廟中受享及饗食之禮○禮九牢七牢五牢者

謂朝享後致饔餼大禮陳之于館者也三牲具爲牢此在館之禮○出入者自來而入至去而出也積者僕從車馬之費有牢禮米禾芻薪問者問其無恙勞者慰勞其勞苦此在道之禮○自瑞玉車服及在朝在館在途其禮無不同而有隆殺之義大要上公九命故以九爲節侯伯七命故以七爲節子男五命故以五爲節也

凡大國之孤執皮帛以繼小國之君出入三積不問一勞朝位當車前不交擯廟中無相以酒禮之其他皆眂小國之君○凡諸侯之卿其禮各下其君之禮二等以下及其大夫士皆如之一本無之禮二字

此所謂等諸臣之爵也大國之孤不問不交擯無相以酒禮之無祼酢未有君道也其他眡小國之君者謂禮五牢饗禮五獻食禮五舉也○諸侯之卿各下其君之禮二等者凡諸侯國君之禮三上公九命爲大國其禮爲上等伯視侯皆七命爲次國其禮爲中等男視子皆五命其禮爲下等凡三等也臣之禮自四命以至一命凡四等也諸侯之卿各下其君之禮二等然則大國上等下其君二等則當與小國之君同禮故傳曰大國之孤當小國之君固周制也正謂此耳又下及其大夫士故卿三命大夫再命上士一命也次國中等下其君二等故卿三命又下及其大夫士故大夫再命上士一命也小國下等下其君二等故卿再命又下及其大夫士故大夫一命其冕服車旗擯相朝位饗食之禮皆以是爲差也

大行人侯國君臣禮儀圖

五等國	諸公	侯	伯如侯禮	子	男如子禮	大國之孤
圭	桓圭九寸	信圭七寸	躬圭七寸	穀璧五寸	蒲璧五寸	皮帛繼子男
繅藉	九寸	七寸		五寸		
冕服	九章	七章		五章		
建常	九斿	七斿		五斿		
樊纓	九就	七就		五就		
貳車	九乘	七乘		五乘		
介	九人	七人		五人		
禮	九牢	七牢		五牢		

朝位賓主	九十步	七十步	五十步	
立當	車軹	時疾	車衡	車前
擯者	五人	四人	三人	不交擯
廟中將幣三享王禮	再祼而酢	壹祼而酢	壹祼不酢	無相以禮之
饗禮	九獻	七獻	五獻	
食禮	九舉	七舉	五舉	
出入	五積三問三勞	四積再問再勞	三積壹問壹勞	三積不問不勞

邦畿方千里其外方五百里謂之侯服歲一見其貢祀物
又其外方五百里謂之甸服二歲一見其貢嬪物又其外

方五百里謂之男服三歲一見其貢器物又其外方五百里謂之采服四歲一見其貢服物又其外方五百里謂之衛服五歲一見其貢材物又其外方五百里謂之要服六歲一見其貢貨物九州之外謂之蕃國世一見各以其所貴寶爲摯（嬪）音賓（要）平聲（蕃）音凡

畿猶限也侯甸男采衛義見大司馬五服之外謂之要服取要束之意大司馬謂之蠻服者取羈縻之意也九州之外謂之蕃國以蕃屏爲義大司馬分爲夷鎮蕃三服其義一也祀嬪器服材物義見冢宰莫重于祀故侯

服貢之莫要于嬪故甸服貢之成器非一方所有故男服貢之幣與服相類雖遠易致故采服貢之美材者遠方所有故衛服貢之貨者不易得而易致故要服貢之此亦約六服所貢之大分而言耳職方氏云施其貢各以其所有一言盡之矣自歲一見至六歲一見此其朝之期以地之遠近爲限也自其貢祀物至其貢貨物則歲皆有之即小行人之春入貢也舊謂因朝而貢則絲枲豈待于二年幣服豈待于四年乎蕃國世一見者無朝貢之期父死子立及嗣王即位皆一來朝但各以其國之所有貴寶用爲摯見之禮耳

王之所以撫邦國諸侯者撫巡綏安之也歲徧存每歲大者孤卿小者如小行人徧遣至于諸侯之國致其念存之意三歲徧頫覜其政事即殷頫以除邦國之慝也五歲徧省

察其風化如易省方觀民之省七歲屬象胥諭言語協辭命象胥掌通言語之官屬如屬民讀灋之屬聚也聚于王國正其語音善其辭令九歲屬瞽史諭書名聽聲音瞽掌聲樂史掌字書聚于王國諭其書字以同其文聽其音聲以同其律十有一歲達瑞節六瑞六節使通行無壅滯同度量度丈尺量斗斛俾無大小成牢禮平其偕陋同數器數有用五用十器謂五禮之器脩灋則八灋治官府八則治都鄙齎之以往使無不脩舉十有二歲王巡守殷國巡守者巡諸侯之所守春東方夏南方秋西方冬北方也殷國者不巡守而諸侯衆見天子亦春東夏南秋西冬北分方而來或于王畿或于侯國擇便行之

校諸侯于天子每歲有貢獻聘問之禮天子雖有賑膳賀慶致禬等禮然不能徧及也故每歲而徧存之無間于親疎大小所以下交于諸侯也三年大比則受邦國之比要故每三歲則徧頫之十二歲中爲四頫觀其所上治之誠僞也虞廷五載一巡守周人遲至于十二歲故五歲則徧省之十二歲二省蓋常恐有意外之變所以致其警戒之意也至于五方之人言語不通及大視六辭之命有不協同則無以通使命故七歲召其象胥以正之此即象胥之事也書不同文音不恊律則無以致治故九歲召其瞽史而正之此即大司樂禁其淫過凶慢之聲外史達書名于四方之事也達瑞節者小行人之成六瑞達六節同度量者即舜之同度量衡成牢禮者即掌客賓客牢禮之等差同數器者即舜之如五器脩灋則者即大宰之八灋八則皆小行人職所謂使

適四方協九儀賓客之禮等事也自七歲屬象胥而下
謂自巡守之後于七歲九歲十有一歲先巡守而行之
皆爲巡守而設使不陷于罪戾也至于十有二歲則王
于是而時巡之王制所謂命大師陳詩以觀民風命市
納賈以觀民之所好惡命典禮考時月定日同律禮樂
制度衣服正之用賢而有功德于民者加地進律失賢
而殃民者則有讓大約殷國之灋如之所以維持治具
提攝人心使天下之治常日新而不壞運旋天下之要
道也唐虞禮簡而用省故五載一行周人禮文繁縟費
用亦廣故十二歲一行然觀徧存巳下六事及將巡守
職方氏又戒于四方則時巡之典雖踈而
周行之灋更客賓無曠于諸侯之事也

凡諸侯之王事辨其位正其等協其禮賓而見之若有大

器則詔相諸侯之禮若有四方之大事則受其幣聽其辭

王事朝覲之事辨其位九十七十五十步又如朝于明堂各有位次也正其等謂冕服車旗擯介饗食皆有等級也禮者諸侯所以獻王侯國有大小務使和平而不頗皆大行人賓接之而使之見于王無使失禮也大器諸侯爲天王斬衰爲王后齊衰哭踊進退皆有禮濵大行人主詔相之四方大事諸侯有冦戎而告急也禮動不虛皆有幣以崇敬大行人受其幣聽其辭而以告于王○右大行人于賓客至王國所執之事

凡諸侯之邦交歲相問也殷相聘也世相朝也

邦交謂在一州之中同盟者一往一來相與脩親仁善鄰之道小聘曰問每歲使大夫行之中間復使卿爲大

聘春秋傳孟僖子如齊殷聘是也父死子立曰世嗣君初立往朝于列國列國之君亦來朝于嗣君此諸侯自相交之禮不以大小而有異聘義曰天子制諸侯比年一小聘三年一大聘使者聘而誤主君弗親饗食所以愧厲之也諸侯相厲以禮則外不相侵內不相陵此天子所以養諸侯兵不用而諸侯自爲正之具也

小行人　掌邦國賓客之禮籍以待四方之使者令諸侯春入貢秋獻功王親受之各以其國之籍禮之

貢即祀嬪器服材物六者制其貢各以其所能也冬成而收之故春而入焉功即方伯連帥等制其職各以其所能也圖于春而比于秋故秋而獻焉五等諸侯貢獻之禮彼所以來此所以待之各有常典書之于籍左傳

曰非禮也勿藉是也貢獻諸侯不皆親行故云待四方之使者以其爲天産天工國之大事故王必親受之而各以原定之藉賓禮之

○右受邦國貢獻之禮

凡諸侯入王則逆勞于畿及郊勞眂館將幣爲承而擯凡四方之使者大客則擯小客則受其幣而聽其辭

入王朝覲于王也至王畿小行人逆勞之及郊王使大行人勞之入國王使卿致館皆小行人爲承擯將幣廟中將幣三享也王親受之宗伯爲上擯亦小行人爲承擯大客孤卿也擯而見于王使得親言小客大夫士也王不親見故受其幣聽其辭以告王大事大行人聽之此常事也○右小行人于諸侯諸臣入王國所執之事

使適四方協九儀賓客之禮

使適四方者王使小行人適于四方也或每歲而使之徧存若下文賻補賙委之五事書其利害之五物或十有一歲達瑞節同度量成牢禮先巡守之歲而舉行之以待王之時巡也協者斟酌損益使諧和合同之意

朝覲宗遇會同君之禮也存頫省聘問臣之禮也

南面人君所行之禮有朝覲宗遇會同六者或以之而事王或以之而自相朝會者也人臣所行之禮有存頫省聘問五者或王臣行之于侯國或諸侯使人于天子及鄰國者也自上公以至于下士有九等之命不同則其所行之儀與人所以待之之儀名不同固有一定之籍但有變故不齊沿革歲久不能無異者小行人奉使

六節

于四方時因而和協之使不至于乖戾庶禮之行乆而無滯也○右小行人適四方所協之禮

達天下之六節山國用虎節土國用人節澤國用龍節皆以金爲之道路用旌節門關用符節都鄙用管節皆以竹爲之

六節皆邦國所用以通于天下者達之者齊其式灋而後可以通行也虎人龍皆以金象其形而爲之輔之以英蕩旌符管皆以竹而刻其文傳之以文書其詳見于地官掌節此與掌節有異同者天子使于諸侯諸侯使于天子其爲節異則不合及夫天子諸侯之門關道路節異則不通故虎人龍旌符五者所以同也天子之都

六瑞

六幣

鄙守之者諸侯故以角諸侯之都鄙守之者卿大夫故以管所以不同天子之監邦國者有玉節諸侯無所用之貨賄用璽印文而已其事微故二者唯掌節爲備此小行人達天下之節稍異于掌節也

成六瑞王用瑱圭公用桓圭侯用信圭伯用躬圭子用穀璧男用蒲璧瑱音鎮

六瑞詳見大宗伯成之者或封諸侯而創爲之或有壞損而續爲之也

合六幣圭以馬璋以皮璧以帛琮以錦琥以繡璜以黼琮音崇琥音虎璜音黃〇六幣馬皮帛錦繡黼可以爲車服之用圭璋璧琮琥璜皆玉也可以爲祭祀國家之用詳見典

瑞

此六物者以和諸侯之好故好去聲

凡享皆束帛加玉奉于堂上皆有庭實以配之所謂六幣也馬者駕車所用幣之至貴皮者夘特牲云虎豹之皮示服猛也可以爲裘故合圭以馬合璋以皮馬非幣類以其相合之等故總稱之耳純色曰帛采色曰錦凡絲工一色者必精故以帛爲上覲婚禮聘禮食禮皆以束帛爲上束錦爲次故合璧以帛合琮以錦繡黼皆陰工繡則五色之全黼則白黑而已故合琥以繡合璜以黼覲禮子男已入侯氏用璧五等諸侯同也王人云璧琮九寸諸侯以享天子蓋享天子以璧享后以琮又聘禮享君以璧享夫人以琮玫工記云瑑琮八寸諸侯以享夫人下于天子后故以瑑也此云圭璋琥璜者鄭氏云二王之後享天子以圭璋子男自相享用琥璜理或然

也然此特以相享而言攷工記曰大璋九寸諸侯以聘女又晉人以垂棘之璧屈産之乘以假道凡往來之禮亦通用之無事而致和好之情曰好有事而用幣以致之曰故小行人爲之合六幣所以和其好故也〇巳上即大行人十有一歲成牢禮達瑞節之事

侯國事故五物

若國札喪則令賻補之若國凶荒則令賙委之若國師役則令槁禬之若國有福事則令慶賀之若國有禍烖則令哀弔之凡此五物者治其事故

(槁)(禬)槁 會通

札謂疫癘自國人言喪謂薨卒自國君言賻補者贈之以財即喪禮哀死亡也穀不熟曰凶凶甚曰荒賙委者

萬民風化五物

如縣都之委積以待凶荒令邦國移民通財以賙恤之即荒禮哀凶札也師役者國被兵或興大役稿猶犒師助之兵食禬合衆出財更其所喪即禬禮哀圍敗恤禮哀寇亂禍烖水火爲害及地震川竭之類哀而弔之即以弔禮哀禍烖也已上四者皆大行人致禬以補諸侯之烖之事也福事若冠昏之類賀慶以樂之即大行人賀慶以贊諸侯之喜之事也五事告之于王而施以五禮此王之德意所以常流通而無壅滯也

及其萬民之利害爲一書其禮俗政事教治刑禁之逆順爲一書其悖逆暴亂作慝猶犯令者爲一書其札喪凶荒厄貧爲一書其康樂和親安平爲一書凡此五物者每國

辨異之以反命于王以周知天下之故

四海之內舉切吾身然天下事變無窮而王之耳目有限故行人爲之書以述其事書萬民之利害者此自地利言利者興而害者除也書其禮俗政事教治刑禁之逆順者此自政事言順則因之逆者革之也書其悖逆暴亂作慝猶犯令者此專自其逆甚者言欲消弭之也書其札喪凶荒厄貧者受天之禍思欲極救之也書其康樂和親安平者受天之祜紓其憂念也凡此五物者每國辨異之以反命于王使王得以周知而施均平之政也○已上皆大行人一歲徧存之事

司儀掌九儀之賓客擯相之禮以詔儀容辭令揖讓之節

大賓大客九等命數之儀皆司儀掌之出接賓曰擯入贊禮曰相儀容以相接辭令以宣意揖讓以相欽司儀主爲擯相以詔告其節使王無失禮于下也

將合諸侯則令爲壇三成宮旁一門○詔王儀南鄉見諸侯土揖庶姓時揖異姓天揖同姓○及其擯之各以其禮公於上等侯伯於中等子男於下等其將幣亦如之○王燕則諸侯毛

合諸侯謂有事而會也會必先拜日月拜畢而祀方明祀畢諸侯上介皆奉其君之旂置于宮乃詔王升壇諸

侯各就其旂而立王揖而進之諸侯各于其等奠玉降
拜後升奠玉處成拜乃升授王玉爲壇者儀禮春拜日
于東郊則爲壇于國東夏禮日于南郊則爲壇于國南
秋禮山川丘陵于西郊則爲壇于國西冬禮月與四瀆
于北郊則爲壇于國北愚按小宗伯四類之兆鄭氏謂
日東月西其義甚明此所陳日月山川四瀆等語疑有
錯誤當參于小宗伯三成者三級也每成高一尺降登
以別君臣上下也宮旁一門者以爲四面明神之所向
會諸侯而必拜日月祀方明者循四時之朝而必帥之
以奉祭祀雖天子言有所尊所以教諸侯之敬也○王
位必南向者南面而聽天下向明而治也天揖者舉手
稍上時揖者時中也謂舉手平衡土揖者謂舉手稍下
同姓姬姓也有伯叔父故尊之異姓者齊秦婚姻等國
也有伯叔舅故次之庶姓小國之君無親故從臣禮此

謂王之事○擯之各以其禮者謂奠玉成拜之處有此三等公爲大國故就上等侯伯爲次國故就中等子男爲小國故就下等覲此則舊說相傳以謂周尊同姓非也蓋先同姓者親親而後及于隣國左氏所謂寡人若朝于薛不敢與諸任齒是也至若宋爲上公自當就上等乃先王作賓之意豈亦在同姓之後又如記稱外朝以官宗廟之中以爵爲位何嘗以同姓爲重必尊之爲上等乎將幣諸侯享王也其禮者王禮再祼一祼也朝覲皆于廟中會則即于壇行之茲從上中下三等之位此擯諸侯之事○凡燕公三侯伯再子男一毛髮也以髮之白黑爲次謂序齒也燕者王所以叙恩好觀湛露之詩云不醉無歸其情可見故諸侯以毛髮爲坐次也

覲禮司儀壇壝宮圖

覲禮方明圖

凡諸公相爲賓謂相朝也○主國五積三問皆三辭拜受皆旅擯賓所停止之處則使大夫致積遺人五十里有市市有侯館侯館有積是也以其間閒使大夫致問安否積問皆有幣賓三辭不敢當也拜而受之敬主君之命○再勞也旅擯者直陳擯介不傳辭也不言登受于庭也三辭三揖登拜受拜送以其行道勞苦則有勞一勞在境再勞在遠郊皆使卿勞皆有幣亦三辭三揖者聘禮入門揖當碑揖升堂揖也賓親拜受其勞拜送其使○主君郊勞三勞在近郊君親爲之交擯三辭交擯者賓君主君各陳擯介使傳辭也三辭者賓傳辭告至主人傳辭請事賓復傳

辭告以來意謂之三辭凡交擯者例皆如此**車逆拜辱**賓以主君親來乘車出舍門而迎之君欲遠就之者然見之則下拜謝其自屈辱而來也**三揖三辭拜受**三揖三辭拜受其勞禮**車送三還再拜**及去又出車君欲遠送之者然主君三還辭之賓君乃再拜送之也凡拜送賓皆不荅拜者爲固辭其送去而不顧也車送迎之節各以其等則諸公九十步立當車軹○**致館亦如之致飧如致積之禮**飧音孫○致館者賓始至則使大夫館賓聘禮云大夫帥至館是也主君又親致之其逆送拜受一如郊勞飧食也初至使大夫致小禮聘禮宰夫設飧玆如郊勞禮

按聘禮上卿館于大夫大夫館于士士館于工商鄭氏云賓君館于主君太祖廟門外上卿館于下卿之廟下

卿館于大夫廟，大夫館于士廟。左氏子產對士文伯曰文公之爲盟主也，崇大諸侯之館，館如公寢，庫廐繕修，則又若別有館者。疑古者朝聘禮繁，又如王國諸侯朝覲者尤多，公館必有所不備，故有館于其臣之禮。如孔子於衛主蘧伯玉，於齊主晏平仲，可見庶主君無繕館之費，賓至有如歸之美，在諸臣則無損于已而有省于公，所以爲善也。但註家謂館于廟門外者，凡門制內外各有塾，其以門外東西塾爲賓之私舍，而行禮則于主人之堂歟？

及將幣，賓致幣以聘，即命圭也。交擯三辭，交擯者，賓九介，主人五擯，皆陳于大門外。記云介紹以傳命，君子于其所尊不敢質，敬之至也。三辭解見上。車逆拜辱，賓車進答拜，交擯畢，於是主君乘車出迎下車拜謝其來尊賓車進前下車而答拜其迎已**三揖三讓每門止一相**三揖三讓然後入門相主之擯賓之介也每門止一相絶行在後彌相親也及廟唯上相入以相禮也**及廟唯上相入賓三揖三讓登再拜授幣賓拜送幣**授當作受○三揖三讓升再拜者拜至且受玉也賓拜送幣敬其事也**每事如初賓亦如之**賓當作儐○每事如初者謂享禮聘夫人及有言皆揖讓再拜聘禮享夫人之下云若有言束帛如享禮是也儐亦如之者謂以欝鬯禮賓也上于下曰禮敵者曰儐禮器曰諸侯相朝灌用欝鬯無籩豆之薦是也亦再拜受送**及出車送三請三進再拜賓三還三辟告辟**還音旋辟音避○朝享而出主君請賓就車每一請

則車一進欲遠送之如是者三賓車行三還而三辭之于是客告避而主君拜送之也

致饔餼熟食曰饔生物曰餼此致于賓之大禮**還圭**諸侯命圭所執以通信非以貽于主君者故既聘而還之**饗食**(食)音嗣○饗主飲食主食此速賓也**致贈**賓將去而贈以財**郊送**主君親送賓于郊**皆如將幣之儀**此六禮者唯饗食主君爲主其餘君親往則賓爲主人主君爲賓已上六禮其送逆揖讓辭受再拜之節皆如將幣

賓之拜禮拜饔餼拜饗食賓所當拜謝主君之禮唯饔餼饗食爲大故將去就朝而拜謝之其餘若飧若燕則不必拜

賓繼主君皆如主國之禮繼主君謂儐主君也儐之者主君郊勞致館致饔餼還圭致贈郊送之時儐以玉帛皮馬皆如主國之禮禮尚往來也即聘禮賓用束帛儐主國勞者之意若饗食主君及燕亦速焉

諸侯諸伯諸子諸男之相爲賓也各以其禮相待也如諸公之儀自公而下四等諸侯相朝聘而爲主賓其珪璋饗餼飧積步數擯介皆依命數而降殺詳見大行人所謂各以其禮相待也其進退揖讓之儀一與公同故云如諸公之儀

諸公之臣相爲國客則三積皆三辭拜受相爲國客謂相聘也大國之卿

當小國之君故積與子男同皆有束帛致之三辭而後受無問禮殺于諸侯也○及大夫郊勞郊勞禮止于一旅儐三辭旅儐而不交擯三辭其勞禮拜辱然後出迎拜其來之辱三讓登聽命下拜登受與使者三讓而升堂聽使者傳主君之命于是下堂而拜主君之命同于已君也登堂而受幣如受于君也賓使者如初之儀賓當作儐○如初之儀者勞禮畢使者出賓儐使者其揖讓如行勞禮之儀勞用束帛儐用束錦及退拜送使者退賓拜而送之致館如初之儀致館者聘禮賓至使大夫帥至館卿致館其辭讓降登之儀皆如郊勞君于聘大夫不致飧聘禮宰夫朝服致飧但設之而不以束帛致賓亦不拜也

及將幣客執圭行聘禮旅擯三辭旅擯而不傳辭三辭者辭主君以客禮待已也拜逆客辟主君迎而客辟者不敢當其拜且以主君之拜不止于客也三揖每門止一相及廟唯君相入客臣也故相不入三讓客登拜客三辟授幣下出主君與客三讓而登堂爲將幣也主君拜者拜客至且受幣也客不敢當逡巡而三退辟然後授幣下堂而出不荅拜者將君之命不敢自爲客禮也◯每事如初之儀每事謂行享禮夫人聘享之禮及有言也其揖讓登降拜辟竝如將幣之儀◯及禮私面私獻皆再拜稽首君答拜及禮者主君以醴禮客也聘禮云客用醴齊私面者賓私覿于主君因以私禮獻也是皆行已之禮故皆再拜稽首行臣禮也

君但答拜而不稽首以其臣也○出及中門之外問君客再拜對君拜客辟而對君問大夫客對君勞客客再拜稽首君答拜客趨辟客辟而對而對二字衍文○中門之外者諸侯雉門内庫門外也客出而後問勞者廟中將幣禮欽不可及其餘也問君客再拜對者爲敬慎也問大夫則客對而不拜者已之同列異于君尊卑之序也勞客則再拜稽首以尊勞卑故致其敬也君拜客皆辟不敢與君敵也鄭氏曰問君者曰君不恙乎對曰使臣之來寡君命使臣于庭問大夫曰二三子不恙乎對曰寡君命使臣二三子皆在勞客曰道路悠遠客甚勞介曰二三子甚勞

致饔餼如勞之禮饔餼以卿致之君不親致故其禮一如大夫之郊勞饗食還圭如

將幣之儀（食）音嗣○享食于廟必主君親之主者鄰國之信王故還圭亦主君親之敬其君之命故玆云如將幣之儀唯有故不親享則致以酬幣不親食則致以侑幣據此還圭亦必君親之儀禮云使卿還圭璋者蓋亦謂有故舊說皆謂使大夫致之失經文之旨矣

君館客客將去主君就客于館致慇懃留止之意客辟介受命客不敢當而辟之介前而受命

遂送客不可留主君遂拜而送之客從拜辱于朝客因從君至朝拜其親來館送之辱○

明日客拜禮賜謝主君饗食饔餼之禮按儀禮三拜乘禽于朝舊註引此以爲禮賜夫饔餼饗食大禮也公爲賓其拜禮唯此乘禽小禮耳豈有拜其小禮而不拜其大禮乎儀禮有誤當以前諸公相爲賓之禮爲正

司儀掌客由儀禮誤入

遂行如入之積出亦三積也

凡侯伯子男之臣以其國之爵相爲客而相禮其儀亦如之四等侯國之臣其相聘各以其本國卿大夫士之爵爲客之尊卑主君因之以爲待客之禮若飧二牢饔餼五牢之類其儀者若七十步五十步之類

或曰邦國之君臣相爲賓客先王設官爲之掌其禮門勞贈送物爲之數拜揖辭受事爲之節此諸侯之所以相親也觀春秋之時一言之不讎一揖之不中而兩國爲之暴骨則周官圖民禍患豈爲不豫哉此說是矣然愚觀周禮于各官禮儀器數若冕服車旗几筵侯正皆舉其大綱而已未有詳言其條目蓋每司自有成灋也

司儀一職自諸公相爲賔至侯伯子男之臣以其國之爵相爲客而相禮其儀亦如之掌客一職自凡諸侯之禮上公五積至凡諸侯之卿大夫士爲國客則如其介之禮以待之二節其儀節詳盡其文詞與周禮全經絶不類今觀米禾皆二十車薪芻倍禾車秉有五藪車三秅等語皆儀禮全文蓋儀禮中諸侯自相朝聘之禮傳經者用以釋此後遂誤爲此經文耳不然周禮于王朝之禮其節文度數亦唯述其大槩使侯國禮儀皆若此其詳則不勝其書矣且于鉶羹筥米醯醢之數又多錯誤則知其非經文無疑也然纖悉皆至理寓焉因併釋之以見先王禮文之密察云

司儀諸侯爲賔自入至出禮數

賓及竟謁關人關人問從者幾人以介對君使士請事

遂以入竟

積停止處致委積　上公五　侯伯四　子男三

問承問安否　上公三　侯伯再　子男一

勞行道勞若而勞之　上公三　侯伯再　子男一

夫人使下大夫勞以二竹簋其實棗蒸栗擇

致館賓君館于主君太祖廟門外上卿館于下卿之廟下卿于大夫廟介于士廟

	上公	侯伯	子男
飧 初至致小禮 詳見掌客			
將幣 聘諸侯以圭享用璧 聘夫人以璋享用琮			
致饔餼 主君致大禮			
乘禽 虞人所致	日九十雙	日七十雙	日五十雙
殷膳 庖人所致	大牢	大牢	不殷膳
還圭 聘畢而還其信圭			
饗	三	二	一

飧　上公三　侯伯二　子男一

燕 見掌客　上公三　侯伯二　子男一

賓拜饔餼拜饗食

致贈 賓將歸主君贈以財

賓繼主君 主君凡至賓館賓皆有以償之

郊送　積　問　勞　送逆同禮

凡四方之賓客禮儀辭命餼牢賜獻以二等從其爵而上

下之禮儀擯相揖讓降登之節也辭命言語應答也餼牢食物也賜獻貨賄也二等者公侯伯之國爲一等子男之國爲一等爵卿大夫士之爵

禮之豐殺不因其命數但以大小之國爲二等各從其卿大夫士之爵以爲豐殺蓋子男之士不命無命數可從大國與次國之卿大夫上士同命故大國次國爲一等而其爵有上中下小國爲一等而其爵自爲上中下

凡賓客送逆同禮

諸侯積問勞之數出入皆同來則主君郊勞去則郊送諸臣之行如入之積不可豐前嗇後敬始怠終

凡諸侯之交各稱其邦而爲之幣以其幣爲之禮稱去聲

因其國之大小以爲享幣之隆殺因享幣之隆殺以爲賄贈之厚薄大國宜豐而答禮厚則施者不至于病小國宜殺而答禮輕則施者不至于抗所以爲大中之道也○此總言邦交之禮

凡行人之儀不朝不夕不正其主面亦不背客

朝謂時未至夕謂時已過凡擯相傳辭貴于適中無有言未及而言之亦無言及之而不言又當隨機旋轉不常厥處常視賓主之間却得兩向之而已○此總言行人之儀

行夫　掌邦國傳遽之小事媺惡而無禮者　傳悊戀反○傳遽乘傳驛急遽以行也媺即喜也惡即災也無禮無賵恤慶賀之禮也

凡其使也必以旌節雖道有

難而不時必達道路用旌節使必執之令可行也

邦國有大事大小行人掌行其禮其有熾惡之事而小者行夫掌傳遽以行但詢訪存問之而無其禮先王所以使彼此不煩也有難不時者遭疾病或寇戎至而後時也必達于所往之國以道王之善意不可因事小不及時遂廢王命也。

已上行夫專使之事

居于其國則掌行人之勞辱事焉使則介之居于王國則凡大小行人

有煩勞汙辱之事皆行夫掌之蓋亦徵役于司隸也焉助語詞行人爲使則行夫爲之介。此行夫佐于行人之事

環人　掌送逆邦國之通賓客以路節達諸四方通賓客謂凡賓客往

來者不拘大小貴賤環人並掌送逆之執旌節則門關不得而幾察之故賓客得以通達于四方隨其所之而無壅滯也

○舍則授館在道夜宿授之館舍令聚欜有任器則令環之守涂地之人聚欜之以備非常有任器則命環而守之使無器失

○凡門關無幾送逆及疆來則逆之入疆去則送之出疆皆以疆為限疆外諸侯之國自有送逆之者也

環周流不窮者也主迎賓客周行無滯意又環圍也以其圍守賓客任器有圍繞意也夫地官之職曰懷賓客故遺人國野之道三十里有宿宿有路室路室有委五十里有市市有候館候館有積其養之道備矣秋官之職曰詰姦慝故野廬氏掌巡于道路有賓客則令守涂地之人聚欜之其衛之瀿嚴矣然無統一大行人主賓

于四門故特設此屬兼此二事比行旅之皆欲出于其涂而王道之所以四達不悖也歟

象胥掌蠻夷閩貊戎狄之國使南蠻北狄東夷西戎東南閩東北貊國使謂蕃國之君使其臣至天子之國也掌傳王之言而諭說焉以和親之其人言語不通故主傳王之言而曉諭解說之使彼情和洽而親附于中國若以時入賓則協其禮與其辭言傳之凡其出入送逆之禮節幣帛辭令而擯相之入賓謂蕃國君長世一見而來王者自彼言曰王自此言曰賓亦不臣之意也夷狄之人其拜揖進退跪伏之

禮與夫言語辭命皆不同于中國主于夷則非王朝之禮主于華則夷人不能行故和協其所當行之禮與其所以奉上之辭治其大綱而畧其小節以其言傳譯而行之使彼可行而此可通四夷入賓王國有送逆之禮節天子有賜與之幣帛誥諭之辭命彼受之亦不可以無禮于是擯相之使此不失禮而彼少進于禮凡此皆所以存中國之體也

凡國之大喪詔相國客之禮儀而正其位凡軍旅會同受國客幣而賓禮之

國客即蕃國之入賓與其使也大行人詔相諸侯之喪禮故此國客遇國之大喪則象胥詔相其禮儀正其位

馭夷之道

大行人于諸侯之王事協其禮賓而見之故此
于軍旅會同則象胥于國客受其幣而賓禮之

凡作事王之大事諸侯次事卿次事大夫次事上士下事
庶子

凡作事者周禮集說云謂作四夷之事也國之大事在
祀與戎作王之大事者謂王有戎事于四夷也諸侯以
敵王所愾爲事故大事諸侯蓋彤弓錫有功諸侯則蠻
夷衰而夏盛故六月之序曰彤弓廢則諸侯衰矣次事
非戎事謂威讓之令文告之辭則量其事之輕重或以
卿大夫或以上士若夫下事則事之尤小者故以庶子
而已按夷狄若禽獸然其帖息則愼固畺圉而不貪其
無用之地其入寇則逐之出境而不加以征討之師其

朝貢則來者不拒去者不追而不貴其難得之貨先王所以待之之道而有所謂軍旅之事者蓋謂內附之夷有疆大馮陵之患也苟王國不爲之聲援其禍或延及于腹心是故大禹有三苗之征周宣有蠻荊之威詩云豈不懷歸畏此簡書寔與禦戎之道並行而不悖也

又按大行人云九歲屬象胥諭音聲則凡列國之書字言語皆當正于象胥而此不言者于大行人互見也

掌客 掌四方賓客之牢禮餼獻飲食之等數與其政治 傳曰名位不同禮亦異數等數以其名位而差之政治若下文國新殺禮及所不當致不當受者

王合諸侯而享禮 此享字如孟子亦饗舜之饗蓋諸侯爲賓有饗燕主君之禮故王合諸侯則諸

侯亦有饗天子之禮則具十有二牢庶具百物備十有二牢者凡天子之禮數皆用十有二也庶具百物備者即膳夫六穀六清八珎羞百有二十品醬百有二十甕也諸侯長十有再獻諸侯長九命作伯者也五等諸侯咸在使皆欲酬酢則不勝其煩諸侯之長一人爲主十有再獻于王也王巡守殷國則國君膳以牲犢令百官百牲皆具王巡守于方嶽及不巡守于殷國所止之地與所過之國其國君饋饍于王之牲用繭栗之犢郊特牲云天子適諸侯諸侯膳用犢貴誠之義也故天子牲孕弗食也祭帝弗用也正謂此也又使其臣百官具百牲以爲羞即上文庶具百物備之謂蓋百物皆具所以盡備物之禮膳以牲犢見每物必極其精誠之至也從者三公眡上公之禮

卿眡侯伯之禮大夫眡子男之禮士眡諸侯之卿禮庶子一眡其大夫之禮從去聲○王之三公出封爲上公卿出封爲侯伯大夫出封爲子男上士三命而諸侯之卿亦三命故待之皆眡其禮唯庶子一眡諸侯大夫之禮則以爲客而稍加也

此先言諸侯所以享天子及待王臣之禮而後言天子所以待諸侯之禮也舊說王享諸侯具十有二牢獻于諸侯之長十有再昔吳徵百牢于魯子服景伯對曰周之王也制禮上物不過十二以爲天子之大數也故公以下每事不越乎九今曰十有二牢十有再獻豈禮也哉

凡諸侯之禮上公五積皆眡飧牽始至于畺停止之處而致積飧禮見下牢視飧

之數而生牽之去國遠不及殺也不殺則無鉶鼎簠簋之實

三問皆脩三問者致主君間闔之意廟之加薑桂者曰脩

羣介行人宰史皆有牢介以爲輔行人掌禮宰主具史主書皆賓所從行者自入境後皆有牢禮或疑君脩臣牢爲非者殊不知君之禮繁此唯一致而已

飧五牢食四十簠十豆四十鉶四十有二壺四十鼎簋十有二牲三十有六皆陳鉶音刑○飧客至館所致小禮五牢牛羊豕也飪一牢餘牢則腥食謂庶羞美而可食者即籩也簠盛稻粱器豆菹醢器鉶四十有三誤文凡器之降殺有常當如豆或牲之數壺酒器鼎牲器簋黍稷器牲者雞犬等衆牲也亦曰腥故侯伯變文曰腥若牢則專指牛羊豕言皆陳者陳于門內也

饔餼九牢其死牢如飧之陳牽四牢饔餼朝享之後所致大禮共九牢死牢如飧之陳死牢五也牽四牢生牢四也米百有二十筥筥米陳于中庭以備貴者之食若車米則陳于門外賤者之食也聘禮秉十六斛四秉曰筥六十四斛此米數大多蓋誤文不可攷矣醯醢百有二十罋車皆陳百有二十筥百有二十罋有二十三字炏誤文車皆陳車字衍○醯醢百有二十罋授膳夫云醬用百有二十罋而醢人共醢醯人共醯炏云六十罋合之爲百有二十此王之大禮也其賔客之禮則醯人醢人皆止于五十而已故此有二十三字衍文當從下侯伯之禮百罋爲正皆陳者陳于門內也車米眂生牢牢十車車秉有五藪車禾眂死牢牢十車車三秅芻

新倍禾皆陳筥音舉秅音妬藪音叟○生牢牽四牢也每牢十車則車米凡四十車聘禮十斗曰斛六斗曰藪十藪曰秉每車秉有五藪則二十四斛也死牢飧五牢也每牢十車則車禾凡五十車聘禮四秉曰筥十筥曰稯十稯曰秅每車三秅則一千二百秉也鄭氏曰米禾之秉筥字同數異禾之秉手把耳筥與稆同謂一穧也稯猶束也皆陳者陳于門外也

乘禽日九十雙殷膳大牢以及歸乘去聲○乘禽成行羣處雉鴈之屬故禮亦以雙爲數殷中也盛也無事時其中致盛膳以道慇懃則以大牢此無常數至歸而止乃虞人庖人所自致所謂不以君命將之不以勞賓也

三饗三食三燕君弗酌則以幣致之饗食養賓大禮燕以示慈惠凡饗食燕皆有酬幣若主君有故或賓有罣不行饗食燕之禮則以酬幣致之不廢禮也

凡介行人宰史皆有飧饔餼以其爵等爲之牢禮之陳數一本云以其爵等爲之禮○爵等者司儀所謂以二等從其爵而上下之也卿則飧二牢饔餼五牢大夫則飧大牢饔餼三牢士則飧少牢饔餼大牢唯上介有禽獻上介尊故日致乘禽

夫人致禮八壺八豆八籩膳大牢致饗大牢食大牢夫人致禮者壺豆籩于饔餼時致之膳大牢于殷膳時致之致饗大勞食大牢于饗食時致之所以助君養賓也○卿

皆見以羔膳大牢主國之卿皆見于賓以羔爲贄致膳以大牢亦所以助君養賓侯伯四積皆眡飧牽再問皆脩飧四牢食三十有二簠八豆三十有二鉶二十有八壺三十有二鼎簋十有二腥二十有七皆陳饔餼七牢其死牢如飧之陳牽三牢米百筥醯醢百甕皆陳米三十車禾四十車芻薪倍禾皆陳乘禽日七十雙殷膳大牢三饗再食再燕凡介行人宰史皆有飧饔餼以其爵等爲之禮唯上介有禽獻夫人致禮八壺

八豆八籩膳大牢致饗大牢卿皆見以羔膳特牛
子男三積皆眡飧牽一問以脩飧三牢食二十有四簠六
豆二十有四鉶十有八壺二十有四鼎簋十有二牲十有
八皆陳饔餼五牢其死牢如飧之陳牽二牢米八十筥醯
醢八十罋皆陳米二十車禾三十車芻薪倍禾皆陳乘禽
日五十雙一饗一食一燕凡介行人宰史皆有飧饔餼以
其爵等爲之禮唯上介有禽獻夫人致禮六壺六豆六籩

膳眂致饗親見卿皆膳特牛

掌客三等諸侯飧饔饗食夫人卿致禮之數圖

飧牢 牛羊豕飪一牢餘牢則腥	上公五	侯伯四	子男三
食 庶羞即籩也	上公四十	侯伯三十二	子男二十四
簠 稻粱器	上公十	侯伯八	子男六
豆 菹醢器	上公四十	侯伯三十二	子男二十四
鉶 羹器 誤文當如下文牲數	上公四十二	侯伯二十八	子男十八

壺酒器　其陳如豆之數

鼎牲器　簠黍稷器　公侯伯子男數皆十二常食之主故無隆殺

牲雞犬等衆牲也　上公三十六　侯伯二十七　子男十八

筥米貴者所食米　誤文

車米賤者所食米　上公三十車丛見註　侯伯二十車　子男十車

車禾牛馬所食　上公三十車　侯伯二十車　子男十車

芻薪炊爨之用　上公六十車　侯伯四十車　子男一十車

饔餼

牢　上公九牢死五牽四　侯伯七牢死四牽三　子男五牢死三牽二

筥米　誤文

醯醢　上公百甕　侯伯百甕常作八十　子男六十甕

車米　上公四十車　侯伯三十車　子男二十車

車禾　上公五十車　侯伯四十車　子男三十車

芻薪　上公百車　侯伯八十車　子男六十車

	上公	侯伯	子男
乘禽 虞人所致	上公 九十雙	侯伯 七十雙	子男 五十雙
殷膳 庖人所致	上公 大牢	侯伯 大牢	子男 不殷膳
饗食燕	上公 各三	侯伯 各再	子男 各一
夫人致禮	上公 壺豆籩八	侯伯 壺豆籩八	子男 壺豆籩六
	膳大牢	膳大牢	膳眂致饗
	致饗大牢	致饗大牢	子男 不饗
卿禮	上公 食大牢卿皆見以羔	侯伯 不食卿皆見以羔	子男 親見[illegible]

膳大牢　膳特牛　卿答禮膳特牛。

凡諸侯之卿大夫士爲國客則如其介之禮以待之爲國客謂以君命來聘問也大聘以卿則大夫爲介小聘以大夫則士爲介如其爲君介時之禮卿大夫士各以其爵等爲牢禮之陳數也

凡禮賓客國新殺禮凶荒殺禮札喪殺禮禍烖殺禮在野在外殺禮始立國者成禮而已不可以責備凶荒宜賙委札喪宜賻補禍烖宜哀弔而鄰國當分烖恤患不必從事繁文在野謂行禮于郊野在外謂兩君相遇于途亦不能備物故皆殺禮○此皆禮之權

凡賓客死致禮以喪用焉賓客死唯國君以椑從無所贈棺卿已下皆贈以棺其餘若殯斂饋奠之具皆主國共之故致禮不以他物而唯以喪用也○椑音脾

○賓客有喪唯芻稍之受賓客有喪謂君及臣遭三年之喪也有喪者不飲酒食肉故不受其牢禮然而君行師從卿行旅從芻草以飼牛馬稍稟以給士卒故不可不受

○遭主國之喪不受饗食受牲禮主國有喪不可以行禮故不受饗食若飱饔餼則致之而已故受之○已上皆遭喪之禮

附載朝覲禮

曲禮天子當依而立諸侯北面而見天子曰覲天子當宁

而立諸公東面諸侯西面曰朝依上聲宁丞舉反○依亦謂之扆狀如屏風絳質斧文高八尺設于堂東西當户牖之間宁謂設于門間所謂塞門也

覲者諸侯位于廟門外同姓西面異姓東西天子使擯者進諸侯諸侯叙入坐奠圭玉再拜稽首擯者延之使升成拜覲畢而享皆廟受之朝者各乘命車在皐門外陳介天子車在内傳辭既訖天子出大門下車但迎公外當宁以待諸侯次第而入諸公在西諸侯在東朝見諸侯隨之而入至于廟門天子還服朝服立于路門之然後入廟受享舊說春朝尚文故朝廟異地秋覲尚質故止于廟非也春朝主于見君故天子以客禮待之迎之于廟然後享之于廟秋覲主于獻功故以臣禮待之而不迎覲享皆于廟不敢自專而歸功于祖考也○至

于廟門廟字誤當作應入應門而朝于治朝也

掌訝掌邦國之等籍以待賓客

邦國有上中下之等諸侯有五等之儀待之之禮各有一定之典籍以爲世守不爲強隆不爲弱損必使掌訝掌之者蓋賓客初至于竟即用合當待之禮以待之則式定而不慝也

若將有國賓客至則戒官修委積官以訝名故將有國賓客至先戒官修委積之事若牛人凡賓客之事修其牢禮積膳之牛羊人于賓客共其灋羊倉人共道路之穀積委人共委積之芻薪皆當預備以待用也

與士逆賓于疆爲前驅而入訝士職邦有賓客則與行人送逆之入于

國則爲之前驅而辟故掌訝與之共逆于疆而入也及宿則命聚欜野廬氏若有賓客則令守涂地之人聚欜之故賓客宿則令野廬氏也及委則致積王命大夫致委積于賓○此皆賓在郊外之事至于國賓入館次于舍門外待事于客賓在館中則掌訝次于舍門外以待事備其有求索也及將幣爲前驅至于朝詔其位入復及退亦如之將幣爲前驅道之以入朝也至于朝詔其位告賓以所立之位也入復者告王以賓至也及退亦復于王若論語所謂賓退必復命也凡賓客之治令訝訝治之二訝字下字疑誤當云令訝士治之○賓客之治謂有國事欲理者訝士所謂四方有治于士造焉也令訝士治之者蓋賓客言于掌訝掌訝令訝士聽

而治之也凡從者出則使入道之從者有事出館掌訝使其屬道之所以營護之也○此皆賓在國中之事及歸送亦如之委積聚櫜前驅至疆送逆同禮

凡賓客諸侯有卿訝卿有大夫訝大夫有士訝士皆有訝凡賓客掌訝既迎之矣訝士復相之矣而又有所謂卿訝大夫訝何也蓋掌訝者卑官若其給使令者然訝士刑官若爲之擁衛者然高爵之人至于其國苟無尊官可與爲禮才敏可與有言者而迎之君無以盡主君之情者是故諸侯則以卿卿以大夫大夫大夫以士士皆有訝此所以曲盡也

凡訝者賓客至而往詔相其事而掌其治令·

凡爲訝之道賓客之事詔告而擯相之治令主國所以待賓客之治而有所徵令也玆統于訝士此非掌訝之職以其同爲訝故附載于此

掌交掌以節與幣巡邦國之諸侯及其萬民之所聚者節用以行于道路幣用以見諸侯道王之德意志慮使咸知王之好惡辟行之使和諸侯之好逹萬民之説好去聲説聖月反

諸侯萬民之所聚謂天子有命而諸侯萬民相與會聚若師田大均大役等事也凡動大衆怨讟之所由興而大衆所集譌言之所易起此殷盤周誥所以反覆申重也掌交于是巡之道王德意之所發在于仁澤志慮之

所存非以厲民使皆知王之所好者德善而行之所惡者邪惡而避之則上之情得以下交矣好謂諸侯之所欲行也可行則入白于王不可行則諭之以理所以調和其所好說謂萬民之所欲言也有言而莫伸者爲之達其說曰和曰達則下之情得以上交矣

掌邦國之通事而結其交好以諭九稅之利九禮之親九牧之維九禁之難九戎之威

通事謂朝覲聘問之常事上下之所以交好者在此九稅者九職之民共九等之稅也民服事其上君保恤其下國家之大利九禮者九等之儀所行之禮也貴者不餘賤者不虛所以能相親九牧者九州之牧有方伯連

師之統也大以字小小以事大故能相維以爲固九禁有疑即士師宮官田野軍之五禁也知此則免于患難九禁字未詳戎兵也九戎者即大司馬九伐之灋也知此則免于刑威掌交專掌邦國之通事使無往而不來來而不往兼諭以九稅以下五者此上下之交所以固結而不可解也

掌察

職掌缺

按掌交掌察與夏官之匡人撢人職畧相類蓋諸侯有故夏秋二官各遣其屬消難于無形不必勞天子文誥之施與夫兵戎之威所謂圖難于易爲大于細也蓋凡有異志者行人必知之故此官雖設而用之有時豈無故而歲復使之至諸侯之國也哉

掌貨賄職掌缺

朝大夫每國上士二人下士四人府一人史二人庶子八人徒二十人稱每國者兼都家言公卿大夫采地視三等諸侯之國也

都則中士一人下士二人府一人史二人庶子四人徒八十人以朝大夫之例都則下當云每都中士一人

都士中士二人下士四人府二人史四人胥四人徒四十人都士下亦當云每都中士二人

朝大夫

此蓋都家所産之長也舊以爲主朝之士非也觀經云以告其君長則其爲都家之士明矣

掌都家之國治日朝以聽國事故以告其君長國有政令則令其朝大夫

凡王國施于都家之治皆朝大夫掌之蓋都鄙去國四五百里國有事故若疾病寇戎凶札所當奔䘏者都家日遣人于王國則爲煩國之政令若賦貢軍征所當奉行者王令日下于都家則爲褻有朝大夫而日朝焉則國之事故日得聞之而不爲煩國之政令日下逢而不爲褻矣

凡都家之治于國者必因其朝大夫然後聽之唯大事弗

因

都家之治小者如獄訟之求正祭祀之所獻必因朝大夫平章累總聽之大事弗因者若利敝之興革聽民之白逢大吏之癈置必其君長自逢蓋常事不因于朝大夫則事無統理而王國不勝其勞大事不聽其君民之自逢則恐有未當而都家不免于壅蔽故小治因之而大事則弗因也

凡都家之治有不及者則誅其朝大夫在軍旅則誅其有司

誅責也

責有所歸則事治責不及其君長所以全親親貴貴之道也

都則　闕

大宰所稱八則治都鄙是也都家之治不出此八者此與朝大夫聯職葢朝大夫有治下之而都家有治因之者也

都士　闕

家士　闕

職掌無攷舊以爲獄官非也葢方士專掌都家之獄訟矣不應復設都士家士以掌之按方士云凡都家之士所上治則主之都家之士正指都士家士也云所上治則其爲職掌明矣所上治卽縣鄙所辨入民田萊之數

六畜車輦之稽與凡賦貢此都士家士司之方士脩而
省之及大比則都士家士上治中而方士復主之也
按春官有都宗人夏官有都司馬秋官有方士朝大夫
都則都士每都設官凡六家亦如之蓋王畿千里之地
公邑之外爲家邑家邑之外爲小都小都之外爲大都
天子不能自治之也故封其子弟與夫公卿大夫錯居
而統領之蓋爲王治之非若諸侯之世國而與其地也
夫挈百里之人民土地以付之使操縱與奪之權盡歸
之而不由于巳萬一不得其人寧免倒持太阿之禍耶
此都宗人等官之所由設也祭祀名器禮之大經也于
是有都宗人家宗人庶子兵馬國之大柄也于是有都
司馬家司馬灋則者馭官之大權也于是有都則司刑
者民命之所關也于是有方士治中者攷治之樞要也
于是有都士家士至于王朝有令于都家都家有治于

王國不可以無統率也于是有朝大夫此六官者皆列王朝之爵而任都家之事其治灋一聽于王官非若小事而其君長得以擅爲此政教所以齊一其廢置皆由于冢宰非若小吏而其君長得以專易此血脉所以流通也六官唯朝大夫則取都家之士而專居王朝其餘則以王國之士而各居其國使其臣正于宗伯司馬司寇者也至于水土之治令則掌于冬官云

周禮傳卷之五下

翼傳上

周禮翼傳叙

五官全經敬爲傳詁冬官放失衆說紛紜則天明稽古訓述冬官補義

昊天懸象皇王布政若合符節中古文盛厥象益彰仰觀俯察述天王會通

夫子没微言絶處士横議大義弗提挈綱維開示藴奥述學周禮瀍

壘高者下爲基生民者地爲本畺界雖廢方畧具存通變

冢民存乎其人述治地事冢

軍興行司馬職掌俄空東漢罷都肄而古陳晦衛公變七

軍而八陣亾本風后推尚父述握機經傳

盈領吞者不知易牙之味一指障者不見太山之形卤莽

自賢敢于非聖毫分縷析述非周禮辨

書名不諭于象胥古文大壞于斯篆至以楷翻經幷斯篆

失之酌古準今述經傳正譌

吴人王應電書

冬官補義題詞

冬者萬物之所終也司空掌邦土天下之治所由以成故命名曰冬漢人以攷工記補之夫共工者誠冬官之事但其一屬耳故取之以入冬官則可遂用之以補冬官則不可自宋以來乃以五官之事聯職于司空者歸之以爲冬官未嘗亾也不知周禮之治每事六官皆與蓋自王身王宮王朝王畿四海以及于昆虫草木六官皆有其責非若後世之設官截然各爲一事也不得此意遂用其疑似以

相歸并此說一與人各自以其意見而更定之乃此人之周禮豈復得爲周公之周禮哉愚謂周公設官皆取灋于天五官歷歷可考此見聖人之制作後天而奉天時建諸天地而不悖也故以天象之有關于冬官者而參互之即炳然不磨其餘各職見于經傳者亦昭然可攷謹述之如左補其義則前人是非不辨自明闕其文以追續經之罪乎損益而折衷之姑俟後之君子

王應電書

司空

工師

冬官司空補義

空之爲言空也相天下之大勢擇其空缺之處而脩治補助之故天文室壁之末有土司空一星土公二星主知水土狹咎周官之職曰司空掌邦土居四民時地利記曰司空度地居民使地邑居民必參相得無曠土無遊民司空之職莫大于此蓋司徒掌其圖數而司空治其功程司空建其始而司徒守其成此其聯事若此而後人遂欲以相併也然則冬官之屬當有掌大均之事如地官之徒民宗伯之恤衆又當有善于景相觀卜以經營疆理于四方如詩稱召伯之世執其功燕師所成者

百工之事惟土木爲大故蓋屋二星土公吏二星列象于營室之

梓人

器府

下又百工居肆以成其事故土司空四星列象于翼軫器府之下以冬官而言當有工師以統營造諸工又當有梓人以統制器百工是即攷工記之事虞書所謂共工也

百工之事其用邦財爲甚廣若攷工記廬人爲兵器梓人爲樂器其屬甚衆故呈象于天有器府實九府之一也後之言九府圜灋者不見此義遂以天府職内當之殊不知天府掌國寶邦典而非用物職内主監臨而非主守且職内與職歲合職聯事何得專以職内爲一府故以司空而言當有器府與九府相通觀巾車云毀折入齎于職幣職金云入其金錫于爲兵器之府則巾車器府與九府圜灋相通可見故所謂九府者太府内府外府玉府器府與

江河淮泲

畾壁氏

司徒之泉府春官之巾車司寇之職金幣餘之職幣合而爲九斯百貨可以流通矣

天之井宿主水衡事也故其附星若南北河四瀆主大水也水位水府主溝洫小水也其他羅堰九坎天津天潢天江天河不一而足于五行屬冬攷工記言水甚略地官雖有川衡澤虞但主厲禁財賦昔伯禹作司空曰予決九川距四海濬畎澮距川然則四瀆皆當有專職又當有匠人以治溝洫通津梁如攷工記所述匠人之濬斯無後世水患矣

大田之禮曰春獀夏苗秋獮冬狩于冬獨曰大閱軍禮爲備而三時皆取準焉故天文壘壁陣見于陬訾之次冬官當有壘壁氏掌

大閱之禮蓋其灋統于司馬其民出于司徒而其事則掌于司空也

巡方

天子巡守之禮春東夏南秋西冬北而一終故天官河鼓閣道等星見于玄枵之次冬官當有屬以掌夫巡守之禮凡道路津梁之通塞山川之險易與諸侯所朝之方所述之職皆其所司也　巳上凡八職皆出自天文有天然之妙非可以私知安排也

攷功

萬物終于冬故冬官之職曰任百官生百物以萬物之所終也冬官之典曰事以萬事之告成功也是故伯禹作司空六府三事允治故曰考功謂攷百官之功也今之攷工名存而實亾矣司空當有屬總脩六府之職歲終則佐冢宰考課之事此司空典職之大

準人

嗇夫

柱下史

者也
人心不節則無限制富者欲過貧者欲及百工不節則競爲淫巧
蕩上心而滋人欲靡有紀極書立政有準人守灋有司也孟子謂
工不信度以準人之職廢耳故冬官當有準人一屬則律度量衡
各有其則宮室器用各有其制淫巧奢麗何自而興非不節自正
之道乎與春官典命夏官量人分職聯事之官也
冬主藏天地閉塞又于時沍寒民當閉藏禮有嗇夫當屬之冬官
主掩閉室廬收藏積聚務爲封守鍵閉之事若月令冬月所記者
所以助天地之藏也
自古大史主掌國史今春官大史所載但曰正歲年以叙事是乃

恤宅宗

羲和曆象授時之職古稱左右史而老聃爲周柱下史于天文爲柱史今五官皆無其人蓋冬主事故記事自冢屬冬故冬官當有左史書言右史書動與內史之策命而總屬諸柱下史大事別記當如書冊書紀年當如春秋專掌文學記載之事蓋大史則爲考時執禮贊治之職御史則爲守灋之宗三官實相表裏故同以史稱也　已上考工隼人嗇夫左史右史五官其名著于書禮其事見于傳記如揭日星爲周禮者自習焉而不察耳

舊君傳位新君踐祚三年諒闇天下莫大之政也傳位踐祚見于顧命諒闇見于各經今雖以聯事見二各職而未有專官死人之終事天道北爲幽陰故北方虛危爲死喪之事冬官當有是官以

水泉
魚政
鹽灋

豕人

掌其禮

水於五行屬冬雖涸于上而實盛于下故月令仲冬祀四海水泉魚于動物屬潛月令季冬命漁師始漁鹽水所自出而其利爲甚博天官鹽人但掌國家食鹽耳出鹽之地未有其官故水泉魚鹽三者皆當有專掌之官而屬之司空魚鹽兼出於江海而專掌于此者亦猶職金之掌于秋也

豕人以供豕豕水畜也故屬之冬官

天象上道合之故

天王會通叙

天者萬物之祖懸象著明不言而品類畢陳王者天之元子灋天立道無爲而天象益彰有見于天者則曰虛能生有故在天成象在地成形有見于人者則曰影生于形故下有是形則上有是影孰知有則俱有成不獨成曷先曷後耶是故元氣之開也以漸後人或以人事而名象周昂靈臺天稷王良之類天象未開時先有此事人文之著也以時後王多因天象以

天王會通叙　一

設官三垣八政營室東井之類後王見有此星然後設此官易曰先天而天弗違後天而奉天時斯其至矣聞其名可以了其義觀其位可以測其蘊自昔聖神未有不與于此文者也中古道亨文盛周公得備施于六官春秋道否文弊孔子不復見于空言秦漢而下業儒者視天象爲術家而知焉者寡言天者以王道爲粗迹而罔焉弗聞直以占驗轉相註釋大義乖而小道熾徒使英雄假之以用武姦豪竊之以行私宜乎爲

術家偏處

世大禁而垂象之精蘊隱瀍天之妙用絶矣夫前世已然之迹未必一一復見于後世殆可參攷而不可爲典要者也今以占而定其所主或數星而同一主管或一星而淆以數占是皆不明乎道幾何而不致遠則泥也哉且今之言天者咸以二十八宿爲綱不知二十八宿皆當七政經由之常道而猶顯著故古之步天者因用以紀七政之行而天王合一之妙則未盡于此也粤嘗仰而觀之帝一也

所見與術家異

此書之旨在道不在術

垣斗角心義各有在相一也公孤輔相職各有司后妃太子諸侯諸臣間見而有無窮之奧八政六府錯出而有天然之蘊大而日月嶽瀆微而昆虫草木精英呈露至理攸存煥乎圖書布列之象多不可損少不可增昭乎帝王經綸之瀍南不可北左不可右更以三五之所陳稽類體躳則有以見夫六藝之旨歸頡頏相兹萬化之綱維昭晰不遺誠王道之權輿列聖之取衷焉者也君人者明此則對

時育物不假強爲人臣者稽此則補袞陳善非爲虛言學者而不知此義則無以奉天體道實有諸已予病夫王道之失其原天人之二其本也述會通以明之言王道與天文通貫只一事也爲星一千四百六十五爲座二百八十三其大義數十其文五千宇宙間事如指諸掌列宿所主截然不移彼專門者測而識之因其體之聚拆隱見光之微明變動與夫七政之所以宿離客氣之所以乘見而又

體行此道神明不測必聖人在天子之位

參之以十有二歲之相伍之以十有二律之徵紀之以十有二州之舍吉凶妖祥可觸類而推之是則有司存矣拒而不信非予之所強也知而弗庸非予之所望也合而疑之存乎德推而行之存乎通神而明之存乎聖人焉

大明嘉靖壬辰吴人王應電書

批點瀍　凡四圍皆天文星名　旁豎者皆周禮官名

總叙帝星　總叙后星

天王會通

中垣紫微。天子之大内也。上垣大微。三朝也。下垣天市。市也。兼國中矣。凡建國中爲王宫。前朝而後市。蓋本諸三垣也。故大帝后太子庶子皆列象紫微。總居大内也。凡帝星見處最多。蓋中垣者常居。上垣聽政。下垣治國。角主正月新政。心主見於天根。北極月太陽。其德天皇天乙太乙。其神北斗。臨御之柄。各不司也。后星所見亦然。中宫者常居。尾生生之源。軒轅立政之也。天市内政之所布。月太陰后之德。各有所指也。天樞北極所謂北辰。居其所而衆星拱之。天子爲天下樞而無爲之象也。五帝座卽五小寢。退朝宴息之處。華蓋承雨日之器。覆於上。勾陳天子親軍護於前也。兩垣宿衛周廬。宮伯所掌。八次八舍。舊立將相等名非也。天子之武備。國家莫重之務。周禮掌於宮伯。宮正官府士庶子皆統之。故中宮者。衛士常居也。常蹕則爲勾陳。天棓。侍朝則爲虎賁。郎位。在東宮則爲騎官。騎將。守國則爲梗河。招搖也。天皇在勾陳裏。天明則日月不明。王者聰明睿知而不用其明。故冕旒蔽目。絓纊塞耳。主隱。占以見變也。天乙主司戰鬭吉凶。太乙主知水旱疾疫。皆天帝之神。至誠如神。所以首出庶物也。大理主平刑獄。陰德主施恩赦。君德以仁爲主也。尚書出納王命。王之喉舌。虞之納言。周之內史。大僕之職司也。柱史左右史也。四輔蓋卽虞書四鄰。在周則師氏保氏。乃王者之友臣也。

總述天官

六甲主布政敬授民時。大史正歲年以序事者。天柱主晦朔晝夜。以知天文之次序。馮相氏會天位叙四時也。世之言天者二家。曰推步。曰占驗。推步主測度推筭在内之事。故中宫天柱主推步。六甲所以授時。占驗必登高遠眺。在外之事。故上垣則有靈臺。下垣則有漸臺。畢主邉兵。尤當觀天文氣候。故有天高。若夫憲天以贊化育。則六經無非是道。言天者固不及知。而儒者亦所罕言耳。御女女御之象。女史佐后禮事。而記其美惡者也。北斗主出號令。定紀綱。運旋中央。臨制四方。建四時。均五行也。政之樞機。陰陽之本源也。有君道焉。勢臨御之柄。惟辟作威作福。所謂八柄御羣臣也。然失㩲則厲。故不欲其明。古者或有宦

總述斗宿

者竊柄而威福懋行，以致明大。占書遂謂明則刑餘用事，實非宦者主星也。輔一星，大臣象也。斗有三：南斗見于折木之次，一見於天市垣。斗主斟酌損益，故北斗爲酌量元氣，南斗主進退人才，天市中者量米穀之器而已。三公論道經邦，燮理陰陽。三師疑作三孤，貳公弘化，寅亮天地者也。大臣宰相之職，非一公孤師而不臣，四輔友而不任。相，天官冢宰；大將軍，夏官大司馬；司空，冬官大司空；尚書主納言；上垣三公、九卿主常朝；下垣七公主治國。輔、台、邑蓋其總象，河、月蓋其總占。若軒轅、內平、天相乃內宰，此二官皆主佐后，非相職也。文昌位于斗之上，欲明；天理居于斗之中，欲暗。王者代天理物，已何與焉。文命敷于四海。

灋文昌也。神武而不殺。則天理也。舊文昌六星。各有所司。有上將次將貴相司祿司中司命等名。周禮註引此為証。然此辰居中。列宿咸以為準。其為司中無疑。虛宿下自有司祿司命。故知星家註釋之謬。太陽守乾之德也。昊天之象。與昴宿太陰坤德地祇之象相配。守字衍。又太陽主人君以剛健御極。太陰主以厚德載物。亦后之象也。君德以剛為主。玄戈天帝用以斷。天鉞所執以威四方。伐無道。天棓前驅以禦難也。天牢貴人之牢。有八議焉。故以不見為善也。內階升降之納陛。天鈎輿服灋駕。天廚內廚掌天子及后饌食。於周屬膳夫之內饔及饎人。天牀及天市垣之女牀。天子及后枕席牀笫之司。于周禮則玉府之所掌也。**八穀**黍稷稻粱麻麥菽芪也。舊解爲大麥、小麥、赤豆、大豆，止當菽麥二穀耳。**扶筐**后妃親蠶之器也。農桑衣食之源，民之所天。人君當知其艱難，列於此者，帝親耕，后親蠶，爲天下先之象也。**傳舍**主北狄驛館，故不明則胡兵入也。紩、纊音主曠、馮音平、棓弼浪反，兵器也。饎昌义反

太微兩垣十星，其中間者，天子之九門，曰大陰、大陽、中華、東西華、左右掖門、端門也。**五帝座**天子日出眡朝之處。**大子**儲嗣監國者，故列位焉。北極前星主大子，居大内，氐爲東宮所生之地也。

幸臣天子褻近之臣，若周禮小臣、御僕之屬，可以當之。古者天子，侍御僕從，罔非正人，豈有所謂幸臣乎。然則斯名也，其變于

後代歟。虎賁、從官、郎位、郎將即司士所掌王族故士、虎士、太僕、大右、大僕從者等官也。三公、九卿、常朝者、五諸侯入覲者也。謁者即所謂司士擯孤卿特揖者。内屛設于路門，諸侯入自應門則天子宁立其前也。天子外屛，諸侯内屛，此亦云内者，對妻宿外屛言也。常陳儀衛之伕也。鼎國之神器。台國之高位，皆大臣象也。三台解者不一。要之主臣位，上公侯，中卿伯，下子大夫歟。太尊天子之尊屬貴戚也。少微賢人在下僚者，亦東宮官屬也。明堂天子布政之宫。靈臺所以時登眺望雲物，宣壅蔽而舒欝滯者也。長垣設險以守其國，在古為城郭溝涂，今為長城是也。

宁丞呂反　涂塗通

總叙侯國

總叙車星

天市兩垣二十二星。主四海之地。建侯樹屏。藩衛王畿也。垣中侯星畿內諸侯。上垣五諸侯入覲在朝者。井宿五諸侯六諸王建萬國以養民爲務。河鼓之下十二國。天子巡守之所至也。帝座天子親治其畿內。篤近舉遠之象。市樓司市所涖之思次也。斗斛帛度質人所以同度量而一淳制也。列肆肆長所以陳肆辨物而平市也。車肆貿易車之處。軫所以造車閣道下車府天子五輅所藏。畢上五車兵車所藏。氐下天輻士大夫之車輿。夫兵凶器也。欲求萬全。卒不如騎。騎不如車。故聖人爲車制與經界相表裏。實制寇敵。限戎馬之精意也。仰觀乾象。所麗特詳。欲禦外侮。可不脩舉其瀆哉。屠肆飲食莫貴于屠。故尊其肆也。天子

總述刑獄

之親同姓皆食采于王畿故宗星列位焉宗正所以叙王牒正宗瀆宗人即都宗人家宗人治其禮事者也侯星則諸臣采地視諸侯也女牀后妃之寢也后聽天下之内治故太微皆天子之事天市多后之事女牀麗于此者天下奢儉貧富之原國母吉凶之候也宦者四星即周禮内小臣之職其員四人取象于此也天紀市之瀆也凡建國内宰佐后立市設其次置其叙正其肆陳其貨賄一其淳制故斗斛帛度凡司市之瀆亦内宰所掌而后得以與聞者也織女即周禮典婦功后妃夫人無不勤于絲麻也七公卿老卿大夫佐天子以治王畿者也市之中姦人聚焉故戮人必于市貫索者賤人之牢也天牢見紫微垣與

此貫索貴賤所司不同。故禮公族有罪。則罄于甸人不與國人慮兄弟。鼎主天下刑獄。大司寇之職見于正秋之倍故大辟必千秋後處決也。罰主金贖罪。利者人所同欲而易犯故罪之輕者則罰贖所以禁之于微。又國君過市則刑人赦。夫人世子。命夫命婦。過市。則罰幕。帟。蓋。帷。戒君子不可以近利也。梗河招搖皆主戈矛鋒刃。以備不虞也。漸臺主晷漏律呂吹灰之事。以驗氣之應否緩急。并觀于乾象。以占天文之變動。保章氏之職也。晷音舉

角蒼龍之首。鳥獸生角。草木拆甲。化生萬物者也。大角君象。主春王正月新政。攝提協時月也。進賢與賢能也。天門陽門南門天

地于是而闢戶。人君于是闢四門也。天田耕籍也。亢主章奏。明
目達聰。周禮之復逆也。廟堂通塞之候。故曰疏廟。頡頏赦過宥
罪。折威禁兵止武。平星平和政刑。皆春生之象也。帝席宴樂羣
臣嘉賓也。亢池平道達。水陸之道也。庫樓天府大府等在庫門
之內者也。樓中衡星關后和鈞王府則有也。亢古吭字，取蒼龍亢意，亦音岡。頡月結反，頏音杭。
氐天之行始于東。故氐為天根。大子為天下根本。故取象也。天乳
后妃不自乳其子。乳母也。亦主飴餹之事。騎官主國有大事。大
子合國子而用之者也。陣車兵車也。車騎乘車之馬也。騎陣將
所以帥國子者也。天輻車之三十輻也。古之命將者。賜弓矢。則

王畿之外皆得專征賜鈇鉞則參將而下皆得專殺然則大將統兵于外無乃非國家所利乎周禮國有大事則國子皆屬于大子唯所用之洽以軍灋司馬弗與故大將統兵權于外以正軍灋而大子握兵柄于內以遏亂源氐宿之下而有騎官騎陣將天道明切如此氐等禮反根柢意也飴音兮饍也

房天子之后寢御羣陰之處鍵閉鉤鈐其管籥兩咸防淫泆之启皆所以謹內外之辨也日大陽之精生于東故麗于此月生于西故麗于昴日君象月女后大臣象也心天子之象蓋人者天地之心而天子者人之主故以爲名也從官巫醫之屬主疾病禱祠之事積卒衛士即宮人所掌六寢之脩掃除糞洒之事也

總述四瀆

星主后妃御叙于王所。神宮解衣之內室。傳說后宮女巫。主克禋克嗣。以弗無子也。箕者主承糞穢。又爲播揚五穀之器。字書女執帚爲婦。周禮舂抌皆掌于女奚。尾而受之以箕。可以知婦無外事矣。木杵主舂。而糠者穀皮也。東方主風。此星播揚。故主八風。傳所謂箕星好風是矣。舌哆。又主口舌。詩云哆兮侈兮。成是南箕。東方者春。產萬物者也。故太子謂之東宮。天子后妃之寢麗于此者。嗣續無窮之意。又主太子問安視膳以孝養其親也。天江者。大江之精。發源岷山。天淮者淮河之精。發源桐柏。並注諸東南大海者也

江淮河泲爲四瀆。天河見于昴宿下。泲水絕流。故天文亦不見。井宿復有四瀆者。以天下所資以爲養也

東南水之委。魚鱉及黿鼉水族也。故附麗焉。鈐咸弗斜緘紋適[illegible]音搖洽米也哆昌者反張也岷音民泲音濟

斗宗廟酌酒器也。爵人必于廟。故主薦賢良而受爵祿。斗爲器量所以斟酌之也。掌于司尊彝。天弁天子之弁冠掌于弁師。建天之都關。正月之吉和布灋象于其上者也。天籥主國家秘書藏之金櫃石室。若大訓河圖大盟約。開籥見書之類。皆天府之所職也。此皆春官宗伯之事。故列象于丑寅之間也。

河鼓天子之路鼓。天桴所以擊鼓。亦主漏刻鼓鼜之事。左旗右旗天子之大常。皆天子巡行之所有事者也。天下之務莫重于耕織。牛農丈人所耕之具。驪珠女所獻之工。離瑜女之服飾也。天

田九星。井田之象。敗瓜瓠瓜疆場有瓜瓠乾則質堅敗瓜者西甜王生冬等瓜時過則敗故名菜類之大者故占菜之豐凶狗天雞民間常畜制其田里教之樹畜也羅堰主瀦畜九坎主溝渠天淵是其泉亦所以灌溉也十二國天下之諸侯也此皆巡守于天下之事十二月朔巡守而一終矣三垣皆天子在國之事非巡守則四海之大不無壅閉之處故舜五載一巡狩周制十有二歲王乃時巡後世此禮既廢凡天子出遊之地至等于兵災仰觀乾象所謹在道路津梁所嚴在旗鼓車御所重在人民溝洫樹畜代天子民天下其家也不當若是耶善乎漢章帝之詔曰車駕行秋稼觀收穫皆精騎輕行無他輜重不得輒脩道橋遠離城郭。遣吏逢迎刺探起居。出入前後。以爲煩擾。動務節省。但患不得脫粟瓢飲耳。可謂暗合天道者矣。狗國朝鮮獫狁之屬也。四夷雖人類而其性之異于禽獸者幾希。以其得天地之偏氣也。觀上天星象。若虛下之天壘城。主北狄。軫下之東甌青丘子主閩蠻。畢下九州珠口爲傳驛之官。皆在天之涯。聖人謹華夷之辨。有以也夫。又按天子有道守在四夷。德之下衰。乃有戎狄之患。且內有卽衛兵衛。外有梗河招搖長垣。天象設險深切著明如此。何外患之敢干。明皇自我致戎。棄社稷而逃。遂爲後世不死守之魁。彼愚儒反或是之。悲夫。○獫狁音險允

桴抱通鼜音戚夜戒鼓也埸音易

天之道。南爲陽明北爲幽陰。人之事。嘉禮屬陽。凶器屬陰。故坐必南向。寢必東首。葬則于北方北首。皆天理合如此也。故北方玄武爲虛危。皆主死器危禍等事。命主年壽。祿司官祿。危司驕泆。非司過失。謹慎則享祿壽。危非則罹凶夭也。哭泣主倚廬哭泣之事。敗臼主敗凶災咎。臼咎聲同通用也。墳墓墓大夫所掌百族兆域。虛梁冢人所掌。公墓之地。園陵寢廟也。人萬民之精也。正北方子位。于先天卦氣爲復。貞下起元。天道之所開。人之事雖生于寅。而實胎于子。故懸象于此。繼天而生也。周禮獻民數而祭天之司民。蓋即此星。註疏以爲軒轅角非也。天錢主錢帛。十星規圓。主九府循環流通。以權百貨之象。坤北陰方。故主利也。洪範八政。曰食。貨。祀。司空。司徒。司寇。賓。師。天象〔八穀〕〔瓜〕〔柳〕主食。〔天市〕〔軍市〕〔天錢〕主貨。〔鬼〕主祭祀。〔營室〕〔翼〕〔軫〕司空之事。〔七公〕司徒之官。凡刑皆司寇。凡兵將皆師。〔謁者〕〔傳舍〕主賓客。聖經與天道相合類如此。〔天壘城〕主丁零匈奴諸夷。正北方之地也。

〔室〕十月而農工已畢。此星昏而正中。故主營建宮室。定之方中。作于楚宮是矣。〔離宮〕三雙。天子之別館也。百工之事。惟土木爲大。土〔司空〕冬官。主知水土殃咎。掌度地居民。相景之職。〔土公〕執役之民也。〔蓋屋〕主營建宮室。工師之事。〔土公吏〕其屬也。〔杵〕〔臼〕冬月治五穀之所有事也。〔定〕音訂〔景〕古影通

〔閣道〕天子遊幸別宮之道。故從紫微宮絕漢抵營室。〔附路〕閣道之

便路。王良 造父 皆御官。王良前四星爲 天駟 舊以房星爲天駟
以其星于仲夏初昏。正當午位。而乾爲馬得午之氣也。案 王良
所執以御也。車府 天子五輅所藏。掌于巾車。天廐 所以養馬。掌
于校人者也。天津 四瀆津梁。輦道 天子馳道。所以渡神通四方。
主巡行天下水陸之道也。奚仲 主軍征。大御之官也。至尊行幸。
道路舟車。猶加謹嚴。故天道詳焉。騰蛇 北方水虫也。
壘壁陣 天子四時之田以講武事者。而於冬則備軍禮以大閱。故
繫于此。羽林軍 卿遂之兵。猶後世京軍也。北落門 即大司馬仲
冬教大閱所謂以旌爲左右和門。以敘和出軍令貴一。師克在
和也。鈇鉞 者。軍中之所有事。八魁 主設機穽張羅網。在周官爲

獸人迹人羅氏等官也。雷電霹靂雲雨所以發生萬物者也。乖和皆于此候之。王者之師。如雷之動。如電之明。如霹靂之威。如雲雨之澤。其鼓舞羣動。神武如之也。天網武帳也。與八魁義同。

天海四海之精也。

壁天下圖書之秘府。自室至婁。天子之宮館苑囿在焉。所以禮賓。講武遊觀之所。皆不可缺。而亦不可溺者也。有壁在焉。所以崇文德。天象不既昭昭矣乎。

奎天子之武庫。軍南門軍門也。天大將軍大司馬之官。奎兵之職。外小柱爲庚士。左右爲旗也。古者兵農不分。六卿皆將。後世兵益重而始專其職。大將軍即大司馬。壘壁陣今之團營。參有左

總述岳瀆

右前後中五軍。命將出師之象。壘爲邊兵。騎陣將所以帥國子不領于司馬者也。

婁主苑囿犧牲以給郊祀。周官之牧人。左更藪澤之虞官。右更牧地之牧師。天陵主山林丘陵。虞人之所有事。又盜賊所依。死亾所瘞也。故兵疫于此占之。積尸陵中之尸也。隱暗爲吉。五岳者五方之鎮。風氣之所限隔。水澤之所發源。民物之所依歸者也。其神視四瀆爲尊而不見于天者。蓋山靜而無爲。水動物也。脩舉則利博。廢墜則害溥。故聖王經水之政爲多。猶醫之治血而不治骨也。宜星象之獨畧歟。天溷豢豕之所。外屏所以蔽臭穢

天苑主養鳥獸。天園主毓草木。周官之囿人場人也。鈇鑕主芟

芻剉稾以飼牛馬。【芻稾營】聚芻之所，皆委人之職，萬物成于秋，故于此爲備也。

【胃】天之儲藏五穀之府，所以會計邦用者也。【天稾】天子之御稾，以給粢盛也。【天囷】田中貯所納之穗也。【天倉】掌粟入之藏，以待邦用，周官之倉人也。【天庾】貯于民間小倉，所謂曾孫之庾，如坻如京也。時至于秋，則黍稷重穋，禾麻菽麥靡不畢登矣。【會】敖外反　【囷】坤倫反

【穋】音六

【昴】主刑獄。天之道秋爲殺，地之道西爲金，皆所以裁物之過也。人之事，蠻夷猾夏，寇賊姦宄者，則正之，小則加以刑，大則加以兵，故兵刑皆列象西方也。又名旄頭，主胡星，以其稟肅殺之氣也。

昔五胡時，專以此候禍福，而三垣皆不應，可以知華夷之辨矣。兌爲口舌。【卷舌】六星，讒佞之臣。【天讒】一星，主讒佞者。自古佞臣無世無之，在人君近遠之何如耳。【天河】一星，濁河之精。發源崑崙之象。【天船】主舟楫。船中【積水】一星，所以候水災也。【畢】與畱同音，讀作卯

非

【畢】主邊兵，禦侮之臣。附耳主聽得失，伺愆邪，察不祥。【天高】主望雲物，觀邊警也。【天街】主南華北狄之道，所以限隔華夷。【天關】主邊防關塞，亦皆日月之所行也。【五車】軍器兵車所貯，故以柱之出入車內外。知兵之出入。【礪石】磨礪鋒刃。【天潢】輿梁可通車輿者。【咸池】主陂澤池沼，鳥獸鱗介之所萃。川師所謂辨其利害者也

天節使臣所持以傳命。掌于掌節。九斿大將所持以發蹤者也。掌于司常。九州殊口主傳譯象胥之屬也

參中三星爲中軍。正中一星。大將旁二星。參謀也。命名爲參以此。二肩爲左右將軍。二足爲前後將軍。伐大將之柄。主大司馬九伐之灋以正邦國者也。觜行軍之藏府。坐旗天子大白旗。參旗大將之旂也。司怪主候災祥軍中望氣司卜者也。玉井主水泉給厨用。軍井行軍之井。所以給師徒也。軍市行軍之市。野鷄精主知物價察姦慝賈師也。闕丘天子雙闕丘下一。狼主相侵盜賊也。弧天弓也。常屬矢擬射于狼。天狗横河中。皆所以備盗賊也。屏所以蔽厠。厠厠下一星。天矢也。觜子委反又音資烏喙也參清含反

總述水衡

井主水衡灋令中平之事物之平者莫如水故營國制城畫野分州皆取象焉鉞附于井所以斷也北河爲北戒曰胡門陰戶自壺口北負微垣東抵鐵貊朝鮮以爲北紀爲陰國主攻伐之政南河爲南戒曰越門陽戶自弘農函谷絕江河逹嶺循漳東抵越巂東甌以爲南紀爲陽國主禮樂之政即地里南北絡之說見天官書六諸王宗臣藩屛王室在周爲魯衛之國漢已後則爲侯王也五諸侯畿外諸侯也此皆聖王所以建國而養民者也天樽主盛饘粥以給貧餒水位主水衡水府主隄防溝洫之事四瀆江河淮濟之精也六府之中水居其先王政之所至重也故周禮川則有衡澤則有虞溝洫則有匠人故凡麗于天者

總述六府

若四瀆咸池之類皆虞衡之所職。水府羅堰。九坎天淵之類。匠
人之所職歟。犬人主壽考而哀孤窮。孫子主養愛以侍犬人。老
人所以占大人壽考者也。織音織雋字兗反
鬼主祀事祖考之象。中央積尸所以象神也。天廟天子之祖廟。天
社勾龍之神。天稷后稷之神也。積水積薪主水火之齊以給烹
飪。爟位主變國火。供明水火及烽燧司爟司烜也。禹叙六府曰
水。火。金。木。土。穀。天象爟位司火。柳主木。土司空土公土公吏司
土八穀主稼穡。于水猶詳而金獨畧可以知天道重輕。王政緩
急矣。後天卦位。西南坤方。萬物皆致養焉。故曰致役乎坤。潤萬
物者莫潤乎水故又曰井養而不窮也。井宿列于西南致養之

義也。養莫大于敬老。恤孤。祭祀者。追養繼孝之事也

柳 主草木雷雨時至于夏。雲行雨施。品物流形也。又爲天之廚宰。主享燕之事。陽氣極盛。故天子飲酎于是時也。酒 祭祀燕享。酒正之官。天記 主知禽獸齒歲。牧人牧師等職也。外廚 主烹宰。給賓客。外饔豪人之職也。酎紂音

星 爲朱雀頸。文明之會。羽儀之所。蓋物盛則有文。故主衣裳文繡也

軒轅 南太星。女后。左右爲夫人。以次而北者。嬪御。自午而一陰生。陰陽相遇。故此爲后妃之宮庭。軒轅曰權。太微曰衡。主內政以弼太微者也。內平 主執灋平罪。天相 主朝服之制。佐后禮事。焚

總述司空

內宰之職也

張主珍寶宗廟服用。掌次之官。翼天子之樂府也。樂陽氣之盛。故繫于此。天子所以大合樂于夏也。

軫主車騎任載軍之出入皆占之。長沙子主三軍壽命。軍門天子之軍門也。器府百工居肆以成其事者。司空掌邦工。翼軫器府皆其所掌。故土司空係焉百工之事。當及溫和之候。故月令季春而百工咸理。孟冬而效工。翼軫所以麗于辰巳歟。工有大小不同。室下司空主工師匠氏土木大役。若此之司空梓人輿人之事而已。

東甌主穿骨南越諸夷。青丘子南蠻之國也。

天王會通終

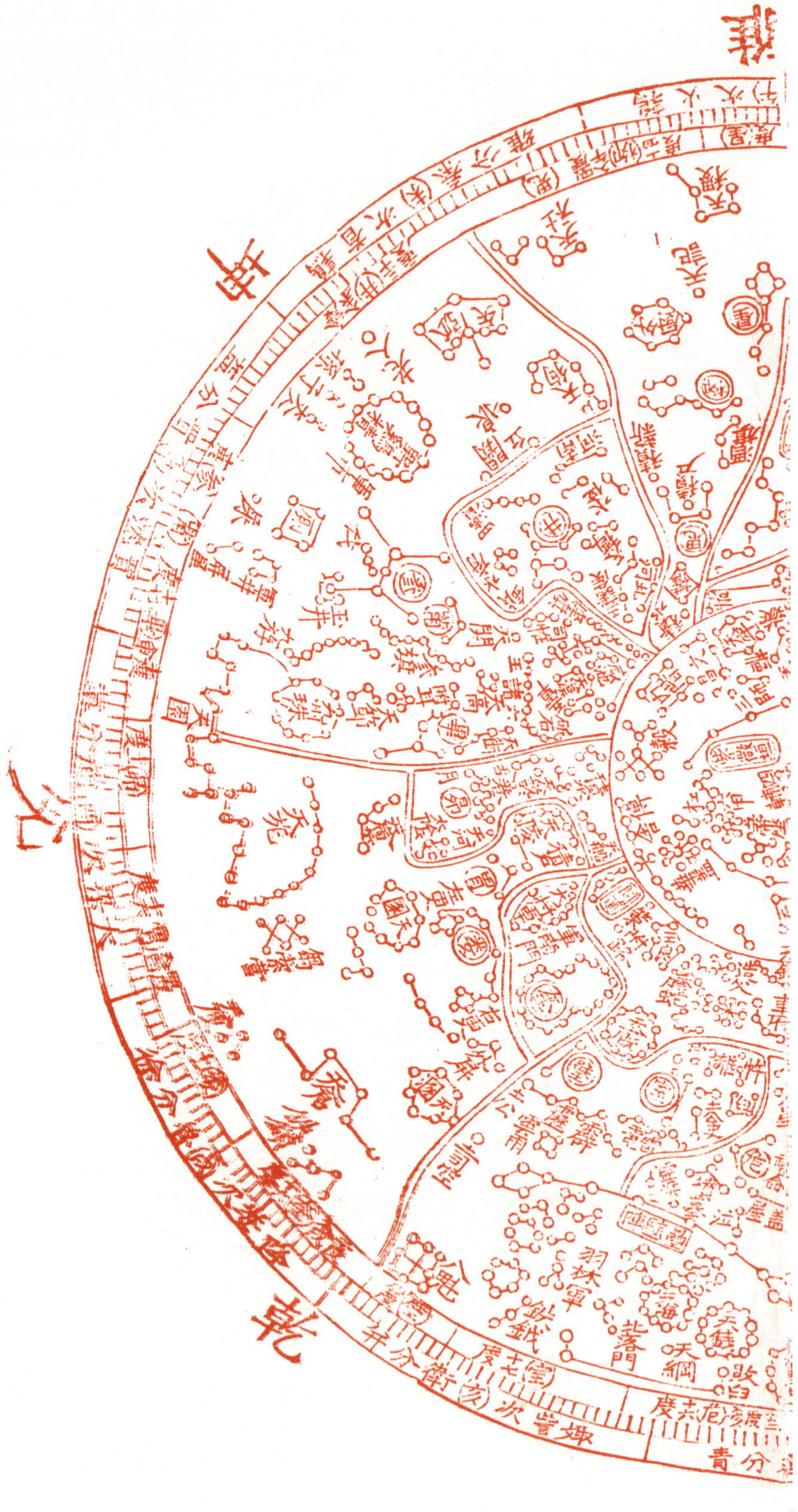
乾

學周禮灋題詞

夫子嘗示人以學詩之方矣今之學詩者有能達于政而專對者哉有可以興可以羣可以觀可以怨與能事父事君者哉又有能不正墻面而立者哉蓋夫子之所謂誦者非徒記其詞也所謂學者非徒知其義也亦爲之而已矣世之學周禮者多矣剽竊其詞以爲舉業一時之用何暇于深思其義討論其義以成訓詁一家之言何嘗有必爲之志其與夫子之所謂學者異矣安望其此禮之行乎愚

非有以過夫人也但其志直欲爲之有所不得虛以待之此理自然呈露其與鑽研紙上強探力索者爲少異耳嗚呼聖凡識異爲己爲人道殊以不肖而述周公之作未知果能涉其藩籬與否也以後人而覽予所述安知遂能窺見其室家否乎雖然學之弗能弗措則思之弗得弗措豈直見愚之室家耶將希周公堂室矣學詩學禮何以異諸

嘉靖辛酉春日王應電書

周禮之文如化工

學周禮灋

周公設官分職皆出自天備見于天王會通冬官補義學禮者非與天爲體安得有聖人心胷彼以章句訓詁爲能窮遺經以儀章度數爲能盡儒術何足語此況于掇拾記憶以作文乎

或曰三百六十官皆周公心思所爲何其精密也是不然天生烝民有物有則必如此乃安不如此不得公之制作皆自廣大中流出物各付物正如天地之化冲漠無眹及其氣機鼓動大而日星之垂教河嶽之效靈皆至理所寓微而草木之一華一葉昆虫之一羽一毛靡不相對成文豈物物刻而雕之哉自有莫之爲而爲者周禮非致思所與亦若是而已矣

六官如六合六花六礼

損益遵行變通之慮

周禮六官之設曰天地春夏秋冬掌治教禮政刑事上下四方包括不漏以成天下之治正如天地四方之六合一方缺即不成合其分而治之如六鄉六遂六軍小者如六牲正如六出之花一瓣脫即不成花至若王宮王朝都鄙邦國士庶子萬民萬物以及于祭祀賓客軍旅巹荒每事重重提掇此却如束物之六匝一職不至即管攝有不周茍得此三義肯移易周禮乎

周禮有必不可復者如后妃夫人與尸賓獻酬天子與邦君送迎獻酬及夫升降揖讓三千之儀在後世必不能行雖遂損之可也至如宮中府中俱爲一體王后世子動遵式灋自天子而下有田國采地以處其子孫寓兵于農取士以賢選用官寺府

史胥徒制馭諸侯四夷後世舍之無以爲治此亦不可用耶其他官職有分合古今異制者不必變今之灋但當行古意于今制之中只如出納王命一事周制極其正大詳密今之通政給事翰林皆其職也但欲諸人各得其職君相以公天下之心行之何必泥于大僕内史宰夫等官又如制國用一事本屬之冢宰今之户部即其職也但欲户部等官務爲萬民生財之道轉運之方君相一心大革冗費冗員冗食量入爲出何必泥于司會大府等官治兵者主于能禦侮而不必拘于軍司馬輿司馬司兵司弓矢治刑者期于無刑而不必拘于鄉士遂士掌囚掌戮要在于變而通之然後可與語行周禮也詳見内宰司徒鄉

凶人假彷之妄

舊註解釋之謬

周官細務自古相傳

遂天官內史司會條下

世人疑周禮者率以行之者無效也夫後世篡奪者祖揖讓戰爭者本放伐豈堯舜湯武之過哉王莽動灋先聖以文姦奚止于周禮安石徒得其糟粕以便其術中間良灋美意皆罔然也以是而訾聖經不亦異哉或以奔者不禁王及后世子不會等語非周公所作不知此皆註家解釋之誤耳故林孝存謂瀆亂不驗之書何休以爲六國陰謀之書今其書見存瀆亂陰謀安在玩其文義有能作此者雖非周公卽聖人矣

或曰烏鳶蟈蠹葛羽荼炭似于煩瑣夢卜盟詛禱祠似非正大使果周公所作則其學不幾于駁雜不純耶夫周監于二代此

等之事皆自古相傳周公因而品節之非必皆周公所創且公之道必及于萬物故凡宇内之昆虫草木咸在其治教政刑之中自有不得而遺者又古人離造化不遠猶知鬼神之情狀故其于鬼神之事爲之必効今人爲軀殼間隔天人道殊且失古人之濾故于夢卜盟詛禱祠之事爲之無徵直截者一切禁絶遂不信有此理孰知周公所以通于幽明之故哉詳見天官女祝春官大卜秋官司盟冥氏條下

周禮官多而不擾

官多則民擾周禮六官所以經緯乎王畿四海者至詳且密當時之民恐不勝其擾也是不然此在于官之賢否何如耳故利民之官不可少害民之官不可有且周禮親民之官唯其鄉遂

兼官之濾

都鄙之主而已其餘若司諫司救媒氏調人皆下其濾于其主而自行之又如布憲每歲首遣之但至于邦國蓋于吏爲詳密于民實闊略他如匡人撢人掌交掌察則又因事而遣非有常員後世巡行國邑者不得其人各以其意見主張民事甚則有司科斂于民以附益之宜乎有十年九牧之喻也

三百六十屬公孤官不必備周公以冢宰兼大師召公以司空兼太保蘇公以司寇兼大史此原爲兼官者公兼卿老卿兼鄉大夫軍將皆命卿旅帥皆中大夫此原不別設官以至比長閭師等局分不必設府史胥徒不別置也有不得不兼者掌馬者即以爲馭士庶子等可以爲車右也至如撢人訓方因事而遣

官字用[illegible]之善

夏采放相因事而設平日無此官事畢而罷故官雖多而無冗員之痛

周公兼官之設使人之所能兼人之所餘事治而不妨功用人而不費祿養物而不費財周禮中此意爲多司門多隙地而祭祀之牛牲繫焉槀人多穀食之餘以養祭祀之犬甸師有餘力帥其徒以薪蒸圃師習于苫蓋之事則以充椹質翦闔車僕主苹蔽之事則以共大射之三乏至于遂師農事之不可緩者則移用其民縣正師役之不可後者則移其執事蓋亦莫非此意他如罪人之執役于圜土未嘗以無用妨有用盜賊之任器貨物則入于師兵亦不以有用爲無用周公之克勤小物類如此

舊註改字改聲之非

此官事不攝夫子所以譏管氏之不儉也後世之冗費冗員冗食畧不知節而唯餕民之膏血以償之亦當念及此哉

註疏于周禮字有不通者不獨改其聲且改其文全無意義至有的然差謬者卻不能正愚取其所改不過百之一二而已

凡諸經各有義例其字面亦有不同初開卷茫然無識惟終卷後反覆再觀其義始見愚得一竅以經解經而已故凡初讀時不明處率十之三四次以漸融釋末後尚有疑者不過十之一二遂置不復思記之寓目處使留于心久之此理自然呈露蓋心即天地聖人之心但爲形骸間隔遂蔽覆昏塞惟虛靜無我則自開露此天聰明也杜元凱云優而柔之使自求之厭而飫

之使自趨之管敬仲云思而不得鬼神將通之皆得此意矣
賈氏正義云按書傳周公一年救亂二年伐商三年踐奄四年建侯衛五年營成周六年制禮作樂所制之禮即此周禮也漢興高堂生傳十七篇自高堂生蕭奮孟卿后倉戴德戴聖是為五傳弟子所謂十七篇即儀禮也若夫周禮其出特後者馬融傳云秦自孝公已下用商君之灋其政酷烈與周官相反始皇禁挾書特疾惡欲絶滅之故焚燒之獨悉是以隱藏百年孝惠除挾書之律開獻書之路時有李氏上周官五篇復入于秘府五家之儒莫得見焉孝成時劉向子歆校理秘書始得列序著于錄畧然亾冬官一篇以攷工記足之時衆儒竝出共排以為

非是唯歆年尚幼務在廣覽乃知其周公致太平之迹且在于此桼遭天下兵革竝起疾疫喪荒弟子死喪彼有里人何南緱氏杜子春尚在永平之初年且九十能通其讀頗識其說賈徽及子逵大中大夫鄭興及子大司農衆往傳其業又以經書傳記轉相證明爲解其時議郎衛次仲侍中賈景伯南郡太守馬季良亦皆作周禮解詁然猶有參錯同事相違二鄭明理於典籍觕識周官之義存古字發微正讀鄭玄字康成作周禮註多引杜子春鄭大夫司農之義以讚而卞之焉然則周禮起于劉歆而成于鄭玄然林孝存以爲末世瀆亂不驗之書作十論八難以排棄之何休亦以爲六國陰謀之書唯有鄭玄徧覽羣經

故能答林碩之難作爲訓注使其義得條通焉其後唐大學博士賈公彥又撰周禮疏五十卷是爲注疏云輪粗通

文中子曰吾視千載以上聖人在上者未有若周公焉其道則一而經制大備使後之爲政有所持循

唐大宗魏徵周禮問對

唐大宗問三代損益何者爲當魏徵對曰孔子曰周監於二代郁郁乎文哉吾從周周禮周公所裁遺談餘義可舉而行若擇前代憲章發明王道臣請以周典唯所施行帝大說翌日又召徵入曰朕昨夜讀周禮眞聖作也篇首云惟王建國辨方正位體國經野設官分職以爲民極誠哉深乎良久謂徵曰朕思之不井田不封建不肉刑而欲行周公之道不可得也

先儒發明周禮要語

明道先生曰必有關雎麟趾之意然後可以行周官之灋度愚案淳公之學識其大者可謂盡得周禮之本矣然詳攷周禮之治莫重于教六宮教世子故周官灋度正所以爲關雎麟趾灋度無大于此也大抵周之治必自卑近始必于其所難者而致詳故后夫人嬪婦女御之教王世子貴遊子之教以至教其官寺教其胥徒教百姓女工初若可畧而實則甚切要爲之甚難而其成功則甚易簡此其所以異于後世之治也

橫渠張先生曰天官之職須襟懷洪大方看得蓋其規模至大若不得此心欲事事上致曲窮究湊合此心如是之大必不能得也愚謂周公之心與天地同體以天下爲家又以多才多藝

一事一物皆此心散見及其制作成後莫不與此心湊合六官皆然學者須先得此心有不通處致曲可也

橫渠又曰大宰之職難看蓋無許大心胷包羅記得此復忘彼其混混天下之事當如捕龍蛇搏虎豹用心力看方可其他五官便易看止一職也愚謂大宰之職若典灋則而下凡十條皆總陳治天下之道其餘有春王正月之事有歲終之事有每日之事又有隨時所遇大事具有成灋按職行之要之亦一官之事後世此書遂無傳者特以周公于天下事混成在心其作爲成書皆自大本中寫出故官雖六而治則一職雖殊而意則通後人無此胷襟各自一職上推求祇見其雜亂紛糾而已學者

須于三百六十屬融會而通之運旋得轉乃可以觀此書也
文公先生曰周禮一書周公所以立下許多條貫皆自從廣大心中流出又曰周官徧布精密乃周公運用天理熟爛之書
文公又嘗以爲未成之書者愚觀正歲建牧立監九伐之灋巡狩殷國等禮皆防維封建之意豈有後世牧伯專恣之禍又如建其長立其兩與夫都則都士都宗人都司馬等官皆置于都鄙之後豈有世卿之禍如制貢治兵春秋此灋猶存至于六官職掌皆與書同蓋周公攝政時制禮作樂者卽此也烏得謂之未成哉但自成康既没之後綱紀日漸頹廢無大有爲之君以舉之遂不可復反若當時未嘗行者文公或未詳覽恐亦記

者之訣也

陳同父曰周禮一書先王之遺制具在後有聖人不能加毫末於此矣世儒以爲治至周公而術已窮窮則不可復繼周之後必爲秦夫子蓋逆知而不言也嗚呼果其窮也則周公之志荒矣自伏羲神農黄帝已來順風氣之宜而因時制灋凡以爲人道立極而非有私天下之心也蓋至于周公而集百聖之大成文理密察曲而當盡而不汚無復一毫之間而人道備矣人道備則足以通天下之理而周天下之變變通之理具在周公蓋至此而與天地同流而奚憂其窮哉夫周家之制既定而上下相維至於八百餘年諸侯既已擅立周之王徒擁其虚器蕞然

立諸侯之上諸侯皆相顧而莫之或廢獨何所畏而不忍哉豈非周公之制有以維持其不盡叛之心雖顛倒錯亂而猶未底于亡也當時有能變通周公之制而行之天下不必周而周公之術未始窮也

黃度氏周禮說序曰周之道固莫聚于此書他經莫散者也周之籍固莫切于此書他經其緩者也公卿敬羣有司廉教灋齊備義利均等文武周召之實政在是也柰何使降爲度數事物之學哉新昌黃文叔始述五官而爲之說亹亹乎孔孟之以理貫事者必相發明也惻惻乎文武之以己形民者必相經緯也滌洗劉歆蘇綽王安石之腥穢而一以性命道德啓後世之令

心雖未能表是書而獨行猶將合他經而竝存也

馬端臨氏曰經制至周而詳文物至周而備有一事必有一官毋足怪者有如閹閽卜祝各設命官羞服泉貨俱有司屬自漢以來其規模之瑣碎經制之煩密亦復如此特官名不襲六典之舊耳固未見其爲行周禮而亦未見其異于周禮也獨與百姓交涉之事古今異宜蓋三代之昔寰宇悉以封建上之人所以治其民者不啻如祖父之于其子孫田土則少而授老而收又從而視其田業之肥瘠食指之衆寡而爲之斟酌區畫俾之均平貨財則盈而斂乏而散又從而補其不足助其不給或賒或貸而俾之足用所以養之者如此司徒之鄉州縣遂歲時讀

灋攷其德藝糾其過惡而加以勸懲司馬之卒旅師軍四時大田行其禁令而加以誅賞所以教之者如此其事雖似煩擾而不見其爲灋之弊者蓋以私土子人痛痒常相關脉絡常相屬雖其時所謂諸侯卿大夫者未必皆賢然既世守其地世撫其民則自不容不視爲一體既視爲一體則姦弊無由生而良灋可以世守矣自封建變而爲郡縣國家之灋制率以簡易爲便慎無擾獄市之説治道去太甚之説遂爲經國庇民之遠猷所以臨乎其民者未嘗有以養之也茍使之自無失其養斯可矣未嘗有以教之也茍使之自無失其教斯可矣蓋壤土既廣則志慮有所不能周長吏數易則設施有所不及竟于是灋立而

姦生令下而詐起處以簡靖猶或庶幾稍涉繁夥則不勝瀆亂矣則知周禮所載凡灋制之瑣碎煩密者可行之於封建之時而不可行之于郡縣之後必知時適變者而後可語通經學古之說也

治地事宜題詞

愚嘗攷自古井田之說而爲之溝洫丘邑封疆等圖蓋欲知其大較不得不然耳山林川澤田曲萬狀不可拘一也地有肥瘠司徒言上地中地下地參差不齊二也宅田士田賈田圭田餘夫田所受不盡田之數三也地形偏斜不等不及百畝者甚多四也山林川澤固在除去之外一易再易者一夫耕二夫三夫之地圭田則以一井中公田而爲二餘夫則以一夫之田而爲四士田賈田等各隨分量

授之如餘夫瀼若其地形偏斜不足者則會筭以足百畝之數蓋無窒礙不可行亦何嘗取正方如紙上所畫哉孟子曰此其大畧也若夫潤澤之則在君與子斯言得之矣但其瀼始于黃帝暨于大禹伯益后稷皆以神明之德相與參畫輔相始克成功又歷殷周數聖人而後大備今廢棄殆盡若欲急遽起事竊古人之糟粕而行之必大致紛紜徒敗壞天下使後人指爲口實而已聞之劉中丞隅穆翰林孔暉開地于北直隸河南稍獲其利今南方土瘠民

稠之處往〻散而之四方耕種工作以謀生每負冒籍越境之罪苟有志興復宜進天下之賢擇其策之可用者授以荒頓之地隸以客徙之民或免罪賜爵以勸之室廬牛種以安之如鼂錯徙民之灋任其經畧開墾無拘以文灋吏治數年之間優劣自見然後興其賢能者使之循行勞來用其良灋美意推而廣之事有成效則人必樂從非虛言徒灋之比矣因述事宜如左

吴人王應電述

治地事宜

尺

凡度皆從人身起寸指節也尺臂長也尋伸臂而上也約以中人十寸爲尺十尺爲丈倍丈爲引八尺曰尋倍尋爲常布帛尺十二寸者天數也周尺六寸四分洛陽測景臺之制猶存其度起黄鍾故短

步

半步曰武一足所履二武曰步兩足所張六尺爲步此人身自然之度量田用之自古及今未之有改王制云古以周尺八尺爲步今以周尺六尺四寸爲步古者百畝當今東田百四十六

畝三十步東田謂山東之國以關中在西而言也此不過周末權度不審故有此繆夫步生于足謂步有不同足亦不同乎

鄧展曰古者百步爲畝漢時二百四十步爲畝古千二百畝則得今五頃

趙氏曰古以百步爲畝今以二百四十步爲畝古百畝當今之四十一畝也

桑弘羊曰古者制田百步爲畝民井田而耕什而籍一先帝哀憐百姓之愁苦衣食不足制田二百四十步而一畝率三十而稅一

步百爲畝圖

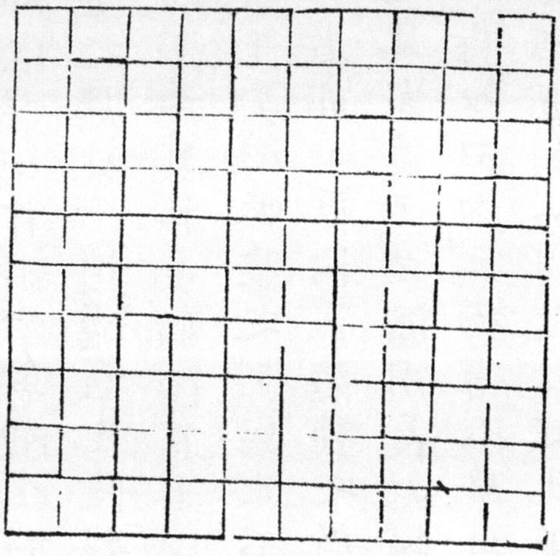

司馬灋曰六尺爲步步百爲畝一目縱横六尺是謂之步此圖縱横各十步積爲百步是謂一畝

一畝三畎

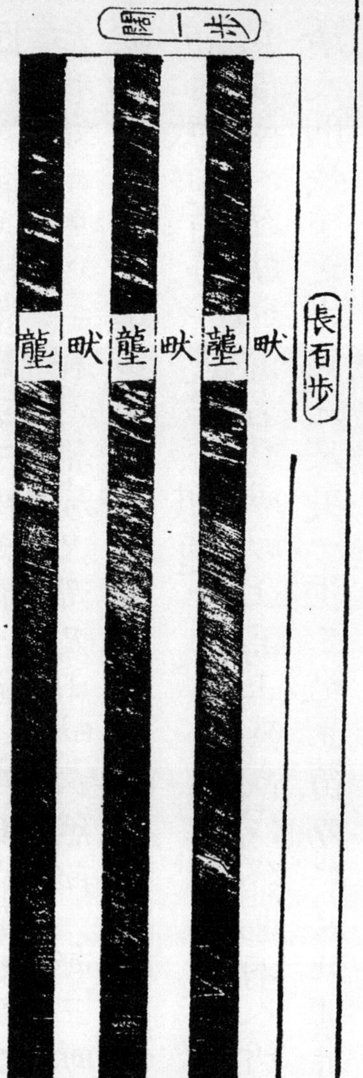

攷工記匠人爲溝洫耜廣五寸二耜爲耦一耦之伐廣尺深尺謂之甽甽田曰后稷始甽田以二耜爲耦廣尺深尺田甽長終畝一畝三甽而播種于甽中苗生葉以上稍耨壟草因隤其土以附苗根比壟盡甽平則根深而能風與旱也○能音柰耐通

二耜爲偶兩人並耕也深者爲甽甽上高土爲伐伐發也兩人所發之土廣尺則伐下之土爲深尺矣一步三甽立苗方二尺此灋井牧皆然鄭氏曰古者耜一金兩人併發之○賈氏曰耒頭金廣五寸

按甽壟之灋見于趙過蓋凡陸穀初種時必迫于地面則天地氣相接而易滋至其壯長漸隤其土以益之其治地可謂盡善矣若治水田莫善于吳越甽壟之制與此不同大凡地勢廣狹各有所宜所謂廣深尺者亦不可拘當隨種之所宜參酌鄉俗教民爲之可也象山先生述其家治田之灋用長大钁頭斸深至二尺許廣一尺半植一禾大旱時以田肉深獨得不旱每穗數至二百粒他處不及百粒計所收數倍深耕易耨之効如此不可不學也

井田助灋遂溝

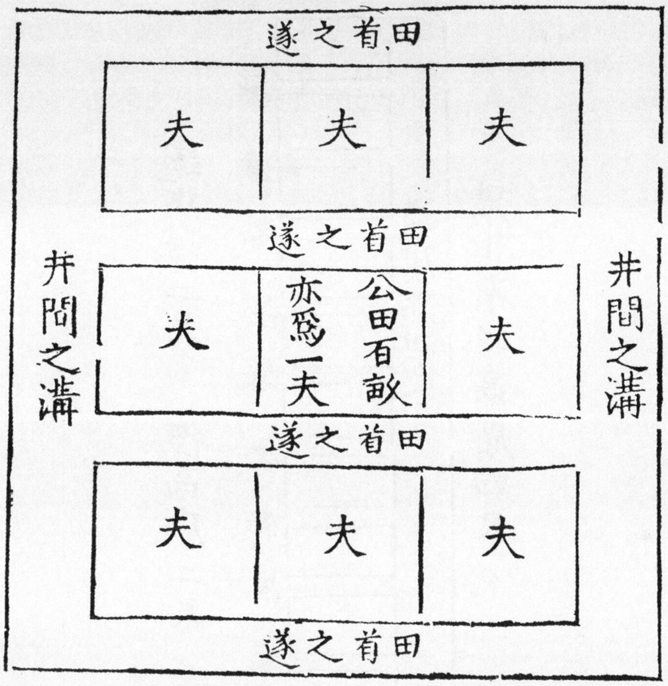

詩公劉徹田爲粮大田雨我公田遂及我私

孟子曰方里而井井九百畝中爲公田八家皆私田百畝同養公田公事畢然後敢治私事

方一里之中其田九百畝界爲井字中爲公田八家皆私田百畝借其力以助耕公田故謂之助八家共耕爲通力各私田百畝爲均平故謂之徹徹者通也均也通力合作則可計畝均收則不可蓋各入其田之所收故謂之私田若曰均收則公田外爲民田不必分井字不稱爲私田矣

牧田貢灋遂溝

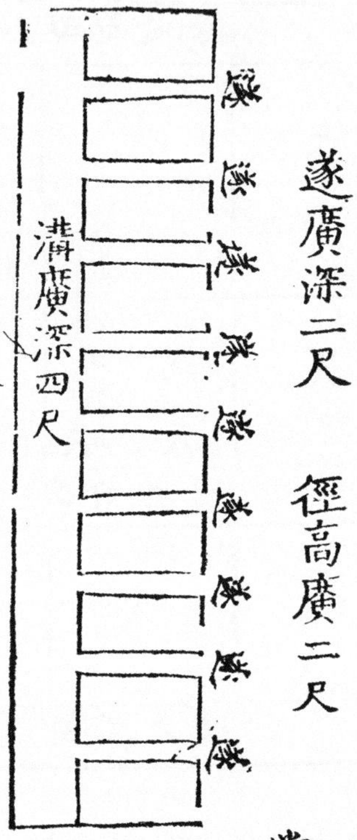

孟子國中十一使自賦又曰貢者校數歲之中以爲常

千畝之田中爲遂九十夫各受田百畝九遂兹入于溝以其無公田每夫各自供其十一之賦故謂之貢

小司徒經土地而井牧其田野　春秋傳井衍沃牧隰皐

寬平之地爲井窄狹之田與夫高下不齊者但可爲牧多則十

夫少則雖不足一夫皆可補而授之

司馬灋步百爲畝畝百爲夫夫三爲屋屋三爲井

步百爲畝謂闊一步長百步畝百爲夫謂長闊皆百步也

匠人廣尺深尺爲甽田首倍之廣二尺深二尺謂之遂九夫爲井

井間廣四尺深四尺謂之溝

遂人夫間有遂遂上有徑十夫有溝溝上有畛

夫間有遂廣深二尺遂上有徑高廣亦二尺可以通人行十夫

有溝廣深四尺溝上有畛高廣亦四尺可以通牛馬

舊說以遂人有十夫字因以爲鄉遂用貢灋之溝洫匠人有九夫字因以爲都鄙用助灋之溝洫愚謂凡耕者皆爲横畎以入于遂一步爲三畎立苗方二尺此樹植之灋井牧皆然也夫間有遂遂上有徑十夫有溝溝上有畛大抵田首之水入于溝亦井牧所同也但井限于九夫牧則十夫此微不同然所謂九夫者乃九夫之地非九家也且每井有餘夫等受田一井實不止九夫故舉成數言豈可因此而遂分鄉遂都鄙有二灋乎

公田二十畝爲廬舍

春秋穀梁傳曰古者方三百步爲里名曰井田井田者九百畝公田居一公田爲居井竈葱韭取焉

班固曰理民之道地著爲本故必建步立畝正其經界六尺爲步步百爲畝畝百爲夫夫三爲屋屋三爲井井方一里是爲九夫八家共之各受私田百畝公田十畝是爲八百八十畝餘二十畝以爲廬舍環廬樹桑菜茹有畦瓜瓠果蓏植於疆場在野曰廬在邑曰里春則令民畢出在野冬則畢入於邑○何休曰一夫一婦受田百畝公田十畝廬舍二畝半凡爲田一頃十二畝半八家而九頃共爲一井故曰井田○趙氏曰古者一夫一婦受私田百畝公田十畝八家是爲八百八十畝餘公田二十畝八家分之得二畝半以爲廬舍城邑之居亦各得二畝半廬各在田中而里聚居

季氏云公田爲廬舍之說起于穀梁諸儒遂以在邑在野各分

二畝半以合孟子五畝之說若公田之中去二十畝止存八十畝則制祿之時又當割別井之田以足百畝之數不惟失先王正經界之意而又以邑處農民亦有不便蓋一夫一婦食力之小人也就田斯可以治農業而死徙無出鄉又同井者之所安也冬則入邑春則出野雖近郊之地住近國中猶以搬運爲煩不欲輕動而况遠郊之外必使遠棄田疇徙居國邑人誰樂之先王之立此濾果何義邪且孟子言五畝之宅未嘗以爲廬舍也信南山詩中田有廬者八家各于田中小苫茅舍以爲息勞守畝之所耳蓋農民所宅必是平原可居之地另以五畝爲一處不占公田也然亦取於便農功邇饁餉去田豈宜遠哉其所

聚居或止八家或倍八家以上各隨便宜合爲一邑置堡設城以相守望故舉成數言則有十室之邑千室之邑丁男之有妻者爲室室亦家也所主在於同井無出鄉而已非必都邑然後爲邑而都邑亦豈可以寓農民哉故農民之宅與國中之廛不同農民之宅鄉里也即制里而導其妻子養老者也國中之廛市廛也但爲士旅寄居之所工商懋遷之區而已而農人入居焉則徙業無常非所以爲安矣故管子作内政有曰四民雜處則其言哤其事易聖王處士就閒燕處工就官府處商就市井處農就田野少而習焉其心安焉不見異物而遷焉其父兄之教不肅而成其子弟之化不勞而能是故士之子恒爲士工之

子恒爲工商之子恒爲商農之子恒爲農農則野處而不暱韋昭所謂國都城郭之域惟士工商而已農不在焉此古灋之僅存者也諸儒但見後世四民混而爲一遂謂人皆有兩宅焉此但可以富室踰侈者言耳豈所以語土著之農夫哉

應竜按穀梁先秦人其言有自班固何休趙岐宗之似于有徵但公田去二十畝爲廬舍止八十畝誠于制祿有妨而冬邑春郊出入煩擾亦非人情所樂此季氏獨見之言辨析甚善然觀周禮上地田萊一百五十畝其食者三之二其民可用者家三人中地田萊二百畝其食者半其民可用者二家五人下地田萊三百畝其食者三之一其民可用者家二人乃知畫爲井田者此定灋也而

田有上中下則居民之八家不可得而拘中爲公田者此定灋也而田亦有上中下則百畝之入亦不可得而拘故使田極肥厚而土窄無萊田則一井止于八家此卽匠人孟子司馬灋之常制也田瘠薄而人稀則一井三家而不足此卽後世儘民開墾之灋也都邑相近則民不野宿而公田之百畝無缺此季氏所疑之言也都邑相遠則民當野宿而公田之百畝不足此穀梁諸儒之所言也蓋公田已足則百畝爲實而用以制祿公田不足則百畝爲虛而當有以益之此猶後世之叙祿者云食封若干而其數多食實封若干而其數少如此則周禮孟子班氏季氏其言皆無窒礙矣況公田皆籍民力所收自倍于私田雖八十畝亦足以當百畝也

十一說

凡十一之制有十之內取其一者貢灋是也有十之外取其一者公田二十畝爲廬舍民所耕田共一百一十畝是也有九分而取其一者公田無廬舍官皆取之九百畝中取一百畝是也大約不出十之上下故總謂之十一

餘夫疆與受田圖

一世

父　母

夫　妻

弟　弟婦

弟

子　子　子　子

一夫上父毋下妻子旁有兄弟爲家受百畝之田上地萊五十畝中地萊百畝下地萊二百畝故自七人至五人可任者三人至二人皆食于百畝之內七人至五人外又有弟六尺已上可任男子征役之事乃受餘夫田二十五畝如有數弟則各受田二十五畝以養其妻子孟子所謂餘夫二十五畝弟雖生子猶同居故兄弟之子爲猶子其相謂爲同堂兄弟也

二世

父　母

夫　妻

弟　弟婦

弟

子　子　子婦　子　子

夫與弟各生孫則夫與弟又爲父夫與弟之冢子爲夫次子爲餘夫孫爲子各成一冢夫之冢子受原田諸弟冢子各受百畝之田遂人所謂夫一廛餘夫亦如之也世次相降其廛皆然

餘夫疆與受田說

易曰父父子子兄兄弟弟夫夫婦婦而家道正蓋必三親具而後成家也周禮大司徒任民之瀍上自七人下至五人而後謂之家蓋必聯于兄弟也故上地足以供七人中地足以供六人下地足以供五人此外別有弟六尺已上可任男子之事百畝不足以供別受餘夫田二十五畝當今之十餘畝雖有室有子皆食其內亦無不贍若其長子孫二十五畝不足以供然後如夫之授以廛田萊蓋自正夫言必人浮于所食田之數方加以餘夫田自餘夫言必人足以當所食田之數方授以足田也觀先王之瀍父子兄弟永無分居之理骨肉之親有天倫之樂無離索之憂一善也諸弟

各有餘夫田寬裕自生禮讓而無迫促畔怨之患二善也有孫則別居受田既以休老又使夫人各私其親以盡人子之情三善也長子世守田里廬舍支子以次宗之默寓宗灋四善也或疑朱子云壯而有室然後受百畝之田與此不同何也夫壯而有室上無父母下無子孫卽可謂之單丁也安得與八九人之家同受田此本賈氏疏云年二十九已下未有妻受口田二十五畝三十有妻則受夫田百畝一歲之間因有妻而遂加田七十五畝寧不至于荒蕪耶故餘夫非丁衆廛不足以容田不足于食不可授以百畝也以此言之凡有單丁一夫一婦者亦止可受餘夫田不當受百畝田經載未盡耳苟凡壯而有室卽受廛別居受田別耕年少地

廣零丁孤苦普天之人並無父子兄弟之樂王政乃所以厲民矣
或又云土田有限凡創業之時土荒民散則受田之灋爲可行也
承平日久生齒日繁其灋將不可通耶是不然天地之化形氣逼
塞于穹壤間有是土田而後足以生是人有是人必有以足其食
自一方言則有寬狹自大塊言有民稠之地必有土壙之處唯患
上之人不爲之裁制耳是故狹鄉則徙于寬鄉民不病地寡而無
爭地空地則募民徙實地不病人稀而無壙土此周之先公所以
世有遷都之舉也豈若後世不爲制民之產而有有餘不足之處
況乘除者理勢之自然得氣有厚薄則子孫有多寡數世蕃衍則
後多無嗣孰謂天下之地不足以養天下之人哉

三等夫受田

上地
田百畝
萊五十畝

中地
田百畝
萊百畝

下地
田百畝　一歲曰菑
萊百畝　二歲曰畬
萊二百畝　三歲曰新田

授萊田灋

凡上地萊田有在一處者則右圖是也有美田不可爲萊者則當別授之萊田更在他處也凡耕萊田有以百畝而二易一歲曰菑二歲曰畬三歲曰新田是也有萊在別處則當雜植以助正田

凡公田之入亦當以上中下三等之田計之故有三井而當一者有二井而當一者有一井而當一者夏官量人云凡班賞地三之一食賞地多閒田故率三井而當一井此可以爲証

井田太家總論

孟子曰方里而井井九百畝中爲公田八家皆私田百畝然周初時闢土分田不盡然者大司徒不易之地家百畝一易之地家二百畝再易之地家三百畝遂人上地夫一廛田百畝萊五十畝餘夫亦如之中地夫一廛田百畝萊百畝餘夫亦如之下地夫一廛田百畝萊二百畝餘夫亦如之小司徒上地家七人可任也者家三人中地家六人可任也者二家五人下地家五人可任也者家二人大司馬上地食者三之二中地食者半下地食者三之一三等之地經中四見皆然分土任民侯國與王國鄉遂公邑與采地然不容有異夫不易者膏腴上地而必益以萊五十畝者常使地

力有餘不至耗竭草萊對於田益肥美家有餘利自生禮讓生齒日蕃有田可耕也三分而食其二故曰食者三之二每一夫田百畝萊五十畝所占夫半之地是一井中實止六夫而不足矣一易者肥瘠平之中地休一歲而種其穫與上地等益以萊百畝二分而食其一故曰食者半每一夫田二百畝所占二夫之地是一井中實止四夫也再易者瘠薄下地休二歲而種其穫與上地等益以萊二百畝三分而食其一故曰食者三之一每一夫田三百畝所占三夫之地是一井中實三夫而不足也井田之界限有定而夫之分受不齊如此夫有休代之瀍則田之所收固無不均但不易則用人工少易則費人工多故上地之入食七人而可任者家

三人中地之入食六人而可任者二家五人下地之入食五人而可任者家二人正夫足其所食人之數而又有可任者即受餘夫田餘夫而蒲其七人六人五人之數者别受正夫田大約以上中下三等之地總而計之每一井田通融而論止于四家可用之民十人而已若舊泥于一夫百畝然田有高下口有多寡似均而實不均也唯其以上中下三等之田授之有一百五十畝二百畝三百畝多寡之三等上中下三等農夫可任之民亦有家三人二家五人家二人多寡之三等然後爲均平以此知古人云八家同井蓋治久齒繁井田大治之旹耳初闢地之旹不可爲也欲知井田夫家之數當攷于周禮可也

程張井地語録

二程謂地形不必謂寬平可以畫方只可用筭㶕折計地畝授民子厚謂必先正經界經界不正則㶕終不定地有坳垤處不管只觀四標竿中間地雖不平饒與民無害又經界必須正南北假使地形有寬狹尖斜經界則不避山河之曲其田則就得井處為井不能就成處或五七或三四或一夫其實田數則在又或就不成一夫處亦可計百畝之數而授之無不可行者如此則經界隨山隨河皆不害於畫之也苟如此畫定雖便使暴君汙吏亦數百年壞不得經界之壞亦非專在秦時其來亦遠漸有壞矣或謂井議不可輕示人恐致笑及有議論子厚謂有笑

有議論則方有益也又謂若有人聞其說取之以爲己功先生云如有能者則已願受一廛而爲氓亦幸也伯淳言井田今取民使貧富均則願者衆不願者寡正叔言亦未可言民情怨怒止論可不可爾須使上下都無些怨怒方可行

二程問官户占田過制者如何如文曾有田極多只消與五十里釆地儘多又問其他如何今之公卿非如古之公卿舊有田多者與之釆地多槩與之則無以別有田者無田者

朱子開阡陌辯

阡陌者舊說以爲田間之道蓋因田之疆畔制其廣狹與其縱横以通人物之往來即周禮遂上之徑溝上之畛洫上之涂澮上之道也蓋陌之言百也遂洫縱而徑涂亦縱則遂間百畝洫間百夫而徑涂爲陌矣阡之爲言千也溝澮横而畛道亦横則溝間千畝澮間千夫而畛道爲阡矣阡陌之名由此而得至于萬夫有川而川上之路周其外其與匠人井田之制遂溝洫澮亦皆四周則阡陌之名疑亦因其横縱而命之然遂廣一尺澮二尋則丈有六尺徑容牛馬畛容大車涂容乘車一軌道二軌路三軌則幾二丈矣此其水陸占地不得爲田者頗多先王非虛棄之所以正經界止

侵争時蓄泄備水旱爲求久之計有不得不然者商君以急刻之心行苟且之政盡開阡陌悉除禁限聽民兼併買賣以盡人力墾闢棄地悉爲田疇而不使有尺寸之遺以盡地利蓋一時之害雖除而千古聖賢傳授精微之意于此盡矣又曰所謂開者乃破壞剗削之意而非開置建立之名所謂阡陌乃三代井田之舊而非秦之所置矣

季氏正大餘夫田圖說

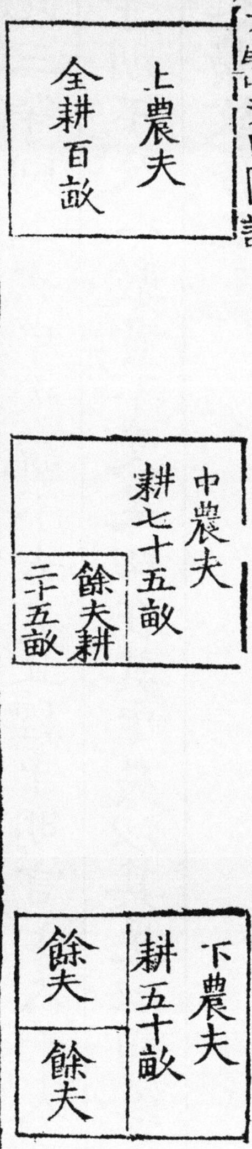

季氏云孟子耕者之所獲一夫百畝百畝之糞上農夫食九人上次食八人中食七人中次食六人下食五人庶人在官者其祿以是爲差一夫百畝非謂一夫一婦佃田百畝也蓋九夫爲井之夫謂百畝之田爲一夫之地也一人之力止可以耕二十五畝則百畝者四人之力所耕也上中下農夫皆正夫自公田八分之一外上農夫自受私田百畝中農夫受七十五畝餘二十五畝授餘夫下農夫受五十畝餘五十畝更授一下農夫或

授二餘夫理皆可通上食九人八人中食七人六人下食五人計其所食之口而耕田之所獲適足以供之也庶人在官者事有繁簡則人有衆寡而祿宜有差故計農夫所食之數以明之豈謂不論人力多寡皆耕百畝聽其爲惰農而漫無勸督均齊之灋哉季氏又云農家受田其實每人止可耕二十五畝但自受田之長而言則曰匹夫而總謂之一夫百畝耳

按孟子之意當如朱子註同授田而以糞力爲上下苟以授田有此三等則上次中次說不去矣且經中明言七人六人五人三等則不及人數者不受足田在其中矣以其足以明餘夫受田之灋故存之

井邑丘甸圖

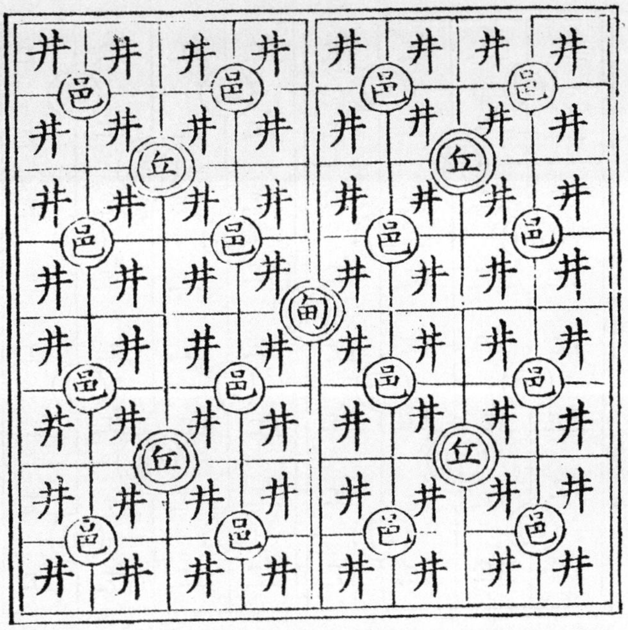

小司徒云九夫爲井以步百爲畝畝百爲夫計之故曰九夫地有上中下大約一夫耕二夫之地每井實則四家四井爲邑十六家論語曰十室之邑是也四邑爲丘十六井六十四家丘之爲言聚也舜所居二年成聚是也司馬灋有戎馬一匹牛三頭畢賦之灋期于甸而魯成公作丘甲春秋所以識其重賦也四丘爲甸六十四井二百五十六家司馬灋有戎馬四匹兵車一乘步卒七十五人又重車一乘將之者二十五人二車共百人甸之爲言用以佃獸之名也一甸出車一乘可以軍旅田役故名

丘甸縣都圖

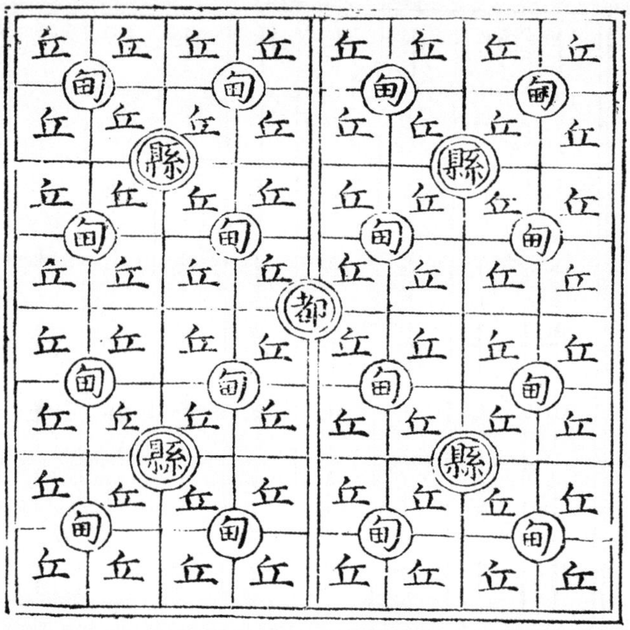

四甸爲縣二百五十六井一千二十四家出兵車四乘四縣爲都一千二十四井四千九十六家出兵車十六乘

都字从諸省從邑言諸邑之所會也

凡丘甸縣都皆據井邑居民而立名所謂以室數制之其出車當捉零就整非可以道里計也二圖正方姑發明其名數而已

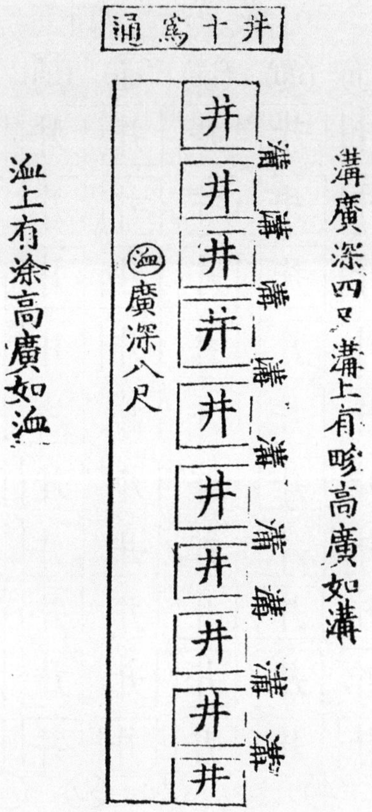

遂人百夫有洫洫上有涂司馬灋井十爲通通爲匹馬士一人徒二人一溝受十夫一井之遂十溝入一洫則爲十井而百夫矣故曰百夫有洫井十爲通言百夫通力而治一洫又十井通力以與耡也涂之高廣如洫容乘車一軌涂之盡處有輿梁

牧之夫數十故有百千萬夫井之田數限于九亦數限于八此紀夫數以十者凡餘夫單丁及士工賈之受田不過二十餘畝其實每井必有十餘夫故舉其成數言也

通十爲成

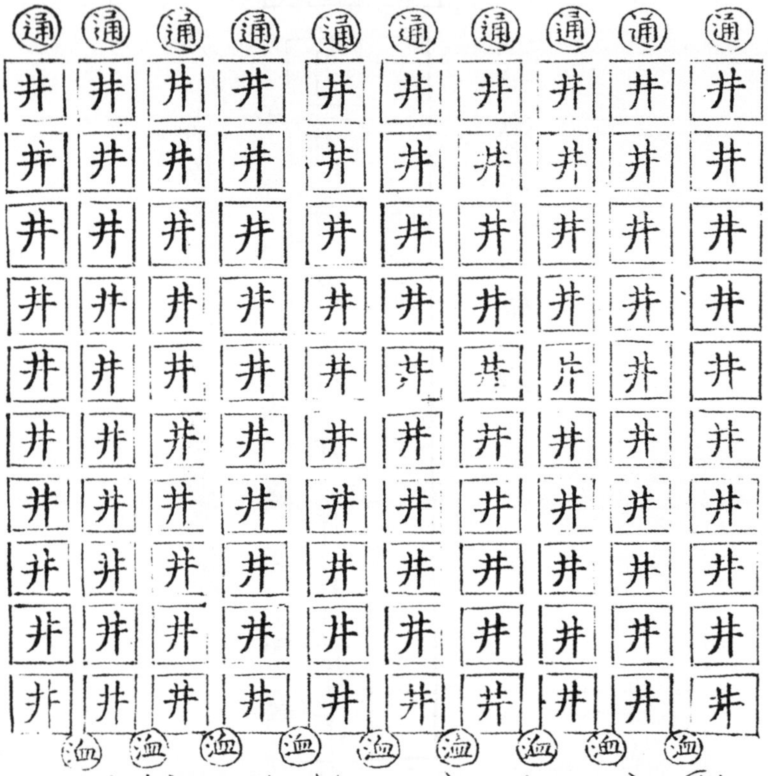

澮廣二尋深二仞澮上有道高廣如澮

遂人十夫有澮澮上有道司馬灋通十爲成成百井革車一乘士十人徒二十人匠人方十里爲成成間廣八尺深八尺謂之洫

一洫受十井百夫之水十洫共入一澮則爲百井而千夫矣故曰千夫有澮通十爲成言十洫方百井井田之灋于是而成也

一成百井千夫除山川等三分之一徵佛甸之六十四井以上中下三等計之一夫耕二夫之地每井止四家爲户二百五十六約五户而出二卒故爲士十人革車一乘道之高廣如澮容乘車二軌

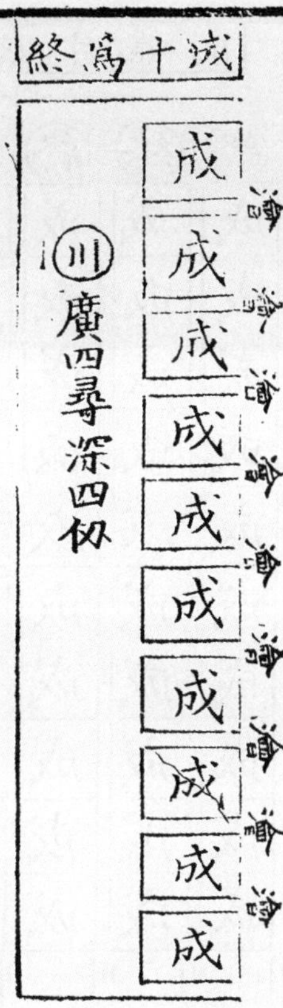

遂人萬夫有川川上有路以達于畿

司馬灋成十爲終終千井革車十乘士百人徒二百人

千夫爲澮十澮共入一川則爲千井而萬夫矣故曰萬夫有川成十爲終言十成之水共歸于一川因山川之勢而加以人功疏導水有所終故以取義也自川則可以達于四瀆矣

詩云駿發爾私終三十里亦服爾耕十千維耦終直二十五里曰三十里十千耦皆舉成數極言之

以地方言爲千井萬夫除山川道路等三分之一爲二縣零二甸之地總爲十甸共六百四十井出兵車十乘

路之高廣如川容乘車三軌

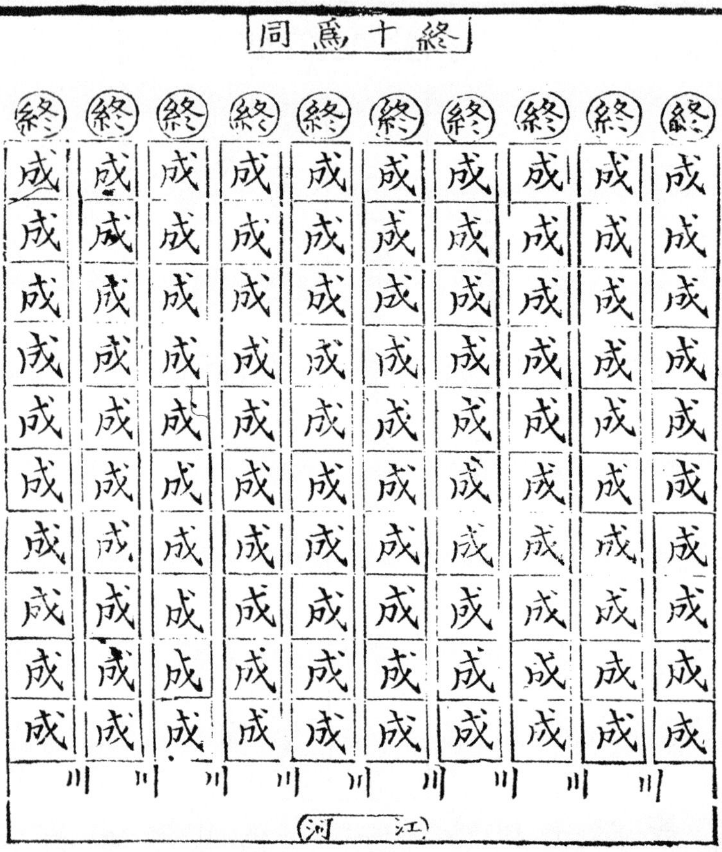

司馬灋終十爲同同方百里革車百乘士千人徒二千人終千井萬夫十終則提封萬井十萬夫直二十五里四面方一百里謂之同者言雷震百里其聲相同也

同閒廣四尋深四仞爲川一同之中其川九其外爲大川以達于畿者也每一目當一成以地方計之雖有萬井十萬家除山川道路三分之一總爲百畝之地六千四百井如井止四家爲户二萬六千四百約五户而出二卒故爲士千人二百五十餘户而出一車故爲革車百乘

井田溝洫澮川用田數

一井之溝長九百步溝上之畛各廣四尺共八尺積一千二百步計田十二畝

井十爲通溝畛十積一萬二千步計田一夫零二十畝　十井之洫長三千步

洫上之涂各廣八尺共二步四尺積八千步計田八十畝

已上十井溝畛合洫涂共計田二百畝該二夫

通十爲成百井洫涂十計田二千畝該二井零二夫　百井之澮長一萬步

澮上之道各廣二尋共五步二尺積一萬六千步計田一夫零六十畝

已上百井溝畛洫涂合澮道共計田二千一百六十畝該二井三夫零六十畝

成十爲終一千井澮道十計田二萬二千六百畝該二十四井

千井之川長三萬步川上之路各廣四尋共十步四尺積三十二萬步計田三千二百畝該三井零五夫

已上溝畛洫涂澮道合川路共計田三萬四千八百畝該二十七井零五夫

終十爲同一萬井川路十共計田二十四萬八千畝該二百七十五井零五夫

已上每同溝洫澮川大約費田不及百分之三是百里費田三里千里費田三十里古今以費田爲憂而秦人之所開要不過此柰何計此小利而坐失大利乎愚觀古瀶治水以道里計出賦去三分之一則溝洫已在其中而人猶疑之因詳述如右

封爲十同

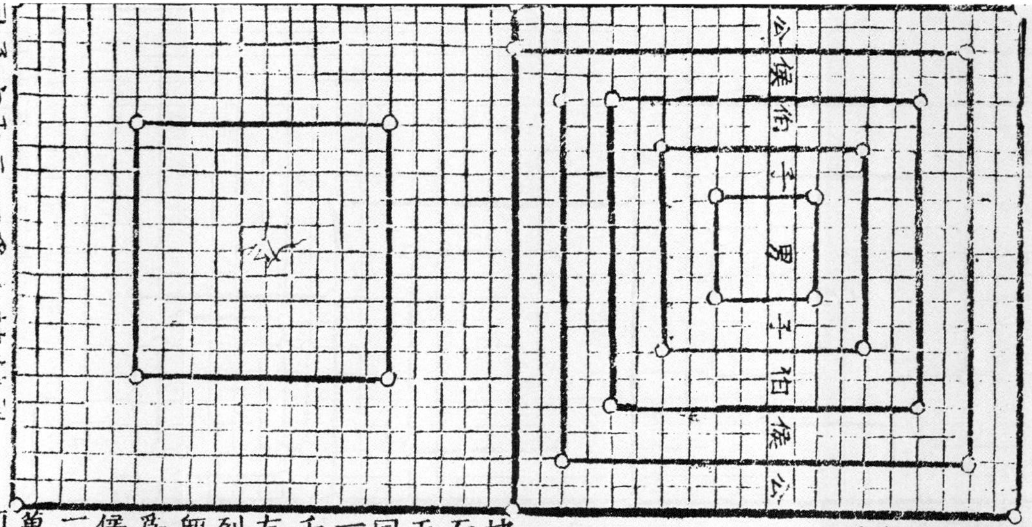

書曰列爵惟五分土惟三而周禮之制則分土亦五而所食惟三今以五等封國之制比次而觀大小降殺如章服命數之相承自見其妙也

諸公之地封疆方五百里謂四面各五百里也此圖二十同直五百里四面五百里爲田四百同是爲上公之地其食者四之一中爲實封田一百同出車一千乘

左傳子產有言天子之地一圻列國一同今諸公之地四百同無乃非古制乎據司馬灋同十爲封謂自十同已上可以封諸侯非謂止于十同也若謂列國一同者此但可行于前古玉帛萬國之時後皆爲附庸之國豈可以議周之定制且其下云今大國多數圻矣圻方千里數圻將分天下大半春秋亦安得此大國乎故此不過一時應對語台經旨不可以執一論也

司馬灋同十爲封封十爲畿侯封其等不同大國之封十乃爲王畿此圖每一日當一同百二十五里四面千里爲田一千六百同是爲天子畿內之地每同出車十乘此

封十爲畿圖

出車一萬六千乘徒一百六十萬人

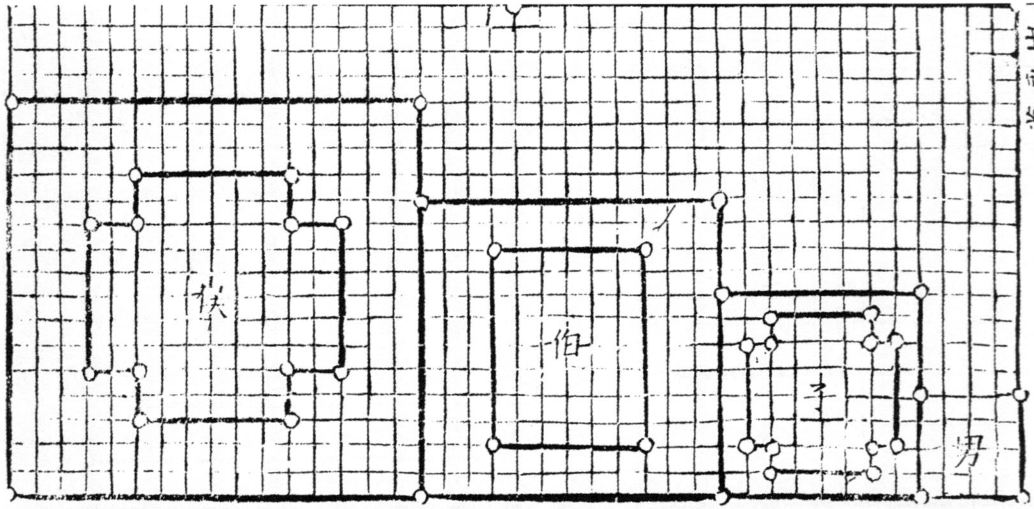

諸男之地封畺方百里四同直百里四面爲十六同是謂諸男之地其食者半爲田八同出車八十乘

諸子之地封畺方二百里八同直二百里四面二百里爲六十四同是謂諸子之地其食者半中爲實封田三十二同出車三百二十乘

諸伯之地封畺方三百里十二同直三百里四面三百里爲田一百四十四同是謂諸伯之地其食者三之一中爲實封田四十八同出車四百八十乘

諸侯之地封畺方四百里十六同直四百里四面四百里爲田二百五十六同是謂諸侯之地其食者二之一爲實封田八十五同出車八百五十乘

諸侯封地實封食祿攷

按書武成孟子王制所言畿封之制多有牴牾愚嘗以周禮爲據而後得其說也凡封國有管轄之地有實封之地有所食之田周禮上公之地方五百里侯方四百里伯方三百里子方二百里男方百里即詩之錫之山川土田附庸司馬遷所謂周封伯禽康叔于魯衛地四百里太公于齊兼五諸侯地正與周禮制合此管轄之地也其言食者半三之一四之一者此其實封之地今觀春秋齊魯等國封疆皆可驗也孟子所言君十卿祿者大國君田三萬二千畝次國君田二萬四千畝小國君田一萬六千畝此一歲君所自食之祿也故以司馬灋同封之制合職方氏封國之灋而計

之天子千里之地爲田一千六百同出車一萬六千乘徒一百六十萬人諸公地方五百里爲田四百同除附庸之國其食者四之一實封田一百同出車一千乘徒十萬人故爲王畿十分之一若如王制拘以百里止得天子百之一而已侯之地四百里爲田二百五十六同除附庸之國其食者三之一實封田八十五同出車八百五十乘徒八萬四千人伯之地三百里爲田一百四十四同除附庸之國其食者三之一實封田四十八同出車四百八十乘徒四萬八千人子之國二百里爲田六十四同除附庸之國其食者半實封田三十二同出車三百二十乘徒三萬二千人男之地百里爲田十六同其食者半實封田八同出車八十乘故以千里

之地大約封公者四國其食者四之一封侯者六國封伯者十一國其食者三之一封子之國二十五封男之國百其食者半自所食之外皆爲附庸之國矣若如王制之說州方千里州建百里之國三十七十里之國六十五十里之國百有二十凡二百一十國即如方百里之國爲田十六同出車一百六十乘大國三軍合用三百七十五乘將安取辦乎此其說誠不可通矣　畿內采地孟子云天子之卿受地視侯大夫受地視伯元士受地視子男王制云天子三公之田視公侯卿視伯大夫視子男元士視附庸周禮載師以家邑之田任稍地以小都之田任縣地以大都之田任畺地大約公處于大都孤卿處于小都中大夫處于家邑夫天子畿

內之地不過千里苟三公之田視公不幾于半天子之疆乎是不然王畿之縣都不世量山川人民以爲都邑而使掌其治教賦稅非若諸侯之封國割其地以與之故天官九兩一曰牧以地得民二曰主則以利得民而已所謂受地者但可言其所食與出封耳且孟子王制所述視地有不同者嘗觀春秋所書王臣三公稱公卿稱伯中大夫稱子下大夫稱字元士中士稱名下士稱人列國唯命卿以名登于冊大夫謂之微者稱人而已故周禮掌客云三公眡上公之禮卿眡侯伯之禮大夫眡子男之禮士眡諸侯之卿禮庶子一眡其大夫之禮典命云王之三公八命其卿六命其大夫四命及其出封皆加一等故三公在朝則食大國君之祿出封

則爲上公之國六卿在朝則食次國君之祿出封則爲侯伯之國中大夫在朝則食小國君之祿出封則爲子男之國下大夫食大國孤之祿出封則爲附庸之國元士之爵眂諸侯之卿中士之爵眂諸侯之大夫下士之爵眂諸侯之上士而其祿則自下大夫而下並與諸侯之臣同何嘗如王制所云天子縣内凡九十三國耶蓋唯畿内不以封也故大而縣都小而公邑皆可以治如召公之循行南國畢公之允釐東郊銜命而往單車可代自無僭逼之嫌苟如孟子所言萬取千焉則非唯無是地而亦必至于簒弑之相尋矣苟如王制所封之地又何必設朝大夫都宗人都司馬都則都士等官而以八則馭之乎唯其祿視夫諸侯之所食是故公食

三百二十井三公爲田九百六十井孤卿食二百四十井三孤六卿爲田二千一百六十井中大夫食一百六十井周禮五官共中大夫三十一人合冬官不過四十人之數爲田六千四百井雖舉朝公卿中大夫之祿不過九千五百餘井尚不及一同公田故雖告老而猶食于家必有大故而後收其田里八柄所謂奪以馭其貧也及其身殁而子孫猶得世其祿蓋非世其公卿大夫之祿也記曰天下無生而貴者天子之元子士也是故無大夫冠禮而有其士禮蓋但世其士之祿耳故仕者之子孫賢則命之爵不賢則祿足以代耕圭田足以祭祀所謂天子有田以處其子孫也故以畿外邦國言漸遠所尊者雖大如上公不過天子十分之一已埶

夫居重馭輕之勢小如子男亦出兵車百餘乘而足以守宗廟之典籍以畿內縣都言密邇所尊者子弟雖賢而不世自足以待無窮之賢縣都雖大而不有自不虞夫僭逼之患至其後世王畿則子弟襲封侯國則大夫世爵而有孟子大家弒奪之說諸侯則併吞附庸大夫則分裂公室而有孔子陪臣執國命之譏與夫王章一掃而空而封建遂爲一大弊矣大抵孟子之說略王制之說拘惟一據夫周禮以圖攷之然後知其立灋之妙而可以盡見夫先王精意之全也或疑諸公方五百里其食者四之一爲一百二十五里諸侯方四百里其食者三之一爲一百三十三里則侯地反多于公乎是不然經文于封畺定其里數而其食則就其中爲之

等而未嘗定其里數蓋地大則中包廣而外之里數反少地小則有四邊而外之里數反多不可以里計也故公田四百同四之一爲實封一百同侯田二百五十六同三之一則爲實封八十五同此其多寡之數自有等級而不相混矣或又以諸男實封八同出車八十乘小國一軍合有一百二十五乘此則一軍而不足何以立國乎蓋八十乘之車爲三師而有余故或益之地以足一軍之數或止于三師亦可以應敵其制不可得而詳矣

丘甸通成出車合一

司馬灋曰四井爲邑四邑爲丘丘有戎馬一匹牛三頭是謂匹馬丘牛四丘爲甸甸出長轂一乘馬四匹牛十二頭甲士三人步卒七十二人戈楯具謂之乘馬四甸爲縣兵車四乘四縣爲都兵車十六乘　此不計道里專以都鄙居民之數而出兵賦之灋所謂縣都者非甸稍縣都之云也彼縣即小都都即大都地方百里此則不及一同之地不過用以出賦之名耳此據周禮小司徒舊灋而述之也

又司馬灋曰六尺爲步步百爲畝畝百爲夫夫三爲屋屋三爲井井十爲通通爲匹馬三十家士一人徒二人通十爲成成百井三

百家革車一乘士十人徒二十人十成爲終終千井三千家革車十乘士百人徒二百人十終爲同方百里萬井三萬家革車百乘士千人徒二千人　夫均之爲司馬灋也甸方六十四井出車一乘成爲百井亦出車一乘者甸以室數計之指其實數成以道里計之兼山川道涂等虛數也故一同提封萬井除山川沈斥城池邑居園囿術路三千六百井定出賦六千四百井又以上中下三等之地計之一夫耕二夫之地每井止四家一同共二萬五千家出車百乘若以一成百井計之除山川等三分之一定出賦六十四井正合甸之田數一夫耕二夫之地爲二百五十餘家出車一乘亦與甸之車數相符今云一同萬井三萬家者此不過一眞算

瀍耳蓋不必除其虛地亦不必計上中下受地之差而俱以下地紀數畝百爲夫非實指一匹夫謂一夫之地也夫三爲屋者俱以下地爲筭三夫之地爲一屋卽爲一家故一通十井而爲三十家一成百井而爲三百家出車一乘歸于一同萬井爲三萬家出車百乘其數蓋無不同也

丘甸通成士徒合一

諸家之說以爲通成終同畿內采地瀍一乘士十人徒二十人凡三十人士多而徒少井邑丘甸畿外邦國瀍一乘士三人徒七十二人士少而徒多以爲內外之制孰知夫丘甸之瀍必一乘百人者兵無奇正則死故有前拒左角右角以爲更休兵無輜重則亡

故有重車以爲根本兵無什長則亂故有士十人以相什伯凡有此車必有此人數此必然之灋通成終同之出車豈能外此故一通十井三十家內合有徒十人而云徒二人者五人爲伍伍皆有長以其長之寓于徒內故稱徒二人也士一人者每徒十則有一士率之也成百井三百家革車一乘合有徒百人云二十人者亦指其伍長故止二十人言士十人者兼隊正隊副百夫長甲士而言也然則百人之數何嘗與丘甸異豈有有是車而無是人之理遂謂畿內采地一乘三十人畿外邦國一乘百人不亦謬哉

丘甸旁加一里之非

井邑丘甸縣都乃計民以出兵賦之灋不當以道里而論井通成

終同乃計田以治水之瀍故必以道里論故十夫有溝百夫有洫千夫有澮萬夫有川夫皆在于田内有田即有溝洫有溝洫即有夫豈有中出税而外治溝洫之理丘甸去山川而即其居民之實數故六十四井出車一乘一成包川澮而言故爲百井茍除三分之一亦與甸之六十四井同亦出車一乘豈謂一甸之地旁加一里而後與成合哉

井田車馬兵器

據司馬灋六十四井出兵車重車各一乘夫每井通計止于四家共爲二百五十六家大較六十家而出一馬二十家而出一牛五家而出二卒民不已病乎蓋重車民間常器牛民間常畜馬亦民

間之不可缺者每井雖止四家而可任者常有十人是六百四十人中取百人以爲徒也唯兵車與兵器則一甸之中共出財備之耳然此但謂一甸之中有此車與徒耳非取之以爲用也觀自古所稱天子諸侯之車數可以見之蓋每十分而簡稽其一故每同不過出車十乘卒千人凡封國之數皆以此爲準

成周兵民之制

人動物也非役役于善卽役役于不善吉人爲善勤勞而不知凶人爲不善勤勞亦不知爲之皆出于其中心以志帥氣故也民可使由之聖王之政不過率之以勤勞于善而已勤勞則淫僻無自生變故不能怵偷惰則善心無自生變故不能支故周禮設官居

家則有比閭族黨州鄉隣里酇鄙縣遂以施敎化在野則爲井邑丘甸縣都通成終同以相什伯大司馬所握之六軍內以役于王都更休而不竭外以制于四方調遣而有餘是故月朔孟月習之于俎豆禮樂使其優游于儀文度數之間而密消其粗悍暴厲之氣三時靡不力田趨其耕耨行其秩叙使無有無事而食之人歲時簡其兵器以爲備四仲敎之師田以爲用而常時則率之以朝覲會同征伐追胥使之常閑于行役而不以爲難安于勞苦而不以爲病是故姦慝禍亂而不作刑罰兵革而不用也雖然鼂錯有言人情莫不欲逸三王節其力而不盡豈周之民終歲勤動而不得息者耶愚嘗合周制土田居民之數而得其說矣故以王畿千

里居民之數計之爲田一千六百同每同除山澤邑居溝渠道路等三分之一爲六千四百井每井以上中下三等不易一易再易計之一夫耕二夫之地實止四家以可任者三人至二人計之每井十人故每同二萬五千餘家可任者六萬四千人出車百乘徒萬人每五家而出二人可任者六人而用其一也是千里之地合有四千萬家爲車十六萬乘矣然自古稱天子曰萬乘則十六倍而用其一四十家用其一人而已又以鄉遂居民之數計之近郊遠郊四面各地方二百里爲田六十四同每同二萬五千家合有一百六十萬家矣及觀鄉遂序官之數比隣之長共三萬人所統止于十五萬家是一家而兼十家每一比長所統五十餘家矣夫

丘甸之灋兵皆設而不用比閭之灋户皆有餘而不籍何也蓋有居民可任之數用以力田治水田獵追胥每同可任者十萬餘人是也有丘甸出車之數每同出車百乘徒萬人是也有簡稽之數苟盡簡閱之則民不勝其疲故如載師之灋自十一至于二十而三每五分而稽其一必十餘載而一周其比閭之灋則以一家而兼十家所以統轄乎民者必十年而一周推此二灋即如今之設里者計一而藏九休九而用一其灋不得不然也至以調遣言則行者有暑寒鋒鏑之苦居者有離索怨曠之思是豈可輕發而多用哉故大司馬所統不過六軍爲車七百五十乘爲徒七萬五千人于千里之内更番而調遣之其優裕而不迫均適而不煩類如

此是故天子出必有六軍君行師從卿行旅從徵發而不至于空虛行役而不以爲勞苦居足以守而無虞出足以戰而無敵田足以耕而不乏食老幼廢疾有養而無失所此周制之所以爲善也且夫車馬器械皆平日之簡稽委積芻薪隨道里而貯峙吉行五十里軍行三十里勞中而有逸將必知兵兵必順民行險而不危故易曰毒天下而民從之也後世之民其佚者歟則漫然無教驕奢淫慾不遺餘力遇有警急則束手無策延頸待斃其勞者歟則征伐四出戍役無節死亡相繼至發閭左千里蕭條天下騷然其不至于敗亡也者幾希

十家爲聯圖

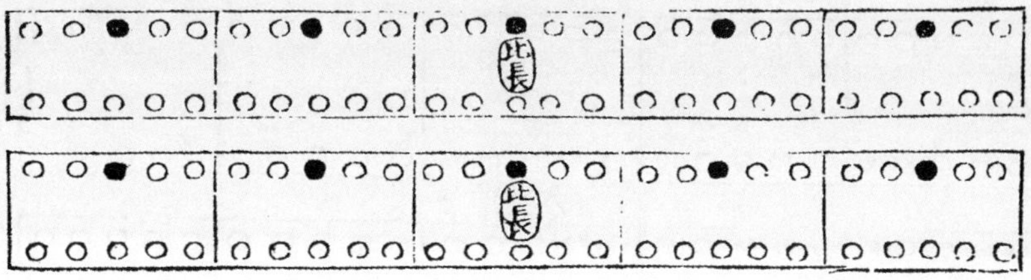

大司徒五家爲比使之相保鄉大夫比長五家下士一人
族師五家爲比十家爲聯
比之爲言以比次之義使相保不得爲惡五家之中擇
其優于衆者以爲之長秩爲下士禄比庶人在官掌其
比之治十家爲聯相與對門者尤切近也每一圈爲一
家一家總十家五圈爲五家一比長所統五十家
按六鄉六遂近郊遠郊四面各百里爲田六十四同每
同爲二萬五千餘家合有一百六十萬餘家今觀六鄉
六遂序官之數比鄰之長共三萬人所統止于十五萬
家是一家而兼十家每一比長所統五十家矣蓋凡比
與其長之員有定而其民則十倍而有餘歲以五家爲
正以其餘爲副十年一周名則五家而所統實五十家
故公私之事歲無所缺禄不見其多而民不知擾也
已後圖每比實統五十家竝同

五圈爲比二十五圈爲閭

八閭爲聯圖

閭門下同

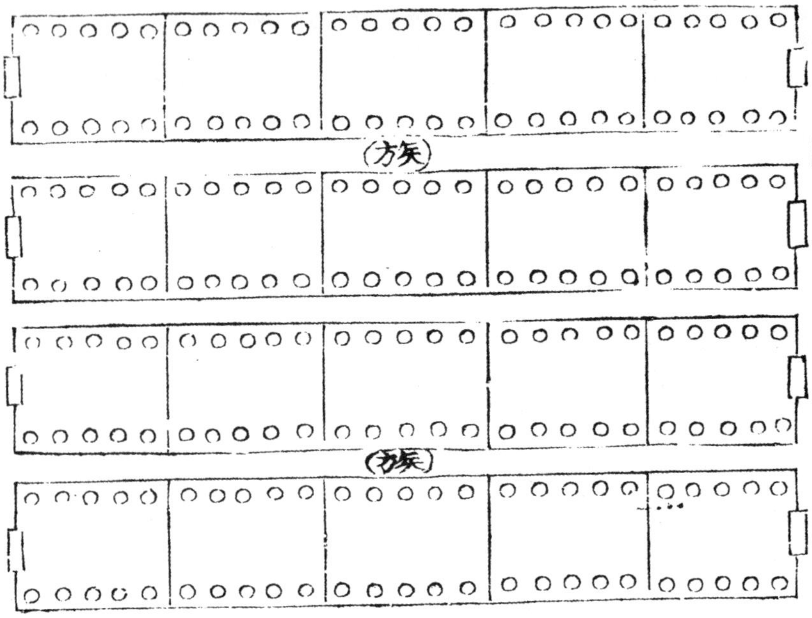

大司徒五比爲閭使之相受閭胥每閭中士一人閭之爲言五比二十五家二閭五十家同巷而居旁有閭門故以閭名平旦閭胥及隣長坐于左右塾以帥民者鄉大大國有大故令民守其閭修閭氏令守其閭互也

四閭爲族使之相葬族師每族上士一人族之爲言以其相葬埋有同宗合族之義也

族師五家爲比十家爲聯五家相與對門者尤切近也四閭爲族八閭爲聯二百家團聚而居者相通與族同也

五州爲鄉圖

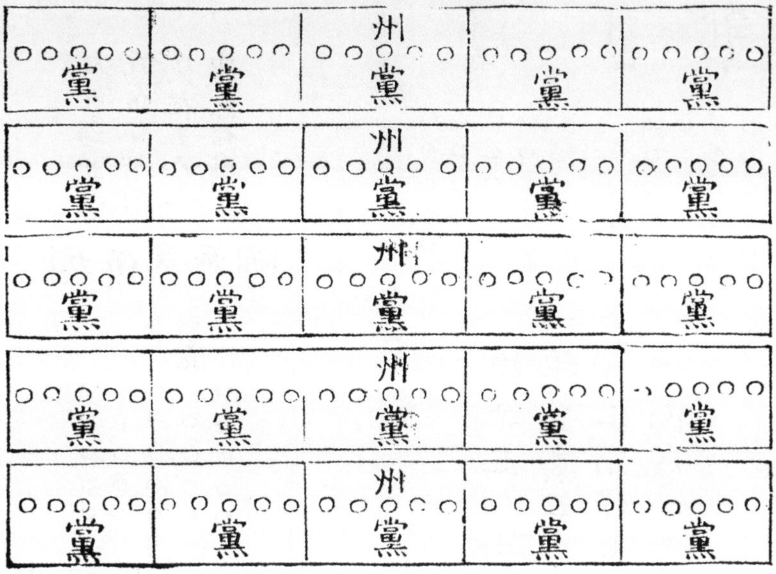

每一圈爲族五圈爲黨五百家大司徒五族爲黨使之相救黨正每黨下大夫一人黨者以其患難相救互相黨與之義也

五黨爲州使之相賙州長每州中大夫一人州之爲言周也

五州爲鄉使之相賓鄉大夫每鄉卿一人鄉老二鄉則公一人

五人爲伍圖

大司馬五人爲伍伍皆有長在五人之中無命爵

五伍爲兩圖

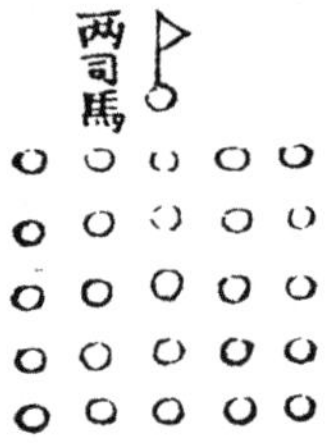

大司馬二十五人爲兩兩司馬皆中士小司馬五伍爲兩

古灋每百人乘車大車各一乘一車兩輪因謂車爲兩凡車有正必有副則百人當有車四兩二十五人合有車一兩此兩之所由名也

每一圈爲一人五伍二十五人通兩司馬二十六人

二兩爲隊圖

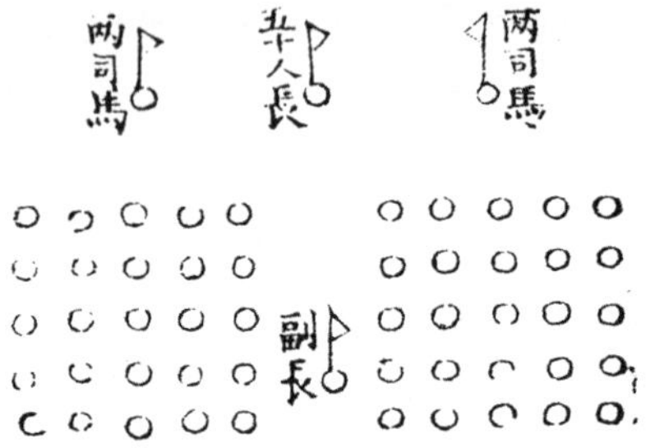

族師五人爲伍二伍爲聯

穰苴灋五人爲伍十伍爲隊即二兩而爲隊也

有正副隊長二人即後世隊頭副隊頭

一圈爲一人通兩司馬正副隊長共五十四人

四两為卒圖

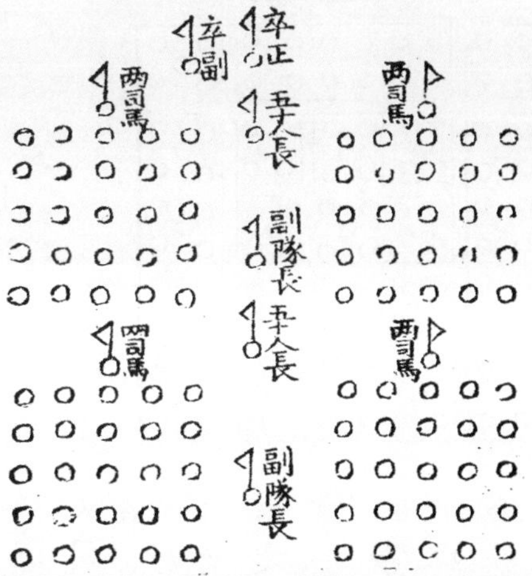

五卒為旅圖

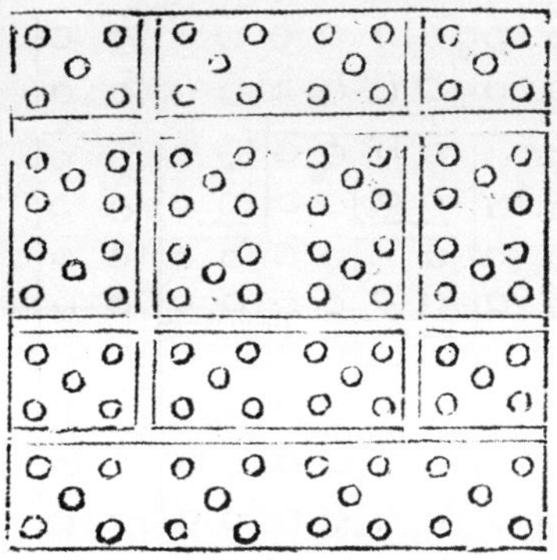

大司馬百人為卒卒長皆上士小司徒四两為卒
周制每車一乘甲士三人步卒七十五人以為前拒左
角右角各二十五人重車一乘將之者二十五人一圈
一人合两司馬四人五十人隊長四人卒正副二人共
一百十人舊說步卒七十二人三两各缺一人又缺两
司馬五十人長泥于百人為卒而誤也司馬灋云革車
一乘士十人徒二十人者蓋伍皆有長百人則伍長二
十人以其藏于伍内故止稱徒二十人两司馬四人五
十人隊長四人卒正二人為士十人也卒之為言終也
自伍两而下其兵皆未可用至于卒則有車一乘其兵
百人兵灋自此而成故以為名雖不足用然使遇小敵
得一梟將將之此百人如下布旅之灋亦可制勝無當也

周禮大司馬五百人為旅旅帥皆下大夫　小司徒五
两為卒每一圈為一伍五人五圈為一两二十五人
旅之為言衆也兵車五乘統五百人故以旅名少康有
衆一旅是也兵雖少然能奇正分合亦足為用大約中
四两為中軍四正每正二两為正軍每隅一两為奇軍
後四两為遊軍

五旅爲師圖

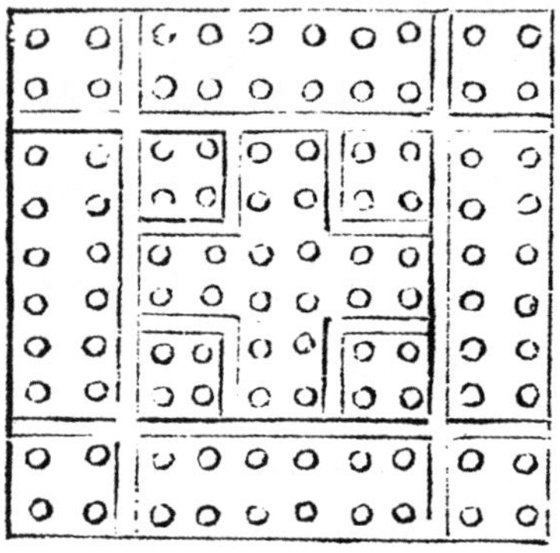

大司馬二千五百人爲師師帥皆中大夫
小司徒五旅爲師每一圈爲一兩二十五人四圈爲一卒百人
師之爲言大也衆也兵車二十五乘統二千五百人其兵衆矣故以師名大約四正四奇中握機外遊軍埜當如握機八陣之制車卒伍濾二十五乘爲大偏以一師之車而言 五十乘爲卒亦曰廣合二師之車而言也

五師爲軍圖

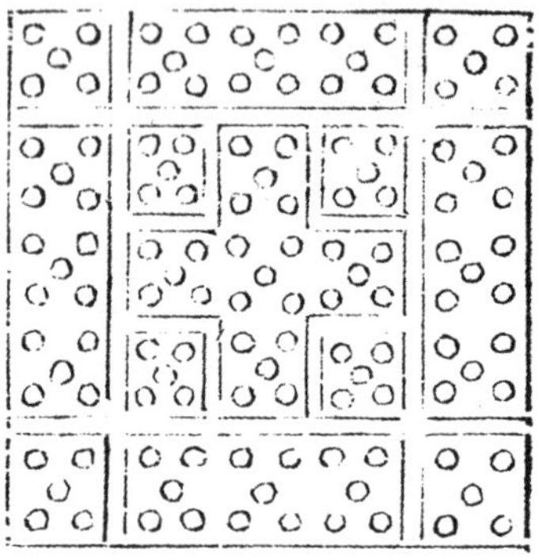

大司馬萬二千五百人爲軍軍將皆命卿 小司徒五師爲軍每一圈爲一卒百人五圈爲一旅五百人
軍之爲言萬二千五百人兵車一百二十五乘大車亦如之合二車之倅爲車五百乘可以自環爲營故其爲字以包車爲文以守以戰可以無敵矣小國一軍次國二軍大國三軍天子六軍凡大將所統多多益辦用以調發應援然皆各自爲營故營衛堅牢起止迅疾而無後世全軍覆沒之禍此軍所以止于萬二千五百人也
車卒伍濾一百二十五乘爲伍指一軍之車而言也

田賦兵民起數義

按井邑丘甸溝洫澮川通成終同比旅族黨伍兩卒旅其起數皆不同者井邑丘甸縣都主于兵賦以田爲事田之勢方但欲其備車馬兵器以防調發故各寓于野而以四起數遂溝洫澮川主于疏導以防水爲事防水之勢長當與居其間受其利者任其事故曰井曰牧兹以各水爲分而以十百起數通成終同封畿者主于封國有國之事莫急于農事莫重于兵賦故兼夫丘甸溝洫二者一縱一横水于是而治賦于此而定兼夫十與四而爲數也若夫比閭隣里主于教訓服役守禦以民爲事教訓必會集而後施役民必于農隙守禦宜于團聚故皆在邑而以五起數若軍伍之灋

止則百人共庇一車戰則用伍兩卒旅以爲奇正更休故亦以五起數莫不各有天然之數所以不同也或乃欲比而同之至以井田爲伍萬人爲一軍何其謬哉

翼傳下

握機經傳五

非周官辨六

經傳正譌七

握機經傳叙

古者嘉兵無所庸言也談兵也者不得已焉也治古之時人閑射御軍有成灋有寇戎之事則百姓皆兵六卿皆將文武未分見之無不知行之爲常事焉耳不明也斯有言不行也斯有傳故兵之入於言者非得已也夫殺則不仁爭則無禮詐則非信其非大道之行歟何則天造草昧龍鬬于野貞僞相角六合一家四夷入寇盜賊竊發何世無之猶之蝳蟲猛獸藪澤山林是其區也則縱之在平原則

將剥我樹畜寧免驅逐之乎在蕭牆之内則將戕我骨肉寧免與之鬬乎故夫虞衡之有擭穽居室之有蕃牆皆兵之道也故知而不爲則可欲爲而無其具胡以救慮備而不用則可欲用而無其備胡以立國且兵灋曰形人而我無形多方以誤之者疑之也疑之也者畜之也示之以利云者誘之也誘之也者餌之也故投其欲而非詐也不顯吾計而非不信也順刃者生傃刃者死殺人之中而有禮焉而非爭也故兵者仁人之所不忍言也而不得不言信

士之所不肯爲也而不得不爲義者之所當爲也而不極其力知者之所優爲也而不任其詐必五常之德備而後可以言兵也故夫分數不明則無所統攝而人各其心左右不相顧首尾不相應可離而易潰于是隊伍之灋生焉布列無灋是使士卒自占其地隊伍必紛亂而不整家自爲敵敵因可乘于是行陣之灋生焉擊刺無節是極士卒之力而不虞其罷怯者敝勇者不立于是有坐作進退之灋焉調發無序是擁衆而無奇正也戰者獨勞居者虛壘

故有出兵次第焉處舍不周徙舉不當是知存不知亡棄吾民于敵也故有營壘軍行之制焉教道不明則鼓之不進金之不還器雖利而不殺兵雖衆而無用是以有教閱之灋焉故以兵爲易而喜談之者非也以兵爲難而不敢言者亦非也或者謂吾有是陣灋彼亦用之胡以相決是大不然便捷輕佻而不能備物倏聚倏散而不能持久勝不相讓敗不相救而無節制皆夷狄盜賊之常耳彼雖得之必不能用若相敵者更有德義輔之所以爲必勝之道

也世所傳孫吳等書皆言兵之權畧也若營陣之制莫逃風后之所作三代保邦莫之能外操御天命輯寧外侮保護黎元所宜世守但明者變通以愚民昧者支離以自眩眞妄雜陳使聖賢簡明之心灋反爲繁晦之剩語後世莫所取裁予因作傳以明之復推廣其所未言者俾可以措諸行事雖然予所傳者灋也通其意則灋神不通其意灋不行也昔高帝得淮陰而申明之以開漢業大宗得衛公而變通之以肇唐基昭烈得武侯而敷演之猶能吹炎漢

之餘蠱使之復然唐之明皇以怠戰而不用終于播遷宋之諸君以小知揣摩卒以削弱非睿知神武切于救世者可以語此哉

嘉靖癸卯立秋日吳人王應電書于姑蘇虎丘精舍

握機經一

凡一十九字乃風后握機經古文也黄帝立井田之灋因以制兵爲握機陣灋破蚩尤于涿鹿之野其臣風后寔佐之爲萬世兵灋之祖

天地風雲龍虎鳥蛇四爲正四爲奇餘奇爲握機

此八陣方位四方龍虎鳥蛇當震兊坎離之位爲正兵四隅天地風雲當乾坤艮巽之位爲奇兵其餘奇零之兵大將居中所握猶弩之有機故曰握機易範曰以内制外必重輕之勢足以相權而後無尾大不掉之患寧使之有餘不可使之不足也先出後躡棲摵擊虛潛見出入惟變所適故無一定之數

握機奇正圖

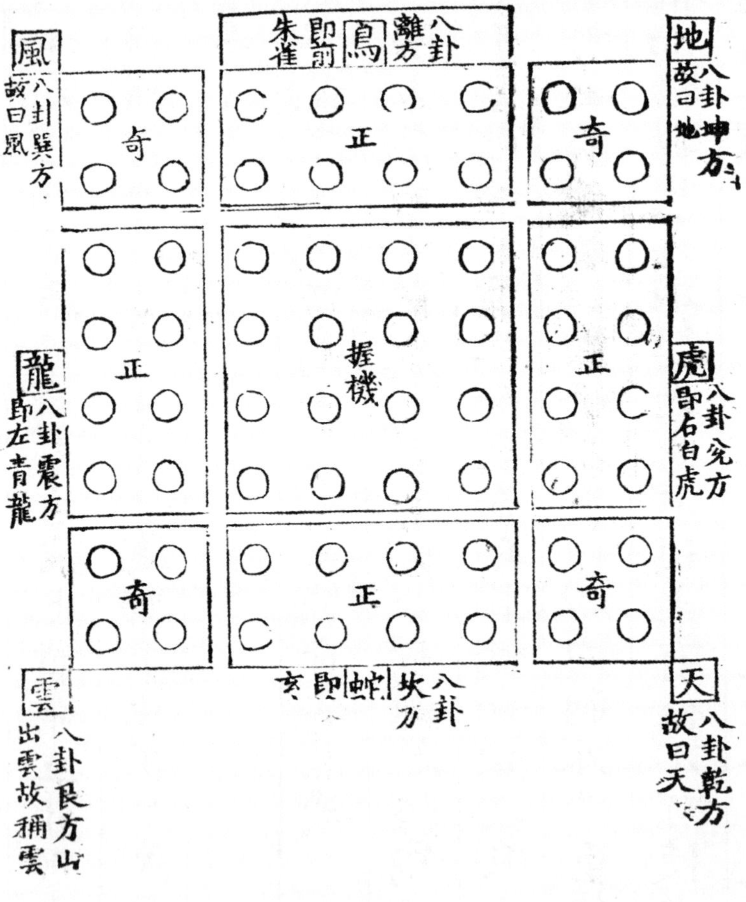

八卦離方
鳥
即朱雀
風
八卦巽方故曰風
地
八卦坤方故曰地
奇
正
奇
正
握機
正
龍
八卦震方即左青龍
虎
八卦兌方即右白虎
奇
正
奇
雲
八卦艮方山出雲故稱雲
八卦坎方
蛇
即玄
天
八卦乾方故曰天

四正方曰龍曰虎曰鳥曰蛇即禮記所謂左青龍右白虎前朱雀後玄武取象于天文二十八宿而立名也四隅曰天曰地曰風曰雲取象于後天八卦方位乾坤艮巽而立名也山靜不以名兵變山言雲山出雲也或取天文或取卦位各就其變動者而立名此八陣之體也八陣與中握機爲九即後續經所謂陣數有九中心零者大將握之也

昔人有泥八陣之名因謂八人爲伍八伍爲隊八隊爲部八部爲將八將爲軍每圖皆虛其中遂使大將居中而無所握是尚得爲兵制也哉不知陣名雖八陣數實九惟中之所握倍于外四正四正之兵倍于四隅所以爲居重馭輕之勢也

增衍握機經二

凡三百六十五字世傳太公因風后握機經增而衍之者也漢武帝令霍光習之長樂宫者卽此

此篇雖增衍之文然此句當繼前一十九字之下通爲一篇言或總稱之

不但餘奇謂之握機或合四正四奇餘奇總名握機也

先出遊軍定兩端

此言下營之始大將遣中軍知筭濂能度地者覸合布何營先定前後諸軍依次而集大約有剩隊無乗地布陣亦如之

天有衝地有軸前後有衝風附于天雲附于地

此舉八陣之名八陣總以天地風雲四者爲名天地取其動靜開闔風雲取其往來屈伸衡者車駕馬以行天衡十六陣包陣外猶天之運乎外故曰天衡軸者車持輪不動而輪之運由之地軸十二陣主陣内猶地之靜而化生萬物故曰地軸衝者陷敵決戰之義天地各有前後衝者陰陽各以剛決威武爲用也風者摧撓剥落之義行于天上故附天雲者晦冥變化之義出乎地中故附地

天衡重列各四隊前後之衡各四隊風居四維故以圓地軸單列各三隊前後之衡各三隊雲居四角故以方天居兩端地居中間總爲八陣

此即後方陣也凡安營布陣必本于此其餘陣灋皆從此而變化天居兩端按前遊軍所定之位而居之也兩端皆重列各四隊爲十六隊前後衝各四隊爲八隊四風居四維各二隊爲八隊共爲三十二陽圓而在外以象天地軸居中每列各一隊爲十二隊前後衝各二列每列各三隊爲十二隊四雲居四角各二隊爲八隊共爲三十二陰方而在内以象地總六十四陣謂之隊者或五十人或一百人或二百人已上蓋無定數若軍太多則行止遲頓分爲別軍可也

陣訖遊軍從後躡敵或驚其左或驚其右聽音望麾以出四奇

此下言對敵出軍之灋所謂遊軍者乃陣後二十四陣餘軍也

未知敵之虛實故先遣遊軍驚動以窺之

按遊軍乃兵家至要安營則爲兵候以爲應援爲遊騎以備非常軍行則爲探馬探旗而在陣前爲奪險爲遊騎以當險阨戰則爲探敵爲陷陣爲間道别支之軍皆蹻捷不羈之士其所大皆非常之功御之亦宜以非常之恩不可不知也

天地之前衝爲虎翼風爲蛇蟠圍繞之義也虎居于中張翼以進蛇居兩端向敵而蟠以應之天地之後衝爲飛龍雲爲鳥翔突擊之義也龍居于中張翼以進鳥翼兩旁向敵而翔以應之

八陣有三四正曰龍虎鳥蛇四隅曰天地風雲此八陣之定体也天衡地軸天地前後衝總名天地四角總名風雲四爲體出

戰合前右總名爲虎合後左總名爲龍而四風稱爲蛇四雲稱爲鳥四爲用體用皆合八陣而爲四陣兼體用而言亦爲八陣也并後八變陣之名爲三

天前衝居右乃正虎地前衝居前而總謂之虎兵家先陰故以前軍與右軍同用也天後衝居左乃正龍地後衝居後而總謂之龍兵家後陽故以後軍與左軍同用也四面兵不逐方并出而與兩面同出欲更休無空缺也風從虎故虎進則蛇應變風言蛇者虎蛇皆陰類也雲從龍故龍進則鳥應變雲言鳥者龍鳥皆陽類也四角風雲各自爲更休而不逐隅并出者亦使常無空缺也

虛實二壘

此語有二義每一陣有二壘即後彌牟陣一百二十八壘是也

調出者爲虛居守者爲實又安營之壘不同陣有定壘爲實壘

無定名爲虛此蓋指安營言故後經文仍結之以此

皆逐天文氣候山川向背利害隨時而行以正合以奇勝

天文日月星時日之吉凶也氣候風雨雲氣之美惡也山川山

林川澤之險易也或向我背敵利我害敵或向敵背我利敵害

我皆宜趨時而動居中當敵者爲正兩旁翼擊者爲奇

天地已下八重以列或曰握機望敵即引其後以倚角前列不動

或合而爲一因離而爲八各隨師之多寡觸類而長

此條與前陣說遊軍從後躡敵意同大約引遊軍爲援當前曰角傳足曰倚前列不動凡變陣衡前與地前衝然不動恐爲敵所乘也離合有二八陣俱出爲合一陣析出爲離即此各隨師之多寡是也一方陣爲合八變陣爲離馬隆八陣贊散而爲八逐地之形是也審于彼我隨機應變存乎人而已

天或圓而不動前爲右後爲左天地四壘之屬是也天居兩端其次風其次雲右左相向是也地方布風雲各在前後衝之前天居兩端其次地居中閒兩地爲比是也從布天一天二次之從布地四次于天衡後從布四風挾天地之左右天地前衝居其右後衝居其左雲居兩端虛實二壘則此是也

此條之義解者未融以愚觀之不過五行陣而已蓋前天衝重列陣乃金之方故此天圓不動即土之圓天居兩端即水之曲地方布即火之鋭從布天一即木之直耶案文爲圖布之如左但愚既未嘗身親金革之事不習于開闔變化之妙而此條文字類云則其是也若先有經而此特引用然者夫既未得爲全經則亦不可爲典要後之觀者唯從事于矢石之間者方有得于文字之外云

天衡重列陣　即方陣

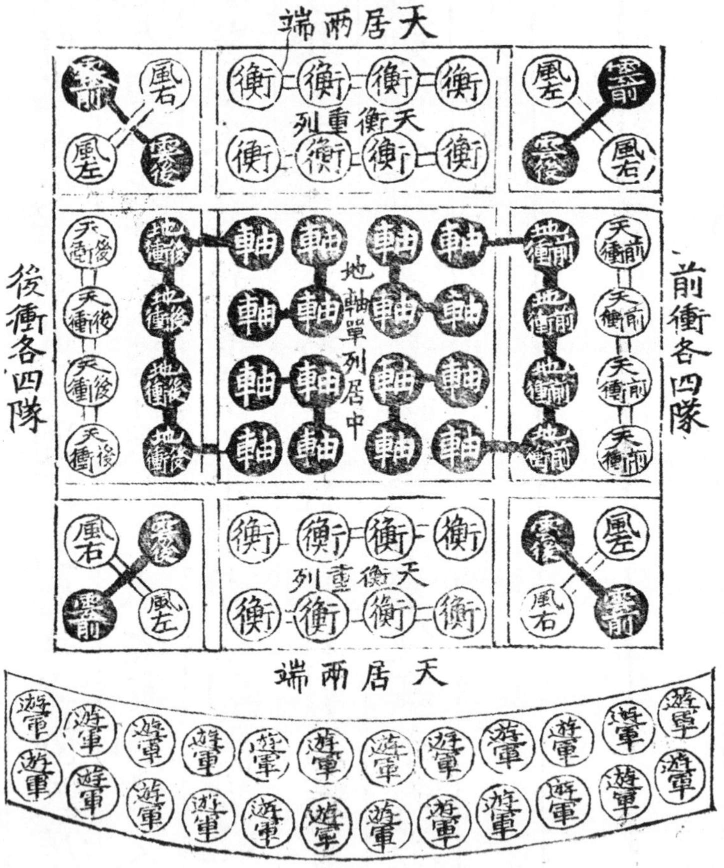

經曰：天衡重列各四隊，前後之衝各四隊，風居四維，故以圓；地軸單列各三隊，前後之衝各三隊，雲居四角，故以方。天居兩端，地居中間，總爲八陣。

地方布圖　印銃陣

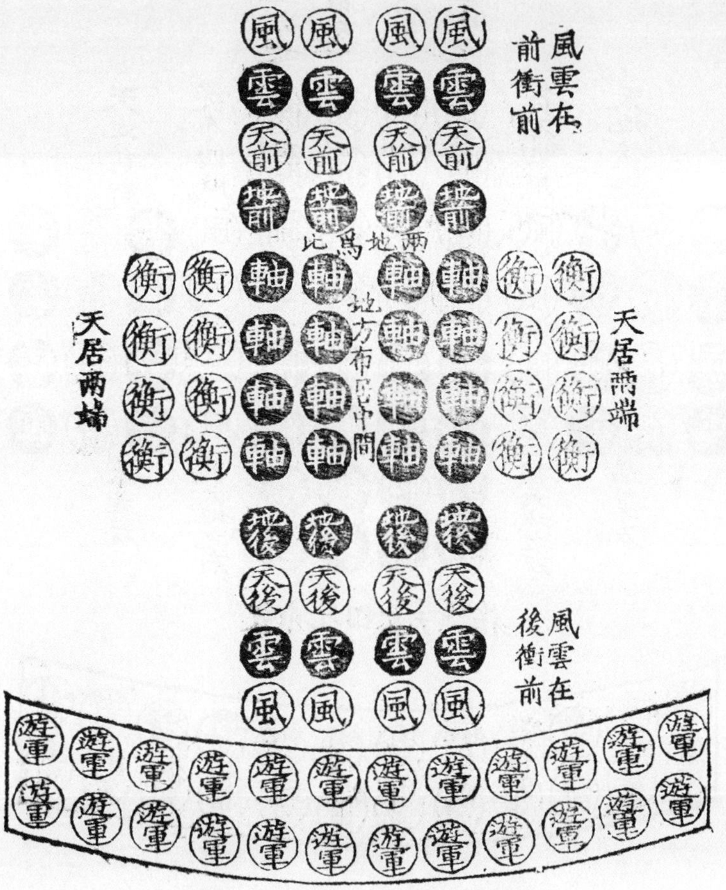

經曰地方布風雲各在前後衝之前天居兩端其次地居中間兩地爲比是也

從布天一圖 即直陣

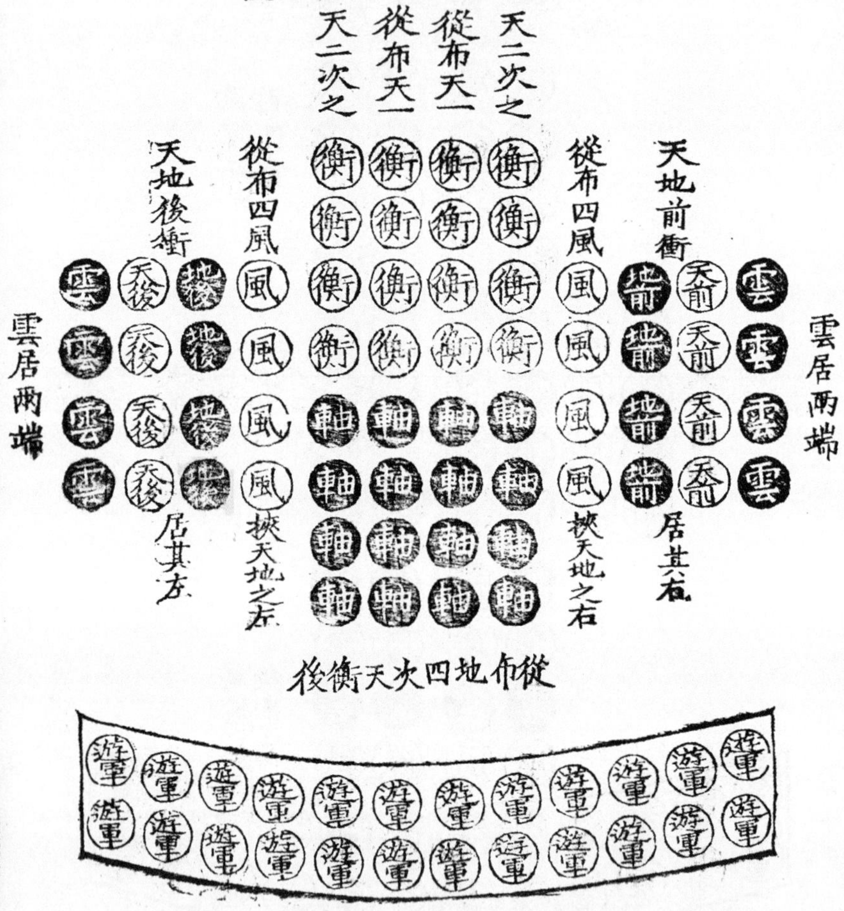

經曰從布天一天二次之從布地四次于天衡後從布四風挾天地之左右天地前衝居其右後衝居其左雲居兩端虛實二壘則此是也

天圓不動圖　即圓陣

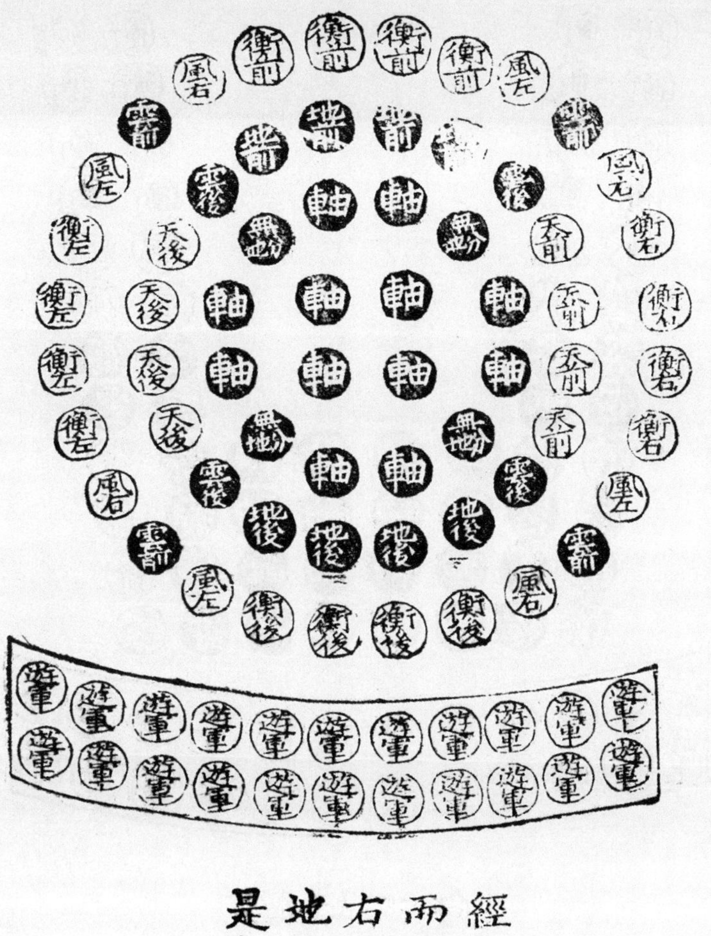

經曰天或圓而不動前爲右後爲左天地四望之屬是也

天居兩端圖

即曲陣

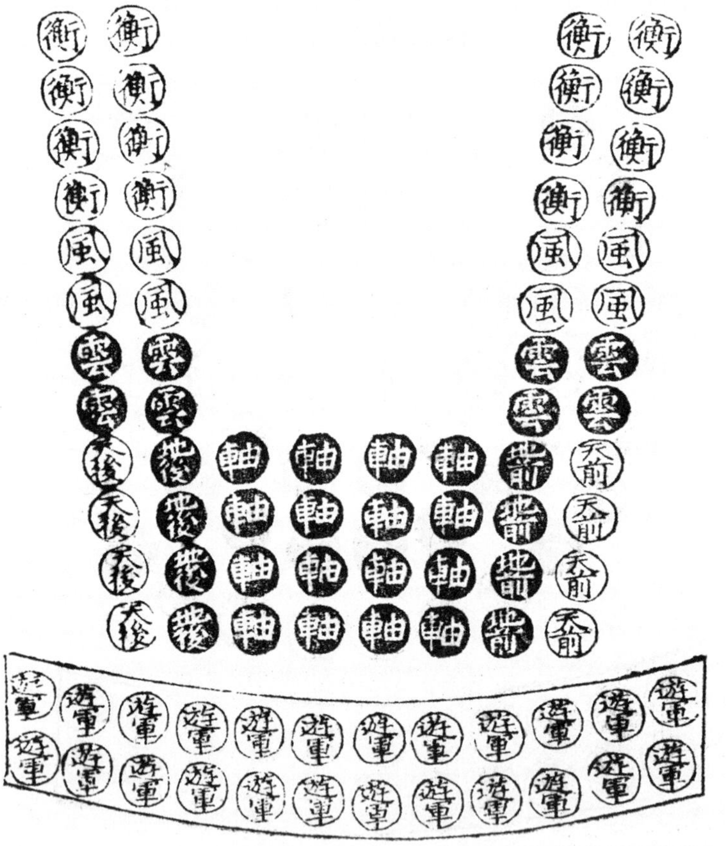

經曰天居兩端其次風其次雲右左相向是也

已上圖小列之一隊五十人共三千二百人馬隆勝樹機能十萬之衆用此數中列之一隊百人共六千四百人通遊軍八千八百人項羽破秦軍百萬用此數大列之一隊二百人共一萬二千八百人合周制萬二千五百人一軍之數多多益辨孫子云治衆如治寡分數是也用此而已若小敎閱其數不拘

又按地軸宜倍于四正故從布天地陣云從布地四而四角不復係于地衡愚謂即宋制之無地分馬蓋一軍中必有異等之士若秦穆公之陷陣越勾踐之君子兵㒈子所謂選而别之愛而貴之以爲軍命者無專位無定數處于大將左右前後以備緩急驅使然使不與地衡聯則死而無用故自其居中曰無地

分自其出戰曰地前後衝其制軍之妙如此

四正方四衝四衝凡八將四隅方四風四雲凡八將此十六隊將各主其本隊之事者也

四正每正各總其衝衝凡四將曰龍虎鳥蛇四隅每隅各總其風雲凡四將曰天地風雲合十六而爲八此八陣將各主其方面之事者也

地軸將總地軸地衝八雲之兵爲三十二陰天衡將總天衡天衝八風之兵爲三十二陽合八而爲二提令就簡以爲提挈弛張兩軍相爲表裏此副將之事也（軸雖大將所握亦遣腹心統領大將虛中以涖之）

中軍又總八陣兵合二爲一此大將之事也

天地之前衝爲虎翼而風應之天地之後衝爲飛龍而雲應之合前于右合後于左八陣以四爲用四陣以兩而化此叅將之事也

風將總其四風雲將總其四雲應于四正此驃驍將之事也

遊軍二十四陣與大軍爲援此遊擊將之事也

增衍握機經三

凡六十七字見唐大宗李靖問對相傳云宋阮逸擬作然其義明暢其詞簡當蓋古語也

陣數有九中心零者大將握之四面八向皆取準焉

陣壍如井字専指其外則爲八兼舉其中則爲九四正四隅各

有其將而中心奇零之兵則爲大將所握四正曰四面兼四隅

故曰八向皆視大將旗鼓以爲進退動息所謂取準也

陣間容陣隊間容隊

一大陣内分九陣奇正布列一隊有兩隊虛實二壘

以後爲前以前爲後

回軍轉陣之灋

進無速奔退無遽走

進必從旗鼓勇者不獨先怯者不獨後退必依退軍灋無敢爭先

四頭八尾觸處爲首敵衝其中兩頭俱救

受敵者爲頭旁援者爲尾一正爲頭則兩隅爲尾四正爲四頭而四隅爲八尾也一隅爲頭則兩正爲尾四隅爲四頭而四正爲八尾也雖云首尾然本無定位以其首先受敵故謂之首耳所謂觸處爲首也兩頭即兩旁凡稱受敵者爲首則旁援者爲兩尾稱受敵者爲中則旁援者爲兩頭亦無定名

數起于五終于八

五人爲伍一人居中爲主而旁各兼二人勢順而易此伍灋也制字之義亦取諸此衛公灋有以三人爲隊者蓋以一人爲主旁各兼一人也若以八人爲伍則偏側不齊其勢乖舛斯大誤矣陣灋必始于方合四正四隅而八

九陣前後頭尾圖

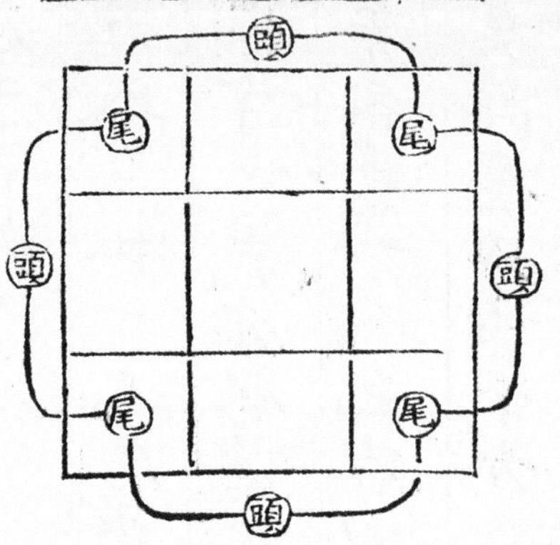

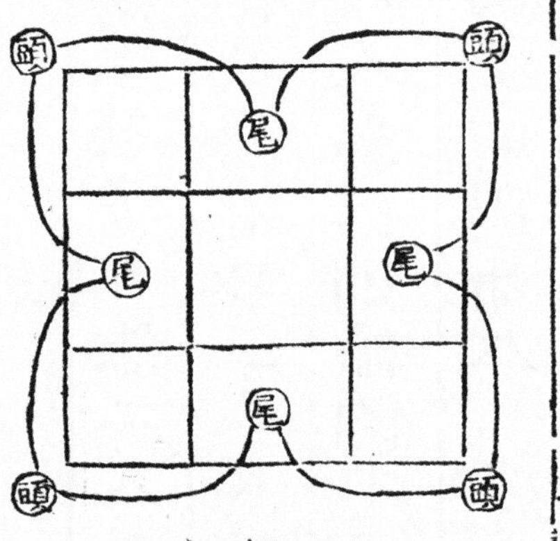

受敵者爲頭則旁援者爲尾每一處受敵則兩旁爲援

八人爲伍圖

卒	卒	卒	伍長	卒	卒	卒	卒

卒	卒	卒
卒		卒
卒	卒	卒

舊謂八人爲伍以爲直陣則爲之長者偏側不齊以爲方陣中加一人則又爲九不加則空其中所以爲不可用也

八部爲將圖

部	部	部
部	將	部
部	部	部

舊以八部爲將布濾如此八伍爲隊八隊爲部亦如之凡爲將者虛有其名位而無其握何以用衆耶且獨不思陣數有九乎凡此蓋徒言而不思措于實用故也

蔡氏八陣圖

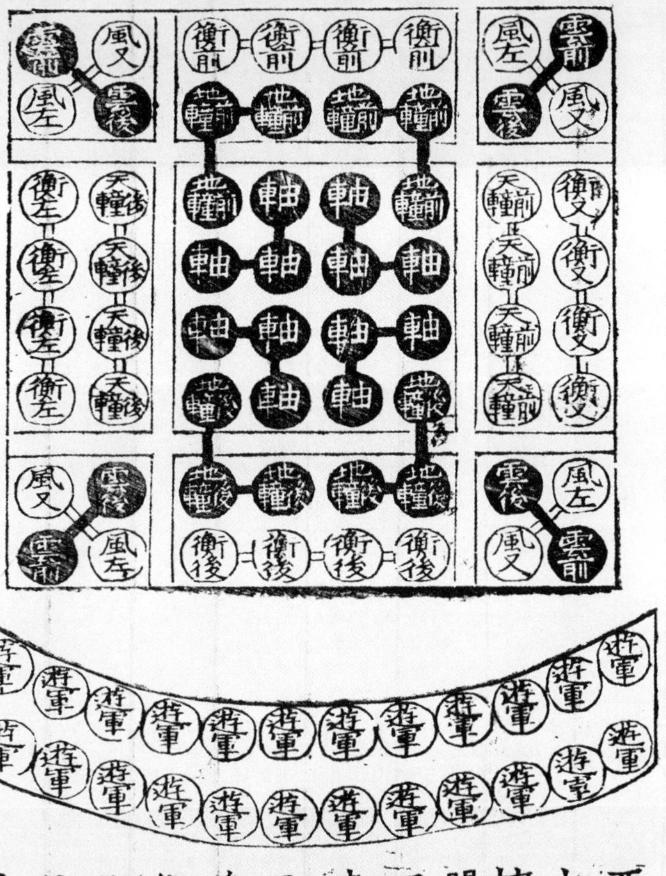

西山蔡氏曰天衡十六陣居兩端左右爲挾地軸十二陣居中間上下爲比天前衝四陣居右天後衝四陣居左地前衝六陣居前地後衝六陣居後蓋天衡在外包運與八風陽陣相統攝即前天圓不動圖但前乃圓布而此則方中之圓微不同耳

非周禮辨題詞

聖王治灋自大德而川流不俟更改而後定其禮經自神化而模寫非有思勉而後成欲窮之者如登太華即之而愈峻如涉滄溟測之而愈深故先儒讀經無疑至有疑有疑至無疑思而不得鬼神將通之然後爲庶幾耳豈若史書集文粗畧淺近一覽而盡得其旨義乎非周禮者若林孝存何休輩不下數家指摘瑕釁無如胡仁仲之詳著書數十萬言辨析精微無如季明德之若移易周禮者若吴

幼清余壽翁王次點輩亦不下數家參互演繹集成後出莫如舒國棠之備以愚觀之胡氏謂大宰六十屬無一官完善者其說淺陋未見有的然不可破才高之人乍見而不領略遂置不復思任意剖決雖欲自絕于經何損哉舒氏作序辨圖釋别僞繼之定本夫先王之灋本安也而人自不安聖人之書本明也而人自不明各以其意見爲之更定初若快意以語不知者似乎可觀回視作者精義其謬何啻千里季氏大旨唯執孟子一書以爲權度然愚觀

孟子之才足以旋轉乾坤開闢宇宙其學識其大者使其當路則其施爲必不泥于周家之舊章且其所以告時君者在于救時三揖三讓之儀非所以施于同室之鬭不親授受之禮不可以語于兄嫂之溺故遠色賤貨下力放淫皆孔氏家法也好貨好色好勇于王何有今樂猶古樂可執之以非中庸論語乎况周禮行于王國而非侯國之所通行其藉藏于六官孟子未嘗適周固不得而見其行于侯國者則諸侯惡其害已而去其藉至于姜之齊移而爲

田姬之晉移而爲魏舊瀍豈有存者立意既偏將後人誤解者皆以病周禮治經而可草率者是耶愚既取三家之說爲之辨釋因述其所以差失之故冠于篇首覽者自知所擇云

吴人王應電書

辨胡氏非周禮凡十四條

五峯胡仁仲曰謹按孔子定書周官六卿冢宰掌邦治統百官均四海者也今以劉歆所成周禮考之大宰掌建邦之六典夫大宰統五官之典以爲治者也豈於五官之外更有治典哉則掌建六典歆之妄也

元亨利貞分屬于四時而一元統天治教禮政刑事分掌于六官而治職則統乎百官府今謂五官之外更無治典然則春可獨無司耶如後世丞相豈無職事耶

大宰之屬六十小宰也司會也司書也職內也職歲也職幣也是六官之所掌詞繁而事複類皆期會簿書之末俗吏掊克之

所爲而非贊冢宰進退百官均一四海之治者也

八政以食貨爲先故欲均平天下者必自理財始苟冢宰而不能制國用其何以平天下乎天官之屬凡嚴于理財者皆爲是也宰相不理錢穀陳平丙吉皆有是言此自古相傳漊言蓋謂明于其官而不明于其數之云耳至于司會一職主會計天下之政上以節制王下以贊天下之治猶漢之計相而所司尤爲大以周今以爲簿書期會之末俗吏掊尅之爲豈其然乎

古之君國子民者以義爲利不以利爲利故百乘之家不畜聚斂之臣與其有聚斂之臣寧有盜臣今天官有宰夫者考羣都縣鄙之治乘其財用之出入凡失財用物辟名者誅之其足用

長財善物者賞之夫君相守恭儉不尚末作使民務本此足用長財之要也百官有司謹守其職豈敢踰越制度自以足用長財爲事若劉歆之說是使百官有司不守三尺上下交征利摧剥其民以危亾其國之道非周公致大平之典也

足用若蕭相國之餽餉不絶長財若劉晏之轉運有方善物若夫子之畜蕃息也今必以爲摧剥其民不有良吏因天地之利而裁之使上下俱足者乎

先王之制凡官府次舍列于庫門之外所以别内外嚴貴賤也今宮正乃比宮中之官府次舍之衆寡又曰去其奇衺之民則是妃嬪官吏衆庶雜處籬陛不嚴而内外亂矣

官府次舍王公之旁用男后宮之旁用女所謂民者男則爲府史胥徒女則爲女宮女奚此周之宮衛爲至善也豈妃嬪與官吏衆庶雜處哉

宮伯掌王宮之士庶子鄭玄以爲諸吏之適庶宿衛王宮者也天子深居九重面朝後市譏之以門衛嚴之以城郭溝池環之以鄉遂縣都藩之以侯甸男邦采衛守之以夷蠻戎狄周匝四垂中天下而立定四海之民今周乃於宮中置諸官吏又以其士庶子衛王宮何示人不廣而自削弱如此也

自古篡弑之禍必在君側故宮衛極于嚴密至于王畿四海以漸而殺今謂士庶子之衛爲示人不廣而自削弱豈嚴于外而內獨

無備乎

王后之職恭儉不妬忌帥夫人嬪婦以承天子奉宗廟而已今

内宰凡建國佐后立市豈后之職也哉

内宰佐后立市義見天文天市垣今以謂非后之職豈易家人六四富家之義哉

内小臣掌王后之命后有好事於四方則使往有好令于卿大夫則亦如之閽人掌守王宮中門之禁説者以爲二官奄者墨者也婦人無外事以貞潔爲行君外通諸侯内交羣下則將安用君矣夫人臣上無境外之交曾謂后而可乎

内小臣掌后之好事于四方蓋指宗國之弟兄姊妹及王内外宗

之女以好禮而行或有言教之及所以聽天下之內治也豈謂外通諸侯內交羣下耶

古者不使刑人守門公家不畜刑人大夫弗養士遇諸塗弗與之言周公作立政戒成王以恤左右綴衣虎賁欲其皆得俊乂之人今反以隱宮刑餘近日月之側開亂亾之端乎

奄人之用以其便于男女之際自古所不廢也苟不用此何以通內外之令乎其說詳見學禮通今錄奄人義

古之王者守禮寡欲由義而行無所忌諱不畏災患今天官甸師乃曰喪事代王受眚災此楚昭宋景之所不爲者也而周公立以爲訓開後王忌諱之端乎

女祝掌宮中禱祠禳禬之事夫祭祀之禮天子公卿諸侯大夫士行之於外后妃夫人嬪婦供祭服籩豆於内凡天地宗廟山川百神祀有典常又安用此幺麽禱祠禳禬於宮中此殆漢世女巫執左道入宮中乘妃姬爭妒與爲厭勝之事耳劉歆乃以爲太宰之屬置於王宮其誣周公也甚矣

鬼神之事愚夫愚婦之所酷信而吾夫子之所不語者五峯此論甚善蓋商俗尚鬼甸師王受眚災之事不過出于臣子之至情后宮女巫者正所以正其祀典不得妄爲淫祀也其說見于甸師女祝下茲不詳著

冢宰當以天下自任故王者内嬖嬪婦敵於后外寵庶孽齊於

嫡宴遊無度衣服無章賜與無節法度之廢將自此始雖在內庭爲冢宰者眞當任其責也若九嬪之婦灋世婦之宮具女御之功事女史之內政典婦功之女功乃后夫人之職也王安后以爲統於冢宰則王所以治內可謂至公而盡正矣夫順理而無阿私之謂公由理而無邪曲之謂正脩身以齊家此王者治國平天下之定理所自盡心者也苟身不能齊家而以付之冢宰爲主悖理莫甚焉又可謂之公正乎噫安石眞姦人哉

正身以齊家此誠王者之事但古者后夫人必有師保姆氏之教故設內宰以主之而內宰又屬之冢宰此其事之相承也且周禮定爲一王之灋不有幼沖之君生長深宮未閑庶務者乎此內治

所以必屬之冢宰也

四方貢職各有定制王者爲天下主財奉禮義以養天下無非王者之財也不可以有公私之異今大府乃有式貢之餘財以共玩好之用不幾有如李唐之君受裴延齡之欺罔者乎玉府乃有王之金玉良貨賄之藏不幾有如漢桓靈置私庫者乎內府乃有四方金玉齒革良貨賄之獻而共王之好賜不幾有如李唐之君受四方羨餘之輕侮者乎

四海職貢皆天產國家府藏皆公帑周禮未嘗以爲自私然用有大小則內外府所掌亦有大小之異物有精粗故玉府所掌多以爲上用之貯豈謂內府在內玉府主良貨賄遂爲天子私蓄乎至

其所謂式貢之餘正以其今于式灋用而有餘初非取于民而羡餘其所謂玩好好用皆在式灋之內司會之屬所攷會者其義見于大府司會覽者詳之

王之褻服宜夫人嬪婦之任也今既有司裘又有縫人屨人等九官則皆掌衣服者也膳夫酒正之職固不可廢又有腊人鹽人等十有六官則皆掌飲食者也醫師之職固不可廢又有獸醫等五官皆醫事也宮幕次舍之事固不可廢而皂隸之所作也亦置五官焉凡此既不應冗濫如是且皆執技以事上役於人者也而以爲冢宰進退百官均一四海之屬何也漢興經五霸七雄聖道絕滅大亂之後陳平爲相尚不肯任廷尉內史之

事周公承文武之德相成王爲太師乃廣置宫闈猥褻衣服飲食技藝之官以爲屬必不然矣

蓋服室醫嬪婦女工並統于太宰者此正周禮格王之要道異于後世之治也今以爲廣置宫闈猥褻服食技藝之官屬是豈宫中府中均爲一體之意哉

其末則又有夏采之官焉專掌王崩復王者也嗚呼安得是不祥之人哉禮官臨大變一時行之可矣乃預置官以俟王崩而行其職何不祥之甚也

自古葢有死而復生者此復之禮所由始也復而復焉莫大之幸乃死中求生非死而致死之謂故不繫于喪禮而繫于天官也歟

太宰之屬六十有二考之未有一官完善者則五卿之屬可知
矣而可謂之經與易詩書配乎
胡氏謂即太宰六十屬無一官完善愚則謂無一字可易人之識
萬有不齊如此今特畧爲辨釋其妙旨詳見各職下未暇枚舉學
者以身體而酌行之自知所失得云

辨舒氏非周禮

移易周禮設官凡二十條

籩人　醢人　醯人　鹽人　冪人　五官以朝事饋食爲重祭祀固屬宗官况與司尊彝爲類宜屬宗伯籩醢醯皆獻酒所薦鹽亦籩實冪尤酒醢之所須且並奄女爲之故並屬酒正

掌舍　幕人　掌次　吳氏屬宗伯以頓舍供帳乃禮官之職也舒氏謂與匠人營國之意相表裏事典之職守明矣王之宮室天官莫大之職在國爲宮人在外爲掌舍故三官爲宮人之屬

夏采　吳氏舒氏　謂掌大喪以冕服復于太祖爲禮官之事禮曰復而不生斯不生矣而後死事始也是忠孝之至也故爲天官之終

鼓人舞師大司樂俞氏以鼓舞二官幷隷于春官之大司樂舒氏則以大司樂二十官幷屬于大司徒

樂與禮聯事故大司樂爲春官之屬鼓舞動民之具故鼓舞二官爲教官之屬且地官教萬民春官教國子故鄉遂升之司徒司徒升之太學各有所司矣

載師閭師縣師遺人均人俞氏舒氏並謂爲司空之屬

遂人至司稼三十六官俞壽翁氏謂爲司空之舊舒氏是之

按前人之説大約以遂人序官與五官相同觀五官之貳皆中大夫二人其攷若宰夫鄉師肆師士師皆下大夫四人旅皆下士三十有二人其數無一爽至于下士稱旅唯五正卿爲然各屬無有稱旅者其爲冬官之缺無疑故謂遂人即小司空而遂師即匠師也愚謂有鄉即有遂故秋官有鄉士則有遂士其餘舉州即曰里未有可以相離者司徒主教民鄉遂二職皆相通司空主集事則鄉遂又各自有職豈司徒有鄉無遂司空有遂無鄉哉今攷各職在地官自有不可缺者遂人制其田里教之樹畜也虞衡若上下草木鳥獸也載師任土作貢也倉廩土地之所出也春饎眷之義也何莫而非地官之事若司空之職自有若冬官補義所陳茲不

復贊

饎人舒氏去此官

稾人吴氏并于饎人與舂人俱屬宗伯舒氏以司隷有女子入于舂稾之文以舂人并于司隷爲司空之屬

動物天産供于天官植物地産供于地官饎稾職有精粗正與内外饔相符不可移亦不可去

司服王氏歸司空舒氏謂當從司裘内司服之類屬天官

衣服本宗伯職内司服屬之天官者以后夫人之事皆統于冢宰故自春官而析也烏得以其本屬者而盡去之哉

世婦

按舒氏云是職也必以卿大夫士之命婦充之甚合禮文但旁引春秋禮記有宗婦之文因欲易世婦爲宗婦愚謂世婦官有定員非凡宗女之混稱宗婦即内宗外宗凡宗女婦人有爵者之通稱也覩春秋莊公夫人姜氏入宗婦覿用幣正以宗女出嫁之有爵者人多有未見而行見禮也使以此之世婦易爲宗婦則相見者豈止此數人而已乎當仍舊作世婦

巾車　典路　車僕　司常　俞氏王氏謂治器物以備用工人之事歸之冬官舒氏謂同軌天子一諸侯之大政而車馬旗旐皆征伐之用屬之司馬

車服以庸名分之大閑禮之大端也車旗聯事故並屬掌邦禮者

內史 外史 御史 俞氏舒氏謂內史紀言外史紀事以贊王不及御史贊冢宰不及而糾察之玆宜列于治官太史禮灋之宗內外史者主出入王之命令御史主執持灋令故為太史之屬而列職禮官若左史書言右史書動本屬冬官而亾之今以內史為紀言外史為紀動經無此文而妄加且史事領于宰臣則得以緣飾而勸戒為虛文爭臣屬之宰臣則得以比周而獻替為故事此皆後世之大弊何為不察而欲紊亂聖經耶

司勳 吳氏以小臣進治宰夫攷治移屬冢宰舒氏引左傳王賜叔孫豹路司徒書名司馬書服司空書勳乃司空之屬愚謂司空當與攷功之事故書其勳此為有理但進賢興功以作

邦國乃司馬之大政凡有勳者司馬之屬等之司空之屬書之各無妨也

小子羊人吳氏以供祭祀移屬宗伯舒氏引詩無羊爲考牧之詩以牛羊並稱而歸功牧人當從牛人屬之司徒六畜稟性于乾坤木火金水各有所屬見于易大傳故六官各有所供詳見充人條下

司爟吳氏謂與秋官司烜皆祭祀之事合麗宗伯舒氏謂與凌人同爲輔相天地之宜爕理陰陽之節當爲大宰之屬

冰之藏啓火之出入爲爕理之事此理至實但大宰有是責而司馬獨無是責耶且宰相之所謂爕理者自有其本豈止于氷與火

耶凌人與酒以類附火爲夏氣自屬夏官

掌畜舒氏謂數牧養蕃鳥獸而復有共貢之責合歸冬官

天文南方爲朱鳥故掌畜屬之夏官

方相氏舒氏謂梗禳祓除之類與祝等也合爲宗官

執戈揚盾武事也

大僕小臣御僕祭僕隸僕舒氏皆屬宗伯

五職雖有大小貴賤皆主給事于王所正王躬以正朝庭司馬之事莫大于此者祀神之事極煩故別爲祭僕一職隸僕掌宮寢小事因附屬焉豈可因有祭僕與五寢之文遂屬之禮官耶

弁師俞氏以爲工人之事歸司空吴氏以爲冕弁禮官之事屬

宗伯舒氏以與司裘屨人爲類屬天官首服夏象也

伊耆氏　吳氏以屬宗伯舒氏謂養老尊賢以教孝合隸司徒秋之爲德物成而養之天文井宿列象西南坤方養之義也其附星有丈人孫子主子孫孝愛以侍老人伊耆氏列職秋官有以哉

大行人俞氏吳氏以爲春官禮儀之事舒氏以親諸侯乃王政之大列之司馬

愚謂賓于四門在虞廷爲四岳之專官周設六卿而他官以類而屬故以行人屬于春夏二官亦皆有理但六屬者聖人旣擬議之使繁簡相等固不必妄有所更易且舒氏云負固不服犯令陵政

則九伐之灋有所不貸故以爲當屬司馬然出禮則入刑以刑官而掌賓禮使夫用賓于王者常懷警畏雖司寇之禁亦無所用而又何俟司馬之兵此其用意爲更微妙耳

朝大夫

舒氏以冢宰掌治而此官掌都家之治故用爲大宰之首屬似乎有理但都士家士掌上治中而方士主之都則掌八則朝大夫掌都家之治于國者必因之蓋凡都家治灋並掌于刑官即大行人屬于秋官之意所以不可易也

舒氏刊去周禮元官　凡七條

司書六官之屬莫不有史史即司書也此官既濫而其職文亦

無條理非僞之當剔耶

按各官固有史以司書司會事煩故特設此職猶之天之諸府春之諸史司市之胥豈可謂各官已有府史胥而不應有此職耶不得爲濫

土均　司徒職曰以土均之灋辨五物九等制天下之地征遂人職曰以土均平政辨其野之土上地中地下地以頒田里蓋與土均所掌平土之政云云無不脗合此官蓋衍苟如此重複建官則土會土宜土圭皆當置一官矣

按周公設官凡舉其綱則必有其屬故土均一事大司徒先陳之而載師之下有均人遂人復陳之而其下有土均其職掌如此胡

可以去之哉故土宜則有草人以物地相其宜而爲之種土圭則有土方氏掌土圭之灋而建邦國都鄙至于山師川師邍師莫非所以掌土會之灋其相承而不可缺類如此焉得謂之重複耶

餼人　乃內饔世婦舍人之事官幾冗濫而文且無章今刪之

辨見前

掌畺春秋傳云候不在畺謂候人掌畺也序職必僞今併其官刪之

掌畺掌封畺之完全墜圮候人掌賓客之出入于畺其職殊絶不可相併

土方氏詳此官職文土圭之用具見大司空及典瑞而土宜土

化則草人稻人之所有事也土方氏安所用哉

職方氏掌天下之地周知其利害使同貫利非有土方氏安得詳其節目乎大抵周禮每事皆有官聯以土地一事言之司空居四民司徒教樹畜職方任職貢司會掌會計故並掌土地之事耳豈可以其無與兵事而遂去之哉

罪隸　蠻隸　閩隸　夷隸　貉隸　舒氏于下四職並取其文附于罪隸而没其官

按罪隸掌有罪而収奴者下四隸乃蠻夷之効順而服役者其人既不同且四夷其氣習職守各異安得合于一官哉

布憲正月之吉小司寇帥其屬觀大司寇所布刑象之灋矣此

官復何爲其僞昭然今剔之

愚謂大司寇所懸目之所及者止于王國卿遂而已有布憲而後及于溥天之下也且又不觀小司寇云令羣士宣布于四方所謂羣士非布憲之謂乎

舒氏刊去周禮經文凡十四條

冡宰待四方之賓客之小治　賓客之小治有訝訝治之非冡宰之事九字僞

秋官掌訝云凡賓客之治令訝訝治之訝士云凡四方之有治于士者造焉蓋賓客之治掌訝通達之訝士治之訝士有不能平者將安之乎小則冡宰聽之大則王親聽之也

宰夫叙羣吏之治以待賓客之令諸臣之復萬民之逆　臣民之

復逆大僕小臣御僕之專職十九字僞

復逆之事大僕等接受于外内史等承受于中若然則冢宰不得以與聞乎唯宰夫主肅朝儀掌叙事之灋故大宰于事無所不統也不然何足以贊聽治乎

内小臣正其服位四字　詔后之禮事相九嬪之禮正内人之禮事十七字　此皆内宰之守也内小臣豈得干耶故知其僞

内小臣專在后所猶王之大僕御僕也序官云奄上士四人其賢可知内宰特監臨之而巳寺人酌氏亦去其佐世婦治禮事義同

内史　太宰八柄其文加詳用以易之

大宰掌治灋內史掌典章其事相須

司會九貢九賦九功九式之灋錯出大宰之文蓋致財用均財

用非司會計者之事也故知其僞

冢宰制國用司會佐冢宰爲計相故其職掌同

大司徒大荒大札則令邦國移民通財舍禁弛力薄征緩刑

荒政十有二以聚萬民視此加詳故知此文之僞

荒政十二施于國中此施于邦國故詳畧不同

大司樂

樂經既亾樂理不傳不知其是安知其非

封人爲畿封而樹之　封其四疆造都邑之封域者亦如之

封人職在牛牲其設社稷之壝有事乎神也若畿封封四畺則固大小司空之事豈封人之力所能及哉

地官主土地故設封人掌封畺之事有土而後鬼神得以血食故牛牲特其兼職耳今反以爲職在牛牲非也又謂畿封爲大小司空之事而于此無與亦非也司空興役任衆司馬制其畿畺司徒率其徒衆守其畺域安得與此無與耶

大史所掌者禮事今曰建典與夫掌灋則之事則太宰之職辨灋貳約劑則秋官司約司盟之職故知其僞

天官掌其治春官掌其禮未有能外于灋則者

大司馬以九畿之藉施邦國之政職一章　乃職方氏之錯簡

也識字皆宜作服國畿作王畿以入于職方氏則於彼無疑誤

於此無僞經矣

大司馬職首曰制畿封國以正邦國故掌九畿之籍施其政職而

職方氏復辨之安得又以此爲僞乎

射人　此官在周官非常設者有事于射則特設焉今觀自國

之三公至掌其治達六十七字蓋錯出宰夫小宗伯而且逸也

安知其非僞耶

在朝詔相其灋國事詔相其事射則治射政軍事則掌羣左安得

非常設乎

大史內史司會及六官皆受其貳而藏之　邦之大盟約司盟

司約有專職矣司寇統之天府藏之正欲嚴密其事不以爲訓也六官皆受其貳何耶且既曰六官則大史春官之屬內史司會天官之屬何政之多門耶故知其僞

天府主明神大史主禮灋內史司會以攷治皆從其長官非政出多門也大事六官皆與故竝藏其貳與大亂則六官辟藏相成

士師若邦凶荒則以荒辨之灋治之令移民通財糾守緩刑

此荒政十有二之四目也蓋事官之事而非刑典故知其僞

司寇掌除盜賊而治荒辨之灋者以凶荒易于爲盜救其本也此周禮之刑官所以異于後世何獨于士師而疑之耶

柞氏掌攻草木　草字衍柞氏攻木薙氏殺草各專一職況其

職唯曰凡攻木者掌其政令而不及草乎　愚按去草字甚當

舒氏更改經文　凡二條

大司徒之職掌明人之五倫以佐王恊和萬方　下繼之以因此五物者民之常而施十有二教焉○大宗伯之職掌建邦之五禮以佐王建保邦國　下繼之以五禮

按舒氏之説似有理矣但五官之首皆平敘其所掌之事而其最要者爲先非謂首一節即該下文數節之義故大宰則先之以六典而後及于八則八灋司徒則先之以地圖民數而後及于土會十二教宗伯則先之以天地人之禮而後及于五禮司馬則先之以九灋而後及九伐之灋司寇則先之以三典而後及于五刑例

皆如此且舜命伯夷典三禮即此神示鬼三者周官職掌本虞廷耳仍舊何不可子言之吾猶及史之闕文補之不可況改之乎

郝氏辨前人移官之非　凡二十六條

天官　甸師　吴澄氏以屬宗伯芬謂冢宰掌邦治天子耕耤以帥先天下亦治之本況周之先公寔以農而立國觀詩之七月書之無逸周公惓惓以稼穡爲成王告則以甸師屬冢宰而訓後王亦自有深意豈可以其有共粢盛之文耕爲三春之事遂屬之宗伯乎且其職以薪蒸役內外饔則類有所聯固不得而苟析也

獸人　𩰫人　鱉人　俞壽翁氏以歸司空芬謂獸人云凡獸入

于腊人腊人固内外饔之類鼈人云以授醢人猶所謂入于腊人䱷人共王膳羞則亦庖膳之類其並職與膳夫庖人當以類屬

食醫　吳氏謂其文無一字及醫療事　止言調和膳羞當去其職而取其文合于内饔芬謂素問言不治已病治未病食醫正治未病之事況百病多生于口腹而養生固以五味五穀爲主哉

獸醫　俞氏以爲司空之屬但此官與醫師以類相從況所謂人無大札物無疵癘尤爲大君宰相之事哉

俞氏以司裘典絲典枲染人追師屨人爲冬官之屬吳氏以司裘内司服追師屨人移麗宗伯芬謂冢宰掌邦治所謂治典者亦惟求之王身耳求之王身道德其本　故其官屬有膳夫酒正以

謹其飲食之節司裘內司服以謹其衣服之制宮正內宰以謹其左右待御之選擇皆關于心術之微而遏絕人欲之萌者也膳夫明則獸人䱷鼈可以類屬司服明則典絲典枲可以類屬其餘若凌以輔爕調之功而致天地之和醫以慮疾病之變而蹐民物之壽則調元贊化爲冢宰之職又不必言者唯夫大府以下八職皆財賦之官不已屑乎蓋九貢九賦九式已見于大宰小宰之文而王制有冢宰制國用之說孰謂財賦非冢宰之事乎惟此官屬于冢宰是以無不經之費雖王及后世子之匪頒好用亦有式以制之也

女祝　吳氏謂合麗禮官且祕祝之官賢君所去宮中用此必有

巫蠱等禍此職宜删芬謂先王敬鬼神以明民雖詛祝亦不之廢況禱除疾殃祠以報福若鄭氏所謂門戶竈者可以后之宮中無此祀耶故屬之宗伯則可删之則未可

地官 鄉師 吳氏以屬司空謂攷司空之辟以逆其役事也芬謂各掌其所治鄉之教與夫羞牛牲歲終攷六鄉之治國大比攷教察辭是皆教官之事固司徒之屬不可易也

俞氏以封人爲邦土之事以歸冬官吳氏以其所掌與牧人充人牛人皆祭祀壇壝牲牷之事合屬禮官芬按左傳楚城沂使封人慮事以授司徒今有封國設其社稷之壝封其四疆之說則司徒之屬明矣又大司徒奉牛牲封人飾其牛牲與牛人皆當

屬司徒無疑而牧人充人亦以類屬矣

司市至司關十二官　吳氏以司市質人廛人賈師肆長泉府司門司關八官移歸司空胥師司虣司稽胥四官移屬司寇芬謂教以五倫三物固足以成其道藝然不正其所習而先之以義利之辨則耳濡目染物欲之感化不難矣故習莫謹于市而百貨利之所也過市之罰自國君始則謹耳目之習而嚴義利之辨者于教道又何加焉此司市諸職所以列之教官也若司虣四官亦因市而設且與賈師肆長聯序又烏得別屬哉

春官

天府　俞氏移屬天官芬謂掌祖廟之守藏固宗官之事況陳宗器纍寶陳玉貞歲何者非禮官之事耶其藏治中者示

有尊而不敢專也詔察羣吏者受其治中則知其能否不敢不告也以爲天官之屬者蓋亦未之思歟

典瑞　俞氏以歸司空謂其職爲治器物以備用則工之屬也芬謂其所掌乃玉瑞玉器之藏與玉之名物用事之辨也通職無追琢意豈可以爲工事況小宗伯有作六瑞六器之文典瑞爲之屬正綱維體統之相關也

冢人　墓大夫　俞氏以歸司空芬謂二官亦哀死亾之意且兆域地域昭穆族葬丘封之度固皆有禮儀而甫窆祭墓又皆爲之尸其屬宗伯厥有旨矣

大卜至眡祲八官　吳氏移屬天官芬謂卜筮者先聖王所以使

民信旹日敬鬼神决嫌疑定猶豫以神道設教者其官爲宗伯之屬亦以交于神明之故所謂知鬼神之情狀也復何疑哉

大史　小史　俞氏以屬天官芬按二官所職亦禮典如曰讀禮書恊禮事頒朔讀誄賜謚奠系世讀禮灋詔王忌諱序昭穆俎簋國事之用禮灋掌其事可見矣俞氏徒見職首有建典掌灋則逆治之文遂以爲冢宰之事是未知有官聯與官常也

馮相氏　保章氏　吴氏以屬天官芬按國語單子謂魯成公曰吾非瞽史焉知天道是知天道乃大史之事月令曰乃命大史守典奉灋司天日月星辰之行宿離不貸亦見天文爲大史之事大史職有抱天時與大師同車之文故二官爲大史之屬大

史掌一切禮書而屬之宗伯則二官當以類附矣

夏官　司士　吳氏移屬天官芬謂司馬掌邦政則爵祿政之大者王制司馬辨論官材亦可據也

節服氏　吳氏移屬宗伯芬謂節服所掌非祭祀朝覲也朝祭之時維王之大常執戈送逆尸而已故官屬典兵

司弓矢　槀人　俞氏移屬冬官芬謂作兵器者附典兵之官則事有統屬而功可以責成後世政權散寓以防臣下之專固非正大之體然倉卒有變則彼此牽制而不肯獨任其咎乃知此官屬之司馬厥有旨矣

訓方氏　匡人　撢人　吳氏移麗司徒謂其職文皆訓迪教化

之意也芬謂周之六卿實以三公兼任則敎王而論道司徒亦不得而專況周公設官雖内小臣之奄亦必擇上士爲之豈以輔成王德而專責之司徒一官哉故五官之屬有爲啓迪王德而設者皆不易可也惟此義不明後世遂以輔導啓沃專委以館閣侍從之臣六卿雖兼師保輙自諉以有所司於君德昏明愸然無所動于中吳氏不知周公設官立極之精意乃如是哉

秋官　司民　吳氏以歸司空芬謂鄉氏遂氏皆有掌民數之文則司民之屬司寇未見其不然者況秋成物之時秋官獻民數豈無謂哉今觀其文有王拜受之登于天府彼司寇見明王之重民數如此於决獄也寧不戚焉動其不忍之心與民求生而

不得然後置之刑耶司民之屬刑官周公欲人知民命之重也

犬人　吳氏移麗宗伯王次點氏以歸冬官芬謂犬金畜也象在降婁守夜吠盜有詰奸慝之意故古人謂獄爲犴狴犬之屬司寇豈錯簡哉

司隸至貉隸六職　吳氏移屬司馬芬謂罪隸役百官府蠻隸役校人閩隸役牧人貉隸役服不皆由司隸掌其政令亦若掌戮所司墨者使守門劓者使守關宮者使守內刖者使守囿髡者使守積皆爲司寇之屬無疑也況所謂搏盜賊守野舍役凡囚執人之事固司寇詰奸慝之意耶

雍氏　萍氏　柞氏　薙氏　吳氏移歸冬官芬謂四官皆詰禁

殺伐之意非有生植阜蕃之功其爲司寇之屬烏見其不可哉

司烜氏　吳氏移屬宗伯芬謂王之大祭祀禋祀五帝卿大夫皆執事則司寇奉犬牲奉明水火亦少致其駿奔走之意耳豈以五官具在而獨司刑不與耶書言典獄惟克天德自作元命配享在下是用刑之極功可以作命配天顧不可以與祭耶明水火雖祭祀之用而舜命皋陶作士則曰惟明克允是明乃司刑者之第一義也司烜之列明水火之奉蓋有深意矣

銜枚氏　吳氏移屬司馬芬謂司囂者朝會時伺察諠聲也令禁無囂者祭祀時禁止諠聲也令銜枚者軍旅田役時人衆則非伺禁所能及故令各銜枚自無諠聲也又云禁嘂呼嘆嗚者蓋

諠聲之變禁之恐惑衆也凡此皆詰禁之意故列之司寇豈可以其有軍旅田役之文而遂以爲兵家之用哉

掌訝　俞氏吳氏皆以屬宗伯芬謂司寇之屬有訝士而此官亦以訝名若迎賓訝治之文皆相表裏且周之秋官國賓至司寇詰奸則此官屬之司寇不無謂矣

應電按前人移官自以爲是矣舒氏辨之而仍舊今掇其要旨而諦觀之確然有理乃知前人枉費心力徒得罪于聖經而無益于治也孰知舒氏又自蹈前人之失使後之視舒亦如舒之視昔悲夫

辨季氏非周禮

引孟子証關市山澤之賦

文王治岐關市幾而不征蓋初立國其用甚寡故無征周禮未嘗征商但有市地之廛布其餘次布質布罰布皆罰犯禁者之布唯總布乃収賤丈夫之布關亦無征但舉其貨之不出于關者耳文王澤梁無禁七十里之囿芻蕘者往焉雉兔者往焉此亦謂自岐遷豐土壙人稀故不設禁令周禮林木則令萬民時斬材有期日川則以時舍其守澤則頒其餘于萬民田獵則大獸公之小禽私之豈若後世之專利乎其不得不有禁者生齒日煩山澤有限小民誅求無厭使物不得遂其性林木必至于童赭禽獸必至于絶

類寶藏必至于泄天地之精且有爭奪盜竊專利作亂之禍故禁網之密皆爲民守之孟子與時君言每舉其不征不禁而于其廛與禁則不言者蓋當戰國時以救民陷溺爲主如曰天下之商皆悅而願藏于其市天下之旅皆悅而願出于其途敎時君致王之道以收人心爲先非治定功成立法創制之時故言有未備耳胡乃遂據之以非周禮哉即如高帝入關約灋三章至定律令奚止于此若必泥于關市無征澤梁無禁則凡司市所立僞飾之禁王制所陳不中于王灋之禁肆無忌憚豈爲國之道且山澤有自然之利而不取以佐國用逐末之人獲厚利而不少征其廛皆初立國之時則可苟天下多故國用不足取末作之有餘寬務本之征

歛有何不可是故管仲之富國強兵漢武之征伐四夷咸取足于是彼議鹽鐵者欲如上古弛山澤之禁季氏至謂先王于商賈反加厚于農民不亦迂乎

引禮記証鄉大夫征役之重

祭義曰五十不爲甸徒謂不供丘甸內輓漕興作之事也王制曰五十不從力政謂不從公家一歲三日之役也又曰六十不與服戎謂不與甲兵戎馬之事也孟子曰頒白者不負戴于道路老者衣帛食肉然則此云國中自七尺以及六十野自六尺以及六十有五皆征之不已重乎按內則云六十曰耆指使七十曰老而傳此所以待君子之道蓋老者更事多典故藝可以爲人之長故必

待七十而致事然則五十者雖不爲甸徒不從力政其膂力尚彊者獨不可爲什伯之長乎六十雖不與服戎其未衰邁者獨不可爲之固守衣裝等事乎故必六十以及六十有五然後謂之老而優之倘有罷憊不能行則又謂之疾而寬之矣是則與祭義王制孟子之言實未嘗悖其視内則所以優君子之道國中輕十年野民輕五年矣安得謂之重乎

引孟子班爵祿之制

孟子曰天子一位公一位侯一位伯一位子男同一位

天子絶尊大物不過十二守圭車旗服食禮儀等皆如之灋天數也諸侯自爲五等無有天子下倫其中者子男異爵亦不可同一

位孟子此言蓋東遷已後天子久倫于諸侯至七國時諸侯僭王名分不辨已久故不及致詳耳

孟子曰公侯皆方百里伯七十里子男五十里

周人侯國之制命爵五而其等則三故司儀云公於上等侯伯於中等子男於下等公無與侯同等之禮其受地亦五而所食則三故公侯伯子男五等封國地方各有差而其食則公四之一侯伯三之一子男半公然無與侯同受地之濾但齊魯等國皆以侯爵而入爲周之上公後世因襲之弊皆用前人上公之禮孟子習見當時之事遂謂公侯同等

夏殷周授田不同

季氏云夏時地未盡墾則田少殷地漸墾則田增至周益墾則田多以五十畝變爲七十畝以七十畝變爲百畝截長補短隨地制形不過易一經界而已豈必截然正方區分爲九列如井字整如棋局哉後儒止因拘于周禮溝遂之說取必于方祇見其難行耳乃併以孟子爲傳聞其誤後學甚矣

朱子曰嘗疑孟子所謂夏后氏五十而貢殷人七十而助周人百畝而徹恐不解如此先王疆理天下之初做許多畎澮溝洫之類大段是費人力了若是自五十而增爲七十自七十而增爲百畝則田間許多疆理都合更改恐無是理孟子當時未必親見只是傳聞如此恐亦難盡信也

應電按三代授田有五十七十百畝之不同者皆因步有多寡否則尺有長短耳步有多寡者如古以步百爲畝自漢武至今以二百四十步爲畝故殷人以一百四十步爲畝則七十畝當周之百畝夏后氏以二百步爲畝則五十畝亦當周之百畝也謂尺有長短者如三司布帛尺以十二寸通用尺十寸周尺止六寸有奇蓋周建子度從黃鍾起數故尺短殷建丑度從大呂起數尺差長夏建寅度從大簇起數尺尤長其說亦通不然經界豈易事而可如是紛更乎經界既移則廬舍亦當盡爲改造且每井田中必鑿一井以備汲灌此井田之所以得名也亦將盡爲改鑿乎蓋井田起于黃帝至少康云有田一成則井十爲通通十爲成之制已久夏

后氏亦非全用貢灋也

匹夫匹婦之供

季氏曰天子畿内提封百萬井諸侯之國提封萬井每井公田百畝當有百萬畝每畝約收粟一石八斗當爲一百八十萬石一井八家每家姑以匹婦爲率當爲八萬婦每婦約收布絹二匹當爲十六萬匹而絲絮不與焉

每畝粟一石八斗不有上中下三等之田乎一萬井爲八萬婦不有一夫耕三夫之地者乎每婦收布絹一匹公家不大多私家不大苦乎

季氏又曰姑以一夫百畝家女工計之大約歲得布帛共二十

匹爲率亦十而取一焉輸于官者雖輕亦當有帛一匹布一匹與夫絲絮之徵而所存一十八匹與絲絮之收則帛以衣老者布以衣餘人絲以供他用皆自治其私焉

載師任民之瀍云任嬪以女事貢布帛此九職之一耳又云無職者出夫布則有職者不出明矣玆無一槩征布之說漢初亦無布帛之征晉唐而下始有布帛之調蓋以户授桑田故征其所有也孟子布縷與粟米力役玆征要亦戰國之横斂豈可以之爲據限爲匹婦所得之布帛而欲户徵之乎且婦人工拙不齊匹婦一歲得布帛二十匹此婦之工而且勤又必食于人者而後能之設有數兒女日常有井臼餽饁之事又有疾病變故安得以二十匹爲

率以此施之于政當甚于青苗之害矣

居民井田俱以伍紀

季氏云井田每井八家而比閭以五起數若使五家相保則餘三家又當割別井二家湊合成伍豈不紛亂耶豈周制本以五井各相連保在鄉謂之比而積至於鄉在遂謂之鄰而積至于遂在軍緣此而遂爲伍兩卒旅之編歟蓋井出一家家出一人即左傳所謂廬井有伍之濾通乎天下侯國故比閭族黨之名由此而起而遂得通稱之耳若天子畿內自當以五十井出五人或五井十年一更番而爲伍寬於諸侯十倍矣故其鄉遂之名亦不異也

井通成終同疏導以十井邑丘甸縣都出賦以四比閭鄰里主教訓伍兩卒旅主師田數皆以五各自立灋各自起數不可相牽合左傳所謂廬井有伍者謂邑居井田中使其民皆有卒伍之灋想當時兵灋廢壞子産能舉之故稱之也豈謂以井田立爲伍哉季氏二卷言一井出三人四人而此言井出一家家出一人何自相背戾耶且天下之民一也畿內寬于諸侯十倍則諸侯之民又胡以堪命耶

萬人爲一軍

季氏云魯頌曰公車千乘公徒三萬管子小匡篇曰管子作內政寄軍令三分齊國以爲三軍萬人爲一軍三軍教士三萬人

齊桓軍制與魯頌合必古瀵也三軍爲三萬人則天子六軍當爲六萬人矣周禮以萬二千五百人爲軍内多二千五百人本四師萬人也後人多加一師耳鄉亦多加一州遂亦多加一縣周禮軍制五師爲軍四爲四方其一中軍也故八陣則幷中握奇爲九六花則幷中軍爲七制軍未有空其中者鄉遂教訓其居民之瀵亦用是數者蓋亦寓兵于農之意耳魯頌舉其成數猶詩三百之云管仲更周制蓋欲新一國之耳目且一直洞達使人易曉亦王變爲霸之道今謂萬人爲一軍至鄉遂之數亦皆至萬而止

調兵先近後遠

凡司徒司馬制民制兵良瀵皆爲妥加之數不知孰爲妥耶

季氏引春秋左傳䟽曰古者用兵天子先用六鄉六鄉不足取六遂六遂不足取公邑采地及諸侯邦國若諸侯出兵先盡三鄉三遂鄉遂不足然後總徵境內之兵

先儒之說曰天子六軍出于六鄉爲正軍六遂亦六軍爲副此說非也天子六軍必兼鄉遂縣都而均用之若果兵不足亦當均調苟先鄉次遂以漸而及于遠則鄉民何獨常勞苦耶至于賦不止盡其公邑采地徵兵諸侯則王畿內外皆空國而戰耶且天子討而不伐所謂六軍者常以之擁護乘輿耳用以征戍乃後世失德諸侯不王之弊先王之時何嘗用畿內之兵以征討耶諸侯之軍亦當于合境中均調所謂賦猶不止乃後世發閭左之瀵也

季氏謂公邑采地不以爲軍然則立都家司馬何爲大司馬頒旗物家以號名又云在軍責其有司皆指采地之軍也既謂公邑采地不以爲軍而又是左傳之踈彭山之說自相背類如此

王畿侯國地方里數

先儒紛紛之說以爲王畿中鄉遂都鄙輕重異制畿內外寬簡異灋三等侯國亦有多寡不同大率不明里數以四面方里而計地少三倍夫孟子方里而井此方字爲實故謂四面方一里爲一井地方千里地方百里此方字爲虛猶地面地土之云故以午貫一直而計四面各皆千里百里斯乃爲實若以四面總計則方千里者止二百五十里方百里者止二十五里而已又泥于同十爲封

封十爲畿之說地又少數倍不知同十爲封者言自此已上乃可以封國若上公當有四十封之地十同者極小之封耳封十爲畿者諸侯封國大者僅實封一百二十五里小者五十餘里故十倍之爲畿耳苟封國止十同之地一直不過七十餘里齊魯諸國若費邑即墨皆原封畺也數百里之廣奚止于七十里十封之地爲百同四面總一千里一直止二百五十里周都關中沃野千里又兼成周之地豈若是小耶至包咸何休氏謂一同百里即諸侯百里之地諸侯合有車千乘一同之地亦當出車千乘故謂一成出車十乘一通出車一乘夫一乘百人數不可缺也地有上中下約之爲一井四家數不能增也以四十家而出百人二家內應出五

人有是理哉其弊皆因指定四面爲百里又限于諸侯千乘遂爲此說以合之也季氏以方里爲井爲一里故謂公侯之國方百里提封萬井爲里者萬大國三軍則每井當出三人七十里之伯國當積五千里是半于公侯也次國二軍則每井當出四人子男方五十里爲方里者二千五百里又半于伯也小國一軍每井亦當出四人此則不計侯國元出車之數止計其三軍二軍一軍又謂每軍止萬人遂生一井出三人四人之說獨不思一井有上中下受地止于四家而出四人止可以供軍將何以耕田而別有所爲乎馬氏則據司馬灋成方十里出革車一乘以百井而出一車百里之封爲方十里者百僅出車百乘不及千乘之數因增爲三百

一十六里有畸以附于周禮封疆方四百里之說季氏亦據成方十里出車一乘同方百里提封萬井出車百乘同十爲封卞萬井出車千乘封十爲畿畿方千里百萬井出車萬乘遂以謂成出車一乘積至百同爲萬乘此畿内之制通出車一乘積至一同出車千乘此諸侯之制謂畿内地寬侯國地窄所以不同夫謂通出車一乘者固不足道若謂成出車一乘斯民亦不堪命謂天子之車止此萬乘亦限于以四面總計爲千里故不知有更休之瀍且天下之民一也豈有内輕外重遂差十倍之遠哉愚之計地以千貫一直而論中間所包有數倍之多故天子之地四面一直千里上公一直五百里至男邦一直百里其地既廣名山大川不以封封

內唯有小山川除其三分之一故以天子計之爲田一千六百同每同出車百乘此乃備車之數猶今十排年人盡兵也通王畿一十六萬乘司馬灋所陳是也有簡稽之數爲更番調遣而設即府兵之制猶今之該年每十乘而稽其一通王畿內一萬六千乘經傳所稱天子萬乘是也有用軍之數爲大師大田征行而設即後世從征之士猶今里甲之當直者天子止于六軍爲大司馬教閱之軍大雅棫樸云周王于邁六師及之是也其調遣之灋于該年輪流而徧侯國之制亦每同出車百乘當有數千乘亦猶今之十排年也其簡稽之灋十年一輪故止稱千乘至于所謂三軍二軍一軍者亦該年之當直者耳是故王畿侯國鄉遂都鄙出車之數

並無多寡不同斯民之役並無勞逸異制自王國以達于四海均平普徧所以爲萬國咸寧之道也或疑禹會諸侯于塗山執玉帛者萬國武王伐殷諸侯不期而會者八百如周禮侯封之大安得有此國數耶蓋公食者四之一侯伯食者三之一子男食者半則其餘皆爲附庸且附庸之封必小不過一二同之地故寰內無害其爲數千國矣

侯國王畿出車不同

李氏曰馬氏引司馬灋成方十里出革車一乘則以百井出一車也然百里之封爲方十里者百僅能出百乘不及千乘之數則不得不增爲三百一十六里有畸以附于周禮諸侯封疆方

四百里之說包氏註古者井田方里爲井十井爲乘百里之國通計萬井適千乘也孟子言魯地方百里當有千乘包氏註與孟子合可見大國之賦十井出一車而百井出一車者則天子畿內之賦也

愚按計天子諸侯地方里數皆以一直論先儒俱以開方計之馬氏守成方十里出車一乘之說遂據周禮封疆方四百里以當千乘之數包氏守孟子諸侯僉于百里之說則以謂十井出一車以足千乘之數季氏兼存之而分爲天子諸侯不同之說然以愚觀之皆限于開方之瀀而失之者也百里之地爲田十六同每同出車百乘爲一千六百乘每歲簡稽其十之一爲一百六十乘凡一

軍之車一百二十五乘此正可以當一軍之車數而已苟無十年更休之灋雖以百井供一車民不堪命况欲十井供一車耶俟王不同其說不足辨詳見終同圖說

畿內外貢助異灋

季氏引匠人註云采地制井田異于鄉遂及公邑鄉遂與公邑之在甸稍縣都皆有貢而無助其餘稍縣都皆行助灋　又云畿內用夏之貢灋邦國用殷之助灋

愚謂一國之民一也何分地之遠近天下之民一也何分畿之內外唯自國中以及于四疆自四疆以達于四海稅無重輕所以爲王者大同之政其有不同者不過以地有上中下之等差則受之

有多寡民有居之遠近則役之有疏數重輕皆低昂稱量使無不均耳舊註謂周之畿内稅有重輕邦國之稅内外異灋此不過因孟子請野九一而助國中十一使自賦遂生此說耳愚謂國中壙野之地卽可爲助野有隰皋之地卽可爲貢蓋不可泥也

大宰九賦

鄭氏註曰賦謂口率出泉也邦中邦甸家稍邦縣邦都此平民皆征此賦關市山澤謂占會百物幣餘謂占賣國中斥幣皆末作當增賦者賈氏疏曰計口出泉無泉取財賄以當筭泉之賦如漢灋出口賦泉人百二十以爲筭也邦中遠郊甸稍縣都公邑之民出泉入王家六處皆是平民先王以農爲本也關市以

貨出入有稅物山澤取財亦有稅物以當邦賦所稅得之物貯之而官未用有人占會取之爲官出息幣餘凡百官所用官物不盡者職幣得之不入府藏恐久而朽蠹則指斥與人責之爲官出息此皆口率出泉增於農民若後世賈人倍筭也馬端臨氏曰自邦中至邦都皆取之於民者其爲地賦口賦不可知關市者貨所聚故有賦如後世商稅山澤貨所出故有稅如後世榷鹽茶幣餘如後世領官物營運故取其息息卽賦也

李氏云大宰九賦卽春秋用田賦之所變也計田而出則曰田賦計口而出則曰口賦但田賦取于有田之人而口賦則盡乎農工商賈之族蓋自田賦之後以漸而增矣九賦多寡之數不

可詳所存者漢筭一百二十耳其名爲治軍弁車馬之用則漢賦實本九賦故疏曰如漢口賦也古者山林川澤與民同利曷嘗有賦哉若商賈而取賦是征商矣斥占官物而使之出息是後世鋪家和賣之事也先王寬厚不煩之政必不爲此中庸於百工曰來而征商自賤丈夫始則先王之寬商賈反有甚于農民矣故九賦非先王意也

應電謂口率出泉商貨取稅斥賣官物有息皆漢已後事註家以解周禮此其大誤李氏非之是矣但用是以非周禮不亦異哉蓋自邦中以至邦都皆田賦也關市則有廛布山澤之農亦有十一之稅此皆正賦與不征不禁竝行不悖豈關市山澤一聽于民而

無所資于國耶何彭山見其一而不見其二也至凡農力倍而利薄工商力輕而利厚故棄本趨末小民之弊重農而抑工商王政之常乃謂先王之寬商賈有甚于民是何言哉

季氏論軍賦口賦

夫賦以出軍古所謂力役之征也受田百畝之家是謂一夫力役之征由是出馬即軍賦也此外惟冬作一事所謂用民之力歲不過三日舍此別無力役之征况軍旅之用歲入自充平人又安得復出口賦之泉以充軍需乎胡康侯曰古者公田助而不稅魯自宣公初稅畝後世遂以爲常而不復至是二猶不足故又以田賦也田以出粟爲主而足食賦以出軍爲主而足兵

今用田賦爲軍旅之征非矣蓋十取二者就田以取稅也賦用田者計田以出財也魯之軍賦歲以冬征未有改也特以軍需不足復用田以賦是增一賦矣後遂變爲口賦之濫于是軍賦口賦分爲兩事而闔境無不筭之民矣

此條所述口賦之原甚當因節畧其詞以備參攷何休曰王者畿內千里租稅足以供費當以至廉無爲率天下陳祥道譏先王時無筭錢之濫而此爲征賦總名非口率也其說是矣

彭山之圖每鄉每遂皆寰繞四郊畸零單薄何以統轄苟有山林川澤窄不華離斷絶且地方近不而遠大不均孰甚焉愚謂六鄉六遂如六出之花六官分領蓋一官所統各一方而自國中以達于畺故其人民易集政敎易施也侯國鄉遂亦如之

季氏鄉遂圜統圖

今正鄉遂六花圖

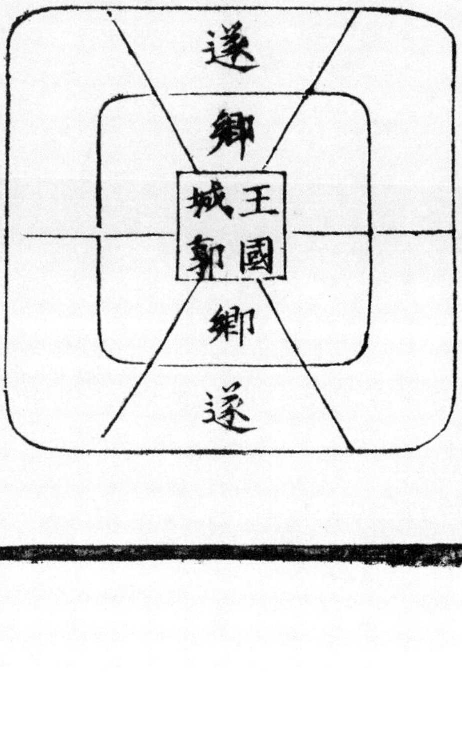

經傳正譌題詞

詩沔水民之訛言說文作譌言爲乃獸名即猴也其性變詐故用爲差譌之意訛字說文缺詩無羊或寢或訛獸活動也節南山式訛爾心改易也書平秩南訛物化生也不當用爲差譌字

余觀說文所引五經字與今書文絕異蓋許氏當東漢時猶及見古文故所載如此今之經文不知幾更翻楷之手故與許氏不同也夫余所病于說文者以其悖于古文也而翻楷者又悖于說文則其去古文奚翅千里余嘗語楷書之非世罕有知者至語說文之非益不信之矣今舉說文所載與則翻楷之非亦自易見然則說文之非豈無徵者

哉世之習經者惟知有今文而書字者惟知趨簡便汪瀾一決謬將何極今姑據説文所載及淺近譌謬之甚者稍加訂正以爲之防膚淺衰病非其所長也不賢者識其小者亦非所重也不得已焉耳且此特因字書中見諸經字聊正之而已苟據諸經文一一是正之何止于是姑爲之發端云

吴人王應電書

易

經傳正譌

易　當作易。日月相代也。今易下從勿。失其形意八純卦。俱用本畫☰☷等爲正。乾乃人負旌旗。坎乃土之缺陷。離乃黃鳥。震止可爲雷。艮乃人不見。巽潛心以求。書義兌人開口而笑。止于一事。皆不若本畫。其義無窮。可以兼該衆義。惟坤字小篆从申从土。申字原从巳變。象兩端開展變化。以會發達化生之意。于義爲得。然土不足以盡地也。

元。古文作兀。乃人之首。小篆將人字分開作儿。甚无謂

亨。古文作亯。亯厚也。自上與下。言答也。自下奉上。亯上下相享也。上下交而其志通。爲享。今文不知何指。

利。古文作𥝢。裁制而和爲利。但刀作刂非

貞。古文作鼑。卜鼑

爲貞。从具。非　元亨利貞。文周一係辭之大端。而譌謬如此。故舉以見例　龍。古文作龍。小篆分其形。謬甚　陰陽。天地二氣也。難于爲象。以雲升上覆爲侌。从日月而貫以一爲易。統于侌。此正侌易字也。今所用字。復加以阜。乃山水陰陽字　剛。古文作信。生道渾全。天德之剛。今用剛。乃錢精也　屯六二。乘馬班如。說文作乘馬驙如。蓋邅驙皆遲回不進之意。在人爲邅。在馬爲驙。班字于義未明。用驙爲當　泣血漣如。說文作連。字从心　冡。豕最蠢而復遭蔽覆。其冡昧可知。蒙。乃草覆物也。　初六用說桎梏。脫字爲[illegible]。犬小畜說輻。遯莫之勝說。睽後說之弧。竝同　需。當作[illegible]。雲上於天也。从而。亢謂　訟。窒作窒。二鳥竝至穴中。爲窒塞意。古屋作[illegible][illegible]。

亦穴字。取人至穴爲屋意。今單用一至。則與古屋字混　比。古文作𣏟。兩人以正相親也。比乃不正相合。止可爲小人比而不周字　小畜。當从兹。作𤲞　輿說輻。犬畜輹字。義同　惕。从𢀖。蛇類也　履。古文作屨。从人行在上爲踐履意。又从人在下。舟以載之。爲承籍意。楷从復。非　辨。當用卞。此正辨別字。辨。乃判訟詞　泰。當作𣴎。手去水。諧太聲　后以財成天地之道。財。當用裁　謙。君子以衰多益寡。說文云。古易文作捊多　臨。當作𠑹。衆口喧。从臥以靜制動。即臥而治之之意　噬嗑。噬乾胏。从𠂔聲。別作胾。从𢦏省會意。　賁飾字。从三十。爲文飾。虎賁字。从三牛。爲盛氣。　剝。古文从卜作𠨮。善。　无妄。此正有无字。無乃蕃蕪也。惟易爲當。但當作宂。从天加一。象玄遠虛空之意。　大畜。童牛之牿。告籠牛口也。復加牛。㸷。　頤。古文單用𦣞。从口含物。養之義也。　大過。枯楊生稊。當用梯。从木。善。　坎。水洊至。瀳。善。　祗既平。說文作禔。　離。百穀草木麗乎土。說文作䕻。　恒。當从月作恆。楷或作恒。非。　遯。有疾憊也。說文作⿰忄備。　晉。从二子作⿱孖日。善。　明夷。用晦而明。晦从月。不當从日。古文作⿰月墨。善。　六二。用拯馬壯吉。說文作撜抍。渙同。　家人。當作⿱宀从。一人主二人之上。譌从豕。非。　睽。六三。其牛掣。說文作觢。蓋持其角使偏。故爲不行之意。掣乃俗書。其人天且劓。⿰而刂。髡也。⿰而刂。去髡刑也。用⿰而刂。其義自明。而與宂相似。因譌作天。非。　解。當作解。从刀判牛角。　益。民說无疆。說、悅同。　夬。當作叏。　九四。臀

旡膚古文作屍正臀字加殳爲殿後字復加㘝作臀贅姤九三同

姤从冓作媾聲意俱得从后特取其省文耳　䍐从丯加一楷

書作升義不可尋　允升說文作𢿌升　困古文作朱　井中當

加作井井田所以得名也　艮九三列其夤上从夕　漸別作

⿺走斬人與水之行皆以漸也　歸妹⿰山帚婦之止歸乃人返其居　六

三⿰山帚妹以須當用嬃　豐當單用豊从山作豐地名　九三豐其

沛當用旆沛乃水名　旅初六旅瑣瑣單用𧴪音　渙王假有廟

从彳从遐謂自遠而至也不當从人　王假有家義同凡感格字皆

用假　上九渙其血去逖出无咎　小畜惕音　中孚九二吾與爾

靡之縻音靡乃披靡又无也　六二婦喪其茀茀音　膭說文鈌

从𠩺天地養萬物包容徧覆之意責聲 掛一以象三古文作挂敎買切止此爲是掛乃懸掛字孫子地形有掛者用之 其受命也如嚮響音 成天下之亹亹者說文作娓娓以成天下 夫乾確然示人易矣說文作隺今書音 服牛乘馬說文作犕牛乘馬 重門擊柝與欜同 日中爲市𣥠音 後世聖人易之以書契當从木作栔契乃人相契合也 日以晅之說文止有烜字

書 當作晝从晝謂手書之而其意著明也从曰非

堯典 堯古音遙土高也从人乃人高出群之意小篆以人字分作儿非 舜古文作𦦿从匚筐篚之屬禮也以𡕒古舞字樂也从炎禮樂明盛之意楷書作舜謬甚 黎民於變時雍旨此雝塞字

雍州字用之。雝。鳥鳴和。時雍字當借用。楷書作雍。無意味　平秩東作。說文作豑。言禮有次第也。秩乃植禾之均。望秩于山川天秩有禮。同　鳥獸氄毛。說文作𣯊毛。別作毴　日短星昴。當作昴　洪水。古文作𡿪。善　父頑。當从天作頑　嬀汭。溈水名。嬀姓也。此當从水　舜典。哲塞遜。古文作悊寒愻。善　肆類于上帝。小篆作類　四岳。作四善、　讓于稷契暨皋陶。說文作臮皋陶　禹謨。洚水警予。亦當用𡿪洚。音降。水名也　侮慢自賢。說文从母聲作侮。古文作伎。謂以朴侮人也。从每非。論孟同　班師。古文作𢽊善　益稷。下民昏墊。當作𡋹。不从執　濬畎澮。古文作く巜　日月星辰山龍華虫作會。當用繪　粉米。說文作黺絲　黼黻五服。說文作

邛成　禹貢。厥草惟繇。厥草惟夭。當合于一。用枖音　厥篚織文。古文作紌文　濟。當用泲。正水名。今用濟。乃濟渡字　漯。正韵云。㶟。本古漯字。因以㶟爲乾溼字。遂省文爲漯字　沇。即楷書兖字。兖上作六。即二省文　淮。當作瀤　草木漸苞。說文作蔪苞　嶓冢導漾。别作瀁。音上聲　篠簜既敷。用筱簜音　三百里納秸服。秸稭通　太甲。天作孽。辥。此正罪孽字。或借用妖蠥字爲孽。从子非　盤庚。若顛木之由蘖。用甹不善。甹。木生條也。不。枝旁出也　今汝聒聒。說文作懖懖。古活切。音臼用也　予亦拙謀。說文作炪謀。火光也　相時憸民。說文作㤟民。息廉切。言衆也　大。命不摯。說文作[illegible]。今文非洪範。彝倫攸斁。當用殬　稽疑當作卟疑。此正卜問也　貞悔當作𣫭。此正外卦字。悔乃悔吝也　庶草蕃廡當用無。正蕃蕪字。廡乃房室　牧誓。尚桓桓如虎如貔。說文作狟狟。善　無逸。民無或胥譸張爲幻。譸𠷎。从壽非　多方。爾尚不忌于凶德。說文云上不碁于凶德。釋云。忌也　立政。灼見三有俊心。說文作焯見　顧命。憑王几。當用凭　率循大卞。當用衛　三宿三祭三咤。說文吒作閄音妬　吕荆。奪攘矯虔。說文作敓攘　費誓。杜乃擭。杜木名。當用𢻬　秦誓。旅力既愆。當用諐　截截善諞言。說文作諓諓邦之阢隉。易作臲卼。義同

詩　古文作䛸。从㞢。謂意之所之。寺乃古𡬶字。持也

詩

國風　周南關雎在河之州古文作𡿧小篆作巛楷書復加水作洲贅甚　窈窕淑女當用令終有俶字淑乃水美也　女當作女乃端坐掩手形今手足發揚失古人之意矣　君子好逑君當作君端拱出令意今从尹君行臣職矣　左右流之止當用𠂇又字左乃佐字右乃佑字楷書因失此𠂇又二文遂別製佐佑字右首章所譌如此餘不盡述　葛覃服之無斁斁擊罷人也當用殬　卷耳陟彼砠矣說文作岨今砠字闕　樛木葛藟縈之說文作蔡　桃之夭夭說文作枖夭乃人傾首也　漢廣江之永矣當用羕說文云水長也　召南羔羊素絲五緎說文作五黬　小星維參與昴當从丣作⿱日丣音畱與稠猶聲相洽丣字乃今卯酉字一

音。留凡畱曐劉橊㯓。皆从其聲。然不當从卯　何彼穠矣。王姬之車。姬善。㠯非聲　衛終風。虺虺其雷。虺虵類。當用畾。乃雷聲鬱而不發越之意　靜女其姝。說文作袾。亦嘉好意。愚謂从女善　搔首踟蹰。說文云踟蹰。俗書也。作峙躇　載馳。言采其䖟。䖟虫類。用莔爲當　垊。無食桑葚。朮果也。用椹爲當　河廣。一葦杭之。杭。朮也。用航爲當　伯兮。首如飛蓬。用菶善　焉得諼草。諼。忘也。楷作萱善　王。中谷。有女仳離。當从北。相背意　大車。毳衣如菼。說文作⿰糹剡。別有緂字善　鄭。清人。左旋右抽。說文作左旋右搯　遵大路。無我醜兮。說文云。無我⿰壴殳兮　⿱艹擇兮。當从⿰禾睪作⿱艹⿰禾睪。豳風。十月隕⿱艹⿰禾睪同　揚之水。人實迋女。楷書誑爲當　溱洧。溱。說文作潧。溱乃秦字與轃義同謂水與車皆會于秦也　載驅齊子豈弟用愷悌善　秦車鄰用轔爲當　駟鐵載獫歇驕猲獢善　陳東門之枌市也婆娑說文云當作媻娑非　檜風檜木名當用鄶　匪風溉之釜鬵說文作概　曹蜉蝣衣裳楚楚說文作𪓐𪓐善　候人何戈與祋音步擊也从示不从衣今人以打爲祋打音丹以物首及物也　下泉愾我寤嘆用忥爲省　豳七月六月食鬱及薁說文作及萑　鸛鳴于垤雚正鸛字也加鳥贅小雅記稱宵雅肄三當作小雅善　棠棣鄂不韡韡楷作蕚古文作粊善鄂國名此用之非　樂爾妻帑當用孥　伐木坎坎鼓我蹲蹲舞我說文作韸韸舞我釋云繇也舞也詳字義蓋且歌且舞

故字从[illegible]有章。舞有文會意　天保。神之弔矣用遇善　南有嘉魚。蒸然罩罩。說文作鯙鯙　南山有臺南山有枸。从句。枸杞字从勹。二木名　蓼莪我心寫兮。當用瀉。今爲醎瀉字。說文缺　湛露。厭厭夜飲。當用懕　六月。如輊如軒。輊。說文作𨍭　織文鳥章。古文作結　采芑。八鸞瑲瑲。商頌烈祖。作鶬鶬　車攻。助我舉柴。說文作𢊁。積也。今用柴非　祈父。書作圻善　節南山。維石巖巖。作嵒善　天方薦瘥。說文作薦嗟　正月。謂地蓋厚。不敢不蹐。說文作趚　佌佌有屋。說文作佡佡。小皃善　巧言。秩秩大猷。說文作𢧵𢧵。此𢧵字之義。謂擊戈有路。莫能破也　蓼莪劬勞。當从勹作劬勞　四月。匪鶉。說文作鷻　鼓鍾。憂心且妯。說文作怞善　大田。有渰萋萋。當作霎霎　鴛鴦摧。之秣之。摧當用莝　青蠅營營。
說文作謍謍　賓筵。賓載手仇。傳云。仇當作斟。音　威儀怭怭。說
文作佖佖。屢舞傞傞。說文作姕姕　采綠。當作菉
大雅　文王。上天之載。說文作縡。紛糾中有主宰之意　大明。涼
彼武王。漢書作亮　造舟爲梁。造當作艁　緜。陶復陶穴。復當用
寝　文王有聲。聿求厥寧。說文作欥求厥寧　生民。先生如達。羍
沓撻。正羋生順易也。不當用達　克岐克嶷。說文作克岐克啜。居
逆切。小兒有知也　蒸之浮浮。說文作烰烰　假樂。率由舊章。率
繩名。當用衛　公劉。思輯用光。當用戢　泂可以餴饎。饙餾同
民勞。以謹惛怓。惛字从民。非。當从氏作惽　板。無然泄泄。說文作

周禮

詍詍民之方殿屎說文作唸吚　抑神之格思格當用感假字
雲漢滌滌山川說文作蔋蔋　蘊隆蟲蟲當用爞爞　崧高往近
王舅師云近當用迈　蒸民四牡彭彭說文作騯騯　瞻卬鞫人
忮忒說文作伎忒
頌　維天之命假以溢我說文作誐以益我嘉善也　時邁莫不
震疊說文作震慴疊非　有瞽鞉磬柷圉圉㘥圄也書益稷用敔
善　閔予小子嬛嬛在疚說文作煢煢在㝅　載芟載柞芟說文
作𣂪　絲衣兕觥其觩用斛善丩有曲意也　那鞉鼓淵淵伐鼓
淵淵㷋當用𪔍善　長發幅隕隕墜也用員善

天官　治當用𤔔治絲者置之于器兩手尋其緒而理之治乃水
名　教當作𢽎𢽎音斅義與效同謂小子效于師師執朴示之非孝
文二字　禮古文作礼从示五禮以吉祭爲先从乚主一而事治
也豊乃器大備之意　政當作政从正必先自治之意从攴刑以
輔治也不从文　刑當作𠛬从井水静則平言用刑者當如水之
平刀字不當作刂　事當作叓从中从之謂執中而往也　腊人
㫺此即腊肉字从肉日乾因借爲今昔字復加肉作腊贅　醫師
當从巫作毉言其道通神也醫乃梅湯造法如酒之意漿人醫酏
字用之今混爲毉師字非　醢人說文作䀋从又持肉以草料及
酒淹于器中也省从右非　司裘古文作求即裘字也因借爲求

褻字。別加衣。非　胥徒。說文作諝。人有才知稱。胥乃蟹醢也　奚。說文作𡜊　奄人。別作閹　以官計弊邦治。弊羣吏之治。弊斷也。用憋善　八柄詔王馭羣臣。古文作棅。有秉執之義。尤善。別作枋。非　商賈阜通貨賄。从貝作𧶜。商乃商議字　家削之賦。用从邑之𨜶爲當　羞用百有二十品。庶羞。字从父。謂進美味於老人。羞惡字从丑。刑而生恥心也　春行羔豚膳膏香。當用膷。牛味也。令用香非。乃禾之氣　豕盲眡而交睫腥。單用胜。善。肉成米也　盎齊。說文从酒作醠。善　糟而奉之。說文作醩。善　深蒲。說文作蒤落菹。說文作蔥　王舉則共齊菹醢物六十甕。齊。當用齎。菹當用蕰。甕。當用罋爲善　屨人句。用絇善地官。黨正。用鄙善。黨乃朋黨字。尚黑之意　鄙師。古文作啚　囿人。古文作圞　大司徒移民通財。移乃分禾移揷。凡移徙字皆當用迻　封人。設其楅衡。衡下从木。楷作魚。非　舞師。教皇舞。翌乃鳯凰字。借帝皇字。及作凰。䒬非　牛人。共其牛牲之互。用笠善　載師。漆林之征。漆乃水名。古文作桼善　賈師。賈上當作襾。展成奠賈。用價善　稻人。以涉揚其芟作田。古文作蔪　山虞。邦工入山而掄材。古文掄作秝

春官　鬱人。當从臼作鬱。鬱乃木茂盛也　鬼神示古文神祇字作示周禮單用示即古示字于義甚當但稍失其形他書作祇贅或用祈乃祈禱字非　小宗伯。兆五帝於四郊。用垗爲當　司尊

彝諸臣之所胙。當用酢　司几筵。王位設斧依。當用扆　典瑞。駔圭璋璧琮。當用組　大司樂。柷圉。用圉非。解見詩　磬。古文作㱿。譌　鞉即鼗也。卯。象形。今从申。誤　簭人。古文作籫。此文稍變。師云。𢀩。古筮字。參伍錯綜之意。內九巫字。皆𢀩之誤　大祝。付練祥。當用祔　太史。遣之日讀誄。从畾作讄。譌　車僕。戎車之萃。五萃字。竝當用倅

夏官　大司馬。蒐田。別作獀。茇舍。別作废　方相氏。竝。去聲。謂放其形相也。　師百隸而時難。論語作儺。竝當用鸜爲譌。今用難。誤　圉人。此乃囹圉字。別作圄　甲。日干名。兵士之服。古文从衣建首作[illegible]冑。乃嫡子。兵士首服。司馬灋从華作畢

秋官　大司寇。凡萬民之有罪過。古文作辠。謂自取辛苦也罪乃捕魚網名。秦人以其似皇。借用罪而此文遂隱　士師。刉珥。用鐖衈善　朝士。面三槐。用櫰爲當　司刺。三刺。謂三訊之。當用誎。亦爲識誎字。今丝借刺殺字。非　掌囚。上罪梏拲而桎。當作恭。从共。乃兩手合于一木。復加手。非　野廬氏。舟車轚互。轂。正車相擊也復加車。贅　雍氏。當用邕　杜擭。見書費誓　赤犮氏。當用捇掓

儀禮　冠。古文作冃。謂以手執月。加于首也楷書或作冠非

婚。取婚禮用夕之意。昏。日下也。从昬非　喪。以哭亾爲義。當作喪楷作喪。非　祭。从又持肉以祀也。或作祭非　鄉。卯。二邑也。此正鄉黨字。加邑作鄉。爲饗食字。後人以鄉爲鄉黨字。因别加食爲饗

食字。乏二食矣　飲。古文作㱃。善　酒。古文單用酉。善　醮。此酬酢字。酬从州。聲意無取　中霤。作廇亦善　枕塊古文作凷。善　姍纚笄宵衣綃善　襦。說文衣正幅也。玄端端衺字。當用之　妻。古文齎。善。蓋對夫言曰妻。謂與夫齊也。對舅姑言曰婦。謂執帚事人也。小篆妻从帚。則與婦混矣　婿。說文从士作壻。善　粢盛。用齍善　擽。攀乃奏進字。取進手爲容之意。不若拜字善

春秋

春首从屯。从日。言日初出方和也　夏。古文作昰。言日正昌盛也。夏乃華夏字　秋。大火西流。百穀告成。或以火居左。失西流意。或作穐。止言禾焦耳　冬。古文作㚇。言月之終。小篆从仌。言其寒也

𠔃。正古終字。今作冬。失其形　諸侯敵王所愾。說文作鎎。古文作鎎　許。言可也。窮。困窮也。黎。黑也。譚。言談也。裵。衣長也。國名。許當用鄦。窮當用竆。黎當用𨛫。譚當用鄿。裵當用𨞴　會。此城郭字。廓。此郎官字。衺。此正邪字。扣。叏。皆叩擊字。郭郎邪叩。皆國與地之名。鄰鄭鄁鄎鄸邵郤。埜从邑爲善　卒。此士卒字。大夫死。當用殌　熸于遂。左氏善。公羊作瀸。非　齊侯唁公于野井。當作婄。今从口。歺之誤　鴝鵒。或作鸜。公羊作鸛鵒。非　瘈犬入華氏之門。說文作狾犬爲是　不義不昵。說文作䵒。䵒黏也　美而艷。說文作豔。今艷字。說文缺　公羊觕曰侵。當用粗。蓋精粗字皆从米也

論語　學。从冂。言冡眛未知。从爻。从𦥑。言學者必敬恭無驕惰之

意　三家者以雍徹。用徹善。此正歛器字。徹乃通也　郁郁乎。當用彧。正文盛意　從之純如。用縱善　瑚璉也。說文云。當用槤璉乃俗書。愚謂从玉亦善　臧文仲居蔡。古文蔡。大龜也。从二木二火。言灼兆非一之意。蔡乃草名　與之庾。當用斞　小人常戚戚用慼善　巍巍乎。嵬。山高也。只此爲是。魏。委積高也。今復用巍非式負版者。當用軾　沽酒。詩。有酒酤我字善。沽。乃水名　子見齊衰。用齋善　與與如也。與。說文作懇　趨進翼如也。說文作趩君召使擯。用儐相字善。擯乃斥也　鄉人儺。解見周禮　仍舊貫。說文从手作扔善　億則屢中。用意善　從我於陳蔡。陳此國名。敶陳陳。皆戰陳陳力字　夫子哂之。說文有弞字。微笑也。今哂字非。說文鈌　行篤敬。篤行。篤厚。竺當用管。篤。策馬也　晉文公譎而不正。用憰譌　公伯寮。說文从穴作寮。即此　鄙哉硜硜乎。當用硻。正石聲也。硜。說文作磬字　窮斯濫矣。說文用㜮。从女　必也狂狷乎。當用性悁。从心譌。狂犬疾。狷犬戾也　古之狂也蕩。當用愓像。心放大之意。蕩。乃水草瀰漫也　鄉也吾見夫子。當用春秋傳鄉役之三月字　歸孔子豚。孟子用饋。譌　不有博奕者乎。當用簙

孝經

孝經　古文作斈。孝子在老人膝下也。楷孝首。尖老人意　哭不偯。說文作㥘　卜其宅兆。兆。垗譌

禮記

禮記　大學。僻則為天下僇。說文解僇為癡行僇僇。此當用戮

心有所恐懼古文作愳　自慊凡快足當用㥦恨少當用歉慊音
義與嫌同混用此並非　心廣體胖用般音　無情者不得盡其
辭詞乃言詞字辭乃辭受字謂受而過也辭乃詞訟字謂治其理
曲也　中庸行險以徼幸徼乃伺察當用僥　陷穽亦作阱　聰
明睿知聰乃耳通用悤音　辟廱广室也雝鳥鳴和取均和意邕
水環邑亦音　闕當从缺或从欮非　緼韍幽衡幽用黝音　玉
鏘鳴也當用瑲　毋追牟酒器言在首如牟之堆也作毋非追當
用碢　范則冠當用萬祭左右軓范當用範范草名借用並非
緇衣不𦒂當用緌　不說絰帶脫音　襚贈終者衣被也說文作
祱襚乃楷書　衣裳綻裂裳正下常字不當从衣綻用組音　袴

孟子

說文作綺。楷从衣。非　華門圭窬。當用竇。逢腋之衣。當用縫

絅。褧同　大夫以慊。或以布。或以竹。慊簾通用。古文別作㡘　雜。

當作襍。木字移衣下。非　序以昭繆。用穆。音謚法繆。當用謬。繆乃

綢繆字。借用[illegible]非　圂腴。當作豢腴。圂。廁也　秏。說文作秏。禾不

成米而虛耗也。从耒。非　粱曰香萁。說文作萁。音　醻。此當爲冠

禮醮。禮字。醮當爲長者飲未醻字。今錯用　鞠有黄華。用菊音

執贄。借質。非　三月不解。懈音　俯仰詘伸。當用詘　應對字。从

言作譍。音　諫而無讕。論語作謟。音　適見于天。當用謫　廛有

存焉。即廛字　相彼盍旦。當作渴旦　無怙懘之音。說文作惉

孟子　仁。从二。兩儀也。天地之大德曰生。人得之以爲仁。此字

今文同　義。从羋。美字省文。謂善在我也。从羊非　禮。解見周禮。
知。古文作䂓。矢以達遠。言以揆事。能巧中也。亦作智。知其所自
之意　信。古文从心作㐰。言出于心。内外一致意。小篆作信。人言
豈皆實乎　不奪不饜。猒。此正饜足字。謂甘于犬肉也。加厂爲覆
厭字。今反以爲厭飫字。加土爲覆壓字。加食爲饜足字。㠯贅
填然鼓之。填。乃填塞。此當用詩振旅闐闐字爲當　餓莩。當用殍
正死人也。莩乃水草　曾西蹵然。說文作欶然　則苗浡然興之。
當用孛。正草盛也。浡字說文缺。乃水湧　徵招。當用韶　則怒悖
悖焉。說文悖乃怒意　旄倪。當用耄。旄乃旗飾　誅紂。當从戈作
㦮。誅乃言責人。論語於予與何誅字　四端。耑。即發耑字。端乃人

立正也。端正字用之　創業當用刱。謂井田爲法制之始。創乃刅
傷也　畫墁說文作槾。杇也。今用墁甚。當說文缺　勞之來之。來
乃往來。用勑音　淮濟當用瀤沸。解見書　徒餔歠古文餟字音
不若是恝。說文作不若是念　源源而來。說文作謜謜而來
自怨自艾當用乂。別作刈。今借艾非　二女果當用婐　卻之爲
不恭。當用却　不稅冕而行。當用脫　貉道也。此論語狐貉字。北
狄當用貘貊爲音　拂士當用㢸輔。正弓也　從者之廋。當作廋
从叜。即叟字也。今作廋非

經傳通用

宇宙寰宏容宥。皆當从天字首。作𡿫宙寰宏宖宥。𡿫當作𡿫。寬當

作兲。㒳當作雲。雨當作㒳。𠀤从天首　朢。月滿。日月相朢。望。待人歸謂怨望　昆。日照普同也。昆。弟後昆當用罤　晟。此盛衰字。盛乃盦盛也　㘤。古淵字。㒳㒳。𠀤古簫字。肅肅。𠀤古肅字。三字形意不同。楷書混作㒳。𠀤非　𢧢。或。文盛。𢧢。黍稷盛。郁。地宜禾。富有也　劑。裁量。齋。火劑。齌。衣下縫。齋。稷名。齍。齍。齊盛。齏。菜葅。齎。貨幣。舊多單用齊字。楷書分別爲善　齊。古文作亝。象禾麥齊秀于地之形。小篆作亝。楷書分爲二。遂失其義　𢝊。此思患字。𢝊。此優游字。優。此優劣俳優字　臧。吏受賕。故从臣自戕爲文　𧈞。𤡬也。故从臣壬賕而廉爲意。匽。匽。藏。修。𦽅。草蔽藏物　追。琢。年追。追。𧓍。𠀤當用硾　進。此追逐字。𨚲。此進用字。後世以𨚲省冂爲進用字。改進作追爲追逐字又借追爲追琢追蠡牟追字並非　𨺗升高也𨺗升車器𨺗豆器名　畺封域彊步弓正其畺界彊弜並弓強⿰虫畺⿱彊虫並虫直死彊勥並剛彊字轉爲勉彊字从力楷作強本⿱彊虫字之誤通用爲勥勇字非　不木旁出𠂤阜旁出辥有罪皆𠂤聲蠥虫災糱麯名二字並諧辥聲櫱木字正當用不甚爲簡當孼子字當借用不不當用罪辥字書天作孼字宜單用辥或借蠥不當从子黄檗木諧辟聲不當从辥　寍安寍寧寧可甯所願　㤅愛惡字夒優然也　臭本嗅字又氣味也㱙惡臭字楷書失㱙以臭字當之復加口作嗅非嗅本以臭不當又从口也　网此佃漁網字加一作罓爲網綱字网加亡爲罔無字罓加山爲山岡字楷書復以

罔加糸作網以罔加糸作網迷其初矣　𡫳塞向字空塡塞字𡫼
邊塞字　𦐀此鳳凰字鷬皇字當借用𦐀皇暇皇遽倉皇皆當用
遑今借皇帝字竝非蟥虫字不當作蝗　戠音致謂音註于戈上
而記之識幟織職熾竝从戈不从戈識與誌幟與𢂊義同織古文
別作𢀖音　㪚物小也微人行之微也𢼸徵見也又五音之徵竝
不當从彳徵聘召也竝从文徵戒字从攴有治意从徵省聲　㡀
衣敗敝物壞以攴擊之斃死也憋斷也从心从攴爲制治意弊人
作獘也大即古人字譌从犬解爲左傳犬斃字則鑿矣幣帛字从
黹省文黼黻之屬从文以節文相接也舊从攴豈以禮幣相交而
从敝壞字乎小篆文攴二𡿨彡相誤也　埶樹植也从坴高地从

田。耕耨勤勞之意。說文云。从𡈼云作藝無謂。愚按周禮樹蓺詩蓺
麻。並从丮指事。又周禮六藝學藝。並从云。蓋百藝必入於神。云者。
寬省文。言操藝者。運其神寬爲之也　建。即天行健字。徤字亦舍。
健。人彊勉也。腱。筋骨彊勞也　艕舟。漏有朕字。𦩍 勝 艂 滕 从朕。艐 俗
二文俱送女媵字。賸 賸 从媵　垣 植 桓 絙 俱从亘。不當从恒
干。即干字。𢆉。音義同愆。从干祀上。羊。音稔。从干加一。辛。即辛字。从
羊。辡 辧 辝 辭 辤 辥 辟 等字。並从辛。屰。音義同逆。㚔 幸 𡙁 執 睪 睪 圉 圉
等字。並从屰　夆。音義與害相似。故並从丰。但夆爲要害義。害乃
禍害也。字體與夆相似而絕不同。彼乃从文从丯。爲豐盛意　裒。
褎 臾。褏。衣袖。裒。捂聚　[illegible]。與人物。舁。與人同事　植物枯朽。動物

姑㚷　劵。倦。怠。从力。券。契券。从刀　規。矩字从夫作䂓。規。規字从
夫作規。不从矢　售。即雠省文　故 故。䡅 敦。敬 敬。姜 姜。懿 懿。竝从
攵　滴鏑嫡敵竝从帝。楴 梓。啻 宰。亦从帝　渫瀆慠慢懶惰淫濫
靜美興。竝从女作媟嬻婺嫚嬾婧婬嬧婧媄嬹　辡 辨。憪 簡。悊 哲。
憋 獘。慼 戚。性 狂。悁 狷。慆 滔。憺 淡。怕 泊。有从心者。不當借用　慜 慈。
憃 愍。愘 恪。悲 悲。怖 怕。懣 悶。慫 悚。惱 怒。懲 悠。忼 慷。竝古文𠷎　匋 甄。
陶字當單用匋。陶乃地名人姓　褱 裒。今用抱。乃抱持字　名号
字。當單用号。號乃虎聲　縒 此。差錯字。錯乃金涂　彶。汲 汲字。汲
乃取水　熄 滅 火字。息乃鼻息　包 此。正胞胎字。胞乃記肉吏之
䏌者　躭 戀字。不从耳。當从身　呼 乃鳥獸呼。乎 當用評　平 東。

當用遶　希冀字从目作睎　交錯當用这逪　然燒火應詞當用嘫　稱乃程禾譽詞當用偁　衞取周帀意　䬴此當爲抹馬字　麾旌旗指麾　罪罰罵罵等字並當从网　斯須字當用盨　挑桃當从兆　侵侔字當借蟊　吟从金作鋡啎　啼从遞省作嗁啎　訾責讓貲財字不當用訾　衝从童不當从重　津濟渡盡液字不當用津　止而比之爲此行而北之爲彼當作徙不當从皮　逭从宦不當从官　秆不當从旱作稈　醇醨不當借淳漓　徘徊徐鉉云當借裴回俗作徘徊非愚謂二字亦當　怪昚圣經同恠悝並非轉疑怪字　𡍼堤也从是非　勃海徐鉉云俗書作渤非　賓主字从一丏今作賓非　㧡充拓从石非　擾擾

从憂非　㩡搖撼从感非　抶扶掖从夜非　㞢从止从山非
蚩當从卬乃得聲　陭嶇徐鉉云作崎嶇非　丣卤酒字丣戼酉字
二字相混非　癹發也从撥非　俾睨借俾倪非　陸敗城𨸏也
隓落也徐鉉云隓作墮非　暫嵒作巉岩嶄巖非　𩰫𡖊音避戲
壯士作力皃作贔屭非　叜叟即䜶字　誚譙衝践桴泭佮會衙
衖悴滓忻欣訢𡜏碎誕這韵韻諠嗔衜衍道遺慣勤慬憔悴𩕍顇
𡦹寞㰅嘆撊辿遷徙義㘴同

圖説上

周禮圖說叙

古稱左圖右書凡書所不能言者非圖無以彰其形圖所不能畫者亦非書無以盡其意此古人所以不偏廢也舊嘗有周禮圖矣如冕服則類爲男女之形而章服仍不明井邑則類爲大方隔而溝洫仍不分然則奚以圖爲哉作者不自知其非而觀者亦莫詰其弊皆不攷經文之過也予因于經旨中言所不能

盡者述之如左理原于天文位象道行于地里職方統紀于六官分合立極于都宮朝堂郊社宗廟以萃人心閭井伍兩以固邦本封土制祿以貴貴建學立師以育才命德有冕服車旗討罪有軍旅田役復係之以說使治是經者一覽而知夫言外之意嗚呼昔人所載予多不錄也今日所載昔皆未有也觀者幸或補其未備云

吴人王應雷書

周禮圖說上目録

九州分星圖

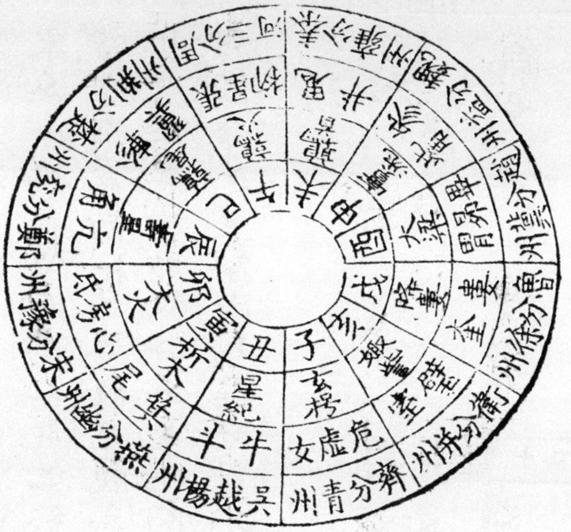

自柳九度至張十六度爲鶉火之次當周之分武王克商歲在鶉火伶州鳩曰歲之所在則我有周之分野則周屬鶉火可知自畢十二度至東井十五度爲實沈之次當晉之分晉文即位歲在實沈董固曰實沈之次晉人是居則晉屬實沈可知自張十七度至軫十七度爲鶉尾當楚之分魯襄公二十八年歲淫于玄枵而裨竈知楚子之將死且曰歲棄其次而旅于明年之次以害鳥帑周楚惡之說者謂帑爲尾也則楚屬鶉尾可知自氐五度至尾九度爲大火之次當宋之分昭公十七年星見大辰而梓慎知宋之將火且曰宋大辰之墟鄭祝融之墟皆火房也說者謂辰大火也則宋屬大火可知又四星聚牛女而晉元王吳四星聚箕參而齊祖王魏彗星掃東井而符堅亡秦景星見箕尾而慕容德復燕

按十二次之説世多疑之謂斗牛女虛北方之宿而屬楊青奎婁胃昴畢西方之宿而屬冀也然觀唐一行以雲漢始終言十二次謂東井爲雲漢上流下應秦蜀爲两戒山河之首故秦當鶉首之次尾箕爲雲漢末派燕幽在碣石爲北紀之終故析木爲燕分斗牛得雲漢下流吴越當淮海爲南紀之絡故星紀爲吴越之分蓋上下以氣相應耳豈以南北之位爲拘耶故命之主祀而神格以之占候而事驗也或又謂古者封國命之主祭因爲其分野不知因其分野故命之祭耳

鄭註八風

通卦驗十二風

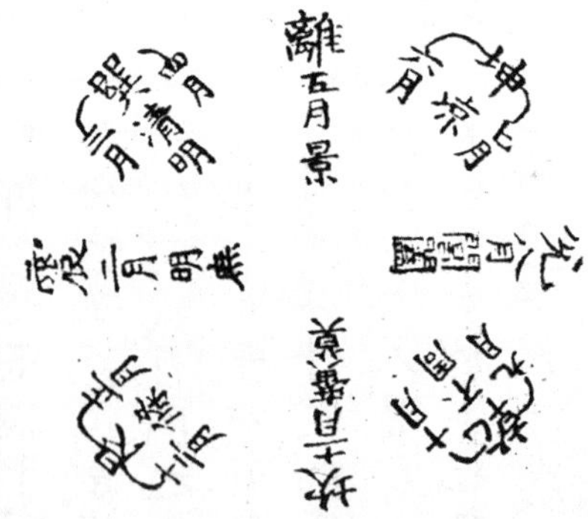

鄭註有八風而周禮云十二風者四維乾坤艮巽之風每維兼二月也

職方氏九州山澤川浸利民畜穀圖

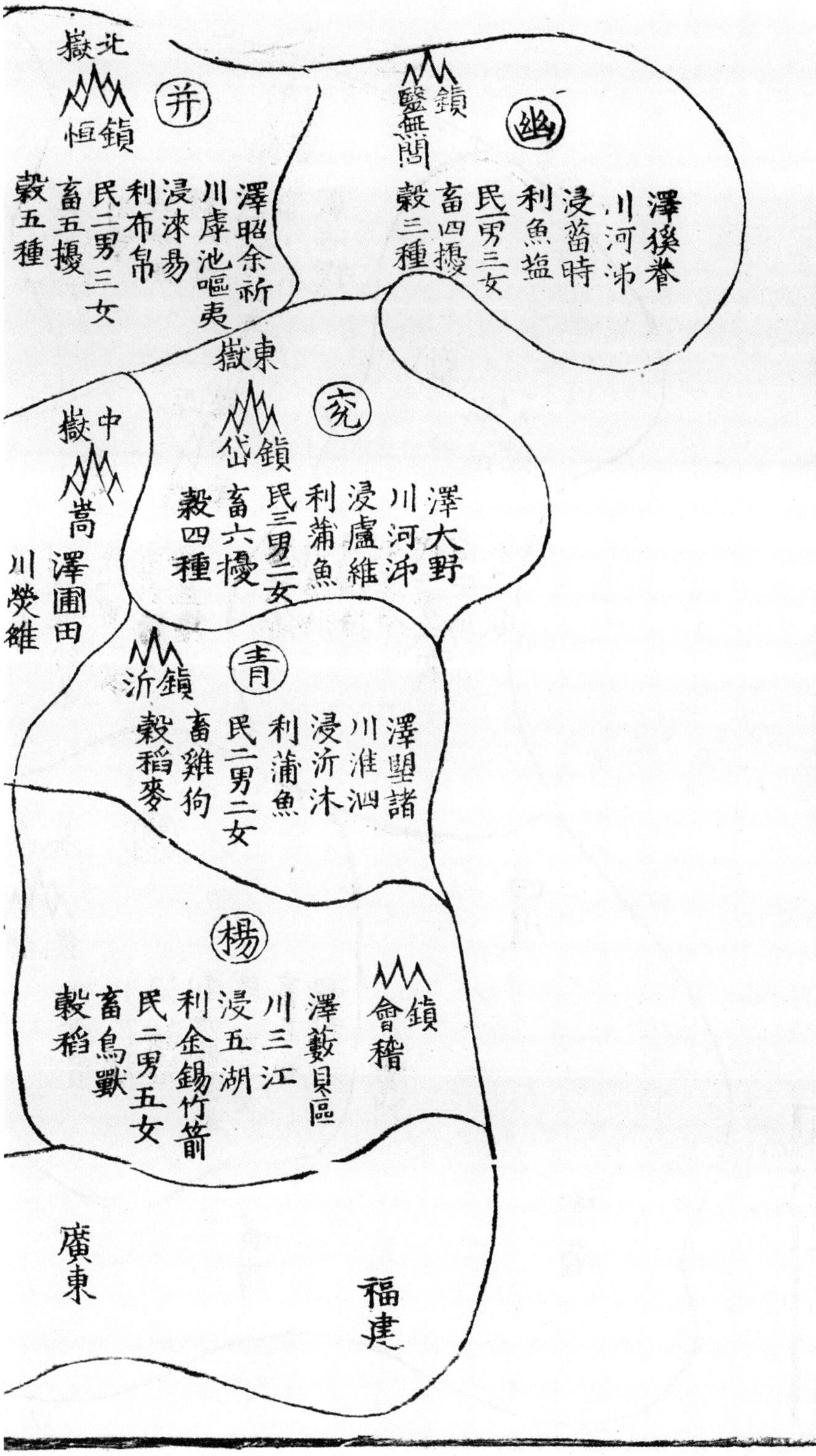

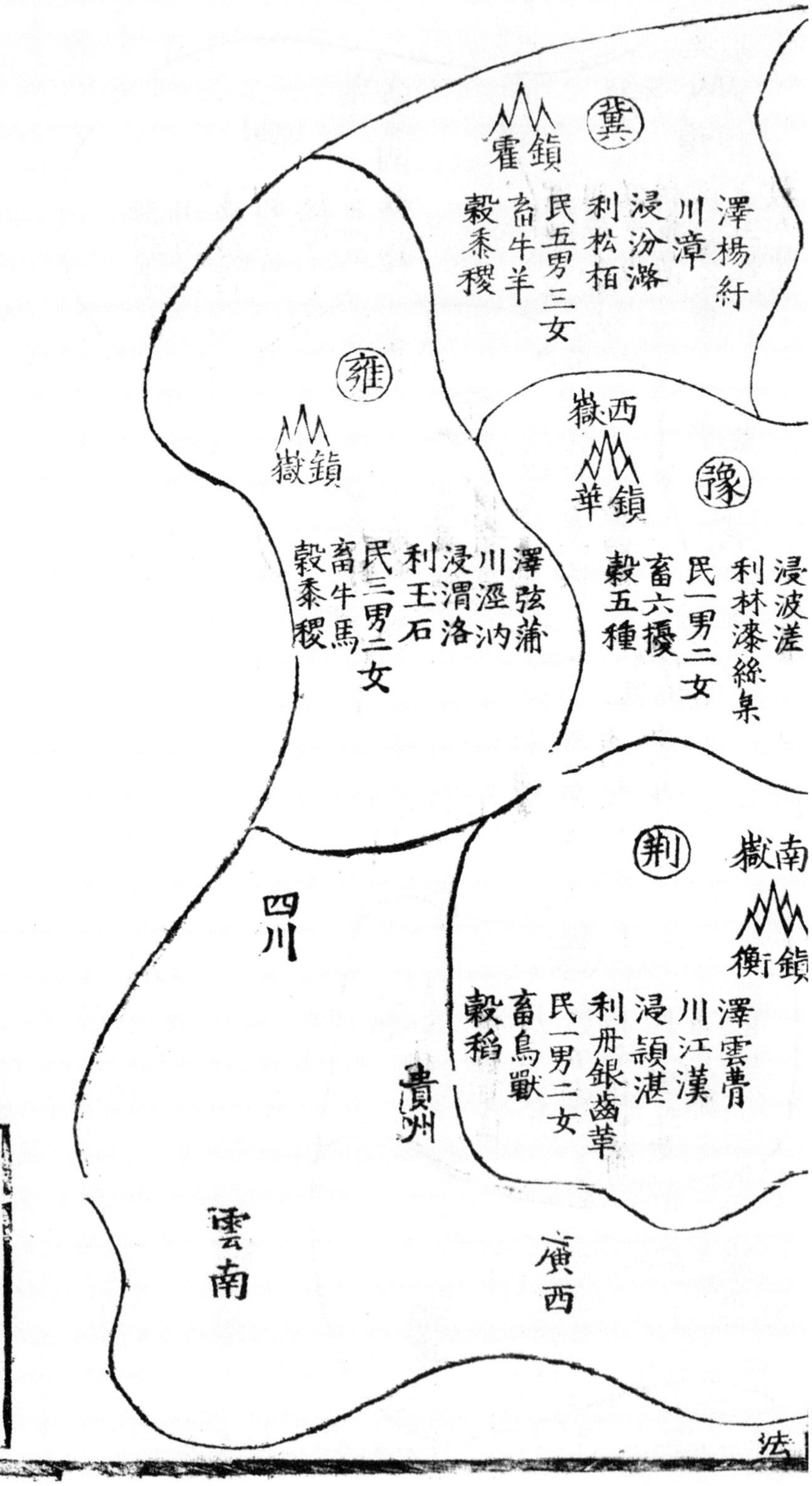
冀
鎮霍
澤楊紆
川漳
浸汾潞
利松栢
民五男三女
畜牛羊
穀黍稷
雍
鎮嶽
澤弦蒲
川涇汭
浸渭洛
利玉石
民三男二女
畜牛馬
穀黍稷
西嶽
鎮華
豫
浸波溠
利林漆絲枲
民一男二女
畜六擾
穀五種
荊
南嶽
鎮衡
澤雲瞢
川江漢
浸潁湛
利丹銀齒革
民一男二女
畜鳥獸
穀稻
四川
貴州
雲南
廣西
法

周禮圖說上　四

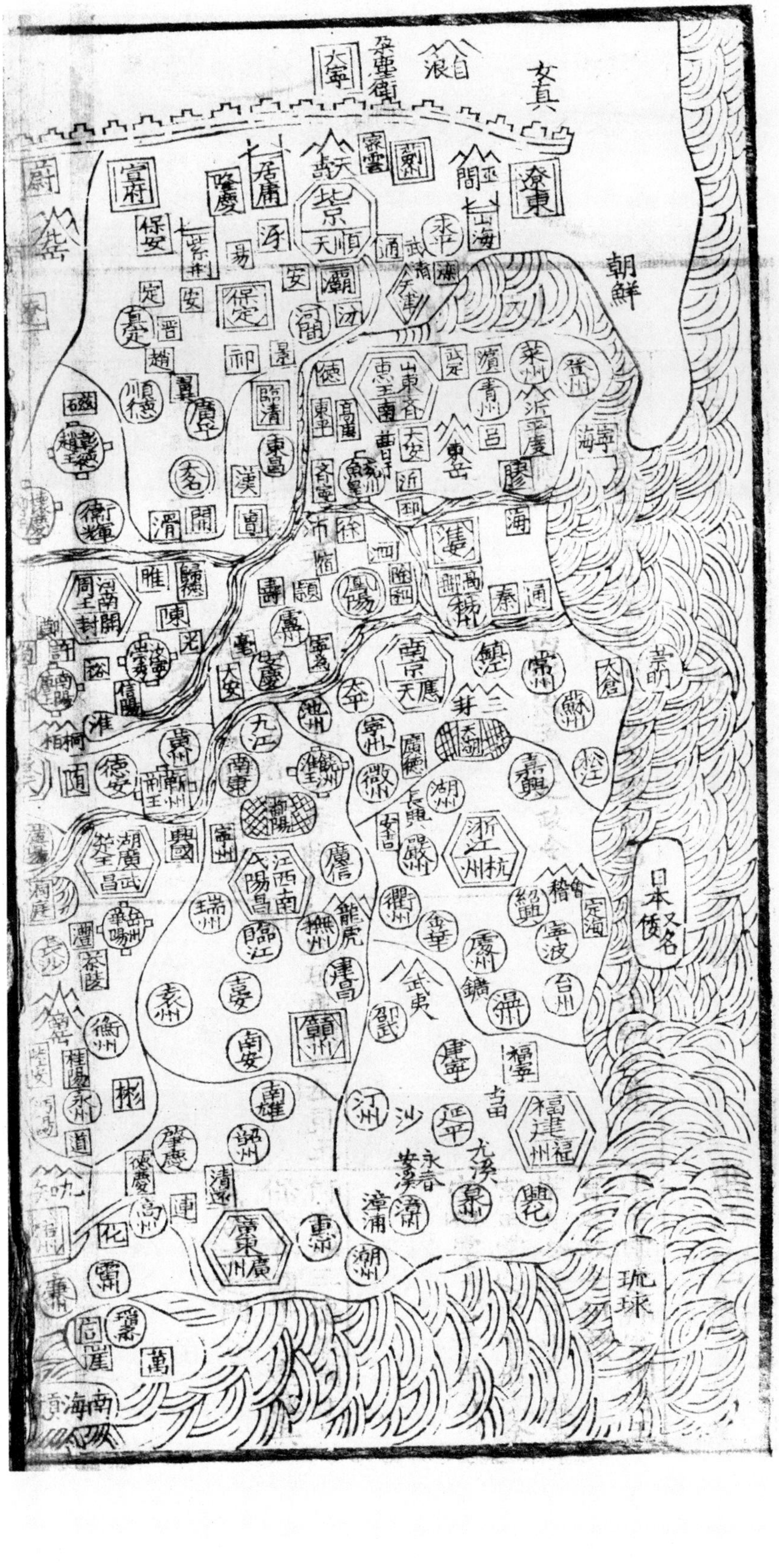
女真
朝鮮
遼東
山海
保定
東昌
鳳陽
杭州
建昌
日本倭名
琉球
南海

大磧
陰山
賀蘭
東勝
東受降
中受降
西受降
河套
寧夏
甘肅
涼州
玉門
哈密衛
土魯番
大順城
榆林
西域貢獻之國
哈烈等四十六
松潘
龍州
綿
漢
威
眉
雅
瀘
四川成都
陜西西安
終南
商
保寧
順慶
重慶
播州
思州
東川
烏撒
貴州
大理
雲南
鎮遠
黎平
安順
曲靖
臨安
和
泗城
太平
思明
安南

六官共掌王躬后宮王朝庶子宮衛圖

	天官	地官
王躬	王羞服室器財用並屬大宰 大宰贊聽治	師氏掌以媺詔王 保氏掌諫王惡 王舉則從 饎人共王六食
后宮	王后羞服室器並屬內宰 內宰治王內之政令	舍人共王后之舂獻種 舂人掌女舂抌 饎人掌女饎共后六食 稾人掌女稾
王朝	宰夫掌治朝之灋	師氏居虎門之左司王朝
庶子宮衛	小宰掌建邦宮刑治王宮之政令糾禁 宰夫令修宮中之職事 宮正掌宮中官府次舍 宮伯掌王宮士庶子	師氏以三德教國子 保氏養國子以道使其屬守王之門外

春官	夏官	秋官
大司樂王大食三侑 大史會同朝覲執書詔王 內史詔王治 巾車掌王之五路	大僕掌正王之服位出入王之大命詔灋儀 小臣詔相王之小灋儀 大馭等掌五路之馭 戎右等掌五路之右 虎賁先後王 旅賁夾王車	大司寇前王 小司寇前王而辟
宮卿世婦詔王后之禮 事掌內事有達于外官者 巾車掌后之五路	量人營后宮 虎賁氏舍守王宮	司隸掌帥四翟之隸守王宮 禁暴氏奚隸聚而出入者則司牧之
內史受納訪書王命 御史數從政者	司士正朝儀之位 射人掌國之三公孤卿大夫之位	朝士掌建外朝之灋
大司樂令國之子弟凡有道有德者使教焉	司士掌國中之士治 諸子掌國子之倅戒令教治 司馬以射灋辨論官才	大司寇大祭祀戒于百族 士師宮禁

六官咸統百

	冢宰治	司徒教	宗伯禮
百官府	七大事並大宰提三歲大計羣 挈他官從之　吏之治而誅 百官府廢置誅賞 並由大宰	司徒主民致民並歲終令六鄉遂大夫 由司徒　之吏皆會政 敎灋比灋並司徒致事稽國中 爲主六卿受灋　西郊都鄙夫 家九比之數	擯相之事並宗伯頒祀于鄉邑 爲上相冢宰而下 並不得先 禮樂之事並屬春 官 大史掌灋以逆官 府之治
六鄉			
六遂			
縣	建長立兩由 大宰都鄙並 同	凡爲邑者以鄉大夫攷灋 四達戒其功于司徒憲于 事而誅賞廢所治之國 興之	家宗人 頒祀于都家 大史掌則逆 都鄙之治
都			都宗人
邦國	建牧立監並由大宰 司會周知四國之治	大司徒凡建邦國立其社 稷正其畿疆之封 以天下土地之圖周知九 州之地域廣輪之數 小司徒大比受邦國之比 要 縣師掌邦國之地域	頒祀于邦國 內史掌邦國都鄙萬民之 治令 大史掌六典逆邦國之治

官府畿內外圖

司馬政	司寇刑	司空事
辨政論才大射司馬爲主軍旅之事大司馬爲上將冢宰而下以次爲別將	誓戒辟灋盟約大事前王並由大司寇他官不得參刑罰並屬秋官	役事攷功並司空爲主
簡稽鄉民	鄉士掌鄉刑	畿內鄉遂都鄙治水役事並屬司空
司勳掌六遂賞地	遂士掌遂刑	
家司馬量人造都鄙	縣士掌縣刑 朝大夫掌都家之治 家士掌家上治	
都司馬掌固造都邑治其固與其守	方士掌都刑 都則掌都八則 都士掌都治	
大司馬以九畿之職施天下之政職 司士凡邦國三歲稽士仕而進退其祿爵 職方氏掌天下之圖以掌天下之地 合方形方訓方匡人並主消天下之兵 量人藏天下之涂數	小司寇羣士宣布于四方布憲掌憲邦之刑禁 訝士掌國刑 司民三年大比以萬民之數詔司寇 大行人掌諸侯王事之禮 小行人書邦國之故 行夫象胥並主天下之治	四瀆 決九川距四海濬畎澮距川 巡狩之禮 大封世執其功

六官分治鄉遂都鄙邦國圖

太師公　太傅公　太保公

天卿　地卿　春卿　夏卿　秋卿　冬卿

六鄉　六遂　甸　稍　縣　都　侯　甸　男　采　衛　要

陝以東周公爲伯主之

陝以西召公爲伯主之

六卿各攷其屬官之治致于冢宰

六卿鄉遂大夫各主其民而攷灋于司徒

六卿都家宗人各主其禮而聽于宗伯

六卿都家司馬各掌其兵而聽于司馬

六卿鄉士遂士各主其刑而正于司寇

六鄉六遂各樹其土之所宜木遂以名其社與其里

鄉老　二鄉公一人　鄉大夫　每鄉卿一人

各掌其鄉無事爲師當存軍制以提挈振舉有事爲帥民盡兵也

六官王畿賦式任地委積質劑旗號獄訟圖

大宰九賦	邦中	四郊		邦甸	家削	邦縣	邦都
九式	賓客	稍秣		工事	匪頒	幣帛	祭祀
載師任地	廛里	場圃近郊	遠郊	公邑甸地	家邑削地	小都縣地	大都畺地
征賦	國宅無征 園廛二十而一	十一	二十而三	十二	十二	十二	十二
遺人委積	邦之委積以待施惠	鄉閭以恤民之囏阸	郊里以待賓客	野鄙之委積以待羈旅		縣都之委積以待凶荒	
質人質劑	國中一旬	郊二旬		野三旬			都三月
司常旗物		州里旗				縣鄙旐	師都旗
司馬號名		司常州里各象其名 鄉以州名		野以邑名	家以號名	縣鄙各以其名	
秋官掌獄	鄉士掌國中 附郭民與國中同故稱國中		遂士	縣士掌甸稍縣都公邑故曰縣士		方士掌都家	

國郊鄉遂野圖

大宰九賦	邦中之賦	四郊之賦		邦甸之賦
載師任地	以廛里任國中之地 以場圃任園地 皆國中	以宅田士田賈田任近郊之地 即鄉	以官田牛田賞田牧田任遠郊之地 即遂	以公邑之田任甸地
遺人委積	邦之委積以待施惠	鄉里以恤民之囏阨 里當作閭	郊里以待賓客 遂乃遠郊故稱郊	野鄙以待羈旅 以甸為野
秋官掌獄	鄉士掌國中 附郭民與國中同故稱國中		遂士掌四郊 原係遠郊之地	縣士掌野
費誓		三郊 郊乃近郊故稱三郊	三遂	

國中郊野辨

經傳所稱國中邦中四郊鄉遂近郊遠郊野等地名多錯互唯比而觀之自可見載師以廛里任國中之地以場圃任園地又云國宅無征此則國中正名太宰又謂之邦中也以宅田士田賈田任近郊之地以官田牛田賞田牧田任遠郊之地而其下即稱公邑則知近郊爲鄉遠郊爲遂其義甚明遺人邦之委積以待施惠即國中鄉里以恤民之囏阨即六鄉郊里以待賓客即六遂野鄙以待羈旅即甸外故知曰邦中曰鄉曰遂曰野界限亦甚明若秋官鄉士掌國中則以鄉爲國中遂士掌四郊則以遂爲郊縣士掌野則自遂以外之稱書費誓魯人三郊三遂郊在遂上則以鄉爲郊

孟子請野九一而助國中十一使自賦則以鄉爲國中遂以外爲野蓋六鄉者附郭之民與國中同故鄉士稱爲國中民居稠密可井者少故孟子亦稱爲國中以其原係近郊之地故費誓又謂之三郊也六遂本遠郊之地故遺人以遂爲郊里秋官遂士以遂爲四郊也以鄉對遂則遂爲野故遂人云掌邦之野孟子所謂請野九一而助以遂對甸則甸在郊外爲野故縣士又云掌野也大抵鄉爲近郊在五十里内兩邊計之共一百里遂爲遠郊在百里内兩邊計之共二百里此外甸稍縣都各百里王畿四面各五百里合之爲千里稍縣都皆公卿大夫采地内各有公邑同于甸地

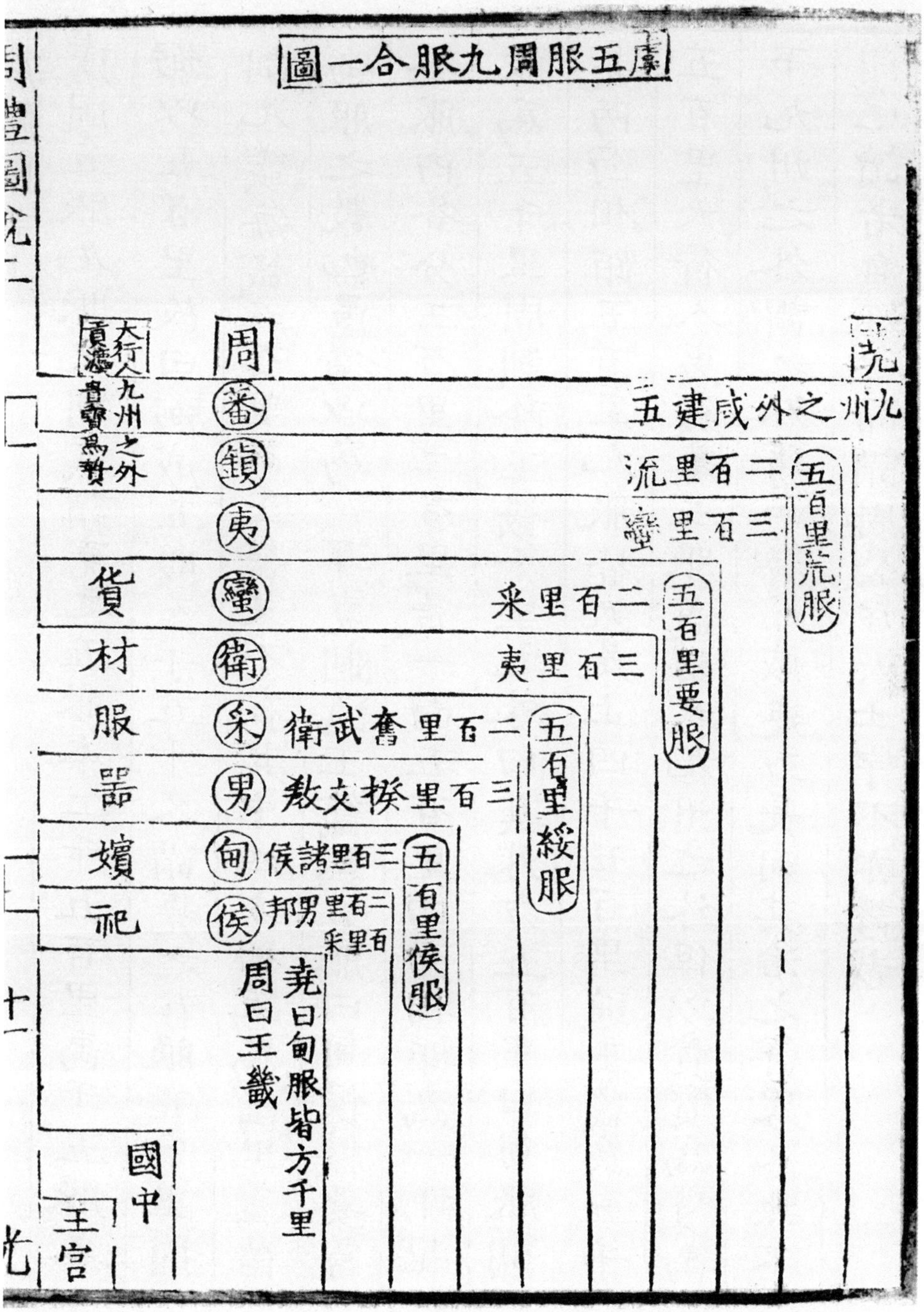

周禮圖說二
虞五服周九服合一圖
大行人
九州之外
貴寶爲贄
周
蕃
鎮
夷
蠻
衛
采
男
甸
侯
貨
材
服
器
嬪
祀
九州之外咸建五
二百里流
三百里蠻
五百里荒服
二百里采
三百里夷
五百里要服
二百里奮武衛
三百里揆文教
五百里綏服
三百里諸侯
二百里男邦
百里采
五百里侯服
堯曰甸服皆方千里
周曰王畿
國中
王宮
十一

虞周五服九服之制或謂堯之五服本二千五百里禹于五服各弼以五百里故曰弼成五服至于五千又謂堯之五服五千里周制九畿每畿五百里而王畿又不在其中四方相距爲萬里蓋倍禹服之數也愚獨以爲一耳堯制通王畿爲五服曰甸侯綏要荒各服内各分三百里二百里是一面五百里四面相距爲一千里故爲五千里周制除王畿千里之外曰其外方五百里曰甸服則是两面相距五百里九服皆然是止四千五百里通王畿爲五千五百里大行人夷鎮蕃三服遥謂之九州之外但以貴寶爲贄禹于九州之外謂之外薄四海而咸建五長則其治之詳畧又無不同也讀者自殊之而謂周公斥大土宇不亦謬哉

虞周邦畿千里合一圖

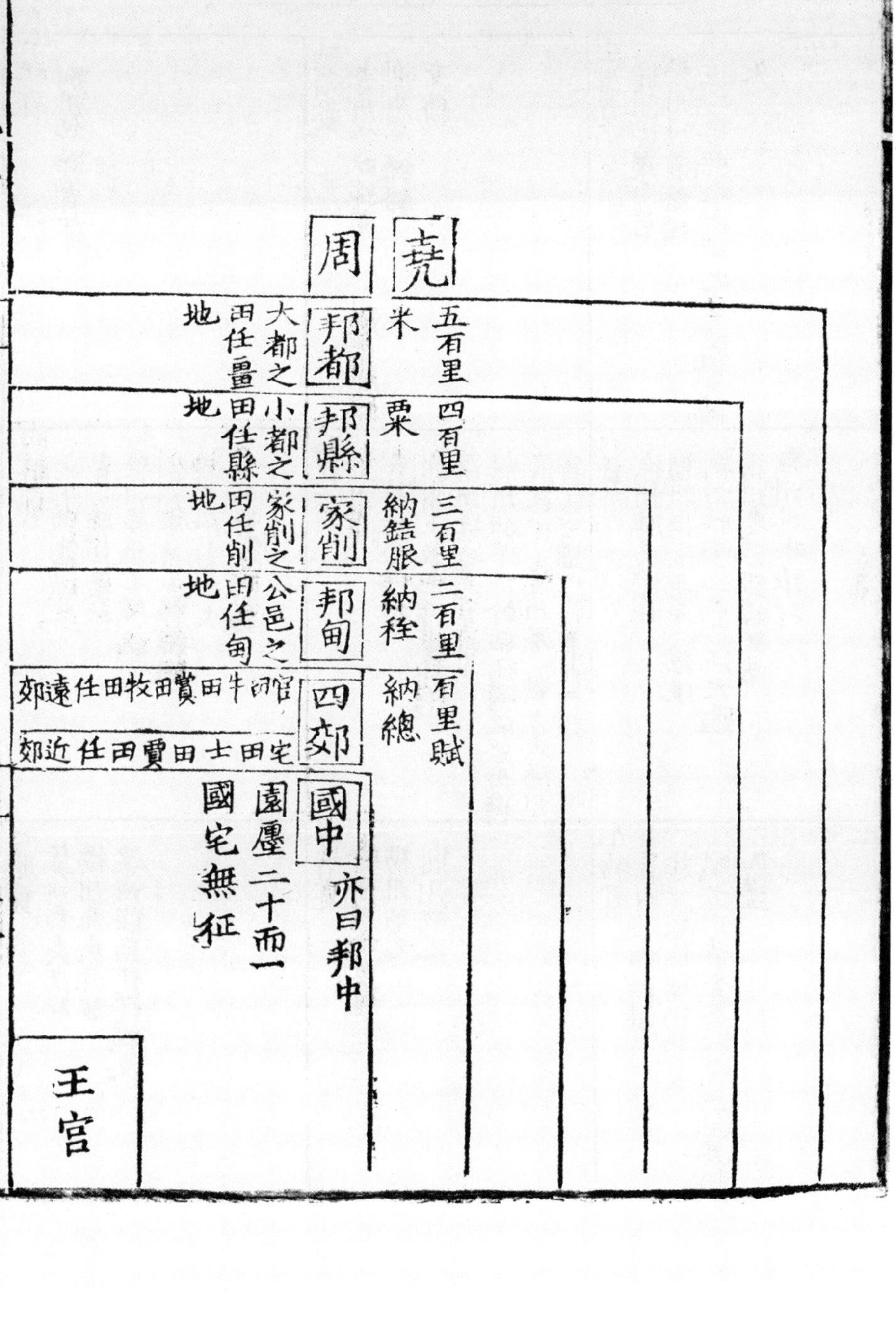
堯
周
五百里
米
邦都
大都之田任畺地
四百里
粟
邦縣
小都之田任縣地
三百里
納秸服
家削
家削之田任削地
二百里
納銍
邦甸
公邑之田任甸地
百里賦
納總
四郊
官田牛田賞田牧田任遠郊
宅田士田賈田任近郊
國中
亦曰邦中
園廛二十而一
國宅無征
王宮

大宰大行人九貢合禹貢圖

一祀貢 荆州包匭菁茅	二嬪貢 青州岱畎絲枲　厥篚檿絲 荆州枲絺紵 兖絲	三器貢 徐州泗濵浮磬 揚州錫貢磬錯 攷工記燕之函胡之弓肅慎氏楛 矢
四幣貢 兖州厥篚織文 青州厥篚檿絲 徐州厥篚玄纖縞 荆州厥篚玄纁織組 揚州厥篚織貝 豫州厥篚纖纊	五材貢 兖州漆 青州鉛松怪石 徐州土五色嶧陽孤桐 揚州篠簜齒革惟木 荆州齒革杶幹栝柏礪砥砮丹惟 箘簵楛　豫州漆　職方氏揚州 其利金錫竹箭冀州松柏	六貨貢 徐州淮夷蠙珠 揚州惟金三品　瑤琨 荆州惟金三品九江大龜 梁州璆鐵銀鏤砮磬 雍州球琳琅玕
七服貢 冀州島夷皮服 揚州島夷卉服 梁州熊羆狐狸織文	八斿貢 徐州羽畎夏翟 揚州羽毛 荆州羽毛	九物貢 青州海物惟錯 揚州厥包橘柚錫貢 職方氏青兖其利蒲魚幽其利 魚鹽

營國九州經緯圖

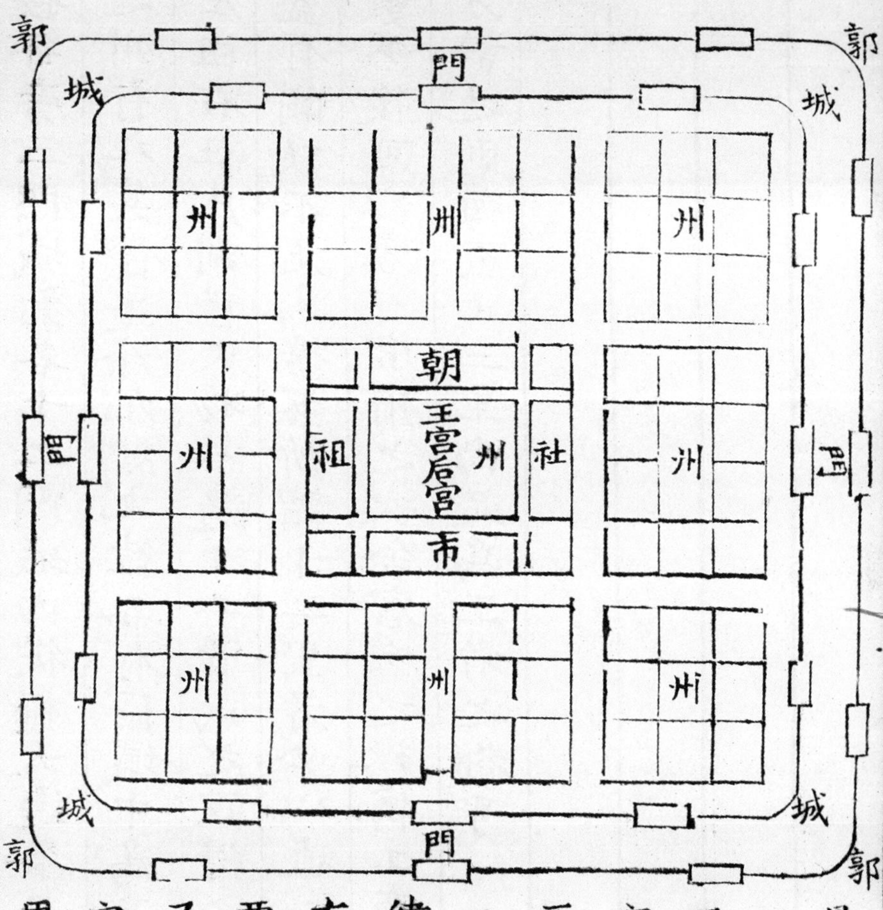

量人掌建國之灋以分國爲九州營國城郭營后宮量市朝道巷

匠人營國九里旁三門國中九經九緯經涂九軌左祖右社市朝一夫

賈氏典命疏曰天子城方十二里公宜九里侯伯宜七里子男宜五里

按每旁三門城郭各十二門城内從橫大道各二界爲井字中之州有九其餘道涂九經九緯各有區域中爲王宫前朝後市左祖右社凡制禮大物不過十二賈氏之說得之匠人云九里蓋有闕誤不足爲據然所謂十二里者必以直計四面皆如其數然後可以容百官府之次舍賓客之旅寓工商之廛肆苟以方計之則每面止三里尚足爲王者之都乎

天子五門三朝圖

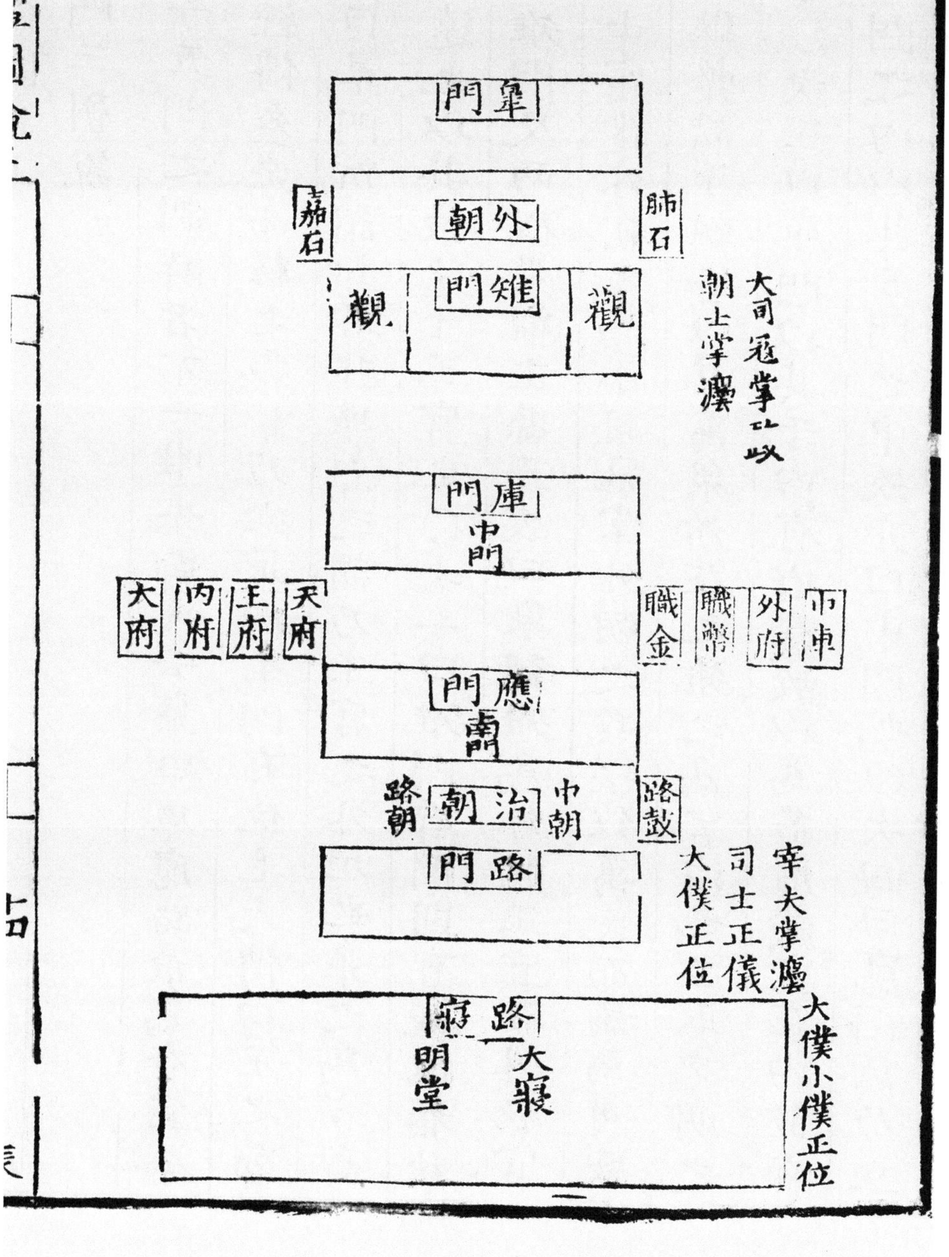
皐門
外朝
嘉石
肺石
雉門
觀
觀
大司寇掌其政
朝士掌灋
庫門
中門
天府
玉府
内府
大府
職金
職幣
外府
巾車
應門
南門
治朝
路朝
中朝
路鼓
路門
宰夫掌灋
司士正儀
大僕正位
路寢
大寢
明堂
大僕小僕正位

五門三朝說

天子五門之制解者不一唯先鄭氏云皐雉庫應路最爲合宜今以經傳參定而釋之○詩乃立皐門皐門有伉毛氏傳曰王之郭門曰皐門所謂郭者非城郭之謂乃王宫之外垣也皐之爲言高也遠也以其最遠于王宫也○次二曰雉門有門則有觀故春秋書雉門及兩觀災觀主縣灋故曰象魏雉爲外朝正宜在外秋官朝士掌建外朝之灋小司寇掌外朝之政以致萬民而詢焉司寇聽獄弊訟于朝皆以其萬衆所在也雉之爲言治也亦取文明之意○次三曰庫門以其于内有府藏故以爲名府藏宜在内故在雉門之内以其五門之中故亦曰中門也○次四曰應門詩乃立

應門應門將將毛氏傳曰王之南門曰應門爾雅亦有正門即天文端門之謂也蓋內為路寢之門其外為庫門不可以無限隔故其間為此門也春秋襄二十年新作南門明堂位曰魯之庫門天子皋門雉門天子應門諸侯殺于天子有庫治路而無皋應至此而僭應門之制故曰新作書顧命云逆子釗于南門之外蓋自東宮而來也玉藻聽朔于南門之外郊特牲獻命庫門之內亦即此門蓋聽朔誓郊皆大事故特重于常朝而居此應之為言和也又以其居此而應治也○次五曰路門以其為路寢之門故亦曰寢門天子日視朝于此故曰治朝宰夫掌治朝之灋佐大宰王眡朝則贊聽治夏官司士正朝儀之位王族故士等在路門之左右大僕

前王正位建路鼓于大寢之門外皆謂此也畫虎以爲威亦曰虎門地官師氏居虎門之左掌國中失之事五門至一此而終故曰畢門書二人雀弁執惠立于畢門之内蓋陳儀衛于路寢故二人在路門内向上而太也其外即應門故康王之誥云王出在應門之内而諸侯立應門之左右蓋王自路寢受顧命出立路寢之門故云在應門之内而諸侯皆入應門之左右而立于路門之外也〇其内即路寢路大也宮人所謂大寢也以其向明而治故戴記云明堂天子之路寢是也視朝畢則退居于此故曰燕朝大僕王視燕朝則正位小臣掌王之燕服位即此以其在治朝之内故曰内朝司士大僕前王入内朝文王世子公族朝于内朝皆謂此也

司士治朝圖

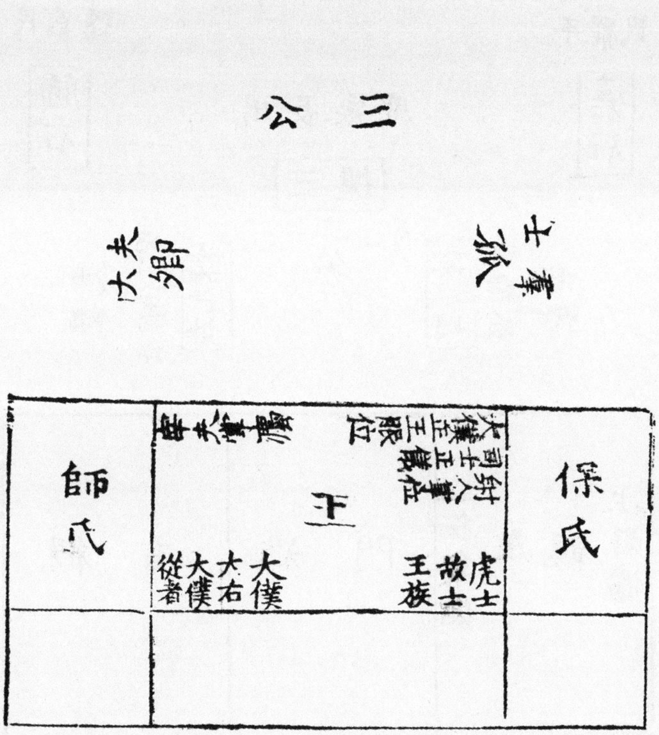

司士正朝儀之位辨其貴賤之等王南鄉三公北面東上孤東面北上卿大夫西面北上王族故士虎士在路門之右南面東上大僕大右大僕從者在路門之左南面西上司士擯孤卿特揖大夫以其等旅揖士旁三揖王還揖門左揖門右大僕前王入內朝皆退

朝士外朝圖

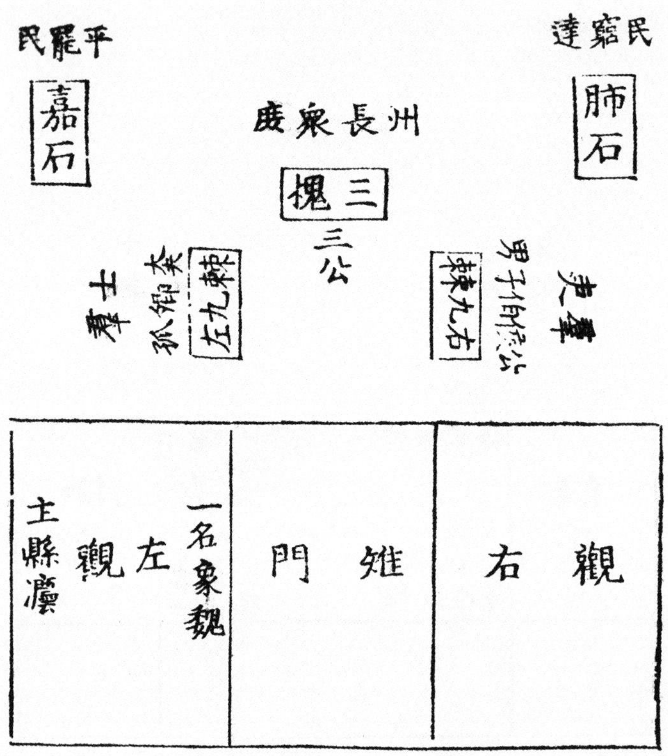

朝士掌建邦外朝之灋左九棘孤卿大夫位焉羣士在其後右九棘公侯伯子男位焉羣吏在其後面三槐三公位焉州長衆庶在其後左嘉石平罷民焉右肺石達窮民焉

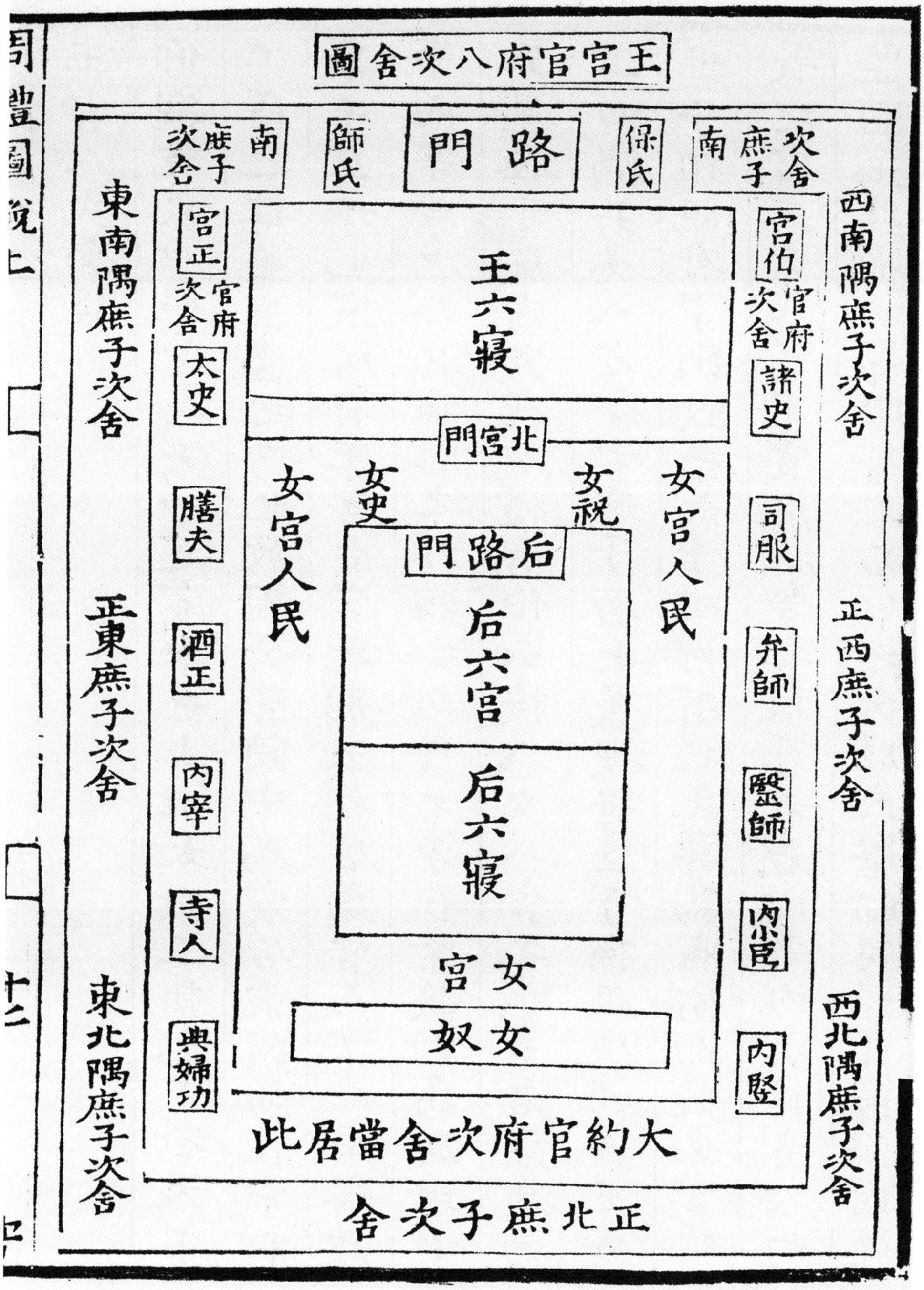
周禮圖說上
十二
王宮官府八次舍圖
南 庶子次舍
師氏
路門
保氏
南 庶子次舍
東南隅庶子次舍
西南隅庶子次舍
宮正
官府次舍
太史
膳夫
酒正
內宰
寺人
典婦功
宮伯
官府次舍
諸史
司服
弁師
毉師
內小臣
內豎
王六寢
北宮門
女史
女祝
女宮人民
女宮人民
后路門
后六宮
后六寢
女宮
女奴
正東庶子次舍
正西庶子次舍
東北隅庶子次舍
西北隅庶子次舍
大約官府次舍當居此
正北庶子次舍

王宮八次舍說

仰觀乾象中垣紫薇天子之宸居也上垣太微三朝也下垣天市工商之肆兼王畿之内也故周公營國中爲宸居前朝而後市取象于三垣也宸居有王宮后宮之别王之居處宮人掌之后之政事内宰掌之而其宮垣之外宿衛巡警之事在紫薇則爲周垣十五星極于嚴密其在周禮宮伯云授八次八舍之職事者宸居四正四隅共爲八方令士庶子居之蓋使世臣子孫平居則與王及世子相親有事則致于太子唯所用之此專爲宿衛而設也宮伯長之宮正云比宮中官府次舍之衆寡者若内宰内小臣寺人内豎酒正典婦功等職皆在后宮之旁膳夫盬師司服弁師師氏保

氏大史諸史等職在路寢之旁又如司士諸子虎賁大僕等職皆在南門之旁天府大府玉府職金等府皆在庫門之内各有涖事之次有舍止之所與庶子内外夾拱不衛之衛也皆宫正掌之夫王宫后宫之中有官府男女執事之人宬居之外爲官府次舍其外爲士庶子之次舍各有夾道爲行夜之往來又其外爲民居官府者皆今之大人君子享高爵厚禄者也士庶子者即異日之大夫士也使之内外護衛豈惟患難足以相守哉妖邪亦無從而興也後世務豐其屋而唯充以宦官宫妾至其衰也爲妖祟之區要不行周官王宫次舍之灋耳

后六宫圖

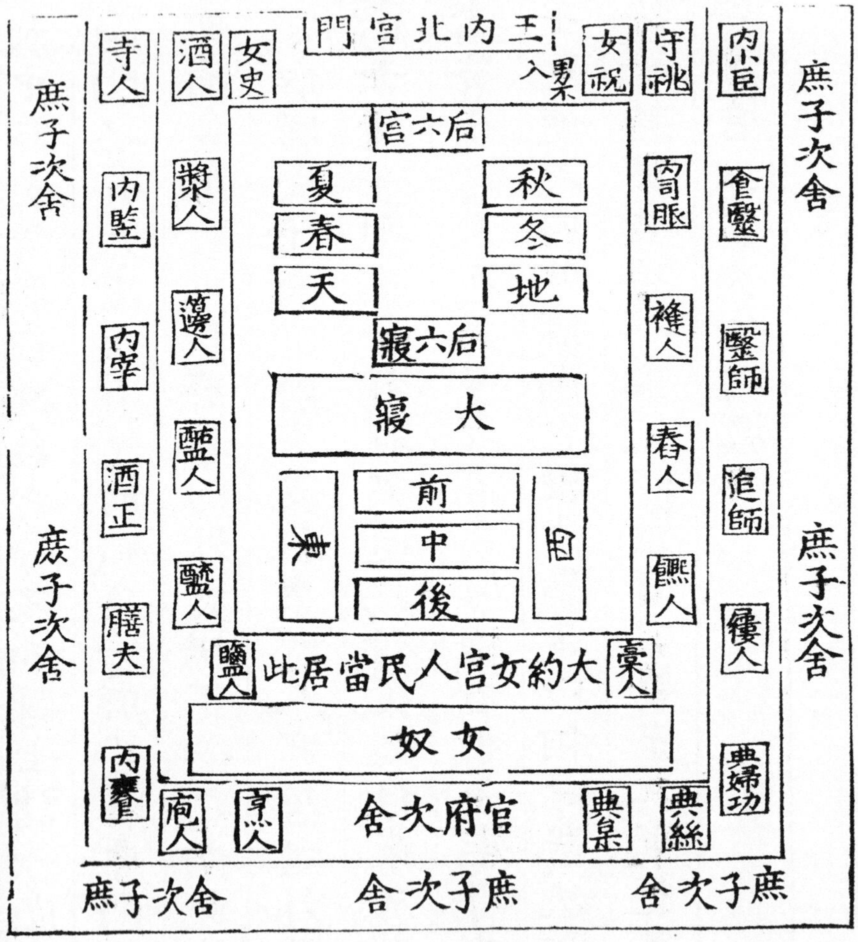

内宰掌書版圖之灋以治王内之政令均其稍食分其人民以居之
以陰禮教六宫
帥六宫之人生穜稑之種
憲禁令于王之北宫而糾其守
女史逆内宫
閽人掌守王宫之中門之禁
寺人掌王之内人及女宫之戒令
世婦每宫卿二人掌女宫之宿戒
量人營后宫

后立六宮說

舊說王有六寢后象王立六宮而居之亦正寢一燕寢五夫此但足以爲六寢耳茍以此而嘗六宮則王之六寢亦可以稱六官乎記曰古者天子后立六宮三夫人九嬪二十七世婦八十一御妻以聽天下之内治以明章婦順故天下内和而家理天子立六官三公九卿二十七大夫八十一元士以聽天下之外治以明章天下之男教故外和而國治愚謂天子之六官天地春夏秋冬后之六宮其職掌亦畧相似凡后夫人進御與夫内外命婦之命爵宮卿宮女之進退及酒漿之事皆屬天凡師傅保姆教化之道與夫蠶桑立市春饎之事皆屬地春掌禮樂凡器數祝史等事夏掌政

令及拜爵救日月等事秋掌典刑及刑女等事冬掌絲枲宮室器用飲器等事蓋有一定而不可易者此則所謂六宮也六宮立矣求人而治之于是有內外命婦之官所謂內命婦者三夫人之于后贊理內政猶三公之于王九嬪掌六宮之事秩比于卿世婦取于國中以廣繼嗣治禮事秩比于大夫女御亦取于民間蓋六宮不能無役使因而得進御故以爲名秩比于元士者也然傳曰古者天子立后一娶十二女謂后與三夫人各媵其姪娣二合之爲十二今言九嬪而不言三夫人自世婦已下皆不言其數者以天子之例推之六官唯有六卿三公則官不必備唯其人皆以六卿兼之則是后之六宮當有六嬪乃其正職三夫人者亦不必備蓋

或以嬪婦而攝夫人之佐或以夫人而行六宮之事所謂十二女者長者先行幼者待年于國未必一時皆備而六宮之官不過于先王嬪婦久于禮者掌其職豈必王之所娶且君子不苟于色世婦女御有婦德者充之無則缺焉豈拘拘于二十七八十一之數哉又有外命婦者蓋宮禁深嚴知識不能無壅蔽内外限隔凡事亦未易通達故春官復立世婦一官每宮以卿大夫士之妻詔相其禮事擇國中婦人習禮儀辨器數善酒漿熟女工者爲祝史酒漿春抌饎槀及縫人之女工世婦之府史等人皆有德器主指揮叙次諸宮女其少才知而朴實者爲奚主以力服役宮中大約如庶人在官者則臣民婦女之賢能者得以効用于后之左右而后

宮之禮灋得以爲式于臣庶之家所以上下交而爲内治之灋于天下也或疑卿大夫士庶人之妻至于王之北宮于王得無妨乎曰后夫人進御皆至王之六寢九嬪云各帥其屬以時御叙于王所是也故詩稱肅肅宵征夙夜在公王之不至后宮猶后之不至王朝也然則外命婦等至后之六宮又何嫌耶

女宫女奚女奴辨

按天官有酒漿籩醢醯鹽地官有舂饎稾縫人之女工主給中饋奉齍盛縫衣裳皆門內細密之事祝史主贊后夫人禮事守祧主聚祖考之精神皆非士人所得與故設官並貫之以女若女酒女漿之類皆擇民間女子之賢而善于其事者以供職其次者爲奚少才知之稱亦用之以供役然必使有什佰大約如庶人在官者故內宰云分其人民以居之也其與王之女御異者觀寺人稱掌王之內人及女宫之戒令內人指女御故係之于王女宫卽女奚之衆故不係之于王必領之以奄者以后夫人致禮使通內外之令爲宜也舊說以女及奚爲女奴非也夫婦人犯罪媱僻常居七

入雖士師聽之必于勝國之社閭閻百姓尚不使之聞豈可使入于禁中雜于女宮近于嬪婦哉秋官司厲明言女子入于舂槀禁暴氏云奚隸聚而出入者則司牧之是奚之與奴名自不同止于舂槀則其他職事未嘗得與安得執禮事而爲宮卿世婦女御祝史等之役終于此而永不得配合人道苟若奚之得有出入而司暴氏司牧之則不得爲幽閉矣況舂事煩勞故使執其役而以奚五人爲之指揮統治若饎事之精潔非彼所得與故設有奚四十人也若必以奚爲女奴則豈以舂事之煩而五人能盡之饎事較簡而反有四十人之多乎且以王及后之至尊祭祀賓客之至潔敬而其熟食乃造于不良汚穢之手必無是理殆未之思耳

鄭氏明堂圖

明堂左个
明堂太廟
明堂右个
青陽右个
總章左个
青陽太廟
太室太廟
總章太廟
青陽左个
玄堂太廟
總章右个
玄堂右个
玄堂左个

吳氏明堂圖

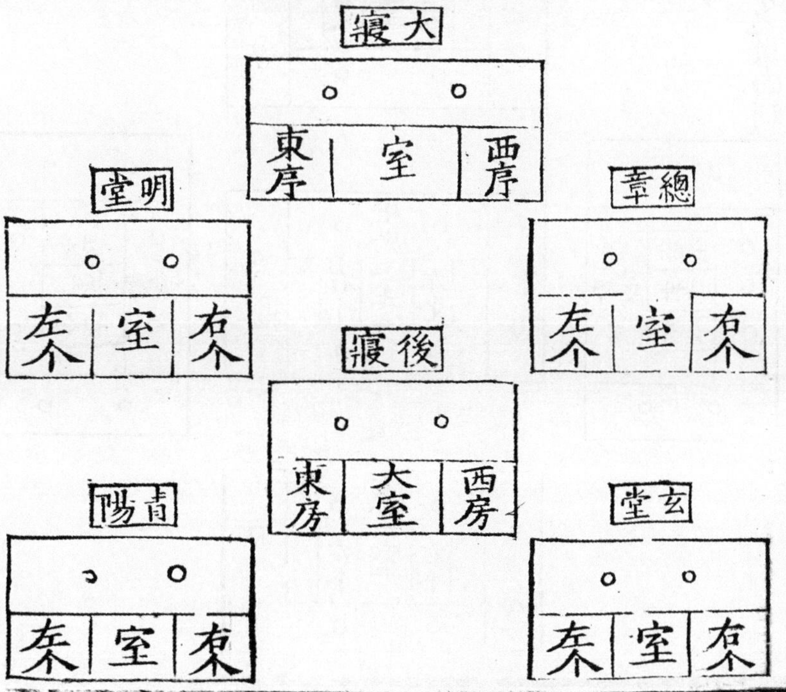
大寢
東序
室
西序
明堂
左个
室
右个
總章
左个
室
右个
後寢
東房
大室
西房
青陽
左个
室
右个
玄堂
左个
室
右个

書顧命東堂西堂詩安得萱草言樹之背所謂北堂也

今定明堂圖

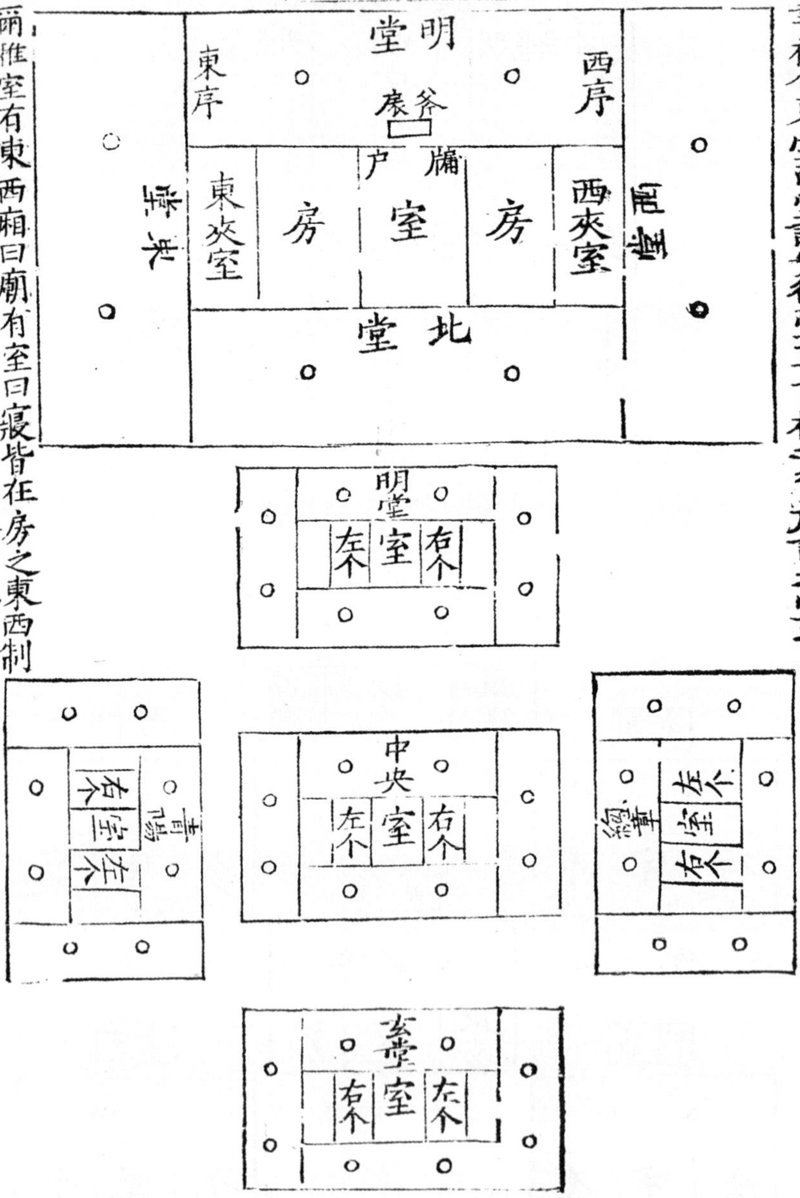

爾雅室有東西廂曰廟有室曰寢皆在房之東西制同名異有室謂夾室即顧命所謂西夾南向是也

明堂圖說

明堂居者雖見于經傳而其制則未有全文先儒紛紛之說以其不通融會㬅而妄增臆見古義益晦愚嘗悉參攷經傳所載虛以求之則無不可通而亦無不可行也周禮宫人掌王六寢之修謂大寢一小寢五合而爲六禮記玉藻君日出視朝退適路寢聽政使人視大夫大夫退然後適小寢故路寢者天子之常居即大寢也禮記月令春居青陽夏居明堂季夏居大室秋居總章冬居玄堂以爲天子之常居故知周禮六寢當有此等之名也周禮攷工記曰周人明堂五室謂之五室者即五小寢也是故宫人但言六寢觀于月令而後得其爲青陽總章等名玉藻但言路寢觀于攷

工記明堂五室即知其爲明堂月令但言青陽總章等名然著其爲天子四時之居則知其爲路寢之五小寢故路寢明堂實一居而二名無疑也禮記明堂位曰昔者周公朝諸侯于明堂之位天子負斧扆南鄉而立亦天子受朝之常位也然其所設夷蠻戎狄之位則有四門與路寢之門不同何也蓋此乃天子會諸侯于郊外與不巡守而殷見諸侯于東都之位也故曰王者布政之宮非若王宮之有后宮故四方之門與寢居不同也孝經曰宗祀文王于明堂以配上帝既以爲居而又以爲廟不幾于神人雜糅且祀天地必于郊以達天地四方之氣唯勝國之社屋之不受天陽未有祭天神而于室中者無乃非聖人之言乎古之祭者有主有尸

故四圭有邸者所以祀天帝于壇者也若迎尸則不可在壇故于明堂行之豈祀天而可于屋乎然則郊而祀天其迎尸亦必于明堂今于祀后稷稱郊于祀文王稱明堂者特互文耳蓋四郊之地皆有明堂而布政之明堂必附于四郊一以受諸侯之朝一以爲迎尸之祭國中制備故廟朝異處國外制畧故廟朝同所豈專爲祀帝于此而設如或者所謂飛樓椅閣上圓下方等附會不經之制哉至于孟子所稱明堂何爲者也此巡守于天下聽政之所其所營如宸居之路寢故方岳之下必有明堂不止于齊也時值四仲在國則舉祀五帝之禮在于四方各隨所在而柴于上帝其殷國則郊于東都其在四方之柴也亦必以文王配召誥用牲于郊

牛二是也然則四方祀五帝之祭亦必迎尸于明堂矣攷工記復曰内有九室九嬪居之是后宮六寢亦如明堂之制矣大抵明堂者不過周人居室之常其在王宮則爲路寢在后宮則爲内寢皆謂之寢以寢息得名其在郊外則以路寢爲布政之宮其在四方則以路寢爲行宮皆謂之明堂以向明而治得名自漢迄今儒生議明堂者衆矣唯顔師古云究其指歸實布政之宮又云固是王者之常居最爲得禮之旨但云既在皋庫之内亦何復于郊野此則見其一不見其二者也夫明堂之名既無可疑但其制則有可言者鄭氏謂中央爲大室四面爲九室通融爲十二而易其名深有可議蓋以孟季之月而居于一隅既已偏側不正以一室而易

爲二名又何牽合不倫且堂室幽明異制今每月居一室若以爲堂而施階楹則不便于平居以爲室而有户牖則不可以聽政況王者向明而治三季不得向明而冬之向北猶非人之所堪此誠不典吴氏據六寢之說以謂王大寢一在前聽政小寢五在後宴息其五寢則一居中而四居四角頗爲有理但所謂明堂者以其在前故曰明玄堂者以其向北故曰玄東屬春生曰青西屬秋收曰總今若偏于一隅而又皆取南向殊失命名之義且五寢一向亦非平居之所宜以愚觀之二說皆有所當但各有所不通耳鄭氏謂四方之向者蓋自古相傳之說必有所本但失大寢小寢之制以大寢一廟析而爲十二月之居則非吴氏以爲五寢者出于

經文是矣而總爲一向則非愚因各取夫二説之勝考之諸經而不繆合之人情而宜者定之如右周禮云掌王之六寢之脩大寢一每朝聽政之所在于五寢之前五小寢者乃四時便居附于大寢之後故總謂之明堂也其規制青陽明堂則宜清明洞達總章玄堂則宜温煖奥密其用器在青陽明堂者則疎達高粗在總章玄堂者則廉深閎奄其車旗服食居青陽則以蒼居明堂則以赤居總章則以白居玄堂則以黑居大室則以黄隨其時而居之則利用安身無所不宜而凡月令所載可以推之而無不通矣蓋王者之車旗服食器用其奉祭祀臨百官皆有降殺等級故不可拘以四時此則平日順因其時固並行而不悖也其向則青陽向東

明堂向南總章向西玄堂向北必取向于四方者以受四時之方氣也若其堂室房户之制則皆前後左右四面有堂其詹阿則爲四垂蓋人之情性貴有所適故或勞形作事則居于堂或韜光潜神則居于室而其堂必四面爲四方之向者四方風氣之至有正有邪四時皆然清明和暢則宜就之乖戾昏塞則當違之如夏月多南風固當向之然亦有北風或東西者則就南堂反非所宜冬月多北風固當違之然亦有南風則就北堂反爲所宜又如夏月人情多欲就清凉而亦有欲閉密之時冬月人情多欲就温煖而亦有欲宣暢之時不可以一例拘也故五寢必皆如此之制然後幽明温凉靡不得其所以五室合而觀之則略如鄭氏之圖但不

分聽政私居之所故謨以五小寢合于一大寢耳夫如右之制則一寢可以四時居之而必爲五者蓋宸居與諸侯而下不同必四時有常居器物有定在各得夫濩象之自然無事移易而備物所以爲帝王之居也又嘗觀攷工記明堂之度東西之廣不過九筵南北之深不過七筵室之廣二筵堂之崇一筵便而無空居華而無費財非有宏麗難興之工故四郊四方隨在營建而不病于民也自秦人竭四海之力以爲土木之工漢室因之不能頓削後世遂習以爲常務于侈目壯觀且雜以夷狄穹廬之制皆爲一直洞達而無幽明濩象居之不宜復營離宮別館以安其身正室反虛而無用此何理哉間有好禮之君欲復古制柰典籍散逸既無可

據世儒各持臆説詭異怪誕愈不可憑孰知先王之制平易安利若此且因瘞秩于山川而封禪之議起不知瘞秩即祀帝于方岳之餘因視學于澤宮而辟廱之説興不知學宫亦因明堂而殺其制凡諸禮文皆以常爲怪以易爲難使人厭聞駭覩師心自用者遂欲一掃古禮而茍簡是趨先王之道不行于後世者亦諸禮家之過歟

魏相明堂月令奏

臣相幸得備員奉職不修不能宣廣教化陰陽未和災害未息咎在臣等臣聞易曰天地以順動故日月不過四時不忒聖王以順動故刑罰清而民服天地變化必繇陰陽陰陽之分以日爲紀日冬夏至則八風之序立萬物之性成各有常職不得相干東方之神大昊乘震執規司春南方之神炎帝乘離執衡司夏西方之神少昊乘兌執矩司秋北方之神顓頊乘坎執權司冬中央之神黄帝乘坤艮執繩司下土兹五帝所司各有時也東方之卦不可以治西方南方之卦不可以治北方春興兌治則饑秋興震治則華冬興離治則泄夏興坎治則雹明王謹于尊天慎于養人故立羲

和之官以秉四時節授民事君動静以道奉順陰陽則日月光明風雨時節寒暑調和三者得叙則災害不生民不夭疾衣食有餘若是則君尊民説上下亾怨禮讓可興風雨不時則傷農桑農桑傷則民饑寒饑寒在身則亾廉耻寇賊姦宄所繇生也臣愚以爲陰陽者羣生之命自古賢聖未有不繇者也天子之義必純取灋天地而觀于先聖高皇帝所述書天子所服第八曰大謁者臣章受詔長樂宮曰令羣臣議天子所服以安治天下相國臣何御史大夫臣昌謹與將軍臣陵太子太傅臣通等議春夏秋冬天子所服當灋天地之數中得人和故自天子王侯有土之君下及兆民能灋天地順四時以治國家身亾禍殃年壽永究是奉宗廟安天

下之大禮也臣請灋之中謁者趙堯舉春李舜舉夏兒湯舉秋貢禹舉冬四人各職一時大謁者襄章奏制曰可孝文皇時以二月施恩惠于天下賜孝弟力田及罷軍卒祠死事者頗非時節御史大夫鼂錯時爲太子家令奏言其狀臣相伏念陛下恩澤甚厚然而災氣未息竊恐詔令有未合當時者也願陛下選明經通知陰陽者四人各主一時時至明言所職以和陰陽天下幸甚

范文正公明堂賦要語

三代以還智者悶悶諸儒靡協議者喋喋而皆膠其增損忘禮樂之大本泥于廣狹廢皇王之大業使朝廷茫然有逾遠之嘆惘然有中輟之議殊不知五帝非沿樂而興三王豈襲禮而至爲明堂之道不必尚其奥行明堂之義不必盡其制適道者與權忘象者得意大樂同天地之和豈匏竹而已矣大禮同天地之節豈豆籩之云爾自漢魏之下暨隋唐之際堂或三五之上道非三五之世蓋不取其厚而取其薄不得其大而得其細享配之文或然未分政教之烈斯焉弗聞是則帝道不施胡取乎總期皇德不隆胡取乎合宫故夫明堂之設也天子居之曰敬曰思思之何也萬徽存

乎消息敬之何也兆靈繫之安危繇是惟克念以作聖思堯舜之齊名懼巍巍之弗逮迺孜孜于鷄鳴唯至平之休代思阜財于吾民懼四維之有艱尚瘡痍而百辛故聖人之實儉弗下剝而上侈思寡費而簿索民瘵幾于格恥惟下武之大寧亦省船于干戈取諸豫于四方慨風雲以長歌惟知人其古難思濟濟乎賢者蓋舉一于皐陶廼連茹于天下惟好生之至德思與物而爲春懼幽陋之靡及常咨命于仁人惟及人之一德始若晦而彌彰故三五之君子騰茂實而無疆惟皇極之大範思天下而與平懼萬物之或差持我心于誠衡然後見天下齊于無體和于無聲麗眉而壽吾何仁之有含哺而嬉吾何力之爲但淵淵緜緜無反無偏浸浸澤

以咸若樂鴻化于自然此明堂之道也蓋無德而稱焉臣請攷列辟之明術塞處士之横議約其制復其位儉不爲其陋奢不爲其肆斟酌乎三王擬議乎簡易展宗祀之禮正朝會之義廣明堂之妙道極真人之能事

辟邕太廟蓋其制皆象明堂爲之此處考據極是

明堂賦

宋廬陵羅椅

大哉明堂乎造作經聖人之手典章繫歷代之傳宮室壯京師之勢紀載備經史之編賦詳于范文正詩昉于班孟堅拾古人咳唾豈不能于敷宣然而衆甫各喙竊有疑焉宗祀文王孝經已載朝會諸侯記禮已具左个右个月令以爲天子之居五室九階周禮以爲宗廟之數至于大戴乃混辟雍而爲一暨乎蔡邕則合大廟而同處射饗養老教學選士皆在其中靡所不聚宜乎袁準之譏以是爲未可據也人鬼混黷祀生錯雜囚俘截耳瘡痍流血此爲何理無乃謬說況茅茨采椽至質之物車乘玉輅旗建日月無乃非類文質無別若夫橋門聚觀豈冠帶之能容大射爰舉豈三侯

天子五門皐雉庫應路雉門為外朝路門爲中朝路寢即明堂爲內朝

之能設誠足以破諸家之說而流千載之惑也且夫自古王都其門有九應門以前雉門以後明堂在焉四户八牖又名中朝爵祿所詔何羣公不是之取而徒議論之紛糾噫是未可以口舌辨也必當証之于古天子廟及路寢皆如明堂制獨非明堂之註乎蓋古之宮室必南向而治故凡曰明堂者皆其治事之所宗廟之明堂所以享祀而路寢之明堂所以居處辟雍之明堂則所以弦誦享射與夫饋酳選舉故皆可以言明堂而非拘拘然一語也吾嘗以朱子月令之圖與攷工記而參詳爍然可証豈云荒唐夫所謂象木即月令之青陽而象金者即月令之總章玄堂者即其象水則象火者獨非明堂乎古者制度多取于井豈惟都邑與土疆王

右宮室蓋莫不然故凡言明堂者取其向之南而仗之離乎下此則固無東西南北之室矣又何必明堂而表章哉若乃度筵度几曰脩曰廣可隨當代之制豈必嘐然曰必古之是倣方今書文混一治象明兩三年大比而興賢萬邦効職而來享臨雍拜老郊廟格饗鹵簿之儀旣設封禪之儀將講愚敢獻明堂之一賦而振千載之遺響

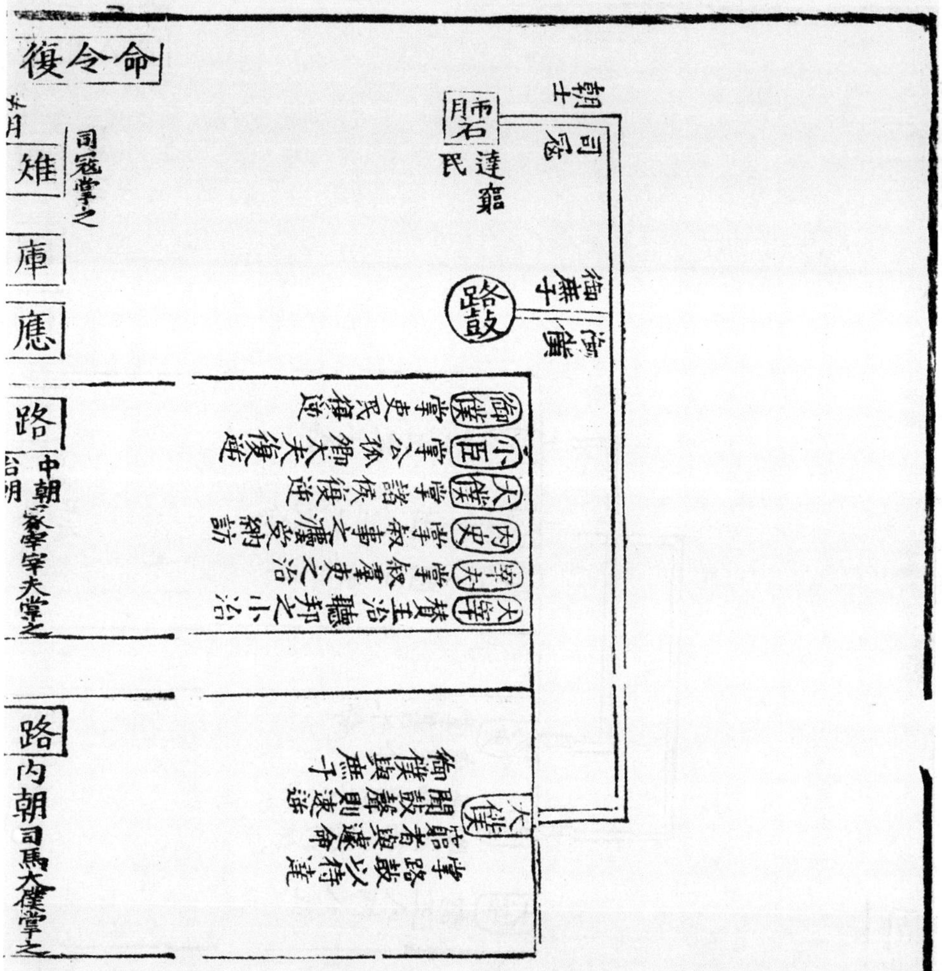

宰夫敘羣吏之治以待賔客之令諸臣之復萬民之逆

内史掌八柄之灋以詔王治凡命諸侯及孤卿大夫則策命之掌書王命遂貳之　掌敘事之灋受納訪以詔

逆出入圖

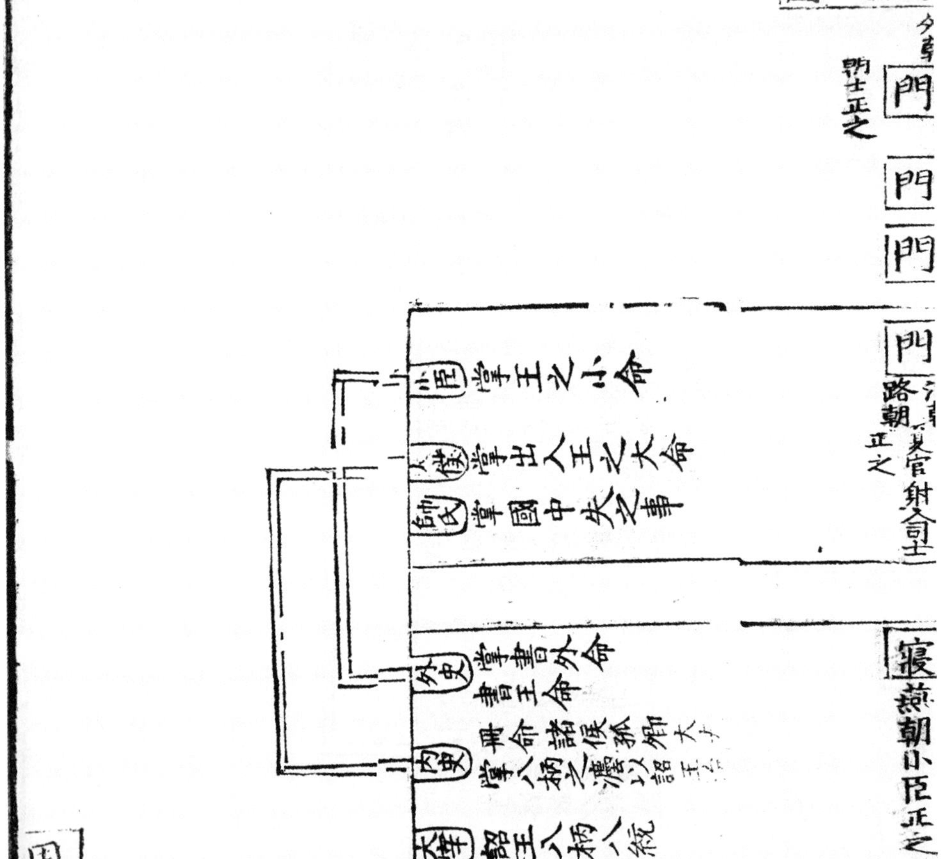

王聽治
外史掌書外令
大僕掌出入王
之大命　掌諸
侯之復逆　掌
路鼓之政以待
達窮者與遽令
小臣掌王之小命
掌三公及孤卿
之復逆
御僕掌羣吏之
逆及庶民之復

周禮圖說上　三十二

古今納言說

命令者王所以操御天下之大柄也一有所移則德意不得施威福自下出復逆者王所以通達天下之大機也一有所塞則過失不得聞下情無由達皆亂亡之所由生也稽之虞書命龍曰汝作納言夙夜出納朕命惟允此主傳命令于外弗當則納之也又曰工以納言時而颺之格則承之庸之否則威之此主達復逆于上善則納之也唐虞事簡二者總爲一官而名之曰納言初命龍而後典于工故各舉一事言之耳嘗合周制而論之凡王有命令大宰詔之然後命內外史書之內史覆審以瀆因而獻可替否龍作納言夙夜出納朕命惟允後世中書不肯草制是也內外史草制

畢下大僕小臣傳達于外善則行之審有弗當得駁正故曰出入
王之大命若後世封還詔書是也凡臣下之有復逆者大僕主諸
侯小臣主三公孤卿御僕主羣吏庶民在外分接爲之傳達其善
其惡得以司馬之灋正之矣宰夫以叙進其治則又得以治朝之
灋糾之矣内史掌叙事之灋受納訪又得以大史之典攷之矣大
事内史引以白王與之荅問使得獻言自盡冢宰從而贊之小治
則宰夫白于冢宰冢宰自聽之而御史贊之虞書所謂工以納言
時而颺之也蓋周人制備故在于王所與夫親民而在外者旣有
所分而命有内外大小臣下有尊卑又各有所屬故與有虞小異
者以此愚因是而有以知周制之善矣蓋大宰主贊王治矣然可

以詔王而不敢專也内史主代王言矣然可以書而不得行也必夏官之大僕小臣而後得以傳達之掌之者非一官王之命令宰有下移之患哉秋官朝士掌達窮民矣大僕小臣御僕掌諸侯諸臣吏民之復逆矣而又有宰夫掌叙羣吏之治以待之内史宰叙事之灋以受之納之者非一人臣下之復逆豈有壅蔽之患哉聞之師曰夷攷歷代納言之職秦漢散爲尚書魏晉爲中書門下以侵奪宰相之權者也由人主疏遠輔臣退與左右親信議政號曰内相故有天子私人其始亦内史之職而其後遂建爲三省宰相之官名實俱紊矣嘗參諸古今而斷曰王疑冢宰則内史重疑内史則宦官重自古宦官禍天下皆先竊宰夫之權得居中承受章

奏而後傾宰相之權又竊內史之柄典國樞機以至廢置天子在其掌握可不謹哉夫人主親覽章奏則勞宰相專决則僭謂宜立爲大公至正之灋凡有章奏宰夫省詳各盡所見呈白小宰以及大宰然後進呈于天子謀謨既定命內史宣行之則天下之治出于一體統正而朝廷尊矣

又按大僕正治朝之位而退又正燕朝之位是內外之治常相通也內宰掌王內之政令而屬之大宰是宮中府中實合于一體也故宰夫掌朝灋以貳小宰小宰掌宮刑以貳大宰凡復逆大僕傳于宰夫小宰以達于大宰凡命令大宰平章下于諸史而宣之于大僕此周官之治所以出于一而不移于多門也

王會同宮舍圖

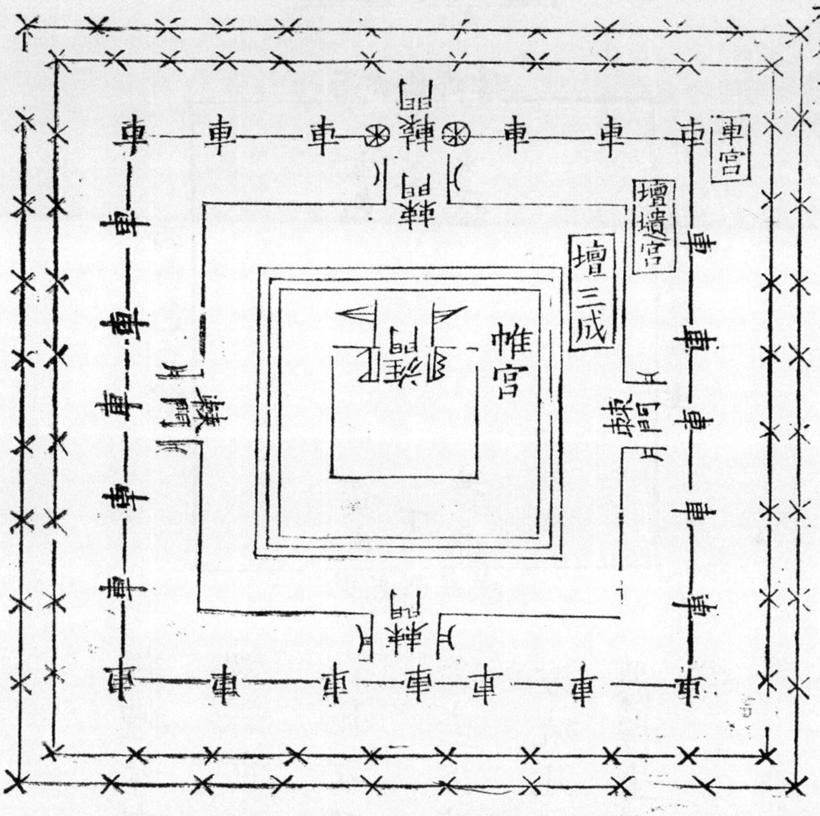

掌舍掌王之會同之舍設梐枑再重設車宮轅門爲壇壝宮棘門爲帷宮設旌門無宮則共人門蓋出命則有帷宮帷宮之基爲壇壇之下有壝宮壝宮之外爲車宮又其外爲梐枑至尊所在重重擁護慮出萬全如此

觀禮方明圖

觀禮云方明者木也方四尺設六色東方青南方赤西方白北方黑上玄下黃設六玉上圭下璧東方圭南方璋西方琥北方璜

愚按圭璧二字誤蓋上璧下琮

天神之祀

大祀

郊　祭天南郊每歲冬至行之

四時常祀

春　迎春東郊　祀青帝　寅賓出日　夕月　風師　迎暑　祈穀于上帝　巡狩柴于岱宗　出火

夏　迎夏南郊　祀赤帝　祀黃帝　致日　祭暑　大雩帝　禜　柴于南嶽

秋　迎秋西郊　祀白帝　寅餞內日　夕月　雨師　迎寒　大饗帝　柴于西岳　內火

冬　迎冬北郊　祀黑帝　致日　司中　司民　司命　司祿　享司寒　祈來年于天宗　柴于北嶽

非時祀

虞肆類于上帝　湯告于上天　武告于皇天

周公營成周用牲于郊　太師類于上帝

國有大故旅上帝　大烖禱祠于上下神祇

地示之祀

大祀

大社　祭地方澤每歲夏至行之

王社

侯社

大夫成羣立社

四時常祀

春

元日命民社

祈穀于方社田祖

四坎壇祭四方

祀户

大田大弊獻禽祭社

巡狩望秩東方山川

夏

禜水旱

祀竈

祀中霤

望秩南方山川

秋

報社稷

祀門

羅弊致禽以祀祊

望秩西方山川

冬

大蜡

大割祠于公社

祀行　祀四海川澤井泉

望秩北方山川

非時祀

大師帥有司立軍社

大師宜于社及軍歸獻于社

將用師禱于后土四海神祇　祭兵于山川

大會同宜于社及行釋奠

國有大故彌祀社稷禱祠

有戎之事保郊祀于社

國有大故令國人祭

天地之大烖類社稷

郊社義

郊

郊特牲兆于南郊就陽位也又曰王宮祭日也夜明祭月也幽宗祭星也雩宗祭水旱也　大司樂冬日至于地上之圜丘奏之則天神皆降可得而禮矣

冬至一陽生而郊此祭天之正祭也以其在郊外南方之圜丘故名之爲郊四面當設天神蓋日東月西風師東雨師西星則或南或北也自冬至祭天後每日以次而祀天神或使諸臣命秩同者攝之同丘同樂故曰天神皆降非謂百神從祀也古者大祭祀必七日戒三日齋苟祭日月四望等神而皆如此日亦

不足矣唯于祭天後行之或于是日而攝祭既得精意于大祀又得精意于次祀而亦不失其爲致齋也

祀五帝

小宗伯兆五帝于四郊司服祀五帝亦如之大宰祀五帝則掌百官之誓戒前期十日帥執事而卜日大司徒祀五帝奉牛牲大小司寇禋祀五帝

或疑天一而已不應有五此後世篡入之文是不然周禮全經文誤者寡雖或篡入不應數處皆然蓋天體雖一而氣之流行截然不同易曰帝出乎震齊乎巽月令曰盛德在木之類是矣故王者因其氣之至而祀之也夫天無心也一陽之生天心于

是而見故冬至以祭天帝無形也五氣之易帝之主宰于是而見故于四孟季夏以祭五帝然祭雖有五但因其方氣之不同而其禮物亦異非天實有五也至其所配則以五人帝而其從祀又以五神人者蓋上古聖人繼天而王其性雖無不全其歷數受命必各得其氣之盛若太皡以木德王周人以火之類又古者神明之臣皆能燮調元和司天司地各有攸職世執其功如重爲勾芒黎爲祝融該爲蓐收脩及熙爲玄冥其功不可掩故必配以五人帝而從以五人神也或又云祭不欲數上帝一歲五祭無乃煩而不敬乎蓋元后者天之元子故事天之禮一視其祖考是故冬至之郊視于禘五帝之祀視于時祭其餘水

旱之祈禪華大故大烖大師之類告禱祠皆與祖廟並舉一如子孫之事其先王後人唯失其爲上天元子之意故若疏遠而不相屬甚有五年一郊者故觀此反爲數耳即如我

太祖每日夙興必拜天地祖宗而後聽治皆出于此心仁孝誠敬之至亦可以謂之煩耶

迎氣

月令先立春三日天子乃齋立春之日迎春于東郊迎夏于南郊迎秋于西郊迎冬于北郊皆如迎春禮

致日

堯典寅賓出日寅餞納日敬致　春分朝日秋冬夕月

迎氣于四立將秉天時以對時育物也致日夕月于分至所謂

歷日月而迎送之也

大祈大雩大享

月令孟春天子以元日祈穀于上帝元辰天子親載耒耜周頌臣工明昭上帝迄用康年　月令仲夏大雩帝用盛樂大雅雲漢篇不殄禋祀自郊徂宮　月令季秋大享帝小雅來方禋祀以其騂黑　月令孟冬乃祈來年于天宗

按此必非每歲有此四祭蓋大雩于夏者因水旱而舉禱而獲應由是秋有報而冬春有祈耳唯耕籍之禮則每歲皆當舉行也又按元日即正旦書所謂月正元日也元辰蓋正月上辰日

取農事作于辰之意舊以元日爲上辛日元辰爲辰後亥日未

詳

類

虞書肆類于上帝　湯誥敢用玄牡敢昭告于上天神后　大雅是類是禡　武成底商之罪告于皇天庚戌柴望大告武成　召誥用牲于郊　周禮大宗伯國有大故則旅上帝小宗伯大烖及執事禱祠于上下神祇大祝大師類于上帝

其禮類于郊故曰類唐虞之禪夏商之革受天明命而始有天下也營洛邑者宅中圖大以求保天命也王疾病天之元子與天休戚相關也大師者奉天命以討有罪也皆天下莫大之事

國家非常之典八唯天子得以行之疾病則攝于大宗伯

柴

虞書歲二月東巡守至于岱宗柴五月南巡守八月西巡守十有一月朔巡守皆如岱禮孟子曰夫明堂者王者之堂也孝經曰宗祀文王于明堂以配上帝

天子巡守于四方當有聽政之地如王國之路寢故方嶽之下必有明堂時値四仲當舉祀五帝之禮故柴于上帝而以文王配曰祀于明堂者迎尸祀于其中也配以文王者周家王迹之興始于后稷故冬至祭天而以稷配王政之行成于文王故巡守柴上帝而以文王配也自王者之迹熄柴禮不舉典籍不存

諸侯各隨其方而僭祭張皇其事後世遂爲莫大之事而封禪之議起不知天子每歲在國必有五帝之祀巡守而不得行于王都故就方岳行之耳然則每歲祀五帝亦當以文王配矣

大社

祭灋王爲羣姓立社曰大社　大司樂夏日至于澤中之方丘奏之若樂八變則地示皆降可得而禮矣又曰以夏日至致地示物鬽（鬽）明蔽反

經傳言地則不言社言社則不言地蓋社卽地也大社總大地之示也王者之治薄海內外爲天下百姓而立社故曰羣姓以夏至一陰生而祭之此祭地之正祭也其依不可拘但擇澤中

之方丘可以祭者而用之耳然則圜丘亦必南方之丘而損益之矣有社必有稷以土爰稼穡也祭社以句龍配以有功于土也祭稷以后稷配以有功于稼穡也方丘之中列社稷壇壝四面當列五嶽四海四瀆山川丘陵各以其方東岱西華南衡北恒之類自夏至祭地後每日以次而祭地示或即于是日而諸臣攝之同丘同樂故曰地示皆可得而禮也

四時社祭

春祈穀于方社田祖夏禜水旱冬大蜡　大司馬春火弊獻禽以祭社秋羅弊致禽以祀祊　詩以社以祊以御曰祖以祈甘雨

四時之祭春有祈秋有報冬則大蜡皆歲之常事唯夏之禜當

因水旱而舉非有水旱恐亦弗舉大司馬之蒐苗獮狩本以教
閱其民遂獲禽獸以爲乾豆而用爲社祭也

大封先告后土

劃其方之土俾立社于其國以爲主自一統而分天下一家之
意也

王社

祭灋王自立社曰王社　小宗伯凡天地之大烖類社稷則爲位
大祝國有大故天烖彌祀社稷禱祠大師宜于社及軍歸獻于社
大會同宜于社反行舍奠　小祝有寇戎之事祀于社

地一而已社有不同何也攷于司馬灋將用師旣禱于后土又

曰冢社者后土則大社冢土則王社也蓋大社者四海之所共
必于澤以受陰陽之精通山澤之氣故夏至報本之祭爲天下
而祭也四時祈報之祭爲水旱也必于是行之王社者專指王
國之地天子之所親治者也故自立社以示世守所謂左宗廟
右社稷也故國有大故天烖與宗社相關必禱祠于此王身宗
社所依故大師大會同必宜于社反行舍奠凡此皆言地而不
及天尊天親地之義又大社在郊外澤中王出有時王社近在
王宮可與宗廟數數以行禮然則國社侯社之意可知矣

軍社

大司馬小宗伯大師帥有司立軍社　大祝大師設軍社

并誓不用命戮于社

此與遷廟主行同義示有所專也

亳社

商家舊社也周代商而立新社不忍廢之且以示戒也

大饗之祀

宗廟常祀

春　祠　獻羔開冰先薦寢廟　薦鮪于寢廟

夏　禴　以雉嘗麥以雛嘗黍　羞以含桃先薦寢廟

秋　嘗　以犬嘗麻以犬嘗稻　先薦寢廟

冬　烝　嘗魚先薦寢廟

宗廟間祀

告朔

三年一祫

五年一禘

太師造于祖

大會同造于祖反行舍奠

太師以遷廟主載于齊車

喪祭　虞　祔　練　祥　禫

先饗常祀

春太昊　句芒

夏炎帝　祝融

季夏黃帝

秋少昊　蓐收

冬顓頊　玄冥

高禖　先蠶　先牧　表貉　司農　司嗇

舍菜于先聖先師

雩祀百辟卿士之有益於民者

釋奠于先聖先師

釋奠于先老

畢祀帝之大臣

非時祀

禬祭先

大田祭表貉

大師禡于所征之地

凡有功德之在其地者

因國之無主後者

大厲　公厲　族厲

宗廟九獻圖

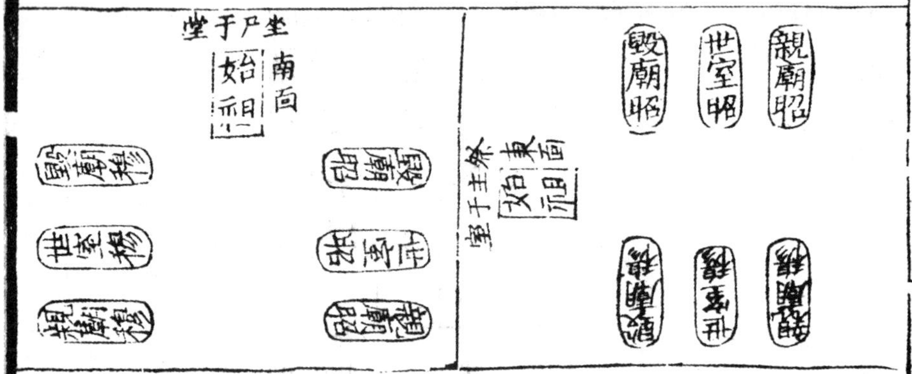

一獻王祼　一獻後命卿大夫士爵

二獻后祼所謂鬱齊獻酌玄酒在室

右降神禮　鬱即玄酒以一彝承之

三獻迎牲後王薦腥用泛齊

四獻后薦豆籩用醴齊所謂醴齊縮酌醴醆在戶

右朝踐禮　泛齊醴齊兩尊不貳

五獻迎尸後王薦熟用盎齊　尸飲五以玉爵獻卿

六獻后薦饋食豆籩用醍齊所謂盎齊涚酌粢醍在堂

右饋食禮　盎齊醍齊兩尊不貳

七獻王酳尸用沈齊　沈齊不貳　尸飲七以瑶爵獻大夫

八獻后酳尸薦加事豆籩用事酒所謂凡酒修酌君東酌犧象夫人西酌罍尊

右加事禮

九獻后薦羞籩羞豆諸臣酳尸用昔酒所謂澄酒在下

右羞禮　尸飲九以散爵獻士司士呼昭穆而進之

九獻籩豆圖

		酒	籩	豆
祼 即降神 在室中	一獻王 二獻后	一 鬱 玄酒		
朝踐 又云朝事 在室中	三獻王 四獻后	泛齊 醴齊	麷 蕡 白 黑 形鹽 膴 鮑魚 鱐	韭菹 醓醢 昌本 麋臡 菁菹 鹿臡 茆菹 麇臡
饋食 迎尸後 在堂	五獻王 六獻后	盎齊 醍齊	棗 栗 桃 乾藤 榛實	葵菹 蠃醢 蜃 蚳醢 脾析 蠯醢 豚拍 魚醢
加事	七獻王 八獻后	沉齊 事酒	菱 芡 栗 脯 脯	芹菹 兔醢 深蒲 醓醢 菭菹 鴈醢 笋菹 魚醢
羞	九獻臣	昔酒	糗餌 粉餈	酏食 糝食

廟祧昭穆賜爵圖

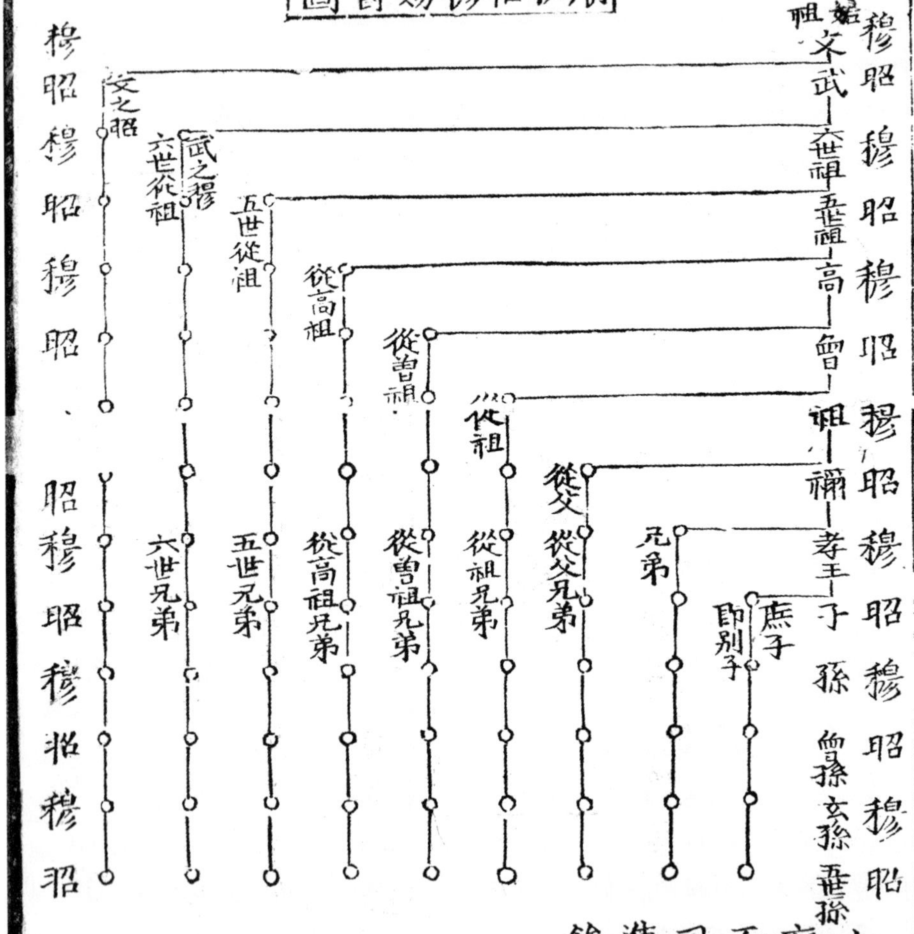

小宗伯辨廟祧之昭穆廟高祖而下也祧五世而上也

司士及賜爵呼昭穆而進之　文王世子其登餕受爵則以上嗣

如呼王身之穆則自同父兄弟至五世已上之從兄弟以及于文武相傳之兄弟皆進之呼禰之昭則自同祖之伯叔父至五世祖已上之從父以及于文武相傳之從父皆進之然唯嫡子得與故云上嗣也

公墓圖

冢人掌公墓之地辨其兆域而爲之圖先王之葬居中以昭穆爲左右凡諸侯居左右以前卿大夫士居後各以其族凡死于兵者不入兆域凡有功者居前

凡昭穆皆依廟位如文之昭則葬于昭始武之穆則葬于穆始所生子孫各就其所出之先王附葬久而如是嗣王崩別卜地而葬子孫祔葬亦如之所謂各以其族也

有功者居前謂在衆人之列稍居其前非謂當先王之前

族葬圖

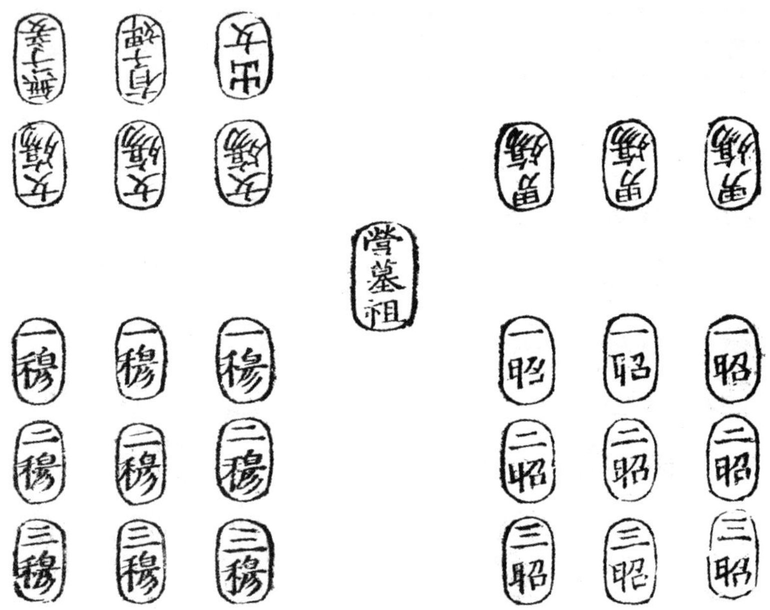

墓大夫掌凡邦墓之地域爲之圖令國民族葬而掌其禁令正其位掌其度數使皆有私地域

昭穆以次而葬永久如是地盡別爲墓貴者亦別授墓地長殤未娶中殤已娶並居成人之位無子妾有子婢既嫁而出歸之女竝居殤位

明齋周禮傳共十四冊為吾鄉朱祇堂翁（諱乾字賓文辛酉選貢生）藏書乙巳歲歎其嗣端哉文學持以見贈久而忘之遂為我有己酉臘月廿六日

圖說下

周禮圖說下目録

字學六義貫珠圖

巛 水象下流（形）

亝 齊象禾麥之幹高下不齊至日至之時而齊熱（形）（借）為齊一之義（轉）去聲為劑量字

衣 衣象領袖裾下垂衿右掩（形）

濟 濟渡水也从水从齊以渡水者其人必齊指（事）（借）為凡事得濟之稱（轉）上聲為河濟字

齌 齌衣下縫也音茲从衣从齊以衣下齊會（意）齍盛字諧此（聲）

竹 竹一枝也象葉垂（形）

又 又象手省文（形）

帚 帚从手持竹象（意）

女 女象安坐掩手（形）

止 止象足趾（形）（借）為止足安止義

婦 婦夫之匹也从女執帚會（意）

阜 阜象側山（形）（借）為蕃阜字

帰 帰婦人嫁夫家也从婦省止之象婦之（事）

歸 歸人反其居也从阜以人所居从歸（声）（意）（轉）音饋以物遺人也

周禮圖說卷二　二

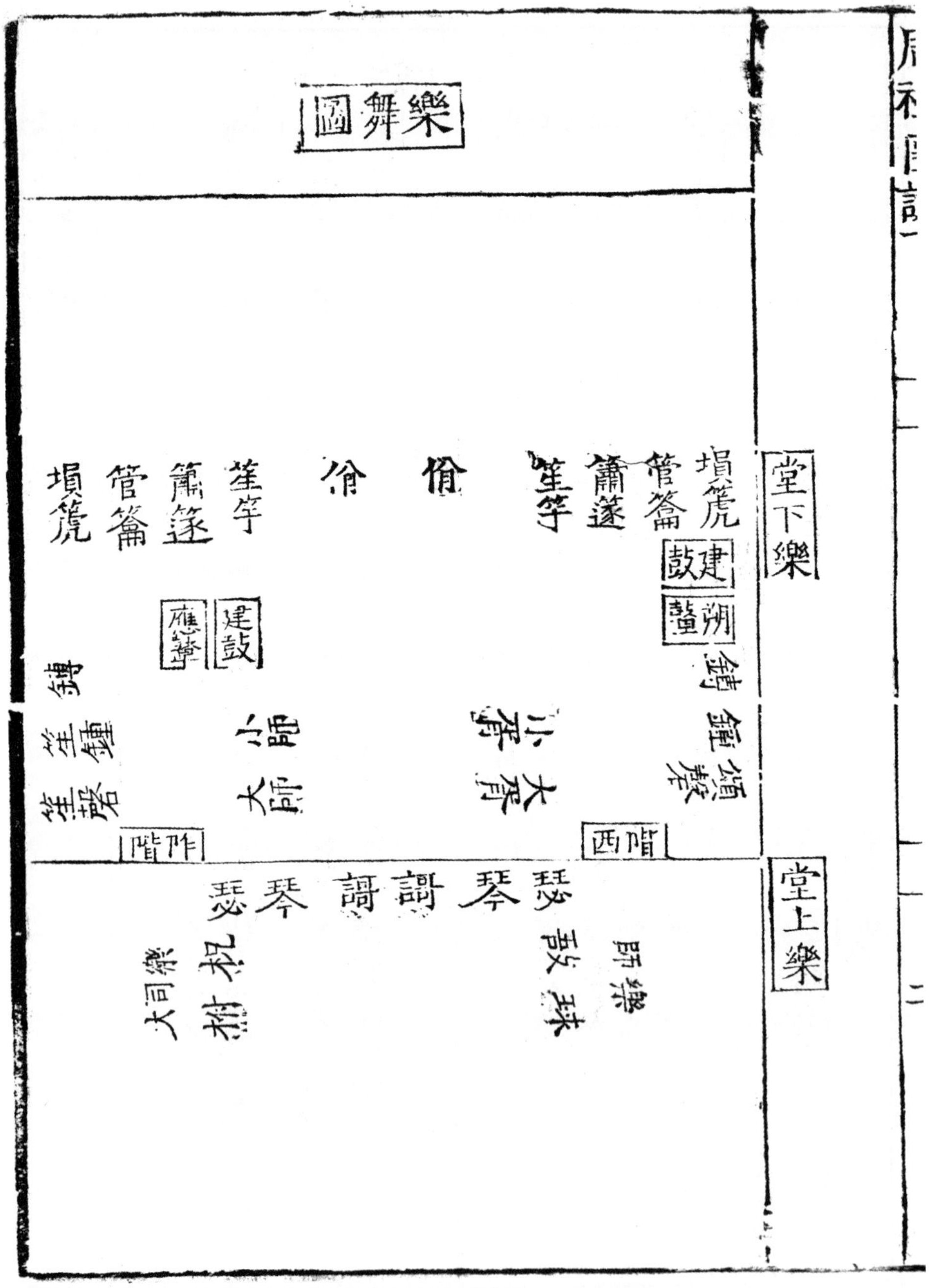
樂舞圖
堂下樂
塤篪
管籥
簫篴
笙竽
佾
佾
笙竽
簫篴
管籥
塤篪
建鼓
朔鼙
建鼓
應鼙
鎛
小胥
大胥
小師
大師
西階
阼階
堂上樂
瑟
琴
謌
謌
琴
瑟
師樂
大司樂

樂器圖

頌磬

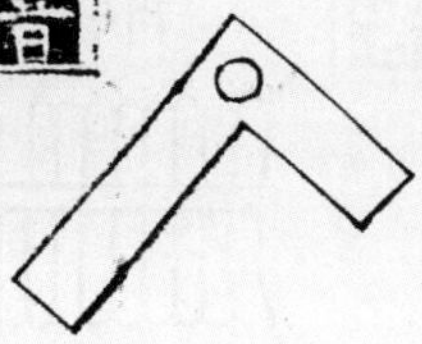

笙磬

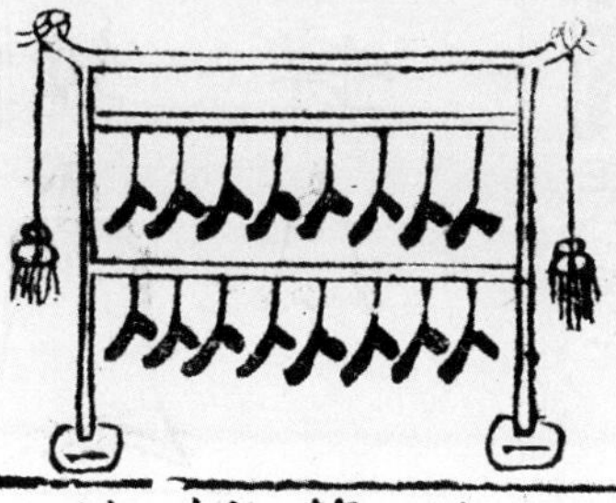

舊有是圖但解有未當本之經文參之註疏稍爲訂正如左

頌磬々之大者

大射禮阼階東笙磬西面其南笙鍾其南鎛西階之西頌磬東面其南鍾其南鎛皆南陳

書於予擊石拊石重曰擊輕曰拊磬有大小故擊有輕重

書鳴球即特磬玉爲之故字從玉

笙磬々々之小者即儀禮編磬

小胥云凡縣鍾磬半爲堵全爲肆註云鍾磬編縣之二八十六枚在一簨簴謂之堵鍾一堵磬一堵謂之肆植者曰簴橫者曰簨々上板曰業々上樹羽兩端爲龍首頷下銜璧垂旄牛尾爲飾

按編鍾編磬必十二枚以應十二律十六枚未詳

金音

鏞

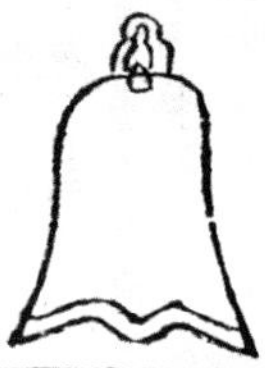

鎛

絲音

琴 瑟

簫

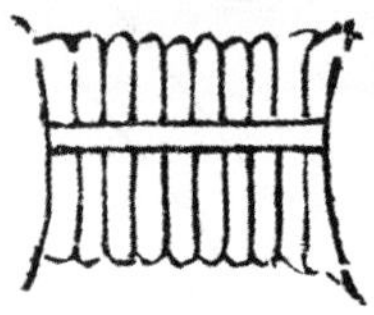

竹音

篴 管

籥 箎

鏞大鍾也書笙鏞以間詩賁鼓維鏞
國語細均有鍾無鎛尚大也大均有鎛無鍾尚細也
鎛小鍾也周禮謂之編鍾其法如編磬每字一擊
鎛鍾十二依次陳之以應十二律
書傳云君出奏黄鍾右五鍾皆應入奏應鍾左五鍾皆應

琴七弦瑟二十五弦世俗通用之樂

簫疏云長尺四寸頌簫二尺二寸形象鳥翼
廣雅云大者二十四管小者十六管
古文作𠕋畫有長短象鳥兩翼一作𠕋象有吹處
篴即今時五孔笛
管亦今時通用六孔併兩吹之
籥如篴三孔
箎八孔一孔上出孔徑三分長尺四寸圍三寸

匏音

笙竽

革音

鼓

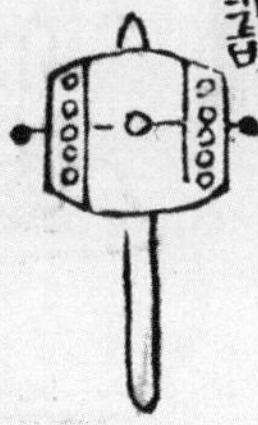

柎

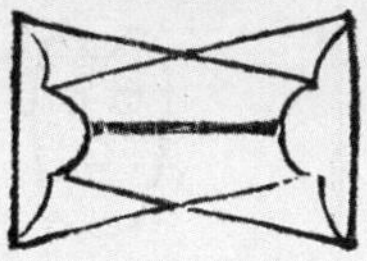

笙立竹匏中十三管參差如鳳尾形施簧于竹本宮管在左方

竽制如笙長四尺二寸三十六簧宮管在中

鼓常時所擊但有大小不同

儀禮大射建鼓在阼階西南應鼙在其東建鼓在西階之西朔鼙在其北建鼓即路鼓王之鼓也

大師下管合奏鼓朄〻小鼓也小鼓爲大鼓先引故名

小師下管擊應鼓應即朄也二字用無異義聲相同故互用之

鼗即朄別名古文鼗字作甲朄字旁申即甲之誤朔鼙未詳

書傳柎琴瑟周禮大師登歌令奏擊柎鄭氏曰形如鼓以韋爲之著之以糠即今節樂器中施杜兩端施革而擊之者蓋用同而制稍異耳

土音

塤

燒土爲之大如鵝卵銳上平底六孔

塤箎其竅盡合爲黃鍾盡開爲應鍾相應和也

柷

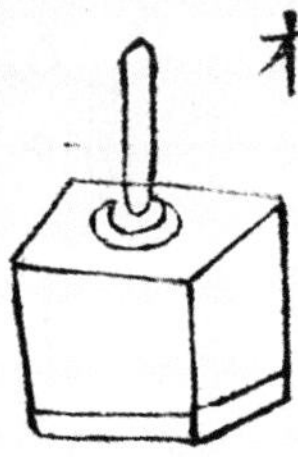

狀如方斗以木爲之中有椎撞其底及左右擊以起樂

木音

敔

狀如伏虎背刻二十七齟齬別以木長尺櫟之以止樂

書戛擊鳴球註云即柷敔與球琴瑟用于堂上

按木非止柷敔凡絲革無輔則不成器故所輔以取聲者莫非木也竹亦有用木者

司市次叙陳肆圖

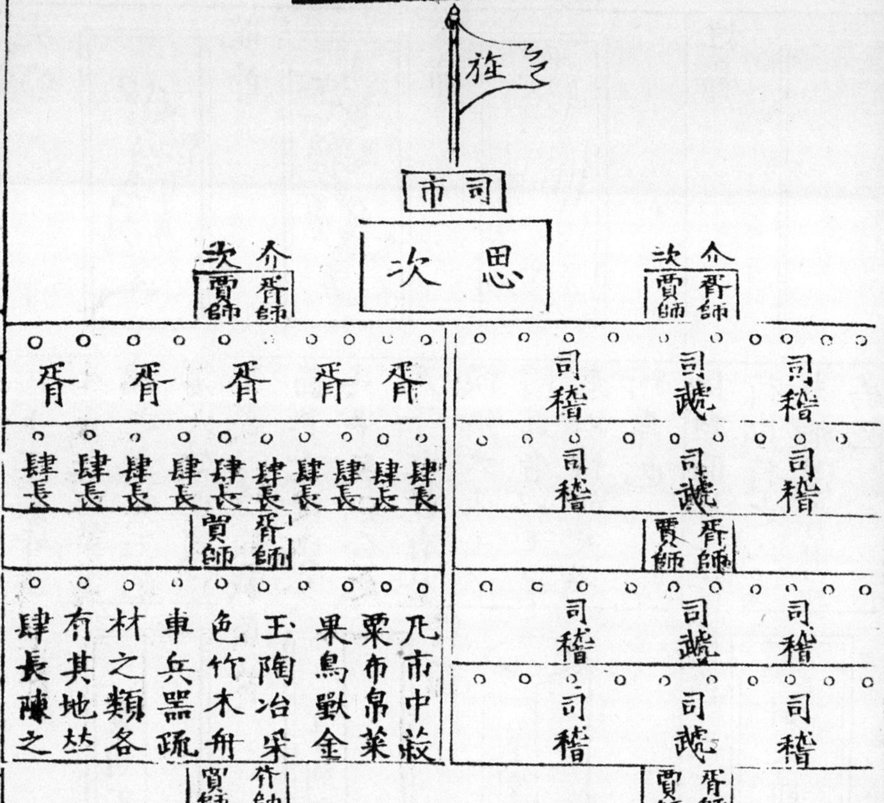

司市下大夫二人　涖于思次

胥師二十肆一人　涖于介次

賈師二十肆一人

司虣十肆一人

司稽五肆一人

胥二肆一人

肆長每肆一人

八節圖

虎節

龍節

人節

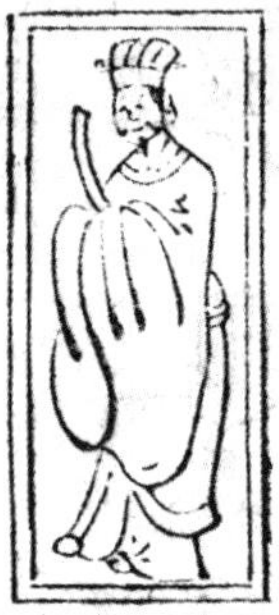

已上三節皆鑄金爲之以英蕩輔之者英玉也蕩大竹也或以玉或以竹而載節其上使則分其半反則合之天子之使有公侯卿大夫士不同尊者以玉卑者以竹然天子所專也

旌節

析羽而著于竹行則持之以爲表鄉遂官府所爲也

玉節

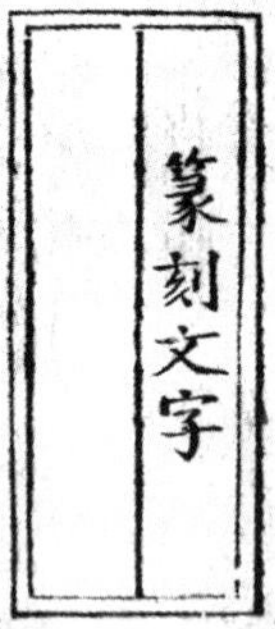

角節

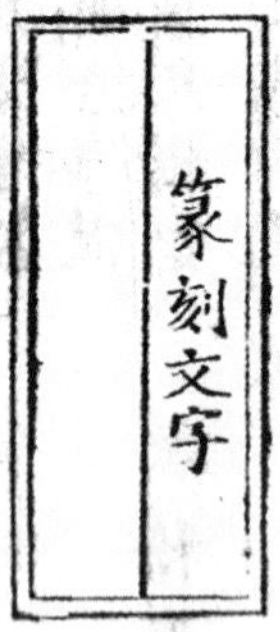

符節

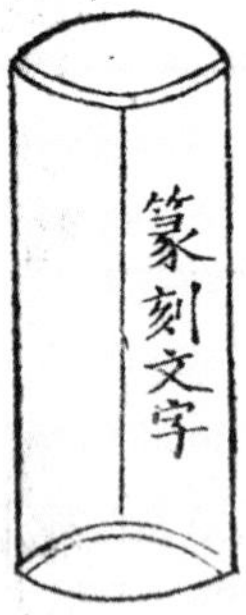

已上三節皆篆刻文字而中分之守邦國擬于諸侯故以玉守都鄙在内而屈故以角二者亦天子所專也符節外内送令出入所持用竹而已門關所爲也

璽節

以玉爲章刻以文字以朱印之貨賄多出入則以爲驗司市所爲也

九賦九職相胥圖

九賦

九賦之中除關市幣餘于九職無與山澤出于虞衡藪牧其餘千里之地孰非九職之民故曰九賦不外乎九職

關市之賦以待王之膳服
邦中之賦以待賓客
四郊之賦以待稍秣
家削之賦以待匪頒
邦甸之賦以待工事
邦縣之賦以待幣帛
邦都之賦以待祭祀
山澤之賦以待喪紀
幣餘之賦以待賜予

九職

九職之中除虞衡藪牧當山澤之賦其餘七等之民分布于千里之內故九職即所以出九賦也

三農生九穀
園圃毓草木
虞衡作山澤之材
藪牧養蕃鳥獸
百工飭化八材
商賈阜通貨賄
嬪婦化治絲枲
臣妾聚斂疏材
閒民無常職轉移執事

載師閭師相胥圖

國宅	以廛里任國中之地
園廛	以場圃任園地
近郊	以宅田士田賈田任近郊之地
遠郊	以官田牛田賞田牧田任遠郊之地
甸	以公邑之田任甸地
稍	以家邑之田任稍地
縣	以小都之田任縣地
都	以大都之田任畺地

任農以耕事貢九穀

任圃以樹事貢草木

任工以飭材事貢器物

任商以市事貢貨賄

任牧以畜事貢鳥獸

任嬪以女事貢布帛

任衡以山事貢其物

任虞以澤事貢其物

凡無職者出夫布

載師任土

載師所治廣總其大綱故自國中至畺而言其地

閭師任民

閭師所治小徼于各户故自三農至閒民而言其民

班祿圖

王朝

三公　食大都　視大國君

卿　食小都　視次國君

中大夫　食家邑　視小國君

下大夫　治公邑

元士　視列國卿

中士　視大夫

下士　視上士

大國君　三萬二千畝　三百二十井

大國孤

卿　三千二百畝　三十二井

大夫

上士

中士

下士

次國君　二萬四千畝　二百四十井

卿　二千四百畝　二十四井

大夫

上士

中士

下士

小國君　一萬六千畝　一百六十井

附庸君　半子男

卿　一千六百畝　一十六井

大夫　已上四等　並八百畝

上士　已上四等　並四百畝

中士　已上三等　並二百畝

下士　已上三等　並一百畝

班祿說

按司祿雖缺然以孟子春秋攷之則炳如也孟子曰大國地方百里君十卿祿卿祿四大夫次國地方七十里君十卿祿卿祿三大夫小國地方五十里君十卿祿卿祿二大夫自大夫而下則三等之國皆大夫倍上士上士倍中士中士倍下士下士與庶人在官者同祿祿足以代其耕而耕者之所獲則有食九人至五人之五等庶人在官者其祿以是爲差夫國君有實封之地大司徒其食者半三之一四之一是也有所食之祿君十卿祿而下是也自卿而上大臣與君同休戚故三等之國隨其大小下于君十倍自大夫而下少則無以爲食故三等之國命雖不同而祿無隆殺自下

士而下則取足以代耕而以耕者之所入爲差畿外君臣之禄不過如此至于畿内臣庶之禄孟子所述卿大夫元士之禄與諸經不合攷之春秋三公之爵稱公則當同大國君之禄卿之爵稱伯則當同次國君之禄中大夫之爵稱子則當同子男之禄下大夫稱字則其爵視附庸之君與大國之孤而禄之所入亦當視附庸之君蓋半于小國之君也觀秋官掌客諸侯待王臣之禮三公視上公卿視侯伯大夫視子男亦與春秋合當以之爲正可也其元士以下亦依命數而班以禄則元士視列國之卿中士視其大夫下士視其上士蓋爵尊于侯國之士則禄亦當加厚掌客士眡諸侯之卿禮亦其證也○公卿大夫士庶之禄皆給自公田官吏有

吏易而田賦無增減田爲母而官吏爲子茍給之以田永爲常業亦已足矣必入于司祿而後給之者蓋歲有豐凶功有上下故必收于官而給之所謂家削之賦以待匪頒且以示君上養賢之意也其公卿大夫各有采地而其所以治夫采地者又各有官蓋治王朝官府之事則食在朝家削之匪頒治甸稍縣都之地則又當食采地之常祿如宋朝之兼官則有兼祿亦優厚君子之道而其所統鄉遂都鄙之吏則各食于其地八則所謂祿位以馭其士大約一視其爵以爲祿也然則司祿所掌亦不過此而周室班祿之制庶幾無不可得聞者乎

頒祿定灋

侯國大夫士　庶人在官者之祿　槀人職曰試其弓弩以下上其食孟子曰耕者之所獲上農夫食九人上次食八人中食七人中次食六人下食五人庶人在官者其祿以是爲差肴如周禮之灋則上其食者如上地家七人下其食者如下地家五人平等如中地家五人矣　合用田百畝可供九人至五人

下士之祿　孟子曰下士與庶人在官者同祿　合用田百畝可食九人當一井公田之入

中士之祿　孟子曰中士倍下士　合用田二百畝可食十六人當二井公田之入

上士之祿　孟子曰上士倍中士　合用田四百畝可食三十二人當四井公田之入

下大夫之祿　孟子曰大夫倍上士　合用田八百畝可食六十四人當八井公田之入

已上侯國大夫士命雖不同而祿無隆殺蓋少則無以爲食也

侯國君卿　大國卿之祿　孟子曰卿祿四大夫　田三千二百畝可食二百八十八人當三十二井公田之入

大國君之祿　孟子曰君十卿祿　田三萬二千畝可食二千八百八十人當三百二十井公田之入

次國卿之祿　孟子曰卿祿三大夫　田二千四百畝可食二百

一十六人當二十四井公田之入

次國君之祿　孟子曰君十卿祿　田二萬四千畝可食二千一百六十人當二百四十井公田之入

小國卿之祿　孟子曰卿祿二大夫　田一千六百畝可食一百四十四人當一十六井公田之入

小國君之祿　孟子曰君十卿祿　田一萬六千畝可食一千四百四十人當一百六十井公田之入

已上三等侯國卿之祿皆下于君十倍大臣與君同休戚故隨其國之大小而不同于君十倍也

王朝公卿大夫　公之祿　掌客三公視上公春秋三公稱公祿

當視大國君　卿之祿　掌客卿視侯伯春秋卿稱伯祿當視

次國君　中大夫之祿　掌客大夫視子男春秋大夫稱子祿

當視小國君　下大夫之祿　春秋下大夫稱字與附庸之君

公之孤同祿蓋視附庸之君半于子男者也

王朝士　元士三命　視列國之卿三等之國卿祿不同疑視其

功而爲之上下也

中士再命　視大國之大夫田一十六井

下士一命　視小國之大夫田八井

巳上依命數而班祿異于侯國三等之士

十二章服圖

解見春官內司服

日

月

不當作圓滿之形以混日

星辰

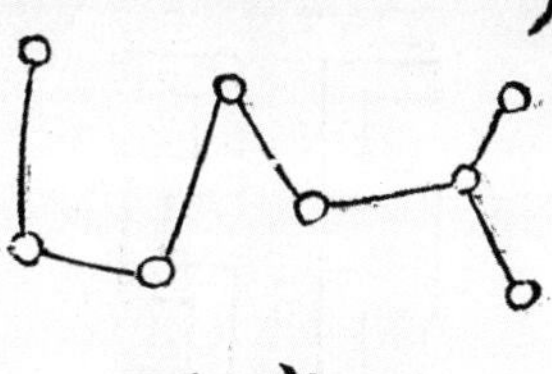

已上三章周畫于太常

山

龍

周登龍于山

華蟲

宗彝

藻

火

粉米

黼

不施柄者神武不殺之意

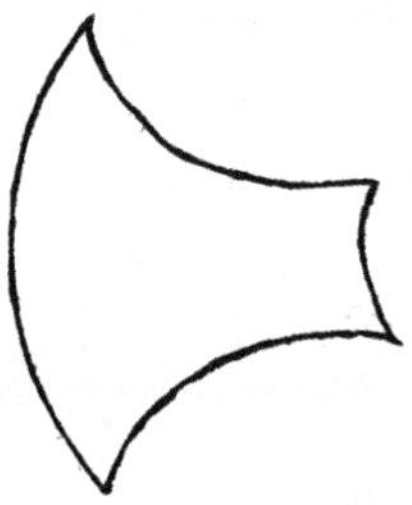

黻

大射皮侯棲鵠圖

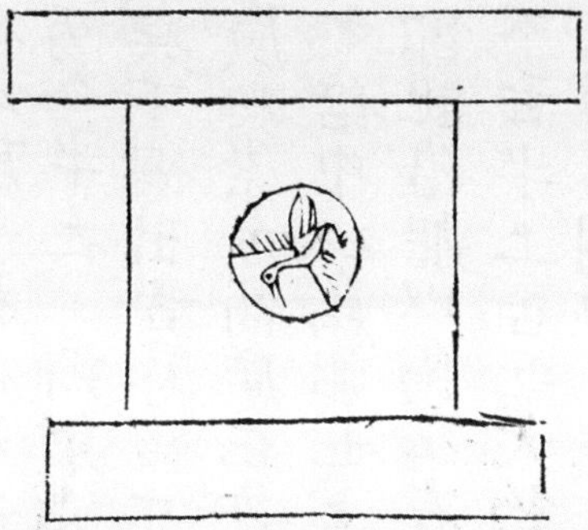

賓射五采侯正圖

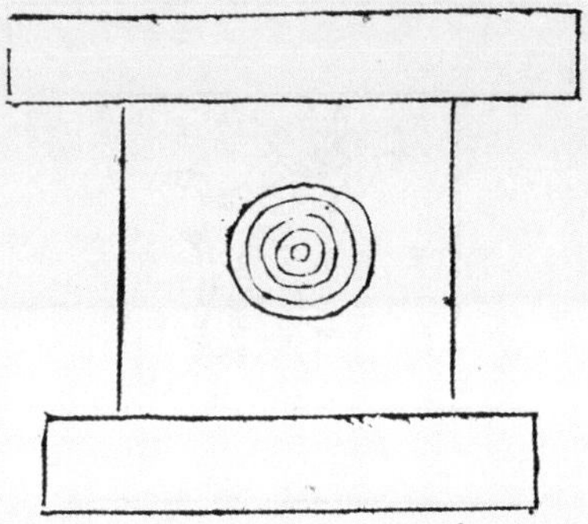

司裘王大射則共虎侯熊侯豹侯設其鵠諸侯則共熊侯豹侯大夫則共麋侯皆設其鵠大射者諸侯春獻功并貢士于天子天子與之射于澤宫擇士以祭也其灋特嚴用虎熊豹麋之皮以爲侯中棲一鵠以爲的攷工謂所謂張皮侯而棲鵠則春以功也凡侯皆布爲之儀禮白質丹質是也飾以獸皮者取服猛之義

正與鵠皆中之的但鵠一而正有五采三采二采之不同詩不出正兮專指采侯言記不失正鵠兼皮侯采侯言也

射人以射灋治射儀王以六耦射三侯三獲三容樂以騶虞九節五正諸侯以四耦射二侯二獲二容樂以貍首七節三正孤卿大夫以三耦射一侯一獲一容樂以采蘋五節二正士以三耦射一侯一獲一容樂以采蘩五節二正此諸侯朝會于天子之賓射三侯者虎熊豹二侯者熊豹大夫一侯麋豕此與諸侯習礼比擇士之大射其灋差寛天子之正内朱次白次蒼次黄外玄攷工記所謂張五采之侯則遠國屬也諸侯三正損玄黄大夫士二正止朱緑

燕射獸侯圖

鄉射禮凡侯天子熊侯白質諸侯麋侯赤質大夫布侯畫以虎豹士布侯畫以鹿豕凡畫者丹質此天子燕王朝羣臣與息老物而射也熊麋虎豹字誤當以司裘天子虎諸侯熊大夫麋爲正白質赤質丹質皆布也觀天子之弁帶皆朱裏則此亦當用丹質天子虎諸侯熊豹皆用全皮大夫麋士鹿豕不用皮畫物而已此平時習射其濮尤寬故以獸皮爲的及物即爲中攷工記所謂張獸侯則王以息燕蓋無正鵠故止曰獸侯也

造侯之度　梓人爲侯廣與崇方三分其廣而鵠居一焉上兩个與其身三下兩个半之　鄉射禮記曰倍中以爲躬倍躬以爲左右舌下舌半上舌上綱與下綱出舌尋縜寸焉

廣與崇方高廣正方也三分其廣而鵠居一焉謂鵠居侯三分之一即記之倍中以爲躬也上兩个與其身三謂身居一分兩个各一分共爲三分即記倍躬以爲左右舌也下兩个半之謂半于上兩个所出之數即記之下舌半上舌也大約侯彷上廣下狹蓋象獸之後足斂縮前足開張攫物之形上綱與下綱出舌尋縜寸焉謂繫舌之繩出于舌八尺傅一寸也

周大學辟廱圖

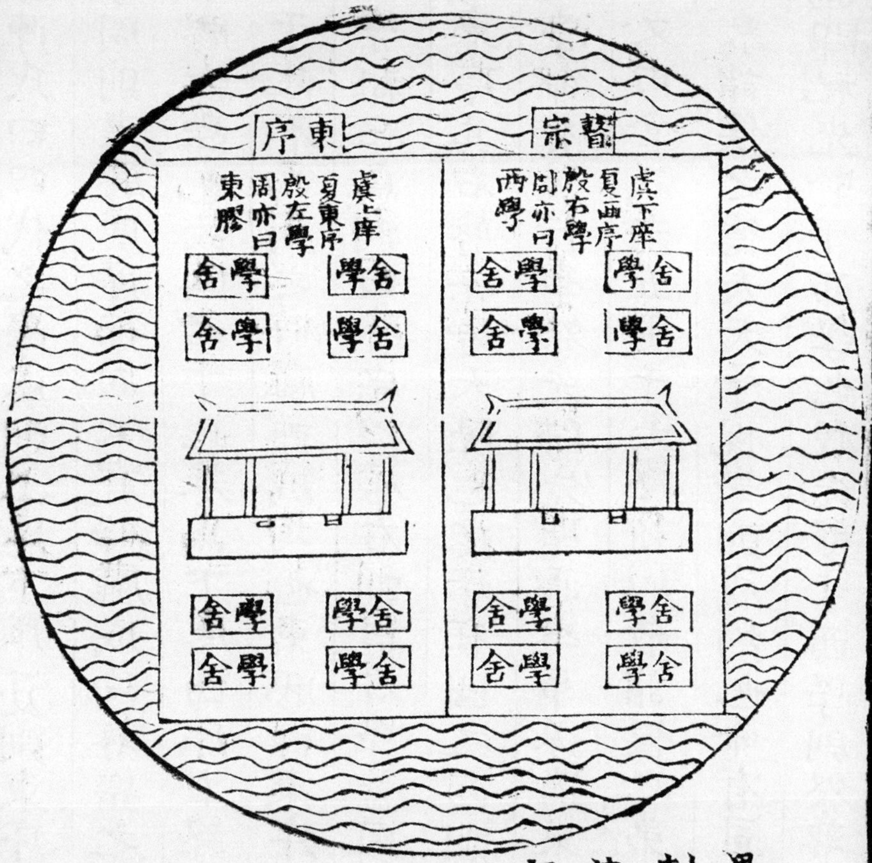

愚欲明周人二學之制故因古辟廱圖畫其大畧如此覽者其勿泥焉

長樂陳氏曰四代之學虞則上庠下庠夏則東序西序殷則右學左學周則東膠虞庠而周又有辟廱成均瞽宗之名上庠東序左學東膠大學也故國老于此養焉下庠西序右學虞庠小學也故庶老于此養焉周之辟廱即成均也東膠即東序也瞽宗即右學也以樂祖在焉則曰瞽宗以居右則曰右學蓋周之學成均居中其左東序其右瞽宗皆大學也虞庠在國之西則小學也記曰天子視學命有司行事祭先師先聖焉卒事遂適東序設三老五更之席又曰食三老五更于大學所以教諸侯之弟祀先賢于西學所以教諸侯之德夫天子視學則成均也命有司行事祭先師先聖焉即祀先賢于西學也視先賢于西學則祭瞽宗也有司卒事

適東序設三老五更之席即養國老于東膠也養國老于東膠即食三老五更于大學也然則殷之右學在周謂之西學亦謂之瞽宗夏之東序在周謂之東膠亦謂之大學蓋夏學上東而下西殷學上右而下左周之所存特其上者則右學東序蓋與成均竝建于一丘之上也由是觀之則成均班學政右樂祀樂祖東序養三老五更右學東序不特存其制而又因其所上之方而仍之也

按東序者序乃屋名用以習射者在東故曰東序東膠者即東序之謂也其曰瞽宗者瞽善聲樂學者之所宗瀀在西故亦曰右學也學之左右各有其義若辟廱成均大學則其總名耳詩大雅靈臺篇曰於樂辟廱辟大也廱和也主大司樂典樂以教冑子故以

爲名一曰成均均調也猶黄帝鈞天之鈞取成和之義也水環于外者即所謂澤宮也習樂者必專心致志而後成故于澤中之丘以立學宮使無雜慮之干也其周禮謂之大司樂即記之大樂正指其所有事也又謂之大司成以其掌成均之灋也實則一而已陳氏總合數處通融解之使無不合其說善矣成均班學政爲無所據蓋天子之視學也主于尊師乞言或合樂進退人才非別有學政之班猶之視師者主于拜將犒軍或易置師帥非別有軍政之班其學政之一由于師猶軍政之一由于將耳且天子之所至自有大次小次若曰成均居中以班學政此乃後世自尊大之事豈成周之制耶愚因畫圖如右更以文王世子所載攷之春夏學

干戈秋冬學羽籥皆于東序春誦夏弦大師詔之瞽宗秋學禮執禮者教之冬讀書典書者詔之禮在瞽宗書在上庠凡祭祀與養老乞言合語之禮皆小樂正詔之于東序大樂正學舞干戚語說命乞言皆大樂正授數大司成論說在東序蓋舞者樂之大乞言合語禮之大論說者通其義而皆在于東序則東序者學之成者乃居之也誦詩弦歌樂之小者執禮學之中而皆在于瞽宗則瞽宗初入大學之所居也若讀書則未離乎小學之事故猶在乎上庠上庠即虞庠小學也十四歲未成童已下之學年少猶未可遠出故在國之西郊

鄉飲酒圖

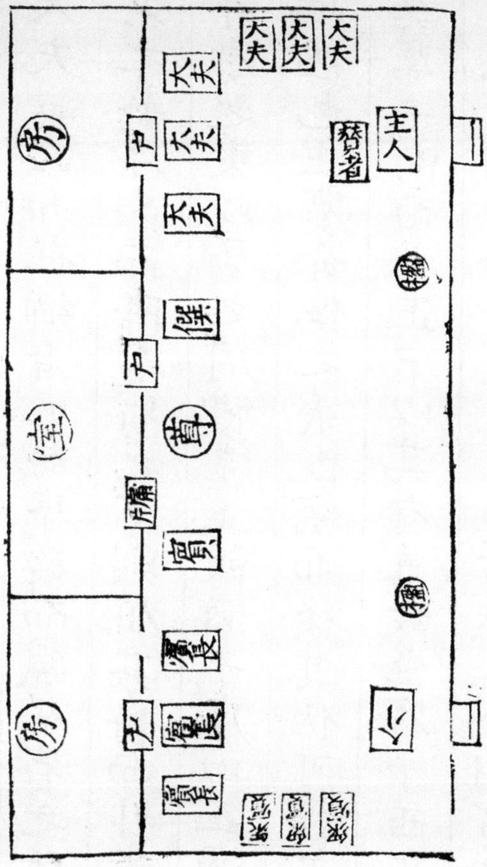

鄉飲酒義

鄉飲酒之禮失禮經之旨者二其一賓僎介主之義不明也其一設席之不正也夫所謂鄉飲者以養老爲義也天子養老于大學諸侯養老于國學是故鄉大夫養其鄉之老者于鄉學也故所謂

主者即鄉大夫也所謂賓者乃一鄉中齒德之至尊者也所謂介者齒德亞于賓所以輔賓者古人每事必有介以輔其不及也所謂僎者何也衆賓中之貴者也儀禮曰賓若有尊者諸公大夫則既一人舉觶乃入席于賓東是也所謂諸公大夫者謂天子之三公卿大夫　致政而在鄉者也苟序爵而躐居賓之位則屈夫齒而失養老之義序齒而降居賓之下則屈其爵而非貴貴之禮故別設位于賓之東以居之周禮黨正飲酒于序以正齒位三命而不齒即此位也主賓介僎之義既明而後其位可得而正矣夫堂上之位莫尊于南面之正中以其有尊故坐賓于西北謂在北面南而稍西也僎則席于賓之東尊與賓埒也介則賓階上東面以受

生氣亦尊者所居也主則阼階上西面其位爲卑自卑而尊人也故所謂西北者謂在北而稍西東北者在北而稍東西南者在南而稍西東南者在南而稍東非賓坐西北而向巽僎坐東北而向坤介坐西南而向艮主坐東南而向乾也今人不知僎之義如知縣爲主則有以丞簿爲僎者因記言僎以輔主人而誤也其坐位則四隅相向古未嘗有此坐向語云席不正不坐苟如此尚得爲正乎觀于儀禮賓升席自西方介主人升席自北方降自南方蓋設必正方故升亦正方且記亦曰賓必南向介必東向今人設四隅之向者因記言四隅之位而誤也按禮記鄉飲酒義發明切當但亦有純駁班如者不能不啓後人之惑如云介僎象日月復云

大三賓以象三光是三賓復爲日月矣且大賓主于一唯主人獻衆賓則衆賓之長升拜受者三人耳何嘗有所謂三賓乎其曰僎以輔主人賛乃主人之輔僎亦賓也何得言坐僎于東北以輔主人乎夫堂上之位以向明爲尊其次則東面以受生氣爲尊賓與僎既南面則介自當東面主人居南而西面亦必然之理何必以温和之氣配僎與主嚴凝之氣配介與賓而反失僎賓介主之大義乎古人制禮哭踊揖讓必成于三其曰讓之三也象月之三日而成魄則哭踊豈亦象月而爲之耶羞出自東房烹狗于堂東北皆出自主人之意而曰祖陽氣之發于東方皆不免于傅會也

諸侯五儀諸臣五等之命圖

九儀之命	諸侯	王朝臣	諸侯世子	大國臣	次國臣	小國臣
九命作伯	上公九命爲伯	三公加爲三伯				
八命作牧	侯伯加爲九州牧	三公	公之子誓于天子下公一等			
七命賜國	侯伯	卿出封				
六命賜官		卿	侯伯子已誓下侯伯一等			
五命賜則	子男	縣內諸侯大夫出封	公侯伯子未誓繼子男			
四命受器	附庸	大夫	子男子已誓未誓下子男	孤執皮帛繼小國君		
三命受位		上士		卿	卿	
再命受服		中士		大夫	大夫	卿
一命受職		下士		上士	上士	大夫

司服圖

王大常日月星晋九章				諸侯	王朝臣	大國臣	次國臣	小國臣
衮衣	龍升隆	九命	衮衣升龍二	二王後上公	二伯			
		八命	山		三公			
鷩衣		七命	鷩衣	侯伯				
		六命	火		卿			
毳衣		五命	毳衣	子男				
		四命	藻	附庸君	大夫	孤		
希衣		三命	希衣		上士	卿	卿	
玄衣		再命	玄衣		中士	大夫	大夫	卿
純衣	素積玄端	一命	未賜服衣玄端					

內司服圖

九命章服	首服	王后與夫人服名同等異	諸侯夫人	王宮命婦	王朝命婦	大國命婦	次國命婦	小國命婦
九命 褘衣	副	褘衣	二王後夫人					
八命	首服止于一猶王以一冕貫于五服			三夫人	三公夫人			
七命 揄狄		揄狄	侯伯夫人					
六命				九嬪	卿內子			
五命 闕狄		闕狄	子男夫人					
四命 鞠衣		鞠衣		二十七世婦	大夫世婦	孤之婦		
三命 展衣	編	展衣	附庸夫人	女御	元士妻	卿內子	卿內子	
再命 緣衣	次	緣衣			中士妻	大夫世婦	大夫世婦	卿內子
素沙								

弁圖

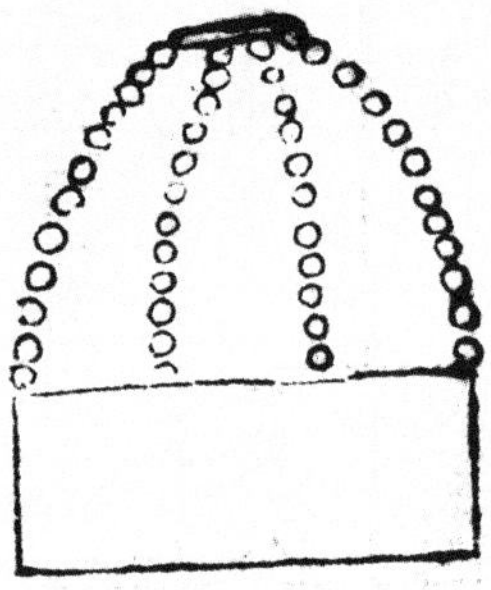

春官司服凡兵事韋弁服眡朝則皮弁服　夏官弁師王之皮弁會五采玉璂象邸玉笄

弁以皮六方縫之會其合縫處以五采玉璂十二飾于會中詩所謂會弁如星又曰其弁伊璂也象邸者以象齒置于弁頂輳處也玉笄者貫于弁以爲固也諸侯之弁會三采子男而下會二采

冕斿命數圖

王五冕皆十二旒			諸侯	王朝臣	大國臣	次國臣	小國臣
袞冕	九命	袞冕九旒	二王後	三公加為二伯			
	八命	山八旒	侯伯加為九州牧	三公			
鷩冕	七命	鷩冕七旒	侯伯				
	六命	火六旒		卿			
毳冕	五命	毳冕五旒	子男				
	四命	藻四旒	附庸君	大夫	孤		
希冕	三命	希冕三旒		上士	卿	卿	
玄冕	再命	玄冕二旒		中士	大夫	大夫	卿
	爵弁	皮弁 緇布冠					

冕旒延紐紘紞圖

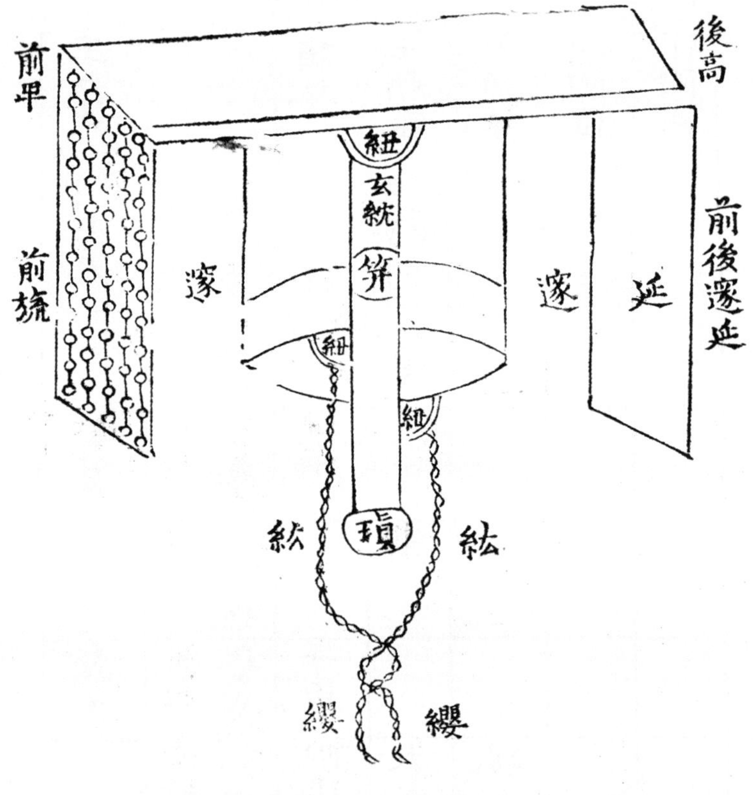

此圖五旒乃子男冕也其冠武上覆及延紐紞瑱紘纓笄等之制上下通用所不同者天子繅十有二就其餘則依命數而爲之與夫玉之美惡色之多寡以爲等差也

章甫冠圖

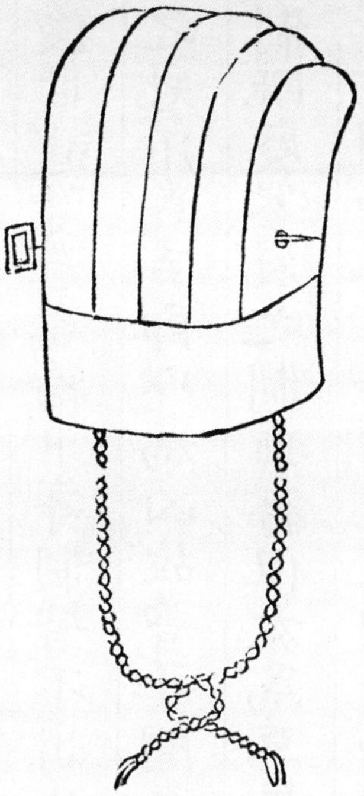

叔孫通禮圖章甫冠制如覆盃前高廣後卑銳上有三辟積武高四寸象笄左右有纓猶今進賢冠

章甫冠說

記玉藻朝玄端夕深衣語公西華曰端章甫願爲小相焉記儒行孔子少居魯衣逢掖之衣長居宋冠章甫之冠語所謂端即記之玄端儒行逢掖之衣即玉藻之深衣觀語以端章甫並稱則章甫者本玄端之冠觀儒行以章甫逢掖皆孔子所服則章甫亦可爲

周禮圖說下

深衣之冠叔孫通去古未遠所傳之制似爲有據所謂進賢冠者今之朝冠即其遺制但後有山爲少異蓋山不麗于天殊失灋象之旨謹叅酌制之畫圖如右夫前高廣者人向明而立日月星辰皆在前高明廣大之象而背後斂于天樞故卑銳也三辟積者灋三光之垂象也武以着冠簪纓以爲固也章之云者爾雅山正平曰章甫之爲言美大之稱言是冠之平正美大服而觀之自見其不謬後世進賢巻容綸巾等制皆不出此又按喪冠與此無二蓋古人之冠用爲吉即以爲凶故曾子問有因喪服而冠者今世吉冠之制既廢喪冠之制猶存但太爲草畧世人遂以凶異目之今定章甫之制如此人將謂吉之同于凶不知古之凶本于吉也夫

首圜象天冠以覆首故其上必以圜若弁若緇撮無有平上者惟冕則平以濛天之南北極爲天樞紐之象又南極入地北極出地皆三十六度故亦象其前卑後高且以示尊貴者下人之意今之巾率皆四角平頂地有四方治地曰平故足方象地屨道如砥冠屨同制豈頭圓足方上天下地之理乎

緇布冠圖

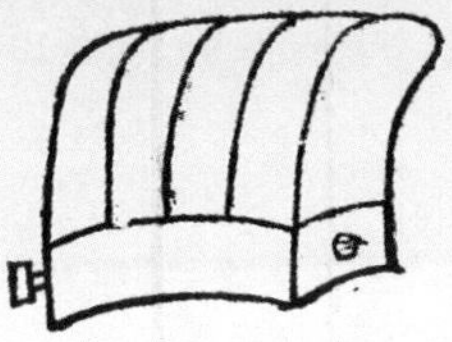

詩都人士臺笠緇撮太古冠也止取以覆髻故名曰撮蓋弁冕冠皆未有時所服也古聖賢像多用是冠者後王之制雖美猶不忘其本耳其形與今之道家相類者老氏欲復太古之道故其冠亦用太古之冠也

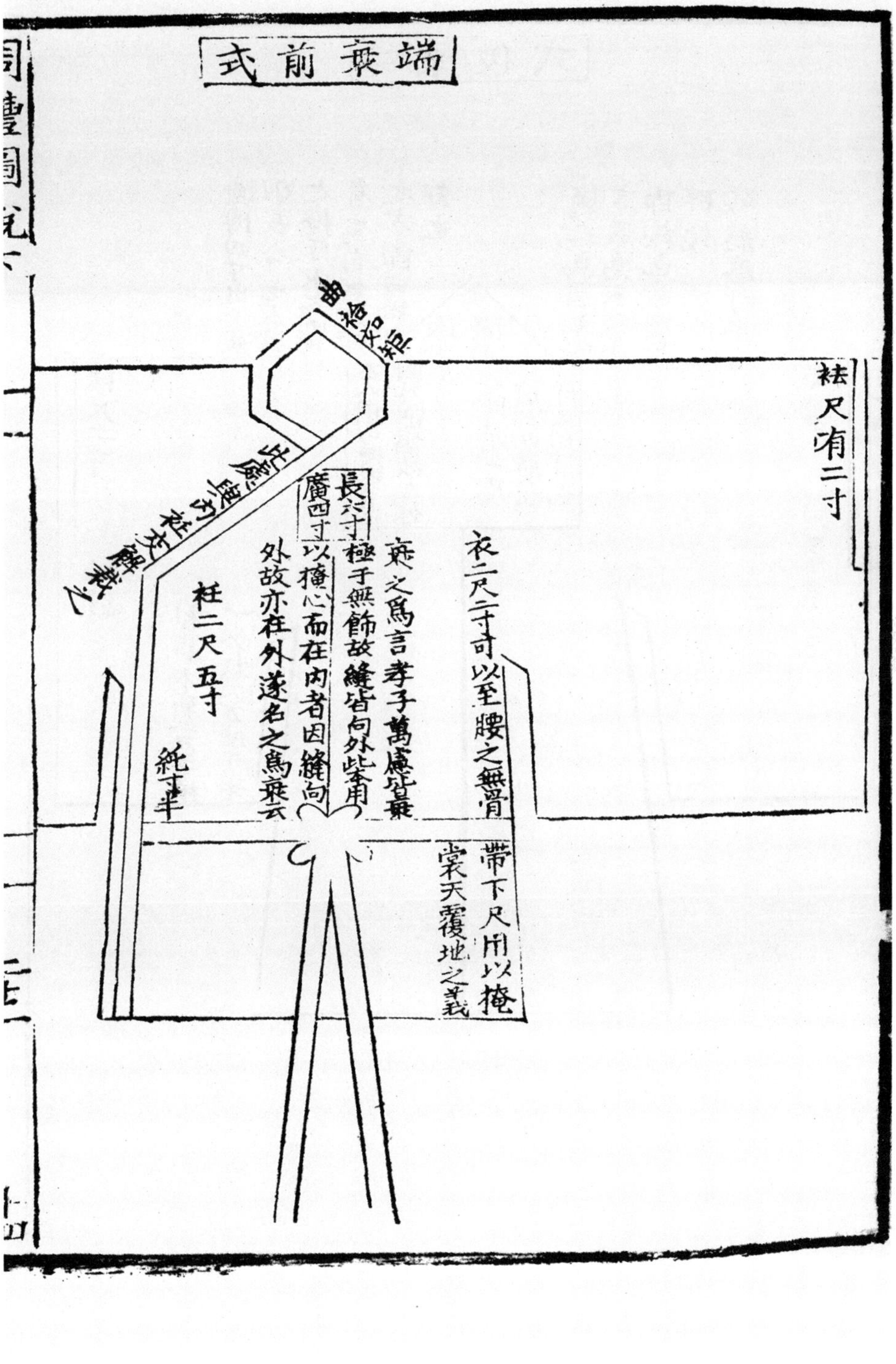
曲袷交領
袪尺有二寸
衣二尺二寸可以至腰之無骨
帶下尺用以掩
裳天覆地之義
衰之爲言孝子萬慮皆衰
極于無飾故縫皆向外此衰用
長六寸
廣四寸
以掩心而在內者因縫向
外故亦在外遂名之爲衰云
衽二尺五寸
紕寸半
此廣與袂袪衣辟積之

端衰前式

端衰後式

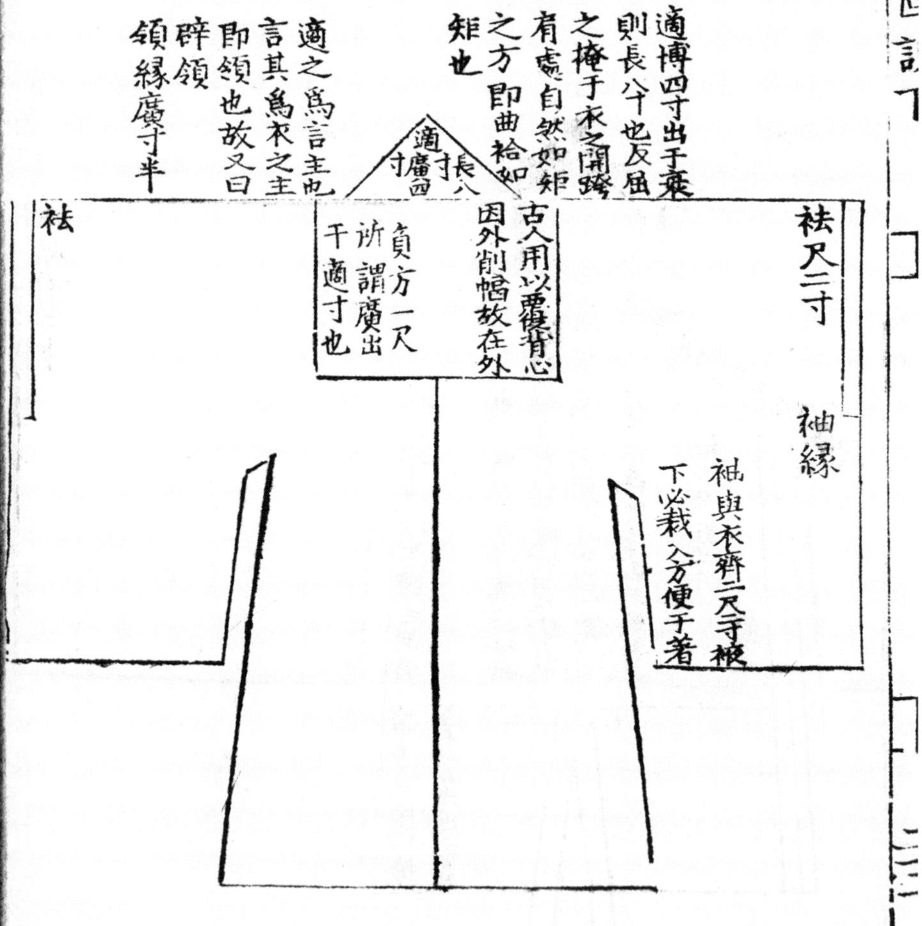
適博四寸出于衰則長八寸也反屈之揜于衣之開跨有處自然如矩之方即曲袷如矩也
適之爲言主也言其爲衣之主即領也故又曰辟領
領緣廣寸半
適長八寸廣四寸
古人用以覆背心因外削幅故在外
負方一尺所謂廣出于適寸也
祛
祛尺二寸
袖緣
袖與衣齊二尺二寸袂下必裁入方便于着

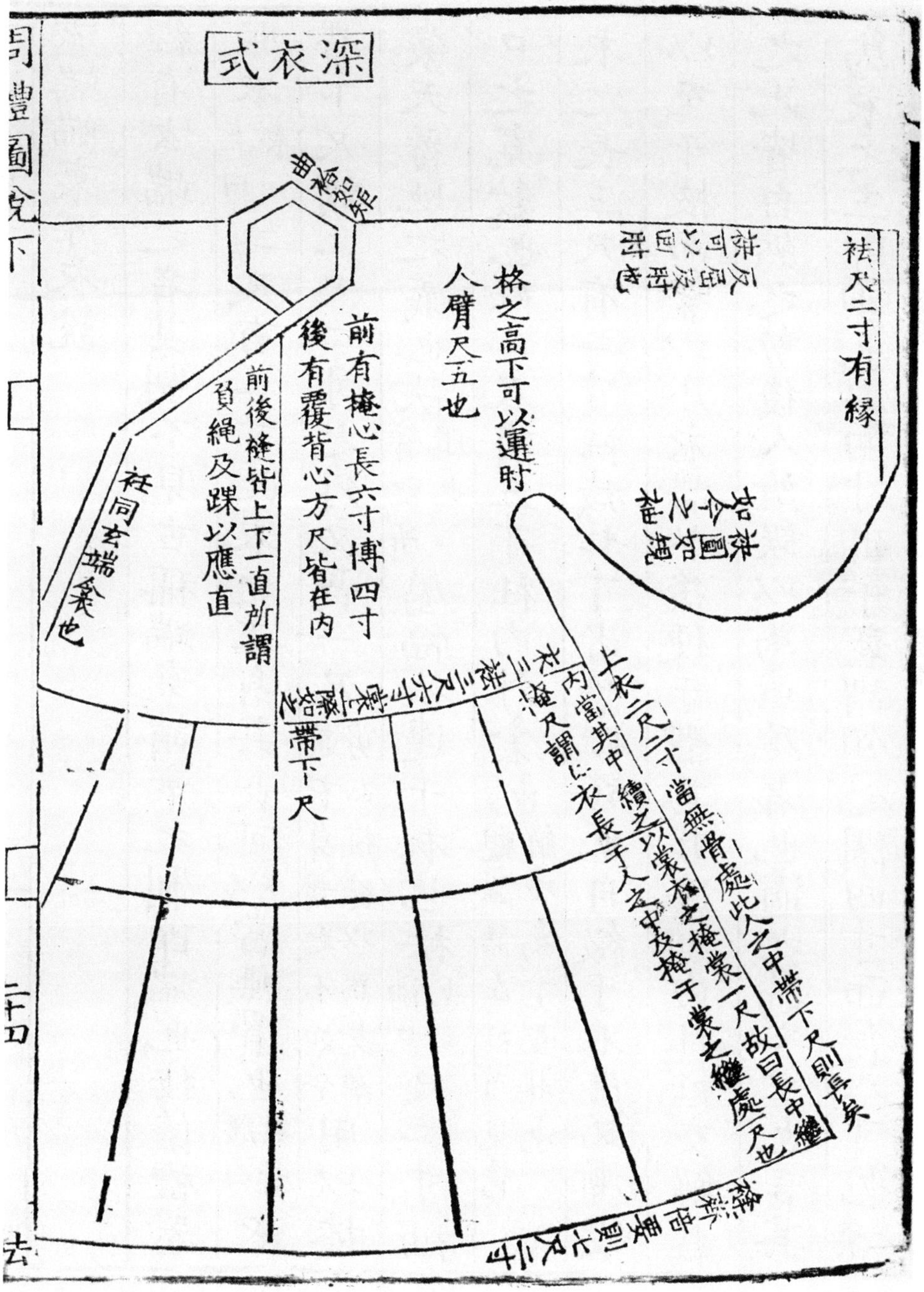
深衣式
袪尺二寸有緣
袂反屈及肘可以回肘也
格之高下可以運肘
人臂尺五也
袂圓以應規如今之袖
前有衽心長六寸博四寸
後有覆背心方尺皆在内
前後縫皆上下一直所謂負繩及踝以應直
帶下尺
上衣二尺二寸當無骨處此人之中帶下尺則長矣

玄端端衺深衣說

經有玄端之名其制不見古稱端衺謂衺之制即端也按儀禮咨服衣（上曰衣）二尺有二寸此衣之正身其長可以當無骨也（腰曰無骨衣）帶下尺謂二尺二寸之外又長一尺（通衣身裁之不如今剪而復續以爲支離）用以掩裳天覆地之義也袂（臂之所服也）屬幅袂連于衣也袪（袖口也）尺二寸袖口之寬數也衽二尺有五寸衽內外衾也（觀論語左衽可見舊解以爲下垂非也）適衣之長三尺有二寸衽減七寸者恐礙頓也自綴于衣處又漸殺以至于掖而繫以小衣帶然後便于體其裁瀌則內外衽交解裁之此皆自然之勢後人所誤以爲燕尾者也適之爲言主也言其爲衣之主即領也博四寸出于裹謂領之闊四寸而長八寸也（裹六）

寸出于裹故長八寸也註疏謂適爲辟領者何也辟之爲言夾也衣之開跨肩處已有布以補之所謂塞于闊中是矣別加領焉斯辟矣于是堅厚可以提挈垂于項之兩旁各八寸故又曰左適右適其正中反屈處自然如矩之方故又曰曲袷如矩也衰負古人用以前後掩心者也蓋心者神明之舍後有肺以爲華蓋前有骨以爲護而天之五常座亦有華蓋覆于上句陳護于前故取象如此負廣出于適寸則方一尺衰六寸博四寸形稍長如心也此皆在衣之內因縫向外故皆在外謂之負者以其任在背也衰之爲言凡有罨者萬慮皆衰極于無飾而縫向外故因以所見者爲衰云凡衰外削幅縫邊在外裳內削幅縫邊向內若齊裳內衰外夫禮吉凶異道不得相

于故喪服皆反吉削幅與下縫皆向外則衣自反矣儀禮先叙五服而總結之以凡衰之制言五服之衰皆然不止謂斬衰也蓋衰之別在齊斬及升數而不在于適負衰及外削幅先儒謂齊衰已下無適負衰者因求其義之誤又以爲縫向內皆不深考乎經文也若裳則五服皆內削幅下體輕故不變幅皆三袧所謂帷裳也下縫惟斬向外齊已下皆內向不純凶也夫衰反端而爲之故謂之端衰今欲爲端者亦反衰爲之而已衣帶下袂袪適裳蓋無不同惟內削副故前後掩心者後之負前之端皆在衣之內耳夫謂之端何也蓋衣裳皆均齊方正而無圓袂縫腋邪裳等制而所以掩心者端然在心故因以得名亦取以爲敬云爾若深衣之制則

取衣裳之通合爲一而其長及于踝足圓骨故因以深名而其制則于端有損益而無大異也是故上則端之衣也但縫其腋而圓其袖故曰袼之高下可以運肘肱臂之交袂圓以應規下則端之裳也但以六幅交解裁之而爲十二幅故曰應十二月狹者在上而廣者在下故曰深衣三袂袂尺二寸三之三尺六寸也縫齊倍要七尺二寸又曰非帷裳必殺之前後六幅各以邊向裏而以裁處向旁不加修剪製而衣之自然平而且直故曰負繩及踝以應直下齊如權衡以應平也惟長中繼揜尺乃制衣裳要縫之瀘蓋上衣二尺二寸當無骨處此人之中也帶下尺則長矣内當其中繼之以裳是衣之揜裳一尺故曰長中繼揜尺若曰上衣長于人之中及揜于裳之繼處一

尺也唯其如是既不失乎覆載之義而衣裳合一深奧適宜故可以爲便服而衣之也深衣白而緣黑從後視之則黑緣如燕尾然即後人所誤以衿爲燕尾者也夫古之衣服必上衣下裳而色亦不同蓋取灋乎乾坤其義爲至精也惟婦人則衣裳同色取從一而終之義今之服率皆長衫之制乃夷狄之服而非黄帝堯舜垂衣裳之道也唯朝祭之服則上下猶存而其色其制合于古者鮮至于君子求諸古而不得則人爲異服小人厭于今而思異則日變新衣古者天子巡守則同衣服而門關禁異服古之君子非先王之灋服不敢服亦攷禮者所當知也

裼襲義

祀昊天上帝則大裘而冕　羔裘逍遥狐裘以朝　犬羊之裘不裼不文飾也裘之裼也見美也吊則襲不盡飾也君在則裼盡飾也服之襲也充美也是故尸襲執龜玉襲無事則裼弗敢充也執玉其有藉者則裼其無藉者則襲　子游裼裘而吊主人既小斂袒括髮趨而出襲裘帶絰而入　器禮有所袒有所襲　孔子緇衣羔裘素衣麑裘黄衣狐裘　君衣狐白裘錦衣以裼之君子孔子也狐青裘豹褎玄綃衣以裼之麛裘青豻褎即素衣絞衣以裼之羔裘豹飾緇衣以裼之狐裘黄衣以裼之　表裘不入公門襲裘不入公門　不有敬事不敢袒裼　勞無袒暑無褰裳

舊說古人衣近體有袍襗之屬其外夏葛冬裘上皆有裼衣裼衣之上有襲衣襲衣之上有常著之服則皮弁服及深衣之屬是也掩而不開謂之襲若開而見出其裼衣則謂之裼也此說何不近人情也愚謂裼襲唯裘有之若葛則直表而出之外加禮衣耳苟衣葛而又加以裼襲常服是豈夏月所宜觀詩云瑳兮瑳兮其之展也蒙彼縐絺是紲袢也謂以展衣而蒙于縐絺之上也又云是以有衮衣兮蓋成王以七月迎周公詩人指所見周公之衣也冬月則常服之外加禮服禮服之外有裘裘之外或裼或襲裼則領袖下齊皆露其文襲則全掩而不露蓋裼則不襲襲則不裼非有裼又有襲也唯其裘加于禮服之外舉目即見故古人多指其裘

而不指其禮服若大裘而冕狐裘以朝君衣狐白裘此類甚多若裘在禮衣裼襲之内重重掩覆何以見之至謂開而見出其裼衣古人行大禮之時衣服何得如此不肅整豈紲袢之意乎夫冕服所以章德故以裘加其上蓋裘者服之本裘之加于衮猶韠之加于裳也且夏主發散冬主斂藏夏表冬裏亦灋象之一事也然則胡以爲别君臣涖事之裘色各不同而其裼衣稱是即表可以知裏矣夫禮有以文爲貴者有以質爲貴者君在則裼襲裘不入公門其有籍者則裼畫飾也此以文爲貴也尸襲執龜玉襲其無籍者則襲充繳也此以質爲貴也無事則裼尚文也弔則襲去飾也然禮之襲非襲裘也謂有時袒而露臂有時不袒但以衣掩臂

云耳蓋去飾之甚豈更以裘之文爲貴而復論其襲不襲哉　子事父母亦當尚文衣純以青衣純以采是矣正宜著裼衣所謂不敢袒裼者謂非有敬事如割牲芸瓜之類不敢自擇便利袒裼以露臂巳上裼襲二字乃借義非正謂裼衣襲衣也　素裘不入公門謂全露其文而無裼衣于外惡其褻也犬羊之裘不裼謂其無文不侍于裼也然則庶人亦不敢衣裘以入公門矣　又詩云衣錦絅衣裳錦褧裳則或春秋之時衣錦而尚之以絅非比錦衣以裼之外復有絅衣也

瑞玉圖

六圭

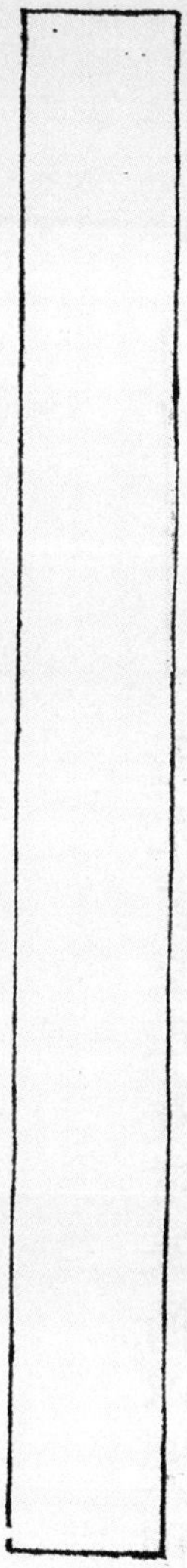

典瑞王晋大圭執鎮圭繅籍五采五就以朝日言朝日則凡大祀皆然

攷工記大圭長三尺杼上終葵首　記王藻天子晋珽方正于天下也　其制直方厚一寸上稍薄以便于搢故曰杼上終杼者剡也葵首者葵殺也言殺其首之厚也　一名介圭介大也

鎮圭

鎮安也刻四鎮山以義推之背面各二取鎮安四方之義尺有二寸灋天數也

珍圭

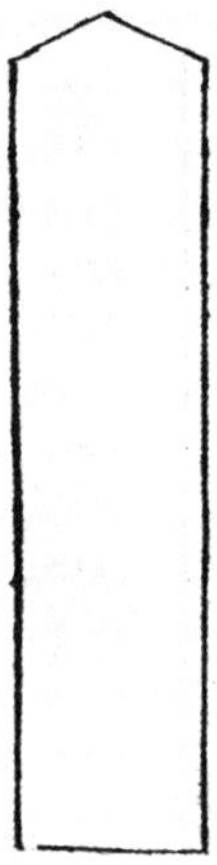

珍重也天子之圭尺有二寸莫有重焉者此圭如其度故以珍名其異于鎮圭者蓋不刻也召監守重臣及以之發倉廪用之皆莫大之事也

瑁圭

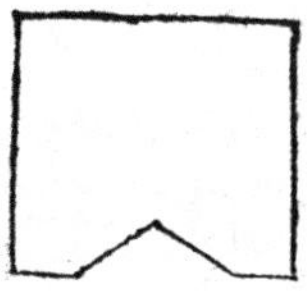

攷工記天子執瑁四寸以朝諸侯玉方四寸邪刻其下輯諸侯五瑞合其刻者以為信取名于冃者覆冃天下之義也

桓圭

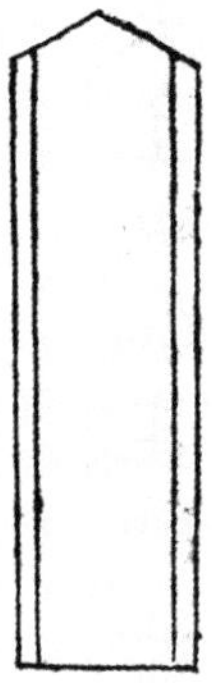

公執桓圭象桓楹雙植形九寸者九命也

信圭

侯執信圭五等諸侯獨以侯稱故所執亦以信名七寸者七命也

躬圭

伯執躬圭象人身之形似信圭微屈七寸者亦七命也

琬圭

典瑞琬圭以治德以結好考工記琬圭九寸而繅以象德琬圓也謂規其首也

琰圭

典瑞琰圭以易行以除慝考工記琰圭七寸判規判斷也從圓而剡之爲两峯取剡制之義也

穀圭

典瑞穀圭以和難以聘女考工記穀圭七寸天子以聘女穀有和善生生之義也

四圭有邸

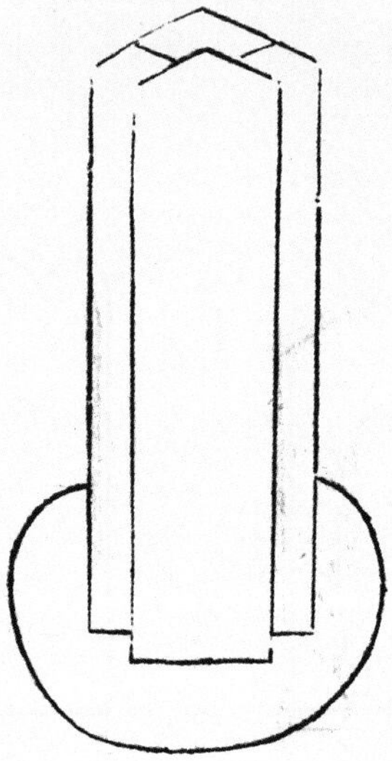

典瑞四圭有邸以祀天旅上帝攷工記四圭尺有二寸以祀天以璧爲跌而植四圭其上璧圓以象天四圭者四時之象十二寸者天數也

兩圭有邸

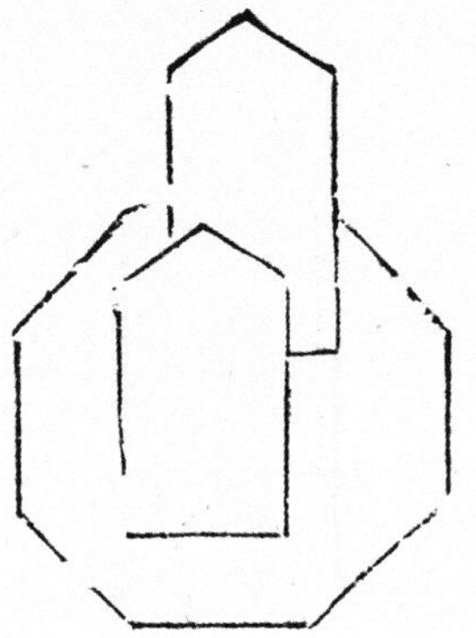

典瑞兩圭有邸以祀地旅四望攷工記兩圭五寸有邸以祀地以琮爲跌而植兩圭其上琮方以象地兩圭者地拆之象五寸者半于天也

圭璧

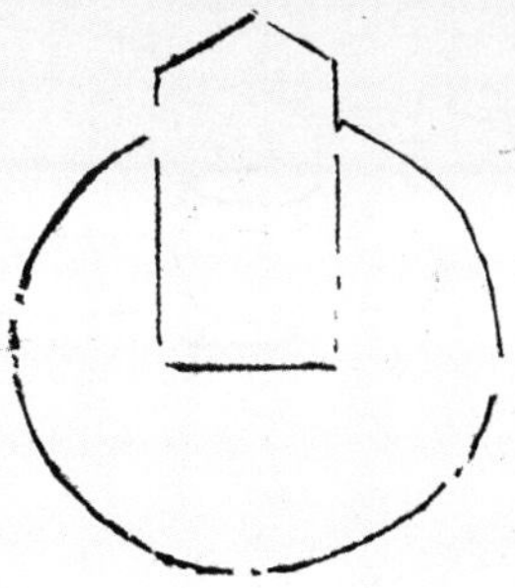

土圭

灌圭

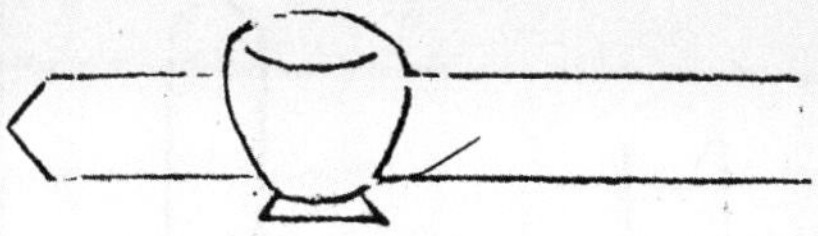

典瑞圭璧以祀日月星辰攷工記
圭璧五寸圭樹于璧日月星辰附
于天也

大司徒以土圭之灋測土深正日
景尺有五寸謂之地中凡建邦國
以土圭土其地而制其域
典瑞土圭以致四時日月封國則
以土地

典瑞祼圭有瓚以肆先王以祼賓
客攷工記祼圭尺有二寸有瓚以
祀廟祭統君執圭瓚祼尸大宗執
璋瓚亞祼瓚以承鬱鬯圭以爲柄

璋

半圭曰璋聘禮璋以皮二王後享后以璋祀禮以赤璋禮南方斂玉首以璋

牙璋

典瑞牙璋以起軍旅以治兵守考工記牙璋中璋七寸射二寸厚寸　牙者猛獸之兵刻爲牙象故以牙名取有備司殺之義曰牙璋中璋七寸者言如璋之度耳非謂中璋亦用以起兵當以典瑞爲據

璋瓚

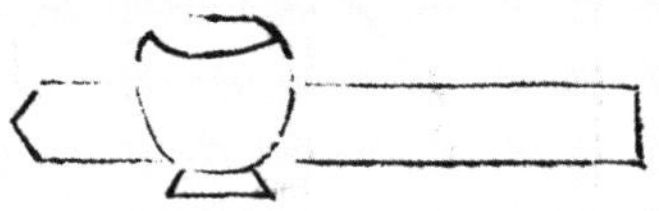

詩濟濟辟王左右奉璋又曰瑟彼玉瓚黃流在中典瑞璋邸射以祀山川以造贈賓客祭統大宗執璋瓚亞祼考工記大璋中璋九寸邊璋七寸射四寸厚寸黃金勺青金外朱中鼻寸衡四寸有繅天子以巡守宗祝以前馬大璋亦如之諸侯以聘女又曰璋邸射素功以祀山川致稍餼

璧

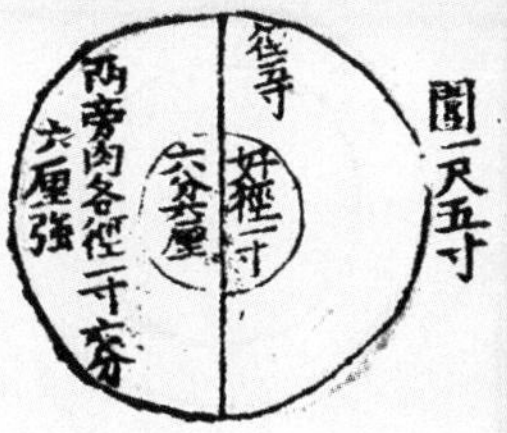

肉倍好曰璧玉不刻處曰肉中空刻處曰好肉倍好者肉好三分之肉兩旁得二好得一也

穀璧

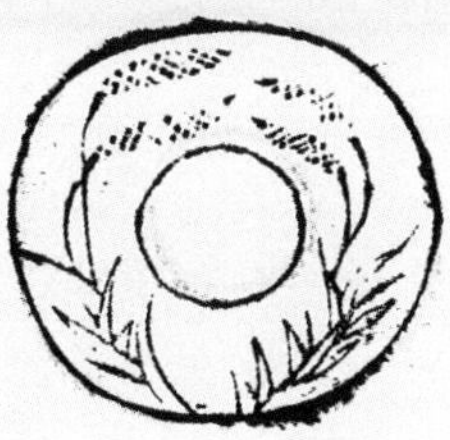

子執穀璧以養人爲義

蒲璧

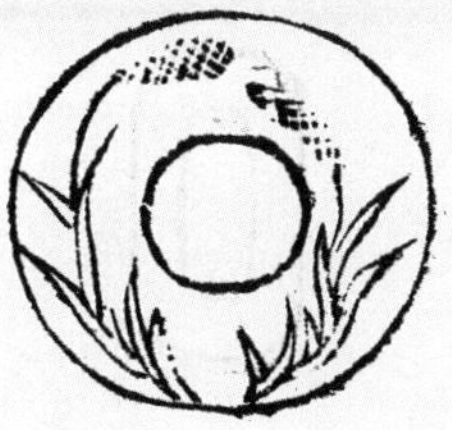

男執蒲璧以安人爲義

子男璧

按璧圜虛中故子男之璧古圖皆爲圓形但侯伯之圭長七寸子男之圭四面圓徑五寸則視圭爲反重且天子之瑁所以合五瑞苟博五寸則亦何以合之愚謂當爲圓長之形博三寸而長五寸則旣殺于躬圭而又不妨于合瑁謹存之以俟知者

璧羨

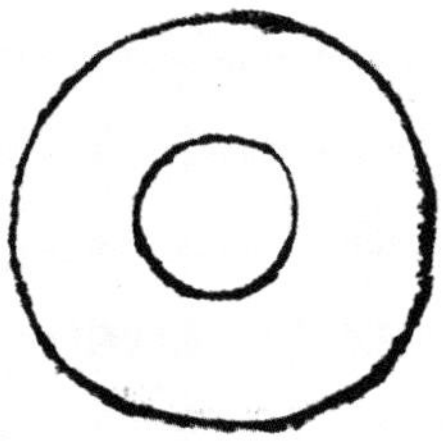

攷工記曰璧羨度尺好三寸以爲度葢肉倍好謂之璧凡璧好一肉二好圜之三寸則肉之外圜之得九寸璧羨者九寸而羨餘一寸故度尺也

環

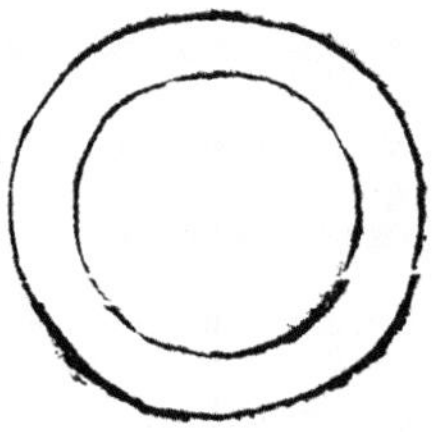

好倍肉曰環以肉好六分之肉兩旁得二好得四

瑗

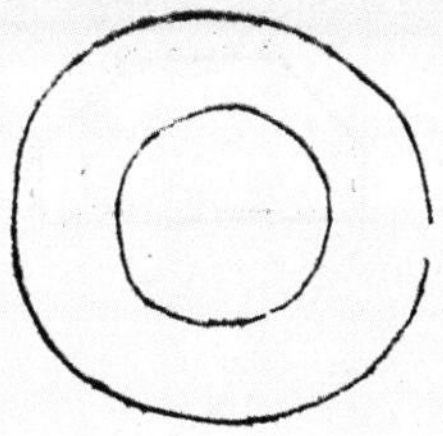

肉好若一曰瑗以肉好四分之肉兩旁得二好得二

璜

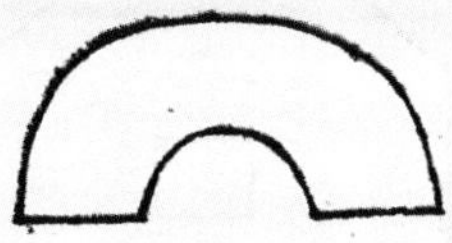

半璧曰璜北方所用冬物伏藏天半見地上之象

組琮

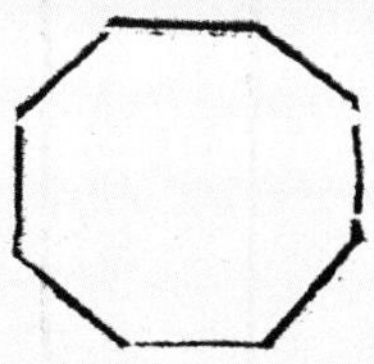

攷工記駔琮五寸宗后以爲權

大琮

考工記大琮十有二寸射四寸厚寸是謂内鎮宗后守之

組琮

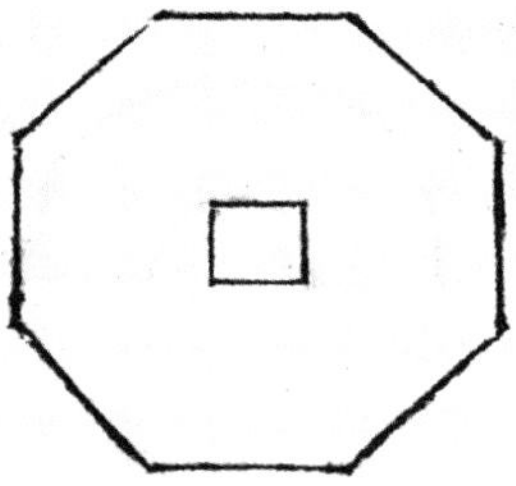

考工記組琮七寸鼻寸有半寸天子以爲權

琥

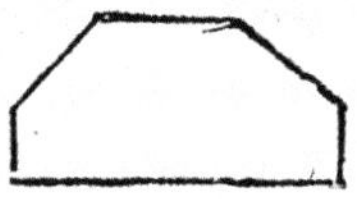

琥制無考舊說刻伏虎形然六玉無象物者以例推之北方陽之始璜爲半璧西方陰之成琥其半琮歟西方白虎故以取名也

瑞玉説

按玉備天地之全德記所載備矣圭爲直方象縱立而貫通上下之形玉之主也璧圓虛中以象天琮八方以象地又圭銳其首象春德之發生夏則一陰生不若春德之盛故半圭曰璋夏象也冬一陽復天之德故半璧曰璜秋陰盛地之德琥其半琮斂六者之形聖人所以擬諸三才者其義精矣○故天子諸侯執之以爲瑞玉自其德之所徵曰瑞自天子所頒曰命自傳之不失曰守鎮圭尺有二寸天子守之凡行大禮所執也大圭三尺天子以爲笏平日所執有事則搢焉也冒玉四寸天子以合諸侯之瑞所以朝諸侯者也大琮尺有二寸宗后守之以爲内鎮宗后者或先王之后

或王后世次相傳以主內政故曰宗也已上天子及后之玉○命圭九寸謂之桓圭公守之命圭七寸謂之信圭躬圭侯伯守之璧五寸謂之穀璧蒲璧子男守之諸侯朝會于天子及自相朝會則執以爲信者也朝會之後則有享天子及后之禮虞書所謂五玉之贄也小行人合六幣圭以馬璋以皮璧以帛琮以錦琥以繡璜以黼攷工記云璧琮九寸諸侯以享天子蓋享天子以璧享后以琮故總云璧琮以享天子也攷工記又云瑑琮八寸諸侯以享夫人則諸侯相享亦以璧琮但用夫瑑者耳諸侯遣臣聘于天子及侯國自相聘不當用夫諸侯之守圭璧故瑑圭璋璧琮以頫聘已上諸侯及其臣朝享之玉○其在于祭祀四圭尺有二寸以祀天旅上帝兩圭五寸以祀

地旅四望圭璧五寸以祀日月星辰此祀神之玉若其主然也蒼璧禮天黃琮禮地青圭禮東方赤璋禮南方白琥禮西方玄璜禮北方此禮神之玉若享之者也祼圭尺有二寸以祀先王以祼賔客璋邸射以祀山川以造贈賔客卽攷工記所謂大璋中璋九寸邊璋七寸天子以巡守宗祝以前馬此用于宗廟山川祼地以降神也其用于賔客禮賔如神也已上祭祀之玉○至于國家舉大事而以玉爲信者珍圭以徵守以恤凶荒琬圭九寸以治德以結好琰圭九寸以易行以除慝穀圭七寸以和難天子以聘女牙璋七寸以起軍旅以治兵守此因事用玉故象其事以爲名物也諸侯聘女則用中璋亞于天子之圭也○已上舉大事之信玉○又瀆器之玉上圭尺有五寸以致日封國

則以土地璧羨度尺好三寸以爲度駔琮五寸宗后以爲權凡建國市之度量由后出也駔琮七寸鼻寸有半寸天子以爲權此先王同律度量衡于天下存其定制則久而不謬也已上灋器玉○駔圭璋璧琮琥璜之渠眉疏璧琮以斂尸此用于死者以禮天地者禮之也玉之用爲瑞爲祀爲信爲灋器爲養生爲送死至于唯辟玉食則有如月令所載服玉又若冠玉珮玉車器飾玉玩好之玉雜見于經傳不能盡舉此聖王所以重之而天下皆以之爲禮蓋以其成器可以適用者故以相贈貽也

九命旂總圖

九命　旂（交龍，青）
八命　旗（熊虎，白）
七命　旞（純赤）
六命　旐（龜蛇，黑）
五命　旜（純白）
四命　旟（鳥隼，赤）
三命　旌（純黑）
再命　物（雜帛，間色）

大常（日月星）

王旗

大常　祀
太旂　賓（已下並十二旒）
太赤　朝（即道車旞）
大白　即戎
大麾　田（即斿車旌）

封國旗

旂九旒（同姓二伯，異姓二王後）
旂七旒（同姓侯伯）
旞七旒（異姓侯伯）
旂五旒（同姓子男）
旞五旒（異姓子男）
旜五旒（四衛）
旌五旒（蕃國）
旌五旒
蕃國

諸臣旗

旗八旒（三公采地）師都
旐六旒（卿采地）縣鄙
旜六旒　孤卿從王（無將不用旐）
旟四旒（卿遂大夫）州里
物四旒　大夫從王無（將不用旗）
旌三旒（大夫孟子，招大夫以旌）
物三旒　上士
物二旒　中士

大常旂旗旐旟旞旜旌物謂之九旗乃天子諸侯諸臣平日車上所建畫其象及書其名號故其幅縱長以爲文建于車上要必以两相對故日月交龍熊虎鳥隼龜蛇斿以偶爲制又如天子之幃官而設旌門諸侯之次舍而置其旂斿當以兩也○畫日月熊虎之類每一旗止畫一物舊制每幅皆畫則不能示遠矣非也○旗幅曰幓幓之所垂曰斿斿即旗幅之末殺而垂者大常十二斿即十二幅餘九七五皆然○旗之高以幅爲節○廣居高三分之一

○(幓)音杉(斿)由流二音

大常

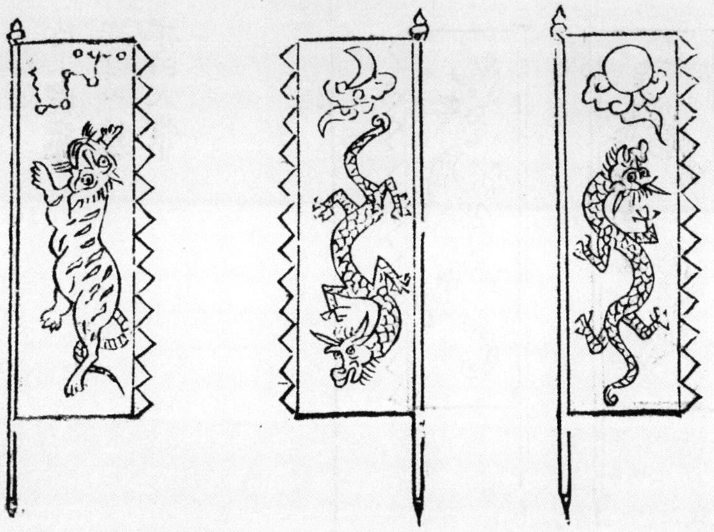

巾車王路建大常十有二斿以祀

○司常日月爲常儀禮大旂象日月升龍降龍郊特牲龍章而設日月左傳三辰旂旗曲禮招搖在上

按日月星辰唐虞以爲衣之上周人則畫之于旗以爲大常唯天子得建之但司常有日月而無星辰者記云招搖在上舊註謂即北斗第七星名搖光者甚爲有理蓋北斗柄所指之方爲十二月建天帝用以施令者故王之中軍畫之用以指揮萬衆是故日月謂之大常祀事所建北斗星亦謂之大常則戎事中軍所建也然觀儀禮郊特牲左傳所云則交龍爲旂日月之下仍以交龍爲象熊虎爲旗如王之侯畫虎方稱旗之名也

大旗

即上虎章設卜之旗亦曰大常

大旂

鄉師凡四時之田以司徒之大旗致衆庶而陳之　遂人凡起野役以遂之大旗致之　大司馬之田司馬建旗于後表之中　及致建大常　凡旗唯五路所建為大故此云大旗者皆指王大常之旗也司馬代王為將故得建之大司徒遂人為王致民故然云大旗也

巾車金路建大旂以賓同姓以封　司常交龍為旂按天子之冕服雖有五等如諸臣之制而五冕然十二旒以為別故此大旂而下四者然當如大常十二斿之數此交龍者亦當如卷衣一升一降若諸侯有升龍而已下大赤大白大麾高廣皆當如大常

諸侯旂

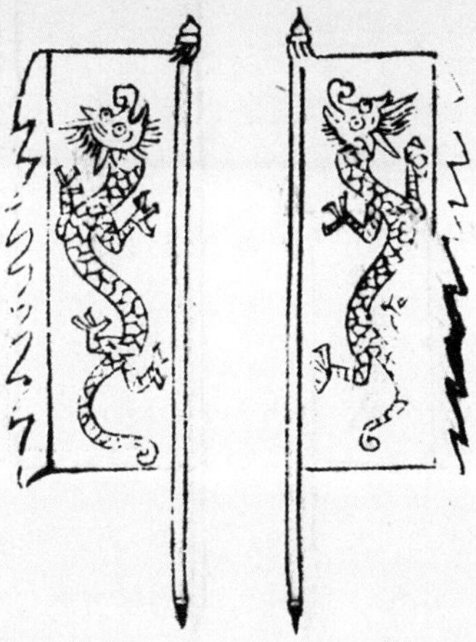

旂以封同姓然其幅自當依九七五命數故此乃同姓上公所建若同姓侯伯則當從七子男自當從五○異姓雖不以封二王後及爲上公九命者亦得建之

旞

王大赤

諸侯旞

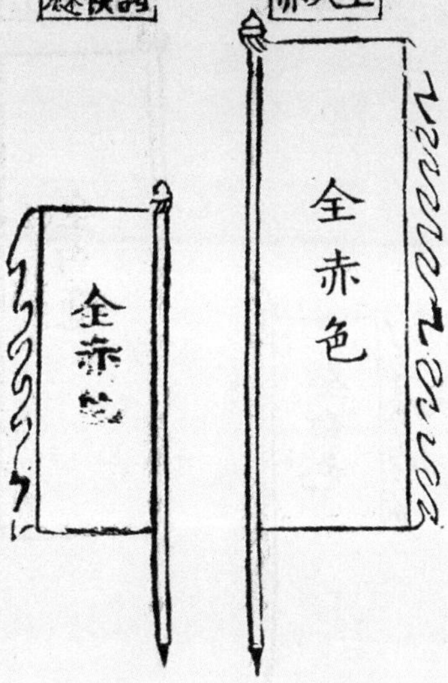

巾車象路建大赤以朝異姓以封司常道車載旞全羽爲旞天子朝覲之事十二斿異姓諸侯七命所建七斿若五命者旗幅亦當以五爲節

旜

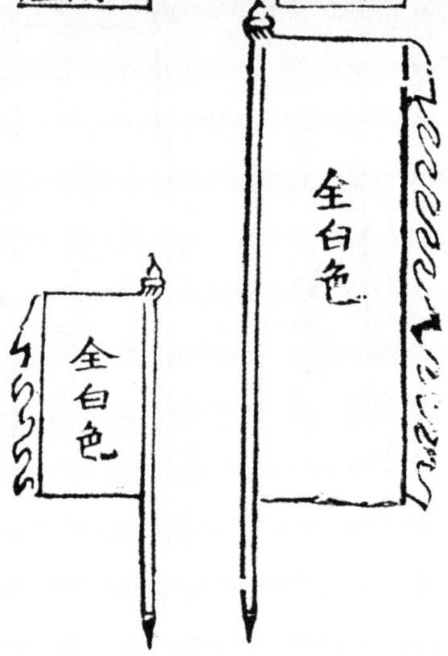

巾車革路建大白以即戎以封四衛通帛爲旜孤卿建旜天子軍旅之事十二斿四衛如子男命數幅以五爲節若孤卿六命別當以六幅爲節

旌

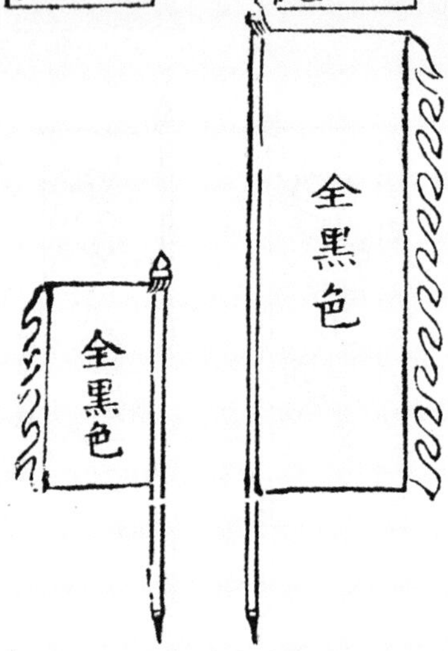

巾車木路建大麾以田以封蕃國司常斿車載旌析羽爲旌

天子田獵之事十二斿蠻夷雖大曰子蕃國旗幅亦以五爲節

師都旗

司常熊虎爲旗師都建旗師都者公之采地三公八命旗幅亦以八爲節

縣鄙旐

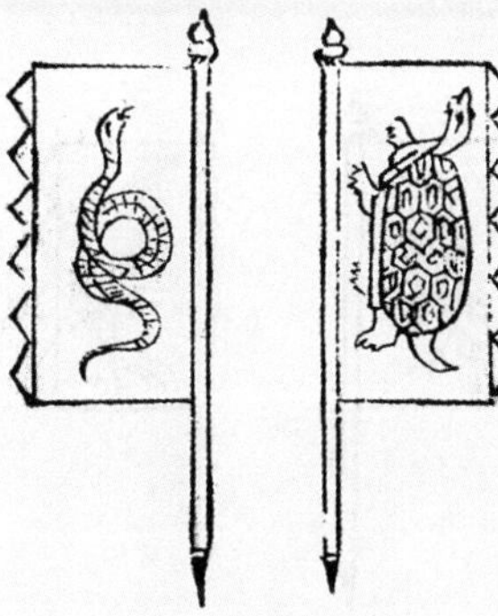

司常龜蛇爲旐縣鄙建旐縣鄙者卿之采地卿六命旐以六爲節

州里旗

司常鳥隼爲旟州里建旟
州里者鄉遂大夫所統除公卿有
采地者大夫四命旟以四爲節

物

司常雜帛爲物大夫士建物閒色
故曰雜大夫四命士三命一命旗
幅亦以四三二爲節

鳥章

詩織文鳥章即記所謂前朱雀也舊圖畫之如上理或然也龍虎蛇然同按軍中旗主于指揮故其幅廣而飄揚古文旗字作㫃正此意也然其數皆單用非若車上旗之用兩故止稱龍虎鳥蛇而已

小麾

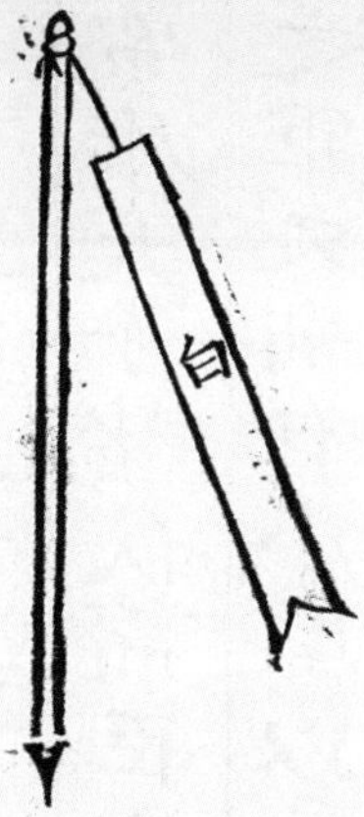

詩白旆央央舊圖如此蓋麾主布陣用之欲其易于指揮故狹而長也

九旗説

按旗之爲言主期民于其下古文作㫃从旗形也復從期省會意國事有常旗天子諸侯諸臣以辨等威書號名軍事之旗以別前後左右之軍又別有小麾以爲進退疾徐之節其制各不同不可以相混凡旗之辨莫重于色故畫者以象物爲主而色在其中不畫者則專以色爲主司常及大司馬所謂旂旗旐旟即記之左青龍右白虎前朱雀後玄武四方之色存乎其中矣通帛即大白也色純而不施釆故曰通旜字從亶意亦如此孤卿建之取其從王而不敢專招庶人以之取其質素無爲之意白兵象故巾車王革路建大白道車即象路巾車王象路建大赤則此云道車載旞焉

大赤明矣斿車王以之巡遊田獵即木路也巾車王木路建大麾夫五路之序曰旂青也曰大赤曰大白則麾爲黑無疑此云斿車載旂即大麾則其爲黑亦明矣唯夫雜帛爲勿則無可攷然以三者之例推之則青之間色也蓋旂旗旐旟有象之四色旞旜旌勿無象之四色皆不離乎四方之色先儒不正明其色而統觀之故不免有錯誤耳○九等之旗大常唯王所用更莫敢參其餘莫尊于大旂也故與大赤大白大麾爲五路所建其高廣一視夫大常者也○其爲諸侯所建則旂以封同姓大赤以封異姓大白以封四衛大麾以封蕃國皆如巾車所云其高廣則當視其命數矣夫王既用大常以象天公與同姓用龍以象其變化矣其餘三路及

異姓蕃衛之國不以象而止以色者其以君道爲無不可同于諸臣者歟○其在王國則司常贊大司馬于大閱所頒諸侯建旂師都建旗州里建旟縣鄙建旐皆有所將故旗有所象孤卿建旜卿大夫建勿皆無所將故其旗亦無所象道車載旞斿車載旌則王在國所常用而以從行者也○唯夫大司馬于振旅所建旗物與此不同愚謂旌旗以一人之耳目故大閱頒之而振旅辨之豈容有二蓋爲誤文不可強解若安營布陳則其旗麾之制又各有灋于平日所建乃有不同耳

車制

按凡車之制方而任載曰軫曰箱四面皆廣六尺六寸大車深八尺兵車深四尺四寸小戎所謂淺收乘車皆然便坐立也軫之下木午貫而恒于車者橫曰軸以受輪從曰輈以施衡合于軸而外行者曰輪以軌之八尺計之除車之廣則輪厚七寸其輪之大兵車六尺六寸田車六尺三寸大速小遲也支輪者曰輻輻三十外持輻內受軸者曰轂又曰軝徑一尺中宜有三四寸圓孔以受軸長一尺五寸出于軸外八寸兵車長三尺二寸故曰暢轂蓋古者行軍以車為營轂出輪二尺五寸使之比次整齊不相磨擊與離次也軸貫轂而出與轂齊軸耑曰範範上之板曰陰所以約轂使

輪不外脫也轂軸之交運動易敗故各施金轂内之金曰輨軸頭金曰轄輈從車後至前長丈四尺四寸亦曰轅輈之端高曲而施横木以駕馬者曰衡又曰輗平直而施横木以駕牛者曰軏又曰軛馬高牛卑也輈彎曲處有皮束之凡五故曰五楘梁輈駕于衡之两馬曰服外两馬曰驂皮繫于陰板而驂馬引於胸者曰靷亦謂之靳陰板有環以繫靷者曰續皮前繫于衡後繫于軫之两端驅两驂使不得内入者曰脅驅馬之韁曰轡亦曰絛手執之而垂者曰革驂馬之内轡繫于軾前謂之納繫納之環謂之觼執两服之四轡及两驂之外轡而御之者曰六轡以皮爲環總約六轡而游移不定者曰游環馬衘曰鑣婁頷有鉤當胸帶曰膺而在膺有

樊纓樊馬大帶纓鞅也鈴在鑣曰鑾在軾曰和或曰乗車之鑾在
衡軫上横木當陰曰軾郤暑雨曰蓋亦曰轑宜用朱鞹蔽旁曰箪
第析竹所爲㒸見𨐋詩載驅藏用不常故經傳或有或無加木于
車旁以防傾側曰輒詩無棄爾輔木止車將行則發之曰軔亦曰
梶挽以上車之索曰綏尊者别有器如短梯者曰𦫼凡兵車曰輗
輣取其屯衛朋比又曰輶車取其輕疾如猶加巢其上而望敵者
曰轈攻城曰臨衝轒輼婦人車及載衣物者曰輜軿蓋即施箪第
者以其漆而外黒故曰輜可以屏蔽故曰軿又曰輼輬取其如囱
牖可開閉也器車及泥行載物者曰輴輲輇三者名殊義同四輪
而卑取其安而不傾覆也又有大車曰輂取其載之多小車曰軺

人助輓者曰輦今之大車其輦之類小車其輅之類歟此其大畧耳仰觀乾象若五車軫輻車府車肆甚詳故聖王經畧中原車制與經界相表裏實制戎馬之精意而平居則以之辨等威學者則以之觀才藝其用爲不小矣後世率從簡便平居則用肩輿各存實亾識者謂以人代畜而深非之至于車戰之灋遂不可復一有戎騎克斥更不可制卒有五胡金元之禍今平國之人一議及此遂謂必不可復然則古先哲王豈故爲此遲頓之器而費無益之財上天亦豈設此無用之象耶殊不知步騎今雖易辦而其敗莫能支車灋始雖未易卒辦而其功爲甚博今人徒計其始之難易而不要其終之利害譬之作室者北人多以甎土爲壁每遇火災

不過數十家止矣南□□以蘆竹爲壁每延燒數千家及其重建則復如之徒取其始之易而不顧其後之害何以異此昔魏勝造如意車用之輙效惜乎其濃不傳方今歲有戎狄之禍盍召諸色人有巧思者放此意而斟酌之成造演習務欲輓駕輕易轉輒便利縱送擊刺銃炮火器靡不如意行則爲奇兵突擊止則爲營在外虜可以遏豺狼奔突之勢亦制戎狄之一事也軧音岐輨音管轄月八反鋈音育

木靷引去靳音覲觼音決鑣音標軨音聆柅寧禮反鐙登同軏輗音朏朋轒輼音文淵輧音屏輀輴音而春輇月宣反輂輅音菊條輂禮蹇及軺音搖

夾漆鄭氏車說曰聖人作車圜而爲輪方而爲輿曲而爲輈皆有制度運而無窮無作則止者輪也梱之乎上拱之乎下者輿也載

周禮圖說下 四四

欲準行欲利以需爲病以覆爲戒者軸也輪以運輿以載軸以服三者備然後行故兵車乘車之輪各六尺有六寸田車之輪六尺有三寸轂以利轉輻以直指牙以固抱轂之材中以虛受軸大穿爲賢小穿爲軹外以實受軸故二分在外一分在內轂之末則軹是也轂之約則篆是也軸之近轂則謂之股近牙則謂之骹股入轂中謂之菑骹入牙中謂之蚤夫牙之材或謂之渠其大足以抱輻故也或謂之揉揉木以爲之故也轂又有革以輓之輻有綆以固之牙又有漆以飾之此輪之制也即輿以致之兩輢上出式者較也較下橫一木者式也軹則輢之植者以其旁止于此故曰軹轛則式之植者對人而言故曰轛輿後橫木則曰軫式前橫木則

曰軌此輿之制也即輈以考之國馬之輈深四尺有七寸田馬之輈深四尺駑馬之輈深三尺有三寸適當伏兔圍在前持衡則爲頸圍在後承軫則爲踵圍此輈之制也且輪之中有軸所謂軸有三理也輿之下有僕所謂加軫與轐是也輈之前有衡所謂衡任是也軸末則有轄助輻則曰輔輿閒橫木則曰軨繫木乘輿則曰轅大車舟端則曰輗小車輈端則曰軏其制雖攷工記無所見要其材皆相資以致用闕一不可故軫可以名輿可以名車達常可以名部軫前橫木可以名輅此又因一材而通名之也其爲車也有長轂者有短轂者有杼輪者有侔輪者有反輮者有反揉者有兩輪者有四輪者有輻者有無輻者有曲轅者有直轅者華有轅

有一轅者有兩轅者有直輿者有曲輿者鈎車曲輿有廣箱者有方箱者有重較者有單較者或駕以馬或駕以牛或挽以人或飾以物或飾以漆或樸以素皆因宜以爲制稱事以爲之文也

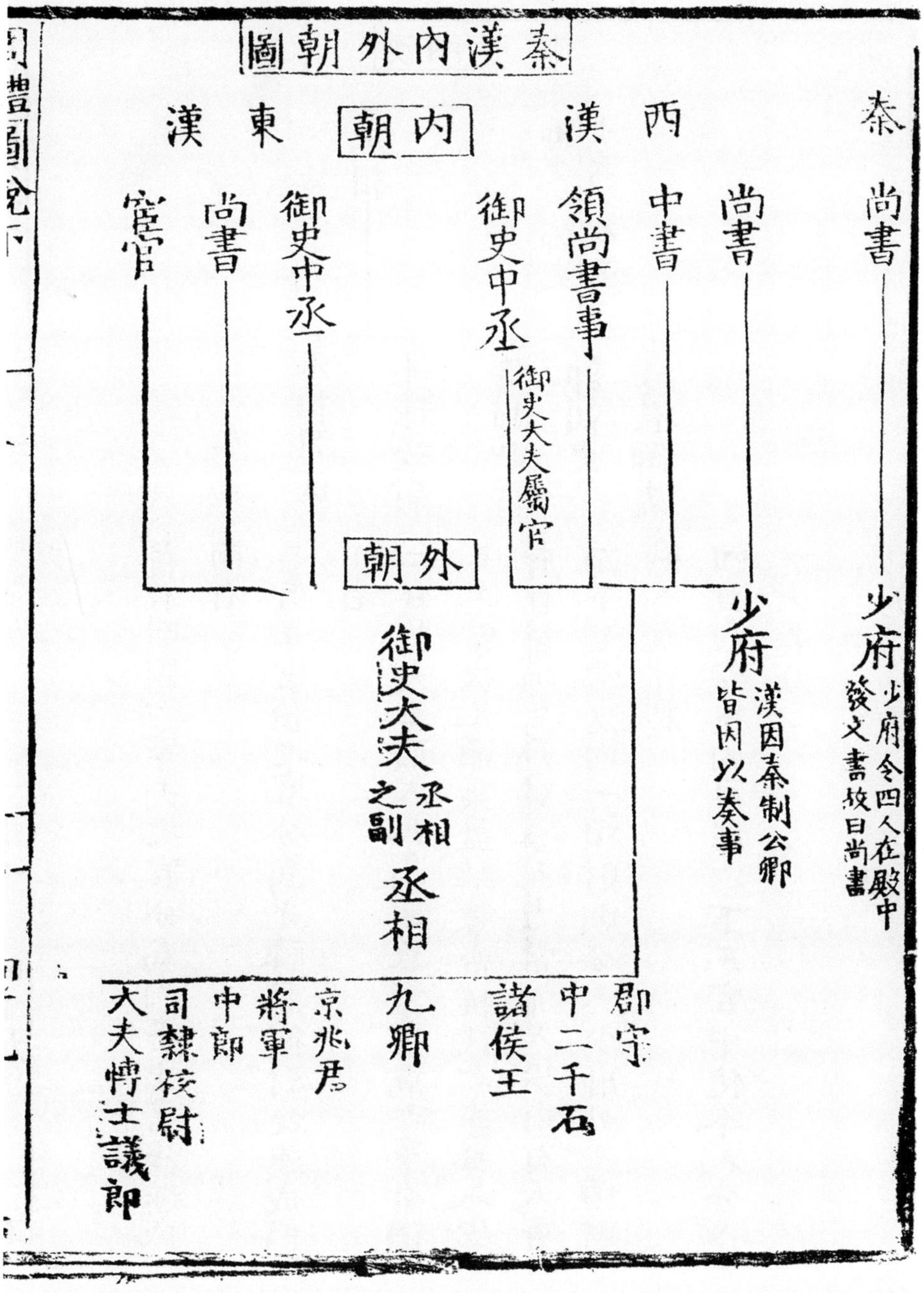
秦漢內外朝圖
秦
尚書
少府
少府令四人在殿中發文書故曰尚書
西漢
尚書
中書
領尚書事
御史中丞
御史大夫屬官
少府
漢因秦制公卿皆因以奏事
內朝
東漢
御史中丞
尚書
宦官
外朝
御史大夫
丞相之副
丞相
郡守
中二千石
諸侯王
九卿
京兆尹
將軍
中郎
司隸校尉
大夫博士議郎

漢兩府圖

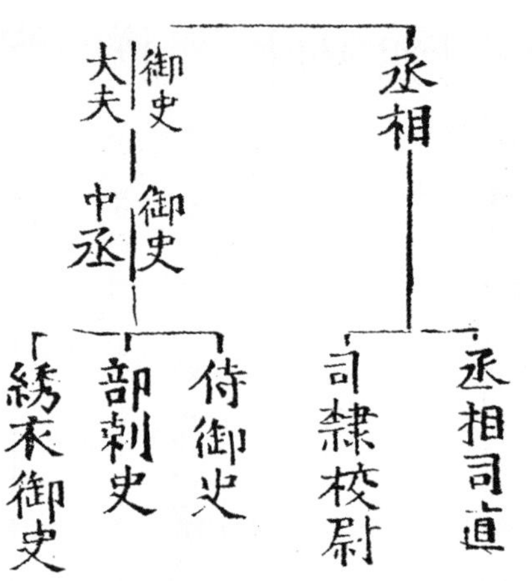

舊有四圖一宰夫之官分爲尚書中書後遂成兩省

三宮正宮伯之官分爲光祿勳衛尉後遂成門下省

二自膳夫至腊人凡鳥獸魚鼈烹庖之事自酒正至掌次凡酒漿醯醢幕帟幄次之事分入少府自醫師至獸醫分入太常亦入少府自大府而下至掌皮内一項財則分入少府外一項財分入大司農

四自内宰至内司服以下凡宮中使令人分入於大長秋

漢南北軍之圖

內北軍

衛尉兵

二萬人見武帝紀建元元年郡國材官騎士番上以充之掌巡徼京師

中尉兵

即三輔之兵番上以充之

衛將軍

文帝置後復罷之

外南軍

十二城門校尉屯兵

京兆

馮翊

扶風

八校

此軍屯于宣池曲陽包南北軍

期門、羽林並屬光祿勳

中壘　北

屯騎　北

步兵　北

越騎　南

射聲　北

胡騎　南

長水　南

虎賁　北

郡國有材官騎士

周禮傳七卷分上下十四冊終

提學道委泰和縣學訓導陳鏞提撥謄録

廬陵縣後學胡煥校對刊行

《蘇州全書》編纂出版委員會 編

蘇州全書

甲編

·虎鈐經

蘇州大學出版社
古吳軒出版社

圖書在版編目(CIP)數據

虎鈐經 / (宋)許洞撰 . -- 蘇州 : 蘇州大學出版社 : 古吳軒出版社 , 2025. 6. --(蘇州全書). -- ISBN 978-7-5672-5218-9

Ⅰ. E892.441

中國國家版本館 CIP 數據核字第 2025PF9584 號

責任編輯 汝碩碩
裝幀設計 周 晨 李 璇
責任校對 穆宣臻

書　　名 虎鈐經
撰　　者 〔宋〕許 洞
出版發行 蘇州大學出版社
地址：蘇州市十梓街1號 電話：0512-67480030
古吳軒出版社
地址：蘇州市八達街118號蘇州新聞大廈30F 電話：0512-65233679
印　　刷 常州市金壇古籍印刷廠有限公司
開　　本 889 × 1194 1/16
印　　張 31.5
版　　次 2025 年 6 月第 1 版
印　　次 2025 年 6 月第 1 次印刷
書　　號 ISBN 978-7-5672-5218-9
定　　價 220.00 元

《蘇州全書》編纂工程

總主編

劉小濤　吳慶文

學術顧問

（按姓氏筆畫爲序）

王　芳　王　宏　王　堯　王　鍔　王紅蕾　王華寶　王爲松　王衛平
王餘光　王鍾陵　朱棟霖　朱誠如　任　平　全　勤　江慶柏　江澄波
汝　信　阮儀三　杜澤遜　李　捷　吳　格　吳永發　何建明　言恭達
沈坤榮　沈燮元　武秀成　范小青　范金民　茅家琦　周　秦　周少川
周國林　周勛初　周新國　胡可先　胡曉明　姜　濤　姜小青　韋　力
姚伯岳　馬亞中　袁行霈　華人德　莫礪鋒　徐　俊　徐　海　徐　雁
徐惠泉　徐興無　唐力行　陸振嶽　陸儉明　陳子善　陳正宏　陳尚君
陳紅彦　陳廣宏　黄愛平　黄顯功　崔之清　張乃格　張志清　張伯偉
張海鵬　葉繼元　葛劍雄　單霽翔　程章燦　程毅中　喬治忠　鄔書林
賀雲翱　詹福瑞　趙生群　廖可斌　熊月之　樊和平　劉　石　劉躍進
閻曉宏　錢小萍　戴　逸　韓天衡　嚴佐之　顧　薌

《蘇州全書》編纂出版委員會

主　任　金　潔　季　晶

副主任　韋國嶺　吳晨潮　王國平　羅時進

編　委（按姓氏筆畫爲序）

丁成明　王　寧　王忠良　王偉林　王稼句　王樂飛　尤建豐　卞浩宇
田芝健　朱　江　朱光磊　朱從兵　李　忠　李　軍　李　紅　李　峰
吳建華　吳恩培　余同元　沈　鳴　沈慧瑛　周　曉　周生杰　查　焱
洪　曄　袁小良　卿朝暉　高　峰　凌郁之　陳　潔　陳大亮　陳其弟
陳衛兵　陳興昌　孫　寬　孫中旺　黄啟兵　黄鴻山　接　曄　曹　煒
曹培根　張蓓蓓　程水龍　傅　强　湯哲聲　楊　斌　蔡曉榮　臧知非
管傲新　歐陽八四　錢萬里　戴　丹　謝曉婷　鐵愛花

前言

中華文明源遠流長，文獻典籍浩如烟海。這些世代累積傳承的文獻典籍，是中華民族生生不息的文脉和根基。蘇州作爲首批國家歷史文化名城，素有『人間天堂』之美譽。自古以來，這裏的人民憑藉勤勞和才智，創造了極爲豐厚的物質財富和精神文化財富，使蘇州不僅成爲令人嚮往的『魚米之鄉』，更是實至名歸的『文獻之邦』，爲中華文明的傳承和發展作出了重要貢獻。

蘇州被稱爲『文獻之邦』由來已久，早在南宋時期，就有『吴門文獻之邦』的記載。宋代朱熹云：『文，典籍也；獻，賢也。』蘇州文獻之邦的地位，是歷代先賢積學修養、劬勤著述的結果。明人歸有光《送王汝康會試序》云：『吴爲人材淵藪，文字之盛，甲於天下。』朱希周《長洲縣重修儒學記》亦云：『吴中素稱文獻之邦，蓋子游之遺風在焉，士之嚮學，固其所也。』《江蘇藝文志·蘇州卷》收録自先秦至民國蘇州作者一萬餘人，著述達三萬二千餘種，均占江蘇全省三分之一强。古往今來，蘇州曾引來無數文人墨客駐足流連，留下了大量與蘇州相關的文獻。時至今日，蘇州仍有約百萬册的古籍留存，入選『國家珍貴古籍名録』的善本已達三百一十九種，位居全國同類城市前列。其中的蘇州鄉邦文獻，歷宋元明清，涵經史子集，寫本刻本，交相輝映。此外，散見於海内外公私藏家的蘇州文獻更是不可勝數。它們載録了數千年傳統文化的精華，也見證了蘇州曾經作爲中國文化中心城市的輝煌。

蘇州文獻之盛得益於崇文重教的社會風尚。春秋時代，常熟人言偃就北上問學，成爲孔子唯一的南方弟子。歸來之後，言偃講學授道，文開吴會，道啓東南，被後人尊爲『南方夫子』。西漢時期，蘇州人朱買臣負薪讀書，穹窿山中至今留有其『讀書臺』遺迹。兩晉六朝，以『顧陸朱張』爲代表的吳郡四姓涌現出大批文士，在不少學科領域都貢獻卓著。及至隋唐，蘇州大儒輩出，《隋書・儒林傳》十四人入傳，其中籍貫吳郡者二人；《舊唐書・儒學傳》三十四人入正傳，其中籍貫吳郡（蘇州）者五人。文風之盛可見一斑。北宋時期，范仲淹在家鄉蘇州首創州學，並延名師胡瑗等人教授生徒，此後縣學、書院、社學、義學等不斷興建，蘇州文化教育日益發展。故明人徐有貞云：『論者謂吾蘇也，郡甲天下之郡，學甲天下之學，人才甲天下之人才，偉哉！』在科舉考試方面，蘇州以鼎甲萃集爲世人矚目，清初汪琬曾自豪地將狀元稱爲蘇州的土産之一，有清一代蘇州狀元多達二十六位，占全國的近四分之一，由此而被譽爲『狀元之鄉』。近現代以來，蘇州在全國較早開辦新學，發展現代教育，涌現出顧頡剛、葉聖陶、費孝通等一批大師巨匠。中華人民共和國成立後，社會主義文化教育事業蓬勃發展，蘇州英才輩出、人文昌盛，文獻著述之富更勝於前。

蘇州文獻之盛受益於藏書文化的發達。蘇州藏書之風舉世聞名，千百年來盛行不衰，具有傳承歷史長、收藏品質高、學術貢獻大的特點，無論是卷帙浩繁的圖書還是各具特色的藏書樓，以及延綿不絕的藏書傳統，都成爲中華文化重要的組成部分。據統計，蘇州歷代藏書家的總數，高居全國城市之首。南朝時期，蘇州就出現了藏書家陸澄，藏書多達萬餘卷。明清兩代，蘇州藏書鼎盛，絳雲樓、汲古閣、傳是樓、百宋一廛、藝芸書舍、鐵琴銅劍樓、過雲樓等藏書樓譽滿海内外，彙聚了大量的珍貴文獻，對古代典籍的收藏保護厥功至偉，亦於文獻校勘、整理裨益甚巨。《舊唐書》自宋至明四百多年間已難以考覓，直至明嘉靖十七年（一五三八），聞人詮在蘇州爲官，搜討舊籍，方從吳縣王延喆家得《舊唐書》『紀』和『志』部分，從長洲張汴家得《舊唐書》『列傳』部分，『遺籍俱出宋時模板，旬月之間，二美璧合』，于是在蘇州府學中槧刊，《舊唐書》自此得以彙而成帙，復行於世。清代嘉道年間，蘇州黄丕烈和顧廣圻均爲當時藏書名家，且善校書，『黄跋顧校』在中國文獻史上影響深遠。

蘇州文獻之盛也獲益於刻書業的繁榮。蘇州是我國刻書業的發祥地之一，早在宋代，蘇州的刻書業已經發展到了相當高的水平，至今流傳的杜甫、李白、韋應物等文學大家的詩文集均以宋代蘇州官刻本爲祖本。宋元之際，蘇州磧砂延聖院還主持刊刻了中國佛教史上著名的《磧砂藏》。明清時期，蘇州成爲全國的刻書中心，所刻典籍以精善享譽四海，明人胡應麟有言：『凡刻之地有三，吴也、越也、閩也。』他認爲『其精，吴爲最』，『其直重，吴爲最』。又云：『余所見當今刻本，蘇常爲上，金陵次之，杭又次之。』清人金埴論及刻書，仍以胡氏所言三地爲主，則謂『吴門爲上，西泠次之，白門爲下』。明代私家刻書最多的汲古閣、清代坊間刻書最多的掃葉山房均爲蘇州人創辦，晚清時期頗有影響的江蘇官書局也設於蘇州。據清人朱彝尊記述，汲古閣主人毛晉『力搜秘册，經史而外，百家九流，下至傳奇小説，廣爲鏤版，由是毛氏鋟本走天下』。由於書坊衆多，蘇州還産生了書坊業的行會組織崇德公所。明清時期，蘇州刻書數量龐大，品質最優，裝幀最爲精良，爲世所公認，國内其他地區不少刊本也都冠以『姑蘇原本』，其傳播遠及海外。

蘇州傳世文獻既積澱着深厚的歷史文化底藴，又具有穿越時空的永恒魅力。從范仲淹的『先天下之憂而憂，後天下之樂而樂』，到顧炎武的『天下興亡，匹夫有責』，這種胸懷天下的家國情懷，早已成爲中華民族精神的重要組成部分，傳世留芳，激勵後人。南朝顧野王的《玉篇》，隋唐陸德明的《經典釋文》、陸淳的《春秋集傳纂例》等均以實證明辨著稱，對後世影響深遠。明清時期，馮夢龍的《喻世明言》《警世通言》《醒世恒言》，在中國文學史上掀起市民文學的熱潮，具有開創之功。吴有性的《温疫論》、葉桂的《温熱論》，開温病學研究之先河。蘇州文獻中蘊含的求真求實的嚴謹學風、勇開風氣之先的創新精神，已經成爲一種文化基因，融入了蘇州城市的血脉。不少蘇州文獻仍具有鮮明的現實意義。明代費信的《星槎勝覽》，是記載歷史上中國和海上絲綢之路相關國家交往的重要文獻。鄭若曾的《籌海圖編》和徐葆光的《中山傳信録》，爲釣魚島及其附屬島嶼屬於中國固有領土提供了有力證據。魏良輔的《南詞引正》、嚴澂的《松絃館琴譜》、計成的《園冶》，分别是崑曲、古琴及園林營造的標志性成果，這些藝術形式如今得以名列世界文化遺産，與上述名著的嘉惠滋養密不可分。

維桑與梓，必恭敬止；文獻流傳，後生之責。蘇州先賢向有重視鄉邦文獻整理保護的傳統。方志編修方面，范成大《吴郡志》爲方志創體，其後名志迭出，蘇州府縣志、鄉鎮志、山水志、寺觀志、人物志等數量龐大，構成相對完備的志書系統。地方總集方面，南宋鄭虎臣輯《吴都文粹》、明錢穀輯《吴都文粹續集》、清顧沅輯《吴郡文編》先後相繼，收羅宏富，皇皇可觀。常熟、太倉、崑山、吴江諸邑，周莊、支塘、木瀆、角直、沙溪、平望、盛澤等鎮，均有地方總集之編。及至近現代，丁祖蔭彙輯《虞山叢刻》《虞陽説苑》，柳亞子等組織『吴江文獻保存會』，爲搜集鄉邦文獻不遺餘力。江蘇省立蘇州圖書館於一九三七年二月舉行的『吴中文獻展覽會』規模空前，展品達四千多件，並彙編出版吴中文獻叢書。然而，由於時代滄桑，圖書保藏不易，蘇州鄉邦文獻中『有目無書』者不在少數。同時，囿於多重因素，蘇州尚未開展過整體性、系統性的文獻整理編纂工作，許多文獻典籍仍處於塵封或散落狀態，没有得到應有的保護與利用，不免令人引以爲憾。

進入新時代，黨和國家大力推動中華優秀傳統文化的創造性轉化和創新性發展。習近平總書記强調，要讓收藏在博物館裏的文物、陳列在廣闊大地上的遺産、書寫在古籍裏的文字都活起來。二〇二二年四

月，中共中央辦公廳、國務院辦公廳印發《關於推進新時代古籍工作的意見》，確定了新時代古籍工作的目標方向和主要任務，其中明確要求『加强傳世文獻系統性整理出版』。盛世修典，賡續文脉，蘇州文獻典籍整理編纂正逢其時。二〇二二年七月，中共蘇州市委、蘇州市人民政府作出編纂《蘇州全書》的重大決策，擬通過持續不斷努力，全面系統整理蘇州傳世典籍，着力開拓研究江南歷史文化，編纂出版大型文獻叢書，同步建設全文數據庫及共享平臺，將其打造爲彰顯蘇州優秀傳統文化精神的新陣地，傳承蘇州文明的新標識，展示蘇州形象的新窗口。

『睹喬木而思故家，考文獻而愛舊邦。』編纂出版《蘇州全書》，是蘇州前所未有的大規模文獻整理工程，是不負先賢、澤惠後世的文化盛事。希望藉此系統保存蘇州歷史記憶，讓散落在海内外的蘇州文獻得到挖掘利用，讓珍稀典籍化身千百，成爲認識和瞭解蘇州發展變遷的津梁，並使其中蘊含的積極精神得到傳承弘揚。

觀照歷史，明鑒未來。我們沿着來自歷史的川流，承荷各方的期待，自應負起使命，砥礪前行，至誠奉獻，讓文化薪火代代相傳，並在守正創新中發揚光大，爲推進文化自信自强、豐富中國式現代化文化内涵貢獻蘇州力量。

《蘇州全書》編纂出版委員會

二〇二二年十二月

凡例

一、《蘇州全書》（以下簡稱『全書』）旨在全面系統收集整理和保護利用蘇州地方文獻典籍，傳播弘揚蘇州歷史文化，推動中華優秀傳統文化傳承發展。

二、全書收録文獻地域範圍依據蘇州市現有行政區劃，包含蘇州市各區及張家港市、常熟市、太倉市、崑山市。

三、全書着重收録歷代蘇州籍作者的代表性著述，同時適當收録流寓蘇州的人物著述，以及其他以蘇州爲研究對象的專門著述。

四、全書按收録文獻内容分甲、乙、丙三編。每編酌分細類，按類編排。

（一）甲編收録一九一一年及以前的著述。一九一二年至一九四九年間具有傳統裝幀形式的文獻，亦收入此編。按經、史、子、集四部分類編排。

（二）乙編收録一九一二年至二〇二一年間的著述。按哲學社會科學、自然科學、綜合三類編排。

（三）丙編收録就蘇州特定選題而研究編著的原創書籍。按專題研究、文獻輯編、書目整理三類編排。

五、全書出版形式分影印、排印兩種。甲編書籍全部采用繁體竪排；乙編影印類書籍，字體版式與原書一致；乙編排印類書籍和丙編書籍，均采用簡體横排。

六、全書影印文獻每種均撰寫提要或出版説明一篇，介紹作者生平、文獻内容、版本源流、文獻價值等情況。影印底本原有批校、題跋、印鑒等，均予保留。底本有漫漶不清或缺頁者，酌情予以配補。

七、全書所收文獻根據篇幅編排分册，篇幅適中者單獨成册，篇幅較大者分爲序號相連的若干册，篇幅較小者按類型相近原則數種合編一册。數種文獻合編一册以及一種文獻分成若干册的，頁碼均連排。各册按所在各編下屬細類及全書編目順序編排序號。

虎鈐經

〔宋〕許洞 撰

據中國國家圖書館藏明刻本影印。

提要

《虎鈐經》二十卷，宋許洞撰。

許洞（約九七五—約一〇一六），字洞天，一作淵夫。宋吴縣人。咸平三年（一〇〇〇）進士，授雄武軍推官，後因觸忤上官免歸，隱居著述。景德二年（一〇〇五）獻所撰《虎鈐經》于朝，得真宗嘉許，後授均州參軍。大中祥符四年（一〇一一），遷烏江縣主簿。許氏平生以文章自負，所著詩賦甚多，知名當世，歐陽修稱其爲『俊逸之士』。另通曉天文、地理、兵陰陽諸學。著有《春秋釋幽》《演玄》等，惜多散佚。

《虎鈐經》創意於咸平四年（一〇〇一）之初，歷時四年成書。凡二十卷，二百一十篇。『虎鈐』有開啓兵符鎖鑰之意；『虎鈐經者，將軍之事也』，即闡述軍事原理之兵書。許洞采《孫子兵法》《太白陰經》之要，兼融天文、曆法、五行之説，系統闡釋古代戰争理論與實戰策略。

《虎鈐經》體大思精，幾涉古代軍事各方面。在體例上，分類編排，按類闡述。前十卷首論天時、地勢、人謀協同之戰争觀，强調三才相應，勝負可決，突出『國之腹心』將領之地位；再詳述陣法、偵察、火攻、水戰等戰術，尤以『飛鶚陣』『長虹陣』等陣法圖解爲特色；還載軍需補給、行軍醫藥等後勤要務。後十卷輯録陰陽占候等内容，雖涉玄虚，然包含古代天文學知識，亦反映宋代軍事思想之多元面貌。許氏主張兵者以智爲本，注重靈活應變，反對拘泥古法，書中逆用古法、因敵制勝等論，體現其創新精神。《虎鈐經》上承孫子、李筌等先賢兵學思想，下啓明代《武備志》等兵書編纂，爲研究宋代軍事思想與戰術體系之重要文獻。

《虎鈐經》宋刊原本已不可見，傳世版本有明刻本、明鈔本、《范氏奇書》本、《四庫全書》本、《粤雅堂叢書》本等。本次影印以中國國家圖書館藏明刻本爲底本，原書框高十九·六厘米，廣十四·三厘米。前有《許洞上虎鈐經表》及許氏自序。書中鈐『天一閣』『叔弢』『周暹』『叔弢手校』『老弢』諸印，並載周叔弢朱筆校字，末附其手書跋語。

自莊嚴堪

許洞上虎鈐經表

臣洞言重門擊柝所以待暴客弦弧剡矢所以利天下開龍韜而秘統舊虎略而禦侮自三代以來未有廢而不用者也伏惟

皇帝陛下稟德自天應時御世恢張皇猷啓廸帝範廓两間之祲沴愈萬姓之瘡痍煥赫光明昭灼海内

臣叨生聖世伏膺古訓洊

陛下豐草長林沐

陛下淳恩厚德不識不知順帝之則擊壤鼓腹有日矣臣曩者輒不量淺陋以蕞爾之志慕述作之道歲月寖廣卷軸斯備著書二十篇名曰虎鈐經要其書

上言人謀中言地利下言天時雖紛拏錯綜終始備
具枝分派別凡在師中吉者必貫穿條舉其有引正
道征不庭則堯舜之謀具矣伐四夷馭異類則周官
之武盡矣建廟謨開經濟則良平之策存矣用詭道
出奇謀則韓白之機在矣聽禽鳥之聲察風雲之變
則師曠離婁之議舉矣撮古人之志剖愚慮所得叢
萃乎其間亦兵家淵藪也臣今者伏覩勅命高張六
科俯待多士臣雖不佞竊敢任狂瞽之識贖聰明之
化備陳韜畧運籌决勝科其所撰虎鈐經并目錄二
十卷謹齋沐修飛燃香繕寫隨表以進干冒冕旒臣

提行

無任瞻天仰聖激切屏營之至謹具以聞洞誠惶誠
恐稽首頓首謹言

虎鈐經序

虎鈐經者將軍之事也臣素好奇正之變由是而言之也自古兵法多矣然孫子之法奥而精使學者難於曉用諸家之法膚而淺或用者喪於師律淺深長短迭爲表裏酌中之理誠難得焉又觀李筌所著太白陰經論心術則秘而不言談陰陽則散而不備以是觀之誠非具美臣今上採孫子李筌之要明演其術下撮天時人事之變備舉其占或作於己見或述於古人名曰虎鈐經然則奇謀詭道或不合於六經既爲兵家要用故必貫穿條縷以備載之六壬遁甲

星辰日月風雲氣候風角鳥情雖遠於人事亦不敢遺漏焉至於宣文設奠醫藥之用人馬之相得有補於軍中者莫不具載自爲一家之言創意於辛丑之初成文於甲辰之末其書二百一十篇分爲二十卷其年書就於吳郡鳳皇里臣洞頓首謹序

明鈔本下接二十卷目録

每卷無目錄

虎鈐經卷第一

天功第一

天道變化消長萬彙契地之力乃有成爾天貴而地賤天動而地静貴者運機而賤者効力上有其動而下行其化矣是以知天之施地匪專也知地之應天有常也生機動則應之以生氣機動則應之以氣機正則泰機亂則否萬物列形而否泰交著見之於地焉豈止地之為乎盖天道内而地道外者也王者天

也將地也將者天也士卒地也我天也敵地也由此觀其所動故負勝可知矣王之於將也閫外之寄擇賢授柄舉無所疑將必内應其正外務其順應以正則師律嚴務以順則臣節貞舉而禦敵詎有輿尸之患乎君恃智以自用倨禮而傲下授柄匪人任人不信將不正應内包猶豫之惑外喪馭衆之威矣舉而禦敵寧免失律之凶乎師之成敗見之於將焉豈將之爲乎將之爲任也智敵萬人苟無萬人之用與愚者同矣勇冠三軍苟無三軍之用與懦者同矣善爲將者正而能變剛而能恤仁而能斷勇而能詳以策

馭吏士未有不振援動業以戡禍亂者也反是則吏士外無功內多離散之勢勇怯見之吏士焉豈吏士之爲乎我之於敵也夫攻拔戰勝使敵不敢抗衡者豈敵怯乎由我威令整進退肅賞罰明也覆兵殺將弱國削地者豈敵彊乎由我不嚴師律故也夫如是亦自上而及下自內而迨外其猶天地之用乎故天必籍地力然後運四氣正生殺也貴必籍賤力然後能立元功而建王業也

地利第二

地之形險易殊也地之氣寒熱異也用形與氣在知

逆順焉昧此道者不能得地利必矣善用地者則不然險而易之易而險之也夫居險用險必內潰居易用易必內蹶當有形之用逆之者善矣何謂險而易之曰簡以夷其政要以節其動用以緩其約不以踈慢爲失也何謂易而險之曰進止戒嚴內外無怠用其謹慎不以暴急爲務也如是者乃險易之用也以方位觀之則寒熱之氣異也當有氣之用順之者善矣南方之氣熱北方之氣寒也其氣異則水土之性必相戾逆諸人而使之飲其地脉食其土毛蒙其風氣瘴癘之疾凍溢之戾加焉以我之不便犯順方之

人不有患乎天不能以氣順人君能以人順氣可也是故利不可以專一胡人之馬越人之航也各有便焉反是不可措手足矣行師者不能擇而用之斯亦更胡越之所便也曩其成功遠矣是知地之所利者可兼而有乎善用兵者擇利而從之善矣

人用第三

今之世取人也每務其多學而捨其偏技非良術也兵家所利隨其長短而用之也是以善撫恤者勿類鬬慮其勞疲而無勇也善保守者勿使進攻慮其遲緩而不猛也多方者勿使與於決事慮其猶豫也多

勇者勿與謀敵慮其過輕也精悍者使鬪果敢者使攻也沉毅而性執者使據阻險見小而貪財者不可使守儲蓄智而善斷者可擇其言輕健者使誘敵剛愎者使當鋒利口喋喋者使行間善鼠竊狗偷者使盜號探敵惡言多罵者使之揚毀訾詈奇材異識者使預談論深識大度者使安衆崛彊多力者使斬闢榛莽善隨地形結構者使度樹營柵怯懦者使輦運器用老弱者使備炊汲諳山川擇高下水泉之利者使地形妖言詐辭善張惶鬼神之心惟引天命者使揚聲惑衆以動敵心善擇地勢平易險阻知往來細

大之蹊路者使通糧儲奇辭偉辨能架虛矜大者使奮振威德耳目聰明探察敵人情者使伺候奸僞敏才徤筆者使主牋檄明七曜休咎者爲歷數之士善占風雲吉凶者爲候氣之士曉六壬遁甲者爲選日時之士諳蓍龜者爲卜筮之士是四人者雖推驗體測陰陽各不可使相亂貴其專一也醫藥之人二十人已上以兵數增之獸醫亦如醫人之數大將軍權通材者與之參議可否故我大衆之內有善有惡無棄人焉人無所棄斯不怨則動有功矣

三才應變第四

易曰見機而作不俟終日故用兵之術知變爲大軍雖氣銳時勝一作遇天時而行列散潰旌旗紊亂金鼓不節擊之可也或曰彼得天時詎可破乎許洞曰天之所祐正也怙天時而棄軍政與天違也天人相違不凶何俟故兵利以順應順也順而逆應之必凶之兆也或曰軍乘天時誇有地利將吏驕怠謀畫不精軍陣散亂如之何洞曰可擊也曰彼獲天地之利如何擊之曰人者天地之心也苟心不正雖有其表將焉用乎或曰軍違天時逆地利大將深謀沉毅部伍清肅進退有節如之何許洞曰未可擊也曰不獲天地之

利奚謂未可乎曰正則可以率天地之用草寇可爲王矣或曰彼如是也我之動將之如何許洞曰先以人次以地次以天然後攻之必克敵也曰先後如之何曰利爲主何謂主曰動爲客靜爲主觀敵之動何如乃應之夫書言動者不必戰陣時敵人先動爲客也但密構敵人所爲之事謂之動則我以機應之不勝焉先勝而後舉神明之道也

三才隨用第五

天著吉凶以陰陽辨也地布險易以山川章也人包勇怯以戰陣見也苟有欲陰陽之順險易之利勇怯之用在于閑暇可得而擇也當彼我相逢各出不意

忽然交合曷能擇所利而用哉或曰兩師不期逼於險地天地震晦雨雪交積山川不辨當此之際何以禦之許洞曰大將止衆堅陣嚴肅號令雖敵來攻勿與交戰俟天變以罷觀弱疆之勢而後進退之曰我既安矣彼自驚撓則如之何曰以積兵乘之又曰倉卒之際大將以何術即能堅行陣嚴號令使士卒不自驚亂許洞曰善用兵者有動必備預擇輕勇者二十四人八方各三騎相去一里晝以旗夜以鼓過山川委曲叢林茂窞晝亦鳴鼓恐不見旗第一騎見賊晝舉旗第二騎亦如之第三騎馳告夜用鼓如晝法恐敵聞鼓聲急馳告烟霧蓊塞風

雷震驚旗之不見鼓之不聞亟馳告斯謂八卦探騎者也是以值賊而能備焉苟天地有變則引輕兵突之大陣不可妄動凡大兵之常以輕騎數千人別分部隊爲游兵其將擇驍勇觀彼動靜而後舉焉故我常用其整也此皆隨天之變也或曰與敵卒然相遇或平原曠澤或山谷深峭或岥嶝竆隆或㘭汚沮洳或草木蒙密俱是危地當其用之如何許洞曰迴渠迂一作汚澗可以衝車突馳也深峽隘口可以少擊衆也長林豐草可以爲伏也原野漫衍可以騎兵相屬也草木隱障可以步士接戰長郊徃來可進可退可以長戰當敵踰水跨遠高下相

乘不可得親近可以長弩當敵崖壁相隱狹徑斗迴
可以劒楯當敵葦蕭蘆荻枝葉朦朧可以戈挺當
敵此皆隨地之性也或曰寨柵之間三軍已憩冦敵
乘間衝突攻擊當此之時如之何許洞曰使勇者擄
其前怯者匿其後忽遽之時怯者彊驅而前進焉必
挫鋒折銳不若隱之也曰當此之時何暇別勇怯之
用乎曰不然善用兵者防亂於未亂備急於未急結
營既定預擇彊勇者衛外怯弱者附之所以慮晦夜
之急也此皆隨人之性也如是順天地人預備之道
者也故易之卦以豫者預也取預備之象為難之用

也故曰重門擊柝以待暴客盖取諸豫用兵者可不得

審於此乎

虎鈐經卷第一終

虎鈐經卷第二

辨将第六

國家行師授律生殺之柄大將所主將者國之腹心三軍之司命也可不慎於選乎苟欲命將預以精誠辨其可否者有四一曰貌二曰言語三曰舉動四曰行事其一曰貌凡眉上雙骨橫起而隆巘者語言而不純者目反仰視者方坐内多虚驚者此六者人有其一斯人常蘊不臣之心不可使之也豐下鋭上神

氣安詳者重德而善安衆人也目黑多白少點睛深而神氣與形相副者機度沉厚不可以詐動人也目睛熒朗五岳相照燕頷虎頄者心機疾速勇而有斷人也龜背虎臆者點睛深而朗徹瞻視詳諦而神骨聳峭者雄壯有智慮人也是五者人有其一可使之也至若神氣重濁骨粗不正頭薄面淺頸大腹細目睛昏瞀點睛近上視傾不正此皆志氣淺劣智識庸鄙人也其二曰言語人有言肆而目駭視者心懷異圖也言枝蔓而不徑者心有隱也矜大人言善唯恐不至者黨人也言錯綜而無歸者心躁競也方言而

他視者心不誠也言卑而色下者心有所屈也方言頻四顧者其辭妄也言人之短而視不定者誣罔人也言多以私事爲憂者顧妻子之人也言大而理不精者其學虛也色恌而徐徐順人意者佞媚人也矜己善而斥人不善者崛彊人也言欲發而却縮者含蓄人也言無公私必及利者貪人也色俾而言多諂者志下劣人也事曲而言直氣悖而言順鄙而言大事不詳而彊能理矯而彊正此皆姦詐人也是十有六者人有其一不可使也言大而意精至者有識度人也言希而出必中者志節人也言動而必及國家

者忠孝人也言尊而不迂者壯直人也辭寡而意懇者正公人也言多及軍吏之私者善撫恤人也言及陣敵喜動色者好勇人也言及細微而能剖析是非者有智人也言迂闊而卒近於理者識深見遠人也言少而事詳者大度人也語氣和而神色相稱者善納衆人也言徐徐而事備者性緩而有德人也言速而事當性急而不暴有識人也是十三者人有其一皆可使之也其三曰舉動行有狼顧者行與坐忽如驚恐者非時召語而手足紛拏者方食而不覺棄匙筯者方行而首偶口自輒斜動者行而唯恐有人逐

者欲坐而頻四顧如有所駭者方言動氣上騰神色自得者待下多卑恭而不實者覩畫覺巳如不知而目它視者是十者有其一此皆心不誠實多蓄異人也不可使之也行欲如大賂足動而身不搖也坐欲如山岳形神俱定也卧欲如覆舟神烈安詳也此皆智度沉深大節崇德人也是三者人有其一可使之也至若神氣重濁骨相不正頭薄面淺頸大腹細目睛昏懵黠精近上視顧不正此七者皆志氣淺劣智識鄙人也不可使之也其四曰行事有人行事先巳後人者好私人也事繁多而用事不當者無智人也

作事不急於用者無益人也作事有首無尾者偽人也先急而後慢者卒衆人也事不求詳而輒為人者麄踈人也巧妙而無裨急用者浮艷人也所措捨魯鈍而不適用者愚人也利害章章而不能析之者無識人也臨事而懼者懦弱人也進退不决者無斷人也記一而忘二者神昧人也事虛而構架廣大以善為惡以惡為善者姦人也善候人之顏色隨所欲而言者佞人也是十四者人有其一不可使之也有事箇而用當者有喜怒之事不露於色者臨大事而神氣自若者此謂神有餘也人有微而不棄大而不

煩者為事不惧美事不喜者事有衆惑而獨斷之者事有衆危而獨安之者事有難動而獨動之者事有難安而安之者此謂志有餘人也是十者人有其一皆可使之也是以知貌也者神之聚也言語也者神之發也舉動也者神之用也行事也者神之本也察其神則盡其為人之道也大矣況國之命將可不審於此乎

論將第七

萬機論曰雖有百萬之師恃吞敵在將者恃將也夫舉國之利器以授之苟非其人是輕天下將何以為

謂小大者各有四焉八者皆無何足以謂之將乎其大者一曰天將二曰地將三曰人將四曰神將其小者一曰威將二曰彊將三曰猛將四曰良將凡興師舉衆列營結陣視旌旗之動審金鼓之聲揆日度時以決吉凶隨五行運轉應神位出入以變用兵敵人不測其所來以神用兵我師不知其所爲動有度靜有方勝負在乎先見持天地鬼神之心以安士衆此之謂大將者也所至之境詳察地理（一作利）山澤遠近廣狹險易林藪之厚薄谿澗之深淺若視諸掌戰陣之時前後無阻左右無滯步騎使其往來戈戟叶其所

用指揮進退皆順其情人馬無逼塞之困攻守獲儲蓄之利振野得水草之饒使人馬無飢渴之色陷死地而能生攻亡地而能存逆地而順用之順地而逆用之不擇險易皆能安而後動動而决勝者此之謂地將者也又若廉於財節於色踈於酒持身以禮（一作公）奉上以忠憂樂與士卒同獲敵之貨賂而不蓄得敵之婦女而不留納諫而能容疑而能斷勇而不淩物仁而不喪法圄（一作原）其小罪决其大過犯令者不諱其親有功者不忌其讐老者扶之弱者撫（一作恤）之懼（一作驚）者寧之憂者樂之訟者决之濫者詳之賊者平之疆者

曉五行明七事上順天時預知成敗領師統衆伍行嚴肅部曲精恪號令明賞罰信出疆入塞秋毫不擾上下和同共成一志不以我之寡弱敵人聞之望風喪膽不戰屈人之兵動則致勝此之謂威將者也

抑之懦者隱之勇者使之横者殺之服者原之失者扶之亡者逐之來者爵之暴者挫之智者昵之讒者遠之得城不攻得地不專敵淺以待變敵詭以順會逆勢則觀順勢則攻此之謂人將者也又若以天爲表以地爲裏以人爲用舉三將而兼之此之謂神將者也行師之時無失天時無失地利無失其人無有勇怯聞敵而即行心無疑慮犯令者罪無大小必繩以刑敵聞之即畏當之即破此之謂疆將者也師無多少敵無疆弱三軍順令若臂使指往復萬變出其敵不意舉動如神匹馬單劍摧鋒先入使敵人

失措懼而遠遁此之謂猛將者也夫能以威爲表以猛爲裏以疆居中兼三將而有之此之謂良將者也國之任將也得天將可以當違天之敵得地將可以當逆地之敵得人將可以當悖人之敵得神將可以當天下之敵舉無遺筴矣威將可附天將（上能順天下壯威武所宜附也）彊將可附地將（上明地利下知進退所宜附也）猛將可附人將（上明人心利害下以精敢禦敵所宜附也）良將可保四方曰雖有敏捷之用然皆不可以獨用焉如是者將之體也

出將第八

王者既審定大臣之可否以將之於是居正殿召之

曰令某地不臣願煩將軍應之社稷安危亦在將軍乃使太史氏擇吉日授之斧鉞王入太廟西面而立王操鉞持其首授之柄曰從是以上至天者將軍制之復操其柄授之以刃曰從是以下至地者將軍制之將既受命拜而報曰臣聞國不可以從外理軍不可以從中御二心不可以共濟疑心不可以應敵臣既受命專斧鉞之威臣不敢生還迺辭而行鑿凶門而出是以將之行也不問妻子示其忠於國君之命將不敢輕其禮示其崇於用將之於外也君命有所不受唯逐便利國家是務其於巳也潔其於人也至

是故將拒諫則英雄散策不從則謀者去善惡等則賢愚混賞罰亂則綱紀散多喜則不威多怒則人心離多言則機泄多奸則智惑寛則衆懈暴則衆將專權則下歸咎將自善則下無功將納讒則正人離將好賂則士卒盜將内顧則士卒淫貶聲揮色所以自潔避嫌遠疑所以自持沉機遠慮所以不失委時順變所以逮功恕物篤行所以歸愛昵善斥讒所以來逺先度後作所以應卒先信後言所以伏下信賞必罰所以正人明令鑑古以照衆卑色貴人所以保終去私循公所以存國其神欲正其形欲端動欲如風

取其順徤也止欲如山鬭欲如雷電機欲如鬼神思欲如照影令欲如雪霜取其必殺也○苟有此者可以當國之大命矣

軍令第九

大將既受命總專征之柄犒師於野畢而下令焉不從令者必殺之夫聞鼓不進聞金不止旗舉不起旗低不伏此謂悖軍如是者斬之呼名應召之不到往復愆期動乖師律此謂慢軍如是者斬之夜傳刁斗怠而不振更籌乖度聲號不明此謂懈軍如是者斬之多出怨言怒其不賞主將所用崛彊難治此謂

橫軍如是者斬之揚聲笑語者無其上禁約不止此謂輕軍如是者斬之掌器械弓弩絶弦箭無羽鏃劍戟澁鈍旗纛凋敝此謂欺軍如是者斬之妖言鬼辭撰造鬼神託憑夢寐以流言邪説恐惑吏士此謂妖軍如是者斬之姦舌利嘴鬬是攢非攢怨吏士令其不協此謂謗軍如是者斬之所到之地凌侮其民逼其婦女此謂姦軍如是者斬之竊人財貨以爲利己奪人首級以爲己功此謂盗軍如是者斬之將軍聚謀逼帳矚垣竊聽其事此謂探軍如是者斬之或聞所謀及軍中號令揚聲於外使敵聞知此謂背軍如是

者斬之使用之時結舌不應低眉俛首而有難色此謂狠（一作很）軍如是者斬之出越行伍爭前亂後言語諠譁不馴禁令此謂亂軍如是者斬之託傷詭病以避艱難扶傷舁死因而遂逃此謂詐軍如是者斬之主掌財帛給賞之際阿私所親使吏士結怨此謂黨軍如是者斬之觀寇不審探寇不詳到而言不到不到而言到多言而少少言而多此謂誤軍如是者斬之營壘之間既非犒設無故飲酒此謂狂軍如是者斬之此令既立吏士有犯之者當斬斷之時大將以問諸將曰罪當斬遂令吏士挾於外斬之斬斷之後使

傳令告諸吏士曰某人犯某罪適與諸將議當斬已處斷訖公等宜觀此以自戒是大將以禮行罰使士卒無寃死與衆有畏心矣故軍法者將之大柄也可不重乎是以吕蒙涕泣而斬鄉人穰苴立表而誅莊賈此皆先遵法令後收功名者也

船戰第十

夫水戰之時擂一通鼓吏士皆嚴再擂一通鼓士伍皆就船整待（一作治）櫓棹戰士各（一作爲）持兵器就船各一（一作爲）當其所幢幡鼓角各（一作爲）隨所軰船鼓三通大小船以次發左不得右右不得左前後不得捺越違令斬

之

步戰第十一

夫步戰之法擂鼓一通步騎皆裝再通下馬步皆屯三通以次出之隨幡住者結屯住幡後聞鼓音整陣斥候者視之地形廣狹從四角面立表制戰陣之宜諸部曲各安部陣兵曹舉曰不如令者斬之若欲結陣對敵營先立表乃引兵就表而臨皆無讙譁明聽鼓看旗幡麾前則前麾後則後麾左則左麾右則右麾不應令而擅右後左右者斬伍中有不進者伍長殺之伍長不進什長殺之什長不進督兵者殺

之督戰之法將則拔刀在後察違令不進者即斬之一部受敵餘步不進救者斬臨陣兵器弓弩不可離陣離陣伍長什長不舉發者與同罪無將軍令而妄行陣間者斬臨戰陣騎兵皆在軍兩頭前陣又騎次之游騎在後若步騎與賊對陣臨時見地勢便欲使騎獨進討賊者聞三鼓音馳騎從兩翼進戰視麾所指聞三金音即還此謂獨進戰之時也步騎大戰進退自如法焉

虎鈐經卷第二終

癸酉二月廿二日校

虎鈐經卷第三

兵機統倫第十二

臣聞兵者陰也陰之德以虚爲用而應於體也月者太陰之精氣也朔望不常何也盖由以虚爲變也兵

者既爲陰類則其機宜常虚含變以法月也能以虚
含變應敵動必利矣觀乎天文之風雲星辰有吉凶
者天將也得其吉象不可恃之恃之者凶得其凶象
不可懼之懼之者敗苟不知天象之吉凶者是虚其
機而應天者也觀乎地理山川險易有生死存亡之
途者地之利於人也善用兵者於地也無生死存亡
觀彼我之勢察去就之情何如爾然後乃順其事而
用之也苟不知地理之險易者是虚其機以應地者
也觀乎人事疆弱利害有勝敗之勢者事皆係於人
也苟以變合於事疆弱利害有勝敗之勢者事皆係

於人也苟以變合於事事合於時時合於理者無疆弱無利害則敗勢可以為勝勝勢可以為敗也苟不知人事之勝敗者是虛其機以應人者也是故善戰者雜於凶而難可釋雜於吉而勢可壯吉凶交雜而能不惑於用者此可以上不畏天矣雜於險而事利雜於易而事難險易交雜而能常處其變者此可以下不畏地矣雜於（一作其）利而敵見其害雜於害而我敗（一作馭）其利利害交雜而不能屈於敵者此可以中不畏人也知此三者而用兵其盡三才之變乎自古兵法及臣所著之書其間中明利害者蓋以直指其形貌

者爾以臣所謂能審一時之機者其在天也無吉凶其在地也無險易其在人也無利害

軍範第十三

用兵之道先正其禮次淵其謀次擇其人然後詳天地之利害審人心之去就行賞罰之公慎喜怒之理擇進退之地張攻伐之權明成敗之面度主客之用能愛人之生者可使人捨生而赴死能親人之身者可使人捐身而犯難是故先親於人俾人然後親之先勝於敵就敵然後勝之故用兵必以粮儲為本謀略為器韜勇為用鋒刃為備祿位為誘斬殺為威彊

弱相援勇怯相間前後相趨左右相赴遠近相取利鈍相蔽步騎相承長短相用長兵短兵之用也敵欲堅陣我則突其不意敵欲直衝我則備其所從攻必先攻其所寡擊必先擊其所動簿者可突長者可截亂者可惑疑者可協大軍之爲政也勞在乎役無度怨在乎賞不均弱在乎逼迫窮在乎絶地離在乎將失道懼在乎將無勇飢在乎遠輸渴在乎窮井軍之爲逸也樂在乎安靜利在乎賞罰當其死在乎軍檢正成其功在乎戰陣詳如此者戰陣之術也軍之即於戰陣也從生擊死從實擊虛從整擊亂從利擊害從逸擊

勞從有餘擊困窮山陵之戰不仰高不速深不傴隘不遠追水上之戰不逆風不逆流林中之戰不連翼不相馳草上之戰不涉深平陸之戰不遠離此戰法之利也軍之禁也不節語言必泄不峻令行必亂不行賞士必怠行伍紊亂由於昧暗在明察以正之晦夜驚怖在震靜以嚴之是以知陣之嚴整軍之表也軍吏畏愛將之裏也軍之所親將之所存非智賢孰能與此乎

教戰第十四

諸教戰陣每五十爲隊從營繕緝搶幡教場左右廂

各依隊次解幡立隊伍相去各十步分布使均其駐隊塞空去前隊二十步列布訖諸營士卒一時即向大將麾下聽令毎隔一隊定（一作）一戰隊即出向前各進五十步聽角聲第一聲絶諸隊即一時散立第二聲絶諸隊一時捺搶張弓捲幡捘力第三聲絶諸隊一時舉鎗第四聲絶諸隊一時跪膝籠槍坐目看大將黄旗耳聽鼓聲黄旗向前亞鼓聲動齊唱嗚乎（并去聲）齊向前到中間（一作界）一時齊唱聲殺齊入賊退敗訖可趂行三十步審知賊徒喪敗馬軍從背逐北聞金鉦動即須聽去行轉上架鎗側行回身本處散立第一聲

絶一時捺槍便解幡旗第二聲絶一時舉槍第三聲絶一時旗隊一看大將處兩旗交即五隊合為一隊即是二百五十人為一隊其隊法及捲旛舉槍旗隊鬭戰法並依前一看大將處五旗交即十隊為一隊即是五百人合為一隊其隊法及捲幡舉槍旗隊鬭戰法如前聽第一聲角絶即散二百五十人為一隊如此凡三度即教畢諸士卒一時聽大將賞罰進止第三聲角絶即從頭引隊伍還軍

先謀第十五

用兵之要先謀為本是以欲謀行師先謀安民欲謀

攻敵先謀通粮欲謀踈陣先謀地利欲謀勝敵先謀人和欲謀守據先謀儲蓄欲謀彊兵先謀正其賞罰欲謀取遠先謀不失其邇苟有反是而用兵者未有不爲損利而趨害者也是故聖王之兵先務其本本壯則末亦從而茂矣苟能知利害之本謀以禦敵雖有百萬之衆可不勞而克矣

先勝第十六

孫子曰勝兵先勝謂先定必勝之術而後舉也何謂必勝許洞曰先務三和次務三有餘次務三必行何謂三和曰和於國然後可以出軍和於軍然後可以

出陣和於陣然後可以出戰國不和則人心離軍不和則教令亂陣不和則行列不整不先務此三和之道我其可戰耶何謂三有餘曰力有餘食有餘義有餘也力無餘則困於鬬食無餘則怠於時義無餘則吏士怨不務三有餘之術師其可動耶何謂三必行曰必行其謀則好機不成必行其賞則好功者不愛死必行其罰則有過者不歸咎不必務三必行之道人其可用耶是以知善務和者公無私捨小惠務大惠善務有餘者力諸事而不自怠善務必行者興勇斷去猶豫之謂也舉是九者務令預定之於前則萬

變千機然後動乎其中矣率此以禦敵未有不勝者也故曰勝兵先勝者勝在我也其在大易曰先天不違之義也

勝敗第十七

用兵之術戰勝不可專專勝有必敗之理戰敗不可專專敗有反勝之道戰勝而敗者有五急難定謀孤疑不決一敗也機巧萬端失於遲後二敗也機事不密三敗也似勇非勇似怯非怯四敗也主將不一五敗也此五者皆戰勝而反敗也戰勝而欲必勝者定謀貴決機巧貴速機事貴密進退貴審兵權貴一也

勢敗而反勝者有四吏士飢渴所愛陷之剳所愛者謂在急難之中殺所乘駿馬愛妾以啗吏士也衆有飽之用矣吏士恐懼奮身先之衆有勇之用矣期應不到殺其所昵所昵者謂所嬖倖戚子弟諸姻同在軍中若有主守者犯命則先殺之也衆有懼之用矣人有疑惑陰爲鬼詐鬼詐者謂詐爲狐鳴蔽詞中之類也或假托卜筮百端不一衆有天之用也天謂天所授也如是者以敗爲勝也勝敗之術非勇決神智安能行之耶

知姦第十八

敵使來目數動色數異而言肆者刺客也敵未困而請和者謀也敵卑辭厚幣者驕我也使雖頻來爲寇

鈔本謀者返其謀兩節在搆者示之下

不止者侮我也厚貨啗我左右者欲搆我索謀也使來言語辨利欲兩國休觧者將掩我不備也使言崛彊者欺我也敵使有此七者宜細詳之將爲挾之（謂謁見之時以操兵者挾隸而見）謀者反其謀（謂僞詐之却掩其不備也）驕者反其驕（矜其辭幣使敵人信我爲驕也）侮者凌之（舉兵其無禮）搆者示之（佯不知而反示之以虜事也）將掩不備復之（佯聽其說反掩其不備也）欲者誅之（誅無禮以威敵）留使者不可久久則知我微不若殺之是以知姦之道兵之本也不可不審

奪情第十九

敵無恃不可以爲寇欲審者豫審而奪之敵之爲梗

或以韁或以隘或以勇或以緩之謂也奪韁以氣奪隘以動奪勇以威奪緩以誘夫敵以力有餘而加於人我則以緩伺其力衰而乘之此奪氣者也敵以嶮地壁守或盈隘而陣我雖士民豐逸不可以韁取守者以利暢其心否則以動則攻之陣者以勢逼其敵否則佚動隨而衝之此奪隘者也關塞營壘糗粮所搤預于要路伏兵絶之必力奪其輜重敵可使飢此奪緩者也人逸馬良恃韁輕戰可擄隘設伏示弱以誘此奪勇者也不知四奪不足以語奇也兵術萬途不可專一先能奪其所恃則彼力衰半矣

襲虛第二十

襲虛之術有二焉一曰因二曰誘何謂因曰敵兵所向我亦佯應之別以精兵潛出虛地或攻其壘或斷其後或焚其積聚也何謂誘曰欲敵之要地則不攻而佯攻其隣大其攻具盛其師旅以誘敵兵敵兵到則勿與戰復於壁守潛以精銳襲所出兵之城而掩其内此二者皆襲虛之道也

任勢第二十一

兵之勝敗非人之勇怯也勇者不可必勝怯者不可必敗率由勢焉耳勢之任者有五一曰乘勢二曰氣

勢三曰假勢四曰隨勢五曰地勢勢之敗者有三焉一曰挫勢二曰支勢三曰輕勢凡新破大敵將士樂戰威名隆震聞者駭懼迴其勢而擊人者此之謂乘勢者也將有威德部伍嚴整士有餘勇名譽所加聶如雷霆此之謂氣勢者也士卒寡少盛其鼓張其旗爲疑兵使敵人震懼此之謂假勢者也因敵疲倦懈怠襲擊之此之謂隨勢者也合戰之地便其干戈利其步騎左右前後無有陷隱此之謂地勢者也用兵者乘此五勢未有不能追亡逐北以建大功也又若累戰累北吏士畏於戰敵此之謂挫勢者也挫勢者言[illegible]於

敵人挫辱故謀勢不利也將無威德謀慮賞罰不當吏士之心率多離散此之謂支勢者也吏士諠譁不循禁令部伍不肅此之謂輕勢者也凡用兵有此三者未有不敗軍殺將者焉是故乘勢一作五在我可以指揮進攻矣任勢在敵我當有道反能擊之若夫敵有乘勢而到者未可與戰堅壁固守待之曠日久敵心必緩於始到矣候其攻無所掠掠無所得敵之衆心益以慢矣當於中夜潛令驍勇襲其營壘攻其無備乘其亂出精兵兩道擊之地勢便一作壁中鼓則兩道出不便則一道出壁中鼓譟應之如此則可以破其敵者矣敵有恃氣勢而到者可

以後潜精兵偽示以老弱敵進攻則發伏擊之必勝矣何謂也許洞曰精勢如人者止用勇敢疾速爲務鮮能精謀慮彼見老弱必輕進樂作惵凌之堅陣以俟一鼓不勝鋒必挫反爲我乘矣敵有以假勢而到旗鼓之盛埃𡑆之多矣旗鼓或虛設𡑆或以蝕戰預料敵國兵如國有十萬之衆侵伐之地不及五萬之師矣降之不溢三萬矣國有百萬之衆侵伐之地不及五十萬之師矣降之不溢三十萬謂其各有屯援之地及死亡之所或故兵不能盡到侵伐之地以此料之百萬之國其衆來者有百萬六十七十八十九十萬之旗鼓與號令者必不溢四十萬矣餘皆

疑兵也十萬之國其衆來者有四萬五萬之旗鼓與號令者此必不溢三萬矣餘皆疑兵也（敵國大小敵衆多寡皆以此類數推之也）是以知旗鼓多者其兵少矣不可怖但以精兵出其不意必敗矣或敵探我動靜者爲我所知即詐示以疲倦懈怠使知之敵必隨勢而來預於諸間道及通衢陰伏銳兵候之（先令細人密探敵人舉兵之期然後設伏以待亦可）過半則邀擊之敵得地勢以薄我未可與戰堅壁觀之持久則衆心怠矣得敵有挫勢者可以自外擊之敵有支勢者可以自內擊之（內攻爲用間盖其敵心然後擊之也）敵有輕勢者可以突之（掩不備也）此隨敵三敗勢攻之也以此

秀

言之是故多勝者非彊也多敗者非弱也率由勢爾

夫水之柔弱方圓任性而能蹶（一作蹷）隄漂石者水之勢也火之剛（一作测）炎亘天而起者火之勢也薪木既灰而滅影者木之勢也故用兵之道既知水火之旺敗則盡於勢之用矣

使間第二十二

周禮巡國傳謀反間也用間之道聖人以用兵決勝不可不間用間決中不可不密苟非大智孰能臻於是乎故間之行也觀事而舉其術有八焉其一曰兩國相拒兵抗其境詐爲疲困畏懼潛漏其言厚貨詔

敵所愛俾因以所求中之次使使者致王帛子女輿駿馬精佩之飾以求和觧覺其驕慢陰選精兵分道早夜兼進以乘不備此以使者為間者也其二曰或敵生口以所謀漏一作泄之謀皆虛者非實也俾得聞焉陰縱使遁去令敵得所謀而信之我行則不然也此以敵人為間者也其三曰敵來間我詐為不知也及事示之敵得偽事我則出不意而擊之此反求來言以為間也其四曰敵以間來厚賂之令反其言以間敵此反以來人為間也其五曰與敵人戰佯為小敗亟引兵深壁示以懼色乃選語言鄙鈍無智慮者使於敵令

威張皇我使之疆威俾敵知爲間者必以我爲惧以疆詞來間也既行即舉奇兵隨而襲擊之此以明間而爲間者也其言曰敵有内寵令心腹者以金寶饋其家使潛構敵情此以内嬖爲間者也其七曰敵有謀臣則潛行賂敵親信構讒於内外以事應讒者言使君臣相疑自相殘害此以讒人爲間也其八曰求敵所委信者副其所欲陰求其動静言語者此以鄉人爲間者也是以知間者兵家之要妙也苟非賢智莫能用之故用間之道在乎微密潛誠此良將之所注意也

分守第二十三

守備不可以讓善守者如環使敵不得其間而入焉夫人之治身者血脉往來通暢於四肢則安寧矣或一脉不來一氣不通未有免於病者是以善用兵者雖四屯急難則如首尾相顧而不窮斯爲妙矣

虎鈐經卷第三終

二十四日校人客往来心殊不定也

虎鈐經卷第四

十可擊第二十四

敵人信鬼多祈禱者必懷疑懼不能任人故也一可

擊也敵怯務天時擇其方位覩其雲氣不顧地形之險易不詳人心之逆順二可擊也敵止以地利為擇不能整肅號令嚴戒行伍三可擊也結營分陣時多動移者此多疑恐四可擊也軍發言無誠實事多利已吏士怨怒五可擊也將吏淫怠六可擊也結營之地四要無防（四要者四面間道也）七可擊也將馭人無禮八可擊也賞罰顛倒九可擊也將士多輕十可擊也苟欲擊之先令細人密搆其實而我乘之然後行擊必中矣我師亦宜以此自為戒焉

五不可擊第二十五

两師相去數里見敵兵疲弱懈怠號令不肅食謂敵
人可擊也而我未備知敵地之形勢或汪汚拗沮或
曲道相枎高下相承叢林茂草當應敵示弱而匿其
彊示不羸而藏其整示無謀而匿其智示遠而弊在
近知是而敵久不退者必有奇謀一不可擊也合戰
未久敵師未甚傷殘即棄其鼓旗疾奔者勿逐之必
有伏兵二不可擊也我之生口爲敵所獲一日遁歸
以敵事語我或獲敵生口亦以敵事語我皆敵謀也
勿信之三不可擊也敵師乘勢鼓行進攻於我則動
兵堅陣待之候其氣衰此乘勢之兵氣威鋒銳與戰必不

利四不可擊也敵結陣不顧死絕之地而鼓旗整肅者五不可擊也

五畏第二十六

太公曰智與衆同非人師也伎與衆同非國工也動莫神於不意勝莫大於不識孫子曰善戰者其勢險其節短率謂畏諸常也是以善用兵者其畏有五一曰險二曰輕三曰危四曰愚五曰畏窮途遂谷死絕之地敗壘夷塹馳突之所衆以險也去焉我當內軍固障外若不整以誘敵內嚴部伍外若有畏以驕敵彼既不識隱之以變衞之以卒此用險之道也彼衆

我寡力殫粮絶勝勢在彼敗勢在我當軟血誓士嚴令厚賞進退以必死提寡少之兵突疆禦之衆以我爲輕也當有輕之用由窮地而鬭生門反輕而决馬此用輕之道也敵强攻急師人大震衆以為危我不以忽遽自亂當有危之用嚴號謹備以天命慰撫吏士外閑其貌内潛速其機以奇出兵此用危之道也敵人以間來間我佯不知而受之敵人以探來探我佯無備而設伏待之敵以我愚也當有愚之用反而智焉此用愚之道也望敵之兵來退縮守壁見敵之使來卑辭下氣如欲和解衆以我爲畏也當有畏之

用退縮則設伏而攻之出奇衝之欲和解則以利動之以卑驕之此用畏之道也是五者反衆之法也衆以我爲險者我用其利也衆以我爲輕者我用其決也衆以我爲危者我用其安也衆以我爲遇者我用其智也衆以我爲畏者我用其勇也故太公曰不能推移不可語奇此之謂也

五機第二十七

兵有五機一曰地機二曰事機三曰勢機四曰利機五曰神機列營布陣先據要害敵取逆我取順動息是謂地機審探敵事因而爲之以中敵情使敵不知

爲我所覺得以欺敵是謂事機鼓十人之氣爲百人之用鼓百人之氣爲千人之用威名氣焰動如雷電所當者破是謂勢機粮芻儲積士馬習閑几敵境粮道通利是謂利機敵人料我於前失之於後料我於遠失之於近動靜出入敵不能察是謂神機用兵以五機應敵未有不能攻城掠地者也

被圍第二十八

我師爲敵所圍可以力守者三外有援兵一可守也人士勁勇芻粟豐備二可守也城池完固民人富庶三可守也可以決戰者三外無援兵一可戰也人勁

馬壯甲兵堅利儲畜不備二可戰也城池不完士民窮匱三可戰也守可以必守戰可以即戰何謂必守許洞曰盡我力焉援之不到俟敵困懈出奇以戰如光武昆陽水上鼓譟而出如田單即墨火牛之類是也何謂即戰許洞曰既圍即戰謀未備也圍久則困一作用焉被圍之師不可出者二敵無故開圍一角者有伏也退圍數里者誅也示以老弱者誘也可以急備者二敵攻其西謹備其東面皆如之敵示以閑暇者此必緩我而欲求懈陰將衝突也夫被圍者當其安其內而後反其外可也

圍寇第二十九

遂寇於城隍壘壁逼而圍之者踰數旬不變非克敵之術如圍中士馬精壯兵器堅利芻粮豐溢外有援可俟者宜樹土山濬渠池去圍百里廣途間道築壁備之人數不可多隨地大小用之盛其游兵分部往來提舉遇急則救應之圍中寇敵窮蹙處以可守復生他計則伏精兵於敵路以待（敵路者謂敵人本圍要路及歸路也）實三面兵士嚴爲備禦開圍一角令得生路敵不奔則戰（在圍一心死守出圍則心散各求生路）奔則伏兵發戰則志散此可以必克矣是故圍寇之道不可以堅守爲事易曰窮則變變則通此之謂也

防敵第三十

深入敵境寂然不逢一人不可輕動防有伏焉宜詳審四衝之雲氣秣馬勵士坐甲以之結營之地候夜於營數里四圍各以勁勇之士伏彊弩利楯多列鼓鼙有賊遽發擊鼓爲號賊擊衛兵則中營出輕兵援之賊擊中營則四面夾攻之中營堅陣坐以候變而已賊退則隨之勿副之中營亦隨而進焉夫頓兵敵境暇則秣食不常其時備不測之寇所行之地遇平川大澤分五方之師左右前後人等差隨時去中軍不可過遠大將軍處于中軍隨軍芻粟處于中軍賞

賜資貨處于中軍若山川險狹則斂左右二軍前後如故焉與賊相遇不可忽遽周幰當實畏戒嚴俾吏士若臨大祭鼓則進金則止不金不鼓湛如停淵雖使之奔衝馳突不可妄動何也曰凡深入敵境與常戰不同地形我不細究其逆順叢林我不深曉其厚薄但堅其大陣於陣中數出奇兵左右掩逐利則進不利則止皆則掠人則殺而已此皆深入之道也苟不先備而俟之必有驚撓刦奪之困可不慎哉

候敵第三十一

兩師未合先候敵人之情故其遇之偏才皆可見之

也其有猛而輕死者可伏而挑之智而遲者可逼也機事速疾而不精者可誘也機緩而精者可抗也自伐者可間也信人者可詐也不信人者可離也剛愎自用者可擊也親愛人者可侮也侮一作悔貪者可賂也鄙者可奪也廉者可污也清者可辱也畏鬼神可驚也懦而善用人者可欺也將有是十五者擊之無疑也卒使用無時者可擊也士馬秣食無時者可擊也結營之地無出入之便者可擊也臨陣諠譁約之不止者可擊也營柵無泉源溪澗者可擊也動而不能避日耗月刑者可擊也請將爭功者可擊也謀臣放

逐者可擊也吏士然怒者可擊也傳呼不應節者可擊也是十者能候而擊之無疑焉孫子曰候之而知動靜之理者此之謂也苟不能候敵之情而浪與戰者是謂擧衆與敵也

追敵第三十二

敵戰既北可以追之者五不可以追之者六何謂也曰彼勝氣可追者一也步騎散亂奔多顛躓不成部伍二也奔其鄉里赴其城壁三也前有生路可往士卒無鬭志矣輜重甲兵散而不收四也主將已死五也又若敵人雖敗倦氣不減一不可也舊溪澗水流忽「作急」絕者盜已

過二也慮其絶水之計耳敗軍遁走行伍不甚亂旌旗不甚錯三也慮其詐敗欲我逐之然後發其伏兵者也吏士奔走不甚蹶躓步騎不相參錯四也慮其亦詐也詐則心安故走不蹎躓也敵敗失道左右山谷前亦如之五也無路可走必還而致死途窮食盡吏士未甚散六也是以可追者急追不可追者堅壁而觀必有利害之變矣俟舉兵我則利進而害退也

詭敵第三十三

兵者詭道也卷舒萬變雖天地鬼神不可使測之不可使測之一作莫能知之是故詭敵之道其術有二敵使到以權臣私之豐寶貨露誠疑爲結使者之術使其信我不

疑然後以憤（一作忿）惑之復以國家事泄（皆以國家虛寔似是而非者）既密乃反搆敵意料不以我爲疑即以通情於敵君示舉兵期與地以內應之待期（一作奇）則以精兵出不意擣其虛我外通之其術一也（內應號皆虛號也亦爲我臨兵之害）募勇敢者以爲待一旦佯爲怒笞之見血即潛使竄敵復因其妻子俾知之而爲怨（一作怒）我以密事告（亦虛事也）使傳聞於敵詐言以其時當加兵於其處我潛應其言及期果與言合乃陰出銳兵攻其不意其術二也此皆以奇爲勝者兵之要道不可以不詳於此也

因敵第三十四

敵有謀臣以間疏之敵有積聚細人焚之敵有種植欺而刈之敵有民人彊而虜之陰賂敵之寄人使進敵美女以惑其意敵良犬駿馬以蕩其心多方以設之迨其外困而內惑則國事懈矣然後舉兵伐之可不勞而功立矣善用兵者常謀困敵敵困則我逸矣以逸擊困尚何敵之不克哉

周備第三十五

一方之地一界之內一城之間分兵守之要地則威兵防禦壘人數多少分爲步騎中營大將所居外皆環列營陣所脩之地不空虛焉敵來襲擊四面皆救

援急則引中營之兵以赴焉表裏互相救也慮敵人擊其一處則立左右營陣以護防矣

遠近第三十六

兵者詭道也詭可使虚爲實遠示之近近示之遠故遠近之用其術有六善攻敵者聲前掩後聲東擊西出敵所不趨趨敵所不意利而誘之安而動之逸而勞之飽而饑之覘其無備卒然乘之其術一也所臨之境界於洪淵大壑不可卒濟即駐兵築壘鑿掘刳木廣爲舟航示以必濟也如不可卒辦之則令彼備此行我則不然也中夜陰令精兵銜枚于他處擧筏而渡擊沿流屯守候

彼衆亂大兵襲而随之其術二也加兵之地斷敵之
踣大軍陰謀以詭敵敵聞焉如以爲然所備必緩即
陰令輕捷者從間道以懸榛行索接續以亟渡出其
不意我即令大軍以應之其術三也两陣相向敵人
鼓譟挑戰勿即應久之則徐徐引退敵來簿陣即亟
出驍勇衝其心後軍張翼而從之其術四也交戰既
酣陰以奇兵分左右翼自陣後两出擊之使外潰而
内駭焉其術五也敵戰時於大戰後以精兵伏之不
施旗鼓惟以彊弩劍楯戈鋋藏隱于身埋伏山林深
草之處伺前戰大戰令後伏兵先出强弩射之後麾

前戰兩向兵徐逼敵佯敗誘追伏動則撲之其術六也此六者皆示以近而取勝在遠也如是者奇正之謀也孫子曰兵以正合一作才以奇勝此之謂也

虎鈐經卷第四終

虎鈐經卷第五

料地第三十七

用地之法考地之形勢有六焉一曰通二曰挂三曰支四曰隘五曰險六曰遠我可以往彼可以來曰通

居通地利乘高待敵後通粮運障其間道絶敵之潛來用戰則利也我可以往彼難以反曰挂居挂地先詳敵無備伏兵絶其歸路則利焉敵有備而出則自躓焉我出而不利彼出而不利曰支居支地若敵引兵而去是誘我也勿擊之待其自出簿我則擊之利焉守山谷之口界乎兩向峭絶曰隘我先居隘地整其營陣待敵絶衝突之患若敵先居之盈陣待之盈陣者實降絶隘口如攻不盈則從其它攻之利焉處高待下處安待危曰險居險地我先居之利以戰若敵先居之勒兵退乃見其利焉與敵相去營壘之遥曰遠地

敵不先進但挑戰戰則不可進必有伏焉敵不戰而引退亦不可逐逐則不利故古人云用兵之道地利爲寶此之謂也

生地第三十八

生地者謂左右前後非死絶之地通粮道進退皆利也生地雖曰兵家之利可以用者六焉若夫懸軍深入一可用也士馬精壯陣勢習熟二可用也將明令嚴三可用也我强敵弱四可用也大將威著恩信吏士服從五可用也吏士樂戰六可用也其不可以用者有三焉士卒顧家者一不可用也前無利誘士卒

退心二不可用也進則害退則利三不可用也茲生地之利害可不審乎

死地第三十九

死地者謂背山負水粮道生路皆絶也死地雖曰兵家之害可以用戰者四焉將之恩威未著吏士未服一也我兵與敵等我力戰則利畏戰則害欲令吏卒死戰者二也爲敵所逼粮芻將竭三也前軍既破後軍尚固四也其不可以用者三焉彼衆我寡一也利害未審驕衆强爲二也將心猶豫三也

料山第四十

山勢迫而障於近者勿營處伏在側也山亞而遶林薈者勿營處四迴有伏也山迴於踞者不可妄行處伏在前也山伏於後者速過急以兵守其後處為敵所絶也左右前後皆山我頓軍於中者細究其往來之蹊踞洇諸間道以兵守之凡諸山坂及野地者有林近我我利若得之戰則爲伏急則爲藏守則爲薪也苟能知山林之利害者鮮不勝也

料水第四十一

頓軍之地水流而清徹者食之上也水流而黄濁有沙者食之次也流之黒者食之下也水黄黒以膠投之可以清

設或水停而不流者勿食水流而上源在敵者勿食
水流而中有黒脉不定毒流者勿食食者死水多糞
草者勿食食者病水上有人狗彘之尸者勿食如無
水可食當於其側穿井以汲吏士營必以水暫甜必
以水若將有所渉也水流而或盈或減者勿渉必有
壅囊之機水止而爲陂爲沮洳限於踣者勿渉必有
澤淖之陷水在敵要地而無甲兵防之者未可即渉
先令輕兵搜驗山谷崎岸處有伏焉欲奪敵之力者
先奪其水得之上流者美莫大焉

料塵第四十二

敵之始來塵有條而散漫者曳薪也穗起而驚亂者塵車來也塵高濃厚渾渾而起者騎兵來也卑而廣奮奮而起者步兵也兵少而塵散亂者部伍不肅也兵多而塵清者部伍按行將之令整也塵埃左右前後起者使人無常法也軍動而塵埃條條而起者不散漫軍止而塵亦止者此皆大將威德行部伍整肅故也列營結陣之時有塵起飛者隨所起處防之必有賊兵潜到臨賊以塵爲候亦料敵取勝之術者也

料敵陣第四十三

敵陣稍長必薄者我軍當自堅其稍先以勁兵力衝

敵陣之心力困則益兵進之俟敵陣稍動而來救於心則退衝心之兵復堅我陣俟敵陣稍動則麾我兩稍之兵乘之若敵陣心實而稍圓不可輕擊俟變而後動焉若敵陣於死地部伍齊肅如一者此將賢而兵精也不可輕擊焉陣於死地部伍不肅多動多譁旗幟撩亂此皆將軍愚昧不能擇地利使士伍心動故也可追而擊之必勝也若陣於生地人馬利於出入行列嚴整旌旗如畫金鼓應節人無喧囂此將有謀而善於得地利者也不可輕擊敵陣於生地令不嚴肅行列不整進退不節此蓋將內不能曉軍政外

不能擇地利故也吏士之心必不固可放兵擊之必勝也若敵陣左右山峽而不能盈者可擊也列陣而不能順其地勢者可擊也是知善戰者莫不能此而能料其勝負也

料敵營第四十四

敵營粮道不通利者可守之敵營得高燥之地而不顧泉水之利者可俟之俟之久則人馬多渴也敵營得泉水之利而地勢下濕者可逼之敵營地勢不順出入者可攻之敵營寬大而兵少者可薄之敵營圍寨而兵寬者不可輕之敵營四周守備不均者隨其

虗處以攻之敵營前後左右有出入之便者水草之利者不可輕之此皆料陣法也

料用天氣第四十五

望氣者以氣勝敗告於大將觀敵之氣衰則進攻氣旺則止兵勿與戰此之謂順天時者彼之氣旺他人皆懼怯不敢進兵我獨勇而進焉反能必勝者何也在乎以智逆於氣而已順任乎時者也夫五行之旺以日時為用靜為主動為客敵之勝氣有如門上樓如杵如枝或曰赤為木我則俟金時自西擊之可克矣水日水時不可也水能生木故也敵上勝氣或赤

如火光火烟之狀暈暈而起者木日木時不可也爲木能生火也曰爲火亦倏水時自北擊之可克矣敵上勝氣如白粉者白爲金水日金時皆不可也苟金日火時利自南方攻之可克矣敵上勝氣黄如土臺者土日金時不可也金日土時不可也金日金時土日土時皆不可也土日木時利自東擊之黄者土也臺者亦土也不言雲氣如水狀而及色黑者緣黑氣多爲敗氣此不復用或敵人先據吉地我之頓軍税駕逼近於凶神死氣之上不得利門而出者但觀我軍上雲氣及敵上雲氣形與色以五行相生相克用

之敵氣能生我我則出師進戰我軍上氣能克敵亦利出師進戰不然則勸兵撫士戒嚴驚備俟時而動焉不可妄也夫天下事勝敗之氣由人用之而已兵家萬變此其一也

逆用地形第四十六

兵法曰散地無戰散地者境内地土也士卒顧家其意未專不可戰也輕地則止入敵地尚淺士卒意未堅不可以進敵當自堅其心也争地則無攻山谷隘險之口以弱勝强以少擊衆之地也交地則無絶俱可進退之地不可以兵絶之衢地則合交有路往來

我可結交於諸侯也重地則掠深入敵境士卒意已堅固可以掠取財物圮地則謀士卒困於險隘鬬則兵弱持久則粮食乏絶則當用謀以免難死地則戰前有高山後有大水粮食乏絶進退守備皆無所利當則曰死戰也許洞曰此八者古人用戰地之法若地恊於用則用之不恊於用則反之反之之謂何也曰若敵衆深入吾境營壁不完芻粮寡少守且不利詎可以散地而不戰乎在我當以必戰爲約怯退示以必死擒獲示以必賞令立告諸吏士將軍之際後顧斬之臨敵而目不定自數移者斬之有憂色者斬

之偃蹇者斬之相視而動目者斬之遺弓刀器械者斬之金鼓不應節者斬之獲一首級者亦厚賞之如是則有散地之用矣入敵地尚淺險則據而挑戰則守而應慮士卒心不固當擇左右前後背險絕面戰生踈肅部伍嚴節制使人人有自戰是則有輕地之用矣山谷險隘敵人先得以控隘我勢我當屯師爲大營廣陣務攻其愉其機狀如不容俾敵見之則泄謀矣欲敵人備在前陰出精銳敢死者循間道或扼其粮運或擣絕其後凡間道必多險阻或有嵓崖峭壁之地則爲懸梯竹索以陟登之或有深淵澗則爲

壘乍渡之覺敵内挑則自營陣中出精兵爲應内外夾攻有爭地之用矣道路相錯我可以往彼可以來利設伏進戰戰佯北候逐兵過半則舉號發伏衝擊之反佯北之師以應有交地之用矣頓洎之地逕達四面當選腹心勁勇者各將步騎以扼四衝人數隨多少使之雖無交應有衝地之用矣致兵敵境凡屬守備者順時安之否則夷之資食所獲必副吏士内以悅師人外絶敵所恃豈直深入然後用掠乎如是則有掠非止重地之用矣大兵將動先料其强弱觀其雲勢察地勢逆順審人心向背而後舉焉兵法曰

策之而知得失之計候之而知動靜之理故得失之道利在先知謀勝於未勝慎失於未失者善有死地之危始謀於軍者必有後機之困矣設能反後機而達先知必無圍地之患矣山高大澤險阻峭壁沮洳谿逕斷絶無以生道此乃智士用謀之利上也當安用時出不意以衝寇敵而後擊之山奇奔衝或利用燧馬燧牛如田單陽班之類是也或候夜昏詐爲號直奔衝敵師混服餙軍伍辨認之類是也如止以死戰爲期奇敵兵盃壯我後不到則李陵有弓折矢盡之困矣戰極力斃當自隕陷能竭智用謀萬變不極

則無死地之憂矣孫子曰戰貴地利然則地利者不可一用也但臨時觀其用何如爾兵貴以變設不能以變用兵雖得地利無益也

逆用古濿第四十七

學兵用武率以古濿爲勢焉與膠柱鼓瑟無異爾夫見決中者也兵家之利利在變通之機觀其逆順夫興師之際當先探敵將才不才設若敵將不能以兵法使衆惟以勇敢爲已任我則順古法待之也或敵將善用古法我則逆用古法待之也夫用兵之竒莫竒於設伏設伏之竒莫竒於新智新智者非不師古

也古而反之爾古人料敵以其始來戰陣未合先以賤而勇者挑之觀其號令旗鼓之整與亂士馬之强弱營陣之偏正行伍之齊肅散亂言語之諠譁緘嘿以定勝負焉是以古法曰若其衆喧旗亂其卒自行自止其兵或縱或橫其追北恐不及見利恐不得如此者將必無謀雖衆可獲矣許洞曰如古人以此取功苟人能料我當順其所料伏兵待之以詐示之候彼出師則發伏攻之古法曰杖而立者饑也汲而先飲者渴也進利不進者勞也軍擾者將不重也旗動者亂也吏怨者倦也懸瓶不及其舍者窮寇也淳淳

潝潝徐與人言者其衆也數顧者失其群也來委謝者欲休息也許洞曰觀古人以此料敵令則不然當令精鋭吏士分而伏於要衝使其勞倦傷殘者如飢渴失群之狀或數搖動其旗或數驚擾其衆使吏士喧譁應敵人所料苟出師襲我則潛發所伏出其不意擊之古瀵曰敵始來到行陣未定可擊也跋涉長道後行未息可擊也行坂涉險半隱半出可擊也涉水半渡可擊也險道狹路可擊也旌旗亂動可擊也陣數動移可擊也許洞曰在我則不然如以行陣未定四面可設伏也長道移行未息中可設伏也山坂

半隱半出長林土谷可設伏也涉水半渡則崖峭坡
坂可設伏也狹踣險道則前後可設伏也旗數亂動
陣數動移前後可設伏也如或敵人敗走我師未敢
逐之者防有伏也古瀿曰鳥起者伏也衆樹動者來
也不如此未必伏與來也欲爲疑兵也我已奔遁多
令老弱者動其衆樹及驚鳥起之類也又曰無約而
請和者謀也半進半退者誘也此亦大兵已潛遁恐
後人逐者設此爲疑也許洞曰料敵以事者多慮爲
反古之瀿也多中爲期用之於人也是以兵法如車
之載其物則車之轉者由輪也及有車之用則東西

南北者由人也故兵灋不可執而用之也明矣

虎鈐經卷第五終

廿六日校是夜大雪

虎鈐經卷第六

攻城具第六十六　地聽第六十七

失道第六十八

水戰第四十八

凡水戰之具船闊狹長短大小載人多少以米爲則一人重米一石則人數積而可知也棹篙櫓帆席組繩索沉石調度與常船不殊船上安樓三重列女墻戰格樹幡幟開弩窻矛穴礮車置礨木鉄汁狀如守城王濬伐吳作大船長二百四十步建飛簷閣道可以奔馬馳車忽遇大風則人力不能制甚不便戰鬭然爲水軍不可不設以張形勢蒙衝以犀革蒙覆船皆

兩相開製棹孔前後左右有弩窻矛穴敵不得近矢石不能敗此不用大船務於速進退戰船也鬪艦船舷上設墻可蔽半身墻下開製孔舷内五尺建柵爲女墻重列戰格上無覆背前後左右樹牙旗金鼓戰船也走舸舷上重列女墻棹夫多戰卒選勇精銳者奔走往返如飛鷗乘人不及旗幟金鼓列之於上戰船也遊艇小艇船無女墻船上置木床左右隨艇大小長短四尺一床計會進止迴軍轉陣其疾如飛虞候居止之非戰船也海鶻頭低尾高前小後大如鶻之狀左右置浮板如鶻翅翼雖風波漲天無傾

倒也覆背上左右張生牛皮爲地建牙旗金鼓如常法江海之中戰船也

水利第四十九

兵灋曰以水佐攻者彊善用水者其道有四一曰因二曰逆三曰賊四曰絶因水之用其道有二或絶中流而栅我得上游因風之利可以皷棹縱火順流衝之栅絶而過風轉則止又若敵在下士馬逆流我得上游可以攻之此二者所謂因者也逆水之用也則爲崇隄以障其下泩溢于内然後引之以灌所謂逆者也賊水之用也敵所以賴水也當潛以水攻審地

理陰爲眣澮導之他處竭敵所賴所謂賊也者絶水之用也或以薪木土石實舟泛之于上別爲長渠泄之或爲沙囊於上流以壅其水欲水行則以決囊所謂絶者也用水之道有其地非所用而必用反爲所害順則善矣

水攻第五十

先量水之高下水平水槽長二尺四寸兩頭及中間鑿爲三地横闊一寸二分池間相去一尺五分間有通水渠闊二分深一寸三分三池各置浮木闊狹微少於池箱厚二分上建立齒高八分闊一寸七分厚

一分槽爲轉開脚高下與眼等以水注之三池浮木齊起眂目視之三齒齊平則爲天下准或十步或一里乃到數十里因力所及置照板度竿以白繩計其尺寸則高下丈尺分寸可知照板形如方扇長四尺下二尺上二尺面闊三尺柄長一尺大可抵度竿長二丈尅作二百寸二千分每寸内小尅隨所向遠近高下置竿以照板映之眂目視之三浮木齒及照板以度竿上尺寸爲高下遞而往來尺寸相乘則山淵水源高下淺深可以分寸度矣

過水第五十一

罌筏一凡縛罌甕爲筏甕間闊五寸深受三石米力
勝一底以勾繩連之編槍於上形長而方前置板頭
後置板稍左右棹之槍筏槍十根爲一束力勝一人
四千六百一十六根六分爲一筏去鑽刃束爲魚鱗
次橫括而縛之可度四百一十六人爲三筏計用一
萬二千五十根渡人一千二百五十人十渡則一軍
濟矣挾絙以善水者繫小繩於要處先浮大水次引
大絙於兩岸立大橛及繫於樹急定絙使人挾絙浮
渡大軍可分爲十道渡之浮囊以渾脫羊皮吹氣令
滿繫其孔束於腋下兩浮而渡

尋水脉第五十二

無水之地擇地有黄羊糞者必有水砂滷茸潤者下有水細草蒙茸與無水處不同者亦如之

火利第五十三

浮有天之用先知其日日者謂春丙丁夏戊己秋壬癸冬甲乙此日有大風雨故也次順其風我得上風則放火燒下風一作起馬攻城寇寨風助順利爲飛火飛火者謂火炮火箭之類也相守不動利於姦火姦火者因其人焚其積聚甲兵也两陣相合御風之便揚一作諤塵鼓烟利爲燧牛以俟之若敵於上風放火我亦縱火爲觧火法敵燒門恐火恐火威我使積薪以拯外火亦此類也凡入敵境郡邑窮廬城隍頽

靡山川非設險之地而非敵所恃者則存之苟接敵所恃之邑皆火之以絶其望焉敵境之林木筏草皆火之故火爲兵之大利也

火攻第五十四

月對（一作在）東壁南箕翼軫之夕則設火候風以焚之（四時亦其火利偏攻）以驍騎夜啣枚縛馬口人負薪及束煴火直抵敵營一時舉火營中驚亂急而乘之靜而不動勿攻火獸以艾煴置瓢中開四孔繫野猪獐鹿項下針其尾端望敵營而縱之奔走入草內則火起火獸以胡桃空中實艾開兩口復合之繫野鷄項下針其尾

而縱之飛宿於草上則火發

守城法第五十五

城不守者大而人少小而人衆粮寬而柴水不供壘薄而攻具不足土踈地下溉灌可設人戶疲悴修緝未就凡此類者速從之營壘高厚城堅溝深粮食衆多地利險阻所謂無守無不守也故曰善守者敵不知其所攻

築城第五十六

凡築城下闊與高倍上闊與下倍城高五丈下闊二丈五尺上闊一丈二尺五寸高下闊狹以此爲准料

二丈上闊下加闊得三丈七尺五寸半之得一丈八尺七寸五分以高五丈乘之一尺之城積數、利積數一作利得九十三丈七尺五寸每一工舊築土二丈計工約四十七人一步五尺之城計役二百三十五人百步之城計工二萬三千五百人三百六一作五十步計工八萬四千六百人率一則十里可知也其出土負簣並計之於工内矣城内面別穿井四所置水車大𦨣二十口竈千所却敵上建候樓以跳板出爲櫓四外蜂戍晝夜瞻視以備驚急

城壕第五十七

鑿壕之法面闊二丈深一丈底闊一丈以面闊二丈加底闊一丈積數大半得之得數一丈五尺以深一丈乘之鑿壕一丈得數一十五丈每工日出三丈計工五人一步五尺計工二十五人十步計工二百五十人百步計工二千五百人三百六十步計工九千人率一里則百里可知也

防城第五十八

城上一步一作里一甲卒十步加五人以備雜供之要五步有伍長十步有十長五十步百步皆有將長文武相兼量才授任而統領精銳驍勇或十隊或二十隊

三十隊大將副將各一作爲領隊巡城曉諭激勸赴投城上六四隊別立四表以爲攻城之候焉若敵欲攻之處去城五六十步即舉一表撞梯逼城舉二表敵若登梯舉三表欲攀女墻舉四表夜則舉火如表法城上四隊之間各一作爲置八旗若須木標杤板舉蒼旗須炭銅鐵舉赤旗須礧木樵葦舉黄旗須砂石塼甎舉白旗須水湯不潔之物舉黑旗須毛氈麻索鐵鍬钁斧鑿舉雙兔旗須戰士銳卒舉熊虎旗須戈戟矢弓刀劍舉鷙鳥旗當生之官隨色而供城内老少婦女除營食外皆令應役於城上分爲八隊使識文字

者點檢常旗物與八部也

反浸第五十九

我城若居卑下之地敵人擁水灌城速築壅諸門及陷處更於城内促圍周匝視水高下狹闊築牆外取土高一丈以上城立於牆外取土而薄築之精兵備守不得容雜色人如有洩水之處則十步為一井井内潛通引洩漏城中速造作結船一二十隻募觧舟檝者載以弓弩鍬钁每三十人自暗門穴銜枚而出聽營敵覺即急於城上鼓噪決其堤堰所以精銳急出助之

弩臺第六十

高下與城等去地百步每臺相去亦如之下闊四丈高五丈上闊二丈上建女墻內通暗道安屈膝梯人上便卷收之中設氊幕置弩手五人備乾糧水火

烽火臺第六十一

高山四顧險絕處置之無山亦於孤迥平地置之築羊馬城高低便常以三十五爲堆臺高五丈下闊二丈上闊一丈形圓上建圓屋覆之屋徑有六尺一面跳出三尺以板爲之上覆下棧屋上置突三所臺下亦置三所並以石灰飾其表裏復誌紫籠三所流火

繩三條在臺側近上下用屋膝梯上衣下垂屋四壁開覩賊孔及安視火筒置旗二口鼓一面弩兩張礮石壘木停水甕乾粮麻熖火鑽火箭篙艾狼糞每晨及夜平安舉一火聞驚覺舉二火見煙塵舉三火見賊柴籠如每晨及夜半平安舉四火不來即烽子為人所捉一烽五人爲烽子遞知更刻觀視動靜一人為烽師知文書符牒轉遞

望樓第六十二

牙帳前立百尺竿上置板屋四面開門状如斗令人上望賊賊有所攻隨其方面以小白旗招之衆賊往

來聚散遠近皆審而視之以告于下

馬鋪第六十三

每鋪相去三十里於要路山谷間牧馬兩疋與遊奕計會有事驚急煙塵入境即報探設土河於山谷口當賊路橫斷闊二丈深二尺以細沙土填平每日檢行掃令淨平人馬入境即知足跡多少

遊奕第六十四

軍中選驍勇諳山川泉井者充之常與土河烽鋪計會交牌日夕選（一作邏）候於亭障之外捉生問事其軍中虛實體用勿使遊奕人知其副使子孫並用久在軍

中行人（一作善）騎射者充之

守城具第六十五

雜物守城之時其什物五穀糗糒魚鹽布帛醫藥工巧戎具鍛冶秸稿蒭荻蘆葦灰炭柴薪松樺蒿艾脂臈麻皮氈毯荊棘芘籬釜鑊盆甕罌木槌鑿刀鋸長斧長刀（一作弓）長錐長梯短梯大鈎連鎖但人所用之物一一預備仍令修緝不得損壞雜備上入隊之間安轉關小礮（一作礟）二機關大礮一雲梯撞礮等間先從城身用木跳出為重女墻高於土女墻五寸以上以板覆之隨事緩急而開閉之敵若以大石擊墻樓石下

之處出跳空中懸生牛皮或氈毯等袋以乘其石城内人家咸令置水防火先約（先一約作但）失火者斬火蔟之處多恐姦人放火但令近便主當八部官人領老小婦女救之火起所部急曰大將大將親領信人左右救火城中有卒驚及雜人城上不得輒離職掌亂走街巷違者斬之敵若推輪排來攻先以手砲打手砲既衆所中傷必多來者被傷則力不齊矣懸門懸板為門也鐵鞔之如棧板用之懸鍾板繞城於敵柵上上皆懸板受敵之時則板起發矢突門於城中對敵營自鑿内為暗道多少臨時人五六寸力穿或於中

夜於敵初來營則未定精騎從突門躍出擊其不意
塗扇以泥涅城門可厚三尺備火鑿門爲所敵逼門
先自鑿門扇十數孔出弩射之長矛刺之爲敵所逼
敵且不得近門塗棧以泥塗門上木棧可厚五寸備
火莭萬戰格於女墻上跳出椽去墻三尺橫者檢椽
安轄以荊柳編之長二丈闊五尺懸椽端以遮矢石
布幔以複布爲幔用弱竿懸挂於女墻外去墻七八
尺炮石之勢則矢石不復近墻矢連梃如打禾連枷
狀打女墻外城上人杖竿如槍刃爲兩岐用义飛梯
及人鉤竿如槍刃偏有曲可以鉤人長柄鉤城上以

木為棚客兵一隊作長柄鐵鉤隨安便以爲之備若敵攀女墻踴身得其身出衆鈎齊搶擊入城中白刃錐斧助之若敵以木驢攻城我用鐵蒺藜而入之其法以熟鐵爲之闊徑一尺四條縱横如蒺藜形以生鐵汁灌其中央重五十斤上安鼻索鎖直不敦訖以轆轤捌上若木驢有牛皮并泥敦着即夆速放火油灌油燒之鐵菱狀似小鐵蒺藜要路撒之串鏁敵若推撞車攻城我以麄鉄鏁并屋乗子爲之用索相連遇撞頭適我到速以鏁串撞頭楔其穴便處將士牽索則撞車番倒弓弩齊射自然敗走眯敵石灰糠粃

回風「一作羅」於城上以昧敵人目因以金汁洒之轉關橋梁「一作為」拾橋梁端着横括撥去括「一作横」橋轉關人馬不得渡皆傾水中轉関墻凡攻城之兵禦捍矢石頭戴蠡帽傾視不便衣甲重厚進退又難前既不得上城退則師逼迫人衆煩閙我作轉關女墻騰出城外轆轤墜鐵索索頭安鵄脚當聚閙處擲下撥大木弩以黄桑柘為弓長一丈二尺中經七寸兩精三寸絞車張之大矢一發聲如雷吼積木備壘木徑一丈小頭六七寸長五尺候敵人上城則擲下壘之積石備砲「一作礟」石大小隨身下擬敵人地探於城四隅穿井各深二

丈令覆載新甕於井上坐城外賊到而聽内有孔城池道并聞甕中辨遠近矣天井於城内八方穿井各深二丈以新甕薄皮鞔口如鼓令聡耳者於井中枕甕而聽則去城五百步悉知之既審其處我則随地鑿穴迎之以相於一乾艾一石燒令烟出乃用板於穴下封之而令烟洩更以鞴鼓之則敵人焦灼矣警火每城四面夜間設有警火油囊盛水於城上擲安火上囊敗火滅救火用水筩敵若縱火焚樓櫓以甕竹長一丈鏤去節以生薄皮為伐令貯水二三石將筩内於袋内急縛如則桶令將土三五人撮水口急

盛之救火每門常則兩具無竹即以木合桶漆之而
用并水濺筩二十一作百具助之門内常以瓮貯火漆用
燕尾炬縛葦草為炬分為兩岐如燕尾狀以油蠟灌
之如火縱城墜下便騎木驢而焼之松明炬以松木
為之焼令明首墜下隨城照之恐敵人乘暗上城脂
油燭炬燃脂秉燭於城四隅要路門下晨夜不得絕
明用備非常行鑪鎔鐵汁鑪舁行於城上以洒敵遊
大鐵箱盛火加脂鑴鏁鎚下焼穴中孔人毒井守城
之時城外有井光沉之以毒藥陷馬抗孔長五尺闊
一丈深三尺坑中埋鹿鎗竹戟沉一作坑十字相連狀如

鈎鐮覆以蒭草亦禾加土種草令生苗蒙覆其上軍城壘壁要路皆設之拒馬槍以木徑二尺長短隨時十字鑿孔縱横安括長一丈鋭其刃端可用塞城門要路木柵為蔽所逼不及築城壘或因山河險隘多石少土不任板築則建立木為柵方圓高下隨時深埋木根彌縫其隟闊内重在為閣道外重柱長出女墻皆泥七八寸又立閣道内柱上布板為棧立闌干行於柵上縣門擁墻濠塹拒馬一如守城灋

攻城具第六十六

轒轀車四輪車以上繩為春犀革蒙之不可藏十人

填隍推之直抵城下可以攻掘金木水火石所以不能敗飛雲梯一大木為床床下置六輪上立雙牙牙有括梯節以長一丈二尺有四桄桄相去三尺勢微曲遞相括飛於雲閣以窺城中其上城首冠雙轆轤梳城而上礮車以大木為床床上安獨輪床下建雙陛陛間橫括中立獨竿竿首樟木其高下長短大小以攻城為準竿首以窠盛石大小多少隨竿立所制人挽其端而擿之其車推輪逐便而用之亦可埋脚着地而用之其施之四脚亦隨事而用車弩為軸轉車上上定十四石弩弓以鐵鉤繩連車行軸轉引弩

弓持滿弦掛牙上弩弓衢中衢火箭一鏃刃長七寸
廣五寸簳長三尺圍五寸以鐵葉為羽左右各三箭
次小扵中箭其牙以發諸箭高起及士百步所中城
壘周一作無不崩潰撥櫓亦便顛墜尖頭木驢以木為脊
長一丈徑一尺五寸下安方脚下闊而上尖頭高七
尺內可容六人用濕生牛皮蒙之蔽其下移至城下
木石鐵火皆不能敗用攻其城土山扵城外起土為
山乘城而上地道鑿地為道行扵城下因以攻城徃
徃建柱積薪扵柱間而焚之柱折而城崩板屋以入
輪車上樹高竿竿下安轆轤以繩挽板屋上竿首以

窺城中板屋方四尺高五尺有十二孔四面列布車可進退圍城而行於營中遠望爲之巢車言如鳥巢也木幔以板爲幔立桔槹於四輪車上懸帳逼城其間使趫卒敵之蛾附而上矢石亦不能敗及大箭以小瓢盛油灌矢端射城樓櫓板木上瓢敗油散因以箭鏃内簳中射油散處火立燃後以油瓢續之則樓櫓盡焚雀杏子中空以艾實之繫雀足上加火於薄暮群飛入城壘中栖宿其積聚廬舍須臾火發蜀鐵钁鋤蜀钁短柄着鋼鐵墪以鋤其城將軍礟置四柱長短爲之其下四面着横括半之則前及左右着括

後其下着其頂上左右亦着轉輪致竿其竿随其架所安為之其絙索之類随其礮大小增減竿稍懸其繩置窠窠中盛礮其架編全竹為以衣禦敵矢石狗蹲礮前置兩長柱中着橫竿如前礮狀與衣亦然旋風礮左右着二方木亦如之鑿一孔通貫下柱左右前後皆可運轉埋之於地其頂轉輪着竿如前狀此礮不用衣

地聽第六十七

令少聰者枕空胡盧卧有人行四十里外東西南北皆知之

失道第六十八

夜失道以北斗建爲正以四時定之然後知四方之蹢跡矣如本蹄則放老馬以從之

虎鈐經卷第六　終

廿九日校

虎鈐經卷第七

旗幟第六十九

旗幟者軍中之標表也以門旗爲首竿上置金銅珠大纛深紅八幅樹大將牙帳前鼓坐其下五方旗各按方面將有事旗戰陣大將齋戒潔心淨服俟天清

星皎中星立壇率諸將校宣祝文隨方面祭之大將之行先以五色旗導引之衝向方位甲乙日青旗丙丁日紅旗戊已日黄旗庚辛日白旗壬癸日黑旗五方旗所向在後或前後林藪嶮隘下斧钁所伐開道舉青旗前有山峽高峰深溪無避賊寇虎復風火相逼即抽兵要遂風燒草以避賊舉紅旗前遇敵列陣即排列輜重引兵結陣擇高勝地守隘以拒賊舉白旗前值山川地濡卑濕溪澗不平舉皂旗前平原大澤無他患害舉黄旗五色牙帳旗隨天地一作氣四時雲色舉之見青雲舉青旗他皆同此厭土以青旗厭火以皂旗

厭金以紅旗厭水以黃旗厭木以白旗厭旌旗之上文以熊虎者象其猛也文以鶡鷄者象其鬭也文以日月星辰者法天文也文以鬼神雲氣者如其變也坐罪人於白旗之下殺之於黒纛之下也初得敵人剗其心以祭旗塗其血以釁鼓為我之號者隨我所主焉故春秋傳曰晝施旌旗以威其目夜施火鼓以威其心是故旗幟之用大軍之本也

大将旗皷第七十

纛六口槍二根以豹尾為榼居門旗後前五方旗隨所六纛在營亦在纛後嚴敬皷一十二面居大将帳

前左右列六纛下用一十二具旗皷前列代金旗隊二百五十口尚色圖禽與隊同每一旗五旛認旗二百五十口尚色圖禽與諸隊不同各因為認出居隊後恐卒伍交錯

陣將旗皷第七十一

門旗不得用紅色嫌亂大將皷一百二十五面恐疑驚敵人用之甲五分七千五百領戰袍四分五千領槍十分一萬二千五百根縛（一作傳）筏牛肋牌二分二千五百面馬軍以團伐牌一伐分支弩二分（弦三付）兵一分二千五百張弩七十五百條弦二十五萬隻箭弓

十分弦三付矢二十六萬隻一萬三千五百粻弓二萬七千五百條弦三千七萬五千射甲箭弓袋胡禄并張弓袋並十分一萬二千五百副佩刀八分一萬口陌刀二分三千五百口揞二分三千五百條馬軍及陌刀並付以鎚鉞斧一作為四支

金鼓第七十二

周禮六鼓樂人掌教六鼓以節樂和軍旅一曰銅鼓二曰鐃鼓一在軍中金之制有四司馬法曰卒長執鐃兩司馬長執鐸進軍鳴鐸退軍鳴鐃大戰之時擊鼓以進擊金以退一作止三曰錞周禮曰一金錞和鼓四

曰鐲以節鄭玄曰鐲鉦也軍行鳴之以節鼓也五曰鐸周禮曰以金鐸通鼓鐸鈴也刀斗按黃帝火傳曰與蚩尤戰擊之以警夜也六曰鉦樂志曰鉦形如半鍾旁有小柄樂師持之以和樂節制鉦者進退用之有征之義也

蠡角第七十三

黃帝戰蚩尤吹角長六尺聲甚鳴後有涿鹿之敗帝問曰所吹何物蚩尤曰角也吹之則風霧俱集後以六尺曰角五尺曰蠡近世列陣金鼓之外餘無他聲號或陣形長爲山谷所掩映慮不能照宜於陣兩稍

為蠡角隨牌大小增之值敵攻稍則吹之爲號中軍吹而應焉

鼓角第七十四

鼓角者大將之威德十萬兵已上大角二十四具大鼓六十四面五萬兵已上大角一十六具大鼓四十二面三萬兵已上大角八具大鼓二十四面一萬兵已上大角六具大鼓一十四面或深入敵境欲敵人畏謂我師旅大盛但多着之不用此法也動鼓角之時日没前二刻先吹小角次吹大角一會十六聲三會計四十八聲為一曲畢暮擊鼓三會間第一會五

十六聲六疊一間三間畢吹大角一十六聲引第二會皷五十六聲六疊一間三間畢發鉦一百五十聲畢軍門製鎖諸將各按部靜吏士無敢諠譁傳刁斗報更漏謹巡警晚起角在四更二點吹小角畢（作吹）四更三點過吹大角引第一會皷四十五聲六疊一間三間畢吽（一作吽）四更四點過吹大角引第二會皷四十五聲六疊一間三間畢吹（作吽）四更五點過吹大角引第三會皷四十五聲六疊一間三間畢吽五更一點過吹泊五更四點轉皷至天曉一十八轉吽五更五點過擊鉦一百五十聲絕聲擊皷三百聲絕軍門鎖

開大將軍嚴裝坐牙帳之上引諸將以次朝

漏法第七十五

木匱一枚八角高二尺四寸闊二尺三寸雜色裝畫金銅鐶紐及盖水匱三片共闊二尺四寸厚一寸五分布黑漆貯水生銅鑊一口闊一尺九寸深一尺五寸重七十斤金銅引水龍一條長二尺六寸前脚踏蜃雲朶一枚重二十斤龍腹中熟銅飲水渴烏一條内空長四尺八寸圍一寸五一力士柱二枚各長六尺圍一尺二寸五分并脚下巻荷坐水雕獅子四箇裝褫畫力士柱頭鍍金寶珠二枚及鐵湍一枚一作枝闊

二寸五分長三尺六寸金銅釘鉸水秤一梁身長五
尺六寸徑一寸五分金銅鏍連鑠長一尺四寸金銅
象鎚一枚連鑠九寸共重七斤半作平準竿一條長六
尺竿身八稜圍八寸五分向本上雕隻脚踏蓮花
座向下卷雲座金銅鏍紛及曲尺金銅工正一枚長
一尺五寸熟銅鍍金壺一枚面闊一尺一寸深七尺
金銅連鑠三條各長二尺二寸及連金銅小盖一枚
闊三寸五分共重一十四斤四兩銅觜一枚重十八
銖大皷一面闊一尺一寸深七寸蟠龍遶腔彩畫釭
一面厚四分銅水斗一枚平準竿一條皆以約漏刻

也

傳箭第七十六

每時有八刻二十分一刻六十分一日十二時合一百刻冬至前三日改第一箭晝四十刻（日出辰時一刻）夜六十刻（日入申時八刻）每更一十二刻每點二刻二十四分後三日改第二箭晝四十一刻（日出辰時半刻）夜五十九刻（日入酉時半刻）每更一十一刻四十八分每點二刻二十二分小寒初日改第三箭晝四十二刻（日出卯時入刻）夜五十八刻（日入酉時一刻）每更一十一刻三十六分每點二刻一十八（一作九）分後九日改四箭晝四十三刻（日出卯時七刻半）夜五

十七刻（日入酉時一刻半）每更一十一刻二十四分每點二刻一十六分大寒後三日改第五箭晝四十四刻（日出卯時七刻）夜五十六刻（日入酉時二刻）每更一十一刻一十二分每點二刻一十四分立春前三日改第六箭晝四十五刻（日出卯時六刻半）夜五十五刻（日入酉時二刻半）每更一十一刻每點二刻一十二分後六十日改第七箭晝四十六刻（日出卯時六刻）夜五十四刻（日入酉時三刻）每更一十一刻四十八分每點二刻九分雨水初日改第八箭晝四十七刻（日出卯時五刻半）夜五十三刻（日入酉時三刻半）每更一十刻三十六分每點二刻七分後第九日改第九箭晝四十

八刻（日出卯時五刻）夜五十二刻（日入酉時四刻）每更一十刻二十四分每點二刻四分驚蟄後三日改第十箭晝四十九刻（日出卯時四刻半）夜五十一刻（日入酉時四刻半）每更一十刻十分每點二刻二分春分前三日改第十一箭晝五十刻（日出卯時四刻）夜五十刻（日入酉時五刻）每更一十刻每點二刻後六日改第十二箭晝五十一刻（日出卯時三刻半）夜四十九刻（日入酉時五刻半）每更九刻四十八分每點一刻五十七分清明初日改第十三箭晝五十二刻（日出卯時三刻）夜四十八刻（日入酉時六刻）每更九刻三十六分每點一刻五十五分後九日改第十四箭晝五十三刻（日出卯時二刻）

半夜四十七刻(日入酉時六刻半)每更九刻二十四分每點一刻五十二分穀雨後三日改第十五箭晝五十四刻(日出卯時二刻)夜四十六刻(日入酉時七刻)每更九刻一十二分每點一刻五十分立夏前三日改第十六箭晝五十五刻(日出卯時一刻半)夜四十五刻(日入酉時七刻半)每更九刻每點一刻四十八分後六日改十七箭晝五十六刻(日出卯時一刻)夜四十四刻(日入酉時八刻)每刻八刻四十八分每點一刻四十五分小滿初日改第十八箭晝五十七刻(日出寅時半刻)夜四十三刻(日入戌時半刻)每更八刻三十六分每點一刻四十二分後九日改第十九箭晝五十八刻

日出寅時八刻夜四十二刻日入戌時一刻每更八刻二十四分每點一刻四十分芒種後三日改第二十箭晝五十九刻日出寅時四刻半夜四十一刻日入戌時一刻半每更八刻一十二分每點一刻三十八分夏至前三日改第一箭晝六十刻日出寅時七刻夜四十刻日入戌時二刻每更八刻每點一刻三十六分後六日改第二箭晝五十九刻日出寅時七刻半夜四十一刻日入戌時一刻半每更八刻一十二分每點一刻三十八分小暑初日改第三箭晝五十八刻日出寅時八刻夜四十二刻日入戌時一刻每更八刻二十四分每點一刻四十分後九日改第四箭晝五十七刻日出卯時半刻夜

四十三刻日入戌時半刻每更八刻三十六分每點一刻四
十三分大暑後三日改第五箭晝五十六刻日出卯時一刻
夜四十四刻日入酉時八刻每更八刻四十八分每點一刻
四十五分立秋前三日改第六箭晝五十五刻日出卯時
一刻半夜四十五刻日入酉時七刻半每更九刻每點一刻四
十八分後六日改第七箭晝五十四刻日出酉時七刻每更
九刻一十二分每點一刻五十分處暑初日改第八
箭晝五十三刻日出卯時二刻半夜四十七刻日入酉時六刻半每
更九刻二十四分每點一刻五十二分後三日改第
九箭晝五十二刻日出卯時五刻夜四十八刻日入酉時六刻每更

九刻三十六分每點一刻五十五分白露後三日改
第十箭晝五十一刻（日出卯時二刻半）夜四十九刻（日入酉時五刻
半）每更九刻四十八分每點一刻五十七分秋分前
三日改第十一箭晝五十刻（日出卯時四刻）夜五十刻（日入酉時
五刻）每更十刻每點二刻後六日改第十二箭晝四十
九刻（日出卯時四刻半）夜五十一刻（日入酉時四刻半）每更十刻十
二分每點二刻二分寒路初日改第十三箭晝四十
八刻（日出卯時五刻）夜五十二刻（日入酉時四刻）每更一十刻二十
四分每點二刻四分後九日改第十四箭晝四十七
刻（日出卯時五刻半）夜五十三刻（日入酉時三刻半）每更一十刻三

十六分每點二刻七分霜降後三日改第十五箭晝四十六刻日出卯時六刻夜五十四刻日入酉時三刻每更一十刻四十八分每點二刻九分立冬前三日改第十六箭晝四十五刻日出卯時六刻半夜五十五刻日入酉時二刻半每更一十一刻每點二刻一十二分後六日改第十七箭晝四十四刻日出卯時七刻夜五十六刻日入酉時二刻每更一十一刻一十二分每點二刻一十四分小雪初日改第十八箭晝四十三刻日出卯時七刻半夜五十七刻日入酉時一刻半每更一十一刻二十四分每點二刻一十六分後九日改第十九箭晝四十二刻日出卯時八刻夜五十八刻

日入酉時一刻每更一十一刻三十六分每點二刻一十八分大雪三日改第二十箭晝四十一刻日出辰時半刻夜五十九刻日入酉時半刻每更一十一刻四十八分每點二刻二十一分

測影第七十七

先定南北使正樹八尺表竿為勾臥一丈四尺腹中曆氣日中視之影之尺寸若與曆合則吉不合則凶冬至十一月中律中黃鍾管長九寸徑三分影長一丈三尺小寒十二月節影長一丈二尺四寸三分大寒十二月中氣律中大呂管長八寸三分影長一丈

一尺二寸立春正月節影長九尺八寸雨水正月中
氣律中大簇管八寸影長八尺一寸七分驚蟄二月
節影長六尺六寸七分春分二月中氣律中夾鍾管
長七寸四分影長五尺三寸七分清明三月節影長
四尺二寸五分穀雨三月中氣律中姑洗管長七寸
一分影長三尺二寸六分立夏四月節影長二尺五
寸三分小滿四月中氣律中仲呂管長六寸五分影
長一尺九寸九分芒種五月節影長一尺六寸九分
夏至五月中氣律中蕤賓管長六寸二分影長一尺
五寸小暑六月節影長一尺六寸九分大暑六月中

氣律中林鍾管長五寸九分影長一尺九寸二分（作九）
立秋七月節影長二尺五寸三分處暑七月中氣律
中夷則管長五寸六分影長五尺三寸七分白露八
月節影長五尺七寸秋分八月中氣律中南呂管長
五寸三分影長六尺二寸三分寒露九月節影長六
尺（作八）六寸七分霜降九月中氣律中無射管長四寸
九分影長八尺一寸七分立冬十月節影長八尺九
寸小雪十月中氣律中應鍾管長四寸七分影長一
丈二尺二寸大雪十一月節影長一丈二尺四寸三
分夫周天三百六十度四分度之一為十二次華夷

共同亦至十二國王侯之所度日一日行一度月一
日行十三度月節遲疾平行九道故二十八宿三百
六十度餘日逐日度人朔一歲十二月行十二周天
與日同夏至日在井去極近冬至日在斗去極遠日
陽用事則進北而影短月陰用事則退南而影長測
瀛極遠近以影而知以定南北也

虎鈐經卷第十一終

虎鈐經卷第八

結營統論第七十八

立營之法按八宮陰陽數置之營居陽卦之上以九為法九十步九百步九里九十里量人數加之陰卦之上以六爲法如之法營門向陽以受生氣不飲死水不處死地天地坑暮開也不居地柱地柱者四下中之高也居地獄地獄者四高中之下也不居天竈天竈者谷口也不居龍首龍首者山之端也大将軍居九天之上頓泊玉帳九天青龍也玉帳者違前之三辰也假令正月當居巳墟是也巳下類此推之如隨六甲所居則将軍居青龍旗鼓居蓬星士卒居明堂伏兵居太陰軍門居天門小将居地戶斬殺居天獄軍粮居天牢治罪居天庭軍器居華蓋此

所謂立營居天道也

六甲第七十九

甲為青龍大將住出呼門户解領行門神名號徐儀直户神孫齊甲子神乙下蓬星古角過丙下明堂士卒亨丁下大陰伏兵利戊下天門師入行巳下神户小將位齊衆軒斷天獄庚治罪判斷天庭卒囚繫粮儲天牢壬癸下天倉安庫藏又為華蓋敵避兵

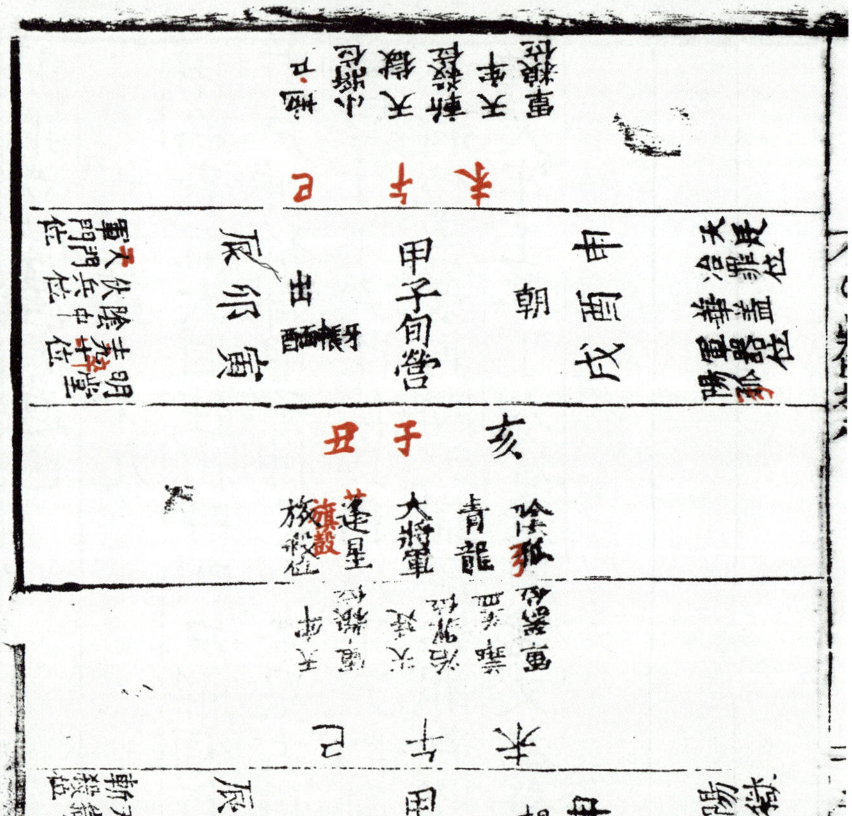

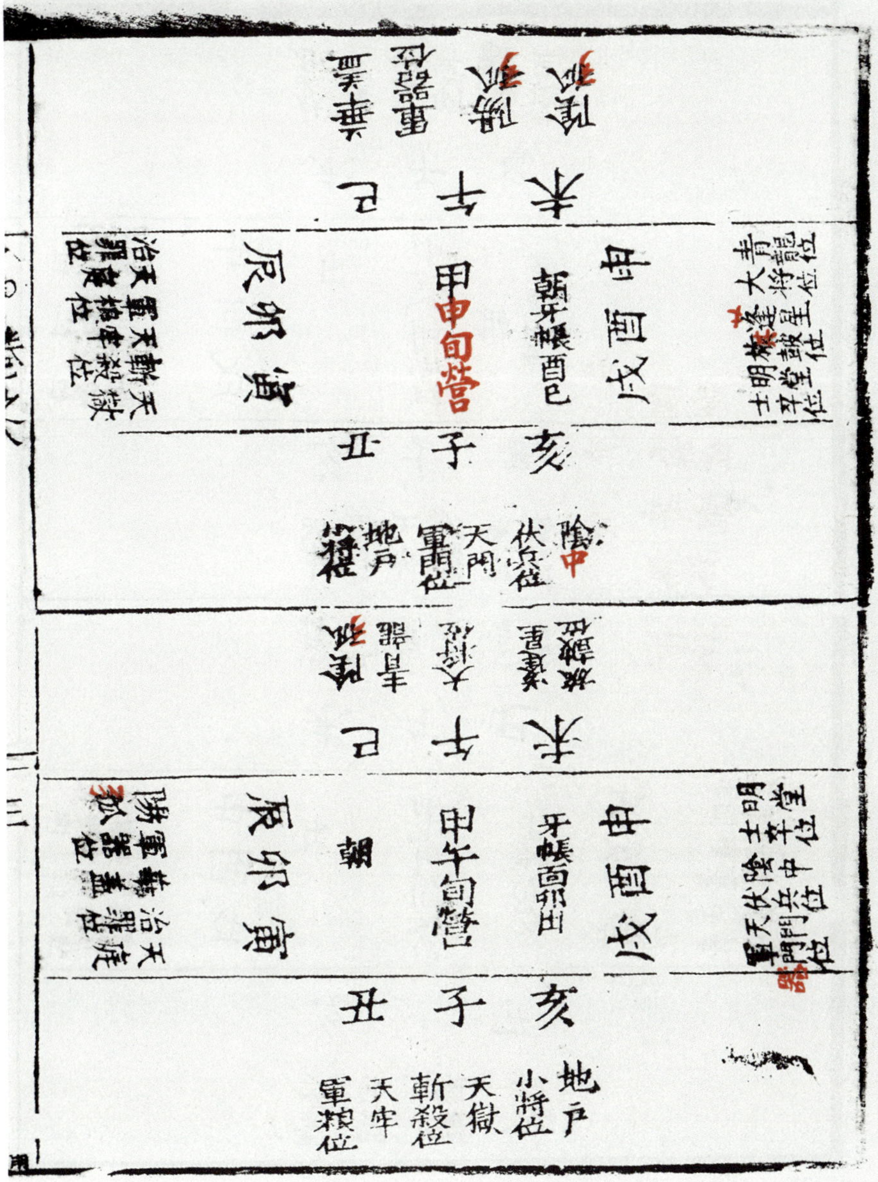

天門位
地戶門位
小將軍位
天獄位
斬天殺位

申　酉　戌

出

甲辰旬營

朝
牙帳面西

辰　陰孤
卯　大將位
寅　青龍　陽孤

亥　子　丑

天牢　軍糧位
天庭　治罪位
華蓋　軍器

未　午　巳

陰私位
太陰中
明堂　主帝位
旗　逢星位

天獄位
斬天殺位
天牢　將軍位
治罪位

申　酉　戌

出

甲寅旬營

牙帳面亥

辰　卯　寅

青龍　大將位
逢星　旗
明堂　主帝位

未　午　巳

天門位
地戶位
小將軍位

陰孤

亥　子　丑

華蓋
軍器
陽孤
陰孤

地勢第八十

凡立營之地非生氣不王非山固營壘之法欲北據連山南憑高崗左右襟帶地水東流故自乾山伏下旁通子丑寅卯之地入于巽宮未申酉戌地欲高前欲有迎生平穩地勢欲支條脉散氣候欲欝茂林叢聳四維阜隴欲如鷄籠映起巽上欲水順流地欲順東南凡造壘之時先戌從巳上起板築若或其地草木不生則去之鳥獸不集則去之古城古社則去之窪竈古墓則去之燋石砂礫則去之河水逆流則去之此六者營壘之大忌也

山勢第八十一

山如蟠龍旺案數重宛轉斜曲首尾相從山如鳳凰翅翼開張群隊十萬帶挾隴崗前御印綬後有迴翔山如飛龍翅翼遠道或驚或躍乍横乍縱臺嶺池潤舞鶴連鴻山如或母狗頭拳尾就腹内乳見項上連首山如生蛇或曲或斜後岡前合隱馬藏車山如麒麟乍立乍蹲群從數萬朝者數人山如卧牛屈膝拳頭三光照覆兩水分流屬帶林隴依附土丘山如伏龜四方無缺清泉東流亢陽下歌三門起高一戶雙闕山如游龍倚伏數重華蓋隱隱美草茸茸前如雀

躍後如鷄龍剛柔順俯八卦皆通山如舞鶴翅翼仰
開柘肖臆律首尾盤礴如此者皆可以居之也

四獸第八十二

南有汙池為朱雀北有堆阜為玄武東有叢林為青
龍西有為大道為白虎四獸既具八卦既列乃立表
測影以定子午之位立表法在前若夫朱雀無頂不可居
也玄武折足不可居也白虎無御刀不可居也青龍
悲哭不可居也强居之者軍覆將死

握奇營第八十三

外壘一軍一萬二千五百人以千人為尺一千二百

五十火幕數一如是幕長一丈六尺舍十人守地一
尺六寸以三爲奇以三千七百五十人爲奇數餘八
千七百五十人分爲八陣陣有一千九百九十七分
五銖守地一千七百五十尺八陣積卒守地一萬四
千尺卒城二千三百一十二步餘二尺積步卒六里
餘一百七十三步二尺以壘四面乘之一面得一地
里餘二百二十步壘内得地一十四頃十七畝餘一
百九十步四尺六寸六分以爲外壘天陣居乾爲天
門地陣居坤爲地門風陣居巽爲風門雲陣居坎爲
雲門飛龍陣居震爲飛龍門虎翼陳居兌爲虎翼

門鳥翔陣居離為鳥翔門蛇盤陣居艮為蛇盤陣天
地風雲為四陣龍虎鳥蛇為四奇乾坤艮巽為闔門
離坎兌震為開門有牙旗遊隊列左右偏將軍居壘
門禁出入外有遊軍兩端前有衝後有隊四隅有輔
中壘一奇兵三千七百五十人為中壘守地六十尺
積步得二里餘二百八十步以壘四面乘之得二百
五十步壘內地二頃餘一百步六纛旗鼓五麾金鼓
府藏皆在中壘

握奇圖

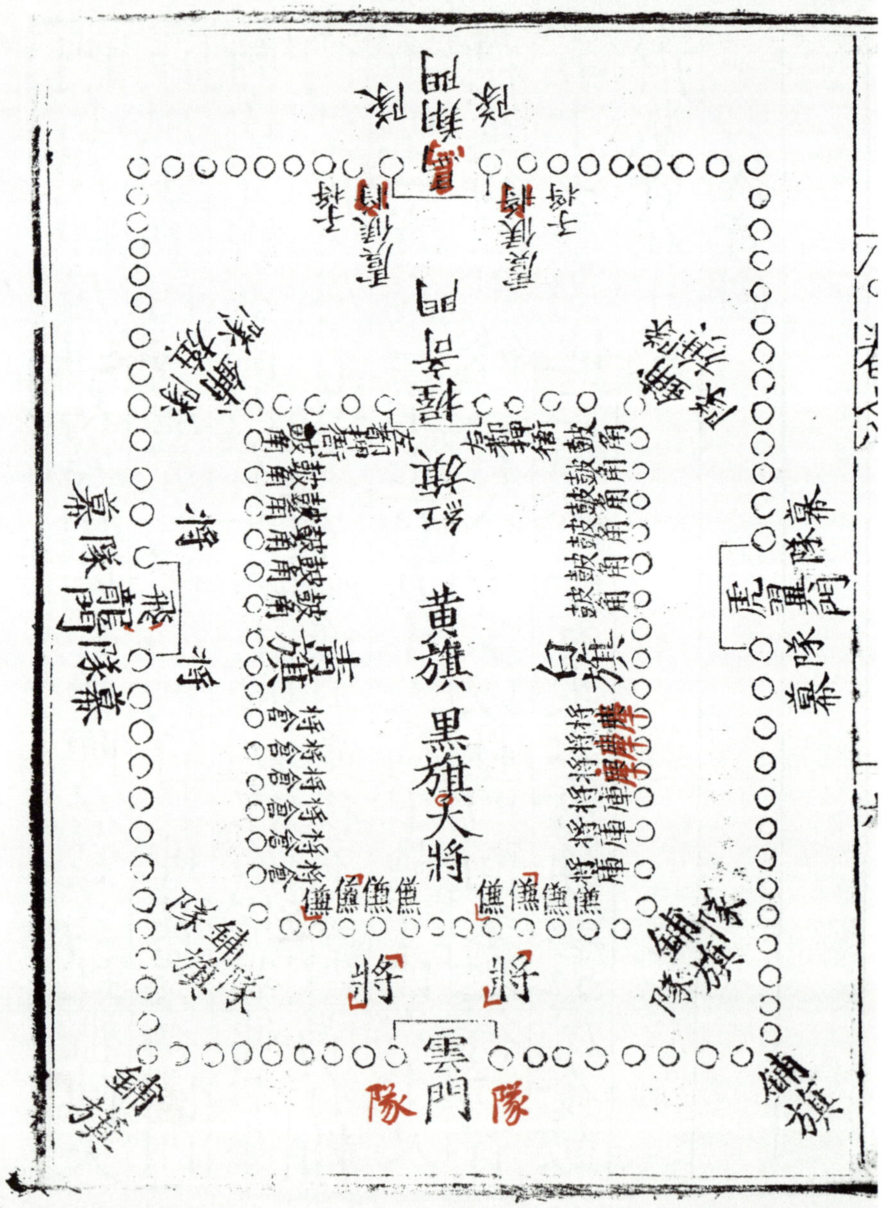
雲門
隊
隊
黃旗
黑旗
大將
白旗
青旗
將
將
鋪旗
鋪旗

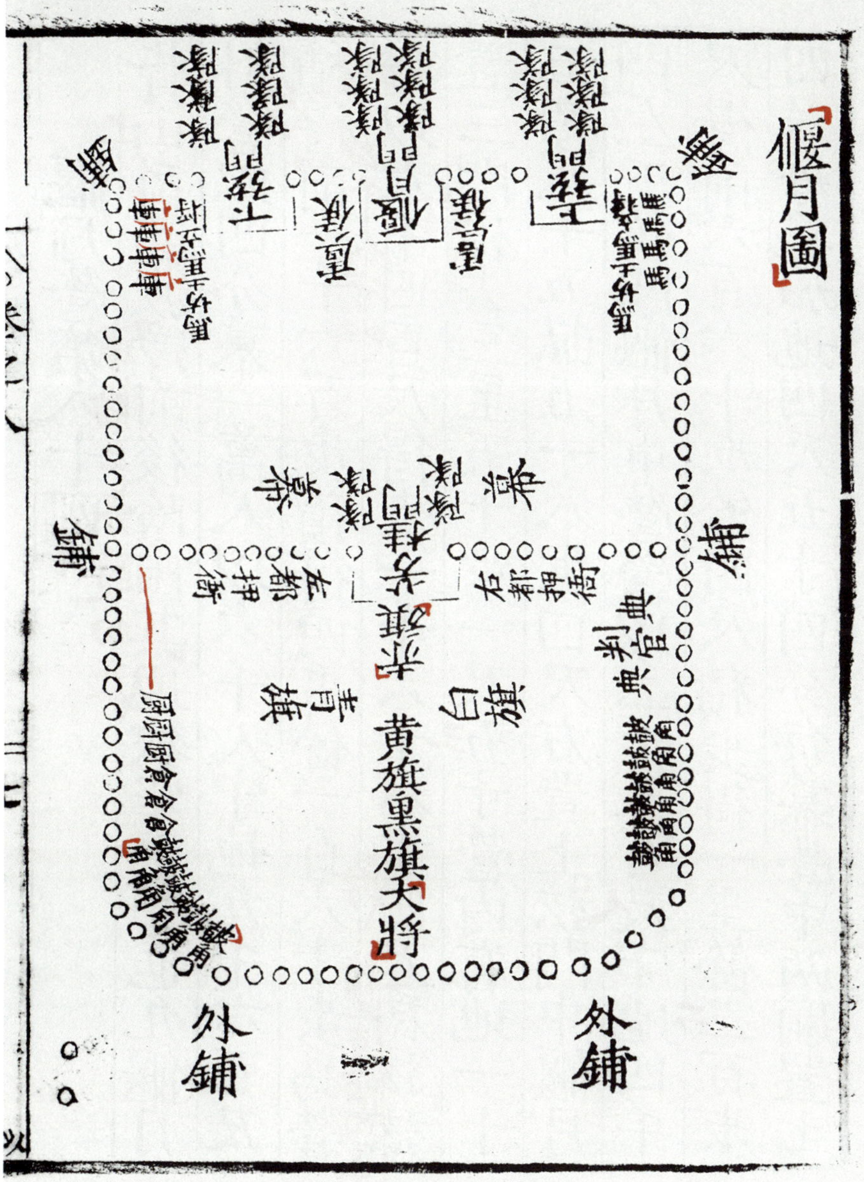
偃月圖
外鋪
外鋪
鋪
鋪
鋪
黃旗
黑旗
大將
白旗
青旗

偃月營第八十四

背山岡面波澤前後險阻其地狹窄之營也凡偃月外營以四分幕一萬人以六千人守地九千六百尺積得前一千六百步積得四里餘一百六十步爲營轉以六千四百尺得步一千六十六步四尺爲弦弦置三門相去三里五十步一尺五寸營內有地一十五頃八十五畝五十八步四尺右置上弦門中偃月門左下弦門偃月中營營以二千五百尺守地四千尺得前六百六十步餘四尺積步得一里餘三百步四尺每幕加地四尺五寸四分每幕營中兩廂置士

馬一十二疋大小如常馬被其鞍令士卒披甲冑橐
弓矢佩刀劍持矛盾左右上下以便習事

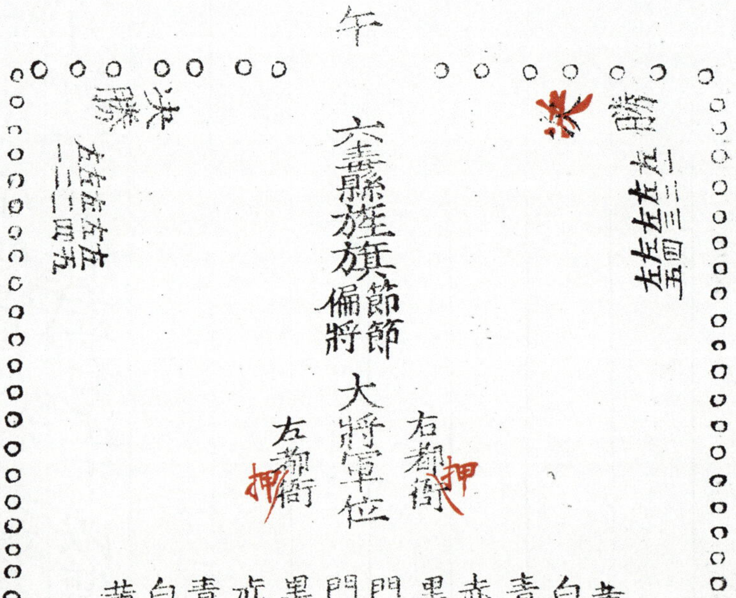
午
決勝
決勝
六纛
旌旗
節節
偏將
大將軍位
右都尉
左都尉
押
押
黄旗
白旗
青旗
赤旗
黑旗
門旗
門旗
黑旗
赤旗
青旗
白旗
黄旗
御史
子
監軍

教弩第八十五

凡弩古有黄連栢竹八擔雙之號今有絞車弩中七百歩攻城板壘用之歇張弩中三百歩騎用之凡臨敵用不過一二發故戰陣不便于弩用也弩不可離於短兵常別為隊攢前注射則前無立兵對無横陣復以陣中張陣外射番及輪迴張而復出射而復入如是則弩無絕聲敵無薄我矣夫置弩必處其高爭奪山川守隘塞之口者非弩不克焉欲教之時乃下命曰張弩後丁字立當弩八字立高揎手衫襟左手承撞右手迎上當心閒張有闊狹右腔右膊還腹

當心安箭高手敵遠（一作遠）擡頭左右回身故敵在高製脚放敵在近平身放射訖却唱殺犨拘蝎尾覆弩在地焉此教弩之法也

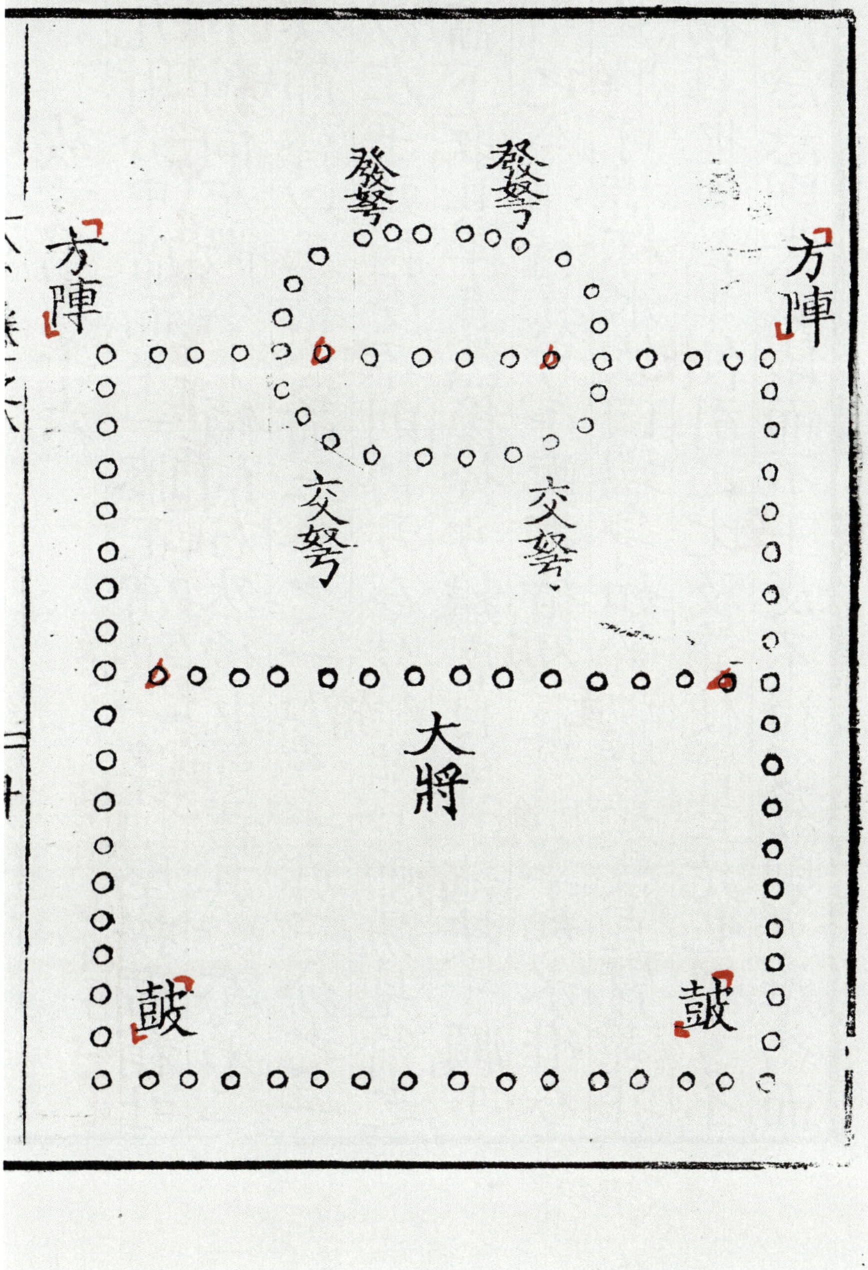
發弩
發弩
方陣
方陣
交弩
交弩
大將
鼓
鼓

敎弓第八十六

凡射必中席而坐一膝正當梁一膝前堅按席稍吐下稍向左微令上頭向右然後取箭覆其手微拳第二令節齊以三指捻箭三分之一加弓手亦三分之一以左手頭指受不則轉弓令弦稍離身即易見箭之高下取其平直然後擡弓離席目視其地按手順下引之令蒲持其弓手與控指及右臂肘平如水准令其肘可措杯水故曰端身如幹執臂如枝直臂者非初直也駕弦畢使引之比及蒲使臂直是也引弓不得急急則失威儀而不主皮不得緩緩則力難為而

箭去遲惟善者能之箭與弓弛齊為蒲地平之中為
盈胃信矣而衔準要令大指知鏃到然後發箭故曰
鏃無工作上止必無中理指不知鏃猶於無目試之到
也或以目視鏃馬上暝暗中則乖此為無術矣故矢
在弓視在弓在箭發則靡其䊮厭其肘仰其腕目以
注之手以注之心以趣之其不中何為其昜矢量其
弓弓量其力無動容無作色和其肢體調其氣息一
其心志謂之指式知此五者為上德故曰莫患弓軟
復當自遠莫患力羸當常引之但力勝其弓則容貌
和發無不中故始學者先學持滿雖能制弓定其體

然後射之初去地一丈百發百中寸以加之漸到於百步亦百發百中乃爲之術成或升其的於高或致其的於下或以禽獸爲的也凡弓惡左右傾箭惡直檽音溥顛惡傍引頭惡腳垂一作[illegible]胸惡前亞背惡後偃皆射之骨髓病也故身前竦爲猛虎方騰額前臨爲捧兒欲闘出弓如懷中吐月平箭如弦上懸衡此皆有容儀之善也控弦有二法無名指壓小指令中指壓大指頭指當弦直立中國法也屈大指以頭指壓勾指此胡法也胡法力少利馬上漢法力多利步用然其持妙在頭指間世人皆以其指表齪弦致箭曲又

傷羽但令指面隨弦直堅則脆而易中其致遠乃過常數矣古人以為神而秘之故法不使大指過頭指亦為妙爾其執弓於便把箭入扼後當四節指本節平其大指成即廷鏃却其頭指使不礙則和美有聲而後快也射之道備矣

教旗第八十七

凡教旗幟平原曠野登高遠視處大將居其上南向左右各置鼓一十二面各樹五色旗六纛居前列旗節次而監軍使御史裨副次左右衙官隊如偃月形為騎下臨平野使士卒目見旌旗耳聞鼓角心存號

此文應在四陣統論篇中

令乃命十將左右決勝將摠一十二將一萬二千人去兵刃精新甲馬幡幟分爲左右廂各以兵馬使爲長班布其部次陣間容陣隊間容隊曲間容曲以長參短以短參長回軍轉隊以後爲前以前爲後進無奔迸退無遽走孫子所謂紛紛紜紜鬬亂見不可亂渾渾沌沌形圓而不可敗者蓋此之謂也以正合以奇勝聽音視麾乍合而乍動之便也每一陣分校四校皆有五校五校各立將軍校尉以準於古每校亦各有陣數其分布隊五皆從偏之逐部兵羅率以槍戟戈鋋首隊而包於弓弩焉包於弓弩一作包弓弩於甚左校以青龍旗表之右校以白虎旗表之中校軒轅大將所處

左詸右旗四陣皆同謂之一隊者三十五人一部者二
十隊也每一校不常其部各列陣數應敵之勢貴戰
鬭之際前後不相交亂也飛鷄陣前校出首騎者所
以為重也前出一部為觜次四部為面餘五部包之
於首左右校出騎兵者内以副身外以副項及首也
夫鷄以搏擊為俊故陣欲觜爪之利焉重霞陣衝其
不動即分兩穗從旁擊焉敵若驚亂前校騎兵兩穗
進擊步士則不可輕進但在本處受戰若前衝騎退
即前校騎兵進前校騎兵退即前衝騎兵進大雲霞
以開闔進退不常其法故前校其兵往來鬭盡以象

之也長虹陣及八卦陣皆有衝突外以攻敵之不意內以衛大陣也夫長虹以爲名者取陣形彎前扼敵之勢八卦以名之者取八面受敵之象也凡四陣逐部結陣之法橫七隊爲首橫七隊爲身橫六隊爲尾部分每一部橫七十步首橫七十步厚十步身亦如之尾橫六十步厚十步身去首二步前後並同騎兵每一步橫一百四十步厚六十步八步首橫一百二十步厚二十步身亦如之尾橫一百二十步身去首四步亦如之受戰之時大陣不可輒動敵衆不薄則大敵離於是三令五申白旗點鼓音動則左右廂齊合

朱旗點角聲動則左右廂齊離合與離皆不離中央之地左廂陽回而旋右廂陰回而旋左右各復本位白旗掉鈸音動左右各雲蒸鳥散彌川絡野然而不失部伍之疎密朱旗掉角音動左右各復本位前後左右無差尺寸散則法天聚則法地如此則三合三離三聚三散不知法者使士之羅從軍令於是大將出五彩旗十二口各樹於左右陣前每旗用壯勇士五十人奪旗者勝賞而負罰離合之勢聚散之形勝負之賞罰之信因是而教之吏士學戰教成合之十人十人學戰教成合之百人漸至三軍之衆矣

卷之八　二十四　秀

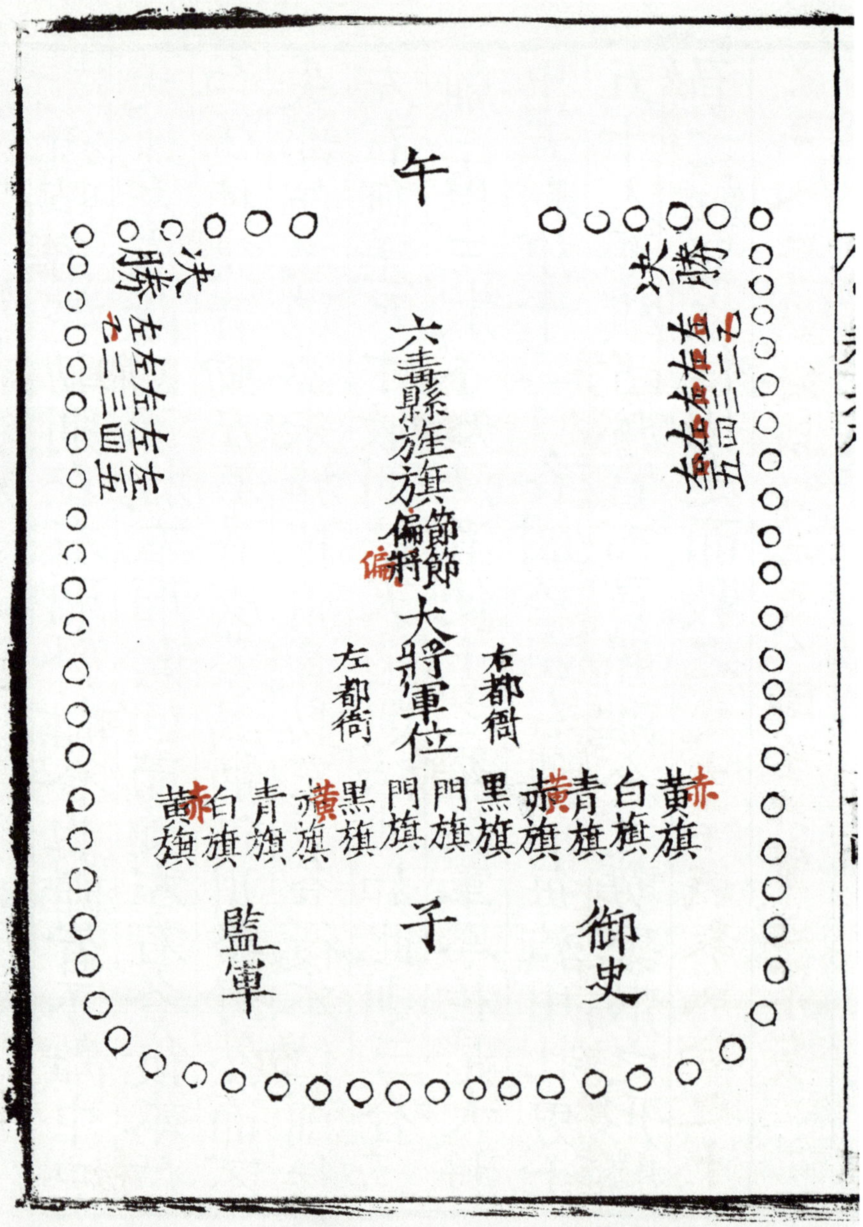
午
決勝
右一右二右三右四右五
決勝
左一左二左三左四左五
六纛
縣旌旗
節節
偏將
大將軍位
右都衙
左都衙
黄旗
白旗
青旗
赤旗
黒旗
門旗
門旗
黒旗
赤旗
青旗
白旗
黄旗
子
御史
監軍

校獵第八十八

校獵一人圍地三尺量其人多少以左右兩將爲校頭其次左右將各主士伍爲行列皆以金鼓旗爲節制其初起圍張翼隨山林地勢無遠近部分其合圍地虞候先擇定訖以善弧矢者爲圍中旗其步卒槍幡守圍有漏獸者坐守圍吏大獸公之小獸私之以觀進止之節亦教之一端也

軍樂第八十九

夫軍中作樂所以激揚壯氣和其心滔其憂而已故其樂但清厲峭拔雄壯之音至於彈弦鼓簫柔媚之

音使人悲慼怨懟者皆不可取焉其戲亦取壯猛而
可觀者樂鼓杖笛觱篥鉦拍多少隨部伍用戲板撇
角鴟馬騎飛石劍門斫刀搶牌手

軍賜第九十

錦袍金帶銀帶金壺瓶銀壺瓶金錢銀錢每一文重
一兩所得敵人財帛所得敵人婦女酒食鞍馬弓箭
玩好等皆充軍賜之物

大將軍員第九十一

大軍一人智信義勇賢明者任副將二人一主軍糧
一主馬糧智信仁勇忠義平直者任總管四人嚴勇

諳識軍容者任二主虞候二主押衙子將八人明行陣金鼓曉部署者任大將別奏八人傔十六人副大將總管別奏並同大將忠勇有才者任判官二人沉厚密謀者任偏裨腐儒不堪令禮義賓客祭祀與四人兵會騎曹

陣將軍員第九十二

偏將一人勇猛果敢揮戈棹劍力敵百夫好勇者任副偏將二人子將四人明旌旗金鼓節令者任一候二人多機謀能擒奸摘伏者任成房二人黠平更漏無失紀舉偏將別奏六人傔一十二人副將奏同傔

判官一人虞候傔乞子虞候八人典二人

隊将軍員第九十三

押官一人經軍陣習戰對隊頭二人副隊二人主文書名目點簿酬功行賞知勞苦明部隊行列秉旗一人副旗二人勇者用抱鼓一人主昏明警進止吹角一人主收軍司兵一人主五兵利鈍提轄承拘一人主擁崖科惡口舌無情者人即任火長五人主持擇等

征馬第九十四

征馬副一人副大将擇能養者已下並同總管二人副将子将八人軍隊子将押官五十人群頭五百人善騎

馬奔走者任馬子一千人軍外差能者御之

牧放第九十五

諸營分作異旗一放馬每隊作記其放驢於外其馬中央令四面援馬放驢馬子並宜於驢群四面圍遶驢群知更牧狂賊偷馬例須（一作倒頓）奔走驢在外驅稱稍難以次防閑亦甚在便營別即令別放諸群不得相交非直發引之矛難忽有不虞追喚亦易諸將軍立營驢馬各於所管地界放牧如營側草惡使擇好處放仍與虞候計會不使交雜各執本營認旗如須追喚見旗疾知驢馬處所謂諸軍驢馬牧放不得連

擊每軍營令定一官專檢校逐卜章合群牧放仍定
一處候果毅專巡諸營水草令各分界牧放不使參
雜

曜仙神機鬼藏八門方向

甲子　西南　西北
日
乙丑
日
丙寅
日　東南　東北

庚子辛丑壬寅日驚門在西南
己酉庚戌辛亥日生門在西南
戊午己未庚申日杜門在西南

甲子乙丑丙寅日死門在西南　丁卯戊辰己巳日休門在西南
庚午辛未壬申日杜門在西南　癸酉甲戌乙亥日傷門在西南
丙子丁丑戊寅日驚門在西南　己卯庚辰辛巳日開門在西南
壬午癸未甲申日景門在西南　乙酉丙戌丁亥日生門在西南
戊子己丑庚寅日死門在西南　辛卯壬辰癸巳日休門在西南
甲午乙未丙申日杜門在西南　丁酉戊戌己亥日傷門在西南
癸卯甲辰乙巳日開門在西南　丙午丁未戊申日景門在西南
壬子癸丑甲寅日死門在西南　乙卯丙辰丁巳日休門在西南
辛酉壬戌癸亥日傷門在南　類推之

休生開三門諸事吉景門宜訪謁求財傷門宜索債死門宜捕獵忌遠行杜門宜逃避驚門宜縛盜

武經總要卷第八

毅　合
三月初一日校

虎鈐經卷第九

四陣統論第九十六

四陣圖者非古陣也臣切見李筌纂聚諸家陣圖但有形勢而已其部伍行列精微尺寸則莫能釋然其名既多其要則寡臣因辨古陣之法創造新意别爲四陣之施可御而變因著論以明之論曰臣聞兵陣戰場立尸之所不能規度以固法何以取功决勝而

闕文在教旗篇中

定天下乎是故結陣之術不可疎「踈」則難應不可密
密則難用首欲捷〔捷〕翼欲輕腹欲實尾欲正〔捷〕者不可
使過輕者不可使凌實者不可使不應機正者不可
使不知便〔变〕變「即」令之所定四陣者十萬人之「正陣也人數
之多少臨時增減「此非執
盖此十萬人為常則焉」每一陣步兵七萬騎兵七〔三〕
萬以為常准但四陣更變各隨所使而用之「爾」每歩
兵一人占地兩步騎兵一人占地四歩取其出入輕〔轉〕
「動之便也」各受敵夫四陣我〔所用〕以之法若敵為弯陣我以飛鷄陣
應之敵為直陣我以重霞陣當之敵為突陣我以長
虹陣當之敵引兵四面圍我我以八卦陣當之此所

謂應敵者也其遂校所動各飛敵之去就焉善結陣者先結人心何謂先結人心賞罰明也欲士伍應變之精熟在日月數習之不能教陣者是舉其師與伍敵也夫孔子云以不教人戰是謂棄之此之謂也雖萬變之機不能精於陣戰之事與愚者同也然善戰者不陣騎兵也一部謂之五百出兵也部如騎之數

飛鶚陣第九十七

飛鷃陣圖

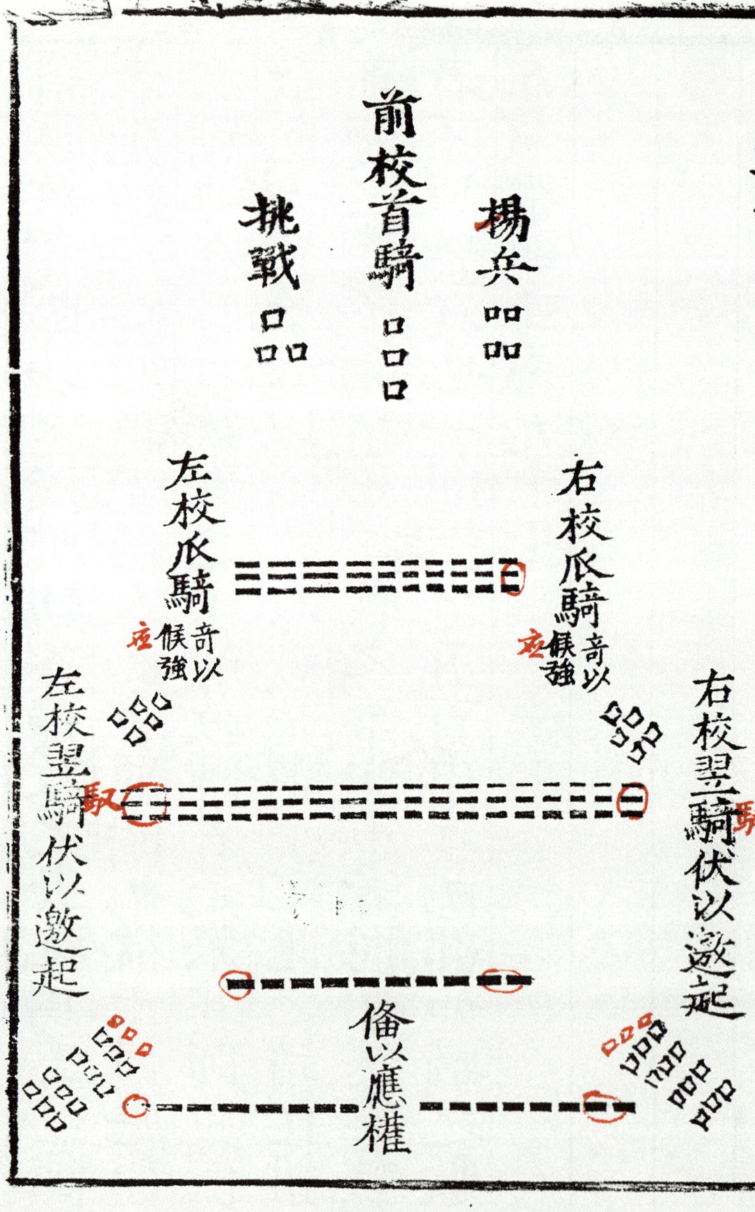

前校首騎三陣一十部合成五千騎一陣一部長一百四十步第二陣四部（左右各祗一隊大陣中並同）長一里二百步（計五百六十步）第三陣五部長一里三百四十步（計七百步）前校項兵三陣步兵二十七步合一萬三千五百人第一陣九部長一里二百七十步（計六百三十步）第二陣弁第二陣亦如之中校五陣步兵九十二步合四萬六十人第一陣二十一陣（即部）長四里三十步（計一千四百七十步）第三陣第三陣第四陣亦如之第五陣八部長一里二百步（計五百七十步）後校尾兵一直陣步兵二十一步合（一作各）一萬五百人長四里三十步（計一千四百七十步）左校爪騎二

陣五步合二千五百騎第一陣二部長一里六十步計四百二十步第二陣長二百八十步右校爪騎亦如之左校翼騎四陣二十步一萬騎第一陣五部長一里三百四十步計七百步第二陣第三陣第四陣亦如之左校翼陣亦如之前校首騎三陣之中兩處各虛六十八步計一百三十六步在內虛實都厚三百四十步前校項兵三陣之中兩處各虛三四步計六十八步作一一百三七部虛實都厚三百七十步中校五陣之中四處各虛三十四步計一百三十六步虛實共厚三百六步後校一陣厚三十四步右校爪騎二陣之中一處

廣六十八步計二百四步廣實都厚一里一百一十六步左校翼騎亦如之前校之項前去首騎之末三百四十步中校之首去前校項兵之末一百七十步後校之首去中校之末自前校首兵之到後校之弁廣在內共厚四里三百二十步計一千六百七十步左校爪騎居中校左校相接之地中校稍前一百三十步右校爪騎所居之地亦如之左右校低於中校第二陣一隊與中校相去各一里四十步統成一大陣廣實共長八里二百七十步計三千一百五十步

長虹陣第九十八

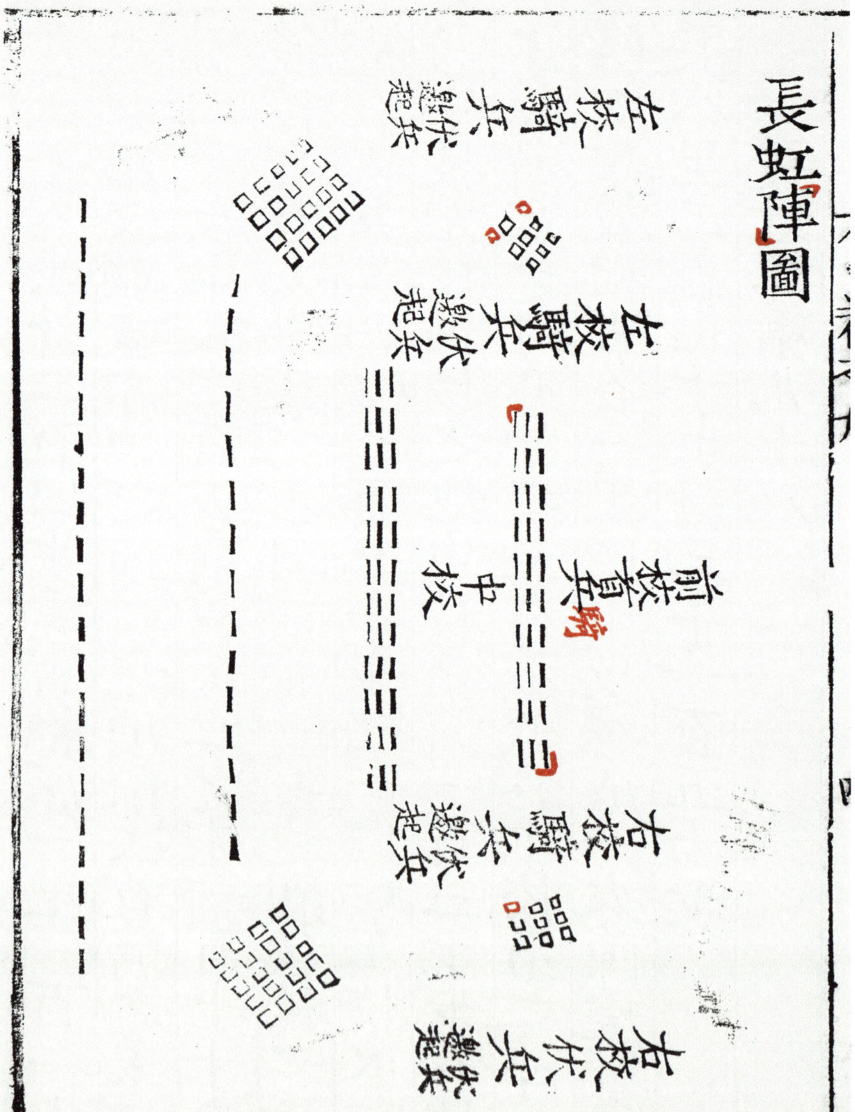
長虹陣圖
左校騎兵伏兵邀起
左校騎兵伏兵邀起
中校
右校騎兵伏兵邀起
右校伏兵邀起

三部左右同前長一里六十步右校衝騎亦如之左校四陣騎兵二十二部合一万一千騎第一陣五部長一里三百四十步

前校三陣步兵三十七部合一萬三千五百人第一陣九部長一里二百七十步計六百三十步第二第三陣亦如之中校五陣步兵九十二部合一萬六十作千人第一陣一十九部長三里二百五十步計一千三百三十步第二陣二千一部長四里三十步計一千四百七十步第三第四陣亦如之第五陣一十步一里三百四十步計百七步後校一陣步兵二十一部合一萬五百人長四里三十步計一千四百七十步右校衝騎二陣八部合四十騎第一陣五部左右各抵隊長一里三百四十步計一千步第二陣亦如之第三陣六部長二里一百二十步計八

百四十步第四陣亦如之左校四陣與左校同法前校三陣之中二處各虛三十四步計六十八步左內都厚一百七十步中校五陣之中四處各虛三十四步計一百三十六步虛實都厚二百六步後校一陣都厚三千四步左校衝騎亦如之中一處虛六十八步虛實都厚二百四步右校衝騎亦如之左校四陣之中三處各虛五十八步計二百四十步虛實都一里一百二十二步計四百七十二步右校亦如之中校之首去前校之末一百五十步後校之首去中校之末一百二十步自前校之首到後校之末虛實共厚二里六十步計七

百八十步自後校之首左右校衝騎之末一百五十步自左校衝騎之首到右校之末虛實共厚一里三百一十六步計六百七十六步右校衝騎到左校之末亦如之左右校角各去中校角一十步計二十步在內左右校第一陣第二陣與中校齊頭以向中校飛各一部為准外府高於中校十步左右校角第三第四陣皆掩一百在中之後綫成一大陣弯長七里二百三十步計二千七百五十步

重霞陣第九十九

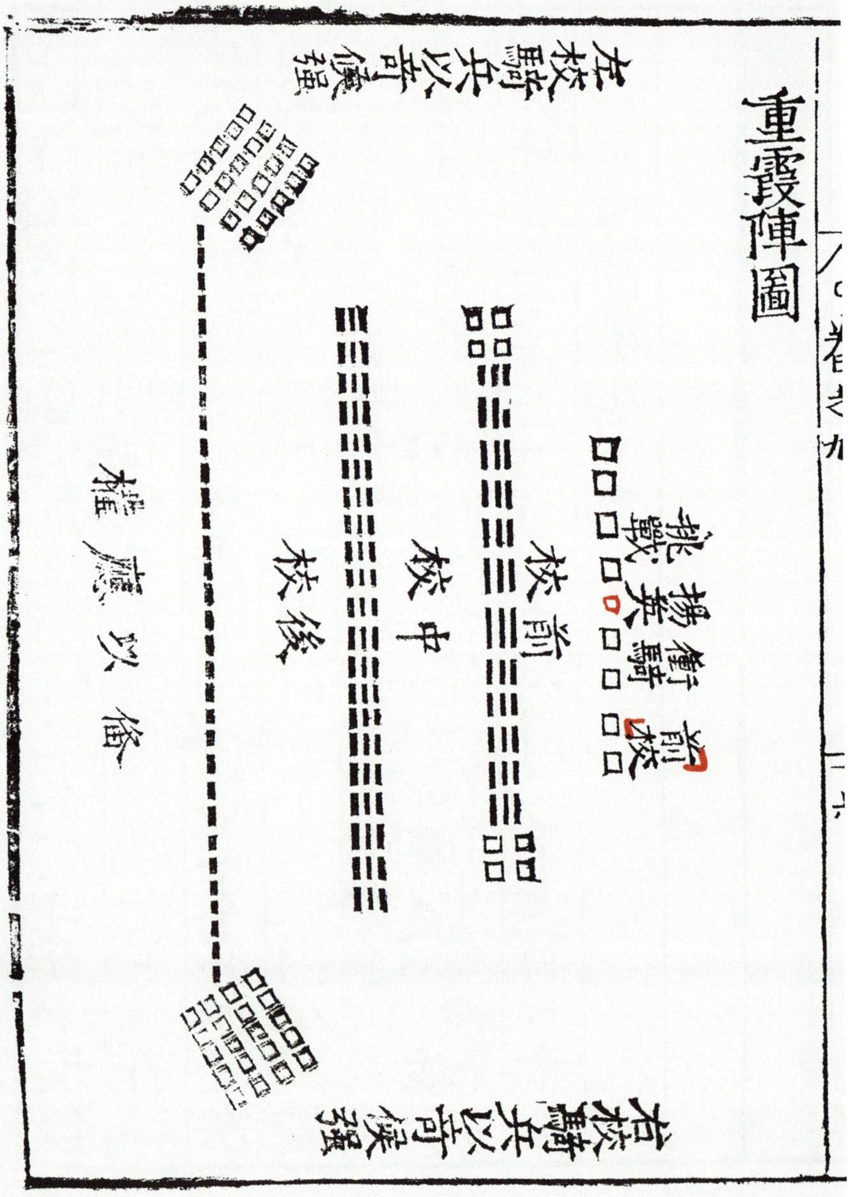
重霞陣圖
右校騎兵以奇候強
前校
衝騎
揚兵
挑戰
前校
中校
後校
左校騎兵以奇候強
備以應權

前校衝騎三陣一十二部合六十騎第一陣六部左右各抵一隊長二里一百二十步（計八百四十步）第二陣亦如之前校四陣步兵三十五步騎兵八部兵四十三步計步騎各二萬一千五百人第一陣步兵九部步騎兵左右各二部計一十三部長五里一百一十二步（計一千一百九十八之地各處步并步騎二處相接四步在內）第二陣步兵九步長一里二百七十步計六百三十步第三陣與第一陣同法第四陣步兵八步長一里二百步（計五百六十步）中校四陣步兵八十四部合一萬二千人第一陣二十一隊四里三十步（計一千百七十步）第二陣第三陣第四陣

亦如之後校一陣二十一步合一萬五百人長四里
三十步計一千四百七十步右校四陣騎兵二十步合一萬騎
第一陣五部長一里三百四十步計七百步第二陣第三
陣第四陣亦如之右校四陣與左校同法前校衝騎
二陣之中一處虛六十八步虛實都厚二百四十步前
校四陣之中三處各虛三十步計一百二十步虛實都
厚二百三十八步騎兵即虛六十八步厚薄同數中
校四陣之中厚薄之數與前校同法無騎兵數校後
一陣後三十四步左校四陣之中三處各虛六十八
步計二百四十步虛實都厚一里一十六步計四百七十六步右校

亦如之前校之首去中騎之末三百步自衝之胸到
後校之末幷居在內共厚二里二百二十四步計一千二百一十四步左右校枕中校平頭各相去四步計八步在
內統成一大陣長七里三百五十八步計三千八百
七十八步其虛實相去連延皆在其數之內為主者當詳而法之可也

八卦陣第一百

中校之首法後校
之末一百步後校之首去中校之末二百步自沖騎之首到
與
二
三

八卦陣圖

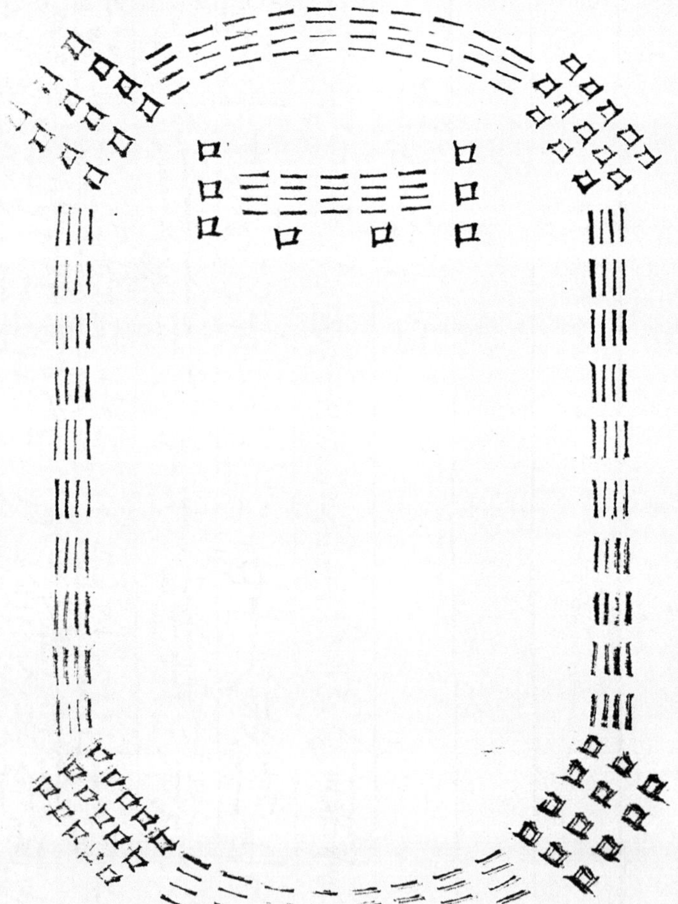

衝騎四穗各五部每穗一部居中中部則居於左右前各二處各相去二十步虛實與長二里二十步計七百四十步每穗各二千五百計四穗並同居大陣角前披掩左右去大陣三十步不係大陣厚薄之數四陣並同法前校四陣步兵二十步騎六部共計六十四步步騎合一萬七千人第一陣步兵七步騎兵左右各二部計一十一部長二里三里五十八步計一千五百八部并部騎三處相接之地各虛四步第二陣步兵七部長一里一百三十步計四百九十步第三陣步兵七部騎兵左右各一部計九部長二里五十八步計七百七十八步虛法同前第四陣與第二陣同法左右後

校並同前校法中校七陣步兵二十八部騎兵八部共三十六部部騎合一萬八千人第一陣步兵五部騎兵右各一部共七部長一里二百七十八步計六百八十六步并步騎二處相接之地各處四步第二陣步兵五部長二百五十步第三陣第五陣與一陣同第四陣與二陣同法第六陣步兵三部長二百一十一部第七陣步兵二部長二百八十步前校四陣之中三處各虗三十四部計一百二步虗實都厚二百三十八部騎兵即虗六十八步厚薄同數左右後校並同前校法中校七陣之中六處各虗三十四步虗實都厚一里一百一十六步計四百七

十六步中校不常其地覘四面敵人力攻之處則應之別出騎兵八部居大陣四角之內每二部第二陣後一部兩稍指大陣指去五步第三陣後一部同前部法四面並同統成一大陣每角前虛一百步計四百步在內徑三里一百八十步計一千三百六十步四方並同外環一十二里三百一十三步計四千六百三十二步如敵引兵四面俱以衝騎力戰大陣不可輒動衝敵之進退令無反自蹂踐我陣焉

飛轅寨第一百一

飛轅寨圖

飛轅塞圖

上箱

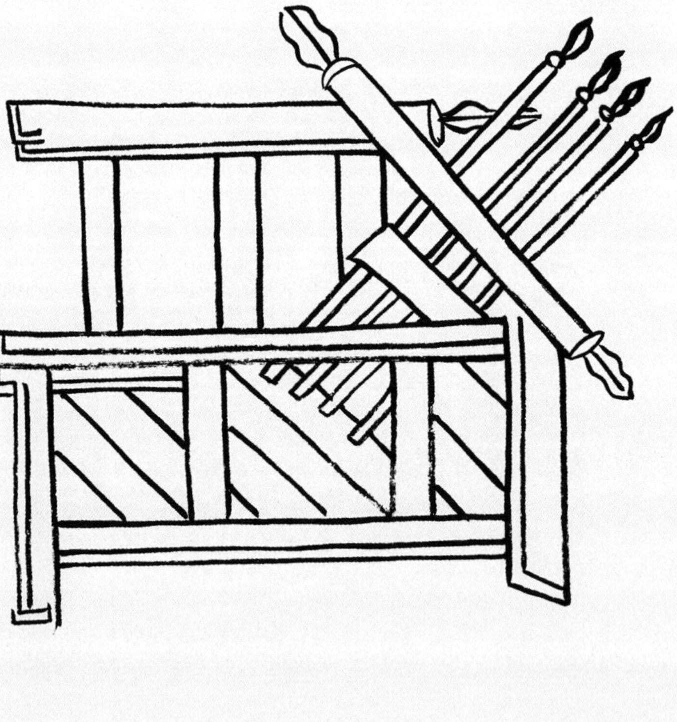

雙車

飛輚寨者非古寨也臣　切謂戎馬以衝突為利因此寨以禦之每一車竿四條每四條長六尺五寸徑方一寸五分前間一尺為槍頭側立槍頭以好鐵為之一尺為幹過竿方八尺二寸五分笋中間二尺近鑽方一寸五分笋後間八寸為幹三寸為鑽鑽亦以鐵為之其竿各相去七寸一分鑿圓竅以扇之其方兩頭各路六寸三分槍頭四條每條長二尺五寸內一尺為槍頭一尺為幹法同前二寸五分入槍頭方笋二寸五分五分通過後以拴之脚四庋每隻長四尺徑方一寸五分搭腦一作腦笋入一寸上間一尺通竿方入二寸五分笋中

間一尺一寸置槍頭方入二寸五分笋下間一尺一寸陷雲頭笋二寸令透底脚各居竿亭中安置兩畔間各闊七寸一分中闊一尺五寸七分方二條毎條長四尺徑二寸五分穿脚兩頭各露二寸鑿竅各闊一寸五分以脚穿之近鑽方一條長四尺二寸五分闊一寸五分搭腦方一條長四尺徑方以一尺五寸雲頭自四角起狀如車輞而起闊一寸五分厚三寸二分弯長七寸一分車通竿上用鐵鈎二左右各一也一照內而一垂下以牛革挽之如有所用則衆車相鈎聯周環如城以拒衝突欲戰則旋折開為門內

鑚強弓為守行則剖之止則聯之每一車用步士一人御之其用兵器者不限其數或立營或據險皆可用之也

虎鈐經卷第九終

初三日校

虎鈐經卷第十

相人第一百二

凡欲擢用先須辨人形神肌骨之貴賤且人神隱於

中形藏於身氣發於外先觀其形夫山有美玉草木滋茂人有貴相氣色豐閏人雖處下品顏色形神器度動止與衆殊也相有七等也一曰看骨二曰看神氣三曰看肉四曰看色五曰看文理黑子赤子六曰看毛髮七曰看星文人相有十成一曰神氣清二曰五岳齊三曰笑語美媚四曰聲色深沉五曰鬚髮毎間六曰詞語穩重七曰接對無僞八曰不欺信行九曰為事正直十曰風骨合度此謂十成之相也十成之人其可信乎經曰七成八成臣中作子尊貴位極人臣也凡欲相人先視其頭頭者五臟之主四體之父

百體之母頭面之間有五嶽有四瀆有四骨四瀆鼻江口河目淮耳濟四骨龍骨神龜驛馬伏犀平滿為鳩高成為岳入耳曰權骨入鬢曰驛馬耳濟為將軍左目後骨為日角右目後骨為月角圓為龍宮鼻上天中曰伏犀次两邊溝外神龜額間後為中子中子下高為龍角骨主三公台輔之骨腦後為王枕此骨一十六般並應頭面之主且王枕之相自两耳上中平為百歲前頭後腦前為星堂後為王枕也其一○卒軸枕其二⁘六字枕其三○○○連珠枕其四◡仰月枕其五◠覆月枕其六)(两背月枕其七()上下相

背月枕其八◎如環日枕其九十字枕其十一
字枕其十一☽左稍枕其十二☽右稍枕其十三◯
垂露枕其十四◯鷄子枕其十五□犀口枕其十六
中懸枕如此者皆公候之相也又若人之形也魂居
肝魄居肺志居脾精居命神居心故心有五輪則目
亦有五輪五行各以居其位也（一作抵）觀其目則知其心
矣是以心圓者上也鈴次之破也者主婬詐夫心如
月形者為盜如弓形者主非命圓者主事不虛妄之
情目之多正視主忠孝慈惠心鈴形者屬火能辯明
昏禮義目視重大回顧有常聰明智慧心破梯者目

視瞬息高下主多作盜言詞虛妄無信心月形者目視百迴高下屬水水流急不還必信行不忠孝貽貶流在外而死心如弓形者目視左右高下方田兼露白睛必死遠方爲子殺父爲臣殺君至若觧𡲬如鬼神有形而無骨莽蒼無色黃色亂豎口葉舌尖腸淺語薄似嘆不嘆似顛不顛面毛半茸若有塵灰腦髮倒垂鶴頭露結忽行後視神彩昏暗骨法不正如是者皆極賤人也

金瘡統論第一百三

人爲兵器所傷出血者甚渴者不可即與飲食恐簇

毛在吻頂乾食食肥膩之物無所妨害貴鮮渴而已不可多食粥則血沸出人必死矣所忌者有八焉一曰嗔怒二曰喜笑三曰大言四曰勞力五曰妄想六曰熱羹粥七曰飲酒八曰鹹酸此八者犯之未有不死者矣夫金瘡不可治之者有九焉一曰傷腦戶二曰傷天窻三曰傷臂中跳脉四曰傷髀中陰股五曰傷心六曰傷乳七曰傷鳩尾八曰傷小腸九曰傷五臟此九者皆死處也又曰金瘡不可治之者有四焉一曰腦髓出二曰腦破而咽喉中沸聲啞目直視三曰痛不在瘡處者此謂傷經也矣四曰出血不止前

赤後里或自肌肉腐臭寒冷堅忍其瘡難愈此四者皆不可療矣除此之外復胗其脉脉虛細者生數實者死沉小者生浮大者死其所在傷處出血過度而脉微緩者生急疾者死矣

治金瘡第一百四

金瘡方右五月五日平旦使四人出四方於五里採一方草木莖葉每種各半把勿令脫漏一事日午時切碓擣令極爛仍先揀好石灰一斗同杵之復選大實樹三兩株鑿作十竅令可受藥然實於竅中緊葉之畢即以麻皮係之用麻擣石灰密泥不令滯氣更

以皮纏定令牢到九月九日午時取出陰乾百日藥
成擣之曝令極乾更擣用絹羅之凡有金瘡傷出
血用藥封裹勿令轉動十日即瘥矣不膿不腫不畏
風若傷後數日始得藥須先用溫水洗令血出即傅
之此藥大驗如神預多合之金瘡之要無出之者治
金瘡中風痓口不語方赤箭一兩桂心三分防風一
分去蘆頭巴豆二分去皮及心熬後研之極爛用紙
裹壓又法用吳茱萸半兩湯浸七遍焙乾微炒天南
星三分炮令烈白附子半兩炮烈硃砂一兩水飛過
乾姜一分炮烈附子三分去皮臍炮烈乾蝎半兩

生用右件擣羅為末用釅醋三升熬成膏丸如桐子大每服三丸不計時候熬葱酒下服後汗出為效金瘡辟風止痛方當歸半兩剉微炒川椒半兩去目及閉口者微炒出汗澤瀉半兩芎藭一兩附子一兩去皮臍右件擣羅為末若金瘡有出瘀血以溫酒調下一錢日三服止金瘡出血不止方龍骨一兩剉微炒芎藭一兩熟乾地黄一兩鹿茸半兩塗酥炙令微黄色先須去毛烏樟根三兩突厥白一兩右件擣羅為末傅在瘡上血即止如服以溫酒調下二錢日三服金瘡內漏方金瘡通內血者為內漏而腹脹者不

能食死瘀血摶在於腹内腹牢大者沉者死耳以方
䖟虫三十枚去翅及足微炒桃仁一两湯浸去皮尖
雙心麸微炒黄桂心一两半川大黄三两剉碎微炒
水蛭三十枚微炒黄右件為末每服二錢用童子小
便一鍾煎至五分温和滓服日五服夜三服如卒無
小便用水并酒代之服訖然後以胡粉散傅上瘡胡
粉方粉二两乾姜二两生栗子二分陰乾去皮爲末
傅瘡上即瘥矣出箭頭方蜣蜋自死者十枚狗子三
枚婦人髮灰少許右先將蜣蜋去殼取其白肉與二
味同研如泥用生油塗中箭處則如膏藥候肉做痒

即以兩手蹙之其箭自出出骨中箭頭方椎黄一分蜣蜋一分研石灰末一分牛糞火燒之令赤色威靈仙一分朝桂鼠一枚去頭取血右爲末入鼠血并煉蜜和丸如黄米大納瘡口中其箭鏃不拘遠年自出

出肉中箭頭方巴豆一枚去皮膩粉一分砒霜少許磁石半兩細研蜣蜋一枚右為末以雞清和丸如菉豆大先以針撥開瘡痂用生男子乳汁化一丸撥在破處上用醋麵紙封貼常痒痒極不可忍其鏃自出也多年者兩上當年者一上即出箭鏃出後服食方

牡丹半兩塩半兩白蘞半兩右為末毎於食前以温

酒調下二分中途箭方蘆根一两藍蕉一两紫檀半两石灰末二两以牛糞火焼令赤右為末不拘時候以藍葉汁調下一銭粥飲下亦得中毒前後皮肉瘀腫方梨栅子一斤爛研去核塩麩子五两擣之爆乾更擣用絹羅之凡去粗漬菉豆三两炒熟石灰末三两牛糞火焼令赤藍子五两黄連三两去鬚稍顆栗子三两生用黑豆三两炒熟大黄五两赤芍藥三两右為末煉蜜調為膏每服以温酒下一茶匙日三四服刀槍破腹腸胃突出方磁石三两焼紅醋淬七次擣碎研如粉滑石三两鐵精三两右為末傅槍腸胃

上後別磁石末用粥飲調下一錢一日三四服腹又縫補方又若皮肉斷裂剥取新桑白皮作線縫之以新桑白皮裹之又以桑白皮汁塗之極妙小瘡但以桑白皮裹便如筋斷後亦封於上可以續之付毒箭及馬汗方蚕虫大去首者去翼異於端午曬乾收之陰乾為末每服一錢撥破瘡口以藥付之然後醋麵糊紙靨子貼之即出毒也又方石灰末二两以牛糞火燒令赤色密陀僧一两黄栢半两剉膩粉一分右為末每用先以鹽水洗瘡後用藥付之日一換之

疫氣統論第一百五

結營瀕象山川卑溼之地其溼燉毒氣腫襲人口鼻者則山瘴之瘧癘生焉又若寒暑之氣不節夏寒冬燠或夏傷於大暑者熱氣盛藏於皮膚之間加以士卒之衆衆之氣相蒸為溫臭則時疫生焉抑又所蒸之地士卒不便水土之性溫凉之氣致陰陽二氣交亂於腸胃間則霍亂吐瀉生焉斯之三者衆處生疾之地十有五六焉故臨戎之十得不預備之乎

治疫氣第一百六

時氣方疫用茵蔯蒿二兩大麻仁五兩研如膏豉五合炒乾常山三兩梔子二兩芒硝三兩細研鱉甲二兩

塗醋汁令去裙襴杏仁二两湯浸去皮尖雙仁麵炒微黄色巴豆一两去皮心炒令黄紙裹壓去油細研右爲末合均煉蜜和擣五六百杵丸如桐子大毎服粥飲下三丸或吐或痢或汗或不吐痢或不汗再餌之若更不吐痢以熱粥飲投之觀其症候加减霍亂吐瀉方桑葉一握編一作篇竹一握右細剉末用水一大盞服山瘴瘧方常山三两烏梅二十七枚韮帶三寸獨顆蒜一枚以酒二大盞作一服初一服先未發時喫次一服臨欲發時服如不發即止温瘧方麻黄一两去根節牡蠣粉一合一作分蜀漆甘草犀角屑知母各

半两右為末用水二大盞慢火煎一盞半去粗分為
三服早起午初夜服之

治皸瘃第一百七

士卒渋水蹈氷蒙犯霜雪寒風一切淩凍所苦或失於飲食肌體虛勞故頭目手足皸瘃也治手足皸瘃血出方猪胰洗之立止手足皸瘃方右取川椒四合以水煑之去滓漬頃出令燥須臾後浸乾即塗羊猪腦髓尤妙渋水冐霜手足凍裂方又取麥葉濃煎汁熱洗之即愈手足凍裂成瘡方右以羊髓熬成膏油入妙黃丹攪匀令澹塗之三五次即愈手足指節皸

裂欲隨落方蔾州青石作器物者以刀子細刮取末欲落指節相柱文縷微連便以石灰末厚覆其上以帛子繫纏之其痛即止其指十日即復安矣

禳厭第一百八

厭敵兵法中夜設於北斗下致酒脯焚香爲祭藉用白茅用五色綵爲幣大將北面再拜禱祝以所祈之事三奠而止伐陰木之枝爲六甲符符中書六甲名祭罷以爲六囊各盛一符即以本旬符囊繫於旗纛内勿令人覺之遂舉而止敵人當自駭走矣厭疫法大疫當取虜獲首級不計多少於上風焚之人疫大

盛則有用此法瘦必亦假用之令其烟氣衝襲一作瘦者經時撤去可以辟厲氣矣厭王氣法敵之王氣久而不衰者觀其氣王於何方當六甲旬首正子時於營中月空上環三九步以朱畫八卦壇位成三界其内畫十二辰及月將之名東西南北相去數步取蒼狗白鷄各一隻大將披素服右手仗劍左手按二畜北面立默誦敵將名氏即斬之埋於氣旺之方深三尺氣衰則去之厭敵將法敵將之命厭於我命者謂五行細人窑構其敵將之命也當令生年日月時也我即以所旺相之色可以克彼者隨所旺月日及時容制克之所旺日時假令敵將火命王我則擇火日

水時為黑遂体皆之勿令他人見戰陣當以皂旗為衛它者倣此伏鳥獸

兵法夜伏兵於林薄處禽鳥驚啼者當以方書十干之號有十二辰之名十二之號有二十八宿之號懸於巢上林上則禽自不驚啼而兵可伏矣干謂從甲列癸辰謂從子辰亥曰月位攝提格若星從角到軫也

相馬統論第一百九

夫馬之所生無毛者能行千里先舉一足者行五百里但數其節得十即凡馬也十一十二者五百十三者千里過十三者天馬也一作秩毛起脘上者六百里腹舂上下平者百里五項圓者五百里眼中如童兒並

坐者二百里腹下有横筋者五百里耳根下生角長一寸者三百里二寸者五百里三寸者一千里屎射過前脚者五百里頭如渴烏者一千里如初生面上曰不能行才行便能飲水者千里之駒也放屎舉足者亦然作前腹下毛逆生者同芝蘭孔中有毛長一寸此駑馬也鼻中金字者作人一十八歲四字者八歲八字者四歲鼻上赤者二十歲鼻上青者三十歲鼻上如有公王字者二十五歲眼圓有旋毛者三十歲目下不滿而白精多者此多駑也目白不深唇不覆面口小又淺不健食齒參差不相當雖遇齒欲得上鈎者

好也凡馬頭欲如側摶耳欲得厚小左耳却害主右耳却不入陣跟圜欲得蒲睛弩（一作登）肉（一滿身）額前錐毛欲得濃盛鼻欲得大脣欲得緩上脣欲得下中口欲得紅并方大舌欲得（一作如）懸鉤面欲藏骨睢欲寬胸欲廣雙筋欲得分明蹄欲得厚膝欲得開腹欲得垂陰欲得小肚欲得方脞肉垂足足後欲得無毛尾欲得毛散尾核欲得長齊於梁骨尾林欲得麄汗溝欲得深膊祭橫文欲得分明脊欲得平身欲得短毛欲得細而突（一作笑）如是者馬之要相也

馬忌第一百一十

石灰泥槽掐馬不得繫馬於門上令落駒養彌猴於坊内辟患并去疥癬戊寅日及庚寅日不得作廐作之者不及一年凶丙寅日不可出入馬三年人馬俱死申日不宜取馬必死戊午庚子之日不取并忌入廐大敗凡養馬作廐之法當擇時日之良而知所忌之凶矣

馬毛利害第一百一十一

若馬或白點入口者名的盧目下有横毛者名死泣旋毛在吻後者名銜禍白馬黑鬃鞍下有回毛者名負屍腋下有回毛者名挾屍左脇下有白毛直上者

名白帶劎汗溝過尾根者踏殺人腮上有旋毛者名
白（自）圍或後足左右白者或馬渾白而四蹄黑者或從
前膊外從項（頂）去到陜腮應有毛旋者或毛旋在項者
或爪黑面白者已上馬毛病者不利主也或馬前兩
甲膊後近低處毛旋者能行五百里望後眼近前低處
毛旋者行之（三）百里後（一作後）前膊到喉中間有旋毛者名
印綬能行千里無（能）益主也

治馬金瘡藥第一百一十二

馬中金瘡胸（傷胸）胄突出方芍藥黄耆當歸芎藭白芷續
斷鹿茸黄芩細辛乾姜附子已上各三兩右為末先

飲酒令醉服五分七日三服稍加到方寸立愈

治馬雜病第一百一十三

灌馬方春夏用白礬秋冬用鬱金亏蒡當歸大黄朮麻黄連細辛乾姜已上各一兩右為末入湯中以酒調灌之瑫馬方鬱金大黄甘草山梔子貝母白芍藥黄藥秦膠（一作花）黄栢黄連款冬花知母桔梗藁本等分為末右用油并枀和瑫之每疋二兩治馬温方右以獺肝肚肉去糞煮汁灌之治馬肚熱結糞顫不食方黄連末二兩白鮮皮末一兩油五合以臈猪脂四兩白水一升半調下牽行拋糞立効治馬卒熱肚脹欲

死方以藍汁二升并水二升同灌之立効治馬遒起
方又取壁上多年石灰細研羅又用油調二两灌之
立効治馬黑汗忽卧不起汗流如珠肉顫氣喘者嘗
汗淡即死汗鹹不死以人脚下汗韈以水二升洗取
汁灌之立瘥治馬不進水草方芒硝一两酢酪半升
已上和欝金散灌之并刺滞血出一升治馬傷水方
又以葱鹽油相知挼成團子內鼻中以捉馬鼻令不
通氣又待眼中淚出即止治馬傷食方右以生蘿蔔
三五箇切作片子啗之立効治馬喉中腫方軟物裹
刀子露一刺咽喉令便瘥又方以乾馬糞置瓶中将

頭髮盖之以火燒烟出薰馬鼻中立瘥又方以猪脊
邊脂拌髮燒薰鼻中立効治馬草結方以白礬末分
爲二兩服每服和水飲後即啗之神効又方以手捻
令銷如不銷火燒掃箒柄䅭之効點馬眼方青鹽黄
連仁馬牙硝巳上各等分細研用蜜煎以磁瓶盛水
浸點之治馬疥瘡方臭黄臘月猪脂煎令髮銷及熟
塗之立効治馬瘡方以鹵莧石灰同搗令均搏作餅
子候晒乾復搗為末先水以口含洗浄用藥貼之治
駒兒肚瀉方以蒿本為末將大麻子研十調三錢灌
下便効次將黄連末麻子觧之腸藥方莨菪子烏頭

芫花茱萸脊蒼朮木鱉子葶藶子右等分為末每柤用半两以醋麵椒蒜煎為膏治之

虎鈐經卷第十終

初五日校

虎鈐經卷第十一

天時統論第一百十四

天時者兵家之主也若夫星辰變見雲氣聚散六壬

旺相遁甲休咎風露雷雨之所動作陰陽晦明之所啓閉鼙鼓之震響禽鳥之示情通天地鬼神之心開勝敗休咎之兆者其道何也臣切謂天地之道大正也夫陽爲實陰爲虛實有常而虛不常也法具實者政令之謂也政令一定之象也法具虛者權智之謂也權智應變之象也動以虛實爲用者天地之正（一作身）道也是以知政令權智之所設能應於天地者此之謂大順也或天地示其灾變我以順應之示其吉祥亦以順應之是以順應正也如能以順應正行師豈有敗乎然雖異黑（一作雲）氣出壘赤氣臨軍六竅起風三开

生霧皆為敗象當其時苟能覩其凶變脩政謹身上地遷營應天揆日恭受譴形（一作怒）而警省焉此可以易凶為吉矣斯乃以順道應天者也臣今所列時日雲氣曆象之間其占候既不一在乎用兵者因其時擇而用之也若能善服人心以順天地之情和陰陽之性使災咎不見率由政令權智之得其道也又何暇審占天時以爲候哉

出軍日第一百十五

月殺月虛日利命將出征又曰十二月中各有出軍吉凶日正月戊辰丙子庚午辛卯戊子壬辰丙辰丙

申二月丁卯辛卯此是九醜日它月皆不犯三月甲子乙丑戊辰己巳丙辰庚申四月丁卯己卯辛卯癸卯（一作丑）五月丙申戊戌庚戌庚申壬戌六月辛未己未癸未庚寅丙申辛卯壬寅庚申七月乙丑乙酉己酉丁巳癸丑八月庚午癸酉壬午丙午戊午九月癸酉乙酉丙申丁酉壬寅己酉甲寅十月己酉甲寅己上用皆吉十一月十二月九醜八魁無翹大禍反激天賊天門四不出六絶血忌大敗諸日令悉删而去之不在此十二月吉日（一作月）中唯犯九醜大凶一說云天乙絶氣日不可出軍攻戰正月六月二月七月三月

六月以次周十二月一說云六窮日不可出軍初九十九二十八一說云天日開亦謂之往亡不可出軍正月初七日二月十四日三月二十一日四月八日五月十六日六月二十四日七月九日八月十八日九月二十七日十月十四日十一月二十一日十二月三十日若有急難擇時吉辰而動不用此日可也

四戰圖第一百十六

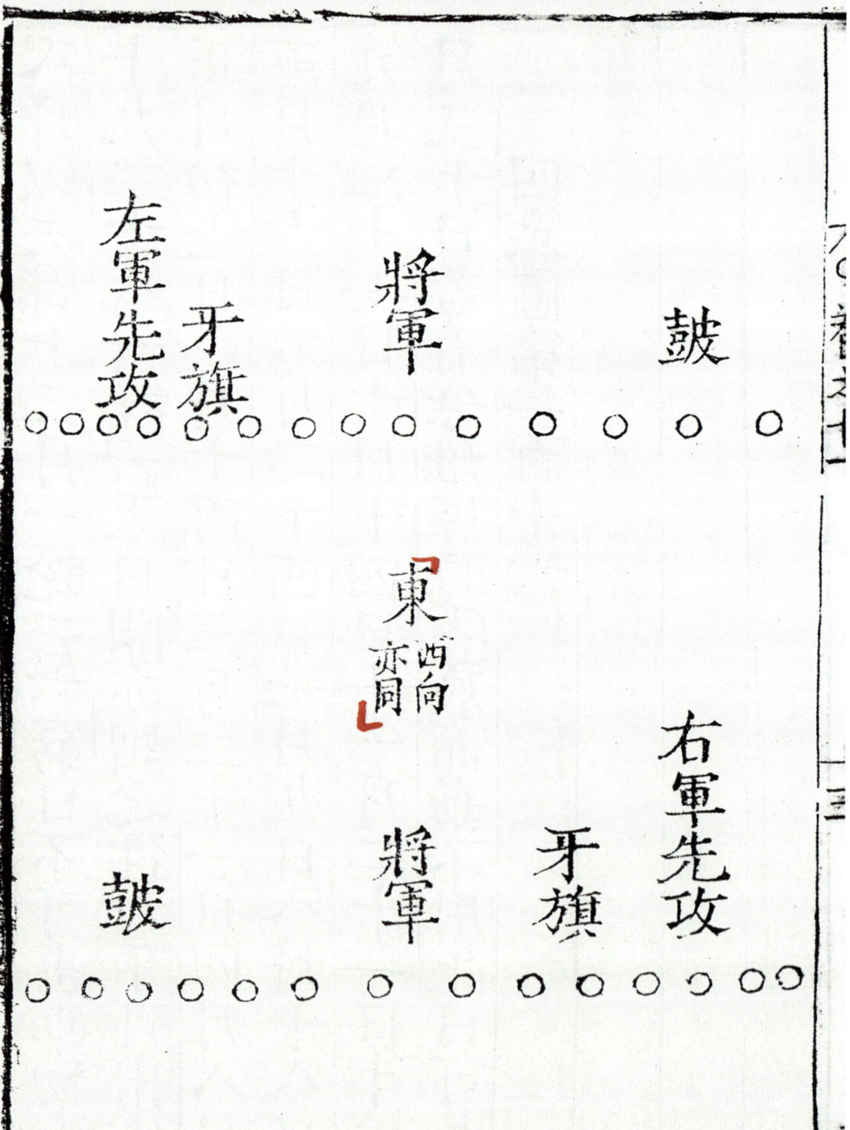
鼓
將軍
牙旗
左軍先攻
東
西向亦同
右軍先攻
牙旗
將軍
鼓

明鈔本十四戰圖後附此文

气清白而高將猛勇气如人無頭死人卧軍上敵將怯不戰必敗气如丹蛇赤气隨之必大戰殺死四望無雲有赤色如狗射其下有血光也初出軍日天气昏暝雲气陰沉四塞殺气也必戰清暘温和無塵不動不戰有青气見軍上旺相主戰捷气如白蛇見軍上必戰流血白气如軍入北斗中下有流血大將死避之吉日旁有气從气吉者勝陣雲如立垣

孤虛第一百十七

一人已上用時孤虛萬人已上用日（一作月）孤虛日內如或賊不在虛上我已得其便地即用旬孤虛若復逼迫不得用孤虛之位背建向破假令卯為建則酉為破是也用日孤虛子日亥孤巳虛丑日子孤午虛寅日丑孤未虛卯日寅孤申虛辰日卯孤酉虛巳日辰孤戌虛午日巳孤亥虛未日午孤子虛申日未孤丑虛酉日申孤寅虛戌日酉孤卯虛亥日戌孤辰虛用時孤虛以時為主方位並同旬孤虛甲子背戌亥擊辰巳甲戌背申酉擊寅卯甲申背午未擊子丑甲午

背辰巳擊戌亥甲辰背寅卯擊申酉甲寅背子丑擊午未背者為孤擊者為虛也用孤虛之時須觀年月所建（一作覎）兵刃如山何可為敗如或賊在虛久戰而不敗者切不可引退但併力擊之必勝矣故兵法曰背孤擊虛一女子當五丈夫此之謂也

九勝法第一百十八

黃帝曰行兵要背天目向地耳甲子旬天目在庚午地耳在戊辰甲戌旬天目在庚辰地耳在戊寅甲申旬天目在庚寅地耳在戊子甲午旬天目在庚子地耳在戊戌甲辰旬天目在庚戌地耳在戊申甲寅旬

天目在庚申地耳在戊午

地兵[illegible]第一百十九 愚謂地兵者六丙耳丙爲天氣故不可觸也

太公曰凡行兵向陣勿可犯地兵將軍忌之甲子旬地兵在寅甲戌旬地兵在子甲申旬地兵在戌甲午旬地兵在申甲辰旬地兵在午甲寅旬地兵在辰

黃幡虎尾第一百二十

凡戰背虎尾向黃幡吉午戌歲黃幡在戌虎尾在辰子辰歲黃幡在辰虎尾在戌卯未歲黃幡在未虎尾在丑酉丑歲黃幡在丑虎尾在未也

遊門第一百二十一

出兵攻敵常須避門正月天門在申百死在酉二月天門在酉百死在戌三月天門在戌百死在亥四月天門在亥百死在子五月天門在子百死在丑六月天門在丑百死在寅七月天門在寅百死在卯八月天門在卯百死在辰九月天門在辰百死在巳十月天門在巳百死在午十一月天門在午百死在未十二月天門在未百死在申

八卦第一百二十二

一日從艮擊坤二日從震擊兌三日從巽擊乾四日從離擊坎五日從坤擊艮六日從兌擊震七日從乾

擊巽八日從坎擊離一日十一二十一日同前

例擊之每到十日二十三十日並軍忌不可用之

五姓第一百二十三

角德在巳陽子陰午生氣卯死酉刑禍申羽德在申陽子陰午生氣子死午刑禍丑徵德在未陽午陰子生氣午死子刑禍未商德在亥陽子陰午生氣酉死卯刑禍午宮德在巳陽子陰午生氣子死午刑禍亥以生氣擊死氣以陰擊陽

天罡第一百二十四

舊說曰天罡加孟神在內加仲神在門加季神在外

凡有所用以天罡加地戶可以入山林設伏兵以天罡加天門可以攻敵以天罡加酉隨便伏匿可以探敵事他人不覺知以天罡加子天地所通吉候也天罡加丑天地不一作小通以為吉事不可以秘忽興兵征伐遠行三十里止合吉一作凶天罡加寅天地慶悅舉小事吉天罡加卯天地開格不可舉衆天罡加辰天地初呼不可侵人關界守己地則敵人不能攻之天罡加巳天地神祐無憂患但進兵入敵境逢敵則止營勿與即戰天罡加午天地初起而縱橫之時凶天罡加未天地小通更小心行賞賜撫將校慎兵馬如是

吉反是凶天罡加申天地不遠揚兵堅壁設備吉天罡加酉天地關無路若出兵中道奔亡遇敵即敗大凶宜守營自備天罡加戌天地迫逆吏士謀殺主將主將備之天罡加亥天地迫無路行者止占戰鬬天罡加孟（孟謂寅申巳亥是也）利力戰加仲（仲謂子午卯酉是也）主客傷加季（季謂辰戌丑未是也）利客勿逆戰從去之占卒聞敵出軍加孟不出加仲半出加季全出占卒聞敵罷軍加孟不罷加仲及季俱罷占聞憂加孟不足憂加仲小憂加季大憂

雷公第一百二十五（雷公者六庚耳庚為天刑故不犯又庚乃百神聚之方

攝殺六律曰雷公將軍在午遊庚領十二月將及風伯雨師其所在之處群居嚮應而到若出軍布陣立營則雷之所處慎不可犯之主敗軍殺將也甲子旬六庚在午甲戌旬六庚在辰甲申旬六庚在寅甲午旬六庚在子甲辰旬六庚在戌甲寅旬六庚在申

十二將第一百二十六

用起天一以將兵大捷（作摟）闢地千里敵畏服用起六合以將兵主得子女玉帛用起青龍以將兵大勝得敵之邦國府庫用起大陰以將兵士卒怯怖用起天后以將兵不戰自敗用起大常以將兵無功用起騰

蛇以將兵士卒驚駭上下相尅多傷用起朱雀以將兵士卒驚恐忒妄作口舌用起勾陳以將兵士卒敗軍馬折傷用起玄武以將兵軍多亡遁戰不利用起白虎以將兵師敗無救援用起天空以將兵士卒死亡為敵所欺詐說曰天一者人皇之靈也上潛精而為星在紫微宮下遊十二次則居己丑主慶賀事治大吉小吉臨甲乙寅卯假令天一治大吉小吉而臨甲乙寅卯是也餘皆例此凶神將螣蛇者飄風之精也居大陽之丁巳雷公六律曰天一奉車都尉凶神也一作而大小殺並主憂驚朱雀者一作星月之精也居大陰

之丙午雷公六律曰天一羽林下為霹靂凶將也主刑戮口舌六合者大陰之精也居少陽之乙卯吉將也雷公六律曰天一光祿大夫主和合吉事勾陳者雷電之精也居大陽戊辰雷公六律曰天一大將軍也凶將也主戰鬬多傷敗青龍者大陽之精也居少陽之甲寅雷公六律曰天一左丞相吉將也主喜慶事天后者水之精也居大陽之癸亥雷公六律曰天一綵女也吉將也主獘匿事大陰者金之精也居少陽之辛酉雷公六律曰天一御史中丞吉將也主陰私事也玄武者北方七星之精也居少陰之壬子雷

公六律曰天一之後將也凶將也主逃亡離別盜賊若與風伯雨師二神并必有盜賊太常者土之精也居少陰之己未雷公六律曰天一大常卿吉將也主財帛白虎者西方七星之精也居少陰之庚申雷公六律曰天一逆尉也凶將也主囚禁骸骨天空者斗魁之精也居少陰之戊戌雷公六律曰天一吏師（一作日直）凶將也主欺詐事

三九第一百二十七

一九命榮衰安怨成壞（一作敗）友親二九業榮衰安（一作敗）友親三九貽榮衰安怨成敗（一作敗）友親大將軍將有事即

預揆巳所生之日以月將推之為命宿一室二奎三胃四壁五參六鬼七張八角九亢十心十一牛十二虛第一命宿次榮衰安怨成壞友親之類一九之法次以業宿為准前三九周二十七宿而推之假令大將生於五月五日胃宿為第一命宿三昴為榮三畢為衰四觜為安五參為怨六井為成七鬼為壞八柳為友九星為親次為一九之法十張為業宿後起之為衰餘皆以類推之然於三九他皆倣此也設或值命業宿直日宜舉號令數習士馬建立營寨吉營宿值作吉日攻之取戰吉衰宿值日所作凶安宿直日移兵遷寨吉餘凶怨宿直日惟利結交於諸侯及延納賓客餘凶成宿直日設權詐及壞厭吉壞宿直日宜大舉師旅討伐叛逆及鎮厭呪

咀皆吉亥宿及親宿直日備藥餌治軍病犒勞宴賞此三九之用也苟欲求其直日之法即以二十八宿本直之日配於大將軍命業胎宿之次以定吉凶之後以七元甲子起之第一虛宿直太陽受日房星昴直亦太陽受日他皆倣此是謂天元甲子第二奎宿直木星受日斗角井所直同是謂地元甲子第三畢宿直太陽受日危心張所直同是謂人元甲子第四鬼宿直金星受日牛亢婁所直同是謂鬼元甲子第五翼宿直火星受日觜室所直同是謂江元甲子第六氐宿直土星受日女宿昴胃所直同是謂河元甲子第七箕宿直水星受日軫參畢壁所直同是謂海元甲子

以二十八宿所直之内足以見九宿之日假令三月一日爲五元甲子即翼宿直火星受日二日乙丑軫宿直水星受日三日丙寅即角宿直木星受日以類次之凡七元起於天元終於海元周而復始苟欲知其七元甲子之資次當以長曆推之凡見所直之宿可以配於三九也行師者能以三九用日五行用時孤虛用地雲氣星辰用天沉機用人未有不建援世之功者也

虎鈐經卷第十一終

三月廿九日校

虎鈐經卷第十二

六壬傳課第一百二十八

凡用六壬若占利害之時先以月將加正時假令正月占以正月合神登明為月將卯時占以登明加卯他皆例此若占今日今時而行四課之法何謂四課假令今甲子先視申上所見神為第一課號曰日之陽次視

神本位上所見之神為第二課號曰日之陰次視子上所見之神為第三課號曰辰之陽次視此神本位上所見之神為第四課號曰辰之陰此謂四課四課即畢見有相克取以發課故金匱經曰用兵當知刑克之忌（猶克也）凡四課之内上克下者正月甲子日寅時用勝光是也又有下克上者二月丁巳日午時用從魁是也兩俱克者皆下以克上為用上以克下為體也下克上者用兵之家憂深上克下者憂淺自兩上克下以此為用三月庚午日河魁是也自有俱比以淺害深者為用四月戊辰日丑時勝光是也自有

涉害俱深以先見者為用五月巳酉日戌時用勝光
是也自有上下俱不相克以遥相克為用也金匱經
曰交俱不入當獨立此謂遥見相克也假令正月甲
辰日寅時即以正月合神登明加甲上甲日見登明
水木不相克辰上見大吉二土不相克登明本位亥
上見傳送是金遥見甲木即以傳送此謂遥見克他
皆倣此自有俱遥見克者以比者為用自有俱比以
還先見用自有日遥相克神神克日两俱見以神克
時日為用無神克者乃用日克神為用自有两遥克
日亦以比為用自有俱比以此先見者為用先見為

先後辰課四課者自有先遥相克者當以仰伏視之此法為用何謂仰伏視之說者曰西方白虎宿有昴星主天獄也剛日當從地下星仰望天上隨所見神仍以為用柔日當從天上昴星伏視地下所見辰以此神本位為用假令仰見大吉即以大吉為用假令伏視地下見午以天上勝光他皆倣此所謂仰伏視為用也昴星不可全信以日辰上審之剛日中傳辰後傳日柔日中傳後日傳辰自有八傳日唯有兩課見有相克亦涉害深為用無克日剛日從日上陽神順數柔日從辰上陰神逆數皆及三神為用何謂八

專甲寅庚申巳未丁未癸丑辰同也假令正月甲寅
日寅時以月將加時申上寅上見登明此謂地上二
神也共見天下一神假令正月甲寅日卯時以月將
加卯上寅巳共見河魁此謂一神臨二神河魁本位
上見勝光不相克即以河魁為用無相克乃用逆之
之數焉順數法假令正月庚申日戌時庚與申共見
從克從河魁本位上見河魁皆不相克庚剛日當從
庚申上起從魁順數之及三神到戌上登明即以從
明爲用也逆數法假令正月巳未日戌時以月將加
戌巳未共見傳送傳送本位申上起河魁皆不相克

柔日當從傳送傳送本位申上起從魁為始逆數到午上得小吉為用自有伏吟時剛日用日上神柔日用辰上神皆前刑而後克前破而後衝以為三傳金匱經曰剛以日柔以辰不共言無相克也剛日起日上神柔日以辰上神為用凡伏吟皆前刑後克前破後衝何謂刑田寅刑巳用子刑卯之屬也何謂破午無刑破子就卯亥無刑破寅刑申之屬也辰無刑破丑酉無刑破子是也自有反吟時剛日以日且衝為用柔日以辰衝為用皆載衝而後刑為三傳何謂四衝假令甲子日甲衝寅辛辛上見天罡以為用天罡而

又反衝河魁此爲戰衝然後刑未何謂辰衝假令乙
丑日丑衝丙丙上見登明爲用用登明而後破功曹
又辰衝太乙此謂丙衝然後刑申一云反吟猶有課
課發卦而後前衝後刑王曆詳之九加臨四課式反
伏二吟皆須知發課之神即三傳也何謂三傳假令
小吉臨寅爲用即小吉爲第一傳小吉本位見神后
神后即第二傳神后本位見太乙太乙即爲第三傳
所以三者象三正四者象四時能於傳課以求相克
之神斯足以見用兵之利害矣集作利靈經曰用式之
時朝向南暮向北避歲月二建說曰甲乙日日入時

丙丁日夜半時戊己日平旦時庚申日巳時壬癸日
晡時已上不可占也一云正月五月九月卯二月六月十月
子三月七月十一月酉四月八月十二月丑已上以
天罡加之增減式法

遁甲遊都第一百二十九

壁玉經曰玄女言密可與人妻奴不可示人遊都欲
知敵人必决遊都之法甲己日大吉乙庚日神后丙
辛日功曹丁壬日太乙戊癸日傳送皆以月將加時
聞賊時遊都加日辰敵即到臨一辰一日到臨二辰
後二日到臨三辰已過矣勿憂都旺相克日辰凶盃

甚囚死不克日辰無以患訟者曰吏神姦神一名遊都吏在天一前姦在天一後姦在後加日辰在我家年止謀我身文說曰以吏為遊都以賊為虜都其法同加日皆不可出軍也甲己之日吏神申賊神寅乙庚之日吏神子賊神午丙辛之日吏神寅賊神申一作巳

盗神亥丁壬之日吏神巳盗神申賊神亥戊癸之日吏神申盗神巳賊神寅說曰申子辰功曹為天賊亥卯未太乙為天賊巳酉丑登明為天賊寅午戌傳送為天賊說曰遊都將者總護天賊天殺諸將若加臨辰則立到臨好鄉則不戰有降兵卒臨所畏大

戰父子不相親中外不相信臨東方兵凶西方兵威不可加西方利臨勒兵賜將士加北方利禦敵凡爲將皆須知是遊都將不能知是者與士位同耳若欲都將之術甲巳之日大吉乙庚之日神后丙辛之日功曹丁壬之日太乙戊癸之日傳送說曰都將凡臨日辰而相克者賊來疾速加季剌吏亦爲來四孟神不來若在天一在一辰一日來二辰二日來三辰三日來四辰無賊來後三辰爲過去凡三都將所臨賊在其下說曰欲知賊消息往天耳聽之天耳者大吉小吉是也說曰正時占太白入熒惑賊

來熒惑入大白賊不來丙丁爲熒惑庚辛爲太白說曰天一加日合到天罡小吉大乙神后加日辰敵來至急又曰天罡加孟言虛加仲賊來至半道加季即到說曰巳在前賊不知處者正時天目所臨賊在其下矣天目者春氐氐乙下夏柳柳午下秋胃胃辛下冬女女癸下一說神后爲玄武加日時敵急到說曰霄聞敵三刑加日辰到急三刑者天罡大衝太乙也又占敵以明將加時天罡或如房屋或臨日辰不可出軍當逢剽掠說曰白虎勾陳加到巳地聞應有巳即爲盜或甲日必有敵揚兵見血騰蛇朱雀但驚

恐耳傳送加孟敵擎發加仲半道加季即到說曰占
聞前後有奸賊欲知何所在者以月將加時看大吉
大吉加子午賊在太衝下加丑未在太乙下加寅申
在傳送下加卯酉在從魁下加辰戌在登明下加巳
亥在大吉下勿避此等必有傷害聞有賊用月將加
時便看大吉前在也正時太衝神后太乙加日賊在
前加辰賊在後說曰甲己之日子為吏亥為賊乙庚
之日亥為吏酉為賊丙辛之日寅為吏巳為賊丁壬
之日巳為吏申為賊戊癸之日申為吏卯為賊占賊
有氣其賊必來占死氣賊不到又此時言吉凶以意

消息之可也

五行勝負第一百三十

五行者順五行所直之時日以定主客之利害也金日金時無所害也行師不遇敵旗色上白報兵馬事來虐聲也金日水時若値申子辰之日忌之日辰時當避之行師不遇敵旗色上黒報兵馬事來則不到見賊亦無戰自相休解金日火時若寅午戌日忌寅午戌時避之行師宜客爲我利乘敵未動亟引兵擊之旗色上赤若敵先來攻我不與戰報兵馬事凶急備之金日木時宜主我不可往旗色上白敵來堅

陣待之與戰必勝報兵馬事大吉金日土時不遇敵亦無戰陣旗色上黄報兵馬事來勿憂若值子日子時避之火日火時無所害也不遇敵遇亦不戰旗色上赤報兵馬事來虛聲也火日水時宜客報兵馬事凶急避之見敵若未動則我先引兵赴戰并力擊之旗色上黑若敵先來攻我我則堅壁固守不可應之火日金時宜主不利往敵來攻我我舉赤旗反往擊之必勝矣火日土時亡所害也見敵亦無戰旗色上黄報兵馬事來虛聲也火日木時亦相生不相克也更覩時之衰如何宜主敵來攻我則舉赤旗擊之報

兵馬事（一作來）木日木時亡所害也不宜動作事多不就
亦無戰陣報兵馬事虛聲木日火時宜客利速引兵
赴敵旗色上赤（一作黑）若敵先來不可應戰報兵馬事凶
亦觀時之衰旺如何值巳酉丑日當忌巳酉丑時避
之木日金時宜客利我速引兵擊之旗色上白若敵
先來攻利固守勿與戰木日水時不遇敵遇亦自退
旗色上黑報兵馬事來虛聲也木日土時宜主若敵
來攻舉青旗擊之報兵馬事凶水日水時無所害
也不遇亦自散旗色上黑報兵馬事來虛聲也水日
火時宜主慎勿先動若敵先來攻當舉黑旗放兵大

擊之報兵馬事大吉水日金時見敵不與害旗色上白報兵馬事虗聲也水日木時旗色上青報兵馬事虗聲也水日土時不可動衆報兵馬事安静勿憂夫土能克水水又能决土也更審時之衰旺如何若敵來乗土上旺勿與戰土衰則反舉黑旗擊之土日土時無所害也不可動衆旗色上黄報兵馬事虗聲也土日木時宜客利敵先動而擊之旗色上青若敵固守勿與戰報兵馬事凶土日金時不遇敵遇亦無害報兵馬事虗聲也土日火時主不可動敵來攻勿與戰戰者必衰報兵馬事來小有焚燒驚恐土日水

時先觀時之衰旺何如然後動靜焉土旺宜主水旺宜客敵來氣生勿與戰衰則擊之報兵馬事凶甲子甲午金日甲子乙丑金時丙寅丁卯火時戊辰己巳木時庚午辛未土時壬申癸酉金時甲戌乙亥火時乙丑乙未金日丙子丁丑水時戊寅己卯土時庚辰辛巳金時壬午癸未木時甲申乙酉水時丙戌丁亥土時丙寅丙申火日戊子己丑火時庚寅辛卯木時壬辰癸巳水時甲午乙未金時丙申丁酉火時戊戌己亥木時丁卯丁酉火日庚子辛丑土時壬寅癸卯金時甲辰乙巳火時丙午丁未水時戊申己酉土時

以下十時俱用納音所屬為例以六十甲子至癸亥日止各以五子元遁起十二時納音所屬金木水火土各於六甲日內配之是也

庚戌辛亥金時戊辰戊戌木日壬子癸丑木時甲寅
乙卯水時丙辰丁巳土時戊午己未火時庚申辛酉
木時壬戌癸亥水時己巳己亥木日甲子乙丑金時
丙寅丁卯火時戊辰己巳木時庚午辛未土時壬申
癸酉金時甲戌乙亥火時庚午庚子土日丙子丁丑
水時戊寅己卯土時庚辰辛巳金時壬午癸未木時
甲申乙酉水時丙戌丁亥土時辛丑辛未土日戊子
己丑火時庚寅辛卯木時壬辰癸巳水時甲午乙未
金時丙申丁酉火時戊戌己亥木時壬寅壬申金日
庚子辛丑土時壬寅癸卯金時甲辰乙巳火時丙午

丁未水時戊申己酉土時庚戌辛亥金時癸酉癸卯
金日壬子癸丑木時甲寅乙卯水時丙辰丁巳土時
戊午己未火時庚申辛酉木時壬戌癸亥水時甲戌
甲辰火日甲子乙丑金時丙寅丁卯火時戊辰己巳
木時庚午辛未土時壬申癸酉金時甲戌乙亥火時
乙亥乙巳火日丙子丁丑水時戊寅己卯土時庚辰
辛巳金時壬午癸未木時甲申乙酉水時丙戌丁亥
土時丙子丙午水日戊子己丑火時庚寅辛卯木時
壬辰癸巳水時甲午乙未金時丙申丁酉火時戊戌
己亥木時丁未丁丑水日庚子辛丑土時壬寅癸卯

金時甲辰乙巳火時丙午丁未水時戊申己酉土時
庚戌辛亥金時戊寅戊申土日壬子癸丑木時甲寅
乙卯水時丙辰丁巳土時戊午己未火時庚申辛酉
木時壬戌癸亥木時己卯己酉土日甲子乙丑金時
丙寅丁卯火時戊辰己巳木時庚午辛未土時壬申
癸酉金時甲戌乙亥火時庚辰庚戌金日丙子丁丑
水時戊寅己卯土時庚辰辛巳金時壬午癸未木時
甲申乙酉水時丙戌丁亥土時辛巳辛亥金日戊子
己丑火時庚寅辛卯木時壬辰癸巳水時甲午乙未
金時丙申丁酉火時戊戌己亥木時壬午壬子木日

庚子辛丑土時壬寅癸卯金時甲辰乙巳火時丙午丁未水時戊申己酉土時庚戌辛亥金時癸未癸丑木日壬子癸丑木時甲寅乙卯水時丙辰丁巳土時戊午己未火時庚申辛酉木時壬戌癸亥水時甲申甲寅水日甲子乙丑金時丙寅丁卯火時戊辰己巳木時庚午辛未土時壬申癸酉金時甲戌乙亥火時乙酉乙卯水日丙子丁丑水時戊寅己卯土時庚辰辛巳金時壬午癸未木時甲申乙酉水時丙戌丁亥土時丙戌丙辰土日戊子己丑火時庚寅辛卯木時壬辰癸巳水時甲午乙未金時丙申丁酉火時戊戌

己亥木時丁亥丁巳土日庚子辛丑土時壬寅癸卯
金時甲辰乙巳火時丙午丁未水時戊申己酉土時
庚戌辛亥金時戊子戊午火日壬子癸丑木時甲寅
乙卯水時丙辰丁巳土時戊午己未火時庚申辛酉
木時壬戌癸亥水時己丑己未火日甲子乙丑金時
丙寅丁卯火時戊辰己巳木時庚午辛未土時壬申
癸酉金時甲戌乙亥火時庚寅庚申木日丙子丁丑
水時戊寅己卯土時庚辰辛巳金時壬午癸未木時
甲申乙酉水時丙戌丁亥土時辛卯辛酉木日戊子
己丑火時庚寅辛卯木時壬辰癸巳水時甲午乙未

金時丙申丁酉火時戊戌己亥木時壬辰壬戌水日庚子辛丑土時壬寅癸卯金時甲辰乙巳火時丙午丁未水時戊申己酉土時庚戌辛亥金時癸巳癸亥水日壬子癸丑木時甲寅乙卯水時丙辰丁巳土時戊午己未火時庚申辛酉木時壬戌癸亥水時

戰位第一百三十一

龍首經曰將欲出兵初以木日聞事謂四方舉兵及仇怨皆是不利我欲攻之曰必以火日火時行火日出出必火門此謂父母與子除害子謂父母報仇故以火日火時出行火門慎勿出金門勿合金神加年

上（謂大將年也）言金木也假令三月甲子從魁加戌聞驚事甲木日也到其行時以丙丁日巳午時往為火時出勝光太乙火門也太乙又火時也假令大將年加木傳送加之為（一作如）金神克其年也西南抵申又況從魁加之為出金門也則運不可金大凶太乙勝光加人年上吉也龍首經曰諸欲（一作衆）陳兵必伺（一作同）向白虎六甲為青龍六丙為朱雀六戊為勾陳六庚為白虎六癸為玄武假令甲子旬青龍在子朱雀在寅勾陳在辰白虎在午玄武在酉大將處青龍執法行刑抵朱雀將往來抵勾陳以白虎加敵人伏勾陳抵玄武

他皆倣此白虎不以克大將軍年上之神假令大將年立從魁傳送加之而甲子旬白虎在勝光此克年上之神也奎婁向左角亢向右北斗向柳張權衡而從斗魁陰攻陽以河魁到大衝陰也以天罡到從魁陽也大吉攻小吉是其當日加四仲以陽攻陰往攻大吉是逆兵也又不令青抵白甲乙不可西行向攻丧也黑不可抵黄言丑癸不可向四季鄉可向羅攻他皆倣此又言春庚辛不可向南攻戰也春戊已不可東攻也立今日之神起其後攻其前面甲寅日後二在子也又言天乙吉將加所攻之處也今年上神

往制所攻之神及其上神即擒敵矣又不可攻有氣之神後自爲患子攻父母大逆天道威不能殭必主折兵自傷甲乙日北向攻焉父母也逆天之理兵不成威將受戮南攻者攻其類衆人莫貴還受其屈西南攻者其不勝是自窮東南攻者此謂自攻也攻四維攻其所勝大吉有福他皆倣此首察於死生之理謂神之後二通神又重之以天乙之道謂六壬癸之吉將也故曰通於三天者順斗行一也攻所勝二也其後二之辰攻其前面三也十二月甲子將加壬從戌攻辰是後二也大將年五十立卯功曹臨之甲子

旬白虎在勝光不與將年上神相克也東西攻辰地攻所勝也又有四將勾陳攻所勝之辰年上之神勾陳神皆制所攻之鄉若上之辰克下辰是謂敵降此又背胃昴攻房心隨斗擊乃行政一當百矣諸欲戰鬬者必以先為客後為主人先起者令下克上後起者無令上賊下謂陳勾所臨之辰也若辰勝將則主人勝客將勝辰則客勝主人反此兵雖弦上將必不勇也

八宮第一百三十二

八宮之地結陣立營必居一焉以順陰陽動靜之用

師之屯致於東方東方震宮也震之象一陽在內而二陰在外陽為主將之位也牙帳深軍中利作樂利先震其威聲大將不可使敵見其刑爵（作雀）殺罰以甲乙日癸青旗合戰之時大將不可暴露於外師之屯致東南方東南巽宮之象一陰在內二陽在外也以陰為主將之位牙帳宜深大將宜（作利）先宣明號令慎其聲聞以宜以正自近及遠主將深隱令出必行師之屯致於南方離宮也離宮之象一陰得中二陽在外以陽為主將之位牙帳宜居中大將利外嚴威號令不可與人狎使人望而畏之內則虛以待賢者利

多禮明視為務以丙丁癸日赤旗出戰利處中不宜
深隱亦宜顯揚使師之屯致西南坤宮也坤之象三
位皆陰也牙帳利於西南戰將宜嚴厚寬順以色容
善馭爲務動不妄順則吉以戊巳日癸黃旗出戰及
在營不利暴露于外師之屯致西方兑宮也兑之象
一陰在外二陽在內以陰為主將之位也牙帳宜近
外大將宜剛嚴肅政多所決罰制斷以順布澤以庚
辛日癸白旗出戰宜近外接部伍不宜深隱師之屯
致西北方乾宮也乾之象三位皆陽也牙帳利不常
立其地大將宜剛正圓轉任其智慮應變不窮出戰

之時不可使人知處麾軍運動左右順用之師屯致於正北方坎宮也坎之象二陰在外一陽居中主將之位也牙帳利得中大將宜柔容貌以禮接賓客中多剛斷運動不惑以壬癸日豕黑旗出戰之時利居中不利暴露於外亦不利深匿（一作慝）師之屯致于東北方艮宮也艮之象一陽居外二陰在內也陽為主將之位也牙帳利近外大將宜慎重敦厚游言勿聽敵誘勿驚撓妄動出戰之時利近外指揮吏士如是者居其方而順性者善也動靜與天地鬼神合加之以不私於心斯謂之善矣

虎鈐經卷第十二終

虎鈐經卷第十三

占相兵臨利害第一百三十三

金匱經曰戰不戰視勾陳勾陳克日則戰與刑克必戰甲子日刑在東方傳送與從魁為勾陳臨甲又相克必戰鬬勾陳上下相克亦鬬又曰軍出時大吉小吉臨日辰兩觧不戰他皆倣此神皆合戰又說曰斗加孟神在內宜止加仲神在門兩相傷加季神在外宜出戰必大勝

占兵已交勝負第一百三十四

金匱經曰敗不敗視六害說者曰酉戌相害子未相害午丑相害巳寅相害辰卯相害假令本命在子而

小吉為白虎加之此為見六害以此將兵今日戰將能此者可校之戰矣龍首經曰先起為客後起為主先起不可下克上後起不可上克下謂初陣也辰勝神將主人勝神將勝辰客勝訣曰三傳終始見前三五後二四有氣天一之神臨主帥行年本命或用起天一而治有氣之鄉玄武立四死之地則戰勝矣若玄武臨日辰面遥光時勿戰必不利矣用戰起雄吉春寅夏巳秋申冬亥用戰起雌凶春申夏亥秋寅冬巳一云都將旺相而臨死賊勝都將囚死而臨旺相討賊者勝審察之訣曰決勝敗者勾

陳克都將官軍勝都將克勾陳賊軍勝都將三相加臨囚死亦賊勝説曰將軍年克勾陳白虎大勝不然者勾陳克玄武以攻之必克説曰將勾陳所軍神往攻所制之神勝所攻之勝神與勾陳并氣自下制其所臨之辰是為敵降必有大攻説曰初起者欲勾陳下克上後起者欲勾陳上克下辰勝將將勝神主人勝神克將將克辰客人勝干克支客勝支克干主人勝

占伏兵第一百三十五

卯子甲巳臨日辰必有伏兵此神旺相與殺并大凶

必血戰伏兵發必不與殺并伏兵不敢發也說曰以聞事時斗加季有伏兵說曰干傷者有伏兵支傷者無伏兵支干俱傷必有伏兵戰必不勝大凶

占疑左右近地伏兵第一百三十六

若疑賊有伏兵在左右近處欲知所在者於斗下求之說曰大吉過日辰賊已出界不過未出界

占偷城及擄掠第一百三十七

說曰以月將加時勝光玄武不可行襲入城壘擄掠之事以玄武所畏為厄會木神為玄武則庚申辛酉勿須行

占疑有人謀己第一百三十八

正時說曰日上神為己身辰上神為他人日上克辰上神有怨恨又言辰上克日上神將見螣蛇白虎魁罡或在辰上見者事成非辰上見者不成但有意說曰欲知他人有所謀假令七月時加寅七月甲死於申令復遇庚二生（一作壬）金逢一死木是二人欲殺一人他皆倣此

占災危第一百三十九

吉辰與良將并臨日辰及行年勾陳制所欲出之辰之用起陰傳出陽者可出必克免難金匱經曰傷不

傷觀陰陽訣曰今日是乙丑加一為不傷將得天后為重不傷若神后加丑從魁加一爲傷人爲前三重傷皆凶也

占野地立營正宿第一百四十

金匱經曰怖不怖視五墓怖懼墓加日辰亦不寍訣曰聞有敵兵士卒行疲日晚欲停此宿運式占之遇三刑加日辰必不可停敵欲來攻三刑者卯辰巳也訣曰降宮時亡止明勿留也巳止宿未定而心動眼瞤若吏士虎驚者以月建此三字住一云將加時魁罡加日辰急去之夜必有賊來攻一云大吉日急去

不可止一云辰上見太衝有風雨見神后太乙有盜賊說曰絳宮時宿利在中欲明時利在前玉堂時利在後也一云大吉干日急去不可宿說曰辰巳見卯夜有風雨子巳加卯有盜賊帶旺相氣即來帶囚死氣即不來說曰安營止宿以月將加時魁罡加日軍夜驚螣蛇白虎臨日辰軍數驚一去魁罡加日大將死

占虜關梁探賊第一百四十一

金匱經曰凶不凶視破衝說曰行年在歲月日時破衝下皆凶也曰辰上神上相生宜進反此宜止說曰

命在一處日辰上罡光明急去勿住也說曰聞此賊
干傷或支傷勿度或吉度支干俱吉說曰欲入賊營
視二門天罡六合太常太衝勝光臨之可行若出入
見勾陳朱雀螣蛇白虎勿行必爲賊所擒

虎鈐經卷第十三終

四月初二日校

虎鈐經卷第十四

占星統論第一百四十二

臣謹按星經及諸傳記凡諸星宿中外羅列周天蓋隱見變化下應人事七曜往來以爲經緯災變之作實在於茲凡爲大將不可不詳察星位以括休咎焉或興受命之術或起敗亡之兆鮮不由此矣中宮太

極其一明者太一常居也旁三星曰三公或曰子屬後四星末一作未大星曰正妃餘三星後宮之屬也環之十二星藩臣也皆曰紫宮前列直斗口三星隨此一作北耑銳微曰陰陽或曰天一紫宮左三星天槍右三星天棓後十七星絶漢抵營室曰閣一作闖道北斗七星所謂璇璣玉衡以齊七政杓攜龍角杓斗柄也龍骨東方也攜也連也衡中南北魁抗叅首用昏建者杓杓自華蓋以西北斗第七星法太白主杓者十之尾為陰又其用昏之陰住在西方故主西南也夜半建者衡衡正中州河濟之間假令杓昏建寅衡夜半亦建寅也平旦建者魁魁海岱以東北也斗魁第一星法為一作於日主齊魁斗之首首陽也其用在明陽為

明德在東方主東北方也 故斗為帝車運於中央臨利(一作制)四海(一作極)分陰分陽建四時均五行移(一作利)節度定諸紀(一作紅)皆學於斗斗魁戴筐六星曰文昌一曰上將二曰次將三曰實相四曰司命五曰司禄六曰司災在魁中貴人之牢(魁中四理曰天理四星在斗魁中貴人牢曰天理)魁斗六星兩兩而比者曰三台三台色齊君臣和不齊為乖戾輔星明近主輔臣親強暗小主疏弱杓端有兩星一內為矛招搖(近北斗者天子星也招搖近河三星天矛天鋒天楯招搖一星也)一外為楯天鋒(遠北斗也在招搖第一星也名曰天鋒)有勾圓(一作圎)十五星曰賊人之牢牢中星實則囚多虛則開出也若夫天一天槍天矛

天棓動揺其芒角則天下之兵戈大起也東宮蒼龍房心（謂房心戴角曳尾若龍也）心為明堂大星天王前後星子屬不欲直直王失計房為天府曰天駟其陰右驂旁二星（旁一作房）鈐鈐北斗星曰牽牛東北曲十二星曰旗旗中四星曰天市天市中星衆者曰實虚則耗房南衆星曰綺官左角理（一作李）右角將大角天王帝座建其兩旁各有三星鼎足勾之曰攝提者直斗柄以指以建時節故曰攝提格亢者為首宗廟疾其南北兩大星曰南門氐為天根主疫厄（一作尾）為九子曰君臣斥絶不知箕為傲客后妃之府曰口舌火犯守角則有陣

戰犯房心王者惡之南宮朱雀權衡軒轅爲權太微
爲衡衡太微三光之庭衛十二星藩臣西将東相南
西四星曰執法中端門左右掖門内六星諸侯其内
五星五帝座後聚一十五星曰哀烏郎位旁一大星
将位也五星順入軌道司其出所守天子被誅也其
逆入若不順軌道以所犯之名中座成形中座者犯
帝者也成形者成禍福之形也群下不從謀也金火
尤甚廷藩西有隨星四曰少微士大夫權軒轅黄龍
體如騰蛇也前大星女主象旁小者星御者後宮屬
月五星犯者如衡占東井爲水事大入之一星居其

八字小注　十四字小注

左右天子但以火爲敗東井曲星曰戊北北河南南河兩河天闕間爲關梁輿鬼則鬼祠事中白者爲質輿鬼五星中白者爲質火守南北河者兵起之象也轂不登故德成衡觀成潢日月五星不軌道也衡大微廷也觀占也潢五潢帝居車舍也傷成戊賊傷之先占成形於戊也誅成質熒惑入輿鬼天質者占曰大臣有誅也禍柳井東方水事火入一星居其旁天子但以大敗故曰禍成爲鳥喙主草木七星順爲圓營主急事張嗉爲厨主觴客翼爲羽翮主遠客都爲車主風其旁有一星曰長沙星星不欲明明輿四星

等者五星入軫兵大起也軫南衆星曰天庫庫有五車車星角有者謠衆及不具亡處車馬西宮咸池天五潢車舍火入旱五帝金入兵起水滂水中有三柱柱不俱者兵起奎曰封豨為溝瀆婁為聚衆胃為天倉其南衆星曰廥積昴曰旄頭胡星也為白衣會畢曰罕車為邊兵主弋獵其大星旁曰小星附耳搖動有讒亂之臣在側畢昴為天街其陰陰國其陽陽國陰胡也陽中也參白虎也三星者真者是為衡石參三星白虎宿中東西直有以稱衡也下有三星鋭曰罰在參間之星也上小下太故曰鋭鋭曰罰三小星斜列死鋭形為斬艾

事其外四星左右有設（一作服）也小三星隅置曰觜觿爲虎首保旅事（保守也旅軍衆言佐叛伐芟除凶惡也）其南有四星曰天厠厠下一星曰天矢矢黃則吉白及青則凶其西有勾曲九星三處羅列一曰天旗二曰天苑三曰九游其東有一大星曰狼狼角變色則多盜賊下有四星曰弧直狼北地有大星曰南極老人星見則治天下治平不見兵起常以秋分候之南郊附耳星入畢中天下兵起北宮玄武虛危爲蓋屋（危上一星高旁二星下似蓋屋也）虛爲哭泣之事東（一作其）南有衆星曰羽林之軍（虛危一作營室陰陽始終如爲之處際會之間常多奸邪故設羽林為兵衛）天軍之西曰壘或曰鉞

旁一大星曰北落若微天（一作亡）軍星動角益稀及五星犯北落入天庫（一作軍）兵火起火金水犯之尤甚火犯多憂兵事水犯憂水患木土犯之軍吉危東六星兩兩而北曰司寇（一作空）營室爲宗（一作清）廟四（一作曰）离宫閣（一作閤）道漢中四星曰天駟旁一星曰王良策馬車騎滿野旁有八星絶漢曰潢星旁江星動人涉水杵臼四星在危南若瓠瓜有青黑守之魚鹽南斗為廟其北建星建星者旗也牽牛為犧牲其北河鼓（一作河皷）大星為上將左右者為左右將婺女其北為織女織女者天孫也是以聖人以春秋二百四十二年之間日食三十

六彗星三見夜明常星不書也見夜中星殞如雨皆書之當時禍亂輙應上下交怨諸侯犇走戰伐並興與不保其社稷者不可勝數是知玄象示變吉凶之徵也凡為將者不可不詳之也

日第一百四十三

無雲而日色昏晦者主將不明也或日月陰沉無光不雨或十晝夜不見日月者日蒙此時不可妄交兵於人大將不患之象也日色青軍令悄弱吏士多凌正也或日邊雲氣文成五色者破軍殺將之象也其大禍在二年之内或赤雲截日如杵形者兵將人戰

血氣先動者敗或日月旁有物如枯樹起兵者勝或雲氣如青衣人無手在日西立者所見之軍當有帝王此勝侯也兩軍相當日暈等者力均若曰殺將抱而日抱且載者有喜圍在於中者內兵勝圍在於外者外兵勝日珥（一作珥）拜大將有兵在野日有足白者所臨破軍殺將有背氣青赤色曲而向外者爲背叛之象也其將有二心日背有鈌氣被直向外如山字者兩軍相當所臨者敗軍兩相當日有冠纓者和解抱截（一作載）大喜日外青內赤則兩軍以和相去日外赤內青則兩軍以惡相去日之氣暈先至而後去居軍勝

若先至先去前有利後有病後至後去前病後利先去前後皆病軍不勝見而去其後發病小勝必亡功見半日上有功暈（一作珥）鈌兩軍相當鈌擊之鈌方敗抱暈者隨抱暈克日背暈而弭外軍凶暈有直氣在外者所臨克日月背暈兵陣不合七月日暈不觧者不可起暈暈而背抱珥及值而實之者順從擊之克暈而兩珥一在外一在內并有聚雲不出三日兩軍和觧之又有他軍圍城九日暈制勝近期三十日遠期六十日日下有雲氣如龍形蜿蜒者凶日鬬將大血戰之下亂日失行凶日月揚光重輪日五色當之大

吉利日無光而赤暈主將憂黒暈敗白暈驚子日日食兵起魏分丑日日食兵起趙分忌六月十二月兵動寅日日食兵起燕分忌正月七月卯日日食兵起魯分忌二月八月辰日日食兵起楚分忌三月九月巳日日食兵起宋分忌四月十月午日日食兵起韓分忌正月七月未日日食兵起齊分忌六月十二月申日日食兵起魏分其禍最深忌五月十一月酉日日食兵起鄭分忌二月八月戌日日食兵起宋分忌正月七月亥日日食兵起秦分忌四月十月夫日食之食向上者不出九十日征伐日食從下向者百姓

更有侵奪日從旁食者兵動隣國

月第一百四十四

黄虹貫月者兵起月旁氣漸漸大者不可攻城卬陣宜屯兵以自守敵來勿與戰月旁氣細細從外侵輪但攻城小戰勝月旁氣遶之不得攻城切宜堅自守倘或氣繞月而光明者主人吉但守勿憂外賊或星在月背城中兵欲敗走星在月角軍内有智謀之士勿輕敵月之下角有星敵人潛入我軍宜精守四門詳別詐偽或三星上下在月之上下角及在月背用兵不利攻城不拔或三星俱在月背攻戰作城皆不利

軍中亦有叛之事宜精慎明察恤撫三軍或三星俱在月上者攻戰不利或三星俱在月形中敵中兵亂三日内降月形中若謂弯月之虚氣也三星俱在月下敵中當有詐降大造戰且欲乘間大戰月入太微出北座若犯北座則下謀上用出房戶北爲兵亂出房戶南爲兵敗喪月暈七重在參畢之間兵大成辰星在翼月犯之大將死太白入月胡兵退月暈光起兵者勝抱載一作負戴赤色在外外克在内内克月暈之時歲星鎮星色暗則主克若明勝月暈太白色暗主勝色明克勝月起房箕大風起暈於參畢大兵起軍出之時卯

蝕卽凶大星入月色暗惡客敗色明客勝月暈赤色
客勝月暈四珥敵來攻月帶四彗而出客備奸人謀
主將不忠兵大起月在天獄中吏士多犯禁星貫月
中主將多淫亂之事亦防姦人亂軍兩月相重吏士
爭亂爭一作太一日月並見將弱士彊月食謀者不明入井
中者兵起月逼近太微者大臣謀亂月臨天獄者從
四邊周匝食向心者大亂食於八月九月者敵兵盛
一作勝苟欲詳日月星辰之變當以二十八宿之分野驗
之則知在於彼我矣

雜星第一百四十五

福慶之星其化者何積天地淳（一作純）粹之精氣也精氣動而化之也飛流之星其化者何五星之精氣也五星有變則精氣散而爲妖星是故漢書曰天㫒而景見（㫒者赤赤方與青方相連赤方氣中有兩星明也青方氣中有一黄星明凡三星相合而明則為景星者也）景星者也黄而潤澤其狀無常常出有道之國苟或見於君上此乃應天之兵大慶之兆也若在當遠自退軍不可與抗也或流星長四五丈如龍蛇動搖者大將亡或白雲如車輪下有流星旋入北斗者主人當走星有勃於招搖者夷狄將亂或流交於天心者敵盛或流經太白而過者大將亡或流星貫日

而滅敵國或流星貫於紫宮備奸賊下謀上流星前赤後青黑者客軍敗流星從敵上來立吾營上者當有奸謀來說吾軍流星尾長三尺暉然者氣使也赤色者將軍使也凡用兵攻其星見之所則克也流星色蒼白者爲使赤則有兵黑則喪星有曳光如疋練墜軍中者星有色如血及星有光奕奕細碎墜軍中者敵兵陰到多殺傷或星無尾形色如橘或有拖光如劍形墜軍中者敵兵剛猛我必敗或大星無尾狀如斗及火星狀如橘大而色黑晝墜軍中者主大殺害星有五色曳尾或有圓光大如斗內赤黃而外青

及有頭如血而尾白墜軍中者敗兆也

客星第一百四十六

客星者非主座之星也故曰客星色白如氣勃勃以
繫所過之宿必有災害出營室無兵亦不罷入奎破
兵殺將犯婁胡亂入昴胡入犯塞入畢邊有急兵作水
犯觜參居軍儲少飢犯柳兵起守張將有陰計兵起
入招搖胡兵起入天槍兵起入天棓兵起犯文昌星
蒼色將有憂色多赤將驚色黃將喜色黑將死守傳
曰胡入中國守天雞天下兵馬驚守天街胡王死入
婁庫兵起守南河兵起守騎官將憂士卒疫守北落

師門虜入塞兵起守天倉粟貴入天苑兵作馬死入天宫天下弓弩皆張出天宫匈奴兵起守庫騎西羌來降守九州殊口負海丕安

妖星第一百四十七

天鴈星將軍之精華也危青亦有光尾長三四丈大鵩星者飛星忽作爲雲者也所以兆地有流血積骨之象也頻頑星如天龕前卑後高見則大將死燭星者狀如太白其出也不行纔見而滅所燭之地城邑扱兵破亂也天狗星者狀如火流星有聲星其下也止地其形類狗遠望之如火光炎炎中天而下圓如

類頃田而上銳黃色見則千里破軍將死也（二日有尾如狗形也）蚩尤旗類彗而尾曲象旗見則正者征伐四方天蓬絮者類十小星綿聯如絮所見之野當有兵起虎頭星者其落如大月着地（一作城）則光星類里大聲如雷所墜之地兵火起旬始星出於北斗旁狀如雄雞怒則青黑象伏鱉見則兵亂格澤星者如炎火之狀黃白色起地上銳（一作鈍）而下大也其見也不種而獲不有土二必有大害枉天星者類大流星蛇行如蒼里如有毛日長如一疋布着天此星見則天下兵起昭明星者白而無角乍上乍下所見之地兵多變動也五

殘星者出正東方東方之星也其狀如辰星去地可
六丈大而黃六賊星者出正南方南方之星也去地
六丈大而數動有光焰司詭星者出正西方西方
之星也去地六丈其狀如太白大而白咸漢星者出
正北方之星也去地可六丈而赤數動察之則中青
此四星所出非其方其下當起兵爲亂衝擊者不利
焉四鎮星者出四隅之地去地可四丈城維藏星光
者亦出四隅去地可二丈若月之初出所見則下有
亂兵興動有德者昌或二赤星在月背者利宮姓爲
將或三赤星從西北向東南者利徵姓爲將或一赤

星從西向東者利角姓爲將或二赤星共尾一處從
東向西者利商姓爲將或三赤星引尾直上者利羽
姓爲將夫星象所見兵家禍福之本不可不詳之

流星第一百四十八

流星者天使也上者曰飛下者曰流也飛大曰奔星
小曰流星大使大星小使小星謂紫微太微宮也徐
行漸進經於列宿之次或於大星之座為使也聲大
者怒象也疾出遲出者並爲妖星八角四夷兵起前
黑後赤兵敗將亡入參不出先起者敗犯土星兵起
色青兵起入河鼓大將亡一云河鼓兵起出王良兵

起入將軍及羽林兵大起抵地落兵起使星出入天
庫囷奴兵起抵天市垣大將亡抵天狗犯弧矢將有
千里之行使星出廐兵馬起

彗星第一百四十九

彗星長而亘天兵大起也引尾入城城將拔近則八
日遠則十二日有應彗自垂入軍營者凶宜拔之
否則士卒俱死若在敵宜急擊之彗出於月之左右
者不出三十日有兵起抵觸月者暴兵起若色白者
有大喪也蒼黃者臣下謀叛黑者兵大起也從中天
出曳尾向西者奸人謀主將從南曳尾向北者妄殺

害從天中出身尾向東者士民多飢曳尾向東者民

凶從北出曳尾向南者士人凶彗形如寳冠來疾速

形如幢節者寇强不可妄動色如血者敵兵隂到光

熖爛燦而尾長濶者敵國亾彗所指處皆凶地也

虎鈐經卷第十四終

四月初五日校

虎鈐經卷第十五

五星統論第一百五十　木星第一百五十一
火星第一百五十二　金星第一百五十三
水星第一百五十四　土星第一百五十五

五星統論第一百五十

歲星之行也太陰在四仲則歲行三宿太陰在四孟及四季則歲行二宿二八十六三四十二行二十八宿十二歲而周天也熒惑之行常十月入太微受制而出行列宿司無道出於無常也太白之行常以正月甲寅見營室與熒惑俱晨出東方二百三十日而

入入二十日而復出西方二百三十日而入入二十
五日而復出東方出以辰戌入以丑未也辰星之行
也常以二月春分見奎婁五月夏至見東井「一作西」八月
秋分見角亢十一月冬至見牽牛出以辰戌入以丑
未二旬而入辰候之東方也戌候之西方也鎮星之
行也常以甲辰元始建斗歲鎮一宿二十八宿「一作歲」而
周天也凡四星與鎮星合則為內亂與星辰合則為
變謀則為飢為旱與太白會則為白衣之會及為水
熒惑太白合則為死喪用兵者凶與鎮星合則為憂
與辰星合則軍困先舉兵者大敗鎮星與辰星合則

有覆軍亡師與太白合則爲疾病爲內亂一作兵辰星與太白則爲變謀爲兵憂矣凡歲星熒惑鎮星太白與辰星鬬皆大戰之象兵不在外與一作興內兵搆亂一曰火與水合爲淬與金合爲鑠一作爍不可舉事用兵土與金合國亡木合國飢與水合爲雝沮不可舉事用兵木與金合鬬國有內亂同合爲合相後爲鬬二星相近者其殃大二星相遠者無傷也犯者七寸以內光芒相及也後者相過也凡五宿所聚之宿其國當亡於天下從歲星以義從熒惑以禮從鎮星以重重者以威重者也從太白以兵從辰星以法二星若合是謂驚立絕行其國內外皆興兵人民飢

鏟改立王公四星若合是謂大盪大盪者盪滌也其國兵喪並起五星若合是謂易行有德受慶一作立王一作正者奄有天下主時泰五星大其事立五星小其事不立凡五星色皆圜白為喪為乾旱色赤而中不中為兵青為水黑為多疾黃吉五星皆角而赤兵大起黃有争地之役角白喪角青亦興兵黑潦五星同色天下偃兵百姓安樂犬太白主中國而辰星主胡貉也凡五星早出為盈晚為縮盈為客縮為主人五星盈必有天應五星入大將軍興兵吉五星犯畢兵起用兵之道不能先備五星之休咎是舉其師一作兵與敵也

木星第一百五十一

木星者東方之宿也木之精也所臨之地必有（作施）福祐天子布德人君之象也其下爲太和之神以逆行爲不軌爲賊殃其木星小則多病大則喜（作加）以臨之宿爲有禮有福苟無禮則無福所見之分野不依位而見其色光芒動揺謂之怒此則無禮也故有殃其精所居之地或爲婦人或爲近臣揚其殃禍亂其人民歌謡異語興動盛衰凡木星出若非常之處青黄之色勃勃然有光芒三角者名曰攝提亦名應星亦名重華若角邊見者名重華久仕有灾過則無灾兵

喪應之木星所臨之日國不可以伐伐者受禍可以征伐人凡木星之行也起舍爲盈退舍爲縮盈則其國有兵無傷縮則其國有憂而將死軍敗設若所去焉則失地所到焉則得地亦曰當居不居國亡所居之國昌已居之而東西去者凶不可舉事用兵利以安靜中度吉凡木星守亢則天下兵起乘鼎陰國有憂胡王死入畢邊兵起犯畢及附耳兵亦起犯參伐兵起經柳兵起守軫兵起入五星兵起守羽林兵起犯參旗兵起

火星第一百五十二

火星者南方之宿火之精也為執法之星歲一周天
其形熖其行速與諸星遲逆不同所臨之地主兵飢
喪亂妖孽常以十月入紫微宫受制取無道之國出
入常以勾芒為凶一云東西南北無有常定其位下
為風伯神一名罰罰者其形類留彗勃勃赤熖如火
見於分野有憂國人飢亂父不父子不子兵甲起征
伐不息其精在無道之國化為童兒着赤衣在於壥
里教為歌謡使國人相惑或為異鳥飛入軍營皆
有災異此星者五星中最為妖惡災異甚於諸星或
逆行一舍二舍為不祥居之三月所臨之分國有災

五月受兵七月國半亡地九月大敗亡且夫火星之精氣也爲亂爲賊爲飢爲喪爲兵所居之國受殃角而動者繞環之及乍前乍後乍左乍右者災愈甚若火星臨敵我利之可以力攻之臨我則勿妄動熒惑出則有大兵入則兵散周旋止息乃爲死喪寇盜也臨其地則亡地以戰則不勝東行疾則兵聚於東方西方疾則兵聚於西方其南爲丈夫喪其北爲女子喪火星天子理也故曰雖有明天子必視火星所在凡覊火之時宜背午地他皆倣此火犯土木主大戰金星摶之亡偏將火環金星偏將死與金星相違而

鬬破軍殺將入金中土出者破軍殺將克勝火出所
在不利先起犯左右角及守亢兵起入房馬貴入糠
兵起犯南斗星破軍殺將火入女及入危兵起守鼎
胡人不寧匈奴破在三年犯畢右角大戰左角小戰
犯附耳及角兵起犯參兵起犯東井一星將軍野戰
死犯鬼兵起守七星外有兵起大乘張及輿張合兵
大凶守張合大將驚犯翼翼邊兵起入軫兵起火行河
南界邊兵起犯太微宮門之右大將亡左小將亡

金星第一百五十三

金星者西方之宿金之精也歲行分方主義主將策

主姦謀主誅伐將軍之象也其精下為風伯雨師所在之宿止其分野其芒色搖動可以隨形見災以出入不時為凶其星日不依狀若沒色太（一作杳）甚光（一作炎）大者表帝王之德正也若合伏不伏合見不見不依常道者此主君（一作君）之失政臣下用權之兆也或見非常之處芒角七鋒色多似赤者名曰七公亦曰般公亦名太公（一作心）表帝王草政大喪之兆也或出東方不依伏沒其精名啓明赤名大相乃在左右大臣不赴（一作附）君心也萬姓蒼皇（一作黃）流移異國兵革伏起其星凡（一作丸）鋒色白暈其精伏於鼎酉四十五日若依位而見則

熒消名更見於非常其名大囂亦曰木華亦曰奕易芒角所臨之國其大災有七一曰大水二曰大火三曰芒散四曰丘聚五曰大兵六曰大飢七曰賢聖飛勝出境虫獸食人天下大亂日南方金星居其北者曰盈王侯不寧用兵進吉退凶日北方金星居其南者曰縮王侯有憂用兵退吉進凶當出不出當入不入爲失舍不有破軍必有死亡之兆一曰天下偃兵野有兵者所當之國大凶當出不出未當入而入天下偃兵在外則入未當入未當出而出天下舉兵所當之國亡當期（一作斯）而其國昌出青（一作東）爲東方入黑爲

北方出白爲西方入赤爲南方所居久其國利疾過則其鄉凶入七日而復復出將軍戰死入十日而後復出相死入又復出王者惡之已出三日出三日而復微沒一作没三日而乃復盛出是謂伏一作失其下國有軍將死巳出三日又復微出三日乃復盛入其下國有憂師師雖衆敵食之粮用其兵虜其師出西方失行夷狄兵敗出東方失行軍國兵敗一日出早爲天早爲月食出徃爲夭夭爲彗星將發於王道之國金星出而桑榆間病其下國行道而下也正出舉國平正出桑榆上餘二千里爲上而疾不盡期日過三矢

病其封國分天下爲三在戌酉過其一也金星經天
天革主日陽也金星陰星也日出則星亡晝見於午
上於經天是謂亂紀金星晝與日爭明疆國弱女主
昌臣金星者兵象也出而高用兵吉淺凶金星庳淺
吉深凶行疾用兵疾吉遲凶行遲用兵遲吉疾凶有
芒角敢戰吉不敢戰凶芒角所指吉逆凶進退左右
用兵進退左右吉靜凶圜以靜用兵靜吉噪凶金星
出則兵出入則兵入順之吉反之凶赤角戰金星猶
憂軍也而熒惑憂也故火星從金星軍憂離散畢出
金星之陰有分金軍出金屋之陽有偏將之戰當其

行金星還之破軍殺將也辰星者殺伐之氣戰鬬之象也與金星俱出東方皆赤而赤夷狄敗中勝與金星俱出西方皆出而角中國敗夷狄勝五星分天之中積于東方中國大積于西方夷狄用兵者利辰星不出則金爲客辰星出則金星爲主辰星與金星不相從雖有軍不戰若辰星出東方金星出西方辰星出西方金星出東方爲格野雖有兵不戰辰星入金中五日乃出及入而上出者破軍敗將克勝下出者客亡辰星抵金不出者將死軍敗正旗出破軍殺將克勝下出客亡地視旗所指以名破軍繞環金星若

與水鬭大戰克勝主人吏士死水星與金鬭可撼劍撼劍者其間可容一劍也小戰克勝居金星前三日軍罷出金星左小戰歷金星右數萬人戰主人吏士死出金右去三尺許軍急約戰凡金星所出所直之辰其國得位得位者所直之辰順其色而角者勝其色害者敗隨地而敗何也鄭色黃而赤蒼小敗宋也黃而赤黑角者小敗楚色赤黃小敗燕色黑黃先小敗移却則勝之金星昆狼赤比心黃比參右肩青左肩黑比奎火星黑色勝位行勝色大白行得其行度則勝色也行其度盡勝之凡金星與月相犯有兵挨城偏將戰與月俱出守城者敗與列宿相犯小戰與五星相犯大戰金星在

南南軍勝在北北軍勝出東方背之吉逆之凶西南
亦如之金星守北斗三十日夷狄來侵入羽林兵起
食昴及食畢胡王死滅金星之光戰敗將死金星變
色隨方色戰吉若青則東克餘亦如之入月客兵敗
將死色白而角可與戰金星之出也初大後小兵弱
初小後大兵彊金星與木星一東一西害王侯一南
一北乃伏藏犯畢左角右將死右角大戰將死陵房
色亦兵起勾芒大戰不勝將鬪死金星出入而留守
於尾兵起于野將士淌道入南將戰死犯河鼓敗軍
殺將犯牽牛時矢衆守午甲兵犯房一作亦兵起入室

暴兵滿道將死犯東壁大兵起守金外兵入國犯塞守婁征無功守胃兵起胡王死四夷多憂驚犯畢邊兵欲毀犯畢右角胡王大戰入畢口馬貴軍傷犯觜兵起犯參邊將起左右兩大將憂犯參伐兵起犯井將軍惡之入井兵起犯輿鬼兵起入柳兵起益地守柳大將死犯星大將入塞入翼天下兵起犯軫其國兵大起

水星第一百五十四

水星者北方之宿水之精也出於仲月天下和平若仲月不見則災變生大飢陰陽錯亂國家傾危冬溫

夏涼害人傷物主制王刑偏將軍之象也其精下爲
先農之神以不「效」爲凶一名紐「作扭」極變色土已所見
不常之處其光青白輝輝然者此帝王之爲德及「作正」
也如此星見多夜雨晝晴「者」臣下用陰謀其上也至
于偏裨地皆傚此其星著「不見四仲」見於四孟之月
者其神明名勾星光芒勃勃然如片雲大如旱星爍
爛九月所見分野人多流亡迭相噬食白衣聚會兵
起吞併九州十年大荒其變如此「審詳候之」其久而
不沒聚光兩角變彗勃勃然者象海鯨魚死易主逆
新之象其神及「明」爨星芒急輝輝然其芒角五鋒狀

如歐劍形于一作兹萬物者也早為月食晚為彗星一時不出其時不和四時不出天下大飢失其時而出一作為當寒反温當温反寒似出不出是謂一作以擊卒兵大起也與他星遇而鬬天下大亂凢水星八月主敗兵與星合而出破軍殺將客勝視所指以命破軍環金星大戰克勝守房胡敗守婁兵起犯畢夷傷主人克勝出昴北胡王死守畢昴邊兵起守參伐南胡人入塞入井則兵進出井則兵退犯鬼兵起入婁兵起守柳牛馬貴守張兵起入翼兵大起犯五軍兵起留心兵起四方

土星第一百五十五

土星者中央之宿土之精也著見於四季表主之盛衰也其神隱於大微或下于人間為妖異為艷女起亂亡破國家為妖言惑亂人心或為近臣間鬬中良若其星光潤鮮明見井鬼之間伏没依常道則正道不失不依常道則三綱錯亂夫此星之色本黃而光明獨鋒在上如火燄一作炎之狀四面衆光細而附上毳然即土星之本體土星所居國吉未當居而居之若已去而還復居之國得土地當居不居既已居之又東西去之國失土居其宿久則福一作過厚居其宿易則

福薄之當居不失鎮其下國可伐得者不伐其盈爲王不寧滑事一日既已居之又東西去之其國凶兵將亂不可舉事用兵次二舍二舍有王命不成不然將有大水火犯左角大將戰死守右角兵起守糠兵大起入天廟兵大起守虛有客兵至不過五日自去守奎入奎有邊兵起入婁亦如之入胃客兵敗主兵不用入昴胡主死入畢爲亂入觜兵起逆行守參胡兵起守井越兵起入胃舍七星兵起負海大張守張多盜賊與土工兵起入軫兵發事自敗入天庫兵起守南河界蠻夷兵起出東掖門爲將軍實事出西掖

門爲將軍受事西出受刑

虎鈐經卷第十五終

虎鈐經卷第十六

分野統論第一百五十六

易曰天垂象聖人則之又曰仰以觀乎天文俯以察

乎地理此皆前聖人洞吉凶興亡之道然而天文地
理兵象之要苟得不審而用之哉行師之際五星伏
沒遲順兩曜盈虧薄食飛流示變孛彗為妖既知之
矣必審必詳所居纏度焉其纏度既詳之矣必審所
管分野焉剖如是方可以精別災異順其舉動而已
矣今臣輙上據天文下推地理以別十二分野外以
覩星辰之變內以備山川之用天地之間燦然在目
其圖其狀以視於來者焉

老人星分第一百五十七

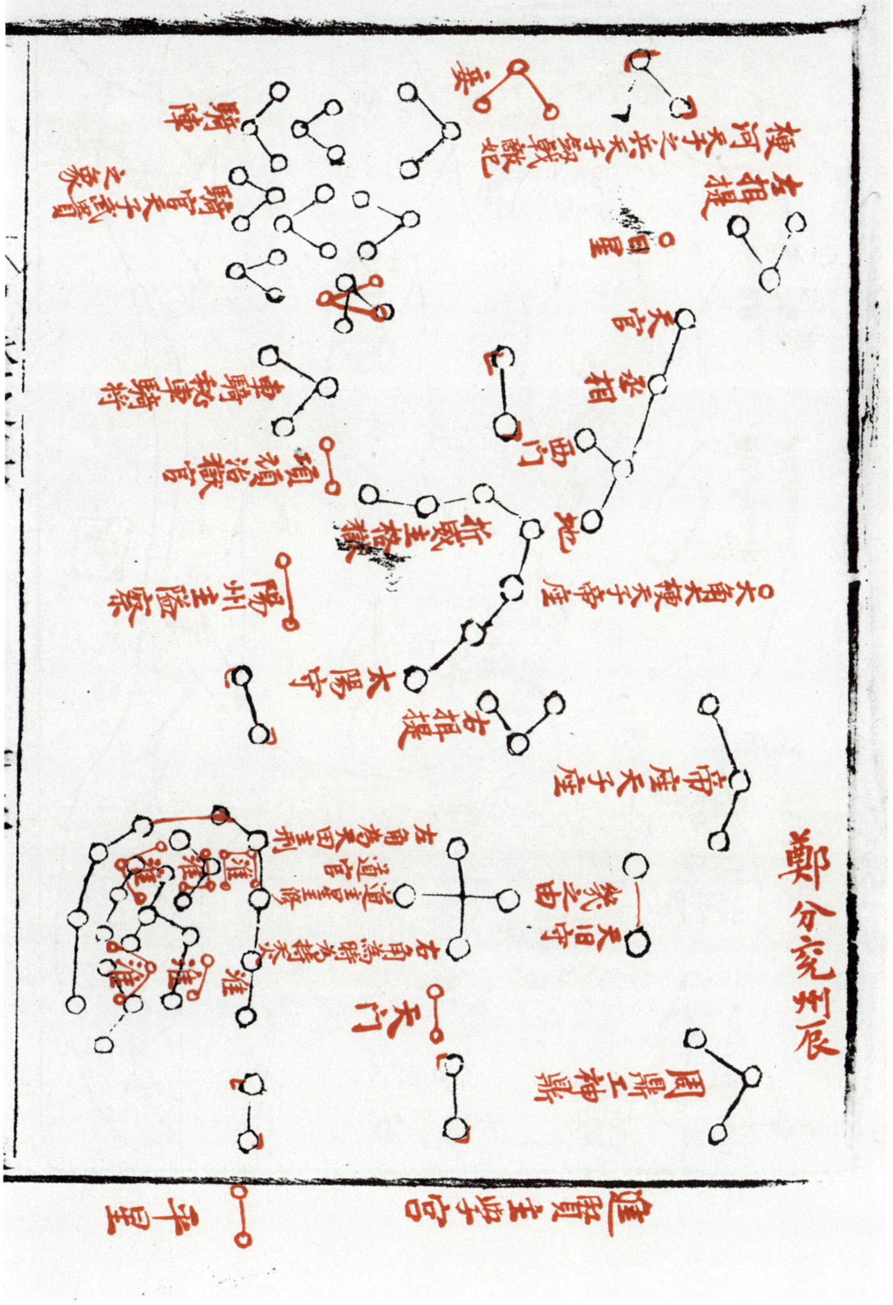
周鼎主神鼎
帝座天子座
右攝提
左攝提
太陽守
天門
平星

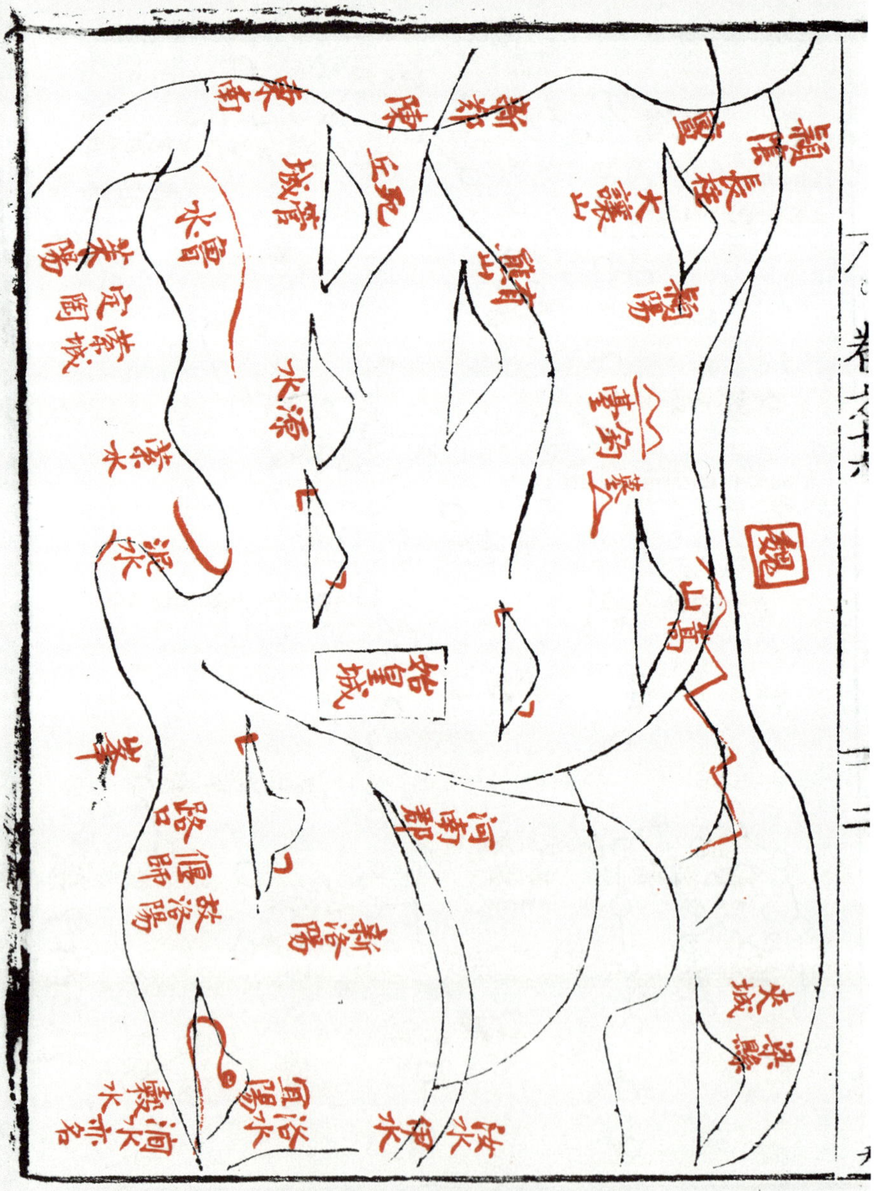
魏
潁陰
長社
潁陽
嵩山
鈎臺
有熊山
梁縣
夾城
新鄭
陳
始皇城
河南郡
汝水
伊水
新洛陽
洛水
宜陽
故洛陽
偃師
管城
水源
東南
泥水
定陶
峯

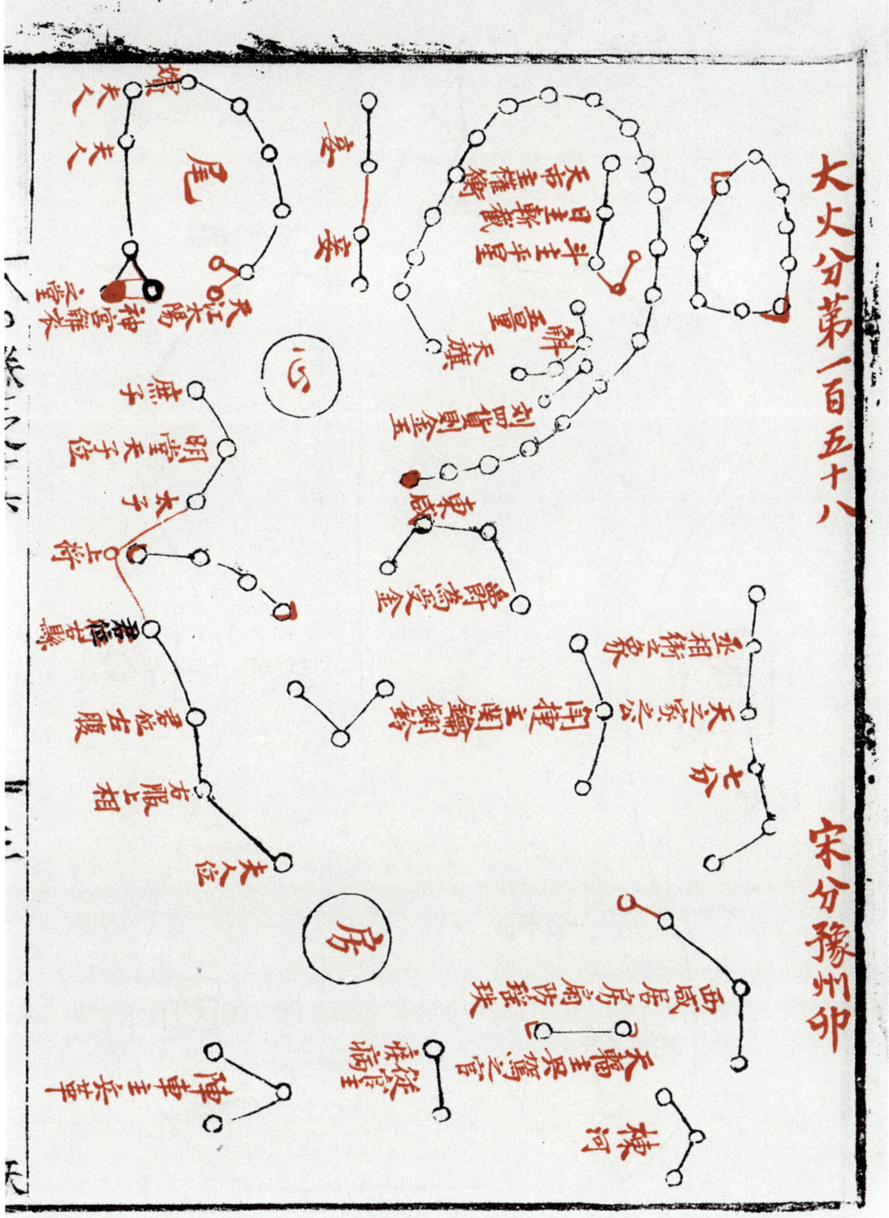
大火分第一百五十八
宋分豫州卯
心
房
尾

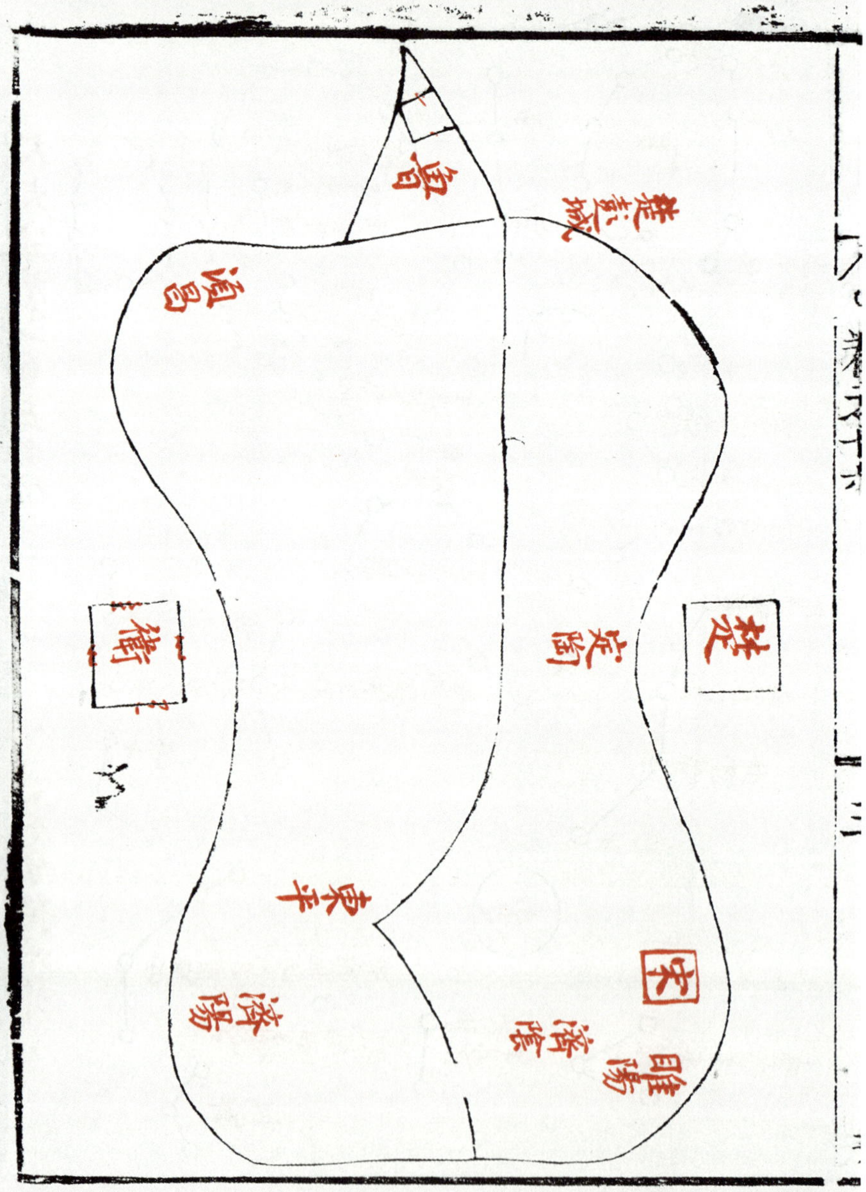
魯
楚彭城
衛
楚
定陶
東平
宋
濟陽
濟陰
睢陽

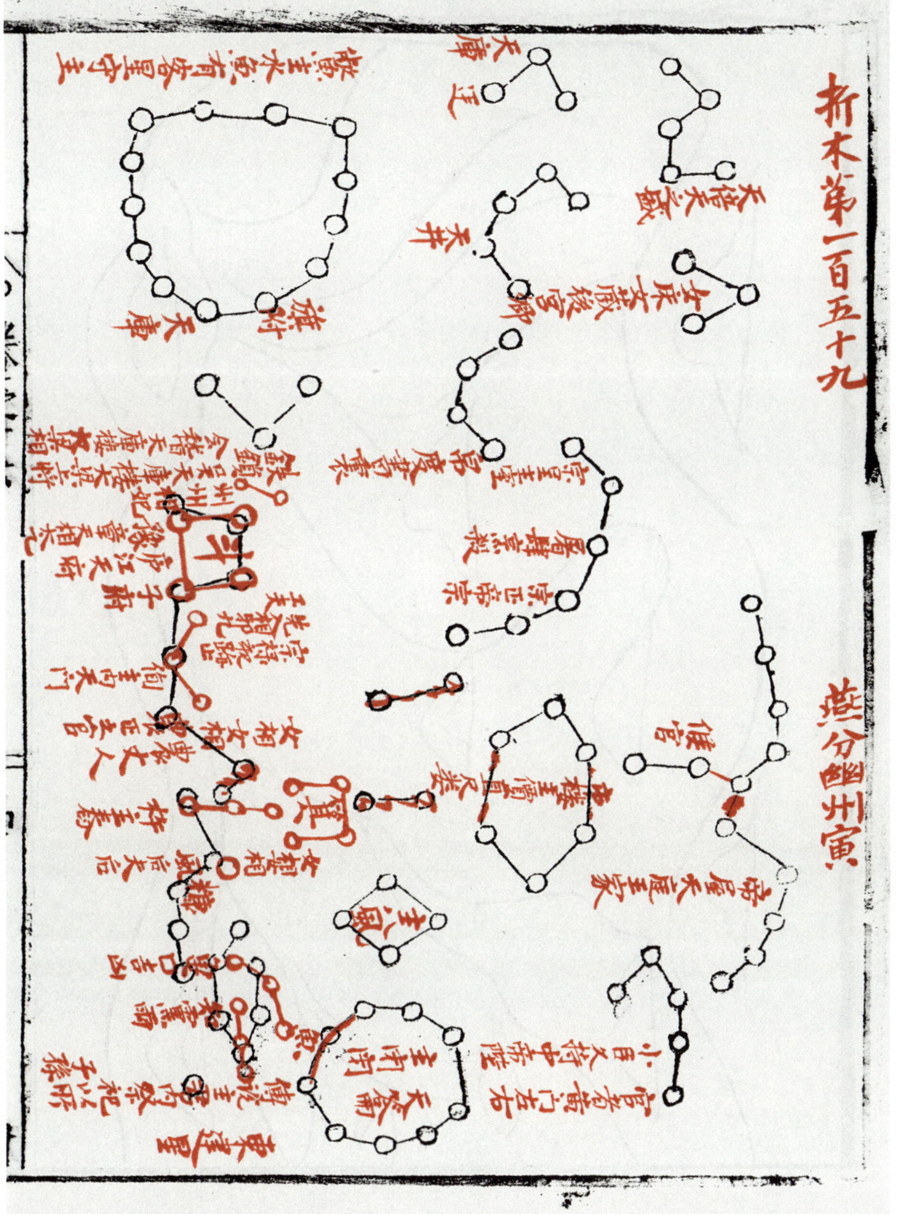
析木第一百五十九
燕分幽州寅

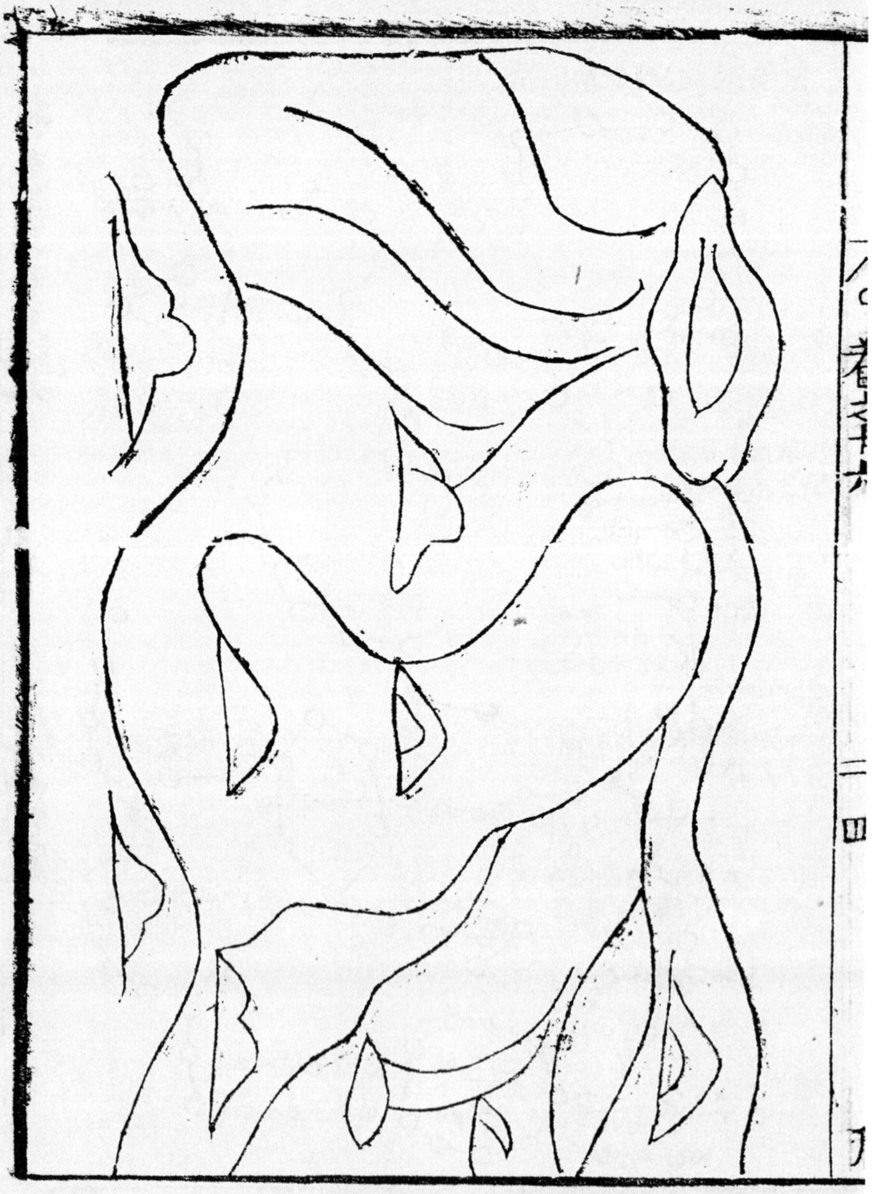

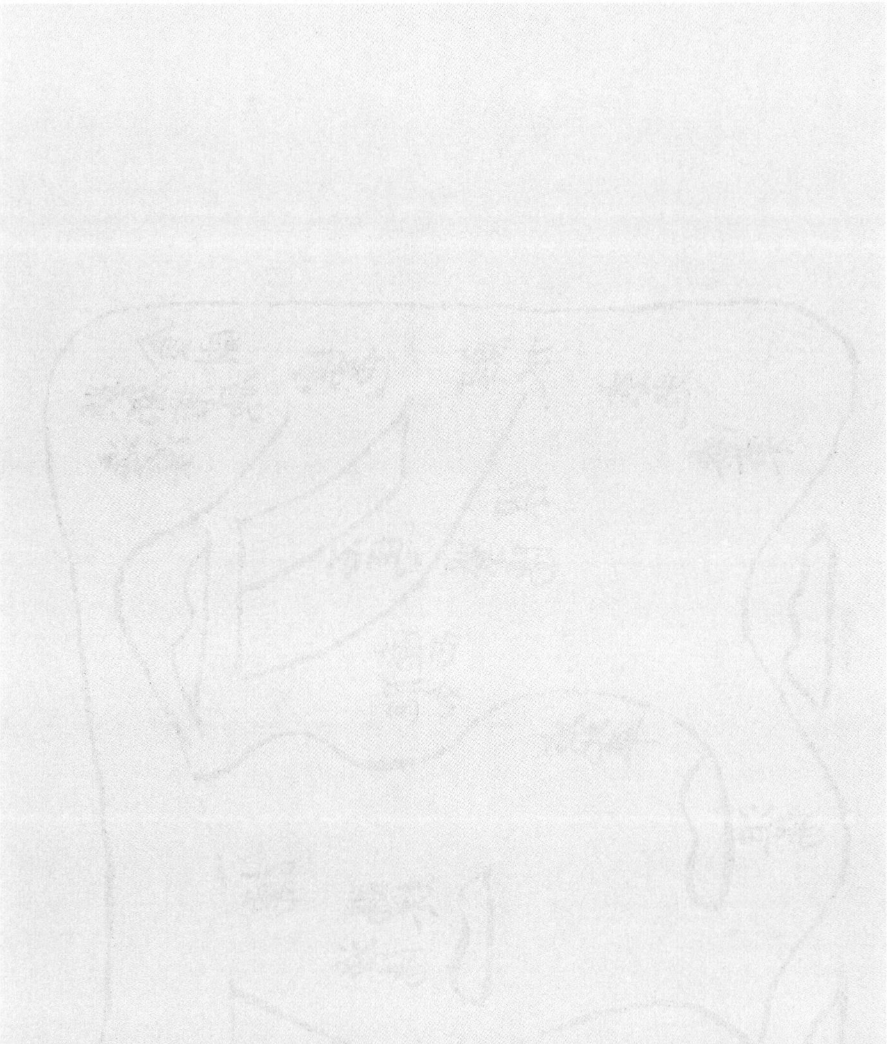

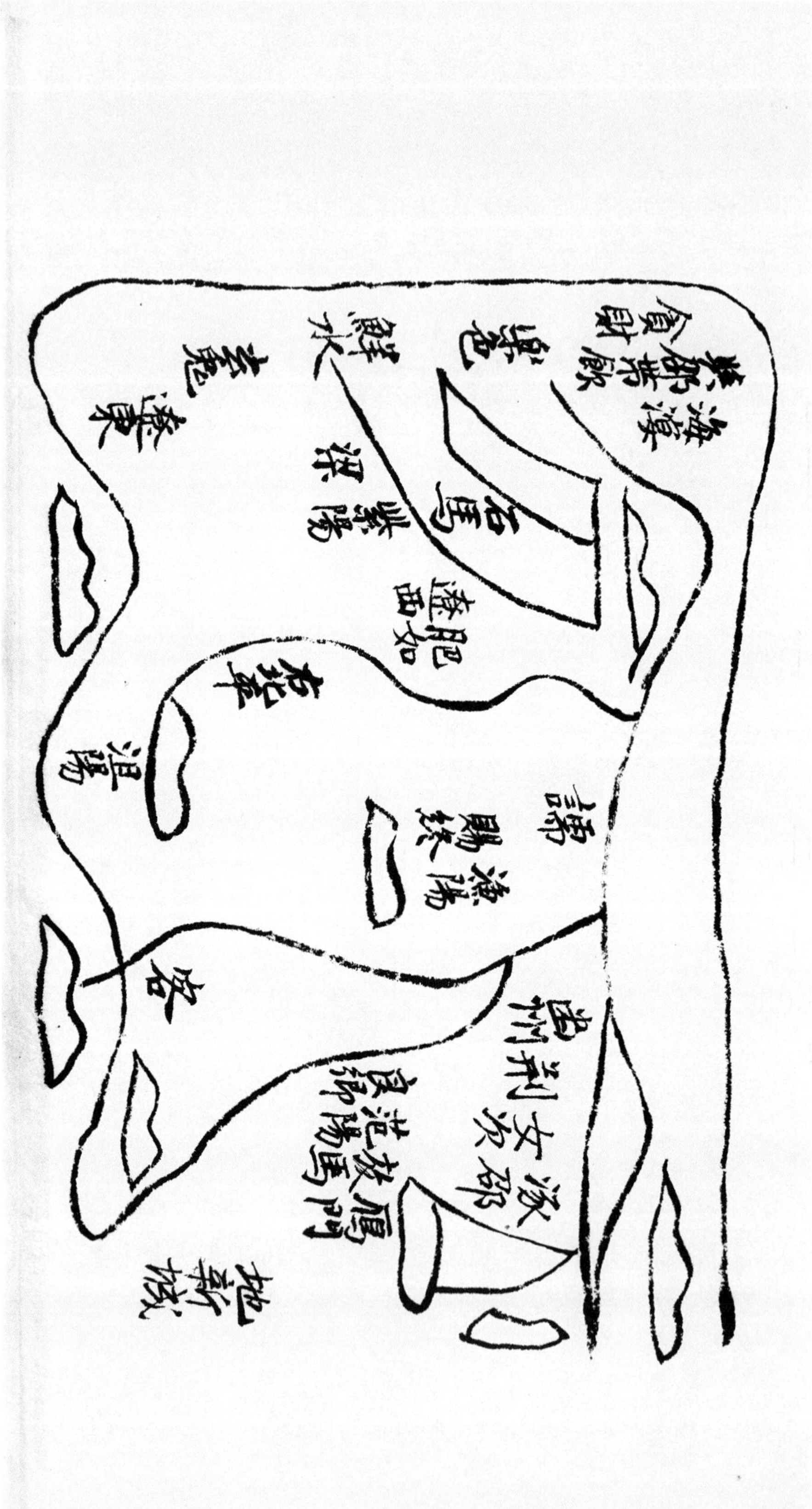

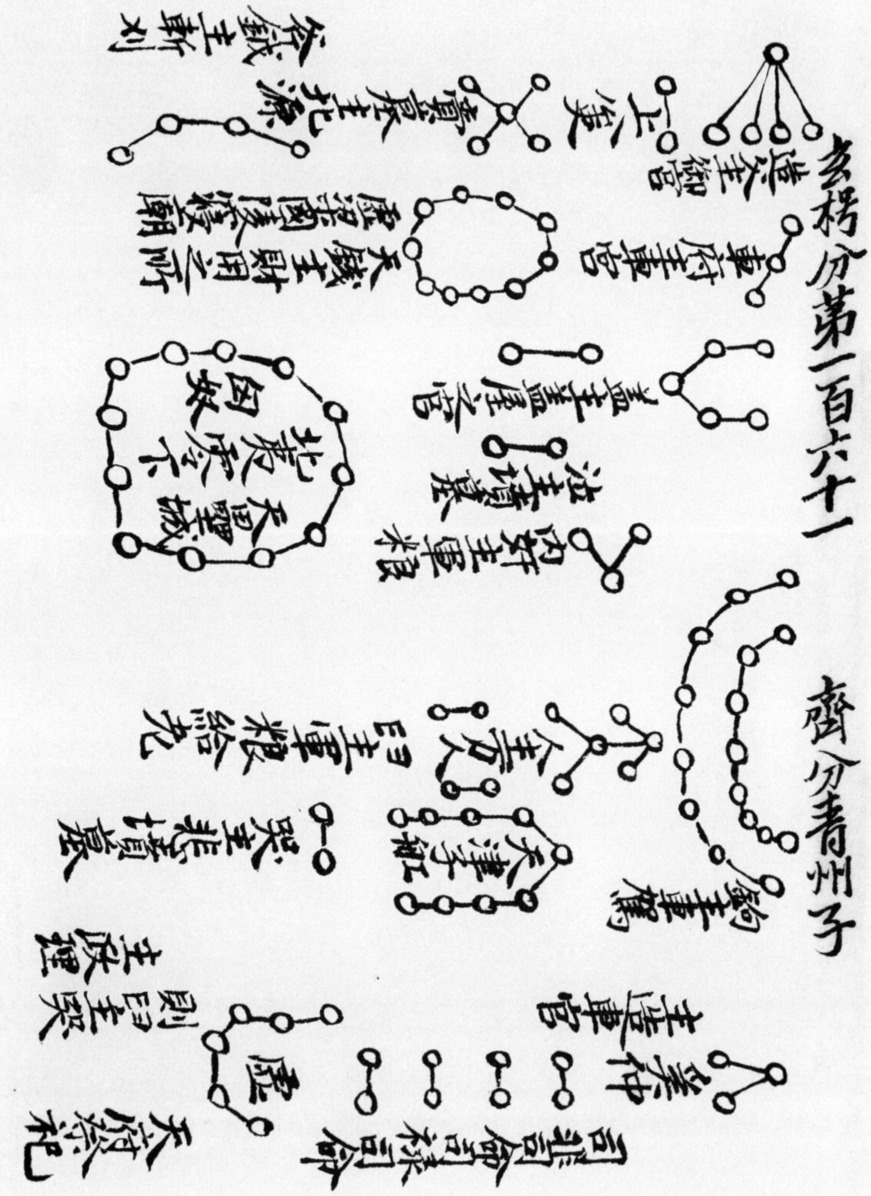

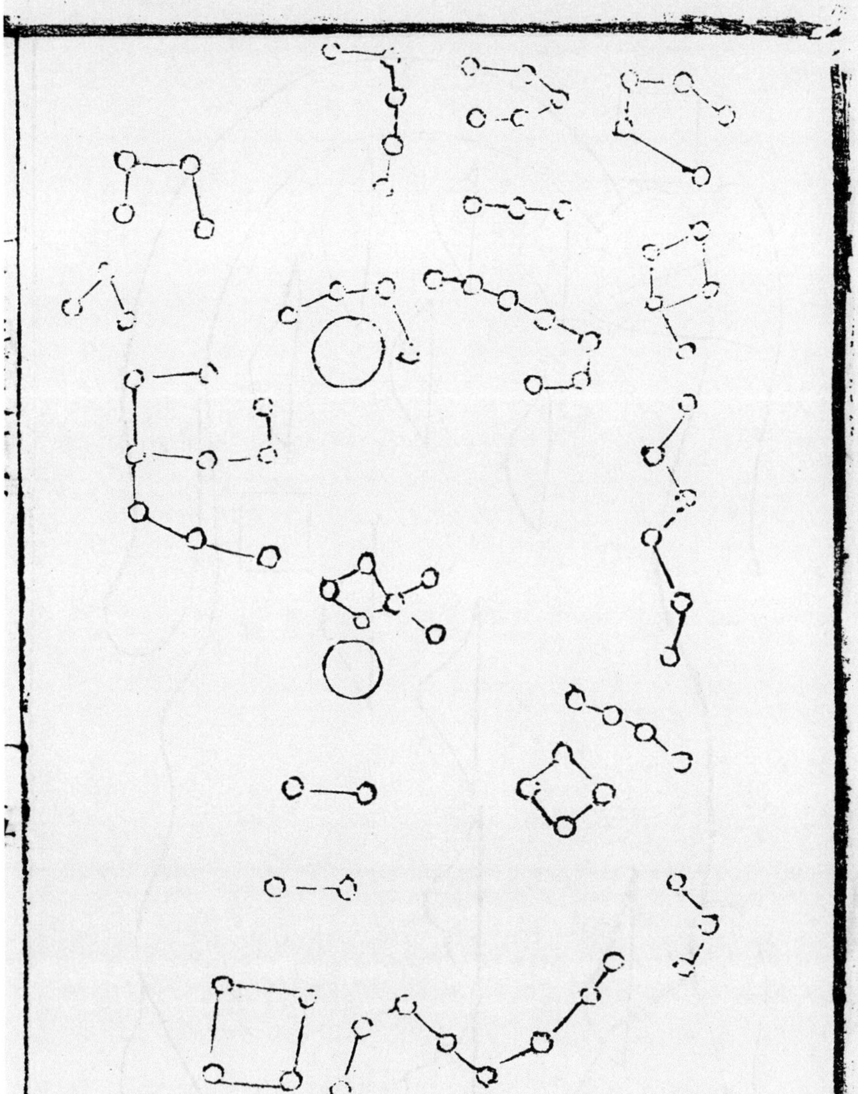

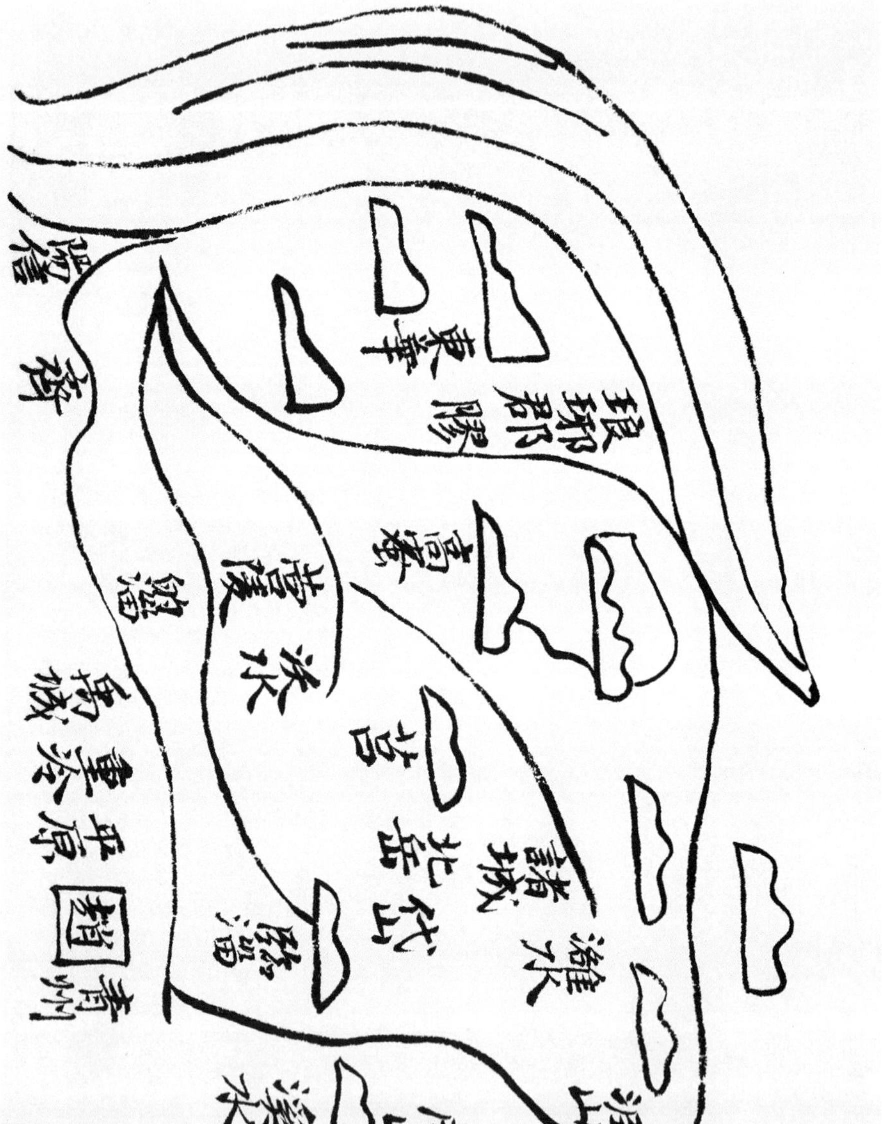
琅琊郡
膠
高密
濰水
諸城
北岳
岱山
莒
營陵
汶水
臨淄
陽信
齊
禹城
平原
趙
青州

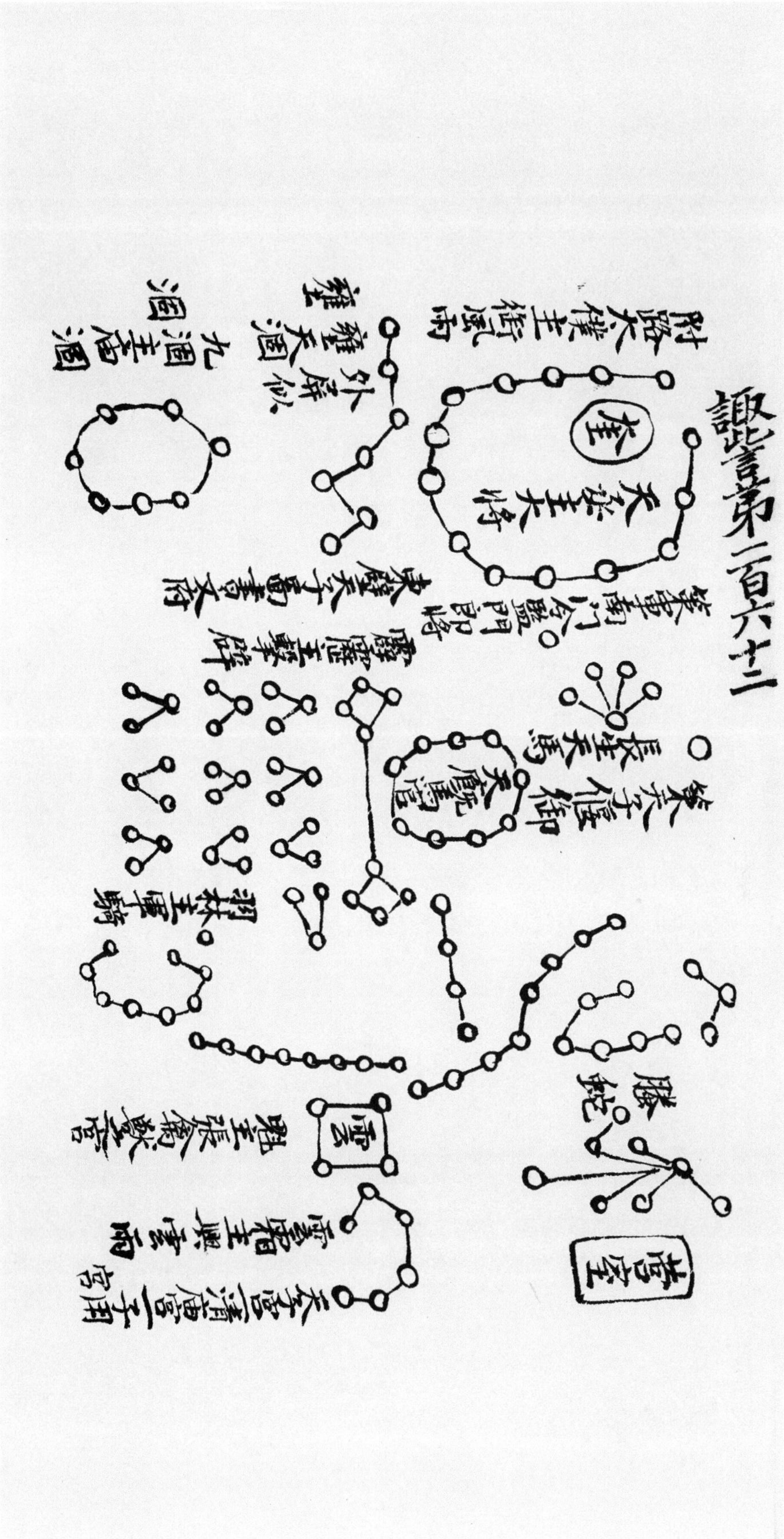
第二百六十三
營室
天子宮一清廟宮二子用宮
雲雨主興雲雨
雲
魁主張禽獸之宮
螣蛇
羽林主軍騎
霹靂主擊辟
東壁天子圖書之府
策天子僕御
長生天馬
天廄馬官
軍南門今監門郎將
天豕主大將
奎
附路太僕主御風雨
外屏似
壅天溷
壅
九溷主庙溷
溷

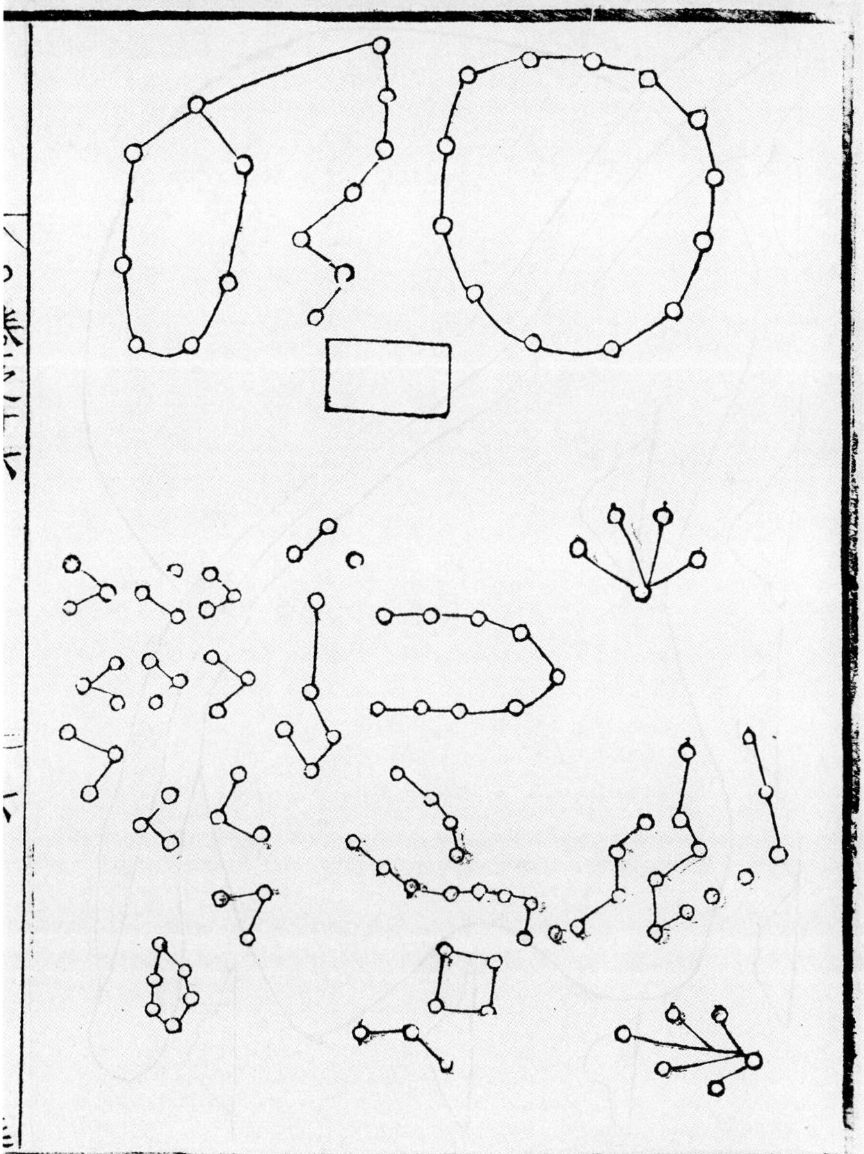

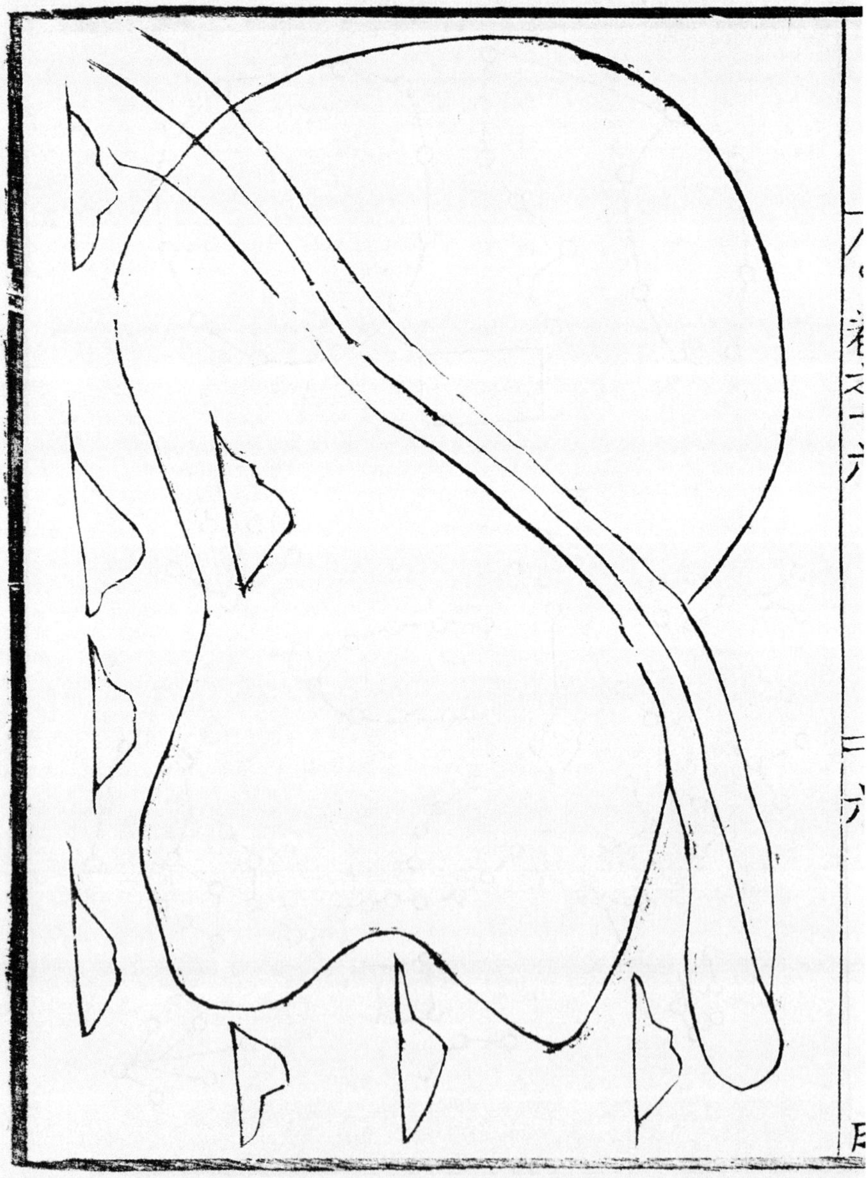

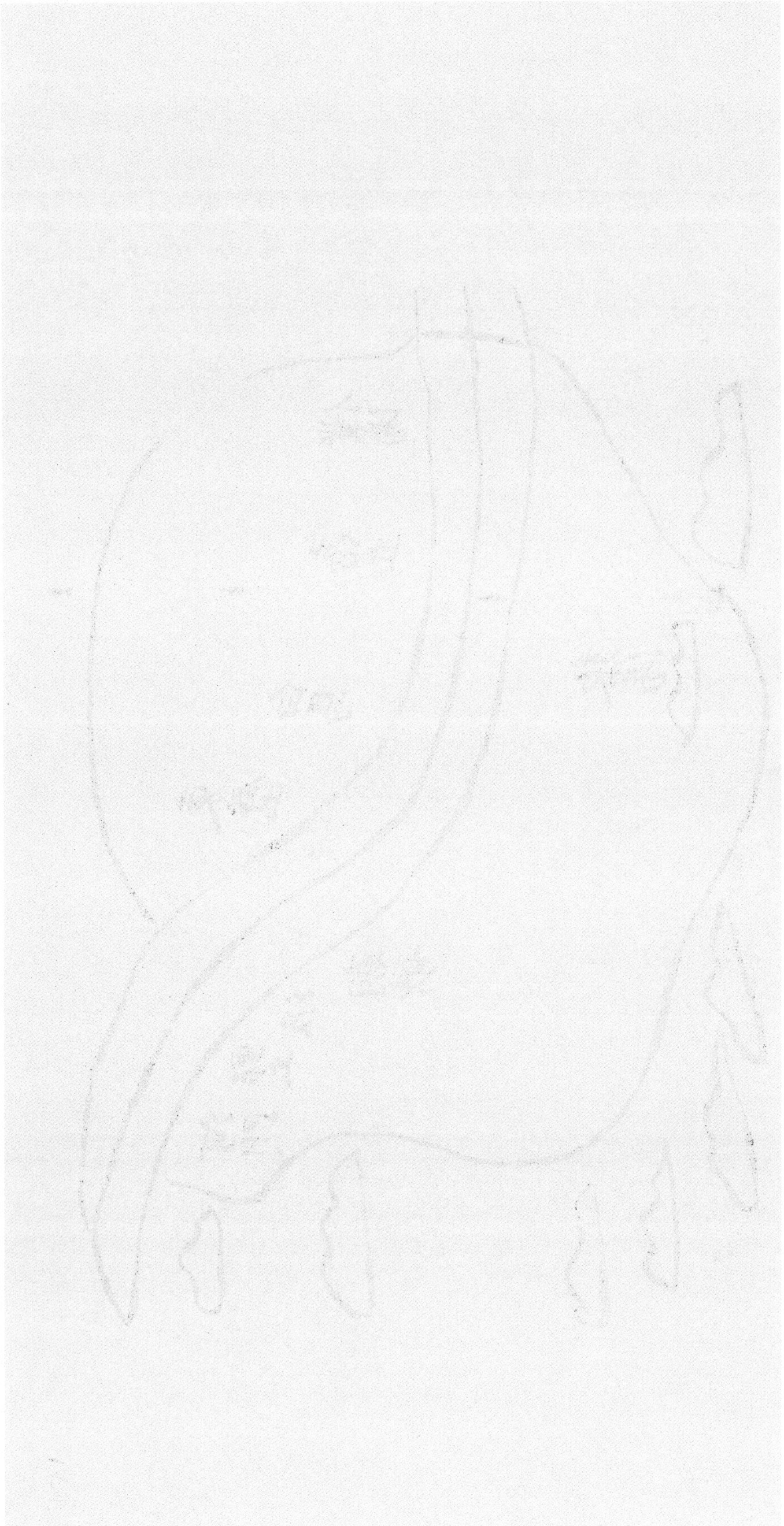

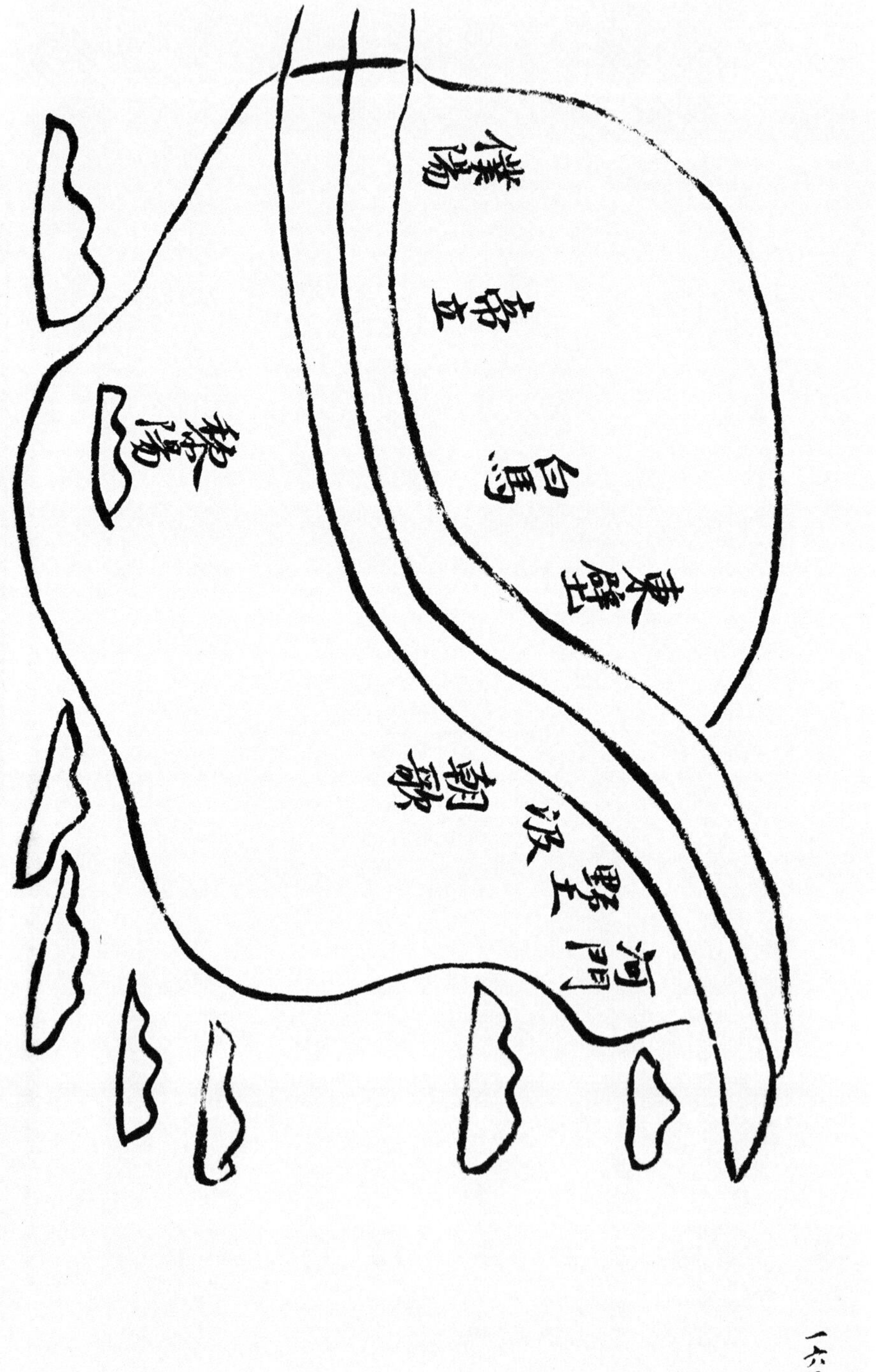
東壁
白馬
帝丘
濮陽
河門
野王
汲
朝歌
黎陽

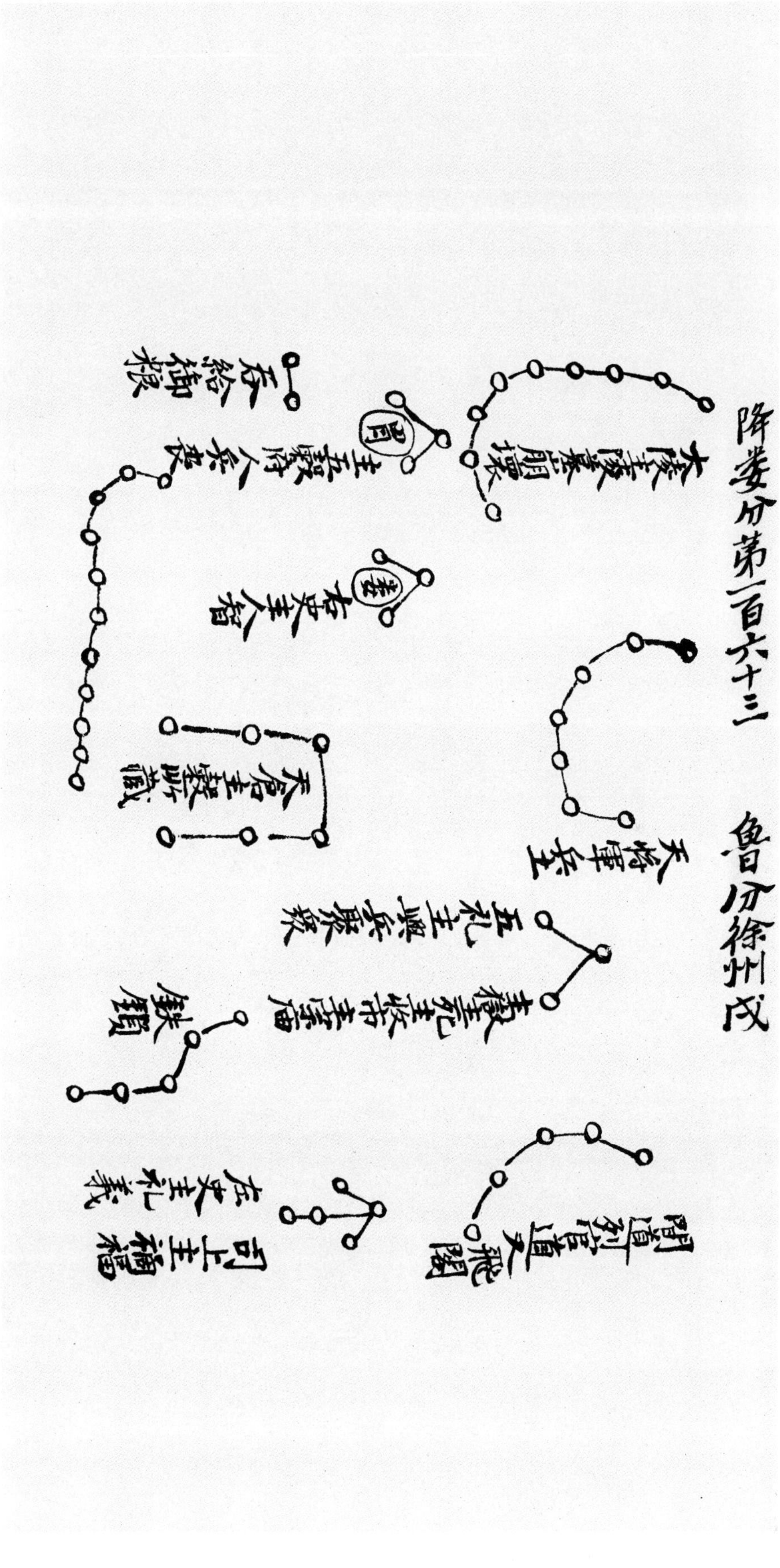
降婁分第一百六十三
魯分徐州

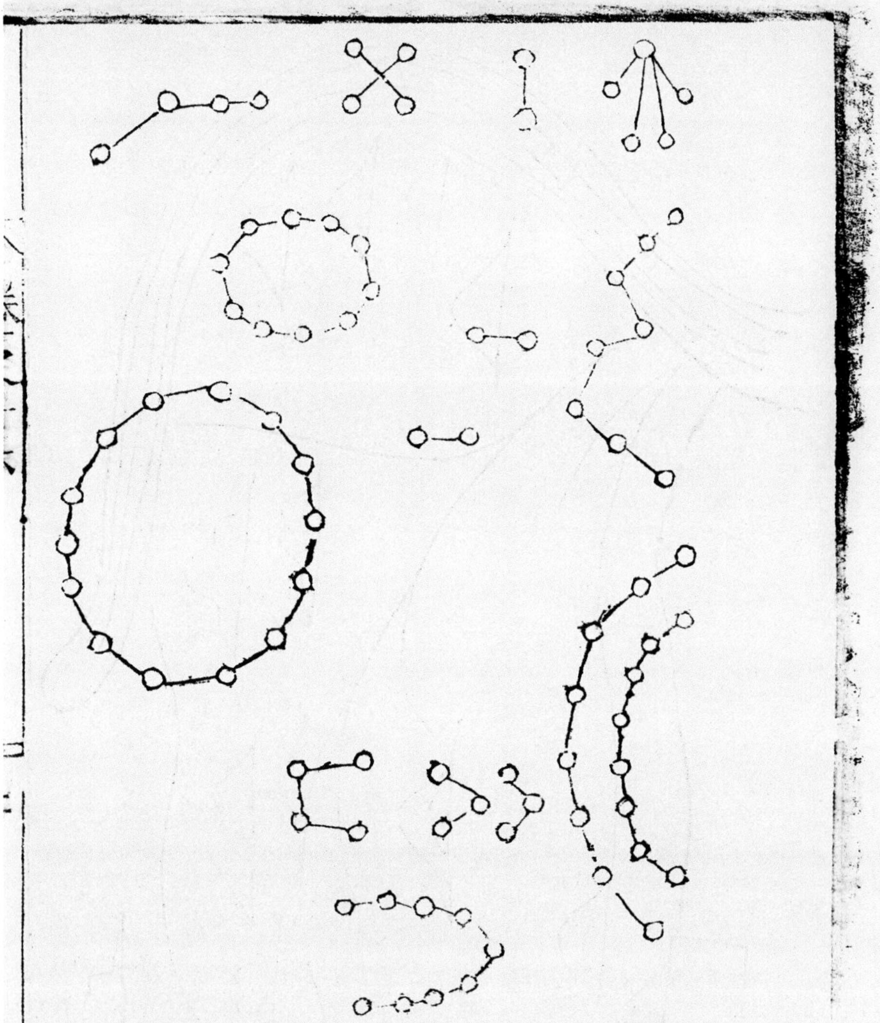

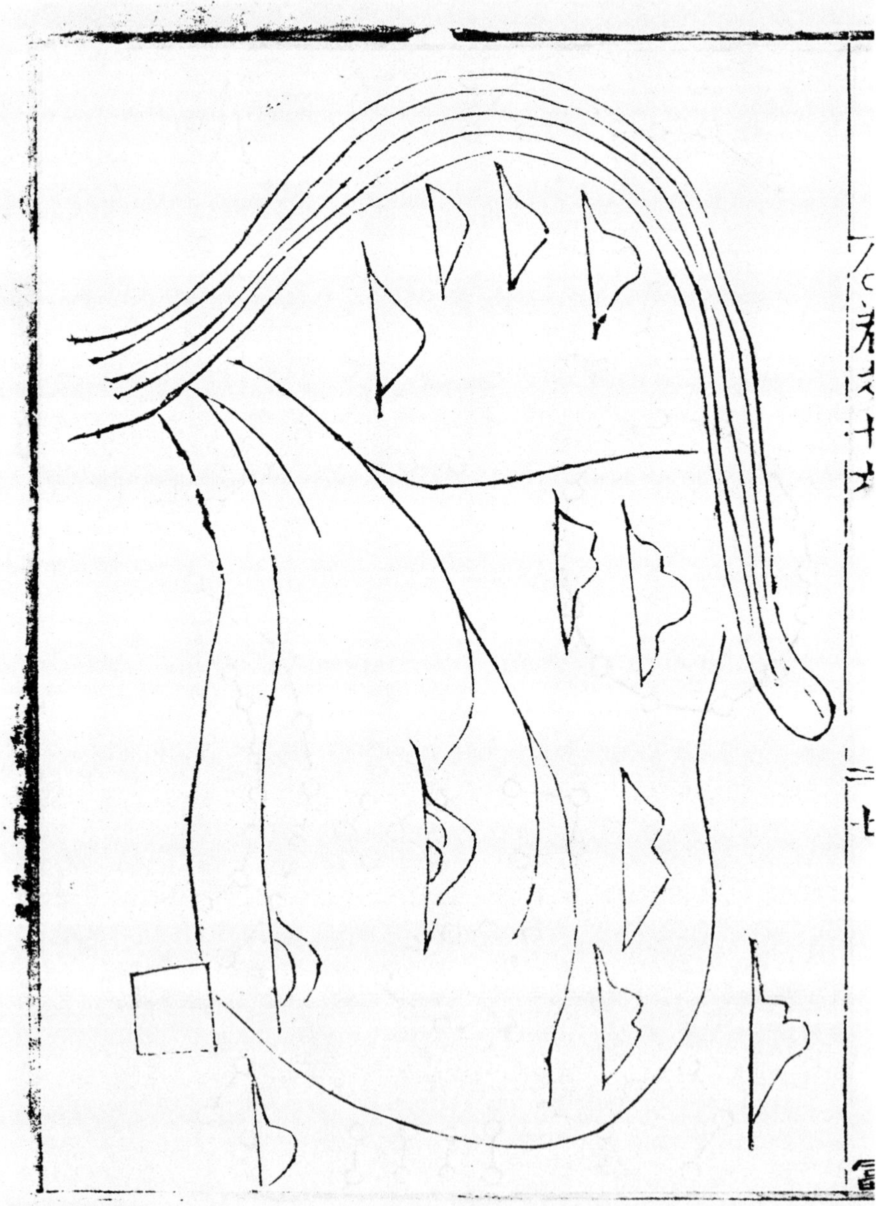

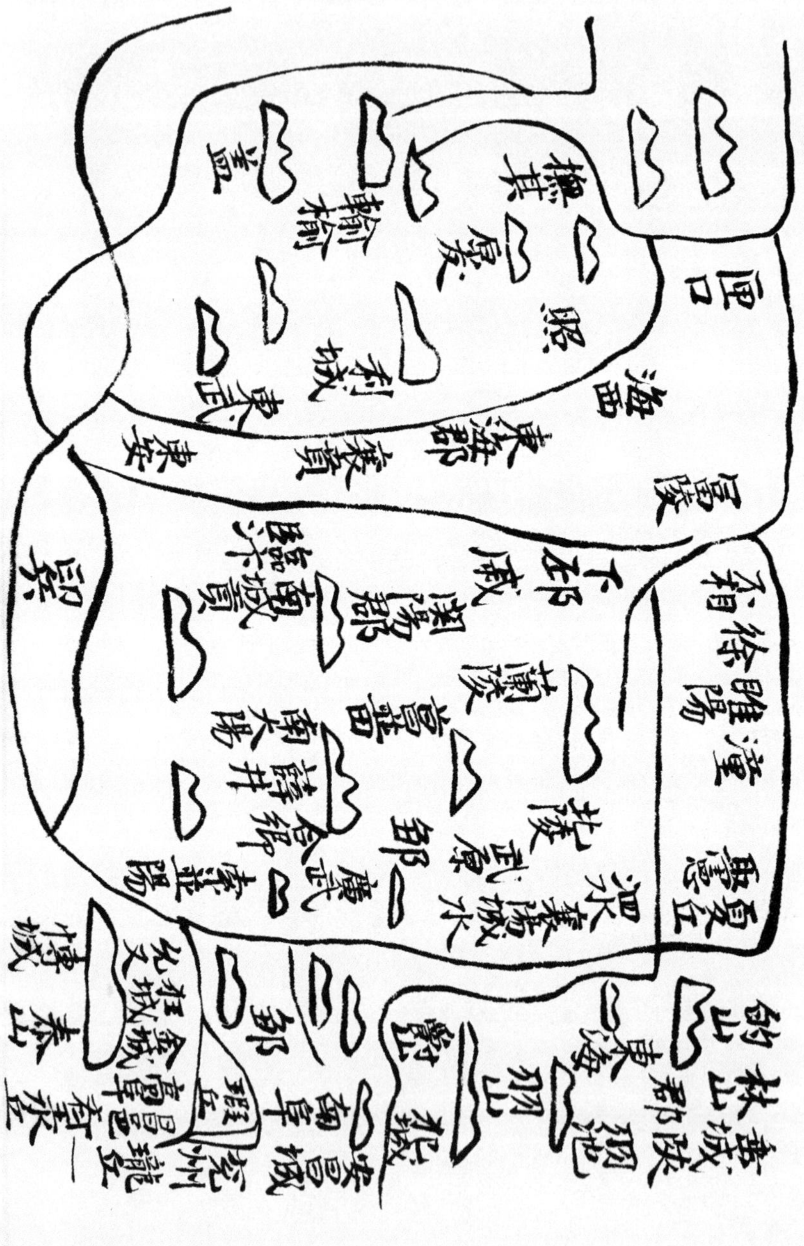

一六三

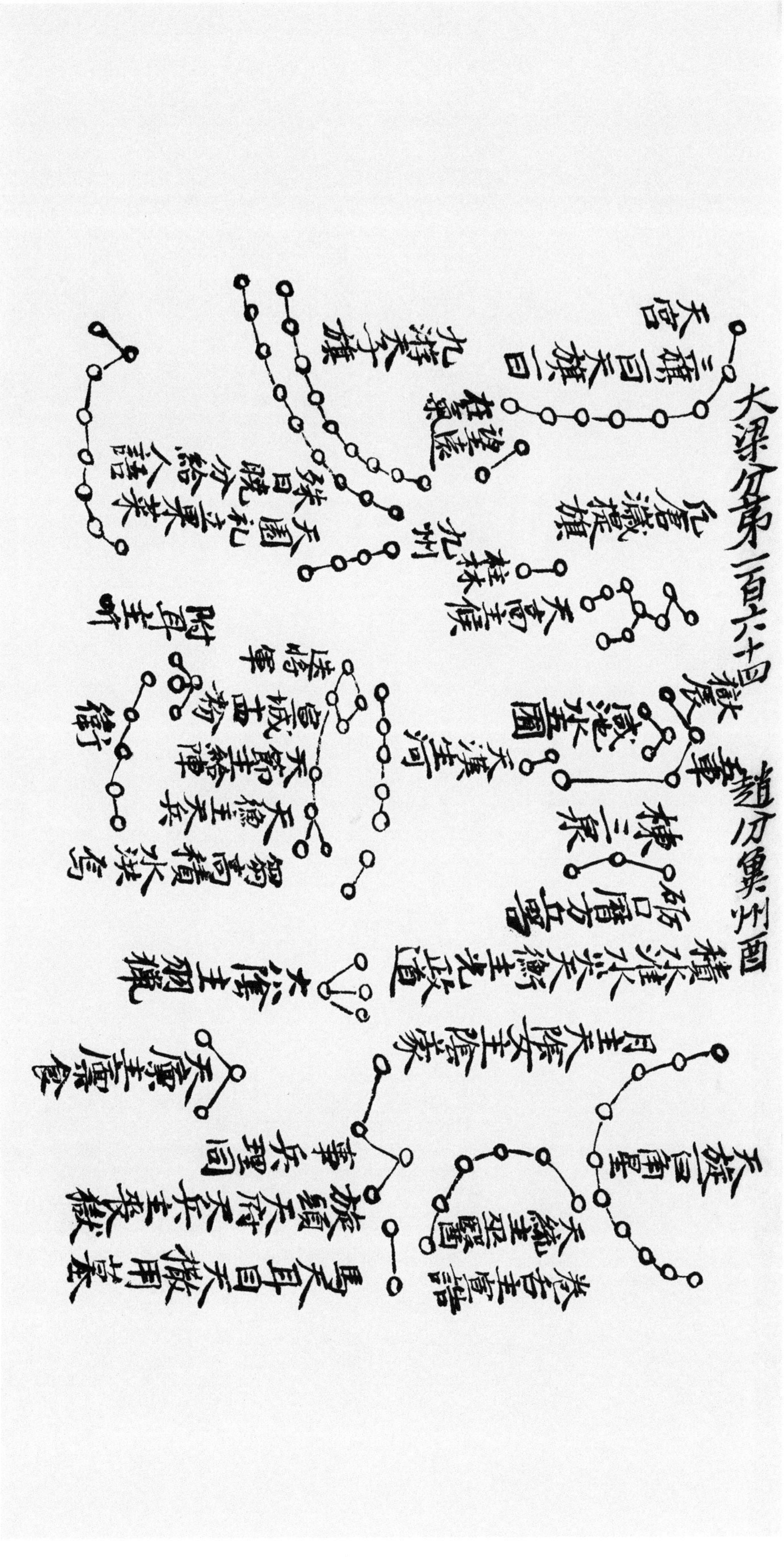

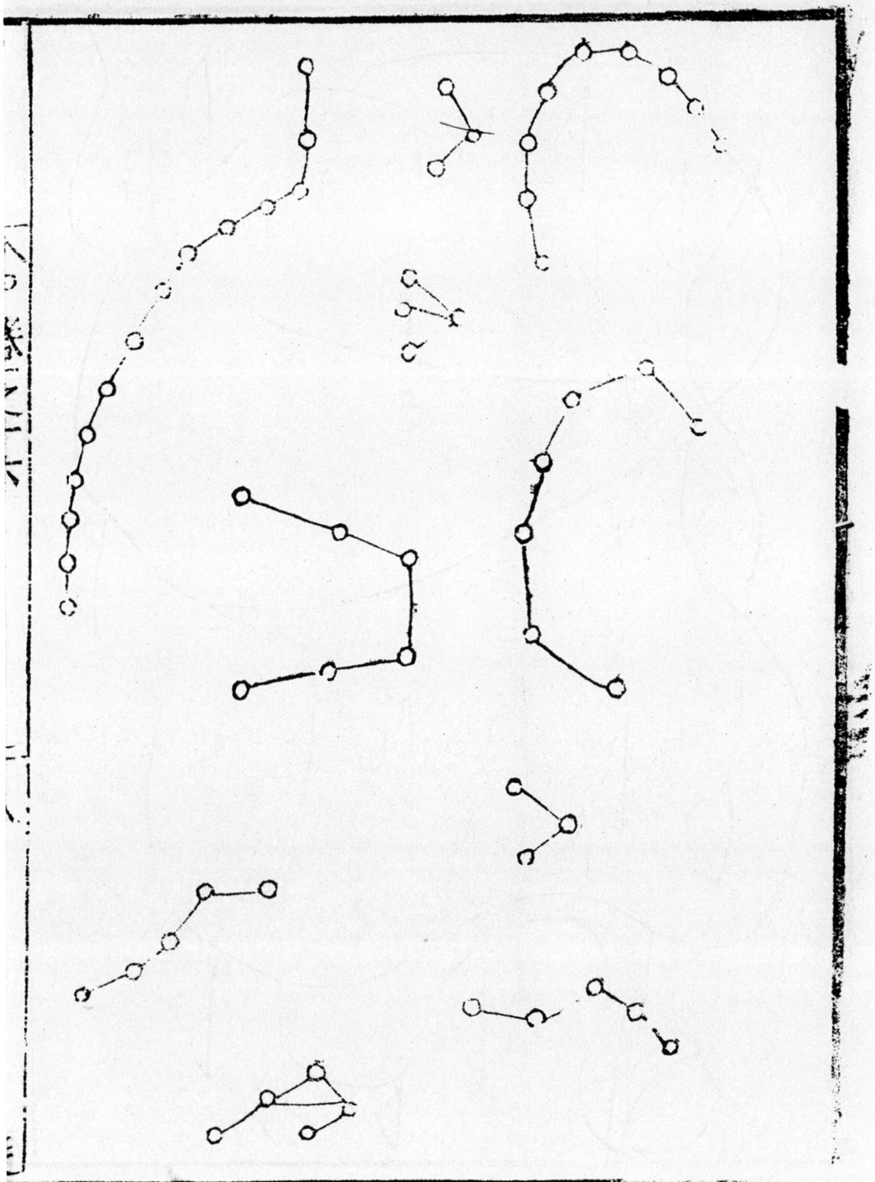

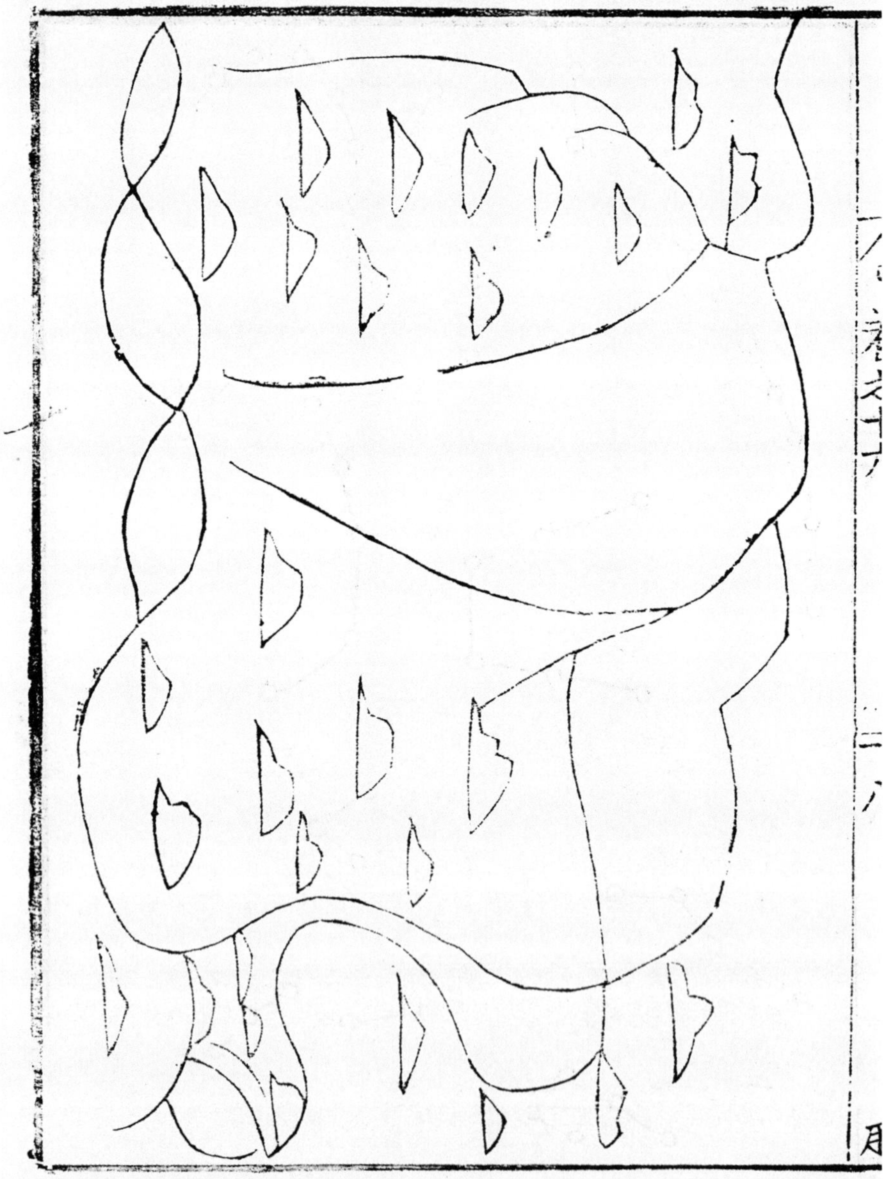

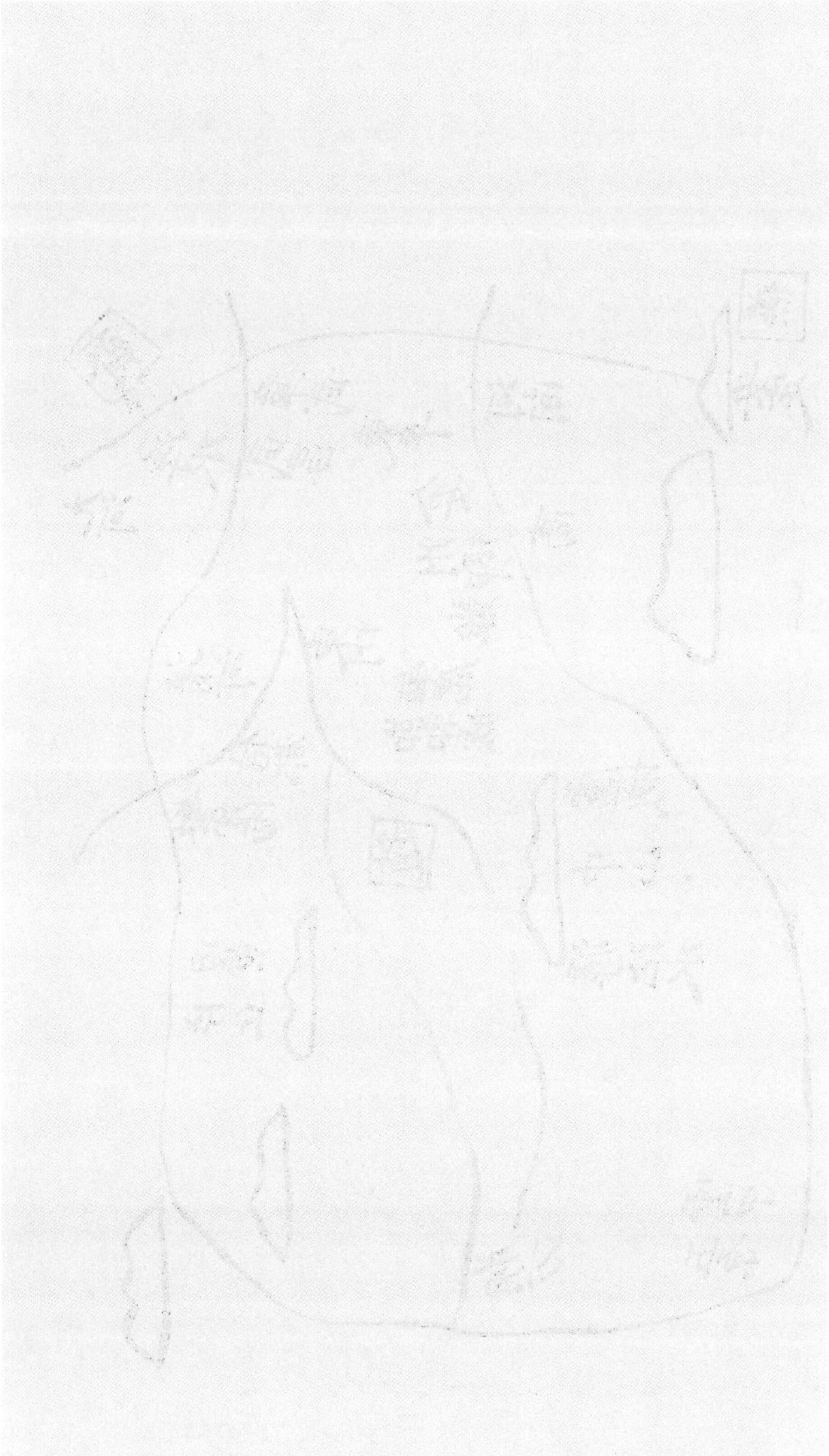

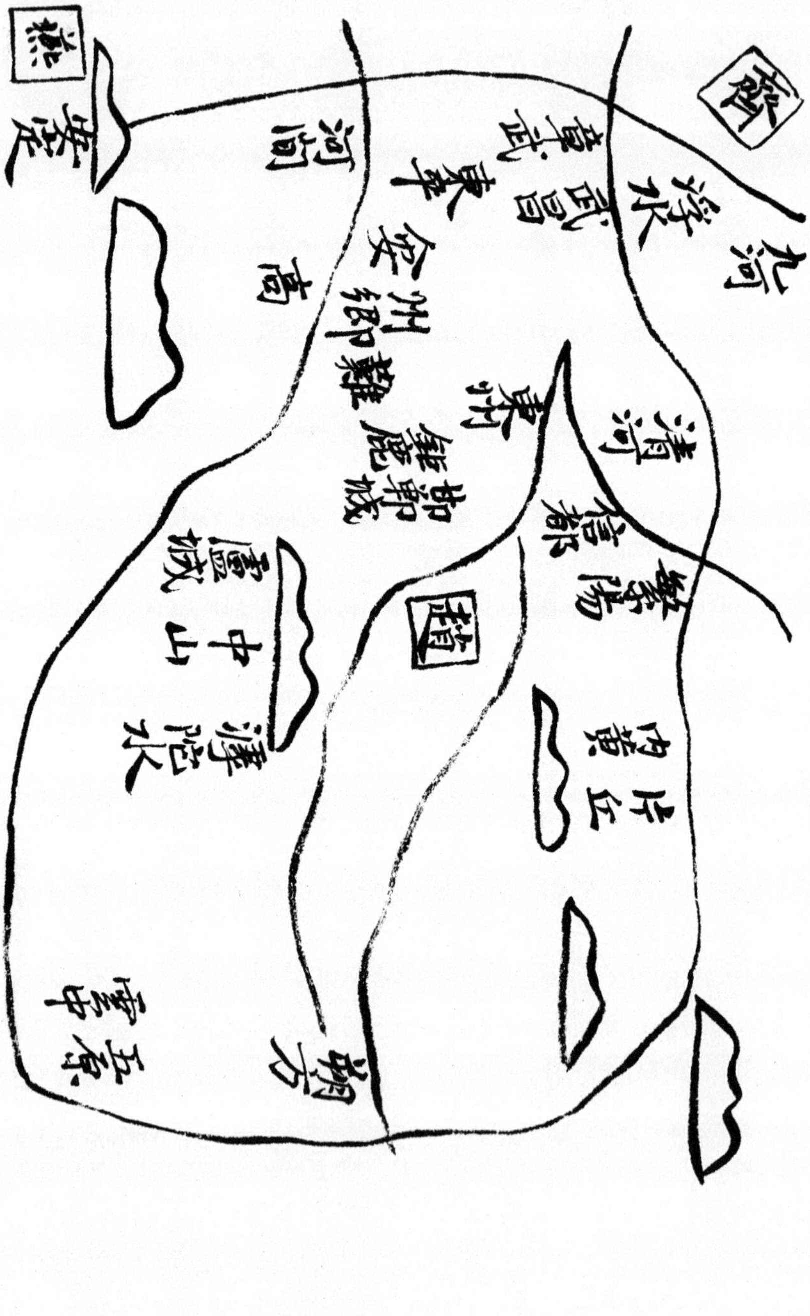
燕
魏
趙
九河
河間
清河
信都
中山
朔方

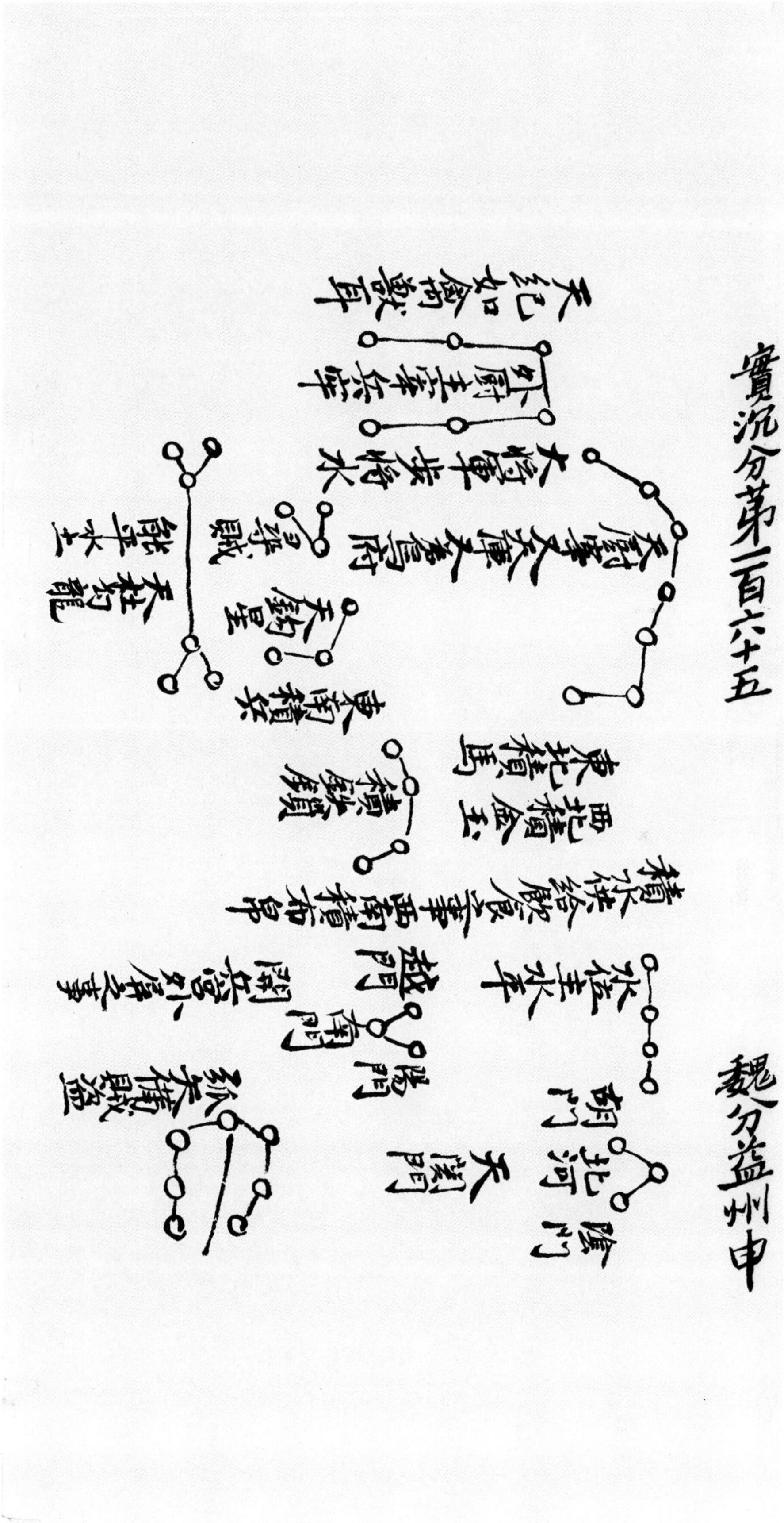
實沉分第二百六十五
魏分益州中
陰門
北河
胡門
天闕門
陽門
南門
狐矢備賊盜
水位主水平
越門
開兵宮外屏之事
積水供給飲食之事
西南積布帛
西北積金玉
東北積馬
積鈇鑕
東南積兵
天鉤星
天廚掌天庫天鳥府
尋賊
天社勾龍
能平水土
大將軍步將水
外廚主宰兵牢
天紀如禽獸耳

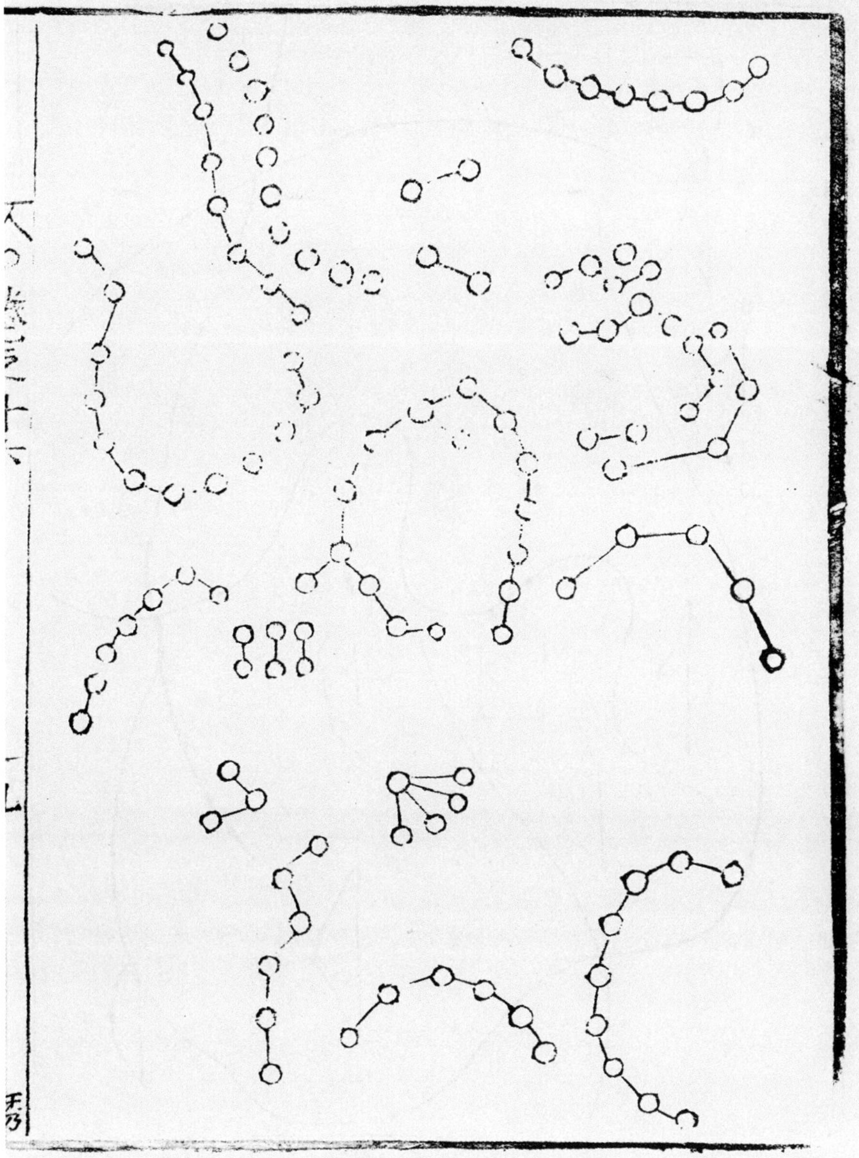

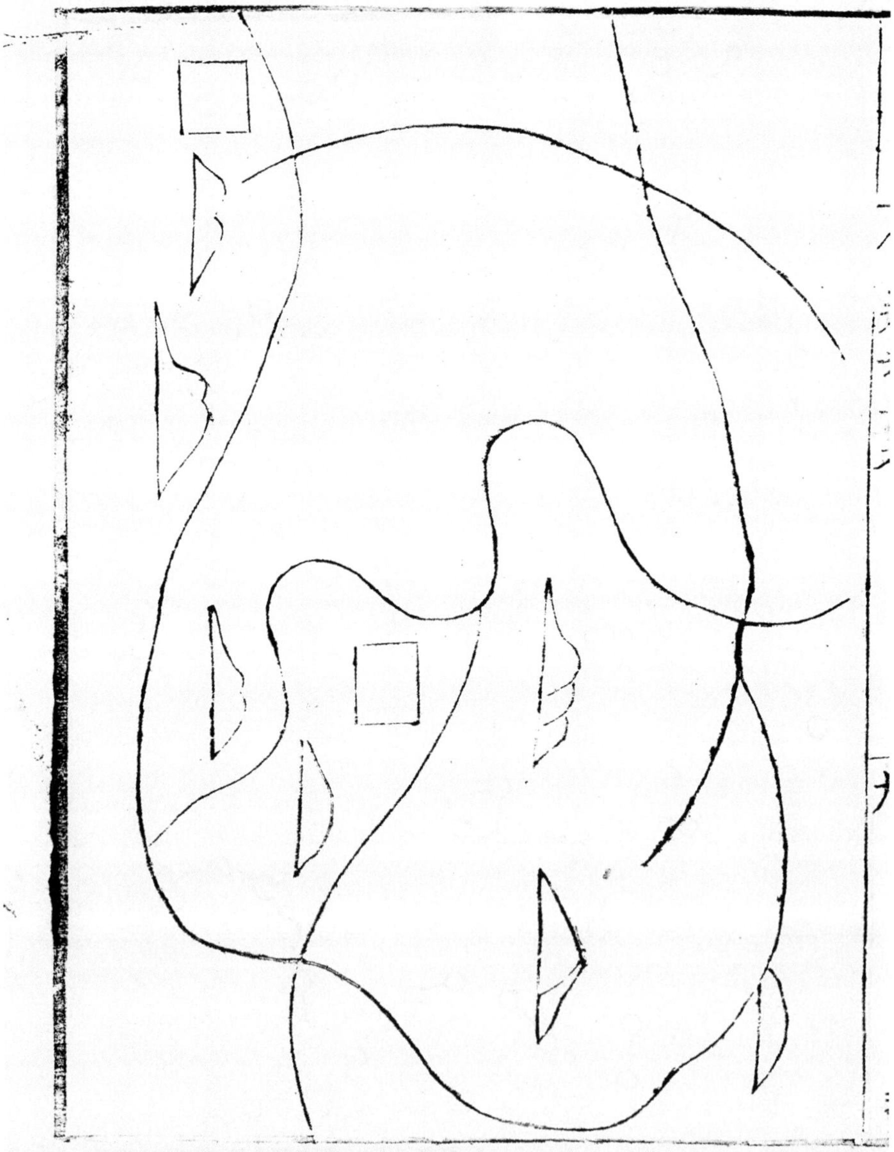

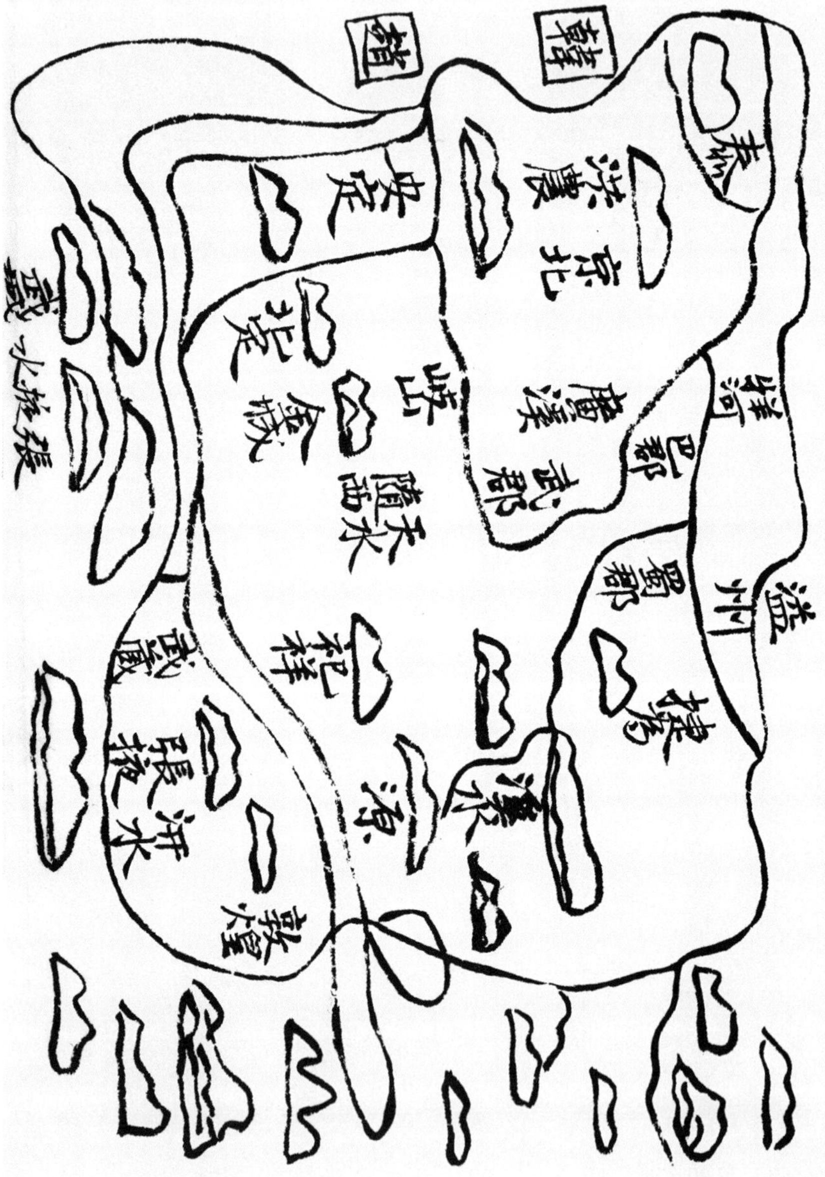

一六五

星紀第一百六十　吴越分揚州丑

鶉首第一百六十六　秦分雍州未

鶉火第一百六十七　周分三河午

鶉尾第一百六十八　楚分荆州巳

以上明鈔本無圖

虎鈐經卷第十七

雲氣統論第一百六十九
雜雲氣第一百七十
城上雲氣第一百七十一
勝兵雲氣第一百七十二
將軍雲氣第一百七十三
伏兵雲氣第一百七十四
姦賊雲氣第一百七十五
敗兵雲氣第一百七十六

雲氣統論第一百六十九

臣聞百人已上勝敗之氣必俱焉是以順之者昌逆之者亡天地無言吉凶以象占雲氣有異必契灾變占氣之時觀氣之初出如甑上雲勃欝上騰氣積而爲霧氣陰氣結爲虹霓暈珥之屬不積不結散浸一方不能爲灾必須和雜殺氣森森然疾起者乃可占常以平明下晡日出沒時候之其內有風雨爲鮮者不成灾也若出軍之日天氣漠漠雲彩陰沉而寒者必戰之象也若晴陽盪和風雨不動者不戰也如或有青氣見君王相上者大勝青屈旋留注者下流血大霧五十日日不散者其境當有兵馬霧色蒼黄者

亦有災變也白雲如疋練經丑未者兵之象也或雲如人行排列如陣或壬子日四面無雲獨見出雲如旌旗皆兵象也或雲三道如霧非霧如塵非塵者敵人發軍之徵隨其起處防之或白雲如疋布起于東方者大兵起也色赤者尤甚青者大喪黑者亦如之也或黑雲三道首尾銳而中裂者其下將有大戰或雲氣赤而其緣黃者大臣專權之兆也不早除之將有大變於軍上往來則往者敗來者勝或雲氣散如錦文者當有赦書行天下天下若無慶賀事必見流血或雲氣如虎頭者暴亂之象也（象一作衆）或雲氣如弩

弓之狀者天子之氣或雲氣長數十百丈者猛將之氣也或雲氣無故如虎行雲中者當暴兵至也或雲如人字在空者所發之處必有人來告急一人則氣一條雲如方二紅者暴兵至也或望無雲獨見赤氣如旦暮之露或見黑雲極天或白雲如僊人衣千萬聯結部隊相逐罷而復起或白雲廣六七丈東西極天如此者皆起兵之象或有黑雲如人持刀楯者暴兵之氣也如見之國當嚴號令肅士伍以備之

雜雲氣第一百七十

九占氣三四百里平陸望在桑榆上千餘里登高望

之下屬地者居三二千里雲氣有戰居上者戰自垂
而南氣下上赤高邑三河之郊氣上赤常山已北氣
下黑上青渤碣海岱之間氣皆黑江淮之間氣皆白
白後氣白土功氣黃車氣乍高乍下往往而聚騎氣
卓而（卓一作旱）布卒氣摶前卑而後高疾前方而後圓鋭
而卑者去其氣平者疾行前高從卑止不止而反氣
相遇者卑勝高鋭勝方來卑而脩速遹者不過三四
日去之五六里見氣來高七八尺者不過五六日十
餘里二十里見來高又餘二丈者不過三十日去
之五六十里見稍雲精白者其將悍其士怯其大根

而前縂遠者當戰精白而前抵者戰勝其前末兩鼎者戰不勝陣雲如立垣者杼雲如杼軸雲摶兩端鈎拘雲如城者亘天其半雲蜺者類闕其故劍雲鈎曲者此雲見以五色占而澤摶密其見動人及有占兵必起必占闕其日五朔所候決于日旁雲氣人主人象皆如其形故比狄之氣如群畜穹廬南狄之氣類舟航旛旆（一作旍）若冬及之後夜明者陽氣之動也不足占

勝兵雲氣第一百七十一

處營臨陣之時紫氣出於軍上者大慶之兆也即日

有喜或軍上雲氣如覆隄前赤後白者勝氣利進兵攻擊在敵則勝或軍上氣凝成雲中天而往(一作徃)堅固不變者名曰剛氣在敵則勿攻之或軍上雲氣作盤踞之狀者此之謂天威也宜用精兵固以漸進戰或軍上雲氣如華蓋先動者或雲氣上赤下黑臨軍者此弱彼强然終破强小能擊大大戰大勝小戰小勝或雲氣如黑人在赤雲中謂之捷(一作梅)氣或雲氣如十五童子氣中赤氣在前者疆兵之氣也或雲氣如山隄林木或白氣粉(一作分)澤從耳如樓緣以赤氣或雲氣爛如火光或湧如山火煙或雲氣如山蓋分為(一作向)两

穗蓬蓬然又類草煙之狀此得天勢也或雲氣凝白逐五軍而或白雲氣十十五五如高蹲黑氣中或氣如黑煙或雲氣如馬頭高尾低或雲氣如人持斧向敵或雲氣如二疋練此十者勁兵之氣也在敵則宜避之在我則所向皆克矣黃雲氣黃白厚潤而重者或雲氣動廣如三疋皂帛前大後狹軍行其中有雲如鬬鷄赤白相隨在氣中或陣上有五色氣連天或雲氣連天如烏衣人在赤雲中或黃氣亘天此五者應天之兵也擊之大凶或軍上氣如蛇舉頭向敵或赤黃氣于天或雲氣如日月而赤氣繞之或雲氣

如日暈有光着一作者或氣凝聚而不散或赤雲如龍乘色蔚蔚衝天或雲相繞又如鳳凰之狀或雲氣光潤如城門隱隱在白雲中或氣內赤外黃此九者霸兵之勝氣一曰王者之氣也雲氣如是且在我軍上則出擊敵我在敵上則慎勿妄動又若在我軍上及敵人軍氣如常者亦勝兆也

城上雲氣第一百七十二

進兵攻城及敵來圍我亦審雲氣之吉凶或城上或營上有氣如人十十五五皆叉手低頭者軍人願降也此章一緣勝敗之氣雜論之又多言城中之事故別立此章若于營塞及陣上吉人亦同或雲

氣上黃下白名曰善氣所臨之軍欲相和解或城中氣如白旗者不可技或黃雲城臨者城中有大喜慶或青色氣如牛頭觸人者城中不可屠作衄或城中氣出東方色黃者此天鉞不可伐伐者大禍或城上氣如大煙分湧者主人欲出戰也其氣不可擊諸色但出而無極者不可屠或赤氣或黑氣如杵形從城內向外者內兵突出主人大勝或城上雲氣分為兩穗火之狀者不可攻或濛繞城而不入者外兵不得入凡攻城塞有諸氣出入吾軍者勝氣也謹備之或攻城赤氣在城上黃氣在四面繞之者城中大將死城

降或城上赤氣如飛鳥者急攻之立可破矣或氣出入於城中者城中居（一作軍）民欲逃散無鬬志急攻之或氣如死灰而覆其城寨者吏士（一作使）病城可屠或城上全無雲氣者士卒心散或城上赤氣如衆人頭向下者其下多死喪血流或白氣繞城而入者急攻之可拔或白氣光如劍形長百餘丈自敵上起而横城上者攻之者受禍城不可屠八十一日内應或黑雲高起以黄爲縁長凝於陣前横列如跪如伏如手相牽三三五五低頭拱手營陣之上者人必降或雲氣如鷄雉及走兎者賊當來攻城急備之或雲氣三條五

條橫列成陣文如虎班者所臨之軍必拔城殺將見之急攻之或雲如龍行於城上者必有大水凡城上勝敗之氣如是者勝在敵不可攻之敗在敵可攻之勝在我則利出兵進擊敗在我則堅壁清野嚴以守之雲氣所見天地心也可不慎哉

將軍雲氣第一百七十三

欲知敵將之賢愚亦以雲氣占之夫軍上青雲帶赤中黃白自白日至夜不散者其主弱臣强大將軍驕恣法令顛倒可急攻之或軍上雲氣昏昏暗濁者主將不明賢良不附也或軍上雲氣如蛟龍者主將軍

神寬散亂可擊之或出自白日沒之後有青氣西亘天者經十日不雨大將當失位強在三年之內也巳而變赤者大敗之兆也或軍上青氣漸黑者大將軍死或雲氣黃白而潤澤者將有威德也或軍上氣漸漸如雲變作山形者將有深謀也或雲外黑而中赤向前者或兩軍相當雲氣如國倉者或赤氣如山者此三者將悍精驍勇也或雲上與天連者將有智也或雲氣如龍虎在煞氣中或如火煙奮奮或如火光變變或如林木龍從者或如塵埃頭大而卑者或色紫黑狀如門上樓者或如紫粉（一作粉素）霏拂者或如龍

游黑霧中者或如日月有赤氣起繞者或狀如門上黑下赤者或皂旗者或如弓形或蜿蜒如蛟虵者此十三者猛將之氣也或雲氣青而疎散者將怯弱也或前大後小者將不明也或内黑緣以白氣者將懦而無謀也如此者可以詐動可以事恐可以威讋可以强逼决勝矣

伏兵雲氣第一百七十四

進兵之時先於山川四面望其雲氣渾渾圓長赤氣在其中者或如赤杵在黑雲中者其下有伏兵或氣青黑色掩北斗者敵將設伏兵以待我也或兩軍相

當赤氣在陣前後者亦有伏兵隨氣所在之方或雲絞絞綿綿者此以車騎爲伏也或雲氣聳然類山岳形者此皆精猛之伏兵也或雲成氣布席狀者此以步卒爲伏也所見之地急防之

姦賊雲氣第一百七十五

白氣群行徘徊結陣而來者他國人來欲圖亂我不可應之視其所往隨而擊之可得也或有黑氣臨我軍上如車輪行敵人深入謀襲營柵或有黑氣游行中含五色臨我軍上必有謀合諸侯而伐我諸侯必謀反敵軍敵軍當自敗或有黑氣而幢節之將出於

營中上黑下黄敵人來求戰無誠實言信相及九日內必覺備之吉凡雲氣如是者敵之密謀也

敗兵雲氣第一百七十六

軍上氣如死灰或如馬肝或如覆蓋或如群羊或如驚鹿或黑氣如人手皆敗徵也或黑如壞山（壞一作敗）隨軍軍敗將死隨我亦移當避之或雲氣白黄昏發連夜襲敵者軍士散亂擊之吉或軍上氣卑而一絶一敗在東發白氣者災深或雲氣五色而東西南北不定者軍欲敗或赤氣炎降于天者大將軍死而衆曰潰亂或黑氣如牛馬從霧中漸漸如軍若名曰天狗

下食血心營于遠處避之或雲氣蓋道濛蔽而晝瞑者並敗之徵也爨不暇熟急避之若雲氣或青或碎如瓦礫所臨之軍即敗也若雲氣或赤或白如人首頭如人卧匐地抵頭所臨之軍敗也當流血百餘里在吾而欲禳之者大將移營他處即吉也士卒令其歡心上騰可以解禍或雲氣如水破士伍潰之兆也敵將潜兵襲我之後或夜雲氣長如引索垂下所臨之軍敗也或夜半雲氣濃黒者多陰謀色青白及蒼黒者皆反戾之兆也或黒雲如車輪轉而入軍者小人謀逆急察備之而雲氣狀如大者其下多流血或

雲氣黑色而黃色在上者士卒怯懦內亦有反亂之計也或黑雲如幡幢在氣中者或赤氣如血飛鳥在黑氣中者皆敗兆也或黑雜碎如群豕或如群牛馬或如群驚鳥者皆敗兆也或雲氣如浮塵散漫者士卒謀反逆或赤如火之猛熖燭天而起者大敗流血或赤雲如人三三兩兩或行或坐者暴兵將至也或雲氣如焚生草煙所臨之軍大敗也或夜半雲氣濃黑者多陰謀其色青白及蒼黑者皆反之兆也或雲氣如焚生草煙所臨之軍雖前勇後當自退能以歲月候而擊可勝或赤雲氣而慢慢或如垂蓋者軍當

白亂或赤雲兩向將如八字各有首尾銳而腹大者狀大戰流血先動者敗言先動而敗者謂有兩軍交刃之時之兆也或雲氣如懸衣敗兆也雲氣如轉蓬者敗兆也或兩相當敵上全無雲氣者擊之可破也或兩軍相當敵上雲氣極天如陣者此之謂橫海氣力攻之可破也或兩軍相當望彼軍上有火照人者此失將士之心攻之可敗也或雲氣如群烏亂飛者敗兆也或雲氣毬毯如虎尾垂于軍上者軍欲降不然將有奸人爲敵應或兩軍相當去十里內望見彼軍上氣白又高後有青雲者立敗之兆也宜速鼓行

而擊或雲氣蒼黑者敗兆也或雲氣如行牛或如皷車或如群蛇亂走或黑雲如人牽牛皆敗兆也或雲如壞屋之狀兵敗將死或淡黑雲中有深黑雲黯黯西如星者謂之敗軍之氣兵大灾夫師動衆天以勝敗之氣告人者有以也當勝氣者不可恃之當脩軍正（一作君政）精智慮嚴號令正賞罰此可以荅天地之貺也苟或恃正勝氣而軍正不脩荒怠敗度此可以反勝為敗也偶敗者氣詎能必敗也當以嚴教令謹智慮責躬罪已恭荅天譴此可變敗為勝也大將得不以勝敗之象立脩德之方乎

虎鈐經卷第十七終

明鈔本卷十七末附此圖

十二月将圖

孝經一卷人家

虎鈐經卷第十八

八節占風第一百八十九

天第一百七十七

天裂于敵上者敵人自亂之兆也天色如血兵戰之兆也天雨丹露所雨之地兵大勝也雨雖在敵敵敗也在我軍避之天雨魚鱉在敵敵敗也在我亦當避之天雨血在敵急擊之可勝也在我避之或在我彼兩界者將大血戰吏士俱傷天雨絮及粟在敵敵凶在我避之天雨海鳥毛大亂之兆也天雨毛所雨之地大將信任邪謀也若煙非煙慶雲也雲開有德若星非星歸邪也歸邪有入若霧非霧泣軍也泣軍

多殺將若雷非雷天鼓天鼓多敗軍不雲而雨天泣也天泣多覆國凡天下之事變異於人者急慎之

地第一百七十八

地裂者兵戈之兆也營中地生錢者下謀叛也急備之營中地上生毛者吏士多亡敵嚴令防之軍在野營地震者有災星到也營地生五谷者將士有喜慶大將有封邑營中地色忽變黃者大慶之兆也營中地忽折裂有軍敗將死也急移營避之地忽陷者主將破點之兆也營中地忽生血者賊來忽速避之城中地營內山忽有夜崩者吏士欲分散移營避之也

兵之城山春崩者敵來伐城山夏崩者有大水至山秋崩者有暴兵至山冬崩者軍民飢結營之地吼如雷者敵來急速備之流水無故絕者設伏兵至水忽赤如血者軍士欲自亂急備之

虹蜺第一百七十九

攻敵人之城有虹蜺屈曲從外入者三日内城屠五色虹蜺飲軍井者大凶移營避之虹蜺垂營中者亦敗兆也五色虹蜺繞城城中將亂急攻之白虹見於軍上者軍敗流血白虹貫中師不可出白虹繞城而不匝者從不匝處攻之必拔矣繞城而匝者即倶從

漸錯處攻之赤虹從天直垂地者所垂之地敵兵至
十一月屈虹出破軍敗將天有白虹如霧者營中防
姦賊及兵將反黑虹所見之地大水到其處利於高
處置營赤虹半隱雲上有火災亦當敗黃虹在營上
吏士多驚撓青虹亦如之不爲災

雷霆第一百八十

營中雷折木者大將凶利脩軍政春三月内甲子乙
丑戊寅辛卯戊午有雷及霹靂下石殺人者軍在野
營將有大戰一月内應之雷一聲而止者將軍有重
令行將戰之時雷聲自我陣後起漸漸入敵者必勝

也隨其聲而擊之吉從敵震迅而來者凶也急抽兵避之天陰不雨雷霆在我軍上隨而擊之者大勝也合戰之時大雷一聲而止先動者勝渾渾圓長者從來處吉聲四起東西南北不定者軍有大血戰兩軍傷大雷疾速自我入敵者勝也自敵來凶霹靂當牙帳急搜檢（一作鑒）之營中有姦人爲賊應亦慮暴兵至或夜半無雲而雨者吏士不從軍令也必急施恩布惠（一作講武）以禳其禍

戰候第一百八十一

交戰之時五色采旗掣拽不動者大勝候也敵強力

戰慎不可追之臨戰之時鼙鼓之音鳴于常者勝候也角聲清激者勝候也風不起而旌旗悠揚前指敵陣者勝候也馬驕嘶而喜躍欲進者勝候也牙幟無故倒折者敗候也鼙鼓之音重濁不止徹者敗候也角聲洪濁不清濂者敗候也焦而四亂者敗候也横而不圓者內亂自呼發旌旗撩亂不整者敗候也馬亦多驚嘶退縮者敗候也臨陣之際勝敗之候能詳審者善矣

雜占第一百八十二

結營之地天火焚其林墅者賊兵疾到火無故自發

焚其帳幕者有大水到溪澗中水忽出主有陰賊到其地凶移營避之或出軍之時或將戰之際有兔及麞鹿之類走過者勿殺之勝兆也營中黄龍見者大勝也營中山池沼溪澗忽自然自外而入者士卒凌主將龍鬭營中及左右者賊大至亦防大水群蛇集營前道上者有急兵至營中竹樹忽然生血者大將有重憂營中不雨而極濕者賊兵起營中忽得五色魚者勿殺之殺則大水立至不然暴兵則有魚上下于樹者水亦至急移營高處避之鷄有重距重翼飛來營内者勝兆也殺則大凶兩軍相當遥見敵上有

龍者不出一月敵當大敗犬尿弱營前大道者移營避之有烾至營中馬忽驚嘶者即起卒兵立具兵器備之恐賊潛到馬前營生角者多殺傷馬毛無故而赤主將灾也將帥之馬夜無故嘶者其主凶城忽出水者賊兵相侵鼠嚙（一作齧）甲冑及兵器者損吏士也鼠群行即有大水鼠頻出軍中防叛逆虎狼入營者賊兵至傷人大凶

占風統論第一百八十三

凡灾風之來多有殺氣克日濁塵飛埃蓬勃四起也

凡祥風之來多與佳氣併而日色清朗天氣凉索合

條長去地少高不動塵而過也

五音占風第一百八十四

宮風聲如雷吼空中（一作風）商風聲如驅群羊徵風聲如奔馬羽風聲如擊溫角風聲如千人子午爲宮丑未寅爲徵卯酉爲羽巳卯爲角宮風發屋折木米貴來年兵起徵風發屋折木四方有急羽風發屋折木米貴（一作情擾）商風發屋折木主兵角風發屋折木急鬬戰

刑殺占風第一百八十五

歲月日時傷陽德自處陰德在天干歲月日時子刑卯卯刑子丑刑戌戌刑未未刑丑丑刑巳巳刑寅（一作申）

辰午酉亥各自相刑子丑寅巳申爲上刑卯寅巳爲下刑大風從三刑上來官軍克大寒大克小寒小克風從刑下來禍從刑上來福從三刑爲上從自刑爲下

十二位占風第一百八十六

申子爲貪狼主欺紿不信巳賊遇盜賊主攻刦巳酉爲寬大主福禄賞賜飲宴酒食主貴人君子亥卯爲陰賊主戰鬬殺傷謀反大逆殺人之事寅午爲廉宜主賓客禮樂聚嫁面儀誠信丑戌爲公正執仇怨主兵辰未爲奸邪主欺慢人貪狼之日風從寬來仍

以貪狼參說吉凶他皆倣此有殺氣從三刑上來或五墓上來有伏兵不戰必克

占逆風第一百八十七

蓬勃四方起或上來觸地此逆風也暴兵至寅時發主人逆辰時發客逆午時發親戚逆申時左右逆黃昏發外賊逆宫日風從角上來卒急有兵圍至月中折木者城陷羽日風喧喧日無光深霧兵圍城客克商日風從四季上來關梁不通路絶陰賊日風從陰賊上來大寒日一作賊日相殺

風雨雜占第一百八十八

攻城圍邑經旬不雷雨者城中有輔疾去之征出之日細雨沐兵捷之徵也若大風雷雨不見日辰午戌亥自刑之日兵家大忌也臨戎之際忽來陰氣旁勃牙杠折陰不見日旌旗折撓此敗徵也慢風與氣從敵所俱來我勝急擊之反是則凶旌旗暈暈（一作暈）順風搖曳舉向賊者即擊之勝也大將牙旗之日風勢順動旌旗前指聲鼓之音清亮此勝兆也恃此可以勝定安三軍之心風旋塵如穗如蛇形屈屈來樣者凶急備之風來卑而掃地者敵兵至速高則來緩營中大風折水者大將失位風無常而無定者賊即至合

戰之際大風晝昏揚塵衝敵大勝反是凶兵初至所伐之城天色陰翳又無風而細雨溟濛者軍將敗若初臨敵而大雷雨隱而至者大勝之兆也有旋風入營折絶旗幟干戈次壊帳幙必有盜賊入營將死

八節占風第一百八十九

候風之次（作發）常乎其節寅時候之立春之日位應艮宮本宮緯緯然和風徐徐而至者此之謂條風也風自人門起者軍民不利也春分之日位應震宮本宮風來抑之非低颺之非高習然得風者此之謂明庶風也明庶風應候軍民寧泰之兆也風自金門起者

軍民不利也立夏之日位應巽宮本宮風至隤隤然圓緩而不散亂者此之謂清明風者也清明風應候軍民寧泰之兆也風自天門起者軍民不利也夏至之日位應離宮本宮風薰薰然歊和而普者此謂景風者也景風應候軍民寧泰之兆也風自水門起者軍民不利也立秋之日位應坤宮本宮風來者暢而諭(一作渝)者此之謂涼風者也涼風應候軍民寧泰之兆也風自鬼門起(一作來)者軍民不利也秋分之日位應兌宮本宮風來肅然者此謂閶闔風也閶闔風應候軍民寧泰之兆也風自木門而起者軍民不利也立冬之

日位應乾宫本宫風潔清瑩爽而至者此謂不周風者也不周風應候軍民寧泰之兆也風自土門起者軍民不利也冬至之日位應坎宫本宫風來凄涼不怒者此謂廣漠風者也廣漠風應候軍民寧泰之兆也風自火門起者軍民不利也風之來也順者爲祥逆者爲妖皆人志正邪也然後通天地鬼神之心也是以節之之首日而占之可以知其吉凶矣行師者能以順正之道應乎天欲風之不祥也其可得乎

虎鈐經卷第十八終

四月十四日校

虎鈐經卷第十九

時加占鳥情第一百九十

運加占鳥情第一百九十一

雜占鳥情第一百九十二

時加占鳥情第一百九十三

六甲占鳥情第一百九十四

時加占鳥情第一百九十

巳酉爲寬大之日時加巳酉鳥鳴其上有酒食時加寅午鳥鳴其上有酒食辭讓時加丑戌鳥鳴其上有酒食詞訟口舌時加卯亥鳥鳴其上有酒食時加辰

未烏鳴其上有酒食婦人口舌時加申子烏鳴其上有酒食寅午爲廣貞日時加廣貞烏鳴其上有王相長吏休廢有諫諍責讓一作醸時加巳酉烏鳴其上有賓主時加申子烏鳴其上有酒食相殺時加丑未烏鳴其上有賓主時加丑戌烏鳴其上與上同時亥卯烏鳴其上有酒食丑戌爲公正日時加公正烏鳴其上有王相當其吉長吏公事休廢囚死者有來慰問事時加巳酉烏鳴其上有公正酒食相遺時加寅午鳴其上有公正慶賀事時加辰未鳴其上有使一作吏士來說陰私事時加申子有吏一作人來作公正事時加亥卯

鳴其上有士來說賊相殺事辰未爲奸邪日時加辰
未鳴其上有王相來長吏奸詐休廢囚死口舌事時
加寅午鳴其上謙讓人說奸詐事時加巳酉鳴其上
有酒食陰賊事時加丑戌鳴其上有吏捕姦邪私事
陰謀鬬爭刼殺盜事時加亥卯鳴其上除賊兵刼申
子時爲貪狼日時加申子鳴其上有言群盜攻刼休
廢囚死有盜賊事時加巳酉鳴其上有酒食攻戰事
時加寅午鳴其上有善人說攻刼事時加丑戌辰未
鳴其上有婦人說群賊事時加亥卯鳴其上有群賊
攻奪事亥卯爲陰賊日時加亥卯鳴其上有王相說

群臣大義休廢因死鬭傷事時加巳酉鳴其上有酒食相傷時加丑戌鳴其上有使逐賊相傷時加寅午鳴其上有婦人姦私相傷事時加辰未鳴其上亦如之時加申子鳴其上賊攻討事諸陰日有鳥鳴若群飛狩飄風門從四季上時加四季有攻奪皆爲鬪閉之事

運加占鳥情第一百九十一

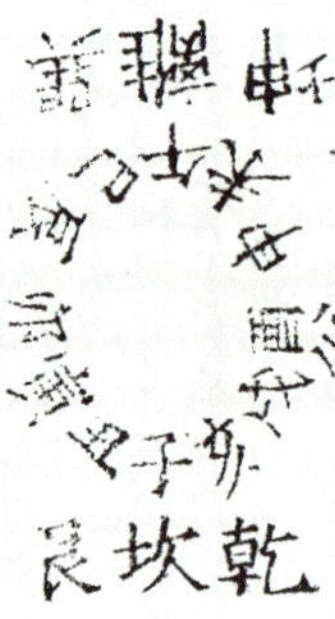

烏從子上來大將不可震威武敵來勿與戰必不利
丑上來者不宜出戰兵進戰內有陰謀將發細察備
之寅上來者吉音至卯上來者利進戰大將有祿慶
之事辰上來者有吉信至營六步忽見牛羊大吉見
死物凶巳上來者不利戰陣兩軍俱傷午上來不利
出兵未上來戰鬬主吉客凶申上來不利出兵酉上
來利出兵有喜戌上來吏士有異心潛備之亥上來
不利戰此十二辰位占烏之情也常以姓字居甲上
占之假令甲子旬即在子上是也又若烏從四散併
來到營上居惡聲而止住之者賊兵已入境矣急飛

卷之十九

過者賊勇銳疾如雷霆速爲之備但疾與戰我可以勝鷙鳥飛來將軍牙帳上搏擊者有賊不可出戰三足鳥飛來營前後謂之穴飲烏也賊將來至營中者凶急備之赤烏入營者防姦人刺客群烏三三五五營上往來無聲而四散者吏士有逃潰之心鸛鶴急來營上作巢而鳴速移營避之大水至烏至營撲干冢雞者吏士謀大將即有禍速避之烏鵲忽來礅上作巢者吏士謀大將潛驗之方戰之時有白烏狀如鷹鸇飛起者赴敵者并力擊之大勝兆也自敵來赴我者凶急退軍勿戰

雜占烏情第一百九十二

出師之日烏于軍前逆飛者征無功在左則吉在右則凶逆軍而作惡聲昏昏者大凶兆也或從右發聲和順自大將後而過左復聲者大兵有慶之兆也烏及相呼于牙者吉也烏于軍前一足卓立地者進必冠者在枯木上鳴者凶振迅疾飛視顧周陣而不上者前賊也烏來牙旗上立者急移營避之其地不祥烏立牙帳上作惡聲者有吏士潛謀逆速搜驗之必得奸狀烏來鼓角上鳴者將軍吏士心椎盈舊也器械上鳴者即有戰陣也遶營而飛鳴者所來之處

賊兵至也九烏之來大將一別令一人候之此皆能
遍天地鬼神之情者也
時加占烏第二百九十三

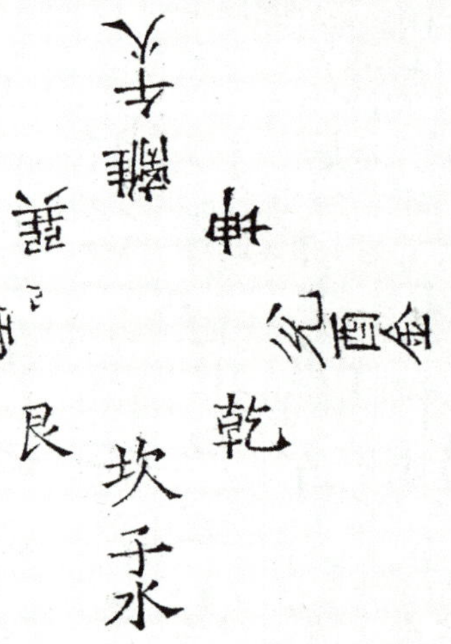

登明方鳴者凶神后大吉功曹等方者吉大衝天罡太

乙方者勝光小吉傳送方者吉從魁河魁方者凶更看神與月將相克假令登明是凶神在寅卯申酉即相生爲吉也假令傳送是吉神在寅卯巳午即相克爲凶也他皆倣此如細認方位辨其吉凶

六甲占鳥情第一百九十四 六甲旬𡇼在第八卷後以𡇼按其方可也

鳥在上　鳴者賊聞不來與戰大吉　鳴者合有吉音無他戰陣　鳴者　喜信之兆也　鳴者防慎在内當有細人潜爲賊應不然有謀叛者察防之　鳴者軍無他戰　鳴者有賊信者當有戰陣　鳴者聞賊不來急備之不利戰凶兆也　鳴者亦慎之或有小盜

必殺之不然當有大驚鳴者防吏士亡逋鳴者將有戰之事主吉　鳴者有賊信者鳴者防內有奸人潛爲賊應謹備之夫占鳥之法立營之地非鳥所巢而有鳥來鳴方可論占若聚林群鳥之所栖泊而嘲噪廬常者不足占也

虎鈐經卷第十九終

虎鈐經卷第二十

禡六纛旗文第二百六　禡五兵文第二百七
禡馬文第二百八　釁鼓文第二百九
回兵第二百一十
誓文第一百九十五
有虞氏戒于國夏后氏誓于軍殷人誓于軍門之外周人將友刃而誓所誓不同吾從周誓之誓曰惟天至仁亭毒萬物其有逆于道德者激霆以震之惟神至幽游息六氣其有淫于禍亂者潛靈以殛之惟王至明順邮九服其有勃于教化者興師以祭之比四者同條而共貫也是知軍天下者揮長戈以賓不

臣成未為不善也滌穢滓以廣王化未為不嘉也今孽虜不庭亂常反德吾爲天子恭行天討誓勇大憝決番元功既出（一作即）凶門已即敵境咨爾衆士用命賞于祖弗用命戮于社生死榮辱在是一舉勿使自躓爲邦之羞爾其勉之勉之

祭毘沙門天王文第一百九十六

維年月日某官謹以香火蔬菓祭于毘沙門天王惟天王神靈通暢威德奮震據大陰之正位降普天之妖魔左手擎塔尊神顯于西土右手仗戈（一作戟）赫天威游于北方一舉而群魔駭再舉而沙界裂目激電以

日暗髮聚藍而雲委阜掌萬古齎稱亢神令妖孽未除生靈塗地凶聲逆氣溢天而浮星帝命其領雄師權勦戮群黨大勳未立狀心從奮天王受佛敕印廣揚神通尚能卷大地于掌中納須彌于芥子今此小醜豈不能法伏惟降慈悲心救衆生苦開大神力神兵右迴左旋剪滅賊衆脫苦惱于刀兵之刼發濟援于風火之輪則某也處心皈依實在此日尚饗

祭風伯雨師文第一百九十七

年月日具官某謹以牲牢（作羊）香酒之奠祭于風伯雨師之神惟神箕畢之精陰陽之粹也動息無間遊潛

太虛大塊噫氣皷天地以發籟飛龍在天合雲雷而作解茫茫禹跡民其賴之今某出師有期惟靈是禡與神陰嘉一作佳祐以贊我師旅或則駕舟楫濟巨川神其九施竅之怒號或則後蔡舍歷險阻神其㦸十期之雱霈然後扇腥羶之氣如塵颺空抽兕奴一作妖之血爲波注海大事尚濟敢忘玄貺尚饗

祭山川神文第一百九十八

年月日具官某謹以牲牢香酒之奠祭于山川當境之神始疏山濬川所以應天文裂地紀限夷夏宣風雨雷惟神者必靈有祈者必應盖山川爲之府人爲

神之主也禍淫福善神其掌之故聖人列于典禮國家配於群望所興發善者之福神殲不善之尸骨惟神景天地之命爲山川之靈鑒我懇誠贊我兵力使收功於須臾殲元惡于頃刻尚饗

祭黃帝文第一百九十九

年月日具銜某謹致祭于黃帝之神惟神天資懿靡首弄兵戎（一作戉）敷演三才披攘九極陶精爾（一作積）粹嶷立敻古雖蹈迹之不腆寔（一作實）伊聖之有作方今天人合發夷夏稱忠隱幽于黃屋之尊告廟起白旄之命惟神素章元聖開闢往世驅（一作馳）遂亮遷（一作逆）揄揚天官功

綿歷千載（作祀）光靈不泯冀垂嘉祐以賛我師旅扠鬪土地誅鋤鯨鯢幽明合誠幸享多福尚饗

祭蚩尤文第二百

年月日具官某謹以致祭于蚩尤之神惟神雄材（作才）自任命世特立卓絕萬古爵為人豪在昔（作官）炎靈不御土（作御）德不熾公鄗自天之職纂郎我之緒足整九土手掉五兵而奮臂一呼四瀆飛水瞋目再顧兩曜暗色吁氣而煙霧蒸吹蠢（作蠢角）而風雨作金虎亦病神龍亦屠然公之丙靈實（作寶）萬萬世不泯冀垂嘉祐賛衛我師獲虜樹勳戴答（戴一作以）作既尚饗

祭八神文第二百一

年月日具某官謹致祭于八方之神兩儀設象八卦成文中合粹氣結爲神靈聖君則之以奠萬民悠悠姦醜敢有不賓逆天返道罹殃道迍吾今有告神順所聞天門地戶人門鬼戶震靈（一作雷）洞洞火靈爗爗水澤之神聚類合鮮沱沱太極靈氣詵詵掃殄兇悖廓清妖氛（一作氣）神靈之神靈之尚饗

祭當境神文第二百二

年月日具某官謹備酒牢奠祭于當境山川之神惟神受天明命辨位司民禍淫福善神之恒德今姦醜

肆暴聚誅术軌汚瀆我境土虜掠我生（一作庶）上未伏鑕授（一作誅戮）首豈神禍淫之道耶俾我元帥壇命將提戈遠征大憝未誅元勳未輯豈神福善之道耶今某虔統大軍以涉靈境固當饗我血薦潛勃其力賛應天之兵誅悖逆之虜則神正直之方于是乎在尚饗

禡牙旗文第二百二

年月日具官某謹禡于牙旗之神昊天有命澤祐元王純精播揚玄德勝光叢爾醜虜敢（一作敵）誇亂常麐鷙黔首鼠嚙邊疆天子命我仗鉞專征耀威武討彼不庭嘗聞天地福謙鬼神害盈善終其祐惡殄其生浴

爾一作示陰祇固將效靈召太乙呼雷公馳白虎走青龍玄龜鎮後朱雀衝前濯湯皎白掃除妖虹兵不血刃告厥成功神其知之鑒于衆尚饗

禡門旗文第二百四

年月日具某謹禡于門旗之神惟神奠兵作元揚靈戎首闢向方之正位立凶器之宏規指顧師徒子賁賴汝今醜黨尚肆長氛未清是致伐鼓建牙聲嘯隶律藉神陰祐俾建殊功誠宜靡五兵之歷地三軍之氣納羊大之地載扇無風鎮鯨鯢之屍盡爲京觀神其聽之尚饗

禡五方旗文第二百五

年月日某謹禡于五方旗之神惟神稟命昊穹實同所職體國經野正位辨方前指則攙搶竟頑當位則表列師旅伊靈有用由古賴諸我國家自莫無基遐官惠政鯨膏鰲柱揔八極以天臨木口金鈴震九疆而雷動方資廣被孰敢不賓何羊犬之遊魂覺腥羶而背惠伊宗既興於嘯聚在于戴掌于車徒戎有征事戩元無爽蚩神垂祐陰賛六師奮朱雀以前驅命玄龜以後殿青旆皷蒼龍之氣素旗宣白虎之威黃龍鎮中為我軍主誠宜內順指顧外威姦雄一揮而

龍塞生塵窮虜罄覆載鼓而良居破膽敗虜麏驚掃
大憝于陬隅耀殊勳于簡牘廓清萬里藉神之靈尚
饗

禡六纛旗文第二百六

年月日某謹禡于六纛之神夫行殺氣北方表戎事
者大纛是故以黑于飾順其位也為君之表嚴其令
也師徒搏節右在于誠宜我大用威被元兇所當者
皆摧所指者皆靡則神順成之功斯亦至矣尚饗

禡五兵文第二百七

年月日某謹禡于五兵之神天道不諂助厥元王我

作五兵以征四方靈星爲衆刀名大房角星示本弓名曲張二宿主弩曰遠望熒惑主矢曰徬徨彼長戟名大將頓纍星而揶揚今則氈腥聚梟孛彗騰光流血如水傷骨成岡苟不剪滅孰爲忠良咨爾五兵爲天大刑太玄之垂象弓矢之淳精順我動使以撲不庭神靈之神靈之尚饗

禡馬文第二百八

年月日某謹禡于馬神東方蒼龍實曰不駟考星史而立象垂休顯大易則乾文取譬懿伊馬之用功爲邦家之大利何倥傯之邉陲聚氊腥之黨類列旗幟

而星蕃掉戈矛而起蛸將耀武于三軍當載揚于六纛所賴者窮昊儲禎明神効祉旨翕歆之叶宜庶陰靈之不昧尚饗

釁皷文第二百九

年月日某謹釁于皷神三軍之威職在皷旗之用靈爲鬼神塗血致誠古之常典以聲爲虔兵之令儀進退周旋實在于爾今則五兵暴露群醜維横郊郭腥膻士庶狼狽顧我小子承宣王威虔統大軍遠臨醜境幸冀一擊而雄師鶚視羣奔而逆黨鹿驚而賛命收功決此一舉神其祐之尚享

迴兵第二百十

六師十万日費千金司馬法曰國雖大好戰必亡老子曰一所處荊棘生焉又曰大軍之後凶年史記曰千里饋糧士邑樵蘇後爨暮師不宿飽春秋傳曰師老為曲是故善行師者一進人可否之間不得已而用之也夫兵者不祥之器也雖戰勝以表之殺人衆多見悲哀哭之蓋君弔伐之時不可不用不失中猶盡善刱有過者乎史記曰高鳥盡良弓藏敵國滅謀臣亡所謂亡者非殺其身也在其去利以富而振之也臣以謂兵不可玩在乎誅滅叛亂以不淹留為妙故能安邦國謀臣不可以久在任乎是以古聖人務事兵者先慮妨農務清雜者先不失於此三五之道也

虎鈐經後序

臣聞用兵之道，其有隨天地之變逐利害也，推移出有入無，不能移其要，以馳驚天下者，固先以勇斷為本耳。鍾鼓含聲不擊不發，橐籥金氣不鼓不作，雖有萬變之機，苟無則不能應敵之用也。切以臣所著之兵事列于編簡，為上地利，次之天時，又次之焉。既然三道終以勇斷秘之術，皆發於章句，燦然可觀，揭而用之，雖天地能包括，亦足以攘節在醜。若夫臨涉變其精微，傳者復為能筆傳而口授耶？其要在乎一時耳。臣洞頓首謹序

三詐門訣

假令冬至陽遁天元上局起一宮，夏至陰遁天元上起局九宮二局作式，推直符直事往來主客，推筭勝負，使天乙遍遊，使六甲遁伏，合真詐門，其門無時不合也。故聖人執陽遁若陰遁推演，有一兩時或三

五時吉门者也此法不得故聖人立名遁甲也假令列於下
凡遁甲先立三门假令天元上局甲子日夜半生子時天蓬六戊為直符休门為直事即六合在四宫名真詐门太陰在三宫為重詐门九地七宫名休詐门此為立空三门也然後推籌運式甲子時伏吟時陰陽二使各本宫主客未分唯陽遁七宫休詐门上星奇此甲子時立為主人出七宫吉之乙丑時陽遁甲子天蓬如六七在九宫陰遁甲子天英加六乙在一宫名曰支吟時陽遁太陰三宫甲申六庚運至七宫中申飛上天下見星奇六丁運至七宫閑了地下甲申六庚上合上门又是九地星下甲申飛上天人天上甲申閑入地遁甲申得坐休詐门丙寅時陽遁甲子天蓬加六丙在八宫陰遁甲子天英加六丙在八宫陰遁甲子天英加六丙在二宫惟陽遁地下甲申在三宫天任月奇

六丙所閉及陰遁上天星奇六丁在四宫獨立真詐门三宫止見天任甲戌
六巳飛上地下星奇遮甲戌在三宫名休詐门此名後甲也前甲赶此此甲
申赶甲戌入地中也前後上天入地不及故遁甲戌也
丁卯時陽遁甲子天蓬直符加六丁在七宫陰遁甲子天英直符加六
丁在三宫惟天蓬直符獨立七宫在重詐後甲起前甲至一宫之下
天陰遁甲子赶陽遁甲子往三宫地下又無甲彼星奇遮閉上合陽遁
天央日奇開门下有星天冲其陰遁甲子天英入九宫之地前有其退
上天役有奇皆後甲赶前甲子也戊辰時陽遁甲子天蓬為直符在
一宫陰遁甲子天英在九宫名伏吟時陰遁直符并伏天一直事丞
在五宫各占其半主客不分經曰避五者主未能勝客客未能勝主
也惟陽遁甲申召天陰遁天英甲申在地生门合日奇在七宫利為

主人名為伏甲也合於九地之下名曰重詐门此与甲子時同為時生门也
巳巳時陽遁甲子天蓬甲子直符加二宮陰遁甲子天英直符加八宮甲
子乙直事在六宮惟七宮陽遁天任月奇及地下天柱星奇蓋陰遁
天任甲戌在七宮前進天上有星奇退後入地有月奇所以甲戌六
巳合重詐门上合開门星月奇也皆得人遁也
冬至後甲戌巳仲日天元上一局巳時合人遁在西也凡此遁者世寡聞但執
陰而陰執陽而陽不知天地之合變其奇耦之匹配豈能得合哉大哉
黄帝獨修天道昇天右慈之後難其傳也今之学者皆繆焉不究幽
秘根源但依陰陽往来其理自然不惟得兵戰勝兼修煉可以長年
若將三门之妙不在万種之言訣之不離於此此玄而又玄凡爭六丁
玉女須得氣滿周全全真詐而須用六甲休作方名六丁身邊惟重詐一

路太陰玉女方今九天不識此語妄相顛倒不安若知造化達理通神矣

名臣

宋吳璘守蜀置疊陣法每戰以長鎗居前坐不得起次最強弓次最強弩跪膝以俟次神臂弓約賊相持至百步内則神臂先發七十步強弩并發次陣如之凡陣以拒馬為限鉄鈎相連俟其傷則更代之遇更代則以鼓為節騎兩翼以蔽于前陣成而騎退為之疊陣璘曰此古束伍令也得戰居餘意戰士心定則能持滿敵雖鋭不能當也及与金師胡盞遇遂用之更相迭戰金兵大敗

宋魏勝知海州廛山東路忠義軍都統金兵屢攻海用海州城西南枕孤山敵至登山城中虛實立見勝築重城圍山於内寇至則先據之敵不敢近又嘗以己意制如意車數百砲車數十車上為戰面木牌大

鎗數十乘氈幕軟牌每車用二人推轂可蔽五十人行則載輜重器甲止則為營掛搭如城壘人為不能近遇敵又可以禦箭鏃列牌則如意車在外以旗蔽陣弩車當陣門其上置木子弩矢大如鑿一矢能射數人發三矢可射百步砲車在陣中施大石砲亦二百步兩陣相近則陣間發弓弩箭砲近陣門則刀斧槍叉突出交陣則出騎兵兩廂掩擊得捷拔陣追襲少卻則入陣間稍憩士卒不叛進退俱利伺便出擊慮有拒遏須為解脫計以其制上于

朝詔諸路遵其成規皆造之

後周韋孝寬以大都督守玉壁齊神武傾山東之衆攻及連營數十里至城下乃於城南起土山欲乘之以入當其山處城上先有兩高樓孝寬更縛木接之令極高峻多積戰兵以禦守敵人以樓高不

得入遂於南城鑿地道又於城北起土山攻其晝夜不息孝寬掘長塹柴貯火道拍戰士屯於塹上城外每穿至塹戰士即尋(擒)殺之又於塹柴貯火敵人有在地道內者便下柴擲火以皮排吹之火氣一

衝咸即灼爛城外又作攻車車之所及莫不摧毀雖有排楯莫之能抗孝寬乃縫布爲幔隨其所向張之布懸於空中其車竟不能壞城外又縛松麻於竿灌油加火規以燒布并欲焚樓孝寬復作長鐵鈎利其鋒乃火竿一來以鈎遥割之松麻俱落外又於城四面穿地作二十一道分爲四路於其中各施梁柱作訖以油灌柱放火燒之柱折城並崩壞孝寬又隨壞處堅木柵以捍之敵不得入城賴以全

國朝俞通海爲樞密院判以舟師畧太湖馬跡山降張士誠將鈕津等遂徑東洞庭山士誠將呂珍帥兵

暴至諸將食卒欲退通海曰不可彼衆我寡退則情
見彼益集其衆邀諸險以擊我我何以當之不如
與之戰於是身先士卒矢石左右交下通海不爲動
徐令從者被巳甲立戰船上督戰珍不利乃去
傅友德吳元年爲指揮時元將擴廓帖木兒遣左城
李二侵徐州兵駐陵子村友德率兵二千餘泝舟至
呂梁伺其出掠即舍舟登陸擊之李二遣裨將韓乙
盛兵迎敵友德奮槊刺韓乙墜馬其兵敗去友德度
李二必益兵來鬬趨還城開門出兵陣城外令士皆
卧槍以待有頃李二果率衆至友德令鳴鼓我師奮

起衝其前鋒李二衆大潰多溺死遂生擒李二及其
將士二百七十餘人馬五百餘匹
徐達爲大將軍統兵取呉僞張士誠破降諸城柵營
姑蘇對門分遣別將軍于婁門閶門諸門又築長圍困
之架木塔與城中浮屠等築臺三層名曰敵樓下瞰
城中設火筒其上一發連中又設襄陽礮着物無不
糜碎礮風着人皆死時姑蘇城堅難猝破無錫莫天
祐與士誠爲聲援其部將楊茂游善
水天祐遣爲偵邏卒獲茂送達達釋而勞之待以腹
心於是屢遣茂游水往來因得其彼此所遣蠟丸書

遁報故陰德士誠天祐居實知城中困乏乃親督兵克葑門常遇春亦破閶門城破執士誠送京師復進取中原所至望風降附師至元都駐齊化門元主與其后妃太子開建德門北走勒兵入城籍民府庫及板圖重器封宮殿門禁戢士卒無敢侵暴人民安業市肆不移人謂曹彬下江南伯顏入臨安不是過也復與遇春克太原初元主北奔命擴廓帖木兒復北平因是率兵出鴈門關將有保安州徑趨居庸關以攻北平達聞之謂諸將曰彼率師遠出太原必虛北平孫都督摠六衛之師足以鎮禦我與爾等乘其不

傅直低太原傾其巢穴則彼進不得戰退無所依此
兵法所謂搤亢擣空也若彼還兵救太原則已爲我
牽制進退失利必成擒矣諸將皆曰善遂引兵征進
擴廓帖木兒至保安州聞知果還軍遇春謀於達曰
我騎兵雖集而歩兵未至未可與戰莫若遣精兵
夜襲其宫其衆可亂主將可縛也達然之會擴廓帖
木兒部將豁鼻馬潛遣人約降且請為內應達於是
遣兵夜襲其軍擴廓帖木兒方燃燭坐帳中使兩童
子執書以待衆覺變亂擾擴廓帖木兒倉卒不知所
出亟納韡未及竟跣一足踰帳後出來乘驏馬從十

八騎遁去追巨豁鼻馬遣其子來報達等勒兵進宮于太原城西豁鼻馬以其將校降得兵四萬馬四萬餘匹擴廓帖木兒奔大同遇春以兵追之遂走甘肅

馬雲爲遼東都指揮使洪武八年納哈出入寇雲知其將至命蓋州衛指揮吳立張良佐房暠等嚴兵城守虜至堅壁勿與戰及納哈出至見城中備禦嚴不敢攻乃越蓋州城徑趨金州時金州城垣未完軍士寡少指揮韋富王勝等聞虜至督勵士卒分守諸城門選精銳登城以禦之納哈出裨將乃剌吾自恃驍勇率百騎徑至城下挑戰城上發弩射之乃剌吾被

傷倒絶遂獲之虜勢大沮富等復縱兵出擊納哈出
不利虜兵至引兵退走以益州有備不敢經其城乃
由城南十里外浴祚河道歸都督指揮葉旺榮其將
退先引兵移祚河自連雲島至窟馳寨十餘里緣河
壘水爲墻以木臨之經宿皆凝沍隱然如城藏釘棧
於沙中設陷馬穽於平地伏兵以待之命老弱捲旗
登两山間戒以聞砲即監旗雲於城中亦立一大旗
令定遼前衛指揮周鵶及呉立等各嚴兵以後四顧
寂無人而已虜兵至旺等俟其過城南砲發伏兵四
起蕭山旌旗蔽空鼓聲播動矢石雨下納哈出倉皇

北奔趨連雲島遇水城馬不能前皆陷入穽中遂大潰雲於城中亦出兵追擊至將軍山畢栗河斬戮虜人馬及凍死者甚衆陞等復乘勝逐至諸猪兒峪獲其士馬無筭納哈出僅以身免

沐英洪武十四年爲右副將軍征雲南十二月師至曲靖先是梁王把匝剌瓦爾密聞王師下普定遣司徒平章達里麻將精兵十餘萬屯曲靖以備我師英謂征南將軍傅友德曰彼不意我師深入若倍道疾速趨出其不意破之必矣友德是之遂進師未至曲靖數里忽大霧四塞衝霧而行阻水而止則已臨白

江石矢頃之齊達理麻見大驚倉皇失措友德即欲濟師英曰我軍遠來形勢既露固利速戰然亟濟恐爲所扼乃整師臨流勢若欲濟理麻擁精銳扼水上英於是別遣數千人從下流潛渡出其後鳴金鼓樹旗幟達理麻見之急撒衆以禦衆亂英乃拔劍督師濟江達理麻却數里而陳我師畢濟既陳友德麾兵進戰矢石齊發呼聲動天地戰數合英縱鐵騎擣其中堅敵衆披靡遂大敗生擒達理麻俘其衆萬計遂平曲靖封英西平侯洪武二十一年三月受詔封百夷思倫發時思倫發悉舉衆號三十萬英謂衆曰百

夷乃敢如是乃選驍騎三萬晝夜兼行凡十五日抵賊營與之對壘先出輕騎三百挑之百夷以萬人驅象逆戰英督軍注矢連發師退象左右及脇象仆地其酋長亦墜矢走追射殺之諸軍乘勝鼓噪而進賊遂退却英復下令置火銃神機箭為三行列陣中俟象近則前行俱發不退則次行繼之又不退則三行繼之明日英復令衆曰今深入賊境與之相持戰則生敗則死吾輩受主上深恩報德成功正在今日吾與若等約退卻者必斬於是將士皆奮勇欲戰賊悉衆結陣以待象皆披甲背負戰樓若欄楯懸竹筒于

兩旁置短槊其中以備擊刺陣既交群象衝突而前我軍擊之矢石俱發聲震山谷象皆股栗而奔騎士乘勝直擣其巢穴破之縱火焚其寨煙焰漲天還復以兵追擊之殺傷甚衆賊兵大敗俘萬餘人思倫發遁去英還師雲南所過城邑百姓爭持牛酒迎勞之

虎鈐經卷第二十終

虎鈐經明藍格鈔本每半葉十行每行廿一至廿五字紙背皆明人箋啟向有萬歷紀年舊藏馬仲安吳枚庵汪閬源家旋由姚氏歸京師圖書館今年余從北平圖書館借來對勘一過補正極夥此本刻印亦頗清朗乃令人有刻如不刻之歎惜哉

癸酉四月廿日跋翁記

余校此書甫畢即為沅叔三丈借去傳寫越歲乙亥十一月十八日乃歸還今日天下事益亟矣紙上談兵空言何補未嘗不歎夫書生之迂見也噫　十二月朔

蘇州全書

甲編

《蘇州全書》編纂出版委員會 編

·十一家註孫子

蘇州大學出版社
古吳軒出版社

圖書在版編目（CIP）數據

十一家註孫子 /（春秋）孫武撰；（漢）曹操等註．蘇州：蘇州大學出版社：古吳軒出版社，2025. 6.
（蘇州全書）. -- ISBN 978-7-5672-5217-2

Ⅰ. E892.25

中國國家版本館 CIP 數據核字第 2025LZ2981 號

責任編輯 汝碩碩
裝幀設計 周　晨　李　璇
責任校對 穆宣臻

書　　名 十一家註孫子
撰　　者 〔春秋〕孫　武
註　　者 〔漢〕曹　操　〔唐〕杜　牧 等
出版發行 蘇州大學出版社
地址：蘇州市十梓街1號　電話：0512-67480030
古吳軒出版社
地址：蘇州市八達街118號蘇州新聞大厦30F　電話：0512-65233679
印　　刷 常州市金壇古籍印刷廠有限公司
開　　本 889 × 1194　1/16
印　　張 25
版　　次 2025 年 6 月第 1 版
印　　次 2025 年 6 月第 1 次印刷
書　　號 ISBN 978-7-5672-5217-2
定　　價 180.00 元

《蘇州全書》編纂工程

總主編

劉小濤　吳慶文

學術顧問（按姓氏筆畫爲序）

王　芳　王　宏　王　堯　王　鍔　王紅蕾　王華寶　王爲松　王衛平
王餘光　王鍾陵　朱棟霖　朱誠如　任　平　全　勤　江慶柏　江澄波
汝　信　阮儀三　杜澤遜　李　捷　吳　格　吳永發　何建明　言恭達
沈坤榮　沈燮元　武秀成　范小青　范金民　茅家琦　周　秦　周少川
周國林　周勛初　周新國　胡可先　胡曉明　姜　濤　姜小青　韋　力
姚伯岳　馬亞中　袁行霈　華人德　莫礪鋒　徐　俊　徐　海　徐　雁
徐惠泉　徐興無　唐力行　陸振嶽　陸儉明　陳子善　陳正宏　陳尚君
陳紅彥　陳廣宏　黃愛平　黃顯功　崔之清　張乃格　張志清　張伯偉
張海鵬　葉繼元　葛劍雄　單霽翔　程章燦　程毅中　喬治忠　鄔書林
賀雲翱　詹福瑞　趙生群　廖可斌　熊月之　樊和平　劉　石　劉躍進
閻曉宏　錢小萍　戴　逸　韓天衡　嚴佐之　顧　薌

《蘇州全書》編纂出版委員會

前言

中華文明源遠流長，文獻典籍浩如烟海。這些世代累積傳承的文獻典籍，是中華民族生生不息的文脉和根基。蘇州作爲首批國家歷史文化名城，素有『人間天堂』之美譽。自古以來，這裏的人民憑藉勤勞和才智，創造了極爲豐厚的物質財富和精神文化財富，使蘇州不僅成爲令人嚮往的『魚米之鄉』，更是實至名歸的『文獻之邦』，爲中華文明的傳承和發展作出了重要貢獻。

蘇州被稱爲『文獻之邦』由來已久，早在南宋時期，就有『吴門文獻之邦』的記載。宋代朱熹云：『文，典籍也；獻，賢也。』蘇州文獻之邦的地位，是歷代先賢積學修養、劬勤著述的結果。明人歸有光《送王汝康會試序》云：『吴爲人材淵藪，文字之盛，甲於天下。』朱希周《長洲縣重修儒學記》亦云：『吴中素稱文獻之邦，蓋子游之遺風在焉，士之嚮學，固其所也。』《江蘇藝文志·蘇州卷》收録自先秦至民國蘇州作者一萬餘人，著述達三萬二千餘種，均占江蘇全省三分之一强。古往今來，蘇州曾引來無數文人墨客駐足流連，留下了大量與蘇州相關的文獻。時至今日，蘇州仍有約百萬册的古籍留存，入選『國家珍貴古籍名録』的善本已達三百一十九種，位居全國同類城市前列。其中的蘇州鄉邦文獻，歷宋元明清，涵經史子集，寫本刻本，交相輝映。此外，散見於海内外公私藏家的蘇州文獻更是不可勝數。它們載録了數千年傳統文化的精華，也見證了蘇州曾經作爲中國文化中心城市的輝煌。

蘇州文獻之盛得益於崇文重教的社會風尚。春秋時代，常熟人言偃就北上問學，成爲孔子唯一的南方弟子。歸來之後，言偃講學授道，文開吴會，道啓東南，被後人尊爲『南方夫子』。西漢時期，蘇州人朱買臣負薪讀書，穹窿山中至今留有其『讀書臺』遺迹。兩晉六朝，以『顧陸朱張』爲代表的吴郡四姓涌現出大批文士，在不少學科領域都貢獻卓著。及至隋唐，蘇州大儒輩出，《隋書・儒林傳》十四人入傳，其中籍貫吴郡者二人；《舊唐書・儒學傳》三十四人入正傳，其中籍貫吴郡（蘇州）者五人。文風之盛可見一斑。北宋時期，范仲淹在家鄉蘇州首創州學，並延名師胡瑗等人教授生徒，此後縣學、書院、社學、義學等不斷興建，蘇州文化教育日益發展。故明人徐有貞云：『論者謂吾蘇也，郡甲天下之郡，學甲天下之學，人才甲天下之人才，偉哉！』在科舉考試方面，蘇州以鼎甲萃集爲世人矚目，清初汪琬曾自豪地將狀元稱爲蘇州的土産之一，有清一代蘇州狀元多達二十六位，占全國的近四分之一，由此而被譽爲『狀元之鄉』。近現代以來，蘇州在全國較早開辦新學，發展現代教育，涌現出顧頡剛、葉聖陶、費孝通等一批大師巨匠。中華人民共和國成立後，社會主義文化教育事業蓬勃發展，蘇州英才輩出、人文昌盛，文獻著述之富更勝於前。

蘇州文獻之盛受益於藏書文化的發達。蘇州藏書之風舉世聞名，千百年來盛行不衰，具有傳承歷史長、收藏品質高、學術貢獻大的特點，無論是卷帙浩繁的圖書還是各具特色的藏書樓，以及延綿不絶的藏書傳統，都成爲中華文化重要的組成部分。據統計，蘇州歷代藏書家的總數，高居全國城市之首。南朝時期，蘇州就出現了藏書家陸澄，藏書多達萬餘卷。明清兩代，蘇州藏書鼎盛，絳雲樓、汲古閣、傳是樓、百宋一廛、藝芸書舍、鐵琴銅劍樓、過雲樓等藏書樓譽滿海内外，彙聚了大量的珍貴文獻，對古代典籍的收藏保護厥功至偉，亦於文獻校勘、整理裨益甚巨。《舊唐書》自宋至明四百多年間已難以考覓，直至明嘉靖十七年（一五三八），聞人詮在蘇州爲官，搜討舊籍，方從吴縣王延喆家得《舊唐書》『紀』和『志』部分，從長洲張汴家得《舊唐書》『列傳』部分，『遺籍俱出宋時模板，旬月之間，二美璧合』，于是在蘇州府學中槧刊，《舊唐書》自此得以彙而成帙，復行於世。清代嘉道年間，蘇州黃丕烈和顧廣圻均爲當時藏書名家，且善校書，『黃跋顧校』在中國文獻史上影響深遠。

蘇州文獻之盛也獲益於刻書業的繁榮。蘇州是我國刻書業的發祥地之一，早在宋代，蘇州的刻書業已經發展到了相當高的水平，至今流傳的杜甫、李白、韋應物等文學大家的詩文集均以宋代蘇州官刻本爲祖本。宋元之際，蘇州磧砂延聖院還主持刊刻了中國佛教史上著名的《磧砂藏》。明清時期，蘇州成爲全國的刻書中心，所刻典籍以精善享譽四海，明人胡應麟有言：『凡刻之地有三，吴也、越也、閩也。』他認爲『其精，吴爲最』，『其直重，吴爲最』。又云：『余所見當今刻本，蘇常爲上，金陵次之，杭又次之。』清人金埴論及刻書，仍以胡氏所言三地爲主，則謂『吴門爲上，西泠次之，白門爲下』。明代私家刻書最多的汲古閣、清代坊間刻書最多的掃葉山房均爲蘇州人創辦，晚清時期頗有影響的江蘇官書局也設於蘇州。據清人朱彝尊記述，汲古閣主人毛晉『力搜秘册，經史而外，百家九流，下至傳奇小説，廣爲鏤版，由是毛氏鋟本走天下』。由於書坊衆多，蘇州還産生了書坊業的行會組織崇德公所。明清時期，蘇州刻書數量龐大，品質最優，裝幀最爲精良，爲世所公認，國内其他地區不少刊本也都冠以『姑蘇原本』，其傳播遠及海外。

蘇州傳世文獻既積澱着深厚的歷史文化底藴，又具有穿越時空的永恒魅力。從范仲淹的『先天下之憂而憂，後天下之樂而樂』，到顧炎武的『天下興亡，匹夫有責』，這種胸懷天下的家國情懷，早已成爲中華民族精神的重要組成部分，傳世留芳，激勵後人。南朝顧野王的《玉篇》，隋唐陸德明的《經典釋文》、陸淳的《春秋集傳纂例》等均以實證明辨著稱，對後世影響深遠。明清時期，馮夢龍的《喻世明言》《警世通言》《醒世恒言》，在中國文學史上掀起市民文學的熱潮，具有開創之功。吴有性的《温疫論》、葉桂的《温熱論》，開温病學研究之先河。蘇州文獻中藴含的求真求實的嚴謹學風、勇開風氣之先的創新精神，已經成爲一種文化基因，融入了蘇州城市的血脉。不少蘇州文獻仍具有鮮明的現實意義。明代費信的《星槎勝覽》，是記載歷史上中國和海上絲綢之路相關國家交往的重要文獻。鄭若曾的《籌海圖編》和徐葆光的《中山傳信録》，爲釣魚島及其附屬島嶼屬於中國固有領土提供了有力證據。魏良輔的《南詞引正》、嚴澂的《松絃館琴譜》、計成的《園冶》，分别是崑曲、古琴及園林營造的標志性成果，這些藝術形式如今得以名列世界文化遺産，與上述名著的嘉惠滋養密不可分。

維桑與梓，必恭敬止；文獻流傳，後生之責。蘇州先賢向有重視鄉邦文獻整理保護的傳統。方志編修方面，范成大《吴郡志》爲方志創體，其後名志迭出，蘇州府縣志、鄉鎮志、山水志、寺觀志、人物志等數量龐大，構成相對完備的志書系統。地方總集方面，南宋鄭虎臣輯《吴都文粹》、明錢穀輯《吴都文粹續集》、清顧沅輯《吴郡文編》先後相繼，收羅宏富，皇皇可觀。常熟、太倉、崑山、吴江諸邑，周莊、支塘、木瀆、甪直、沙溪、平望、盛澤等鎮，均有地方總集之編。及至近現代，丁祖蔭彙輯《虞山叢刻》《虞陽説苑》，柳亞子等組織『吴江文獻保存會』，爲搜集鄉邦文獻不遺餘力。江蘇省立蘇州圖書館於一九三七年二月舉行的『吴中文獻展覽會』規模空前，展品達四千多件，並彙編出版吴中文獻叢書。然而，由於時代滄桑，圖書保藏不易，蘇州鄉邦文獻中『有目無書』者不在少數。同時，囿於多重因素，蘇州尚未開展過整體性、系統性的文獻整理編纂工作，許多文獻典籍仍處於塵封或散落狀態，没有得到應有的保護與利用，不免令人引以爲憾。

進入新時代，黨和國家大力推動中華優秀傳統文化的創造性轉化和創新性發展。習近平總書記强調，要讓收藏在博物館裏的文物、陳列在廣闊大地上的遺産、書寫在古籍裏的文字都活起來。二〇二二年四

月，中共中央辦公廳、國務院辦公廳印發《關於推進新時代古籍工作的意見》，確定了新時代古籍工作的目標方向和主要任務，其中明確要求『加强傳世文獻系統性整理出版』。盛世修典，賡續文脉，蘇州文獻典籍整理編纂正逢其時。二〇二二年七月，中共蘇州市委、蘇州市人民政府作出編纂《蘇州全書》的重大決策，擬通過持續不斷努力，全面系統整理蘇州傳世典籍，着力開拓研究江南歷史文化，編纂出版大型文獻叢書，同步建設全文數據庫及共享平臺，將其打造爲彰顯蘇州優秀傳統文化精神的新陣地，傳承蘇州文明的新標識，展示蘇州形象的新窗口。

『睹喬木而思故家，考文獻而愛舊邦。』編纂出版《蘇州全書》，是蘇州前所未有的大規模文獻整理工程，是不負先賢、澤惠後世的文化盛事。希望藉此系統保存蘇州歷史記憶，讓散落在海内外的蘇州文獻得到挖掘利用，讓珍稀典籍化身千百，成爲認識和瞭解蘇州發展變遷的津梁，並使其中藴含的積極精神得到傳承弘揚。

觀照歷史，明鑒未來。我們沿着來自歷史的川流，承荷各方的期待，自應負起使命，砥礪前行，至誠奉獻，讓文化薪火代代相傳，並在守正創新中發揚光大，爲推進文化自信自强、豐富中國式現代化文化内涵貢獻蘇州力量。

《蘇州全書》編纂出版委員會

二〇二二年十二月

凡例

一、《蘇州全書》（以下簡稱『全書』）旨在全面系統收集整理和保護利用蘇州地方文獻典籍，傳播弘揚蘇州歷史文化，推動中華優秀傳統文化傳承發展。

二、全書收録文獻地域範圍依據蘇州市現有行政區劃，包含蘇州市各區及張家港市、常熟市、太倉市、崑山市。

三、全書着重收録歷代蘇州籍作者的代表性著述，同時適當收録流寓蘇州的人物著述，以及其他以蘇州爲研究對象的專門著述。

四、全書按收録文獻内容分甲、乙、丙三編。每編酌分細類，按類編排。

（一）甲編收録一九一一年及以前的著述。一九一二年至一九四九年間具有傳統裝幀形式的文獻，亦收入此編。按經、史、子、集四部分類編排。

（二）乙編收録一九一二年至二〇二一年間的著述。按哲學社會科學、自然科學、綜合三類編排。

（三）丙編收録就蘇州特定選題而研究編著的原創書籍。按專題研究、文獻輯編、書目整理三類編排。

五、全書出版形式分影印、排印兩種。甲編書籍全部采用繁體竪排；乙編影印類書籍，字體版式與原書一致；乙編排印類書籍和丙編書籍，均采用簡體横排。

六、全書影印文獻每種均撰寫提要或出版説明一篇，介紹作者生平、文獻内容、版本源流、文獻價值等情況。影印底本原有批校、題跋、印鑒等，均予保留。底本有漫漶不清或缺頁者，酌情予以配補。

七、全書所收文獻根據篇幅編排分册，篇幅適中者單獨成册，篇幅較大者分爲序號相連的若干册，篇幅較小者按類型相近原則數種合編一册。數種文獻合編一册以及一種文獻分成若干册的，頁碼均連排。各册按所在各編下屬細類及全書編目順序編排序號。

十一家註孫子

〔春秋〕孫武 撰 〔漢〕曹操 〔唐〕杜牧 等 註

據中國國家圖書館藏宋刻本影印。

提要

《十一家註孫子》三卷，春秋孫武撰，漢曹操、唐杜牧等註。《遺説》一卷，宋鄭友賢撰。

孫武，生卒年不詳。春秋末期齊國人。齊國内亂奔吳，辟隱深居，潛心兵學。以兵法十三篇晉見吳王闔閭，闔閭以之爲將，西破强楚，入郢，北威齊、晉，顯名諸侯，後世尊稱爲『孫子』『兵聖』。所撰《孫子兵法》爲中國現存最早兵書。曹操（一五五—二二〇），字孟德，小名阿瞞。漢沛國人。建安二十一年（二一六）封魏王。曹魏建立後，追尊爲武帝。知兵，擅詩，開建安文學之風。杜牧（八〇三—約八五二），字牧之。唐京兆人。大和進士。好讀兵書，自負經略之才，詩文均有名。鄭友賢，生卒年不詳。宋滎陽人。精研兵學。

《孫子》凡十三篇，曰《計篇》《作戰篇》《謀攻篇》《形篇》《勢篇》《虚實篇》《軍争篇》《九變篇》《行軍篇》《地形篇》《九地篇》《火攻篇》《用間篇》。舉凡戰争觀念、戰略思想、治軍理論等，均有全面深刻闡述，體現先秦兵學理論最高水準，影響深遠。

《十一家註孫子》爲現存規模最大之《孫子》集註本，所收註家有：漢曹操，南朝梁孟氏（一説唐人），唐李筌、賈林、杜佑、杜牧、陳皞，宋梅堯臣、王晳、何氏、張預等。曹操註最早出，其在豐富實戰經驗基礎上詮釋《孫子》，簡明切要，多有發明。張預註最晚出，尤爲詳盡細緻，可視爲諸家註之疏解和總結。其他各家註，或疏通文字，考訂正誤；或揭示要義，索隱發微；或引述戰例，啓發思考。對於闡發《孫子》文義，啓悟《孫子》精髓，亦助益良多。諸家註文中保存大量异文、校語，對《孫子》校勘研究也有重要價值。文後附《孫子本傳》，另附有鄭友賢《十家註孫子遺説并序》，旨在補諸家註之遺，發《孫子》

微旨。

《十一家註孫子》彙輯衆本，正文經過校訂，多與銀雀山漢墓出土最早竹簡本相近，較《武經七書》本爲優。本次影印以中國國家圖書館藏宋刻本爲底本，原書框高十七・八厘米，廣十一・三厘米，書後有『承德堂』牌記。書中鈐『鍾溪鑑賞』『高山流水』『周暹』等印，原爲周叔弢舊藏。各册首葉另鈐有『岳飛之章』『戎馬書生』二印，疑僞。

十一家註孫子目録

十一家註孫子目録終

十一家註孫子卷上

計篇

曹操曰計者選將量敵度地料卒遠近險易計於廟堂也○李筌曰計者兵之上也太一遁甲先以計神加德宮以斷主客成敗故孫子論兵亦以計爲篇首○杜牧曰計算也曰計算何事曰下之五事所謂道天地將法也於廟堂之上先以彼我之五事計算優劣然後定勝負勝負既定然後興師動衆用兵之道莫先此五事故著爲篇首耳○王晳曰計者謂計主將天地法令兵衆士卒賞罰也○張預曰管子曰計先定於內而後兵出境故用兵之道以計爲首也或曰兵貴臨敵制宜曹公謂計於廟堂者何也曰將之賢愚敵之強弱地之遠近兵之衆寡安得不先計之及乎兩軍相臨變動相應則在於將之所裁非可以隃度也

孫子曰兵者國之大事

杜牧曰傳曰國之大事在祀與戎○張預曰國之安危在兵故

講武練兵實先務也**死生之地存亡之道不可不察也**李筌曰兵者凶器死生存亡繫於此矣是以重之恐人輕行者也○杜牧曰國之存亡人之死生皆由於兵故須審察也○賈林曰地猶所也亦謂陳師振旅戰陳之地得其利則生失其便則死故曰死生之地道者權機立勝之道得之則存失之則亡故曰不可不察也書曰有存道者輔而固之有亡道者推而亡之○梅堯臣曰地有死生之勢戰有存亡之道○王晳曰兵舉則死生存亡繫之○張預曰民之死生兆於此則國之存亡見於彼然死生曰地存亡曰道者以死生在勝負之地而存亡繫得失之道也得不重慎審察乎**故經之以五事校之以計而索其情**曹操曰謂下五事七計求彼我之情也○李筌曰謂下五事也校量也量計遠近而求物情以應敵○杜牧曰經者經度也五者即下所謂五事也校者校量也計者即篇首計筭也索者搜索也情者彼我之情也此言先須經度五事之優劣次復校量計筭之得失然後始可搜索彼我勝負之情狀○賈林曰校量彼我

之計謀搜索兩軍之情實則長短可知勝負易見○梅堯臣曰經紀五事校定計利○王晳曰經常也又經緯也計者謂下七計索盡也兵之大經不出道天地將法耳就而校之以七計然後能盡彼己勝負之情狀也○張預曰經緯也上先經緯五事之次序下乃用五事以校計彼我之優劣探索勝負之情狀

一曰道張預曰恩信使民二曰天張預曰上順天時三曰地張預曰下知地利四曰將張預曰委任賢能五曰法杜牧曰此之謂五事也○王晳曰此經之五事也夫用兵之道人和爲本天時與地利則其助也三者具然後議舉兵兵舉必須將能將能然後法修孫子所次此之謂矣○張預曰節制嚴明夫將與法在五事之末者凡舉兵伐罪廟堂之上先察恩信之厚薄後度天時之逆順次審地形之險易三者已熟然後命將征之兵既出境則法令一從於將此其次序也

道者令民與上同意也張預曰以恩信道義撫衆則三軍一心樂爲其用易曰悅以犯難民忘其死故可以與之

死可以與之生而不畏危曹操曰謂道之以教令危者危疑也○李筌曰危亡也以道理衆人自化之得其同用何亡之有○杜牧曰道者仁義也李斯問兵於荀卿答曰彼仁義者所以修政者也政修則民親其上樂其君輕爲之死復對趙孝成王論兵曰百將一心三軍同力臣之於君也下之於上也若子之事父弟之事兄若手臂之捍頭目而覆胷臆也如此始可令與上下同意死生同致不畏懼於危疑也○陳皡註同杜牧○孟氏曰一作人不疑謂始終無二志也一作人不危道謂道之以政令齊之以禮教故能化服士民與上下同心也故用兵之妙以權術爲道大道廢而有法法廢而有權權廢而有勢勢廢而有術術廢而有數大道淪替人情訛僞非以權數而取之則不得其欲也故其權術之道使民上下同進趨共愛憎一利害故人心歸於德得人之力無私之至也故百萬之衆其心如一可與俱同死力動而不至危亡也臣之於君下之於上若子之事父弟之事兄若手臂之捍頭目而覆胷臆也如此始可與上同意死生同致不畏懼於危疑○賈林曰將能以道爲心與人同利共患則士卒服自然心與上者

同也使士卒懷我如父母視敵如仇讎者非道不能也黃石公云得道者昌失道者亡○杜佑曰謂道之以政令齊之以禮教也危者也上有仁施下能致命也故與處存亡之難不畏傾危之敗若晉陽之圍沈竈產蛙人無叛疑心矣○梅堯臣曰危疑也主有道則政教行人心同則危疑去故主安與安主危與危○王皙曰道謂主有道能得民心也夫得民之心者所以得死力也得死力者所以濟患難也易曰悅以犯難民忘其死如是則安畏危難之事乎○張預曰危疑也士卒感恩死生存亡與上同之決然無所疑懼

天者陰陽寒暑時制也

曹操曰順天行誅因陰陽四時之制故司馬法曰冬夏不興師所以兼愛民也○李筌曰應天順人因時制敵○杜牧曰陰陽者五行刑德向背之類是也今五緯行止最可據驗巫咸甘氏石氏唐蒙史墨梓慎裨竈之徒皆有著述咸稱祕奧察其指歸皆本人事準星經曰歲星所在之分不可攻攻之反受其殃也左傳昭三十二年夏吳伐越始用師於越史墨曰不及四十年越其有吳乎越得歲而吳伐之必受其凶註曰存亡之數不過三紀歲月三周三十六歲故曰不及四十年也

此年歳在星紀星紀呉分也歳星所在其國有福呉先用兵故反受其殃哀二十二年越滅呉至此三十八歳也李淳風曰天下誅秦歳星聚於東井秦政暴虐失歳星仁和之理違歳星恭肅之道拒諫信讒是故胡亥終於滅亡復曰歳星清明潤澤所在之國分大吉君令合於時則歳星光喜年豐人安君尚暴虐令人不便則歳星色芒角而怒則兵起由此言之歳星所在或有福德或有災祥豈不皆本於人事乎夫呉越之君德均勢敵闔閭興師志於吞滅非爲拯民故歳星福越而禍呉秦之殘酷天下誅之上合天意故歳星禍秦而祚漢熒惑罰星也宋景公出一善言熒惑退移三舍而延二十七年以此推之歳爲善星不福無道火爲罰星不罰有德舉此二者其他可知況所臨之分隨其政化之善惡各變其本色芒角大小隨爲禍福各隨時而占之淳風曰夫形器著於下精象係於上近取之身耳目爲肝腎之用鼻口實心腹所資彼此影響豈不然歟易曰在天成象在地成形變化見矣蓋本於人事而已矣刑德向背之說尤不足信夫刑德天官之陳背水陳者爲絶紀向山坂陳者爲廢軍武王伐紂背濟水向山坂而陳以二萬二千五百人擊紂之億萬而滅之今可目

睹皆國家自元和已至今三十年閒凡四伐趙寂昭義軍加以數道之衆常號十萬圍之臨城縣攻其南不拔攻其北不拔攻其東不拔攻其西不拔其四度圍之通有十歲十歲之內東西南北豈有刑德向背王相吉辰哉其不拔者豈不曰城堅池深糧多人一哉復以往事驗之秦累世戰勝竟滅六國豈天道二百年閒常在乾方福德常居鶉首豈不曰穆公已還卑身趨士務耕戰明法令而致之乎故梁惠王問尉繚子曰黃帝有刑德可以百戰百勝其有之乎尉繚子曰不然黃帝所謂刑德者刑以伐之德以守之非世之所謂刑德也夫舉賢用能者不時日而利明法審令者不卜筮而吉貴功養勞者不禱祠而福周武王伐紂師次于汜水共頭山風雨疾雷鼓旗毀折王之驂乘惶懼欲死太公曰夫用兵者順天道未必吉逆之未必凶若失人事則三軍敗亡且天道鬼神視之不見聽之不聞故智者不法愚者拘之若乃好賢而任能舉事而得時此則不看時日而事利不假卜筮而事吉不待禱祠而福從遂命驅之前進周公曰今時逆太歲龜灼言凶卜筮不吉星凶爲災請還師太公怒曰今紂剖比于囚箕子以飛廉爲政伐之有何不可枯草朽骨安可知乎乃焚龜折著

率衆先涉武王從之遂滅紂宋高祖圍慕容超於廣固將攻城諸將咸諫曰今往亡之日兵家所忌高祖曰我往彼亡吉孰大焉乃命悉登遂克廣固後魏太祖武帝討後燕慕容麟甲子晦日進軍太史令鼂崇奏曰昔紂以甲子日亡帝曰周武豈不以甲子日勝乎崇無以對遂戰破之後魏太武帝征夏赫連昌於統萬城師次城下昌鼓譟而前會有風雨從賊後來太史進曰天不助人將士飢渴願且避之崔浩曰千里制勝一日豈得變易風道在人豈有常也帝從之昌軍大敗或曰如此者陰陽向背定不足信孫子敘之何也答曰夫暴君昏主或爲一跬一馬則必殘人逞志非以天道鬼神誰能制止故孫子敘之蓋有深旨寒暑時氣節制其行止也周瑜爲孫權數曹公四敗一曰今盛寒馬無藁草驅中國士衆遠涉江湖不習水土必生疾病此用兵之忌也寒暑同歸於天時故聯以敘之也〇孟氏曰兵者法天運也陰陽者剛柔盈縮也用陰則沉虛固靜用陽則輕捷猛厲後則用陰先則用陽陰無蔽也陽無察也陰陽之象無定形故兵法天天有寒暑兵有生殺天則應殺而制物兵則應機而制形故曰天也〇賈林曰讀時制爲時氣謂從其善時占其氣候之利也〇杜佑

曰謂順天行誅因陰陽四時剛柔之制。○梅堯臣曰兵必參天道順氣候以時制之所謂制也司馬法曰冬夏不興師所以兼愛民也○王晳曰謂陰陽揔天道五行四時風雲氣象也善消息之以助軍勝然非異人特授其訣則末由也若黃石授書張良乃太公兵法是也意者豈天機神密非常人所得知耶其諸十數家紛紜抑未足以取審矣寒暑若兵起云疾風大寒盛夏炎熱之類時制因時利害而制宜也范蠡云天時不作弗爲人客是也○張預曰夫陰陽者非孤虛向背之謂也蓋兵自有陰陽耳范蠡曰後則用陰先則用陽盡敵陽節盈吾陰節而奪之又云設右爲牝益左爲牡早晏以順天道李衛公解曰左右者人之陰陽早晏者天之陰陽奇正者天人相變之陰陽此皆言兵自有陰陽剛柔之用非天官日時之陰陽也今觀尉繚子天官之篇則義最明矣太白陰經亦有天無陰陽之篇皆著爲卷首欲以決世人之惑也太公曰聖人欲止後世之亂故作爲譎書以寄勝於天道無益於兵也是亦然矣唐太宗亦曰凶器無甚於兵行兵苟便於人事豈以避忌爲疑也寒暑者謂冬夏興師也漢征匈奴士多墮指馬援征蠻卒多疫死皆冬夏興師故也時制者謂順天時而制征討也太白陰經言天時者乃水旱蝗雹荒亂之天時非孤虛向背之天時也**地者遠近險易廣狹死生也**曹操曰言以九地形勢不同因時制利也論在九地篇中○李筌曰得形勢之地有死生之勢○梅堯臣曰知形勢之利害○張預曰凡用兵貴先知地形知遠近則能爲迂直之計知險易則能審步騎之利知廣狹則能度衆寡之用知死生則能識戰散之勢也**將者智信仁勇嚴也**曹操曰將宜五德備也○李筌曰此五者爲將之德故師有丈人之稱也○杜牧曰先王之道以仁爲首兵家者流用智爲先蓋智者能機權識變通也信者使人不惑於刑賞也仁者愛人憫物知勤勞也勇者決勝乘勢不逡巡也嚴者以威刑肅三軍也楚申包胥使於越越王勾踐將伐兵問戰焉夫戰智爲始仁次之勇次之不智則不能知民之極無以詮度天下之衆寡不仁則不能與三軍共飢勞之殃不勇則不能斷疑以發大計也○賈林曰專任智則賊偏施仁則懦固守信則愚恃勇力則暴令過嚴則殘五者兼備各適其用則可爲將帥○梅堯臣曰智能發謀信能賞罰仁能附衆勇

能果斷嚴能立威○王皙曰智者先見而不惑能謀慮通權變也信者號令一也仁者惠撫惻隱得人心也勇者徇義不懼能果毅也嚴者以威嚴肅衆心也五者相須闕一不可故曹公曰將宜五德備也○何氏曰非智不可以料敵應機非信不可以訓人率下非仁不可以附衆撫士非勇不可以決謀合戰非嚴不可以服強齊衆全此五才將之體也○張預曰智不可亂信不可欺仁不可暴勇不可懼嚴不可犯五德皆備然後可以爲大將

法者曲制官道主用也曹操曰部曲旛幟金鼓之制也官者百官之分也道者糧路也主者主軍費用也○李筌曰曲部曲也制節度也官爵賞也道路也主掌也用者軍資用也皆師之常法而將所治也○杜牧曰曲者部曲隊伍有分畫也制者金鼓旌旗有節制也官者偏裨校列各有官司也道者營陳開闔各有道徑也主者管庫廝養職守主張其事也用者車馬器械三軍須用之物也荀卿曰械用有數夫兵者以食爲本須先計糧道然後興師○梅堯臣曰曲制部曲隊伍分畫必有制也官道裨校首長統率必有道也主用主軍之資糧百物必有用度也○王皙曰曲者卒伍之屬制者節

制其行列進退也官者群吏偏裨也道者軍行及所舍也主者主守其事用者凡軍之用謂輜重糧積之屬○張預曰曲部曲也制節制也官謂分偏裨之任道謂利糧餉之路主者職掌軍資之人用者計度費用之物六者用兵之要宜處置有其法

凡此五者將莫不聞知之者勝不知者不勝張預曰已上五事人人同聞但深曉變極之理則勝不然則敗

故校之以計而索其情曹操曰同聞五者將知其變極即勝也索其情者勝負之情○杜牧曰謂上五事將欲聞知校量計算彼我之優劣然後搜索其情狀乃能必勝不爾則敗○賈林曰書云非知之艱行之惟艱○王晳曰當盡知也言雖周知五事待七計以盡其情也○張預曰上已陳五事自此而下方考校彼我之得失探索勝負之情狀也

曰主孰有道曹操曰道德智能○李筌曰孰實也有道之主必有智能之將范增辭楚陳平歸漢即其義也○杜牧曰孰誰也言我與敵人之主誰能遠佞親賢任人不疑也○杜佑曰主君也道道德也必先考校兩國之君

誰知誰否也若荀息料虞公貪而好寶宮之奇懦而不能強諫是也○梅堯臣曰誰能得人心也○王晳曰若韓信言項王匹夫之勇婦人之仁名雖爲霸實失天下心謂漢王入武關秋毫無所害除秦苛法秦民亡不欲大王王秦者是也○何氏曰書曰撫我則后虐我則讎撫虐之政孰有之也○張預曰先校二國之君誰有恩信之道即上所謂令民與上同意者之道也若淮陰料項王仁勇過高祖而不賞有功爲婦人之仁亦是也**將孰有能**杜牧曰將孰有能者上所謂智信仁勇嚴也○梅堯臣同杜牧註○王晳曰若漢王問魏大將柏直曰是口尚乳臭不能當韓信之類是也○張預曰察彼我之將誰有智信仁勇嚴之能若漢高祖料魏將柏直不能當韓信之類也**天地孰得**曹操李筌並曰天時地利○杜牧曰天者上所謂陰陽寒暑時制也地者上所謂遠近險易廣狹死生也○杜佑曰視兩軍所據知誰得天時地利○梅堯臣曰稽合天時審察地利○王晳同杜牧註○張預曰觀兩軍所舉誰得天時地利若魏武帝盛冬伐吳慕容超不據大峴則失天時地利者也**法令孰行**曹操曰設而不犯犯而必

誅○杜牧曰懸法設禁貴賤如一魏絳戮僕曹公斷髮是也○杜佑曰發號出令校孰下不敢犯○梅堯臣曰齊衆以法一衆以令○王晳曰孰能法明令便人聽而從○張預曰魏絳戮揚干穰苴斬莊賈呂蒙誅鄉人卧龍刑馬謖茲所謂設而不犯犯而必誅誰爲如此○

兵衆孰強 杜牧曰上下和同勇於戰爲強卒衆車多爲強○梅堯臣曰内和外附○王晳曰強弱足以相刑而知○張預曰車堅馬良士勇兵利聞鼓而喜聞金而怒誰者爲然

士卒孰練 杜牧曰辨旌旗審金鼓明開合知進退閑馳逐便弓矢習擊刺也○杜佑曰知誰兵器強利士卒簡練者故王子曰士不素習當陳惶惑將不素習臨陳闇變○梅堯臣曰車騎閑習孰國精粗○王晳曰孰訓之精○何氏曰勇怯強弱豈能一槩○張預曰離合聚散之法坐作進退之令誰素閑習

賞罰孰明 杜牧曰賞不僭刑不濫○杜佑曰賞善罰惡知誰分明者故王子曰賞無度則費而無恩罰無度則戮而無威○梅堯臣曰賞有功罰有罪○王晳曰孰能賞必當功罰必稱情○張預曰當賞者雖仇怨必録當罰者雖父子不舍又司馬法曰賞不逾時罰不

還列於誰爲明**吾以此知勝負矣**曹操曰以七事計之知勝負矣○賈林曰以上七事量校彼我之政則勝敗可見○梅堯臣曰能索其情則知勝負○張預曰七事俱優則未戰而先勝七事俱劣則未戰而先敗故勝負可預知也○

將聽吾計用之必勝留之將不聽吾計用之必敗去之曹操曰不能定計則退而去也○杜牧曰若彼自備護不從我計形勢均等無以相加用戰必敗引而去之故春秋傳曰允當則歸也○陳皥曰孫武以書干闔閭曰聽用吾計策必能勝敵我當留之不去不聽吾計策必當負敗我去之不留以此感動闔閭庶必見用故闔閭曰子之十三篇寡人盡觀之矣其時闔閭行軍用師多自爲將故不言主而言將也○孟氏曰將裨將也聽吾計畫而勝則留之違吾計畫而敗則除去之○梅堯臣曰武以十三篇干吳王闔閭故首篇以此辭動之謂王將聽我計而用戰必勝我當留此也王將不聽我計而用戰必敗我當去此也○王晳曰將行也用謂用兵耳言行聽吾此計用兵則必勝我當留行不聽

吾此計用兵則必敗我當去也○張預曰將辭也孫子謂今將聽吾所陳之計而用兵則必勝我乃留此矣將不聽吾所陳之計而用兵則必敗我乃去之他國矣以此辭激吳王而求用

計利以聽乃爲之勢以佐其外

曹操曰常法之外也○李筌曰計利既定乃乘形勢之勢也佐其外者常法之外也○杜牧曰計算利害是軍事根本利害已見聽用然後於常法之外更求兵勢以助佐其事也○賈林曰計其利聽其謀得敵之情我乃設奇譎之勢以動之外者或傍攻或後躡以佐正陳○梅堯臣曰定計於內爲勢於外以助成勝○王晳曰吾計之利已聽復當知應變以佐其外○張預曰孫子又謂吾所計之利若已聽從則我當復爲兵勢以佐助其事於外蓋兵之常法即可明言於人兵之利勢須因敵而爲

勢者因利而制權也

曹操曰制由權也權因事制也○李筌曰謀因事勢○杜牧曰自此便言常法之外勢夫勢者不可先見或因敵之害見我之利或因敵之利見我之害然後始可制機權而取勝也○梅堯臣曰因利行權以制之○王晳曰勢者乘其變者也

○張預曰所謂勢者須因事之利制爲權謀以勝敵耳故不能先言也自此而後略言權變

兵者詭道也

曹操曰兵無常形以詭詐爲道○李筌曰軍不厭詐○梅堯臣曰非譎不可以行權非權不可以制敵○王晳曰詭者所以求勝敵御衆必以信也○張預曰用兵雖本於仁義然其取勝必在詭詐故曳柴揚塵欒枝之譎也萬弩齊發孫臏之奇也千牛俱奔田單之權也囊沙壅水淮陰之詐也此皆用詭道而制勝也

故能而示之不能

張預曰實強而示之弱實勇而示之怯李牧敗匈奴孫臏斬龐涓之類也

用而示之不用

李筌曰言已實用師外示之怯也漢將陳豨反連兵匈奴高祖遣使十輩視之皆言可擊復遣婁敬報曰匈奴不可擊上問其故對曰夫兩國相制宜矜誇其長今臣往徒見羸老此必能而示之不能臣以爲不可擊也高祖怒曰齊虜以口舌得官今妄沮吾衆械婁敬于廣武以三十萬衆至白登高祖爲匈奴所圍七日乏食此師外示之以怯之義也○杜牧曰此乃詭詐藏形夫形也者不可使見於敵敵人見形必有應傳曰鷙鳥將擊必藏其形如匈奴

示羸老於漢使之義也○杜佑曰言己實能用外示之以不能不用使敵不我備也若孫臏減竈而制龐涓○王晳曰強示弱勇示怯治示亂實示虛智示愚衆示寡進示退速示遲取示捨彼示此○何氏曰能而示之不能者如單于羸師誘高祖圍于平城是也用而示之不用者如李牧按兵於雲中大敗匈奴是也○張預曰欲戰而示之退欲速而示之緩班超擊莎車趙奢破秦軍之類也

近而示之遠遠而示之近

李筌曰令敵失備也漢將韓信虜魏王豹初陳舟欲渡臨晉乃潛師浮木罌從夏陽襲安邑而魏失備也耿弇之征張步亦先攻臨淄皆示遠勢也○杜牧曰欲近襲敵必示以遠去之形欲遠襲敵必示以近進之形韓信盛兵臨晉而渡於夏陽此乃示以近形而遠襲敵也後漢末曹公袁紹相持官渡紹遣將郭圖淳于瓊顏良等攻東郡太守劉延於白馬紹引兵至黎陽將渡河曹公北救延津荀攸曰今兵少不敵分兵勢乃可公致兵延津將欲渡兵向其後紹必西應之然後輕兵襲白馬掩其不備顏良可擒也公從之紹聞兵渡即留分兵西應之公乃引軍行趨白馬未至十餘里良大驚來戰使張遼關羽前進

擊破斬顏良解白馬圍此乃示以遠形而近襲敵也○賈林曰去就在我敵何由知○杜佑曰欲近而設其遠也欲遠而設其近也誑耀敵軍示之以遠本從其近若韓信之襲安邑○梅堯臣曰使其不能覿○王晳同上註○何氏曰遠而示之近者韓信陳舟臨晉而渡夏陽是也近而示之遠者晉侯伐虢假道于虞是也○張預曰欲近襲之反示以遠吳與越夾水相距越為左右句卒相去各五里夜爭鳴鼓而進吳人分以禦之越乃潛涉當吳中軍而襲之吳大敗是也欲遠攻之反示以近韓信陳兵臨晉而渡於夏陽是也

利而誘之 杜牧曰趙將李牧大縱畜牧人眾滿野匈奴小人佯北不勝以數千人委之單于聞之大喜率眾大至牧多為奇陳左右夾擊大破殺匈奴十餘萬騎也○賈林曰以利動之動而有形我所以因形制勝也○梅堯臣曰彼貪利則以貨誘之○何氏曰利而誘之者如赤眉委輜重而餌鄧禹是也○張預曰示以小利誘而克之若楚人伐絞莫敖曰絞小而輕請無扞采樵者以誘之於是絞人獲楚三十人明日絞人爭出驅楚役徒於山中楚人設伏兵於山下而大敗之是也

亂而取之 李筌曰敵貪利必亂

也秦王姚興征禿髮傉檀悉驅部內牛羊散放於野縱秦人虜掠秦人得利既無行列傉檀陰分十將掩而擊之大敗秦人斬首七千餘級亂而取之之義也○杜牧曰敵有昏亂可以乘而取之傳曰兼弱攻昧取亂侮亡武之善經也○賈林曰我令姦智亂之候亂而取之也○梅堯臣曰彼亂則乘而取之○王晳曰亂謂無節制取言易也○張預曰詐爲紛亂誘而取之若吳越相攻吳以罪人三千示不整以誘越罪人或奔或止越人爭之爲吳所敗是也言敵亂而後取者非也春秋之法凡書取者言易也魯師取邿是也

實而備之

曹操曰敵治實須備之也○李筌曰備敵之實蜀將關羽欲圍魏之樊城懼吳將呂蒙襲其後乃多留備兵守荊州蒙陰知其旨遂詐之以疾羽乃撤去備兵遂爲蒙所取而荊州沒吳則其義也○杜牧曰對壘相持不論虛實常須爲備此言居常無事鄰封接境敵若修政治實上下相愛賞罰明信士卒精練即須備之不待交兵然後爲備也○陳皥曰敵若不動完實我當謹備亦自實以備敵也○梅堯臣曰彼實則不可不備○王晳曰彼將有以擊吾之不備也○何氏曰彼敵但見其實而未見其虛之形則當畜力而備之

也○張預曰經曰角之而知有餘不足之處有餘則實也不足則虛也言敵人兵勢既實則我當爲不可勝之計以待之勿輕舉也李靖軍鏡曰觀其虛則進見其實則止

強而避之

曹操曰避其所長也○李筌曰量力也楚子伐隨隨之臣季梁曰楚人上左君必左無與王遇且攻其右右無良焉必敗偏敗衆乃攜矣少師曰不當王非敵也不從隨師敗績隨侯逸攻強之敗也○杜牧曰逃避所長言敵人乘兵強氣鋭則當須且回避之待其衰懈候其間隙而擊之晉末嶺南賊盧循徐道覆乘虛襲建鄴劉裕禦之曰賊若新亭直上且當避之回泊蔡洲乃成擒耳徐道覆欲焚舟直上循以爲不可乃泊於蔡洲竟以敗滅○賈林曰以弱制強理須待變○杜佑曰彼府庫充實士卒鋭盛則當退避以伺其虛懈觀變而應之○梅堯臣曰彼強則我當避其鋭○王晳曰敵兵精鋭我勢寡弱則須退避○張預曰經曰無邀正正之旗無擊堂堂之陳言敵人行陳修整節制嚴明則我當避之不可輕肆也若秦晉相攻交綏而退蓋各防其失敗也

怒而撓之

曹操曰待其衰懈也○李筌曰將之多怒者權必易亂性不堅也漢相陳平謀撓楚權以

太牢具進楚使驚曰是亞父使邪乃項王使邪此怒撓之者也○杜牧曰大將剛戾者可激之令怒則逞志快意志氣撓亂不顧本謀也○孟氏曰敵人盛怒當屈撓之○梅堯臣曰彼褊急易怒則撓之使憤激輕戰○王晳曰敵持重則激怒以撓之○何氏曰怒而撓之者漢兵擊曹咎於汜水是也○張預曰彼性剛忿則辱之令怒志氣撓惑則不謀而輕進若晉人執宛春以怒楚是也尉繚子曰寬不可激而怒言性寬者則不可激怒而致之也

卑而驕之　李筌曰幣重而言甘其志不小後趙石勒稱臣於王浚左右欲擊之浚曰石公來欲奉我耳敢言擊者斬設饗禮以待之勒乃驅牛羊數萬頭聲言上禮實以填諸街巷使浚兵不得發乃入薊城擒浚於廳斬之而并燕卑而驕之則其義也○杜牧曰秦末匈奴冒頓初立東胡強使使謂冒頓曰欲得頭曼時千里馬冒頓以問羣臣羣臣皆曰千里馬國之寶勿與冒頓曰奈何與人鄰國愛一馬乎遂與之居頃之東胡使使來曰願得單于一閼氏冒頓問羣臣羣臣皆怒曰東胡無道乃求閼氏請擊之冒頓曰與人鄰國愛一女子乎與之居頃之東胡復曰匈奴有棄地千里吾欲有之冒頓問羣臣羣臣皆曰與之

亦可不與亦可冒頓大怒曰地者國之本也本何可與諸言與者皆斬之冒頓上馬令國中有後者斬東襲東胡東胡輕冒頓不爲之備冒頓擊滅之冒頓遂西擊月氏南并樓煩白羊河南北侵燕代悉復收秦所使蒙恬所奪匈奴地也○陳皥曰所欲必無所顧惜子女以惑其心玉帛以驕其志范蠡鄭武之謀也○杜佑曰彼其舉國興師怒而欲進則當外示屈撓以高其志俟惰歸要而擊之故王子曰善用法者如狸之與鼠力之與智示之猶卑靜而下之○梅堯臣曰示以卑弱以驕其心○王晳曰示卑弱以驕之彼不虞我而擊其間○張預曰或卑辭厚賂或羸師佯北皆所以令其驕怠吳子伐齊越子率衆而朝王及列士皆有賂吳人皆喜惟子胥懼曰是豢吳也後果爲越所滅楚伐庸七遇皆北庸人曰楚不足與戰矣遂不設備楚子乃爲二隊以伐之遂滅庸皆其義也

佚而勞之

一本作引而勞之○曹操曰以利勞之○李筌曰敵佚而我勞之者善功也吳伐楚公子光問計於伍子胥子胥曰可爲三師以肄焉我一師至彼必盡衆而出彼出我歸亟肄以疲之多方以誤之然後三師以繼之必大克從之楚於是乎始病吳矣○杜牧曰吳公子光問

伐楚於伍員員曰可爲三軍以肄焉我一師至彼必盡出彼出則歸亟肄以疲之多方以誤之然後三師以繼之必大克從之於是子重一歲七奔命於是乎始病吳終入郢後漢末曹公既破劉備備奔袁紹引兵欲與曹公戰別駕田豐曰操善用兵未可輕舉不如以久持之將軍據山河之固有四州之地外結英豪內修農戰然後揀其精銳分爲奇兵乘虛迭出以擾河南救右則擊其左救左則擊其右使敵疲於奔命人不安業我未勞而彼已困矣不及三年可坐克也今釋廟勝之策而決成敗於一戰悔無及也紹不從故敗○梅堯臣曰以我之佚待彼之勞○王晳曰多奇兵也彼出則歸彼歸則出救左則右救右則左所以罷勞之也○何氏曰孫子有治力之法以佚而待勞故論敵佚我宜多方以勞弊之然後可以制勝○張預曰我則力全彼則道敝若晉楚爭鄭久而不決晉知武子乃分四軍爲三部晉各一動而楚三來於是三駕而楚不能與之爭又申公巫臣教吳伐楚於是子重一歲七奔命是也

親而離之

曹操曰以間離之○李筌曰破其行約間其君臣而後攻也昔秦伐趙秦相應侯間於趙王曰我惟懼趙用括耳廉頗易與也趙王然之

乃用括代頗爲秦所坑卒四十萬於長平則其義也○杜牧曰言敵若上下相親則當以厚利啗而離間之陳平言於漢王曰今項王骨鯁之臣不過亞父鍾離昧龍且周殷之屬不過數人大王誠能捐數萬斤金間其君臣彼必内相誅漢因舉兵而攻之滅楚必矣漢王然之出黃金四萬斤與平使之反間項王果疑亞父不急擊下滎陽漢王遁去○陳皥曰彼恡爵祿此必捐之彼嗇財貨此必輕之彼好殺罰此必緩之因其上下相猜得行離間之說由余所以歸秦英布所以佐漢也○杜佑曰以利誘之使五間並入辯士馳說親彼君臣分離其形勢若秦遣反間欺誑趙君使廢廉頗而任趙奢之子卒有長平之敗○梅堯臣同杜牧註○王晳曰敵相親當以計謀離間之○張預曰或間其君臣或間其交援使相離貳然後圖之應侯間趙而退廉頗陳平間楚而逐范增是君臣相離也秦晉相合以伐鄭燭之武夜出說秦伯曰今得鄭則歸於晉無益於秦也不如捨鄭以爲東道主秦伯悟而退師是交援相離也**攻其無備出其不意**曹操曰擊其懈怠出其空虛○李筌曰擊懈怠襲空虛○杜牧曰擊其空虛襲其懈怠○孟氏曰擊其空

虛襲其懈怠使敵不知所以備也故曰兵者無形爲妙太公曰動莫神於不意謀莫善於不識○梅堯臣王晳二註同上○何氏曰攻其無備者魏太祖征烏桓郭嘉曰胡恃其遠必不設備因其無備卒然擊之可破滅也太祖行至易水嘉曰兵貴神速今千里襲人輜重多難以趨利不如輕兵兼道以出掩其不意乃密出盧龍塞直指單于庭合戰大破之唐李靖陳十策以圖蕭銑總管三軍之任一以委靖八月集兵夔州銑以時屬秋潦江水泛漲三峽路危必謂靖不能進遂不設備九月靖率兵而進曰兵貴神速機不可失今兵始集銑尚未知乘水漲之勢倏忽至城下所謂疾雷不及掩耳縱使知我倉卒無以應敵此必成擒也進兵至夷陵銑始懼召兵江南果不能至勒兵圍城銑遂降出其不意者魏末遣將鍾會鄧艾伐蜀蜀將姜維守劍閣鍾會攻維未克艾上言請從陰平由邪徑出劍閣西入成都奇兵衝其腹心劍閣之軍必還赴涪則會方軌而進劍閣之軍不還則應涪之兵寡矣軍志云攻其無備出其不意今掩其空虛破之必矣冬十月艾自陰平行無人之地七百餘里鑿山通道造作橋閣山高谷深至爲艱險又糧運將匱瀕於危殆艾以氈自裹推轉而下將士

皆攀木緣崖魚貫而進先登至江油蜀守將馬邈降諸葛瞻自涪還線行列陣相拒大敗之斬瞻及尚書張遵等進軍至成都蜀主劉禪降又齊神武爲東魏將率兵伐西魏屯軍蒲坂造三道浮橋渡河又遣其將竇泰趣潼關高敖曹圍洛州西魏將周文帝出軍廣陽召諸將謂曰賊今掎吾三面又造橋於河示欲必渡欲綴吾軍使竇泰得西入耳久與相持其計得行非良策也且高歡用兵常以泰爲先驅其下多銳卒屢勝而驕今出其不意襲之必克克泰則歡不戰而自走矣諸將咸曰賊在近捨而遠襲事若蹉跌悔無可及周文曰歡前再襲潼關吾軍不過霸上今者大來兵未出郊賊顧謂吾但自守耳無遠鬭意又狃於得志有輕我心乘此擊之何往不克賊雖造橋未能徑渡比五日中吾取竇泰必矣公等勿疑周文遂率騎六千還長安聲言欲往隴右辛亥潛出軍癸丑晨至潼關竇泰卒聞軍至惶懼依山爲陳未及成列周文擊破之斬泰傳首長安高敖曹適陷洛州聞泰沒燒輜重棄城而走○張預曰攻無備者謂懈怠之處敵之所不虞者則擊之若燕人畏鄭三軍而不虞制人爲制人所敗是也出不意者謂虛空之地敵不以爲慮者則襲之若鄧艾伐蜀行無人之

地七百餘里是也此兵家之勝不可先傳也曹操曰傳猶洩也兵無常勢水無常形臨敵變化不可先傳也故料敵在心察機在目也○李筌曰無備不意攻之必勝此兵之要祕而不傳也○杜牧曰傳言也此言上之所陳悉用兵取勝之策固非一定之制見敵之形始可施為不可先事而言也○梅堯臣曰臨敵應變制宜豈可預前言之○王晳曰夫校計行兵是謂常法若乘機決勝則不可預傳述也○張預曰言上所陳之事乃兵家之勝策須臨敵制宜不可以預先傳言也夫未戰而廟筭勝者得筭多也未戰而廟筭不勝者得筭少也多筭勝少筭不勝而況於無筭乎吾以此觀之勝負見矣曹操曰以吾道觀之矣○李筌曰夫戰者決勝廟堂然後與人爭利凡伐叛懷遠推亡固存兼弱攻昧皆物情之所出中外離心如商周之師者是為未戰而廟筭勝太一遁甲置筭之

法因八十筭巳上爲多筭六十筭巳下爲少筭客多筭臨少筭主人敗客少筭臨多筭主人勝此皆勝敗易見矣○杜牧曰廟筭者計筭於廟堂之上也○梅堯臣曰多筭故未戰而廟謀先勝少筭故未戰而廟謀不勝是不可無筭矣○王晳曰此懼學者惑不可先傳之說故復言計篇義也○何氏曰計有巧拙成敗繫焉○張預曰古者興師命將必致齋於廟授以成筭然後遣之故謂之廟筭籌策深遠則其計所得者多故未戰而先勝謀慮淺近則其計所得者少故未戰而先負多計勝少計其無計者安得無敗故曰勝兵先勝而後求戰敗兵先戰而後求勝有計無計勝負易見

作戰篇

曹操曰欲戰必先筭其費務因糧於敵也○李筌曰先定計然後修戰具是以戰次計之篇也○王晳曰計以知勝然後興戰而具軍費猶不可以久也○張預曰計筭已定然後完車馬利器械運糧草約費用以作戰備故次計

孫子曰凡用兵之法馳車千駟革車千乘帶甲十萬曹操曰馳車輕車也駕駟馬革車重車也言萬騎之重車駕四馬卒三萬軍養二人主炊家子一人主保固守衣裝廐二人主養馬凡五人步兵十人重以大車駕牛養二人主炊家子一人主守衣裝凡三人也帶甲十萬士卒數也○李筌曰馳車戰車也革車輕車也帶甲步卒車一兩駕以駟馬步卒七十人計千駟之軍帶甲七萬馬四千匹孫子約以軍資之數以十萬為率則百萬可知也○杜牧曰輕車乃戰車也古者車戰革車輜車重車也載器械財貨衣裝也司馬法曰一車甲士三人步卒七十二人炊家子十人固守衣裝五人廐養五人樵汲五人輕車七十五人重車二十五人故二乘兼一百人為一隊舉十萬之衆革車千乘校其費用支計則百萬之衆皆可知也○梅堯臣曰馳車輕車也革車重車也凡輕車一乘甲士步卒二十五人重車一乘甲士步卒七十五人舉二車各千乘是帶甲者十萬人○王晳曰曹公曰輕車也駕駟馬凡千乘晳謂馳車謂駕革車也一乘四馬為駟千駟則革車千乘曹公曰

重車也晳謂革車兵車也有五戎千乘之賦諸侯之大者曹公曰帶甲十萬步卒數也晳謂井田之法甸出兵車一乘甲士三人步卒七十二人千乘總七萬五千人此言帶甲十萬豈當時權制歟○何氏曰十萬舉成數也○張預曰馳車即攻車也革車即守車也按曹公新書云攻車一乘前拒一隊左右角二隊共七十五人守車一乘炊子十人守裝五人廄養五人樵汲五人共二十五人攻守二乘凡一百人興師十萬則用車二千輕重各半與此同矣

千里饋糧曹操曰越境千里李筌曰道理縣遠則內外之費賓客之用膠漆之材車甲之奉日費千金然後十萬之師舉矣曹操曰謂購賞猶在外○李筌曰夫軍出於外則帑藏竭於內舉千金者言多費也千里之外贏糧則二十人奉一人也○杜牧曰軍有諸侯交聘之禮故曰賓客也車甲器械完緝修繕言膠漆者舉其微細千金者言費用多也猶賂賞在外也○賈林曰計費不足未可以興師動衆故李太尉曰三軍之門必有賓客論議○

梅堯臣曰舉師十萬饋糧千里日費如此師久之戒也○王晳曰内謂國中外謂軍所也賓客若諸侯之使及軍中宴饗吏士也膠漆車甲舉細與大也○何氏曰老師費財智者慮之○張預曰去國千里即當因糧若須供餉則内外騷動疲困於路蠹耗無極也賓客者使命與遊士也膠漆者修飾器械之物也車甲者膏轄金革之類也約其所費日用千金然後能興十萬之師千金言重費也賭賞猶在外

其用戰也勝久則鈍兵挫鋭攻城則力屈曹操曰鈍弊也屈盡也○杜牧曰勝久謂淹久而後能勝也言與敵相持久而後勝則甲兵鈍弊鋭氣挫衂攻城則人力殫盡屈折也○賈林曰戰雖勝人久則無利兵貴全勝鈍兵挫鋭士傷馬疲則屈○梅堯臣曰雖勝且久則必兵仗鈍弊而軍氣挫鋭攻城而久則力必殫屈○王晳曰屈窮也求勝以久則鈍弊折挫攻城則益甚也○張預曰及交兵合戰也久而後能勝則兵疲氣沮矣千里攻城力必困屈

久暴師則國用不足孟氏曰久暴師露衆千里之外則軍國費用不足相供○梅堯臣曰師久暴於

外則輸用不給○張預曰日費千金師久暴則國用豈能給若漢武帝窮征深討久而不解及其國用空虛乃下哀痛之詔是也

夫鈍兵挫鋭屈力殫貨則諸侯乘其弊而起雖有智者不能善其後矣

李筌曰十萬衆舉日費千金非唯頓挫於外亦財殫於內是以聖人無暴師也隋大業初煬帝重兵好征力屈鴈門之下兵挫遼水之上疏河引淮轉輸彌廣出師萬里國用不足於是楊玄感李密乘其弊而起縱蘇威高熲豈能爲之謀也○杜牧曰蓋以師久不勝財力俱困諸侯乘之而起雖有智能之士亦不能於此之後善爲謀畫也○賈林曰人離財竭雖伊吕復生亦不能救此亡敗也○杜佑曰雖當時有用兵之術不能防其後患○梅堯臣曰取勝攻城暴師且久則諸侯乘此弊而起襲我我雖有智將不能制也○王晳曰以其弊甚必有危亡之憂○何氏曰其後謂兵不勝而敵乘其危殆雖智者不能盡其善計而保全○張預曰兵已疲矣力已困矣財已匱矣鄰國因其罷弊起兵以襲之則縱有智能之人亦不能防其後患若

吳伐楚入郢久而不歸越兵遂入吳當是時雖有伍員孫武之徒何嘗能爲善謀於後乎**故兵聞拙速未睹巧之久也**曹操李筌曰雖拙有以速勝未睹者言其無也○杜牧曰攻取之間雖拙於機智然以神速爲上蓋無老師費財鈍兵之患則爲巧矣○孟氏曰雖拙有以速勝○陳皥曰所謂疾雷不及掩耳卒電不及瞬目○杜佑註同孟氏○梅堯臣曰拙尚以速勝未見工而久可也○王晳曰晳謂久則師老財費國虛人困巧者保無斯患也○何氏曰速雖拙不費財力也久雖巧恐生後患也後秦姚萇與苻登相持萇將苟曜據逆萬堡密引苻登萇與登戰敗於馬頭原收衆復戰姚碩德謂諸將曰上慎於輕戰每欲以計取之今戰既失利而更逼賊必有由也萇聞而謂碩德曰登用兵遲緩不識虛實今輕兵直進徑據吾東必苟曜與之連結也事久變成其禍難測所以速戰者欲使苟曜豎子謀之未就好之未深耳果大敗之武后初徐敬業舉兵於江都稱匡復皇家以盩厔尉魏思恭爲謀主問計於思恭對曰明公既以太后幽縶少主志在匡復兵貴拙速宜早渡淮北親率大衆直入東都山東將士知公有勤

王之舉必以死從此則指日刻期天下必定敬業欲從其策薛璋又說曰金陵之地王氣已見宜早應之兼有大江設險足可以自固請且攻取常潤等州以爲王霸之業然後率兵北上鼓行而前此則退有所歸進無不利實良策也敬業以爲然乃自率兵四千人南渡以擊潤州思恭密謂杜求仁曰兵勢宜合不可分今敬業不知并力渡淮率山東之衆以合洛陽必無能成事果敗○張預曰但能取勝則寧拙速而無巧久若司馬宣王伐上庸以一月圖一年不計死傷與糧競者斯可謂欲拙速也

夫兵久而國利者未之有也

李筌曰春秋曰兵猶火也弗戢將自焚○賈林曰兵久無功諸侯生心○杜佑曰兵者凶器久則生變若智伯圍趙逾年不歸卒爲襄子所擒身死國分故新序傳曰好戰窮武未有不亡者也○梅堯臣曰力屈貨殫何利之有○張預曰師老財竭於國何利

故不盡知用兵之害者則不能盡知用兵之利也

李筌曰利害相依之所生先知其害然後知其利也○杜牧曰害之者勞人費財利之者

吞敵拓境苟不顧己之患則舟中之人盡爲敵國安能取利於敵人哉○賈林曰將驕卒惰貪利忘變此害最甚也○杜佑曰言謀國動軍行師不先慮危亡之禍則不足取利也若秦伯見襲鄭之利不顧崤函之敗吳王矜伐齊之功而忘姑蘇之禍也○梅堯臣曰不再籍不三載利也百姓虛公家費害也苟不知害又安知利○王晳曰久而能勝未免於害速則利斯盡也○張預曰先知老師殫貨之害然後能知擒敵制勝之利

善用兵者役不再籍糧不三載曹操曰籍猶賦也言初賦民而便取勝不復歸國發兵也始載糧後遂因食於敵還兵入國不復以糧迎之也○李筌曰籍書也不再籍書恐人勞怨生也秦發關中之卒是以有陳吳之難也軍出度遠近饋之軍人載糧迎之謂之三載越境則館穀於敵無三載之義也○杜牧曰審敵可攻審我可戰然後起兵便能勝敵而還鄭司農周禮註曰役謂發兵起役籍乃伍籍也比參爲伍因內政寄軍令以伍籍發軍起役也○陳皞曰籍借也不再借民而役也糧者往則載焉歸則迎之是不三載也不困乎兵不竭乎國言速而利也○梅堯臣同陳皞註○王晳

同曹操註○張預曰役謂興兵動衆之役故師卦詳曰任大役重無功則凶籍謂調兵之符籍故漢制有尺籍伍符言一舉則勝不可再籍兵役於國也糧始出則載之越境則掠之歸國則迎之是不三載也此言兵不可久暴也

取用於國因糧於敵故軍食可足也

曹操曰兵甲戰具取用國中糧食因敵也○李筌曰具我戎器因敵之食雖出師千里無匱乏也○杜佑曰兵甲戰具取用國中糧食因敵也取資用於我國因糧食於敵家也晉師館穀於楚是也○梅堯臣曰軍之須用取於國軍之糧餉因於敵○何氏曰因謂兵出境鈔聚掠野至於克敵拔城得其儲積也○張預曰器用取於國者以物輕而易致也糧食因於敵者以粟重而難運也夫千里饋糧則士有飢色故因糧則食可足

國之貧於師者遠輸遠輸則百姓貧

李筌曰兵役數起而賦斂重○杜牧曰管子曰粟行三百里則國無一年之積粟行四百里則國無二年之積粟行五百里則衆有飢色此言粟重物輕也不可推移推移之則農夫耕牛俱失南

畝故百姓不得不貧也○賈林曰遠輸則財耗於道路弊於轉運百姓日貧○孟氏曰兵車轉運千里之外財則費於道路人有困窮者○張預曰以七十萬家之力供餉十萬之師於千里之外則百姓不得不貧

近於師者貴賣貴賣則百姓財竭

曹操曰軍行已出界近師者貪財皆貴賣則百姓虛竭也○李筌曰夫近軍必有貨易百姓徇財殫產而從之竭也○賈林曰師徒所聚物皆暴貴人貪非常之利竭財物以賣之初雖獲利殊多終當力疲貨竭又云既有非常之斂故賣者求價無厭百姓竭力買之自然家國虛盡也○杜佑曰言近軍師市多非常之賣當時貪貴以趨末利然後財貨殫盡家國虛也○梅堯臣曰遠者供役以轉饋近者貪利而貴賣皆貧國匱民之道也○王晳曰夫遠輸則人勞費近市則物騰貴是故久師則爲國患也曹公曰軍行已出界近於師者貪財皆貴賣晳謂將出界也○張預曰近師之民必貪利而貴貨其物於遠來輸餉之人則財不得不竭

財竭則急於丘役

張預曰財力殫竭則丘井之役急迫而不易供也或曰丘役謂如魯

成公作丘甲也國用急迫乃使丘出甸賦違常制也丘十六井甸六十四井**力屈財殫中原內虛於家百姓之費十去其七**曹操曰丘十六井也百姓財殫盡而兵不解則運糧盡力於原野也十去其七者所破費也○李筌曰兵久不止男女怨曠困於輸輓丘役力屈財殫而百姓之費十去其七○杜牧曰司馬法曰六尺爲步步百爲畝畝百爲夫夫三爲屋屋三爲井四井爲邑四邑爲丘丘四爲甸甸丘蓋十六井也丘有戎馬一匹牛四頭甸有戎馬四匹牛十六頭丘車一乘甲士三人步卒十十二人今言兵不解則丘役益急百姓糧盡財竭力盡於原野家業十耗其七也○陳皡曰丘聚也聚斂賦役以應軍須如此則財竭於人人無不困也○王晳曰急者暴於常賦也若魯成公作丘甲是也如此則民費太半矣要見公費差減故云十七曹公曰丘十六井兵不解則運糧盡力於原野○何氏曰國以民爲本民以食爲天居人上者宜乎重惜○張預曰運糧則力屈輸餉則財殫原野之民家產內虛度其所費十無其七也**公家之費破車**

竑

罷馬甲冑矢弩戟楯蔽櫓丘牛大車十去其六一本作十去其七○曹操曰丘牛謂丘邑之牛大車乃長轂車也○李筌曰丘大也此數器者皆軍之所須言遠近之費公家之物十損於七也○梅堯臣曰百姓以財糧力役奉軍之費其資十損乎七公家以牛馬器仗奉軍之費其資十損乎六是以竭賦窮兵百姓弊矣役急民貧國家虛矣○王晳曰楯干也蔽可以屏蔽櫓大楯也丘牛古所謂匹馬丘牛也大車牛車也易曰大車以載○張預曰兵以車馬爲本故先言車馬疲敝也蔽櫓楯也今謂之彭排丘牛大牛也大車必革車也始言破車疲馬者謂攻戰之馳車也次言丘牛大車者即輜重之革車也公家車馬器械亦十損其六故智將務食於敵食敵一鍾當吾二十鍾萁秆一石當吾二十石曹操曰六斛四斗爲鍾萁豆稭也秆禾藁也石者一百二十斤也轉輸之法費二十石得一石一云萁音忌豆也七十斤爲一石當吾二十言遠費也○杜牧曰六

石四㪷爲一鍾一石一百二十斤萁豆稭也秆禾藁也或言萁秆藁也秦攻匈奴使天下運糧起於黄腄瑯琊負海之郡轉輸北河率三十鍾而致一石漢武建元中通西南夷作者數萬人千里負擔饋糧率十餘鍾致一石今校孫子之言食敵一鍾當吾二十鍾蓋約平地千里轉輸之法費二十石得一石不約道里蓋漏闕也黄腄音直瑞反又音誰在東萊北河即今之朔方郡○李筌曰遠師轉一鍾之粟費二十鍾方可達軍將之智也務食於敵以省已之費也○孟氏曰十斛爲鍾計千里轉運道路耗費二十鍾可致一鍾於軍中矣○梅堯臣註同曹操○王晳曰曹公曰萁豆稭也秆藁也石者百二十斤也轉輸之法費二十乃得一晳謂上文千里饋糧則轉輸之法謂千里耳萁今作萁秆故書爲芊當作秆○張預曰六石四㪷爲鍾一百二十斤爲石萁豆稭也秆禾藁也千里饋糧則費二十鍾石而得一鍾石到軍所若越險阻則猶不啻故秦征匈奴率三十鍾而致一石此言能將必因糧於敵也

故殺敵者怒也

曹操曰威怒以致敵○李筌曰怒者軍威也○杜牧曰萬人非能同心皆怒在我激之以勢使然也田單守即墨使燕人劓降者掘城中

人墳墓之類是也○賈林曰人之無怒則不肯殺○王晳曰兵主威
怒○何氏曰燕圍齊之即墨齊之降者盡劓齊人皆怒愈堅守田單
又縱反間曰吾懼燕人掘吾城外冢墓戮辱先人可爲寒心燕軍盡
掘壠墓燒死人即墨人從城上望見皆泣涕其欲出戰怒自十倍單
知士卒可用遂破燕師後漢班超使西域到鄯善會其吏士三十六
人與共飲酒酣因激怒之曰今俱在絕域欲立大功以求富貴虜使
到裁數日而王禮貌即廢如收吾屬送匈奴骸骨長爲豺狼食矣官
屬皆曰今在危亡之地死生從司馬超曰不入虎穴不得虎子當今
之計獨有因夜以火攻虜使彼不知我多少必大震怖可殄盡也滅
此虜則功成事立矣衆曰善初夜將吏士奔虜營會天大風超令十
人持鼓藏虜舍後約曰見火燃皆當鳴鼓大呼餘人悉持弓弩夾門
而伏超順風縱火虜衆驚亂衆悉燒死蜀龐統勸劉備襲益州牧劉
璋備曰此大事不可倉卒及璋使備擊張魯乃從璋求萬兵及資寶
欲以東行璋但許兵四千其餘皆給半備因激怒其衆曰吾爲益州
征強敵師徒勤瘁不遑寧居今積帑藏之財而悋於賞功望士大夫
爲出死力戰其可得乎由是相與破璋○張預曰激吾士卒使上下

同怒則敵可殺尉繚子曰民之所以戰者氣也謂氣怒則人人自戰

取敵之利者貨也曹操曰軍無財士不來軍無賞士不往○李筌曰利者益軍實也○杜牧曰使士見取敵之利者貨財也謂得敵之貨財必以賞之使人皆有欲各自為戰後漢荊州刺史度尚討桂州賊帥卜陽潘鴻等入南海破其三屯多獲珍寶而鴻等黨聚猶眾士卒驕富莫有鬬志尚曰卜陽潘鴻作賊十年皆習於攻守當須諸郡併力可攻之令軍恣聽射獵兵士喜悅大小相與從禽尚乃密使人潛焚其營珍積皆盡獵者來還莫不泣涕尚曰卜陽等財貨足富數世諸卿但不併力耳所亡少少何足介意眾聞咸憤踴願戰尚令秣馬蓐食明晨徑赴賊屯陽鴻不設備吏士乘銳遂破之此乃是也○孟氏同杜牧註○杜佑曰人知勝敵有厚賞之利則冒白刃當矢石而樂以進戰者皆貨財酬勳賞勞之誘也○梅堯臣曰殺敵則激吾人以怒取敵則利吾人以貨○王晳曰謂設厚賞耳若使眾貪利自取則或違節制耳○張預曰以貨啗士使人自為戰則敵利可取故曰重賞之下必有勇夫○皇朝太祖命將伐蜀諭之曰所得州邑當與我傾竭帑庫以饗士卒國家

所欲惟土疆耳於是將吏死戰所至皆下遂平蜀

故車戰得車十乘已上賞其先得者

曹操曰以車戰能得敵車十乘已上賞賜之不言車戰得車十乘已上者賞之而言賞得者何言欲開示賞其所得車之卒也陳車之法五車爲隊僕射一人十車爲官卒長一人車滿十乘將吏二人因而用之故別言賜之欲使將恩下及也或曰言使自有車十乘已上與敵戰但取其有功者賞之其十乘已下雖一乘獨得餘九乘皆賞之所以率進勵士也○李筌曰重賞而勸進也○杜牧曰夫得車十乘已上者蓋衆人用命之所致也若徧賞之則力不足與其所獲之車公家仍自以財貨賞其唱謀先登者此所以勸勵士卒故上文云取敵之利者貨也言十乘者舉其綱目也○賈林曰勸未得者使自勉也○梅堯臣曰徧賞則難周故獎一而勸百也○王晳曰以財賞其所先得之卒○張預曰車一乘凡七十五人以車與敵戰吾士卒能獲敵車十乘已上者吾士卒必不下千餘人也以其人衆故不能徧賞但以厚利賞其陷陳先獲者以勸餘衆古人用兵必使車奪車騎奪騎步奪步故吳起與秦人戰令三

軍曰若車不得車騎不得騎徒不得徒雖破軍皆無功**而更其旌旗**曹操曰與吾同也○李筌曰惡色與吾同○賈林曰令不識也○張預曰變敵之色令與己同**車雜而乘之**曹操曰不獨任也○李筌曰夫降虜之旌旗必更其色而雜其車車乃可用也○杜牧曰士卒自獲敵車任雜然自乘之官不錄也○梅堯臣曰車許雜乘旗無因故○王晢曰謂得敵車可與我車雜用之也○張預曰已車與敵車參雜而用之不可獨任也**卒善而養之**張預曰所獲之卒必以恩信撫養之俾爲我用**是謂勝敵而益強**曹操曰益己之強○李筌曰後漢光武破銅馬賊於南陽虜衆數萬各配部曲然人心未安光武令各歸本營乃輕行其間以勞之相謂曰蕭王推赤心置人腹中安得不投死乎於是漢益振則其義也○杜牧曰得敵卒也因敵之資益己之強○梅堯臣曰獲卒則任其所長養之以恩必爲我用也○王晢曰得敵卒則養之與吾卒同善者謂勿侵辱之也若厚撫初附或失人心○何氏曰因敵以勝敵何往不強○張預曰勝其敵而獲其車與卒既

爲我用則是增已之強光武推赤心人人投死之類也

故兵貴勝不貴久曹操曰久則不利兵猶火也不戢將自焚也○孟氏曰貴速勝疾還也○梅堯臣曰上所言皆貴速也速則省財用息民力也○何氏曰孫子首尾言兵久之理蓋知兵不可玩武不可黷之深也○張預曰久則師老財竭易以生變故但貴其速勝疾歸

故知兵之將生民之司命國家安危之主也曹操曰將賢則國安也○李筌曰將有殺伐之權威欲卻敵人命所繫國家安危在於此矣○杜牧曰民之性命國之安危皆由於將也○梅堯臣曰此言任將之重○王晳曰將賢則民保其生而國家安矣否則民被毒殺而國家危矣明君任屬可不精乎○何氏曰民之性命國之治亂皆主於將將之村難古今所患也○張預曰民之死生國之安危繫乎將之賢否

謀攻篇

曹操曰欲攻敵必先謀○李筌曰合陳爲戰圍城曰攻以此篇次戰之下○杜牧曰廟堂之上計筭已定戰爭之具糧食之費悉已用備可以謀攻故曰謀攻也○王晳曰謀攻敵之利害當全策以取之不

銳於伐兵攻城也○張預曰計議已定戰具已集然後可以智謀攻故次作戰

孫子曰凡用兵之法全國爲上破國次之曹操曰興師深入長驅距其城郭絕其內外敵擧國來服爲上以兵擊破敗而得之其次也○李筌曰不貴殺也韓信虜魏王豹擒夏說斬成安君此爲破國者及用廣武君計北首燕路遣一介之使奉咫尺之書燕從風而靡則全國也○賈林曰全得其國我國亦全乃爲上○杜佑曰敵國來服爲上以擊破爲次○王晳曰若韓信擧燕是也○何氏曰以方略氣勢令敵人以國降上策也○張預曰尉繚子曰講武料敵使敵氣失而師散雖形全而不爲之用此道勝也破軍殺將乘堙發機會衆奪地此力勝也然則所謂道勝力勝者即全國破國之謂也夫弔民伐罪全勝爲上爲不得已而至於破則其次也

全軍爲上破軍次之曹操杜牧曰司馬法曰一萬五千五百人爲軍何氏曰降其城邑不破我軍也

全旅爲上破旅次之曹操曰五

百人爲旅**全卒爲上破卒次之**曹操曰一校已上至一百人也○李筌曰百人已上爲卒○杜佑曰一校下至百人也**全伍爲上破伍次之**曹操曰百人已下至五人○李筌曰百人已下爲伍○杜牧曰五人爲伍○梅堯臣曰謀之大者全得之○王晳曰國軍卒伍不間小大全之則威德爲優破之則威德爲劣○何氏曰自軍至伍皆次序上下言之此意以策略取之爲妙不惟一軍至於一伍不可不全○張預曰周制萬二千五百人爲軍五百人爲旅百人爲卒五人爲伍自軍至伍皆以不戰而勝之爲上**是故百戰百勝非善之善者也**曹操曰未戰而戰自屈勝善也○李筌曰以計勝敵也○陳皥曰戰必殺人故也○賈林曰兵威遠振全來降伏斯爲上也詭詐爲謀摧破敵衆殘人傷物然後得之又其次也○杜佑曰未戰而敵自屈服○梅堯臣曰惡乎殺傷殘害也○張預曰戰而後能勝必多殺傷故云非善**不戰而屈人之兵善之善者也**曹操曰未戰而敵自屈服○杜

牧曰以計勝敵○陳皥曰韓信用李左車之計馳咫尺之書不戰而下燕城也○孟氏曰重廟勝也○王皙曰兵貴伐謀不務戰也○何氏曰後漢王霸討周建蘇茂既戰歸營賊復聚挑戰霸堅卧不出方饗士作倡樂茂雨射營中中霸前酒鐏霸安坐不動軍吏曰茂已破今易擊霸曰不然茂客兵遠來糧食不足故挑戰以徼一切之勝今閉營休士所謂不戰而屈人兵善之善也茂乃引退○張預曰明賞罰信號令完器械練士卒暴其所長使敵從風而靡則爲大善若吳王黃池之會晉人畏其有法而服之者是也

故上兵伐謀

曹操曰敵始有謀伐之易也○李筌曰伐其始謀也後漢寇恂圍高峻峻遣謀臣皇甫文謁恂辭禮不屈恂斬之報峻曰軍師無禮已斬之欲降急降不欲固守峻即日開壁而降諸將曰敢問殺其使而降其城何也恂曰皇甫文峻之心腹其取謀者留之則文得其計殺之則峻亡其膽所謂上兵伐謀諸將曰非所知也○杜牧曰晉平公欲攻齊使范昭往觀之景公觴之酒酣范昭請君之鐏酌公曰寡人之鐏進客范昭已飲晏子徹鐏更爲酌范昭佯醉不悦而起舞謂太師曰能爲我奏成周之樂乎吾爲舞之太師曰瞑臣不

晉范昭趨出景公曰晉大國也來觀吾政今子怒大國之使者將奈
何晏子曰觀范昭非陋於禮者且欲慙於國臣故不從也太師曰夫
成周之樂天子之樂也惟人主舞之今范昭人臣而欲舞天子樂臣
故不爲也范昭歸報晉平公曰齊未可伐臣欲辱其君晏子知之臣
欲犯其禮太師識之仲尼曰不越鐏俎之閒而折衝千里之外晏子
之謂也春秋時秦伐晉晉將趙盾禦之上軍佐臾駢曰秦不能久請
深壘固軍以待之秦人欲戰秦伯謂士會曰若何而戰對曰趙氏新
出其屬曰臾駢必實爲此謀將以老我師也趙有側室曰穿晉君之
壻也有寵而弱不在軍事好勇而狂且惡臾駢之佐上軍若使輕者
肆焉其可秦軍掩晉上軍趙穿追之不及返怒曰裹糧坐甲固敵是
求敵至不擊將何俟焉軍吏曰將有待也穿曰我不知謀將獨出乃
以其屬出趙盾曰秦獲穿也獲一卿矣秦以勝歸我何以報乃皆出
戰交綏而退夫晏子之對是敵人將謀伐我我先伐其謀故敵人不
得而伐我士會之對是我將謀伐敵敵人有謀拒我乃伐其謀敵人
不得與我戰斯二者皆伐謀也故敵欲謀我伐其未形之謀我若伐
敵敗其已成之計固非止於一也○孟氏曰九攻九拒是其謀也○

杜佑曰敵方設謀欲舉衆師伐而抑之是其上故太公云善除患者
理於未生善勝敵者勝於無形也○梅堯臣曰以智勝○王晳曰以
智者屈人最爲上○何氏曰敵始謀攻我我先攻之易也揣知敵人
謀之趣向因而加兵攻其彼心之發也○張預曰敵始發謀我從而
攻之彼必喪計而屈服若晏子之沮范昭是也或曰伐謀
者用謀以伐人也言以奇策秘算取勝於不戰兵之上也**其次伐**
交曹操曰交將合也○李筌曰伐其始交也蘇秦約六國不事秦
而秦閉關十五年不敢窺山東也○杜牧曰非止將合而已合
之者皆可伐也張儀願獻秦地六百里於楚懷王請絶齊交隨何於
黥布坐上殺楚使者以絶項羽曹公與韓遂交馬語以疑馬超高洋
以蕭深明請和於梁以疑侯景終陷臺城此皆伐交權道變化非一
途也○陳皥曰或云敵已與師交合伐而勝之是其次也若晉文公
敵宋攜離曹衛也○孟氏曰交合強國敵不敢謀○梅堯臣曰以威
勝○王晳曰謂未能全屈敵謀當且間其交使之解散彼交則事鉅
敵堅彼不交則事小敵脆也○何氏曰杜稱已上四事乃親而離之
之義也伐交者兵欲交合設疑兵以懼之使進退不得因來屈服旁

鄰既爲我援，敵不得不孤弱也○張預曰兵將交戰將合則伐之傳曰先人有奪人之心謂兩軍將合則先薄之孫叔敖之敗晉師厨人濮之破華氏是也或曰伐交者用交以伐人也言欲舉兵伐敵先結鄰國爲犄角之勢則我彊而敵弱

其次伐兵

曹操曰兵形已成也○李筌曰臨敵對陳兵之下也○賈林曰善於攻取舉無遺策又其次也故太公曰爭勝於白刃之前者非良將也○梅堯臣曰以戰勝○王晳曰戰者危事○張預曰不能敗其始謀破其將合則畢利兵器以勝之兵者器械之揔名也太公曰必勝之道器械爲寶

其下攻城

曹操曰敵國已收其外糧城守攻之爲下攻也○李筌曰夫王師出境敵則開壁送款舉櫬轅門百姓怡悅攻之上也若頓兵堅城之下師老卒惰攻守勢殊客主力倍以此攻之爲下也○杜佑曰言攻城屠邑攻之下者所害者多○梅堯臣曰費財役爲最下○王晳曰士卒殺傷城或未克○張預曰夫攻城屠邑不惟老師費財兼亦所害者多是爲攻之下者

攻城之法爲不得已

張預曰攻城則力屈所以必攻者蓋不獲已耳

修櫓轒

轀具器械三月而後成距闉又三月而後已

曹操曰修治也櫓大楯也轒轀者轒牀也轒牀其下四輪從中推之至城下也具備也器械者機關攻守之惣名飛樓雲梯之屬距闉者踊土積高而前以附其城也○李筌曰櫓楯也以蒙首而趨城下轒轀者四輪車也其下藏兵數十人塡隍推之直就其城木石所不能壞也器械飛樓雲梯板屋木幔之類也距闉者土木山乘城也東魏高歡之圍晉州侯景之攻臺城則其器也役約三月恐兵久而人疲也○杜牧曰櫓即今之所謂彭排轒轀四輪車排大木爲之上蒙以生牛皮下可容十人往來運土塡壍木石所不能傷今俗所謂木驢是也距闉者積土爲之即今之所謂壘道也三月者一時也言修治器械更其距闉皆須經時精好成就恐傷人之甚也管子曰不能致器者困言無以應敵也太公曰必勝之道器械爲寶漢書志曰兵之伎巧一十有三家習手足便器械機關以立攻守之勝者夫攻城者有撞車剗鈎車飛梯蝦蟇木解合車狐鹿車影車高障車馬頭車獨行車運土豚魚車○陳皥曰杜稱櫓爲彭排非也若是彭排即當用

此楯字曹云大楯櫓或近之蓋言候器械全具須三月距闉又三月已計六月將若不待此而生忿速必多殺士卒故下云將不勝其忿而蟻附之災也○杜佑曰轒轀上汾下温距闉者踊土積高而前以附於城也積土為山曰堙以距敵城觀其虛實春秋傳曰楚司馬子反乘堙而闚宋城也○梅堯臣曰威智不足以屈人不獲已而攻城也治攻具須經時也曹公曰櫓大楯也轒轀者轒牀也其下四輪從中推至城下也器械機關攻守之揔名蜚梯之屬也謂櫓為大楯非也兵之具甚衆何獨言修大楯耶今城上守禦樓曰櫓櫓是轒牀上華屋以蔽矢石者歟○張預曰脩櫓大楯也傳曰晉侯登巢車以望楚軍註云巢車車上為櫓又晉師圍偪陽魯人建大車之輪蒙之以甲以為櫓左執之右拔戟以成一隊註云櫓大楯也以此觀之脩櫓為大楯明矣轒轀四輪車其下可覆數十人運土以實隍者器械攻城揔名也三月者約經時成也或曰孫子戒心忿而亟攻之故權言以三月成器械三月起距堙其實不必三月也城尚不能下則又積土與城齊使士卒上之或觀其虛實或毀其樓櫓欲必取也土山曰堙楚子反乘堙而闚宋城是也器械言成者取其久而成就也距堙

言已者以其經時而畢上也皆不得已之謂將不勝其忿而蟻附之殺士三分之一而城不拔者此攻之災也曹操曰將忿不待攻城器而使士卒緣城而上如蟻之緣墻殺傷士卒也○李筌曰將怒而不待攻城而使士卒肉薄登城如蟻之所附墻爲木石所殺之者三有一焉而城不拔者此攻之災也○杜牧曰此言爲敵所辱不勝忿怒也後魏太武帝率十萬衆寇宋臧質于盱眙太武帝始就質求酒質封溲便與之太武大怒遂攻城乃命肉薄登城分番相代墜而復昇莫有退者屍與城平復殺其高梁王如此三旬死者過半太武聞彭城斷其歸路見疾疫甚衆乃解退傳曰一女乘城可敵十夫以此校之尚恐不啻○賈林曰但使人心外附士卒內離城乃自拔○杜佑曰守過二時敵人不服將不勝心之忿多使士卒蟻附其城殺傷我士民三分之一也言攻趣不拔還爲已害故韓非曰夫一戰不勝則過豐矣○何氏曰將心忿急使士卒如蟻緣而登死者過半城且不下其害也已○張預曰攻逾二時敵猶不服將心忿躁不能持久使

戰士蟻緣而登城則其士卒爲敵人所殺三中之一而堅城終不可拔茲攻城之害也已或曰將心忿速不俟六月之久而亟攻之則其害如此

故善用兵者屈人之兵而非戰也

李筌曰以計屈敵非戰之屈者晉將郭淮圍麴城蜀將姜維來救淮趨牛頭山斷維糧道及歸路維大震不戰而遁麴城遂降則不戰而屈之義也○杜牧曰周亞夫敵七國引兵東北壁昌邑以梁委吳使輕兵絕吳餉道吳梁相弊而食竭吳遁去因追擊大破之蜀將姜維使將句安李歆守麴城魏將陳泰圍之姜維來救出自牛頭山與泰相對泰曰兵法貴在不戰而屈人今絕牛頭維無返道則我之擒也諸軍各守勿戰絕其還路維懼遁走安等遂降○梅堯臣曰戰則傷人○王晳曰若李左車說成安君請以奇兵三萬人扼韓信於井陘之策是也○何氏曰言伐謀伐交不至於戰故司馬法曰上謀不鬬其旨見矣○張預曰前所陳者庸將之爲耳善用兵者則不然或破其計或敗其交或絕其糧或斷其路則可不戰而服之若田穰苴明法令拊士卒燕晉聞之不戰而遁亦是也

拔人之城而非

攻也李筌曰以計取之後漢鄭侯臧宫圍妖賊於原武連月不士卒疾癘東海王謂宫曰今擁兵圍必死之虜非計也宜圍開其生路而示之彼必逃散一亭長足擒也從之而拔原武魏攻壺關亦其義也○杜牧曰司馬文王圍諸葛誕於壽春議者多欲急攻之文王以誕城固衆多攻之力屈若有外救表裏受敵此至危之道也吾當以全策縻之可坐制也誕二年五月反三年二月破滅六軍按甲深溝高壘而誕自困十六國前燕將慕容恪率兵討段龕於廣固恪圍之諸將勸恪急攻之恪曰軍勢有緩而克敵有急而取之若彼我勢既均外有強援力足制之當羈縻守之以待其斃乃築室反耕嚴固圍壘終克廣固曾不血刃也○孟氏曰言以威刑服敵不攻而取若鄭伯肉袒以迎楚莊王之類○梅堯臣曰攻則傷財○王晳曰若唐太宗降薛仁杲是也○張預曰或攻其所必救使敵棄城而來援則設伏取之若耿弇攻臨淄而克西安脅巨里而斬費邑是也或外絕其強援以久持之坐俟其斃若楚師築室反耕以服宋是也茲皆不攻而拔城之義也

毀人之國而非久也曹操曰毀滅人國不久露師也○李筌曰

以術毀人國不久而斃隋文問僕射高熲伐陳之策熲曰江外田收與中國不同伺彼農時我正暇豫徵兵掩襲彼釋農守禦俟其聚兵我便解退再三若此彼農事疲矣又南方地卑舍悉茅竹倉庫儲積悉依其間密使行人因風縱火俟其營立更為之行其謀陳始病也○杜牧曰因敵有可乘之勢不失其機如摧枯朽沛公入關晉降孫皓隋取陳氏皆不久之○賈林曰兵不可久久則生變但毀滅其國不傷殘於人若武王伐殷殷人稱為父母○杜佑曰若誅理暴逆毀滅敵國不暴師眾也○梅堯臣曰久則生變○王晳同梅堯臣註○何氏曰善攻者不以兵攻以計困之令其自拔令其自毀非勞久守而取之也○張預曰以順討逆以智伐愚師不久暴而敵國滅何假六月之稽乎

必以全爭於天下故兵不頓而利可全

此謀攻之法也

曹操曰不與敵戰而必完全得之立勝於天下不頓兵血刃也○李筌曰以全勝之計爭天下是以不頓收利也○梅堯臣曰全爭者兵不戰城不攻毀不久皆以謀而屈敵是曰謀攻故不鈍兵利自完○張預曰不戰則士不

傷不攻則力不屈不久則財不費以完全立勝於天下故無頓兵血刃之害而有國富兵強之利斯良將計攻之術也

故用兵之法十則圍之曹操曰以十敵一則圍之是將智勇等而兵利鈍均也若主弱客強操所以倍兵圍下邳生擒呂布也○杜牧曰圍者謂四面壘合使敵不得逃逸凡圍四合必須去敵城稍遠占地既廣守備須嚴若非兵多則有闕漏故用兵有十倍也呂布敗是上下相疑侯成執陳宮委布降所以能擒非曹公兵力而能取之若上下相疑政令不一設使不圍自當潰叛何況圍之固須破滅孫子所言十則圍之是將勇智等而兵利鈍均不言敵人自有離叛曹公稱倍兵降布蓋非圍之力窮也此不可以訓也○李筌曰愚智勇怯等十倍於敵則圍之攻守殊勢也○杜佑曰以十敵一則圍之是爲將智勇等而兵利鈍均也若主弱客勁不用十也曹公操所以倍兵圍下邳生擒呂布若敵壘固守依附險阻彼一我十乃可圍也敵雖盛所據不便未必十倍然後圍之○梅堯臣曰彼一我十可以圍○何氏曰圍者四面合兵以圍城而校量彼我兵勢將才愚智勇怯等而我十倍勝於敵人是以十對一可

以圍之無令越逸也○張預曰吾之衆十倍於敵則四面圍合以取之蓋爲將智勇等而兵利鈍均也若主弱客強不必十倍然後圍之尉繚子曰守法一而當十十而當百百而當千千而當萬言守者十人而當圍者百人與此法同

五則攻之

曹操曰以五敵一則三術爲正一術爲奇○李筌曰五則攻之攻守勢殊也○杜牧曰術猶道也言以五敵一則當取己三分爲三道以攻敵之一面留己之二候其無備之處出奇而乘之西魏末梁州刺史宇文仲和據州不受代魏將獨孤信率兵討之仲和嬰城固守信夜令諸將以衝梯攻其東北信親帥將士襲其西南遂克之也○陳皥曰兵說五倍於敵自是我有餘力彼之勢分也豈止分爲三道以攻敵此獨說攻城故下文云小敵之堅大敵之擒也○杜佑曰若敵并兵自守不與我戰彼一我五乃可攻戰也或無敵人內外之應未必五倍然後攻○梅堯臣同杜佑註○王晳曰謂十圍而取五則攻者皆勢力有餘不待其虛懈也此以下亦謂智勇利鈍均耳○何氏曰愚者勇恃等量我五倍多於敵人可以三分攻城二分出奇以取勝○張預曰吾之衆五倍於敵則當驚前掩後衝東擊西無五倍之衆則

不能爲此計曹公謂三術爲正二術爲奇不其然乎若敵無外援我有內應則不須五倍然後攻之倍則分之曹操曰以二敵一則一術爲正一術爲奇○李筌曰夫兵者倍於敵則分半爲奇我衆彼寡動而難制符堅至淝水不分而敗王僧辯至張公洲分而勝也○杜牧曰此言非也此言以二敵一則當取己之一或趣敵之要害或攻敵之必救使敵一分之中復須分減相救因以一分而擊之夫戰法非論衆寡每陳皆有奇正非待人衆然後能設奇項羽於烏江二十八騎尚不聚之猶設奇正循環相救況於其他哉○陳皥曰直言我倍於敵分兵趨其所必救即我倍中更倍以擊敵之中分也杜雖得之未盡其說也○杜佑曰已二敵一則一術爲正一術爲奇彼一我二不足爲變故疑兵分離其軍也故太公曰不能分移不可以語奇○梅堯臣曰彼一我二可分其勢○王晳曰謂分者分爲二軍使其腹背受敵則我得一倍之利也○何氏曰兵倍於敵則分半爲奇我衆彼寡足可分兵主客力均善戰者勝也○張預曰吾之衆一倍於敵則當分爲二部一以當其前一以衝其後彼應前則後擊之應後則前擊之茲所謂一術爲正一術爲奇也杜氏不

曉兵分則爲奇聚則爲正而遠非曹公何誤也**敵則能戰之**曹操曰己與敵人衆等善者猶當設伏奇以勝之○李筌曰主客力敵惟善者戰○杜牧曰此說非也凡己與敵人兵衆多少智勇利鈍一且相敵則可以戰夫伏兵之設或在敵前或在敵後或因深林叢薄或因晝夜昏晦或因隘阨山阪擊敵不備自名伏兵非奇兵也○陳皞曰、已與敵人衆寡相等先爲奇兵可勝之計則戰之故下文云不若則能逃之杜說奇伏得之也○梅堯臣曰勢力均則戰○王晳曰謂能有能感士卒心得其死戰耳若設奇伏以取勝是謂智優不在兵敵也○何氏曰敵言等敵也唯能者可以戰勝耳○張預曰彼我相敵則以正爲奇以奇爲正變化紛紜使敵莫測以與之戰兹所謂設奇伏以勝之也杜氏不曉凡置陳皆有揚奇備伏而云伏兵當在山林非也**少則能逃之**曹操曰高壁堅壘勿與戰也○李筌曰量力不如則堅壁不出挫其鋒待其氣懈而出奇擊之齊將田單守即墨燒牛尾即殺騎劫則其義也○杜牧曰兵不敵且避其鋒尚俟隙便奮決求勝言能者謂能忍忿受耻敵人求挑不出也不似曹咎氾水之戰也○陳皞曰此說非也但敵人兵倍於我則宜避之以驕其志用爲後圖若謂忍忿受耻太宗辱宋老生以虜其衆豈是兵力不等也○賈林曰彼衆我寡逃匿兵形不令敵知當設奇伏以待之設詐以疑之亦取勝之道又一云逃匿兵形敵不知所備懼其變詐全軍亦逃○杜佑曰高壁壘勿與戰也彼之衆我之寡不可敵則當自逃守匿其形○梅堯臣曰彼衆我寡去而勿戰○王晳曰逃伏也謂能倚固逃伏以自守也傳曰師逃于夫人之宫或兵少而有以勝者蓋將優卒強耳○何氏曰兵少固壁觀變潛形見可則進○張預曰彼衆我寡宜逃去之勿與戰是亦爲將智勇等而兵利鈍均也若我治彼亂我奮彼怠則敵雖衆亦可以合戰若吳起以五百乘破秦五十萬衆謝玄以八千卒敗符堅一百萬豈須逃之乎

不若則能避之

曹操曰引兵避之也○杜牧曰言不若者勢力交援俱不如也則須速去之不可遷延也如敵人守我要害發我津梁合圍於我則欲去不復得也○杜佑曰引兵備之強弱不敵勢不相若則引軍避待利而動○梅堯臣曰勢力不如則引而避○王晳曰將與兵俱不若遇敵攻必敗也○張預曰兵力謀勇皆劣於敵則當引

而避之以伺其隙**故小敵之堅大敵之擒也**曹操曰小不能當大也○李筌曰小敵不量力而堅戰者必爲大敵所擒也漢都尉李陵以步卒五千之衆對十萬之軍而見殁匈奴也○杜牧曰言堅者將性堅忍不能逃不能避故爲大者之所擒也○孟氏曰小不能當大也言小國不量其力敢與大邦爲讎雖權時堅城固守然後必見擒獲春秋傳曰旣不能強又不能弱所以敗也○梅堯臣曰不逃不避雖堅亦擒○王晳註同梅堯臣○何氏曰如右將軍蘇建前將軍趙信將兵三千餘人與大將軍衛青分行獨逢單于兵數萬力戰一日漢兵且盡前將軍信胡人降爲翕侯匈奴誘之遂將其餘騎可八百餘奔降單于右將軍蘇建遂盡亡其軍獨以身得亡自歸大將軍問其正閎長史安議郎周霸等建爲云何霸曰自大將軍出未嘗斬一裨將今建棄軍可斬以明威重閎安曰不然兵法小敵之堅大敵之擒也今建獨以數千當單于數萬力戰一日餘士盡不敢有二心自歸而斬之是示後人無歸意也○張預曰小敵不度強弱而堅戰必爲大敵之所擒息侯屈於鄭伯李陵降於匈奴是也孟子曰小固不可以敵大弱固

不可以敵強寡固不可以敵衆**夫將者國之輔也輔周則國必強**曹操曰將周密謀不泄也○李筌曰輔猶助也將才足則兵必強○杜牧曰才周也○賈林曰國之強弱必在於將將輔於君而才周其國則強不輔於君內懷其貳則弱擇人授任不可不慎○何氏曰周謂才智具也得才智周備之將國乃安強也**輔隙則國必弱**曹操曰形見於外也○李筌曰隙缺也將才不備兵必弱○杜牧曰才不周也○梅堯臣曰得賢則周備失士則隙缺○王晳曰周謂將賢則忠才兼備隙謂有所缺也○何氏曰言其才不可不周用事不可不周知也故將在軍必先知五事六行五權之用與夫九變四機之說然後可以內御士衆外料戰形苟昧於茲雖一日不可居三軍之上矣○張預曰將謀周密則敵不能窺故其國強微缺則乘釁而入故其國弱太公曰得士者昌失士者亡**故君之所以患於軍者三**梅堯臣曰患君之所不知○孟氏曰已下語是○張預曰下三事也**不知軍之不可**

以進而謂之進不知軍之不可以退而謂之退是謂縻軍曹操曰縻御也○李筌曰縻絆也不知進退者軍必敗如絆驥足無馳驟也楚將龍且逐韓信而敗是不知其進秦將苻融揮軍少却而敗是不知其退○杜牧曰猶駕御縻絆使不自由也君國君也患於軍者爲軍之患害也夫授鉞凶門推轂閫外之事將軍裁之如趙充國欲爲屯田漢宣必令決戰孫皓臨滅賈充尚請班師此不知進退之謂也○賈林曰軍之進退將可臨時制變君命内御患莫大焉故太公曰國不可以從外治軍不可以從中御○杜佑曰縻御也靡爲反君不知軍之形勢而欲從中御也○梅堯臣曰君不知進退之宜而專進退是縻繫其軍六韜所謂軍不可以從中御○王晳曰縻繫也去此患則當許以不御之權故必忠才兼備之臣爲之將也○張預曰軍未可以進而必使之進軍未可以退而必使之退是謂縻絆其軍也故曰進退由内御則功難成不知三軍之事而同三軍之政者則軍士

惑矣曹操曰軍容不入國國容不入軍禮不可以治兵也○李筌曰任將不以其人也燕將慕容評出軍所在因山泉賣樵水貪鄙積貨爲三軍帥不知其政也○杜牧曰蓋謂禮度法令自有軍法從事若使同於尋常治國之道則軍士生惑矣至如周亞夫見天子不拜漢文知其勇不可犯魏尚守雲中上首級爲有司所劾馮唐所以發憤也○杜佑曰夫治國尚禮義兵貴於權詐形勢各異教化不同而君不知其變軍國一政以用治民則軍士疑惑不知所措故兵經曰在國以信在軍以詐也○陳皡曰言不知三軍之事遣衆沮議左傳稱晉彘季不從軍師之謀而以偏師先進終爲楚之所敗也○梅堯臣曰不知治軍之務而參其政則衆惑亂也曹公引司馬法曰軍容不入國國容不入軍是也○何氏曰軍國異容所治各殊欲以治國之法以治軍旅則軍旅惑亂○張預曰仁義可以治國而不可以治軍權變可以治軍而不可以治國理然也虢公不修慈愛而爲晉所滅晉侯不守四德而爲秦所克是不以仁義治國也齊侯不射君子而敗於晉宋公不擒二毛而衂於楚是不以權變治軍也故當仁義而用權譎則國必危晉虢是也當權變而尚禮義則兵必敗

齊宋是也然則治國之道固不可以治軍也不知三軍之權而同三軍之任則軍士疑矣曹操曰不得其人意也○杜牧曰謂將無權者不能銓度軍士各任所長而雷同使之不盡其材則三軍生疑矣黃石公曰善任人者使智使勇使貪使愚智者樂立其功勇者好行其志貪者邀趨其利愚者不顧其死○陳皥曰將在軍權不專制任不自由三軍之士自然疑也○杜佑曰不得其人也君之任將當精擇焉將若不知權變不可付以勢位苟授非其人則舉措失所軍覆敗也若趙不用廣武君而用成安君○梅堯臣曰不知權謀之道而參其任用則衆疑貳也○王晳曰政也權也使不知者同之則動有違異必相牽制也是則軍衆疑惑矣裴度所以奏去監軍平蔡州也此皆由君上不能專任賢將則使同之故通謂之三患○何氏曰不知用兵權謀之人用之爲將則軍不治而士疑○張預曰軍吏中有不知兵家權謀之人而使同居將帥之任則政令不一而軍疑矣若邲之戰中軍帥荀林父欲還裨將先縠不從爲彘所敗是也近世以中官監軍其患正如此高崇文伐蜀因罷之

遂能成功三軍既惑且疑則諸侯之難至矣是謂亂軍引勝曹操曰引奪也○李筌曰引奪也兵權道也不可謬而使處趙上卿藺相如言趙括徒能讀其父書然未知合變王令以名使括如膠柱鼓瑟此則不如三軍之權而同三軍之任趙王不從果有長平之敗諸侯之難至也○杜牧曰言我軍疑惑自致擾亂如引敵人使勝我也○孟氏曰三軍之衆疑其所任惑其所爲則鄰國諸侯因其乖錯作難而至也太公曰疑志不可以應敵○梅堯臣曰君徒知制其將不能用其人而乃同其政任俾衆疑惑故諸侯之難作是自亂其軍自去其勝○王晳曰引諸侯勝己也○何氏曰士疑惑而無畏則亂故敵國得以乘我隙釁而至矣○張預曰軍士疑惑未肯用命則諸侯之兵乘隙而至是自潰其軍自奪其勝也

故知勝有五李筌曰謂下五事也○張預曰下五事也知可以戰與不可以戰者勝李筌曰料人事逆順然後以太一遁甲筭三門遇奇五將無關格迫脅主客之計者必勝也○

杜牧曰下文所謂知彼知己是也○孟氏曰能料知敵情審其虛實者勝也○梅堯臣曰知可不可之宜○王晳曰可則進否則止保勝之道也○何氏曰審己與敵○張預曰可戰則進攻不可戰則退守能審攻守之宜則無不勝**識衆寡之用者勝**李筌曰量力也○杜牧曰先知敵之衆寡然後起兵以應之如王翦伐荆曰非六十萬不可是也○杜佑曰言兵之形有衆而不可擊寡或可以弱制強而能變之者勝也故春秋傳曰師克在和不在衆是也○梅堯臣曰量力而動○王晳曰謂我對敵兵之衆寡圍攻分戰是也○張預曰用兵之法有以少而勝衆者有以多而勝寡者在乎度其所用而不失其宜則善如吳子所謂用衆者務易用少者務隘是也**上下同欲者勝**曹操曰君臣同欲○李筌曰觀士卒心上下同欲如報私仇者勝○陳皥曰言上下共同其利欲則三軍無怨敵可勝也傳曰以欲從人則可以人從欲鮮濟也○杜佑曰言君臣和同勇而戰者勝故孟子曰天時不如地利地利不如人和○梅堯臣曰心齊一也○王晳曰上下一心若先穀剛愎以取敗呂布違異以致亡皆上下不同欲之

所致○何氏曰書云受有億兆夷人離心離德予有亂臣十人同心同德商滅而周興○張預曰百將一心三軍同力人人欲戰則所向無前矣

以虞待不虞者勝

李筌杜牧曰有備預也○孟氏曰虞度也左傳曰不備不虞不可以師待敵之可勝也○陳皞曰謂先爲不可勝之師待敵之可勝也○杜佑曰虞度也以我有法度之師擊彼無法度之兵○梅堯臣曰慎備非常○王晳曰以我之虞待敵之不虞也○何氏曰春秋時城濮之役晉無楚備以敗於邲邲之役楚無晉備以敗於鄢自鄢已來晉不失備而加之以禮重之以睦是以楚弗能加晉又周末荆人伐陳吳救之軍行三十里雨十日夜不見星左史倚相謂大將子期曰雨十日夜甲輯兵聚吳人必至不如備之乃爲陳而吳人至見荆有備而反左史曰其反覆六十里其君子休小人爲食我行三十里擊之必克從之遂破吳軍魏大將軍南征吳到積湖魏將滿寵帥諸軍在前與敵隔水相對寵令諸將曰今夕風甚猛賊必來燒營宜豫爲之備諸軍皆警夜半賊果遣十部來燒營寵掩擊破之又春秋衛人以燕師伐鄭鄭祭足原繁洩駕以三軍軍其前使曼伯與子元潛軍軍

其後燕人畏鄭三軍而不虞制人六月鄭二公子以制人敗燕師于北制君子曰不備不虞不可以師又楚子重自陳伐莒圍渠丘渠丘城惡衆潰奔莒楚入渠丘莒人囚楚公子平楚人曰勿殺吾歸而俘莒人殺之楚師圍莒莒城亦惡庚申莒潰楚遂入鄆莒無備故也君子曰恃陋而不備罪之大者也備豫不虞善之大者也莒恃其陋而不修城郭浹辰之間而楚克其三都無備也夫○張預曰常爲不可勝以待敵故吴起曰出門如見敵士季曰有備不敗

將能而君不御者勝

曹操曰司馬法曰進退惟時無曰寡人也○李筌曰將在外君命有所不受者勝真將軍也吴伐楚吴公子光弟夫槩王至請擊楚子常不許夫槩曰所謂見義而行不待命也今日我死楚可入也以其屬五千先擊子常敗之審此則將能而君不能御也晉宣帝拒諸葛於五丈原天子使辛毗仗節軍門曰敢問戰者斬亮聞笑曰苟能制吾豈千里請戰假言天子不許示武於衆此是不能之將○杜牧曰尉繚子曰夫將者上不制乎天下不制乎地中不制乎人故兵者凶器也將者死官也○杜佑曰將既精能曉練兵勢君能專任事不從中御故王子曰指授在

君決戰在將也○梅堯臣曰自閫以外將軍制之○王晳曰君御將者不能絕疑忌耳若賢明之主必能知人固當委任以責成效轂授鉞是其義也攻戰之事一以專之不從中御所以一威且盡才也況臨敵乘機間不容髮安可遙制之乎○何氏曰古者遣將於太廟親操鉞持其首授其柄曰從此以上至天者將軍制之乃復操柄授與刃曰從是以下至淵者將軍制之故李牧之為趙將居邊軍市之租皆自用饗士賞賜決於外不從中御也周亞夫之軍細柳軍中唯聞將軍之命不聞天子之詔也蓋用兵之法一步百變見可則進知難而退而曰有王命焉是白大人以救火也未及反命而煨燼久矣曰有監軍焉是作舍道邊也謀無適從而終不可成矣故御能將而責平猾虜者如絆韓盧而求獲狡兎者又何異焉○張預曰將有智勇之能則當任以責成功不可從中御也故曰閫外之事將軍裁之

此五者知勝之道也曹操曰此上五事也**故曰知彼知己者百戰不殆**李筌曰量力而拒敵有何危殆乎○杜牧曰以我之政料敵之政以我之將料敵之將以我之

衆料敵之衆以我之食料敵之食以我之地料敵之地校量巳定優劣短長皆先見之然後兵起故有百戰百勝也○孟氏曰審知彼巳強弱利害之勢雖百戰實無危殆也○梅堯臣曰彼己五者盡知之故無敗○王晳曰殆危也謂校盡彼我之情知勝而後戰則百戰不危○張預曰知彼知己者攻守之謂也知彼則可以攻知己則可以守攻是守之機守是攻之策苟能知之雖百戰不危也或曰士會察楚師之不可敵陳平料劉項之長短是知彼知己也

不知彼而知己一勝一負

李筌曰自以己強而不料敵則勝負未定秦主符堅以百萬之衆南伐或謂曰彼有人焉謝安桓沖江表偉才不可輕之堅曰我以八州之衆士馬百萬投鞭可斷江水何難之有後果敗績則其義也○杜牧曰恃我之強不知敵不可伐者一勝一負王猛將終諫符堅曰晉氏雖在江表而正朔所稟謝安桓沖江表偉人不可伐也及堅南伐曰吾士馬百萬投鞭可濟遂有淝水之敗也○陳皥曰杜說乃是出兵無名而伐無罪所以敗也非一勝一負之義○杜佑曰雖不知敵之形勢恃己能克之者勝負各半○梅堯臣曰自知己者勝負半也

王晳曰但能計己不知敵之強弱則或勝或負○張預曰唐太宗曰今之將臣雖未能知彼苟能知己則安有不利乎所謂知己者守吾氣而有待焉者也故知守而不知攻則勝負之半

不知彼不知己每戰必殆

李筌曰是謂狂寇不敗何待也○杜佑曰外不料敵內不知己用戰必殆○梅堯臣曰一不知何以勝○王晳曰全昧於計也○張預曰攻守之術皆不知以戰則敗

形篇

曹操曰軍之形也我動彼應兩敵相察情也○李筌曰形謂主客攻守八陳五營陰陽向背之形○杜牧曰因形見情無形者情密有形者情疎密則勝疎則敗也○王晳曰形者定形也謂兩敵強弱有定形也善用兵者能變化其形因敵以制勝○張預曰兩軍攻守之形也隱於中則人不可得而知見於外則敵乘隙而至形因攻守而顯故次謀攻

孫子曰：昔之善戰者，先爲不可勝，張預曰：所謂知己者也。以待敵之可勝。梅堯臣曰：藏形内治，伺其虛懈。○張預曰：所謂知彼者也。不可勝在己，可勝在敵。曹操曰：自修理，以待敵之虛懈也。○李筌曰：夫善用兵者，守則深壁，多具軍食，善其教練；攻其城則尚撞棚、雲梯、土山、地道；陳則在山川丘陵，背孤向虛，從疑擊閒。善戰者犄角勢連，首尾相應者，爲不可勝也。夫善戰者能爲不可勝，不能使敵之必可勝，故曰：勝可知而不可爲。不可勝者，守也；可勝者，攻也。此數者以爲可勝也。○杜牧曰：自整軍事，長有待敵之備，閉跡藏形，使敵人不能測度，因伺敵人有可乘之便，然後出而攻之。○杜佑曰：先咨之廟堂，慮其危難，然後高壘深溝，使兵練習，以此守備之，故待敵之闕則可勝之，言制敵在外，故自修理以俟敵之虛懈，已見敵有闕漏之形，然後可勝。○王晳曰：不可勝者，修道保法也；可勝者，有所隙耳。○張預曰：守之故在己，攻之故在彼。故善戰者能爲不可勝，杜牧曰：不可勝

者上文註解所謂修整軍事閑形藏跡是也此事在己故曰能爲○張預曰藏形晦跡居常嚴備則己能焉**不能使**

敵之可勝杜牧曰敵若無形可窺無虛懈可乘則我雖操可勝之具亦安能取勝敵乎○賈林曰敵有智謀深爲已備不能強令不已備○杜佑曰在己故練兵士策與道合深爲備者亦不可強勝之○梅堯臣曰在己故能爲在敵故無必○王晳曰在敵不在我也○張預曰若敵強弱之形不顯於外則我豈能必勝於彼

故曰勝可知曹操曰見成形也○杜牧曰知者但能知己之力可以勝敵也○陳皞曰取勝於形勝可知也

而不可爲曹操曰敵有備故也○杜牧曰言我不能使敵人虛懈爲我可勝之資○賈林曰敵若隱而無形不可強爲勝敗○杜佑曰敵有備也已料敵見敵形者則勝負可知若敵密而無形亦不可強使爲敗故范蠡曰時不至不可強生事不究不可強成○梅堯臣曰敵有闕則可知敵無闕則不可爲○何氏曰可知之勝在我我有備也不可爲之勝在敵敵無形也○張預曰己有備則勝可知敵有備則不可爲

不可勝者

守也曹操曰藏形也○杜牧曰言未見敵人有可勝之形已則藏形爲不可勝之備以自守也○杜佑曰藏形也若未見其形彼衆我寡則自守也○梅堯臣曰且有待也○何氏曰未見敵人形勢虛實有可勝之理則宜固守○張預曰知己未可以勝則守其氣而待之可勝者攻也曹操曰敵攻已乃可勝○李筌曰夫善用兵者守則高壘堅壁也攻則橦棚雲梯土山地道陳左川澤右丘陵背孤向虛從疑擊間識辨五令以節衆勢連首尾相應者爲不可勝也無此數者以爲可勝也○杜牧曰敵人有可勝之形則當出而攻之○杜佑曰敵攻已乃可勝也已見其形彼寡我衆則可攻○梅堯臣曰見其闕也○王晳曰守者以於勝不足攻者以於勝有餘○張預曰知彼有可勝之理則攻其心而取之守則不足攻則有餘曹操曰吾所以守者力不足也所以攻者力有餘也○李筌曰力不足者可以守力有餘者可以攻也○梅堯臣曰守則知力不足攻則知力有餘○張預曰吾所以守者謂取勝之道有所不足故且待之吾所以攻者謂勝敵之事已有其餘故出擊之言非百勝不戰非萬全不

闕也後人謂不足爲弱有餘爲強者非也善守者藏於九地之下善攻者動於九天之上故能自保而全勝也曹操曰因山川丘陵之固者藏於九地之下因天時之變者動於九天之上○李筌曰天一遁甲經云九天之上可以陳兵九地之下可以伏藏常以直符加時干後一所臨宮爲九天後二所臨宮爲九地地者靜而利藏天者運而利動故魏武不明二遁以九地爲山川九天爲天時也夫以天一太一之遁幽微知而用之故全也經云之三避五尅然獨處能知三五横行天下以此法出不拘諸咎則其義也○杜牧曰守者韜聲滅跡幽比鬼神在於地下不可得而見之攻者勢迅聲烈疾若雷電如來天上不可得而備也九者高深數之極○陳皥曰春三月寅功曹爲九天之上申傳送爲九地之下夏三月午勝先爲九天之上子神后爲九地之下秋三月申傳送爲九天之上寅功曹爲九地之下冬三月子神后爲九天之上午勝先爲九地之下也○杜佑曰善守備者務因其山川之阻丘陵之固使不知所攻言其深密藏於九地

之下善攻者務因天時地利水火之變使敵不知所備言其雷震發動若於九天之上也○梅堯臣曰九地言深不可知九天言高不可測蓋守備密而攻取迅也○王晳曰守者爲未見可攻之利當潛藏其形沉靜幽默不使敵人窺測之也攻者爲見可攻之利當高遠神速乘其不意懼敵人覺我而爲之備也九者極言之耳○何氏曰九地九天言其深微尉繚子曰治兵者若祕於地若邃於天言其祕密邃遠之甚也後漢涼州賊王國圍陳倉左將軍皇甫嵩督前軍董卓救之卓欲速進赴陳倉嵩不聽卓曰智者不後時勇者不留決速救則城全不救則城滅全滅之勢在於此也嵩曰不然百戰百勝不如不戰而屈人之兵是以先爲不可勝以待敵之可勝不可勝在我可勝在彼彼守不足我攻有餘有餘者動於九天之上不足者陷於九地之下今陳倉雖小城守固備非九地之陷也王國雖強而攻我之所不救非九天之勢也夫勢非九天攻者受害陷非九地守者不拔國今已陷受害之地而陳倉保不拔之城我可不煩兵動衆而取全勝之功將何救焉遂不聽王國圍陳倉自冬迄春八十餘日城堅守固竟不能拔賊衆疲弊果自解去○張預曰藏於九地之下喻幽而

不可知也動於九天之上喻來而不可備也尉繚子曰若祕於地若邃於天是也守則固是自保也攻則取是全勝也見勝不過衆人之所知非善之善者也曹操曰當見未萌○李筌曰知不出衆知非善也韓信破趙未餐而出井陘曰破趙會食時諸將嘸然佯應曰諾乃背水陳趙乘壁望見皆大笑言漢將不便兵也乃破趙食斬成安君此則衆所不知也○杜牧曰衆人之所見破軍殺將然後知勝我之所見廟堂之上罇俎之閒已知勝負者矣○賈林曰守必固攻必克能自保全而常不失勝見未然之勝善知將然之敗謂實微妙通玄非衆人之所見也○孟氏曰當見未萌言兩軍已交雖料見勝負策不能過絕於人但見近形非遠太公曰智與衆同非國師也○梅堯臣曰人所見而見故非善○王晳曰衆常之人見所以勝而不知制勝之形○張預曰衆人所知已成已著也我之所見未形未萌也戰勝而天下曰善非善之善者也曹操曰爭鋒也○李筌曰爭鋒力戰天下易見故非善也○杜牧曰天下猶上

文言衆也言天下人皆稱戰勝者故破軍殺將者也我之善者陰謀潛運攻必伐謀勝敵之日曾不血刃○陳皥曰潛運其智專伐其謀未戰而屈人之兵乃是善之善者也○梅堯臣曰見不過衆戰雖勝天下稱之猶不曰善○王晳曰以謀屈人則善矣○張預曰戰而後能勝衆人稱之曰善是有智名勇功也故云非善若見微察隱取勝於無形則眞善者也

故舉秋毫不爲多力見日月不爲明目聞雷霆不爲聰耳

曹操曰易見聞也○李筌曰易見聞也以爲攻戰勝而天下不曰善也夫智能之將人所莫測爲之深謀故孫武曰難知如陰也○王晳曰衆人之所知不爲智力戰而勝人不爲善○何氏曰此言衆人之所見所聞不足爲異也昔烏獲舉千鈞之鼎爲力離朱百步覩纖芥之物爲明師曠聽蚊行蟻步爲聰也兵之成形而見之誰不能也故勝於未形乃爲知兵矣○張預曰人皆能也引此以喻衆人之見勝也秋毫謂兔毛至秋而勁細害至輕也

古之所謂善戰者勝於易勝者也

曹操曰原微易勝攻其可勝不攻其不可勝也○杜牧曰敵人之謀初有萌兆我則潛運以能攻之用力既少制勝既微故曰易勝也○梅堯臣曰力舉秋毫明見日月聰聞雷霆不出衆人之所能也故見於著則勝於難見於微則勝於易○何氏曰言敵人之謀初有萌兆我則潛運己能攻之用力既少制敵甚微故曰易勝也○張預曰交鋒接刃而後能制敵者是其勝難也見微察隱而破於未形者是其勝易也故善戰者常攻其易勝而不攻其難勝也

故善戰者之勝也無智名無勇功

曹操曰敵兵形未成勝之無赫赫之功也○李筌曰勝敵而天下不知何智名之有○杜牧曰勝於未萌天下不知故無智名曾不血刃敵國已服故無勇功也○梅堯臣曰大智不彰大功不揚見微勝易何勇何智○何氏曰患銷未形人誰稱智不戰而服人誰言勇漢之子房唐之裴度能之○張預曰陰謀潛運取勝於無形天下不聞料敵制勝之智不見搴旗斬將之功若留侯未嘗有戰鬬功是也

故其戰勝不忒

李筌曰百戰百勝有何疑貳也此筌以忒字為貳也○陳皞曰籌不

慮運策不徒發○張預曰力戰而求勝雖善者亦有敗時既見於未形察於未成則百戰百勝而無一差忒矣

不忒者其所措必勝勝已敗者也曹操曰察敵必可敗不差忒也○李筌曰置勝於已敗之師何忒焉師老卒惰法令不一謂已敗也○杜牧曰措猶置也忒差忒也我能置勝不忒者何也蓋先見敵人已敗之形然後攻之故能致必勝之功不差忒也○賈林曰讀措爲錯錯雜也取敵之勝理非一途故雜而料之也常於勝未形已見敵之敗○梅堯臣曰睹其可敗勝則不差○何氏曰善料也○張預曰所以能勝而不差者蓋察知敵人有必可敗之形然後措兵以能之云耳

故善戰者立於不敗之地而不失敵之敗也李筌曰兵得地者昌失地者亡地者要害之地秦軍敗趙先據北山者勝宋師伐燕過大峴而勝皆得其地也○杜牧曰不敗之地者爲不可勝之計使敵人必不能敗我也不失敵人之敗者言窺伺敵人可敗之形不失毫髮也○陳皞註同李筌○杜佑註同杜牧○梅堯臣曰善候敵隙我則常勝

○王晳曰常爲不可勝待敵可勝不失其機○何氏曰自恃有備則無患常伺敵隙則勝之不失也立於不敗之地利也言我常爲勝敵○張預曰審吾法令明吾賞罰便吾器用養吾武勇是立於不敗之地也我有節制則彼將自㓕是不失敵之敗也

是故勝兵先勝而後求戰敗兵先戰而後求勝

曹操曰有謀與無慮也○李筌曰計與不計也是以薛公知黥布之必敗田豐知魏武之必勝是其義也○杜牧曰管子曰天時地利其數多少其要必出於計數故凡攻伐之道計必先定於内然後兵出乎境不明敵人之政不能加也不明敵人之積不能約也不明敵人之將不見先軍不明敵人之士不見先陳故以衆擊寡以理擊亂以富擊貧以能擊不能以教士練卒擊敺衆白徒故能百戰百勝此則先勝而後求戰之義也衛公李靖曰夫將之上務在於明察而衆和謀深而慮遠審於天時稽乎人理若不料其能不達權變及臨機對敵方始趑趄左顧右眄計無所出信任過說一彼一此進退狐疑部伍狼藉何異趣蒼生而赴湯火驅牛羊而啗狼虎者乎此則先戰而後求勝之義也

○賈林曰不知彼我之情陳兵輕進意雖求勝而終自敗也○梅堯臣曰可勝而戰戰則勝矣未見可勝可得乎○何氏曰凡用兵先定必勝之計而後出軍若不先謀唯欲恃強勝未必也○張預曰計謀先勝然後興師故以戰則克尉繚子曰兵不必勝不可以言戰攻不必拔不可以言攻謂危事不可輕舉也又曰兵貴先勝於此則勝彼矣弗勝於此則弗勝彼矣此之謂也若趙充國常先計而後戰亦是也不謀而進欲幸其成功故以戰則敗

善用兵者修道而保法故能爲勝敗之政

曹操曰善用兵者先自修治爲不可勝之道保法度不失敵之敗亂也○李筌曰以順討逆不伐無罪之國軍至無虜掠不伐樹木汚井竈所過山川城社陵祠必滌而除之不習亡國之事謂之道法也軍嚴肅有死無犯賞罰信義立將若此者能勝敵之敗政也○杜牧曰道者仁義也法者法制也善用兵者先修理仁義保守法制自爲不可勝之政伺敵有可敗之隙則攻能勝之○賈林曰常修用兵之勝道保賞罰之法度如此則常爲勝不能則敗故曰勝敗之政也○梅堯臣曰攻守自修法令自保在我而

已○王皙曰法者下之五事也○張預曰修治爲戰之道保守制敵之法故能必勝或曰先修飾道義以和其衆後保守法令以戢其下使民愛而畏之然後能爲勝敗

兵法一曰度賈林曰度土地也○王皙曰丈尺也二曰量賈林曰量人力多少倉廩虛實○王皙曰斗斛也三曰數賈林曰筭數也以數推之則衆寡可知虛實可見○王皙曰百千也四曰稱賈林曰既知衆寡兼知彼我之德業輕重才能之長短○王皙曰權衡也五曰勝曹操曰勝敗之政用兵之法當以此五事稱量知敵之情○張預曰此言安營布陳之法也李衛公曰教士猶布碁於盤若無畫路碁安用之

地生度曹操曰因地形勢而度之○李筌曰既度有情則量敵而禦之○杜牧曰度者計也言度我國土大小人户多少征賦所入兵車所籍山河險易道里迂直自度此事與敵人如何然後起兵夫小不能謀大弱不能擊強近不能襲遠夷不能攻險此皆生於地故先度也○梅堯臣曰因地以度軍勢○王皙曰地人所履也舉兵攻戰先本於地由地故生度度所以度長短知遠近

也凡行軍臨敵先須知遠近之計○何氏曰地者遠近險易也度計
也未出軍先計敵國之險易道路迂直兵甲孰多勇怯孰是計度可
伐然後興師動
衆可以成功

度生量

杜牧曰量者酌量也言度地已熟然後
能酌量彼我之強弱也○梅堯臣曰因
度地以量敵情○王晳曰謂量有大小言既知遠近之計
則須更量其敵之大小也○何氏曰量酌彼己之形勢

量生數

曹操曰知其遠近廣狹知其人數也○李筌曰量敵遠近強弱
須備士卒軍資之數而勝也○杜牧曰數者機數也言強弱已
定然後能用機變數也○賈林曰量地遠近廣狹則知敵人人數多
少也○梅堯臣曰因量以得衆寡之數○王晳曰數所以紀多少言
既知敵之大小則更計其精劣多少之數曹公曰知其人數○何氏
曰數機變也先酌量彼我強弱利害然後爲機數○張預曰地有遠
近廣狹之形必先度知之然
後量其容人多少之數也

數生稱

曹操曰稱量敵孰愈也○
李筌曰分數既定賢智之
多少得賢者重失賢者輕如韓信之論楚漢也須知輕重別賢愚而
稱之錙銖則強○杜牧曰稱校也機權之數已行然後可以稱校彼

我之勝負也○梅堯臣曰因數以權輕重○王晳曰稱所以知重輕
喻強弱之形勢也能盡知遠近之計大小之舉多少之數以與敵相
形則知重輕所在○何氏同杜牧註 **稱生勝** 曹操曰稱量之數知其勝負所在○李筌曰稱知輕重勝敗之數可知也
○杜牧曰稱校既熟我勝敵敗分明見也○梅堯臣曰因輕重以知
勝負○王晳曰重勝輕也○陳皡杜佑李筌同杜牧上五事註○何
氏曰上五事未戰先計必勝之法故孫子引古法以疏勝則之要也
○張預曰稱宜也地形與人數相稱則疏密得宜故可勝也尉繚子
曰無過在於度數度謂尺寸數謂什伍度以量地數以量兵地與兵
相稱則勝五者皆因地形而得故自地而生之也李靖五陳隨地形
而變是也 **故勝兵若以鎰稱銖** 梅堯臣曰力易舉也 **敗兵若以銖**
稱鎰 曹操曰輕不能舉重也○李筌曰二十兩為鎰銖之於鎰輕
重異位勝敗之數亦復如之○梅堯臣曰力難制也○王晳
曰言銖鎰者以明輕重之至也○張預曰二十兩為鎰二
十四銖為兩此言有制之兵對無制之兵輕重不侔也 **勝者之**

注孫子上

戰民也若決積水於千仞之谿者形也曹操曰八尺曰仞決水千仞其高勢疾也○李筌曰八尺曰仞言其勢也杜預伐吳言兵如破竹數節之後皆迎刃自解則其義也○杜牧曰夫積水在千仞之谿不可測量如我之守不見形也及決水下湍渟奔注如我之攻不可禦也○梅堯臣曰水決千仞之谿莫測其迅兵動九天之上莫見其跡此軍之形也○王晳曰千仞之谿至隋絶也喻不可勝對可勝之形乘機攻之決水是也○張預曰水之性避高而趨下決之赴深谿固湍浚而莫之禦也兵之形象水乘敵之不備掩敵之不意避實而擊虚亦莫之制也或曰千仞之谿謂不測之淵人莫能量其淺深及決而下之則其勢莫之能禦如善守者匿形晦跡藏於○九地之下敵莫能測其強弱及乘虚而出則其鋒莫之能當也

十一家註孫子卷上

二

十一家註孫子卷中

勢篇

曹操曰用兵任勢也○李筌曰陳以形成如決建瓴之勢故以是篇次之○王晳曰勢者積勢之變也善戰者能任勢以取勝不勞力也○張預曰兵勢已成然後任勢以取勝故次形

孫子曰凡治衆如治寡分數是也曹操曰部曲爲分什伍爲數○李筌曰善用兵者將鳴一金舉一旌而三軍盡應號令既定如寡焉○杜牧曰分者分別也數者人數也言部曲行伍皆分別其人數多少各任偏裨長伍訓練昇降皆責成之故我所治者寡也韓信曰多多益辦是也○陳皥曰若聚兵既衆即須多爲部伍部伍之內各有小吏以主之故分其人數使之訓齊決斷遇敵臨陳授以方略則我統之雖衆治之益寡○孟氏曰分隊伍也數兵之大數也分數多少制置先定○梅堯臣曰部伍奇正之分數各有所統○王晳曰分數謂部曲也偏裨各有部分與其人數若師旅卒兩之屬○張預曰統

衆既多必先分偏裨之任定行伍之數使不相亂然後可用故治兵之法一人曰獨二人曰比三人曰參比參爲伍五人爲列二列爲火五火爲隊二隊爲官二官爲曲二曲爲部二部爲校二校爲裨二裨爲軍遞相統屬各加訓練雖治百萬之衆如治寡也

鬭衆如鬭寡形名是也

曹操曰旌旗曰形金鼓曰名○杜牧曰旌旗鐘鼓敵亦有之我安得獨爲形名鬭衆如鬭寡也夫形者陳形也名者旌旗也戰法曰陳間容陳足曳白刃故大陳之中復有小陳各占地分皆有陳形旌旗者各依方色或認以鳥獸某將某陳自有名號形名已定志專勢孤人自爲戰敗則自敗勝則自勝戰百萬之兵如戰一夫此之是也○陳皥曰夫軍士既衆分布必廣臨陳對敵遞不相知故設旌旗之形使各認之進退遲速又不相聞故設金鼓以節之所以令之曰聞鼓則進聞金則止曹說是也○梅堯臣曰形以旌旗名以采章指麾應速無有後先○王晳曰曹公曰旌旗曰形金鼓曰名晳謂形者旌旗金鼓之制度名者各有其名號也○張預曰軍政曰言不相聞故爲鼓鐸視不相見以爲旌旗今用兵既衆相去必遠耳目之力所不聞見故令士卒望

旌旗之形而前却聽金鼓之號而行止則勇者不得獨進怯者不得獨退故曰此用衆之法也

三軍之衆可使必受敵而無敗者奇正是也

曹操曰先出合戰爲正後出爲奇○李筌曰當敵爲正傍出爲奇將三軍無奇兵未可與人爭利漢吳王濞攄兵入大梁吳將田伯禄說吳王曰兵屯聚而西無他奇道難以立功臣願得五萬人別循江淮而上收淮南長沙入武關與大王會此亦一奇也不從遂爲周亞夫所敗此則有正無奇○杜牧曰解在下文○賈林曰當敵以正陳取勝以奇兵前後左右俱能相應則常勝而不敗也○梅堯臣曰動爲奇靜爲正靜以待之動以勝之○王晳曰必當作畢字誤也奇正還相生故畢受敵而無敗也○何氏曰兵體萬變紛紜混沌無不是正無不是奇若兵以義舉者正也臨敵合變者奇也我之正使敵視之爲奇我之奇使敵視之爲正正亦爲奇奇亦爲正大抵用兵皆有奇正無奇正而勝者幸勝也浪戰也如韓信背水而陳以兵循山而拔趙幟以破其國則背水正也循山奇也信又盛兵臨晉而以木罌從夏陽襲安邑而虜魏王豹則臨晉正也夏

陽奇也由是觀之受敵無敗者奇正之謂也尉繚子曰今以鏌鋣之
利犀兕之堅三軍之衆有所奇正則天下莫當其戰矣○張預曰三
軍雖衆使人人皆受敵而不敗者在乎奇正也奇正之說諸家不同
尉繚子則曰正兵貴先奇兵貴後曹公則曰先出合戰爲正後出爲
奇李衞公則曰兵以前向爲正後却爲奇此皆以正爲正以奇爲奇
曾不說相變循環之義唯唐太宗曰以奇爲正使敵視以爲正則吾
以奇擊之以正爲奇使敵視以爲奇則吾
以正擊之混爲一法使敵莫測茲最詳矣

兵之所加如以碫投卵者虛實是也

曹操曰以至實擊至虛○李筌曰碫
實卵虛以實擊虛其勢易也○孟氏
曰碫石也兵若訓練至整部領分明更能審料敵情委知虛實後以
兵而加之實同以碫石投卵也○梅堯臣曰碫石也音遐以實擊虛
猶以堅破脆也○王晳曰鍛治鐵也○何氏曰用兵識虛實之勢則
無不勝○張預曰下篇曰善戰者致人而不致於人此虛實彼我之
法也引致敵來則彼勢常虛不往赴彼則我勢常實以實擊虛如舉
石投卵其破之必矣夫合軍聚衆先定分數分數明然後習形名形

名正然後分奇正奇正當然後虛實可見矣四事所以次序也

凡戰者以正合以奇勝

曹操曰正者當敵奇兵從傍擊不備也○李筌曰戰無其詐難以勝敵○杜佑曰正者當敵奇者從傍擊不備以正道合戰以奇變取勝也○梅堯臣曰用正合戰用奇勝敵○何氏曰如戰國廉頗爲趙將秦使閒曰秦獨畏趙括耳廉頗易與且降矣會頗軍多亡失數敗堅壁不戰又聞秦反閒之言使括代頗至則出軍擊秦秦軍佯敗而走張二奇兵以刼之趙軍逐勝追造秦壁壁堅拒不得入而秦奇兵二萬五千絕趙軍後又五千騎絕趙壁閒趙兵分爲二被道絕括卒敗又唐突厥犯塞煬帝令唐高祖與馬邑太守王仁恭率衆備邊會虜寇馬邑仁恭以衆寡不敵有懼色高祖曰今主上遐遠孤城絕援若不死戰難以圖全於是親選精騎四千出爲遊軍居處飲食隨逐水草一同於突厥見虜候騎但馳騁獵耳若輕之及與虜相遇則犄角置陳選善射者爲別隊持滿以待之虜莫能測不敢決戰因縱奇兵擊走之獲其特勤所乘駿馬斬首千餘級又太宗選精銳千餘騎爲奇兵皆黑衣玄甲分爲左右隊建大旗令騎將秦叔寶程齩金等分

統之每臨寇太宗躬被玄甲先鋒率之候機而進所向摧殄常以少擊衆賊徒氣懾又五代漢高祖在晉陽郭進往依之漢祖壯其材會北虜屠安陽城因遣進攻拔之戎人遁去授坊州刺史虜主道斃高祖出奇兵井陘進以間道先入洛北因定河北此皆以奇勝之迹也○張預曰兩軍相臨先以正兵與之合戰徐發奇兵或擣其旁或擊其後以勝之若鄭伯禦燕師以三軍軍其前以潛軍軍其後是也

故善出奇者無窮如天地李筌曰動靜也不竭如江河李筌曰通流不絕○杜佑曰言應變出奇無窮竭○張預曰言應變出奇無有窮竭終而復始日月是也死而復生四時是也李筌曰奇變如日月四時虧盈寒暑不停○杜佑曰日月運行入而復出四時更王興而復廢言奇正變化或若日月之進退四時之盛衰也○張預曰日月運行入而復出四時更一盛而復衰喻奇正相變紛紜渾沌終始無窮也聲不過五李筌曰宮商角徵羽也五聲之變不

可勝聽也李筌曰變入八音奏樂之曲不可盡聽色不過五李筌曰青黃赤白黑也五色之變不可勝觀也味不過五李筌曰酸辛鹹甘苦也五味之變不可勝嘗也曹操曰自無窮如天地已下皆以喻奇正之無窮也○李筌曰五味之變庖宰鼎飪也○杜牧曰自無窮如天地已下皆喻奇正也○張預曰引五聲五色五味之變以喻奇正相生之無窮戰勢不過奇正奇正之變不可勝窮也李筌曰邀截掩襲萬途之勢不可窮盡也○梅堯臣曰奇正之變猶五聲五色五味之變無盡也○王晳曰奇正者用兵之鈐鍵制勝之樞機也臨敵運變循環不窮窮則敗也○孟氏曰六韜云奇正發於無窮之源○張預曰戰陣之勢止於奇正一事而已及其變而用之則萬途千轍烏可窮盡奇正相生如循環之無端孰能窮之李筌曰奇正相依而生如環團圓不可窮

端倪也○梅堯臣曰變動周旋之不極○王晳曰敵不能窮我也
何氏曰奇正生而轉相爲變如循歷其環求首尾之莫窮也○張預
曰奇亦爲正正亦爲奇變化相生若循環之無本末誰能窮詰
激水之疾至於漂石者勢也
孟氏曰勢峻則巨石雖重不能止○杜佑曰言水性柔弱石性剛重至於漂轉大石投之洿下皆由急疾之流激得其勢○張預曰水性柔弱徑要路激之疾流則其勢可以轉巨石也
鷙鳥之疾至於毀折者節也
曹操曰發起擊敵○李筌曰柔勢可以轉剛況於兵者乎彈射之所以中飛鳥者善於疾而有節制○杜牧曰
勢者自高注下得險疾之勢故能漂石也節者節量遠近則搏之故
能毀折物也○杜佑曰發起討敵如鷹鸇之攫撮也必能挫折禽獸
者皆由伺候之明激得屈折之節也王子曰鷹隼一擊百鳥無以爭
其勢猛虎一奮萬獸無以爭其威○梅堯臣曰水雖柔勢迅則漂石
鷙雖微節勁則折物○王晳曰鷙鳥之疾亦勢也由勢然後有搏擊
之節下要云險故先取漂石以喻也○何氏曰水能動石高下之勢

也鷙能搏物能節其遠近也○張預曰鷹鸇之擒鳥雀必節量遠近伺候審而後擊故能折物尉繚子曰便吾器用養吾武勇發之如鳥擊李靖曰鷙鳥將擊卑飛斂翼皆言待之而後發也

是故善戰者其勢險

曹操李筌曰險猶疾也○杜牧曰險者言戰爭之勢發則殺人故下文喻如彍弩○王皙曰險者折以致其疾也如水得險隘而成勢

其節短

曹操李筌曰短近也○杜牧曰言以近節也如鷙鳥之發近則搏之力全志專則必獲也○杜佑曰短近也節斷也短近言能因危取勝以卒擊近也○梅堯臣曰險則迅短則勁故戰之勢當險疾而短近也○王皙曰鷙之能搏者發必中來勢遠而所搏之節至短也兵之乘機當如是耳曹公曰短者近也○孟氏同杜牧註○張預曰險疾短近也言善戰者先度地之遠近形之廣狹然後立陣使部伍行列相去不遠其進擊則以五十步爲節不可過遠故勢迅則難禦節近則易勝

勢如彍弩節如發機

曹操曰在度不遠發則中也○李筌曰弩不疾則不遠矢不近則不中勢尚疾節務速○杜牧曰彍張也如弩已張發則殺人

故上文云其勢險也機者固須以近節量之然後必能中故上文云
其節短短乃近也此言戰陳不可遠逐敵人恐有隊伍離散斷絶反
爲敵所乘也故牧野誓曰六步七步四伐五伐是以近也○陳皞曰
弩之發機近則易中戰之過敵疾則易捷若趨馳不速奮擊不近則
不能克敵而全勝○賈林曰戰之勢如弩之張兵之勢如機之發○
梅堯臣曰彍音霍彍張也如弩之張勢不逡巡如機之發節近易中
也○王晳曰戰勢如弩之張者所以有待也待其有可乘之勢如發
其機○何氏曰險疾也短近也此言擊戰得形便如張弩發機勢宜
疾速仍利於便近不得追擊過差也故太公曰擊如發機者所以破
精微也○張預曰如弩之張勢不可緩如機之發節不可遠言趨利
尚疾奮擊貴近也故太公曰
擊如發機者所以破精微也
紛紛紜紜鬬亂而不可亂
也渾渾沌沌形圓而不可敗也
曹操曰旌旗亂也示
敵若亂以金鼓齊之
車騎轉而形圓者出入有道齊整也○李筌曰紛紜而鬬示如可亂
建旌有部鳴金有節是以不可亂也渾沌合雜也形圓無向背也示

敵可敗而不可敗者號令齊整也○杜牧曰此言陳法也風后握奇文曰四爲正四爲奇餘奇爲握奇音機或總稱之先出游軍定兩端此之是也奇者零也陳數有九中心有零者大將握之不動以制四面八陳而取準則焉其人之列面面相向背背相承也周禮蒐苗獮狩車驟徒趨及表乃止進退疾徐疏密之節一如戰陳表乃旗也旗者蓋與民期於下也握奇文曰先出游軍定兩端蓋游軍執本方旗先定地界然後軍士赴之兵於旗下乃出奇正變爲陳也周禮蒐苗獮狩車驟徒趨及表乃止此則八陳遺制握奇之文止此而已其餘之詞乃後之作者增加之以重難其事耳夫五兵之利無如弧矢之利以威天下五兵同致天獨有弧矢星聖人獨言弧矢能威天下不言他兵何也蓋戰法利於弧矢者非得陳不見其利故黃帝勝於蚩尤以中夏車徒制夷虜騎士此乃弧矢之利也在於近代可以驗之者晉武時羌陷涼州司馬督馬隆請募勇士三千平之募腰引弩三十六鈞弓四鈞立標簡試軍西渡溫水虜樹機能以衆萬計邀隆隆依八陳法且戰且前弓矢所人皆應弦而倒誅殺萬計涼州遂平隋時突厥入寇楊素擊之先是諸將與虜戰每虞胡騎奔突皆戎車徒

步相參舁鹿角爲方陳騎在其内素至悉除舊法令諸軍各爲步騎突厥聞之以手加額仰天曰天賜我也大率精騎十餘萬而至素一戰大破之此乃以徒步制騎士若非有陳法知開闔首尾之道安能致勝也曲禮曰行前朱雀而後玄武左青龍而右白虎招摇在上急繕其怒鄭司農云以四獸爲軍陳象天也孔疏曰此言軍行象天文而作陳法但不知作之何如耳何徹云畫此四獸於旌旗上以標前後左右之陳也急繕其怒言其卒之勁利威怒如天之怒也招摇北斗杓第七星也舉此則六星可知也陳象天文即北斗也復曰進退有度鄭司農註曰度謂伐與步數也孔疏曰如牧野誓云六步七步四伐五伐是也復曰左右有局鄭司農註曰局是步分孔疏曰言軍之左右各有部分進則就敵退則就列不相差濫也下文復曰父之讎弗與共戴天兄弟之讎不返兵交遊之讎不同國四郊多壘此卿大夫之辱也此言讎辱至於戰爭期在必勝固不可不知陳法也其文故相次而言乃聖賢之深旨矣軍志曰陳間容陳足曳白刃隊間容隊可與敵對前禦其前後當其後左防其左右防其右行必魚貫立必鴈行長以參短短以參長回軍轉陳以前爲後以後爲前進無

奔迸退無遲走四頭八尾觸處為首敵衝其中兩頭俱救此亦與曲禮之說同數起於五而終於八今夔州州前諸葛武侯以石縱橫八行布為方陳奇正之出皆生於此奇亦為正之正正亦為奇之奇彼此相用循環無窮也諸葛出斜谷以兵少但能正用六數今盩厔司竹園乃有舊壘司馬懿以十萬步騎不敢決戰蓋知其能也○杜佑曰旌旗亂也示敵若亂以金鼓齊之紛紛旌旗像紜紜士卒貌言旌旗翻轉一合一離士卒進退或往或來視之若散擾之若亂然其法令素定度職分明各有分數擾而不亂者也車騎轉形圓者出入有道齊整也渾渾車輪轉行沌沌步驟奔馳視其行陳縱橫圓而不方然而指趨各有所應故王子曰將欲内明而外暗内治而外混所以示敵之輕已者也○梅堯臣曰分數已定形名已立離合散聚似亂而不能亂形無首尾應無前後陽旋陰轉欲敗而不能敗○王晳曰曹公曰旌旗亂也示敵若亂以金鼓齊之矣晳謂紛紜鬬亂之貌也不可亂者節制嚴明耳又曹公曰車騎轉而形圓者出入有道齊整也晳謂渾沌形圓不測之貌也不可敗者無所隙缺又不測故也○何氏曰此言鬬勢也善將兵者進退紛紛似亂然士馬素習旌旗

有節非亂也渾沌形勢乍離乍合人以爲敗而號令素明離合有勢非可敗也形圓無行列也○張預曰此八陳法也昔黃帝始立丘井之法因以制兵故井分四道八家處之井字之形開方九焉五爲陳法四爲閑地所謂數起於五也虛其中大將居之環其四面諸部連繞所謂終於八也及乎變化制敵則紛紜聚散鬬雖亂而法不亂渾沌交錯形雖圓而勢不散所謂分而成八復而爲一也後世武侯之方陳李靖之六花唐太宗之破陳樂舞皆其遺制也

亂生於治怯生於勇弱生於彊

曹操曰皆毁形匿情也○李筌曰恃治之整不撫其下而多怨其亂必生秦并天下銷兵焚書以列國爲郡縣而秦自稱始皇都關中以爲至萬代有之至胡亥矜驕陳勝吳廣乘弊而起所謂亂生於治也以勇陵人爲敵所敗秦王符堅鼓行伐晉勇也及甘敗聞風聲鶴唳以爲晉軍是其怯也所謂怯生於勇也吳王夫差兵無敵於天下陵齊於黃池陵越於會稽是其彊也爲越所敗城門不守兵圍王宮殺夫差而并其國所謂弱生於彊也○杜牧曰言欲僞爲亂形以誘敵人先須至治然後能爲僞亂也欲僞爲怯形以伺敵

人先須至勇然後能爲僞怯也欲僞爲弱形以驕敵人先須至彊然後能爲僞弱也○賈林曰恃治則亂生恃勇彊則怯弱生○梅堯臣曰治則能僞爲亂勇則能僞爲怯彊則能僞爲弱○王晳同梅堯臣註○何氏曰言戰時爲奇正形勢以破敵也我兵素治矣我士素勇矣我勢素彊矣若不匿治勇彊之勢何以致敵須張似亂似怯似弱之形以誘敵人彼惑我誘之之狀破之必矣○張預曰能示敵以紛亂必已之治也能示敵以懦怯必已之勇也能示敵以羸弱必已之強也皆匿形以誤敵人

治亂數也曹操曰以部曲分名數爲之故不亂也○李筌曰歷數也百六之災陰陽之數不由人興時所會也○杜牧曰言行伍各有分畫部曲皆有名數故能爲治然後能爲僞亂也夫爲僞亂者出入不時樵採縱橫刁斗不嚴是也○賈林曰治亂之分各有度數○梅堯臣曰以治爲亂存之乎分數○王晳曰治亂者數之變數謂法制○張預曰實治而僞示以亂明其部曲行伍之數也上文所謂治衆如治寡分數是也

勇怯勢也李筌曰夫兵得其勢則怯者勇失其勢則勇者怯兵法無定惟因勢而成也○杜牧曰言以勇爲怯者也見有

利之勢而不動敵人以我爲實怯也○陳皥曰勇者奮速也怯者淹緩也敵人見我欲進不進即以我爲怯也必有輕易之心我因其懈惰假勢以攻之龍且輕韓信鄭人誘我師是也○孟氏註同陳皥○梅堯臣曰以勇爲怯示之以不取○王皙曰勇怯者勢之變○張預曰實勇而僞示以怯因其勢也魏將龐涓攻韓齊將田忌救之孫臏謂忌曰彼三晉之兵素悍勇而輕齊齊號爲怯善戰者因其勢而利導之使齊軍入魏地日減其竈涓聞之大喜曰吾素知齊怯乃倍日并行逐之遂敗於馬陵**彊弱形也**曹操曰形勢所宜○杜牧曰以彊爲弱須示其形匈奴冒頓示羸老是也○陳皥曰楚王毀中軍以張隨人用爲後圖此類也○梅堯臣曰以彊爲弱形之以羸懦○王皙曰彊弱者形之變○何氏曰形勢暫變以誘敵戰非怯非弱也示亂不亂隊伍本整也○張預曰實彊而僞示以弱見其形也漢高祖欲擊匈奴遣使覘之匈奴匿其壯士肥馬見其弱兵羸畜使者十輩皆言可擊惟婁敬曰兩國相攻宜矜誇所長今徒見老弱必有奇兵不可擊也帝不從果有白登之圍**故善動敵者形之敵必**

從之曹操曰見羸形也○李筌曰善誘敵者軍或彊能進退其敵也晉人伐齊斥山澤之險雖所不至必旆而跡陳之輿曳柴從之齊人登山而望晉師見旌旗揚塵謂其衆而夜遁則晉弱齊爲彊也齊伐魏將田忌用孫臏謀減竈而趨大梁魏將龐涓逐之曰齊魯何其怯也入吾境亡者半矣及馬陵爲齊人所敗殺龐涓虜魏太子而旋形以弱而敵從之也○杜牧曰非止於羸弱也言我彊敵弱則示以羸形動之使來我弱敵彊則示之以彊形動之使去敵之動作皆須從我孫臏曰齊國號怯三晉輕之令入魏境爲十萬竈明日爲五萬竈魏龐涓逐之曰齊虜何怯也入吾境土亡者太半因急追之至馬陵道狹臏乃斫木書之曰龐涓死此樹下伏弩於側令曰見火始發涓至鑽燧讀之萬弩齊發龐涓死此乃示以羸形能動龐涓遂來從我而殺之也隋煬帝於鴈門爲突厥始畢可汗所圍太宗應募救援隸將軍雲定興營將行謂定興曰必多齎旗鼓以設疑兵且始畢可汗敢圍天子必以我倉卒無援我張吾軍容令數十里晝則旌旗相續夜則鉦鼓相應虜必以爲救兵雲集覩塵而遁不然彼衆我寡不能久矣定興從之師次崞縣始畢遁去此乃我弱敵彊示之

以彊動之令去故敵之來去一皆從我之形也○梅堯臣曰形亂弱而必從○王晳曰誘敵使必從○何氏曰移形變勢誘動敵人敵昧於戰必落我計中而來力足制之○張預曰形之以羸弱敵必來從晉楚相攻苗賁皇謂晉侯曰若欒范易行以誘之中行二郤必克二穆果敗楚師又楚伐隋羸師以張之季良曰楚之羸誘我也皆此二義也

予之敵必取之

曹操曰以利誘敵敵遠離其壘而以便勢擊其空虛孤特也○杜牧曰曹公與袁紹相持官渡曹公循河而西紹於是渡河追公公營南阪下馬解鞍時白馬輜重就道諸將以爲敵騎多不如還營荀攸曰此所以餌敵也安可去之紹將文醜與劉備將五六千騎前後繼至或分趨輜重公曰可矣乃皆上馬時騎不滿六百人遂大破之斬文醜○梅堯臣曰示畏怯而必取○王晳曰餌敵使必取予與同○張預曰誘之以小利敵必來取吳以囚徒誘越楚以樵者誘絞是也

以利動之以卒待之

曹操曰以利動敵也○李筌曰後漢大司馬鄧禹之攻赤眉也赤眉佯北棄輜重而遁車皆載土覆之以豆禹軍乏食競趨之不爲行列赤眉伏兵奄至擊之

禹、敗則其義也○杜牧曰以利動敵敵既從我則嚴兵以待之上
文所解是也○梅堯臣曰以上數事動誘動而從我則以精卒待之
○王晳曰或使之從或使之取必先嚴兵以待之也○何氏曰敵貪
我利則失行列利既能動則以所待之卒擊之無不勝也如曹公西
征馬超與超夾關爲軍公急持之而潛遣徐晃朱靈等夜渡蒲坂津
據河西爲營公自潼關北渡未濟超赴船急戰公放牛馬以餌賊賊
亂取牛馬公得渡循河爲甬道而南賊退距渭口公乃多設疑兵潛
以舟載兵入渭爲浮橋夜分兵結營於渭南賊夜攻營伏兵奮擊破
之十六國南梁禿髮傉檀守姑臧後秦姚興遣將姚弼等至於城下
傉檀驅牛羊於野弼衆採掠傉檀分兵擊大破之後魏末大將廣陽
王元深伐北狄使于謹單騎入賊中示以恩信於是西部鐵勒酋長
乜列河等三萬餘户並款附相率南遷廣陽欲與謹至折敷嶺迎接
之謹曰破六汗拔陵兵衆不少聞乜列河等歸附必來邀擊彼若先
據險要則難與爭鋒今以乜列河等餌之當競來抄掠然後設伏而
待必指掌破之廣陽然其計拔陵果來邀擊破乜列河於嶺上部衆
皆没謹伏兵發賊遂大敗悉收得乜列河之衆○張預曰形之既從

予之又取是能以利動之而來也則以勁卒待之李靖以卒爲本以本待之者謂正兵節制之師**故善戰者求之於勢不責於人**杜佑曰言勝負之道自圖於中不求之下責怒師衆彊使力進也若秦穆悔過不替孟明也**故能擇人而任勢**一作故能擇人而任之諸家作任勢者多矣○曹操曰求之於勢者專任權也不責於人者權變明也○李筌曰得勢而戰人怯者能勇故能擇其所能任之夫勇者可戰謹慎者可守智者可說無棄物也○杜牧曰言善戰者先料兵勢然後量人之材隨短長以任之不責成於不材者也曹公征張魯於漢中張遼李典樂進將千千餘人守合淝教與護軍薛悌署函邊曰賊至乃發俄而吳孫權十萬人衆圍合淝乃共發教曰若孫權至者張李將軍出戰樂將軍守護軍勿得與戰諸將皆疑遼曰公征在外比救至彼破我必矣是以教及其未合逆擊之折其威勢以安衆心然後可守成敗之機在此一舉典與遼同出果大破孫權吳人奪氣還修守備衆心乃安權攻城十日不拔乃退孫盛論曰夫兵詭道也至於合淝之守懸弱無援專

任勇者則好戰生患專任怯者則懼心難保且彼衆我寡衆者必懷貪惰我以致命之師擊貪惰之卒其勢必勝勝而後守則必固矣是以魏武雜選武力參以異同爲之密教節宣其用事至而應若合符契也○賈林曰讀爲擇人而任勢言示以必勝之勢使人從之豈更外責於人求其勝敗擇勇怯之人任進退之勢○陳皥曰善戰者專求於勢見利速進不爲敵先專任機權不責成於人苟不獲已而用人即須擇而任之○杜佑曰權變之明能簡置於人任已之形勢也○梅堯臣曰用人以勢則易責人以力則難能者當在擇人而任勢○何氏曰得勢自勝不專責人以力也○王晳曰謂將能擇人任勢以戰則自然勝矣人者謂偏裨與○張預曰任人之法使貪使愚使智使勇各任自然之勢不責人之所不能故隨材大小擇而任之尉繚子曰因其所長而用之言三軍之中有長於步者有長於騎者因能而用則人盡其材又晉侯類能而使之是也

任勢者其戰人也如轉木石曹操曰任**木石之性安則靜危則動方則止圓則行**

自然勢也○李筌曰任勢御衆當如此也○杜佑曰言投之安地則
安投之危地則危不知有所回避也任勢自然也方圓之形猶兵勝
負之形○梅堯臣曰木石重物也易以勢動難以力移三軍至衆也
可以勢戰不可以力使自然之道也○何氏同梅堯臣註○張預曰
木石之性置之安地則靜置之危地則動方正則止圓斜則行自然
之勢也三軍之衆甚陷則不懼無所往則固不得已則鬬亦自然之
道

故善戰人之勢如轉圓石於千仞之山者
勢也 李筌曰蒯通以爲坂上走丸言其易也○杜牧曰轉石於千
仞之山不可止遏者在山不在石也戰人有百勝之勇彊弱
一貫者在勢不在人也杜公元凱曰昔樂毅藉濟西一戰能并彊齊
今兵威已成如破竹數節之後迎刃自解無復著手此勢也勢不可
失乃東下建鄴終滅吳此篇大抵言兵貴任勢以險迅疾速爲本故
能用力少而得功多也○梅堯臣曰圓石在山屹然其勢一人推之
千人莫制也○王晳曰石不能自轉因山之勢而不可遏也戰不能
妄勝因兵之勢而不可支也○張預曰石轉於山而不可止遏者由

勢成之也兵在於險而不可制禦者亦勢使之也李靖曰兵有三勢將輕敵士樂戰志勵青雲氣等飄風謂之氣勢關山狹路羊腸狗門一夫守之千人不過謂之地勢因敵怠慢勞役飢渴前營未舍後軍半濟謂之因勢故用兵任勢如峻坂走丸用力至微而成功甚博也

虛實篇

曹操曰能虛實彼己也○李筌曰善用兵者以虛爲實善破敵者以實爲虛故次其篇○杜牧曰夫兵者避實擊虛先須識彼我之虛實也○王晳曰凡自守以實攻敵以虛也○張預曰形篇言攻守勢篇說奇正善用兵者先知攻守兩齊之法然後知奇正先知奇正相變之術然後知虛實蓋奇正自攻守而用虛實由奇正而見

故次勢

孫子曰凡先處戰地而待敵者佚

曹操李筌並曰力有餘也○賈林曰先處形勝之地以待敵者則有備豫士馬閑逸○杜佑同賈林註○王晳同曹操註○張預曰形勢之地我先據之以待敵人之來

則士馬閑逸而力有餘

後處戰地而趨戰者勞

李筌曰力不足也太一遁甲云彼來攻我則我爲主彼爲客主易客難也是以太一遁甲言其定計之義故知勞佚事不同先後勢異○杜牧曰後周遣將帥突厥之衆過齊齊將段韶禦之時大雪之後周人以步卒爲前鋒從西而下去城二里諸將欲逆擊之韶曰步人氣力勢自有限今積雪既厚逆戰非便不如陳以待之彼勞我佚破之必矣既而交戰大破之前鋒盡殪自餘遁矣○賈林曰敵處便利我則不往引兵別據示不敵其軍敵謂我無謀必來攻襲如此則反令敵倦而我不勞○孟氏曰若敵已處便勢之地己方赴利士馬勞倦則不利矣○梅堯臣曰先至待敵則力完後至趨戰則力屈○何氏曰戰國秦師伐韓圍閼與趙遣將趙奢救之軍士許歷曰秦人不意趙師至此其來氣盛將軍必厚集其陳以待之不然必敗又曰先據北山者勝後至者敗趙奢即發萬人趨之秦兵後至爭山不得上趙奢縱兵擊之大破秦軍遂解閼與之圍後漢初諸將征隗囂爲囂所敗光武令悉軍栒邑未及至隗囂乘勝使其將王元行巡將二萬餘人下隴因分遣巡取栒邑漢將馮異

即馳馬欲先據之諸將皆曰虜兵盛而新乗勝不可與爭宜止軍便地徐思方略異曰虜兵方盛臨境狃忕小利遂欲深入若得栒邑三輔動揺是吾憂也夫攻者不足守者有餘今先據城以佚待勞非所以爭鋒也遂潜往閉城偃旗鼓行巡不知馳赴之異乗其不意卒擊鼓建旗而出巡軍驚亂奔走追而大破之東魏將齊神武伐西魏軍過蒲津涉洛至許原西魏將周文帝軍至沙苑齊神武聞周文至引軍來會詰朝候騎告齊神武軍且至周文步將李弼曰彼衆我寡不可平地置陳此東十里有渭曲可先據以待之遂軍至渭曲背水東西爲陳合戰大破之○張預曰便利之地彼已據之我方趨彼以戰則士馬勞倦而力不足或謂所戰之地我宜先到立陳以待彼則已佚矣彼先結陳我後至則我勞矣若宋人已成列楚師未既濟之類

故善戰者致人而不致於人

李筌曰故能致人之勞不致人之佚也○杜牧曰致令敵來就我我當蓄力待之不就敵人恐我勞也後漢張步將費邑分遣其弟敢守巨里耿弇進兵先脅巨里使多伐樹木揚言以塡坑塹數日有降者言邑聞弇欲攻巨里謀來救之弇乃嚴令

軍中趨修攻具宣勸諸部後三日當悉力攻巨里城陰緩生口令得亡歸歸者以弇期告邑至日果自將精兵三萬餘人來救之弇喜謂諸將曰吾修攻具者欲誘致邑耳今來適其所求也即分三千人守巨里自引精兵上岡阪乘高大破之遂臨陳斬費邑○杜佑曰言兩軍相遠彊弱俱敵彼可使歷險而來我不可歷險而往必能引致敵人已不往從也○梅堯臣曰能令敵來則敵勞我不往就則我佚○王晳曰致人者以佚乘其勞致於人者以勞乘其佚○何氏曰令敵自來○張預曰致敵來戰則彼勢常虛不往赴戰則我勢常實此乃虛實彼我之術也耿弇先逼巨里以誘致費邑近之

能使敵人自至者利之也

曹操曰誘之以利也○李筌曰以利誘之敵則自遠而至也趙將李牧誘匈奴則其義也○杜牧曰李牧大縱畜牧人衆滿野匈奴小入佯北不勝以數千人委之單于大喜率衆來入牧大破之殺匈奴十萬騎單于奔走歲餘不敢犯邊也○梅堯臣曰何能自來示之以利○何氏曰以利誘之而來我佚敵勞○張預曰所以能致敵之來者誘之以利耳李牧佯北以致匈奴楊素毀車以誘突厥是也

能

使敵人不得至者害之也曹操曰出其所必趨攻其所必救○李筌曰害其所急彼必釋我而自固也魏人寇趙邯鄲乞師於齊齊將田忌欲救趙孫臏曰夫解紛者不控捲救鬬者不搏撠批亢擣虛形格勢禁則自解爾今二國相持輕銳竭於外疲老殆於內我襲其虛彼必解圍而奔命所謂一舉存趙而弊魏也後魏果釋趙而奔大梁遭齊人於馬陵魏師敗績○杜牧曰曹公攻河北師次頓丘黑山賊于毒等攻武陽曹公乃引兵西入山攻毒本屯毒聞之棄武陽還曹公要擊於內大破之也○陳皥曰子胥疲楚師孫臏走魏將之類也○杜佑曰致其所必走攻其所必救能守其險害之要路敵不得自至故王子曰一猫當穴萬鼠不敢出一虎當溪萬鹿不敢過○梅堯臣曰敵不得來當制之以害○王晳曰以害形之敵患之而不至○張預曰所以能令敵人必不得至者害其所顧愛耳孫臏直走大梁而解邯鄲之圍是也

故敵佚能勞之曹操曰以事煩之○李筌曰攻其不意使敵疲於奔命○杜牧曰高熲言平陳之策於隋祖曰江北寒田收差晚江南土熱水田早熟量彼收穫之際徵

兵上馬聲言掩襲彼必屯兵禦守足得廢其農時彼既聚兵我便解甲於是陳人始病○梅堯臣曰撓之使不得休息○王晳曰巧致之也○何氏曰春秋時吳王闔閭問於伍員曰伐楚何如對曰楚執政衆莫適任患若爲三師以肄焉一師至彼必皆出彼出則歸彼歸則出彼必道弊亟肄以疲之多方以誤之既罷而後以三軍繼之必大克之闔閭從之楚於是乎始病吳遂入郢○張預曰爲多方以誤之之術使其不得休息或曰彼若先處戰地以待我則是彼佚也我不可趨而與之戰我既不往彼必自來即是變佚爲勞也

飽能饑之

曹操曰絕糧道以饑之○李筌曰焚其積聚芟其禾苗絕其糧道○杜牧曰我爲主敵爲客則可以絕糧道而饑之如我爲客敵爲主則如之何答曰饑敵之術非止絕糧道但能饑之則是隋高熲平陳之策曰江南土薄舍多茅竹有畜積皆非地窖密遣人因風縱火待敵修立更復燒之不出數年自可財力俱盡遂行其策由是陳人益困三國時諸葛誕文欽據壽春及招吳請援司馬景王討之謂諸將曰彼當突圍決一朝之命或謂大軍不能久省食減口冀有他變料賊之情不出此二者當多方以亂之因命合

圍遺羸疾寄穀淮北廩軍士日人三升誕欽聞之果喜景王愈羸形
以示之誕等益寛恣食俄而城中糧盡攻而拔之隋末宇文化及率
兵攻李密於黎陽密知化及糧少因僞和之以弊其衆化及大喜恣
其兵食冀密饋之其後食盡其將王智略張童仁等率所部兵歸於
密前後相繼化及以此遂敗○陳皡曰饑敵之術在臨事應機○梅
堯臣曰要其糧使不得饋○王晳曰謂敵人足食我能使之饑乏耳
曹公曰絶其糧道晳謂火積亦是也○何氏曰如吳楚反周亞夫曰
楚兵剽輕難與爭鋒願以梁委之絶其食道乃可制也亞夫會兵滎
陽吳攻梁梁急請救亞夫引兵東北走昌邑深壁而守使輕騎弓高
侯等絶吳楚兵後食道兵乏糧饑欲退數挑戰終不出乃引兵去精
兵追擊大破之王莽末天下亂光武兄伯升起兵討莽爲莽將甄阜
梁丘賜所敗復收會兵衆還保於棘陽阜賜乘勝留輜重於藍鄉引
精兵十餘萬人南渡横臨泚水阻兩山閒爲營絶後橋示無還心伯
升於是大饗軍士設盟約休卒三日爲六部潛師夜起襲取藍鄉盡
獲其輜重明晨自南攻甄阜下江兵自東南攻梁丘賜乏食陳潰遂
斬阜賜唐輔公祏遣其僞將馮惠亮陳當世領水軍屯于博望山陳

正通河間王孝恭徐紹宗率步騎軍于青州山河間王孝恭至堅壁不與鬬使奇兵斷其糧道賊漸餒夜薄我營孝恭安卧不動明日縱羸兵以攻賊壘使盧祖尚率精騎列陳以待之俄而攻壘者敗走出追奔數里遇祖尚軍與戰大敗之正通棄營而走○張預曰我先舉兵則我爲客彼爲主爲客則食不足爲主則飽有餘若奪其畜積掠其田野因糧於彼館穀於敵則我反飽彼反饑矣則是變客爲主也不必焚其積聚廢其農時然後能饑敵矣或彼爲客則絕其糧道廣武君欲請奇兵以遮絕韓信軍後是也

安能動之

曹操曰攻其所必愛出其所必趨則使敵不得不相救也○李筌曰出其所必趨擊其所不意攻其所不愛使不得不救也○杜牧曰司馬宣王攻公孫文懿於遼東阻遼水以拒魏軍宣王曰賊堅營高壘以老我師攻之正入其計古人云敵雖高壘不得不與我戰者攻其所必救我今直指襄平則人懷內懼懼而求戰破之必矣遂整陳而過賊見兵出其後果來邀之乃縱擊大破之竟平遼東○陳皥曰左傳楚伐宋宋告急於晉晉先軫曰我執曹君而分曹衛之田以賜宋人楚愛曹衛必不許也喜賂怒頑能無戰乎遂破楚師○

孟氏註同曹操○梅堯臣曰趨其所顧使救不得止○王晳同李筌註○何氏曰攻其所愛豈能安視而不動也哉○張預曰彼方安守以爲自固之術不欲速戰則當攻其所必救使不得已而須出臾駢堅壁秦伯挑其裨將遂皆出戰是也

出其所不趨趨其所不意曹操曰使敵不得相往而救之也○何氏曰令敵人須應我

行千里而不勞者行於無人之地也曹操曰出空擊虛避其所守擊其不意○李筌曰出敵無備從孤擊虛何人之有○杜牧曰梁元帝時西蜀稱帝率兵東下將攻元帝西魏大將周文帝曰平蜀制梁在茲一舉諸將多有異同文帝謂將軍尉遲迥曰伐蜀之事一以委公然計將安出迥曰蜀與中國隔絕百餘年矣恃其山川險阻不虞我師之至宜以精甲銳騎星夜奔襲之平路則倍道兼行險途則緩兵漸進出其不意衝其腹心必向風不守竟以平蜀言不勞者空虛之地無敵人之虞行止在我故不勞也○陳皞曰夫言空虛者非止爲敵人不備也但備之不嚴守之不固將弱兵亂糧少勢孤我整軍臨之彼必望風自

潰是我不勞苦如行無人之地○梅堯臣曰出所不意○何氏曰曹公北征烏桓謀臣郭嘉曰兵遺神速今千里襲人輜重多難以趨利且彼聞之得以爲備不如留輜重輕兵兼道以出掩其不意公乃密出盧龍塞直指單于庭虜卒聞公至惶怖合戰大破之斬蹋頓及名王已下又唐吐谷渾寇邊以李靖爲西海道行軍大總管輕途二千里行空虛之地平吐谷渾而還故太宗曰且李靖三千輕騎深入虜庭克復定襄古今未有也○張預曰掩其空虛攻其無備雖千里之征人不疲勞若鄧艾伐蜀由陰平之徑行無人之地七百餘里是也

攻而必取者攻其所不守也

李筌曰無虞易取○杜
牧曰警其東擊其西誘其前襲其後後漢張步都劇使弟藍守西安又令別將守臨淄去臨淄四十里耿弇引軍營其閒弇視西安城小而堅藍兵又精臨淄名雖大其實易攻弇令軍吏治攻具後五日攻西安縱生口令歸藍聞之晨夜守城至期夜半弇勒諸將蓐食及明至臨淄城下護軍荀梁等爭之以爲宜速攻西安弇曰西安聞吾欲攻日夜爲備臨淄出其不意至必驚擾吾攻之一日必拔拔臨淄即西安勢孤所謂擊一得

兩書於其策後漢末朱儁擊黃巾賊帥韓忠於宛儁作長圍起土山以臨其城內因鳴鼓攻其西南賊悉衆赴之儁自將精兵五千掩其東北乘城而入忠乃退保小城惶懼乞降○陳皡曰國家征上黨王宰知劉稹恃天井之險不為固守之計宰悉力攻奪而後守積失其險終陷其巢穴也○梅堯臣曰言擊其南實攻其北○王晳曰攻其虛也謂將不能兵不精壘不堅備不嚴救不及食不足心不一爾○張預曰善攻者動於九天之上使敵人莫之能備莫之能備則吾之所攻者乃敵之所不守也耿弇之克臨淄朱儁之討黃巾但其一端耳

守而必固者守其所不攻也杜牧曰不攻尚守何況其所攻乎漢太尉周亞夫擊七國於昌邑也賊奔壁東南陬亞夫使備其西北俄而賊精卒攻西北不得入因遁走追破之○陳皡曰無慮敵不攻慮我不守無所不攻無所不守乃用兵之計備也○梅堯臣曰賊擊我西亦備乎東○王晳曰守以實也謂將能兵精壘堅備嚴救及食足心一爾○張預曰善守者藏於九地之下使敵人莫之能測莫之能測則吾之所守者乃敵之所不攻也周亞夫擊東南而備西北亦是其一

端也

故善攻者敵不知其所守，善守者敵不知其所攻。曹操曰情不泄也○李筌曰善攻者器械多也東魏高歡攻鄴是也善守謹備也周韋孝寬守晉州是也○杜牧曰攻取備禦之情不泄也○賈林曰教令行人心附備守堅固微隱無形敵人猶豫智無所措也○梅堯臣曰善攻者機密不泄善守者周備不隙○王晳曰善攻者待敵有可勝之隙速而攻之則使其不能守也善守者常爲不可勝則使其不能攻也云不知者攻守之計不知所出耳○何氏曰言攻守之謀令不可測○張預曰夫守則不足攻則有餘所謂不足者非力弱也蓋示敵以不足則敵必來攻此是敵不知其所攻也所謂有餘者非力彊也蓋示敵以有餘則敵必自守此是敵不知其所守也情不外泄積乎攻守者也

微乎微乎，至於無形；神乎神乎，至於無聲，故能爲敵之司命。李筌曰言二遁用兵之奇正攻守微妙不可形於言說也微妙神乎敵之死生懸形於我故曰

司命○杜牧曰微者靜也神者動也靜者守動者攻敵之死生悉懸於我故如天之司命○杜佑曰言其微妙所不可見也言變化之形倏忽若神故能料敵死生若天之司命也○梅堯臣曰無形則微密不可得而窺無聲則神速不可得而知○王晳曰微密則難窺神速則難應故能制敵之命○何氏曰武論虛實之法至於神微而後見成功之極也吾之實使敵視之爲虛吾之虛使敵視之爲實敵之實吾能使之爲虛敵之虛吾能知其非實蓋敵不識吾虛實而吾能審敵之虛實也吾欲攻敵也知彼所守者爲實而所不守者爲虛吾將避其堅而攻其脆批其亢而擣其虛敵欲攻我也知彼所攻者爲不急而所不攻者爲要吾將示敵之虛而闘吾之實彼示形在東而吾設備於西是故吾之攻也彼不知其所當守吾之守也敵不料其所當攻攻守之變出於虛實之法或藏九地之下以喻吾之守或動九天之上以比吾之攻滅跡而不可見韜聲而不可聞若從地出天下倏出間入星耀鬼行入乎無間之域旋乎九泉之淵微之微者神之神者至於天下之明目不能窺其形之微天下之聰耳不能聽其聲之神有形者至於無形有聲者至於無聲非無形也敵人不能窺也

非無聲也敵人不能聽也虛實之變極也善學兵者通於虛實之變遂可以入於神微之奧不善者寀然尋微窮神而泥其用兵之跡不能泯其形聲而至於聞見者是不知神微之妙固在虛實之變也三軍之衆百萬之師安得無形與聲哉但敵人不能窺聽耳○張預曰攻守之術微妙神密至於無形之可覩無聲之可聞故敵人死生之命皆主於我也

進而不可禦者衝其虛也退而不可追者速而不可及也

曹操曰卒往進攻其虛懈退又疾也○李筌曰進者襲空虛懈怠退者必輜重在先行遠而大軍始退是以不可追後趙王石勒兵在葛陂苦雨欲班師于鄴懼晉人躡其後用張賓計令輜重先行遠而不可及也此筌以速字爲遠者也○杜牧曰既攻其虛敵必敗敗喪之後安能追我我故得以疾退也○陳皥曰杜說非也曹公之圍張繡也城未拔力未盡而去之繡兵出襲其後賈詡止之繡不聽果被曹公所敗繡謂詡曰公既能知其敗必能知其勝詡曰復以敗卒襲之繡從之曹公果敗豈是敗喪之後不能追之哉蓋言乘虛而進敵不知所禦遂利

而遲敵不知所追也○杜佑曰衝突其虛空也○梅堯臣曰進乘其虛則莫我禦退因其弊則莫我追○何氏曰兵進則衝虛兵退則利速我能制敵而敵不能制我也○張預曰對壘相持之際見彼之虛隙則急進而擣之敵豈能禦我也獲利而退則速還壁以自守敵豈能追我也兵之情主速風來電往敵不能制

故我欲戰敵雖高壘深溝不得不與我戰者攻其所必救也曹操李筌曰絕其糧道守其歸路攻其君主也○杜牧曰我爲主敵爲客則絕其糧食守其歸路若我爲客敵爲主則攻其君主司馬宣王攻遼東直指襄平是也○梅堯臣曰攻其要害○王晳曰曹公曰絕糧道守歸路攻君主也晳謂敵若堅守但能攻其所必救則與我戰矣若耿弇欲攻巨里以致費邑亦是也○何氏曰如魏將司馬宣王征公孫文懿汎舟潛濟遼水作長圍忽棄賊而向襄平諸將言不攻賊而作長圍非所以示衆也宣王曰賊堅營高壘欲以老吾兵也古人言曰敵雖高壘不得不與我戰者攻其所必救也賊大衆在此則巢穴虛矣我直指襄平必人懷內懼懼

而求戰破之必矣遂整陳而過賊見兵出其後果邀之宣王謂諸將曰所以不攻其營正欲致此不可失也乃縱兵逆擊大破之三戰皆捷唐馬燧討田悦時軍糧少悦深壁不戰燧令諸軍持十日糧進次倉口與悦夾洹水而軍李抱眞李芃問曰糧少而深入何也燧曰糧少利速戰兵法善於致人不致於人今田悦與淄青兖三軍爲首尾計欲不戰以老我師若分兵擊其左右兵少未可必破悦且來救是前後受敵也兵法所謂攻其必救彼固當戰也燧爲諸軍合而破之燧乃造三橋道逾洹水日挑戰悦不敢出恒州兵以軍少懼爲燧所并引軍合於悦悦與燧明日復挑戰乃伏兵萬人欲邀燧燧乃引諸軍半夜皆食先雞鳴時擊鼓吹角潛師傍洹水徑赴魏州令曰聞賊至則止爲陳又令百騎吹鼓角皆留於後仍抱薪持火待軍畢發止鼓角匿其旁伺悦軍畢渡焚其橋軍行十數里乃率淄青兖州步騎四萬餘人踰橋掩其後乘風縱火鼓譟而進燧乃坐甲令無動命前除草斬荆棘廣百步以爲陳募勇力得五千餘人分爲前列以俟賊至比悦軍至則火止氣乏力少衰乃縱兵擊之悦軍大敗悦走橋橋已焚矣悦軍亂赴水斬首二萬淄青軍殆盡○張巡預曰我爲客彼爲

主我兵彊而食少彼勢弱而糧多則利在必戰敵人雖有金城湯池
之固不得守其險而必來與我戰者在攻其所顧愛使之相救援也
若楚人圍宋晉將救之狐偃曰楚始得曹而新婚於衛若伐曹衛楚
必救之則宋免矣從之而解又晉宣帝討公孫文懿忽棄賊而走襄
平討其巢穴賊果出邀之遂
逆擊三戰皆捷亦其義也

我不欲戰畫地而守之

曹操曰軍不欲煩也○李筌曰拒境自守也若入敵境則用天一遁甲眞
人閑六戊之法以刀畫地爲營也○孟氏曰以物畫地而守喻其易
也蓋我能戾敵人之心不敢至也

敵不得與我戰者乖其所之也

曹操曰乖戾也戾其道示以利害使敵疑也○李筌曰乖異也設奇異而
疑之是以敵不可得與我戰漢上谷太守李廣縱馬卸安疑也○杜
牧曰言敵來攻我我不與戰設權變以疑之使敵人疑惑不決與初
來之心乖戾不敢與我戰也曹公爭漢中地蜀先主拒之時將趙雲
守別屯將數十騎輕出卒遇大軍雲且鬬且却公軍追至圍雲入營
史大開門偃旗息鼓曹公軍疑有伏引去諸葛武侯屯於陽平使魏

延諸將并兵東下武侯惟留萬人守城候白司馬宣王曰亮在城中兵少力弱將士失色亮時意氣自若勑軍中悉卧旗息鼓不得輒出開四門掃地却灑宣王疑有伏於是引去趨北山亮謂參佐曰司馬懿謂吾有設伏循山走矣宣王後知頗以爲恨曹公與呂布相持公軍出收麥布領衆卒至公營止有千人出陳半隱於堤下呂布遲疑不敢進曰曹操多詐勿入伏中遂引兵去○陳皞曰左傳楚令尹子元伐鄭入自純門至于逵市縣門不發子元曰鄭有人焉乃還○賈林曰置疑兵於敵惡之所屯營於形勝之地雖未修壘壍敵人不敢來攻我也○梅堯臣曰畫地喻易也乖其道而示以利使其疑而不敢進也○王晳曰畫地言易且明制之必有道也○張預曰我爲主彼爲客我糧多而卒寡彼食少而兵衆則利在不戰雖不爲營壘之固敵必不敢來與我戰者示以疑形乖其所往也若楚人伐鄭鄭縣門不發效楚言而出楚師不敢進而遁又司馬懿欲攻諸葛亮亮偃旗卧鼓開門却灑懿疑有伏兵遂引而去亦其義也

故形人而我無形則我專而敵分杜佑曰我專一而敵分散○梅堯臣曰他人有

形我形不見故敵分兵以備我○張預曰吾之正使敵視以爲奇吾之奇使敵視以爲正形人者也以奇爲正以正爲奇變化紛紜使敵莫測無形者也敵形既見我乃合衆以臨之我形不彰彼必分勢以防備**我專爲一敵分爲十**

是以十攻其一也杜佑曰我料見敵形審其虛實故所備者少專爲一屯以我之專擊彼之散卒爲十共擊一也○梅堯臣曰離一爲十我常以十分擊一分**則我衆而敵寡**杜佑曰我專爲一故衆敵分爲十故寡○張預曰見敵虛實不勞多備故專爲一屯彼則不然不見我形故分爲十處是以我之十分擊敵之一分也故我不得不衆敵不得不寡**能以衆擊寡者則吾之所與戰者約矣**杜牧曰約猶少也我深溝高壘滅跡韜聲出入無形攻取莫測或以輕兵健馬衝其空虛或以彊弩長弓奪其要害觸左履右突後驚前晝日誤之以旌旗暮夜惑之以火鼓故敵人畏懾分兵防虞譬如登山瞰城垂簾視外敵人分張之勢我則盡知我之攻守之方敵則不測故

我能專一，敵則分離。專一者力全，分離者力寡。以全擊寡，故能必勝也。○杜佑曰：言約少而易勝。○梅堯臣曰：以專擊分，則我所敵少也。○王晳曰：多爲之形，使敵備已，其實攻者則無形也，故我專敵分矣。專則衆，分則寡，十攻一者，大約言耳。○何氏同杜牧註。○張預曰：夫勢聚則彊，兵散則弱，以衆彊之勢擊寡弱之兵，則衆力少而成功多矣。

吾所與戰之地不可知，杜佑曰：言舉動微密，情不可見，使彼知所出而不知吾所舉，知所舉而不知吾所集。○張預曰：無形勢故也。不可知則敵所備者多，梅堯臣曰：敵不知則處處爲備。敵所備者多則吾所與戰者寡矣。曹操曰：形藏敵疑，則分離其衆備我也，言少而易擊也。○王晳曰：與敵必戰之地，不可使敵知之，知則并力得拒於我。曹公曰：形藏則敵疑。○張預曰：不能測吾車果何出，騎果何來，徒果何從，故分離其衆，所在輒爲備，遂致衆散而弱，勢分而衰，是以吾所與接戰之處，以大衆臨孤軍也。故備前則後寡，備後則前寡備左則右寡備右則左寡無所不備則無所不寡杜佑曰言敵之所備者多則士卒無不分散而少○梅堯臣曰所備皆寡也寡者備人者也衆者使人備己者也曹操曰上所謂形藏敵疑則分離其衆以備我也○李筌曰陳兵之地不可令敵人知之彼疑則謂衆離而備我也○杜牧曰所戰之地不可令敵人知之我形不泄則左右前後遠近險易敵人不知亦不知我何處來攻何地會戰故分兵徼備處處防備形藏者衆分多者寡故衆者必勝也寡者必敗也○孟氏曰備人則我散備我則彼分○杜佑曰敵分散而少者皆先備人也敵所以備己多者由我專而衆故也○梅堯臣曰使敵愈備則愈寡也○王晳曰左右前後俱備則俱寡○何氏同諸註○張預曰左右前後無處不爲備則無處不兵寡也所以寡者爲兵分而廣備於人也所以衆者爲勢專而使人備己也故知戰之地知戰之日則可千里

而會戰曹操曰以度量知空虛會戰之日○李筌曰知戰之地則舟車步騎之所便也魏武以北土未安捨鞍馬仗舟楫與吳越爭彊是以有黃蓋之敗吳王濞驅吳楚之衆奔馳於梁鄭之間此不知戰地日者故太一遁甲曰計法三門五將主客成敗則可知也於是千里會戰而勝○杜牧曰宋武帝使朱齡石伐譙縱於蜀宋武曰往年劉敬宣出內水向黃武無功而退賊謂我今應從外水來而料我當出其不意猶從內水來也如此必以重兵守涪城以備內道若向黃武正墮其計今以大衆自外取成都疑兵向內水此則制敵之奇也而慮此聲先馳賊知虛實別有函書全封付齡石函邊書曰至白帝乃開諸軍未知處分所由至白帝發書曰衆軍悉從外水取成都臧熹朱林於中水取廣漢使羸弱乘高艦十餘由內水向黃武譙縱果以重兵備內水齡石滅之○陳皞曰杜註止言知戰之地未敍知戰之日我若伐敵至期不得與我戰敵來侵我我必預備以應之項羽謂曹咎曰我十五日必定梁地復與將軍會苟不知必戰之日安能爲約○孟氏曰以度量知空虛并知戰地之形又審必戰之日則可千里期會先往以待之若敵已先至可不往以勞之

○杜佑曰夫善戰者必知戰之日知戰之地度道設期分軍雜卒遠者先進近者後發千里之會同時而合若會都市其會地之日無令敵知知之則所備處少不知則所備處多備寡則專備多則分分則力散專則力全○梅堯臣曰若能度必戰之地必戰之日雖千里之遠可剋期而與戰○王皙曰必先知地利敵情然後以兵法之度量計其遠近知其空虛審敵趣應之所及戰期也如是則雖千里可會戰而破敵矣故曹公曰以度量知虛空會戰之日者是也○張預曰凡舉兵伐敵所戰之地必先知之師至之日能使敵人如期而來以與我戰知戰地日則所備者專所守者固雖千里之遠可以赴戰若蹇叔知晉人禦師必於殽是知戰地也陳湯料烏孫圍兵五日必解是知戰日也又若孫臏龐涓於馬陵度日暮必至是也

不知戰地不知戰日則左不能救右右不能救左前不能救後後不能救前而況遠者數十里近者數里乎

杜牧曰管子曰計未定而

出兵則戰而自毀也○杜佑曰敵已先據形勢之地已方趣利欲戰則左右前後疑惑進退不能相救況十數里之間也○梅堯臣曰不能救者寡也左右前後尚不能救況遠乎○張預曰不知敵人何地會兵何日接戰則所備者不專所守者不固忽遇勍敵則倉遽而與之戰左右前後猶不能相援又況首尾相去之遼乎

以吾度之越人之兵雖多亦奚益於勝敗哉

曹操曰越人相聚紛然無知也或曰吳越讎國也○李筌曰越過也不知戰地及戰日兵雖過人安能知其勝敗乎○陳皞曰孫子爲吳王闔閭論兵吳與越讎故言越謂過人之兵非義也○賈林曰不知戰地不知戰日士衆雖多不能制勝敗之政亦何益也○梅堯臣曰吳越敵國也言越人雖多亦當爲我分之而寡也○王晳曰此武相時料敵也言越兵雖多苟不善相救亦無益於勝敗之數○張預曰吾字作吳字之誤也吳越鄰國數相侵伐故下文云吳人與越人相惡也言越國之兵雖曰衆多但不知戰地戰日當分其勢而弱也

故曰勝可爲也

杜牧曰爲勝在我故言可爲也

○孟氏曰若使敵不知戰地期日我之必勝可常有也○梅堯臣同杜牧註○王晳何氏同孟氏註○張預曰爲勝在我故也形篇云勝可知而不可爲今言勝可爲者何也蓋形篇論攻守之勢言敵若有備則不可必爲也今則主以越兵而言度越人必不能知所戰之地日故云可爲也

敵雖衆可使無鬭杜牧曰以下四事度量之敵兵雖衆使其不能與我鬭勝也○孟氏曰敵雖多兵我能多設變詐分其形勢使不能併力也○賈林曰敵雖衆多不知己之兵情常使急自備不暇謀鬭○梅堯臣曰苟能寡何有鬭○王晳曰多益不救奚所恃而鬭張預曰分散其勢不得齊力同進則焉能與我爭

故策之而知得失之計李筌曰用兵者取勝之兵法可制太一遁甲五將之計以定關格掩迫之數得失可知也○孟氏曰策度敵情觀其施爲則計數可知○賈林曰樽俎帷幄之間以策籌之我得彼失之計皆先知也○杜佑曰策度敵情觀其所施計數可知○梅堯臣曰彼得失之計我以筭策而知○王晳曰策其敵情以見得失之數○張預曰籌策敵情知其計之得失若薛公料黥布之三計

是也

作之而知動靜之理

李筌曰候望雲氣風鳥人情則動靜可知也王莽時王尋征昆陽有雲氣如壞山當營而墜去地數丈而光武知其必敗梁王僧辯營上有如堤之氣侯景知其必勝風鳥貪狩之類也此筌以作字爲候字者也○杜牧曰作激作也言激作敵人使其應我然後觀其動靜理亂之形也魏武侯曰兩軍相當不知其將如何吳起曰令賤勇者將鋭而擊交合而北北而勿罰觀敵進退一坐一起其政以理奔北不追見利不取此將有謀若其悉衆追北旗幡雜亂行止縱橫貪利務得若此之類將令不行擊而勿疑○陳皥曰作爲也爲之利害使敵赴之則知進退之理也○賈林曰善覘候者必知其動靜之理○杜佑曰喜怒動作察其舉止則情理可得故知動靜權變爲其勝負也○梅堯臣曰彼動靜之理因我所發而見○王晳曰候其理當動以否○張預曰發作久之觀其喜怒則動靜之理可得而知也若晉文公拘宛春以怒楚將子玉子玉遂乘晉軍是其躁動也諸葛亮遺巾幗婦人之飾以怒司馬宣王宣王終不出戰此是其安靜也

形之而知死生之地

李筌曰夫

破陳設奇或偃旗鼓形之以弱或虛列竈火旛幟形之以彊投之以死致之以生是以死生因地而成也韓信下井陘劉裕過大峴則其義也○杜牧曰死生之地蓋戰地也投之死地必生置之生地必死言我多方誤撓敵人以觀其應我之形然後隨而制之則死生之地可知也○陳皥曰敵人既有動靜則我得見其形有謀者所處之地必生無謀者所投之地必死也○孟氏曰形相敵情觀其所據則地形勢生死可得而知○賈林曰見所理兵形則可知其死所○梅堯臣曰彼生死之地我因形見而識○何氏同杜牧註○張預曰形之以弱則彼必進形之以彊則彼必退因其進退之際則知彼所據之地死與生也上文云善動敵者形之敵必從之是也死地謂傾覆之地生地謂便利之地

角之而知有餘不足之處曹操曰角量也○李筌曰角量也量其力精勇則虛實可知也○杜牧曰角量也言以我之有餘角量敵人之有餘以我之不足角量敵人之不足管子曰善攻者料衆以攻衆料食以攻食備不存不攻司馬宣王伐遼東司馬陳珪曰昔攻上庸八部並進晝夜不息故能一旬之半拔堅城斬孟達

今者遠來而更安緩愚切惑焉王曰孟達衆少而食支一年吾將四倍於達而糧不淹一月以一月圖一年安可不速以四擊一正命半解猶當爲之是以不計死傷與糧競也今賊衆我寡賊飢我飽雨水乃爾功力不設賊糧垂盡當示無能以安之既而雨止晝夜攻之竟平遼東○梅堯臣曰彼有餘不足之處我以角量而審○王晳曰角謂相角也角彼我之力則知有餘不足之處然後可以謀攻守之利也此而上亦所以量敵知戰○張預曰有餘彊也不足弱也角量敵形知彼彊弱之所唐太宗曰凡臨陳常以吾彊對敵弱常以吾弱對敵彊苟非角量安得知之

故形兵之極至於無形無形則深間不能窺智者不能謀李筌曰形敵之妙入於無形閒不可窺智不可謀是謂形也○杜牧曰此言用兵之道至於臻極不過於無形無形則雖有間者深來窺我不能知我之虛實彊弱不泄於外雖有智能之士亦不能謀我也○梅堯臣曰兵本有形虛實不露是以無形此極致也雖使間者以情釣智者以謀料可得乎○王晳曰制兵形於無形是謂極致孰能窺而

謀之哉○何氏曰行列在外機變在内因形制變人難窺測可謂神微○張預曰始以虛實形敵敵不能測故其極致卒歸於無形既無形可覩無迹可求則間者不能窺其隙智者無以運其計

因形而錯勝於衆衆不能知

曹操曰因敵形而立勝○李筌曰錯置也設形險之勢因士卒之勇而取勝焉軍事尚密非衆人之所知也○杜牧曰窺形可置勝敗非智者不能固非衆人所能得知也○梅堯臣曰衆知我能置勝矣不知因敵之形○何氏曰因敵置勝衆不能知○張預曰因敵變動之形以置勝非衆人所能知

人皆知我所以勝之形而莫知吾所以制勝之形

曹操曰不以一形之勝萬形或曰不備知也制勝者人皆知吾所以勝莫知吾因敵形制勝也○李筌曰戰勝人知之制勝之法幽密人莫知○杜牧曰言已勝之後但知我制敵人使有敗形本自於我然後我能勝之也上文云近而示之遠遠而示之近利而誘之亂而取之實而備之彊而避之怒而撓之卑而驕之佚而勞之親而離之斯皆制勝之

道人莫知之也○陳皞曰人但知我勝敵之善不能知我因敵之敗形○梅堯臣曰知得勝之跡而不知作勝之象○王晳曰若韓信背水拔幟是也人但見水上軍殊死戰不可敗及趙軍驚亂遁走不知吾能制使之然者以何道也○張預曰立勝之迹人皆知之但莫測吾因敵形而制此勝也

故其戰勝不復而應形於無窮曹操曰不重復動而應之也○李筌曰不復前謀以取勝隨宜制變也○杜牧曰敵每有形我則始能隨而應之以取勝○杜佑曰死官也○賈林曰應敵形而制勝乃無窮○梅堯臣曰不執故態應形有機○王晳曰夫制勝之理惟一而所勝之形無窮也○何氏曰已勝之分不再用也敵來斯應不循前法故不窮○張預曰已勝之後不復更用前謀但隨敵之形而應之出奇無窮也

夫兵形象水孟氏曰兵之形勢如水流遲速之勢無常也

水之形避高而趨下梅堯臣曰性也

兵之形避實而擊虛梅堯臣曰利也○張預曰水趨下則順兵擊虛則利

水因地

而制流杜牧曰因地之下○梅堯臣曰順高下也○張預曰方圓斜直因地而成形兵因敵而制勝李筌曰不因敵之勢吾何以制哉夫輕兵不能持久守之必敗重兵挑之必出怒兵辱之彊兵緩之將驕宜卑之將貪宜利之將疑宜反閒之故因敵而制勝○杜牧曰因敵之虛也○賈林曰見敵盛衰之形我得因而立勝○杜佑曰言水因地之傾側而制其流兵因敵之虧闕而取其勝者也○梅堯臣曰隨虛實也○王晳曰謂隄防疏導之也○何氏曰因敵彊弱而成功○張預曰虛實彊弱隨敵而取勝故兵無常勢梅堯臣曰應敵爲勢○張預曰敵有變動故無常勢水無常形梅堯臣曰因地爲形○孟氏曰兵有變化地有方圓○張預曰地有高下故無常形能因敵變化而取勝者謂之神曹操曰勢盛必衰形露必敗故能因敵變化取勝若神○李筌曰能知此道謂之神兵也○杜牧曰兵之勢因敵乃見勢不在我故無常勢如水之形因地乃有形不在水故無常形水因地之下則可漂石兵因敵之

應則可變化如神者也○王晳曰兵有常理而無常勢水有常性而無常形兵有常理者擊虛是也無常勢者因敵以應之也水有常性者就下是也無常形者因地以制之也夫兵勢有變則雖敗卒尚復可使擊勝兵況精銳乎○何氏曰行權應變在智略智略不可測則神妙者也○張預曰兵勢已定能因敵變動應而勝之其妙如神

故五行無常勝杜佑曰五行更王○王晳曰迭相克也

四時無常位杜佑曰四時迭用○王晳曰迭相代也

日有短長月有死生曹操曰兵無常勢盈縮隨敵○李筌曰五行者休囚王相遞相勝也四時者寒暑往來無常定也日月者周天三百六十五度四分度之一百刻者春秋二分則日夜均夏至之日晝六十刻夜四十刻冬至之日晝四十刻夜六十刻長短不均也月初爲朔八日爲上弦十五日爲望二十四日爲下弦三十日爲晦則死生義也孫子以爲五行四時日月盈縮無常況於兵之形變安常定也○梅堯臣曰皆所以象兵之隨敵也○王晳曰皆喻兵之變化非一道也○張預曰言五

行之休王四時之代謝日月之盈昃皆如兵勢之無定也

軍爭篇

曹操曰兩軍爭勝○李筌曰爭者趨利也虛實定乃可與人爭利○王晳曰爭者爭利得利則勝宜先審輕重計迂直不可使敵乘我勞也○張預曰以軍爭爲名者謂兩軍相對而爭利也先知彼我之虛實然後能與人爭勝故次虛實

孫子曰凡用兵之法將受命於君李筌曰受君命也遵廟勝之筭恭行天罰○張預曰受君命伐叛逆合軍聚衆曹操曰聚國人結行伍選部曲起營爲軍陳○梅堯臣曰聚國之衆合以爲軍○王晳曰大國三軍揔三萬七千五百人若悉舉其賦則揔七萬五千人此所謂合軍聚衆○張預曰合國人以爲軍聚兵衆以爲陳交和而舍曹操曰軍門爲和門左右門爲旗門以車爲營曰轅門以人爲營曰人門兩軍相對爲交和○

李筌曰交閒和雜也合軍之後彊弱勇怯長短向背閒雜而伴之力相兼後合諸營壘與敵爭之○杜牧曰周禮以旌爲左右和門鄭司農曰軍門曰和今謂之壘門立兩旌旗表之以敘和出入明次第也交者言與敵人對壘而舍和門相交對也○賈林曰舍止也士衆交雜和合而止於軍中趨利而動○梅堯臣曰軍門爲和門兩軍交對而舍也○何氏曰和門相望將合戰爭利兵家難事也○張預曰軍門爲和門言與敵對壘而舍其門相交對也或曰與上下交相和睦然後可以出兵爲營舍故吳子曰不和於國不可以出軍不和於軍不可以出陳

莫難於軍爭 曹操曰從始受命至於交和軍爭難也○杜牧曰於爭利害難也○梅堯臣曰自受命至此爲最難○張預曰與人相對而爭利天下之至難也

軍爭之難者以迂爲直以患爲利 曹操曰示以遠速其道里先敵至也○杜牧曰言欲爭奪先以迂遠爲近以患爲利誑紿敵人使其慢易然後急趨也○陳皞曰言合軍聚衆交和而舍皆有舊制惟軍爭最難也苟不知以迂爲直以患爲利者即不能與敵爭也○

賈林曰全軍而行爭於便利之地而先據之若不得其地則輸敵之勝最其難也○杜佑曰敵途本迂患在道遠則先處形勢之地故曰以患爲利○梅堯臣曰能變迂爲近轉患爲利難也○王晳曰曹公曰示以遠速其道里先敵至晳謂示以遠者使其不虞而行或奇兵從間道出也○何氏曰謂所征之國路由山險迂曲而遠將欲爭利則當分兵出奇隨逐鄉導由直路乘其不備急擊之雖有陷險之患得利亦速也如鍾會伐蜀而鄧艾出奇先至蜀蜀無備而降故下云不得鄉導不能得地利是也○張預曰變迂曲爲近直轉患害爲便利此軍爭之難也

故迂其途而誘之以利後人發先人至此知迂直之計者也

曹操曰迂其途者示之遠也後人發先人至者明於度數先知遠近之計也○李筌曰故迂其途示不速進後人發先人至也用兵若此以患爲利者○杜牧曰上解曰以迂爲直是示敵人以迂遠敵意已怠復誘敵以利使敵心不專然後倍道兼行出其不意故能後發先至而得所爭之要害也秦伐韓軍於閼與趙王令趙奢往救之

去邯鄲三十里而令軍中曰有以軍事諫者死秦軍武安西秦軍鼓譟勒兵武安屋瓦皆震軍中候有一人言急救武安奢立斬之堅壁留二十八日不行復益增壘秦間來奢善食而遣之間以報秦秦將大喜曰夫去國三十里而軍不行乃增壘閼與非趙地也奢既遣秦間乃卷甲而趨二日一夜至令善射者去閼與五十里而軍秦人聞之悉甲而至有一卒曰先據北山者勝奢使萬人據之秦人來爭不得奢因縱擊大破之閼與遂得解○賈林曰敵途本近我能迂之者或以羸兵或以小利於他道誘之使不得以軍爭赴也○梅堯臣曰遠其途誘以利款之也後其發先其至爭之也能知此者變迂轉害之謀也○何氏曰迂途者當行之途也以分兵出奇則當行之途示以迂設勢以誘敵令得小利縻之則出奇之兵雖後發亦先至也言爭利須料迂直之勢出奇故下云分合為變其疾如風是也○張預曰形勢之地爭得則勝凡欲近爭便地先引兵遠去復以小利啗敵使彼不意我進又貪我利故我得以後發而先至此所謂以迂為直以患為利也趙奢據北山而敗秦軍郭淮屯北原而走諸葛是也能後發先至者明於度數知以迂為直之謀者也

故軍

爭爲利軍爭爲危曹操曰善者則以利不善者則以危○李筌曰夫軍者將善則利不善則危○杜牧曰善者計度審也○賈林曰我軍先至得其便利之地則爲利彼敵先據其地我三軍之衆馳往爭之則敵佚我勞危之道也○梅堯臣曰軍爭之事有利也有危也○又一本作軍爭爲利衆爭爲危○何氏曰此又言出軍行師驅三軍之衆與敵人相角逐以爭一日之勝得之則爲利失之則爲危不可輕舉○張預曰智者爭之則爲利庸人爭之則爲危明者知迂直愚者昧之故也

舉軍而爭利則不及曹操曰遲不及也○李筌曰輜重行遲○賈林曰行軍用師必趨其利遠近之勢直以舉軍往爭其利難以速至可以潛設奇計迂敵途程敵不識我謀則我先而敵後也○杜佑曰遲不及也舉軍悉行爭赴其利則道路悉不相逮○梅堯臣曰舉軍中所有而行則遲緩○王晳曰以輜重故○張預曰竭軍而前則行緩而不能及利

委軍而爭利則輜重捐曹操曰置輜重則恐捐棄也○李筌曰委棄輜重則軍資闕也○杜牧曰舉一軍之物行

則重滯遲緩不及於利委棄輜重輕兵前追則恐輜重因此棄捐也
○賈林曰恐敵知而絕我後糧也○杜佑曰委置庫藏輕師而行若
敵乘虛而來抄絕其後則已輜重皆悉棄捐○梅堯臣曰委軍中所
有而行則輜重棄○王晳同曹操註○何氏同杜佑註○張預曰委
置重滯輕兵獨進則恐輜重爲敵所掠故棄捐也

是故卷甲而趨日夜不處

曹操曰不得休息罷也

倍道兼行百里而爭利則擒三將軍

杜佑曰若不慮上二事欲從速疾卷甲束仗潛軍夜行若敵知其情邀而擊之則三軍之將爲敵所擒也若秦伯襲鄭三帥皆獲是也

勁者先疲者後其法十一而至

曹操曰百里而爭利非也三將軍皆以爲擒○李筌
曰一日行一百二十里則爲倍道兼行行若如此則勁健者先到疲
者後至軍健者少疲者多且十人可一人先到餘悉在後以此遇敵
何三將軍不擒哉魏武逐劉備一日一夜行三百里諸葛亮以爲彊
弩之末不能穿魯縞言無力也是以有赤壁之敗龐涓追孫臏死於

馬陵亦其義也〇杜牧曰此説未盡也凡軍一日行三十里爲一舍倍道兼行者再舍晝夜不息乃得百里爲一舍倍道若如此爭利衆疲倦則三將軍皆須爲敵所擒其法什一而至者不得已必須爭利凡十人中擇一人最勁者先往其餘者則令繼後而往萬人中先擇十人平旦先至其餘繼至有巳午時至者有申未時至者各得不竭其力相續而至與先往者足得聲響相接凡爭利必是爭奪要害雖千人守之亦足以拒抗敵人以待繼至者太宗以三千五百騎先據武牢竇建德十八萬衆而不能前此可知也〇陳皥曰杜説別是用兵一途非什一而至之義也蓋言百里爭利勁者先疲者後十中得一而至九皆疲困一則勁者也〇賈林曰路遠人疲奔馳力盡如此則我勞敵佚被擊何疑百里爭利慎勿爲也〇杜佑曰百里爭利非也三將軍皆爲擒也彊弱不伏相待率十有一人至軍也罷音疲〇梅堯臣曰軍日行三十里而舍今乃晝夜不休行百里故三將軍爲其擒也何則涉途既遠勁者少罷者多十中得一至耳三將軍者三軍之師也〇王晳曰罷羸也此言爭利之道宜近不宜遠耳夫衝風之衰不能起毛羽彊弩之末不能穿魯縞苟日夜兼行百里趨利縱

使一分勁者能至固已困乏矣即敵人以佚擊我之勞自當不戰而敗故司馬宣王曰吾倍道兼行此曉兵者之所忌也或曰趙奢亦卷甲而趨二日一夜卒勝秦者何也曰奢久并氣積力增壘遣間示怯以驕之使秦不意其至兵又堅奢又去閼與五十里而軍比秦聞之及發兵至非二三日不能也能來是彼有五十里趨敵之勞而我固已二三日休息士卒不勝其佚且又投之險難先據高陽奇正相因曷爲不勝哉○何氏曰言三將出奇求利委軍衆輜重卷甲務速若晝夜百里不息則勁者能十至其一我勞敵佚敵衆我寡擊之未必勝也敗則三將俱擒以此見武之深戒也○張預曰卷甲猶悉甲也悉甲而進謂輕重俱行也凡軍日行三十里則止過六十里已上爲倍道晝夜不息爲兼行言百里之遠與人爭利輕兵在前輜重在後人罷馬倦渴者不得飲飢者不得食忽遇敵則以勞對佚以飢敵飽又復首尾不相及故三軍之帥必皆爲敵所擒若晉人獲秦三帥是也輕兵之中十人得一人勁捷者先至下九人悉疲困而在後況重兵乎何以知輕重俱行下文云五十里而爭利則半至若止是輕兵則一日行五十里不爲遠也焉有半至之理是必重兵偕行也

五

十里而爭利則蹷上將軍其法半至曹操曰蹷猶挫也○李筌曰百里則十人一人至五十里十人五人至挫軍之威不至擒也言道近不至疲○杜牧曰半至者凡十人中擇五人勁者先往也○賈林曰上猶先也○杜佑曰蹷猶挫也前軍之將已爲敵所蹷敗○梅堯臣曰十中得五猶遠不能勝○王晳曰罷勞之患滅於大半止挫敗而已○張預曰路不甚遠十中五至猶挫軍威況百里乎蹷上將謂前軍先行也或問曰唐太宗征宋金剛一日一夜行二百餘里亦能克勝者何也答曰此形同而勢異也且金剛既敗衆心已沮迫而滅之則河東立平若其緩之賊必生計此太宗所以不計疲頓而力逐也孫子所陳爭利之法蓋與此異矣

三十里而爭利則三分之二至曹操曰道近至者多故無死敗也○李筌曰近不疲也故無死云○杜牧曰三十里內凡十人中可以六七人先往也不言其法者舉上文可知也○杜佑曰道近則至者多故不言死敗勝負未可知也古者用師日行三十里步騎相須今徒而趨利三分之二至○梅堯臣

注孫子中　三十三

曰道近至多庶或有勝○王晳曰計彼我之勢宜須爭者或亦當然雖三分二至蓋其精鋭者之力未至勞乏不可決以爲敗故不亡其法也○張預曰路近不疲至者大半不失行列之政不絶人馬之力庶幾可以爭勝上三事皆謂舉軍而爭利也

是故軍無輜重則亡無糧食則亡無委積則亡

曹操曰無此三者亡之道也○李筌曰無輜重者闕所供也袁紹有十萬之衆魏武用荀攸計焚燒紹輜重而敗紹於官渡無糧食者雖有金城不重於食也夫子曰足食足兵民信之矣故漢赤眉百萬衆無食而君臣面縛宜陽是以善用兵者先耕而後戰無委積者財乏闕也漢高祖無關中光武無河内魏武無兖州軍北身遁豈能復振也○杜牧曰輜重者器械及軍士衣裝委積者財貨也○陳皞曰此説委軍爭利之難也○梅堯臣曰三者不可無是不可委軍而爭利也○王晳曰委積謂薪芻蔬材之屬軍恃此三者以濟不可輕離也○張預曰無輜重則器用不供無糧食則軍餉不足無委積則財貨不充皆亡覆之道此三者謂委軍而爭利也

故不知諸侯

之謀者不能豫交曹操曰不知敵情謀者不能結交也○李筌曰豫備也知敵之情必備其交矣○杜牧曰非也豫先也交交兵也言諸侯之謀先須知之然後可交兵合戰若不知其謀固不可與交兵也○陳皥曰曹說以爲不先知敵人之作謀即不能預結外援二說並通○梅堯臣曰不知敵國之謀則不能預交鄰國以爲援助也○張預曰先知諸侯之實情然後可與結交不知其謀則恐翻覆爲患其鄰國爲援亦軍爭之事故下文云先至而得天下之衆者爲衢地是也不知山林險阻沮澤之形者不能行軍曹操曰高而崇者爲山衆樹所聚者爲林坑塹者爲險一高一下者爲阻水草漸洳者爲沮衆水所歸而不流者爲澤不先知軍之所據及山川之形者則不能行師也○梅堯臣曰山林險阻之形沮澤濘淖之所必先審知○張預曰高而崇者爲山衆木聚者爲林坑坎者爲險一高一下者爲阻水草漸洳者爲沮衆水所歸而不流者爲澤凡此地形悉能知之然後可與人爭利而行軍不用鄉導者不能得

地利

李筌曰入敵境恐山川隘狹地土泥濘井泉不利使人導之以得地利易曰即鹿無虞則其義也○杜牧曰管子曰凡兵主者必先審知地圖轘轅之險濫車之水名山通谷經川陵陸丘阜之所在苴草林木蒲葦之所茂道里之遠近城郭之大小名邑廢邑園殖之地必盡知之地形出入之相錯者盡藏之然後不失地利衞公李靖曰凡是賊徒好相掩襲須擇勇敢之夫選明察之士兼使鄉導潛歷山林密其聲晦其跡或刻爲獸足而却履於中途或上冠微禽而幽伏於蘩薄然後傾耳以遠聽竦目而深視專智以度事機注心而視氣色觀水痕則知敵濟之早晚觀樹動則可辨來寇之驅馳故烽火莫若謹而審旌旗莫若齊而一賞罰必重而不欺刑戮必嚴而不捨敵之動靜而我有備也敵之機謀而我先知也○陳皡曰凡此地利非用鄉人爲導引則不能知地利也○杜佑曰不任彼鄉人而導軍者則不能得道路之便利也○梅堯臣曰凡丘陵原衍之向背城邑道路之迂直非人引導不能得也○何氏曰鄉導略曰從禽者若無山虞之官度其形勢之可否則徒入於林中終不能獲鹿矣出征者若無彼鄉之人導其道路之迂直則雖至于境外終不能獲

寇矣夫以奉辭致討越未歷之地聲教未通音驛所絕深入其阻不
亦艱哉我孤軍以往彼密嚴而待客主之勢巳相遠矣況其專任詭
譎多方以誤我苟不計而直進冒危而長驅蹐險則有壅決之害晝
行則有暴來之鬬夜止則有虛驚之憂倉卒無備落其彀中是乃擁
熊虎之師自投於死地又安能摩迤壘蕩狡穴乎故敵國之山川陵
陸丘阜之可以設險者林木蒲葦茂草之可以隱藏者道里之遠近
城郭之小大邑落之寬狹田壤之肥瘠溝渠之深淺蓄積之豐約卒
乘之衆寡器械之堅脆必能盡知之則虜在目中不足擒也昔張騫
嘗使大夏留匈奴中久導軍知利善水草處其軍得以無飢渴茲亦
能獲其便利也凡用鄉導或軍行虜獲其人須防賊謀陰持姦計爲
其誘誤必在鑒其色察其情參驗數人之言始終如一乃可爲準厚
其須賞使之懷恩豐其室家使之係心即爲吾人當無翻覆然不如
素畜堪用者但能諳練行途不必土人亦可任也仍選腹心智勇之
士挾而偕往則巨細必審指蹤無失矣○張預曰山川之夷險道路
之迂直必用鄉人引而導之乃可知其所利
而爭勝呉伐魯鄫人導之以克武城是也

故兵以詐立 杜牧

曰詐敵人使不知我本情然後能立勝也○梅堯臣曰非詭道不能立事○王晳曰謂以迂爲直以患爲利也○何氏曰張形勢以誤敵也○張預曰以變詐爲本使敵不知吾奇正所在則我可爲立

以利動

杜牧曰利者見利始動也○梅堯臣曰非利不可動○王晳曰誘之也○何氏曰量敵可擊則擊○張預曰見利乃動不妄發也傳曰三軍以利動

以分合爲變者也

曹操曰兵一分一合以敵爲變也○李筌曰以詭詐乘其利動或合或分以爲變化之形○杜牧曰分合者或分或合以惑敵人觀其應我之形然後能變化以取勝也○陳皥曰乍合乍分隨而更變之也○孟氏曰兵法詭詐以利動敵心或合或離爲變化之術○梅堯臣王晳同曹操註○張預曰或分散其形或合聚其勢皆因敵動靜而爲變化也或曰變謂奇正相變使敵莫測故衛公兵法云兵散則以合爲奇兵合則以散爲奇三令五申三散三合復歸於正焉

故其疾如風

曹操曰擊空虛也○李筌曰進退也其來無跡其退至疾也○梅堯臣曰來無形跡○王晳曰速乘虛也○何氏同梅堯臣註○張預曰其來

三

疾暴所向皆靡**其徐如林**曹操曰不見利也○李筌曰整陳而行○杜牧曰徐緩也言緩行之時須有行列如林木也恐為敵人之掩襲也○孟氏曰言緩行須有行列如林以防其掩襲○杜佑曰不見利不前如風吹林小動而其大不移○梅堯臣曰如林之森然不亂也○王晳曰齊肅也○張預曰徐舒也舒緩而行若林木之森森然謂未見利也尉繚子曰重者如山如林輕者如炮如燔也**侵掠如火**曹操曰疾也○李筌曰如火燎原無遺草○杜牧曰猛烈不可嚮也○賈林曰侵掠敵國若火燎原不可往復○張預曰詩云如火烈烈莫我敢遏言勢如猛火之熾誰敢禦我**不動如山**曹操曰守也○李筌曰駐車也○杜牧曰閉壁屹然不可揺動也○賈林曰未見便利敵誘誑我我因不動如山之安○梅堯臣曰峻不可犯○王晳曰堅守也○何氏曰止如山之鎮靜○張預曰所以持重也荀子議兵篇云圓居而方正則若盤石然觸之者角摧言不動之時若山石之不可移犯之者其角立毀**難知如陰**李筌曰其勢不測如陰不能覩萬象○杜牧曰如玄雲蔽天不見三辰○梅堯臣曰

敵隱莫測○王晳曰形藏也○何氏曰暗祕
而不可料○張預曰如陰雲蔽天莫覩辰象**動如雷震**李筌曰
盛怒也
○杜牧曰如空中擊下不知所避也○賈林曰其動也疾不及應太
公曰疾雷不及掩耳○梅堯臣曰迅不及避○王晳曰不虞而至○
何氏曰藏謀以奮如此○張預曰如迅雷忽擊不
知所避故太公曰疾雷不及掩耳迅電不及瞬目**掠鄉分衆**曹
操
曰因敵而制勝也○李筌曰抄掠必分兵爲數道懼不虞也○杜牧
曰敵之鄉邑聚落無有守兵六畜財穀易於剽掠則須分番次第使
衆人皆得往也不可獨有所往如此則大小強弱皆欲與敵爭利也
○陳皡曰夫鄉邑村落因非一處察其無備分兵掠之○掠鄉一作
指向○賈林曰三軍不可言遣故以旌旗指向隊伍不可語傳故以
麾幟分衆故因敵陳形可爲勢此尤順訓練分明師徒服習也○梅
堯臣曰以饗士卒○王晳曰指所鄉以分其衆鄉音向○何氏曰得
掠物則與衆分○張預曰用兵之道大率務因糧於敵然而鄉邑之
民所積不多必分兵
隨處掠之乃可足用**廓地分利**曹操曰分敵利也○李筌曰得
敵地必分守利害○杜牧曰廓

開也開土拓境則分割與有功者韓信言於漢王曰項王使人有功當封爵者刻印刓忍不能與今大王誠能反其道以天下城邑封功臣天下不足取也三略曰獲地裂之○陳皞曰言獲其土地則屯兵種蒔以分敵之利也○賈林曰廓度也度敵所據地利分其利也○梅堯臣曰與有功也○王晳曰廓視地形以據便利勿使敵專也○張預曰開廓平易之地必分兵守利不使敵人得之或云得地則分賞有功者今觀上下之文恐非謂此也**懸權而動**曹操曰量敵而動也○李筌曰權量秤也敵輕重與吾有銖鎰之別則動夫先動爲客後動爲主客難而主易太一遁甲定計之筭明動易也○杜牧曰如衡懸權秤量已定然後動也○何氏同杜牧註○張預曰如懸權於衡量知輕重然後動也尉繚子曰權敵審將而後舉言權量敵之輕重審察將之賢愚然後舉也**先知迂直之計者勝此軍爭之法也**李筌曰迂直道路勞佚餒寒生於道路○杜牧曰言軍爭者先須計遠近迂直然後可以爲勝其計量之審如懸權於衡不失錙銖然後可以動而取勝此乃軍爭勝之法也○梅

堯臣曰稱量利害而動在預知遠近之方則勝○王晳曰量敵審輕重而動又知迂直必勝之道也○張預曰凡與人爭利必先量道路之迂直審察而後動則無勞頓寒餒之患而且進退遲速不失其機故勝也**軍政曰**梅堯臣曰軍之舊典○王晳曰古軍書**言不相聞故爲金鼓**杜佑曰金鉦鐸也聽其音聲以爲耳候○梅堯臣曰以威耳也耳威於聲不可不清○王晳曰鼓鼙鉦鐸之屬坐作進退疾徐疏數皆有其節**視不相見故爲旌旗**杜佑曰瞻其指麾以爲目候○梅堯臣曰以威目也目威於色不得不明○王晳曰表部曲行列齊整也**夫金鼓旌旗者所以一人之耳目也**李筌曰鼓進鐸退旌賞而旗罰耳聽金鼓目視旌旗故不亂也勇怯不能進退者由旗鼓正也○張預曰夫用兵既衆占地必廣首尾相遠耳目不接故設金鼓之聲使之相聞立旌旗之形使之相見視聽均齊則雖百萬之衆進退如一矣故曰鬬衆如鬬寡形名是也**人既專一則勇**

者不得獨進怯者不得獨退此用衆之法也杜牧曰旌以出令旗以應號蓋旗者即今之信旗也軍法曰當進不進當退不退者斬之吳起與秦人戰戰未合有一夫不勝其勇前獲雙首而返吳起斬之軍吏進諫曰此材士也不可斬吳起曰信材士非令也乃斬之○梅堯臣曰一人之視聽齊一而不亂也鼓之則進金之則止麾右則右麾左則左不可以勇怯而獨先也○王晳曰使三軍之衆勇怯進退齊一者鼓鐸旌旗之爲也○張預曰士卒專心一意惟在於金鼓旌旗之號令當進則進當退則退一有違者必戮故曰令不進而進與令不退而退厥罪惟均尉繚子曰鼓鳴旗麾先登者未嘗非多力國士也將者之過也言不可賞先登獲雋者恐進退不一耳

故夜戰多火鼓晝戰多旌旗所以變人之耳目也李筌曰火鼓夜之所視聽旌旗晝之所指揮○杜牧曰令軍士耳目皆隨旌旗火鼓而變也或曰夜戰多火鼓其旨如何夜黑之後必無原野列陳與敵刻期而戰

也軍襲敵營鳴鼓然火適足以警敵人之耳目於我返害其義安在答曰富哉問乎此乃孫武之微旨也凡夜戰者蓋敵人來襲我壘不得已而與之戰其法在於立營之法與陳小同故志曰止則爲營行則爲陳蓋大陳之中必包小陳大營之内亦包小營蓋前後左右之軍各自有營環遶大將之營居於中央諸營環之隅落鈎聯曲折相對象天之壁壘星其營相去上不過百步下不過五十步道徑通達足以出隊列部壁壘相望足以弓弩相救每於十字路口必立小堡上致柴薪穴爲暗道胡梯上之令人看守夜黑之後聲鼓四起即以燔燎是以賊夜襲我雖入營門四顧屹然復有小營各自堅守東西南北未知所攻大將營或諸小營中先知有賊至者放令盡入然後擊鼓諸營齊應衆堡燎火明如晝日諸營兵士於是閉門登壘下瞰敵人勁弩彊弓四向俱發敵人雖有韓白之將鬼神之兵亦無能計也唯恐夜不襲我來則必敗若敵人或能潛入一營即諸營舉火出兵四面繞之號令營中不得輒動須臾之際善惡自分賊若出走皆在羅網矣故司馬宣王入諸葛亮營壘見其曲折曰此天下之奇才也今之立營通洞豁達雖以居之若有賊夜來斫營萬人

一時驚擾雖多致斥候嚴爲備守晦黑之後彼我不分雖有衆力亦不能用○陳皥曰杜言夜黑之後必無原野列陳與敵人刻期而戰非也天寶末李光弼以五百騎趨河陽多列火炬首尾不息史思明數萬之衆不敢逼之豈止待賊斫營而已○賈林曰火鼓旌旗可以聽望故晝夜異用之○梅堯臣曰多者欲以變惑敵人耳目○王晳曰多者所以震駭視聽使慹我之威武聲氣也傳曰多鼓鈞聲以夜軍之○張預曰凡與敵戰夜則火鼓不息晝則旌旗相續所以變亂敵人之耳目使不知其所以備我之計越伐吳夾水而陳越爲左右句卒使夜或左或右鼓譟而進吳師分以禦之遂爲越所敗是惑以火鼓也晉伐齊使司馬斥山澤之險雖所不至必旆而踈陳之齊侯畏石脫歸是惑以旌旗也

故三軍可奪氣

曹操曰左氏言一鼓作氣再而衰三而竭○李筌曰奪氣奪其銳勇齊伐魯戰於長勺齊人一鼓公將戰曹劌曰未可齊人三鼓劌曰可矣乃戰齊師敗績公問其故劌曰夫戰勇氣也一鼓作氣再而衰三而竭彼竭我盈故克之奪三軍之氣也○杜牧曰司馬法戰以力久以氣勝齊伐魯莊公將戰於長勺公將鼓之曹劌曰未可齊人

三鼓劌曰可矣齊師敗績公問其故對曰夫戰勇氣也一鼓作氣再而衰三而竭彼竭我盈故克之晉將毋丘儉文欽反諸軍屯樂嘉司司景王銜枚徑造之欽子鴦年十八勇冠三軍曰及其未定請登城鼓譟擊之可破既而三譟之欽不能應鴦退相與引而東景王謂諸將曰欽走矣發銳軍以追之諸將曰欽舊將鴦小而銳引軍內入未有失利必不走也王曰一鼓作氣再而衰三而竭鴦鼓而欽不應其勢已屈不走何待欽果引去○王晳曰震慹衰惰則軍氣奪矣○何氏曰淮南子曰將充勇而輕敵卒果敢而樂戰三軍之衆百萬之師志厲青雲氣如飄風聲如雷霆誠積踰而威加敵人此謂氣勢吳子曰三軍之衆百萬之師張設輕重在於一人是謂氣機故奪氣者有所待有所乘則可矣○張預曰氣者戰之所恃也夫含生稟血鼓作鬬爭雖死不省者氣使然也故用兵之法若激其士卒令上下同怒則其鋒不可當故敵人新來而氣銳則且以不戰挫之伺其衰倦而後擊故彼之銳氣可以奪也尉繚子謂氣實則鬬氣奪則走者此之謂也曹劌言一鼓作氣者謂初來之氣盛也再而衰三而竭者謂陳久而人倦也又李靖曰守者不止完其壁堅其陳而已必也守吾氣

而有待焉所謂守其氣者常養吾之氣使銳盛而不衰然後彼之氣可得而奪也

將軍可奪心

李筌曰怒之令憤撓之令亂間之令疎卑之令驕則彼之心可奪也○杜牧曰心者將軍心中所倚賴以爲軍者也後漢寇恂征隗囂囂將高峻守高平第一峻遣軍將皇甫文出謁恂辭禮不屈恂怒斬之遣其副峻惶恐即日開城門降諸將曰敢問殺其使而降其城何也恂曰皇甫文峻之腹心其所取計者今來辭氣不屈必無降心全之則文得其計殺之則峻亡其膽是以降耳後燕慕容垂遣子寶率衆伐後魏始寶之來垂已有疾自到五原道武帝斷其來路父子問絶道武乃詭其行人之辭令臨河告之曰父已死何不遽還寶兄弟聞之憂懼以爲信然因夜遁去道武襲之大破於參合陂○梅堯臣曰以鼓旗之變惑奪其氣軍既奪氣將亦奪心○王晳曰紛亂諠譁則將心奪矣○何氏曰先須己心能固然後可以奪敵將之心故傳曰先人有奪人之心司馬法曰本心固新氣勝者是也○張預曰心者將之所主也夫治亂勇怯皆主於心故善制敵者撓之而使亂激之而使惑迫之而使懼故彼之心謀可以奪也傳曰先人有奪人之心謂奪其本

心之計也又李靖曰攻者不止攻其城擊其陳而已必有攻其心之術焉所謂攻其心者常養吾之心使安閑而不亂然後彼之心可得而有也**是故朝氣銳**陳皥曰初來之氣氣方盛銳勿與之爭也○孟氏曰司馬法曰新氣勝舊氣新氣即朝氣也○王皙曰士衆凡初舉氣銳也**晝氣惰**王皙曰漸久少怠**暮氣歸**孟氏曰朝氣初氣也晝氣再作之氣也暮氣衰竭之氣也○梅堯臣曰朝言其始也晝言其中也暮言其終也謂兵始而銳久則惰而思歸故可擊○王皙曰怠久意歸無復戰理**故善用兵者避其銳氣擊其惰歸此治氣者也**李筌曰氣者軍之氣勇○杜牧曰陽氣生於子成於寅衰於午伏於申凡晨朝陽氣初盛其來必銳故須避之候其衰伏擊之必勝武德中太宗與竇建德戰於氾水東建德列陣彌亘數理太宗將數騎登高觀之謂諸將曰賊度險而囂是軍無政令逼城而陳有輕我心按兵不出待敵氣衰陳久卒飢必將自退退而擊之何往不克建德列陣自卯至午兵士飢倦悉列坐右又

爭飲水太宗曰可擊矣遂戰生擒建德○陳皥曰有辰巳列陳至午未未勝者午未列陳至申酉未勝者不必事須晨旦而為陽氣申午而為衰氣也太宗之攻建德也登髙而望之謂諸將曰賊盡銳來攻我當少避之退則可以騎留之以明不須晨旦也凡彼有銳則如此避之不然則否○杜佑曰避其精銳之氣擊其懈惰欲歸此理氣者也曹劌之說是也○梅堯臣曰氣盛勿擊衰懈易敗○何氏曰夫人情莫不樂安而惡危好生而懼死無故驅之就卧尸之地樂趨於兵戰之場其心之所畜非有忿怒欲鬬之氣一旦乘而激之冒難而不顧犯危而不畏則未嘗不悔而怯矣今夫天下懦夫心有所激則率爾爭鬬不啻諸劌至于操刃而求鬬者氣之所乘也氣衰則息懾然而悔矣故三軍之視雖寇如視處女者乘其忿怒而有所激也是以即墨之圍五千人擊却燕師者乘燕劓降掘塚之怒也秦之鬬士倍我者因三施無報之怒所以我怠而秦奮也二者治氣有道而所用乘其機也○張預曰朝喻始晝喻中暮喻末非以早晚為辭也凡人之氣初來新至則勇銳陳久人倦則衰故善用兵者當其銳盛則堅守以避之待其惰歸則出兵以擊之此所謂善治己之氣以奪人之

氣者也前趙將游子遠之敗伊餘羌唐武德中太宗之破竇建德皆用此術

以治待亂以靜待譁此治心者也

李筌曰伺敵之變因而乘之○杜牧曰司馬法曰本心固言料敵制勝本心已定但當調治之使安靜堅固不爲事撓不爲利惑候敵之亂伺敵之譁則出兵攻之矣○陳皡曰政令不一賞罰不明謂之亂旌旗錯雜行伍輕囂謂之譁審敵如是則出攻之○賈林曰以我之整治待敵之撓亂以我之清淨待敵之諠譁此治心者也故太公曰事莫大於必克用莫大於玄默也○梅堯臣曰鎮靜待敵衆心則寧○王晳同陳皡註○何氏曰夫將以一身之寡一心之微連百萬之衆對虎狼之敵利害之相雜勝負之紛揉權智萬變而措置於胷臆之中非其中廓然方寸不亂豈能應變而不窮處事而不迷卒然遇大難而不驚案然接萬物而不惑吾之治足以待亂吾之靜足以待譁前有百萬之敵而吾視之則如遇小寇亞夫之禦寇也堅臥而不起欒箴之臨敵也好以整又好以暇夫審此二人者蘊以何術哉蓋其心治之有素養之有餘也○張預曰治以待亂靜以待譁安以待躁忍以待忿嚴以待

懈此所謂善治己之心以奪人之心者也以近待遠以佚待勞以飽待飢此治力者也李筌曰客主之勢○杜牧曰上文云致人而不致於人是也○杜佑曰以我之近待彼之遠以我之閑佚待彼之疲勞以我之充飽待彼之飢虛此理人力者也○梅堯臣曰無困竭人力以自弊○王晳曰以餘制不足善治力也○張預曰近以待遠佚以待勞飽以待飢誘以待來重以待輕此所謂善治己之力以困人之力者也無邀正正之旗勿擊堂堂之陳此治變者也曹操曰正正齊也堂堂大也○李筌曰正正者齊整也堂堂者部分也○杜牧曰堂堂者無懼也兵者隨敵而變敵有如此則勿擊之是能治變也後漢曹公圍鄴袁尚來救公曰尚若從大道來當避之若循西山來此成擒耳尚果循西山來逆擊大破之也○梅堯臣曰正正而來堂堂而陳示無懼也必有奇變○王晳曰本可要擊以視整齊盛大故變○何氏曰所謂強則避之○張預曰正正謂形名齊整也堂堂謂行陳廣大也敵人如此豈可輕

戰軍政曰見可而進知難而退又曰強而避之言須識變通此所謂善治變化之道以應敵人者也

故用兵之法

高陵勿向背丘勿逆

李筌曰地勢也○杜牧曰向者仰也背者倚也逆者迎也言敵在高處不可仰攻敵倚丘山下來求戰不可逆之此言自下趨高者力乏自高趨下者勢順也故不可向迎○孟氏曰敵背丘陵爲陳無有後患則當引軍平地勿迎擊之○杜佑曰敵若依據丘陵險阻陳兵待敵勿輕攻趨也既驅勢不便及有殞石之衝也○梅堯臣曰高陵勿向者敵處其高不可仰擊背丘勿逆者敵自高而來不可逆戰勢不便也○王晳曰如此不便則當嚴陳以待變也○何氏曰秦伐韓趙王令趙奢救之秦人聞之悉甲而至軍士許歷請以軍事諫曰秦人不意趙師至此其來氣盛將軍必厚集其陳以待之不然必敗令先據北山上者勝後至者敗奢從之即發萬人趨之秦兵後至爭山不得上奢縱兵擊之大破秦軍後周遣將伐高齊圍洛陽齊將段韶禦之登邙坂聊欲觀周軍形勢至太和谷便值周軍即遣馳告諸營與諸將結陳以待之周軍以步人在前上山逆戰韶以彼步我騎且却且引

得其力弊乃遣下馬擊之短兵始交周人大潰並即奔遁○張預曰敵處高為陳不可仰攻人馬之馳逐弧矢之施發皆不便也故諸葛亮曰山陵之戰不仰其高敵從高而來不可迎之勢不順也引至平地然後合戰

佯北勿從

李筌杜牧曰恐有伏兵也○賈林曰敵未衰忽然奔北必有奇伏要擊我兵謹勒將士勿令逐追○杜佑曰北奔走也敵方戰氣勢未衰便奔走而陳兵者必有奇伏勿深入從之故太公曰夫出甲陳兵縱卒亂行者欲以為變也○梅堯臣同杜牧註○王晳曰勢不至北必有詐也則勿逐○何氏曰如戰國秦師伐趙趙奢之子括代廉頗將拒秦於長平秦陰使白起為上將軍趙出兵擊秦秦軍佯敗而走張二奇兵以劫之趙軍逐勝追造秦壁壁堅不得入而秦奇兵二萬五千人絕趙軍後又一軍五千騎絕趙壁間趙軍分而為二糧道絕而秦出輕兵擊之趙戰不利因築壁堅守以待救至秦聞趙食道絕王自之河內發卒遮絕趙救及糧食趙卒不得食四十六日陰相殺食括中射而死蜀劉表遣劉備北侵至鄴曹公遣夏侯惇李典拒之一朝備燒屯去惇遣諸將追擊之典曰賊無故退疑必有伏南道窄狹草木深不可追也不聽

惇等果入賊伏裏典往救備見救至乃退西魏末遣將史寧與突厥同伐吐谷渾遂至樹敦即吐谷渾之舊都多諸珍藏而其主先已奔賀眞城留其征南王及數千人固守寧攻之僞退吐谷渾人果開門逐之因回兵奪門門未及闔寧兵遂得入生獲其征南王俘獲男女財寶盡歸諸突厥北齊高澄立侯景叛歸梁而圍彭城澄遣慕容紹宗討之將戰紹宗以梁人剽悍恐其衆之撓也召將帥而語之曰我當佯退誘梁人使前汝可擊其背申明誡之景又命梁人曰逐北勿過二里會戰紹宗走梁人不用景言乘敗深入魏人以紹宗之言爲信爭掩擊遂大敗之唐安禄山反郭子儀圍衛州僞鄭王慶緒率兵來援分爲三軍子儀陳以待之預選射者三千人伏於壁内誡之曰俟吾小却賊必爭進則登城鼓譟弓弩齊發以逼之既戰子儀僞退而賊果乘之乃開壘門遽聞鼓譟矢注如雨賊徒震駭整衆追之遂虜慶緒○張預曰敵人奔北必審眞僞若旗鼓齊應號令如一紛紛紜紜雖退走非敗也必有奇也不可從之若旗靡轍亂人囂馬駭此眞敗却也

銳卒勿攻

李筌曰避强氣也○杜牧曰避實也楚子伐隋隋臣季良曰楚人尚左君必左無與王遇且攻

其右右無良焉必敗偏敗衆乃攜矣隋少師曰不當王非敵也不從隋師敗績○陳皡曰此說是避敵所長非鋭卒勿攻之旨也蓋言士卒輕鋭且勿攻之待其懈惰然後擊之所謂千里遠鬬其鋒莫當蓋近之爾○梅堯臣曰伺其氣挫○何氏曰如蜀先主率大衆東伐吳吳將陸遜拒之蜀主從建平連圍至夷陵界立數十屯以金帛爵賞誘動諸夷先遣將吳班以數千人於平地立營欲以挑戰諸將皆欲擊之遜曰備舉軍東至鋭氣始盛且乘高守險難可卒攻攻之縱下猶難盡克若有不利損我必大今但且獎勵將士廣施方略以觀其變備知其計不行乃引伏兵八千人從谷中出遜曰所以不聽諸軍擊班者揣之必有巧故也諸將並曰攻備當在初今乃令人五六百里相銜持經七八月其諸要害賊已固守擊之必無利矣遜曰備是猾虜其軍始集思慮精專未可干也今住已久不得我便兵疲意沮計不復生犄角此寇正在今日乃先攻一營不利遜曰吾已曉破之之術乃令各持一把茅以火攻拔之備因夜遁魏末吳將諸葛恪圍新城司馬景王使毌丘儉文欽等拒之儉欽請戰景王曰恪卷甲深入投兵死地其鋒未易當且新城小而固攻之未可拔遂令諸將高

壘以弊之相持數日恪攻城力屈死傷大半景王乃令欽督鋭卒趣
合榆斷其歸路恪懼而遁前趙劉曜遣將討羌大酋權渠率衆保險
阻曜將游子遠頻敗之權渠欲降其子伊餘大言於衆中曰往年劉
曜自來猶無若我何晨壓子遠壘門左右勸出戰子遠曰吾聞伊餘
有專諸之勇慶忌之捷其父新敗怒氣甚盛且西戎勁悍其鋒不可
擬也不如緩之使氣竭而擊之乃堅壁不戰伊餘有驕色子遠候其
無備夜分誓衆秣馬蓐食先晨具甲掃壘而出遲明設覆而戰生擒
伊餘于陳唐武德中太宗率師往河東討劉武周江夏王道宗從軍
太宗登玉壁城覩賊顧謂道宗曰賊恃其衆來邀我戰汝謂如何對
曰羣賊鋒不可當易以計屈難與力爭今衆深壁高壘以挫其鋒烏
合之徒莫能持久糧運致竭自當離散可不戰而擒太宗曰汝意見
暗與我合後賊食盡夜遁一戰敗之又太宗征薛仁杲於折墌城賊
十有餘萬兵鋒甚鋭數來挑戰諸將請戰太宗曰我卒新經挫衂鋭
氣猶少賊驟勝必輕進好鬭我且閉壁以折之待其氣衰而後擊可
一戰而破此萬全計也因令軍中曰敢言戰者斬相持久之賊糧盡
軍中頗攜貳其將相繼來降太宗知仁杲必腹内離謂諸將曰可以

戰敵令總管梁實營於淺水原以誘之賊大將宗羅睺自恃驕悍求戰不得氣憤者久之及是盡銳攻梁實冀逞其志梁實固險不出以挫其鋒羅睺攻之愈急太宗度賊已疲復謂諸將曰彼氣將衰吾當取之必矣申令諸將遲明合戰令將軍龐玉陳於淺水原南出賊之右先餌之羅睺併軍共戰玉軍幾敗太宗親御大軍奄自原北出其不意羅睺回師相拒我師表裏齊奮呼聲動天羅睺氣奪於是大潰又李靖從河間王孝恭討蕭銑兵至夷陵銑將文士弘率精卒數萬屯清江孝恭欲擊之靖曰士弘銑之健將士卒驍勇今新出荆門盡兵出戰此是救敗之師恐不可當也宜且泊南岸勿與爭鋒待其氣衰然後奮擊破之必矣孝恭不從留靖守營與賊戰孝恭果敗奔于南岸○張預曰敵若乘銳而來其鋒不可當宜少避之以伺其挫晉楚相持楚晨壓晉軍而陳軍吏患之欒書曰楚師輕窕固壘以待之三日必退退而擊之必獲勝焉又唐太宗在薛仁杲賊兵鋒甚銳數來挑戰諸將咸請戰太宗曰當且閉壘以折之待其氣衰可一戰而破也果然

餌兵勿食

李筌曰秦人毒涇上流○杜牧曰敵忽棄飲食而去先須嘗試不可便食慮毒也後魏文帝時

庫莫奚侵擾詔濟陰王新成率衆討之王乃多爲毒酒賊既漸逼使棄營而去賊至喜競飲酒酣毒作王簡輕騎縱擊俘獲萬計○陳皥曰此之獲勝蓋非偶然固非爲將之道垂後世法也孫子豈以他人不能致毒於人腹中哉此言喻魚若見餌不可食也敵若懸利不可貪也曹公與袁紹將文醜等戰諸將以爲敵騎多不如還營荀攸曰此所以餌敵也安可去之即知餌兵非止謂寘毒也食字疑或爲貪字也○梅堯臣曰魚貪餌而亡兵貪餌而敗敵以兵來釣我我不可從○王晳曰餌我以利必有奇伏○何氏曰如春秋時楚伐絞軍其南門莫敖屈瑕曰絞小而輕輕則寡謀請無扞采樵者以誘之從之絞人獲三十人明日絞人爭出驅楚役徒於山中楚人坐其北門而覆諸山下大敗之爲城下之盟而還又如赤眉佯敗棄輜重走車載土以豆覆其上鄧弘取之爲赤眉所敗曹公未得濟而放牛馬馬超取之而公得渡又如曹公棄輜重文醜劉備分取之而爲公所破又如後魏廣陽王元深以也列河誘拔陵竟來抄掠拔陵爲于謹伏兵所破此皆餌之之術也○張預曰三略曰香餌之下必有懸魚言魚貪餌則爲釣者所得兵貪利則爲敵人所敗夫餌兵非止謂寘毒於

飲食但以利留敵皆爲餌也若曹公以畜產餌馬超
以輜重餌袁紹李矩以牛馬餌石勒之類皆是也

歸師勿遏

李筌曰士卒思歸志不可遏也○杜牧曰曹公自征張繡於穰劉表
遣兵救繡以絕軍後公將引還繡兵來追公軍不得進表與繡復合
兵守險公軍前後受敵公乃夜鑿險爲地道悉過輜重設奇兵步騎
夾攻大破之公謂荀文若曰虜遏吾歸師而與吾死地吾是以知勝
矣○孟氏曰人懷歸心必能死戰則不可止而擊也○杜佑曰人人
有室家鄉國之往不可遏截之徐觀其變而制之○梅堯臣曰敵必
死戰○王晳曰人自爲戰也勿遏塞之若循有他慮則可要而擊曹
公攻鄴袁尚來救諸將以爲歸師不如避之公曰尚從大道來則避
之若循西山來者此成擒耳蓋大道來則歸意全循山來則顧負險
且有懼心也○何氏曰如魏初曹操圍張繡於穰劉表遣兵救繡以
絕軍後公將引還繡兵來追公軍不得進連營稍前到安衆繡與表
合兵守險公軍前後受敵公乃夜鑿險爲地道悉過輜重設奇兵會
明賊謂公爲遁也悉軍來追乃縱奇兵步騎夾攻大破之公謂荀彧
曰虜遏吾歸師與吾死地是以知勝齊建武二年魏圍鍾離張欣泰

爲軍主隨崔慧景救援及魏軍退而邵陽洲上餘兵萬人求輸馬五百匹假道慧景欲斷路攻之欣泰說慧景曰歸師勿遏古人畏之兵在死地不可輕也慧景乃聽過也前秦苻堅征晉至壽春兵敗還長安慕容泓起兵于華澤堅將苻叡竇衝姚萇討之苻叡勇果輕敵不恤士衆泓聞其至也懼率衆將奔關東叡馳兵邀之姚萇諫曰鮮卑有思歸之心宜驅令出關不可遏也叡弗從戰于華澤叡敗績被殺後涼呂弘攻段業於張掖不勝將東走業議欲擊之其將沮渠蒙遜諫曰歸師勿遏窮寇勿追此兵家之戒不如縱之以爲後圖業曰一日縱敵悔將無及遂率衆追之爲弘所敗○張頵曰兵之在外人人思歸當路邀之必致死戰韓信曰從思東歸之士何所不克曹公既破劉表謂荀彧曰虜遏吾歸師吾是以知勝又呂弘攻段業不勝將東走業欲擊之或諫曰歸師勿遏兵家之戒不如縱之以爲後圖業不從率衆追之爲弘所敗古人似此者多不可悉陳

圍師必闕曹操曰司馬法曰圍其三面闕其一面所以示生路也○李筌曰夫圍敵必空其一面示不固也若四面圍之敵必堅守不拔也項羽坑外黃魏武圍壺關即其義也○杜牧曰示以生路令

無必死之心因而擊之後漢妖巫維汜弟子單臣傅鎮等相聚入原武城刧掠吏人自稱將軍光武遣臧宮將北軍數千人圍之賊食多數攻不下士卒死傷帝召公卿諸侯王問方略明帝時爲東海王對曰妖巫相刧勢無久立其中必有悔者但外圍急不得走耳小挺緩令得逃亡則一亭長足以擒矣帝即勑令開圍緩守賊衆分散遂斬臣鎮等大唐天寶末李光弼領朔方軍與史思明戰于土門賊衆退散四面圍合光弼令開東南角以縱之賊見開圍棄甲急走因追擊之盡殲其衆是開一面也○杜佑曰若圍敵平陸之地必空一面以示其虛欲使戰守不固而有去留之心若敵臨危據險彊救在表當堅固守之未必闕也此用兵之法○梅堯臣同曹操註○何氏曰如後漢初張步據齊地漢將耿弇揔兵討之步使其大將費邑軍歷下又分守祝阿鍾城弇先擊祝阿自晨攻城未日中而拔故開圍一角令其衆得奔歸鍾城鍾城人聞祝阿已潰大恐懼遂空壁亡去又朱儁與徐璆共討黄巾餘賊韓忠據宛乞降不許因急攻之連城不克儁登山覩之顧謂張超曰吾知之矣賊今外圍周固内營急逼乞降不受欲出不得所以死戰也萬人一心猶不可當況十萬乎其害甚也

矣今不如徹圍并兵入城忠見圍解則勢必自出出則意散易破之道也既而解圍忠果出戰儁因破之又魏太祖圍壺關下令曰城拔皆坑之連月不下曹仁曰圍城必示之活門所以開其生路也今公告之必死將人自爲守且城固而糧多攻之則士卒傷守之則日久今頓兵堅城之下攻必死之虜非良計也太祖從之開城遂降又後魏末齊神武起義兵於河北尒朱兆天光度律仲遠等四將同會鄴南士馬精彊號二十萬圍神武於南陵山是時神武馬二千步卒不滿三萬人兆等設圍不合神武連繫牛驢自塞歸道於是將士死戰四面奮擊大破兆等○張預曰圍其三面開其一角示以生路使不堅戰後漢朱儁討賊帥韓忠於宛急攻不克因謂軍吏曰賊今外圍周固所以死戰若我解圍勢必自出出則意散易破之道也果如其言又曹公圍壺關謂之曰城破皆坑之連攻不下曹仁謂公曰夫圍城必示之活門所以開其生路也今公許之必死令人自守非計也公從之遂拔其城是也

窮寇勿迫

杜牧曰春秋時吳伐楚楚師敗走及清發闔閭復將擊之夫槩王曰困獸猶鬭況人乎若知不免而致死必敗我若使半濟而後可擊也從之又敗

之漢宣帝時趙充國討先零羌羌覩大軍棄輜重欲渡湟水道阨狹
充國徐行驅之或曰逐利行遲充國曰窮寇也不可迫緩之則走不
顧急之則還致死諸將曰善虜果赴水溺死者數萬於是大破之也
○陳皥曰鳥窮則搏獸窮則噬也○梅堯臣曰困獸猶鬬物理然也
○何氏曰前燕呂護據野王陰通晉事覺燕將慕容恪等率衆討之
將軍傅顏言之恪曰護窮寇假合王師既臨則上下喪氣殿下前以
廣固天險守易攻難故爲長久之策今賊形不與往同宜急攻之以
省千金之費恪曰護老賊經變多矣觀其爲備之道則未易卒圖也
今圍之於窮城樵採路絶内無蓄積外無彊援不過於十旬弊之必
矣何必殘士卒之命而趨一時之利哉此謂兵不血刃而坐以制勝
也遂列長圍守之凡經六月而野王潰護南奔于晉悉降其衆五代
晉將符彦卿杜重威經恪北鄙遇虜於陽城戎人十萬圍晉師於中
野乏水軍人鑿井取泥衣絞而吮之人馬渴死甚衆彦卿曰與其束
手就擒曷若以身徇國我今窮蹙乃率勁騎出擊之會大風揚塵乘
勢決戰戎人大潰此彦卿爲虜十萬所圍乃窮蹙之寇遂致死力以
求生戎人不悟之致敗也○張預曰敵若焚舟破釜來決一戰則不

可逼迫蓋獸窮則搏也晉師敗齊于鞌齊侯請盟晉人不許齊侯曰請收合餘燼背城借一晉人懼而與之盟吳夫槩王謂困獸猶鬬漢趙充國言緩之則走不顧急之則還致死蓋亦近之此用兵之法也

九變篇曹操曰變其正得其所用九也○王晳曰晳謂九者數之極用兵之法當極其變耳逸詩云九變復貫不知曹公謂何爲九或曰九地之變也○張預曰變者不拘常法臨事適變從宜而行之之謂也凡與人爭利必知九地之變故次軍爭

孫子曰凡用兵之法將受命於君合軍聚衆張預曰已解上文圮地無舍曹操曰無所依也水毁曰圮○李筌曰地下曰圮行必水淹也○陳皡曰圮低下也孔明謂之地獄獄者中下四面高也○孟氏曰太下則爲敵所囚○杜佑曰擇地頓兵當趨利而避害也○梅堯臣曰山林險阻沮澤之

地不可舍止無所依也○何氏曰下篇言圮地則吾將進其塗謂少固之地宜速去之也○張預曰山林險阻沮澤凡難行之道爲圮地以其無所依故不可舍止

衢地交合曹操曰結諸侯也○李筌曰四通曰衢結諸侯之交地也○賈林曰結諸侯以爲援○梅堯臣曰夫四通之地與旁國相通當結其交也○何氏曰下篇云衢地吾將固其結言交結諸侯使牢固也○張預曰四通之地旁有鄰國先往結之以爲交援

絕地無留曹操曰無久止也○李筌曰地無泉井畜牧采樵之處爲絕地不可留也○賈林曰谿谷坎險前無通路曰絕當速去無留○梅堯臣曰始去國始出境猶不居輕地是不可久留也○張預曰去國越境而師者絕地也危絕之地過於重地故不可淹留久止也

圍地則謀曹操曰發奇謀也○李筌曰因地能通○賈林曰居四險之中曰圍地敵可往來我難出入居此地者可預設奇謀使敵不爲我患乃可濟也○梅堯臣曰往返險迂當出奇謀○何氏曰下篇亦云圍地則謀言在艱險之地與敵相持須用奇險詭譎之謀不至於害也○張預曰居前隘後固之地當發奇謀若漢高爲匈

奴所圍用陳平奇計得出兹近之**死地則戰**曹操曰殊死戰也○李筌曰置兵於必死之地人自爲私鬬韓信破趙此是也○梅堯臣曰前後有礙決在死戰此而上舉九地之大約也○王晳註上之五地並同曹公○何氏曰下篇亦云死地則戰者此地速爲死戰則生若緩而不戰氣衰糧絶不死何待也○張預曰走無所往當殊死戰淮陰背水陳是也從圮地無舍至此爲九變止陳五事者舉其大略也九地篇中説九地之變唯言六事亦陳其大略也凡地有勢有變九地篇上所陳者是其勢也下所敘者是其變也何以知九變爲九地之變下文云將不通九變雖知地形不能得地利又九地篇云九地之變屈伸之利不可不察以此觀之義可見也下既説九地此復言九變者孫子欲敘五利故先陳九變蓋九變五利相須而用故兼言之**塗有所不由**曹操曰隘難之地所不當從不得已從之故爲變○李筌曰道有險狹懼其邀伏不可由也○杜牧曰後漢光武遣將軍馬援耿舒討武陵五谿蠻軍次下雋今辰州也有兩道可入從壺頭則路近而水險從充道則路夷而運遠帝初以爲疑及軍至耿舒欲從充道援以爲棄

曰費糧不如進壺頭搤其咽喉則賊自破以事上之帝從援策乃進營壺頭賊乘高守隘水疾船不得上會暑濕士卒多疫死援亦中病卒耿舒與兄好時侯書曰舒前上言當先擊充糧雖難運而兵馬得用軍人數萬爭欲先奮今壺頭竟不得進大衆怫鬱行死誠可痛惜○賈林曰由從也途且不利雖近不從○杜佑曰阨難之地所不當從也不得已從之故為變也○梅堯臣曰避其險阨也○王晳曰途雖可從而有所不從慮奇伏也若趙涉説周亞夫避殽黽阨陿之間慮置伏兵請走藍田出武關抵洛陽間不過差一二日是也○張預曰險阨之地車不得方軌騎不得成列故不可由也不得已而行之必為權變韓信知陳餘不用李左車計乃敢入井陘口是也

軍有所不擊

曹操曰軍雖可擊以地險難久留之失前利若得之則利薄困窮之兵必死戰也○杜牧曰蓋以銳卒勿攻歸師勿遏窮寇勿迫死地不可攻或我強敵弱敵前軍先至亦不可擊恐驚之退走也言有如此之軍皆不可擊斯統言為將須知有此不可擊之軍即須不擊益為知變也故列於九變篇中○陳皡曰見小利不能傾敵則勿擊之恐重勞人也○賈林曰軍可威懷勢將

降伏則不擊寇窮據險擊則死戰可自固守待其心惰取之○杜佑曰軍雖可擊以地險難久留之失前利若得之利薄也窮困之卒隘陷之軍不可攻爲死戰也當固守之以待隙也○梅堯臣曰往無利也○王晳曰曹公曰軍雖可擊以地險難久留之失前利若得之則利薄晳謂餌兵銳卒正正之旗堂堂之陳亦是也○張預曰縱之而無所損克之而無所利則不須擊也又若我弱彼彊我曲彼直亦不可擊如晉楚相持士會曰楚人德刑政事典禮不易不可敵也不爲是征義相近也

城有所不攻

曹操曰城小而固糧饒不可攻也操所以置華費而深入徐州得十四縣也○杜牧曰操捨華費不攻故能兵力完全深入徐州得十四縣也蓋言敵於要害之地深峻城隍多積糧食欲留我師若攻拔之未足爲利不拔則挫我兵勢故不可攻也宋順帝時荆州守沈攸之反素蓄士馬資用豐積戰士十萬甲馬二千軍至郢城功曹臧寅以爲攻守異勢非旬日所拔若不時舉挫銳損威今順流長驅計日可捷既傾根本則郢城豈能自固故兵法曰城有所不攻是也攸之不從郢郡守柳世隆拒攸之攸之盡銳攻之不克衆潰走入林自縊後周武帝欲

出兵於河陽以伐齊吏部守文弢進曰今用兵須擇地河陽要衝精兵所聚盡力攻之恐難得志如臣所見彼汾之曲戎小山平攻之易拔用武之地莫過於此帝不納師竟無功復大舉伐齊卒用弢計以滅齊國家自元和三年至于今三十年間凡四攻寇魏薄攻寇之南宮縣上黨攻寇之臨城縣太原攻寇之河星鎮是寇三城池淺壁堅芻粟米石金炭麻膏凡城守之資常爲不可勝之計以備官軍擊虜攻既不拔兵頓力疲寇以勁兵來救故百戰百敗故三十年間困天下之功力攻數萬之寇四圍其境通計十歲竟無尺寸之功者蓋常墮寇計中不能知變也○賈林曰臣忠義重稟命堅守者亦不可攻也○梅堯臣曰有所害也○王晳曰城非控要雖可攻然懼於鈍兵挫銳或非堅實而得士死力又剋雖有期而救兵至吾雖得之利不勝其所害也○張預曰拔之而不能守委之而不爲患則不須攻也又若深溝高壘卒不能下亦不可攻如士匄請伐偪陽荀罃曰城小而固勝之不武弗服爲笑是也

地有所不爭

曹操曰小利之地方爭得而失之則不爭也○杜牧曰言得之難守失之無害伍子胥諫夫差曰今我伐齊獲其地猶石田也東晉陶侃

鎭武昌議者以武昌北岸有邾城宜分兵鎭之侃每不答而言者不已侃乃渡水獵引諸將佐語之曰我所以設險而禦寇正以長江耳邾城隔在江北内無所倚外接羣夷夷中利深晉人貪利夷不堪命必引寇虜乃致禍之由非禦寇也且今縱有兵守之亦無益於江南若羯虜有可乘之會此又非所資也後庾亮戍之果大敗也○梅堯臣曰得之無益者○王晳曰謂地雖要害敵已據之或得之無所用若難守者○張預曰得之不便於戰失之無害於己則不須爭也又若遼遠之地雖得之終非己有亦不可爭如吳子伐齊伍員諫曰得地於齊猶獲石田也不如早從事於越不聽爲越所滅是也

君命有所不受

曹操曰苟便於事不拘於君命也○李筌曰苟便於事不拘君命穰苴斬莊賈魏絳戮楊干是也○杜牧曰尉繚子曰兵者凶器也爭者逆德也將者死官也無天於上無地於下無敵於前無主於後○賈林曰決必勝之機不可推於君命苟利社稷專之可也○孟氏曰無敵於前無君於後閫外之事將軍制之○梅堯臣曰從宜而行也此而上五利也○張預曰苟便於事不從君命夫槩王曰見義而行不待命是也自塗有所不由

[illegible]爭利或曰自圮地無舍至地有所不爭爲九變謂此九事皆不從中覆但臨時制宜故統之以君命有所不受

故將通於九變之地利者知用兵矣李筌曰謂上之九事也○杜佑曰九事之變皆臨時制宜不由常道故言變也○賈林曰九變上九事將帥之任機權遇勢則變因利則制不拘常道然後得其通變之利變之則九數之則十故君命不在常變例也○梅堯臣曰達九地之勢變而爲利也○王晳曰非賢智不能盡事理之變也○何氏曰孫子以九變名篇解者十有餘家皆不條其九變之目者何也蓋自圮地無舍而下至君命有所不受其數十矣使人不得不惑愚熟觀文意上下止述其地之利害爾且十事之中君命有所不受且非地事昭然不類矣蓋孫子之意言凡受命之將合聚軍衆如經此九地有害而無利則當變之雖君命使之舍留攻爭亦不受也況下文言將不通於九變之利者雖知地形不能得地之利矣其君命豈得與地形而同筭也況下之地形篇云戰道必勝主曰無戰必戰可也戰道不勝主曰必戰無戰可也厥旨盡在此矣○張預曰更變常道而得其利者

知用兵之道矣將不通於九變之利者雖知地形不能得地之利矣賈林曰雖知地形心無通變豈惟不得其利亦恐反受害也將貴適變也○梅堯臣曰知地不知變安得地之利○張預曰凡地有形有變知形而不曉變豈能得地之利治兵不知九變之術雖知五利不能得人之用矣曹操曰謂下五事也九變一云五變○賈林曰五利五變亦在九變之中遇勢能變則利不變則害在人故無常體能盡此理乃得人之用也五變謂途雖近知有險阻奇伏之變而不由軍雖可擊知有窮寇死鬭之變而不擊城雖勢孤可攻知有糧充兵銳將智臣忠不測之變而不攻地雖可爭知得之難守得之無利有反奪傷人之變而不爭君命雖宜從之知有內御不利之害而不受此五變者臨時制宜不可預定貪五利者途近則由軍勢孤則擊城勢危則攻地可取則爭軍可用則受命貪此五利不知其變豈惟不得人之用抑亦敗軍傷士也○梅堯臣曰知利不知變安得人

而用○王晳曰雖知五地之利不通其變如膠柱鼓瑟耳○張預曰凡兵有利有變知利而不識變豈能得人之用曹公言下五事爲五利者謂九變之下五事也非謂雜於利害已下五事也

是故智者之慮必雜於利害

曹操曰在利思害在害思利當難行權也○李筌曰害彼利此之慮○賈林曰雜一爲親一爲難言利害相參雜智者能慮之慎之乃得其利也○梅堯臣同曹操註○王晳曰將通九變則利害盡矣○張預曰智者慮事雖處利地必思所以害雖處害地必思所以利此亦通變之謂也

雜於利而務可信也

曹操曰計敵不能依五地爲我害所務可信也○杜牧曰信申也言我欲取利於敵人不可但見取敵人之利先須以敵人害我之事參雜而計量之然後我所務之利乃可申行也○賈林曰在利之時則思害以自慎一云以害雜利行之威令以臨之刑法以戮之已不二三則衆務皆信人不敢欺也○梅堯臣曰以害參利則事可行○王晳曰曲盡其利則可勝矣○張預曰以所害而參所利可以伸已之事鄭師克蔡國人皆喜惟子產懼曰小國無文

德而有武功禍莫大焉後楚果伐鄭此是在利思害也

雜於害而患可解也曹操曰既參於利則亦計於害雖有患可解也○李筌曰智者爲利害之事必合於道不至於極○杜牧曰我欲解敵人之患不可但見敵能害我之事亦須先以我能取敵人之利參雜而計量之然後有患乃可解釋也故上文云智者之慮必雜於利害也譬如敵人圍我我若但知突圍而去志必懈怠即必爲追擊未若勵士奮擊因戰勝之利以解圍也舉一可知也○賈林曰在害之時則思利而免害故措之死地則生投之亡地則存是其患解也○梅堯臣曰以利參害則禍可脫○王晳曰周知其害則不敗矣○何氏曰利害相生明者常慮○張預曰以所利而參所害可以解己之難張方入洛陽連戰皆敗或勸方宵遁方曰兵之利鈍是常貴因敗以爲成耳夜潛進逼敵遂致克捷此是在害思利也

是故屈諸侯者以害曹操曰害其所惡也○李筌曰害其政也○杜牧曰惡音一路反言敵人苟有其所惡之事我能乘而害之不失其機則能屈敵也○賈林曰爲害之計理非一途或誘其賢智令彼無臣或遺以

蔽人破其政令或爲巧詐間其君臣或遺工巧使其人疲財耗或饋淫樂變其風俗或與美人惑亂其心此數事若能潛運陰謀密行不泄皆能害人使之屈折也○梅堯臣曰制之以害則屈也○王晳曰窮屈於必害之地勿使可解也○張預曰致之於受害之地則自屈服或曰間之使君臣相疑勞之使民失業所以害之也若韋孝寬間斛律光高熲平陳之策是也

役諸侯者以業

曹操曰業事也使其煩勞若彼入我出彼出我入也○李筌曰煩其農也○杜牧曰言勞役敵人使不得休我須先有事業乃可爲也事業者兵衆國富人和令行也○杜佑曰能以事勞役諸侯之人令不得安佚韓人令秦鑿渠之類是也或以奇技藝業淫巧功能令其耽之心目內役諸侯若此而勞○梅堯臣曰撓之以事則勞○王晳曰常若爲攻襲之業以弊敵也田常曰吾兵業已加魯矣○張預曰以事勞之使不得休或曰壓之以富彊之業則可役使若晉楚國彊鄭人以犧牲玉帛奔走以事之是也

趨諸侯者以利

曹操曰令自來也○李筌曰誘之以利○杜牧曰言以利誘之使自來至我也墮吾畫中○孟氏曰趨速也善

示以利令忘變而速至我作變以制之亦謂得人之用也○梅堯臣同杜牧註○王晳曰趨敵之間當周旋我利也○張預曰動之以小利使之必趨

故用兵之法無恃其不來恃吾有以待也梅堯臣曰所恃者不懈也無恃其不攻恃吾有所不可攻也

曹操曰安不忘危常設備也○李筌曰預備不可闕也○杜佑曰安則思危存則思亡常有備○梅堯臣曰所賴者有備也○王晳曰備者實也○何氏曰兵略曰君子當安平之世刀劒不離身古諸侯相見兵衛不徹警蓋雖有文事必有武備況守邊固圉交刃之際歟凡兵所以勝者謂擊其空虛襲其懈怠苟嚴整終事則敵人不至傳曰不備不虞不可以師昔晉人禦秦深壘固軍以待之秦師不能久楚爲陳而吴人至見有備而返程不識將屯正部曲行伍營陳擊刀斗吏治軍簿虜不得犯朱然爲軍師雖世無事每朝夕嚴鼓兵在營者咸行裝就隊使敵不知所備故出輒有功是謂能外禦其侮者乎常能居安思危在治思亂戒之於無形防之於未然斯善之善者也其

次莫如險其走集明其伍候愼固其封守繕完其溝隍或多調軍食或益修戰械故曰物不素具不可以應卒又曰惟事事乃其有備有備無患常使彼勞我佚彼老我壯亦可謂先人有奪人之心不戰而屈人之師也若夫莒以恃陋而潰齊以狎敵而殲虢以易晉而亡魯以果邾而敗莫敖小羅而無次吳子入巢而自輕斯皆可以作鑒也故吾有以待吾有所不可攻者能豫備之之謂也○張預曰言須思患而預防之傳曰不備不虞不可以師

故將有五危

李筌張預曰下五事也

必死可殺也

曹操曰勇而無慮必欲死鬬不可曲撓可以奇伏中之○李筌曰勇而無謀也○杜牧曰將愚而勇者患也黃石公曰勇者好行其志愚者不顧其死吳子曰凡人之論將常觀於勇勇之於將乃數分之一耳夫勇者必輕合輕合而不知利未可將也○梅堯臣同李筌註○何氏曰司馬法曰上死不勝言貴其謀勝也○張預曰勇而無謀必欲死鬬不可與力爭當以奇伏誘致而殺之故司馬法曰上死不勝言將無策略止能以死先士卒則不勝也

必生可虜也

曹操曰見利畏法不進也○李筌曰

疑怯可虜也○杜牧曰晉將劉裕泝江追桓玄戰于峥嶸洲于時義軍數千玄兵甚盛而玄懼有敗衄常漾輕舸於舫側故其衆莫有鬬心義軍乘風縱火盡銳爭先玄衆是以大敗也○孟氏曰將之怯弱志必生返意不親戰士卒不精上下猶豫可急擊而取之新訓曰為將怯懦見利而不能進太公曰失利後時反受其殃○梅堯臣曰怯而不果○王晳曰無鬬志曹公曰見利怯不進也晳謂見害亦輕走矣○何氏曰司馬法曰上生多疑疑為大患也○張預曰臨陳畏怯必欲生返當鼓譟乘之可以虜也晉楚相攻晉將趙嬰齊令其徒先具舟於河欲敗而先濟是也

忿速可侮也

曹操曰疾急之人可忿怒侮而致之也○李筌曰急疾之人性剛而可侮致也太宗殺宋老生而平霍邑○杜牧曰忿者剛怒也速者褊急也性不厚重也若敵人如此可以陵侮使之輕進而敗之也十六國姚襄攻黃落前秦苻生遣苻黃眉鄧羌討之襄深溝高壘固守不戰鄧羌說黃眉曰襄性剛很易以剛動若長驅鼓行直壓其壘必忿而出師可一戰而擒也黃眉從之襄怒出戰黃眉等斬之○杜佑曰急疾之人可忿怒而致死忿速易怒者狷戇疾急不計其難可

動作欺侮○梅堯臣曰狷急易動○王晳曰將性貴持重忿狷則易撓○張預曰剛愎褊急之人可凌侮而致之楚子玉剛忿晉人執其使以怒之果從晉師遂爲所敗是也

廉潔可辱也

曹操曰廉潔之人可汙辱致之也○李筌曰矜疾之人可辱也○杜佑曰此言敵人若高壁固壘欲老我師我勢不可留利在速戰揣知其將多忿急則輕侮而致之性本廉潔則汙辱之如諸葛孔明遺司馬仲達以巾幗欲使怒而出戰仲達忿怒欲濟師魏帝遣辛毗仗節以止之仲達之才猶不勝其忿況常才之人乎○梅堯臣曰徇名不顧○王晳同曹操註○張預曰清潔愛民之士可汚辱以撓之必可致也

愛民可煩也

曹操曰出其所必趨愛民者則必倍道兼行以救之救之則煩勞也○李筌曰攻其所愛必卷甲而救愛其人乃可以計疲○杜牧曰言仁人愛人者惟恐殺傷不能捨短從長棄彼取此不度遠近不量事力凡爲我攻則必來救如此可以煩之令其勞頓而後取之也○陳皞曰兵有須救不必救者項羽救趙此須救也亞父委梁不必救也○賈林曰廉潔之人不好侵掠愛人之仁不好鬬戰辱而煩之其動必敗○梅

堯臣曰力疲則困○王晳曰以奇兵若將攻城邑者彼愛民必數救則煩勞也○張預曰民雖可愛當審利害若無微不救無遠不援則出其所必趨使煩而困也

凡此五者將之過也用兵之災也

陳皡曰良將則不然不必死不必生隨事而用不忿速不恥辱見可如虎否則閉戶動靜以計不可喜怒也○梅堯臣曰皆將之失爲兵之凶○何氏曰將材古今難之其性往往失於一偏爾故孫子首篇言將者智信仁勇嚴貴其全也○張預曰庸常之將守一而不知變故取則於巳爲凶於兵智者則不然雖勇而不必死雖怯而不必生雖剛而不可侮雖廉而不可辱雖仁而不可煩也

覆軍殺將必以五危不可不察也

賈林曰此五種之人不可任爲大將用兵必敗也○梅堯臣曰當慎重焉○張預曰言須識權變不可執一道也

行軍篇

曹操曰擇便利而行也○王晳曰行軍當據地便察敵情也○張預曰知九地之變然後

可以擇利而行軍故次九變

孫子曰凡處軍相敵王晳曰處軍凡有四相敵凡三十有一○張預曰自絕山依谷至伏姦之所處則處軍之事也自敵近而靜至必謹察之則相敵之事也相猶察也料也絕山依谷曹操曰近水草利便也○李筌曰軍我敵彼也相其依止則勝敗之數彼我之勢可知也絕山守險也谷近水草夫列營壘必先分卒守隘縱畜牧樵採而後寧○杜牧曰絕過也依近也言行軍經過山險須近谷而有水草之利也吳子曰無當天竈大谷之口言不可當谷但近谷而處可也○賈林曰兩軍相當敵宜擇利而動絕山跨山依谷傍谷也跨山無後患依谷有水草也○梅堯臣曰前爲山所隔則依谷以爲固○王晳曰絕度也依謂附近耳曹公曰近水草便利也○張預曰絕猶越也凡行軍越過山險必依附溪谷而居一則利水草一則負險固後漢武都羌爲寇馬援討之羌在山上援據便地奪其水草不與戰羌窮困悉降羌不知依谷之利也視生處高曹操曰生

者陽也○李筌曰向陽曰生在山曰高生高之地可居也○杜牧曰言須處高而面南也○陳皥曰若地有東西其法何如答曰然則面東也○賈林曰居陽曰生視生爲無蔽冒物色處軍當在高○杜佑曰高陽也視謂目前生地處軍當在高○梅堯臣曰若在陵之上必向陽而居處高乘便也○張預曰視生謂面陽也處軍當在高阜**戰隆無登**曹操曰無迎高也○李筌曰敵自高而下我無登而取之○杜牧曰隆高也言敵人在高我不可自下往高迎敵人而接戰也一作戰降無登降下也○賈林曰戰宜乘下不可迎高也○杜佑曰無迎高也謂山下也戰於山下敵引之上山無登逐也○梅堯臣曰敵處地之高不可登而戰○張預曰敵處隆高之地不可登迎與戰一本作戰降無登迎謂敵下山來戰引我上山則不可登迎**此處山之軍也**梅堯臣曰處山當知此三者○張預曰凡高而崇者皆謂之山處山拒敵以上三事爲法**絕水必遠水**曹操曰筌曰引敵使渡○杜牧曰魏將郭淮在漢中蜀主劉備欲渡漢水來攻諸將議衆寡不敵欲衣水爲陳以拒之淮曰此示弱而不足挫敵不如遠

水爲陳引而致之半濟而後擊備可破也既列陳備疑不敢渡○梅堯臣曰前爲水所隔則遠水以引敵○王晳曰我絶水也曹説是也○張預曰凡行軍過水欲舍止者必去水稍遠一則引敵使渡一則進退無礙郭淮遠水爲陳劉備悟之而不渡是也

客絶水而來勿迎之於水內令半濟而擊之利

李筌曰韓信殺龍且於濰水夫槩敗楚子於清發是也○杜牧曰楚漢相持項羽自擊彭越令其大司馬曹咎守成皋漢軍挑戰咎涉汜水戰漢軍候半涉擊大破之水內乃汭也誤爲內耳○梅堯臣曰敵之方來迎於水濱則不渡○王晳曰內當作汭迎於水汭則敵不敢濟遠則趨利不及當得其宜也○何氏曰如春秋時宋公及楚人戰于泓宋人既成列楚人未既濟司馬曰彼衆我寡及其未既濟也請擊之公曰不可既濟而未成列又以告公曰未可既陳而後擊之宋師敗績公傷股門官殲焉宋公違之故敗也吳伐楚楚師敗及清發將擊之夫槩王曰困獸猶鬬況人乎若知不免而致死必敗我若使先濟者知免後者慕之蔑有鬬心矣半濟而後可擊也從之又敗之魏將郭淮

在漢中蜀主劉備欲渡漢水來攻時諸將等議曰衆寡不敵欲依水爲陳以拒之淮曰此則示弱而不足以挫敵非筭也不如遠水爲陳引而致之半濟而後擊備可破也既陳備疑不敢渡唐武德中薛萬均與羅藝守幽燕竇建德率衆十萬寇范陽萬均謂藝曰衆寡不敵今若出鬬百戰百敗當以計取之可令羸兵弱馬阻水背城爲陳以誘之賊若渡水交兵請公精騎百人伏於城側待其半渡而擊之從之建德渡水萬均擊破之○張預曰敵若引兵渡水來戰不可迎之於水邊俟其半濟行列未定首尾不接擊之必勝公孫瓚敗黃巾賊於東光薛萬均破竇建德於范陽皆用此術也

欲戰者無附於水而迎客

曹操曰附近也○李筌曰附水迎客敵必不得渡而與我戰○杜牧曰言我欲用戰不可近水迎敵恐敵人疑我不渡也義與上同但客主詞異耳○杜佑曰附近也近水待敵不得渡也○梅堯臣曰必欲戰亦莫若遠水○王晳曰我利在戰則當差遠使敵必渡而與之戰也○張預曰我欲必戰勿近水迎敵恐其不得渡我不欲戰則阻水拒之使不能濟晉將陽處父與楚將子上夾泜水而軍陽子退舍欲使楚人渡

子上亦退舍欲令晉師渡遂皆不戰而歸**視生處高**曹操曰水上亦當處其高也前向水後當依高而處之○梅堯臣曰水上亦據高而向陽○王晳曰曹公曰水上亦當處其高晳謂近水之地下曹註云恐溉我也疑當在此下○何氏曰視生向陽遠視也軍處高遠見敵勢則敵人不得潛來出我不意○張預曰或岸邊爲陳或水上泊舟皆須面陽而居高**無迎水流**曹操曰恐溉我也○李筌曰恐溉我也智伯灌趙襄子光武潰王尋迎水處高乃敗之○杜牧曰水流就下不可於卑下處軍也恐敵人開決灌浸我也上文云視生處高也諸葛武侯曰水上之陳不逆其流此言我軍舟船亦不可泊於下流言敵人得以乘流而薄我也○賈林曰水流之地可以溉吾軍可以流毒藥迎逆也一云逆流而營軍兵家所忌○梅堯臣曰無軍下流防其決灌舳艫之戰逆亦非便○王晳曰當乘上流魏曹仁征吳欲攻濡須洲中蔣濟曰賊據西岸列船上流而兵入洲中是謂自內地獄危亡之道也仁不從而敗○何氏曰順流而戰則易爲力○張預曰卑地勿居恐決水溉我舟戰亦不可處下流以彼沿我泝戰不便也兼慮敵人投毒於

上流楚令尹拒吳卜戰不吉司馬子魚曰我得上流何故不吉遂決戰果勝是軍須居上流也此處水上之軍也梅堯臣曰處水上當知此五者○張預曰凡近水爲陳皆謂水上之軍水上拒敵以上五事爲法絶斥澤惟亟去無留陳皥曰斥鹹鹵之地水草惡漸洳不可處軍新訓曰地固斥澤不生五穀者是也○賈林曰鹹鹵之地多無水草不可久留○梅堯臣曰斥遠也曠蕩難守故不可留○王晳曰斥鹵也地廣且下而無所依○張預曰刑法志云山川沈斥顔師古註曰沈深水之下斥鹹鹵之地然則斥澤謂瘠鹵漸洳之所也以其地氣濕潤水草薄惡故宜急過若交軍於斥澤之中必依水草而背衆樹曹操曰不得已與敵會於斥澤中○李筌曰急過不得戰必依水背樹夫有水樹其地無陷溺也○杜牧曰斥鹵之地草木不生謂之飛鋒言於此忽遇敵即須擇有水草林木而止之○杜佑曰一本作背衆木言不得已與敵戰而會斥澤之中當背稠樹以爲固守蓋地利兵之助也○梅堯臣曰不得已

而會敵則依近水草背倚衆木○王晳曰斥與敵遇於此亦必就利而背固也○張預曰不得已而會兵於此地必依近水草以便樵汲背倚林木以爲險阻

此處斥澤之軍也

梅堯臣曰處斥澤當知此二者○張預曰處斥澤之地以上二事爲法

平陸處易

曹操曰車騎之利也○杜牧曰言於平陸必擇就其中坦易平穩之處以處軍使我車騎得以馳逐○王晳同曹操註○何氏同杜牧註○張預曰平原廣野車騎之地必擇其坦易無坎陷之處以居軍所以利於馳突也

而右背高前死後生

曹操曰戰便也○李筌曰夫人利用皆便於右是以背之前死致敵之地後生我自處○杜牧曰太公曰軍必左川澤而右丘陵死者下也生者高也下不可以禦高故戰便於軍馬也○賈林曰岡阜曰生戰地曰死後岡阜處軍穩前臨地用兵便高在右回轉順也○梅堯臣曰擇其坦易車騎便利右背丘陵勢則有憑前低後隆戰者所便○王晳曰凡兵皆宜向陽既後背山即前生後死疑文誤也○張預曰雖是平陸須有高阜必右背之所以恃爲形勢者也前低後高所以便乎奔

擊也此處平陸之軍也梅堯臣曰處平陸當知此二者○張預曰居平陸之地以上二事爲法○凡此四軍之利李筌曰四者山水斥澤平陸也○張預曰山水斥澤平陸之四軍也諸葛亮曰山陸之戰不升其高水上之戰不逆其流草上之戰不涉其深平地之戰不逆其虛此兵之利也黃帝之所以勝四帝也曹操曰黃帝始立四方諸侯無不稱帝以此四地勝之也○李筌曰黃帝始受兵法於風后而滅四方故曰勝四帝也○梅堯臣曰四帝當爲四軍字之誤歟言黃帝得四者之利處山則勝山處水上則勝水上處斥澤則勝斥澤處平陸則勝平陸也○王晳曰四帝或曰當作四軍曹公曰黃帝始立四方諸侯無不稱帝以此四地勝之也一本無作亦○何氏曰梅氏之說得之○張預曰黃帝始立四方諸侯亦稱帝以此四地勝之按史記黃帝紀云與炎帝戰於阪泉與蚩尤戰於涿鹿北逐葷粥又太公六韜言黃帝七十戰而定天下此即是有四方諸侯戰也兵家之法皆始於黃帝故云然也凡軍好高而惡下

梅堯臣曰高則爽塏所以安和亦以便勢下則卑濕所以生疾亦以難戰○王晳曰有降無登且遠水患也○張預曰居高則便於覘望利於馳逐處下則難以爲固易以生疾

貴陽而賤陰

梅堯臣曰處陽則明順處陰則晦逆○王晳曰久處陰濕之地則生憂疾且弊軍器也○張預曰東南爲陽西北爲陰

養生而處實

曹操曰恃滿實也養生向水草可放牧養畜乘實猶高也○梅堯臣曰養生便水草處實利糧道○王晳曰養生謂水草糧糗之屬處實者倚固之謂○張預曰養生謂就善水草放牧也處實謂倚隆高之地以居也

軍無百疾是謂必勝

李筌曰夫人處卑下必癘疾惟高陽之地可居也○杜牧曰生者陽也實者高也言養之於高則無卑濕陰翳故百疾不生然後必可勝也○梅堯臣曰能知上三者則勢勝可必疾氣不生○張預曰居高面陽養生處厚可以必勝地氣乾燥故疾癘不作

丘陵隄防必處其陽而右背之

杜牧曰凡遇丘陵隄防之地常居其東南也○梅堯臣曰雖非至高亦當前向

明而右依實○王晳曰處陽則人舒以和器健以利也○張預曰面陽所以貴明顯背高所以爲險固此兵之利地之助也梅堯臣曰兵所利者得形勢以爲助○張預曰用兵之利得地之助上雨水沫至欲涉者待其定也曹操曰恐半涉而水遽漲也○李筌曰恐水暴漲○杜牧曰言過溪澗見上流有沫此乃上源有雨待其沫盡水定乃可涉不爾半涉恐有瀑水卒至也○杜佑曰恐半渡水而遂漲上雨水當清而反濁沫至此敵人權過水之占也欲以中絶軍凡地有水欲漲沫先至皆爲絶軍當待其定也○梅堯臣曰流沫未定恐有暴漲○王晳曰水漲則沫涉步濟也曹說是也○張預曰渡未及畢濟而大水忽至也沫謂水上泡漚凡地有絶澗前後嶮峻水橫其中天井四面峻坂澗壑所歸天牢三面環絶易入難出天羅草木蒙密鋒鏑莫施天陷卑下汙濘車騎不通天隙兩山相向洞道狹惡六害皆梅堯臣注必亟去之勿近也曹操曰山

深水大者爲絶澗中方高中央下爲天井深山所過若蒙籠者爲天牢可以羅絶人者爲天羅地形陷者爲天陷山澗道迫狹地形深數尺長數丈者爲天隙○杜牧曰軍讖曰地形坳下大水所及謂之天井山澗迫狹可以絶人謂之天牢澗水澄闊不測淺深道路泥濘人馬不通謂之天陷地多溝坑坎陷木石謂之天隙林木隱蔽蒹葭深遠謂之天羅○賈林曰兩岸深闊斷人行爲絶澗下中之下爲天井四邊澗險水草相兼中央傾側出入皆難爲天牢道路崎嶇或寬或狹細溼難行爲天羅地多沮洳爲天陷兩邊險絶形狹長而數里中間難通人行可以絶塞出入爲天隙此六害之地不可近背也○梅堯臣曰六害尚不可近況可留乎○王晳曰晳謂絶澗當作絶天澗脫天字耳此六者皆自然之形也牢謂如獄牢羅謂如網羅也陷謂溝坑淤濘之屬隙謂木石若隙罅之地軍行過此勿近不然則脫有不虞智力無所施也○張預曰谿谷深峻莫可過者爲絶澗外高中下衆水所歸者爲天井山險環繞所入者隘爲天牢林木縱橫葭葦隱蔽者爲天羅陂池泥濘漸車凝騎者爲天陷道路迫狹地多坑坎者爲天隙凡遇此地宜遠過不可近之

吾遠之

敵近之吾迎之敵背之曹操曰用兵常遠六害令敵近背之則我利敵凶○李筌曰善用兵者致敵之受害之地也○杜牧曰迎向也背倚也言遇此六害之地吾遠之向之則進止自由敵人近之倚之則舉動有阻故我利而敵凶也○梅堯臣曰言六害當使我遠而敵附我向而敵倚則我利敵凶○張預曰六害之地我既遠之向之敵自近之倚之我則行止有利彼則進退多凶也

軍行有險阻潢井葭葦山林蘙薈者必謹覆索之此伏姦之所處也曹操曰險者一高一下之地阻者多水也潢者池也井者下也葭葦者衆草所聚山林者衆木所居也蘙薈者可屏蔽之處也此以上論地形也以下相敵情也○李筌曰以下恐敵之奇伏誘詐也○梅堯臣曰險阻隘也山林之所產潢井下也葭葦之所生皆蘙薈足以蒙蔽當掩搜恐有伏兵○張預曰險阻丘阜之地多生山林潢井卑下之處多產葭葦皆蘙薈可以蒙蔽必降索之恐兵伏其中又慮姦細潛隱覘我虛實聽我號令伏姦當爲兩事

敵近而靜者恃其險也梅堯臣曰近而不動倚險故也○王晳曰恃險故不恐也遠而挑戰者欲人之進也杜牧曰若近以挑我則有相薄之勢恐我不進故遠也○陳皞曰敵人相近而不挑戰恃其守險也若遠而挑戰者欲誘我使進然後乘利而奮擊也○梅堯臣同陳皞註○王晳曰欲致人也挑謂擿驍敵求戰○張預曰兩軍相近而終不動者倚恃險固也兩軍相遠而數挑戰者欲誘我之進也尉繚子曰分險者無戰心言敵人先分據險地則我勿與之戰也又曰挑戰者無全氣言相去遠身挑戰而延誘我進即不可以全氣擊之與此法同也其所居易者利也曹操曰所居利也○杜牧曰言敵不居險阻而居平易必有以便利於事也一本云士爭其所居者易利也○陳皞曰言敵人得其地利則將士爭以居之也○賈林曰敵之所居地多便利故挑我使前就己之便戰則易獲其利慎勿從之也○梅堯臣曰所居易利故來挑戰○王晳同曹操註○張預曰敵人捨險而居易者必有利也或曰敵欲

人之進故處於平易以示利而誘我也**衆樹動者來也**曹操曰斬伐樹木除道進來故動○梅堯臣同
曹操註○張預曰凡軍必遣善視者登高覘敵若見林木動搖者是
斬木除道而來也或曰不止除道亦將爲兵器也若晉人伐木益兵
是也**衆草多障者疑也**曹操曰結草爲障欲使我疑也○杜牧曰言敵人或營壘未成或拔軍潛
去恐我來追或爲掩襲故結草使往往相聚如有人伏藏之狀使我
疑而不敢進也○賈林曰結草多爲障蔽者欲使我疑之於中兵必
不實欲別爲攻襲宜審備之○杜佑曰結草多障欲使我度稠草中
多障蔽者敵必避去恐追及多作障蔽使人疑有伏焉○張預曰或
敵欲追我多爲障蔽設留形而遁以避其追或欲襲我
叢聚草木以爲人形使我備東而擊西皆所以爲疑也**鳥起者**
伏也曹操曰鳥起其上下有伏兵○李筌曰藏兵曰伏○杜佑曰
下有伏兵往藏觸鳥而驚起也○張預曰鳥適平飛至彼忽
高起者下有伏兵也**獸駭者覆也**曹操曰敵廣陳張翼來覆我也○李筌曰不意而至曰覆○杜牧曰凡敵

欲覆我必由他道險阻林木之中故驅起伏獸駭逸也覆者來襲我也○陳皥曰覆者謂隱於叢竹木之内潛來掩我候兩軍戰酣或出其左右或出其前後若驚駭必伏獸也○梅堯臣曰獸驚而奔旁有覆○張預曰凡欲掩覆人者必由險阻草木中來故驚起伏獸奔駭也○

塵高而銳者車來也

杜牧曰車馬行疾仍須魚貫故塵高而尖○杜佑曰車馬行疾塵相衝故高也○梅堯臣曰蹄輪勢連塵必高銳○張預曰車馬行疾而勢重又轍迹相次而進故塵埃高起而銳直也凡軍行須有探候之人在前若見敵塵必馳報主將如潘黨望晉塵使騁而告是也

卑而廣者徒來也

杜牧曰步人行遲可以並列故塵低而闊也○梅堯臣曰人步低輕塵必卑廣○王皙曰車馬起塵猛步人則差緩也○張預曰徒步行緩而迹輕又行列踈遠故塵低而來

散而條達者樵採也

李筌曰煙塵之候晉師伐齊齊曳柴從之齊人登山望而畏其衆乃夜遁薪來即其義也此筌以樵採二字爲薪來字○杜牧曰樵採者各隨所向故塵埃散衍條達縱横斷絶貌也○梅堯臣曰樵

採隨處塵必縱横○王晳曰條達纖微斷續之貌○張預曰分遣厮役隨處樵採故塵埃散亂而成隧道**少而往來者營軍也**杜牧曰欲立營壘以輕兵往來爲斥候故塵少也○梅堯臣曰輕兵定營往來塵少○張預曰凡分栅營者必遣輕騎四面近視其地欲周知險易廣狹之形故塵微而來**辭卑而益備者進也**曹操曰其使來卑辭使間視之敵人增備也○杜牧曰言敵人使來言辭卑遜復增壘塗壁若懼我者是欲驕我使懈怠必來攻我也趙奢救閼與去邯鄲三十里增壘不進秦間來必善食遣之間以報秦將秦將果大喜曰閼與非趙所有矣奢既遣秦間乃倍道兼行掩秦不備擊之遂大破秦軍也○梅堯臣曰欲進者外則卑辭内則益備欵我也○張預曰使來辭遜敵復增備欲驕我而後進也田單守即墨燕將騎劫圍之單身操版插與士卒分功使妻妾編行伍之間散食饗士乃使女子乘城約降燕大喜又收民金千鎰令富豪遣使遺燕將書曰城即降願無虜妻妾燕人益懈乃出兵擊大破之**辭彊而進驅者退也**曹操曰詐也

○杜牧曰吳王夫差北征會晉定公於黃池越王句踐伐吳吳晉方爭長未定吳王懼乃合大夫而謀曰無會而歸與會而先晉孰利王孫雒曰必會而先之吳王曰先之若何雒曰今夕必挑戰以廣民心乃能至也於是吳王以帶甲三萬人去晉軍一里聲動天地晉使董褐視之吳王親對曰孤之事君在今日不得事君亦在今日董褐曰臣觀吳王之色類有大憂吳將毒我不可與戰乃許先歃吳王既會遂還焉○杜佑曰詭詐驅馳示無所畏是知欲退也○梅堯臣曰欲退者使既詞壯兵又彊進脅我也○王晳曰辭彊示進形欲我不虞其去也○張預曰使來辭壯軍又前進欲脅我而求退也秦行人夜戒晉師曰兩軍之士皆未憖也來日請相見晉臾駢曰使者目動而言肆懼我也秦果宵遁

輕車先出居其側者陳也曹操曰陳兵欲戰也○杜牧曰出輕車先定戰陳疆界也○賈林曰輕車前禦欲結陳而來也○張預曰輕車戰車也出軍其旁陳兵欲戰也按魚麗之陳先偏後伍言以車居前以伍次之然則是欲戰者車先出其側也

無約而請和者謀也李筌曰無質盟之約

請和者必有謀於人田單詐騎劫紿信詐項羽即其義也○杜牧曰
貞元三年吐蕃首領尚結贊因侵掠河曲遇疫癘人馬死者太半恐
不得回乃詐與侍中馬燧款懇因奏請盟會燧乃盟之時河中節度
使渾瑊奏曰若國家勤兵境上以謀伐爲討蕃戎請盟亦聽信之今
吐蕃無所求於國家遽請盟會必恐不實上不納渾瑊率衆二萬屯
涇州平凉縣盟壇在縣西三十里五月十三日瑊率三千人會壇所
吐蕃果衷甲劫盟焉○陳皡曰因盟相劫不獨國朝晉楚會於宋楚
人衷甲欲襲晉晉人知之是以失信也今言無約而請和蓋揔論兩
國之師或侵或伐彼我皆未屈弱而無故請和好者此必敵人國内
有憂危之事欲爲苟且暫安之計不然則知我有可圖之勢欲使不
疑先求和好然後乘我不備而來取也石勒之破王浚也先密爲和
好又臣服於浚知浚不疑乃請修朝覲之禮浚許之及入因誅浚而
滅之○杜佑曰未有要約而便來請和有間謀也○梅堯臣曰無約
請和必有姦謀○王晳曰無故驟請和者宜防他謀也○張預曰無
故請和必有姦謀漢高祖欲以擊秦軍使酈食其持重寶啗其將賈豎
秦將果欲連和高祖因其怠而擊之秦師大敗又晉將李矩守滎陽

劉暢以三萬人討之矩遣使奉牛酒請降潛匿精兵見其弱卒暢大饗士卒人皆醉飽矩夜襲之暢僅以身免

奔走而陳兵車者期也李筌曰戰有期及將用是以奔走之○杜牧曰上文輕車先出居其側者陳也蓋先出車定戰場界立旗爲表奔走赴表以爲陳也旗者期也與民期於下也周禮大蒐曰車驟徒趨及表乃止是也○賈林曰尋常之期不合奔走必有遠兵相應有晷刻之期必欲合勢同來攻我宜速備之○梅堯臣曰立旗爲表奔以赴列○王晳曰陳而期民將求戰也○張預曰立旗爲表與民期於下故奔走以赴之周禮曰車驟徒趨及表乃止是也

半進半退者誘也李筌曰散於前○杜牧曰僞爲雜亂不整之狀誘我使進也○梅堯臣曰進退不一欲以誘我○王晳曰詭亂形也○張預曰詐爲亂形是誘我也若吳子以四徒示不整以誘楚師之類也

杖而立者飢也李筌曰困不能齊○杜牧曰不食必困故杖也一本從此仗字○杜佑曰倚仗矛戟而立者飢之意○梅堯臣曰倚兵而立者足見飢弊之色○王晳曰倚仗者困餒之相○

張預曰凡人不食則困故倚兵器而立三軍飲食上下同時故一人飢則三軍皆然

汲而先飲者渴也

李筌曰汲未至先飲者士卒之渴○杜牧曰命之汲水未及而先取者渴也覩一人三軍可知也○梅堯臣同杜牧註○王晳曰以此見其衆行驅飢渴也○張預曰汲者未及歸營而先飲水是三軍渴也

見利而不進者勞也

曹操曰士卒之疲勞也○李筌曰士卒難用也○杜佑曰士疲倦也敵人來見我利而不能擊進者疲勞也○梅堯臣曰人其困乏何利之趨○張預曰士卒疲勞不可使戰故雖見利將不敢進也

鳥集者虛也

李筌曰城上有烏師其遁也○杜牧曰設留形而遁齊與晉相持叔向曰烏烏之聲樂齊師其遁後周齊王憲伐高齊將班師乃以栢葉爲幕燒糞壤去高齊視之二日乃知其空營追之不及此乃設留形而遁走也○陳皥曰此言敵人若去營幕必空禽鳥既無畏乃鳴集其上楚子元伐鄭將奔諜者告曰楚幕有烏乃止則知其是設留形而遁也此篇蓋孫子辨敵之情僞也○杜佑曰敵大作營壘示我衆而鳥集止其中者虛也○梅堯臣曰

敵人既去營壘空虛鳥烏無猜來集其上○張預曰凡敵潛退必存營幕禽鳥見空鳴集其上楚伐鄭鄭人將奔諜告曰楚幕有烏乃止又晉伐齊叔向曰城上有烏齊師其遁此乃設留形而遁也

夜呼者恐也

曹操曰軍士夜呼將不勇也○李筌曰士卒怯而將懦故驚恐相呼○杜牧曰恐懼不安故夜呼以自壯也○陳皥曰十人中一人有勇雖九人怯懦恃一人之勇亦可自安今軍士夜呼蓋是將無勇曹説是也○孟氏同陳皥註○張預曰三軍以將爲主將無膽勇不能安衆故士卒恐懼而夜呼若晉軍終夜有聲是也

軍擾者將不重也

李筌曰將無威重則軍擾○杜牧曰言進退舉止輕佻率易無威重軍士亦擾亂也○陳皥曰將法令不嚴威容不重士因以擾亂也○梅堯臣同陳皥註○張預曰軍中多驚擾者將不持重也張遼屯長社夜軍中忽亂一軍盡擾遼謂左右勿動是必有造變者欲以動亂人耳乃令軍士安坐遼中陳而立有頃即定此則能持重也○

旌旗動者亂也

杜牧曰魯莊公敗齊于長勺曹劌請逐之公曰若何對曰視其轍亂而旗靡故逐之○杜

佑曰旌旗謬動抵東觸西傾倚者亂也○梅堯臣曰旌旗輒動偃亞不次無紀律也○張預曰旌旗所以齊衆也而動搖無定是部伍雜亂也

吏怒者倦也

杜牧曰衆悉倦弊故吏不畏而忿怒也○陳皥曰將與不急之役故人人倦弊也○賈林曰人困則多怒○梅堯臣曰吏士倦煩怒不畏避也○張預曰政令不一則人情倦故吏多怒也晉楚相攻晉禪將趙旃魏錡怒而欲敗晉軍皆奉命于楚郤克曰二憾往矣弗備必敗是也

粟馬肉食軍無懸缻不返其舍者窮寇也

一云殺馬肉食者軍無糧也軍無懸缻不返其舍者窮寇也○李筌曰殺其馬而食肉故曰軍無糧也不返舍者窮迫不及竈也○杜牧曰粟馬言以糧穀秣馬也肉食者殺牛馬饗士也軍無懸缻者悉破之示不復炊也不返其舍者晝夜結部伍也如此皆是窮寇必欲決一戰爾缻音府炊器也○梅堯臣曰給糧以秣乎馬殺畜以饗乎士棄缻不復炊暴露不返舍是欲決戰而求勝也○王晳曰粟馬肉食所以為力且久也軍無缻不復飲食也不返舍無回心也皆謂以死決戰耳敵如此者當

堅守以待其弊也○張預曰捐糧轂以秣馬殺牛畜以饗士破釜及甑不復炊暴露兵衆不復反舍茲窮寇也孟明焚舟楚軍破釜之類是也

諄諄翕翕徐與人言者失衆也

曹操曰諄諄語貌翕翕失志貌○李筌曰諄諄翕翕竊語貌士卒之心恐上則私語而言是失衆也○杜牧曰諄諄者乏氣聲促也翕翕者顛倒失次貌如此者憂在內是自失其衆心也○賈林曰諄諄竊議貌翕翕不安貌徐與人言遞相問貌如此者必散失部曲也○梅堯臣曰諄諄吐誠懇也翕翕曠職事也緩言彊安恐衆離也○王晳曰諄諄語誠懇之貌翕翕者患其上也將失人心則衆相與語誠懇而患其上也○何氏曰兩人竊語誹議主將者也○張預曰諄諄語也翕翕聚也徐緩也言士卒相聚私語低緩而言以非其上是不得衆心也

數賞者窘也

李筌曰窘則數賞以勸進○杜牧曰勢力窮窘恐衆爲叛數賞以悅之○孟氏曰軍實窘也恐士卒心怠故別行小惠也○梅堯臣曰勢窮憂叛離屢賞以悅衆○王晳曰衆窘而不和裕則數賞以悅之○張預曰勢窘則易離故屢賞以撫士

數罰

者困也李筌曰困則數罰以勵士○杜牧曰人力困弊不畏刑罰故數罰以懼之○梅堯臣曰人弊不堪命屢罰以立威○王晳曰衆困而不精勤則數罰以脅之也○張預曰力困則難用故頻罰以畏衆先暴而後畏其衆者不精之至也曹操曰先輕敵後聞其衆則心惡之也○李筌曰先輕後畏是勇而無剛者不精之甚也○杜牧曰料敵不精之甚○賈林曰教令不能分明士卒又非精練如此之將先欲彊暴伐人衆悖則懼也至懦之極也○梅堯臣曰先行乎嚴暴後畏其衆離訓罰不精之極也○王晳曰敵先行列暴後畏其衆離爲將不精之甚也○何氏曰寬猛相濟精於將事也○張預曰先輕敵後畏人或曰先刻暴御下後畏衆叛已是用威行愛不精之甚故上文以數賞數罰而言也來委謝者欲休息也李筌曰徐前而疾後曰委謝○杜牧曰所以委質來謝此乃勢已窮或有他故必欲休息也○賈林曰氣委而言謝者欲求兩解○杜佑曰戰未相伏而下意氣相委謝者欲休息也○梅堯臣曰力屈欲休兵委質以來謝○王晳曰

勢不能久○張預曰以所親愛委質來謝是勢力窮極欲休兵息戰也兵怒而相迎久而不合又不相去必謹察之曹操曰備奇伏也○李筌曰是軍必有奇伏須謹察之○杜牧曰盛怒出陳久不交刃復不解去有所待也當謹伺察之恐有奇伏旁起也○孟氏曰備有別應○梅堯臣曰怒而來逆我久而不接戰且又不解去必有奇伏以待我此以上論敵情○張預曰勇怒而來既不合戰又不引退當密伺之必有奇伏也兵非益多也曹操曰權力均一云兵非貴益多○賈林曰不貴衆擊寡所貴寡擊衆○王晳曰晳謂權力均足矣不以多爲益○張預曰兵非增多於敵謂權力均也惟無武進曹操曰未見便也○賈林曰武不足專進專進則暴○王晳曰不可但恃武也當以計智料敵而行○張預曰武剛也未能用剛武以輕進謂未見利也足以併力料敵取人而已曹操曰廝養足也○李筌曰兵衆武用力均惟得人者勝也○杜牧曰言我與敵人兵力皆均惟未能用武前

進者蓋未得見其人也但能於廝養之中揀擇其材亦足并力料敵而取勝不假求於他也○陳皥曰言我兵力不多於敵又無利便可進不必他國乞師但於廝養中併力取人亦可破敵也○賈林曰雖無武勇之力而輕進足以智謀料敵併力而取敵人也○梅堯臣曰武繼也兵雖不足以繼進足以并給役廝養之力量敵而取勝也○王晳曰晳謂善分合之變者足以併力乘敵閒取勝人而已故雖廝養之輩可也況精兵乎曹說是也○張預曰兵力既均又未見便雖未足剛進足以取人於廝養之中以并兵合力察敵而取勝不必假他兵以助己故尉繚子曰天下助卒名爲十萬其實不過數萬其兵來者無不謂其將曰無爲天下先戰此言助卒無益不如己有兵法也

夫惟無慮而易敵者必擒於人杜牧曰無有深謀遠慮但恃一夫之勇輕易不顧者必爲敵人所擒也○陳皥曰惟猶獨也此言殊無遠慮但輕敵者必爲其所擒不獨言其勇也左傳曰蜂蠆有毒而況國乎則小敵亦不可輕○王晳曰唯不能料敵但以武進則必爲敵所擒明患不在於不多也○張預曰不能料人反輕敵以武進必爲人

所擒也齊晉相攻齊侯曰吾姑滅此而朝食不介馬而馳之爲晉所敗是也

卒未親附而罰之則不服不服則難用也杜牧曰恩信未洽不可以刑罰齊之○梅堯臣曰傳至也德以至之恩以親之恩德未敷罰則不服故怨而難使○王晳曰恩信非素浹洽於人心未附也○張預曰驟居將帥之位恩信未加於民而遽以刑法齊之則怨恚而難用故田穰苴曰臣素卑賤士卒未附百姓不信又伍參曰晉之從政者新未能行令是也

卒已親附而罰不行則不可用也曹操曰恩信已洽若無刑罰則驕惰難用也○梅堯臣曰恩德既洽刑罰不行則驕不可用○王晳曰所謂若驕子也○張預曰恩信素洽士心已附刑罰寬緩則驕不可用也

故令之以文齊之以武曹操曰文仁也武法也○李筌曰文仁恩武威罰○杜牧曰晏子舉司馬穰苴文能附衆武能威敵也○王晳曰兵起云揔文武者軍之將兼剛柔者兵之事也

是謂必取杜牧曰文武既

行必也取勝○梅堯臣曰令以仁恩齊以威刑恩威並著則能必勝○張預曰文恩以悅之武威以肅之畏愛相兼故戰必勝攻必取或問曰書云威克厥愛允濟愛克厥威允罔功言先威也孫武先愛何也曰書之所稱仁人之兵也王者之於民恩德素厚人心已附及其用之惟患乎寡威也武之所陳戰國之兵也霸者之於民法令素酷人心易離及其用之惟患乎少恩也

令素行以教其民則民服梅堯臣曰素舊也威令舊立教乃聽服○張預曰將令素行其民已信教而用之人人聽服

令不素行以教其民則民不服王晳曰民不素教難卒為用○何氏曰人既失訓安得服教

令素行者與衆相得也杜牧曰素先也言為將居常無事之時須恩信威令先著於人然後對敵之時行令立法人人信伏韓信曰我非素得拊循士大夫所謂驅市人而戰也所以使之背水令其人人自戰以其非素受恩信威令之從也○陳皡曰晉文公始入國教其民二年欲用之子犯曰民未知義未安其居此言欲令民不苟

其生也於是出定襄王此言示以事君之大義入務利民民懷生矣又將用之子犯曰民未知信未宣其用於是伐原以示之信此言在往年伐原不貪其利而守其信民易資者不求豐焉此言人無貪詐也明徵其辭公曰可矣子犯曰民未知禮未生其恭於是大蒐以示之禮及戰之時少長有禮其可用也此五者教人之本也夫令要在先申使人聽之不惑法要在必行使人守之無輕信者也三令五申示人不惑也法令簡當議在必行然後可以與衆相得也○梅堯臣曰信服已久何事不從○王晳曰知此者始可言其并力勝敵矣○張預曰上以信使民民以信服上是上下相得也尉繚子曰令之之法小過無更小疑無申言號令一出不可反易自非大過大疑則不須更改申明所以使民信也諸葛亮與魏軍戰以寡對衆卒有當代者不留而遣之曰信不可失於是人人願留一戰遂大敗魏兵是也

十一家註孫子卷中

四

十一家註孫子卷下

地形篇

曹操曰欲戰審地形以立勝也○李筌曰軍出之後必有地形變動○王晳曰地利當周知險隘支挂之形也○張預曰凡軍有所行先五十里內山川形勢使軍士伺其伏兵將乃自行視地之勢因而圖之知其險易故行師越境審地形而立勝故次行軍

孫子曰地形有通者梅堯臣曰道路交達有挂者梅堯臣曰網羅之地往必掛綴有支者梅堯臣曰相持之地有隘者梅堯臣曰兩山通谷之間有險者梅堯臣曰山川丘陵也有遠者曹操曰此六者地之形也○梅堯臣曰平陸也○杜佑曰此六地之名敎民居之得便利則勝也○張預曰地形有此六者之別也我可以往彼可以來曰通杜佑曰謂俱在

平陸往來通利也○張預曰俱在平陸往來通達

通形者先居高陽利糧道以戰則利

曹操曰寧致人無致於人○李筌曰先之以待敵○杜牧曰通者四戰之地須先據高陽之處勿使敵人先得而我後至也利糧道者每於津阨或敵人要衝則築壘或作甬道以護之○賈林曰通利者無有崗坂亦無要害故兩通往來處高勿于望候向陽視生通糧道便易轉運於此利於戰也○杜佑曰寧致人無致於人己先據高地分爲屯守於歸來之路無使敵絕己糧道也○梅堯臣曰先據高陽利糧道阨敵人來至我戰則利○王晳註同曹操○何氏同杜佑註○張預曰先處戰地以待敵則致人而不致於人我雖居高面陽坐以致敵亦慮敵人不來赴戰故須使糧餉不絕然後爲利

可以往難以返曰挂

杜佑曰掛者牽掛也

挂形者敵無備出而勝之敵若有備出而不勝難以返不利

李筌曰往不宜返曰挂○杜牧曰挂者險阻之

地與敵共有犬牙相錯動有挂礙也往攻敵敵若無備攻之必勝則雖與險阻相錯敵人已敗不得復邀我歸路矣若往攻敵人敵人有備不能勝之則爲敵人守險阻邀我歸路難以返也○陳皥曰不得已陷在此則須爲持久之計掠取敵人之糧以伺利便而擊之○杜佑曰敵無備出攻之勝可也有備不得勝之則難還返也○梅堯臣曰出其不意往則獲利若其有備往必受制○張預曰察知敵情果爲無備一舉而勝之則可矣若其有備出而弗克欲戰則不可留欲歸則不得返非所利也

我出而不利彼出而不利曰支杜佑曰支久也俱不便久相持也○張預曰各守險固以相支持

支形者敵雖利我我無出也引而去之令敵半出而擊之利李筌曰支者兩俱不利如挂之形故各分其勢○杜牧曰支者我與敵人各守高險對壘而軍中有平地狹而且長出軍則不能成陳遇敵則自下禦上彼我之勢俱不利便如此則堂堂引去伏卒待之敵若躡我俟其半出發兵擊

之則利若敵人先去以誘我我不可出也○陳皞曰此說理繁而語倒但彼此出軍地形不便敵若設利誘我而去我慎勿追之我若引去敵止則已若來襲我候其半出則急擊之○賈林曰支者隔險隘可以相要截足得相支持故不利先出也○杜佑曰利利我也佯背我去我無出逐待其引而擊之可敗也○梅堯臣曰各居所險先出必敗利而誘我我不可愛僞去引敵半出而擊○王晳曰敵不肯至則設奇伏而退且詭之令必出○張預曰利我謂佯背我去也不可出攻我捨險則反爲所乘當自引去敵若來追伺其半出行列未定銳卒攻之必獲利焉李靖兵法曰彼此不利之地引而佯去待其半出而邀擊之

隘形者我先居之必盈之以待敵杜佑曰盈滿也以兵陳滿隘形欲使敵不得進退也若敵先居之盈而勿從不盈而從之曹操曰隘形者兩山間通谷也敵勢不得撓我也我先居之必前齊隘口陳而守之以出奇也敵若先居此地齊口陳勿從也即半隘陳者從之而與敵共此利也○李筌曰盈平也敵

先守隘我去之趙不守井陘之口韓信下之陳豨不守漳水高祖下之是也○杜牧曰盈者滿也言遇兩山之間中有通谷則須當山口爲營與兩山口齊如水之在器而盈滿也○杜佑曰謂齊口亦滿也如水之滿器與口齊也若我居之平易險阻皆制在我然後出奇以制敵若敵人據隘之半不知齊口滿盈之道我則入隘以從之蓋敵亦在隘我亦在隘俱得地形勝敗在我不在地形也夫齊口盈滿之術非惟隘形獨解有口譬如平坡迥澤車馬不通舟楫不勝中有一逕亦須據其路口使敵不得進也諸可知矣○陳皥曰隘口言陳是也言營非也○賈林曰從逐也盈實也敵若實而滿之則不可逐討若虛而無備則入而討之○梅堯臣同杜牧註○王晳同曹操註○張預曰左右高山中有平谷我先至之必齊滿山口以爲陳使敵不得進也我可以出奇兵彼不能以撓我敵若先居此地盈塞隘口而陳者不可從也若雖守隘口俱不齊滿者入而從之與敵共此險阻之利矣起曰無當天竈天竈者大谷之口言不可迎隘口而居之也

險形者我先居之必居高陽以待敵杜佑曰居高陽之地以待

敵人敵人從其下陰而來擊之則勝**若敵先居之引而去之勿從也**
曹操曰地形險隘尤不可致於人○李筌曰若險阻之地不可後於
人○杜牧曰險者山峻谷深非人力所能作爲必居高陽以待敵若
敵人先據之必不可以爭則當引去陽者南面之地恐敵人持久我
居陰而生疾也今若於崤澠遇敵則先據北山此乃是面陰而背陽
也高陽二者止可捨陽而就高不可捨高而就陽孫子乃統而言之
也○杜佑曰地險先據則不致於人也○梅堯臣曰先得險固居高
就陽待敵則強敵苟先之就戰則殆引去勿疑○王晳曰此亦爭地
若唐太宗先據武牢以待竇建德是也○張預曰平陸之地尚宜先
據況險阨之所豈可以致於人故先處高陽以佚待勞則勝矣若敵
已據此地宜速引退不可與戰裴行儉討突厥嘗際晚下營壍壘方
周忽令移就崇岡將士不悅以謂不可勞衆行儉不從速令從之是
夜風雨暴至前設營所水深丈餘將吏驚服以此觀之居高陽不惟
戰便亦無水潦之患也**遠形者勢均難以挑戰戰而不利**曹操

曰挑戰者延敵也○李筌曰力敵而挑則利未可知也○杜牧曰譬如我與敵壘相去三十里若我來就敵壘而延敵欲戰者是我困敵銳故戰者不利若敵來就我壘延我欲戰者是我佚敵勞敵亦不利故言勢均然則如何曰欲必戰者則移相近也○陳皥曰夫與敵營壘相遠兵力又均難以挑戰戰則不利故下文云勢均以一擊十曰走是也夫挑戰先須料我兵衆強弱可以加敵則爲之不然則不可輕進自取敗也○孟氏曰兵勢既均我遠入挑則不利也○杜佑曰挑迎敵也遠形去國遠也地勢均等無獨便利先挑之戰不利也○梅堯臣曰勢既均一挑戰則勞致敵則佚○王晳曰以遠致我勞也○張預曰營壘相遠勢力又均止可坐以致敵不宜挑人而求戰也

凡此六者地之道也將之至任不可不察也

李筌曰此地形之勢也將不知者以敗○賈林曰天生地形可以目察○梅堯臣曰夫地形者助兵立勝之本豈得不度也○張預曰六地之形將不可不知

故兵有走者有弛者有陷者有崩者

有亂者有北者凡此六者非天之災將之過也賈林曰走弛陷崩亂北皆敗壞大小變易之名也○張預曰凡此六敗咎在人事夫勢均以一擊十曰走曹操曰不料力○李筌曰不量力也若得形便之地用奇伏之計則可矣○杜牧曰夫以一擊十之道先須敵人與我將之智謀兵之勇怯天時地利飢飽勞佚十倍相懸然後可以奮一擊十若勢均力敵不能自料以我之一擊敵之十則須奔走不能返舍復爲駐止矣○梅堯臣曰勢雖均而兵甚寡以寡擊衆必走之道也○王晳曰不待鬭而走也○張預曰勢均謂將之智勇兵之利鈍一切相敵也夫體敵勢等自不可輕戰況奮寡以擊衆能無走乎卒強吏弱曰弛曹操曰吏不能統故弛壞○杜牧曰言卒伍豪強將帥懦弱不能驅率故弛坏壞散也國家長慶初命田布帥魏以伐王廷湊布長在魏魏人輕易之數萬人皆乘驢行營布不能禁居數月欲合戰兵士潰散布自剄身死○賈林曰令之不從威之不服見敵則亂不壞何爲○梅堯臣

因吏無統率者則軍政弛壞○王晳同曹操註○何氏曰言卒伍豪強將帥懦弱不能驅領故弛圯壞散也○張預曰士卒豪悍將吏懦弱不能統轄約束故軍政弛壞也吳楚相攻吳公子光曰楚軍多寵政令不一帥賤而不能整無大威命楚可敗果大敗楚師也

吏強卒弱曰陷曹操曰吏強欲進卒弱輒陷敗也○李筌曰陷敗也卒弱不一則難以爲戰是以強陷也○杜牧曰言欲爲攻取士卒怯弱不量其力強進之則陷没於死地也○陳皞曰夫人皆有血氣誰無鬬敵之心若將之刑德士之訓練則人皆懦怯不可用也○賈林曰士卒皆羸鼓之不進吏強獨戰徒陷其身也○梅堯臣曰吏雖強進不能激之以勇故陷於死○王晳曰爲下所陷○張預曰將吏剛勇欲戰而士卒素乏訓練不能齊勇同奮苟用之必陷於亡敗

大吏怒而不服遇敵懟而自戰將不知其能曰崩曹操曰大吏小將也大將怒之而不厭服忿而赴敵不量輕重則心崩壞○李筌曰將爲敵所怒不料強弱驅士卒如命者必崩壞○杜牧曰春秋時楚子伐鄭晉師救

之伍參言於楚子曰晉之從政者新未能行令其佐先縠剛愎不仁未肯用命其三帥者專行不獲聽而無上衆無適從此行也晉師必敗晉魏錡求公族未得而怒欲敗晉師請致師不許請使許之遂往請戰而還趙旃求卿未得請挑戰不許召盟許之與魏錡皆命而往郤克曰二憾往矣弗備必敗隨會曰若二子怒楚楚人乘我喪師無日矣不如備之先縠曰不可隨會使鞏朔韓穿師七覆於敖前故上軍不敗而中軍下軍皆敗七覆七處伏兵也敖山名也○陳皞曰此大將無理而怒小將使之心內懷不服因緣怨怒遇敵便戰不顧能否所以大敗也○賈林曰自上墜下曰崩大吏小將不相壓伏崩壞之道將又不量己之能否不知卒之勇怯強與敵鬬自取賊害豈非自上而崩乎○梅堯臣曰小將心怒而不服遇敵懟而不顧自取崩敗者蓋將不知其能也○王晳曰謂將怒不以理且不知裨佐之才激致其兇懟如山之崩壞也○何氏曰三軍同力上下一心則勝也○張預曰大凡百將一心三軍同力則能勝敵今小將恚怒而不服於大將之令意欲俱敗逢敵便戰不量能否故必崩覆晉伐秦荀偃行令是也曰雞鳴而駕唯余馬首是瞻欒書怒曰晉國之命未是

有也遂棄之歸又趙穿惡史駢而逐秦魏錡怒晉師而乘楚

將弱不嚴教道不明吏卒無常陳兵縱橫曰亂 曹操曰爲將若此亂之道也○李筌曰將或有一於此亂之道也○杜牧曰言吏卒皆不拘常度故引兵出陳或縱或橫皆自亂之也○賈林曰威令既不嚴明士卒則無常禀如此軍幕不亂何爲謂將無嚴令賞罰不行之故○梅堯臣曰懦而不嚴則士無常檢教而不明則出陳縱橫不整亂之道也○王晳曰亂者不勝其敗○張預曰將弱不嚴謂將帥無威德也教道不明謂教閱無古法也吏卒無常謂將臣無久任也陳兵縱橫謂士卒無節制也爲將若此自亂之道

將不能料敵以少合衆以弱擊強兵無選鋒曰北 曹操曰其勢若此必走之兵也○李筌曰軍敗曰北不料敵也○杜牧曰衛公李靖兵法有戰鋒隊言揀擇敢勇之士每戰皆爲先鋒司馬法曰選良次兵益人之強註曰勇猛勁捷戰不得功後戰必選於前當以激致其銳氣也東晉大將軍謝玄

北鎮廣陵時苻堅強盛玄多募勇劲劉牢之何謙諸葛侃高衡劉軌田洛孫無終等以驍猛應募玄以牢之領精鋭爲前鋒百戰百勝號爲北府兵敵人畏之所向必克也○賈林曰兵鋒不選利鈍士卒不知勇怯如此用兵自取背道也○梅堯臣曰不能量敵情以少當衆不能選精鋭以弱擊強皆奔北之理也○何氏曰夫士卒疲勇不可混同爲一一則勇士不勸疲兵因有所容出而不戰自敗也故兵法曰兵無選鋒曰北昔齊以伎擊強魏以武卒奮秦以鋭士勝漢有三河俠士劒客奇材吳謂之解煩齊謂之决命唐謂之跳盪是皆選鋒之別名也兵之勝術無先於此凡軍衆既具則大將勒諸營各選精鋭之士須蹻健出衆武藝軼格者部爲別隊大約十人選一人萬人選千人所選務寡要在必當擇腹心健將統率自大將親兵前鋒奇伏之類皆品量配之也○張預曰設若奮寡以擊衆驅弱以敵強又不選驍勇之士使爲先鋒兵必敗北也凡戰必用精鋭爲前鋒者一則壯吾志一則挫敵威也故尉繚子曰武士不選則衆不強曹公以張遼爲先鋒而敗鮮卑謝元以劉牢之領精鋭而拒苻堅是也 凡此六者敗之道也 陳皥曰一

曰不量寡衆二曰本乏刑德三曰失於訓練四曰非理興怒五曰法令不行六曰不擇驍果此名六敗也將之至任不可不察也張預曰已上六事必敗之道夫地形者兵之助也杜牧曰夫兵之主在於仁義節制而已若得地形可以為兵之助所以取勝也助一作易○陳皥曰天時不如地利○孟氏曰地利待人而險○賈林曰戰雖在兵得地易勝故曰兵之易也山可障水可灌高勝卑險勝平也○王晳曰兵道則在人○張預曰能審地形者兵之助耳乃末也料敵制勝者兵之本也料敵制勝計險阨遠近上將之道也杜牧曰饋用之費人馬之力攻守之便皆在險阨遠近也言若能料此以制敵乃為將臻極之道○王晳曰料敵窮極之情險阨遠近之利害此兵道也○何氏曰知敵知地將軍之職○張預曰既能料敵虛實強弱之情又能度地險阨遠近之形本末皆知為將之道畢矣知此而用戰者必勝不知此而用戰者

必敗杜牧曰謂知險阨遠近也○梅堯臣曰將知地形又知軍政則勝不知則敗○張預曰旣知敵情又知地利以戰則勝俱不知之以戰即敗故戰道必勝主曰無戰必戰可也戰道不勝主曰必戰無戰可也李筌曰得戰勝之道必可戰也失戰勝之道必無戰可也立主人者發其行也○杜牧曰主者君也黃石公曰出軍行師將在自專進退內御則功難成故聖主明王跪而推轂曰閫外之事將軍裁之○孟氏曰寧違於君不逆士衆○梅堯臣曰將在軍君命有所不受○張預曰苟有必勝之道雖君命不戰可必戰也苟無必戰之道雖君命必戰可不戰也輿其從令而敗事不若違制而成功故曰軍中不聞天子之詔故進不求名退不避罪王晳曰皆忠以爲國也○何氏曰進豈求名也見利於國家士民則進也退豈避罪也見其虧國殘民之害雖君命使進而不進罪及其身不悔也唯人是保而利合於主國之寶也

李筌曰進退皆保人非爲身也○杜牧曰進不求戰勝之名退不避違命之罪也如此之將國家之珍寶言其少得也○陳皥曰合衞歸也○梅堯臣曰寧違命而取勝勿順命而致敗○王晳曰戰與不戰皆在保民利主而已矣○張預曰進退違命非爲已也皆所以保民命而合主利此忠臣國家之寶也

視卒如嬰兒故可與之赴深谿

視卒如愛子故可與之俱死

李筌曰若撫之如此得其死力也故楚子一言三軍之士皆如挾纊也○杜牧曰戰國時吳起爲將與士卒最下者同衣食卧不設席行不乘騎親裹贏糧與士卒分勞苦卒有病疽吳起吮之其卒母聞而哭之或問曰子卒也而將軍自吮疽何爲而哭母曰往年吳公吮其父其父不旋踵而死於敵今復吮此子妾不知其死所矣○梅堯臣曰撫而育之則親而不離愛而勗之則信而不疑故雖死與死雖危與危○王晳曰以仁恩結人心也○何氏曰如後漢段熲爲破羌將軍以征西羌行軍仁愛士卒傷者親自瞻省手爲裹瘡在邊十餘年未嘗一日蓐寢與將士同苦故皆樂爲死戰也

晉王濬爲巴郡太守郡邊吳境兵士苦役生男多不舉濬乃嚴其科條寬其徭課其產育者皆與休復所全活者數千人及後伐吳先在巴郡之所全活者皆堪徭役供軍其父母戒之曰王府君生爾爾必勉之無愛死也故吳子有父子之兵○張預曰將視卒如子則卒視將如父未有父在危難而子不致死故荀卿曰臣之於君也下之於上也如子弟之事父兄手足之捍頭目也夫美酒泛流三軍皆醉溫言一撫士同挾纊信乎以恩遇下古人所重也故兵法曰勤勞之師將必先己暑不張蓋寒不重衣險必下步軍井成而後飲軍食熟而後飯軍壘成而後舍

厚而不能使愛而不能令亂而不能治譬若驕子不可用也

曹操曰恩不可專用罰不可獨任若驕子之喜怒對目還害而不可用也○李筌曰雖厚愛人不令如驕子者有勃逆之心不可用也○杜牧曰黃石公曰士卒可下而不可驕夫恩以養士謙以接之故曰可下制之以法故曰不可驕陰符曰害生於恩吳起曰夫鼓鼙金鐸所以威耳旌旗麾章所以威目禁令刑罰所以威必耳威於聲

不從不清曰威於色不得不明心威於刑不得不嚴三者不立必敗於敵故曰將之所麾莫不從移將之所指莫不前死衛公李靖曰古之善為將者必能十卒而殺其三次者十殺其一十殺其三威振於敵國十殺其一令行於三軍是知畏我者不畏敵畏敵者不畏我善無細而不賞惡無微而不貶馬謖軍敗葛亮對泣而行誅鄉人盜笠呂蒙垂涕而後斬馬逸犯禾曹公割髮而自刑兩掾辭屈黃蓋詰問而俱斬故能威克其愛雖少必濟愛加其威雖多必敗○孟氏曰唯務行恩恩勢已成刑之必怨唯務行刑刑怨已深恩之不附必使恩威相參賞罰並用然後可以為將可以統衆也○梅堯臣曰厚養而不使愛寵而不教亂法而不治猶如驕子安得而用也○王晳曰恩不以嚴未可濟也○何氏曰言恩不可純任純任則還為己害○張預曰恩不可以專用罰不可以獨行專用恩則卒如驕子而不能使此曹公所以割髮而自刑臥龍所以垂泣而行戮楊素所以流血盈前而言笑自若李靖所以十殺其三使畏我而不畏敵也獨行罰則士不親附而不可用此古將所以投酒楚子所以挾纊吳起所以分衣食闔閭所以同勞佚也在易之師初六曰師出以律謂齊衆以法

也九二曰師中承天寵謂勸士以賞也以此觀之王者之兵亦德刑參任而恩威並行矣尉繚子曰不愛悅其心者不我用也不嚴畏其心者不我舉也故善將者愛與畏而已知吾卒之可以擊而不知敵之不可擊勝之半也梅堯臣曰知己而不知彼或有勝耳知敵之可擊而不知吾卒之不可以擊勝之半也杜牧曰可擊者勇敢輕死也不可擊者頓弊怯弱也○陳皞曰此說非也可擊不可擊者所謂兵衆孰強士卒孰練賞罰孰明也○梅堯臣曰知彼而不知己或有勝耳○王晳曰知己不知彼知彼不知己皆未可以決勝也○張預曰或知己而不知彼或知彼而不知己則有勝有負也唐太宗曰吾嘗臨陳先料敵心與己之心孰審然後彼可得而知焉察敵氣與己之氣孰治然後我可得而知焉言料心審治亂察氣見強弱形也可戰與不可戰也知敵之可擊知吾卒之可以擊而不知

地形之不可以戰勝之半也 曹操李筌曰勝之半者未可知也○杜牧曰地形者險易遠近出入迂直也○梅堯臣曰知彼知己而不知地形亦或不勝○王晳曰雖知彼己可以戰然不可虧地利也○張預曰旣知己而又知彼但不得地形之助亦不可全勝 故知兵者動而不迷舉而不窮 杜牧曰未動未舉勝負已定故動則不迷舉則不窮也一云動而不困舉而不頓○陳皥曰窮者困也我若識彼此之動否量地形之得失則進而不迷戰而不困者也○梅堯臣曰無所不知則動不迷闇舉不困窮也○王晳曰善計者不迷善軍者不窮○張預曰不妄動故動則不誤不輕舉故舉則不困識彼我之虛實得地形之便利而後戰也 故曰知彼知己勝乃不殆 張預曰曉攻守之術則有勝而無危 知天知地勝乃不窮 李筌曰人事天時地利三者同知則百戰百勝○杜佑曰知地之便知天之時地之便依險阻向高陽也天之時順寒暑法刑德也旣能知彼

知己又按地形法天道勝乃可全又何難也○梅堯臣曰知彼利知此利故不危知天時知地形故不極○王晳同梅堯臣註○張預曰順天時得地利取勝無極

九地篇

曹操曰欲戰之地有九○李筌曰勝敵之地有九故次地形之下○王晳曰用兵之地利害有九地○張預曰用兵之地其勢有九此論地勢故次地形

孫子曰用兵之法有散地有輕地有爭地有交地有衢地有重地有圮地有圍地有死地曹操曰此九地之名也○張預曰此九地之名諸侯自戰其地爲散地曹操曰士卒戀土道近易散○李筌曰卒恃土懷妻子急則散是爲散地也○杜牧曰士卒近家進無必死之心退有歸投之處○杜佑曰戰其境內之

地士卒意不專有潰散之心故曰散地○梅堯臣同杜牧註○王晳曰同曹操註○何氏曰散地士卒恃之懷戀妻子急則散走是為散地一曰地無關鍵士卒易散走居此地者不可數戰又曰地遠四平更無要害志意不堅而易離故曰散地吳王問孫武曰散地士卒顧家不可與戰則必固守不出若敵攻我小城掠吾田野禁吾樵採塞吾要道待吾空虛而急來攻則如之何武曰敵人深入吾都多背城邑士卒以軍為家專志輕鬭吾兵在國安土懷生以陳則不堅以鬭則不勝當集人合衆聚穀蓄帛保城備險遣輕兵絕其糧道彼挑戰不得轉輸不至野無所掠三軍困餒因而誘之可以有功若欲野戰則必因勢依險設伏無險則隱於天氣陰晦昏霧出其不意襲其懈怠可以有功○張預曰戰於境內士卒顧家是易散之地也鄖人將伐楚師楚鬭廉曰鄖人軍其郊必不誡恃近其城莫有鬭志果為楚所則是也

入人之地而不深者為輕地

曹操曰士卒皆輕返也○杜牧曰師出越境必焚舟梁示民無返顧之心○李筌曰輕於退也○梅堯臣曰入敵未遠道近輕返○王晳曰初涉敵境勢輕士未有鬭志也○

何氏曰輕地者輕於退也入敵境未深往返輕易不可止息將不得數動勞人吳王問孫武曰吾至輕地始入敵境士卒思還難進易退未背險阻三軍恐懼大將欲進士卒欲退上下異心敵守其城壘整其車騎或當吾前或擊吾後則如之何武曰軍至輕地士卒未專以入爲務無以戰爲故無近其名城無由其通路設疑佯惑示若將去選驍騎銜枚先入掠其牛馬六畜三軍見得進乃不懼分吾良卒密有所伏敵人若來擊之勿疑若其不至捨之而去又曰軍入敵境敵人固壘不戰士卒思歸欲退且難謂之輕地當選驍兵伏要路我退敵進來則擊之也○張預曰始入敵境士卒思還是輕返之地也尉繚子曰征役分軍而歸或臨戰自北則逃傷甚焉言民兵四集分走占地使北來者當北道則多逃以其開之耳

我得則利彼得亦利者爲爭地

曹操曰可以少勝衆弱擊強○李筌曰此阨喉守險地先居者勝是爲爭地也○杜牧曰必爭之地乃險要也前秦苻堅先遣大將呂光討西域堅敗績後光自西域還師至宜禾堅涼州刺史梁熙謀拒之高昌太守楊翰曰呂光新定西國兵強氣銳其鋒不可當

若出流沙其勢難測高梧谷口險要宜先守之而奪其水彼旣困渴人自然投戈如以為遠不可守伊吾之關亦可拒之若廢此二要難為計矣地有所必爭眞此機也熙不從竟為光所滅也○陳皞曰欲我若先得其地者則可以少勝衆弱勝強也○杜佑曰謂山水阨口有險固之利兩敵所爭○梅堯臣曰無我無彼先得則利○王晳同陳皞註○何氏曰爭地便利之地先居者勝是以爭之吳王問孫武曰敵若先至據要保利簡兵練卒或出或守以備我奇則如之何武曰爭地之法先據為利敵得其處愼勿攻之引而佯走建旗鳴鼓趣其所愛曳柴揚塵惑其耳目分吾良卒密有所伏敵必出救人欲我與人棄我取此爭先之道也若我先至而敵用此術則選吾銳卒固守其所輕兵追之分伏險阻敵人還鬪伏兵旁起此全勝之道○張預曰險固之利彼我得之皆可以少勝衆弱勝強者是必爭之地也唐太宗以三千人守成臯之險坐困竇建德十萬之衆是也

我可以往彼可以來者為交地曹操曰道正相交錯也○杜牧曰川廣地平可來可往足以交戰對壘○陳皞曰交錯是也言其道路交横彼

我可以來往如此之地則須兵士首尾不絶切宜備之故下文云交地吾將謹其守其義可見也○杜佑曰交地有數道往來交相無可絶○梅堯臣同陳皞註○何氏曰交地平原交通也一曰可以交結不可杜絶之絶之致隙又曰交通四遠不可遏絶吳王問孫武曰交地吾將絶敵使不得來必令吾邊城修其守備深絶通路固其隘塞若不先圖之敵人已備彼可得而來吾不得而往衆寡又均則如之何武曰既我不可以往彼可以來吾分卒匿之守而易怠示其不能敵人且至設伏隱廬出其不意可以有功也○張預曰地有數道往來通達而不可阻絶者是交錯之地也

諸侯之地三屬曹操曰我與敵相當而旁有他國也○孟氏曰若鄭界於齊楚晉是也先至而得天下之衆者為衢地曹操曰先至得其國助也○李筌曰對敵之傍有一國為之屬先往而通之得其衆也○杜牧曰衢地者三屬之地我須先至其衝據其形勢結其旁國也天下猶言諸侯也○梅堯臣曰彼我相當有旁國三面之[illegible]先至則得諸侯之助也○王晳曰曹公云先至得其國助晳謂先至者結

交先至也言天下者謂能廣助則天下可從○何氏曰衢地者地[illegible]衢控帶數道先據此地衆必從之故得之則安失之則危也兵王問孫武曰衢地必先若吾道遠發後雖馳車驟馬至不能先則如之何武曰諸侯參屬其道四通我與敵相當而旁有他國所謂先者必先重幣輕使約和旁國交親結恩兵雖後至衆已屬矣我有衆助彼失其黨諸國犄角震鼓齊攻敵人驚恐莫知所當○張預曰衢者四通之地我所敵者當其一面而旁有鄰國三面相連屬當往結之以為已援先至者謂先遣使以重幣約和旁國也兵雖後至已得其國助矣

入人之地深背城邑多者為重地曹操曰難返之地○李筌曰堅志也白起攻楚樂毅伐齊皆為重地○杜牧曰入人之境已深過人之城已多津梁皆為所恃要衝皆為所據還師返旆不可得也○杜佑曰難返還也背去也背與倍同多道里也遠去已城郭深入敵地心專意一謂之重地也○梅堯臣曰乘虛而入涉地愈深過城已多津要絕塞故曰重難之地○王晳曰兵至此者事勢重也○何氏曰重地者入敵已深國糧難應資給將士不掠何取兵王問孫武

曰吾引兵深入重地多所踰越糧道絕塞設欲歸還勢不可過欲食於敵持兵不失則如之何武曰凡居重地士卒輕勇轉輸不通則掠以繼食下得粟帛皆貢於上多者有賞士卒無歸意若欲還出即爲戒備深溝高壘示敵且久敵疑通途私除要害之道乃令輕車銜枚而行以牛馬爲餌敵人若出鳴鼓隨之陰伏吾士與之中期内外相應其敗可知也○張預曰深涉敵境多過敵城士卒心專無有歸志是難退之地也司馬景王謂諸葛恪卷甲深入其鋒不可當是也

行山林險阻沮澤凡難行之道者爲圮地

曹操曰少固也○賈林曰經水所毀曰圮沮洳圮地不得久留宜速去也○梅堯臣曰水所毀圮行則猶難况戰守乎○何氏曰圮地者少固之地也不可爲城壘溝隍宜速去之吳王問孫武曰吾入圮地山川險阻難從之道行久卒勞敵在吾前而伏吾後營在吾左而守吾右良車驍騎要吾隘道則如之何武曰先進輕車去軍十里與敵相候接期險阻或分而左或分而右大將四觀擇空而取皆會中道倦而乃止○張預曰險阻漸洳之地進退艱難而無所依

所由

入者隘所從歸者迂彼寡可以擊吾之衆者爲圍地李筌曰舉動難也○杜牧曰出入艱難易設奇伏覆勝也○杜佑曰所從入阨險歸道遠也持久則糧乏故敵可以少擊吾衆者爲圍地也○梅堯臣曰山川圍繞入則隘歸則迂也○何氏曰圍地入則隘險歸則迂回進退無從雖衆何用能爲奇變此地可由吳王問孫武曰吾入圍地前有強敵後有險難敵絕我糧道利我走勢敵鼓譟不進以觀吾能則如之何武曰圍地之宜必塞其闕示無所往則以軍爲家萬人同心三軍齊力并炊數日無見火煙故爲毀亂寡弱之形敵人見我備之必輕則告勵士卒令其奮怒陳伏良卒左右險阻擊鼓而出敵人若當疾擊務突我則前鬬後拓左右犄角也又曰敵在吾圍伏而深謀示我以利縈我以旗紛紜若亂不知所之奈何武曰千人操旗分塞要道輕兵進挑陳而勿搏交而勿去此敗謀之法○張預曰前狹後險之地一人守之千人莫向則以奇伏勝疾戰則存不疾戰則亡者爲死地曹操曰前有高

山後有大水進則不得退則有礙○李筌曰阻山背水食盡利速不利緩也○杜牧曰衞公李靖曰或有進軍行師不因鄉導陷於危敗爲敵所制左谷右山束馬懸車之逕前窮後絶鴈行魚貫之巖兵陳未整而强敵忽臨進無所憑退無所固求戰不得自守莫安駐則日月稽留動則首尾受敵野無水草軍乏資糧馬困人疲智窮力極一人守隘萬夫莫向如彼要害敵先據之如此之利我已失守縱有驍兵利器亦何以施其用乎若此死地疾戰則存不疾戰則亡當須上下同心併氣一力抽腸濺血一死於前因敗爲功轉禍爲福此乃是也○陳皥曰人在死地如坐漏船伏燒屋○賈林曰左右高山前後絶澗外來則易內出則難誤居此地速爲死戰則生若待士卒氣挫糧儲又無而持久不死何待○梅堯臣曰前不得進後不得退旁不得走不得不速戰也○何氏曰死地力戰或生守隅則死吳王問孫武曰吾師出境軍於敵人之地敵人大至圍我數重欲突以出四塞不通欲勵士激衆使之投命潰圍則如之何武曰深溝高壘示爲守備安靜勿動以隱吾能告令三軍示不得已殺牛燔車以饗吾士燒盡糧食填夷井竈割髮捐冠絶去生慮將無餘謀士有死志於是砥

甲礪刃并氣一力或攻兩旁震鼓疾譟敵人亦懼莫知所當銳卒分行疾攻其後此是失道而求生故曰困而不謀者窮窮而不戰者亡吳王曰若吾圍敵則如之何武曰山峻谷險難以踰越謂之窮寇擊之之法伏卒隱廬開其去道示其走路求生透出必無鬪意因而擊之雖衆必破兵法又曰若敵人在死地士卒勇氣欲擊之法順而勿抗陰守其利必開去道以精騎分塞要路輕兵進而誘之陳而勿戰敗謀之法也○張預曰山川險隘進退不能糧絶於中敵臨於外當此之際勵士決戰而不可緩也

是故散地則無戰 李筌曰恐走散也○杜牧曰已具其上○賈林曰地無關鍵卒易散走居此地者不可數戰地形之說一家之理若號令嚴明士卒愛服死且不顧何散之有○梅堯臣曰我兵在國安土懷生陳則不堅鬪則不勝是不可以戰也○王晳曰決於戰則懼散○張預曰士卒懷生不可輕戰吳王問孫武曰散地不可戰則必固守不出若敵攻我小城掠吾田野禁吾樵採塞吾要道待吾空虛而來急攻則如之何武曰敵人深入專志輕鬪吾兵安土陳則不堅戰則不勝當集人聚穀保城備險輕兵絶其糧道彼挑戰不得

轉輸不至野無所掠三軍困餒因而誘之可以有功若欲野戰
則必因勢依險設伏無險則隱於陰晦出其不意襲其懈怠**輕**
地則無止李筌曰恐迷○杜牧曰兵法之所謂輕地者出軍行
師始入敵境未背險要士卒思還難進易退以入爲
難故曰輕地也當必選精騎密有所伏敵人卒至擊之勿疑若是不
至踰之速去○杜佑曰志未堅不可遇敵○梅堯臣曰始入敵境未
背險阻士心不專無以戰爲勿近名城勿由通路以速進爲利○王
晳曰無故不當止也○張預曰士卒輕返不可輒留吳王曰士卒思
還難進易退未背險阻三軍恐懼則如之何武曰軍在輕地士卒未
專以入爲務無以戰爲故無近其名城無由其通路設疑佯惑示若
將去乃選精騎嘝銜枚先入掠其六畜三軍見得進乃不懼分
吾良卒密有所伏敵人若來擊之勿疑若其不至捨之而去**爭地**
則無攻曹操曰不當攻當先至爲利也○李筌曰敵先居地險
不可攻○杜牧曰無攻者[illegible]已先得其地則不
[illegible]形勝之地先據者利[illegible]其處則不可攻
[illegible]而爭之[illegible]先至地[illegible]王曰[illegible]先至據要保

利簡兵練卒或出或守以備我奇則如之何武曰爭地之法讓之者得求之者失敵得其處慎勿攻之引而佯走建旗鳴鼓趣其所愛曳柴揚塵惑其耳目分吾良卒密有所伏敵必出救人欲我與人棄我取此爭先之道也若我先至而敵用此術則選吾銳卒固守其所輕兵追之分伏險阻敵人還鬬伏兵旁起此全勝之道也

交地則無絕曹操曰相及屬也〇李筌曰不可絕間也〇杜牧曰川廣地平四面交戰須車騎部伍首尾聯屬不可使之斷絕恐敵人因而乘我〇賈林曰可以交結不可杜絕絕之致隙〇杜佑曰相及屬也俱可進退不可以兵絕之〇梅堯臣曰道既錯通恐其邀截當令部伍相及不可斷也〇王晳曰利糧道也交相往來之地亦謂之通地居高陽以待敵宜無絕糧道〇張預曰往來交通不可以兵阻絕其路當以奇伏勝也昊王曰交地吾將絕敵使不得來必令吾邊城修其守備深絕通道固其隘塞若不先圖之敵人已備彼可得而來吾不得而往衆寡又均則如之何武曰既我不可以往彼可以來則分卒匿之守而易怠示其不能敵人且至設伏隱盧出其不意

衢地則合交曹操曰結

諸侯也○李筌曰結行也○杜牧曰諸侯即上文云旁國也○孟氏曰得交則安失交則危也○梅堯臣曰地雖四通何以得天下之助當以重幣合○王晳曰四通之境非交援不強○張預曰四通之地先交結旁國也吳王曰衢地貴先若吾道遠而發後雖馳車驟馬至不得先則如之何武曰諸侯參屬其道四通我與敵相當而旁有他國所謂先者必重幣輕使約和旁國交親結恩兵雖後至衆已屬矣簡兵練卒阻利而處我有衆助彼失其黨諸國掎角敵人莫當

重地則掠

曹操曰畜積糧食也○李筌曰深入敵境不可非義失人心也漢高祖入秦無犯婦女無取寶貨得人心如此筌以掠字爲無掠字○杜牧曰言居於重地進未有利退復不得則須運糧爲持久之計以伺敵也○孟氏曰因糧於敵也○梅堯臣曰去國既遠多背城邑糧道必絶則掠畜積以繼食○王晳曰深入敵境則掠其饒野以豐儲也難地食少則危○張預曰深入敵境饋餉不繼當勵士掠食以備其乏也吳王曰重地多逾城邑糧道絶塞設欲歸還勢不可過則如之何武曰凡居重地士卒輕勇轉輸不通則掠以繼食下得粟帛皆貢於上多者有賞若欲還出深溝高壘示敵

凡〻〻疑通途私除要害乃令輕車嚙枚而行揚其塵埃餌以牛
而亂〻若出鳴鼓隨之陰伏吾士與之中期內外相應其敗可知圮
地則行曹操曰無稽留也○李筌曰不可爲溝隍宜急去之○
梅堯臣曰既毀圮不可依止則當速行勿稽留也○王
晳曰合聚軍衆圮無舍止○張預曰難行之地不可稽留也吳王曰
山川險阻難從之道行久卒勞敵在吾前而伏吾後營在吾左而守
吾右良車驍騎要吾隘道則如之何武曰先進輕車去軍十里與敵
相候接期險阻或分而左或分而右大將四觀擇空而取皆會中道
倦而乃止圍地則謀曹操曰發奇謀也○李筌曰智者不困○杜牧
曰難阻之地與敵相特須用奇險詭譎之計○
杜佑曰居此當權謀詐譎可以免難○梅堯臣曰前有隘後有險歸
道又迂則發謀慮以取勝○張預曰難以力勝易以謀取也吳王曰
前有強敵後有險難敵絕我糧道利我走勢彼鼓譟不進以觀吾能
則如之何武曰圍地必塞其闕示無所往則以軍爲家萬人同心三
軍齊力并炊數日無見火煙故爲毀亂寡弱之形敵人見我備之必
輕則告勵士卒令其奮怒陳伏良卒左右險阻擊鼓而出敵人若當

疾擊務突則前鬬後拓左右掎角**死地則戰**曹操曰殊死戰也○李筌曰殊死戰不求生矣○陳皥曰陷在死地則軍中人人自戰故曰置之死地而後生也○賈林曰力戰或生守隅則死○梅堯臣曰前後左右無所之示必死人人自戰也○張預曰陷在死地則人自爲戰吳王曰敵人大至圍我數重欲突以出四塞不通欲勵士激衆使之投命則如之何武曰深溝高壘安靜勿動告令三軍示不得已殺牛燔車以饗吾士燒盡糧食填夷井竈割髮捐冠絶去生慮砥甲礪刃并氣一力或攻兩旁震鼓疾譟敵人亦懼莫知所當銳卒分行疾攻其後此是失道而求生故曰困而不謀者窮窮而不戰者亡

所謂古之善用兵者能使敵人前後不相及梅堯臣曰設奇衝掩**衆寡不相恃**梅堯臣曰驚撓之也**貴賤不相救**梅堯臣曰散亂也**上下不相收**梅堯臣曰倉惶也**卒離而不集兵合而不齊**李筌曰設變以疑之敵左

則斅其右悍亂不暇計○杜牧曰多設變詐以亂敵人或衝前掩後
或驚東擊西或立僞形或張奇勢我則無形以合戰敵則必備而衆
分使其章懾離散上下驚擾不能和合不得齊集此善用兵也○孟
氏曰多設疑事出東見西攻南引北使彼狂惑散擾而集聚不得也
○梅堯臣曰或已離而不能集或雖合而不能齊○王晳曰將有擾
劣則然要在於奇正相生手足相應也○張預曰出其不意掩其無
備驍兵銳卒猝然突擊彼救前則後虛應左則右隙使倉惶散亂不
知所禦將吏士卒不能相赴其卒已散而不復聚其兵雖合而不能
一

合於利而動不合於利而止曹操曰暴之使離亂之使不齊動兵而戰

○李筌曰撓之令見利乃動不亂則止○梅堯臣曰然能使敵若此
當須有利則動無利則止○張預曰彼雖驚擾亦當有利則動無利
則止

敢問敵衆整而將來待之若何曹操曰或問也○梅堯臣曰此設疑

以自問言敵人甚衆將又嚴整我何以待之耶○張預曰前所陳者
須兵衆相敵然後可爲故或人問武曰彼兵衆於我而又整肅則以

何術待之也 曰先奪其所愛則聽矣 曹操曰奪其所恃之利若先據利地則我所欲必得也○李筌曰孫子故立此問者以此爲祕要也所愛謂敵所便愛也或財帛子女吾先困辱之則敵進退皆聽也○杜牧曰據我便地略我田野利其糧道斯三者敵人之所愛惜倚恃者也若能俱奪之則敵人雖強進退勝敗皆須聽我也○陳皞曰愛者不止所恃利但敵人所顧之事皆可奪也○梅堯臣曰當先奪其所顧愛則我志得行然後使其驚擾散亂無所不至也○王晳曰先據利地以奇兵絕其糧道則如我之謀也○張預曰武曰敵所愛 兵之情主 者便地與糧食耳我先奪之則無不從我之計

速乘人之不及由不虞之道攻其所不戒也 曹操曰孫子應難以覆陳兵情也○李筌曰不虞不戒破敵之速○杜牧曰此統言兵之情狀以乘敵間隙由不虞之道攻其不戒之處此乃兵之深情將之至事也○陳皞曰此言乘敵人有不及不虞不戒之便則須速進不可遲疑也蓋孫子之旨言用兵貴疾速也○梅

[illegible]曰兵機貴速當乘人之不備乘人之不備者行不虞之道攻其不戒之所也○王晳曰兵上神速奪愛尤當然也○何氏曰如蜀將孟達之降魏魏朝以達領新城太守達復連吳固蜀潛圖中國謀洩司馬宣王秉政恐達速發以書紿達以安之達得書猶與不決宣王乃潛軍進討諸將皆言達與二賊交構宜審察而後動宣王曰達無信義此其相疑之時也當及其未定往討之乃倍道兼行八日到其城下吳蜀各遣其將向西城安橋木闌塞以救達宣王分諸將拒之初達與諸葛亮書曰宛去洛八百里去吾一千二百里聞吾舉事當表上天子比相反覆一月間也則吾城已固諸軍足辦所在深險司馬公必不自來諸將來吾無患矣及兵到達又告亮曰吾舉事八日而兵至城下何其神速也上庸城三面阻水達於城下為木柵以自固宣王渡水破其柵直造城下八道攻之旬有六日達甥鄧賢將李輔等開門出降遂斬達李靖征蕭銑集兵於夔州銑以時屬秋潦江水泛漲三峽路陷必謂靖不能進遂休兵不設備九月靖乃率師而進將下峽諸將皆請停兵待水退靖曰兵貴神速機不可失今兵始集銑尚未知若乘水漲之勢倏忽至城下所謂疾雷不及掩耳此兵家

上策縱彼知我倉卒御兵無以應敵此必成擒也遂降蕭銑衛公兵法曰兵用上神戰貴其速簡練士卒申明號令曉其目以麾幟習其耳以鼓金嚴賞罰以誡之重芻豢以養之浚溝壍以防之指山川以導之召才能以任之述奇正以教之如此則雖敵人有雷電之疾而我則有所待也若兵無先備則不應卒卒不應則失於機失於機則後於事後於事則不制勝而軍覆矣故吕氏春秋云凡兵者欲急捷所以一決取勝不可久而用之矣故曰兵之情雖主速乘人之不及然敵將多謀戎卒輯睦令行禁止兵利甲堅氣銳而嚴力全而勁豈可速而犯之邪荅曰若此則當卷迹藏聲蓄盈待竭避其鋒勢與其持久安可犯之哉廉頗之拒白起守而不戰宣王之抗武侯抑而不進是也○張預曰復謂或人曰用兵之理惟尚神速所貴乎速者乘人之倉卒使不及爲備也出兵於不虞之徑以掩其不戒故敵驚擾散亂而前後不相及衆寡不相待也

凡爲客之道深入則專主人不克

李筌曰夫爲客深入則志堅一主人不能禦也○杜牧曰言大凡爲攻伐之道若深入敵人之境士卒有必死之志其心專一主人不能勝

我也患者勝也○梅堯臣曰爲客者入人之地深則士卒專精主人不能克我○張預曰深涉敵境士卒心專則爲主者不能勝也客在重地主在輕地故耳趙廣武君謂韓信去國遠鬬其鋒不可當是也**掠於饒野三軍足食**王晳曰饒野多稼穡**謹養而勿勞併氣積力運兵計謀爲不可測**曹操曰養士併氣運兵爲不可測度之計○李筌曰氣盛力積加之以謀慮則非敵之可測○杜牧曰斯言深入敵人之境須掠田野使我足食然後閉壁養之勿使勞苦氣全力盛一發取勝動用變化使敵人不能測我也○陳皥曰所處之野須水草便近積蓄不乏謹其來往善撫士卒王翦伐楚楚人挑戰翦不出勤於撫御并兵一力聞士卒投石爲戲知其養勇思戰然後用之一舉遂滅楚但深入敵境未見可勝之利則須爲此計○梅堯臣曰掠其富饒以足軍食息人之力并兵爲不可測之計○王晳曰謹養謂撫循飲食周謹之也并銳氣積餘力形藏謀密使敵不測俟其有可勝之隙則進之○張預曰兵在重地須掠糧於富饒之野以豐吾食乃堅壁

自守勤撫士卒勿任以勞苦令氣盛而力全常為不可
測度之計伺敵可擊則一舉而克王翦伐荆常用此術投之無
所往死且不北李筌曰能得其力者投之無往之地○杜牧
曰投之無所往謂前後進退皆無所之士以
此皆求力戰雖死不北也○梅堯臣曰置在必戰之地知死而不退
走○張預曰置之危地左右前後皆無所往則守戰至死而不奔北
矣死焉不得曹操曰士死安不得也○杜牧曰言士必死安有
不得勝之理○孟氏曰士死無不得也○梅堯臣
曰兵焉得不用命○張預曰士卒死戰安不得志尉繚子曰一賊仗
劒擊於市萬人無不避之者非一人之獨勇萬人皆不肖也必死與
必生不侔也士人盡力曹操曰在難地心并也○梅堯臣曰士安得
不竭力以赴戰○王晳曰人在死地豈不盡
力○何氏曰獸困猶鬬鳥窮則啄況靈萬物者兵士甚陷則
人乎○張預曰同在難地安得不共竭其力
不懼杜牧曰陷於危險勢不獨死三軍同心故不懼也○梅堯臣
同杜牧註○王晳曰陷之難地則不懼不懼則鬬志堅也○

張預曰陷在危亡之地人持必死之志豈復畏敵也**無所往則固深入則拘**曹操曰拘縛也○李筌曰固堅也○杜牧曰往走也言深入敵境走無生路則人心堅固如拘縛者也○梅堯臣曰投無所往則自然心固入深則自然志專也○張預曰動無所之人心堅固兵在重地走無所適則如拘係也**不得已則鬭**曹操曰人窮則死戰也○李筌曰決命○杜牧曰不得已者皆疑陷在死地必不生以死救死盡不得已也則人皆悉力而鬭也○梅堯臣曰何氏同杜牧註○張預曰勢不獲已須力鬭也**是故其兵不修而戒不求而得不約而親不令而信**曹操曰不求索其意自得力也○李筌曰投之必死不令而得其用也○杜牧曰此言兵在死地上下同志不待修整而自戒懼不待收索而自得心不待約令而自親信也○孟氏曰不求其勝而勝自得也○梅堯臣曰不修而兵自戒不索而情自得不約而眾自親不令而人自信皆所以陷於危難故三軍同心也○王晳曰謂死難之地人心

自然故也○張預曰危難之地人自同力不修整而自戒慎不求索而得情意不約束而親上不號令而信命所謂同舟而濟則胡越何患乎異心也

禁祥去疑至死無所之曹操曰禁妖祥之言去疑惑之計一本作至死無所災○李筌曰妖祥之言疑惑之事而禁之故無所災○杜牧曰黃石公曰禁巫祝不得為吏士卜問軍之吉凶恐亂軍士之心言既去疑惑之路則士卒至死無有異志也○梅堯臣曰妖祥之事不作疑惑之言不入則軍必不亂死而後已○王皙曰災祥神異有以惑人故禁止之○張預曰欲士死戰則禁止軍吏不得言妖祥之事恐惑眾也去疑惑之計則至死無他慮司馬法曰滅厲祥此之謂也儻士卒未有必戰之心則亦有假妖祥以使眾者田單守即墨命一卒為神每出入約束必稱神遂破燕是也

吾士無餘財非惡貨也無餘命非惡壽也曹操曰皆燒焚財物非惡貨之多也棄財致死者不得已也○杜牧曰若有財貨恐士卒顧戀有苟生之意無必死之心也○梅堯臣曰不得已竭財貨不得已盡死戰

○王晳曰足用而已士顧財富則偷生死戰而已士顧生路則無鬭志矣○張預曰貨與壽人之所愛也所以燒擲財寶割棄性命者非憎惡之也不得已也令發之日士卒坐者涕霑襟偃臥者涕交頤曹操曰皆持必死之計○李筌曰棄財與命有必死之志故割而流涕也○杜牧曰士皆以死爲約未戰之日先令曰今日之事在此一舉若不用命身膏草野爲禽獸所食也○梅堯臣曰決以死力牧說是也○王晳曰感勵之使然○張預曰感激之故涕泣也未戰之日先令曰今日之事在此一舉若不用命身膏草野爲禽獸所食或曰凡行軍饗士使酒拔劍起舞作朋角抵伐鼓叫呼所以增其氣若令涕泣無乃挫其壯心乎答曰先決其死力後激其銳氣則無不勝儻無必死之心其氣雖盛何由克之若荆軻於易水士皆垂淚涕泣及復爲羽聲忼慨則皆瞋目髮上指冠是也投之無所往者諸劌之勇也李筌曰夫獸窮則搏鳥窮則啄令急迫則專諸曹劌之勇也○杜牧曰言所投之處皆爲專諸曹劌之勇○梅

堯臣曰既令以必死則所往皆有專諸曹劌之勇○張預曰人懷必死則所向皆有專諸曹劌之勇也專諸吳公子光使刺殺吳王僚曹劌當爲沫曹沫以勇力事魯莊公嘗執匕首刼齊桓公故善用兵者譬如率然梅堯臣曰相應之容易也率然者常山之蛇也擊其首則尾至擊其尾則首至擊其中則首尾俱至梅堯臣曰蛇之爲物也不可擊擊之則率然相應○張預曰率猶速也擊之則速然相應此喻陳法也八陳圖曰以後爲前以前爲後四頭八尾觸處爲首敵衝其中首尾俱救敢問兵可使如率然乎梅堯臣曰可使兵首尾率然相應如一體乎曰可夫吳人與越人相惡也當其同舟而濟遇風其相救也如左右手梅堯臣曰勢使之然○張預曰吳越仇讎也同

處大難則相救如兩手況非仇讎者豈不猶率然之相應乎

是故方馬埋輪未足恃也

曹操曰方縛馬也埋輪示不動也此言專難不如權巧故曰雖方馬埋輪不足恃也○李筌曰投兵無所往之地人自鬬如蛇之首尾故吳越之人同舟相救雖縛馬埋輪未足恃也○杜牧曰縛馬使爲方陳埋輪使不動雖如此亦未足稱爲專固而足爲恃須任權變置士於必死之地使人自爲戰相救如兩手此乃守固必勝之道而足爲恃也○陳皥曰人之相惡莫甚吳越同舟遇風而猶相救何則勢使之然也夫用兵之道若陷在必戰之地使懷俱死之憂則首尾前後不得不相救也有吳越之惡猶如兩手相救況無吳越之惡乎蓋言貴於設變使之則勇怯之心一也○梅堯臣同杜牧註○王晳曰此謂在難地自相救耳地之首尾人之左右手皆喻相救之敏也同舟而濟在險難也吳越猶無異心況三軍乎故其足恃甚於方馬埋輪曹公說是也○張預曰上文歷言置兵於死地使人心專固然此未足爲善也雖置之危地亦須用權智使人令相救如左右手則勝矣故曰雖縛馬埋輪未足恃固以取勝所可必恃者要使士

卒相應如一體也

齊勇若一政之道也

李筌曰齊勇者將之道○杜牧曰齊正勇敢三軍如一此皆在於爲政者也○陳皞曰政令嚴明則勇者不得獨進怯者不得獨退三軍之士如一也○梅堯臣曰使人齊勇如一心而無怯者得軍政之道也○王晳同梅堯臣註○張預曰既置之危地又使之相救則三軍之衆齊力同勇如一夫是軍政得其道也

剛柔皆得地之理也

曹操曰強弱一勢也○李筌曰剛柔得者因地之勢也○杜牧曰強弱之勢須因地形而制之也○梅堯臣曰兵無強弱皆得用者是因地之勢也○王晳曰剛柔猶強弱也言三軍之士強弱皆得其用者地利使之然也曹公曰強弱一勢是也○張預曰得地利則柔弱之卒亦可以克敵況剛強之兵乎剛柔俱獲其用者地勢使之然也

故善用兵者攜手若使一人不得已也

曹操曰齊一貌也○李筌曰理衆如理寡也○杜牧曰言使三軍之士如牽一夫之手不得已皆須從我之命喻易也○賈林曰攜手翻迭之貌使於回運以[illegible]爲

後以後爲前以左爲右以右爲左故百萬之衆如一人也○梅堯臣曰用三軍如攜手使一人者勢不得已自然皆從我所揮也○王晳曰攜使左右前後率從我也○張預曰三軍雖衆如提一人之手而使之言齊一也故曰將之所揮莫不從移將之所指莫不前死

將軍之事靜以幽正以治曹操曰謂清淨幽深平正○杜牧曰清淨簡易幽深難測平正無偏故能致治○梅堯臣曰靜而幽邃人不能測正而自治人不能撓○王晳曰靜則不撓幽則不測正則不媮治則不亂○張預曰其謀事則安靜而幽深人不能測其御下則公正而整治人不敢慢

能愚士卒之耳目使之無知曹操曰愚誤也民可與樂成不可與慮始○李筌曰爲謀未熟不欲令士卒知之可以樂成不可與謀始是以先愚其耳目使無見知○杜牧曰言使軍士非將軍之令其他皆不知如聾如瞽也○梅堯臣曰凡軍之權謀使由之而不使知之○王晳曰杜其見聞○何氏同杜牧註○張預曰士卒懵然無所聞見但從命而已

易其事革其謀使

人無識李筌曰謀事或變而不識其原○杜牧曰所爲之事所有之謀不使知其造意之端識其所縁之本也○梅堯臣曰改其所行之事變其所爲之謀無使人能識也○王晳曰已行之事已施之謀當革易之不可再也○何氏曰將術以不窮爲奇也○張預曰前所行之事舊所發之謀皆變易之使人不可知也若裴行儉令軍士下營訖忽使移就崇岡初將吏皆不悅是夜風雨暴至前設營所水深丈餘將士驚服因問曰何以知風雨也行儉笑曰自今但依吾節制何須問我所由知也易其居迂其途使人不得慮李筌曰行路之便衆人不得知其情○杜牧曰易其居去安從危迂其途捨近即遠士卒有必死之心○陳皞曰將帥凡舉一事切委曲而致之無使人得計慮者○賈林曰居我要害能使自移途近於我能使迂之發機微路人不能知也○梅堯臣曰更其所安之居迂其所趨之途無使人能慮也○王晳曰處易者將致敵以求戰也迂途者示遠而密襲也○張預曰其居則去險而就易其途則捨近而從遠人初不曉其旨及勝乃服太白山人曰兵貴詭道者非止詭敵也抑詭我士

五

蓮涇鑒賞

卒使由之而不使知之也**帥與之期如登高而去其梯**梅堯臣曰可進而不可退也**帥與之深入諸侯之地而發其機**杜牧曰使無退心孟明焚舟是也一本帥與之登高○陳皞曰發其心機○賈林曰動我機權隨事應變○梅堯臣曰發其危機使人盡命○王晳曰皆勵決戰之志也機之發無復迴也賈詡勸曹公曰必決其機是也○張預曰去其梯可進而不可退發其機可往而不可返項羽濟河沉舟之類也**焚舟破釜若驅羣羊驅而往驅而來莫知所之**曹操曰一其心也○李筌曰還師者皆焚舟梁堅其志既不知謀又無返顧之心是以如驅羣羊也○杜牧曰三軍但知進退之命不知攻取之端也○梅堯臣曰但馴然從驅莫知其他也○何氏曰士之往來唯將之令如羊之從牧者○張預曰羣羊往來牧者之隨三軍進退惟將之揮**聚三軍之衆投之於險此謂將軍**

之事也曹操曰險難也○梅堯臣曰措三軍於險難而取勝者爲將之所務也○張預曰去梯發機置兵於危險以取勝者此將軍之所務也

九地之變屈伸之利人情之理不可不察曹操曰人情見利而進見害而退○杜牧曰言屈伸之利害人情之常理皆因九地以變化令欲下文重舉九地故於此重言發端張本也○梅堯臣曰九地之變有可屈可伸之利人情之常理須審察之○王晳曰明九地之利害亦當極其變耳言屈伸之利者未見便則屈見便則伸言人情之理者深專淺散圍禦之謂也○張預曰九地之法不可拘泥須識變通可屈則屈可伸則伸審所利而已此乃人情之常理不可不察

凡爲客之道深則專淺則散梅堯臣曰深則專固淺則散歸此而下重言九地者孫子勤勤於九變也○張預曰先舉兵者爲客入深則專固入淺則士散此而下言九地之變

去國越境而師者絕地也梅堯臣曰進不及輕退不及散在二地之間也○王晳曰

此越鄰國之境也是謂孤絕之地當速決其事若吳王伐齊近之兵如此者鮮故不同九地之例○張預曰去已國越人境而用師者危絕之地也若秦師過周而襲鄭是也此在九地之外而言之者戰國時間有之也**四達者衢地也**梅堯臣曰馳道四出敵當一面○張預曰敵當一面旁國四屬**入深者重地也**梅堯臣曰士卒以軍為家故心無散亂**入淺者輕地也**梅堯臣曰歸國尚近心不能專**背固前隘者圍地也**梅堯臣曰背負險固前當阨塞○張預曰前狹後險進退受制於人也**無所往者死地也**梅堯臣曰窮無所之○張預曰左右前後窮無所之地**是故散地吾將一其志**李筌曰一卒之心○杜牧曰守則志一戰則易散○梅堯臣曰保城備險一志堅守候其虛懈出而襲之○張預曰集人聚穀一志固守依險設伏攻敵不意**輕地吾將使之屬**曹操李筌曰使相及屬○杜牧曰部伍營壘密近聯屬蓋

以輕散之地一者備其逃逸二者恐其敵至使易相救○杜佑曰使相仍也輕地還師當安道促行然令相屬續以備不虞也○梅堯臣曰行則隊校相繼止則營壘聯屬脫有敵至不有散逸也○王晳曰絕則人不相恃○張預曰密營促隊使相屬續以備不虞以防逃遁

爭地吾將趨其後曹操曰利地在前當速進其後也○李筌曰利地必爭益其備也此筌以趨字爲多字○杜牧曰必爭之地我若已後當疾趨而爭況其不後哉○陳皞曰二說皆非也若敵據地利我後爭之不亦後據戰地而趨戰之勞乎所謂爭地必趨其後者若地利在前先分精銳以據之彼若恃衆來爭我以大衆趨其後無不尅者趙奢所以破秦軍也○杜佑曰利地在前當進其後爭地先據者勝不得者負故從其後使相及也○梅堯臣曰敵未至其地我若在後則當疾趨以爭之○張預曰爭地貴速若前驅至而後不及則未可故當疾進其後使首尾俱至或曰趨其後謂後發先至也

交地吾將謹其守杜牧曰嚴壁壘也○梅堯臣曰謹守壁壘斷其通道○王晳曰懼襲我也○張預曰不當阻絕其路但嚴壁固

守備其來則設伏擊之衢地吾將固其結杜牧曰結交諸侯使之堅固○梅堯臣曰結諸侯使之堅固勿令敵先○王晳曰固以德禮威信且示以利害之計○張預曰財幣以利之盟誓以要之堅固不渝則必爲我助重地吾將繼其食曹操曰掠彼也○李筌曰館穀於敵也○繼一作掠○賈林曰使糧相繼而不絕也○杜佑曰深入當繼其糧餉○梅堯臣曰道既遐絕不可歸國取糧當掠彼以食軍○張預曰兵在重地轉輸不通不可乏糧當掠彼以續食○圮地吾將進其塗曹操曰疾過去也○李筌曰不可留也○杜佑曰疾行無舍此地○梅堯臣曰無所依當速過○張預曰遇圮毀之地宜引兵速過圍地吾將塞其闕曹操李筌曰以一士心也○杜牧曰兵法圍師必闕示以生路令無死志因而擊之今若我在圍地敵開生路以誘我卒我返自塞之令士卒有必死之心後魏末齊神武起義兵於河北爲介朱兆天光度律仲遠等四將會於鄴南士馬精強號二十萬圍神武於南陵山時神武馬二千步軍不滿三

萬兆等設圍不合神武連繫牛驢自塞之於是將士死戰四面奮擊
大破兆等四將也○孟氏曰意欲突圍示以守固○杜佑曰塞其闕
不欲走之意○梅堯臣曰自塞其旁道使士卒必死戰也○王晳曰
懼人有走心○張預曰吾在敵圍敵開生路當自塞之以一士心齊
神武繫牛馬以塞路而士卒死戰是也死地吾將示之以不活曹操李筌曰勵志也
○杜牧曰示之必死令其自奮以求生也○賈林曰禁財棄糧堙井
破竈示必死也○杜佑曰勵士也焚輜重棄糧食塞井夷竈示無生
意必殊死戰也○梅堯臣曰必死可生人盡力也○王晳同梅堯臣
註○何氏同杜牧註○張預曰焚輜重棄糧食塞井夷竈示以無活
勵之使死戰也故兵之情圍則禦曹操曰相持禦也○李筌曰敵圍我則禦之○杜牧曰言兵在
圍地始乃人人有禦敵持勝之心相禦持也窮則同心
守禦○梅堯臣同杜牧註○張預曰在圍則自然持禦不得已
則鬭曹操曰勢有不得已也○李筌曰有不得已則戰○梅堯臣曰勢無所往必鬭○王晳曰脫死難者唯鬭而已○張預曰

勢不可已須悉力而鬬**過則從**曹操曰陷之甚過則從計也○李筌曰過則審蹕又云陷之於過則謀從之○孟氏曰甚陷則無所不從○梅堯臣同孟氏註○張預曰深陷於危難之地則無不從計若班超在鄯善欲與麾下數十人殺虜使乃諱諭之其士卒曰令在危亡之地死生從司馬是也**是故不知諸侯之謀者不能預交不知山林險阻沮澤之形者不能行軍不用鄉導者不能得地利**曹操曰上已陳此三事而復云者力惡不能用兵故復言之○李筌曰三事軍之要也○梅堯臣曰已解軍爭篇中重陳此三者蓋言敵之情狀地之利害當預知焉○王晳曰再陳者勤戒之也○張預曰知此三事然後能審九地之利害故再陳於此也**四五者不知一非霸王之兵也**曹操曰謂九地之利害或曰上四五事也○張預曰四五謂九地之利害有一不知未能全勝**夫霸**

王之兵伐大國則其衆不得聚威加於敵則其交不得合

李筌曰夫并兵震威則諸侯自顧不敢預交○杜牧曰權力有餘也能分散敵也○孟氏曰以義制人人誰敢拒○陳皥曰雖有霸王之勢伐大國則我衆不得聚要在結交外援若不如此但以威加於敵逞己之強則必敗也○梅堯臣曰伐大國能分其衆則權力有餘也權力有餘則威加敵威加敵則旁國懼旁國懼則敵交不得合也○王晳曰能知敵謀能得地利又能形之使其不相救不相恃則雖大國豈能聚衆而拒我哉威之所加者大則敵交不得合○張預曰恃富強之勢而亟伐大國則己之民衆將怨苦而不得聚也甲兵之威倍勝於敵國則諸侯懼而不敢與我合交也或曰侵伐大國若大國一敗則小國離而不聚矣若晉楚爭鄭晉勝則鄭附晉敗則鄭叛也小國既離則敵國之權力分而弱矣或我之兵威得以增勝於彼是則諸侯豈敢與敵人交合乎

是故不爭天下之交不養天下之權信己

之私威加於敵故其城可拔其國可隳曹操曰霸者不結成天下諸侯之權也絶天下之交奪天下之權故己威得伸而自私○李筌曰能絶天下之交惟得伸己之私志威而無外交者○杜牧曰信伸也言不結鄰援不蓄養機權之計但逞兵威加於敵國貴伸己之私欲若此者則其城可拔其國可隳○齊桓公問於管仲曰必先頓甲兵修文德正封疆而親四鄰則可矣於是復魯衛燕所侵地而以好成四鄰大親乃南伐楚北伐山戎東制令支斬孤竹西服流沙兵車之會六乘車之會三乃率諸侯而朝天子吳夫差破越於會稽敗齊於艾陵闕溝於商魯會晉於黃池爭長而反威加諸侯諸侯不敢與爭句踐伐之乞師齊楚齊楚不應民疲兵頓爲越所滅越王句踐問戰於申包胥曰越國南則楚西則晉北則齊春秋皮幣玉帛子女以賓服焉未嘗敢絶求以報吳願以此戰包胥曰善哉蔑以加焉遂伐吳滅之○賈林曰諸侯既懼不得附聚不敢合從我之智謀威力有餘諸侯自歸何用養交之也○不養一作不事○陳皞曰智力既全威權在我但自養士卒爲不可勝之謀天下諸侯無權可事

也仁智義謀己之私有用以濟衆故曰伸私威振天下德光四海恩沾品物信及豚魚百姓歸心無思不服故攻城必拔伐國必隳也○梅堯臣曰敵既不得與諸侯合交則我亦不爭其交不養其權用己力而已爾威亦增勝於敵矣故可拔其城可隳其國此謂霸王之兵也○王晳曰結交養權則天下可從申私損威則國城不保○張預曰不爭交援則勢孤而助寡不養權力則人離而國弱伸一己之私忿暴兵威於敵國則終取敗亡也或曰敵國衆既不得聚交又不得合則我當絕其交奪其權得伸己所欲而威倍於敵國故人城可得而拔人國可得而隳也

施無法之賞懸無政之令賈林曰欲拔城隳國之時故懸國外之賞罰行政外之威令故不守常法常政故曰無法無政○梅堯臣曰瞻功行賞法不預設臨敵作誓政不先懸○王晳曰杜牧喻也曹公曰軍法令不預施懸之司馬法曰見敵作誓瞻功行賞此之謂也○張預曰法不先施政不預告皆臨事立制以勵士心司馬法曰見敵作誓瞻功行賞

犯三軍之衆若使一人曹操曰犯用也言明賞罰雖用衆若

使一人也○李筌曰善用兵者爲法作攻而人不知懸事無令而人從之是以犯衆如一人也○梅堯臣曰犯用也賞犯嚴明用多若用寡也○張預曰賞功不逾時罰罪不遷列賞罰之典旣明且速則用衆如寡也**犯之以事勿告以言**梅堯臣曰但用以戰不告以謀○王晳曰情泄則謀乖○張預曰任用之於戰鬬勿諭之以權謀人知謀則疑也若裴行儉不告士卒以徙營之由是也**犯之以利勿告以害**曹操曰勿使知害○李筌曰犯用也卒知言與害則生疑難○梅堯臣曰用令知利不令知害○王晳曰慮疑懼也○張預曰人情見利則進知害則避故勿告以害也**投之亡地然後存陷之死地然後生**曹操曰必殊死戰在亡地無敗者孫臏曰兵恐不投之死地也○李筌曰兵居死地必決命而鬬以求生韓信水上軍則其義也○梅堯臣曰地雖曰亡力戰不亡地雖曰死死戰不死故亡者存之基死者生之本也○何氏曰如漢王遣將韓信擊趙未至井陘口三十里止舍夜半傳發選輕騎二千人人持一赤幟

從間道萆山而觀趙軍誡曰趙見我走必空壁逐我汝疾入趙壁拔趙幟立漢幟令其裨將傳餐曰今日破趙會食信乃使萬人先行出背水陳趙軍遥見而大笑平旦信建大將軍之旗鼓行出井陘口趙開壁擊之大戰良久於是信走水上軍趙空壁逐信信已入水上軍軍皆殊死戰不可敗信所出奇兵二千騎馳入趙壁皆拔趙幟立漢赤幟趙軍攻信既不得還壁見漢幟大驚遂亂遁走於是漢兵夾擊大破虜趙軍斬陳餘泜水上擒趙王諸將因問信曰兵法右背山陵前左水澤今者將軍令臣等反背水陳曰破趙會食臣等不服然竟以勝此何術也信曰此在兵法顧諸君不察耳兵法不曰陷之死地而後生置之亡地而後存乎且信非得素拊循士大夫也此所謂驅市人而戰其勢非置之死地使人人自爲戰今與之生地皆走寧尚可得而用之乎諸將皆服曰非所及也梁將陳慶之守渦陽城與後魏軍相持自春至冬數十百戰師老氣衰魏之援兵復欲築壘於軍後諸將恐腹背受敵議退師慶之曰共來至此涉歷一歲糜費糧仗其數極多諸軍並無鬬心皆謀退縮豈是欲立功名直聚爲鈔暴耳吾聞置兵死地乃可求生須虜大合然後與戰必捷諸將壯其計從

之衆人持角作十三城慶之銜枚夜出陷其四壘所餘九城兵甲猶盛乃陳其俘馘鼓譟而攻遂大奔潰斬獲略盡後魏末齊神武舉兵於河北爾朱兆等四將兵馬號二十萬夾洹水而軍時神武士馬不滿三萬以衆寡不敵遂於韓陵山爲圓陳繫牛驢以塞道於是將士皆死戰四面奮擊大破之齊神武兵少天光等兵十倍圍而缺之神武乃自塞其缺士皆有必死之志是以破敵也高齊北豫州刺史司馬消難請降後周周將楊忠與柱國達奚武援之於是共率騎士五千人各乘馬一匹從間道馳入齊境五百里前後遣三使報消難而皆不反命去豫州三十里武疑有變欲還忠曰有進死無退生獨以千騎夜趣城下四面峭絕徒聞擊柝之聲武親來麾數百騎以西忠勒餘騎不動候門開而入乃馳遣召武時齊鎮城將伏敬遠勒甲士二千人據東陴舉烽嚴警武憚之不欲保城乃多取財帛以消難及其屬先歸忠以三千騎爲殿到洛南皆解鞍而卧齊衆來追至於洛北忠謂將士曰但飽食今在死地賊必不敢渡水以當吾鋒食畢齊兵佯若渡水忠馳將擊之齊兵不敢逼遂徐引而退○張預曰置之死亡之地則人自爲戰乃可存活也項將救趙破釜焚廬示以

必死諸侯從壁上觀楚戰士
無不一當十遂虜秦將是也

夫衆陷於害然後能爲勝敗

梅堯臣曰未陷難地則士卒心不專既陷危難然後勝敗
在人爲之爾○張預曰士卒用命則勝敗之事在我所爲

故爲兵之事在於順詳敵之意

曹操曰佯愚也或曰彼
欲進設伏而退欲去開

而擊之○李筌曰敵欲攻我以守待之敵欲戰我以奇待之退伏利
誘皆順其所欲○杜牧曰夫順敵之意蓋言我欲擊敵未見其隙則
藏形閉跡敵人之所爲順之勿驚假如強以陵我我則示怯而伏且
順其強以驕其意候其懈怠而攻之假如欲退而歸則開圍使去以
順其退使無鬭心遂因而擊之皆順敵之旨也○陳皞曰順敵之旨
不假多說但強示之弱進示之退使敵心不戒然後攻而破之必矣
○梅堯臣曰佯怯佯弱佯亂佯北敵人輕來我志乃得○張預曰彼
欲進則誘之令進彼欲退則緩之令退奉順其旨設奇伏以取之或
曰敵有所欲當順其意以驕之留爲後圖若東胡遣使謂冒頓曰欲
得頭曼千里馬冒頓與之復遣使來曰願得單于一閼氏冒頓又與

之及其驕怠而擊之遂滅東胡是也并敵一向千里殺將曹操曰并兵向敵雖千里能擒其將也○杜牧曰上文言為兵之事在順敵人之意此乃未見敵人之隙耳若已見其隙有可攻之勢則須并兵專力以向敵人雖千里之遠亦可以殺其將也○賈林曰能以利誘敵人使一向趨之則我雖遠千里亦可擒殺其將○梅堯臣曰隨敵一向然後發伏出奇則能遠擒其將○王晳曰順敵意隨敵形及其空虛不虞并兵一力以向之乘勢可千里而覆軍殺將也○張預曰敵既驕惰則并兵力以向之可以覆其軍殺其將則明如冒頓滅東胡之事是也此謂巧能成事者也曹操曰是成事巧者也一作是謂巧攻成事○梅堯臣曰能順敵而取勝機巧者也○何氏曰能如此者是巧攻之成事也○張預曰始順其意後殺其將成事之巧也是故政舉之日夷關折符無通其使曹操曰謀定則閉關以絕其符信勿通其使○李筌曰政令既行閉關折符無得有所沮議恐惑衆士心也○杜牧曰其所不通豈敵人之使乎若敵人

之使不受則何必夷關折符然後爲不通乎荅曰夷關折符者不令國人出入蓋恐敵人有間使潛來或藏形隱跡由危歷險或竊符盜信假託姓名而來窺我也無通其使者敵人若有使來聘亦不可受之恐有智能之士如張孟談婁敬之屬見其微而知著測我虛實也此乃兵形未成恐敵人先事以制我也兵形已成出境之後則使在其間古之道也○梅堯臣曰夷滅也折斷也舉政之日滅塞關梁斷毁符節使不通也使不通者恐泄我事也○張預曰廟筭已定軍謀已成則夷塞關梁毁折符信勿通使命恐泄我事也彼有使來則當納之故下文云敵之開闔必亟入之

厲於廊廟之上以誅其事

曹操曰誅治也○杜牧曰厲揣厲也言廊廟之上誅治其事成敗先定然後興師一本作以謀其事○梅堯臣曰嚴整於廊廟之上以計其事言其密也○何氏曰磨厲廟勝之策以責成其事○張預曰兵者大事不可輕議當惕厲於廟堂之上密治其事貴謀不外泄也

敵人開闔必亟入之

曹操曰敵有間隙當急入之也○李筌曰敵開闔未定必急來也○孟氏曰開闔間者也有間

來則禦內之○梅堯臣同孟氏註○張預曰一開闔間謂使也敵有間來當急受之或曰謂敵人或開或闔出入無常進退未決則宜速入之

先其所愛曹操曰據利便也○李筌曰先攻其積聚及妻孥利不擇其用也○杜牧曰凡是敵人所愛惜倚恃以為軍者則先奪之也○梅堯臣曰先察其便利愛惜之所也○何氏同杜牧註

微與之期曹操曰後人發先人至○杜牧曰微者潛也言以敵人所愛利便之處為期將欲謀奪之故潛往赴期不令敵人知也○陳皞曰我若先奪便地而敵不至雖有其利亦奚用之是以欲取其愛惜之處必先微與敵人相期誤之使必至○梅堯臣曰微露之期使間歸告然後我後人發先人至也後發者欲其必赴也先至者奪其所愛也○王晳曰權譎也微者所以示密曹公曰先敵至也○張預曰兵所愛者便利之地我欲先據當微露其意與之相期敵方趨之我乃後發而先至也所以使敵先趨者恐我至而敵不來也故曰爭地吾將趨其後

踐墨隨敵以決戰事曹操曰行踐規矩無常也○李筌曰墨者出道也出邊道而從之恐不及○杜牧曰墨規

矩也言我常須踐履規矩深守法制隨敵人之形若有可乘之勢則
出而決戰也○陳皥曰兵雖要在迅速以決戰事然自始及末須守
法制縱獲勝捷亦不可爭競擾亂也城濮之戰晉文公登有莘之墟
以望其師曰少長有禮其可用也○踐墨一作剗墨○賈林曰剗除
也墨繩墨也隨敵計以決戰事惟勝是利不可守以繩墨而爲○梅
堯臣曰舉動必踐法度而隨敵屈伸因利以決戰也○王晳曰踐兵
法如繩墨然後可以順敵決勝○張預曰循守法度踐履規矩隨敵
變化形勢無常乃可以決戰取勝墨繩墨也婦人左右前後跪起皆
中規矩繩墨是也

是故始如處女敵人開戶後如脫兔

曹操李筌曰處女示弱脫兔往疾也○杜牧曰言敵
人初時謂我無所能爲如處女之弱我因急去攻之

敵不及拒

險迅疾速如兔之脫走不可捍拒也或曰我避敵走如脫兔曰非也
○梅堯臣曰始若處女踐規矩之謂也後若脫兔應敵決戰之速也
○王晳曰處女隨敵也開戶不虞也脫兔疾也若田單守即墨而破
燕軍是也○張預曰守則如處女之弱令敵懈怠是以啓隙攻則猶

脫兎之疾乘敵倉卒不及以莫禦太史公謂田單守即墨攻騎劫正如此語不其然乎

火攻篇

曹操曰以火攻人當擇時日也○王晳曰助兵取勝戒虛發也○張預曰以火攻敵當使姦細潛行地里之遠近途徑之險易先熟知之乃可往故次九地

孫子曰凡火攻有五一曰火人

李筌曰焚其營殺其士卒也○杜牧曰焚其營柵因燒兵士吳起曰凡軍居荒澤草木幽穢可焚而滅蜀先主伐吳吳將陸遜拒之於夷陵先攻一營不利諸將曰空殺兵耳遜曰吾已曉破敵之術矣乃敕各持一把茅以火攻拔之一爾勢成通率諸軍同時俱攻斬張南馮習及胡王沙摩柯等破四十餘營死者萬數備因夜遁軍資器械略盡遂歐血而殂○梅堯臣曰焚營柵荒穢以助攻戰也○何氏曰魯桓公世焚邾婁之咸丘始以火攻也後世兵家者流故有五火之攻以佐取勝之道也如後漢班超使西域到鄯善初夜將吏士奔虜營會天大風超令十人持鼓藏虜舍後約曰

見火燃皆當鳴鼓大呼餘人悉持兵弩夾門而伏超順風縱火前後鼓譟虜衆驚亂超手格殺三人餘衆悉燒死又皇甫嵩率兵討黃巾賊張角嵩保長社賊來圍城嵩兵少軍中皆恐召軍吏謂曰兵有奇變不在衆寡今賊依草結營易爲風火若因夜縱火必大驚亂吾出兵擊之其功可成其夕遂大風嵩乃約勒軍士皆束苣乘城使鋭士間出圍外縱火大呼城上舉燎應之嵩因鼓而奔其陳賊驚亂奔走大破之又五代梁太祖乾寧中親領大軍由鄆州東路北次於魚山朱宣覘知即以兵徑至且圖速戰帝整軍出砦時宣瑾巳陳於前須臾東南風大起帝軍旌旗失次甚有懼色帝即令騎士揚鞭呼嘯俄而西北風驟發時兩軍皆在草莽中帝因令縱火既而煙燄亘天乘勢以攻賊陳宣瑾大破餘衆擁入清河因築京觀於魚山之下又後唐伐蜀工部任圜以大軍至漢州康延孝來逆戰圜命董璋以東川懦卒當其鋒伏精兵於其後延孝擊退東川之軍急追之遇伏兵延孝敗馳入漢州閉壁不出西川孟知祥以兵二萬與圜合勢攻之漢州四面樹竹木爲柵三月圜陳于金鴈橋即率諸軍鼓譟而進四面縱火風燄亘空延孝危急引騎出陳于金鴈橋又大敗之○張預曰

焚彼營舍以殺其士火攻之先也班超燒匈奴使者是也二曰火積李筌曰焚積聚也○杜牧曰積者積蓄也糧食薪蒭是也高祖與項羽相持成臯爲羽所敗北渡河得張耳韓信軍軍脩武深溝高壘使劉賈將二萬人騎數百渡白馬津入楚地燒其積聚以破其業楚軍乏食隋文帝時高熲獻取陳之策曰江南土薄舍多茅竹所有儲積皆非地窖可密遣行人因風縱火待彼脩葺復更燒之不出數年自可財力俱盡帝行其策由是陳人益斃○梅堯臣曰焚其委積以困芻糧○張預曰焚其積聚使芻糧不足故曰軍無委積則亡劉賈燒楚積聚是也三曰火輜四曰火庫李筌曰燒其輜重焚其庫室○杜牧曰器械財貨及軍士衣裝在車中上道未止曰輜在城營壘已有止舍曰庫其所藏二者皆同後漢末袁紹相許攸降曹公曰今袁氏輜重有萬餘兩車屯軍不嚴今以輕兵襲之不意而至焚其積聚不過三日袁氏自敗公大喜選精騎五千皆用袁氏旗幟銜枚縛馬口從閒道出入抱束薪所歷道有問者語之曰袁公恐曹操抄略後軍遣兵以益備聞者信以爲然皆自若既至圍屯大放火營中驚亂因大

破之輜重悉焚之矣○陳皥曰夫敵有愛惜之物亦可以攻之彼若出救是我以火分其勢也更遇其心神撓惑自可破軍殺將也○梅堯臣曰焚其輜重以窘貨財焚其庫室以空蓄聚○何氏曰如前秦苻堅遣將王猛伐前燕慕容暐師至潞川燕將慕容評率兵四十萬禦之以持久制之猛遣將郭慶率步騎五千夜從間道起火於晉山燒評輜重火見鄴中因而滅之○張預曰焚其輜重使器用不供故曰軍無輜重則亡曹操燒袁紹輜重是也焚其府庫使財貨不充故曰軍無財則士不來

五曰火隊李筌曰焚其隊仗兵器○杜牧曰焚其行伍因亂而擊之○梅堯臣曰焚其隊仗以奪兵具隊一作隧○賈林曰隧道也燒絕糧道及轉運也○何氏同賈林註○張預曰焚其隊仗使兵無戰具故曰器械不利則難以應敵也

行火必有因曹操曰因姦人○李筌曰因姦人而內應也○陳皥曰須得其便不獨姦人○賈林曰因風燥而焚之○張預曰凡火攻皆因天時燥旱營舍茅竹積芻聚糧居近草莽因風而焚之

煙火必素具曹操曰煙火燒具也○李筌曰乾芻蒿艾糧糞之屬○杜牧曰艾蒿

荻葦薪芻膏油之屬先須修事以備用兵法有火箭火簾火杏火兵火獸火禽火盜火弩凡此者皆可用也○梅堯臣曰潛姦伺隙必有便也秉秆持燧必先備也傳曰惟事事有備乃無患也○張預曰貯火之器燃火之物常須預備伺便而發

發火有時起火有日

梅堯臣曰不妄發也○張預曰不可偶然當伺時日

時者天之燥也

曹操曰燥者旱也○梅堯臣曰旱熯易燃○張預曰天時旱燥則火易燃

日者月在箕壁翼軫也凡此四宿者風起之日也

李筌曰天文志月宿此者多風玉經云常以月加日從營室順數十五至翼月在宿於此也○杜牧曰宿者月之所宿也四宿者風之使也○梅堯臣曰箕龍尾也壁東壁也翼軫鶉尾也宿在者謂月之所次也四宿好風月離必起○張預曰四星好風月宿則起當推步躔次知所宿之日則行火一說春丙丁夏戊己秋壬癸冬甲乙此日有疾風猛雨又占風法取雞羽重八兩掛於五丈竿上以候風所從來四宿即箕壁翼軫也

凡

火攻必因五火之變而應之梅堯臣曰因火爲變以兵應之○張預曰因其火變以兵應之五火即人積輜庫隊也火發於內則早應之於外曹操曰以兵應之也○李筌曰乘火勢而應之也○杜牧曰凡火乃使敵人驚亂因而擊之非謂空以火敗敵人也聞火初作即攻之若火闌衆定而攻之當無益故曰早也○杜佑曰使間人縱火於敵營內當速進以攻其外也○梅堯臣曰內若驚亂外以兵擊○張預曰火纔發於內則兵急擊於外表裏齊攻敵易驚亂火發兵靜者待而勿攻杜牧曰火作不驚敵素有備不可遽攻須待其變者也○梅堯臣曰不驚撓者必有備也○王晳曰以不變也○何氏曰火作而敵不驚呼者有備也我往攻則返或受害○張預曰火雖發而兵不亂者敵有備也復防其變故不可攻極其火力可從而從之不可從而止曹操曰見可而進知難而退○李筌曰夫火發兵不亂不可攻○杜牧曰俟火盡已來若

敵人擾亂則攻之若敵終靜不擾則收兵而退也○杜佑曰見利則進知難則退極盡也盡火力可則應不可則止無使敵知其所爲○梅堯臣曰極其火勢待其變則攻之不變則勿攻○王晳曰伺其變亂則乘之終不變亂則自治而蓄力○何氏曰如魏滿寵征吳敕諸將曰今夕風甚猛賊必來燒我營宜爲之備諸軍皆警夜半果來燒營寵掩擊破之者是也○張預曰盡其火勢變亂則攻安靜則退

火可發於外無待於內以時發之

李筌曰魏武破袁紹於官渡用許攸計燒輜重萬餘則其義也○杜牧曰上文云五火變須發於內若敵居荒澤草穢或營柵可焚之地即須及時發火不必更待內發作然後應之恐敵人自燒野草我起火無益漢時李陵征匈奴戰敗爲單于所逐及於大澤匈奴於上風縱火陵亦先放火燒斷蒹葭用絕火勢○陳皞曰以時發之所謂天之燥月之宿在四星也○賈林曰火可發於外不必待內應得時即應發不可拘於常勢也○梅堯臣同杜牧註○張預曰火亦可發於外不必須待作於內但有便則應時而發黃巾賊張角圍漢將皇甫嵩於長社賊依草結營嵩使銳士間出圍

外縱火大呼城上舉燎應之嵩因鼓而奔其陳賊驚亂遂敗走

火發上風無攻下風

曹操曰不便也○李筌曰隋江東賊劉元進攻王世充於延陵令把草東方因風縱火俄而迴風悉燒元進營軍人多死者○杜牧曰若是東則焚敵之東我亦隨以攻其東若火發東面攻其西則與敵人同受也故無攻下風則順風也若舉東可知其他也○梅堯臣曰逆火勢非便也敵必死戰○王晳曰或擊其左右可也○張預曰燒之必退退而逆擊之必死戰故不便也

晝風久夜風止

曹操曰數當然也○李筌曰不終始也○杜牧曰老子曰飄風不終朝○梅堯臣曰凡晝風必夜止夜風必晝止數當然也○王晳同梅堯臣註○張預曰晝起則夜息數當然也故老子曰飄風不終朝

凡軍必知有五火之變以數守之

杜牧曰須筭星躔之數守風起日乃可發火不可偶然而為之○杜佑曰既知起五火五變當復以數消息其可否○梅堯臣曰數星之躔以候風起之日然而發火亦當自防其變○張預曰不可止知以火攻人亦當防人攻

已推四星之度數知風起之日則嚴備守之

故以火佐攻者明梅堯臣曰明白易勝○張預曰用火助攻灼然可以取勝

以水佐攻者強杜佑曰水以為衝故強○梅堯臣曰勢之強也○張預曰水能分敵之軍彼勢分則我勢強

水可以絕不可以奪曹操曰火佐者取勝明也水佐者但可以絕敵道分敵軍不可以奪敵蓄積○李筌曰軍者必守術數而佐之水火所以明強也光武之敗王莽魏武之擒呂布皆其義也以水絕敵人之軍分為二則可難以奪敵人之蓄積○杜牧曰水可絕敵糧道絕敵救援絕敵奔逸絕敵衝擊不可以水奪險要蓄積也○王晳曰強者取其決注之暴○張預曰水止能隔絕敵軍使前後不相及取其一時之勝然不若火能焚奪敵之積聚使之滅亡若韓信決水斬楚將龍且是一時之勝也曹公焚袁紹輜重紹因以敗是使之滅亡也水不若火故詳於火而略於水

夫戰勝攻取而不修其功者凶命曰費留曹操曰若水之留不復還也或曰賞不以

時但費留也賞善不踰日也○李筌曰賞不踰日罰不踰時若功立而不賞有罪而不罰則士卒疑惑日有費也○杜牧曰修者舉也夫戰勝攻取若不藉有功舉而賞之則三軍之士必不用命也則有凶咎徒留滯費耗終不成事也○賈林曰費留惜費也○梅堯臣曰欲戰必勝攻必取者在因利乘便能作為功也作為功者修火攻水攻之類不可坐守其利也坐守其利者凶也是謂費留矣○王晳曰戰勝攻取而不修功賞之差則人不勸不勸則費財老師凶害也已○張預曰戰攻所以能必勝必取者水火之助也水火所以能破軍敗敵者士卒之用命也不修舉有功而賞之凶咎之道也財竭師老而不得歸費留之謂也

故曰明主慮之杜牧曰黃石公曰夫霸者制士以權結士以信使士以賞信衰則士疏賞虧則士不為用○賈林曰明主

良將修之

慮其事良將修其功○梅堯臣曰始則君發其慮終則將修其功○張預曰君當謀慮攻戰之事將當修舉克捷之功

非利不動李筌曰明主賢將非見利不起兵○杜牧曰先見起兵之利然後兵起○梅堯臣曰凡兵非利於民不興也一作非利不

趣也

非得不用

杜牧曰先見敵人可得然後用兵○賈林曰非得其利不用也

非危不戰

曹操曰不得已而用兵○李筌曰非全危不戰○梅堯臣曰凡用兵非危急不戰也所以重凶器也○張預曰兵凶器戰危事須防禍敗不可輕舉不得已而後用

主不可以怒而興師

王晳曰不可但以怒也若息侯伐鄭○張預曰因怒興師不亡者鮮若息侯與鄭伯有違言而伐鄭君子是以知息之將亡

將不可以慍而致戰

王晳曰不可但以慍也若晉趙穿○張預曰因忿而戰罕有不敗若姚襄怒苻黄眉壓壘而陳因出戰爲黄眉所敗是也怒大於慍故以主言之慍小於怒故以將言之君則可以興兵將則止可言戰

合於利而動不合於利而止

曹操曰不得以己之喜怒而用兵也○賈林曰慍怒内作不顧安危固不可也○杜佑曰人主聚衆興軍以道理勝負之計不可以己之私怒將舉兵則以策不可以慍恚之故而合戰也○梅堯臣曰兵以義動無以怒興戰以利勝無以慍敗○張預曰不可

因已之喜怒而用兵當顧利害所在尉繚子曰兵起非可以忿也見勝則興不見勝則止**怒可以復喜慍可以復悅**張預曰見於色者謂之喜得於心者謂之悅**亡國不可以復存死者不可以復生**杜牧曰亡國者非能亡人之國也言不度德不量力因怒興師因慍合戰則其兵自死其國自亡者也○杜佑曰凡主怒興軍伐人無素謀明計則破亡矣將慍怒而鬬倉卒而合戰所傷殺必多怒慍復可以說喜言亡國不可復存死者不可復生者言當慎之○梅堯臣曰一時之怒可返而喜也一時之慍可返而說也國亡軍死不可復已○王晳曰喜怒無常則威信去矣○張預曰君因怒而興兵則國必亡將因慍而輕戰則士必死**故明君慎之良將警之此安國全軍之道也**杜牧曰警言戒之也○梅堯臣曰主當慎重將當警懼○張預曰君常慎於用兵則可以安國將常戒於輕戰則可以全軍

用間篇

曹操李筌曰戰者必用間諜以知敵之情實也○張預曰欲素知敵情者非間不可也然用間之道尤須微密故次火攻也

孫子曰凡興師十萬出征千里百姓之費公家之奉日費千金內外騷動怠於道路不得操事者七十萬家

曹操曰古者八家爲鄰一家從軍七家奉之言十萬之師舉不事耕稼者七十萬家○李筌曰古者發一家之兵則鄰里三族共資之是以不得耕作者七十萬家而資十萬之衆矣○杜牧曰古者一夫田一頃夫九頃之地中心一頃鑿井樹廬八家居之是爲井田怠疲也言七十萬家奉十萬之師轉輸疲於道路也○梅堯臣曰輸糧供用公私煩役疲於道路廢於耒耜也曹說是也○張預曰井田之法八家爲鄰一家從軍七家奉之興兵十萬則輟耕作者七十萬家也或問曰重地則掠

疲於道路而轉輸何也曰非止運糧亦供器用也且兵貴掠敵者謂深踐敵境則當備其乏故須掠以繼食非專館穀於敵也亦有磧鹵之地無糧可因得不餉乎相守數年以爭一日之勝而愛爵禄百金不知敵之情者不仁之至也李筌曰惜爵賞不與間諜令窺敵之動靜是為不仁之至也○杜牧曰言不能以厚利使間也○梅堯臣曰相守數年則七十萬家所費多矣而乃惜爵禄百金之微不以遺間釣情取勝是不仁之極也○王晳曰惜財賞不用間也○張預曰相持且久七十萬家財力一困不知恤此而反靳惜爵賞之細不以啗間求索知敵情者不仁之甚也非人之將也梅堯臣曰非將人成功者也非主之佐也一本作非仁之佐也○梅堯臣曰非以仁佐國者也非勝之主也梅堯臣曰非致勝主利者也○張預曰不可以將人不可以佐主不可以主勝勤勤而言者嘆惜之也故明君賢將所以

動而勝人成功出於衆者先知也李筌曰爲間[illegible]○杜牧曰知[illegible]情也○梅堯臣曰主不妄動動必勝人將不苟功功必出衆所以者何也在預知敵情也○王晳曰先知敵情制勝如神也○何氏曰周官士師掌邦諜蓋異國間伺之謂也故兵家之有四機二權曰事機曰智權皆善用間諜者也故能敵人動靜我預知矣韋孝寬爲驃騎大將軍鎮玉壁孝寬善於撫御能得人心所遣間諜入齊者皆爲盡力亦有齊人得孝寬金貨遙通書疏故齊之動靜朝廷皆先知之時有主帥許盆孝寬委以心膂令守一戍盆乃以城東入孝寬怒遣諜取之俄而斬首而還其能致物情如此又李達爲都督義州弘農等二十一防諸軍事每厚撫境外之人使爲間諜敵中動靜必先知之至有事泄被誅戮者亦不以爲悔其得人心也如此○張預曰先知敵情故動則勝人功業卓然超絕羣衆先知者不可取於鬼神張預曰視之不見聽之不聞不可以禱祀而取不可象於事曹操曰不可以禱祀而求亦不可以事類而求也○李筌曰不可取

於鬼神象類唯間者能知敵之情○杜牧曰象者類也言不可以他事比類而求○梅堯臣曰不可以卜筮知也不可以象類求也○張預曰不可以事之相類者擬象而求**不可驗於度**曹操曰不可以事數度也○李筌曰度數也夫長短闊狹遠近小大即可驗之於度數人之情僞度不能知也○梅堯臣曰不可以度數驗也言先知之難也○張預曰不可以度數推驗而知**必取於人知敵之情者也**曹操曰因人也○李筌曰因間人也○梅堯臣曰鬼神之情可以卜筮知形氣之物可以象類求天地之理可以度數驗唯敵之情必由間者而後知也○張預曰鬼神象類度數皆不可以求先知必因人而後知敵情也**故用間有五有因間有内間有反間有死間有生間**梅堯臣曰五間之名也○張預曰此五間之名因間當爲鄉間故下文云鄉間可得而使

五間俱起莫知其道是謂神紀人君之寶也

曹操曰：同時任用五間也○李筌曰五間者因五人用之○杜牧曰五間俱起者敵人不知其情泄形露之道乃神鬼之綱紀人君之寶寶也○梅堯臣曰五間俱起以間敵而莫知我用之之道是曰神妙之綱紀人君之所貴也○王晳曰五間俱起人不之測是用兵神妙之大紀人主之重寶也○賈林曰紀理也言敵人但莫知我以何道如通神理也○張預曰五間循環而用人莫能測其理茲乃神妙之綱紀人君之重寶也

因間者因其鄉人而用之

杜牧曰因敵鄉國之人而厚撫之使爲間也晉豫州刺史祖逖之鎮雍丘愛人下士雖疎交賤隸皆恩禮而遇之河上堡因先有任子在胡者皆聽兩屬時遣遊軍偽抄之明其未附諸塢王感戴胡有異圖輒密以聞前後剋獲蓋由於此○西魏韋孝寬使齊人斬許盆而來猶其義也○賈林曰讀因間爲鄉間○杜佑曰因敵鄉人知敵表裏虛實之情故就而用之可使伺候也○梅堯臣曰因其國人利而使之○何氏曰如春秋時楚師伐宋九月不服將去宋楚大夫申叔時曰築室反耕者宋必聽命楚子從之宋人懼使華元夜入楚師登子反之牀起之曰寡君使元以病告曰弊

邑易子而食析骸而爨雖然城下之盟有以國斃不能從也去我三十里唯命是聽子反懼與之盟而告楚子退三十里宋及楚平○張預曰因敵國人知其底裏就而用之可使伺候也韋孝寬以金帛啗齊人而齊人遥通書疏是也

内間者因其官人而用之

李筌曰因敵人失職之官魏用許攸也○杜牧曰敵之官人有賢而失職者有過而被刑者亦有寵嬖而貪財者有屈在下位者有不得任使者有欲因敗喪以求展己之材能者有翻覆變詐常持兩端之心者如此之官皆可以潛通問遺厚貺金帛而結之因求其國中之情察其謀我之事復間其君臣使不和同也○杜佑曰因在其官失職者若刑戮之子孫與受罰之家也因其有隙就而用之○梅堯臣曰因其官屬結而用之○何氏曰如益州牧羅尚遣將隗伯攻蜀賊李雄於郫城互有勝負雄乃募武都人朴泰鞭之見血使以譎羅尚欲爲内應以火爲期尚信之悉出精兵遣隗伯等率兵從泰以擊雄雄將李驤於道設伏泰以長梯倚城而舉火伯軍見火起而爭緣梯泰又以繩汲上尚軍百餘人皆斬之雄因放兵内外擊之大破以尚軍此用内間之勢也又隋陸

壽為幽州總管高寶寧舉兵反壽討之寶寧奔于磧北壽班師留開
府成道昂鎮之寶寧遣其子僧伽率輕騎掠城下而去尋引契丹靺
鞨之衆來攻道昂苦戰連月乃退壽患之於是重購寶寧又遣人陰
間其所親任者趙世模王威等月餘世模率其衆降寶寧復走契丹
為其麾下趙修羅所殺北邊遂安又唐太宗討竇建德入武牢進薄
其營多所傷殺淩敬進說曰宜悉兵濟河攻取懷州河陽使重將居
守更率衆鳴鼓建旗踰太行入上黨先聲後實傳檄而定漸趨壺口
稍駭蒲津收河東之地此策之上也行必有三利一則入無人之境
師有萬全二則拓土得兵三則鄭圍自解建德將從之王世充之使
長孫安世陰齎金玉啗其諸將以亂其謀衆咸進諫曰淩敬書生耳
豈可與言戰乎建德從之退而謝敬曰今衆心甚銳此天贊我矣因
此決戰必然大捷已依衆議不得從公言也敬固爭建德怒扶出焉
於是悉衆進逼武牢太宗按甲挫其鋒建德中槍竄於牛口渚車騎
將軍白士讓楊武威生獲之又王翦為秦將攻趙趙使李牧司馬尚
禦之李牧數破走秦軍殺秦將桓齮翦惡之乃多與趙王寵臣郭開
等金使為反間曰李牧司馬尚欲與秦反趙以多取封於秦趙王疑

之使趙葱及顏聚代將斬李牧廢司馬尚後三月翦因急擊趙大破殺趙葱虜趙王遷及其將顏聚也○張預曰因其失意之官或刑戮之子弟凡有隙者厚利使之晉任析公吳納子胥皆近之

反間者因其敵間而用之

李筌曰敵有間來窺我得失我厚賂之而令反爲我間也○杜牧曰敵有間來窺我我必先知之或厚賂誘之反爲我用或佯爲不覺示以僞情而縱之則敵人之間反爲我用也陳平初爲漢王護軍尉項羽圍於滎陽城漢王患之請割滎陽以西和項王弗聽平曰顧楚有可亂者彼項王骨鯁之臣亞父鍾離眛龍且周殷之屬不過數人耳大王能出捐數萬斤金行反間間其君臣以疑其心項王爲人意忌信讒必內相誅漢因舉兵而攻之破楚必矣漢王以爲然乃出黃金四萬斤與平恣所爲不問出入平既多以金縱反間於楚軍宣言諸將鍾離眛等爲項王將功多矣然終不得列地而王欲與漢爲一以滅項氏分王其地項王果疑之使使至漢漢爲太牢之具舉進見楚使即陽驚曰吾以爲亞父使乃項王使也復持去以惡草具進楚使使歸具以報項王果大疑亞父亞父欲急擊下滎陽城項王不信不

肯聽亞父亞父聞項王疑之乃大怒疽發而死卒用陳平之計滅楚也○梅堯臣曰或以僞事紿之或以厚利啗之○王晳曰反間反爲我間也或留之使言其情又或示以詭形而遣之○何氏曰如燕昭王以樂毅爲將破齊七十餘城及惠王立與樂毅有隙齊將田單乃縱反間於燕宣言曰齊王已死城之不拔者二耳樂毅畏誅而不敢歸以伐齊爲名實欲連兵南面而王齊齊人未附故且緩即墨以待其事齊人所懼唯恐他將之來即墨殘矣燕王以爲然使騎劫代樂毅燕人士卒離心單又縱反間曰吾懼燕人掘吾城外冢墓戮辱先人燕軍從之即墨人激怒請戰大破燕師所亡七十餘城悉復之又秦師圍趙閼與趙將趙奢救之去趙國都三十里不進秦間來奢善食遣之間以報秦將以爲奢師怯弱而止不行奢隨而卷甲趨秦師擊破之又范睢爲秦昭王相使左庶長王齕攻韓取上黨上黨民走趙趙軍長平齕因攻趙趙使廉頗將廉頗堅壁以待秦秦數挑戰趙兵不出趙王數以爲讓而睢使人行千金於趙爲反間曰秦之所惡獨畏趙括耳廉頗軍易與且降矣趙王既怒廉頗軍多亡失數敗又反堅壁不戰又聞秦反間之言因使括代頗秦聞括將以白起爲上

將軍射殺括及坑降卒四十萬○張預曰敵有間來或重賂厚禮以結之告以僞辭或佯爲不知蹤而慢之示以虛事使之歸報則反爲我利也趙奢善食秦間漢軍佯驚楚使是也**死間者爲誑事於外令吾間知之而傳於敵間也**李筌曰情詐爲不足信吾知之令吾動也間而待之此筌以待字爲非傳也○杜牧曰誑者詐也言吾間在敵未知事情我則詐立事跡令吾間憑其詐迹以輸誠於敵而得敵信也若我進取與詐跡不同間者不能脫則爲敵所殺故曰死間也漢王使酈生說齊下之齊罷守備韓信因而襲之田横怒烹酈生此事相近○杜佑曰作誑詐之事於外佯漏泄之使吾間知之吾間至敵中爲敵所得必以誑事諭敵敵從而備之吾所行不然間則死矣又云敵間來聞我誑事以持歸然皆非所圖也二間皆不能知幽隱深密故曰死間也蕭世誠曰所獲敵人及已叛亡軍士有重罪繫者故爲貸免相敕勿泄佯不祕密令敵間竊聞之吾因縱之使亡亡必歸敵敵必信焉往必死故曰死間○梅堯臣曰以誑告敵事乖必殺○王晳曰詐吾間使敵得之間以吾

詐[illegible]敵事決必殺之也○何氏曰如戰國鄭武公欲伐胡先以其女妻胡因問羣臣曰吾欲用兵誰可伐者大夫關思期曰胡可伐公怒而戮之曰胡兄弟之國子言伐之何也胡君聞之以鄭爲親已不備鄭襲而取之此用死間之勢也又班超發于闐諸國兵擊莎車龜茲二國揚言兵少不敵罷散乃陰緩生口歸以告龜茲王喜而不虞超即潛勒兵馳赴莎車大破降之斯亦同死間之勢又李靖伐突厥頡利可汗以唐儉先在突厥結和覘突厥不備靖因掩擊破之○張預曰欲使敵人殺其賢能乃令死士持虛僞以赴之吾間至敵爲彼所得彼以誑事爲實必俱殺之我朝曹太尉嘗貸人死使僞爲僧吞蠟彈入西夏至則爲其所囚僧以彈告即下之開讀乃所遺彼謀臣書也戎主怒誅其臣并殺間僧此其義也然死間之事非一或使吾間詐敵約和我反伐之則間者立死酈生烹於齊王唐儉殺於突厥是也

生間者反報也李筌曰往來之使○杜牧曰往來相通報也生間者必取內明外愚形劣心壯趫捷勁勇閑於鄙事能忍飢寒垢耻者爲之○賈林曰身則公行心乃私覘往反報復常無所害故曰生間○杜佑曰擇已有賢材智謀能自

閒通於敵之親貴察其動靜知其事計彼所爲已知其實還以報我故曰生間○梅堯臣曰使智辯者往覘其情而以歸報也○何氏曰如華元登子反之牀而歸又如隋達奚武爲東秦刺史時齊神武趣沙苑太祖遣武覘之武從三騎皆衣敵人衣服至日暮去營數百步下馬潛聽得其軍號因上馬歷營若警夜者有不如法者往往撻之具知敵之情狀以告太祖太祖深嘉焉遂破之○張預曰選智能之士往視敵情歸以報我若婁敬知匈奴之強以告高祖之類然生間之事亦衆或已欲退告敵以戰或已欲戰告敵以退若秦行人夜戒晉師曰來日請相見臾駢曰使者目動而言肆懼我也秦果夜遁又呂延攻乞伏乾歸大敗之乾歸乃遣間稱東奔成紀延信而追之耿稚曰告者視高而色動必有姦計延不從遂爲所敗是也

故三軍之事莫親於間杜牧曰受辭指蹤在於卧內○杜佑曰若不親撫重以祿賞則反爲敵用洩我情實○梅堯臣曰入幄受詞最爲親近○王晳曰以腹心親結之○張預曰三軍之士然皆親撫獨於間者以腹心相委是最爲親密也

賞莫厚於間杜牧曰以重賞賞之

而賴其用○梅堯臣曰爵祿金帛我無愛焉○王晳曰軍功之賞莫厚於此○張預曰非高爵厚利不能使間陳平曰願出黃金四十萬斤間楚君臣

事莫密於間杜牧曰出口入耳也密一作審○杜佑曰間事不密則爲己害○梅堯臣曰幾事不密則害成○王晳曰獨將與謀○張預曰惟將與間得聞其事非密與

非聖智不能用間杜牧曰先量間者之性誠實多智然後可用之厚貌深情險於山川非聖人莫能知○梅堯臣曰知其情僞辨其邪正則能用○王晳曰聖通而先識智明於事○張預曰聖則事無不通智則洞照幾先然後能爲間事或曰聖智則能知人

非仁義不能使間陳皞曰仁者有恩以及人義者得宜而制事主將者既能仁結而義使則間者盡心而覘察樂爲我用也○孟氏曰太公曰仁義著則賢者歸之賢者歸之則其間可用也○梅堯臣曰撫之以仁示之以義則能使○王晳曰仁結其心義激其節仁義使人有何不可○張預曰仁則不愛爵賞義則果決無疑既啗以厚利又待以至誠則間者竭力

非微妙不

能得間之實杜牧曰間亦有利於財寶不得敵之實情但將虛辭以赴我約此須用心淵妙乃能酌其情僞虛實也○杜佑曰用意密而不漏○梅堯臣曰防間反爲敵所使思慮故宜幾微臻妙○王晳曰謂間者必性識微妙乃能得所間之事實○張預曰間以利害來告須用心淵微精妙乃能察其眞僞微哉微哉無所不用間也杜牧曰言每事皆須先知也○梅堯臣曰微之又微則何所不知○王晳曰丁寧之當事事知敵之情也○張預曰密之又密則事無巨細皆先知也間事未發而先聞者間與所告者皆死杜牧曰告者非誘間者則不得知間者之情殺之可也○陳皞曰間者未發其事有人來告其間者所告者亦與間者俱殺以滅口無令敵人知之○梅堯臣曰殺間者惡其泄殺告者滅其言○何氏曰兵謀大事泄者當誅告人亦殺恐傳諸衆○張預曰間敵之事謀定而未發忽有聞者來告必與間俱殺之一惡其泄一滅其口秦已間趙不用廉頗秦乃以白起爲將令軍中曰有泄武安君將者

斬此是已發其事尚不欲泄況未發乎　凡軍之所欲擊城之所欲攻人之所欲殺必先知其守將左右謁者門者舍人之姓名令吾間必索知之　李筌曰知其姓名則易取也○杜牧曰凡欲攻戰先須知敵所用之人賢愚巧拙則量材以應之漢王遣韓信曹參灌嬰擊魏豹問曰魏大將誰也對曰柏直漢王曰是口尚乳臭不能當韓信騎將誰也曰馮敬曰是秦將馮無擇子也雖賢不能當灌嬰步卒將誰也曰項它曰是不能當曹參吾無患矣○陳皞曰此言敵人左右姓名必須我先知之或敵使間來我當使間去若不知其左右姓名則不能成間者之說漢高伐秦至嶢關張良曰吾聞其將賈豎爾可以利啗之又曰其將雖曰欲和其軍士未肯不如因其懈而擊之乃進兵擊破之又宋華元夜登子反之床以告宋病若非素知門人舍人左右姓名先使間導之又何由得登其床也○杜佑曰守謂官守職任者謁告也主告事者也門者守門者也舍人守舍之人

也必先知之爲親舊有急則呼之則不可不知亦因此知敵之情〇梅堯臣曰凡敵之左右前後之姓名皆須審省而令吾間先知則吾間可行矣〇王晳曰不可臨事求也〇張預曰守將守官任職之將也謁者典賓客之官也門者閽吏也舍人守舍之人也凡欲擊其軍欲攻其城欲殺其人必先知此左右之姓名則可也欲潛入其軍則呼其姓名而往若華元夜登子反之床以告宋病杜元凱註引此文謂元用此術得以自通是也又漢高祖入韓信卧内取其印亦近之

必索敵人之間來間我者因而利之導而舍之

杜佑曰舍居止也令吾人遣以重利復遇而舍之則可令詭其辭

故反間可得而用也

曹操曰舍居止也〇杜牧曰敵間之來必誘以厚利而止舍之使爲我反間也〇杜佑曰故能取敵之間而用之〇梅堯臣曰必探索知敵之來間者因而利誘之引而舍止之然後可爲我反間也〇王晳曰此留敵間以詢其情者也必謹舍之曲爲辯說深致情愛然後啗以大利威以大刑自非至忠於其君王者皆爲我用矣〇張預

曰索求也求敵間之來窺我者因以厚利誘導而館舍之使反爲間也言舍之者謂稽留其使也淹延既久論事必多我因得察敵情下文言四間皆因反間而知非久留其人極論其事則何以悉知

因是而知之故鄉間內間可得而使也

杜牧曰若敵間以利導之尚可被爲我反間因此乃知厚利亦可使鄉間內間也此言使間非利不可故上文云相守數年爭一日之勝而愛爵祿百金不知敵情者不仁之至也下文皆同其義也○陳皞曰此說疎也言敵使間來以利啗之誘令止舍因得敵之情因間內間可使反間誘而使之○杜佑曰因反敵間而知敵情鄉間者皆可得使○梅堯臣曰其國人之可使者其官人之可用者皆因反間而知之○張預曰因是反間知彼鄉人之貪利者官人之有隙者誘而使之

因是而知之故死間爲誑事可使告敵

張預曰因是反間知彼可誑之事使死間往告之

因是而知之故生間可使如期

杜牧曰可使往

來如期〇陳皥曰言五間皆循環相因惟生間可使如期〇杜佑曰因誑事而知敵情生間往返可使知其敵之腹心所在〇梅堯臣曰令吾間以誑告敵者須因反間而知敵之可誑也生間以利害覘敵情須因反間而知其疎密則可往得實而歸如期也〇張預曰因是反間知彼之情故生間可往復如期也

五間之事主必知之 李筌曰孫子殷勤於五間主切知之

知之必在於反間故反間不可不厚也 杜牧曰鄉間內間死間生間四間者皆因反間知敵情而能用之故反間最切不可不厚也〇杜佑曰人主當知五間之用厚其祿豐其財而反間者又五間之本事之要也故當在厚待〇梅堯臣曰五間之始皆因緣於反間故當厚遇之〇張預曰人主當用五間以知敵情然五間皆因反間而用則是反間者豈可不厚待之耶

昔殷之興也伊摯在夏 曹操曰伊摯伊尹也

周之興也呂牙在殷 曹操曰呂牙太公也〇梅堯臣曰伊尹呂牙非叛於國也夏不能任

而殷任之殷不能用而周用之其成大功者爲民也○何氏曰伊呂聖人之耦豈爲人間哉今孫子引之者言五間之用須上智之人如伊呂之才智者可以用間蓋重之之辭耳○張預曰伊尹夏臣也後歸于殷呂望殷臣也後歸于周伊呂相湯武以兵定天下者順乎天而應乎人也非同伯州犁之奔楚苗賁皇之適晉狐庸之在吳士會之居秦也

故惟明君賢將能以上智爲間者必成大功此兵之要三軍之所恃而動也

李筌曰孫子論兵始于計而終於間者蓋不以攻爲主爲將者可不慎之哉○杜牧曰不知敵情軍不可動知敵之情非間不可故曰三軍所恃而動李靖曰夫戰之取勝此豈求於天地在乎因人以成之歷觀古人之用間其妙非一即有間其君者有間其親者有間其賢者有間其能者有間其助者有間其鄰好者有間其左右者有間其縱橫者故子貢史廖陳軫蘇秦張儀范雎等皆憑此而成功也且間之道有五焉有因其邑人使潛伺察而致辭焉有因其仕子故洩虛假令告示焉有因敵之使

矯其事而返之焉有審擇賢能使覘彼向背虛實而歸說之焉有佯
緩罪戾微漏我偽情浮計使亡報之焉凡此五間皆須隱祕重之以
賞密之又密始可行焉若敵有寵嬖任以腹心者我當使間遺其珍
玩恣其所欲順而旁誘之敵有重臣失勢不滿其志者我則啗以厚
利詭相親附採其情實而致之敵有親貴左右多辭誇誕好論利害
者我則使間曲情尊奉厚遺珍寶揣其所間而反間之敵若使聘於
我我則稽留其使令人與之共處矯致慇懃偽相親暱朝夕慰諭倍
供珍味觀其辭色而察之仍朝夕令使獨與己伴居我遣聽耳者潛
於複壁中聽之使既遲違恐彼怪責必是竊論心事我知事計遣使
用之且夫用間間人人亦用間以間己己以密往人以密來理須獨
察於心參會於事則不失矣若敵人來欲候我虛實察我動靜覘知
事計而行其間者我當佯為不覺舍止而善飯之微以我偽言誑事
示以前却期會則我之所須為彼之所失者因其有間而反間之彼
若將我虛以為實我即乘之而得志矣夫水所以能濟舟亦有因水
而覆沒者間所以能成功亦有憑間而傾敗者若束髮事主當朝正
色忠以盡節信以竭誠不詭伏以自容不權宜以為利雖有善間其

可用乎○陳皞曰晉伯州犂奔楚楚苗賁皇奔晉及晉楚合戰於鄢陵苗賁皇在晉侯之側伯州犂侍于楚王二人各言舊國長短之情然則晉所以勝楚者楚所以敗者其故何也二子則有優劣也是知用間之道間敵之情得不愼擇其人深究其説也故上文云非聖智莫能用間者夫聖智知人人即附之賢者受知則勠力爲效非聖非智必猜必忌公道不啓仁義不施則義士賢人因而銜憤此將上天不祐幽有鬼神設無人事之變恐有陰誅之禍豈上智之士爲其用哉故上文云非仁義莫能使間然則湯武之聖伊呂宜用伊呂獲用事宜必濟聖賢一會交泰時乘道合乾坤功格寰宇當其耕夫於畎畝釣叟於渭濱知我者誰能無念也○賈林曰軍無五間如人之無耳目也○王晳曰未知敵情者不可動也○張預曰用師之本在知敵情故曰此兵之要也未知敵情則軍不可舉故曰三軍所恃而動也然處十三篇之末者蓋用非兵之常也若計戰攻形勢虛實之類兵動則用之至於火攻與間則有時而爲耳

十一家註孫子卷下

六

孫子本傳

孫子武者齊人也以兵法見於吳王闔閭闔閭曰子之十三篇吾盡觀之矣可以小試勒兵乎對曰可闔閭曰可試以婦人乎曰可於是許之出宮中美人得百八十人孫子分爲二隊以王之寵姬二人各爲隊長皆令持戟令之曰汝知而心與左右手背乎婦人曰知之孫子曰前則視心左視左手右視右手後即視背婦人曰諾約束既布乃設鈇鉞即三令五申之於是鼓之右婦人大笑孫子曰約束不明申令不熟將之罪也復三令五申而鼓之左婦人復大笑孫子曰約束不明申令不熟將之罪也既已明而不如法

者吏士之罪也乃欲斬左右隊長吴王從臺上觀見且斬愛姬大駭趣使使下令曰寡人已知將軍能用兵矣寡人非此二姬食不甘味願勿斬也孫子曰臣既已受命爲將將在軍君命有所不受遂斬隊長二人以徇用其次爲隊長於是復鼓之婦人左右前後跪起皆中規矩繩墨無敢出聲於是孫子使使報王曰兵既整齊王可試下觀之唯王所欲用之雖赴水火猶可也吴王曰將軍罷休就舍寡人不願下觀孫子曰王徒好其言不能用其實於是闔閭知孫子能用兵卒以爲將西破彊楚入郢北威齊晉顯名諸侯孫子與有力焉孫武既死越絕書曰吴縣巫門外大冢孫武冢也去縣十里

後百餘歲有孫臏臏生阿鄄之間臏亦孫武之後世子孫也孫臏嘗與龐涓俱學兵法龐涓既事魏得爲惠王將軍而自以爲能不及孫臏乃陰使召孫臏臏至龐涓恐其賢於己疾之則以法刑斷其兩足而黥之欲隱勿見齊使者如梁孫臏以刑徒陰見說齊使齊使以爲奇竊載與之齊齊將田忌善而客待之忌數與齊公子馳逐重射孫子見其馬足不甚相遠馬有上中下輩於是孫子謂田忌曰君第重射臣能令君勝田忌信然之與王及諸公子逐射千金及臨質孫子曰今以君之下駟與彼上駟取君上駟與彼中駟取君中駟與彼下駟既馳三輩畢而田忌一不勝

而再勝卒得王千金於是忌進孫子於威王威王問
兵法遂以爲師其後魏伐趙趙急請救於齊齊威王
欲將孫臏臏辭謝曰刑餘之人不可於是乃以田忌
爲將而孫子爲師居輜車中坐爲計謀田忌欲引兵
之趙孫子曰夫解雜亂紛糾者不控捲救鬬者不搏
撠批亢擣虛形格勢禁則自爲解耳今梁趙相攻輕
兵銳卒必竭於外老弱罷於內君不若引兵疾走大
梁據其街路衝其方虛彼必釋趙而自救是我一舉
解趙之圍而收弊於魏也田忌從之魏果去邯鄲與
齊戰於桂陵大破梁軍後十五年魏與趙攻韓韓告
急於齊齊使田忌將而往直走大梁魏將龐涓聞之

去韓而歸齊軍既已過而西矣孫子謂田忌曰彼三晉之兵素悍勇輕齊齊號爲怯善戰者因其勢而利導之兵法百里而趨利者蹶上將（魏武帝曰蹶猶挫也）五十里而趨利者軍半至使齊軍入魏地爲十萬竈明日爲五萬竈又明日爲二萬竈龐涓行三日大喜曰我固知齊軍怯入吾地三日士卒亡者過半矣乃棄其步軍與其輕鋭倍日并行逐之孫子度其行暮當至馬陵馬陵道狹而旁多阻隘可伏兵乃斫大樹白而書之曰龐涓死于此樹之下於是令齊軍善射者萬弩夾道而伏期日暮見火舉而俱發龐涓果夜至斫木下見白書乃鑽火燭之讀其書未畢齊軍萬弩俱發

魏軍大亂相失龐涓自知智窮兵敗乃自剄曰遂成豎子之名齊因乘勝盡破其軍虜魏太子申以歸孫臏以此名顯天下世傳其兵法

十家註孫子遺說并序

滎陽鄭友賢撰

求之而益深者天下之備法也叩之而不窮者天下之能言也爲法立言至於益深不窮而後可以垂教於當時而傳諸後世矣儒家者流惟苦易之爲書其道深遠而不可窮學兵之士嘗患武之爲説微妙而不可究則亦儒者之易乎蓋易之爲言也兼三才備萬物以陰陽不測爲神是以仁者見之謂之仁智者

見之謂之智百姓日用而不知武之爲法也包四種籠百家以奇正相生爲變是以謀者見之謂之謀巧者見之謂之巧三軍由之而莫能知之迨夫九師百氏之說興而益見大易之義如日月星辰之神徒推步其輝光之迹而不能考其所以爲神之深十家之註出而愈見十三篇之法如五聲五色之變惟詳其耳目之所聞見而不能悉其所以爲變之妙是則武之意不得謂盡於十家之註也然而學兵之徒非十家之說亦不能窺武之藩籬尋流而之源由徑而入戶於武之法不可謂無功矣頃因餘暇摭武之微旨而出於十家之不解者略有數十事託或者之問具

其應荅之義名曰十註遺説學者見其説之有遺則
始信益深之法不窮之言庶幾大易不測之神矣
或問死生之地何以先存亡之道曰武意以兵事之
大在將得其人將能則兵勝而生兵生於外則國存
於内將不能則兵敗而死兵死於外則國亡於内是
外之生死繫内之存亡也是故兵敗長平而趙亡師
喪遼水而隋滅太公曰無智略大謀彊勇輕戰敗軍
散衆以危社稷王者慎勿使爲將此其先後之次也
故曰知兵之將生民之司命國家安危之主也
或問得筭之多得筭之少況於無筭何以是多少無
之義曰武之文固不汗漫而無據也蓋經之以五事

校之以七計彼我之筭盡於此矣五事之經得三四者爲多得一二者爲少七計之校得四五者爲多得二三者爲少五七俱得者爲全勝不得者爲無筭所謂冥冥而決事先戰而求勝圖乾没之利出浪戰之師者也

或問計利之外所佐者何勢曰兵法之傳有常而其用之也有變常者法也變者勢也書者可以盡常之言而言不能盡變之意五事七計者常法之利也詭道不可先傳者權勢之變也守常而求勝如膠柱鼓瑟以書御馬趙括所以能書而不能戰易言而不知變也蓋法在書之傳而勢在人之用武之意初求用

於吳恐吳王得書聽計而棄已也故以此辭動之乃謂書之外尚有困利制權之勢在我能用耳

或問因糧於敵者無遠輸之費也取用必於國者何也曰兵械之用不可假人亦不可假於人器之於人固在積習便熟而適其短長重輕之宜與夫手足不相鉏鋙而後可以濟用而害敵矣吾之器敵不便於用敵之器吾不習其利非國中自備而習慣於三軍則安可一旦倉卒假人之兵而給已之用哉易曰萃除戎器以戒不虞太公曰慮不先設器械不備此皆言取用於國不可因於人也

或問兵以伐謀爲上者以其有屈人之易而無血刃

交難伐兵攻城爲之次下明矣伐交之智何異於伐謀之工而又次之曰破謀者不費而勝破交者未勝而費帷幄樽俎之閒而揣摩折衝心戰計勝其未形已成之策不煩毫釐之費而彼奔北降服之不暇者伐謀之義也或遺使介約車乘聘幣之奉或使閒諜出土地金玉之資張儀散六國之從陰厚者數年尉繚子破諸侯之援出金三十萬如此之類費巳廣而敵未服非加以征伐之勞則未見全勝之功宜乎次於晏嬰子房寇恂荀彧之智也

或問武之書皆法也獨曰此謀攻之法也此軍爭之法也曰餘法槩論兵家之術惟二篇之說及於用誠

其易用而稱其所難夫告人以所難而不濟之以成法則不足爲完書蓋謀攻之法以全爲上以破次之得其法則兵不鈍而利可全非其法則有殺士三分之災軍爭之法以迂爲直以患爲利得其法則後發而先至非其法則至於擒三將軍此二者豈用兵之易哉乃云必以全爭於天下又云莫難於軍爭難之之辭也欲濟其所難者必詳其法凡所謂屈人非戰拔城非攻毁國非久者乃謀攻之法也凡所謂十一而至先知迂直之計者乃軍爭之法也見其法而知其難於餘篇矣

或問將能而君不御者勝後魏太武命將出師從命

者無不制勝違教者率多敗失齊神武任用將帥以
討奉行方略罔不克捷違失指敎多致奔亡二者豈
幾於御之而後勝哉曰知此而後可以起武之意既
曰將能而君不御者勝則其意固謂將不能而君御
之則勝也夫將帥之列才不一槩智愚勇怯隨器而
任能者付之以閫寄不能者授之以成筭亦猶後世
責曹公使諸將以新書從事殊不識公之御將因其
才之小大而縱抑之張遼樂進守闔之偏才也合淝
之戰封以函書節宜其用夏侯惇兄弟有大帥之略
假以節度便宜從事不拘科制何嘗一槩而御之邪
傳曰將能而君御之則爲縻軍將不能而君委之則

爲覆軍惟公得武法之深而後太武神武庶幾公之
英略耳非司馬宣王安能發武之蘊哉
或問勝可知而不可爲者以其在彼者也佚而勞之
親而離之佚與親在敵而吾能勞且離之豈非可爲
歟曰傳稱用師觀釁而動敵有釁不可失蓋吾觀敵
人無可乘之釁不能彊使爲吾可勝之資者不可爲
之義也敵人既有可乘之隙吾能置術於其間而不
失敵之敗者可知之義也使敵人主明而賢將智而
忠不信小說而疑不見小利而動其佚也安能勞之
其親也安能離之有楚子之暗與囊瓦之貪而後吳
人亟肆以疲之有項王之暴與范增之隘而後陳平

以反間疎之夫釁隙之端隱於佚親之前勞離之策發於釁隙之後者乃所謂可知也則惟無釁隙者乃不可爲也

或問守則不足攻則有餘其義安在曰謂吾所以守者力不足吾所以攻者力有餘者曹公也謂力不足者可以守力有餘者可以攻者李筌也謂非彊弱爲辭者衛公也謂守之法要在示敵以不足攻之法要在示敵以有餘者太宗也夫攻守之法固非已實彊弱亦非虛形視敵也蓋正用其有餘不足之形勢以固己勝敵夫所謂不足者吾隱形於微而敵不能窺也有餘者吾乘勢於盛而敵不能支也不足者微之

稱也當吾之守也滅跡於不可見韜聲於不可聞藏形於微妙不足之際而使敵不知其所攻矣所謂藏於九地之下者是也有餘者盛之稱也當吾之攻也若迅雷驚霆壞山決塘作勢於盛彊有餘之極而使敵不知其所守矣所謂動於九天之上者是也此有餘不足之義也

或問三軍之衆可使必受敵而無敗者奇正是也受敵無敗二義也其於奇正有所主乎曰武論分數形名奇正虛實四者獨於奇正云云者知其法之深而二義所主未白也復曰凡戰以正合以奇勝正合者正主於受敵也奇勝者奇主於無敗也以合爲受敵

以勝爲無敗不其明哉

或問武論奇正之變二者相依而生何獨曰善出奇者曰闕文也凡所謂如天地江河日月四時五色五味皆取無窮無竭相生相變之義故首論以正合奇勝終之以奇正之變不可勝窮相生如循環之無端豈以一奇而能生變交相無已哉宜曰善出奇正者無窮如天地也

或問其勢險者其義易明其節短者其旨安在曰力雖甚勁者非節量短近而適其宜則不能害物魯縞之脆也彊弩之末不能穿毫末之輕也衝風之衰不能起鷙鳥雖疾也高下而遠來至於竭羽翼之力安

能擊搏而毁折哉嘗以遠形爲難戰者此也是故麴
義破公孫瓚也發伏於數十步之内周訪敗杜曾也
奔赴於三十步之外得節短之義也
或問十三篇之法各本於篇名乎曰其義各主於題
篇之名未嘗泛濫而爲言也如虚實者一篇之義首
尾次序皆不離虚實之用但文辭差異耳其意所主
非實即虚非虚即實非我實而彼虚則我虚而彼實
不然則虚實在於彼此而善者變實而爲虚變虚而
爲實也雖周流萬變而其要不出此二端而已凡所
謂待敵者佚者力實也趨戰者勞者力虚也致人者
虚在彼也不致於人者實在我也利之也者役彼於

虚也害之也者養我之實也佚能勞之飽能飢之安能動之者佚飽安實也勞飢動虛也彼實而我能虛之也行於無人之地者趨彼之虛而資我之實也攻其所不守者避實而擊虛也守其所不攻者措實而備虛也敵不知所守者闕敵之虛也敵不知所攻者犯我之實也無形無聲者虛實之極而入神微也不可禦者乘敵備之虛也不可追者需我力之實也攻所必救者乘虛則實者虛也乖其所之者能實則虛者實也形人而敵分者見彼虛實之審也無形而我專者示吾虛實之妙也所與戰約者彼虛無以當吾之實也寡而備人者不識虛實之形也衆而備己者

能料虛實之情也千里會戰者預見虛實也左右不能救者信人之虛實也越人無益於勝敗者越將不識兵之虛實也策之候之形之角之者辨虛實之術也得也動也生也有餘也者實也失也靜也死也不足也者虛也不能窺謀者外以虛實之變惑敵人也莫知吾制勝之形者內以虛實之法愚士衆也水因地制流兵因敵制勝者以水之高下喻吾虛實變化不常之神也五行勝者實也囚者虛也四時來者實也往者虛也日長者實也短者虛也月生者實也死者虛也皆虛實之類不可拘也以此推之餘十二篇之義皆倣於此但說者不能詳之耳

或問軍爭爲利衆爭爲危凡軍之與衆也利之與危也義果異乎曰武之辭未嘗妄發而無謂也軍爭爲利者下所謂軍爭之法也夫惟所爭而得此軍爭之法然後獲勝敵之利矣衆爭爲危者下所謂舉軍而爭利也夫惟全舉三軍之衆而爭則不及於利而反受其危矣蓋軍爭者案法而爭也衆爭者舉軍而趨也爲利者後發而先至也爲危者擒三將軍也

或問兵以詐立以利動以分合爲變立也動也變也三者先後而用乎曰兵王之道兵家者流所用皆有本末先後之次而所尚不同耳蓋先王之道尚仁義而濟之以權兵家者流貴詐利而終之以變司馬法

以仁爲本孫武以詐立司馬法以義治之孫武以利動司馬法以正不獲意則權孫武以分合爲變蓋本仁者治必爲義立詐者動必爲利在聖人謂之權在兵家名曰變非本與立無以自修非治與動無以趨時非權與變無以勝敵有本立而後能治動能治動而後可以權變權變所以濟治動治動所以輔本立此本末先後之次略同耳

或問武所論舉軍動衆皆法也獨稱此用衆之法者何也曰武之法奇正貴乎相生節制權變兩用而無窮既以正兵節制自治其軍未嘗不以奇兵權變而勝敵其於論勢也以分數形名居前者自治之節制

也以奇正虛實居後者勝敵之權變也是先節制而後權變也凡所謂立於不敗之地而不失敵之敗修道而保法自保而全勝者皆相生兩用先後之術也蓋鼓鐸旌旗所以一人之耳目人既專一勇者不得獨進怯者不得獨退此何法也是節制自治之正法也止能用吾三軍之衆而已其法也固未嘗及於勝人之奇也談兵之流往往至此而止矣武則不然曰此用吾衆之法也凡所謂變人之耳目而奪敵之心氣是權謀勝敵之奇法也

或問奪氣者必曰三軍奪心者必曰將軍何也曰三軍主於鬬將軍主於謀鬬者乗於氣謀者運於心夫

鼓作鬬爭不顧萬死者氣使之也深思遠慮以應萬變者心主之也氣奪則怯於鬬心奪則亂於謀下者不能鬬上者不能謀敵人上下怯亂則吾一舉而乘之矣傳曰一鼓作氣三而竭者奪鬬氣也先人有奪人之心者奪謀心也三軍將軍之事異矣

或問自計及間上下之法皆要妙也獨云此用兵之法妙者何也曰夫事至於可疑而後知不疑者爲明機至於難決而後知能決者爲智用兵之法出於衆人之所不可必者而吾之明智了然不至於猶豫者其所得固過於衆人而逼於法之至妙也所謂高陵勿向背丘勿逆蓋亦有可向可逆之機佯北勿從鋭

卒勿攻亦有可從可攻之利餌兵勿食歸兵勿遏亦有可食可遏之理圍師必闕窮寇勿追亦有不闕可追之勝此兵家常法之外尚有反復微妙之術智者不疑而能決所謂用兵之法妙也

或問九變之法所陳五事者何曰九變者九地之變也散輕爭交衢重圮圍死此九地之名也一其志使之屬趨其後謹其守固其結繼其食進其塗塞其闕示不活此九地之變也九而言五者闕而失次也下文曰將通於九變之地利者知用兵矣將不通九變之利者雖知地形不能得地之利矣是九變主於九地明矣故特於九地篇曰九地之變人情之理不可

不察也然則既有九地何用九變之文乎曰武所論將不通九變之利又曰治兵不知九變之術蓋九地者陳變之利故曰不得地之利九變者言術之用故曰不知術不得人之用是故六地有形九地有名九名有變九變有術知形而不知名決事於冥冥知名而不知變驅衆而浪戰知變而不知術臨用而事屈此所以六地九地九變皆論地利而爲篇異也李筌以塗有所不由而下五利兼之爲十變者誤也復指下文爲五利何嘗有五利之義也絕地無留當作輕地蓋輕有無止之辭

或問凡軍好高而惡下太公曰凡三軍處山之高則

爲敵所棲豈好高之義乎曰武之高非太公之高也公所論天下之絶險也高山盤石其上亭亭無有草木四面受敵蓋無草木則乏芻牧樵採之利四面受敵則絶出入運饋之路可上而不可下可死而不可久此固有棲之之害也武之所論假勢利之便也處隆高丘陵之地使敵人來戰則有登隆向陵逆丘之害而我得因高乘下建瓴走丸轉石決水之勢加以養生處實先利糧道戰則有乘勢之便守則有處實之固居則有養生足食之利去則有便道向生之路雖有百萬之敵安能棲我於高哉太武棲姚興於天渡李先計令遣奇兵邀伏絶柴壁之糧道此興犯處

高之忌而先得棲敵之法明矣學孫武者深明好高之論而不悟處於太公之絕險知其勢利之便者後可與議其書矣

或問六地者地形也復論將有六敗者何曰恐後世學兵者泥勝負之理於地形也故曰地形者兵之助非上將之道也太公論主帥之道擇善地利者三人而委之則地形固非將軍之事也所謂料敵制勝者上將之道也知此爲將之道者戰則必勝不知此爲將之道者戰則必敗凡所言曰走曰弛曰崩曰陷曰亂曰北者此六者敗之道將之至任不可不察也是勝敗之理不可泥於地形而繫於將之工拙也至於

九地亦然曰剛柔皆得地之理也將軍之事靜以幽正以治驅三軍之衆如羣羊往來不知其所之者將軍之事也特垂誡於六地九地者孫武之深旨也

或問死焉不得士人盡力諸家釋爲二句者何曰夫人之情就其甚難者不顧其甚易捨其至大者不吝其至微死難於生也甘其萬死之難則況出於生之甚易者哉身大於力也棄其一身之大則況用於力之至微者哉武意以謂三軍之士投之無所往則白刃在前有所不避也死且不避況於生乎身猶不慮況於力乎故曰死且不北夫三軍之士不畏死之難者安得不人人盡其力乎死焉不得士人盡力諸家

斷爲二句者非武之本意也

或曰方馬埋輪諸家釋方爲縛或謂縛馬爲方陳者何也曰解方爲縛者義不經據縛而方之者非武本辭蓋方當作放字武之説本乎人心離散則雖彊爲固止而不足恃也固止之法莫過於柅其所行古者用兵人乘車而戰車駕馬而行令欲使人固止而不散不得齊勇之政雖放去其馬而牧之陷輪於地而埋之亦不足恃之爲不散也噫車中之士轅不得馬而駕輪不得轍而馳尚且奔走散亂而不一則固在以政而齊其心也

或問兵情主速又曰爲兵之事夫情與事義果異乎

曰不可探測而藴于中者情也見於施爲而成乎其外者事也情隱於事之前而事顯於情之後此用兵之法隱顯先後之不同也所謂兵之情主速者葢吾之所由所攻欲出於敵人之不虞不誡也夫以神速之兵出於人之所不能虞度而誡備者固在中情祕密而不露雖智者深間不能前謀先窺也所謂爲兵之事者蓋敵意既順而可詳敵釁已形而可乘一向并敵之勢千里殺敵之將使陳不暇戰而城不及守者彼敗事已顯而吾兵業已成於外也故曰所謂巧能成事者此也是則情事之異隱顯先後也

或曰九地之中復有絶地者何也曰興師動衆去吾

之國中越吾之境土而初入敵人之地壃場之限所過關梁津要使吾踵軍在後告畢書絶者所以禁人内顧之情而止其還遁之心也司馬法曰書親絶是謂絶顧壹慮尉繚子踵軍令曰遇有還者誅之此絶地之謂也然而不預九地者何九地之法皆有變而絶地無變故論於九地之中而不得列其數也或以越境爲越人之國如秦越晉伐鄭者鑿也

或問不知諸侯之謀不能預交不知山林險阻沮澤之形不能行軍不用鄉導不能得地利重言於軍爭九地二篇者何也曰此三法者皆行師爭利出没往來遲速先後之術也蓋軍爭之法方變迂爲直後發

先至之爲急也九地之利盛言爲客深入利害之爲大也非此三法安能舉哉噫與人爭迂直之變趨險阻之地踐敵人之生地求不識之迷塗若非和鄰國之援爲之引軍明山川林麓險難阻阨沮洳濡澤之形而爲之標表求鄉人之習熟者爲之前導則動而必迷舉而必窮何異即鹿無虞惟入于林不行其野彊違其馬欲爭迂直之勝圖深入之利安能得其便乎稱之二篇不其旨哉

或問何謂無法之賞無政之令曰治軍御衆行賞之法施令之政蓋有常理今欲犯三軍之衆使不知其利害多方誤敵而因利制權故賞不可以拘常法令

不可以執常政噫常法之賞不足以愚衆常政之令不足以惑人則賞有時而不拘令有時而不執者將軍之權也夫進有重賞有功必賞賞法之常也吳子相敵北者有賞馬隆募士未戰先賞此無法之賞也先庚後甲三令五申政令之常也武曰若驅羣羊往來莫知所之李愬襲元濟初出衆請所向曰東六十里止至張柴諸將請所止復曰入蔡州此無政之令也

或問用間使間聖智仁義其旨安在曰用間者用間之道也或以事或以權不必人也聖者無所不通智者深思遠慮非此聖智之明安能坐以事權間敵哉

使間者使人爲間也吾之與間彼此有可疑之勢吾疑間有覆舟之禍間疑我有害己之計非仁恩不足以結間之心非義斷不足以決己之惑主無疑於客客無猜於主而後可以出入於萬死之地而圖功矣秦王使張儀相魏數年無效而陰厚之者恩結間之心也高祖使陳平用金數十萬離楚君臣平楚之亡虜也吾無問其出入者義決己之惑也

或問伊摯呂牙古之聖人也豈嘗爲商周之間邪武之所稱豈非尊間之術而重之哉曰古之人立大事就大業未嘗不守於正正不獲意則未嘗不假權以濟道夫事業至於用權則何所不爲哉但處之有道

而卒反于正則權無害於聖人之德也蓋盡在兵家名曰間在聖人謂之權湯不得伊摯不能悉夏政之惡伊摯不在夏不能成湯之美武不得呂牙不能審商王之罪呂牙不在商不能就武之德非此二人者不能立順天應人伐罪弔民之仁義則非爲間於夏商而何惟其處之有道而終歸于正故名曰權兵家之間流而不反不能合道而入于詭詐之域故名曰間所謂以上智成大功者眞伊呂之權也權與間實同而名異

或問間何以終于篇之末曰用兵之法惟間爲深微神妙而不可易言也所謂非聖智不能用間非微妙